Die Philosophie der Griechen in ihrer geschichtlichen Entwicklung

中国人民大学科学研究基金
（中央高校基本科研业务费专项资金资助）项目成果
10XNI010

聂敏里　主编

古希腊哲学史

Die Philosophie der Griechen in ihrer geschichtlichen Entwicklung

第一卷（上）

从最早时期到苏格拉底的时代

（附总论）

[德] 爱德华·策勒　著

聂敏里　詹文杰　余友辉　吕纯山　译

人民出版社

德国哲学史家策勒的《古希腊哲学史》是古希腊哲学学科的奠基之作，中国学者有责任将它完整地翻译过来！

汪子嵩

2016-6

凡　　例

1. 正文中作者名、文献名、地名均以中译文形式呈现，第一次出现时其后以圆括号注明原文。

2. 为便于文献检索，脚注中所有作者名、文献名均以原文形式呈现，不作翻译。

但以下情况例外：

（1）正文中已作翻译的作者名和文献名，在脚注中均按正文中的中译文形式呈现，不注明原文。

（2）广为人知、且译名统一的古代著作者名和现代著作者名，按其熟知的中译名译出，不注明原文。

3. 以拉丁字母表示的书名均以斜体呈现，同时保持原文的缩略形式，不作增补。

4. 脚注中大量希腊文或拉丁文的原文引用仅仅起到文本检索的作用，为排版方便，仅保留其书名出处，均不照录原文。

5. 脚注中凡属论述有机部分的希腊文或拉丁文的原文引用，一律以加双引号的形式直接译成中文，不同时抄录原文。

6. 正文与脚注中凡属作为关键词呈现的拉丁文或希腊文，均照录原文，并在原文后以圆括号提供中译文。

7. 脚注中凡提及参考某页某注的文字，均为中文版页码及注释号码。脚注中凡仅提及参考某页的文字，均为英文版页码，可以通过检索中文版边页码获得。

总　序

一

爱德华·戈特洛布·策勒（Eduard Gottlob Zeller）1814 年 1 月 22 日出生于德国乌腾堡（Württemberg）的小波特瓦（Kleinbottwar）。他是一位政府官吏的儿子，早年先后在穆尔布隆（Maulbronn）和布劳博伊伦（Blaubeuren）的新教神学院里接受教育，接着进入图宾根大学学习。在图宾根大学期间，他与大卫·弗里德里希·施特劳斯（David Friedrich Strauß）、弗里德里希·特奥多耳·费舍尔（Friedrich Theodor Vischer）结识，受到黑格尔哲学和政治自由主义的影响，接受了历史和神学批判的方法。1836 年，他以一篇论述柏拉图《法律篇》的论文获得博士学位，1840 年成为图宾根大学的无薪讲师。1847 年，他在瑞士伯尔尼大学成为神学教授，1849 年又成为马堡大学的神学教授。在马堡大学，由于他的自由主义神学思想与教权派的冲突，策勒不久就转到了哲学系。1862 年，他成为海德堡大学的哲学教授。1872 年转至柏林，在凯撒－威廉大学教授哲学，一直到 1894 年。在此期间，1872 年，他成为普鲁士科学院成员，并于 1877 年获得了奥登功勋勋章（Orden Pour le Mérite）。1895 年，他退休回到斯图加特，在那里安度晚年。策勒于 1908 年 3 月 19 日在斯图加特逝世，享年 94 岁。

策勒是作为一位黑格尔主义者开始他的哲学活动的，并且像大卫·弗里德里希·施特劳斯一样早年也致力于对《新约》的历史批判研究，这特别反映在他于1840年代同他的老师兼岳父费迪南德·克里斯蒂安·鲍尔（Ferdinand Christian Baur）一起主编《神学年鉴》（*Theologischen Jahrbücher*）上。但是，他不久就沉默下来，而在这段沉默期间他所贡献出来的就是有关古希腊哲学史的里程碑式的多卷本著作和对《使徒行传》的历史评注。同时，黑格尔主义的那种思辨的历史方法也消失了，取而代之的是重视历史证据分析的实证主义的研究方法。他在1862年就职海德堡大学哲学教授时的演讲"认识论的意义与任务"（"Über Bedeutung und Aufgabe der Erkenntnisstheorie"）即反映了这种方法论上的变化，被认为是19世纪末新康德主义发展趋势的开拓者。而他在1888年与他的学生路德维希·施泰因（Ludwig Stein）一起创办的《哲学史档案》（*Archiv für Geschichte der Philosophie*），到今天已经是整个哲学史领域的一本享誉国际的学术期刊。

而上面所提到的那部现在被我们翻译成《古希腊哲学史》的巨著，其德文原名是"Die Philosophie der Griechen in ihrer geschichtlichen Entwicklung"，意即，"在其历史发展中的古希腊哲学"，有时也被简写作"Philosophie der Griechen"，即，"古希腊哲学"。策勒是在1844—1852年期间写成这部巨著的。它的第一版最初是以"古希腊哲学。对其发展特点、进程和主要时期的一个研究"（*Die Philosophie der Griechen. Eine Untersuchung über Charakter, Gang und Hauptmomente ihrer Entwicklung*）为题出版。这一版分为三卷：第一卷是"总论，前苏格拉底哲学"（Allgemeine Einleitung, Vorsokratische Philosophie），图宾根，1844年；第二卷是"苏格拉底，柏拉图，亚里士多德"（Socrates, Plato, Aristoteles），图宾根，1846年；第三卷是"后亚里士多德哲学"（Die nacharistotelische Philosophie），图宾根，1852年。显然，从内容上看，它们实际上对应于我们通常所说的前苏格拉底哲学、古典希腊哲学和晚期希腊哲学，从而可以说，在最初的这一版中，策勒的这部巨著已经奠定了古希腊哲学史的基本分期。

但这并不是策勒这部巨著的最终版本。事实上，一直到策勒去世之前为止，他都有对这部巨著的新的修订版出版，以反映最新的研究进展。因此，我们看到，在第二版（1856—1868），策勒不仅修改了全书的标题，而且还改变了各卷划分的方式。在标题上，第一版的标题被修改为“在其历史发展中的古希腊哲学”（Die Philosophie der Griechen in ihrer geschichtlichen Entwicklung），这也就是全书的最终的标题。而在各卷的划分上，第二版相较于第一版有两处大的改动：首先，第二卷被划分成两个部分，即，第一部分“苏格拉底与苏格拉底学派，柏拉图与老学园派”（Sokrates und die Sokratiker, Plato und die alte Akademie），和第二部分“亚里士多德与早期漫步学派”（Aristoteles und die alten Peripatetiker）；其次，第三卷被分成两册，第一分册是斯多亚学派、伊壁鸠鲁学派、怀疑主义学派和折中主义，第二分册是怀疑主义学派的复兴、新柏拉图主义的先驱和新柏拉图主义。这样的划分，再加上第一卷在第四版时（1876 年）也被分成两册，即，第一分册包括总论和前苏格拉底哲学从米利都学派一直到埃利亚学派的部分，第二分册包括前苏格拉底哲学从赫拉克利特一直到智者学派的部分，就形成了德文版《古希腊哲学史》的三大卷六大册的基本格局。当然，值得一提的是，对这一巨著的修订不仅在策勒的生前被反复进行，而且甚至在他去世之后也仍然由他的学生继续进行。例如，有关柏拉图和老学园派的那一部分就有 1922 年的第五版，是由策勒的学生霍夫曼（E. Hoffmann）增补整理当时柏拉图研究的最新成果修订的，而第三卷的第一分册则有 1923 年第五版，是由爱德华 · 威尔曼（Eduard Wellmann）博士修订的。

这是策勒《古希腊哲学史》德文版的总体轮廓。现在，我们再来谈英译本的情况，我们的中译本即依据英译本。

第一个英译本出现在 1868 年，这是对德文第二版第二卷第一部分“苏格拉底与苏格拉底学派，柏拉图与老学园派”（图宾根，1859 年）中“苏格拉底与苏格拉底学派”的翻译，译者是奥斯瓦尔德 · J. 雷赫尔（Oswald J. Reichel）。随后，在1870年，由这同一位译者又翻译出版了第三卷第一分册中“斯多亚学派、伊壁鸠鲁学派和怀疑主义学派”的部分，这是对该卷德文第二版（莱比锡，1865年）的翻译。1876年，由萨拉·阿莱恩（Sarah F. Alleyne）和阿尔弗雷德·古德温（Alfred Goodwin）合作，共同翻译出版了第二卷第一部分“苏格拉底与苏格拉底学派，柏拉图与老学园派”中“柏拉图与老学园派”的部分，这是对该卷德文第三版（莱比锡，1875年）的翻译，相较于第二版有了较大的扩充。1881年，萨拉·阿莱恩又以一人之力完成了对第一卷的翻译，这是对德文第四版（莱比锡，1876年）的翻译，英文版被分成两卷出版。1883年，仍然是萨拉·阿莱恩，翻译出版了第三卷第一分册中的“折中主义”部分，这是对德文第三版的翻译。最后，在1897年，由科斯特洛（B. F. C. Costelloe）和缪尔黑德（J. H. Muirhead）合作，策勒《古希腊哲学史》第二卷第二部分“亚里士多德与早期漫步学派”被翻译出版，这是对德文第三版（莱比锡，1879年）的翻译，英文版分成两卷，至于策勒《古希腊哲学史》第三卷第二分册有关新柏拉图主义的部分，英译本没有翻译。

策勒《古希腊哲学史》德文版的写作、修订与出版、再版，本身就是一项旷日持久的浩繁工程。仅就策勒生前对它的不断修订来说，从它的第一卷第一版在1844年正式出版开始算起，到它的第三卷第二部分即有关新柏拉图主义的那个部分第四版经策勒最后一次修订在1903年出版为止，几乎耗时一个人的一甲子之年。这还不算在策勒去世后由他的学生所进行的修订出版工作的时间。从而，结果就是，从第一个英译本“苏格拉底与苏格拉底学派”于1868年出版开始算起，到最后一个英译本“亚里士多德与早期漫步学派”于1897年出版为止，期间虽然有个别英译本再版并根据当时的新版做过修订，最终我们现在所能见到的策勒《古希腊哲学史》英译本是六卷八册。它们分别是：第一卷《从最早时期到苏格拉底的时代（附总论）》（上下册），第二卷《苏格拉底与苏格拉底学派》，第三卷《柏拉图与老学园派》，第四卷《亚里士多德与早期漫步学派》（上下册），第五卷《斯多亚学派、伊壁鸠鲁学派和怀疑主义学派》，第六卷《古希腊哲学中的折中主义流派史》。

由于策勒的这部巨著卷帙浩繁，版本众多，将它完整、全面地翻译过来并非易事。而目前的这个汉译本就它本身篇幅的宏大、内容的丰富而言，已经足以填补汉语学界翻译西方学者所写古希腊哲学史多卷本著作的空白，一定能够促进国内古希腊哲学研究的深入。

二

说到这里，我们也就有必要谈谈策勒这部多卷本《古希腊哲学史》巨著所具有的历史地位和意义。

众所周知，从 19 世纪以来，我们已经进入了一个哲学史的时代，这就是说，“哲学史”成为了学者们处理过去时代哲学思想的一种标准研究方式，正像在希腊化时代，“师承录”、“言行录”、“名人传”、“格言摘抄”等等是学者们处理之前哲学家们思想的一种基本方式一样。这当然标志着我们进入了一个具有历史批判意识的时代，也就是说，对于过去的思想，我们开始意识到我们同它们之间的“历史的距离”，不再是将它们作为无条件景仰与摹仿的对象，而是能够对它们进行批判的审视，试图为它们寻找在人类思想史上合适的位置。

这样一种思想模式的转换从近代以来就已经逐渐开始了，并不始自于德国。例如，1659 年托马斯·斯坦利（Thomas Stanley）在伦敦出版了他的《哲学史》（*The History of Philosophy*），此书在 1687、1701、1743 年都不断有再版，并在 1711 年出版了拉丁语的译本。[1] 但正是在 19 世纪的德国，哲学史的写作达到了空前繁盛的程度，大量哲学史著作涌现出来。而随着受新古典人文主义的刺激古典学研究取得关于

1　参见 Tennemann, *A Manual of the History of Philosophy*, Translated by Arthur Johnson, Revised, Enlarged, and Continued by J. R. Morell, London, Henry G. Bohn, 1852, p. 17。

古代历史文化的丰硕成果，在哲学史著作中对古代哲学思想进行专题处理也成为哲学史写作通行的惯例。例如，威廉·戈特利布·邓尼曼（Wilhelm Gottlieb Tennemann）是一位康德主义者，他的十一卷本《哲学史》（*Geschichte der Philosophie*）（1798—1819）已经以大量的篇幅梳理了古希腊哲学。H. 里特尔（H. Ritter）的九卷本《哲学史》（*Geschichte der Philosophie*）（1838—1850）也以同样的方式处理了古希腊哲学。类似的著作还有弗里德里希·于贝韦格（Friedrich Ueberweg）的三卷本巨著《哲学史大纲》（*Grundriß der Geschichte der Philosophie*）（1863—1866），更不消说众所周知的黑格尔四卷本的《哲学史讲演录》。此外，专门的古希腊哲学史著作也涌现出来。例如，卡尔·弗里德里希·赫尔曼（Karl Friedrich Hermann）对柏拉图的对话作品已经采取了一种反整体论的研究方式，他的著作《柏拉图哲学的历史与体系》（*Geschichte und System der Platonischen Philosophie I*，1859）已经将柏拉图的对话作品置于了一个年代学的解释模式中。而克里斯蒂安·奥古斯特·布兰迪斯（Christian August Brandis）在 1835—1844 年出版了他的两卷本的广受争议的著作《希腊–罗马哲学史手册》（*Handbuch der Geschichte der Griechisch-Römischen Philosophie*），该书以一个更小、更体系化的形式再版，题名为《希腊哲学发展史及其在罗马帝国的影响》（*Geschichte der Entwicklungen der griechischen Philosophie und ihrer Nachwirkungen im römischen Reiche*）（1862—1866）。而对古代哲学文献的编辑和整理工作在 19 世纪的德国也达到了高峰时期。在这方面，众所周知的例如，奥古斯特·伊曼努尔·贝克尔（August Immannuel Bekker）整理完成了普鲁士科学院的亚里士多德著作标准全集（1831—1836），这个全集成为当代世界各国出版亚里士多德全集的标准版本依据。赫尔曼·第尔斯（Hermann Diels）编辑了前苏格拉底哲学家残篇，这个残篇集迄今为止仍然是研究前苏格拉底哲学家思想的最权威文献依据。此外，像汉斯·冯·阿尼姆（Hans von Arnim）编辑了早期斯多亚学派的残篇，赫尔曼·乌斯纳尔（Hermann Usener）编辑了伊壁鸠鲁的残篇，等等。

详尽地罗列这一切对于我们来说既不可能也无必要。我们需要知道的只是这样一个事实，即，从19世纪以来，我们即进入了一个哲学史的时代，到现在为止，这一潮流依然未见终止，每一年，世界各国仍然会出产数以百计的哲学史作品，这足证哲学史写作模式的昌盛。

但是，在这众多的哲学史著作中，特别是在像古希腊哲学史这样的专门哲学史著作中，策勒的三大卷六大册（按德文版）《古希腊哲学史》仍然据有不可动摇的历史地位。原因当然是多样的。首先无疑是由于它的篇幅和体量、材料的丰富与详尽，不仅类似的、与它同时代的著作无出其右，而且甚至晚于它的著作也没有超过它的。

特奥多尔·贡珀茨（Theodor Gomperz）于1893年到1909年出版了他的古希腊哲学史《古希腊思想家：古代哲学史》（*Griechische Denker*：*Geschichte der antiken Philosophie*），德文版分成三册，每一册的篇幅和体量都相当大，以至于英译本是分成四册出版的（1901—1912）。同时，作者的计划也很庞大，整部书原计划有三册九卷，分别是：第一卷，“开端”；第二卷，“从形而上学到实证科学”；第三卷，“启蒙时代”；第四卷，“苏格拉底和苏格拉底学派”；第五卷，“柏拉图与学园”；第六卷，“亚里士多德及其后继者”；第七卷，“老斯多亚学派”；第八卷，“伊壁鸠鲁的花园”；第九卷“神秘主义者、怀疑派、折中主义者”。但是，在最终出齐时，第三册只包含了第六卷“亚里士多德及其后继者”，剩余的三卷却被付诸阙如。对此，在英译本第四册的“前言”中，贡珀茨这样写道：“在给开始于15年前的这部著作出版以结束时，我不得不承认对我原来的计划做出一些调整是合理的。……在一开始，我的愿望是将古希腊哲学史写至我们纪元的开始；但是逐渐地我明白认识到，公元前三世纪的前25年，是一个更为合适的终点。在这个时代，专门科学的发展达到了一个根本改变它们与哲学的关系的高度。……在总体上哲学和专门科学从此以后追求各自的道路。普遍科学——本著作的主要对象——就这样消失了；科学发展的重心转移到了从属的分支上。”[1]显然，正是由于这样一个现在看来明显站不脚的理由，贡珀茨的古希腊哲学史未能逾越策勒的巨著所达到的高度。

当然，英语学界在先后出版了策勒和贡珀茨著作的英译本之后也贡献了它自己的古希腊哲学史，这就是 W. K. C. 格思里所独立撰著、从第一卷于1962年出版到第六卷于1981年他去世前出版的《古希腊哲学史》。这部写作时间延续了近20年的著作，诚如作者本人在第一卷的“前言”中所许诺的，它的价值不在于它的原创性和天才，而在于它的叙述的融贯性和系统性，尤其是在于它对在这个领域已经极大丰富起来的学者的各种有争议的观点和看法的全面反映和公平判断。[2]因此，构成这部古希腊哲学史一个最显著特点的就是在正文中和脚注中所呈现出来的各种学术观点，它可以说全面地反映了一直到作者写作这部哲学史各卷时为止在古希腊哲学研究领域学者们所取得的重要研究成果。这部以英文书写的古希腊哲学史按作者的本意是要一直覆盖到新柏拉图主义以及中世纪基督教哲学的开端，从其就前苏格拉底哲学便毫不吝惜地给予了两卷1200余页的篇幅，而就柏拉图哲学同样给予了两卷1200余页的篇幅来看，作者毫无疑问是有超越策勒《古希腊哲学史》的雄心壮志的。他在第一卷“前言”中引用赫尔曼·弗朗克（Hermann Fränkel）的话说：“尽管对于海量专业文献的勤勉劳作本身就是极可追求的，但是在我看来更为重要的是在我有生之年完成它。”[3]这就清楚地表明了他的抱负和决心。但是，时间确实也是无情的。在叙述亚里士多德哲学的第六卷出版后不久，作者便去世了。而在两年前，作者已经罹患了中风。因此，不仅他未能如其所愿地充分处理好亚里士多德的《政治学》和《诗学》，而且从全卷的篇幅只有470页来看，这也是一部匆匆完成的著

1 Theodor Gomperz, *Greek Thinkers, A History of Ancient Philosophy*, Volume IV, Translated by G. G. Berry, p. vii.

2 W. K. C. Guthrie, *A History of Greek Philosophy,* Volume I, Cambridge University Press, 1962, p. ix.

3 上引书，p. x。

作。因为，亚里士多德的哲学当然不只需要短短 470 页的篇幅来予以讨论。这样，英语学界未能贡献出自己的足可超越策勒《古希腊哲学史》的著作。

现在，我们来看由意大利学者乔瓦尼·雷亚莱（Giovanni Reale）所独立撰著的《古代哲学史》(*Storia della filosofia antica*)。全书共四卷，第一卷《从源头到苏格拉底》（*Dalle Origini a Socrate*）和第二卷《柏拉图和亚里士多德》（*Platone e Aristotele*）出版于 1975 年，第三卷《希腊化时代的诸体系》（*I Sistemi dell' Età Ellenistica*）出版于 1976 年，第四卷《帝国时代的诸学派》（*Le Scuole dell' Età Imperiale*）出版于 1978 年。全书总篇幅 2000 余页，仅从作者将柏拉图和亚里士多德置于一卷来看，我们便可断定作者并无企图超越策勒《古希腊哲学史》的打算。构成全书最大特色的便是它将重心放到了后亚里士多德哲学上，用了足足两卷 1200 余页的篇幅来处理它，以至于 A. A. 朗（A. A. Long）在对此书所撰写的书评中，在指出了它在篇幅上不仅无法与策勒相比、甚至也无法与格思里相比之后，仍旧称道它在关于亚里士多德之后哲学的处理上是详尽而全面的。[1] 此外，阅读 A. A. 朗的这篇书评是令人生发兴味的，因为，他始终以策勒和格思里的著作作为评判标准。因此，他的如下一段话或许可以作为一个明证，证明甚至在 20 世纪 80 年代策勒的《古希腊哲学史》在学者们的心目中仍旧据有无可取代的地位。他的原话如下："也许可以合理地预言，策勒的《古希腊哲学史》将永远不会被超越。在各种观点和方法上，他的著作已被取代，但是，它始终是对哲学专门知识和哲学分析的一个巧妙综合。在策勒那里有着大量精心组织的内容，甚至今天他的主要文本都很少令我们感到失望。如果他的著作对于他的更爱标新立异的哲学同代人来说显得有点儿枯燥，那么，这也许就解释了为什么策勒是那么持久。哲学时尚迅即改变。但是，作为一位

---

1 A. A. Long, "A History of Greek Philosophy", *The Classical Review*, New Series, Vol. 32, No. 1 (1982), pp. 38-41.

新黑格尔主义者，策勒却保持了足够的独立地位来避免发挥演义，这是哲学史家最坏的恶行。当他看到一个哲学问题时他知道它，但他很少沉溺于纯粹思辨的解释或重构中。”[1]这就充分说明了，即便是在20世纪哲学史的撰著更为通常和成规模的前提下，策勒的《古希腊哲学史》巨著仍旧是无人能够企及的，因为，任何一个人想要凭一己之力完成这样一部篇幅宏富的巨著，在他想到策勒时，相信都会忍不住倒吸一口凉气。

三

但是，在篇幅和规模的难以企及以外，我们还要谈到策勒这部巨著本身在学术上对于古希腊哲学史这门学科所做出的具有奠基意义的理论贡献。

首先是在方法上。我们知道，策勒本人是一位黑格尔主义者。从这部巨著的完整标题——“在其历史发展中的古希腊哲学”（Die Philosophie der Griechen in ihrer geschichtlichen Entwicklung）——我们就可以清楚地看到其中黑格尔历史主义的特征，这就是，不仅把古希腊哲学放到历史的脉络之中来加以叙述，而且还是放到思想的历史演进、历史发展之中来加以叙述。但是，正因为如此，指出如下一点就是非常重要的，这就是，尽管策勒是基于19世纪历史主义的方法论视野来处理古希腊哲学的，但是他却自觉地与黑格尔的本质上是先验主义的思想史研究方法拉开了距离。因为，如众所周知的，黑格尔历史主义的一个基本理论预设就是历史与逻辑的统一，他是按照他的逻辑学的概念辩证推演框架来把握古希腊哲学史、乃至到他本人为止的整个哲学史的，从而，在对思想史材料的处理上就不免有逻辑先行和暴力诠释的问题。而策勒在实际的写作过程中却采取了一种相反的研究方式，这就是，更加

1 A. A. Long, “A History of Greek Philosophy”, *The Classical Review*, New Series, Vol. 32, No. 1 (1982), pp. 38-41.

注重对思想史材料的搜集、整理与实事求是的分析，而尽力避免在研究中带入预先的理论判断和成见。

对此，策勒自己是有着清醒而深刻的理论自觉意识的。他在第一卷第二版的“前言”中曾经写道：“在处理我的主题时，我一直牢记我在对它的最初研究中向我自己提出的任务，即在对历史的渊博的探讨和思辨的研究之间遵循中庸之道：既不以一种单纯经验的方式搜集事实，也不构造先验的理论，而是通过多种传统本身，借助批评性的审查和历史性的综合，获致关于它们的意义和相互关系的知识。”[1] 而在第四版的“前言”中他就此做了更进一步的阐发。他认为“哲学地”去理解历史上哲学家的观点是重要的，从而，哲学史不能是外在于哲学的哲学史材料的堆积。但是，我们却又不能因此便滥用哲学的名义，给古代哲学家的思想强加它所没有的观点，为他的思想编造不曾有的体系关联。所以，对于策勒来说，按照古代哲学家思想的历史条件实事求是地来把握他的思想就是一个具有根本重要性的原则。他说：“过去的伟大现象在我看来是太过伟大了，因此我不能假设我可以通过将它们拔高到它们的历史条件和限度之上来为它们提供任何帮助。在我看来，这样一种错误的理想化使它们更为渺小而不是伟大。不管怎样，没有任何东西能够因此给历史真理增益，在历史真理面前，对具体的人和具体的学派的偏爱必须让路。”[2] 以此方式，策勒也就向我们阐明了他的历史主义意味着什么——这就是历史的真实！思想史的研究必须符合历史的真实，而不是理论逻辑的虚构。他并且为此给出了具体的研究方法，即：“任何人阐述一个哲学体系，都必须将它的作者所持有的各种理论再现于它们在这位作者的思想中所具有的关联之中。这一点，我们只能够从有关这些哲

---

1 转引自第一卷第四版的“前言”，见 E. Zeller, *A History of Greek Philosophy, From the Earliest Period to the Time of Socrates, With a General Introduction*, Translated by S. F. Alleyne, Vol. 1, London, Longmans, Green, and Co., 1881, p. vii。

2 转引自第一卷第四版的“前言”，见 E. Zeller, *A History of Greek Philosophy, From the Earliest Period to the Time of Socrates, With a General Introduction*, Translated by S. F. Alleyne, Vol. 1, London, Longmans, Green, and Co., 1881, p. ix。

学家本人的证言中、从其他人针对他们的学说的陈述中获知”。[1] 而这又进一步包含以下两点更为具体的方法：“首先，使我们超出直接证言的归纳在各种情况下都必须建立在我们所拥有的全部证据的基础上；当一种哲学理论在我们看来似乎要求一些进一步的理论时，我们必须总是考察是否这位作者体系的其他部分——在他看来是同样重要的——没有构成障碍。其次，当假定我们正在考察的这位哲学家曾经向他自己提出过我们正在向他提出的问题，向自己给出过我们从他的其他命题中得出的答案，或者本人做出过在我们看来是必然的推论时，我们必须探询我们是否有充分的理由。”[2] 这就是策勒的哲学史研究的方法。他的哲学史研究是基于对哲学史材料的经验观察，而不是理论建构，我们对一位哲学家哲学思想的建构必须严格限制在哲学史材料允许的范围内，不多也不少，而是实事求是。

这样一种本质上属于经验实证的方法当然不是黑格尔式的，而是对黑格尔式哲学史研究方法的反对。在第一卷的“总论”中，策勒更是指名道姓地对黑格尔的历史与逻辑统一的哲学史认识方式进行了深入的批判，表明即使观念遵循逻辑的秩序，但是，历史并不遵循逻辑的秩序，而哲学史首先是历史研究，从而，它所遵循的恰恰不是逻辑，而是历史。他这样说：“与黑格尔的立场远为不同，我们必须坚持认为，没有任何哲学体系可以这样构成，以至于它的原则通过一个纯粹的逻辑概念就能够得到表达；没有任何一个哲学体系只是根据逻辑程序的法则便从它之前的体系中产生出来。对过去的任何研究都会向我们表明，要在哲学体系的秩序中发现黑格尔的或其他任何思辨逻辑的秩序，这是多么地不可能，除非我们从其中构造出与它们的实际情况十分不同的东西。因

---

1 转引自第一卷第四版的“前言”，见 E. Zeller, *A History of Greek Philosophy, From the Earliest Period to the Time of Socrates, With a General Introduction*, Translated by S. F. Alleyne, Vol. 1, London, Longmans, Green, and Co., 1881, p. ix。

2 转引自第一卷第四版的“前言”，见 E. Zeller, *A History of Greek Philosophy, From the Earliest Period to the Time of Socrates, With a General Introduction*, Translated by S. F. Alleyne, Vol. 1, London, Longmans, Green, and Co., 1881, p. x。

此，这一尝试无论是在原则上还是实践上都是一个失败，它所包含的真理仅仅是这样一个普遍的信念，即，历史的发展受到不变规律的内在支配。”[1] 事实上，正是在方法上对当时盛行的黑格尔式的历史主义的清醒认识和自觉批判，使策勒不仅保持了自己哲学思想的独立性，而且是他的这部《古希腊哲学史》具有超越时代局限性的价值的根本原因所在。他在哲学史的经验材料和哲学史的哲学理解之间找到了一个巧妙的平衡点。

接下来，我们要提及策勒这部巨著在古希腊哲学史这门学科上的第二个理论贡献，这就是对古希腊哲学史的基本分期的确定。

我们现在通常把整个古希腊哲学史分成三个时期，这就是：前苏格拉底哲学、古典希腊哲学和晚期希腊哲学。对于前苏格拉底哲学，有时候人们为了避免“前苏格拉底”这个时间限定的过于僵硬，也用“早期希腊哲学”来代替它，但是，无论如何，苏格拉底都构成了界定这一时期哲学的一个重要分界点。对于古典希腊哲学，人们主要想到的就是苏格拉底、柏拉图和亚里士多德，他们的思想和体系毫无疑问是古典希腊时期哲学思想的中心和重心。对于晚期希腊哲学，人们通常用它来指亚里士多德之后的整个古希腊哲学，这既包括希腊化时期的哲学，也包括罗马帝国时期的哲学，直至新柏拉图主义，直至公元 529 年雅典最后一个希腊学园被关闭。这就是我们现在所通行的对整个古希腊哲学史的分期。而我们在这里要指出的是，这一基本分期就是在策勒那里被真正确立起来的。

因为，像上述那样一种在我们现在看来极其自然合理的对古希腊哲学史的分期，在古希腊哲学史这门学科最初成立和研究的初期却并不是现成的。策勒在讨论这个主题时已经给我们提供了这方面的几个具体例子。例如，阿斯特（Ast）和里克斯纳（Rixner）的哲学史著作在处理

1 转引自第一卷第四版的“前言”，见 E. Zeller, *A History of Greek Philosophy, From the Earliest Period to the Time of Socrates, With a General Introduction*, Translated by S. F. Alleyne, Vol. 1, London, Longmans, Green, and Co., 1881, p. 14。

古希腊哲学史时，以伊奥尼亚的实在论、意大利的观念论和阿提卡的综合将古希腊哲学划分成为前后相继的三个时期。而布拉尼什（Braniss）在他的哲学史著作中则将古希腊哲学划分成为如下三个时期：第一个时期从泰勒斯一直到恩培多克勒，第二个时期涵括了阿那克萨戈拉、德谟克利特和智者学派，第三个时期则是从苏格拉底一直到古希腊哲学的结束。黑格尔在《哲学史讲演录》中，在讨论古希腊哲学的分期时，则把整个古希腊哲学分成如下三个时期：第一个时期是从泰勒斯到亚里士多德，第二个时期是亚里士多德之后的哲学，主要是指斯多亚学派、伊壁鸠鲁学派和怀疑论学派，第三个时期是新柏拉图主义的哲学。而对于第一个时期，他又将之分成三个阶段，第一个阶段是从泰勒斯到阿那克萨戈拉，第二个阶段包含智者学派、苏格拉底和苏格拉底学派，第三个阶段是柏拉图和亚里士多德的哲学。

我们以今天的眼光来审视这些划分，会觉得它们是极其怪异和难以理解的。但我们一定不要忘了：首先，这是在古希腊哲学史学科初创阶段人们对其时期划分的意见，他们产生这样或那样的意见分歧无疑是极其自然、极其合理的；其次，更为重要的是，我们之所以认为它们十分奇怪，恰恰是因为我们的古希腊哲学史分期观念正是通过策勒而被塑造的，他的三大卷六大本的《古希腊哲学史》，其中三大卷的总划分，恰好对应的就是现在所通行的对古希腊哲学史的三大阶段的划分。一旦我们追溯到此，两相对比，我们也就知道策勒在古希腊哲学史分期问题上的理论地位了。

但是，如果我们在这里把这个问题考察得更为仔细一些，那么，我们要进一步指出，策勒在这个问题上最为重要的理论贡献就是确立了“前苏格拉底哲学”这个概念。因为，一个极其显然的事实是，无论是在阿斯特、里克斯纳、布拉尼什还是黑格尔的哲学史著作中，在对古希腊哲学史的分期中，他们并没有一个明确的“前苏格拉底哲学”概念。在这方面，黑格尔表现得最为突出，在他的《哲学史讲演录》中，苏格拉底甚至不构成他所划分的第一期第二阶段的开端，作为这个阶段开端的是智者学派。

但正是在策勒的这部巨著中，他明确地把苏格拉底树立为把握整个古希腊哲学史分期的关键环节。在第一卷的“总论”中他这样肯定地说：“苏格拉底不仅发展了一种已经存在的思想模式；他还将一种本质上全新的原则和方法引入到哲学中。”[1] 在此之后，他便指出了这一全新的原则和方法的根本内涵，这就是：“苏格拉底却首先表达了如下信念，除非其普遍本质、其概念被确定，关于任何对象没有任何东西可以被知道；因而通过概念标准对我们表象的检验——哲学意义上的自我知识——就是所有真知识的开端和前提。尽管早期哲学家们通过思考事物本身首先达到将表象与知识区分开来；但与此相反，他却使事物的全部知识依赖于对知识本质的一个正确观点。”[2] 这当然是对苏格拉底定义法的诉诸和对其哲学内涵的揭示，但是，即便是从当代古希腊哲学知识论研究的水准出发来审视策勒的这一概括，我们也必须要承认，它确实抓住了苏格拉底方法的本质，并且因此抓住了苏格拉底在古希腊哲学史上所具有的转折点意义。由此，策勒把苏格拉底看成是古希腊哲学一个新的历史时期的开端就一点儿也不奇怪的了。他说：“因此，从他这里就开始了一种新形式的科学，基于概念的哲学；辩证法取代了早期的独断论；而且与此相联系，哲学在此前未被探索过的领域中赢得了新的、丰厚的战利品。……这些变化是如此深刻，对哲学的一般前提和特性影响如此巨大，以至于看起来确实有道理说从苏格拉底开始了哲学发展的一个新的时期。”[3] 在这里，“基于概念的哲学”取代直接意义的自然哲学，

---

1 转引自第一卷第四版的“前言”，见 E. Zeller, *A History of Greek Philosophy, From the Earliest Period to the Time of Socrates, With a General Introduction*, Translated by S. F. Alleyne, Vol. 1, London, Longmans, Green, and Co., 1881, p. 171。

2 转引自第一卷第四版的“前言”，见 E. Zeller, *A History of Greek Philosophy, From the Earliest Period to the Time of Socrates, With a General Introduction*, Translated by S. F. Alleyne, Vol. 1, London, Longmans, Green, and Co., 1881, p. 171-172。

3 转引自第一卷第四版的“前言”，见 E. Zeller, *A History of Greek Philosophy, From the Earliest Period to the Time of Socrates, With a General Introduction*, Translated by S. F. Alleyne, Vol. 1, London, Longmans, Green, and Co., 1881, p. 172。

这就是由苏格拉底所开启的哲学传统与之前的哲学传统的根本区别。因为，无论是柏拉图的理念论还是亚里士多德的形式理论，在这一意义上都是经由苏格拉底的方法而来的。简言之，理念和形式都离不开苏格拉底的普遍定义法。普遍定义法和辩证法最终构成了柏拉图和亚里士多德哲学体系方法论的根本内核。策勒指出这一点，并且根据这一点来确定苏格拉底在古希腊哲学史上的地位和作为新时期开端的意义，这就是策勒思想的深刻之处和独到之处。他以苏格拉底为古希腊哲学史的关键界标所形成的“前苏格拉底哲学”的概念，毫无疑问是古希腊哲学史学科上影响最为深远的一个概念。

最后，从古希腊哲学史书写的角度，我们还要指出策勒这部巨著相较于同一题材的其他著作一个值得读者重视的特色所在，这就是：它不仅提供了对上自泰勒斯、下迄新柏拉图主义近一千余年的古希腊哲学体系化的历史书写，而且还提供了对活跃于其间的大大小小、纷繁复杂的各哲学学派的历史书写。所谓“体系化的历史书写”是指，对主要哲学家的思想从本体论、认识论、宇宙论、伦理学等各个方面进行体系化的论述，揭示其内在的哲学理路，阐发其根本的哲学主旨，以为读者提供理解和把握古希腊哲学的钥匙。策勒的著作秉承德国哲学史著述的传统，发挥黑格尔学派的哲学精神，在这方面自然驾轻就熟，并且能够展现其“胜境”，发掘其“胜义”，为同类著作所难及。但是，这并不构成其特色所在，因为，这一方面的内容当然是任何一部古希腊哲学史著作在写作上所必然要涉及的。因而，真正构成策勒这部巨著值得我们重视的特色的，实际上倒是它对古希腊哲学学派历史的书写，这在同类型的著作中无疑是极其稀少的。以格思里的《古希腊哲学史》为例，在他的六大卷的著作中，除了前两卷处理前苏格拉底哲学的部分必须是对前苏格拉底哲学各派的讨论外，在后面四卷对苏格拉底、柏拉图和亚里士多德哲学的处理上，他丝毫也没有涉及所谓的苏格拉底学派和柏拉图学园派、亚里士多德漫步学派的主题。但是，策勒的著作，我们仅看各卷的标题，就可以认识到其著述的一个不可忽视的重心就是古希腊哲学的学派史。例如，按照英译本的分卷，第二卷的标题是“苏格拉底与苏格拉底学派”，第三卷的标题是“柏拉图与老学园派”，第四卷的标题是“亚里士多德与早期漫步学派”，第五卷的标题是“斯多亚学派、伊壁鸠鲁学派和怀疑主义学派”，第六卷的标题是“古希腊哲学中的折中主义流派史”。在第二卷中，除了苏格拉底的哲学以外，他还具体论述了麦加拉学派、厄立特里亚学派、犬儒学派、居勒尼学派，以及上述各派的主要代表人物的思想。在第三卷中，除了柏拉图的哲学以外，他还对老学园派进行了考察，涉及了斯彪西波、色诺克拉底、赫拉克利德、欧多克索、波勒莫等多位早期柏拉图主义者的思想。在第四卷中，除了亚里士多德的哲学之外，他还处理了早期漫步学派的主题，对塞奥弗拉斯特、欧德谟斯、阿里斯托克塞努斯、斯特拉托，及斯特拉托之后公元前2世纪的漫步学派都有论述。至于第五、六卷对迄至公元一世纪希腊化时期哲学各派的具体论述，其所论列人物的详尽和众多，当然更是一般性的哲学史论述所难以企及的。这样，在绝大多数古希腊哲学史著作侧重于对主要哲学家思想体系论述这一总体背景下，策勒的《古希腊哲学史》却能兼顾其间的各个哲学学派自身的历史，并给予不菲的篇幅来予以展示，这当然就构成了他这部巨著在历史书写上的一个绝对不容忽视的特色，而且也使他的这部巨著具有珍贵的文献价值。因为，坦率地说，迄今为止，在汉译过来的古希腊哲学史著作中，还没有一部处理到这一主题，并且给我们提供这方面的可资研究利用的材料，而我们自己的古希腊哲学史方面的研究著作对于这一主题当然更是只能付诸阙如。

四

在对策勒这部巨著的历史地位、学术价值做了介绍之后，我们现在可以来就这部汉译本的情况做些说明。

策勒六卷本（英译本）《古希腊哲学史》的汉译工作始自2010年。

当时，在中国人民大学“品牌研究计划”科研项目的资助下，我们计划出版一套“古希腊哲学基本学术经典译丛”，将自上个世纪以来西方学者研究古希腊哲学的一些经典学术名著译介过来，以进一步促进古希腊哲学研究在国内的繁荣和深化，此计划得到了人民出版社的大力支持。计划中的丛书共12本，其中，策勒六卷本（英译本）《古希腊哲学史》便是重中之重。由于认识到这部著作无论其自身的学术分量还是出版后可能产生的学术影响都是非常巨大的，因此，从一开始我们就按照“术业有专攻、学术有成就”的原则来寻找合适的译者，以使汉译本能够经得起时间和学术的严格检验，成为国内古希腊哲学研究的基本学术经典。而我们也可以自豪地说，承担这一翻译工作的五位主要译者都是国内古希腊哲学研究的知名专家学者。为了便于读者了解，我们在这里按照各卷的顺序依次介绍一下。

其中，本书第二卷译者是天津外国语大学欧美文化哲学研究所的吕纯山副研究员，她对亚里士多德的《形而上学》有专门的研究。本书第三卷译者是中国社会科学院哲学所的詹文杰副研究员，他是柏拉图哲学研究上卓有成就的学者。本书第四卷译者是云南大学哲学系的曹青云副教授，她对亚里士多德的《形而上学》、《物理学》、《论灵魂》等都有深入的研究。本书第五卷译者是南昌大学哲学系的余友辉副教授，他是晚期希腊哲学的研究专家。本书第六卷译者是浙江工商大学马克思主义学院的石敏敏教授，她在晚期希腊哲学上有多部译著与专著出版。本书第一卷之所以放到最后才提及，是因为这一卷是由多位译者合作完成的。其中，余友辉副教授独立承担了该卷第二分册的翻译工作。而该卷第一分册则由聂敏里、詹文杰、余友辉、吕纯山四人合作完成。

我们在这里还要特别提及为第五卷的翻译贡献力量的中国社会科学院哲学所的何博超副研究员，为第六卷的翻译贡献力量的浙江大学哲学系的陈玮副教授。何博超负责了第五卷中古希腊文的处理工作，陈玮负责了第六卷中古希腊文的处理工作。这些古希腊文处理的工作是特别繁重的，所以，我们在这里还要为他们两位的慷慨支持和帮助表示由衷的感谢。此外，各卷所附的“译名对照表”，下含该卷出现的神名、人名、地名的中西文对照，对各卷之间译名一致性的审校工作，是由毕业于爱尔兰都柏林三一学院柏拉图研究中心的葛天勤博士完成的，在此，我们也要对他的热情帮助和细心工作表示深深的感谢。

在介绍了整个翻译团队的人员构成后，我们对翻译的一些基本情况做些说明。策勒《古希腊哲学史》英译本分成六卷八册，其中第一卷和第四卷都有两册。汉译本沿用了英译本的这一分卷方式，也是六卷八册。同时，如前所示，策勒这部书的德文原名是“在其历史发展中的古希腊哲学”，我们将它翻成“古希腊哲学史”，是遵照了英译本的书名。但我们下面着重要谈一谈，我们是如何来处理策勒书中堪称繁复、甚至繁琐的脚注的。

可能，构成策勒这部书在写作方式上一个最引人注目的特色就是，行文之中充满了大量的学术脚注。本来，任何一部学术性的古希腊哲学史著作的撰写，丰富的学术脚注是不可缺少的，例如，格思里的六卷本《古希腊哲学史》便是如此。但是，像策勒这部《古希腊哲学史》，脚注的篇幅有时候占满了整整一页，比正文文字还多，这种情况却是十分少见的。策勒自己在第一卷第二版和第四版的“作者前言”中都曾说明他是如何来理解他文中的这种篇幅巨大的学术性脚注的。他这样说：

> 在前苏格拉底哲学方面，由于资料来源的特征和有关它们的现代观点的分歧，这个任务被弄得格外地困难：如果没有许多批评性的讨论，并且经常深入到细节之中，要完成它是完全不可能的。但是，既然历史阐述的清晰不可以因此受到损害，我便始终把这些讨论尽可能地放到脚注中，而针对作者的证言和引用也在其中找到了适合的地方。但是，证言和引用所取材的著作有很多，其中一些又是难以找到的，因此，便常常有必要给出充分的摘引，以便于读者无需浪费时间便能够查证我阐述的真实性。因此，脚注的数量，相

应地，整卷的篇幅，便增加到了一个惊人的规模；但我希望，在优先照顾到读者对科学的要求，和针对疑难便于节省他的时间而不是印刷者的纸张上，我已经做出了正确的选择。[1]

策勒在这里说的是第一卷脚注的情况，但是，这实际上也是整个六卷的普遍情况。从策勒这里的表述和他著作中脚注的实际情形来看，显然，他的脚注基本上分成三种类型：一是批评性的讨论，是对正文论述的补充，显然，这部分脚注是非常重要的；二是相关的证言和引用，以为正文的讨论提供相应的材料补充，显然，这部分脚注如果构成了正文讨论的有机部分，也是非常重要的；三是文献出处，这在当代的处理习惯是仅仅列出可以检索到的文献名，但是，如策勒在上引文中所表述的，他为了便于读者即时的检索，也不惮其烦地将相关的文段抄录了下来。这三种类型的脚注时常是混合在一起的，正是这种混合难免有时候造成了过长的篇幅。

当我们理清了策勒脚注的上述头绪，从中文出版物排版的体例要求出发，经过我们的慎重考虑，我们决定，对于第一种类型的脚注，我们要完全地呈现出来，因为，这是策勒哲学史论述的有机部分，是不可或缺的。对于第二种类型的脚注，由于是给策勒的哲学史论述提供有机的支撑，有时候讨论就是针对这些材料中的具体观点和概念展开的，所以，我们在翻译中也要将它完全地呈现。只是对于第三种类型的脚注，由于它们在根本上起到的作用只是文献检索，这些文献中虽然有一些确实如策勒所说是难以找到的，但是，毕竟不是不能找到的，而且也只有专业性的读者在自己专业研究的细节处才会去重视这些材料，而恰恰对于专业性读者来说，寻找这些材料本身并非难事或就是自己的本职工作，所以，我们在翻译时就按照通行的出版惯例，仅仅保留了文献名和具体的位置信息，对于其中所抄录的原文段落则省略了。这样做的好处

1 E. Zeller, *A History of Greek Philosophy, From the Earliest Period to the Time of Socrates, With a General Introduction*, Translated by S. F. Alleyne, Vol. 1, London, Longmans, Green, and Co., 1881, pp. vii, viii.

就是，我们能够在中文版中将策勒著作中的脚注控制在排版可以接受的篇幅内。同时，顺便要说到的是，对于脚注中的文献名，策勒多是以缩写呈现，我们考虑到如果将它们通通翻译成中文，对于专业性读者来说反倒会造成他们由此去检索原始文献的困难，所以，我们认为，最明智的做法就是保持这些文献名的原文缩写不译，专业性的读者可以直接根据它们来检索原始文献。

这就是我们在翻译策勒这部巨著时需要说明的一些基本情况，至于更为具体的一些说明，读者可以在全书的“凡例”部分看到，在那里，我们对翻译的具体细则做了严格的规定。全书翻译迄今为止已经历时十载，相对于策勒这部近四百万言的巨著来说，如此旷日持久之工程本也在情理之中，但是，在这十年的时光中，我们翻译团队的各位译者所展现的敬业精神，在需要支持和帮助时所表现出来的义不容辞的担当精神，却是最令人感动、也是最令人珍视的一段记忆。

在这篇序言的最后，我们全体成员还要对 2018 年 1 月 21 日病逝的汪子嵩先生表示崇高的敬意。作为中国人自己独立撰写的四卷本巨著《希腊哲学史》的主编，汪先生对于国内古希腊哲学学科的建设始终倾注了自己全部的心力。因此，当我在 2016 年专诚通过汪先生的女儿汪愉女士请汪先生为我们正在翻译的这部策勒的《古希腊哲学史》题词时，他虽然已经写字不能成行，但仍欣然提笔给我们的这部译著写下了如下勉励的话：

> 德国哲学史家策勒的《古希腊哲学史》是古希腊哲学学科的奠基之作，中国学者有责任将它完整地翻译过来！
>
> 汪子嵩
>
> 2016.6

当时面对汪先生的这段话，我们已经深感肩上责任的重大，而在这段话成为汪先生写给国内古希腊哲学研究界最后的遗言后，我们更是深深地感到我国老一辈学者对中国学术的拳拳赤子之心。所以，我们不仅要将这部译著献给已故的我们尊敬的汪子嵩先生，而且还要献给在古希腊哲学研究领域长期奉献、耕耘的前辈学者们，正是这些学者们的工作奠定了古希腊哲学学科在国内研究的坚实基础，为它的繁荣和发展创造了不可或缺的前提条件。

是为序！

聂敏里

2020 年 4 月 24 日

目　录

总　论

第一时期：前苏格拉底哲学

第一部分 早期伊奥尼亚学派，毕达哥拉斯学派及埃利亚学派

中译者前言

本卷据策勒《古希腊哲学史》第一卷英译本译出，英译者为萨拉·阿莱恩女士（Sarah F. Alleyne）。如英译者在“英译者前言”中所说，英译本是对策勒原书第一卷第四版的翻译。因此，相对于其他各卷多是依据第二版或第三版翻译而来，第一卷所依据的策勒原书的版本倒是较晚的。全书分为两册，共计1200多页，汉译过来的文字在70万字以上，堪称鸿篇巨制。

这一卷在主题上分成两个部分，即“总论”和“前苏格拉底哲学”。在“总论”中，策勒对他写作整部《古希腊哲学史》的目的、方法做了详细的论述，并针对“古希腊哲学”这个研究对象，就其起源、范围、特征、分期等多个内容进行了深入的探讨。而在“前苏格拉底哲学”这个部分，策勒从泰勒斯开始，先后处理了早期伊奥尼亚自然哲学，毕达哥拉斯学派、埃利亚学派、赫拉克利特、恩培多克勒、原子论学派、阿那克萨戈拉、智者学派。“前苏格拉底哲学”部分无疑构成了第一卷的主体，占据了本卷绝大部分的篇幅。

策勒对“前苏格拉底哲学”的研究有其鲜明特色。在这里，值得概略提出来的主要有以下三点。

首先，他在这一卷中的研究确立了“前苏格拉底哲学”这个重要的古希腊哲学史分期概念。因为，之前的哲学史家虽然也触及这个部分的内容，但是，并没有形成明确的“前苏格拉底哲学”的概念。例如，在黑格尔的《哲学史讲演录》中，构成他对古希腊哲学史分期最重要概念的并不是“前苏格拉底”和“苏格拉底之后”，相反，却是“前亚里士多德”和“亚里士多德之后”。他认为古希腊哲学从最初的“完全抽象的、在自然形式或感性形式之下的思想开始，一直进到规定的理念为止”，这个规定的理念的第一个完成了的“自足的科学整体”就是亚里士多德的哲学体系。[1] 所以，他把亚里士多德看成是古希腊哲学史从开端到后来希腊化时期各哲学学派演化的一个分界点。但正是策勒在他这部《古希腊哲学史》中，通过“前苏格拉底哲学”这个明确的时期划分，确定了今后支配我们整个古希腊哲学史研究的一个基本历史观察视角。对此，A.A. 朗（A. A. Lang）这样写道：“尽管第尔斯似乎是第一位写了一部书有‘前苏格拉底哲学家’出现在其标题中的人，但这个术语所表达的概念在爱德华·策勒伟大的《古希腊哲学史》中却是明确的，它强烈地影响了第尔斯，就像它迄今已经影响了所有人一样。”[2] 这就点出了策勒对“前苏格拉底哲学”这个古希腊哲学史基本分期概念的首创之功。

其次，他确定了前苏格拉底哲学区别于古典希腊哲学的最根本特征。我们现在已经基本上明确前苏格拉底哲学在本质上是一种自然哲学，尽管作为哲学的开端，它为后来古希腊哲学的发展无论是从形而上学到认识论，还是从宇宙论到伦理学都提供了丰富的营养，但是，就整体而言，前苏格拉底哲学所处理的基本主题是自然，它是从各个方面、各个角度对自然的研究。然而，就古希腊哲学史这个学科自身的发展来说，我们必须意识到，这样一个基本的见解却恰恰是通过策勒才被有力地确立起来的。而在策勒之前，在十九世纪德国的古希腊哲学史研究中，流行着的却是其他一些教条。例如，人们教条地将自然哲学对应于伊奥尼亚学派、将伦理学对应于毕达戈拉斯学派、将辩证法对应于埃利

1 黑格尔：《哲学史讲演录》第一卷，贺麟、王玖兴译，商务印书馆 1959 年版，第 171 页。

2 A. A. Long, “The scope of early Greek philosophy”, n. 11, *Early Greek Philosophy*, p. 19, ed. A. A. Long, Cambridge University Press, 1999, p. 19.

亚学派，人们又按照伊奥尼亚学派和意大利学派或者伊奥尼亚人和多里亚人的划分，将前苏格拉底哲学家们划归到实在论和观念论的对立阵营之中。但是，策勒有力地驳斥了这些流行的教条，指出在早期哲学的发展中根本不可能存在精神和物质的严格区分，从而，也就不可能存在实在论和观念论的根本对立。相反，早期的哲学家们直接面对自然，通过直观把握自然，并且形成对自然的独断论的、而非认识论反思的理解，而这也就使得这一时期的哲学不可能超越自然哲学的范围。策勒的论述不仅雄辩，而且符合实际，这尤其体现在他对智者学派的处理上。因为，智者学派诚然已经表现出了认识论反思的特征，从而，它为后来柏拉图、亚里士多德思辨的哲学体系的建立无疑提供了前提基础。但是，正如策勒所指出的，“像其前辈一样智者学派不知道任何高于自然的东西”，从而，虽然他们已经“将怀疑带入科学意识中，并摧毁了对知识的可能性的信念”，但是，智者学派在整体上并没有逾越自然哲学的范围。当我们将建立在概念思辨基础上的柏拉图哲学或者亚里士多德哲学与前苏格拉底哲学相对比，前苏格拉底哲学的自然哲学的素朴、直观的特征就变得更加鲜明。

第三，他将前苏格拉底哲学明确地划分成为三个阶段，即，把米利都学派、毕达哥拉斯学派和埃利亚学派看成是第一个阶段，而把赫拉克利特和直至阿那克萨戈拉的其他公元前五世纪的自然哲学家们看成是第二个阶段，智者学派是第三个阶段。策勒的这一划分无疑具有自己的鲜明特色，也有其合理之处，特别是他把埃利亚学派看成是前苏格拉底哲学的一个重要的分界点。我们现在通常也是将前苏格拉底哲学分成三个阶段，并且形成了“前巴门尼德”和“后巴门尼德”的重要分期概念，认为巴门尼德之前和巴门尼德之后的早期希腊哲学是工作在不同的平台上的，而巴门尼德就是这个新的工作平台的奠定者。而智者学派当然毫无疑问应当作为第三个阶段来处理。但是，在这里特别需要提出来加以批评的是策勒把赫拉克利特放在埃利亚学派之后、说成是第二个阶段的开端这一点。我们说，关于巴门尼德和赫拉克利特的关系，黑格尔便按照自己逻辑学的“有—无—变”的正反合规则，认为巴门尼德一定是在赫拉克利特之前。策勒无疑继承了黑格尔的这一观点，只不过不是根据辩证法的正反合逻辑，而是根据他自己的独特见解，即，米利都学派、毕达哥拉斯学派和埃利亚学派是对自然实在的直接把握，而没有试图探寻其背后的原因，但是，从赫拉克利特开始，哲学的发展采取了一个新的方向，这就是为自然的生成与变化寻求其原因和规律。策勒援引了施莱尔马赫、里特尔、布兰迪斯等多位哲学史家来支持自己的这一观点，并且强调这一划分不只是年代学的顺序，而且是哲学家们思想的内在联系。但是，且不说巴门尼德的存在概念本身是否就不能为生成与变化的原因探寻提供新的基础，仅就哲学史而言，一个始终必须坚持的科学原则就是，事实永远是第一位的，而逻辑是第二位的。因此，当讨论到赫拉克利特与巴门尼德之间的年代学关系时，现在，已经没有一个学者会否认，不仅赫拉克利特在哲学活动的时间上早于巴门尼德，而且甚至是在巴门尼德的残诗中，例如残篇 6 中，也有明确的诗句指向赫拉克利特或赫拉克利特学派的思想。从而，与其说赫拉克利特的思想是巴门尼德思想的一个逻辑的后果，不如说巴门尼德关于存在的绝对性的思考恰恰是对赫拉克利特思想反思的结果。[1] 因此，策勒在对前苏格拉底哲学的阶段划分中对赫拉克利特的处理，显然就有他的不当之处，但是，无疑也构成了他的前苏格拉底哲学研究的一个鲜明特色，是需要我们在这里专门指出来，请读者予以注意的。

最后，我们简要谈一下本卷中译本的译者分工情况。策勒《古希腊哲学史》的这一卷应当说在全书中是分量最重的一部，以英译本的篇幅来说，它分为两册，共计 1200 多页，汉译过来的字数在 70 万字以上。承担这一卷繁重的翻译工作的共有四位学者：其中，聂敏里承担了第一卷第一册“总论”和前苏格拉底哲学“导论”部分的翻译工作；吕纯山

1 参见 W. K. C. Guthrie, *A History of Greek Philosophy*, Vol. 1, Cambridge University Press 1962, p. 408, n. 2。

承担了第一卷第一册“早期伊奥尼亚自然哲学”部分的翻译工作；詹文杰承担了第一卷第一册“毕达哥拉斯学派”部分的翻译工作（其中约有四分之一的脚注，也就是第5—7节的脚注，是由吕纯山翻译的；译者还感谢葛天勤在查找相关资料方面提供了有力帮助）；余友辉承担了第一卷第一册“埃利亚学派”部分的翻译工作，同时，第一卷第二册的全部翻译工作也是由余友辉承担的。在这里，我们首先要感谢的是南昌大学哲学系的余友辉副教授。他原本独立承担了《古希腊哲学史》第五卷的翻译工作，但是，在第一卷第二册找不到合适译者的情况下，他毫不犹豫地接下了这一册的翻译工作，而在第一卷第一册“埃利亚学派”部分也需要一个有力的译者来提供援手时，仍然是他不辞辛苦地承担了这一工作，同时，整个第一卷译稿的最后统校工作也是由他来负责的，他为此付出的巨大劳力是我们所深深铭记的。中国社会科学院哲学所的詹文杰副研究员和天津外国语大学欧美文化哲学研究所的吕纯山副研究员也都各自负责《古希腊哲学史》其中一卷的翻译工作，但是，也是在第一卷第一册的翻译工作需要帮助时，他们毫不犹豫地慷慨施以援手，展示了团队精诚合作的精神，在此我们也要特别提出感谢。

整个第一卷的翻译历时近3年，是上述四位译者紧密合作的结果，我们希望它能带给读者以巨大的收获。

聂敏里

2018年3月7日

英译者前言

v

本书是对策勒博士“古希腊哲学史”第一卷第四版也是最后一版的翻译。[1]这一部分包含有对整个主题和早期哲学家们的历史的总论，它出现在处理较晚时期的其他部分之后，这多少是应当感到遗憾的，[2]因为古希腊哲学最好作为一个整体来处理，而且只有按照发展的顺序来研究才会有丰厚的收获；但是，那些熟悉策勒博士著作之前翻译的部分的人们将会欣然欢迎这导论性的一卷，因为，确实，若没有这一卷，在较晚哲学中以及策勒博士对它的研究中的许多事情会始终是比较含混的。

没有必要高度评价一部如此知名的著作。译者已经努力地使她的译文尽可能地忠实，因为要考虑到英语的要求和它在与德语哲学术语的准
确对应上的缺乏，由此引起的许多困难是译者不能期望总是可以成功地 vi
克服的。

译者谨向牛津贝利奥尔学院（Balliol College）的同仁和导师埃韦林·阿伯特（Evelyn Abbott）先生表示她的衷心的感谢，感谢他在阅读校样过程中、尤其是希腊文注释方面极有价值的帮助。

鉴于大量的引用，或许有必要补充的是，第一和第二册代表的是本

1 实际上，在此之后还有第五版，出版于 1892 年。——中译注

2 策勒《古希腊哲学史》的英文版首先翻译的是第二卷的第一部分中的《苏格拉底与苏格拉底学派》这一分册，出版于 1868 年。——中译注

译稿的分册，而第一、第二、第三卷代表的是德文原书的划分。

1880 年 12 月 6 日

于克里夫顿（Clifton）

作 者 前 言 vii

20年前，我曾以其较晚的形式出版这部著作的第一卷，[1]而它最初是按照一个不同的计划设计的，规模也十分有限。当时，我曾以这样的话说明指导我写作的原则："在处理我的主题时，我一直牢记我在对它的最初研究中向我自己提出的任务，即在对历史的渊博的探讨和思辨的研究之间遵循中庸之道：既不以一种单纯经验的方式搜集事实，也不构造先验的理论，而是通过多种传统本身，借助批评性的审查和历史性的综合，获致关于它们的意义和相互关系的知识。然而，在前苏格拉底哲学方面，由于资料来源的特征和有关它们的现代观点的分歧，这个任务被弄得格外地困难：如果没有许多批评性的讨论，并且经常深入到细节之中，要完成它是完全不可能的。但是，既然历史阐述的清晰不可以因 viii
此受到损害，我便始终把这些讨论尽可能地放到脚注中，而针对作者的证言和引用也在其中找到了适合的地方。但是，证言和引用所取材的著作有很多，其中一些又是难以找到的，因此，便常常有必要给出充分的摘引，以便于读者无需浪费时间便能够查证我阐述的真实性。因此，脚注的数量，相应地，整卷的篇幅，便增加到了一个惊人的规模；但我希望，在优先照顾到读者对科学的要求，和针对疑难便于节省他的时间而不是印刷者的纸张上，我已经做出了正确的选择。"

1　指该卷的1856年德文第二版。——中译注在后续各卷的准备中，也在对已经成为必需的新版的准备中，我一直恪守这一原则。我采取的是正确途径的期望已经被人们对我的著作的接受所充分证实；尽管古代哲学家必须被以哲学的方式来处理这一原则（之前我并不是没有认识到）最近一直为我所关注，但我还从未能够说服我自己相信迄今为止我所追求的方法是一个错误。我始终认为，而且现在尤甚，对哲学体系的哲学的把握(但这必须与哲学的批评区别开来）
ix 与对它们的历史的把握是完全一致的。我始终认为，如果作者仅止于对孤立的学说和命题的单调阐述，而不就它们的重点加以探究，审查它们彼此的关联，或者探寻它们的准确内涵，不在总体上判断它们对于各种体系的关系和意义，那么，他就不可能写出一部恰当的历史。但是，在另一方面，我必须抗议，为剥夺历史现象其独特性的目的、为给古代哲学家强加他们所明确否认的推论的目的、为消除矛盾并给他们的体系的空隙提供纯属虚构的联系的目的，而滥用哲学的高贵的名称。过去的伟大现象在我看来是太过伟大了，因此我不能假设我可以通过将它们拔高到它们的历史条件和限度之上来为它们提供任何帮助。在我看来，这样一种错误的理想化将使它们更为渺小而不是伟大。不管怎样，没有任何东西能够因此给历史真理增益，在历史真理面前，对具体的人和具体的学派的偏爱必须让路。任何人阐述一个哲学体系，都必须将它的作者所持有的各种理论再现于它们在这位作者的思想所具有的关联之中。这一点，我们只能够从有关这些哲学家本人的证言中、从其他人针对他们学说的陈述中获知；但是，在对比这些证言时，在审查它们的真实性和可
x 信性时，在通过各种推论和综合完善它们时，我们必须认真记住两件事：首先，使我们超出直接证言的归纳在各种情况下都必须建立在我们所拥有的全部证据的基础上；当一种哲学理论在我们看来似乎要求一些进一步的理论时，我们必须总是考察是否这位作者体系的其他部分——在他看来是同样重要的——没有构成障碍。其次，当假定我们正在考察的这位哲学家曾经向他自己提出过我们正在向他提出的问题，向自己给出过我们从他的其他命题中得出的答案，或者本人做出过在我们看来是

必然的推论时，我们必须探询我们是否有充分的理由。怀着这一科学审慎的精神前行一直都是我自己所致力的目标。这一目的在我著作的较晚版本中和较早版本中都一样可以看到。为达此目的，我也一直努力向那些在各种重要或不重要观点上处处不同于我的作者们学习。如果我在许多有助于我的阐述完善和正确的事情上得益于这些作者，那么，尽管如此，人们要理解的是，在所有根本的观点上，我只能够始终忠实于我自己有关前苏格拉底哲学的观点，按照这一主题所要求的利益一贯地和坚决地捍卫那一观点，驳斥各种在我看来不具有说服力、站不住脚的反对意见。

我曾将本著的第二版献给我的岳父，图宾根的 F. Chr. 鲍尔（F. Chr. xi
Baur）博士。在第三版中我不得不删掉这一题献，因为他不在人世了，尽管第三版曾经寄给他。但是，在这里我禁不住满怀感激之情回忆起这个人，他不仅在私人关系上于我是一位朋友和父亲，而且在我的科研工作方面给我、给他的所有学生留下了一个光辉榜样，对真理永不磨灭的热爱，在科学研究中孜孜不倦、不懈地勤奋、深刻的批判，和在历史研究中的广博和融贯。

爱德华·策勒

1876 年 10 月 18 日于柏林 xiii

总　　论

第一章

 1

本书的目的、范围和方法

哲学一词，就其在古希腊人中的使用而言，内涵和范围都是变动甚
大的。[1]最初，它指全部思想文化，以及文化方向上的所有努力；[2]甚至
它的来源词 *σοφία* 也被用于各种技艺、各种知识。[3]一种更为严格的意
义似乎首先在智者时代就已经被给予它了，在那个时代，寻求一种更为
广阔的知识变得司空见惯，这要通过更为专门和恰当的指导来进行，而 2
不是普通的教育以及日常生活的不定之规本身所能提供的。[4]这样，哲
学便被理解为是对心灵事物的研究，不是作为一种附属活动和消遣娱
乐，而是专一地、作为一个独立的职业来被追求。但是，哲学这个词还
没有被局限在现在所理解的哲学科学上，甚至也没有被局限在一般的科

1　参考 Haym 的富有价值的证据，见 Ersch 和 Gruber 的 *Allgemeine Encyklopaedie*, sect. iii. b. 24, p. 3 sqq.。

2　因此，克洛伊索斯对梭伦说（Herodotus, i. 30），他听说“他为了沉思的目的到过许多爱智慧的人们的国土”。类似地，伯里克利（Thucydides, ii. 40）在葬礼演说中说：“我们爱美却节俭，爱智慧而不柔弱”。这个词的同样含混的用法甚至在很久以后那些不熟悉更为严格用法的作者那里也被碰到。

3　参考亚里士多德《尼各马可伦理学》vi.7 开始以下，还有他从荷马的 *Margites* 摘引的诗句。也请参考后面论述智者的部分。

4　根据一则广为人知的轶事，毕达哥拉斯确实早已提出了哲学家这一名称；但是这个故事首先是不确定的；其次它保持了这个词的不确定的涵义，由此哲学表示对智慧的全力追求。

学上，它的其他涵义要更为流行：做哲学就是做研究，致力于任何理论活动。[1] 迄至苏格拉底时代，哲学家在更窄的意义上一般是指智慧的人或智者，[2] 而更为明确地是指自然哲学家们。[3]

这个词的一个更为明确的用法首先在柏拉图那里被遇见。柏拉图把那位在其思考与实践中凝视本质而非显像的人称作哲学家；哲学，如他
3 所理解的，是心灵朝着真正实在的提升，——对理念的科学认识和道德阐明。最终，亚里士多德进一步限定了哲学的范围，将实践活动完全排除在外；但是他动摇于广义和狭义之间。依照广义，哲学包括全部科学知识和研究；依照狭义，它限于对事物的终极原因的探究，所谓的“第一哲学”。

但是，在对哲学的明确界定刚刚有了一个开头时，这一尝试就又再次被放弃了；在亚里士多德之后的各学派中，哲学有时被唯一地定义为对智慧的实践、幸福的技艺、生活的科学；而有时它又很难与经验科学区分开来，而且有时还被混同于单纯的博学。这种混乱的增长，不仅是由于漫步学派和整个亚历山大里亚时期的学术倾向，而且特别是由于斯多亚学派，因为克律西波（Chrysippus）将语法技艺、音乐等等包括进了他所谓的哲学研究的范围之内，而恰恰是他对哲学的定义——有关神圣事物和人类事物的科学——必然使得对哲学领域的任何明确限定变得

1 例如，在色诺芬那里（*Mem*. iv. 2, 23），这一表达就具有这一内涵；因为欧绪德谟的哲学（据第一卷）在于他对诗人和智者的著作的研究；类似地，在 *Conv*. 1, 5 中，苏格拉底把自己作为“哲学的自学者”与智者的学生卡利亚斯作对比。也请参见 *Cyrop*. vi. 1, 41，*φιλοσοφεῖν*（做哲学）一般意味着沉思、研究。当伊索克拉底把他自己的活动称作“关于言辞的哲学”时，他就是以此方式来运用它（*Paneg*. c. 1），甚或只是称作“哲学”、“做哲学”（*Paneg*. c. 4, 5, 8; *περὶ ἀντιδοσ*. 181-186, 271, 285 以及其他地方）。柏拉图本人在《高尔吉亚》484C 和 485A 以下、《普罗泰戈拉》335D、《吕西斯》231D 中采用了这一更为宽泛的意思。也请参考《美涅克塞努》的开篇。

2 例如，这个名称被给予七贤、梭伦、毕达哥拉斯和苏格拉底；也被给予前苏格拉底的自然哲学家们。见下页上述引文。

3 *φυσικοί*, *φυσιολόγοι*，哲学家的这一公认的名称特别针对于伊奥尼亚学派和那些与他们有联系的人。

困难起来。[1] 在这一时期之后，科学与神话学、神学诗学越来越多地纠
缠在一起，以至于这两个领域的界线日益混乱；哲学这一概念不久就失 4
去了全部明晰性。一方面，新柏拉图主义者把里努斯（Linus）和俄耳甫斯（Orpheus）当成最早的哲学家，把迦勒底神谕当成最高智慧的最初源头，把他们学派的神圣仪式、禁欲主义和神力迷信当成真正的哲学；另一方面，基督教神学家们以同样的权利将僧侣生活赞颂为基督教哲学，并将它赋予各个教派，甚至包括牧人 *Βοσκοί* 这个名称，这个名称是柏拉图和亚里士多德为人类理智的最高级活动所保留的。[2]

但是，这个名称不仅仅在准确的规定和内涵的固定上是欠缺的。语言的不确定性常常意味着思想的不确定性，目前这个例子也不例外。如果哲学这个术语的范围只是逐渐被稳定下来的，那么，哲学本身就只是逐渐地才显现为一种特殊形式的理智生活。如果这个词动摇于广义和狭义之间，那么，哲学也一样是动摇的；有时候被限制在确定的科学的领域，有时候则与各种异质的成分混合在一起。前苏格拉底哲学本身部分地是与神话学的观念联系在一起发展的。甚至对于柏拉图，神话都是一
种必须，在新毕达哥拉斯主义的时代之后，多神论的神学对哲学产生了 5
影响，以至于最终哲学仅仅成了神学传统的解释者。对于毕达哥拉斯学派、智者学派、苏格拉底、犬儒学派和居勒尼学派，科学性质的沉思是与实践性质的探究联系在一起的，这些哲学家们自己不曾将它们与他们的科学区分开来。柏拉图将道德行为不仅看成知识，而且也看成哲学的

1　依照这一定义，斯特拉波在他著作的开头声称地理学是哲学的一个重要部分；他说，因为博学是哲学家的事业。对此的更进一步的权威依据会在这部著作中随时给出。

2　*φιλοσοφεῖν* 和 *φιλοσοφία* 是普通的术语，在那个时代被用于指禁欲生活和它的各种形式；因此，例如，在前面提到的例子（*Hist. Eccles.* vi. 33）中，Sozomenus 以“他们这样来做哲学”这句话结束他对 *Βοσκοί* 的论述。基督教本身被称作 *φιλοσοφία* 不是不常见的，因此，Melito 在尤塞比乌斯的 *Church History*, iv. 26, 7 中将犹太 – 基督的宗教说成“对于我们的哲学”。类似地，斐洛（*quod omnis probus liber*, 877 C, D; *vita contemplat*. 893 D）将艾赛尼派（Essenes）和治疗派（Therapeutae）的神学，按其对经文的寓意解释，称作“做哲学”、“父辈的哲学”。

一部分；而在亚里士多德之后，哲学日益被从实践的观点来看待，结果它最终被等同于道德文化和真正的宗教。最终，在古希腊人当中，各门科学（按照现代对这个词的接受）仅仅缓慢地、没有非常准确的时间地同哲学区分开来。在古希腊，哲学不只是所有科学事业汇聚的中心；在根源上，它是包含它们于其自身之中的整体。古希腊人独特具有的形式的意义使他不能停留在对事物的任何局部或孤立的观点上；此外，他的知识在最初是如此有限，以至于同我们相比他更少致力于研究特殊。因此，从一开始，他的目光便朝向事物的总体，只是一点点地，具体科学才与这种总体科学相分离。柏拉图本人撇开机械技艺和实践技艺，只承认哲学和数学的各个分支是正当的科学；实际上，他对数学所要求的研
6 究让数学只是哲学的一个部分。亚里士多德在数学以外将他的全部物理学研究都包括在哲学之下，尽管它们都深入到了具体事物的研究之中。只是在亚历山大里亚时期，专门科学才得到了独立的培育。然而，我们发现，在斯多亚学派那里，正像在漫步学派那里一样，哲学研究是与博学、经验观察混合在一起的，并且经常受到它们的妨害。在罗马时代的折中主义那里，这种博学的因素仍然是非常突出的；尽管新柏拉图主义的那位奠基人严格地把自己限制在纯粹哲学的问题上，但是，他的学派，由于对古代权威的依赖，很容易给哲学的阐述承载上过量的学识。

因此，如果我们应当在这部古希腊哲学史中包括所有曾被古希腊人称作哲学的东西，或者所有在哲学著作中被提出来的东西，而撇开所有没有明确带有这一名称的东西，那么，显然，我们阐述的界限将一部分过于狭窄，一部分并且是最大的一部分又过于宽泛。在另一方面，如果我们应当按照哲学本身来研究哲学，就像我们在古希腊所发现的那样，不管它是否被称作哲学，那么，问题就是，应当如何来确认它，我们应当如何把它与不是哲学的东西区分开来。显然，这样一个检验只能落实在就哲学形成的概念上。但是，这个概念却随着个人和整个时代的哲学观点而变化；而且这样一来，似乎哲学史的范围也必须以同样的方
7 式和同样的比例而不断变化。这一困境在于事物的本性，而且这一困境

是绝对不应当被回避的；至少每一位作者，或者凭借着将我们的工作不是奠基在固定的概念上，而是奠基在含混的印象和不确定的、也许矛盾的观念上，或者凭借着信任，都在一种模糊的历史意义的范围内自行决定他将在他的阐述中涵括多少内容或者排除多少内容。因为，如果哲学的概念在改变，那么，主观的印象改变得甚至更多，而以这样一种不确定的方式——亦即，诉诸习惯用法——最终保留给我们的这唯一资源将不会从科学的角度对问题有所改进。无论如何，从上述思考会得出一个结论。我们必须尽我们所能地取得有关哲学本质的一个真实而完善的理论，来作为我们阐述的基础。这不是完全不可实践的，在这个主题上一定程度的一致同意也是可以达到的，我们有充分的理由来期望这一点，因为我们在这里所关涉的不是任一哲学体系的术语和构成成分，而是在每一个体系中它所隐含地或以明白的术语假定的哲学的一般的、形式的概念。甚至在这里，不同的意见在一定的范围内也是有可能的；但是，这一困难对于所有门类的知识都是相同的。我们每一个人只能根据他的能力来发现真理，而去除我们发现应当通过更为发展的科学来被纠正的东西，如果有必要的话。

哲学应当如何被界定的问题，因此，就是一个只有哲学科学才能够回答的问题。在这里，我必须仅限于阐述我在这一主题上已经达到的结
论，就它对于我所承担的这一工作是必要的而言。首先，我认为哲学是 8
一种纯粹理论的活动；亦即，一种仅仅关涉实在的探究活动；根据这一观点，我从哲学的概念和历史中排除掉所有实践的或技艺的活动，不管它们与任何具体的世界理论的可能的关联。接下来，我把哲学更为严格地界定为科学。我在其中看到的不仅仅是思想，而是具有方法的思想，被以一种有意识的方式指向对相互依赖的事物的认识。以此特征，我将它与对日常生活的非科学反思区别开来，就像与宗教的和诗性的世界观区别开来一样。最后，我发现哲学和其他科学之间的区分如下：——所有其他的科学都指向对某一专门领域的考察，而哲学将全部存在作为一个整体来看待，企图在个体与整体的联系中、按照整体的规律来认识个

体，并且因此企图达至所有知识的关联。因此，就这一目的能够被表明是存在着的而言，我应当使哲学史的领域不超过这一范围。这样一个目的在一开始不是十分清楚，并且起初是与外在因素相混杂的，这点我们已经看到了，对此我们也毋庸惊奇。但是这不会妨碍我们从古希腊理智生活的集合物中抽出所有那些具有哲学特征的东西，并且就其自身、为其自身、在其历史的表现形式中来考察它。诚然，在这一工作模式中存
9 在着破坏实际历史联系的危险；但是，我们可以通过重视这样一些思考来避免这一危险：哲学因素与其他因素的不断相互混合；科学为自身赢得独立存在的那一逐渐发展的过程的本质；晚期的融合的特殊性质；哲学对于一般文化的意义，及其对现实条件的依赖。如果对这些条件予以适当的考虑，如果在多个系统中我们小心地将哲学的内容与只是附属物的内容区分开来，通过哲学的严格标准和概念、针对哲学思想的发展来小心地衡量个体的意义，那么，对历史的完整性和科学的精确性的要求会同样地得到满足。

虽然我们的阐述对象在其中一个方面已经被这样确定，而且希腊人的哲学明显区别于与它同源并且与它有关联的现象，但是，在古希腊哲学的范围和界限方面仍然还有进一步的问题；我们究竟应当只是在希腊人的范围内来寻求它，还是在整个希腊文化的范围内；在后一个方面，这个范围的大小应当如何来被确定？诚然，这多多少少是带有随机性的；而且无论是以它向罗马和东方世界的传入来结束古希腊科学的历史，还是在另一方面将它的影响一直追溯到我们自己的时代，这本身都是完全合法的。但是，把哲学称作古希腊的似乎是最自然的，只要在它
10 内部存在着希腊因素相对于异质因素的数量优势，直到这一比例被翻转而放弃这一名称之时。前一种情况不仅对于古希腊-罗马哲学是事实，而且对于新柏拉图主义者及其追随者也是事实；甚至犹太-亚历山大里亚学派也与同时代的古希腊哲学有着非常紧密的联系，对它的发展较之对基督教世界的任何现象有着更多的影响，因此，我才把这个学派也包括进当前阐述的范围内。在另一方面，我将公元一世纪的基督教的思考

排除在外，因为在那里，我们看到希腊的科学被一种新的原则所压倒，由此它失去了其特殊的性质。

对这一历史素材的科学研究必须遵循与一般而言的历史写作相同的规律。我们的任务就是要弄清和说明已经发生的事情；对此的一种哲学构造，即便它是可能的，也不是历史学家的事情。但是，这样一种构造由于两个原因是不可能的。首先，因为没有一个人将达至如此穷尽无遗的一种有关人性的概念，和如此精确的一种对其历史发展全部条件的知识，从而证明他由此推导出有关其经验环境的各种具体事件和它们在时间中所经历的各种变化是合理的；其次，因为历史过程不具有这样一种性质，以至于它可以被做成一个先验构造的对象。因为历史在本质上是个人自由行动的产物，尽管正是在这一行动中一个普遍规律在起作用，并且通过这一行动来实现它自身，但是，任何它的特殊效果，甚至历史的最重要现象在它们的全部具体特征上，都不能够从先验必然性的 11
角度得到完满的解释。个人行动受偶然性支配，而这是有限的意志和理解的馈赠；假如由这些个人行动的同时发生、碰撞和摩擦，一个有规则的事件过程作为一个整体最终产生，那么，在这个过程中无论是具体还是整体都不是绝对必然的。仅就它们属于它们所属历史的一般进程、逻辑框架而言，一切才是必然的；至于它们在时间顺序上的呈现，一切都或多或少是偶然的。这两个因素彼此交织得如此之紧密，以至于甚至在我们的反思中将它们整个地区分开来都是不可能的。必然的东西通过许多中介环节来完成自身，其中任何一个环节都可以被以另一种方式来设想；但是，与此同时，富有实践经验的眼光能够在表面上最偶然的观念和行动中探查出历史必然性的线索；而且从生活在成百上千年前人们的任意行为中，各种限制条件产生出来，它们以全部必然性的力量作用于我们。[1] 因此，历史的范围在其本质上区别于哲学的范围。哲学必须找

1　对这些问题的一个更为具体的讨论可以在我的关于人类意志的自由、关于恶和世界的道德秩序的博士论文中找到。——*Theologisches Jahrbuch*, v. vi.（1846 and 1847）；尤其参考 vi. 220 sqq.; 253 sqq。

出事物的本质，和事件的一般规律；历史则必须展现一定时期的确定的
12 现象，根据它们的经验条件解释它们。这两门科学彼此需要，但是没有一个可以为另一个所排除或取代；哲学史在其工作上也不可能采取适用于一个哲学体系之构造的相同的程序。要说诸哲学体系的历史顺序相同于构成其特征的概念的逻辑顺序，[1]这是将两种不同的事物混为一谈。逻辑学，如黑格尔所理解的，要阐述思想的纯粹范畴；哲学史关注的是人类思想的时间顺序上的发展。如果一者的程序要与另一者相重合，那么，这就会假定逻辑的、或者更严格地说本体论的概念构成了所有哲学体系的本质内容；也会假定这些概念在历史进程中是从相同的起点、以与纯粹概念的逻辑结果相同的顺序获得的。但是，这并不是事实。哲学不仅仅是逻辑学或本体论；它的对象在一般意义上是实在。各种哲学体系向我们表明的是迄今为止为了获得一个科学的世界观所做的全部努力
13 的总和。因此，它们的内容不能被还原为纯粹逻辑的范畴而不丧失它的具体特征和将它融入普遍。此外，尽管思辨的逻辑是从最抽象的概念开始的，由此以获得其他更为具体的东西，但是，哲学思想的历史发展却是开始于对具体东西的思考，首先是外在自然，接着是人，而且只是逐步地才引向逻辑的和形而上学的抽象。逻辑和历史的发展规律也是不同的。逻辑仅关注于概念的内在关系，不考虑任何时间顺序上的联系；历史则处理在人类观念中随时间进程而产生的变化。对于前者，从在前的观念向在后的观念的进展是有规则的，仅仅依据逻辑的观点；因此每一个结论都与经由思想从它之中恰当推出的下一个结论相联。对于后者，进展则依照心理学的动机发生；每一个哲学家构造出从他的前辈那里继

1 黑格尔的《哲学史》（*Geschichte der Philosophie*）i. 43。针对这些论断我提出了反驳，见 *Jahrbücher der Gegenwart*, 1843, p. 209. sq.；也见 Schwegler, *Geschichte der Philosophie*, p. 2 sq.；在本著的第二版中我重复了这些反驳。这促使 Christiania 的教授 Herr Monrad 在一封致我的信中来捍卫黑格尔的命题，该信题名是 *de vi logicae rationis in describenda philosophiae historia*（Christiania, 1860）。在这一论著的结论中，我已经在我的讨论的形式上做了一些改变，也做了一些补充，但在这里我不能详细地来审查它。

承下来的学说，每一个时期构造出依照传统传递到它那里的学说，而无论他们自己对这一学说的理解，他们的思想方式、经验、知识、必然性和科学资料使他们能够构造出什么；但是，这很可能十分不同于我们从我们自己的立场所应该从中构造出来的东西。逻辑的顺序只能够在它被哲学家们认识到的范围内和在遵循它的必然性被确认的范围内对哲学的历史进展加以规定；这在多大程度上是一个事实，取决于科学的主张所引以为条件的各种环境。在可以直接或间接从较早的哲学中无论是通过 14
推论还是论争而获得东西以外，决定性的影响在此常常是通过实际生活的各种条件和必然性、通过宗教的利益、通过经验知识和一般文化的状态而得以落实的。我们不可能把各种体系当成只是在它们之前的体系的直接后果，没有任何一个贡献了它自己特殊思想的体系能够在其起源和内容上如此被限制。那些思想中的新东西，产生于已经取得的新经验，或就之前已经取得的经验形成的新观念；它们之前未被注意到的方面和因素现在被纳入到思考中，某种其他的含义现在获得了之前未具有的独特意义。因此，与黑格尔的立场远为不同，我们必须坚持认为，没有任何哲学体系可以这样构成，以至于它的原则通过一个纯粹的逻辑概念就能够得到表达；没有任何一个哲学体系只是根据逻辑程序的法则便从它之前的体系中产生出来。对过去的任何研究都会向我们表明，要在哲学体系的秩序中发现黑格尔的或其他任何思辨逻辑的秩序，是多么的不可能，除非我们从其中构造出与它们的实际情况十分不同的东西。因此，这一尝试无论在原则上还是实践上都是一个失败，它所包含的真理仅仅是这样一个普遍的信念，即，历史的发展受到不变规律的内在支配。

确实，这一信念，哲学的历史没有任何理由应当拒绝；我们无需使
我们自己仅限于对各种传统的搜集和批评性的探查，或者仅限于并不令 15
人满意的实用的方法，亦即满足于根据单个的人物、环境和影响来分别说明具体的东西，却不尝试对整体本身给出任何说明。当然，我们的阐述本身必须建基于历史传统之上，而且它所研究的一切必须要么是直接包含在传统之中，要么是通过最严格的推导从传统之中获得的。但是，

只要我们仅仅以一种孤立的方式来看待它们，那么，我们甚至不可能确立我们的事实。传统本身不是事实；如果我们不关注单个事实的联系、原因和结果的联结、个体在整体中的位置，那么，我们将绝不会成功地证明传统的可信性、解决它的矛盾、填充它的空隙。不管怎样，离开了这一内在联系，要理解事实或者获得对它们的本质和历史意义的知识是完全不可能的。最终，只要我们的阐述关系到科学的体系，而不仅仅是意见和事件，那么，正是主题的性质比在其他情况下更为迫切地要求个别应当相关于总体来被研究；而且这一要求只有通过把经由传统为我们所知或由传统可以推出的每一个具体的东西联结进一个整体之中才能够得到满足。

整体的基础是由个体构成的。每一种哲学观点首先都是某个具体的
16 人的思想，因而应当通过他的理智特征和思想在其中形成的环境而得到说明。因此，我们首要的任务将是把每一个哲学家的观点结合进一个共同的整体中，指出这些观点与这个哲学家的哲学特征的联系，并探寻它们最初引以为条件的原因和影响。也就是说，我们必须首先弄清楚每一个体系的原则，并说明它是如何产生的；接着要考察这一体系如何是这一原则的产物：因为一个体系的原则最清楚、最根本地表明了它的作者的特殊的哲学特征、构成他所有观点联结之核心的思想。当然，一个体系中的所有个别事物不能够全都被它的原则说明；一位哲学家所拥有的全部知识、他所形成的全部信念（经常是在他的科学思想成熟之前）、他从各种经验中所获得的全部概念，并不都被他本人带入与他的哲学原则的联系中；偶然的影响、任意的事件、推理的错误和失败都在不断地产生干扰，而记载与描述中的缺口也常常使我们不能明确地宣布一个学说的各种要素之间的原初关联。所有这些都在于事物的本性；但是我们的问题无论如何必须被重视，直到我们已经竭尽了我们的全部手段来解决它。

但是，这个哲学家个人以及特殊于他的这一思想模式并不是孤立的；其他人与他联系在一起，而他也与其他人联系在一起；其他人与他

相碰撞，他也与其他人相碰撞；哲学学派是在彼此的各式各样的依赖、 17
一致和矛盾的关系中形成的。随着哲学史追寻出这些关联，与之相关的那些形式就将它们本身划分成为更大或更小的团体。我们意识到，正是在这一与其他人的确定关联中，这个哲学家个人才成为和造成他所成为和造成的；并且因此才产生了诉诸那将他包括在内的团体以说明这个哲学家个人之特殊性与意义的必要性。但是，甚至像这样的一个说明都将在各个方面是不充分的；因为除了他的类的共性以外，每一个哲学家个人都拥有许多独特的东西。他不仅继续他的前辈的工作，而且还给它添加新的东西，或者反驳他们的前提和结论。但是，个性越是重要，它的历史影响越是深远，它的个体特征就越是将消失和融入到历史的普遍、必然的进程中，甚至当它在开出新的道路时。因为个人的历史意义取决于他在多大程度上完成了为普遍需要所要求的东西；而且仅仅就此而言，他的工作才成为一般财富的一部分。单纯的个人作为人也是转瞬即逝的；只有当他将他自己和他的个性致力于普遍的事业，以他的具体行动来从事共同工作的一个部分时，个人才能够以一种持久的方式、在一个广阔的范围内工作。

但是，如果这在个人与他们所属的整体关系上成立，那么，它不是 18
也同样在这些整体与它们被包含于其中的更大整体的关系上成立吗？每一个民族，而且一般而言，人类的每一个历史地联结成一个整体的分支，都具有它的精神生活的尺度和方向，这部分地可以经由它的成员固有的特殊性质来发现，部分地可以经由决定其发展的自然和历史的条件来发现。没有一个个人能够摆脱这一共性，即便他渴望如此；而且当他被召唤到一个更大范围的历史行动中去时，他更不会渴望如此，因为，除非置身于他作为其中一员的那个整体之中，他没有进行他的行动的任何理由；从这个整体，而且仅仅从这时起，通过对他自己的精神个性所由以构成和维持的东西的自由运用，才有充足的养料通过无数的渠道、不可察觉地流向他。但是，出于同样的理由，所有的个体都依赖于过去。每一个人除了是其民族的孩子以外，还是其时代的孩子，正像如

果他不以他的民族精神[1]工作，他就将一事无成一样，如果他不站在从
前的所有历史成果的基础上，他将必败无疑。因此，如果人类的精神储
藏，作为自我行动的存在者的工作，总是处于变化之中，那么，这种变
化必然是连续的；而且历史连续性的这同一个规律对于每一个更小的整
体也成立，只要它的自然发展不受到外部影响的阻碍。在这一发展过程
19 中的每一个时期都得益于之前时期的文化和经验；因此，人类的历史发
展在整体上是朝着更高文化的发展——进步。但是，具体的民族，还有
民族的联合体，仍然会被外部的不幸事件或它们自己内部的衰竭抛回
到较低的阶段；人类文化的重要田地可以长期闲置；进步本身最初也许
是以一种间接的方式、通过某种不完善的文明的分解来实现。因此，在
针对具体现象来界定历史进步的规律时，我们必须小心地将进步解释成
只是原本内在于一个民族或者文化领域特征与环境之中的那些性质和条
件的逻辑发展。这个发展在每一个个别情形中不必然是一个进步；也许
会出现骚动和暂时的衰退，这时一个民族或者一种文明不再存在，而别
的形式也许以痛苦和迂回的方式筚路蓝缕推动历史的发展。在这里，就
其一般进程受事物本性所决定而言，规律也在历史演化中出现；但这个
规律不是如此简单，这个进程也不是如此直接，仿佛我们原本可以预见
到。此外，正像历史时期的特征和顺序是规律的结果，而不是机会的结
果一样，它们所内含的各种发展的次序和特征也是如此。这些发展不能
20 诉诸相关领域的一般概念被先验地构成：例如国家的概念，宗教的概念，
或者哲学的概念。但是，对于每一个历史整体，或者对于其每一个发展
时期，一个确定的进程由它自己的基本特征、它的外部环境、它在历史
中的地位所标示。被现存条件如此规定的进程应该在现实上被遵循，这
并不比完成其他任何对各种可能性的计算更精彩。因为，尽管偶然环境
常常给个体的行动提供一种冲动和方向，但是自然且必然的是，在众人
之中应当存在着各种倾向——文化的、性格的、行动样式的、外部条件

1 或者他所属于的那个整体——他的教堂、学校或无论什么——的精神。

的——足以提供在一定环境下各种不同倾向的代表。自然且必然的是，每一个历史现象都应该要么通过吸引要么通过排斥引起其他有助于补充它的东西；各种倾向和力量都应该在行动中展示它们自身；对一个问题会被采取的各种不同观点都应该被陈述，而解决既定问题的各种不同方法都应该被尝试。一句话，历史有规则的进程和有机的关联不是一个先验的假定；但是，历史条件的本性和人类心灵的构成意味着，不管一切个体的偶然性，历史的发展都应当在整体上和主体上遵循一个固定的规律；要在任何一个给定的例子中认识这类规则的作用，我们不需要放弃事实的陆地，我们只需要彻底审查事实，得出它们本身包含其前提的结论。 21

因此，我们所询问的只是一种纯粹历史方法的完全运用。我们没有任何历史的思辨结构，从理论进到事实；我们的历史必须自下而上、从实际中所给的材料来建构。但是，由此自然，这些材料不能以其粗糙的状态被运用；我们必须要求历史分析的协助，来决定各种相关现象的本质和内在关联。

我相信，我们阐述的这一观念，不会有针对黑格尔的历史构造所提出来的那些指责。通过正确的理解，它决不会导致对事实的歪曲，或者把历史的自由运动牺牲给一种抽象的形式主义，因为正是在历史事实和传统之上，而且只是在此之上，我们才打算奠定我们关于过去现象联系的推理：只是在被自由产生的东西中我们才去寻求历史的必然性。如果这是不可能和荒谬的思想，我们就会求助于对神圣天意规则的普遍信念——这个概念意味着在所有事物之前历史的过程不是偶然的，而是由一个更高的必然性所决定。但是，假如我们不满足于(我们有理由如此)一个仅仅基于信仰的论证，那么，我们就必须更为仔细地考察自由的概念来使我们自己相信，自由绝非任性或偶然，人的自由行动在精神的原 22
始本质中、在人类本性的规律中有其固有的尺度；根据对规律的内在遵循，甚至那在个别行为中真正偶然的东西也在历史演化的宏伟进程中成为必然。具体地追寻这一进程是历史的主要问题。

就哲学史而言作者拥有任何他自己的哲学信念究竟是必须的还是有

益的，这个问题，如果对历史的哲学构造的担心没有使一些心灵忽视最简单而明显的真理的话，本来是几乎不会被提出来的。很少有人会主张，例如，法律史会在一位对于法理的主题没有任何观点的人身上发现它的最好的阐释者；或者政治史会在一位不具有任何政治学理论的人身上发现它的最好的阐释者。难以明白的是，为什么哲学史应当是一个例外。如果这位历史家在他的劳作中没有受到固定的哲学原则的引导，那么，他甚至怎么能够理解哲学家们的学说呢？他应当以什么标准来判断它们的重要性呢？他怎么能够看到体系的内在联系，或者形成任何有关它们相互关系的观点呢？但是，这些原则越是成熟和彼此融贯，我们就越是要归给他一个确定的体系；而且既然明显成熟和融贯的原则无疑应该是一位历史写作者所企求的，我们就不能避免这一结论，即，他应当把他自己的哲学体系带到他对早期哲学的研究中，这是必须而且有益
23 的。诚然，有可能他的体系是太简约了，使他不能解释他的前人的意思；也有可能他会偏执地将他的体系运用到历史中，将他自己的观点引入之前哲学家们的学说中，从他自己的体系中构造他本应当试图在他自己体系帮助下所理解的东西。但是，我们不必让普遍的原则为个人的这些错误负责；而且当缺少了任何哲学信念进入哲学史，我们甚至不能够希望摆脱这些错误。人类的心灵不像是一块白板，历史的事实不像照相底版上的一幅图画那样简单地反映在其上，对一个既定事件的每一种观点都是通过对事实的独立观察、联结和判断来达到的。因此，哲学的公正无私不在于没有各种预设，而在于将真实的预设带到对过去事件的研究中去。没有任何哲学立场的人在那一意义上并非没有任何哲学立场；对哲学问题没有形成任何科学观点的人对它们却具有一种非科学的观点。说我们不应当将我们自己的任何哲学带到哲学史中，这实际上意味着在对哲学史的研究中我们应当给相较于科学观念的非科学观念以优先权。同样的推理也可以运用到如下论断[1]中，它主张历史家在写作它的

1 Wirth 的论断，见 *Jahrbücher der Gegenwart*, 1844, 709 sq.。

历史的过程中应当根据历史本身来形成他的体系；借助历史，他应当使 24
自己摆脱任何前见的体系，由此来达到普遍和真实。那么，他应当根据
什么观点来看待历史，给他提供帮助呢？根据那个他必须放弃的错误而
偏狭的观点他可以正确地理解历史吗？或者说，根据那个历史本身必须
首先使他得以达到的普遍观点吗？前者无疑和后者一样是不可行的，而
且我们最终被限制在这一循环中：只有拥有了真正和完整的哲学，他才
完全理解哲学史；只有通过理解历史被引向真正的哲学，他才达到真正
的哲学。这一循环根本不可能被完全避免：哲学史就是对各种体系的真
理的检验；具有哲学体系是一个人理解历史的前提条件。一种哲学越是
真实、越是全面，它就会越好地教给我们之前哲学的意义；我们发现哲
学史越是不可理解，我们就越有理由来怀疑我们自己的哲学概念的真
理。不管是在历史的领域还是在哲学的领域，我们都绝不应当将科学的
工作看成是完成了的。正像在一般意义上，哲学和实验科学彼此需要、
互为条件，在这里也是如此。哲学知识的每一次向前运动都给历史的反
思提供新的视角，促进对之前的体系、对它们彼此关联和联系的把握；
但是，在另一方面，哲学问题由以被解决或者被其他人所看待的方式， 25
它们的理论的内在关联和推论，对此每一个新获得的认识都给我们以新
的教导，不仅针对哲学所必须回答的那些问题和它在回答它们时也许会
追寻的不同路径，而且也针对由对每一条路径的采纳所会被预见到的
结论。

但现在我们应当更为切近地来探究我们的主题。

第 二 章

古希腊哲学的起源

一、古希腊哲学来自于东方思想吗？

为了说明古希腊哲学的发展，我们必须首先探究它从什么样的历史条件中产生；它究竟本身是作为希腊民族精神和文化的一个本土产物而演化的，还是从外部植入到希腊的土壤之中，并在外部的影响下生长的。我们知道，希腊人很早就倾向于把他们哲学起源的一部分归于东方民族（只有这些民族的文化先于他们自己的文化）；但是，在最古的时期，只有一些孤立的学说是这样来自于东方的。[1] 就我们所知的范围而言，不是希腊人，而是东方人，首先将这样一种外部起源一般地赋予古希腊哲学。亚历山大里亚学派的犹太人，在希腊的影响下接受教育，企图借助这一理论来说明他们的圣经与希腊人学说假定的一致，而这符合
27 他们自己的立场和利益；[2] 以同样的方式，埃及的祭司们，在他们在托勒密家族的统治下熟悉了古希腊哲学后，吹嘘其智慧，不仅预言家和诗人们而且哲学家们都被说成是从他们获得智慧的。[3] 稍后，这一理论在希

1 参考下文有关毕达哥拉斯和柏拉图的章节。

2 关于这一主题的更为具体的细节可以在有关犹太亚历山大里亚哲学的那一章中找到。

3 关于古希腊哲学的埃及起源，我们在希罗多德那里找不到任何东西。但在另一方面，关于宗教，他不仅坚持认为某些古希腊的祭仪和学说（特别是对狄奥尼索斯的崇拜和灵魂转世学说，ii. 49, 123）是从埃及输入希腊的，而且以一般的方式说（ii. 52）佩拉斯吉人最初只是以诸神的名义崇拜他们的神祇，随后从埃及获得了这些神

腊人自己那里获得了认可。当古希腊哲学由于对自己的力量感到绝望而开始期望来自于某种更高启示的拯救，并且在各种宗教传统中寻求这样一种启示时，自然而然地，古代思想家们的学说就应当被归于这同一个 28
来源；而且在根据本土传统来解释这些学说上存在着越多困难，它们的起源就越容易被归于那些长久以来被尊崇为希腊人教师的种族，而且他们的智慧享有最高的声望，因为未知的东西一般而言对于想象力具有一种魔力，而且必然地，当通过神秘的烟雾来观看时，它常常比实际情况看起来要更加伟大。因此，在新毕达哥拉斯主义时代以后，主要是从亚历山大里亚散布出这样一种信念，认为古代最重要的哲学家都曾经受到过东方祭司和圣人的教导，他们最具特色的学说都来自于这一根源。这个观点在以后的世纪中变得越来越普遍，特别是晚期新柏拉图主义者将它推广到这样一种程度，以至于在他们看来，哲学家们几乎无一例外都是数代之前在亚洲种族的传统中达到完满的学说的散布者。毫不奇怪的是，基督教作家们甚至在宗教改革时代之后都延续着这同一个调门，既不怀疑犹太人关于古希腊哲学依赖于旧约宗教的说法，也不怀疑使腓尼基人、埃及人、波斯人、巴比伦人、印度人成为古代哲学家们的教导者

的具体的名字（少数例外在 c. 50 中被列举）。这一断言主要基于埃及祭司的说法，这从 c. 50 来看似乎是有可能的；而从 c. 54 来看尤其如此，在那里希罗多德以这些祭司的口吻讲述了两个妇女的故事，她们被腓尼基人从建立了第一批神托所的埃及底比斯带出来——一个在希腊，一个在利比亚。这个故事明显来自对多多那的两只鸽子传说（c. 55）的一个理性主义的解释，而且是通过祭司们的担保而被强加给轻信的外邦人的，即，他们关于这两个妇女的命运所说的，他们已经通过反复的探询而确定了。正像这些祭司因此将他们说成是古希腊宗教的奠定者，同样，在一个较晚的时期，他们也宣称是古希腊哲学的奠定者。这样，Crantor（ap. Proclus *in Tim.* 24 B）引用柏拉图的雅典人与阿特兰蒂斯人的神话说："甚至那些埃及神谕师也作证说它们被写在那些保存下来的碑铭中"——由此就为估价这类说法的价值提供了一条有价值的线索；而且狄奥多罗断言，i. 96：埃及祭司们"根据在圣书里的那些记载"说，俄耳甫斯、穆萨俄斯、莱库古士、梭伦等等都拜访过他们；此外还有柏拉图、毕达哥拉斯、欧多克索、德谟克利特和来自开俄斯的 Œnopides，并说这些人的遗迹在埃及仍旧看得到。这些哲学家们从埃及人那里取得了他们传播给希腊人的学说、艺术和制度；例如，毕达哥拉斯从埃及人那里取得了他的几何学、他的数论和灵魂转世；德谟克利特取得了他的天文学知识；莱库古士、柏拉图和梭伦取得了他们的法律。

29 的传说。[1]现代科学很久以前就已经抛弃了犹太人关于古希腊圣贤同摩西和预言家们交往的寓言；但是古希腊哲学部分或整体来源于异教东方的观点仍受到大量事实的支持。它也在有关东方智慧的专门意见中获得支持，当我们非常了解中国、波斯和印度的神圣文献时，当我们深入研究埃及的古代时，就会产生这种意见；它与有关原始启示和黄金时代的某些哲学思考是和谐一致的。确实，更为冷静的哲学曾经质疑这些思考的真理，有思想的历史研究者曾经徒劳地寻求那据说装饰了世界童年的高级文化的踪迹。东方哲学，根据其热情的崇拜者的说法，只有一些残篇传给了希腊人，但我们对它的崇拜却已经被我们日益增长的有关其真实内容和特征的知识所大量修正。除此之外，当旧的、把分散的思想模式混为一谈的无批判的方法已经被抛弃，而每一个观念开始在其历史关联中、联系它所出现于其中的民族特殊性格和环境来被研究时，自然的就是，古希腊和东方文化的差别、古希腊人的独立性，就尤其应当再次被那些最了解古典古代的人们重视。尽管如此，甚至最近以来，也仍然有一些人坚持认为东方对于早期希腊哲学有决定性影响；而全部问题看来绝没有得到完全解决，以至哲学史可以避开对此的反复讨论。

30 然而，有一个观点应当被注意，对它的忽视已经时常地给本研究带来了混乱。在某种意义上，东方概念对古希腊哲学的影响甚至完全可以被那些认为哲学纯粹是一种希腊创造的人们所承认。古希腊人，正像其他印度—日耳曼种族一样，兴起于亚洲，而且由此他们在最初必然带给他们以最早的家园，连同他们的语言、他们的宗教和生活方式的一般基础。在他们到达了他们后来的居所之后，他们仍旧处于由东方民族、部分通过色雷斯和博斯普鲁斯、部分通过爱琴海及其岛屿传播给他们的影

1 在这之中，亚历山大里亚学派又一次是突出的。克莱门斯在他的 *Stromata* 中以特殊的偏爱思考了这一主题。在他看来柏拉图只是“出自希伯来人的哲学家”（*Strom*. i. 274 B）；而且希腊哲学家们一般被说成是从希伯来的预言家那里取得了真理的部分，并将它们作为他们自己的提供出来（ibid. 312 C, 320 A）。

响之下。因此，希腊的民族性格甚至在其起源处就在东方精神的影响之下，尤其是古希腊的宗教，只有假定来自于北方和东南方的异域的祭仪和宗教观念被添加到希腊古代、甚而荷马时代的信仰之上，才能够得到理解。这些外来的神祇中最晚的，例如狄奥尼索斯、库比勒（Cybele）以及腓尼基的赫拉克勒斯，现在有足够的确定性能够被证明在其起源处是异域的；尽管就其他神祇而言，在研究的目前阶段，我们仍然只有满足于可疑的猜测。但是，在考察古希腊哲学的东方起源时，我们只能够考虑这样一些东方的影响，它们的进入一般来说与希腊的早期宗教或者希腊性格的发展没有关系；因为我们工作的范围使我们无论如何首先要 31
把古希腊人的哲学看成是希腊精神的产物；对那一精神是怎样形成的探求处于哲学史的目的之外。只是在东方因素保持其自身的特殊性，与希腊因素相并立的范围内，我们才关注它。确实，罗特（Röth）曾经断言[1]哲学不产生于古希腊人的文明和精神生活，而是作为某种异域的东西被移植到他们当中，位于其根基处的整个观念圈是从外部被准备好的，如果这是正确的，而且只能这样，我们才可以绝对地使古希腊哲学源出于东方。但是，在另一方面，如果它是古希腊哲学家们自己反思的直接产物，那么，它就根本具有一个本土起源，而且问题就不再能够是它作为一个整体是否来自于东方，而是东方的各种学说是否参与了它的形成，这一异域的影响范围有多大，在多大程度上我们依然能够在其中认出东方的因素，并与希腊因素相区别。这两种不同的情形迄今为止一直没有被充分地区分；东方影响的拥护者们尤其常常忽略去说明究竟异域的因素是直接进入哲学的还是通过古希腊宗教的媒介。在这两条路径之间存在着巨大的差异，我们在这里所关注的仅仅是前者。那些坚持
认为古希腊哲学原始地来自于东方的人们，他们观点的依据部分地是 32
古人的说法，部分地是假定的在古希腊学说和东方学说之间的内在亲缘关系。这些证据中的第一种是非常不令人满意的。确实，后来的作

1　*Geschichte unserer abendländischen Philosophie*, i. 74, 241.

家们，尤其是新毕达哥拉斯学派和新柏拉图学派的追随者们，时常说到智慧，认为泰勒斯（Thales）、费瑞库德斯（Pherecydes）和毕达哥拉斯（Pythagoras）、德谟克利特（Democritus）和柏拉图都将这种智慧归于埃及祭司、迦勒底人、波斯祭司、甚至婆罗门的教导。但是，只有我们确信这一证据是基于一个值得信任的传统，可以追溯到这些哲学家他们自己的时代，它才能够是有效的。谁能够向我们保证这样一种确信呢？这些相对晚近的作者们有关古代哲学家们的断言，即便他们提到了他们的根据，也必须被谨慎地接受；因为他们的历史感和批判能力几乎无一例外地是迟钝的，后来哲学的教条主义的种种预设在他们的语言中又是如此明显，从而即便是就他们的权威依据的正确版本来说，我们也很少能够信任他们，而且在那些权威依据的价值和来源方面，或者在对真作与伪作、虚构与历史的准确区分方面，我们也找不到一个例子可以期待有一个正确的判断。确实，如果有任何有关柏拉图、毕达哥拉斯或者随便哪个古代哲学家的东西被他们无凭无据地讲过，而除此之外我们对之就一无所知，那么，我们完全可以认为，这种说法在绝大多数情况下既不是基于事实，也不是基于值得尊重的传统，而是仅仅基于某些虚
33 假的传闻，而且也许更为经常地是基于误解、武断、教条甚或任意的虚构。这尤其在关于古希腊哲学与东方关系的问题上是正确的；因为，一方面，东方人具有最强烈的虚荣心和自身利益来为古希腊科学与文化发明一个东方起源；另一方面，希腊人又是太过容易承认这类断言。我们在这里所不得不处理的正是这类虚假的陈述，而这类陈述又是如此可疑地与制造它们的作家们的特殊立场相关联，以致于将历史上具有极大重要性的假设建立在这样一个不牢固的基础上就会是非常鲁莽的。然而，如果我们把这些不值得信任的证言放到一边，而求助于更为古老的权威，那么，结果并不是更好一些；我们发现，要么他们所肯定的要比后来的作家们更少，要么他们的肯定更多地是基于猜测，而不是历史知识。泰勒斯也许去过埃及：我们没有任何有关这一事实的确定证据；但是，他在那里不可能学到比数学初阶更多的东西。毕达哥拉斯访问过那

个国家，他的整个哲学源自那里，这首先被伊索克拉底（Isocrates）在一段话中所断言，但那段话更多地被怀疑只是一个修辞学的虚构。希罗多德（Herodotus）对毕达哥拉斯去过埃及什么也没有说，并描写他从埃及人那里所取得的只是非常少的一点儿学说和风俗，而且还是三手的。德谟克利特的长途旅行有更好的证明；但是，他在旅行过程中从野蛮人那里所学到的，我们没有确切的信息，因为腓尼基人原子 34
论者莫库斯（Mochus）的故事根本不值得信任。[1] 柏拉图在埃及的旅行看起来也是历史，而且与后来不大可能的关于他与腓尼基人、犹太人、迦勒底人和波斯人交流的说法相比，不管怎样具有更多的有利证据。不管后来作家们关于这些旅行的成果会说些什么或者作何猜想，柏拉图本人清楚地表达了他自己对埃及人智慧的看法，这就是，他将对知识的喜好作为希腊人的特性归于希腊人，而将对利益的热爱像归于腓尼基人一样归于埃及人。[2] 事实上，他在不同的段落中称赞他们，不是由于哲学发现，而是由于技艺和政治制度；[3] 无论是在他自己的著作中还是在可信任的传统中，都没有迹象表明他从他们那里取得了他的哲学。因此，关于古希腊哲学对东方哲学依赖性的断言，当我们排除了那些完全不值得信任的东西，并且正确地理解了其余的东西，就剩不了多少了；甚至这些也都不是完全没有问题的，而且至多只是证明了古希腊人在具体的方面也许从东方获得了某些推动，而非他们的整个哲学是从那里输入的。

有一个更重要的结论被认为是从古希腊体系与东方学说的内在亲缘
关系中产生的。但是，甚至这一理论的那两位最近的拥护者也对这种亲 35
缘关系的确切涵义意见不一。一方面，格拉迪许（Gladisch）[4] 认为明显

1　更进一步的细节，见下文。

2　《理想国》iv. 435E。这段话里特尔在他对古希腊哲学东方起源的细致研究中正确地加以强调。——*Gesch. der Phil.* i. 153 sqq

3　参考 Zeller, *Phil. der Gr*. Part ii. a, p. 358, note 2；也请参考 Brandis, *Gesch. der Gr.-röm. Phil.* i. 143。

4　*Einleitung in das Verständniss der Weltgeschichte*, 2 Th. 1841, 1844. *Das Nysterium*

的是，前苏格拉底哲学的主要体系没有任何实质改变地复制了五个主要的东方民族有关宇宙的理论。他认为，中国人的哲学一再出现在毕达哥拉斯主义中；印度人的哲学出现在埃利亚学派中；波斯人的哲学出现在赫拉克利特（Heracleitus）那里；埃及人的哲学出现在恩培多克勒（Empedocles）那里；犹太人的哲学出现在阿那克萨戈拉（Anaxagoras）那里。另一方面，罗特[1]非常清楚地断定，古希腊的思想起源于埃及人的信条，杂以琐罗亚斯德（Zoroaster）的观念，尽管不是大范围的，而只是在德谟克利特和柏拉图那里。他说，在亚里士多德那里，古希腊哲学第一次摆脱了这些影响；但是，在新柏拉图主义那里，埃及思想再一次焕发了青春，尽管与此同时琐罗亚斯德的学说，伴随一定程度的埃及观念的混合，产生了基督教。

如果我们公正地审查历史事实，我们将发现我们必须反对这两种理论，而且古希腊哲学的东方起源和特征的不可能性一般来说将变得越发
36 明显。格拉迪许认为他发觉、甚而还假定了其存在的现象，可以容纳两种解释。我们要么将它归于在毕达哥拉斯学派哲学与中国人的哲学之间、在埃利亚学派哲学与印度人的哲学之间等等的一种实际联系；要么我们可以认为这些学说的巧合自然地产生于古希腊人天才的普遍性或别的什么原因，而没有任何外部的联系。就后者而言，这类现象不会给古希腊哲学的起源提供任何线索，也不会给我们有关古希腊科学的历史知识增加多少内容，不管这类事实在我们看来是多么令人吃惊。但在另一方面，如果像格拉迪许所假定的那样[2]在古希腊体系与它们的东方原型

---

derÆgyptischen Pyramiden und Obelisken, 1846. 关于赫拉克利特，*Zeitschrift für Alterthums-Wissenschaft*, 1846, No. 121 sq., 1848; No. 28 sqq. *Die kerschleierte Isis*, 1849. *Empedokles und die Ægypter*, 1858. *Heracleitos und Zoroaster*, 1859。 *Anaxagoras und die Israeliten*, 1864. *Die Hyperboreer und die alten Schinesen*, 1866. *Die Religion und die Philosophie in ihrer Weltgeschichtlichen Entwichlung*, 1852。在下面，我主要关注这最后一部著作。

1 *Gesch. uns. Abendl. Phil*. i. 74 sqq., 228 sq., 459 sq.。在这部著作的第二部分，他把毕达哥拉斯主义中的一部分归于了琐罗亚斯德的学说。

2 对此尤其参考 *Anaxagoras und die Israeliten*, x. sq.。

之间真的有这样一种外部的历史联系，那么，我们就应当能够以这种或
那种方式证明这样一种联系的可能性；依据对实际环境的考查表明，在
中国人和印度人的学说传播给毕达哥拉斯和巴门尼德（Parmenides）方
面存在着这类精确的思想联系的可能性；我们必须说明这样一种不可思
议的现象，即，不同的东方观念在它们向希腊传播的过程中和进入到希
腊时都不曾混合在一起，而是分别到达那里、并肩而立各自保持自身，
以致恰好产生了同样数目的古希腊体系，并且在次序上恰好对应于它们
所产生于其中的那些民族的地理与历史位置。最后，我们必须回答这样
一个问题，即，被恩培多克勒和阿那克萨戈拉如此明显地借自于巴门尼
德，如此深刻地植根于他们自己的学说，以致必须被认为是他们科学起 37
点（例如一种绝对的生成或消灭的不可能性）的那些理论，怎么可能在
这个哲学家这里来自于印度，而在第二位哲学家那里来自于埃及，在第
三位哲学家那里又来自于巴勒斯坦。这全都看起来是同样不可能的，不
管我们假定东方学说对古希腊哲学的影响是间接的还是直接的。格拉迪
许承认不可能相信一种直接的影响；[1]他公正地诉诸亚里士多德和其他古
代作家关于在柏拉图之前的各体系的起源的说法，并强调这些体系的相
互依赖关系。但是，如果我们假定东方因素“通过古希腊宗教的中介进
入哲学”，这个理论就变得更有可能吗？[2]在古希腊宗教，特别是在诞生
了前苏格拉底哲学（确实，转世的学说除外）的数世纪的宗教传统中，
我们到哪里去发现据说导致了哲学家们的各种学说的线索呢？像吠陀哲
学（Vedanta Philosophy）这样一种思辨的体系应当通过古希腊的神话传
给巴门尼德，犹太教的一神论通过古希腊的多神论传给阿那克萨戈拉，
这如何是可信的呢？东方学说在汇聚于古希腊宗教之后又如何能够从其
中以这一确定的次序不变地流出呢？如果它们确曾如此，那么，不同哲 38
学从这一相同根源（他们的民族宗教）产生的东西，甚至当它们毫无疑

1　*Einleitung in das Verständniss*, &c. ii. 376 sq. *Anax. und die Isr.* sq.

2　*Anax. und die Isr.* xiii.

问地彼此借鉴时，又如何能够被追溯到完全不同的东方来源呢？这些反驳可以有很多很多，通过以下说法来应付它们是很容易的，这就是，不管这是否全都可能，以及这究竟会如何发生，我们在这里都不探询，而是满足于当下单纯确立起来的事实。如果有关这类事实的证据仅仅包含对无可怀疑的见证的倾听以及对它们的证言的比较，那么，这样一种回答会令人满意。但是，这绝非事实。对于格拉迪许宣称发现的在古希腊与东方学说之间类似性的证据，在任何情况下都要求非常复杂的考查，而不能将其可能性和合理性问题完全弃之不顾。如果我们考察他自己对这种类似性的表述，那么，在关键的地方我们所碰到的就是对篡改的著作和不值得信任的说法的无批判的信赖，对较早和较晚权威来源的混淆，对相关理论的武断解释，以致于明显的是，我们必须处理的不只
39 是有关历史事实的证据，而是过度引申的联系和解释。[1] 如已经指出的，我们不得不陷入如下的矛盾：在多个古希腊哲学家那里被同样发现的诸多特征在各种情况下都必须有一个完全不同的起源；被一位哲学家明显借自于另一位哲学家的学说必须从一个东方的来源分别传给他们两个，而且是从互不相同的东方来源传给每一个人；[2] 那些以一种无可辩驳的历史次序相互演化而来的体系，必须不管这一次序，而是每一个都仅仅从这个或那个东方的先辈那里复制它所已经获得的东西。格拉迪许的这一构造与实际的事实很少相符这一点也可以从以下情况看到，即，要把赫拉克利特之前伊奥尼亚学派的物理学与原子论学派的哲学这样两个在古希腊哲学史中基本的、重要的现象纳入到与此的关联中

1 参考下文关于赫拉克利特、恩培多克勒和阿那克萨戈拉所说的内容；也见这段话出现在第二版和第三版有关毕达哥拉斯学派哲学和埃利亚学派哲学的文本（Zeller, *Phil. der Gr.* 3rd ed. p. 20 sq.）。我在这里不重复这一点，不是因为格拉迪许的反驳在我看来是不可回答的，而是因为对他的假说的反驳会需要太多的篇幅，远超过我所能给予的，而且也因为毕达哥拉斯主义来自于希腊、巴门尼德学说来自于印度实际上是不可思议的，在其他地方从来没有被接受过。

2 参考上文第 36 页。这样，在格拉迪许看来，毕达哥拉斯从中国得到他的灵魂转世学说（但是，它并不起源于那里），恩培多克勒则是从埃及。

是不可能的。[1]

至于罗特，他的观点只有在对古希腊体系逐个的考察中才能够得到正确的审视。但是就此而言，我不能同意他的观点，因为在他对埃及神学的阐述中我没有看到一幅忠实的历史画卷。我现在还不能够进入到对 40
宗教哲学的讨论，也不能停下来驳斥如下理论[2]，即，抽象的概念，例如精神、物质、时间和空间，而非人格存在的表达，构成了埃及宗教和古代其他宗教的原始内容。我也必须把审查罗特从东方文本、象形文字碑铭所得结论[3]的工作留给那些更熟悉这一主题的人。对于当前研究目的来说，注意到如下问题就足够了，这就是，甚至根据这位作者自己的表达，如果我们同意将无限的信任置于不值得相信的证言之上，那么，被罗特所假定的在埃及、波斯学说与古希腊人神话、哲学体系之间的亲缘关系只能够被证明是不可靠的猜测和无根据的词源考察。事实上，如果希腊诸神与外邦神祇之间名字的每个转换都是这些神灵同一性的一个恰当证据，那么，古希腊宗教就会难以与埃及宗教区分开来；如果搜寻异族词源是允许的，即便在一个词的希腊含义是唾手可得的情况下，[4]那么，我们也许就可以假定，整个神话，连同诸神的名字，都是从东

1 针对原子论学派的哲学，格拉迪许试图这样来论证这一点（*Anax. und die Isr.* xiv.），即认为它是从埃利亚学派的学说中发展而来的。但是，这种依赖关系在这里和在阿那克萨戈拉与恩培多克勒那里并没有什么不同；而且原子论的体系有同样的权利被认为是一个独立的体系。对泰勒斯、阿那克西曼德和阿那克西美尼的忽略，格拉迪许（罗特上引书）没有提供任何说明。但是，泰勒斯是古希腊哲学的奠基者，而阿那克西曼德是赫拉克利特的直接先驱。

2 上引书，p. 50 sq., 228, 131 sqq.。

3 例如 p. 131 sqq., 278 sqq.。

4 例如，像罗特从埃及语引出潘和珀耳塞福涅时那样；他将潘译成 *Deus egressus*，流溢的创造的精灵（上引书 140, 284），将珀耳塞福涅（p. 162）译成珀耳塞斯（Perses）、即博勒 - 塞特（Bore-Seth）或堤丰的杀戮者；然而，清楚的是，*Πὰν* 的词根是 *πάω*，伊奥尼亚语 *πατέυμαι*，拉丁语 pasco；*Περσεφόνη*，还有 *Πέρσης* 和 *Περσεύς* 来自于 *πέρθω*；而且古希腊神话根本没有说到潘是一个创造的精灵，也没有在堤丰的意义上说到一位珀耳塞斯（如果有一个赫西俄德的提坦神是这样命名的），更没有说到这个珀耳塞斯被珀耳塞福涅所杀。

方输入到希腊的；[1] 如果扬布里柯（Iamblichus）和三倍伟大的赫尔墨斯
41 （Hermes Trismegistus）是有关古代埃及的古典权威依据，那么，我们就会庆幸于他们使我们了解到的古代记载[2]，和他们声称在古埃及著作中发现[3]了的古希腊的哲学说法；如果腓尼基人莫斯库斯（Moschus）的原子论学说是一个历史事实，那么，像罗特一样，[4] 我们就可以试着在腓尼基人有关原始黏土（primitive slime）的宇宙学理论中找到迄今为止被相信来自于埃利亚学派形而上学的一个学说的根源。但是，如果批评的普遍原则就像适用于其他事情一样也适用于此——即，历史不承认任何其真理性未得到可信证言保证或由这类证言而来的合法结论的东西——那么，罗特的这个尝试就只是表明，针对古希腊科学这样一个本土产物，要证明其核心内容有一个外部来源，光有最不知疲倦的努力是不够的。[5]

42 一般来说，这一类证明，当它只是基于内部证据时，是难以成立的。情形也许是，不仅特殊的观念和习俗，而且整整一个系列的观念和习俗，都可以与在其他文明圈中的另一个系列相类似；另外还有可能，基础的概念似乎也可以重复自身，而无需提供恰当证据表明它们在历史上是相互联系的。在类似的发展条件下，尤其是在彼此具有起源上联系的种族之间，许多契合点一律地产生出来，甚至当这些种族没有任何实际交流的时候；机会常常造成细节上的令人惊异的类似性；而且在具有

1 然而，即便如此，罗特的处理也是不常见的，他依据上述词源考据，而且不引用任何权威来源，将珀耳塞福涅的被掳、德墨忒耳的漫游神话整个转化为埃及神话，为的是断言它首先从埃及传给希腊人（上引书，p. 162）。

2 例如，毕提思经（the book of Bitys），罗特（p. 211 sqq.）（基于在伪扬布里柯论秘仪著作中的一个非常可疑的段落）将它置于公元前八世纪。如果这本书曾经存在过，那么它有可能是亚历山大里亚折中主义时期的一个晚近发明，而且根据埃及的历史证据，其价值正如摩门经（the book of Mormon）之于犹太人那样。

3 例如，*νοῦς* 和 *ψυχή* 的区别。参考罗特的 *Anmerkungen*, p. 220 sq.。

4 上引书，274 sqq.。

5 对罗特假说的最详尽考察将在有关毕达哥拉斯学派的那章中找到一个合适位置；因为，在罗特看来，正是毕达哥拉斯将整个埃及科学和神学移植到了希腊。也请参考下文就阿那克西曼德所说的。

较高文明的种族中，几乎没有两个种族可以说在它们之间不会有令人吃
惊的类似之处被发现。但是，由此猜测一种外部关联也许是自然的，这
种关联的存在，仅当类似性大到通过以上更为一般的原因不能被解释的
时候，才是有可能的。对于亚历山大的随从来说，在婆罗门当中不仅发
现他们的狄奥尼索斯和赫拉克勒斯，还有他们的希腊哲学，必定是非常
之震惊的；听到水是世界的本源，正像在泰勒斯那里一样，神渗透于万
物之中，正像在赫拉克利特那里一样，灵魂的转世，正像在毕达哥拉
斯和柏拉图那里一样，五个元素，正像在亚里士多德那里一样，禁止
食肉，正像在恩培多克勒和俄耳甫斯教那里一样，[1]也必定是非常之震惊
的；而且毫无疑问，希罗多德和他的后辈必定时常愿意从埃及取得古希 43
腊的学说和习惯。但是，对于我们来说，所有这些并不能够充分地证明
赫拉克利特、柏拉图、泰勒斯和亚里士多德是从印度人或埃及人那里获
得了他们的原理的。

但是，并不仅仅是历史证据的缺乏阻止我们相信古希腊哲学的东方起源；还有几个正面理由反对这一理论。最具决定性的一个理由在于那一哲学的一般特性。正像里特尔（Ritter）充分观察到的，[2]最古老的希腊哲学家的学说都具有初次尝试的简单性和独立性；而且它们以后的发展是如此之连续，以至于根本不需要外部影响的假说来解释它。在这里，我们看不到任何原始的希腊精神与异域因素的冲突，任何对被误解的原理和概念的改造，任何对过去的科学传统的回归，简言之，我们看不到例如在中世纪那里哲学对异域资源的依赖由以得到显明的那类现象。全部发展都十分自然地出自于古希腊民族生活的那些条件，而且我们将发现，甚至那些一直被假定受到了来自外部的学说极其深刻影响的体系，在所有根本方面都应当通过古希腊人内在的文明和精神视域来被解释。如果古希腊哲学真的得益于其他国家甚多，就

1　参考 Megasthenes、Aristobulus、Onesicritus 和 Nearchus 的叙述，见 Strabo xv. 1, 58 sqq., p. 712 sqq.。

2　*Gesch. der Phil.* i. 172.

像古代和现代的一些作家所相信的那样，那么，这样的特性无疑就会
得不到解释。按照这一理论，还有另一个奇怪的、无法说明的情形，
44 即，东方思想的神学特征应当整个地是在古希腊哲学中缺席的。在埃
及、巴比伦或波斯曾经有过的无论何种科学，都是僧侣等级的所有物，并且是与宗教的学说、制度混合在一起成长的。就数学和天文学而言，认为东方科学应该已经被从它的宗教基础中分离了出来，而且是被分别移植到异国土壤中的，这是完全可以理解的；但是，要认为祭司们本应当持有的关于世界的原始构成成分和起源的理论，能够撇开他们关于诸神的学说和神话而被传播，这却是极不可能的。在最古的希腊哲学中我们找不到丝毫埃及神话、波斯神话或迦勒底神话的印记，它们甚至与古希腊神话的联系也是非常微弱的。甚至毕达哥拉斯学派和恩培多克勒也只是从秘仪中借鉴了这类学说，而它们与其哲学（亦即，他们在对自然的科学解释上的尝试）并无任何内在关系：无论毕达哥拉斯学派的数的学说，还是毕达哥拉斯学派与恩培多克勒的宇宙论，与作为其来源的任何神学传统都不可能有关联。诚然，其他的前苏格拉底哲学在某些孤立的观念上确实使我们想起神话的宇宙演化论，但是，在主体上它要么是完全独立于宗教信仰、要么是以公开反对它的方式发展自身的。如果古希腊科学是东方僧侣智慧的一个衍生物，这怎么可能呢？

我们必须进一步探询，是否古希腊人在他们最初的哲学尝试时期能
45 够被东方人在这个领域教导任何重要的东西。没有任何历史的、甚或
可能的证据表明有任何他们与之接触的亚洲民族曾经拥有任何哲学科学。诚然，我们听说过神学宇宙学的观念，但是所有这些，在它们当真回溯到古代的范围内，是如此之粗陋和富于想象，以至于古希腊人很少能够从中获得任何趋向于哲学思想的冲动，这种冲动就连他们自己的神话也同样不可能提供出来。埃及的圣书有可能只是包含着关于仪式、宗教与世俗法律的规定，或许还缀以宗教神话；在其学说的零星残存中，没有丝毫现代作家们企图发现的科学的、独断论的神学印

记。[1] 对于希罗多德时代的埃及祭司本身来说，古希腊哲学中具有埃及
起源的思想似乎从来都没有出现过，尽管他们甚至在那时候也一直努力
地将古希腊的神话、法律和宗教庆典从埃及引申出来，并且在追求这一 46
目的时丝毫不惮于最显而易见的虚构[2]。他们声称给过希腊人的那些科学
发现[3] 仅限于天文学上对时间的确定。转世学说起源于埃及这一点仅仅
是希罗多德的一个猜测；[4] 而且当他说（ii. 109）希腊人似乎是在埃及学
会了几何学时，他像狄奥多罗（Diodorus）那样将这一断言不是基于埃
及人的说法，而是基于他自己的观察。这证明在公元前五世纪埃及人还
没有对古希腊或任何别的哲学产生过太多想法的假定是合理的。根据之
前引用过的《理想国》第四卷中那段话来判断，甚至柏拉图对于一种腓
尼基或埃及哲学的存在也是不知道的。亚里士多德似乎也不曾意识到埃
及人的哲学努力，尽管他很愿意承认他们是古希腊人在数学和天文学上
的先驱。[5] 德谟克利特向我们保证，他本人在几何学知识上是他所认识 47

1　罗特，上引书 p. 112 sqq. 和 p. 122。他诉诸 Clemens, *Strom*. vi. 633 B sqq. Sylb.，在那里在提到 Hermetic books 的时候是这样说的：有十卷，“包括那些有关与他们同在的诸神荣耀和埃及式虔敬的东西，例如，关于祭祀、初祭、圣歌、祈祷、仪仗队、节庆以及与此类似的东西”，还有另外十卷“关于法律、诸神和完整的神圣教育”。但是，从克莱门斯的话中是不能推演出这些卷册的内容哪怕有一部分是科学的；甚至最后提到的十卷有可能处理的也不是诸神的本性，而是宗教崇拜，与此相关，也许还有神话：当克莱门斯说这些著作包含有埃及人的“哲学”时，这个词必须以我在前面第 1 页以下所提及的不确定的意义上来被理解。此外，我们一点儿也不知道这些卷册有多古老，或者，它们是否未经改动和补充地一直延续到克莱门斯的时代。

2　这样，梭伦（ii. 177）据说从阿玛西斯取得了他的一条法律，后者是在梭伦法典时期之后 20 年才登上王位的；而且（c. 118）祭司们向这位历史家保证，他们对他所说的有关海伦的东西，他们是从墨奈劳斯亲口所说得知的。我们已经了解了这个程序的例子，上文第 18 页注释 3。

3　Herod. ii. 4.

4　ii. 123.

5　对埃及人的天文学观察（有关行星彼此之间以及与恒星之间的交会），他在《气象学》i. 6, 343b28 中提到，在《形而上学》i. 1, 981b23 中他说：“因此数学技艺首先在埃及人那里确立起来。因为在那里祭司阶层被允许享有闲暇。”但是，正是这段话表明亚里士多德很可能对于在埃及所曾有过的任何哲学探究一无所知。他在上引书中争论说，知识当它只是为了认识目的被追求时，要比当它服务于实际需要目的时

的埃及贤人们的对手。[1] 因此，尽管迟至狄奥多罗的时代，古希腊科学已经在埃及长期生根开花，而埃及人由此宣称柏拉图、毕达哥拉斯和德谟克利特[2] 拜访过他们自己，但是，古希腊人被认为取自于埃及的东西仍然仅限于数学知识和技术知识、民法、宗教制度和神话；[3] 这些只是在底比斯人（i. 50）的断言中才被提到，“哲学和关于星辰的精确知识首先在他们之中被发明”，因为哲学这个词在这里等同于天文学。

因此，即便我们承认，狄奥多罗所提到的埃及神话学家也许曾经以斯多亚学派的方式给过诸神概念一个自然主义的解释；[4] 晚期折中主义者
48 们（例如论埃及人秘仪的那本书的作者，和达马修斯（Damascius）所引的那些神学家们）[5] 也许曾经将他们自己的思想输入到埃及人的神话中；在波塞冬纽斯（Posidonius）的时代也许曾经存在过一部据说是久远古代的腓尼基人的手稿，置于哲学家莫斯库斯或莫库斯名下；[6] 毕布罗斯的斐洛（Philo of Byblus）也许曾经以桑楚尼亚松（Sanchuniathon）的名义根据腓尼基人和希腊人的神话、五花八门的创世史和对哲学的混

水平更高，与此相联系，他还观察到，因此纯粹思辨的科学首先产生在人们充分摆脱了对生活必需品的焦虑而能够致力于这类科学的地方。以上引语间接证实了这一断言。如果亚里士多德认为哲学也像数学一样是一种埃及创造，那么，他是尤其不可能在这一关联中忽略它的，因为他断定正是哲学作为一种纯粹思辨的科学，要比所有其他单纯的技术知识地位更高。天文学的初级原理从野蛮人那里、尤其是从叙利亚人和埃及人那里传给古希腊人，这一点我们是在柏拉图的《厄庇诺米》986E以下、987D以下中得知的。同样，Strabo xvii. 1. 3, p. 787 将几何学的发明归于埃及人，算数的发明归于腓尼基人；也许欧德谟斯已经表达了这一相同的观点，如果普罗克洛在 Euclid. 19, 6（64 f. Friedl.）中确实是从他那里得到这个说法的。

1 残篇，见 Clemens, *Strom*. i. 304 A，在那里他在谈到了他的远游之后就自己这样说：“我曾经结识和聆听过最能写会算的人们，没有一个人胜过我，甚至埃及人中那些被称作 Ἀρπεδοιάπται 的”。对最后一个词的解释是有疑问的，但是，这个术语无疑一定包括埃及贤人中那些拥有几何学知识的人。

2 i. 96, 98.

3 参考 c. 16, 69, 81, 96 sqq.。

4 Diod. i. 11 sq.

5 *De Princ*. c. 125. 达马修斯明确地称呼他们是“那些在我们这里是哲学家的埃及人”。他们因此是有关埃及古代历史的最不值得信任的资料来源。

6 见下文，论德谟克利特的章节。

乱记忆构造出一个粗糙的宇宙论——然而，这类成问题的见证都绝不可能证明一种埃及哲学和腓尼基哲学的真实存在。

无论如何，即便假定在这些民族中间，在古希腊人开始了解他们的时代时，哲学学说就已经被发现，但是这些学说之被传入希腊绝不是像想象得那么容易。哲学概念，特别是在哲学的童年，是同它们的语言表达紧密结合的，而且对外族语言的知识在古希腊人中间应该很少被碰到。另一方面，翻译者们，按照惯例所受到的教育只是关于商务交际和对奇风异俗的解释，在使人们能够理解哲学方面的教育上是很少有用处的。此外，也没有一个我们可以依赖的线索，暗示古希腊
哲学家们使用过东方的著作，或者翻译过这类著作。最后，如果我们 49
自问通过什么方式印度人和东亚其他民族的学说能够在亚历山大的时代之前被带入到希腊，我们将发现，这个问题呈现出许多的困难。当然，所有诸如此类的考察会向明确证实的事实让步；但是，困难正是，在这里我们所涉及的不是历史事实，而在目前仅仅是猜测。如果古希腊哲学的东方起源应当由值得信任的证据或它自己的内部特征来保证，那么，我们有关东方民族科学状况的概念，古希腊人与他们所保持的关系的概念，就必须根据那一事实来被构成；但是，既然那一事实本身既不是可证明的也不是有可能的，那么，由于它同我们在这两点上从其他资料来源所知道的东西缺少一致性，就使得它尤其不可能。

二、古希腊哲学的本土来源：宗教

然而，我们无需寻求外族的先驱者：古希腊人的哲学科学通过古希腊各部族的天才、思想来源和文明状态就可以得到完满的解释。如果曾经有过一个民族善于创造自己的科学，那么，古希腊人就是这个民族。在他们最古的文化记载荷马的诗歌中，我们已经遇见了精神的自由和明
晰，清醒和节制，对美与和谐的感觉，它们使这些诗歌的地位确定地在 50

所有其他民族的英雄传说之上，而没有任何例外。至于科学的探索，还没有任何迹象；也没有感到有任何研究事物的自然原因的必要；这位作者满足于把它们归于人格化的创造者和神圣力量，在人类的童年这是最高的解释。支持科学的各门技艺也在一个非常初级的阶段；在荷马时代，甚至书写也是不被知晓的。但是，当我们考虑荷马诗歌中那些光荣的英雄们时——当我们看到万物、各种自然现象和各种人类生活事件如何被展现在最真实、完满的艺术画卷中时——当我们研究这些杰作的单纯而优美的发展、它们计划的宏伟与它们目的的和谐完满时，我们就不再能够惊奇于一个民族能够以如此开放的视野、如此阳光的精神来把握这个世界，能够以如此令人赞叹的形式感来支配混沌一团的现象，能够如此自由而确定地投入生活之中——这样一个民族很快就将致力于科学，而且在那一领域中将不是仅仅满足于积累知识和观察，而是将致力于把具体结合进整体之中，为孤立的现象找到思想的焦点，根据清晰的概念形成一个有关宇宙的理论，而且还拥有内在的统一性；总之，产生哲学。甚至在荷马的诸神世界中，事件的流动都是那么的自然！实际上，我们在这片想象的奇境中找到了我们自己，但我们却那么少地通过任何怪诞或丑陋的东西（它们是东方和北方神话中常见的和令人不安的
51 因素）而想到这个神话的世界在现实环境中是缺乏的！在所有这些诗歌中，我们多么清晰地认识到那种神智清明而生机勃勃的现实主义，那种对和谐与自然之物的精细的知觉，而在较晚的时期，在经过了对宇宙与人的更为深刻的研究之后，这同一片荷马的天空便必然被证明是一块绊脚石了。因此，尽管在荷马时期的思想文化与哲学的诞生之间分隔有一个广阔的间距，但是，我们仍然能够在其中追寻到哲学由以产生的那特殊的天才。

正是这一天才的更进一步发展构成了对古希腊哲学的历史预备，它表现在宗教领域、道德和公民生活领域，表现在趣味和理智的一般教养之中。

古希腊人的宗教就像所有积极宗教一样，与那个民族的哲学保持着

既联系又对立的关系。然而，将它与所有其他种族的宗教区分开来的正
是从一开始它便容许的哲学思想演化的自由。如果我们将注意力首先转
向希腊人的公共仪式和大众信仰，正像它在其最古老、最真实的记载荷
马（Homer）和赫西俄德（Hesiod）的诗歌中所向我们表现出来的那样，
那么，它在哲学发展中的意义是不可能被弄错的。宗教的表现总是其形
式，这是一种诸现象的彼此依赖、不可见力量的规则与普遍规律在其中
首先达到意识的形式，这在古希腊人中也同样如此。不管在信仰神对世 52
界的统治与宇宙作为一个联系整体的科学知识、科学解释之间的距离会
有多大，这二者仍然有某种共同之处。宗教信仰，甚至在它在希腊所采
取的多神形式下，都意味着世界上存在和发生的事情依赖于某些隐藏在
感知觉背后的原因。这还不是全部。诸神的力量必定扩展至世界的所有
部分，而诸神的多样性被化约为由宙斯和命运的不可抗拒力量所统治的
统一体。因此，宇宙的相互依赖关系是被明确宣示的；所有现象都在相
同的一般原因下得到协调；逐渐地，对诸神力量和冷酷命运的畏惧让位
于对神的至善和智慧的信任，而新的问题进入到思想中——即，在宇宙
规律中追寻智慧的踪迹。实际上，哲学在这一大众信仰的纯化运动中一
直发挥作用，但是，宗教观念首先包含了哲学更为纯粹的概念随后由以
发展而出的那些胚芽。

古希腊宗教信仰的特殊性也不是对古希腊哲学没有影响。古希腊
宗教在其一般性上属于自然宗教之列；神性，正像由诸神的多样性所
充分证明的，体现为一个自然形象，在本质上与有限物是同一类，只
是在程度上超越于它。因此，人不需要使自身超越于他周围的世界之 53
上，他自己的实际本性之上，他可以与神祇同在；他从一开始就感觉
到自己与神的联系。他不需要有任何思想模式的内在改变，也不需要
有同他的自然冲动和倾向的任何斗争；相反，人性中的一切在神看来
都是合法的——最有成效地培育其人格力量的人就是最像神的人，宗
教义务根本上在于人的行动符合神的荣耀，而后者又与人的本性相一
致。同样的立场在古希腊人的哲学中也是明显的，这将在后面得到进

一步的说明；而且，尽管作为一个规则，哲学家们很少直接从宗教传统中取得他们的学说，并且还常常公然地违背大众信仰，但是，清楚的是，古希腊人在其宗教中所习惯的那种思想模式对他们的科学倾向不是没有影响。从古希腊的自然化宗教中无可避免应当首先产生的是一种自然化哲学。

此外，古希腊宗教区别于其他自然化宗教的地方在于，它将最高的存在地位既没有归于外部自然，也没有归于人的感性之类，而是归于优美的、被精神所美化的人性。人不是像在东方那里一样整个儿地是外部感觉的奴隶，以致于他在自然强力下失去了他自己的独立性，并感到他只是自然的一部分，无法抗拒地卷入到自然的变迁之中。他也
54 没有在粗鲁而半野蛮种族的放纵的自由中寻求他的满足。虽然生活和行动在完全意义的自由中，但是他却认为对那一自由的最高实践就是服从作为他自己本性法则的普遍秩序。因此，尽管在宗教中，神祇被认为类似于人，但是被归于它的并非普通的人性。不仅诸神的外观被理想化为最纯洁优美的形象，而且它们的本质是由人类行为的典范所构成的，这特别是就希腊诸神而言。因此，古希腊人与其诸神的关系是自由而幸福的，以至我们在其他任何民族中都难以找到，因为他自己的本性在它们身上得到反映和理想化；由此，当对它们加以沉思静观时，他立刻就发现自己被相似之处所吸引，并被提升到他自己存在的限度以上，而完全不必用内心冲突的痛苦和烦恼来交换这一快乐。因此，感性的与自然的成为精神的直接的体现；整个宗教具有一种审美的特征，宗教观念采取了诗的形式；神圣崇拜及其对象被做成艺术的材料；而且一般而言，尽管我们仍旧处于自然化宗教的水平上，但是，由于精神在自然中揭示自身，自然仅仅被看成神性的体现。古希腊宗教的这一理想主义特征在古希腊哲学的起源和形成中无疑具有最高意义。想象的运用给予感官的特殊事物以普遍意义，这是理智运用
55 的预备性阶段，后者抽离了具体事物，寻求现象的一般本质和普遍原因。因此，尽管古希腊宗教基于一种理想的、审美的世界观，并且在

这一世界观的基础上极力鼓励各种艺术活动，但是，它必然对于思想有间接的刺激和解放作用，并为关于事物的科学研究预备了道路。从一种质料的视角来看，宗教的这一理想主义倾向主要对伦理学有益；但是，从一种形式的视角来看，宗教的影响延伸到了哲学的各个部分；因为哲学预设和要求将可感事物努力当成精神的表现，并将它追溯到精神的原因。在这一方面一些古希腊哲学家有可能在其步骤上过于匆忙；但是，这一点我们现在不做考虑。我们越是欣然承认他们的学说常常给我们留下哲学诗的印象，其中充满了大胆的虚构，而非一部科学的作品，我们也就越是清楚地看到那些学说与希腊民族的艺术天才的联系，与其宗教审美特征的联系。

但是，尽管古希腊哲学也许极大地得益于宗教，但它得益于环境要更多，以致它对宗教的依赖关系从来没有阻碍过或者在根本上限制过科学的自由运动。古希腊人没有任何等级制，也没有任何神圣不可侵犯的教条。对于他们来说祭司的职能不是一个阶级的排他特权，祭司也不是诸神与人之间的唯一中介；每一个个人为他自己，每一个公 56
社为它自己，都有献祭和祈祷的权利。在荷马那里，我们发现国王和首领为他们的臣民献祭，父亲为他们的家庭，每一个人为他自己，而都没有祭司的介入。甚至在一个较晚时期，当神庙中公共祭祀的发展赋予祭司阶层以更为重要的意义，祭司的职能也总是被限于他们专门领域里特定的供奉和庆典；祈祷与献祭仍旧由俗人来做，与宗教仪式有关的一整套事务不是交给祭司，而是交给由选举或抽签指派的公职人员——部分与公社或城邦的官员一起——交给个人和家长。因此，祭司作为一个阶级在希腊永远不可能获得一个与他们在东方民族中所享有的差可比拟的有影响地位。[1]诚然，一些神庙的祭司的确由于与那

1　顺便说一句，针对祭仪和神话是从东方传入希腊的假说，这是最有力的一个反驳；因为这些东方祭仪是如此紧密地与等级体系结合在一起，以致于它们只能够同后者一起被传入。如果这是曾经的事实，那么，我们就应当发现，我们越是向古代追溯，祭司的作用就越大，然而事实恰恰相反。

些神庙相关的神谕而取得了相当程度的重要性，但是，在整体上祭司
一职给予的更多是荣誉而非影响；声誉和资质更多地是就政治上的尊
57 贵地位而言的，而不是就任何特殊的心智能力；而当柏拉图[1]撇开给予
祭司们的各种荣誉，使他们仅仅是共同体的仆人时，他与他的国家的
精神是完全一致的。[2]但是，在没有等级制的地方，在信仰的一般律法
意义上的教条也就显然是不可能的；因为没有任何机构来框定和维护
它。然而，甚至在其自身，它也是与古希腊宗教的本质相抵触的。古
希腊宗教不是从一个具体地点成长起来的完结了的和完满的体系。希
腊种族从他们的原始居住地所带来的观念和传统被每一个部族、公社
和家庭带到不同的环境中，经受极其不同种类的影响。因此，就形成
了多样的地方仪式和传说；从这些之中，一个共同的希腊信仰逐渐地
获得自身的发展，不是通过神学的体系化，而是通过心灵的自由交
汇；在这一交汇中，除开个人的交往和民族竞技与节庆的宗教仪式，
最重要的因素就是艺术，尤其是诗。这解释了如下事实，即，在希
腊，恰当地说，从来没有一个被普遍承认的宗教学说体系，而仅仅
是神话；正统教义的概念是绝对不被知晓的。每一个人实际上被要求
成为荣耀城邦的众神；那些被指控拒绝给予所被要求荣耀的人，或者
58 试图推翻城邦宗教的人，常被施以最严厉的惩罚。但是，尽管哲学本
身因此难以得到开展，这体现在它的一些代表人物身上，但是，在整
体上，个人与共同体信仰的关系要更自由一些，不像在其他民族中那
样，其他民族所具有的对信仰的忠诚被一个强有力的祭司阶层所守
卫。古希腊人对宗教革新的严厉反对不是直接针对于学说，而是仪
式；只是在 种学说看起来具有对公共崇拜不利的后果时，它才成为
攻击的对象。至于各种神学观点，它们是不受干预的。古希腊宗教既
不拥有一套神学学说，也不拥有各种成文的神圣记录。它整个儿是基于

1 《政治家》290C。

2 有关上述说法的更为具体的证据，参考 Hermann, *Lehrbuch der Griech. Antiquitäten*, ii. 158 sqq., 44 sq.。

尊重神庙的传统、诗人的描述和人民的观念；此外，几乎没有一个传统不与另外的传统相抵触，由此它的权威性就多有损失。因此，在希腊，信仰在形式上过于不确定和充满弹性，而既不会向理性施加一个内部霸权，也不会向它施加一种外部限制，而这是我们在其他国家常常发现的情况。

古希腊科学针对宗教的这种自由态度具有重要的后果，如果我们思考在没有这种自由的条件下，古希腊哲学以及间接而言我们自己的哲学会如何，这将是一目了然的。我们能够举出的所有历史类比都将只给我们一个答案；即，希腊人因此会像东方民族一样很少能够获得一门独立
的哲学科学。思辨的冲动确实会被唤醒，但是，由于它会一直被神学嫉 59
妒地监视着，在内部被宗教的成见所局限，并在其自由运动上受束缚，从而思想几乎不可能产生任何不同于宗教思辨的东西，类似于古代的神学宇宙论；甚至当假设在一个更晚时期它已经转向了其他问题，它也绝不可能拥有古希腊哲学借以成为所有世代教师的那种敏锐、鲜活和自由。印度人是东方最富思辨性的民族，他们的文明是最古老的，然而当考察哲学上的成就时，他们相比于希腊人是何其逊色！中世纪的基督教哲学和伊斯兰哲学同样如此，尽管它们有古希腊哲学作为前导的优势。在上述例子中，逊色的主要原因显然在于科学对正统教义的依赖；而古希腊人应当被认为是格外幸运的，因为他们通过其特殊天赋的力量和历史发展过程的一帆风顺避免了这种依赖关系。

人们常常假定，在哲学与秘仪宗教之间存在着一条比较紧密的纽带。根据这一观点，在秘仪中，一种比较纯粹或更为思辨的神学被传授给了入教者；而且借助于秘仪，东方祭司的秘密学说被传播给古希腊哲学家们，并通过后者传播给古希腊民众。但是，这个理论同我们刚才就
东方科学所一直在讨论的理论相比并没有任何更良好的基础。通过对这 60
一主题最近的、全面的考察，[1]被毫无疑问证明的是，从根本上没有任何

1　其中以下材料主要被参考：洛贝克的基本著作（*Aglaophamus*, 1829）和赫尔曼的

哲学学说在这些宗教仪式中有过表达；而且在一个较晚时期，当这类学说开始与秘仪联系在一起时，也是受到了科学研究的影响。因此，哲学与其应当被认为是从秘仪中获得了智慧，倒不如应当被认为是将智慧传给了秘仪。如我们有充足理由相信的，秘仪在根本上是一些庄重的仪式，它们在宗教意义和特征上与对诸神的公共崇拜无异，只是由于它们针对某个特殊的团体、性别或阶层，而排斥其他人，或者由于它们所崇奉的神灵的性质要求这种祭祀形式，才被秘密地进行。前者例如伊达山的宙斯（Idaean Zeus）和阿戈斯的赫拉（Argive Here）的秘仪，后者例如埃琉西斯秘仪，尤其是克托尼亚神祇（Chthonian deities）的神秘仪式。秘仪最初表现得与公共宗教相对立，这部分是因为更为古老的祭仪和崇拜形式在这里逐渐消失、但在那里依然保持着，部分是因为异族的
61 仪式例如色雷斯人的狄奥尼索斯仪式和弗里吉亚人的库比勒仪式是以秘仪的形式作为私人祭仪被引入的，而随着时间或多或少地把它们自身与古代秘密祭仪融合在一起。但是，在任何一个例子中秘仪都不可能包含有哲学原理，或者一种本质上超越了大众信仰的纯粹神学学说。[1] 这一点被如下情形所充分证明，即，被最频繁庆祝的秘仪对于所有古希腊人都是开放的。因为，即便祭司拥有什么更高的智慧，但是，他们如何可能将它传授给如此混杂的人群呢？而且如果一整个民族没有一个长期的预先教导，也没有使其信仰在传统神话中受到动摇，却可以被引导入一种秘密的哲学学说之中，那么，我们应当如何来看待这种学说呢？一般而言，通过宗教话语以教导民众，为达此目的而利用节庆仪式，这根本不符合古人的习惯。一位朱利安（Julian）也许会通过摹仿基督教习俗

短小但透彻的论述（*Griech. Antiq*. ii. 149 sqq.），尤其是普雷勒尔的 *Demeter und Persephone*，以及他在 Pauly 的 *Real-Encyklopaedie der Klass. Alterth*. 中的研究（标题是 *Mythologie, Mysteria, Eleusinia, Orpheus*）；最后是这同一位作者的 *Griechische Mythologie*。一般而言，关于秘仪也请参考黑格尔的 *Phil. der Geschichte*, 301 sq.；*Aesthetik*, ii. 57 sq.；*Phil. der Rel*. ii. 150 sqq.。

1 如洛贝克已经详尽地指出的，*loc. cit*. i. 6 sqq.。莱布尼茨在《神义论》（*Theodicee*）序言的第 2 节中表达了相同的意思，这使他显露出健全的历史判断力。

来做此尝试；但是，在古典时代并没有这方面的单独例子，也没有任何可信的证人断言秘仪是旨在教导那些参与其中的人们。它们的具体目的更多地体现在那些神圣仪式中，见证这些仪式是入教者（Epoptae）的特权；与这些仪式结合在一起的口头交流不管怎样似乎都仅限于简短的礼拜程式、有关神圣祭仪的程序指导，以及神圣的传统（ἱεροὶ λόγοι），例如那些在其他地方与特殊崇拜活动相联系的传统；这是一些有关祭仪 62
的奠立与圣地的传说，有关这一崇拜所崇奉的诸神名字、起源与历史的传说；简言之，由祭司们甚或门外汉向请教他们的人提供的对祭仪的神话解释。这些礼拜与神话的元素在后来被利用来将哲学和神学学说同秘仪结合在一起，但是，认为这从一开始就是事实却是一种无根据的理论。对此没有任何值得信任的权威资料，而且根据一般理由，说神话诗的想象曾经一度由哲学观点主导着，或者，在一个较晚时期曾有古希腊人的科学反思尚未达到的一些观念和假说被引入到神秘的习俗和传统中，这都是不可能的。实际上，随着道德意识的深化，秘仪逐渐获得了一种更高内涵。俄耳甫斯教的学说从最初就与古希腊哲学相近，[1] 当其学

1　俄耳甫斯教著作以及俄耳甫斯 - 狄奥尼索斯献祭的最初明确迹象，可以在如下有良好证实的陈述中找到（参见 Lobeck, *loc. cit* i. 331 sqq., 397 sqq., 692 sqq.；参考 Gerhard, *Ueber Orpheus und die Orphiker, Abhandlungen der Berl. Acad*. 1861；*Hist. Phil. Kl*. p. 22, 75；Schuster, *De vet. Orphicae theogoniae indole*, 1869, p. 46 sqq.），即，奥诺玛克里图斯（他居住在庇西斯特拉图与其儿子的宫廷，同两三个人一起承担了荷马诗歌的编选工作）曾经以俄耳甫斯和穆萨俄斯的名义出版了他本人所编集的神谕和颂诗（τελεταὶ）。这本伪作在公元前 540 年到 520 年之间出现在某个地方。但是，很可能不仅俄耳甫斯教的颂诗、神谕在此之前已经流传，而且狄奥尼索斯秘仪同俄耳甫斯教诗歌的结合在很久之前就已经被完成了。两三代之后，俄耳甫斯教徒和巴库斯教徒被赫西俄德（ii. 81）作为相同的名词来使用，菲洛劳斯为了支持转世学说（vide infra, *Pythag*.）而诉诸古代神学家们和预言家们的言辞，我们必须把这些人主要理解为俄耳甫斯和其他的俄耳甫斯教秘仪的奠基者。亚里士多德的证言肯定不能被引用来支持俄耳甫斯教神学的古老。菲洛庞努斯确实注意到（*De an*. F, 5，诉诸亚里士多德的一段话，*De an*. i. 5, 410b28）亚里士多德在谈及俄耳甫斯教诗歌时说这些诗是“所谓的”俄耳甫斯教的——“既然这些诗歌看起来不是俄耳甫斯的，正像他在《论哲学》中所说的那样；因为虽然这些教义是他的，但他们说是奥诺玛克里图斯把它们放到诗歌中的”。但是，“因为虽然这些教义是他的”这句话以其形式表明，这不是出自亚里士多德的一句引文，而是菲洛庞努斯的一个评论；而且他有

63 派在公元前六世纪、甚至更早被建立时，哲学家们对这个神秘神学的影响看起来要比这些神学家们对哲学的反作用更大一些；而且我们越多考察具体内容，哲学在整体上曾经从秘仪或神秘学说中借鉴过什么重要的东西这一点就越是变得可疑。

特别在两点上，秘仪被假定对哲学产生过重要影响：这就是一神论和对未来生活的希望。其他一些学说也被赋予了一种思辨解释，但是除
64 了人类共同和通常的思想外它们似乎并没有包含任何东西。[1] 然而，甚至在这两种情形中，对哲学的影响看起来既不是如此明确也不是如此重要，就像人们通常所相信的那样。就神的单一性而言，恰恰是这个有神论概念无论是在神秘神学中还是通俗神学中都很少被发现。要想象在犹太教或基督教意义上的神的单一性[2]如何能够在埃琉西斯诸神的饮宴上或者卡比里（Cabiri）或狄奥尼索斯的饮宴上被反复教导，这是根本不可能的。当然，至于泛神论，情形有所不同，它出现在俄耳甫斯教神谱的一条残篇[3]中，在那里，宙斯被描述成万物的开端、中间和结束，大

可能只是在重复新柏拉图主义的权宜之计，以使亚里士多德对俄耳甫斯教诗歌的批评成为无害的；亚里士多德本人从来没有这样说过，这一点据如下一段话是明显的，见 Cicero, *N. D.* i. 38, 107，它有可能是指亚里士多德的同一本著作：*Orpheum Poëtam docet Aristoteles nunquam fuisse*。俄耳甫斯教的神谱没有被归于奥诺玛克里图斯；其他俄耳甫斯教的著作据说是由 Cercops、毕达哥拉斯学派的布隆提努斯、赫拉克莱亚的 Zopyrus（与曾经同奥诺玛克里图斯一起编辑荷马的是同一个人）、萨摩斯的普罗狄科和其他人编集的。(Suidas, *Ὀρφ*. Clemens, *Strom*. i. 333 A ：参考 Schuster *loc. cit*. and p. 55 sq.。进一步的评论见下文)

1 例如，扎格留斯被提坦神残杀的神话（更具体的内容，参考 Lobeck, i. 615 sqq.），新柏拉图主义者们、甚至在他们之前的斯多亚学派都给过它一个哲学的解释，但它在其原始的意义上有可能只是自然在冬季死亡这一老旧主题的一个相当粗糙的变种，青春及其美丽的消亡的思想与这一主题有关。这个神话对于早期哲学没有任何影响，即使我们假定恩培多克勒已经暗示过它——v. 70 (142)。

2 我们发现在这一意义上的神的单一性在所谓的俄耳甫斯教的残篇（*Orphica*, ed. Hermann, Fr. 1-3）中被声明过，其中一些有可能是由亚历山大里亚的犹太人撰写或改造的，而另一些则确定是如此。

3 参考 Lobeck, p. 520 sqq.; and Hermann, Fr. 6。类似地，出自 *Διαθῆκαι*（见 Lobeck, p. 440; Hermann, Fr. 4）的残篇是："宙斯是一，哈得斯是一，赫利俄斯是一，狄奥尼索斯是一，无处不在的神是一"。

地与天空的根，气与火的实体与本质，太阳和月亮，雄性与雌性；天空被称作他的头，太阳和月亮是他的双眼，气是他的胸膛，大地是他的躯干，地下世界是他的足，以太是他的永远正确、尊贵、全知的理性。这样一种泛神论与多神论并非是不可比的，后者是秘仪永远不会放弃的一块土壤。由于多神论的众神实际上只是世界不同的部分和力量，自然与 65
人类生活的不同领域，因此，自然而然的，这些领域彼此之间的关系以及其中之一对于其他领域的优势就应当不时地被阐明；因此，在所有高级发展的自然化宗教中，我们看到有亲缘关系的神祇们混合在一起，而且整个多神论的奥林匹斯被消溶进无所不包的神圣本质（$\theta\varepsilon\tilde{\iota}o\nu$）这个一般概念中。但是，古希腊宗教由于它的可塑性，却恰恰是这样一种宗教，它最排斥这种神的各种确定形式的混合。因此，在古希腊，神圣的统一体观念之被达到，与其说是通过综合，不如说是通过批判；不是通过将多神混合为一，而是通过与多神论的原则作斗争。斯多亚学派及其后继者们是第一批寻求调和多神论与他们的泛神论的人，方法就是给予多神论一个调和的解释；相反，克塞诺芬尼（Xenophanes）更为古老的泛神论对于诸神的多元性的学说则是持激烈和公开的敌意。俄耳甫斯教诗歌的泛神论按照上述形式有可能要比俄耳甫斯教最开始的文献晚很多。《圣约》（$\Delta\iota\alpha\theta\tilde{\eta}\kappa\alpha\iota$）肯定不早于亚历山大里亚的调和主义；与这一神谱相关的段落，按照它现在的位置，也不能够定在奥诺玛克里图斯（Onomacritus）的时代，即，洛贝克（Lobeck）将这篇诗歌的绝大部分所归属的那个时代。因为这段话与被宙斯所吞食的法奈斯-厄里卡帕欧斯（Phanes-Ericapaeus）的传说紧密联系。宙斯将万物包括在自身之中，因为他吞食了已经创造的世界或法奈斯，他可以接着 66
从自身产生万物。我们目前将表明，法奈斯的吞食[1]在最初不构成俄耳甫斯教神谱的一部分。因此，我们必须在各种情况下将俄耳甫斯教段落的原始文本同它随后也许经历的修改区分开来。我们可以明显地

1　见下文对俄耳甫斯教宇宙演化论的研究。

断定被经常引用的那行诗[1]是原始文本的一部分，而且它有可能被柏拉图所提及：[2]

宙斯是开端，宙斯是中间，万物从宙斯而生。[3]

但是，这行诗中的观念，以及在被认定是年代古老的俄耳甫斯教著作的那些部分中所发现的其他类似观念，在本质上没有包含任何先于为古希腊宗教所熟知的概念的东西，而且其要旨已经由荷马做了表达，因为他把宙斯称作诸神和众人的父亲。[4]多神教本身所承认的神圣要素的统一性，通过宙斯作为众神之王而被具体化；而且迄今为止，所有存在的东西和所有发生的东西最终都被诉诸宙斯。这个观念或许可以通过称宙斯为万物的开端、中间和结束得到表达；但是，这个表达肯
67 定不表示宙斯本身是万物理想的混合（Inbegriff）。[5]因而也没有任何证据表明，宗教观念的立场，即把诸神看成是与世界比肩而立的人格存在，在这里被置换成了哲学思想的立场，即，认为他们代表着宇宙的一般本质。

而针对上述第二点，对不朽的信仰，情形有所不同。转世学说似乎真的是从秘仪神学传给哲学的。但是，甚至这个学说在起源上、在全部可能性上也不是与所有秘仪有关，而仅仅是同酒神秘仪和俄耳甫斯教秘仪有关。奉献给克托尼亚的神祇们的埃琉西斯秘仪，被认为在其对人类未来生活的影响上特别重要。荷马的德墨忒耳颂诗已经谈到了在另一

1　Ap. Proclus *in Timaeus*, 95 F，和柏拉图的注释者，p. 451, Bekk.。

2　《法律》，iv. 715 E。这行诗被斯多亚学派、柏拉图主义者、新毕达哥拉斯学派和其他人所运用，对此的更进一步的文献索引被洛贝克所给出，p. 529 sq.。

3　这一理论为如下情形所支持，即，这句话被 Proclus in *Timaeus*, 310 D 引自俄耳甫斯；*Plat. Theol.* 17, 8, p. 363："复仇的狄凯对他说"契合于柏拉图的段落。在 Parmenides, v. 14 中"狄凯"也被称作"复仇的"。

4　也请参考泰尔潘德尔（大约公元前 650 年），Fr. 4："宙斯是万物的开端和万物的首脑"。

5　甚至一神论也承认这类的表达，"万物出自于他，通过他，归于他（Romans xi. 36）——在其中我们生活、我们运动、我们存在"（Apg. 17, 28），但是并不由此表示有限物实际上融合于神中。

个世界中在入教者的命运和未入教者的命运之间的巨大差异；[1]还存在着有关这些秘仪的较晚的颂词，从中清楚可见，这些秘仪确保的不仅是此世生活的幸福，而且是将来生活的幸福。[2]然而，这里没有任何东西暗示，入教者的灵魂应当再次复活，或者他们在任何不同于古希腊人的日常信念所允许的意义上是不朽的。在此世，财富和沃土[3]被期望作为对 68
德墨忒耳（Demeter）与其女儿们的崇拜的回报；类似地，在死后，秘仪的参与者们被保证，他们应当居住在哈得斯，最靠近他们所尊崇的神祇们，而未入教者则被威胁要被投入一片沼泽。[4]如果这些粗糙的观念在一个较晚时期、在那些更有教养的人群中获得了一个精神性解释，[5]我们没有任何理由假定这在一开始就是如此，或者假定入教者在未来除了地狱之神的青睐以外还被许诺了其他东西；有关哈得斯的通俗观点始终没有受到它们的影响。甚至品达（Pindar）的名言也没有将我们带得更远。因为，当他说埃琉西斯秘仪的参与者们知道他们生命的开端和结束时，[6]他并没有断言转世学说，[7]而且尽管在其他段落中这个学说无疑被提出来了，[8]但是这位诗人是否是从埃琉西斯神学中取得这一学说的，仍旧 69
是有疑问的；而且即便他在这一意义上运用了埃琉西斯神话和象征，这也不一定意味着，这就是它们的原始含义。[9]与此相对，在俄耳甫斯教

1　v. 480 sqq.

2　参考 Lobeck, i. 69 sqq. 中的文献索引。

3　Hymn to Ceres, 486 sqq.

4　Aristides, *Eleusin*. p. 421 Dind. 就狄奥尼索斯秘仪（也许这一信仰本身在最初是专属于它的），也有相同的断言，见阿里斯托芬，《蛙》145 以下；柏拉图，《斐多》69C；《高尔吉亚》493A；《理想国》ii. 363C；参考 Diog. vi. 4。

5　柏拉图便是这样，见《斐多》和《高尔吉亚》，在一个较低的程度上，索福克勒斯也是如此（见 Plutarch, *aud. poet*. c. 4, p. 21 F）。

6　*Thren*. Fr. 8（114 *Bergk*）.

7　因为这些话只能够正当地意味着，接受了圣化的这个人把生命看成神的一个礼物，把死亡看成向一种更为幸福的状态的过渡。普雷勒尔的解释（*Demeter und Persephone*, p. 236）在我看来不太自然。

8　Ol. ii. 68 sqq. *Thren*. Fr. 4，以及见第 46 页注释 7。

9　死去的自然在春天的复活，在德墨忒耳的祭仪中被认为是灵魂从地下世界中归来，收割被认为是灵魂向那里下降（参见 Preller, *Dem. und Pers*. 228 sqq.；*Griech. My-*

神学中，转世明显是可以被找到的，而且各种可能性都强烈地反对关于它是通过哲学家的中介才进入其中的说法。有多位著作家提及费瑞库德斯是第一位教导不朽的人，[1]或者更准确地说，教导转世的人；[2]但是，在缺少更为古老的证据的情况下，[3]西塞罗和其他较晚作者的证言都不足以证明这一论断。即使我们承认有可能费瑞库德斯谈到了转世，但是，他是第一个这样做的人的论断仅仅依赖于这一事实，即，没有任何一本
70 之前的著作为我们所知地包含了那一学说。更不确定的是这样的理论[4]，即毕达哥拉斯是头一个引入它的人。赫拉克利特明显是以它为前提的；菲洛劳斯（Philolaus）明确诉诸古代神学家和预言家[5]来证明如下理论，即，灵魂被束缚于肉体，并且作为一种惩罚，它就好像是被埋葬于其中一样。柏拉图[6]从秘仪、尤其是俄耳甫斯教秘仪中取得了同样理论；而且品达教导说，一些诸神钟爱的人应当被应许返回上界，而那些三次度过无罪一生的人们将被送到克洛诺斯王国的幸福岛上。[7]在最后的表达

---

thologie, i. 254, 483）；而且这不是仅仅适用于植物的灵魂，尽管它首先与此相关，而且也适用于人的灵魂。在这些季节，离世的精灵也出现在地上世界。将这些观念解释成是在暗示人的灵魂从不可见世界进入可见世界以及它们复返不可见世界，是很容易的。参考柏拉图，《斐多》70C。

1 Cic. *Tusc*. i. 16, 36，在他之后还有，Lactantius, *Instit*. vii. 7, 8. Augustin *c. Acad*. iii. 37（17），*Epist*. 137, p. 407, B. *Maur*。

2 Suidas; *φερεκύδης*; Hesychius, *De his qui crud. clar*. p. 56, Orelli; Tatian *c. Graec*. c. 3, 25，依据 Maurus 的版本中明显的修正。参考 Porphyry, *Antr. Nymph*. c. 31。普雷勒尔（*Rhein. Mus*. iv. 388）依据某种可能的迹象也诉诸了转世学说，即由奥利金引自费瑞库德斯的内容（*c. Cels*. vi. p. 304），以及 Themist. *Or*. ii. 38 a 所引的内容。

3 参考阿里斯托克塞努斯、Duris 和赫尔米普斯——就他们在 Diog. i. 116 以下和 viii. 1 以下已经被引用过而言。

4 Maximus Tyr. xvi. 2; Diogenes, viii. 14; Porph. v.; Pyth. 19.

5 Ap. Clemens, *Strom*. iii. 433 A，以及之前的 ap. Cicero, *Hortens*. Fr. 85（iv. 6, 483 Or.）。这段话连同引自柏拉图的其他段落，将在下文论述毕达哥拉斯学派灵魂转世的那一节中被充分地引用。

6 《斐多》62B；《克拉底鲁》400B。参考《斐多》69C，70C；《法律篇》ix. 870D；以及 Lobeck, *Aglaoph*. ii. 795 sqq.。

7 品达的末世论没有遵循任何固定模式（参考普雷勒尔的 *Demeter und Persephone*, p. 239），尽管在许多地方他采用了关于哈得斯的通常观念，在 *Thren*. 2 中据说唯有灵魂产生于诸神，在肉体死后它依然活着；在两处地方转世被暗示，即，在 *Thren*. Fr.

中我们发现了这个学说的一个变化；因为，尽管在其他地方返回肉体生
活总是被看成一种惩罚和一种改造手段，但在品达那里它却是只被给予 71
最好的人的一种特权，使他们有机会赢得在幸福岛的更高级的幸福，而不是哈得斯的更低级的幸福。但运用转世学说是以这一学说本身为前提的，而且根据柏拉图和菲洛劳斯的引用，我们必须假定品达是从俄耳甫斯教秘仪中得到它的。人们无疑会想象它也许是通过毕达哥拉斯主义而进入秘仪的，而毕达哥拉斯主义必定很早就已经与俄耳甫斯教祭仪发生了关联。[1] 但是，最古老的证言与毕达哥拉斯主义者们自己，都将这一学说唯一地归于秘仪；此外，毕达哥拉斯派的学说是否有可能盛行于品达时代的忒拜，[2] 这是十分有疑问的，但是，在另一方面，据我们所知，那个城邦已经是巴库斯和俄耳甫斯宗教的一处古代场所。最后，灵魂转世学说被归于费瑞库德斯，并且被认为早于毕达哥拉斯，不仅是由于我们引用过的那些作家，而且间接地是由于所有那些把费瑞库德斯看成毕达哥拉斯老师的人们。[3] 因此，我们有各种理由相信，这一学说是在早于毕达哥拉斯时期的俄耳甫斯教秘仪中被教授的。根据希罗多德，俄耳
甫斯教徒是从埃及获得这一学说的：[4] 但是这一理论要么依赖于他自己的 72
单纯猜测，要么依赖于埃及祭司们的更不值得信任的说法；作为历史证据，它没有任何价值。至于真实的情况，历史没有告诉我们任何东西，我们也不能做出任何接近于可靠的猜测。有可能在主要方面希罗多德是正确的，对转世的信仰真地是由埃及移植到希腊的，这要么是直接的，

4（110），它被柏拉图《美诺》81B 所引用，以及 Ol. ii. 68，在提到在哈得斯的奖赏与惩罚之后。*Thren*. Fr. 3（109）说邪恶者被派给较低世界作为其居所，正直者被派给天穹作为其居所，但它不能被认为是真作。

1 许多俄耳甫斯教的著作据说是由毕达哥拉斯学派创作的；参考 Lobeck, *Aglaoph*. i. 347 sqq.，以及上文第 62 页注释。

2 参考后面就毕达哥拉斯学派哲学的历史、该哲学的传播史所要说的内容。

3 对此参考下文，毕达哥拉斯和毕达哥拉斯学派。

4 ii. 123. 希罗多德认为（根据 ch. 49），梅拉姆普斯已经将狄奥尼索斯祭仪引入了希腊，而他是从卡德摩斯及其追随者那里学会它的；但是，另一方面，在 C. 53 中，他暗示说，他认为俄耳甫斯教的诗歌比荷马和赫西俄德更晚。

要么通过了某些不能准确断定的中介。但是，即便如此，我们也很难同意他的假定，即，古希腊人在其文化的开端就已经熟悉它了，我们更不能够把这种熟悉同传说中的人物卡德摩斯、梅拉姆普斯（Melampus）联系在一起；最有可能的假定因此就是，这一学说被传入希腊不会早于我们在古希腊著作中第一次碰到它的那个时期——因此，也许是大约公元前七世纪。但是，也可以想象，这一信仰，由于它与印度和埃及学说的密切联系显示了一个东方来源，也许最初是从东方、同希腊人一起迁移过来的，而且在最初一直被局限在一个狭窄范围内，随后才变得更加
73 重要起来、散布得更广。为了支持这个观点，也许可以断定，类似观念在从未受到埃及影响的种族中已经被发现。[1] 而我们也不能完全否定不同的民族在没有任何历史联系的情况下有可能就一种未来状态达成相同的观点。因此，甚至像转世理论这样奇怪的理论，在我们看来也可以在若干个地方彼此独立地达到。因为如果逃避死亡的自然欲望产生了对不朽的一种普遍信念，那么，在尚不能够进行精神抽象的民族中一种更为大胆的想象就完全可以把这种欲望和信念塑造成对返回尘世生活的希望和期待。[2]

---

1 根据 Herodotus, iv. 94 sq.，色雷斯人 Getae 相信死者前往神灵札尔莫克西斯或格贝莱金（Gebeleïzin）那里；每隔五年他们通过人祭向这位神灵派遣一位信使，赋予同他们逝去朋友们交流的使命。转世理论包含在其中这一点不能从 Hellespont 的希腊人的如下说法中得出，即，札尔莫克西斯是一位毕达哥拉斯学派的学者，他将对不朽的信仰教给了色雷斯人。希罗多德说，哀悼新生儿、赞扬死者是幸福的，这是另一个色雷斯部族的习俗（Her. v. 4）；因为，前者将要遭遇生命的种种疾病，而后者已经摆脱了它们。但是，对灵魂转世来说，这个习俗甚至比前一个习俗证明得更少一些。然而，高卢人据说不仅相信不朽，而且相信转世：Caesar, *B. Gall*. vi. 14; Diodor. v. 28, sub fin.。狄奥多罗补充说，由此，许多人将给他们的朋友们的信放到棺椁上。也见 Ammian. Marc. xv. 9, sub fin.。

2 如果根据古人尤其是古希腊人的观点，灵魂被想象成一种像气息一样的本质，它居住在肉体中，并在死后离开它，那么，一个不可避免产生的问题就是，这一本质来自于何处，它又去往哪里。对于回答这个问题，一种儿童的想象力最容易被这样一个简单的观念所满足，即，有一个我们不可见的地方，在那里分离的灵魂保持着，而新生儿由此诞生。事实上，我们确实在许多不同民族中不仅发现对死者国度的信仰，而且发现灵魂从地下区域或从天上返回肉体的观念。由此，距离之前居住在一个身体中的同一个灵魂应当随后进入另一个身体的理论便只有一步之遥了。

不管怎样，看来确定无疑的是，在古希腊人中转世学说不是从哲学 74
家传到祭司，而是从祭司传到哲学家。与此同时，它的哲学意义在古代
是否非常重大，还是一个问题。确实，它在毕达哥拉斯及其学派那里被
发现，而且就此而言恩培多克勒与他们联系在一起；死后更高级的生命
也被赫拉克利特所提及。但是，这些哲学家没有一个将这个学说同他
们的科学理论以这样一种方式联系在一起，以至于使它成为他们的哲
学体系的一个本质构成成分：它对于他们所有人代表的是一套自足的教
义，与他们的科学理论相并立，如果它被去掉，他们的科学理论中不会
有丝毫空缺被发现。柏拉图第一个给予了不朽的信仰一个哲学基础；但
要说没有用来阐述它的那些神话的帮助就不会达到它，也是很难得到支
持的。

由上所述，明显的就是，古希腊哲学就其起源而言得益于秘仪宗教
并不比得益于公共宗教更多一些。包含在秘仪中的自然观也许给过思想
以冲动；所有人都需要宗教献祭和净化的观念也许导致了对人的道德本
性和特质的更深研究；但是，由于科学性质的教导在神秘崇拜的传说和 75
实践中根本没有被思考过，因此，对它们的任何哲学性质的阐述便预设
了阐述者已经获得了哲学立场；而且由于秘仪毕竟只是由每一个人所可
通达的一般感觉和经验所构成的，因此，成百上千的其他事物实际上也
能够对哲学起到秘仪所起到的同样作用。哲学并不需要克尔（Kore）和
德墨忒耳的神话来揭示自然景象的变化，从死到生、从生到死的过渡；
日常的观察对这一知识的获取是足够的。道德纯洁的必要性，虔敬与美
德的好处，并不需要通过祭司们对入教者的幸福与亵渎者的痛苦的热情
描述来被表明。这些概念被直接包含在古希腊人的道德意识中。尽管如
此，秘仪也绝非对哲学没有任何意义，正如我们的研究所已经表明的。
但是，它们的意义不像通常想象的那么大，它们的影响也不像通常想象
的那么直接。

三、古希腊哲学的本土来源（续）：道德生活：公民与政治条件

古希腊宗教的理想性在古希腊生活的自由与优美中找到其对应物；严格说来，把这两个特性的任何一个看成是另一个的基础或结果
76 都是不可能的；它们一同生长，彼此需要、相互维持，出自相同的自然禀赋，处于相同的有利环境下。正像古希腊人在其诸神中崇敬世界的自然秩序和道德秩序，并不需要因此为了它们抛弃他自己的价值和自由，同样，古希腊的道德处于野蛮、半野蛮种族的无法无天与奴隶般的服从之间一个幸福的中道，后者使东方民族臣服于另一个人的意志、臣服于一种世俗的和精神的专制。这是一种强烈的自由感，与此同时也是一种罕有的对尺度、形式和秩序的敏感；是在生存与行动中对共同体的一种生动感觉；是一种社会的冲动，使得对于个人来说把自身与他人联系在一起、使自身服从于共同的意志、遵循其家庭与国家的传统成为绝对的必要——这些在古希腊人身上是如此本质的品质，在古希腊诸城邦的有限范围内产生了一种完满、自由与和谐的生活，其他古代民族没有一个能够展示这一点。正是他们的道德感所活动于其中的领域的狭小本身有利于这一结果。当个人知道只有在他是这个或那个城邦的一个公民时他才是自由的、有自卫权利的时候，同样当他与他人的关系被他们与他所属的城邦的关系所决定的时候，每一个人从一开始便明确了自己的职责之所在。他的公民地位的维持和扩大、他的公民义务的履行、为他的民族的自由与伟大而工作、服从
77 法律，——这些便构成了古希腊人明确向自己提出的单纯目的，在对此的追求中他很少受到干扰，因为他的视线和努力很少偏离他的家国的界限，而这是因为他排除了在其城邦法律和习俗以外的其他地方寻求他行动的规则的想法，因为他避免了现代人的所有那些思考，现代人借助这些思考一方面费力地调和其个人利益、自然权利与共同体利益、法律之间的关系，另一方面费力地调和其爱国主义与对一种世界公民道德和宗教要求之间的关系。确实，我们不能认为有关道德问题

的这一狭隘概念是最高可能概念，我们也不能向我们自己隐瞒古希腊
的分裂，它的内战和党争的内耗，更不用说奴隶制和对妇女教育的
忽视同这一狭隘之间的联系是多么紧密；但是，我们不必因此就无视
这一事实，即，在这块土地上，根据这些前提条件，一种给予古希腊
人在历史上其独特地位的自由与文化产生了。要看出哲学如何深刻而
本质地植根于古希腊城邦的自由与秩序之中，这也是很容易的。确
实，在它们之间没有任何直接的联系。哲学在古希腊永远是个人的私
人事务，城邦只有在受到了道德上、政治上危险的各种学说干扰时才
会给哲学带来麻烦；哲学从城邦和君主那里没有得到过任何积极的鼓
励或支持，直到一个较晚的时期，那时它已经越过了其发展的顶峰很 78
久了。公共教育也与哲学或任何一种科学无关。在雅典，甚至在伯里
克利时代，公共教育也很少将我们应该称之为科学文化的初级原理包
含在内；在读、写、算之外没有提供任何东西：历史、数学、物理学、
外语学习等等都是被忽视的。哲学家本人、尤其智者是头一批引导一
些个人去寻求更广泛教育的人，但是，在那时甚至这种教育也几乎完
全限制在修辞学范围内。除上述基本技艺外，普通教育整个由音乐和
体育构成；而且音乐首要地更多关注的不是理智训练，而是对荷马与
赫西俄德诗歌的精通，通俗歌曲、唱歌、演奏弦乐、跳舞。但是，这
种教育形成了完整的、精力充沛的人，而随后的公共生活纪律产生这
样一种自信，要求这样一种全部力量的发挥，这样一种对人和环境的
敏锐观察与理智判断，总之，这样一种能量和务实审慎，以至于一旦
科学需要兴起便必然地给科学孕育重要的果实。它不能不兴起是确定
无疑的；因为在古希腊特质的和谐的多重性中，道德和政治反思的发
展引起了思辨思想相应的、自然的发展；而且不是只有少数古希腊城
邦借助公民自由获得了一定程度的富庶，这种富庶为其公民中至少一 79
些人保证了从事科学活动所需的闲暇。因此，尽管古代希腊人的政治
生活与教育同哲学没有直接关系；而且尽管在另一方面作为一个规则
早期哲学忽略了伦理与政治问题，然而对人的训练，以及环境具有了

哲学产生所要求的形式这一事实，在哲学的历史上是重要的因素。思想的自由与严肃是一种自由而受法律引导的生活的自然果实；而且在希腊的古典沃土上成长起来的良好而精纯的特质甚至在科学那里也不能不坚决地采取它们的立场，并怀着饱满、不可动摇的目的来清楚而明确地维护科学。[1]

最后，古希腊教育的主要优点之一就是，它不分裂人性，而是通过人的全部能力的均衡发展企图使其成为一个优美的整体、一件道德的艺术品。我们可以斗胆将这一特性与如下事实联系在一起，即，古希腊科学特别在其开端便选择了一条被尚在其婴儿期的思想所总体考察的道路——一条自上而下的道路；它不是从个人的集合来形成一个有关整体
80 的理论，而是企图从对整体的研究为个人获得一个标准；从宇宙知识的现存片断中我们立刻就能看出这样一种整体呈现；在古希腊，哲学先于各门具体科学。

如果我们在某种程度上更为仔细地考察在哲学出现之前构成古希腊文化进步条件的那些环境因素，那么，有两个现象特别要求我们注意：这就是政府的共和制形式和希腊种族通过殖民的扩张。在早期希腊哲学之前的那些世纪，以及与其部分重叠的那些世纪，是立法家的时代、僭主的时代，是向着古希腊的政治生活在其土壤上达到最高完满性的那些政府的政体形式过渡的时代。当荷马时期的父权制君主政体，作为特洛伊战争和多里亚民族迁徙的结果，并且通过古代贵室的消灭、废黜或放逐，已经整个让位于寡头政体时，贵族政体成为在显赫家族的小范围内传播自由和高级文化的手段。随后，当压迫与这些家族的内部腐化已经激起了民众的反抗时，民众领袖们就从其到目前为止的统治者阶

1 政治与哲学的密切联系在如下事实中被显著地表明，即，古代的许多哲学家是杰出的政治家、立法家、政治改革家和统帅。泰勒斯与毕达哥拉斯的政治活动是众所周知的。我们被告知，巴门尼德为他的母邦立法，芝诺在试图解放他的国人时殒命；恩培多克勒恢复了阿格里真托的民主制；阿尔基塔作为政治家和作为统帅都同样伟大；麦里梭与击败雅典舰队的人是同一个人。

层中大量产生出来，而且这些民众的蛊惑者们最终几乎处处都成了僭主。但是，随着独裁政府由于其起源、在贵族政体中发现它的主要竞争者，并且作为一种补偿被迫重新依靠人民以获得支持，这时，它本身就 81
成为了一种训练和教育人民通往自由的手段。僭主的宫廷成为艺术与文化的中心；[1]而且在他们的统治被推翻——这通常在一两代的过程中就发生了——时，他们的权力遗产并没有恢复到较早的贵族政体，而是基于固定法律的温和政体。这一过程有益于古希腊人的科学发育，就像有益于古希腊人的政治发育一样。在这一政治运动的努力和斗争中，公共生活之有助于科学的所有力量都必定已经产生并得到运用，青春的自由感赋予古希腊民族的精神以必要的刺激，以影响他们的思想活动。这样，与他们的政治环境的改变同时，奠定古希腊的科学与艺术荣誉之基础的活动也在一同进行着；与此有关的还有这样一个令人吃惊的现象，它表明在古希腊人中就像在所有健康的民族中一样，文化一直是自由的果实。

这一总的革命在殖民地比在母邦更迅速地发生作用；而这些殖民地的存在对此具有最高程度的重要性。在多里亚的征服和古希腊哲学的兴起之间的500年流逝岁月中，希腊种族通过有组织的殖民活动到处扩张自身。爱琴海诸岛，远至克里特（Crete）和罗德岛（Rhodes）；小 82
亚细亚的西部和北部沿岸；黑海之滨，普罗庞提斯（Propontis）（土耳其马尔马拉海〔Sea of Marmara〕的旧称——中译注）；色雷斯沿岸，马其顿和伊利里亚（Illyria）；大希腊（Magna Graecia）和西西里沿岸；这些地方全都有成百的定居点；希腊殖民者甚至已经渗透到了遥远的高卢（Gaul）、居勒尼（Cyrene）和埃及。这些定居点中的绝大多数比起它们所离开的城邦更快地获得了繁荣、文化和自由的政体。不仅与其故土的分离产生了更自由的运动，而且其整体环境恰恰相比于希腊各城邦在这

1　例如，佩里安得、波吕克拉底、庇西斯特拉图及其儿子的宫廷。但是，除了佩里安得与七贤有联系的传说以外，在智者之前，没有任何有关哲学家们同僭主有联系的传统说法。

方面更利于贸易和商业，更利于富有进取心的活动，更利于同异邦人的各种交流；因此在许多方面它们很自然地应当超过那些古老的城邦。它们取得了多么巨大的成就，以及这些殖民地的迅速成长对于古希腊哲学的发展具有多么重大的意义，从如下事实就可以清楚地看到，在苏格拉底之前的所有知名古希腊哲学家，只除了一两位智者，全都要么属于伊奥尼亚与色雷斯的殖民地，要么属于意大利和西西里的殖民地。在这里，在希腊世界的范围内有着一个更高的文化的积淀，而且就像荷马的不朽诗篇是小亚细亚希腊人给其祖国的一个馈赠一样，哲学也从东部和西部传到了希腊生活的中心；由于各种力量的一个幸运的结合，也由于各种必要条件的一个契合，它获得了它的最高完满性，这是一个时代，
83 此时，对于绝大多数殖民地来说，它们历史的最辉煌的时期早已经被淡忘了。

关于在这些环境下思想是如何逐渐发展自身上升至最早的科学成就——在这个词的最严格的意义上——得以产生的那个地步，我们在一定程度上是通过现存的早期宇宙论和伦理学记载得知的，尽管我们从这些资源获得的资料极不完整。

四、古希腊哲学的本土来源（续）：宇宙论

在像希腊人这样一个如此富有天赋、智力发展如此得天独厚的民族中，反思必定不久就被唤醒了，而且注意力也指向了自然现象和人类生活现象；同时，他们必定早就已经做过尝试，不仅就其起源和原因来解释外部世界，而且依据更为一般的视角来考察人类的活动和条件。事实上，这一反思在最初并不属于专门科学的种类，因为它还没有受到从固定法则角度对事物彼此之间依存关系加以反思的思想规定。直到泰勒斯时代，宇宙论都还保持着一种神话叙事的形式，并且就是到那时为止它都还与宗教联系在一起，甚至更久一些；伦理学直到苏格拉底和柏拉图时代都还保持着格言反思的形式。想象性

存在的偶然的、有时甚至是奇迹般的介入取代了自然的独立性；虽 84
然没有一种核心的人类生活理论，但是，我们发现了很多道德格言和审慎教训，它们是从各种经验中抽象出来的，时常彼此抵触，完全还原不到任何一般原则上，同人类本性的任何理论也形成不了任何科学的关联。尽管忽视这一区别是错误的，把无论神话宇宙论者还是格言诗人算成哲学家也是错误的，[1] 就像古代和现代的一些作家们已经做过的那样，但是，在另一方面，我们还是应当不要低估这些早期尝试的重要性，因为它们至少在引起对科学最初必须考虑问题的注意上是有用的，对于使思想习惯于在一般视角下结合具体现象也是有用的；而且这样一来它们在很大程度上就通向了科学的开端。

古希腊人中对神话宇宙论最古老的记载是赫西俄德的《神谱》。这一著作有多少内容来自于更为古老的传统，有多少内容是由这位诗人本人及其后来的修订者所创造的，现在不能得到明确认定，这里也不
是研究它的地方。对于我们的目的来说，只要认识到《神谱》，除了 85
随后的一些插入以外，在其现在的形式上毫无疑问是为最早的哲学家们所知晓的就足够了。[2] 在其中我们找不到任何接近于对宇宙论问题的科学理解或解答。诗人向自己提出了所有宇宙演化论和创世史所由以开始的那个问题，实际上也就是那个甚至对于最无训练的理智也明

1　毫无疑问，在古希腊哲学的繁盛时期，智者们以及自然哲学体系的支持者们就是这么做的。对于前者，柏拉图是证据，见《普罗泰戈拉》316D，cf. *ibid*. 338E sqq.。对于后者，《克拉底鲁》402B 有过提及；在亚里士多德《形而上学》i.3, 983b27 也有提及（参考 Schwegler 对这段话的讨论）。之后，斯多亚学派特别喜欢将古代诗人通过对他们的著作的寓言性的解释说成最早的哲学家；而在新柏拉图主义者那里，这种做法更是无所顾忌。Tiedemann 是第一位宣布泰勒斯是哲学起点的人，参考他的 *Geist der speculativen Philosophie*, i. Preface, p. xviii。

2　参考彼得森（*Ursprung und Alter der Hesiod: Theog.*〔*Progr. der Humburgischen Gymn*〕, 1962），在我看来他至少已经充分地证明了这一点，不管我们对他的其他理论有什么想法。克塞诺芬尼和赫拉克利特对赫西俄德的批评（我们随后将考察这一点），以及希罗多德 ii. 53 值得注意的说法，是决定性证据，推翻了《神谱》不早于公元前六世纪的假说；但是，它的概念和语言的总的特征甚至更有力地证明了这一点。

显显现出来的问题——即关于万物起源和原因的问题。但是，在《神谱》中，这个问题不具有探寻现象的本质和原因的那种科学的意义。怀着儿童般的好奇，这位诗人问道：谁创造了万物？他如何创造它们的？而答案很简单地就是提出某种不能被思想所解释清楚的东西作为最初的存在，并且借助取自于经验的某种类比让其余东西由此肇始。因此，经验指出了两种起源。我们所见的一切要么自然地形成自身，要么由特定的个人以一种设计所制造。在前者那里，生成通过元素的活动、通过生长或通过生殖发生；在后者那里，要么通过某种给定的
88 材料以机械的方式发生，要么以受推动的方式发生，就像我们仅仅通过我们意志的表达就作用于他人一样。在不同民族的宇宙演化论中所有这些类比都被运用于世界的起源和诸神的起源；作为一个规则，按照对象的性质，其中的一些是同时的。对于古希腊人来说，生殖的类比一定是最明显的，因为依照他们的想象的特殊倾向，他们将世界的各个部分人格化为接近于人类的存在，其起源只能以这种方式来被表现。总而言之，他们必然遵循取自于自然的类比，因为古希腊的思想太过于自然主义和多神论性质，因此难以像琐罗亚斯德与犹太宗教那样主张万物是被一位创造者单纯的命令召唤而存在的。在古希腊神话中，诸神本身被创造，而被人们所崇拜的神祇在总体上属于年青一代的诸神；因此，没有任何神可以被认为是万物的最初原因，它没有开端，拥有超自然的绝对力量。因此，在赫西俄德那里，正是诸神的诞生是他的全部宇宙演化论所关注的。这些系谱的绝大多数以及与之有关的神话，不外乎是对那样一种简单的感觉或形象思维的表达，当自然知识在其童年时想象力随处都在产生这种感觉或思维。厄瑞玻斯（Erebus）和努克斯（Nyx）是以太（Aether）和白昼（Hemera）的父母，因为，明亮的白昼是黑夜和黑暗的儿子。大地独自生出了海洋，而通过与天空的交合生出了河流，因为河流的水源受到了雨水的滋养；而
87 海洋似乎是从一开始就位于大地深处的水的聚集。乌拉诺斯（Uranus）被克罗诺斯（Cronos）所阉割，因为收获时节的太阳的热量终结了天

空的丰沛雨水的浇灌。阿芙洛狄忒（Aphrodite）由乌拉诺斯的精液所生，因为春天的雨水唤醒了自然的生殖冲动。库克罗普斯(Cyclopes)、百臂巨人（Hecatonchires）和巨人厄喀德那（Echidna）、堤福俄斯(Typhoeus）是盖亚（Gaea）的孩子；其他怪物都是黑夜或诸水的后裔，这部分因为它们原本的自然意义，部分因为奇形怪状的东西不能出自于明亮的天空诸神，而只能从黑暗和深不可测的深渊中产生。盖亚的孩子们提坦神被奥林匹斯诸神所推翻；因为正像天空的光线征服了大地的浓雾，同样，完全秩序化的神性约束了自然的蛮荒之力。包含在这些神话中的思想是非常有限的；在其中超出了最明显感觉的无论如何只是一种想象活动的结果，而不是对事物自然原因进行反思的结果，对于这种想象活动，即便是在它产生了某种真正有意义的东西时，我们也必须小心不要期望太多。这些神话的汇编毫无疑问主要是这位诗人的作品，但甚至在其中我们也发现不了任何具有更深含义的主导思想。[1]《神谱》中听起来更像是自然的哲学概念的段落就是诗篇 88
的开场白（v. 116 sqq.)，它几乎是唯一一段被古代哲学家们在那一意义上运用的段落。[2] 卡俄斯（Chaos）(即混沌——中译注）是最初的存在，接着产生了大地（连同深渊或塔耳塔洛斯〔Tartarus〕）和厄洛斯(Eros)。从卡俄斯诞生了厄瑞玻斯和黑夜；大地首先从自身生出了天空、群山和海洋；接着在与天空的交合中她生出了神的各支系的祖先，除了少数出自于厄瑞玻斯和黑夜。这一描写无疑试图达到有关世界起源的某种观念，而且迄今为止我们可以认为它是古希腊人当中宇宙论的开端；但是，作为一个整体它是非常粗糙和不完善的。诗人自问什

1　布兰迪斯（*Geschichte der Griech-Röm. Phil*. i. 75）不仅在《神谱》的开端，而且在乌拉诺斯被推翻、克罗诺斯的孩子同其父亲及提坦神斗争的神话中都发现了如下学说，即，确定者从不确定者中出现，存在着更高原则的一种逐渐的演化。但是，这些思想太过于抽象，很难允许我们在其中寻求神话诗想象的动机。甚至在对这些神话的编排中这位诗人看起来也没有受到任何思辨观念的影响；三代神灵仅仅构成了连缀他的谱系的线索，而且通过这一线索他也只是将它们外在地联结在一起。

2　对此的证据在 Gaisford-Reiz 版本的赫西俄德第 116 行中将被找到。

么是万物的真正开端，他最终坚持大地是宇宙不可动摇的基础。在大地之外除了黯淡的黑夜什么都没有，因为天空的光明还不存在。厄瑞玻斯和黑夜因此与大地一样古老。要让另外的东西从这最初东西中产生，生殖的冲动或厄洛斯必定从一开始就存在。因此，这就是万物的原因。如果我们将所有这些存在从我们思想中排除出去，那么，对于想象力来说就只剩下了无限空间的观念，它在文化的这一阶段并不以一种抽象的方式被当成一个空的数学空间，而是被具体地当成一种不
89 可测量的、荒芜的、无形式的物质。因此，万物之首实际上就是卡俄斯。以某种诸如此类的方式，也许上述世界开端的理论已经出现在其作者的心中。[1]诚然，这是基于一种探究的渴望，一种获得清晰而融贯观念的努力，但是，支配它的是想象的兴趣，而不是思想的兴趣。关于事物的本质和一般原因的问题没有被提出，问题仅仅是如何从世界的原始条件及其将来发展相关的实际事实中学到些什么；而在对这个问题的解答中，我们很自然地发现，这位诗人是受到了他的想象力直观的引导，而不是理智的反思。考虑到它的时期，《神谱》的开场白是一个有思想的、富有成果的神话，但它还不是一种哲学。

紧接在赫西俄德之后对其宇宙论我们略知一二的那位作者是叙罗
90 斯的费瑞库德斯（Pherecydes of Syros），[2]阿那克西曼德（Anaximander）

---

1 究竟是这位作者还是某位更古老的诗人是《神谱》的创作者，如我们已经说过的，这并不重要。布兰迪斯（*Geschichte der Griech-Röm. Phil*. i. 74）支持后一种理论。他说，如果诗人已经发明了塔耳塔洛斯是世界的最初原则之一的神话，或者厄洛斯是创造性原则的神话，那么，他不可能在他的宇宙论中对之没有更进一步的运用。但是，撇开第 119 行的可疑起源不谈，该行诗句提到了塔耳塔洛斯，但它在柏拉图（《会饮》178B）和亚里士多德（《形而上学》i.4, 984b27）那里是缺失的，我更应当将这一情况解释成表明，随后引入的神话属于更为古老的传统，开场的诗句属于《神谱》本身的那位作者。

2 他的生平、年岁和著作，参考 Sturz, *Pherecydis Fragmenta*, p. 1 sqq.。普雷勒尔，见 *Rhein. Mus*. iv. (1846) 377 sqq.。Ersch 和 Gruber 的 *Allgem. Encyclop*. iii. 22, 240 sqq.。Art. *Pherecydes*, Zimmermann，见 Fichte’s *Zeitschrift für Philosophie*, &c. xxiv. B, 2 H. S. 161 sqq.（重印于 Zimemermann 的 *Studien*. Vienna, 1870, p. 1 sqq.）。但是，最后这本书把与这位古老的神话编纂者无关的很多东西都归功于他。Conrad, *De Pherecydis Syrii aetate atque cosmologia*. Coblenz, 1857。

的一位同时代人；[1] 他在较晚的记载中是一位像毕达哥拉斯一样神奇的
人。[2] 在一本其标题有多种说法的著作中，他说，在万物之前并且出自于
永恒，存在着宙斯、赫罗诺斯（Chronos）和克托昂（Chthon）（大地的
另一个名称——中译注）。[3] 他似乎把克托昂理解成大地；把赫罗诺斯或 91
克罗诺斯[4] 理解成天的最靠近大地的部分；[5] 把宙斯理解成最高的神，他安

1 对他的这种说法见 Diogenes, i. 121 和 Eusebius, *Chron.* 60 Ol.。前者也许追随 Apollodorus，将他的鼎盛年定在第 59 届奥林匹亚赛会（公元前 540 年），而后者则定在第 60 届奥林匹亚赛会。Suidas（*Φερεκ.*）在一段非常晦涩的话中将其生年定在第 45 届奥林匹亚赛会（公元前 600- 前 596 年）。他的年纪被 Pseudo-Lucian（*Macrob.* 22，在这段话中他无疑似乎是这么打算的）给定为 85 岁。但是，这些说法没有一个是完全可信的，尽管也许也没有一个是远离真实的；而且此外还有其他理由反对我们得出任何像 Conrad 那样的明确结论，后者这样总结（p. 14）他对这一问题的仔细讨论：费瑞库德斯出生于第 45 届奥林匹亚赛会，或者之前不久，死于“近 80 岁”，接近第 62 届奥林匹亚赛会末年。（此外，在第 45 届奥林匹亚赛会的第 1 年到第 62 届奥林匹亚赛会的第 4 年之间，只有 71—72 年。）有关毕达哥拉斯在他最后生病时曾经照顾过他的说法对我们没有任何帮助，这部分因为它本身是非常不可信的，部分因为这件事被有些人放在毕达哥拉斯迁往意大利之前，而被另一些人放在他生平的最后时期。Cf. Porph. *Vita Pythag*. 455 sq.; Iamb. *Vita Pythag*. 184, 252; Diog. viii. 40.

2 参考 Diog. i. 116 sq. 中的轶事。

3 在 Diog. i. 119（cf. Damascius, *De Princ*. p. 384 ；以及 Conrad, p. 17, 21）中这部著作的开头如下：“宙斯、赫罗诺斯和克托昂永远存在。大地便是克托尼亚的名字。因为宙斯给她以荣耀。”我们不能像 Tiedemann（*Griechenlands erste Philosophen*, 172）、Sturz（*loc. cit*. p. 45）和其他人那样把“荣耀”理解成运动；也不能像布兰迪斯那样理解成最初的规定性，因为这后一种对于费瑞库德斯是过于抽象的一个概念，而且他几乎不可能认为大地是运动的。事实上，没有一种解释可以从这个词中得出；它的意思是：因为宙斯将荣耀加给她。我们可以要么把这个荣耀理解成大地表面的装饰，这在后面紧接着就被提到了（宙斯以罩袍覆盖大地），这个理解在我看来是最有可能的；要么像 Conrad, p. 32 一样理解成她与宙斯交合的荣耀，由此大地成为诸神之母（p. 74, 2）。费瑞库德斯想要从 *γέρας*（荣耀）得出 *γῆ*（大地）这个名字。这种情况本身就不允许用 *πέρας*（限定）来替换 *γέρας*，Rose, *De Arist. libr. ord*. 74 提议过这一替换；但是我们由这一替换所应当得到的意思在我看来是非常不令人满意的。

4 Hermias（*Irrisio*, c. 12）就是这么称呼他的，Hermias 清楚地说，*Κρόνος*（克罗诺斯）与 *Χρόνος*（赫罗诺斯）是一样的。相反，在达马修斯那里，在 Conrad, p. 21 也校读为 *Κρόνον* 的地方，我在抄本中除了 *Χρόνον* 外没有发现其他的读法。

5 费瑞库德斯的克罗诺斯一般被理解成时间——Hermias 上引书就是如此，还有 Probus 论维吉尔的 *Eclogues*, vi. 31。费瑞库德斯本人在提出 *Χρόνος* 而非 *Κρόνος* 时指出了这一意义。但是，如此古老的一位思想者会将时间这个抽象概念置于原始原因

92 排和形成了整个宇宙，与此同时自身是最高的天。[1] 克罗诺斯从他的精子中产生了火、风与水；这三种原始存在接着生育了五个支系的其他很多的神。[2]

之列，这几乎是不可信的；而且事实上，当说克罗诺斯（参考下文）从他的精子中创造了火、风和水，在与奥菲翁的战斗中他是诸神的领袖，这时他似乎是非常具体的自然物。认为这仅仅意味着在时间的过程中火、风和水生出来以及在时间的过程中奥菲翁被征服，对此我不能相信。如果与奥菲翁斗争的诸神代表着某种自然力，那么，克罗诺斯，他们的领袖，必然是比单纯的时间更为实在的东西；而且如果火、风与水是从克罗诺斯的精子中形成的，那么，这一精子必须被设想为一种物质的实在，而且赫罗诺斯必须相应地代表着世界的某个部分或某些成分。如果我们认为火、风和水在风暴中在大气中被形成，丰沛的雨水在乌拉诺斯的神话中被表现为天空之神的精子，赫罗诺斯根据这一原始的意义不是抽象的时间之神，而是收获时节、太阳热力的温暖季节之神（Preller, *Griech. Mythol*. i. 42 sq.），并且因此是一位天空之神——毕达哥拉斯学派在将天空的穹顶等同于 *Χρόνος*（赫罗诺斯），并将海洋称作赫罗诺斯的眼泪时，他们对他就是这么认为的（参考下文，毕达哥拉斯学派的体系）——如果我们考虑所有这一切，那么，上述意见就似乎最有可能得到赞成，就此而言甚至 Conrad（p. 22）和布兰迪斯的相反判断（*Gesch. der Entw. der Griech. Phil*. i. 59）都未曾动摇过我。

1 提到宙斯作为宇宙神圣创造者的那段话，见亚里士多德《形而上学》，xiv. 4, 1091b8。由于宙斯作为天空之神的观念基于天空本身的观念，而且由于费瑞库德斯的诸神一般同时代表了世界的某些部分，因此我们可以假定，他不曾把他称之为宙斯的创造世界的力量与天空的最上部分区别开来。Hermias 和 Probas（上引书）的断言，即，他将宙斯理解成以太，还有 Probus 的断言，即，他理解是火，都表明了我们在这里所涉及的是斯多亚学派的一种解释，而不是一个原始的、真实的文本。Hermias 应该是把以太和大地还原为"主动者"与"受动者"，这也同斯多亚学派的观点整体上是协调的。参考 Zeller, *Phil. der Gr*. Part III. a, 119，第二版。

2 Damascius, *loc. cit*："赫洛诺斯从他自己的精子中制造出了火、风 和水……当它们被分散在五个幽深的处所后，从它们之中构成了诸神的许多后代，被称作五幽的。"波菲利的陈述（*De antro mymph*. c. 31）也许指（如布兰迪斯认为的，p. 81）同样的"幽深的处所"，依据这一陈述，费瑞库德斯提到了"幽深处、地洞、岩穴、小门和大门"；尽管波菲利本人从中看到的是"灵魂的生成与消灭"。普雷勒尔（*Rh. mus*. 382, *Encycl*. 243）认为，费瑞库德斯在这里想要谈到基本实在（以太、火、气、水、土）的不同比例的五种混合物，在它们每一个之中这些基本实在之一占据主导地位。但是，在我看来，将恩培多克勒或亚里士多德意义上的一种元素理论（这种理论是以哲学反思的更为发展的阶段为前提的）归于这位叙罗斯的古代哲学家，或者相信在将这些元素的数目固定为五上他预示了费洛劳斯，这是非常危险的。Conrad 修正了这一解释，据此五个 *μυχοί* 被认为是表示土、水、气、火和以太彼此包围的五层（*loc. cit*. p. 35），在我看来这一修正把一种非常科学、非常类似于亚里士多德的世界观归于了费瑞库德斯；特别是为我们所不可见的一个炽热球体的理论，以及使以太精确地区别于火与气，这从其别的所有迹象来看，都是非常晚近的。更为合理的是假定，费瑞库德斯把奥林匹斯诸神、火之诸神、风之诸神、水之诸神和土之诸神区

我们得知，当宙斯为了他可以构型世界[1]而把自己变成厄洛斯（根据这
一古代理论，他必定是形成世界的力量）时，他制造了一个巨大的罩 93
袍，他在其上绣上了大地和奥革诺斯（俄刻阿诺斯），还有奥革诺斯的
厅堂；他将这个罩袍覆盖在为翅膀（ὑπόπτερος）[2]所托举的一棵橡树
上，亦即，他给飘浮在空中[3]的大地的框架披上了陆地和海洋的不同的
表面。[4]奥菲翁（Ophioneus）同其主人一起有可能代表着自然的无规则 94

分开来。Suidas 说，费瑞库德斯的著作根据这些“幽深的处所”被命名为“七幽”。普雷勒尔（*Rh. mus*. 378）相反猜测是“五幽”。Conrad（p. 35）给上述的五个“幽深的处所”添加了地下世界的两个部分，哈得斯和塔耳塔洛斯。人们假定（尽管根据 Origen, *C. Cels.* vi. 42 这并不是十分清楚）费瑞库德斯自己区分了哈德斯和塔耳塔洛斯。但是，在这个主题上不能得出任何明确的东西。柏拉图《智者》242C 可疑地提到了我们一直在考虑的这一阐释。

1 Proclus in *Tim*. 156A.

2 在 Clemens, *Strom.* vi. 621A 中费瑞库德斯的话是这样的“扎斯制造了大而美的罩袍；在其中他绣上了大地、奥革诺斯和奥革诺斯的厅堂”。在提及此时，克莱门斯（642A）说：“生翼的橡树和在其上的刺绣的罩袍”。

3 翅膀在这里指的仅仅是自由的悬浮，而不是敏捷的运动。

4 Conrad 基于两个理由反对以上解释。首先，他同意（p. 40）Sturz（p. 51），生翼的橡树不只是大地的框架，而且是整个宇宙的框架，覆盖在橡树上的织物是天空。对此，我只能重复我在本书第二版中回应 Sturz 时已经说过的，在其上绣有陆地与海洋的织物（“在其中他绣上了”这几个字只能是这个意思；而且克莱门斯也把“罩袍”本身称作“刺绣的”）不可能表示天空。把它理解成“包围着世界的可见的事物”会更容易一些——因此就是地球的表面和天空（cf. Preller, *Rh. Mus*. 387, *Encyklo*, 244）；但是，既然大地和海洋被说成绣在罩袍上的唯一东西，那么，我们就没有任何理由认为是除地表以外的别的什么。其次，Conrad（p. 24 sqq.）假定，费瑞库德斯以“克托昂”指卡俄斯，原始的质料，它在自身之中包含了除以太以外的所有物质。从这之中，通过宙斯或以太的工作，元素性的物质土、水、气和火产生出来；而且大地本身当从原始质料中分离出来时被称作“克托尼亚”，以区别于“克托昂”。但是引自 Diog. p. 72, 3 的几句话已经排除了这一类理论；因为，根据“克托昂”和“克托尼亚”之间单纯的互换关系谁会推论说，在前者那里我们涉及所有实在的混合物，而在后者那里涉及从这一混合物中产生的大地？在这个问题上我们没有任何权利指责达马修斯犯了错误，他明确地指出“宙斯”、“赫罗诺斯”和“克托尼亚”是费瑞库德斯的三个最初本原（*De princ*. c. 124, p. 384）。再者，根据达马修斯，当费瑞库德斯说火、气与水被赫罗诺斯“从他自己的精子”中生成时，怎么能够依然认为宙斯将它们从“克托昂”中分离出来？最后，Conrad 强调，他的理论完满地解释了如下说法（Cf. Achilles Tatius in *Phaenom*. c. 3, 123 E; *Schol. in Hesiodi Theog*. 116; Tzetz. in *Lycophron*, 145），即，像泰勒斯一样，费瑞库德斯让水成为他的第一本原；但是这对他并没有太多的帮助。因为那一说法是基于可疑的证言，而且此外在主要

的力量，他反对世界的创造，但是，赫罗诺斯统率下的神军把他们抛入到了海洋的深处，占有了天空。[1] 关于更进一步的诸神的战斗，在宙斯
95 和赫罗诺斯之间的，费瑞库德斯似乎保持了沉默。[2] 这是从关于费瑞库德斯学说的零星残篇与传统中搜集到的根本结论。如果我们把它与赫西俄德的宇宙演化论相对比，它无疑表明了思想的进步。我们甚至在这样早的时期也发现了一种明确区分的尝试，即，一方面在宇宙的物质成分——土和大气元素之间进行区分，另一方面在质料和构型力量之间进行区分。在关于赫罗诺斯与奥菲翁战斗的说法中我们似乎看到了这样的思想，即在达至目前的宇宙秩序时深渊的力量受到了更高元

的观点上是完全错误的，同时 Conrad 本人承认（p. 26），在他认为是由 *Χθών* 这个名称所意指的混沌的原始物质中，土必定具有优势，才造成了这一名称的选择。如果有任何错误的话，错误的原因也许在别的地方，这要么是在费瑞库德斯本人的学说中，要么是在对这一学说一个误解的说明中。甚至对费瑞库德斯和泰勒斯的一个对立的比较也可以由于抄手或编辑的粗心大意而被变成他们之间的一个类比，例如在 Sextus, *Pyrrh*. iii. 30, *Math*. ix. 360 中的那个对立的比较（费瑞库德斯把土作为万物的本原，泰勒斯把水作为万物的本原）；或者有人把费瑞库德斯作为最古老的哲学家之一与泰勒斯归为一类，他因此也许会把泰勒斯的学说归于费瑞库德斯。也许甚至费瑞库德斯就俄刻阿诺斯所说的，或者他关于赫罗诺斯的说法，或者其他某个流传至我们的定义，都可以以此方式被解释。从我们的文献来看并不清楚，费瑞库德斯究竟认为海洋是从土中渗出来的，在其原始的状态下被看成雾气，还是认为它是被大气中的水（出自于赫罗诺斯的“精子”的水）所填满的；因为由赫罗诺斯所产生的水并不会适用于海洋的水，这无疑是有可能的。

1 Celsus ap. Origen *c. Cels*. vi. 42; Max. Tyr. x. 4; Philo of Byblus ap. *Eus. praep*. Eu i. 10, 33（后者把费瑞库德斯说成从腓尼基人那里借取了这一点）；Tertullian, *De cor. mil*. c. 7。

2 普雷勒尔（*Rh. Mus*. 386）企图确立相反的观点，而且我在我的第二版中曾经追随他。但是，尽管我们依据阿波罗尼乌斯和其他人（v. *infra*.）发现了一个神谱的蛛丝马迹，在其中奥菲翁、克罗诺斯和宙斯作为宇宙的统治者彼此相继，但是我们没有任何权利把这一描述归于费瑞库德斯本人。对于他来说，奥菲翁确实是为天空的拥有权而战，但是他从一开始就拥有天空这一点并没有被讲过，而且这与宙斯从永恒以来一直在那里的论断是不协调的，与亚里士多德的说法（见第 91 页注释 3；参看第 98 页注释 4）更不协调；因为他引证如下一点作为费瑞库德斯的独特之处，即，与那些更老的神谱截然相反，他宣称最初的本原是最完满的，因为他指责这些神谱，由于“它们说不是最初的东西统治与统率，例如黑夜等等，而是宙斯”，而且他因此就不曾认为统治世界的力量或宙斯是“最初的”。费瑞库德斯必定自己对宙斯就是这么认为的。如 Conrad 所正确指出的，这也就将宙斯通过推翻克罗诺斯最先成为天空之主和诸神之王的理论排除了。

素的影响限制。[1]但是所有这些表达都是神话性质的，并与更古老的宇宙论神话一致。世界不是由原始物质与力量的自然作用形成的；它是由宙斯以神的神秘力量制作的；把现象向自然原因还原，这是哲学最初的真实开端，但在这里没有被发现。因此，知道费瑞库德斯从腓尼基人或埃及人的神话中取得了其理论的若干细节，例如奥菲翁的人格化，这对于哲学史来说并没有太大的意义；但是，无论意义大小，这样的说法都不能由像毕布罗斯的斐洛那样的一位不值得信任的作者证言所恰当地证明；[2]而且在费瑞库德斯毁灭性的蛇神与蛇形的阿伽索戴蒙（Agathodaemon）之间的区别是如此明显，以致如果一个如此明显、 96
在希腊人中如此普通的象征还需要一个异族的来源去解释它，那么，我们完全可以把前者等同于蛇形的阿力曼（Ahriman），甚或像奥利金那样（*loc. cit.*）等同于伊甸园的蛇。将费瑞库德斯的整个宇宙演化论在根本特征上[3]归于埃及人是不可能的，这只要把他的描写与埃及神话做一理智对比就立刻清楚了。[4]把某些晚近的、不可信的作家们[5]就他的东方导师们所下的论断作为证据没有太大的价值。[6]

如果我们关于费瑞库德斯的知识是不完善的，那么，对于另外一些与他同时或接近于同时建立了不同宇宙论理论的人就更是如此。关于

1　蛇是克托昂的动物，有可能表示奥菲翁。Vide Preller, *Rhein. Mus*. *loc. cit*., and Allg, *Encyclo*. p. 244.

2　在 Euseb. *loc. cit*. 中。

3　Zimmermann, *loc. cit*.

4　被归于费瑞库德斯的另一个学说，而且它同样必定来自于东方，即转世的学说，已经被讨论过了，p. 68 sq.。

5　Josephus, *Contr. Apion*. 1, 2, end，认为他属于埃及与迦勒底的学派。Cedren., *Synops*. i. 94 B，说他深入埃及旅行。Suidas（*Φερεκ.*）说他利用了腓尼基人的隐秘著作；诺斯替主义的Isidorus说他受到了哈姆预言的启发，见Clemens, *Strom*. vi. 642 A；但是，据此有可能所意指的不是作为一个整体的埃及人和腓尼基人的智慧，而是带有那一标题的一部诺斯替主义的著作。

6　首先，我们对于这些说法基于何种传统是完全不了解的；其次，将毕达哥拉斯的老师（他据了解持有埃及人的转世学说）和毕达哥拉斯本人与埃及人联系在一起，是很容易、很明显的。迦勒底人在与费瑞库德斯相关的方面也许首先被 Josephus 添加上去；而 Suidas 的说法也可能来自于毕布罗斯的斐洛。

97 埃庇美尼德（Epimenides），那位梭伦时代闻名遐迩的祭司，[1] 我们被达马修斯告知，[2] 据欧德谟斯（Eudemus）所说，他承认两个首要原因——气和黑夜；[3] 从中派生出第三个原因，塔耳塔洛斯。从这些之中产生出两个别的存在，没有明确所指，它们的结合产生了宇宙蛋；这指的是天球，它在多个宇宙演化论中被发现，并且从把世界起源描述成类似于动物生命的发育中会很自然地得出。这一观念是从西亚被移植到希腊的，还是它由古希腊神话独立地得到的，或它一直被保存在从希腊民族的最早起源而来的古老传统之中，这是一些我们必须存而不答的问题。从宇宙蛋中其他存在物被产生出来。内含在这一宇宙演化论中的思想，就我们不多的了解所能对它批评的而言，是不重要的，不管我们认为埃庇美尼德本人是否已经改变了赫西俄德式的表达方式，还是他在这样做时遵循的是某位更古老前辈的范例。这对于阿库西劳斯（Acusilaos）也一样成立，[4] 他被同赫西俄德密切地联系在一起，因为他把卡俄斯说成产生了一雄性、一雌性的存在——厄瑞玻斯和黑夜；以太、厄洛斯，[5] 墨提斯
98 （Metis）和许多神都是它们结合的结果。关于宇宙演化论的传统还存在着另一些线索；[6] 但我们略过它们，为的是立刻进到对俄耳甫斯教宇宙演

---

1 有关埃庇美尼德的个性、他在雅典的活动和与他相关的传说，参见 Diog. i. 109 sqq.; Suidas, Ἐπιμενίδης；普鲁塔克的 *Solon*, 12; *S. Sap. Conv.* 14; *An senis. ger. resp*. i. 12, p. 784; *Def. orac*. i. 1, p. 409; *De fac. lun*. 24, 25, p. 940; 柏拉图，《法律篇》i. 642D（以及我论述柏拉图的时代错误的论著，*Abhandlungen der Berlinischen Akademic*, 1873. *History of Philosophy*, p. 95 sq.）达马修斯对他的引用被认为是出自他的神谱，Diog. i. 111。

2 *De Princ*. c. 124, p. 384, Kopp.

3 这两个本原，依照赫西俄德《神谱》的方式，显然代表一种性的融合：气，ὁ ἀήρ，是雄性本原；黑夜是雌性本原。

4 Ap. Damascius（*loc. cit*.），还是依据欧德谟斯；Brandis, p. 85 也正确地引用了柏拉图《会饮》178C, *Schol. Theocrit. argum*.。Id. xiii. Clem. *Al. Strom*. vi. 629A。*Josephus contra Apionem*, i. 3。

5 *Schol. Theocrit.* 将他归为黑夜与以太的儿子。

6 为 Brandis, *loc. cit*., p. 86 所引用。人们说，像赫西俄德一样，Ibycus, Fr. 28（10）让厄洛斯从卡俄斯中产生；还有喜剧诗人 Antiphanes ap. Irenaeus（*adv. Haer*. ii. 14, 1），在一些点上区别于赫西俄德。

化论的考察中。[1]

在俄耳甫斯名下的这一类宇宙演化论有四个版本为我们所知。其中一个版本被漫步学派的欧德谟斯[2]运用过，而且很有可能在他的时代之前被亚里士多德[3]和柏拉图[4]也运用过，在这个版本中，黑夜被说成是 99

1　接下来的内容参考 Schuster, *De vet. Orphicae Theogoniae indole*, Leipzig, 1869。

2　Damascius, c. 124, p. 382. 这个欧德谟斯所指的是亚里士多德的那位学生，这一点从 Diogenes, *Proaem*. 9 来看是显而易见的。Cf. Damascius, p. 384。

3　《形而上学》xii. 6, 1071b26："正像那些从黑夜来进行生成的神学家们所说的"。*Ibid*. xiv. 4, 1091b4："那些最古老的诗人们类似于此，在其中他们说统治的和开端的不是那些最初的东西，例如黑夜与乌拉诺斯或者卡俄斯或俄刻阿诺斯，而是宙斯"。这些话不可能仅仅指在其中黑夜只是占据了第三或第四位的那些系统（就像在赫西俄德和普通的俄耳甫斯教神谱中那样），尽管在其中黑夜也位列最古老的神祇之列。它们是以一个宇宙论为前提的，在其中要么只是黑夜，要么是黑夜与其他同等原始的本原一起，占据着第一位；因为《形而上学》xii. 6 研究了先于所有生成的这一原始状态；而且诉诸此，亚里士多德说，对于那些让万物从黑夜生成的神学家们，和对于那些以万物的混合为开端来说明运动开始的物理学家们，这是同样不可能的。第二段话与普通的俄耳甫斯教宇宙论也不大契合，以至于 Syrianus 在对此做注释（*Schol. in Aris*. 935a18）时给亚里士多德找错，说他误解了俄耳甫斯教的学说。这段话必定同样指向被欧德谟斯所谈到的那样一个神谱；因为在这里，黑夜被说成第一本原；正像在赫西俄德那里，卡俄斯是第一本原，在荷马那里则是俄刻阿诺斯；天空在我们所知的任何一种叙述中无疑都不是第一本原；但是在欧德谟斯的俄耳甫斯那里，天空占据了第二位，在赫西俄德那里是第三位。因为就我们所知，除了埃庇美尼德以外，唯有欧德谟斯的俄耳甫斯把黑夜代替卡俄斯作为万物的最初，所以很有可能，亚里士多德还有他的学生欧德谟斯所指的就是他。

4　Schuster（*loc. cit*. 4 sqq.）认为这有可能出自《克拉底鲁》402B 和《蒂迈欧》40D 以下（那些肯定他们自己是诸神之子的诗人们指的是俄耳甫斯和穆萨俄斯；他们在《理想国》364E 被提到过名字，但对赫西俄德则什么都没说）。下面一点根本不是对此的反驳（如 Schuster 所指出的），即，在被克拉底鲁所引用的诗句中，俄刻阿诺斯和泰图斯的婚姻被描述成婚姻之始，尽管他们本身是乌拉诺斯和盖亚的孩子；而且由于《蒂迈欧》是以如下的话开始对神谱的概述，"俄刻阿诺斯和泰图斯是盖亚和乌拉诺斯的孩子们"，从而，我们就得不出柏拉图否认黑夜是最初本原的结论。如果这段话与赫西俄德的《神谱》（像柏拉图那样，它没有把克罗诺斯和瑞亚说成俄刻阿诺斯和泰图斯的孩子）有关的话，那么，卡俄斯和黑夜就仍然会被略过了；但柏拉图在这段话中很有可能遗漏了黑夜，就像亚里士多德《形而上学》xiv. 4 遗漏了大地一样；《形而上学》i. 8, 989a10（"赫西俄德也说大地是万物之首"）遗漏了卡俄斯。他的开端是作为父母开启了从性的结合生出一系列神的那些神；他没有探究先于大地和天空的东西。

万物中最初的。在黑夜以外安放了大地和天空，[1] 这二者显然出自于黑夜，正像在赫西俄德那里大地出自于卡俄斯一样；黑夜在这里替换了卡俄斯。[2] 乌拉诺斯和盖亚的孩子们是俄刻阿诺斯（Oceanus）和泰图斯（Thetys）；[3] 这显然是对赫西俄德传统的一个非常微小的偏离。另一个神谱（它有可能是对费瑞库德斯诸神之战故事的一个模仿，或者也有可能是其基础）似乎被阿波罗尼乌斯（Apollonius）所暗示，[4] 因为他把俄耳甫斯描写成在吟唱最初大地、天空和水是如何将它们自己从万物的混合中分离出来，太阳、月亮和星辰如何开始了它们的行程，群山、河流和动物如何生成；奥菲翁和欧律诺墨（Eurynome）即俄刻阿诺斯的女儿，如何统治着奥林匹斯，他们如何后来被克罗诺斯
100 和瑞亚投入了大洋，而后者又如何被宙斯所推翻。这个神谱的各种痕迹也可以在其他地方被找到；[5] 但在其中就像在赫西俄德的诗歌中一样，哲学概念很少能够被发现。第三个俄耳甫斯教宇宙演化论 [6] 把水和原始泥浆置于宇宙演化的开端，原始泥浆后来凝固形成了大地。从这二者之中产生出一条龙，有着翅膀，和一副神的面庞：在这面他有一个狮子的头，在另一面他有一个牛的头。他被神话学者称作赫拉克勒斯（Heracles）和赫罗诺斯，永不变老者；与之相联的是必然

1 Eudemus, *loc. cit.*；Joannes Lydus, *De mensibus*, ii. 7, p. 19, *Schow*。Lobeck, i. 494 正确地认为他的话，“根据俄耳甫斯，有三个最初者被表明是开端，黑夜、大地和天空”，适用于这一欧德谟斯式的“俄耳甫斯的神谱”。

2 对这一理论的支持，参考亚里士多德《形而上学》xii. 6（第 98 页注释 4），尤其是 Damascius, p. 382。

3 根据柏拉图；参看第 65 页注释 4。

4 *Argonaut*, i. 494 sqq.

5 参见由 Preller, *Rhein. Mus. N. F.* iv. 385 sq. 根据 Lycophr. *Alex.* v. 1192 所引用的内容；Tzetzes, in h. l., *Schol. Aristoph. Nub*. 247; *Schol. Aeschyl. Prom.* 955; Lucian, *Tragodopod.* 99。尽管在这些文段中俄耳甫斯没有被提到名字，但是我们在其中就像在阿波罗尼乌斯的俄耳甫斯中一样发现，奥菲翁、赫罗诺斯和宙斯被认为是诸神的三位王，其中头两位被他们的继任者所推翻。也许 Nigidius Figulus 的叙述相关于这同一个神谱（Serv. *ad Ecl*. iv. 10），即，根据俄耳甫斯，Saturn 和 Jupiter 是世界的最初的统治者；但是，他所遵循的传统似乎将奥菲翁和欧律诺墨排除在外。

6 Ap. Damascius, 381. Athenag. *Supplic*. c. 15（18）.

性或者阿德拉斯提亚（Adrastea）（根据达马修斯，是以一种雌雄同体的形式），后者据说无形地散布于整个宇宙直至其最遥远的尽头。赫罗诺斯 - 赫拉克勒斯生出了一个巨大的蛋，[1] 它在中间分开，以其上半部分形成了天空，而以其下半部分形成了大地。看来还有进一步
提到 [2] 一位神，他有着金色的翅膀在他的双肩，公牛头在他的双腰， 101
在各种不同的动物形式之间一条巨大的蛇出现在他的头上；这个被达马修斯描写成无形体的神被称作普洛托革诺斯（Protogonos）或宙斯，也被称作潘（Pan），它给万物带来秩序。在这里，不仅象征远比在欧德谟斯那里要更为复杂，而且思想也远远超过了我们已经考察过的那些宇宙演化论。在赫罗诺斯和阿德拉斯提亚的背后是抽象的时间与必然性观念；阿德拉斯提亚与宙斯的无形体预设了物质与精神的区分，直到阿那克萨戈拉出现之前这甚至对于哲学都是未知的；阿德拉斯提亚散布于整个宇宙，这使我们想起了柏拉图的世界灵魂的学说；而在宙斯作为潘的概念中我们认识到了一种泛神论，其萌芽确实从古希腊人的自然化宗教开端就已经暗含了，但这一点直到诸神的个体性已经被宗教的融合主义所摧毁、斯多亚主义已经极大地传播了泛神论的宇宙理论之前，才被真切的证据所证明；因为，对于更古老的体系来说，无论它们具有怎样泛神论的倾向，都没有一个如此巨大或如此普遍的影响。泛神论的因素在法奈斯（Phanes）出生和
吞噬 [3] 的故事中甚至表现得更为清晰（*infra*, pp. 104, 106）。因此，如果 102

1　根据 Brandis, i. 67，赫罗诺斯首先生出了以太、卡俄斯、厄瑞玻斯，随后生出了这个世界之蛋；然而，洛贝克对这段话的观点（*Aglaoph*. i. 485 sq.）在我看来无疑是正确的；根据这一观点，就以太等等的生成而言的内容不是归于海兰尼克斯的宇宙演化论，而是归于它在其中实际上被找到的通常的俄耳甫斯教的神谱。

2　达马修斯混乱的描写使得这些特征是否真地属于这一神谱多少是不确定的。

3　这一特征体现在俄耳甫斯教的海兰尼克斯的神谱中，这从 Athenag. c. 16（20）可以清楚地看到，因为他之前做过与达马修斯的海兰尼克斯的神谱准确对应的引用，认为他不是从这一引用的来源，而是从其他任何阐述中取得俄耳甫斯教提及法奈斯的诗句的，这是极其不可能的。参见 Schuster, p. 32，但是，他在第 83 页的其他揣测并不令我心动。

这一宇宙演化论，就像通常所假定的那样，[1]在公元前五世纪中期为列斯堡的海兰尼克斯（Hellanicus of Lesbos）所知，那么，我们就必然将许多只是在晚期希腊哲学中才出现的观念归于了一个更早的时期。但是，洛贝克（*loc. cit.*）和缪勒（Müller）[2]正确地质疑这是否有可能是事实。达马修斯本人暗示了他所依从的说法的可疑来源；[3]其内容包含有十分明显的以后时期的内在证据，而且由于我们确切地知道，很晚时期的各种
103 伪作是在列斯堡的那位编史家的名下流传的，[4]所以，完全有可能这一俄

---

1 布兰迪斯接受这一假定，*loc. cit.* p. 66。

2 *Fragmenta hist. Graec.* i. xxx.

3 上引文中，他的话是："一方面通常的俄耳甫斯教神学就是这样。另一方面被归于希罗尼姆斯和海兰尼克斯的，如果他们不是同一个人的话，则是这样的。"在我看来，这几句话的意思是，它们所涉及的著作被归于希罗尼姆斯还有海兰尼克斯，而达马修斯本人或者他的资料来源则持有如下观点，即，在这两个人的名字背后隐含着同一位作者；如果是这样，那么，他很自然地不可能是古代列斯堡的那位编史家。

4 Vide Müller, *loc. cit*. 。Schuster 在他对海兰尼克斯的这部神谱的附论（*loc. cit.* pp. 80-100）中，与洛贝克一样猜测其作者是在其他方面不为我们所知的海兰尼克斯，哲学家 Sandon 的父亲（Suidas, *Σάνδων*），Sandon 的儿子（斯多亚主义者，Athenodorus of Tarsus）是奥古斯都的老师，Schuster 把他称作 Apollodorus，我不知道这是为什么。这一猜测有利于主张，Sandon，据 Suidas，写作了"属于俄耳甫斯的主题"；而且如果海兰尼克斯像其孙子、有可能还有其儿子一样是一位斯多亚主义者，那么，这就与下述事实是一致的，即，这一神谱（如 Schuster, *loc. cit*. 87 sqq. 所证明的）有些观点与斯多亚学派的泛神论和神话研究有关。但是，在注释 47 中引用的达马修斯的说法在我看来与这一假设相抵触。如果 Tarsus 的海兰尼克斯在纪元前二世纪末出版过一部在他自己名下的俄耳甫斯教神谱，那么，很难理解这部著作怎么可能还署有希罗尼姆斯的名字，而且达马修斯怎么可能想象在这两个名字之下隐含着同一位作者。Schuster（p. 100）相信海兰尼克斯写作了这部神谱，但是借鉴了出自希罗尼姆斯一部著作第一部分的材料。但是这部神谱不可能作为海兰尼克斯的作品而为人所知，因为阿塞那哥拉斯将 Schuster 正确地认为原本属于这一作品的那些诗句归于俄耳甫斯；此外，一首明确提出了俄耳甫斯教神谱的诗应当宣称自身是俄耳甫斯的一部作品，这是非常自然的。达马修斯没有说海兰尼克斯和希罗尼姆斯被说成是这部神谱的作者；但是，如他所说的，这部神谱被欧德谟斯使用过，c. 124："那部由漫步学派的欧德谟斯所记录的"；因此，凭借"被归于希罗尼姆斯和海兰尼克斯的"这句话，他必定是指一部神谱，其内容被希罗尼姆斯和海兰尼克斯阐述过，但其作者就像所有其他神谱的作者那样是俄耳甫斯。至于在这两个人那里来自那部被共同接受的俄耳甫斯教神谱的内容是相同的，以及达马修斯猜测这两位作者是同一位作者，对此最容易的解释似乎就是，所展现的这个部分可以在两部抄本中找到，其中一部署名为海兰尼克斯，另一部署名为希罗尼姆斯，而达马修斯相信

耳甫斯教的神谱根本不属于他，不管关于其作者和写作时间的真相会是什么。

洛贝克认为，在那部被达马修斯（c. 123, p. 380）说成是普通的俄耳甫斯教神谱中，我们拥有一种更为古老的俄耳甫斯教宇宙演化论，或者，这个宇宙演化论包含在那些狂文（rhapsodies）中，它的许多残篇和评论[1]已经被保存了下来。在这里，赫罗诺斯被说成是万物之始。他生出了以太和黑暗而不可测量的深渊或卡俄斯：接着他又从它们之中生出了一个银蛋，从其中产生了光耀万物的法奈斯，头一位出生的神，也被称作墨提斯、厄洛斯和厄里卡帕欧斯（Ericapaeus）；[2]他在自身之内包 104

其中一部被另一部的真正作者归给了所谓它的作者。据 Porph. *ap. Euseb. Praep. ev.* x. 3, 10, Suidas, *Ζάμολξις*, Athen. xiv. 652a 以及其他人（参考 Müller, *loc. cit.* 与 i. 65 sqq.），情形似乎是，在较晚的时期，有关异民族的著作都在列斯堡的海兰尼克斯名下流传，而它们的真实性有充足的理由怀疑；特别是，*Αἰγυπτιακὰ*（《埃及人》）就被作为一部著作提及，出现在 Epitetus, *Diss.* ii. 19, 14 中；参考 Photius, *Cod.* 16, p. 104a, 13 sq.，因为如果只是由于摩西在其中被提到的话（v. Justin, *Cohort*. 9, p. 10a），寓言集这一类型根本不可能从列斯堡的这位作者那里产生出来。但另一方面（Joseph. *Ant.* i. 3, 6, 9），我们知道一位埃及人希罗尼姆斯，他写作了一部 *ἀρχαιολογία φοινικικὴ*（《腓尼基古史》），但他根本不可能（像 Müller, *loc. cit.* 所相信的）与罗德岛的那个漫步学派哲学家是同一个人。说他就是那个在达马修斯看来传播了这部俄耳甫斯教神谱的人，这似乎是一个可能的猜测（Müller, ii. 450）；这个观点从下述考察（Schuster, *loc. cit.* 90 sqq.）得到了重要支持，即，这部神谱在其开端与腓尼基的宇宙演化论相一致，而这正是它区别于普通的俄耳甫斯教神谱的地方。这位希罗尼姆斯也许在出版署有他自己名字的腓尼基史的同时把海兰尼克斯的名字加到了 *Αἰγυπτιακὰ* 上，并且也许在两部著作中都就俄耳甫斯教神谱做了同样的表达。他撰写这样一部神谱，如我们已经说过的，是不可能的。相反，他似乎只是通过借鉴出自腓尼基宇宙论的水与原始泥浆的观念发展了他从普通神谱中获得的内容。他的阐述必定不仅被达马修斯而且被阿塞纳哥拉斯用过，因为，一位新柏拉图主义者依赖那位基督教护教士，这是难以置信的（Schuster, p. 81）；此外，达马修斯的阐述要比阿塞纳哥拉斯的更多；在前者那里就海兰尼克斯与希罗尼姆斯所说的是后者那里所欠缺的。

1　Cf. Lobeck, *loc. cit.* 405 sqq.

2　对于这一名称的含义一直有许多的猜测。参考 Göttling, *De Ericap*. (Jena, 1862)，他从 *ἔαρ*（血）与 *κάπος* 或 *κάπυς*（气息）中引申出这个名称，ventorum vernalium afflatus（春风的气息）；Schuster, *loc. cit.* 97 sq.。像大多数注释家一样，我认为它可能有一个东方的来源，尽管如此，我还是要让这一问题成为一个开放的问题，即，究竟是 Delitzsch（cf. Schuster, *loc. cit.*）有最充分的理由将它指为卡巴拉神秘教义含了所有神的萌芽，并为此之故如常见的那样被描写成雌雄同体，而且还被赋予了各种动物的头，以及这一类的其他属性。法奈斯独自生出了厄喀德那或黑夜，而且通过与她的婚姻，生出了乌拉诺斯与盖亚，中级诸神的祖先，它们的历史与谱系在根本上与赫西俄德的相同。当宙斯获得了统治权，他就吞噬了法奈斯，因而他本身（正像在我们之前对俄耳甫斯[1]的引用中那样）就是万物的理想的总和（Inbegriff）。在这样将万
105 物统一在自身之中后，他便将它们再次生出来，同时产生了最后一代神，并形成了世界。在年青一代诸神的传说中（关于其他的，我一定要请读者参考洛贝克），最令人感到震撼的就是宙斯和珀耳塞福涅的儿子狄奥尼索斯·扎格留斯（Dionysus Zagreus）的传说，他被提坦神撕成碎片，在宙斯将他的依然完整的心脏吞噬之后，他作为第二位狄奥尼索斯复活。

这整个神谱的时代被确定来自奥诺玛克里图斯和庇西斯特拉图（Pisistratidae）执政时期，有关此的理论自洛贝克时代起[2]就已经被广为接受，但我并不能够支持它。古代作家们的表述被认定含有对这一神谱的暗示，但它们并不能够使我们超出欧德谟斯运用过的那部神谱以外。它的存在在伪亚里士多德论世界的论著中第一次被明确地证实，[3]因而随后一直延续到基督教的时代，或者无论如何不会更早一些；[4]因为，如我们已经看到的（*supra*, p. 65 sq.），出自柏拉图《法律》（iv. 715E）的那段话什么都没有证明，而从亚里士多德的引用中也得不出更多的东西，[5]

（Cabbalistic）的十种能量（Sephiroth）的头一种含义“悲伤的面容”（long-visaged），还是 Schelling（*Gotth. v. Samothr*. W. W. i. Abth. viii. 402 sq.）有最充分的理由首先选择《旧约》的“耐心的承受”（long-suffering）。

1 Cf. *supra*, p. 64 sq.

2 但是，洛贝克非常谨慎地提出它（p. 611）。

3 C. 7；根据洛贝克（i. 522 及其他地方），我们必须认定这是一处插入。

4 Valerius Soranus 的时期是太早了。Varro 在奥古斯丁的 *Civit. Dei*, vii. 9 中给我们提供了他的两行诗，这似乎是指那部俄耳甫斯教的神谱，而且也许是指引自 *περὶ κόσμου*（《论世界》）那段具体的话。但他只是西塞罗的一位较晚的同时代人。

5 《形而上学》xiv. 4；参看第 65 页注释 3。

但布兰迪斯（Brandis）[1] 对它依赖很多。由于柏拉图在《会饮》（178B）中没有将俄耳甫斯算进肯定厄洛斯的古老的人之列，因此，我们也许更应当假定这个神谱有关厄洛斯 - 法奈斯的学说不为他所知；而且既然亚 106
里士多德的引文如上所示仅与欧德谟斯所使用过的神谱相对应，因此，我们就不能将它们归给任何别的神谱。然而，如果柏拉图、亚里士多德和欧德谟斯都不曾拥有关于俄耳甫斯教学说的那一表述，而这一表述在一个晚近时期才成为常见的，那么，我们就必须像策格（Zoëga）[2] 与普雷勒尔（Preller）[3] 那样得出结论，即，它直到他们的时代之后才开始流行。同样，我同意策格的观点，如果当时盛行的俄耳甫斯教传统已经确认了法奈斯和更老的诸神，那么，像阿波罗尼乌斯 [4] 这样一位如此博学的神话编辑者就几乎不会把俄耳甫斯说成在吟唱作为世界第一批统治者的奥菲翁与欧律诺墨，以及作为第二批统治者的克罗诺斯和瑞亚。甚至在此之后，也有各种迹象表明，法奈斯，那个光耀者，后世俄耳甫斯教宇宙演化论的中心，仅仅是赫利俄斯（Helios）的另一个名字，而赫利俄斯根据较晚的表达，是一位更年轻的神。[5] 最后，如果我们考察法奈斯的传说，连同包含在其中对宙斯的描述，参考其内在的特征和目的，
那么，我们将发现，把这一传说归于一个很早时期是不可能的。在其 107
中，我们不仅清楚地发现我们已经讲过的那种泛神论，[6] 而且这个传说也只有通过如下一种方式才能够得到解释，这就是，人们想要把宙斯是万

1 *Loc. cit*. p. 69.

2 *Abhandiungen*, edited by Welcker, p. 215 sqq.

3 见 Pauly 的 *Real-Encyl*. v. 999。

4 Cf. *supra*, p. 99.

5 Diodorus, i. 11：许多古代诗人称呼奥西里斯或太阳为狄奥尼索斯。Macrob. i. 18。Theo. Smyrn。*De Mus*. c. 47, p. 164。Bull，摘自俄耳甫斯教的 *ὅρκοι*（誓言）："赫利俄斯，伟大的法奈斯，漆黑的黑夜"——"伟大的法奈斯"出现在这里，正像一个连接性小品词的缺乏所表明的那样，是"赫利俄斯"的同位语：赫利俄斯，伟大的光耀者。Iamblichus, *Theol. Arith*. p. 60：毕达哥拉斯学派把数字 I 称作"法奈斯和赫利俄斯"。赫利俄斯常常被称作 *Φαέθων*（法厄同）；例如，*Iliad*, xi. 735。*Od*. v. 479；见 Diog. viii. 78 及别处的墓志铭。

6 Vide *supra*. p. 64 sq.

物理想的总和、世界的统一这一较晚解释与把他说成是最后一代神的祖先的神话传统相调和。为达此目的，宙斯吞噬墨提斯这一赫西俄德的神话（在其起源处，它很有可能是对神的理智本性的一个粗糙象征表达）被引入进来，墨提斯被同较早的俄耳甫斯教神学中的赫利俄斯 - 狄奥尼索斯联系在一起，同宇宙演化论中创生的厄洛斯联系在一起，或许也被同东方的神祇联系在一起，以形成法奈斯这一人格形象。显然，这样一种尝试在宗教的、哲学的融合主义之前是不可能有的，这种融合主义从公元前三世纪才逐渐获得基础，并且首先在斯多亚学派当中通过对神话
108 的寓意解释而被归结为一个体系。[1] 因此，我们必须将我们现在一直在考察的俄耳甫斯教神谱的创作归于那个时期。

总结一下我们的研究成果，哲学从古代宇宙论中得到的直接收获远比我们原本会倾向于相信的少得多。首先，由于古代宇宙论所建基于其上的概念太过简单，从而，一当思想开始致力于对事物的科学探究，即便没有这类的帮助，它也完全可以达到这些概念；其次，由于这些宇宙论在其神话象征上太过模棱两可，而且混合了过多想象的元素，从而，

1　Schuster 有不同的看法，尽管他同意我将狂文的神谱置于不早于公元前最后一个世纪或者就在最后一个世纪。他说（p. 42 sq.）在著作 *περὶ κόσμου*（《论世界》）*loc. cit.* 中所引用的诗句可以充分地确定出自庇西斯特拉图执政时，因为它们没有超出埃斯库罗斯那一著名的残篇（cited Part II. a. 28, 2）；而且法奈斯—厄里卡帕欧司的神话以及狄奥尼索斯 · 扎格留斯的神话无需早于公元前六世纪从东方传到希腊。然而，在这一点上，正像在我看来的那样，俄耳甫斯教残篇的独特特征并没有得到充分关注。在公元前五世纪甚至更早的诗歌中，泛神论的概念无疑可以被找到；但是，一般地说“宙斯是天与地”是一回事，而把宙斯具体地等同于世界的所有部分，就像这些诗句所说的那样，而且在其他东西中将两个性别都归属于他（“宙斯是雄性，不朽的宙斯曾经是处女”），这又是另一回事。后一类的表述没有一个能够被证明存在于更古老的时期。我们甚至不能证明是直接从埃斯库罗斯或他的儿子 Euphorion（残篇的可能作者）到奥诺玛克里图斯和庇西斯特拉图执政时期。最后，在俄耳甫斯教的诗句中，宙斯被说成是全体，因为他在自身中隐藏了万物，并将它们再次带到光明之中；而且这（如第 64 页已经指出的那样）是晚期俄耳甫斯教的神谱中有关法奈斯的故事的真正的内涵。在斯多亚学派哲学出现之前没有任何东西与这一思想类似。因此，看起来最有可能的假定就是，这个特征实际上是从斯多亚学派传入到俄耳甫斯教神学中的，而且只是对如下理论的一个没有生命力的模仿（Part III. a, 139, second edition），即，神不断地将万物收回自身之中，又将它们再次释放出来。

它们为理智反思所提供的就是一个极其不牢固的基础。因此，如果古代神学家们应当被认为是较晚的自然哲学家们的先驱，那么，他们的功绩，如我们研究一开始所断言的那样，主要在于这一点：他们将思想的趋势转向了宇宙论问题，并把依据对最终原因的考察来解释现象整体这一问题留给了他们的后继者。 109

五、伦理反思：与伦理学相关的神学和人类学

如果外部世界在古希腊人对自然的鲜活感觉中唤起了他们尝试进行宇宙论的思考，那么，人们的生活方式则必定会同样占据一个如此理智而多才多艺、如此自由而善于实践生活的民族的心灵。但是，不可回避的是，思想在伦理学方面应当采取一条不同于它在宇宙论方面所遵循的路径。外部世界作为一个整体将它自身甚至呈现给感知觉，——一座建筑，它的地板就是大地，它的屋顶就是天之穹窿；相反，在道德世界中，未经训练的目光最初看到的只是任性而杂乱地走动着的一群个人或小的团体。在前一种情况下，注意力主要地聚焦于宇宙，天体的宏伟运动，大地的多变环境，以及季节的影响，——总之，聚焦于普遍而规律地重复出现的现象；但在后一种情况下，兴趣则集中于个人的行动和经验。在前者那里，借助于宇宙论的发明物，想象被用来填补人的自然知识空缺；但在后者这里，我们所要的是为具体情形中的实践行动制定规则的理解力。因此，尽管宇宙论的思考从一开始就被用于整体，并企图说明其起源，但是伦理学的思考却将自身限制在具体观察和生活规则上，这些生活规则实际上是基于道德关系的一律性，但没有被自觉、清 110
楚地归于普遍原理；而且它们只是以宗教表达的模糊、想象的方式才与有关人的命运、灵魂未来的宿命以及神的统治的更为普遍的思考相关联。因此，伦理学的思考同宇宙论的思考相比更为贫瘠，由于宇宙论的思考是从对实在的健全、理智的观察出发的，因此，它对于思想的形式训练肯定不是只贡献了一点；但是由于伦理学的思考产生于实践的而非

科学的兴趣，关注于具体情形而非道德行为的一般规律和本质，——因此从一种实际角度来看，它对哲学研究的影响比起古老的宇宙论的影响远不是直接的。前苏格拉底的自然哲学与宇宙论直接相关，但只是到了后来，作为通俗智慧的哲学对应物，才产生了一种科学的道德哲学。

在表现这种伦理思考成长的著作中，荷马的诗歌必须首先被考虑。但是，这些诗歌的伟大道德价值与其说在于偶尔出现其中的格言和道德思考，不如说在于它们所描写的人物性格与事件。阿基里斯（Achilles）的狂暴力量，这位英雄对他死去朋友的无私的爱，他对哀求的普里阿摩斯（Priam）的人道，赫克托耳（Hector）在死亡时的勇气，阿伽门农（Agamemnon）的王者气质，涅斯托尔（Nestor）的成熟智慧，俄底
111 修斯（Odysseus）的用不完的狡计，不停息的进取心，谨慎的耐心，对家庭和亲人的依恋，他宁愿看到他们也不愿同海仙一起不朽，伯涅罗珀（Penelope）的忠诚，荣耀在诗歌中随处可见，被赋予英勇、审慎、忠实、自由和对陌生人与有需要人的慷慨；而在另一方面，从帕里斯（Paris）的暴行、从克吕泰墨斯特拉（Clytemnestra）的罪恶、从特洛伊人的背信弃义、从希腊王公们的不和、从请愿者的傲慢中产生出来的灾难，——这些以及类似的特性都使得荷马诗歌成为古希腊人的智慧宝典和他们的道德教育的主要手段之一，尽管野蛮与暴虐仍旧是那个时代精神的主流。哲学也更多是以一种间接方式从人类生活的这些画面中获益，而不是直接从伴随着它们的反思中获益。后者限于短小、零星的道德格言，例如赫克托耳针对为祖国而战所发表的动人言辞，[1]或者阿尔基努斯（Alcinus）就我们对孤独的陌生人的义务所发表的言辞，[2]或者对勇敢、坚韧、服从等等的劝勉，它们针对绝大多数人所做，不是以一般的形式，而是以诗歌的形式，针对具体的场合；[3]对人们的行动和方式及其

1 *Il.* xii. 243.

2 *Od.* viii. 546。Cf. *Od.* xvii. 485 及其他地方。

3 例如首领们的许多讲演："你们是男人" 等等；或者俄底修斯的谈话，*Od.* xx. 18；或者 Phoenix 的劝勉，*Il.* ix. 496, 508 sqq.；或者 Thetis 对阿基里斯的命令，*Il.* xxiv.

后果的观察，[1]对有死者的愚蠢的反思，生命的可悲与不确定，听命于诸 112
神的意志，对不正义的憎恨。[2]这一类的言辞无可辩驳地证明，不仅道德生活，而且对道德主题的反思，在荷马诗歌所属的那个时代已经取得了一定程度的进步，而且之前针对哲学就通俗智慧的重要性所说的也同样适用于这里。但是，在另一方面，我们一定不要忽视在这些偶然、孤立的反思与一种体系化的道德哲学、对它所追求的目的的自觉意识之间的差别。

赫西俄德的生活规则和道德观察具有类似的特征；但是，他将他关于人类生活的思考不是仅仅偶然地表达在一种史诗叙事模式中，而是表达在一种旨在这一明确目标的教育诗中，这必须被看成只是科学反思模式的某种近似物。在其他方面，甚至我们撇开占据了“工作与时日”第二部分的那些经济上的指导和各类迷信的规定不谈，其思想也像荷马式谈论中的那些格言一样不融贯、一样来自于单纯的经验。诗人劝勉正义，警告不义，因为宙斯无所不见的眼睛观察着人们的行动；唯有好
好工作才带来神恩；相反，犯罪将被诸神惩罚。[3]他提倡节俭、勤劳和 113
知足，热烈谴责相反的缺点；[4]他说遵循美德的艰辛之路远胜于遵循邪恶的魅惑之路；[5]他劝告对商业审慎，对邻居友善，对所有礼貌对待我们的人礼貌。[6]他抱怨生活中的麻烦，像神话家们那样，他在由于人的傲慢、自大而对诸神犯下的错误中寻求其原因。[7]在对世界的五个世代的叙述

128 sqq.。

1 例如以下句子：*Il*. xviii. 107 sqq.，关于愤怒。*Il*. xx. 248，关于语言的运用；*Il*. xxiii. 315 sqq. 对审慎的称赞；在 *Od*. xv. 399 和其他地方的观察。

2 例见 *Od*. xviii. 129, *Il*. vi. 146（cf. xxi. 464）。*Il*. xxiv. 525：有死者的命运就是活在叹息之中；宙斯按他的意志分配顺境或逆境。*Od*. vi. 188：承受宙斯已经安排的。另一方面，cf. *Od*. 132：人错误地称呼诸神是罪恶的创造者，而罪恶是他自己由于他的错误带给他自己的。

3 *Ἔργα καὶ ἡμέραι*（《工作与时日》），200-283, 318 sqq.

4 *Ibid*. 359 sqq. 11 sqq. 296 sqq.

5 *Ibid*. 285 sqq.

6 *Ibid*. 363 sqq. 704 sqq. 340 sqq.

7 见普罗米修斯的神话（*Ἔργα καὶ ἡμέραι*, 42 sqq.; Theognis, 507 sqq.），其一般意义

中，[1] 他描绘了（这也许受到了历史记忆的影响[2]）人及其环境的逐渐堕落。尽管在这里赫西俄德在许多方面严重背离了荷马诗歌的精神，但是由道德反思所达到的这个阶段在二者那里本质上是相同的。但是，在赫西俄德那里这个阶段取得了一个更为独立的姿态，因此只是在他而非荷马身上我们才确认了格言诗人的先驱。

114 如果在接下来的三个世纪里所写的许多诗歌有更多一些保存给我们，我们就应当可以更好地追溯这一反思的更进一步发展。我们所拥有的这类残篇中只有很少一些能够将我们带回到公元前七世纪开端，而且其中也很少含有与我们现在研究相关的东西。从公元前七世纪的这些残篇中我们能瞥见的东西并不太多。诚然，我们可以聆听提尔泰俄斯（Tyrtaeus），[3] 鼓励勇敢战斗和为祖国而死；或描绘怯懦的可耻与被征服者的不幸；我们从阿尔基罗库斯（Archilochus）[4]（Fr. 8, 12-14, 51, 60, 65）、阿墨尔戈斯的西蒙尼德（Simonides of Amorgos）[5]（Fr. 1 sqq.）、美涅克穆斯（Mimnermus）[6]（Fr. 2 et passim）那里聆听对青春转瞬即逝、老年重负、未来不确定、人们反复无常的抱怨；同时，还有诸神对限制我们的欲望、勇敢忍受我们的命运、在悲伤与快乐上节制的规劝。在萨福（Sappho）[7] 那里我们发现了格言体的句子，例如："美也是善的，善也是美的"（Fr. 102）；"没有美德的财富无益，但在它们的联合中却藏有至福"。就此而言，我们也一定不要略过西蒙尼德对妇女的巧妙讥讽

同其他一些对我们感到压抑的罪恶的神话解释是一样的；即，人由于不满足于他的天真幸福和孩童状态，将他的手伸向神禁止他的那些好的事物。

1 *Ἔργα καὶ ἡμέραι*, 108 sqq.

2 Cf. Preller, *Demeter und Persephone*, 222 sqq.; *Griech. Mythol*. i. 59 sq.; Hermann, *Ges. Abh*. p. 306 sqq. 及其他。但是，在我们对这一神话所基于的历史环境的猜测上，我们一定不要太具体。

3 Bergk 编辑的古希腊抒情诗 Fr. 7-9，以下引用与此相关。提尔泰俄斯生活在大约公元前 685 年。

4 约公元前 700 年。

5 公元前 650 年以前。

6 约公元前 600 年。

7 约公元前 610 年。

(Fr. 6)。但是，总体而言，古代抒情诗人，就像在公元前七世纪结束时
的那些伟大诗人们，阿尔凯厄斯（Alcaeus）、萨福及之后很久的阿纳克
莱昂（Anacreon）一样，似乎只是零星触及这类一般的反思。直到公元
前六世纪，同时或者稍晚，随着古希腊哲学的兴起，诗歌中教喻的因 115
素才似乎再次获得了更大价值。格言诗人——梭伦（Solon）、弗基里
德斯（Phocylides）和塞奥格尼斯（Theognis）——便属于那个时期；
但是，他们的格言，即便撇开那些我们知道是被插入的，在很大程度
上真实性也是可疑的。在公元前五世纪上半期，伊索（Aesop）还活
着，他的故事集看来无论如何都证明了，有关动物的教育寓言连同
道德反思的一般发育在那时已经得到了极大发展和普及。在所有这些
作家身上，当与古代诗人们作比较时，我们发现有一个进步，它清楚
地显示了，由于对更为多样的经验的了解、由于对更为复杂的环境的
研究，思想已经成熟了。公元前六世纪的格言诗人们把一个动荡不安
的政治存在置于他们眼前，在其中人们多种多样的爱好与情感找到了
施展的舞台，但是在其中过度的目标和放纵的行为的虚荣与罪恶也已
经得到了大范围的展示。因此，他们的反思不再只是关注于家庭、村
社或者古代君主国的简单事务；在他们一般的道德格言和观察中，与
人的政治环境有关的人的状况是突出而决定性的因素。对于生活的痛
苦、人的种种幻梦与脆弱、人的全部努力的徒劳，他们堆积着悲叹；
但是，这只是为了肯定那更重要的东西，即，道德问题在于在对公正
尺度的维护中、在共同体的秩序中、在对正义的无私分配中、在对人的 116
欲望的合理抑制中寻求人的最大幸福。这一色调已经凸显在属于梭伦的
那些哀歌中。我们被告知，没有一个有死者是幸福的，所有的人都充
满了困扰[1]（Fr.14）；每一个人都想发现正确，但没有一个人知道他行为
的结果将是什么，也没有一个人能够逃避他的命运（Fr. 12, 33 sqq., Fr.

1　Fr. 14；在这里“困扰”与“幸福”相对，不应当被理解成主动的（造成罪恶），而是被动的（承受罪恶），正像在埃庇哈尔穆斯那句著名的诗句中（参考后面有关毕达哥拉斯学派的一章的结尾），见赫西俄德，Fr. 43, 5 *et passim.*。

18)；[1] 任何人都难以被信任（cf. Fr. 41），没有一个人在他的追求中保持分寸；人民因为自己的不正义而毁灭了原本为诸神所保卫的城邦（Fr. 3, 12, 71 sqq.）。相反于这些罪恶，首要的必然性就是针对于城邦的法律和秩序，针对于个人的知足和节制；不是财富而是美德是最高的善；财产的过剩只会产生自满；人只有节制才能幸福，在任何情况下，人都不应当由于不义之财而给自己招致神的惩罚。[2] 城邦的幸福取决于一个类似的安排。没有法律和国内的无序是最糟糕的罪恶，秩序和法律对一个共同体来说是最大的善；正直和所有人的自由，服从政府，荣誉和声望的公正分配——这些是立法者应当注意的问题，不管他会由此受到怎样
117 的冒犯。[3] 在留存给我们的弗基里德斯（大约公元前 540 年）著作的少量真实残篇中我们碰到了同样的原则。高贵的血统对于个人没有任何益处，对于城邦也没有任何权力和伟大可言，除非一方面添加上智慧，另一方面添加上秩序（Fr. 4, 5）。平凡是最好的；中间阶层是最幸福的（Fr. 12）；正义是所有美德理想的总和。[4] 塞奥格尼斯[5] 也根本同意这些观念；但是在这位作者那里，我们有时候看到他对政治的贵族式观点，有时候看到他对自己命运的不满（他自己个人政治经验的一个结果）被表现得过于突出。塞奥格尼斯认为，勇敢和可信的人在这个世界是稀有的（v. 77 sqq. 857 sqq.）。在与我们同伴的交往中保持不信任的谨慎小心是更值得被推荐的（v. 309, 1163），探查他们的情绪是更为困难的（v. 119 sqq.）。他抱怨（v. 1135 sqq.）真理与美德、诚恳与对神的畏惧已经在大地上绝迹了；唯有希望还保留着。试图教导邪恶之人是徒劳的，教导改变不了他们。[6] 但是，命运像人类一样不公正。好人和坏人在世界上遭

1 见 Herodotus, 1, 31，梭伦清楚地说，对于人来说死强过生。

2 Fr. 7, 12, 15, 16，以及 Herodotus, i, 30 sqq. 那个众所周知的故事。

3 Fr. 3, 30 sqq. 4-7, 34, 35, 40.

4 Fr. 18，在另一些人看来，它是塞奥格尼斯的，或者也许摘自于某位不为人所知的作家。

5 土生土长的麦加拉人，弗基里德斯的同时代人。

6 V. 429 sqq.，塞奥格尼斯在 v. 27, 31 sqq. *et passim* 应当说，从善人那里我们学习善，

遇相同（v. 373 sqq.）；好运比美德对一个人更有用（v. 129, 653）；愚蠢的行为常常带来幸福，智慧的行为常常带来痛苦（v. 133, 161 sqq.）；孩子们为他们父亲的罪行受苦；罪犯本人却不受惩罚（731 sqq.）。财富是 118
人们崇拜的唯一东西；[1]贫穷的他——但愿他从来都没有过美德——处境悲惨（137 sqq. 649）。因此，对人来说最好的事情就是从来不要出生；次好的事情就是尽可能快地死掉（425 sqq. 1013）：没有一个人是真正幸福的。但是，尽管这听起来格外忧郁，塞奥格尼斯最终还是达到了像梭伦那样的实践的结论；确实，这并不是针对于政治，因为他是一个如假包换的贵族——对他来说高贵的出身就是善；民众是坏的（e.g. v. 31-68, 183 sqq. 893 et passim）。但是，他一般的道德立场非常接近于梭伦。由于幸福是不确定的，也由于我们的命运不取决于我们自己，因此，他告诉我们，我们对好运与厄运中的耐心与勇气、平静与自持更为需要(441 sqq. 591 sqq. 657)。对人来说最好的就是明智，最坏的就是愚蠢（895, 1171 sqq. 1157 sqq.）；警惕傲慢，不逾越正确尺度，保持金子般的中道，是最高的智慧（151 sqq. 331, 335, 401, 753, 1103 et passim）。在这里，一种哲学性质的道德原理无疑仍然是缺乏的，因为这些零散的生活规则还没有建基在对道德活动本质的一般探究上，但是，各种影响和经验已经开始结合以形成一个有关人类生活的统一和有联系的理论，这比起那些更老的诗人们要更有意识、更为明确。

“古风”（antiquity）本身就标志着新纪元的重要性，因为通过七贤 119
的传说，在那个时候伦理反思开始得到更为确定的发展。如众所周知的，他们的名字有多种说法，[2]而且流传给我们的那些有关他们生平的

从恶人那里我们学习恶，这与上述诗句（如柏拉图在《美诺》95D 中所论）不是很一致。

1　V. 699 sqq. 在其他人中，参考阿尔凯厄斯的残篇，见 Diog. i. 31，以及在那里所引用的斯巴达人阿里斯托德穆斯的格言，他被一些作者算成七贤之一。

2　只有四个人在所有的罗列中都被提及：泰勒斯、Bias、Pittacus 和梭伦。除了这些人以外，柏拉图（《普罗泰戈拉》343A）还提到 Cleobulus、Myso 和 Chilo；代替 Myso，绝大多数作者（如 Demetrius Phalereus ap. Stobaeus, *Floril*. 3, 79; Pausanias, x.

细节[1]听上去都不大可能，以致我们必须把它们看成虚构而非历史。被
120 归于他们的那些格言[2]混杂着后来的各种成分，还有不明来源的各种格
言体的表达，以至于它们很少能够被确定地追溯到这些人中的任何一
位。[3]但是，它们全都具有同样的特征，由孤立的评论、明智的格言和
整体上属于大众智慧和实践智慧的道德警句所构成。[4]这与七贤中的大

24; Diog. i. 13, 41; Plutarch, *Conv. S. Sap*.）用佩里安得来取代之。Euphorus ap. Diog. i. 41，以及在 Stobaeus, *Floril*. 48, 47 中被匿名提到的那位作者，则还包括了 Anacharsis。Clemens, *Strom*. i. 229 B 说，各种记述在佩里安得、Anacharsis 和埃底美尼德之间摇摆；最后那位被 Leander 所提及，他还用 Leophantus 代替 Cleobulus（Diog. *loc. cit*.）；狄凯亚尔库在阿里斯托德穆斯、Pamphilus、Chilo、Cleobulus、Anacharsis 与佩里安得之间保留了三位贤哲有待被选择。一些人还在这个数目中包括了毕达哥拉斯、费瑞库德斯、Acusilaus）甚至庇西斯特拉图（Diog. 和 Clemens, *loc. cit*.）。Hermippus ap. Diog.（*loc. cit*.）提到了 17 个名字，它们被分配在各种记述中；即，梭伦、泰勒斯、Pittacus、Bias、Chilo、Myso、Cleobulus、佩里安得、Anacharsis、Acusilaus、埃庇美尼德、Leophantus、费瑞库德斯、阿里斯托德穆斯、毕达哥拉斯、Lasus of Hermione、阿那克萨戈拉；如果我们加上帕姆菲卢斯和庇西斯特拉图，以及有希波伯图斯(ap. Diog. *loc. cit*., 与其他 9 个人一起）所提到的那三个人的名字，里努斯、俄耳甫斯与埃庇哈尔穆斯，那么，我们就总共有极其不同的时期的 22 个人，他们都被列入七贤之中。

1 例如，在 Diog. i. 27 sqq., Phoenix in Athen. xi. 495 和其他地方以不同版本被叙述的有关三足鼎（或者如另一些人所说，酒杯、奖杯或盘子）的轶事，说它从海中被打捞上来，并被计划送给最智慧的人，首先被送给泰勒斯，由他转交给另一个人，等等，直到最终它又再次回到他手上，被他献给阿波罗。参考在普鲁塔克那里对四位贤哲聚会的叙述；Solon, 4; Diog. i. 40，在那里对此类聚会的两个描述，可能类似于普鲁塔克的那些叙述，引自 Ephorus 或某位 Archetimus；也请参考柏拉图对他们在德尔菲神庙共同敬献的碑铭的描述（《普罗泰戈拉》343A）；关于 Periander 和 Cleobulus，参考 ap. Diogenes 的那些插入的信件，和 Plut. *De Ei*. c. 3, p. 385 中的论断。

2 参考 Diog. i. 30, 33 sqq.; 58 sqq. 63, 69 sqq. 85 sq. 97 sqq. 103 sqq. 108; Clemens, *Strom*. i. 300 A sq.; Demetrius Phalereus 和 Sosiades 的合集，附于 Stobaeus; *Floril*. 3, 79 sq.，斯托拜乌本人在同一著作的不同部分，以及许多其他的人。

3 例如，Diog. i. 71, 78, 85 中的抒情体残篇；西蒙尼德所引用的 Pittacus 的话，见柏拉图《普罗泰戈拉》339C；同样被西蒙尼德所引用的 Cleobulus 的话，ap. Diog. i. 90；阿尔凯厄斯所引用的阿里斯托德穆斯的话，Diog. i. 31。

4 塞克斯都的那个著名的说法（*Pyrrh*. ii. 65, M X, 45）——它在除泰勒斯以外的其他贤哲那里预设了自然哲学的研究；亦即，Bias 强调了运动的真实性——十分地孤立，有可能只是从他的一首诗或一句格言中得出的一个毫无根据而机智的推论。

多数都被誉为政治家和立法者的情况是十分相符的。[1]因此，我们只能同意狄凯亚尔库(Dicaearchus)[2]的看法，把他们看成是聪明的人、有能力的立法家，但不是哲学家，或亚里士多德学派意义上的智慧的人。[3]它们仅仅代表了大约公元前七世纪末的实践文化，它是在与古希腊民族政治环境的联系中获得一个新的冲动的。尽管他们不能被算作哲学家，
在这个术语较为严格的意义下，但是，他们却站在了哲学的门槛上，对 121
于这层关系传统已经令人吃惊地通过七贤中被公认为最智慧的那位做了表达，这就是自然哲学的第一个学派的那位奠基者，神奇的三足鼎在传了一圈之后又交还到了他手上。

为了使我们自己彻底了解古希腊哲学从中产生的土壤，我们仍旧必须考察古希腊人关于神与人类本性的观念在公元前六世纪中期以前在发展的文化当中发生了多大程度的变化。我们也许可以承认一些变化已经发生，因为随着道德意识的纯化与扩展，宇宙的道德律和道德秩序所由以从中得出的神的观念也必定得到了纯化与扩展；而且人越是认识到他的自由和他相对于其他自然存在物的优越性，他也就越是倾向于在本质、起源和未来命运上将他自己本性中的精神性因素与物质性因素区别开来。道德和伦理反思的进步因此对于神学和人类学便具有重大意义；但是，它们的影响在哲学已经达到一个独立的发展时要越发显著。继荷马和赫西俄德之后较老的诗人们，在他们的神的观念上根本没有超越他们前辈的立场；我们只能依靠微弱的迹象发现，一个更为纯粹的神的观
念正在逐渐地形成它自身，而且作为前提的神的多样性越来越让位于宙 122

1 梭伦和泰勒斯，如众所周知的，就是以此闻名的；Pittacus 是 Mytilene 的执政官；佩里安得是科林斯的僭主；Myso，据 Hipponax（Fr. 34 b, Diog. i. 107），被阿波罗宣布是最清白的人；Bias 的名字在谚语中被用来表示智慧的法官（Hipponax, Demodicus, and Heracleitus ap. Diog. i. 84, 88; Strabo, xiv. 12, p. 636 *Cas*.; Diodorus, *Exc. de virtute et vit*, p. 552 Wess）。Chilo 被希罗多德（i. 59）说成解释过一个神奇的预兆。

2 Diog. i. 40. 类似地，Plutarch, *Solon*, c. 3 *sub fin*. 相反的论断见《大希庇亚》281C，被归于柏拉图，它明显是不正确的。

3 参见亚里士多德《形而上学》i.1, 2 和《尼各马可伦理学》Vi. 7。

斯是宇宙的道德统治者的概念。就此而言，阿尔基罗库斯是重要的，因为他说（Fr. 79），他看到了人们的劳作，既有恶人的也有好人的，甚至观察了动物的行为；而且这位诗人越是相信命运与机遇安排万物，人类心灵像宙斯分配给他的岁月一样改变，诸神抬举那些坠落的人，贬抑那些站立的人（Fr. 14, 51, 69）——他对把万物归于神的劝诫也就越是诚恳。同样，泰尔潘德尔（Terpander）[1] 也奉献了一首宙斯颂（Fr. 4）的开场白，把宙斯说成万物的开端和统帅；而更老一些的西蒙尼德吟唱道（Fr. 1），宙斯手中握有所有存在者的目的，按照其意志安排它们。但是，类似的段落甚至在荷马那里也找得到；而且在这一方面在这两位诗人之间的差别也许仅仅是程度上的。当梭伦说（13, 17 sqq.），“宙斯确实监视着万物，没有什么瞒得过他，但他不像有死者那样被个别的行动所激怒；当罪恶积累起来，惩罚就像掠过云层从天而降的暴风雨一样突然爆发，因而，或迟或早，报应征服了每一个人”，这时，他便更为明确地超越了陈旧的拟人化神的观念。在这里，道德反思对神的观念的反作用
123 不可能被弄错。[2] 在塞奥格尼斯那样，我们看到了同样的反思，但结论不同；因为对诸神力量与知识的思考引导他怀疑他们的正义。他说，“人的思想是徒劳的（v. 141, 402）；诸神产生万物，认为它们是好的，而如果精灵给他规定了厄运，则一个人的全部努力都是徒劳的。诸神知道正义的人与不正义的人的心思与行为”（v. 887）。这一思考有时候（正像在 v. 445, 591, 1029 sqq. 那样）是与劝告听天由命联系在一起的，但是，在其他地方这位诗人又不恭敬地咒骂宙斯将善与恶一律看待，给犯罪者以财富，使正直的人陷入贫穷，将父辈的罪降临在他们无辜的孩子们身上。[3] 如果我们可以假定这类反思在那些年代是很频繁的，那么，我们

---

1 阿尔基罗库斯的一位稍晚的同时代人，大约公元前 680 年。

2 神圣的报应常常被长久地保留，这是一种我们不断碰到的思想，甚至最早在荷马那里（*Il.* iv. 160，及其他段落），但神报应的公正与人的激情之间的明显对立，表明了有关神的一个更为纯粹的概念。

3 V. 373；等等。类似地，731 sqq.，有同样的问题被询问。

就能更加容易地理解，古代哲学家中的一些应当在同一时期已经将一种本质上完全不同的神的概念与多神论的神人同形同性的观念对立了起来。确实，这个概念只能来自于哲学；非哲学的反思充其量只是为它预备了道路，而实际上并没有脱离通俗信念的土壤。

在人类学上情况也一样。观念的这一顺序的历史完全是与有关死亡和未来状态的理论联系在一起的。灵魂与肉体的区分在有感觉的人那里起自
他对这二者实际分离的经验，他看到赋予生命的气息离开了躯壳。因此， 124
灵魂的观念最初仅仅包含从那一经验中可以被立即得出的东西。灵魂被描述成一种具有呼吸或气的性质的本质；它是物质性的（因为它居住在肉体中，在死亡时以某种广延物的方式离开肉体[1]），但是，没有活人的完整性和力量。关于与肉体分离后前往另一个世界的灵魂，我们从荷马的描写中知道在这个主题上有过什么考虑；[2] 人的实体是他的肉体；[3] 没有肉体的灵魂在哈得斯就像是影子和云雾，或者就像是出现在活人梦中的形象，但是不可能被抓住；生动的力量、言辞和记忆已经离开了他们；[4] 祭祀用供品的血恢复了他们的言辞和意识，但只是一小会儿。确实，有少
数幸运者享有更为幸福的命运；[5] 但阿基里斯的说法，最悲惨的苦役的生 125
活也强过统治幻影，适用于所有其他人。但是，由于这一福祉只限于个别人，并且与道德价值没有关系，而与诸神任意的恩惠有关，因此，我

1 例如，一个被杀害的人的灵魂从伤口中逃离。参考 *Il.* xvi. 505, 856; xxii. 362，以及荷马的其他许多段落。

2 *Od.* x. 490 sqq.; xi. 34 sqq. 151 sqq. 215 sqq. 386 sqq.; 466 sqq.; xxiv. *sub init.*; *Il.* i. 3; xxiii. 69 sqq.

3 *αὐτὸς*（他）对立于 *ψυχή*（灵魂），*Il.* i. 4。

4 这是通常的描写，*Od.* xi. 540 sqq. 567 sqq 诚然与之不同。

5 例如，Tiresias 由于受到珀耳塞福涅的照顾，在哈得斯保持了他的意识；Tyndaridae 则交替生活在地上与地下（*Od.* xi. 297 sqq.）；Menelaus 和 Rhadamanthus，前者是宙斯的女婿，后者是宙斯的儿子，他们没有死，而是被带到了福地（Elysium）。（*Od.* iv. 561 sqq.）赫拉克勒斯本人在奥林匹斯，他的影子却留在了哈得斯（*Od.* xi. 600），这是一个后来的寓言家们已经发现了许多深奥含义的观念。这个奇怪的说法应当仅仅从如下事实得到解释，即，第 601-603 行诗句是后来时期的一个插入，那时，这位英雄已经被神化了，因此，就不可能认为他还在哈得斯。

们在其中很难发现将来赏报的观念。确实，当他说到灵魂在死后经受的惩罚时，这个观念在荷马那里更为有力地呈现出来；但是，在这里，再一次，只有那些显著的、例外的对诸神的冒犯[1]才招致了这些额外的惩罚，因此，它们倒是具有个人复仇的特点；而且一般来说将来的状态，就其任何一个部分无论对于善还是恶都超出了一个模糊的、幻影般的存在而言，更多地是由诸神的喜爱或不喜爱所决定，而不是由人的功绩。

将来生活的一个更为重要的概念也许可以在赋予死者的荣誉中以及在普遍的道德赏报的观念中被发现。从前者产生出了对精灵的信仰，我们在赫西俄德那里第一次遇到这一信仰。[2]精灵的起源不仅由随后产生的英雄崇拜所表明，而且由赫西俄德中的这一段落所表明，[3]该段落说
126 英雄时代最伟大的首领们在他们死后被带到幸福岛。对立状态的理论，不只是针对个人，而且是针对所有死者，包含在我们最近认为属于神秘主义神学家的学说中，该学说认为在哈得斯圣洁的人同诸神生活在一起，不洁的人则被投入黑夜与泥泞的沼泽。但这一观念必定越到后来越获得了一个道德的意义；最初，即便当它没有被如此粗糙地理解之时，它也始终只是一个通过希望与恐惧动机来诱使人参加入教仪式的手段。转世[4]更直接地是从伦理思考中产生的；在这里，恰恰是道德赏报的想法把人的今生同他的前生与来生联系在一起。但是，这个学说在早期似乎被限制在一个相当狭窄的领域，而且首先是通过毕达哥拉斯派、接着通过柏拉图才得到更为广泛地传播。甚至它所建基于其上的那个更为一般的思想，即作为普遍赏报的彼岸世界的伦理概念，似乎也是缓

1 《奥德赛》xi. 575 sqq. 陈述了堤图斯、西绪弗斯和坦塔罗斯的惩罚；在 *Il*. iii. 278 中，作伪证的人被威胁以今后的惩罚。

2 《工作与时日》，120 sqq. 139 sq. 250 sqq.

3 *loc. cit*. 165 sqq. 参见 Ibycus Fr. 33（我们读到，阿基里斯在福地娶了美狄亚）。这同一位诗人把狄俄墨得斯说成（Fr. 34）像荷马的墨奈劳斯那样变成了不朽的。品达，*Nem*. x. 7，说到了同样的事情。阿基里斯被柏拉图放到了幸福岛（*Symp*. 179 E; cf. Pindar, *Ol*. ii. 143）；阿基里斯和狄俄墨得斯是一样的——参见 Callistratus 对 Harmodius 的注释（*Bergk Lyr. gr*. 1020, 10，出自 Athen. xv. 695 B）。

4 Vide *supra*, p. 67 sqq.

慢地才得到认识的。诚然，品达预设了这个概念，[1]而且在后来的作者那里，例如在柏拉图那里，[2]它仿佛是一个已经被他们时代的启蒙撇在一边的古代传统。但在另一方面，在抒情诗人那里，我们发现，当他们谈到彼岸生活时，他们始终保持着对荷马描写的全部基本尊重。不仅阿纳克
莱昂惮于哈得斯可怕的坑穴（Fr. 43），而且提尔泰俄斯（9, 3）除了死 127
后名誉的不朽外也没有任何其他的不朽可以在勇敢者面前夸耀；艾林那（Erinna）（Fr. 1）说，巨大功绩的荣耀在死者那里是沉默的；塞奥格尼斯（567 sqq. 973 sqq.）劝慰自己享受生活，认为在死后他将无声地躺着，像一块石头，在哈得斯是所有生活快乐的结束。在品达之前的任何一位古希腊诗人那里没有任何证据表明有对将来生活的希望。

因此，作为我们到此为止研究的结论，我们发现，在古希腊，哲学反思的道路在泰勒斯和毕达哥拉斯到来之前已经被以多种方式清理和准备着，但是它实际上从未曾被尝试过。在古希腊人的宗教、城邦制度、道德环境中，有着丰富的材料和对科学思想的各式各样的刺激：反思已经开始采用这些材料；宇宙演化理论已经被提出；人类生活的不同方面从宗教信仰的立场、从道德的立场、从实践智慧的立场得到思考。行动的诸多规则得到建立，而且在所有这些方面，属于希腊种族的敏锐的观察力、开放的心灵和清晰的判断都在自我肯定、自我塑造。但是，还没有任何尝试来将现象化归其终极的基础，或者从一个统一的观点、基于相同的一般原因来对它们予以自然的解释。世界的产生在宇宙演化的诗歌中似乎是一个偶然事件，属于无规则的自然；而如果伦理反思更多地
注意原因和后果的自然连接，但在另一方面它与宇宙论相比又把自身更 128
多地限制在了具体事物的范围内。哲学确实从这些先驱者那里学到了很多东西，无论是就其形式还是质料；但是哲学本身直到有关事物自然原
因的问题被提出的那一刻才开始存在。 129

1　参见第 46 页注释 7。

2　《理想国》i. 330D, ii. 363C。

第三章

论古希腊哲学的特征

在试图确定将一个漫长系列的历史现象与其他系列区分开来的共性时，我们立刻遭遇到了这一困难：——在历史发展过程中所有具体的性质都在改变，因而要找到一个单独的特征属于我们想要描述的那个整体的每一个成员似乎是不可能的。在古希腊哲学方面，情形就是这样。不管我们是关注哲学的对象、方法还是结论，古希腊的诸体系都显示出了它们彼此之间的如此重要的差异，与其他体系的如此众多的联系点，以至于正像看起来的那样我们不可能认为有哪一个特性对我们的目的来说是满意的。哲学的对象在所有时代都是相同的——作为一个整体的实在；但是，这个对象可以从不同的方面来探究，按照或多或少的完整性来处理；而且古希腊哲学家们彼此之间在这一方面区别如此巨大，以至于我们不能说他们区别于其他人的共同点究竟在哪一点上。同样，科学程序的形式和方法无论在古希腊哲学还是其他哲学那里都经常地改
130 变，以至于看起来几乎不可能由此得出任何独特的不同。无论如何，我都不能赞同弗莱斯（Fries）[1] 的这一论断，古代哲学是归纳的，而现代哲学是演绎的；前者从事实进至抽象，从具体到普遍，后者从普遍、从原理进至具体。因为在古代哲学家中间，我们发现前苏格拉底哲学家们几乎都在运用一种独断论的、演绎性的方法；对于斯多亚学派、伊壁鸠鲁

1 *Geschichte der Phil*. i. 49 sqq.

学派，尤其是新柏拉图主义者同样可以这样说。甚至柏拉图和亚里士多德也很少将自己仅仅局限于归纳法，以至于他们使科学——在这个词的严格意义上——从以第一原理为前提的演绎开始。在另一方面，在现代哲学家中间，庞大而有影响的经验学派整体宣称只有归纳法是合法的；尽管其他学派大多数将归纳与演绎结合在一起。因此，这一区别不可能被贯彻。我们也不能同意施莱尔马赫（Schleiermacher）的见解，[1] 他认为诗歌与哲学之间持久维系的内在联系是希腊的显著特征，与印度哲学相对比，在那里这两个要素融合到了彼此不可区分的程度，与北方民族的哲学相对比，在那里这两个要素根本没有契合过；他还认为，一当神话的形式本身丧失了，就像在亚里士多德那里，古希腊科学的最高特征也就同样丧失了。最后这个论断实际上是不正确的，因为，正是亚里士
多德最清楚而明确地考虑了科学的问题；而在其他哲学家中没有太多人 131
是完全独立于神话传统的——例如，伊奥尼亚自然哲学家们、埃利亚学派、原子论者们，以及智者、苏格拉底和苏格拉底学派，伊壁鸠鲁及其追随者，新学院，还有怀疑派；其他人，以柏拉图式的自由，仅仅是把神话用作一种艺术装饰，或者像斯多亚学派和普罗提诺（Plotinus）那样，通过一个哲学解释来支持它，但并不让他们的哲学体系以它为前提条件。而在另一方面，基督教哲学总是依赖于积极宗教。在中世纪，这一依赖要远大于哲学在古希腊对宗教的依赖，而在现代这一依赖当然不是更少。我们可以肯定地说，基督教有一个不同的起源和一个不同的内容；但就哲学对于宗教的一般态度而言这是次要的。在这两种情况下，非科学的观念都未经对其真理性的任何预先证明就被思想所假定。但事实上，在科学方法上像这样的截然对立在任何地方都不可能被发现，以至于会使我们有充分的理由将一种明确的方法普遍而唯一地归于古希腊，又将另一种方法归于现代哲学。在每一方面的结果都很少能够证明这样一种区分。在古希腊人当中我们发现物活论和原子论的体系，这些

1　*Ibid*. p. 18.

也在现代人当中被发现；在柏拉图和亚里士多德那里我们看到与唯物主义相对立的二元论的唯心主义，而这个世界观也在基督教国家占据主导
132 地位；我们看到斯多亚学派和伊壁鸠鲁学派的感觉主义再现于英国和法国的经验论中；我们也看到新学园的怀疑主义在休谟那里重现；埃利亚学派和斯多亚学派的泛神论可以与斯宾诺莎的学说相比较；新柏拉图主义的唯灵论可以与基督教的神秘主义、谢林的同一理论相对比；在许多方面也可以与莱布尼茨的唯心论相对比：甚至在康德和雅各比、在费希特和黑格尔那里，同古希腊学说的许多类比都可以被指出来；而且在基督教时代的伦理学中几乎没有多少论题在古希腊哲学范围内找不到对应物。然而，即便假定在各种情况下对比不都是唾手可得的，但仍旧有一些专属于古希腊的特性和专属于现代哲学的特性可以被认为是它们各自的一般特性，如果它们存在于所有古希腊的体系中，而在所有现代的体系中都没有的话。有多少这样的特性可以被断定呢？因此，在这里我们又一次无法找到任何真正区别的标志。

然而，尽管如此，有一个不可能错误的家族相似将古希腊科学甚至最遥远的分支都联系在一起。但是，就像男人与女人、老人与儿童的面貌常常彼此相似，尽管他们的个体特征并不相同，这对于有历史关联的诸现象的精神联系也是一样。相同的不是这个或那个具体特征；相似性在于整体的表达上，在于仿照同一模式相应部分的构造上，以及它们以一种类似关系的结合上；即便这不再是事实，也在于我们能够将较晚的
133 阶段与较早的阶段作为其自然的结果、依照一个连续发展的规律相联系。这样，古希腊哲学的面貌在岁月的流逝中大量改变；但随后表现出来的那些特征本身已经体现在其最早的形式中，而且，无论它在其历史存在最后几个世纪中的表现有多么陌生，更加切近的观察将表明甚至最初的形式也是清晰可辨的，不管岁月的磨蚀和分解。诚然，我们不必期望找到任何具体不变的性质贯穿于它的整个过程始终，或者同等地出现在每一个体系中；如果我们成功地指出原始类型，不同体系是它的各种变形，只有参照它才是可理解的，那么，古希腊哲学的一般特征就将得

到正确的揭示。

为此，如果我们把古希腊哲学与其他民族相应的产物作比较，那么，最先触动我们的就是它与更为古老的东方思维的显著差别。那一思维、那一关切几乎是唯一地属于祭司，整个是从宗教发展而来的，它的方向、它的内容都固定地依赖于宗教；因此，它从未达到过一种严格科学的形式和方法，而是一部分保持在外在的、文法的、逻辑的系统样式中，一部分保持在格言警句与反思的样式中，一部分保持在想象和诗意描述的样式中。古希腊人是最早获得充分的思想自由去寻求有关事物本性真理的人，这不是在宗教的传统中，而是在事物自身当中；在古希腊人当中，一种严格科学的方法，一种只遵循自身而非任何其他规则的知 134
识，首先成为可能。正是这个形式的特征将古希腊哲学与东方人的系统与研究完全区别开来；而讨论由这两种把握世界的方法所体现的质料的对立则没有多少必要。面对自然，东方人是不自由的，并且因此就既不能够从其自然原因出发逻辑地揭示现象，也不能够在公民生活中获得自由，更不用说纯粹的人的文化。相反，古希腊人依据他们的自由能够在自然中察觉一个规则的秩序，并在人类生活中能够努力创造一种自由而优美的道德。

这同一个特征将古希腊哲学同中世纪的基督徒与穆斯林的哲学区分开来。在那里，我们找不到任何自由的探究：科学受到双重权威的束缚——积极宗教的神学权威，和古代作家的哲学权威，这些古代作家一直是阿拉伯人与基督教民族的教师。这种对权威的依赖本身便足以造成一种与古希腊人十分不同的思想发展，即使基督教和伊斯兰教的教条内容具有比实际情况更大的与古希腊学说的相似性。但在古希腊人与早期和中世纪教会意义上的基督徒之间存在着多大的鸿沟啊！尽管古希腊人首先在自然中寻求神，但是，对于基督徒，自然在有关造物主的全能与无限的思想中失去了所有价值和所有存在的权利；自然甚至不能被认为是对这种全能的纯粹启示，因为，它被罪恶所扭曲与败坏。尽管古希腊 135
人依据其理性企图知道宇宙的规律，但是，基督徒却逃避理性的错误，逃到启示那里，理性对于他是世俗的，被罪恶所模糊，他越是更多地自认为束缚于对启示的种种途径与秘密的敬畏，这些途径与秘密也就越是与理性和事物的自然途径相冲突。尽管古希腊人努力在人生中达到精神与自然的完满和谐，这是古希腊道德的显著特征；但是，基督徒的理想却在于禁欲主义，它解散了理性和感觉的联盟：代替像人那样战斗与享乐的英雄，他以圣人来展示僧侣式的淡漠无情；代替充满了感性欲望的诸神的，是无性别的天使；代替沉浸在所有尘世快乐中的宙斯，是一位化身为人的神，为的是通过他的死亡公开地、实际地谴责这些快乐。在这两种世界理论之间如此根深蒂固的对立，使得哲学倾向上的相同对立成为必然：中世纪基督徒的哲学当然远离尘世和人类生活，而古希腊人的哲学则倾向于它们。因此，前一种哲学忽略后一种哲学所开启的对自然的研究就是十分合乎逻辑与自然的；前一种哲学为天堂工作，后一种哲学为尘世工作；前一种哲学为教堂，后一种哲学为城邦；中世纪的科学导致对神启的信仰，对作为其目的的禁欲者的神圣性的信仰，而古希
136 腊科学则导致对自然规律的理解，导致人类生活遵循自然的道德；总而言之，在这两种哲学之间应当存在着极端的对立，这甚至在它们表面上相和谐时也表露出来，并且在其基督教的继承者的口中给予了古人的这些词汇以根本不同内涵。甚至伊斯兰教的世界观在一个方面都要比基督教的更接近于古希腊人的世界观，因为在道德领域，它并不对人的感性生活采取如此敌对的态度。中世纪的伊斯兰教哲学家们也给予了自然研究以更大的关注，而且与基督徒们相比并不唯一地沉浸在神学和神学—形而上学问题中。但是，穆斯林民族在理智研究的罕见天才上和自然本能的道德纯化上是欠缺的，而古希腊人正是凭借它们才幸运地区别于东方人，因为，东方人对于形式是不关注的，在自我放纵上和自我禁欲上都陷于过度。《古兰经》抽象的一神论与希腊人的神化世界直接对立，这较之基督教尤甚。因此，伊斯兰教的哲学在其一般倾向上就像基督教哲学一样在根本上不同于古希腊哲学。在其中，我们找不到对现实世界的自由观照，以及随之而来的思想的活动和独立性，这对于古希腊人却

是十分自然的；而且尽管它产生于对自然知识的强烈渴望，但它的神学独断论信条的预设以及古老的神秘概念却总是构成了障碍。最后，它对 137
自身所许诺的终极目标更多地在于宗教生活的完善和获得神秘的抽象与超自然的启示，而不是对世界及其现象的清晰、科学的理解。

无论如何，在这些观点上不可能有太多的争议。更为困难的任务是确定古希腊哲学区别于现代哲学的特征。因为现代哲学自身在本质上是在古希腊的影响下兴起的，而且凭借的就是部分地向着古希腊直观的回归；因此，正是在其整个精神上它比中世纪哲学有着与古希腊哲学更多的联系，尽管中世纪哲学依赖于古希腊的权威。古代哲学在它自己发展的过程中接近于基督教的世界概念（它与这一概念一起融入了现代科学之中）并为这一概念铺平了道路，这一事实突出了上述类似性，并且增加了区分它们的困难。作为基督教预备的那些学说常常像是经古典研究所修订的基督教学说；原始的古希腊学说却在许多方面类似于后来在古人影响下发展了其自身的那些现代学说；因而似乎很难找到一些可一般运用的有显著区别的特征。但是，在开端处却出现了两种哲学的这一基本区别——即，一个较早，一个较晚，一个是原初的，一个是派生的。
古希腊哲学产生于希腊民族生活和希腊世界观的土壤之中；甚至当它逾 138
越了古希腊人范围的原初界限而为从古代时期向基督教时期过渡做准备时，它的本质内容也只有联系着古希腊精神的发展才能够得到理解。甚至在那个时期，我们都感到正是古典观念的持久影响妨碍了它真正地采纳晚近的立场。反过来，对于现代哲学家们，甚至当他们乍看上去似乎整个地返回到了古代的思想模式上，我们也总是能够依据更仔细的审视发现异质于古人的动机与概念。因此，唯一的问题就是，这些动机与概念最终应当到哪里去寻求？

所有人类文化都来自于内在和外在的互动、自发性与接受性的互动、心灵与自然的互动；因此，其方向主要是由存在于这两个方面的关系所决定的，如我们已经看到的，在希腊种族那里，由于它的独特性和历史条件，这种关系总是比在任何其他种族那里更为和谐。古希腊人的

独特性确实在于精神与自然牢不可破的统一，这种统一既是这个古典民
族的优点，又是其限制。不是精神与自然尚未整个地区分开来，相反，
古希腊文明的最大优越性，如果与更早的或同时代的文明相比，在根本
上依赖于这一事实——在古希腊人意识的光照下，不仅原始和自然的生
139 活的非理性的无序消失了，而且伦理事物与物理事物的奇异的混淆与混
合也消失了，而在东方我们几乎到处都会碰到这种混淆与混合。古希腊
人通过其心灵和道德活动的自由运用达到了他对自然力量的独立；超越
了单纯的自然目的，他把可感事物看成是精神事物的工具和象征。这
样，这两个领域对于他就是分离的；而且就像古老的自然神祇被奥林匹
亚的神灵所战胜，同样，他自己的自然状态让位于自由、人性与优美的
道德文化的更高状态。但是，精神与自然的这一分别尚不牵涉二者之间
的极端对立与矛盾——体系性的裂隙——的理论，因为这种体系性的裂
隙是在古代世界的最后几个世纪中才开始的，并且是在基督教世界中才
被完全实现的。在与自然的对比中精神总是被看成最高的要素；人将他
的自由的道德的行动看成他存在的根本目的和内涵；他不满足于感性的
享乐，或者奴隶般地依赖于另一个人的意志而工作；他愿意自由地、为
自己做他的工作；他愿意通过他的体力与脑力的运用与发展，通过朝气
蓬勃的社会生活，通过从事为了整体的他的那部分工作，通过对他的同
胞的尊重，来获得他所追求的幸福；使古希腊人迄今为止高于所有野蛮
人的那种骄傲的自信正依赖于这种个人的能力和自由。古希腊生活不只
具有更为优美的形式，而且还具有比任何其他古代种族的生活更高的内
140 涵，原因就是其他种族没有一个能够以如此的自由提升到单纯的自然之
上，或者以如此的理想主义使得可感存在只是精神存在的承载者。因
此，如果精神与自然的这种统一性被理解为一个没有差别的统一，那
么，这一表达就无助于对其特征的把握。在另一方面，当正确地把握之
后，它便准确地表达了古希腊的世界同基督教的中世纪、同现代的差
别。古希腊人超出于外部存在的世界和对自然力的绝对依赖之上，但
是，他并不因此把自然当作不纯粹的或不神圣的。相反，他在其中看到

了更高力量的直接表现；他的诸神不仅仅是道德的存在，它们同时并且
在本源上也是自然的力量；它们具有自然存在的形式，它们构成了多种
存在，是受造的，像人一样在它们的行动力上有限制，将自然的普遍力
量当成在它们之前的永恒的混沌，当作在它们之上的无情的命运；古希
腊人并不为了诸神而否定自身及其本性，他知道荣耀诸神的更好的方式
就是愉快地享受生活，实际地运用他在其身心的自然力的发展中所已经
获得的种种才能。因此，道德生活也被一贯地奠定在自然的性情和境遇
之中。从古代希腊的立场出发，要人认为他的本性是败坏的、他自身在
最初就是有罪的，这是根本不可能的。因而，也就不存在任何要求，使
他应当谴责他的自然倾向，压抑他的感性，通过一种道德的新生来获得 141
彻底改变；甚至也没有任何要求同感性做斗争，而这一斗争却是我们的
道德法则所惯于规定的，甚至当它不再基于积极的基督教时。相反，这
一类的自然力量被设定是善的，这一类的自然倾向被设定是合法的；依
据亚里士多德的真正希腊的概念，道德在于将这些力量导向正确的目
的，在正确的尺度与平衡之中保持这些倾向：德性不外乎就是自然禀赋
之理智的、活跃的发展，道德的最高法则就是自由地、理性地遵循自然
的过程。这一立场不是反思的结果，它不是通过同离弃自然这一相反要
求的斗争来获得的，就像在现代人那里当他们承认同样的原则时那样；
因此，它是完全不受怀疑和不确定性困扰的。对于古希腊人，他应当给
予感性以权利，正像他应当通过意志与反思的运用来控制它一样，这似
乎是自然而必须的；他可以不依据任何别的光明来认识物质，因此，他
以充分的保障来追寻他的道路，诚实地感到他有理由来这样做。但是，
在对自由行动的种种自然预设中，还必须算上社会关系，每一个个体因
其出生而被置于这些关系之中。古希腊人容许这些关系对他的道德有一
定的影响，在现代我们却不习惯于如此。他的民族的传统对于他是最高
的道德权威，在城邦中生活和为了城邦而生活是最高的责任，远超过其
他一切；在民族、政治的共同体界限以外，道德责任只被不完善地认识 142
到；由个人信念所决定的一种自由职业的正当性，在更宽泛意义上的人

的权利和义务的观念，这些直到过渡时期才得到一般的承认，而这个时期恰好对应于古代希腊立场的瓦解。人类生活的古典时代和古典观念在这一方面同我们相距有多么远，表现在道德与政治的经常混淆中，妇女的低等地位上，尤其是在伊奥尼亚人当中，也表现在婚姻与性关系的概念上，但首要地是表现在希腊人与野蛮人的简单对立上和奴隶制上，奴隶制同这种对立联系在一起，是古代城邦中如此不可或缺的一项制度。古希腊生活的这些阴暗面绝不可以被忽视。但是，在一个方面，事情对于古希腊人要比对于我们更容易些。确实，他的视野的范围要更受局限，他的关系更为狭窄，他的道德原则比我们的不太纯粹、严格和普遍；但也许恰恰是由于这个，他的生活更适合于形成完整的、和谐有教养的人和古典性格。[1]

古希腊艺术的古典形式也在本质上是以我们一直在描述的心灵特征为条件的。菲舍尔（Vischer）[2] 说得好，古典理想是一个富有道德而与自
143 然没有任何断裂的民族的理想：由此，在其理想的精神内涵上，并且因此在那一理想的表达上，没有任何在作为一个整体的形式上可以被无限制地喷涌出来的多余之物。精神现象不被把握为与感觉现象相对立，而是在其中并与之相联；因而，精神形式只是在它能够在感觉形式中获得直接表达的程度上才达到艺术的表现。一件古希腊艺术作品具有简洁、惬意之美的特征，造型上宁静的特征；理念在现象中实现自身，就像灵魂在肉体中实现自身一样，它借助它的创造力量以肉体来作为自己的外观；没有任何抗拒这一造型处理的精神内容，也没有任何精神内容不能在感觉形式中找到其恰当、直接的表现。因而，古希腊艺术，从这一主题的本质来看，只是在向它提出的任务没有一个不能被以我们上面描述过的方式完满实现的地方，才达到了完美。在造型艺术中，在史诗中，

1 参见黑格尔的 *Phil. der Gesch*. p. 291 sq. 297 sqq. 305 sqq.；*Gesch. der Phil*. i. 170 sq.；*Phil. der Rel*. ii. 99 sqq.；Braniss, *Gesch. der Phil. s. Kant*. i. 79 sqq.；特别是菲舍尔在他的 *Aesthetik*, ii. 237 sqq. 446 sqq. 中的深思而有力的评论。

2 *Aesth*. ii. 459.

在古典建筑中，古希腊人都始终是举世无双的范型；在另一方面，在音乐上它们似乎远逊于现代人；因为这一艺术，相较于任何其他艺术，恰恰是凭借其本质，将我们从声音流动的外部元素带回到情感与主观情绪的内在领域。由于相同的原因，他们的绘画似乎只是在线条上面可以与现代人的绘画相比。甚至古希腊的抒情诗，尽管就其类型而言它是伟大而完美的，但相较于古代格律诗同现代格律诗的区别，它与更富感
情和主观性的现代抒情诗的差别要更少一些；而且，如果在一个方面没 144
有任何一位后来的诗人能够写出一部叔本华式的戏剧，那么，在另一个方面，古代的命运悲剧，当与莎士比亚以来的现代悲剧相比较时，在从性格、从戏剧人物的气质而来的事件的自然演化上，都要稍逊一筹；因而，就像抒情诗一样，由于没有充分地发展它自己的特殊艺术形式，悲剧在某种意义上始终具有史诗的类型。在所有这些特征中，有同一个特征是非常明显的：古希腊艺术以其纯粹的客观性区别于现代艺术；艺术家在他的创造中并不停留在自身之内，在他的思想和情感的内部领域之中，他的作品在完成时没有丝毫内在的东西它尚未充分表达。形式一直绝对地充实以内容；内容在其整个范围内在形式中获得绝对的存在；精神始终处于与自然的不可动摇的联合中，观念尚未与现象相分离。

我们一定期望在古希腊哲学中找到相同的特征，既然正是古希腊民族的精神创造了那一哲学，而且古希腊的世界观正是在那里才获得了其科学的表达。这一特征首先体现在一个确实不容易以一种穷尽而准确的方式加以界定的性质之中，但是这一性质一定给每一位古代哲学著作和残篇的研究者留下了深刻的印象：在整个研究模式上，作者针对他的主题所采取的整个态度上。黑格尔所称赞的[1]在古代哲学家身上的自由和
单纯，巴门尼德、柏拉图、亚里士多德用来处理最困难问题的造型上的 145
宁静，这些在科学思想领域中与在艺术领域中我们称作古典风格的东西是一样的。哲学家并不首先怀疑他自己及其个人环境：他不必处理许多

1　*Gesch. der Phil*. i. 124.

预先的前提假定，把他可以达到的他自己的思想和兴趣抽象到纯粹哲学的状态；他从一开始就在这样一个状态中。因此，在对科学问题的处理中，他既不容许自己被其他意见所干扰，也不容许被他自己的愿望所干扰；他直面当前之物，渴望在其中理解自身，为其在他内部的活动留下自由的范围；他与他的思想的结论相和谐，因为他准备接受任何向他证明自身为真和实在的东西。[1] 这种客观性无疑对于古希腊哲学比起对于我们自己的哲学要更容易达到；由于思想当时在它之前既没有一个预先的科学的发展，也没有一个固定的宗教的系统，因此，它就能够以完全的自由从一开始就抓住科学的问题。此外，这种客观性不仅构成了这一哲学的优点，也构成了这一哲学的缺点；因为它在本质上取决于人还没
146 有对他的思想产生不信任，取决于他只是部分地意识到他的表象所由以形成的主观性活动，因而只是部分地意识到这一活动对这些表象内容的影响；一句话，取决于他还没有达到自我批判。不管怎样，古代哲学与现代哲学的这一区别在这里明显而无疑地展现了出来。

这一特点给反思提供了进一步的要点。与其对象如此简单的一种关系只是对于古希腊思想才是可能的，因为，相较于现代思想，它起自于更不完整的经验，更为有限的自然知识，更不活跃的内在生活发展。我们对大量事实越是熟识，在尝试对它们科学解释时所必须解决的问题就越是复杂。一方面，我们越是精确地就其特殊性来考察外部事件，另一方面，我们的内在之眼通过宗教和道德生活的强化在内省上就变得越是敏锐；我们关于人的条件的历史知识越丰富，将人的精神生活类比于自然现象、外部世界类比于意识现象，满足于从有限而片面的经验抽象出来的不完满的解释，或不经准确的研究就假定我们概念的真理，就越

1　例如，普罗泰戈拉众所周知的话："人是万物的尺度，是是者如何是的尺度不是者如何不是的尺度"。"关于神，我没有什么要说的：既不说他们存在，也不说他们不存在；因为有许多东西阻碍我，——问题的晦涩，人生的短促"。这些命题在那个时代具有高度的冲击性；它们要求对迄今为止所有公认观念的一个完全的革命。但是，风格却是何其庄严啊！它们是以怎样的古典的宁静的方式被表达的啊！

不可能。因此，结论自然就是，全部哲学所关注的问题在现代应当部分地改变它们的范围和意义。现代哲学开始于怀疑；在培根那里，开始
于对之前科学的怀疑；在笛卡尔那里，开始于对我们概念真理的一般怀 147
疑——绝对的怀疑。以此为起点，它从一开始就不得不牢牢地盯着知识的可能性和条件的问题，而且为了回答那个问题，它开始了对我们概念起源的所有那些研究，这些研究在它们所采取的每一个新的转折点上无论是在深刻性上、重要性上还是在程度上都有所增加。这些研究最初是远离古希腊科学的，而古希腊科学由于顽固地相信思想的真实性，将自身直接投入到对实在的探究中去。但是，甚至在那一信念已经被智者术所动摇，而一种方法探究的必然性已经被苏格拉底肯定之后，这一研究也依然远不是那种自洛克和休谟以来被现代哲学所采取的对理智的精确分析。尽管亚里士多德描述了概念如何从经验中产生出来，但是，他自己对我们概念正确性所依赖的那些条件的研究是非常不完整的；在这些条件的客观与主观构成成分之间做一个区分的必要性似乎从未被他想到过。甚至在亚里士多德之后的怀疑主义对于更为基础和理论性质的探究也没有任何兴趣。斯多亚学派的经验主义与伊壁鸠鲁学派的感觉主义就像新柏拉图主义和新毕达哥拉斯主义的思辨一样，它们所基于的研究很少是想要弥补在亚里士多德知识理论中的那一裂隙。对认识官能的批判对于现代哲学来说具有无比重要性，但是，在古代哲学中却相应地没有
得到发展。无论如何，在清晰认识缺少科学研究所必备的前提条件的地 148
方，科学本身也必定缺少程序的确定性，这只有对那些前提条件的恰当关注才可能提供。因此，我们发现，古希腊哲学家们，甚至是其中最伟大、最细致的观察者，都或多或少具有哲学家们经常被予以指责的那一缺陷。他们容易贸然停止他们的研究，将一般概念和原则建立在不完善的或未经充分证明的经验上，接着把它们看成是无可争辩的真理，使它们成为更遥远推论的基础；总之，他们容易夸耀辩证的绝对性，这是运用某些普遍假定的命题的结果，这些命题是由语言所建立，通过它们与自然的明显符合一致而自我引荐的，但却没有对它们的来源和合法性做

进一步的探究，或者在对它们这样运用时考察它们在事实中的真实基础。现代哲学本身在这方面是有足够多缺陷的；对比许多后世哲学家思维的轻率与亚里士多德在检查其他人理论时、在审查他正在讨论的问题所产生的不同观点时的审慎，是令人感到羞愧的。但是，在现代科学的一般进程中，对严格而精确的方法的要求已经越来越被更多地察觉到，甚至在哲学家们自己尚未恰当地回应这一要求的地方，其他科学已经给
149 他们提供了大量的事实和经验确立的规律；进而，这些事实已经被十分仔细地过滤过和检测过，这些规律也已经被十分精确地确定过，而这在古代哲学的时代是很少可能的。经验科学的这一更高发展，将现代与古代区分开来，它是与古希腊哲学和古希腊科学所普遍严重缺乏的批判方法紧密联系在一起的。

在我们概念中主观性和客观性的区分差不多是与精神和物质的区分、我们内部现象和外部现象的区分联系在一起的。这一区分就像其他区分一样，对于古代哲学家来说在清晰性和确切性上一般是欠缺的。确实，阿那克萨戈拉把精神看做与物质世界相对立；在柏拉图学派那里，这一区分被发展到极致。然而，在古希腊哲学中，这两个领域常常是彼此重合的。在一个方面，自然现象一直被神学看成直接来自与人相类似的存在物，它们不断通过人类生活的类比而被解释。不仅许多古代自然哲学家的物活论基于这样一种类比，而且对世界生机性的信仰还妨碍并经常压制对自然的物理解释，而我们在柏拉图、斯多亚学派和新柏拉图主义者那里都可以发现这一信仰，在自苏格拉底以来的绝大多数哲学学派那里我们还可以发现目的论。在另一个方面，心理现象的真实本质却
150 没有得到确切地断定，而且如果只有 部分古代哲学家满足了这样一种唯物主义的解释，这类解释由许多前苏格拉底自然哲学家所建立，之后又有斯多亚学派和伊壁鸠鲁学派，还有个别的漫步学派成员，那么，甚至在柏拉图、亚里士多德或普罗提诺的唯心论心理学中，我们也惊讶地发现，有意识与无意识力量之间的区别几乎被忽略了，几乎没有作出任何努力来在其人格的统一性中把握人性的不同方面。因此，这些哲学

家很容易地就把灵魂解释成由不同的、极其异质的元素复合而成的；因此，在他们有关神、世界灵魂、星辰的精神和类似主题的概念中，这些存在物的人格问题一般来说就很少被考虑。正是在基督教时期，对人格的有效性与重要性的感受才第一次获得了完满发展；而且由此在现代科学中我们才第一次在这一点上找到了足够确切的概念，使得在古代哲学中常常碰到的人格与非人格特征的混淆从此成为不可能。

在古希腊伦理学和我们自己伦理学之间的差别也已经被触及过；无需多说，我们之前就这个主题所做的评论都同样适用于哲学伦理学。虽然哲学本身致力于将希腊道德生活的古老概念转变成更为严格、更为抽象、更为一般的道德准则，但是古代观点的典型特征在哲学中只是逐渐
地被抹去，因而直到古代晚期这些特征总是或多或少存在着。直到亚里 151
士多德之后，在古希腊人那里是如此根深蒂固的道德与政治的联合才被打破；而直到普罗提诺的时代，我们也依然能清楚地看到对伦理学的美学处理，而这也是希腊精神的根本特征。

古希腊人的精神生活，在他们的哲学兴起与结束之间所流逝的1000年中，无疑经历了重大变化，而且哲学本身就是引起这些变化的最有力的原因之一。由于古希腊哲学一般地反映了希腊精神的特征，因此，它也就必然反映在时间过程中精神所经历的各种转变；而且由于最大多数和最有影响的哲学体系都属于古希腊精神生活较为古老的形式逐渐消失的那个时期，因此就更是如此；当时，人类心灵日益从外部世界抽回自身，而以唯一的力量集中于自身——而且当时，从古典世界向基督教和现代世界的过渡一部分在准备着，而一部分已经完成。由于这一原因，在古典时期的哲学中出现的种种特征就不能够被无条件地归于古希腊哲学的整体；但是古希腊哲学的较早特征却在根本上影响了它整个随后的过程。确实，我们看到，在其整个发展过程中，精神与自然的原始统一性在逐渐地消失；但是，只要我们继续保持在古希腊的基础上，我们就绝不会发现它们之间的断然分离，而这是现代科学的起点。 152

在古希腊哲学的开端，外部世界要求在所有事情之前得到关注。人

们针对外部世界的原因提出问题；而在没有对人类认识官能进行任何预先的研究之前就尝试做出回答；现象的原因在通过我们外部知觉所知的东西中被寻求，或者至少被类比于它。但是，在另一方面，正是由于在外部世界与意识世界之间尚未作出精确的区分，各种性质就被归属于有形的形式和实体，并且期望从中产生各种后果，但事实上这只能够属于精神存在。直到阿那克萨戈拉时为止古希腊哲学的特征一直都是这样。在这一时期，哲学兴趣主要局限于对自然的思考，以及对自然现象原因的猜测；意识事实还没有被认识到或者作为专门现象来研究。

这种自然哲学被智者学派所反对，他们否认人认识事物的能力，而将注意力相反地集中于人自己的实践目的。但是，随着苏格拉底的出现，哲学再次转向了对实在的探究，尽管最初这没有形成一个体系。诚然，小苏格拉底各学派满足于将知识运用于人的精神生活的某一个方面，但是，哲学作为一个整体，并没有保持这一苏格拉底原理的主观观
153 点，而是在柏拉图和亚里士多德的宏大、整全的体系中达到顶点，这是古希腊科学的最伟大成就。这些体系比前苏格拉底的自然哲学更接近于现代哲学，它们对现代哲学一直有着重要的影响。自然在它们那里既不是研究的唯一对象，也不是主要对象；相较于自然哲学，形而上学有着更高的地位，而伦理学则与自然哲学地位相当，它们整体上通过对知识起源和科学方法前提条件的探究而被置于一个更加牢靠的基础上。此外，不可感的形式与可感的现象区别了开来，正像本质区别于偶性，永恒区别于瞬间；只是在对这一不可感本质的认识中——只是在纯粹的思想中——最高、最纯粹的知识才应当被寻求。甚至在对自然的解释中，对形式和目的的研究相较于对物理原因的知识具有优先性；在人那里，其本性的更高部分在其本质和起源上区别于可感部分，因而属于人类的最高问题只有在其精神生活的发展中才被发现，属于其首要的知识。然而，尽管柏拉图和亚里士多德的体系表明它们自己在许多方面接近于现代体系，但是，希腊精神的独特印记依然分毫不差地刻印在这两个体系上。柏拉图是一个唯心主义者，但是，他的唯心主义不是现代主观唯

心主义：他不赞同费希特，不认为客观世界只是意识现象；他也不赞同
莱布尼茨，不把知觉本质当成万物的起源；理念本身在他那里不是从思 154
想抽引而来，无论是人的思想还是神的思想，而是思想得自于对理念的
分有。在理念中事物的普遍本质被归约为造型的形式，它们是理智直观
的对象，就像事物是感性直观的对象一样。甚至柏拉图的知识理论也不
具有现代人对应的研究特点。在现代人那里，核心就是对认识主观活动
的分析；他们的注意力首要地指向知识在人那里依据其心理过程及其条
件的发展。相反，柏拉图执着于我们表象的客观本性；他对直观和概念
在我们之中的产生方式所做的探究，远远少于对附着于它们本身之上的
价值的探究；因此，在他那里知识论与形而上学直接相关：对表象或概
念真理的探究同对可感现象与理念实在性的探究相一致。此外，不管柏
拉图对现象世界的评价相较于理念是多么地低，他都距离单调、机械的
现代自然观很远；世界对于他是可见的神，星辰是有生命的、幸福的存
在，他对自然的整个解释被目的论所主导，而这一理论在苏格拉底之后
的古希腊哲学中扮演着非常重要的角色。尽管在其伦理学中，他超越了
古代希腊的观点，而要求一种基于科学的哲学美德，并且通过从感觉 155
世界上升为基督教道德准备了条件；但是，在厄洛斯学说中他维护了审
美，而在他的理想国体制中以最坚决的方式维护了古希腊道德的政治特
性；而且撇开他的道德理想主义，他的伦理学并没有否弃古希腊天生的
对自然、比例与和谐的感觉，而在其后继者那里和谐正是通过依照自然
而生活的原则来表现自身的，善与美德的理论都基于这一原则。无论如
何，希腊模式最清楚地体现在柏拉图把握整个哲学问题的模式上。他不
能将科学与道德和宗教区分开来，他认为哲学是心灵和品质的完满而普
遍的教养，在其中，我们都清楚地看到了古希腊人的立场，他们相比于
现代人很少在生活与文化的不同领域之间做出区分，因为对于他们精神
完善与肉体完善之间的根本对立远没有得到发展和巩固。甚至在亚里士
多德那里，这一立场都是清楚的，尽管与柏拉图的体系相比，他的体系
就其纯粹的科学形式、严格的精确性、广阔的经验基础而言看起来是现

代的。他也将思想借以概括事物性质的概念看成是先于我们思想的客观
形式；它们不是就其存在而言区别于个体事物，而是就其本质，它们是
独立的；而且在规定这些形式借以体现于事物中的方式上，他自始至终
156 都受到了技艺创制类比的引导。因此，尽管他比柏拉图更多地注意于自
然现象及其原因，他的整个世界理论在本质上仍然具有与柏拉图相同的
目的论审美特征。他使神圣精神远离同世界的全部有生命的接触，但是
在其自然是统一的力量、以完满的目的和趋向于目的的行为而运作的概
念中，古老的希腊自然直观的诗性生动性是显而易见的；而且，当他赋
予物质以对形式的渴望时，当他从那一渴望引出物质世界中所有运动和
生命时，我们便想起了物活论，它与我们正在考察的自然观是如此紧密
地联系在一起。他与柏拉图、与绝大多数古人所共有的关于天空和天体
的观念，整个是古希腊的。他的伦理学完全属于古希腊道德的领域。感
性直观被他当成是道德行为的基础，德性是自然行为的实现。伦理学的
领域区别于政治学的领域，但是它们之间的联合却依然是极其紧密的。
在政治学本身中，我们发现了古希腊城邦理论的所有鲜明特征，连同其
优势和缺陷：一方面是有关人对政治共同体的自然职责学说，城邦的道
德目的学说，一个自由政体的价值学说；另一方面是对奴隶制的合理性
论证，对体力劳动的轻视。因此，整个精神就依然与其自然基础紧密地
相统一，自然直接与精神生活有关。在柏拉图和亚里士多德那里，我们
157 看到的既非抽象的唯灵论，也非现代科学对自然的纯粹物理解释；既非
我们道德意识的严格性和普遍性，也非对经常与道德意识相冲突的物质
利益的承认。与现代的世界理论相比，人类生活和思想所运动于其间的
各种对立不大发展，它们的关系更为亲密与和谐，它们的协调更为容
易，尽管肯定要比较表面，因为现代的世界理论确实产生于更为全面的
经验、更为困难的斗争和更为复杂的条件。

直到亚里士多德的时代之后，希腊精神才开始与自然相疏远，以至于古典的世界观消失了，通向基督教的道路被准备好了。这一改变在其后果上对哲学一方产生了多么巨大的影响，将在后面说明。然而，在这

一过渡时期尤为令人惊异的是，我们看到古老的希腊立场依然具有足够的影响，使我们可以将那个时代的哲学非常清楚地与我们的哲学区别开来。斯多亚学派不再从事对自然的任何独立的研究；它将自身整个儿地从客观研究中抽离出来，代之以对道德主观性的兴趣。但是，它依然把自然看成是最高、最神圣的事物；它为古老的宗教辩护，因为它是对自然力量的崇拜；服从自然法则，按照自然生活，这是它的口号；自然真理（φυσικαὶ ἔννοιαι）是它的最高权威；尽管在这一向着原初和本原东西的回归中它只有条件地承认了城邦政体的价值，但它把所有人的相互依赖，政治共同体之扩及整个人类，看成是人性的一个直接要求，就像 158
早期希腊人对政治生活的看法那样。尽管在斯多亚学派那里，人与外部世界决裂，为的是以内在生活的力量加强自身来抵挡外界的影响，但与此同时它还是整个儿地依赖于宇宙的秩序，精神依然感觉到受到自然太多的限制而不知道它在其自我意识中独立于自然。但因此，自然就显得仿佛为精神所充满，斯多亚学派在这个方向上走得如此之远，以至于柏拉图和亚里士多德已经清楚认识到的精神与物质之间的分别又再次消失了，物质直接成为有生命的，精神被表现为一种物质的气息，或者一种有机化的火；而在另一方面，全部人类目的和思想通过最外在的目的论被转让给了自然。

在伊壁鸠鲁学派那里，希腊精神的特性以别的方式表现出来。物活论和目的论由于对自然的一种完整的机械论解释而被放弃了；对流行宗教的维护被转换成启蒙了的与宗教的对立，个人不是在服从整体的法律中寻求他的幸福，而是在其个人生活不受打扰的安宁中。但是，对于伊壁鸠鲁学派就像对于斯多亚学派一样，合于自然的存在是最高的；如果在理论中他将他的外部自然降级为一种无精神的机械论，那么，在人类生活中他也就越致力于建立利己与利他的冲动、感官享乐与精神活动的优美和谐，这使得伊壁鸠鲁的花园成为阿提卡的精致而令人愉快的社交 159
场所。这种形式的文化还没有受到各种论辩的阻遏，这些阻遏同它的现代复制品是不可分割的，因为它展现了与基督教伦理严格性的强烈反差；对感性因素的合理性论证表现为一个自然前提，它不需要任何预先的或特殊的辩护。因此，无论伊壁鸠鲁主义会让我们想起多少特定的现代观点，在原初的、自然生长的东西与派生的、作为反思结果的东西之间的差别即便经过更严格的审查也不会弄错。这一时期的怀疑主义相较于现代的怀疑主义，也同样可以说是如此。现代怀疑主义总是有着某种对它感到不满意的东西，一种内在的不确定性，一种隐秘的希望，希望相信它正在试图否定的东西。古代怀疑主义却没有表现出丝毫的这类半心半意，对休谟本人[1]所生动地描绘的那种疑病症般的不安毫无所知；它认为无知不是一种不幸，而是一种自然必然性，通过对它的认识人变得平静。甚至当对知识感到无望时，它也保持了顺从事物实际秩序的态度，并且正是从这里发源出了 ἀταραξία（不动心），而这对于现代怀疑主义几乎是不可能的，尽管它被主观兴趣所支配。[2]

160 甚至新柏拉图主义，尽管它远离了希腊精神，而无疑接近于中世纪精神，却也将其重心依然置于古代世界中。这不仅从它与各种异教宗教的紧密联系来看是显然的，因为，如果没有任何本质的、内在的联系存在于它们之间，它也就肯定不会成为它们最后的辩护士，而且在它的哲学学说中也是显然的。其抽象的唯灵论确实与古人的自然主义形成了鲜明的对比；但是，我们必须将它的自然概念与同时代的基督教作家们的自然概念相比较，为了在它之中发现希腊精神的一个分支，我们只需要听听普罗提诺多么热烈地捍卫自然的高贵以抗拒诺斯替主义者们的轻蔑，普罗克洛（Proclus）和辛普里丘（Simplicius）多么尖锐地反驳基督教的创世学说就够了。与现代哲学家中的绝大多数相比，新柏拉图主义者们使物质本身更接近心灵，而现代哲学家们却在这两个原则中看到根本分离的实体；因为新柏拉图主义者们反对一种自在之物理论，把物质解释成精神本质的逐级下降的结果。这样，他们就表明这两个原则的

1 《人性论》卷一，第四部分，第一节，509 页以下；雅各比的翻译。

2 参见黑格尔对这一主题的评论。*Gesch. der Phil.* i. 124 sq。

对立不是原初的和绝对的，而是派生的和只是数量上的。再者，尽管新柏拉图主义的形而上学，尤其是在其较晚形式中，必然在我们看来是极其深奥的，但是，它们的来源却类似于柏拉图理念论的来源；因为事物的属性和原因在这里被看成是超出世界与人之上的绝对的本质特性，是理智直观的对象。此外，这些本质彼此具有一种确定的更高、更低和同级的关系，因此就表现为神话中诸神的形而上学对应物，新柏拉图主义 161
的寓言在其中认识到它们，也在它们从原始本质的逐级流溢中认识到与古希腊思想在最初时所由以开始的那些神谱的类似。

总结一下我们已经说过的。在中世纪的哲学中，精神断定自身是外在于自然并与自然相对立的；在现代哲学中，它竭力重获与自然的统一，但却离不开对精神与自然之间差异的深刻意识；在古希腊哲学中反映出来的是科学思想的这样一个阶段，在其中这两个因素的区别和分离从其原初的平衡与和谐共存中发展出来，尽管这一分离在希腊化时代实际上从未得以完成。因此，虽然在古希腊哲学中，就像在现代哲学中一样，我们发现了精神与自然的区别与统一，但在它们各自情况下这都是以不同方式、以不同关联发生的。古希腊哲学从精神与自然的那一和谐关系开始，古代文化的典型特征一般来说就在于这一和谐关系；一步一步地，而且多半是不由自主地，它发现自己不得不分别它们。相反，现代哲学发现这一分离已经以最有成效的方式在中世纪完成了，并且通过努力成功地发现了这两个方面的统一。起点上和趋势上的这一差异决定 162
了这两种伟大现象的全部特性。古希腊哲学最终以一种二元论结束，它发现要科学地克服这种二元论是不可能的；而且甚至在其最繁荣时代，这种二元论的发展也能够得到追溯。智者学派同对感觉和思想真实性的单纯信仰决裂。苏格拉底同无反思地服从现存习俗决裂。柏拉图将一个理想世界与经验世界相对立，但不能在这个理想世界中找到对另一个世界的任何解释；他只能把物质解释成某种非存在，只能将人类生活按照他的理想国的独断尺度从属于理念。甚至亚里士多德也使纯粹的精神完全与世界区别开来，认为人的理性是从外部灌注于他的。在小苏格拉底学派和后亚里士多德哲学中，这一二元论依然十分明显。但我们已经看到，尽管有这一趋势，古希腊思想的原初前提假定仍旧以鲜明的特征肯定着自身；而且我们将发现，它不能满意地融合这些矛盾的真正原因就在于它拒绝放弃那一前提假定。古希腊思想所要求和所设为前提的精神与自然的统一，是古典的世界理论直接的未被破坏的统一；当这一统一被取消时，对于它来说没有任何可能的方式来填补这一在它自己的立场看来不可能存在的裂隙。这一希腊特性当然没有以同等的清晰性刻印在
163 每一个古希腊的体系上；特别是在古希腊哲学的后期，它逐渐地与外部的元素相融合。尽管如此，直接或间接地，这一特征可以明显地在所有体系中被发现；古希腊哲学作为一个整体，或许可以说是沿着与它所从属的民族一般生活相同的方向在运动。

第四章

古希腊哲学的主要分期

我们一直把古希腊哲学划分为三个时期，其中第二个时期开始于苏
格拉底，终结于亚里士多德。这一划分的正当性现在必须被更加仔细地
考察。这种做法的用途也许看上去诚然是有疑问的，既然像里特尔[1]这
样杰出的历史学家持有如下观点，即，历史本身并不承认任何分期，因
此，所有的时期划分都只是一种方便教学的手段，一个停下来喘口气的
休息地；而且既然甚至黑格尔派的一位门徒[2]也声称，哲学史不能按照
时期来写，好像历史的链条整个是由个性和个人的集合构成的。这后一
个观察迄今为止是真实的，因为，要划出一条年代上的直线贯通一系列
的历史现象，而不把真正结合在一起的分开、把真正有区别的放到一
起，这是不可能的。因为，就年代学而言，连续发展的界线彼此重叠；
历史发展的整个连续性和联系性就像自然发展的连续性和联系性一样正
在于这一点。新的形式已经出现，已经开始独立地肯定自身，而旧的形 165
式依然存在。但是，由此不能得出结论说，时期的划分应当完全被放
弃，而是说它必须基于事实，而不是仅仅基于年代。只要任何给定的历
史整体在其发展中继续保持同一个方向，那么，每一个时期就持续着；
仅当这不再是事实，一个新的时期才开始。这个方向在多长时间内应当

1 *Gesch. der Phil.*, 2nd edition, Pref. p. xiii.

2 Marbach, *Gesch. der Phil*. Pref. p. viii.

被认为是同一的，这在任何一个地方都必须根据整体重心所在的那个部分来决定。当从一个给定整体中一个新的整体生发出来，它的种种开端才应当按照它们与之前历史联系的断裂、它们将自身表现在一个新的原创形式中的比例，而被归于随后的时期。但是，假如有人假定，这种同类现象的组合只是出于历史学家或其读者的方便，而与事情本身没有任何关系，那么，这些讨论在我们的第一章中就已经遇到了足够多的反驳。甚至出于方便的目的，在历史叙述中进行划分也肯定不能被认为是不重要的；而假如这一点得到承认，那么，就事情本身而言它也不可能是不重要的。如果一种划分比另一种给我们更为清楚的观察，那么，其原因只可能是它给历史现象的区别与联系提供了一幅更为真实的画面；因此，区别必定在于现象本身，而不仅仅是在于我们对现
166 象本身的主观考虑。实际上，不可否认的是，不仅不同的个人，而且不同的时期，都各自具有不同的特征，任何给定整体的发展，无论大小，都以一个确定的方向持续一段时间，接着改变这个方向以开辟出另一条路线。各个时期所必须加以确认的正是历史特征的这一统一性和差异性；时期的划分必然反映不同时代现象的内在联系，因而，它很少依赖于历史学家的主观任意，就像河流与山脉的分布很少依赖于地理学家的主观任意一样，或者就像自然王国的确定很少依赖于自然学家的主观任意一样。

那么，针对于古希腊哲学史，我们应当采取何种划分呢？从我们的第二章来看，清楚的是，这一历史的开端不应当被置于泰勒斯之前。就我们所知而言，在谈到万物的原始原因时，他是第一位放弃神话语言的人；——尽管真实的是，使哲学史从赫西俄德开始的老规矩甚至在我们的时代也并没有被完全放弃。[1] 苏格拉底一般被认为是接下来的伟大运动的开创者，而且由于这个原因，第二个时期通常被说成从他开始。不管怎样，一些历史学家会使第一个时期结束于苏格拉底的时代之前；例

1 它依然被 Fries, *Gesch. der phil.* 和 Deutinger, *Gesch. der Phil.*, Vol. 1 所遵循。

如阿斯特（Ast）[1]、里克斯纳（Rixner）[2]和布拉尼什（Braniss）。其他人，例如黑格尔，又会把这一时期延长到苏格拉底之后。

阿斯特和里克斯纳在古希腊哲学史中区分出三个时期，伊奥尼亚的 167
实在论，意大利的观念论和阿提卡对这两种倾向的综合。布拉尼什[3]同样以实在论和观念论这一基本的区分开始，只是他把这两种倾向归于了头两个时期的每一个。因此，在他看来，古希腊思想就像古希腊生活一样，是由伊奥尼亚和多里亚因素的原始对立所决定的。专注于客观世界是伊奥尼亚的特征；专注于自我则是多里亚种族的特征。因此，在头一个时期，这一对立以两个平行的哲学方向发展着，一个是实在论的，一个是观念论的；在第二个时期，这一对立被消除了，消失在了对普遍精神的意识中；而在第三个时期，精神经由智者学派被剥夺了其内容，从而在自身之中寻求一个新的、更加持久的内容。因此，根据布拉尼什，古希腊哲学有三个时期。头一个开始于泰勒斯和费瑞库德斯，进而在一方面被阿那克西曼德、阿那克西美尼（Anaximenes）和赫拉克利特所代表，另一方面被毕达哥拉斯、克塞诺芬尼和巴门尼德所代表；在这个时期的每一个阶段都有一个与伊奥尼亚的命题相对立的多里亚的反题；最后，之前发展的种种结论被伊奥尼亚的第欧根尼（Diogenes）和多里亚的恩培多克勒以一种和谐的方式加以总结。人们认识到，生成以存在为前提，存在将自身扩展到生成，内在与外在、形式与质料统一在对普遍
精神的意识中；感性精神与这一普遍精神相对立，又不得不在自身中反 168
映它。在这里，第二个时期开始了；而在其发展中存在着三个关键点。通过阿那克萨戈拉，精神与广延对象相区别；通过德谟克利特，它作为一个纯粹的主观原则与对象相对立；通过智者学派，所有的客观性都被置于主观的精神本身之中；普遍者最终完全被压制，精神生活整个消失在实际的感觉表象中。但是，当这样被抛回其自身，精神就不得不以一

1　*Grundriss einer Gesch. der Phil.*, 1 A § 43.

2　*Gesch. der. Phil.*, i. 44 sq.

3　*Gesch. der Phil. s. Kant*, i. 102 sqq.; 135; 150 sq.

种永恒的方式来界定其实在性，寻求什么是它的绝对目的，从必然性的领域进入到自由的领域，并在两种原则的和谐中达到思辨的终极目的。这就是第三个时期的开始，它从苏格拉底延至古希腊哲学的终了。

针对这一推导，有许多可以反对的东西。首先，我们必须就伊奥尼亚实在论和多里亚观念论的区分提出质疑。正如我们将立刻发现的，[1]在这里被称作多里亚观念论的东西既非观念论也非纯粹多里亚的。这一点立刻就摧毁了整个推导的基础。此外，阿斯特和里克斯纳将伊奥尼亚和多里亚哲学划分成两个时期：这是一个十分没有保障的划分，因为这两种哲学是同时期，并彼此有力地相互作用着。因此，像布拉尼什那样将它们看成一个彼此依赖的历史系列的关键点，在一定程度上就更正确一些。但是，我们没有任何权利像他那样将这个系列划分成两个部分，并
169 且把它们之间的区别类比于苏格拉底哲学与前苏格拉底哲学之间的区别。被布拉尼什归于他的第二个时期的这三种现象，没有一个具有这一特征。原子论（甚至就时期而言，也几乎不晚于阿那克萨戈拉）是一个自然哲学体系，正像其他早期体系那样；而且特别是它与恩培多克勒的体系（根据对埃利亚学派的类似态度）具有如此紧密的一种联系，以至于我们不可能把它归于一个不同的时期。没有发现它有任何倾向把精神看成纯粹主观的——它唯一的关切是对自然的解释。因此，我们在阿那克萨戈拉身上也看到了一位自然哲学家，一位先于第欧根尼的自然哲学家，但布拉尼什却把第欧根尼置于他之前。他的为世界赋形的心灵首先是一个物理原则，他没有做出任何尝试来将哲学领域扩大到熟悉的限度之外。因此，没有任何充分理由在他之前确定一条分界线，就像在苏格拉底之前那样。甚至智者学派也不能与第一个时期的各种体系分开，这下面就会表明。在布拉尼什把前苏格拉底哲学分成的两个时期之后，第三个时期将哲学的整个进一步的历程一直包括到古希腊科学的结束。这一划分是如此草率，很少考虑到后来体系的极端不同，以至于它本身就

1　参考第一个时期的导论。

提供了充分理由来否弃布拉尼什的这一构造。

但另一方面，黑格尔在相反的方向上走得更远。他认为这些差别是
如此巨大，以至于苏格拉底和前苏格拉底各派之间的对立与之相较只具
有次要的意义。他的三个主要时期，头一个从泰勒斯延至亚里士多德， 170
第二个包括了全部后亚里士多德哲学，除了新柏拉图主义；第三个包含了新柏拉图主义。他说，[1]第一个时期代表了哲学化思想的开端，直至它作为科学总体的发展和扩大。在这个具体理念这样被实现之后，它就使它在第二个时期的出现成为在种种对立中形成和完善自身：片面的原则被贯穿于世界表象的整体之中；每一个方面作为一个极端发展自身，相对于其对立面在自身构成一个总体。将科学分裂成为特殊的体系，这产生了斯多亚主义和伊壁鸠鲁主义。怀疑主义作为否定的原则，使自身与这二者的独断论相对立。肯定性的原则就是在一个理想世界或理想世界的理论中对这一对立的取消；正是这个理念发展成了新柏拉图主义中的总体性。旧的自然主义哲学与后来科学之间的区别在第一个时期作为一
个分类基础被提出来；但是，不是苏格拉底是一个新的发展系列的开创
者，而是智者学派。哲学在这个时期的第一个部分，在阿那克萨戈拉那 171
里达到了 *νοῦς* 这个概念；在第二个时期，*νοῦς* 被智者们、苏格拉底和不完善的苏格拉底学派把握为主观性；而在第三个部分，*νοῦς* 把自身作为客观思想、理念发展成为一个总体性。因此，苏格拉底只是作为延续了一个由他人开始的运动而出现，不是作为一个新运动的开创者。

在这一划分中使我们感到惊讶的头一件事情是三个时期内容的巨大不成比例。尽管第一个时期在重要人物和现象上是格外丰富的，而且还包括了古典哲学的各种最高贵、最完善的形式，但是，第二、第三个时

1　*Gesch. der Phil.*, i. 182（cf. ii. 373 sq.）。但是这并不完全符合与之前的四个阶段的区分，i. 118。类似地，Deutinger ——他的阐述我不能进一步讨论，不管是在这里还是在别处（*loc. cit.* p. 78 sqq , 140 sqq., 152 sqq., 226 sqq., 290）——把从泰勒斯到亚里士多德弄成一个时期（在他那里是第二个时期），而且把它划分成为三个部分：1，从泰勒斯到赫拉克利特；2，从阿那克萨戈拉到智者学派；3，从苏格拉底到亚里士多德。

期却局限于少数几个体系，它们毫无疑问在科学的内容上要逊色于柏拉
图和亚里士多德的体系。这立刻就使我们怀疑有太多异质特征被包括在
了第一个时期。而且就事实而言，在苏格拉底哲学和前苏格拉底哲学之
间的差别一点儿都不少于在后亚里士多德哲学和亚里士多德哲学之间的
差别。苏格拉底不仅发展了一种已经存在的思想模式；他还将一种本质
上全新的原则和方法引入到哲学中。尽管所有之前的哲学都直接指向对
象，——尽管有关自然现象的本质和原因的问题一直都是所有其他哲学
所依赖的主要问题，——苏格拉底却首先表达了如下信念，除非其普遍
本质、概念被确定，关于任何对象没有任何东西可以被知道；因而通过
172 概念标准对我们表象的检验——哲学意义上的自我知识——就是所有真
知识的开端和前提。尽管早期哲学家们通过思考事物本身首先达到将表
象与知识区分开来；但与此相反，他却使事物的全部知识依赖于对知识
本质的一个正确观点。因此，从他这里就开始了一种新形式的科学，基
于概念的哲学；辩证法取代了早期的独断论；而且与此相联系，哲学在
此前未被探索过的领域中赢得了新的、丰厚的战利品。苏格拉底自己就
是伦理学的奠基者；柏拉图和亚里士多德将形而上学同物理学分开；自
然哲学——直到那时就是整个哲学——现在成为了整体的一部分；这个
部分苏格拉底完全忽略了，柏拉图很少注意它，甚至亚里士多德也把它
置于“第一哲学”之下。这些变化是如此深刻，对哲学的一般前提和特
性影响如此巨大，以至于看起来确实有道理说从苏格拉底开始了哲学发
展的一个新的时期。唯一会产生的一个问题是，究竟应当让它从苏格拉
底开始，还是从他的先驱智者学派开始。但是，尽管后一条路径已经被
173 一些著名的权威[1]所采纳，但它看起来并不合法。智者学派无疑是旧自
然哲学的结束，但它还不是一个新哲学的创造或开端：它摧毁了认识实

1　在黑格尔之外，请参考 K. F. Hermann, *Gesch. d. Platonismus*, i. 217 sqq.，Ast, *Gesch. der. Phil.*, p. 96 和 Ueberweg, *Grundriss der Gesch. der Phil.*, i. § 9。但是，黑格尔以智者学派作为第一个大时期的第二个部分的开端；赫尔曼和于贝韦格把智者学派作为他们的第二个时期的开端；阿斯特则使其成为他的第三个时期的开端。

在的可能性信念，并由此打消了思想对自然的研究；但它并没有任何新的内容来取代它所摧毁的东西；它在人的行动、人的表象中宣称人是万物的尺度，但是它把人只是理解成在其种种意见与挣扎的全部偶然性中的个体，而不是必须被科学地寻求的人的普遍本质。因此，尽管确实，智者学派与苏格拉底共同具有主观性的一般特性，但是，他们不可能被说成在与苏格拉底相同的意义上开启了一种新的科学倾向。对这两种立场的更为仔细的界定证明它们是非常不同的。智者学派的主观性只是其哲学成就所主要依存的那个东西——即早期独断论的毁灭——的结果：这种主观性本身就是全部哲学的结束；它没有导致任何新知识，甚至也没有像后来的怀疑主义那样导致一种哲学的心灵态度；它摧毁了所有哲学努力，承认除了个人的利益和随心所欲外没有任何其他标准。智者学派是苏格拉底引入的新体系的一个间接准备，而不是积极基础。一般而言，一个新的时期，通常只有在支配它的原则以积极的创造力表达它自己，并且具有对它的目标的明确意识时，才算是开启了。在宗教史中我们以基督来开始这样一个时期，而不是以自然主义宗教和犹太教 174
的没落；在教会史上，是以路德和茨温利（Zwinglius），而不是以巴比伦的流放和教皇的分裂；在政治史上，是以法国大革命，而不是以路易十四。哲学史必须遵循相同的程序；因此，我们必须把苏格拉底看成是那一思想模式的头一个代表，他第一个以积极方式阐述了它的原则并将其引入实际生活。

因此，古希腊哲学的第二个大时期从苏格拉底开始。相较于它的开端这一主题，针对它的合法范围这一主题有着更多的观点分歧。一些人让它结束于亚里士多德，[1]另一些人则让它结束于芝诺，[2]或卡尔内亚德（Carneades）；[3]另一批历史学家，则让它结束于公元前一世纪；[4]而还有一

1　布兰迪斯、弗莱斯和其他人。

2　滕尼曼，见其更大的著作中。

3　Tiedemann, *Geist. der Spek. Phil*.

4　滕尼曼（*Grundriss*）、阿斯特、赖因霍尔德、施莱尔马赫、里特尔、于贝韦格和其他人。

批人倾向于将苏格拉底之后的古希腊哲学的整个历程，包括新柏拉图主义者们，包括进其中。[1]在这里，我们的决定再一次必须依赖于对如下问题的回答，同一个主要倾向支配着哲学的发展有多久？首先，苏格拉底哲学、柏拉图哲学和亚里士多德哲学之间紧密的联系是确定无误的。苏格拉底首先要求所有知识、所有道德活动都应当从概念知识开始，而且他力图通过其所引入的归纳法来满足这一要求。同样的信念
175 构成了柏拉图体系的起点；但是，在苏格拉底那里只是科学程序规则的东西被柏拉图发展成为形而上学原则。苏格拉底讲过：只有概念知识是真知识。柏拉图说：只有概念存在是真实存在，只有概念是真正的存在者。但是，甚至亚里士多德——尽管他反对理念论——也承认这一点：他也宣布形式或概念是事物的本质和实在；纯形式只为自身而存在；抽象的理智，局限于自身——是绝对的实在。他区别于柏拉图仅在于其如下理论，即，理想形式联系于可感现象，联系于构成现象基础的那个东西，作为现象的普遍的载体——质料。依据柏拉图，理念与事物相分离，为自身而存在；相应地，事物的质料，由于没有任何一部分在理念中，因此被他宣布为是绝对的非实在。依据亚里士多德，形式在它是其形式的事物之中；因此，在事物之中的质料元素必须被赋予获得形式的能力；质料不只是非存在，而是存在的可能性；质料和形式具有相同的内容，只是样式不同——在一者那里它是尚未发展的，在另一者那里它是发展的。尽管这与柏拉图的理论就其具体特征而言根本对立，尽管亚里士多德积极地反对他的老师，但是，他也没有与苏格拉底和柏拉图哲学的普遍前提完全背离，即，对知识必须基于
176 概念的信念，和对形式的绝对实在性的信念。相反，他放弃理念论的理由恰恰是，理念不可能是实体性的、真正的存在，如果它们与事物相分离的话。

因此，迄今为止我们拥有同一个原则的连续的发展；这是体现在这

1　布拉尼什，参见上文。

三种形式中的一个主要的基本直觉。苏格拉底在概念中认识到人类思想
和生活的真理；柏拉图则在其中认识到绝对的、实体性的实在；亚里士
多德在其中不仅认识到本质，而且也认识到经验实在的构成原则和运动
原则；而在所有这三种形式中我们都看到了同样的思想自身的发展。但
是，在后亚里士多德学派那里，这一发展顺序停止了，思想采取了另
一个方向。哲学的纯粹科学兴趣让位给了实践兴趣；对自然的独立研究
停止了，整个研究重心被放在了伦理学上：而且作为对这一立场转变的
证据，所有后亚里士多德学派，就它们有任何形而上学的或物理学的
理论而言，都依赖于更为古老的体系，它们以不同的方式解释这些学
说，但是它们却坦承在所有本质细节上都遵循这些体系。哲学家所最终
关注的不再是事物本身的知识，而是人类生活的正确而满意的安排。这
甚至在宗教研究中都成为重点，而哲学现在更热诚地把自身投入到宗
教研究中。物理学被伊壁鸠鲁学派认为只是达到这一实践目的的手段；
尽管斯多亚学派毫无疑问赋予对事物终极基础的一般研究以更独立的
价值，但这些研究倾向仍旧被他们的伦理学兴趣所决定。以类似的方 177
式，真理标准的问题被斯多亚学派和伊壁鸠鲁学派从实践的角度来回
答。最后，怀疑论者否定知识的所有可能，为了把哲学整个限制于实
践事物上。然而，甚至这种实践哲学也已经改变了其特征。早期伦理
学与政治学的结合已经停止了；代替个体在其中为整体而生活的那个
共同体，我们发现的是智慧的人的道德理想，他是自足的、自满的和
心无旁骛的。将理念引入实践生活看上去不再是要达到的最高目标，
而是个人就自然和人性而言的独立性，——淡漠无情，ἀταραξία，从
感觉世界逃离；而且尽管道德意识由于对外物无动于衷而获得了它迄今
所不知道的自由和普遍性，尽管民族的藩篱现在第一次被打破了，所有
人的平等与融合、世界主义的主导思想被认识到了，但是在另一个方面
道德取得了片面、消极的特征，这是异质于古典时期哲学的。简言之，
后亚里士多德哲学带有一种抽象的主观性印记，这在根本上将它与之前
的体系相分离，以至于我们有充分权利以亚里士多德作为古希腊哲学第

二个时期的结束。

确实，初看起来，一个类似的特征似乎已经在智者学派和小苏格拉
178 底学派那里被发现了。但是，这些例子不可能证明哲学作为一个整体已经在较早时期获得了它较晚时期的倾向。首先，以此方式预示了之后哲学的现象在数量上是很少的，只具有比较次要的意义。那些赋予这一时期以标准、据此决定哲学的形式的体系，一般来说，具有十分不同的特征。其次，当更为仔细地考察，这种类似性比初看起来要少得多。智者学派不具有与后来的怀疑主义相同的历史意义；它并不产生于一般的科学力量的涣散，而主要产生于对流行的自然主义哲学的厌恶；而且它不像怀疑主义那样在一种不科学的折中主义或一种神秘的沉思中达到其肯定的完成，而是完成于苏格拉底的概念哲学。麦加拉学派的哲学家们相较于怀疑论的前驱毋宁说是埃利亚学派的支流；他们的怀疑在根本上是指向感觉知识，而不是理性知识。他们并不要求一种普遍的怀疑主义，他们也不追求作为怀疑主义实践目的的 ἀταραξία。阿里斯底波（Aristippus）与伊壁鸠鲁之间存在着如下巨大差别：前者让直接、确实的快乐成为最高的善，后者则使没有痛苦作为一个持久的前提条件。阿里斯底波寻求享受外部世界所提供的东西；伊壁鸠鲁寻求人相对于外部世界的独立性。犬儒主义确实比斯多亚学派将对外物的无动于衷、对习俗的蔑视、对所有理论探究的拒斥推进得更远，
179 但是，这个学派孤立的地位，其学说的粗糙形式，都充分证明根据它对整个同时代思维模式所能加以讨论的是多么少。这一观点适用于所有那些不完善的苏格拉底学派。它们的影响不应当与柏拉图和亚里士多德学说的影响相提并论；而且它们本身由于轻视将理智知识的原则发展成一个体系从而妨碍它们有更有价值的行动的可能。只是在希腊世界已经经历了最剧烈的变化之后，像不完善的苏格拉底学派的那些努力才重新具有了成功的期望。

因此，第二个时期结束于亚里士多德，第三个时期开始于芝诺、伊壁鸠鲁和同时代的怀疑主义。它是否应当延伸到古希腊哲学的结束，这

是一个有疑问的问题。我们随后将发现，[1]在后亚里士多德哲学中有三个
部分可以被区分出来：第一部分，包括斯多亚学派、伊壁鸠鲁学派和老
怀疑论的繁荣期；第二部分，折中主义时期、晚期怀疑论和新柏拉图主
义的前驱；[2]第三部分，在其各个阶段的新柏拉图主义。[3]如果我们将这
三个部分算成古希腊哲学的第三、第四或第五个时期，那么会有一个好
处，即，比起如果我们将这三个时期弄成一个时期，这几个时期在长度
上大体相等。但是，尽管它们因此在年代上相等了，但它们在内容上却
变得甚至更加不成比例；因为从苏格拉底出现到亚里士多德逝世的一个 180
世纪包含了相当于接下来的 8 或 9 个世纪加在一起的科学成就。而且，
在这里最本质的是，哲学在这 900 年里以同样一律的方向运动。它被单
一的主观性所支配，这与对事物纯粹思辨的兴趣是相疏离的，它把全部
科学简化为实践文化和人的幸福。这个特征（如我们刚刚考察过的）体
现在斯多亚学派、伊壁鸠鲁学派和怀疑论学派中。这个特征甚至在罗马
时期的折中主义中也可以看到，折中主义完全基于实践的观点并且依据
主观感觉和兴趣的标准从各个不同体系中选出有可能真的东西。最后，
这也是新柏拉图主义的一个本质特征。这一点在后面将会得到更具体的
展示；现在只要注意到新柏拉图主义者们对自然科学的态度与亚里士多
德之后的其他学派的态度是完全相同的就足够了；而且他们的物理学具
有与斯多亚学派的目的论相同的倾向，只是更为纯粹。他们的伦理学说
也与斯多亚学派的具有紧密的关联，实际上是芝诺的时代之后本身才
得到发展的那种伦理二元论的最终结果；而且包含在他们的人类学当中
的二元论也已经被斯多亚学派准备好了。至于宗教，最初被新柏拉图主
义所采取的立场恰好就是斯多亚的立场，而且甚至它的形而上学，包括
对神的直观的学说，比初看起来所以为的要更接近于和亚里士多德不同

1　参考第三卷（指德文版第三卷，对应于英译本第五卷——中译注）导论。

2　这两个部分构成了德文版的第三卷第一部分，但在英译本中各为一卷。——中译注。

3　这个部分构成了德文版的第三卷第二部分，没有英译。——中译注。

181 的那些体系。例如，新柏拉图主义的流溢理论无疑就是斯多亚学派的以其各式各样的力量渗透于整个宇宙的神圣理性的学说：二者之间唯一的根本区别是神的超验性；对于人来说，从神的超验性中产生了一种灵魂出窍般的与神接触的需求。但是，这种超验性本身是之前科学发展的结果，是对所有客观确定性的怀疑论否定的结果。怀疑论讲过，人的精神在其自身之内绝对不具有真理性。因此，新柏拉图主义讲，它必须绝对地在它自身之外、在其与神的关系中寻求真理，这是在它的思想、思想所能认识的世界以外的。但这就意味着，这个超越的世界是完全依照主观视角呈现的，并由主体的需要所决定的；而且正像实在的不同领域对应于人性的不同部分，同样，整个体系是想要指出人与神的结合并为之开辟道路。因此，在这里，支配这个体系的就是人类精神生活的兴趣，而不是像客观知识那样的兴趣；由此，新柏拉图主义所遵循的就是专属于亚里士多德之后的整个哲学倾向。因而，尽管我并没有给这个问题附加任何不适当的重要性，我还是倾向于将亚里士多德之后的哲学史所划分的这三个部分合并为一个时期，虽然其外延远迈之前任何一个时期的范围。

总之，我把古希腊哲学区分为三个大的时期。头一个时期的哲学
182 是自然哲学，或者更准确地说，一种自然哲学的独断论；它是自然哲学的，因为它首要地企图从其自然原因来解释自然现象，而对事物中或事物原因中的精神和物质没有做出任何明确的区分；它是一种独断论，因为它径直追寻客观知识，而对知识的概念、可能性和前提条件没有任何预先的研究。在智者学派那里，对外部世界的这种思想态度终结了，人关于实在的知识能力受到质疑，哲学兴趣从自然移开，感受到了在人类意识土壤上发现一种更高真理原则的需求。苏格拉底回应了这一要求，宣称对概念的认识是达到真知识和真德性的唯一道路；由此柏拉图进一步断定，只有纯粹概念能够是真正的实在；他在与普通表象意见的冲突中辩证地确立这一原则，并在一个包蕴了辩证法、自然哲学和伦理学的体系中发展它。最后，亚里士多德在现象本身之中发现概念是其本质和

目的，以最全面的方式将概念带入全部现实领域，并且在一个牢固的基
础上为以后的时代确立了科学方法的各种原则。因此，取代之前片面的
自然的哲学，在第二个时期便出现了一个概念的哲学，由苏格拉底所奠
基，而由亚里士多德所完善。但是，由于观念因此便对立于现象，由于
一种完满的、本质的存在被归于观念，而只有一种不完满的存在被归于
现象，因此，一种二元论产生了，它确实在柏拉图那里显得尤为醒目和 183
不协调，但是甚至亚里士多德也不能克服它，无论是在原则上还是在结
果上；因为，他也是以形式与质料的对立、以神与世界的对立、以精神
与感觉的对立结束的。只有在其绝对性中、不指向任何外物而自足于自
身的精神才是完满的和无限的；外在于它的东西不能增加这一内在的完
满，或者不能不是本身毫无价值的、与它完全无关的。所以，人类精神
也应当在其自身中、在其对外部一切事物的独立性中寻求其不受限制的
满足。思想在对这一倾向的追求中从对象退回到自身，而古希腊哲学的
第二个时期就过渡到了第三个时期。

或许应当更为简练地陈述这一点。我们可以说，精神在古希腊思想
的第一个阶段是在自然对象中直接向自身呈现的；在第二个阶段它将自
身与自然对象相分离，它也许在对超感对象的思想中达到了更高真理；
在第三个阶段它在其主观性中、在与对象的对立中肯定自身是至高无上
的。但是，希腊世界的立场因此就被放弃了，而与此同时在希腊的土壤
上不可能有对这些对立因素的更深调和。思想因此与实际想脱离，失去
了其内容，陷入矛盾之中，因为它坚持认为主观性是存在的最后和最高
的形式，使在不可达到的超验性中的绝对与之相对立。古希腊哲学最终
屈服于这一矛盾。 184

第一时期：前苏格拉底哲学

导论：论第一时期哲学的特征与发展

在前苏格拉底时期通常区分出四个学派——伊奥尼亚学派、毕达哥拉斯学派、埃利亚学派和智者学派。这些学派的特征和内在关系，部分地根据范围来确定，部分地根据它们的研究精神。就前者而言，前苏格拉底时期独特性的显著标志就是在古希腊哲学中后来才被统一的三个分支彼此独立：如我们所知，自然哲学被伊奥尼亚学派唯一地发展了；伦理学是被毕达哥拉斯学派；辩证法是被埃利亚学派：在智者学派那里，我们可以看到这门专门科学的没落和为一门更为全面的科学的间接准
185 备。[1] 科学倾向的这一分别因此便被带入到同伊奥尼亚部族和多里亚部族之间内在分别的联系之中：[2] 一些作者 [3] 以此作为他们整个古代哲学理

1 Schleiermacher, *Gesch. der Phil*. p. 18 sq., 51 sq.; Ritter, *Gesch. der Phil*. i. 189 sqq.; Brandis, *Gesch. der Gr.-Röm. Phil*. i. 42 sqq.; Fichte’s *Zeitschr. für Philos*. xiii.（1844）p. 131 sqq.。在其随后出现的 *Gesch. der Entwicklungen d. Griech. Phil*.（i. 40）中，布兰迪斯放弃了这个观点，采用了如下划分：1. 旧伊奥尼亚自然哲学，包括赫拉克利特的学说。2. 埃利亚学派。3. 对存在与生成之对立的调和尝试（恩培多克勒、阿那克萨戈拉和原子论者）。4. 毕达哥拉斯学派的学说。5. 智者学派。

2 Cf. Schleiermacher, *loc. cit*., p. 18 sq. 。他说："在伊奥尼亚人中，物在人那里的存在是主导的兴趣，宁静的沉思在史诗中找到了它的表达。在多里亚人中，人在物那里的存在占据了主导地位；人努力对抗物，强调他的相对于事物的独立性，并且在抒情诗中宣告自己是一个整体。因此，自然哲学由伊奥尼亚人所发展，伦理学由毕达哥拉斯学派所发展。由于辩证法与这两派哲学同等对立，因此，埃利亚学派就既不是伊奥尼亚人，也不是多里亚人，而是二者的联合；他们按出生是伊奥尼亚人，按语言是多里亚人。"里特尔表达了类似的观点，*loc. cit*.。里特尔在一定程度上具有这些观点（p. 47），布兰迪斯则在更小的程度上，p. 47。

3 阿斯特；里克斯纳；布拉尼什（vide *supra*, p. 166 sqq.）；Petersen, *Philologisch. histor.*

论的基础，并从伊奥尼亚与多里亚特性的具体特征中推论出世界的实在论和观念论的对立。我们更进一步的时期划分是如何与这个观点联系在一起的，这已经被指出了。

但是，这些区别并非像这里设定的那样真实或牢固。是否毕达哥拉斯学派的学说在本质上是伦理学的，埃利亚学派的学说在特征上是辩证法的，或者这些因素可以被认为规定了这两个体系，我们现在就要来研究；我们将发现，它们正像前苏格拉底哲学的任何一个部分一样，都产生于研究事物、尤其是自然现象的本质这一自然科学倾向。亚里士多德做出普遍的论断，辩证法研究和伦理学研究开始于苏格拉底，自然哲学的研究是不连续的。[1] 因此，赫尔曼（Hermann）十分合理地说，甚至从古代思想家的立场来看，都不可 186
能认为辩证法、自然哲学和伦理学一起产生，同时具有相等的重要性，因为直到精神对物质的优越性已经被认识到之前，都不可能对任何主要的伦理原则有任何疑问：在与物质相对的形式已经证明了它与精神的更大联系之前，辩证法也同样不可能获得有意识的运用。他继续说道，所有哲学研究的对象在其开端都是自然，而且即便研究偶尔被带入了其他领域，它所运用的标准，由于最初取自于自然科学，对于那些领域也始终是外在的。因此，我们只是在把我们自己的立场植入到早期哲学体系的历史中，将一种辩证的特征归于这个体系，而将一种伦理的特征归于另一个体系，又将一种自然哲学的特征归于第三个体系；把这个体系描述成质料主义的，把那个体系描述成形式主义的，尽管它们在真理上追求的是同样的目的，仅是

Studien, p. 1 sqq.；Hermann, *Geschichte und System des Plato*, i. 141 sq., 160；参看伯克在这一主题上的出色的评论，Philolaus, p. 39 sqq.。

1 《论动物的部分》i. 1, 642a24：在早期哲学家当中，对形式因概念只有一些零星的预见："这些先辈没有达到这种方法的原因，是因为是其所是和对实体的定义当时还不存在，德谟克利特虽然第一个有所触及，却不是出于自然沉思的必然，而是被事情本身所驱使，到了苏格拉底，这种方法被发现了，但那些做哲学的人们却离开了对自然的探究，转向了有益的德性和政治学。"

采取了不同的方式。[1]整个前苏格拉底哲学在其目的和内涵上是自然哲学，尽管伦理学的或辩证法的概念在其中随处可见，但是这绝不会发展
187 到这一程度，以至于我们可以正确地将它规定为辩证法的或伦理学的，而任何一个体系也不足以在这方面与其他体系区别开来。

这一结论必然立刻使我们对任何实在论和观念论的区分不予信任。真正的观念论只能够存在于精神事物被有意识地区别于可感事物，并被认为是两者之中更为原初之物的地方。在那一意义上，例如，柏拉图、莱布尼茨和费希特是观念论者。凡是在这样的地方，就总是产生把精神事物作为研究对象的必要；辩证法、心理学、伦理学被与自然哲学相分离。因此，如果这些科学中没有一个在苏格拉底之前达到独立的发展，这就证明精神事物与可感事物的明确区分、可感事物从精神事物中而来——哲学观念论便在于此点——对于这个时期仍然是陌生的。无论毕达哥拉斯学派还是埃利亚学派实际上都不是观念论者；在任何意义上，他们都并不比其他那些被归于实在论一边的哲学家们更是观念论者。相较于旧伊奥尼亚学派，我们确实发现，他们试图超越可感现象；不像他们的前辈在物质载体中寻求万物的本质，毕达哥拉斯学派在数中寻求，埃利亚学派在没有进一步界定的存在中。但是，这两个体系都没有在这个方向上推进得更远；因为，如果毕达哥拉斯学派提供了数作为可感事物的普遍形式，这与巴门尼德之后的埃利亚学派提供的是抽象的
188 存在概念的立场和意义相同，那么，他们不如埃利亚学派的地方就在于缺少对可感现象的性质的抽象。因此，更为正确的是说三种哲学倾向而不是两种：实在论的、观念论的和居间的倾向。但是，我们没有任何权利把意大利哲学家们说成是观念论者。因为尽管他们的第一原理按照我们的观念是非物质的，但是，精神与物质的精确区分对于他们是完全欠缺的。无论是毕达哥拉斯学派的数还是埃利亚学派的一，都不是一种精神本质，像柏拉图的理念那样区别于可感事物；相反，这些哲学家们坚

1 *Gesch. und Syst. d. Plato*, i. 140 sq.

持认为可感事物依照它们的真正本质就是数；或者，它们是一个不变的实在（substance）。[1] 数和存在是物体本身的实在，——物体由以构成的质料，因此它们在感觉上被把握。数的概念和体积的概念在毕达哥拉斯学派那里彼此贯通；数成为某种广延物；在埃利亚学派那里，甚至巴门尼德也把存在说成充满空间的实在。因此，在这些体系的更进一步发展中，存在着一种精神和物质的混淆。毕达哥拉斯学派宣称物体是数：但德性、友谊和灵魂也是数或数的比例；不仅如此，灵魂本身被认为是一个物质的东西。[2] 类似地，巴门尼德说，[3] 人身上的理性依赖于他身体各 189
部分的混合，因为身体和思维原则是一且同一；甚至有关思想与存在的统一性那一著名命题[4] 在他那里也不具有与现代体系中相同的内涵。它不可能像里宾（Ribbing）所称呼的那样[5] 是"观念论的原则"，因为它并不是从所有存在产生于思想这一定理中推导出来的，而是反过来从思想归于存在概念之下这一定律中得出的；在前者那里，它只能够是观念论的，在后者那里它必须被认为是实在论的。再者，当巴门尼德将他的自然哲学与他的存在学说相联系时，他将存在与非存在的对立不是类比于精神与物质的对立，而是类比于光明和黑暗的对立。亚里士多德断言，毕达哥拉斯学派像其他自然哲学家一样假定可感世界包含所有实在；[6] 他认为他们区别于柏拉图在于，他们主张数就是事物本身，而柏拉图将理念区别于事物；[7] 他将毕达哥拉斯学派的数描述成一种质料性的本原，而

---

1 这也许本身是一个矛盾（正像斯坦哈特在 *Hall. Allg. Literaturz*. 1845, Nov. p. 891 中所指出的），但是这并不意味着它不可以为古代哲学家们所持有。

2 亚里士多德，《论灵魂》i. 2, 404a17。参考下文，毕达哥拉斯学派。

3 巴门尼德讲这一点只是在他的诗篇的第二部分，这对于上面对这些话的运用并没有什么否证作用。如果他已经清楚地意识到了精神与物质的区别，那么，即便是在他对现象的假说性质的阐释中，他也不会这样来表达自己的观点。

4 V. 94 sqq.

5 *Genet. Darst. der platon. Ideenlehre*, i. 378, cf. 28 sq.

6 《形而上学》i. 8, 989b29 以下。诚然，毕达哥拉斯学派承认不可感的本原，但是，他们并没有把自己完全限制在对自然的这一解释中，"他们同意于其他自然哲学家们，认为可感事物有多少，以及所谓的天包围有多少东西，存在就有多少。"

7 《形而上学》i. 6, 987b25 以下。

190 不管它的非物质性。[1] 他将巴门尼德同普罗泰戈拉、德谟克利特和恩培多克勒一起归入那些主张唯有可感事物是实在的人之列；[2] 而且正是从这一来源中他引出了埃利亚学派可感世界的理论。[3] 在所有这些观点上我们必须承认他有充分的道理。意大利学派哲学家们同样是以对可感现象的本质和根据的研究开始的；而且他们在构成事物基础、对于感官是不可感的东西中寻求它们。在这样做时，他们确实超越了旧伊奥尼亚学派的自然哲学，但并没有超越较晚的自然哲学体系。事物的真正本质应当不经由感觉而是仅仅经由理解力来被把握，这一点也被赫拉克利特、恩培多克勒、阿那克萨戈拉和原子论学派的哲学所教导。他们也主张可感事物的根据在于不可感的东西中。德谟克利特本人尽管是彻底的唯物主义者，但他对于物质也没有任何与埃利亚学派的存在概念不同的定义；赫拉克利特认为只有整体的规律和关系是现象中的永恒元素；阿那克萨戈拉是第一位清楚而明确地将精神区别于物质的人，而且他正是为了那一缘故，在亚里士多德一段著名的话中被置于他的所有前辈之上。[4] 因
191 此，如果唯物主义和唯心主义的对立应该为古代哲学提供划分的原则的话，那么，就像布拉尼什所坚持认为的那样，这个划分不仅对于阿那克萨戈拉之前的时代，而且对于赫拉克利特之前的时代都必然是有限的。甚至在那时，严格地说，对毕达哥拉斯学派在伊奥尼亚学派和埃利亚学派之间的那个居间位置，它也既不适用，也解释不了。

哲学思想的这一双重倾向也被说成对应于伊奥尼亚和多里亚的因素，而且相应地，直到苏格拉底或者毋宁说阿那克萨戈拉时代之前的所

1 《形而上学》i. 5, 989a15：“他们显然认为数是本原，不仅作为存在者的质料，而且作为性状与品质。” *Ibid*. b6：“他们似乎将元素归入质料一类；因为他们说由这些内在的东西构成和形成实体。”

2 《形而上学》iv. 5, 1010a1（在谈到普罗泰戈拉、德谟克利特、恩培多克勒和巴门尼德之后）：“他们持有这一意见的原因是，他们一方面思考存在者的真理，一方面认为存在者只是可感事物。”

3 《论天》iii. 1, 298b21 ff。

4 《形而上学》i. 3, 984b15。

有哲学家们都或者被归于伊奥尼亚的发展序列，或者被归于多里亚的发展序列。这一划分无疑比一些古代历史学家[1]的划分更为精确，这些历史学家们把整个古希腊哲学分成伊奥尼亚学派和意大利学派。但是，甚至就最古老的学派而言，就它们的内部关系应当得到体现来说，这样一种划分都不可能得到贯彻。布拉尼什将费瑞库德斯、毕达哥拉斯学派、埃利亚学派和恩培多克勒都算作多里亚人。阿斯特还补充了留基波和德谟克利特。难以理解的是，费瑞库德斯怎么能被放到多里亚人中，这对于德谟克利特、有可能对于留基波也是一样。此外，毕达哥拉斯主义的 192
那位奠基者按出生是小亚细亚的一个伊奥尼亚人；而且尽管多里亚的精神体现在他的生活方式中，但他的哲学似乎透露了伊奥尼亚自然哲学的影响。恩培多克勒无疑出生于一个多里亚的殖民地，但其诗歌的语言却是伊奥尼亚史诗的语言。埃利亚学派由一位小亚细亚的伊奥尼亚人所奠立，在一个伊奥尼亚定居点获得了它最终的发展，并在作为其最后伟大代表之一的那位麦里梭(Melissus）那里，它又回到了小亚细亚。[2]因此，在纯粹的多里亚人中只剩下了毕达哥拉斯学派，不包括该学派的那位奠基者，还有恩培多克勒，如果我们愿意的话。我们已经说过，任一分支的哲学家不必也应当按照出生属于该分支；[3]而且这个条件在每一个个人身上肯定不应当被坚持。但是，它对于每一个分支整体却肯定是不可缺少的；它们的所有成员都应当要么是多里亚的，要么是伊奥尼亚的，即

1 Diogenes, i. 13；他在这里追随更古老的权威，这从他提到的只是截止到 Clitomachus（公元前 129—前 110 年）时代之前的学派这一事实就是清楚的（如 Brandis *loc. cit*. p. 43 所表明的），参考 Augustine. *Civ. dei*, viii. 2；亚里士多德的注释者，*Schol. in Arist*., 323a36，和伪盖伦（*Hist. Phil*. c. 2, p. 228）Kühn；最后这位进一步把意大利学派的哲学家分成毕达哥拉斯学派和埃利亚学派，而且就此而言与三个学派——意大利学派、伊奥尼亚学派和埃利亚学派——的理论相一致（Clemens, *Al. Strom*. i. 300 c.）。在亚里士多德《形而上学》第一卷中对早期哲学家们的评论依照的是学说教条的次序，而且对于我们现在的目的来说是不适合的。

2 彼得森（*Philol. hist. studien*, p. 15）也认为他能够在埃利亚学派中发现爱奥利亚的元素。Hermann, *Zeitschrift für Alterthumsw.,* 1834, p. 298 已经指出，这一猜测没有丝毫根据。

3 Braniss, *loc. cit*. p. 103.

使不按照出身，至少也应当按照教育。但反乎此，我们发现超过一半的所谓多里亚哲学家们不仅按照出生和家世属于伊奥尼亚种族，而且还从中通过民族风俗、城邦制度和尤为重要的语言获得其教育。鉴于此，部
193 族的差异只具有次要意义。它们也许影响过思维的方向，但不能被认为规定了它。[1]

在伊奥尼亚与多里亚这两个序列隐秘的发展中，布拉尼什将泰勒斯与费瑞库德斯相对立，将阿那克西曼德与毕达哥拉斯相对立，将阿那克西美尼与克塞诺芬尼相对立，将赫拉克利特与巴门尼德相对立，将阿波罗尼亚的第欧根尼与恩培多克勒相对立。然而，这样一种结构确实极大地歪曲了这些人物的历史特征与关系。在伊奥尼亚这边，把赫拉克利特放在这一学派的早期哲学家之外是不正确的，因为他与阿那克西美尼并不是一个简单的进步关系，像阿那克西美尼与阿那克西曼德所具有的那种关系那样。另一方面，第欧根尼却根本没有被赫拉克利特的哲学影响过；因此，我们不能像布拉尼什那样（p. 128），说他显然与那位哲学家有联系，他是整个伊奥尼亚学派发展的集大成。布拉尼什在其对多里亚学派的处理上甚至更为武断。首先，如已经讲过的（p. 89 sq.），费瑞库德斯确切地说并不是一位哲学家，他更不是一位多里亚或观念论的哲学家；因为我们知道他与古老的赫西俄德—俄耳甫斯宇宙演化论——伊奥尼亚自然哲学的神话先驱——有着密切的关系。甚至布拉尼什如此强调（p. 108）的构造力与质料的区分都已经被赫西俄德以一种神话的方式提出来了，并且被伊奥尼亚的阿那克萨戈拉以一种更为明确和哲学
194 的形式提了出来；然而在意大利的埃利亚学派中它整个是欠缺的，[2] 而在毕达哥拉斯学派当中只具有可疑的价值。诚然，对灵魂转世的信仰为费瑞库德斯和毕达哥拉斯所共有，但这个孤立的学说与其说是哲学的不如说是宗教的，不能被当成对费瑞库德斯在历史上的地位是决定性的。此

1 里特尔也这样判断，i. 191 sq.。

2 巴门尼德诗篇的第二部分（v. 131）提到厄洛斯是构型的力量；但这第二部分只是从普通意见的角度来说。

外，如果我们把克塞诺芬尼与毕达哥拉斯联系在一起，正像巴门尼德被与克塞诺芬尼联系在一起，或者阿那克西美尼与阿那克西曼德联系在一起那样，那么，我们就忽略了存在于埃利亚学派的立场与毕达哥拉斯学派的立场之间的内在差别。将一个具有属于自己的原则、在一个独立的学派中发展自身的学说看成只是毕达哥拉斯主义的一个单纯的延续，这显然是不恰当的，更不必说它所具有的原则在本质上区别于毕达哥拉斯学派的原则。再者，如我们马上就要指出的，把恩培多克勒唯一地置于毕达哥拉斯—埃利亚学派的序列中，这就是无视除此之外的问题的所有方面。最后，尽管布拉尼什认为像阿那克西美尼和阿波罗尼亚的第欧根尼这些人——他们绝不是更为重要的——是具体发展阶段的代表，但他有什么权利越过由菲洛劳斯和阿尔基塔（Archytas）完成的毕达哥拉斯主义的后期发展呢？又有什么权利越过受芝诺和麦里梭所影响的埃利亚学派学说的发展呢？他的框架是针对历史现象的一张普罗克拉斯提之床（Procrustean bed），多里亚哲学倍受折磨。在这一头它被弄得超出了它自然的比例，在另一头它又被剥夺了本质上是它成长一部分的成员。

这也同样适用于彼得森（Petersen）[1] 更早的尝试，他试图确定前苏格拉底哲学各派的历史关系。在这里，一般的原理也是实在论或者毋宁说唯物论与观念论的对立。这个对立在三个阶段中发展自身，每一个又被进一步分成两个部分：首先，对立的元素以鲜明的对比彼此颉颃；其次，产生了各种调和它们的尝试，然而都没有达到真正的协调，而是始终倾向于这方或那方。在第一个阶段，对立开始发展其自身——多里亚的毕达哥拉斯学派的数学观念论对立于更为古老的伊奥尼亚学派（泰勒斯、阿那克西曼德、阿那克西美尼、赫拉克利特和第欧根尼）的物活论的唯物论。在观念论一方，埃利亚学派接着试图做一调和；在唯物论一方，则是由科斯的医生埃洛塔勒斯（Elothales of Cos）、他的儿子埃 195

1 *Philol. hist. Stud.* pp. 1-40. 但在另一方面，参考赫尔曼（*Zeitschr. für Alterthumsw.*, 1834, p. 285 sqq.），以上观点部分地取自于他。

庇哈尔穆斯（Epicharmus）和阿尔克迈翁（Alcmaeon）。在第二个阶段，对立变得更为鲜明；我们一方面在原子论者那里碰到了纯粹的唯物论；另一方面在后期毕达哥拉斯学派、希帕索斯（Hippasus）、俄诺彼得斯（Oenopides）、希波（Hippo）、俄克鲁斯（Ocellus）、蒂迈欧（Timaeus）和阿尔基塔那里，我们碰到了纯粹的观念论。在这两者之间，在观念论这边我们发现了恩培多克勒的泛神论，在唯物论这边我们发现了阿那克萨戈拉的二元论。在第三、也是最后一个阶段，两种被推向极端的倾向经由智者学派的怀疑主义同等地导致了哲学的毁灭。这样，一个统一的框架无疑贯穿了整个前苏格拉底哲学，但它是一个十分不符合历史实际
196 顺序的框架。如我们已经看到的，把这个时期的哲学家们分成唯物论者或实在论者和观念论者，这是没有根据的。由于后面更充分陈述的各种理由，我们也不能够同意在一个与古代伊奥尼亚学派有关的范畴中将赫拉克利特置于唯物论者中的正当性。另一方面，我们必须反对把后期毕达哥拉斯学派与早期毕达哥拉斯学派分开；因为仅有的可以证实后期毕达哥拉斯学派的所谓其著作残篇，肯定应该被看成是新毕达哥拉斯学派的伪造。尽管埃利亚学派将毕达哥拉斯学派所已经开始的对可感现象的抽象推到了极端，但是他们如何能够被赋予一个处于伊奥尼亚学派与毕达哥拉斯学派之间的位置，这也是很难说的，我们也不能够同意将埃洛塔勒斯、埃庇哈尔穆斯和阿尔克迈翁作为带有早期二元论特点的唯物论者与埃利亚学派相对立。这些人诚然不是体系性的哲学家，但是他们所采用的任何单独的哲学命题似乎都主要来自于毕达哥拉斯学派和埃利亚学派的学说。最后，恩培多克勒如何能够被认为是一个观念论者呢？阿那克萨戈拉连同他的 *νους* 理论如何能够被认为是一位唯物论者呢？而且恩培多克勒的体系，连同其六个原始实质，其中四个属于物质的种类，如何能够被描述成泛神论的，而且还是观念论的泛神论呢？[1]

1　斯坦哈特站在布拉尼什和彼得森一边（*Allg. Encykl. v. Ersch. und Grube, Art. 'Ionische Schule,' Sect*. 2, vol. xxii. 457），同他们一样，他区分了伊奥尼亚的哲学和多里亚的哲学；但是，在毕达哥拉斯学派那里，尤其是在埃利亚学派那里，他找到的不是纯

之前的讨论已经为我们对第一个时期中哲学发展的特征和路径的肯定性规定铺平了道路。我已经把那一时期的哲学(此刻不考虑智者学派)描述成一种自然哲学。之所以这样是由于它所关注的对象：不是说它把自身唯一地限制于较狭意义上的自然——意即物质——和在物质中无意识地起作用的力量；因为，这样一种对其范围的限制必然会预设对尚不存在的精神与物质的区分。但是，它主要地关注于外部现象；精神，就那一领域被触及的而言，依据同样的观点被看成是物质；由此就不可能有伦理学和辩证法的任何独立的发展。全部实在被包括在自然的概念之下，被看成是一个同质体，而且由于为感官所知觉的东西总是首先强使我们观察它，因此，很自然的是，一切都应当首先从那些看起来最适合于解释可感存在的本原中推导出来。因此，对自然的直观便是早期哲学的起点，而且即便非物质的本原得到承认，明显的是，这些本原也是经由对感觉所提供的材料的反思、而非经由对精神生活的观察获得的。例如，毕达哥拉斯学派数的学说与对音调关系中的规则性、天体的距离和运动中的规则性的感知直接相关；阿那克萨戈拉关于构型世界的 νοῦς 的学说主要参考的是对世界的智慧的组织、尤其是天体系统的秩序。甚至埃利亚学派有关存在的统一性和不变性的命题也不是通过把作为一个更高实在的精神与可感现象对立起来达到的；而是通过从可感事物中排除所有看起来矛盾的东西，通过以一种完全抽象的方式来把握物质或充

197

198

粹的多里亚主义，而是多里亚元素和伊奥尼亚元素的一个混合。他认为伊奥尼亚哲学有三个发展阶段。他说，在泰勒斯、阿那克西曼德和阿那克西美尼那里，我们首先发现了对世界中统治性精神力量模糊而零散的暗示。在赫拉克利特、第欧根尼、特别是阿那克萨戈拉那里，对精神本原的认识不断地变得更为明显起来。最后，留基波和德谟克利特以一种自觉的方式否定了精神本原，从而就为这种独一无二的自然哲学的毁灭做了准备。撇开斯坦哈特本人对其重要性有相当限制的多利亚元素和伊奥尼亚元素对立的问题不谈，在我看来，将恩培多克勒从原子论学派和阿那克萨戈拉中分离出来，这是一个可疑的步骤，因为他与他们的关系如此紧密；我也不能使自己相信，原子论学派的哲学肇始于对一种构型世界的精神的理论的反抗，而且在起源上比阿那克萨戈拉的自然哲学更晚。最后，如马上要表明的，我完全不能同意斯坦哈特对第欧根尼的看法。

实体。因此，一般而言，哲学在这里所关注的也是自然。

对思想的这个对象，思想仍旧处在与它的一个直接的关系中，并认为对自然的物质的探究是其首要的和唯一的问题。对象知识尚未依赖于思维主体的自我知识，对认识的本性和条件的明确意识，以及对科学认知与非科学表达的区分。这一区分从赫拉克利特和巴门尼德的时代开始就不断地被谈及，但它不是作为对事物本性研究的基础、而只是作为其
199 结论出现的。巴门尼德否认感知觉的可信，因为它显示给我们一个不动的存在；恩培多克勒否认感知觉的可信，因为它使物质实体的结合与分离显得像是一个生成和消灭的过程；德谟克利特和阿那克萨戈拉否认感知觉的可信，因为它不能揭示事物的原始构成成分。我们在这些哲学家们身上没有找到任何有关知识本性的明确原理，这些原理会有助于规范客观的研究，就像苏格拉底对基于概念的知识的要求可以有助于柏拉图一样：而且尽管巴门尼德和恩培多克勒在他们的教育诗中勉励我们对事物做思想性的考察，从感觉中抽离，但是，他们却几乎总是以一种格外含混的方式来这样做；而且并不因为这样一种区分在他们的诗中找得到位置就可以得出结论说，在他们的体系中这也许不是他们的形而上学的结果，而是其前提。因此，尽管他们的形而上学为知识理论以后的发展奠定了基础，但它本身还不是一种知识理论。前苏格拉底哲学就其形式而言是一种独断论：思想，由于充分相信它自己的真实性，而把自身直接运用在对象上；这种对世界的客观观点首先引起了有关知识本性的各种命题，它们为后来的概念哲学预备了道路。

最后，如果我们问这第一个时期的哲学成果是什么，那么，如已经指出的，我们发现，前苏格拉底哲学的各种体系未曾尝试在精神和物质
200 之间做出区分。早期的伊奥尼亚自然哲学家从物质引出一切，他们认为它被自身内在的力量所推动和赋予生命。毕达哥拉斯学派用数来取代物质；埃利亚学派则用存在，它被认为是不变的一：但如我们已经指出的，他们没有一个将非物质的本原按其本性区别于物质现象。由此，非物质的本原本身就被物质地把握，从而在人身上，灵魂和肉体、伦理与

物理，被从同一个视角来考察。这一混淆在赫拉克利特那里尤为显著，因为在其永恒活火的概念中他直接将原始物质与推动力和宇宙法则结合在一起。原子论学派哲学从一开始就指向对自然的一个严格物质性的解释，因而无论是在人之内还是在人之外它都没有认识到任何非物质的因素。甚至恩培多克勒都不能以一种纯粹理智的方式来把握他的推动力，因为他完全像物质元素一样来处理它们，它们与物质元素一起混合在事物中；因此，也是在人那里，精神与物质彼此混合；血液是思想的官能。阿那克萨戈拉第一个明确教导说，精神不与任何物质元素相混合；但是，在阿那克萨戈拉那里我们到达了古代自然哲学的极限。此外，在他看来，构型世界的精神只是作为一种自然力量在起作用，并被以半感知的形式描述为一种更为精微的物质。因此，这个特殊的例子不能够影响我们之前对前苏格拉底哲学就其一般的、主导的倾向而言所下的判断。

所有这些特性使我们将自然研究压倒内省反思认作第一个时期的特 201
殊性；对外部世界的全神贯注妨碍了思想对任何自然以外的主题进行独立的研究，妨碍了以一种确切的方式区分精神与物质，也妨碍了发现科学程式本身的形式和规则。被外部印象所压倒，人最初感到自己是自然的一部分，他因此不知道对于他的思想来说有比对自然的研究更高的问题，他投身于这一问题，义无反顾，而没有事先停下来探究知识的主观前提；而且即便他对自然的研究本身带他超越了可感现象，他也没有逾越作为一个整体来被认识的自然而进至有其自身内涵和独立自存的一个理想存在。在可感现象背后、不能被感觉察觉的力量与实体诚然被寻求，但这些力量的效应是自然事物，不被感觉所把握的本质本身是可感事物的实体，此外无物；一个与物质世界并列的精神世界还没有被发现。

以上描述在多大程度上也适用于智者学派，我们已经看到了。自然研究的兴趣和对我们表象真理的信仰，现在走到了尽头，但是，还没有任何通向知识和更高实在的新路被指出来；并没有把精神王国与自然相
对立，智者们认为人本身就是一个单纯的感性存在物。因此，尽管前苏 202

格拉底自然哲学在智者学派那里被取消了，但是，像其前辈一样智者学派不知道任何高于自然的东西，没有任何别的可研究的素材；变化不在于将一种新的科学形式与旧的形式相对立，而是在于利用了现存的元素，特别是埃利亚学派和赫拉克利特的学说，将怀疑带入科学意识中，并摧毁了对知识的可能性的信念。

因此，为我们的考察结果所迫，我们就不得不将这三个最古老的哲学学派——伊奥尼亚学派、毕达哥拉斯学派和埃利亚学派——置于比一直以来所习惯的更为紧密的关系中。它们不仅在时间上彼此非常接近，而且在其科学特征上比最初所假定的也要更为相像。尽管它们在将研究指向对自然的解释上与整个早期哲学一致，但这一倾向在它们身上更为具体地表现在对事物的实在基础的寻求上：追寻事物就其恰当本质之所是，它们由什么所构成；对解释生成与消灭、运动和现象多样性的问题，尚未被清晰地把握住。泰勒斯令万物起源于水、由水构成，阿那克西曼德则是无限的物质，阿那克西美尼是气；毕达哥拉斯学派说，万物是数；埃利亚学派说，一切是一不变的存在。确实，只有埃利亚学派，
203 而且他们唯一地追随于巴门尼德，否定运动和生成，而伊奥尼亚学派和毕达哥拉斯学派则详细地描绘世界的形成。但他们当中没有一个人思考生成的可能性问题，以及以这种一般方式划分存在的问题，也没有一个人在其本原的确立上尝试对其具体的定义。伊奥尼亚学派告诉我们，原始物质在变化；从原始物质、那最初的一中，对立的元素被以各种关系分离与结合形成一个世界。毕达哥拉斯学派说，体积来自于数，从体积产生物体；但是，这个过程基于什么，物质被推动和变形如何发生，数产生不同于自身的其他东西如何发生——他们对此没有做出任何科学解释的尝试。他们所寻求的与其说是依据一般本原解释现象，不如说把现象还原到他们的第一本原。他们的科学兴趣更多地是关于事物的相同本质、万物由以构成的实体，而不是现象的多样性和多样性的原因。因此，当埃利亚学派完全否定生成和多时，他们只是质疑了其前辈的一个未经证明的预设；而且在把全部实在把握为

一个绝对排除了多样性的统一体中，他们只是更为完满地贯彻了那两个更老的学派的倾向而已。赫拉克利特是第一个在运动、变化和分离中看到原始本质的基础性质的人；巴门尼德的论争首先促使哲学去更为全面地探究生成的可能性。[1]因此，从赫拉克利特开始，哲学的发展 204
采取了一个新的方向：相反，三个更老的体系，就它们全都满足于对事物由以构成的实体的直观而没有明确地去寻求多样性和变化的原因而言，被归于同一个类别。这个实体被伊奥尼亚学派在物质质料中去寻求，被毕达哥拉斯学派在数中去寻求，被埃利亚学派在存在自身中去寻求。首先，它被以感性的方式把握，其次，被以数学的方式，第三，被以形而上学的方式；但是，这些差异仅仅向我们表明了这同一个倾向在一个从具体到抽象的进程中逐渐的发展；因为数和数学形式是一个处于可感物和纯粹思想之间的中间项，而且在后来被柏拉图看成它们之间的恰当的联结环节。

我在这里在前苏格拉底哲学的发展中所采取的这个转折点，已经被其他历史学家针对伊奥尼亚学派所指出。据此，施莱尔马赫[2]在伊奥尼亚哲学中首先区分了两个时期，第二个时期从赫拉克利特开始。他 205
说，在这位哲学家及其前辈之间，存在着一个巨大的年代上的裂隙，这有可能是由于在伊奥尼亚的动荡造成的哲学探索中断的结果。此外，尽管三个最古老的伊奥尼亚哲学家来自于米利都，但哲学现在在地理上将自身散布在一个更广大的范围内。在其哲学内容上，赫拉克利特也远远超越了早期的自然哲学家们，以至于他或许并没有从他们那里获得太

1 从这一观点来看，也许更为合适的选择是让第一个时期的第二阶段除赫拉克利特外从巴门尼德开始，正如在 Gersdorf 的 *Repertorium*（1844, H. 22, p. 335）中我的批评者所建议的那样，因为他看到，直到这两位哲学家的时代（如他所评论的），万物起源的问题一直都是通过物质理论来被回答的，赫拉克利特和巴门尼德是首先就存在和生成概念进行探究的人。但是，这样的话，在巴门尼德和克塞诺芬尼之间的联系就会被破坏；而且因为巴门尼德的学说，撇开其全部历史的和科学的意义不论，在其内容和倾向上更接近于早期的体系，因此，在整体上，使赫拉克利特一个人成为第二阶段的起点，这似乎要更好些。

2 *Gesch. der Phil*.（*Vorl. v. J*. 1812）p. 33.

多的东西。里特尔[1]也承认，赫拉克利特在很多方面区别于旧伊奥尼亚学派，他的普遍的自然力量的理论将他置于一个与他们有区别的序列中。布兰迪斯[2]与施莱尔马赫更为一致，认为赫拉克利特开始了伊奥尼亚哲学的一个新的发展时期，除开赫拉克利特，恩培多克勒、阿那克萨戈拉、留基波、德谟克利特、第欧根尼和阿凯劳斯同样属于这个时期；所有这些人区别于早期哲学家在于，他们试图更为科学地从一个原初原因中推出具体的多样性，他们更为明确地承认或否认精神与物质之间的区别，承认或否认一位构造世界的神；也在于他们一般地致力于确立具体物的实在性及其多样性，而与埃利亚学派的一的学说相对立。这些评论是十分正确的，而且也许只是就阿波罗尼亚的第欧根尼而言是有疑问
206 的。但是，这并不足以令这一区别成为两类伊奥尼亚自然哲学家的分界线；它深深地植根于前苏格拉底哲学的整体之中。无论是恩培多克勒的学说，还是阿那克萨戈拉的学说，或者原子论学派的学说，都不能够被伊奥尼亚自然哲学的这种发展所解释；他们与埃利亚学派的关系并不是不承认对实在、生成和多样性的否定这种单纯的消极关系；他们从埃利亚学派那里积极地学到了许多东西。他们全都承认巴门尼德体系的那个大原理，即在术语的严格意义上没有生成或消灭；因此，他们全都从物质元素的结合与分离来解释现象，他们直接从埃利亚学派的形而上学取得了他们的一部分存在概念。因此，他们应当被置于埃利亚学派之后，而不是之前。至于赫拉克利特，不太确定的是，他是否或者说在多大程度上与埃利亚学派哲学的开端有关；但是，事实上，他的立场不仅完全与埃利亚学派相敌对，而且他可以被一般地说成走上了一条新的道路，与以往所遵循的完全不同。在否定了事物所有固定的构成成分并且认识到其变化的规则是它们之中唯一永恒的元素时，他宣称之前的科学由于使物质和实体成为研究的主要对象，因此是无效的；他断定对规定着生

1 *Gesch. der Phil.* 242, 248; *Ion. Phil.* 65.

2 *Gr.-röm. Phil.* i. 149.

成与变化原因和规律的研究是哲学的真正问题。因此，尽管关于事物的本质和物质性实体的问题没有被赫拉克利特及其追随者所忽视，不像对 207
世界形成的描述却被伊奥尼亚学派和毕达哥拉斯学派所忽视，但是，这两个因素却彼此处于一种非常不同的联系中，在一者那里，对事物的实体的研究是主要着眼点，有关事物起源的观念取决于对这个问题的回答；而在另一者那里，主要的问题是生成和变化的原因问题，把握存在的原始实体的方式取决于对于这位哲学家来说在解释生成与变化时看起来是必须的那些规定。伊奥尼亚学派使事物产生于原始物质的疏散与凝聚，因为这最适合于他们的原始物质的概念；毕达哥拉斯学派坚持一种数学的构造，因为他们把万物还原为数；埃利亚学派否认生成和运动，因为他们唯一地在存在中寻求事物的本质。与此相反，赫拉克利特使火成为原始物质，因为唯有依据这一理论他才能够解释万物的流变；恩培多克勒假定了四种元素和两种动力；留基波和德谟克利特假定了原子和虚空，因为现象的多样性在他们看来要求物质性原始元素的多样性，而现象中的变化要求一个推动因；阿那克萨戈拉被类似的考虑引向他的 *ὁμοιομερῆ*（同素体）和世界理智。两类哲学家都谈到了存在与生成；
但在一者那里有关生成的定义似乎只是他们的存在理论的一个结论；在 208
另一者那里，对存在的定义只是生成理论的一些前提假定。因此，在把这三个最古老的学派归于前苏格拉底哲学的第一个阶段划分，而把赫拉克利特和其他公元前五世纪的自然哲学家们归于第二个时期时，我们遵循的不只是年代学的顺序，而且也是这些哲学家们的内在关系。

在第二个阶段中哲学发展的过程可以被更为准确地描述如下：——首先，生成的法则被赫拉克利特无条件地宣布是世界的普遍法则；他在物质的原始构成成分中寻求其原因。生成的概念接下来由恩培多克勒和原子论学派做了更为具体的探究。生成被等同于物质元素的结合，毁灭被等同于物质元素的分离：由此，原始物质元素的杂多性被假定，而其运动必须以区别于它们的另一个本原为前提条件；但是，尽管恩培多克勒使他的首要物质元素在性质上彼此区别，并且以神话的形式设置了友谊和纷争作为与它们相对立的推动力，原子论学派却只承认原始物体间的数学区别，并企图以一种纯粹机械的方式依据重量在空的空间中的作用来解释它们的运动；他们认为虚空是不可缺少的，因为，没有了它，如他们所相信的，就没有任何杂多与变化是可能的。对自然的这种机械的解释，阿那克萨戈拉发现是不恰当的。他因此在物质之外把精神设置
209 为动力因，按照合成与单纯来使它们彼此区分，并将原始物质定义为各种特殊物质的一个混合体，但它是这样一个混合体，那些特殊物质存在于其中，并且已经在性质上被规定了。赫拉克利特依据一个原始物质性质上的变化以动力学的方式来解释这些现象，这个原始物质被设想成在本质上并且永恒地发生改变；恩培多克勒和原子论的哲学家们依据不同原始物质的结合与分离以机械论的方式来解释它们；阿那克萨戈拉最终确信，它们不应当仅仅依据物质来被解释，而是也依据精神对物质的作用来被解释。在这一点上，就其本质而言，纯粹物理学的对自然的解释被废弃了；精神与物质的区别，它对立于物质所假定的更高等级，都要求依据这一信念对科学在总体上进行重构。然而，由于思想尚不能胜任这一任务，因此，直接的后果就是哲学在其一般的使命面前感到迷惘，对客观知识感到绝望，并将自身作为形式发展的一个手段致力于经验的主观性，公开承认没有任何有效的普遍法则。这通过智者学派在前苏格
210 拉底哲学的第三个阶段得到体现。[1]

1　滕尼曼和弗莱斯基于纯粹的年代学上的理由采纳了这一对前苏格拉底学派的安排。黑格尔将这一安排建立在对这些体系的内在联系的科学观察的基础上。但是，他没有明确地区分古代自然哲学的这两个主要的支流，而且像之前提到的，他把智者学派和其他前苏格拉底学说区分开来。这也在布拉尼什那里可以被发现，但我对于他的一般前提必须表示反对。在最近的作者当中，Noack 和之前的 Schwegler 采用了我的观点；相反，Haym（*Allg. Encyk. Sect*. 3 B. xxiv. p. 25 sqq.）尽管在其他方面与我一致，但却把赫拉克利特置于埃利亚学派之前。在他的古希腊哲学史中，p. 11 sq.，Schwegler 讨论了：1. 伊奥尼亚学派；2. 毕达哥拉斯学派；3. 埃利亚学派；4. 智者学派，作为向第二个时期的过渡。他为把伊奥尼亚学派进一步分成早期和后期辩护，理由在第 202 页以下做了陈述；他把泰勒斯、阿那克西曼德和阿那克西美尼归于早期，把赫拉克利特、恩培多克勒、阿那克萨戈拉和德谟克利特归于后期。里宾（*Platon. Ideenlehre*, i. 6 sqq.）也同样认为，既然赫拉克利特、恩培多克勒、原子论

学派和阿那克萨戈拉在其原理上要低于毕达哥拉斯学派和埃利亚学派，那么，他们和更老的伊奥尼亚学派就一定在他们之前。于贝韦格有以下划分：1. 更老的伊奥尼亚学派，包括赫拉克利特；2. 毕达哥拉斯学派；3. 埃利亚学派；4. 恩培多克勒、阿那克萨戈拉和原子论学派。他把智者放在第二个时期，他们形成了这个时期的第一阶段；苏格拉底及其后继者，直到亚里士多德，构成了第二个阶段；斯多亚学派、伊壁鸠鲁学派和怀疑论学派构成了第三个阶段。我现在不能就这些不同的归类做任何具体的审查。在以下的阐述过程中可以看到，我对 Strümpell 的理论（*Gesch. der Theoret. Phil. der Griechen*, 1854, p. 17 sq.）的反驳是什么，它不仅针对这一主题内在的各个方面，也针对年代学。他对前苏格拉底哲学的阐述如下：首先，更老的伊奥尼亚的自然哲学家们，从对自然之中的变化的沉思开始，在赫拉克利特那里达到了最初的生成的概念。埃利亚学派反对这一学说，提出了一个完全否定生成的体系，而同时代的更晚的自然哲学家们，一方面是第欧根尼、留基波和德谟克利特，另一方面是恩培多克勒和阿那克萨戈拉，把生成还原为单纯的运动。毕达哥拉斯学派试图对生成与存在、意见与知识之间的对立加以调和；而智者学派则是对这一对立的一个辩证法的解决。现在只需要指出这一点就足够了，即，这一安排在我看来对赫拉克利特、埃利亚学派、第欧根尼、尤其是毕达哥拉斯学派的地位或多或少都有误置。

第一部分

早期伊奥尼亚学派，毕达哥拉斯学派及埃利亚学派

第 一 章

早期伊奥尼亚自然哲学[1]

一、泰勒斯[2]

泰勒斯被尊称为伊奥尼亚自然哲学的创始人。他是米利都 211
（Miletus）公民，是梭伦与克洛伊索斯（Croesus）的同时代人，[3] 据说他

1 Ritter, *Gesch. der Ion. Phil.*, 1821. Steinhart, *Ion. Schule*, *Allg. Encyk*. v.; *Ersch und Gruber*, Sect. II., vol. xxii. 457 - 490.

2 Decker, *De Thalete Milesio.* Halle. 1865。更早的专题论著在 Überweg, *Grundriss der Gesch. der Phil.,* i. 35 sq., 3rd edition 中。

3 这一点毫无疑问。但他生平的年表（关于这一点参看 Diels 关于 Apollodorus 的编年史，*Rhein. Mus*. xxxi. 1, 15 sq.）无法更准确地被确定下来。根据 Diog. i. 37，Apollodorus 把他的出生日期放在第 35 届奥林匹亚赛会的第一年，即公元前 640 - 639 年。Eusebius 把它放在第 35 届奥林匹亚赛会的第二年，希罗尼姆斯也把它放在第 35 届奥林匹亚赛会期间，*Chron*. 1.。但这个说法可能只是建立在对据说泰勒斯已经预言的日食的近似计算上（参看第 213 页注释 3）。这不是如过去常常假设的公元前 610 年的日食；但根据 Airy（*On the Eclipses of Agathocles, Thales, and Xerxes, Philosophical Transactions*, vol. cxliii. p. 179 sqq.）、Zeth（*Astronomische Untersuchungen der wichtigeren Finsternisse*, &c.1853, p.57, cf. Überweg, *Grundriss der Gesch. der Phil.,* i. 36, third edition）、Hansen（*Abhandlungen der königl. sächs. Gesellsch. der Wissenschft*. vol. xi.; *Math. Phys*. Kl. vol. vii. p. 379）、Martin（*Revue Archéologique, nouv. sér.,* vol. ix. 1864, p. 184）以及其他权威的说法，他出生在第 28 届奥林匹亚赛会期间，或者，根据公历，是公元前 585 年的 5 月 22 日。Pliny 在他的 *Hist. Nur*. ii. 12, 53，把它放在了第 48 届奥林匹亚赛会的第 4 年（公元前 584—前 585 年），罗马纪元 170 年；Eudemus ap. Clemens, *Stromata*, i. 302A 认为是在第 50 届奥林匹亚赛会的第 4 年（公元前 580—前 576 年）；Eusebius 在他的 *Chron*. 中把它放在了第 49 届奥林匹亚赛会的第 3 年，即公元前 582—前 581 年；因此，他们以被 Pliny 精确计算

212 的先祖是从腓尼基 (Phoenicia)、但更可能是从波埃提亚 (Boeotia) [1] 移民

的第二次日食为例。大约在同时（在公元前 586 年雅典执政官 Damasius 统治时期）Demetrius Phalereus ap. Diog. i. 22 认为泰勒斯和其他人已经接受了他们七贤的称号。根据 Apollodorus 在 Diog. i. 38 的说法，泰勒斯那时 78 岁；（在 p. 18 sq. Decker 提议是 95 岁，但我无法赞同）；根据 Sosicrates（*ibid.*），是 90 岁；根据 Pseudo Lucian（*Macrob*. 18）是 100 岁；根据 Syncell.（p. 213C）他超过 100 岁。他的死亡日期被 Diogenes, *loc. cit.* 放在了第 58 届奥林匹亚赛会期间；Eusebius、希罗尼姆斯以及 Cyrillus, *loc. cit.* 也这样认为；但如果是那样的话，就像 Diels 表明并被波菲利（ap. *Abulfaradasch*, p. 33, ed. Pococke）肯定的是，他的出生日期不可能被 Apollodorus 安排在第 35 届奥林匹亚赛会的第 1 年，而应该是第 39 届奥林匹亚赛会的第 1 年（公元前 624 年，在日食前 40 年），这些有分歧的说法一定是由于被第欧根尼作为资料来源所参考的文本在古代的某种破损。关于泰勒斯死亡的方式以及他被埋葬的地方，一些并不值得信任的说法在 Diog. i. 39. ii. 4 和 Plut., *Solon*, 12 能找到；有关他的一些警句在 *Anthol*. vii. 83 以下，Diog. 34。在亚里士多德《政治学》ii.12, 1274a25 中被当作奥诺玛克里图斯的学生、Lycurgus 和 Zaleucus 的老师提到的那个泰勒斯，是这位米利都哲学家，还是其他人，没有多大价值。还有依据 Diog ii.46 处亚里士多德（如果这个说法确定是他的），费瑞库德斯对泰勒斯所下的不利评价，同样不重要。

1　Herodotus, i. 170 说到他："米利都人泰勒斯，按祖籍是腓尼基人"；Clemens, *Strom*. i. 302C 只称他为"腓尼基人"；根据 Diog. i. 22,（然而，在这里，Röper, *Philol*. xxx. 563，建议读作 *ἐπολιτεύθησαν*〔他们被授予公民权〕和 *ἦλθον*〔他们到达〕）他似乎已被看作一位腓尼基移民，定居在米利都。这一说法可能基于这样的事实，即他的先祖属于在波埃提亚的 Cadmean 部落，他们与小亚细亚的伊奥尼亚人杂居在一起（Herod. i. 146; Strabo, x iv. 1, 3, 12, p. 633, 636; Pausan. vii. 2, 7）。根据 Pausannias, 相当数量的底比斯 Cadmean 在 Priene 定居，由于这个原因，这个地名被改成了 Cadme。Hellanicus 在 Hesychius *sub voc*. 也把 Priene 的居民称为"卡德摩人"。因为 Diog. i. 22 说道："至于泰勒斯，如希罗多德、Duris 和德谟克利特所说，父亲是艾克萨姆阿斯，母亲是克莱奥布丽奈，属塞利德家族，该家族为腓尼基人，是卡德摩斯和阿革诺尔后裔中最高贵的一支。"他因此根据 Duris 或者德谟克利特，或者无论是谁的某一可信权威，用"卡德摩斯的后裔"来解释 *Φοῖνιξ*。然而，希罗多德用 *ἀνέκαθεν*（按祖籍）这个词表明，不是泰勒斯本人而是他遥远的先祖属于腓尼基人。如果泰勒斯只是这种意义上的 *Φοῖνιξ*，纵然 Cadmean 的移民的故事在历史中有任何基础，他的国籍也是希腊而非腓尼基；也不是泰勒斯的父亲可能厌恶一个原先是腓尼基人的名字这个背景影响了这个说法（vide Schuster, *Acta soc. Philol. Lips*. iv. 328 sq ；cf. Decker, *De Thale*., 9）。根据我们的文本，Diog. *loc. cit.* 以及 1, 29 称他为所有格的 *Ἐξαμίου*。对这个词，我们必须读作 *Ἐξαμύου*，还有一些抄本写作 *Ἐξαμύλου* 或 *Ἐξαμυούλου*，这些当然指向一种闪米特人的血统。但是这个希腊—腓尼基人的名字，就像卡德摩斯以及其他许多名字一样，已经在定居于希腊的腓尼基人中保留好几个世纪了。我们不能从这个名字推论出一个腓尼基人的直系后裔，无论说泰勒斯还是他的父亲。他母亲的名字完全是一个希腊人的名字。

到他们后来的故乡的。他位居七贤之首，这充分说明了同胞对他的尊崇。[1] 213
固然这首先是指他的也由留传给我们的其他证据证明了的实践能力和老于世故的审慎；[2] 但我们也听说他是由于数学和天文学的知识而出名的，[3] 而且

1　Cf. p.119 sq; Timon ap. Diog. i. 34; Cic. *Legg*. ii.11, 26; *Acad*. ii. 37, 118; Aristophanes, *Clouds*, 180; *Birds*, 1009; Plautus, *Rud*. iv. 3, 64; *Bacch*. i. 2, 14. 在 *Capt*. ii. 2,124。泰勒斯是一个众所周知的伟大贤者的名字。关于被归于他的话，参见 Diog. i. 35 sqq.; Stobaeus, *Floril*. iii. 79,5; Plutarch. S. *sap. conu*. c. 9。

2　根据 Herodotus, i. 170，他建议伊奥尼亚人在被波斯人征服之前，要以一个联合中央政府的形式组成联盟以抵抗他们；而且，根据 Diog. 25, 正是他说服米利都人不与 Craesus 联盟，避免了激起居鲁士的危险敌意。另一个与这个说法不一致且自身也很难让人相信的记载是，他在 Craesus 对抗居鲁士的危险事业中与之相随（像希罗多德提到的，i. 75），并通过计划挖凿一条运河使他能够通过 Halys。更不可信的是，泰勒斯这位七贤之首会如一则著名轶事所描述的那样，是这样一位不切实际的理论家。柏拉图的《泰阿泰德》174A；Diog. 34。参看亚里士多德《尼各马可伦理学》1141b, 3, &c.。然而关于榨油的故事，没有更多要去反驳的；不要提在 Plutarch, *Sol. anim*. c. 16, p. 971 的轶事。"他总是独自一人孤独生活，远离公共事务"这个断言（Clytus ap. Diog. 25）在这种普遍的意义上不可能是真的；而且关于他独身的故事，cf. Plutarch, *Qu. conu.* iii. 6, 3, 3; *Sol.* 6, 7; Diog. 26; Stob, *Floril*., 68, 29, 34, 同样是没有价值的。

3　泰勒斯是最为著名的古代数学家与天文学家之一。克塞诺芬尼赞扬的就是他在这些方面的才能，cf. Diog.i. 23："据一些人的记载，他似乎第一个研究了天文并且预言了日食和太阳的回归，正如欧德谟斯在有关那些研究天文的人的历史中所说的那样；由此克塞诺芬尼和希罗多德都对他感到惊奇。而赫拉克利特和德谟克利特都为他作证。" Phönix ap. Athen. xi. 495, d: *Θαλῆς γὰρ, ὅστι ἀστέρων ὀνήϊστος*（"因为泰勒斯他是最会利用星体的"）等（其他人读作 *ἀστέων*）。Strabo, x iv. 1, 7, p. 635:"泰勒斯……是希腊人中第一个开始自然哲学和数学的人。" Apuleius *Floril*. iv. 18, p. 88 *Hild*. Hippolytus *Ref.haer*. i. 1；普罗克洛在 *Euclid*. 19（请参阅下一个注释）。在之前的注释中引自柏拉图《泰阿泰德》174A 的轶事，已经指出他作为一名天文学家的声望。在有关他的天文学知识的证据之中，最著名的是以上所提及的发生在 Alyattes 和 Cyaxares 或 Astyages 的军队之间的一场战争期间的对日食的预言（Herod. i. 74; Eudemus ap. Clem. *Strom*. i. 302 A; Cic. *Divin*. i. 49, 112; Pliny's *Hist. Nat* .ii. 12, 53）；很可能是把通常对日食和月食的预言和解释都归于他的结果。见 Diog. *loc. cit.* Eusebius, *Pr. Ev*. x.14, 6; Augustine, *Civ. Dei*, viii. 2; Plutarch, *Plac*. ii. 24; Stob, *Ecl*. i. 528, 560; Simplicius, in *Categ. Schol. in Arist*. 64a1, 65a30; Ammonius, *ibid*. 64a18; *Schol. in Plat. Remp*. p. 420; Bekk. Cic. *Rep*. i. 16。Theo 见引自 Dercyllides, Astron. c. 40, p. 324 Mart 的段落中，并被 Anatolius, *in Fabric. Bibl. gr*. iii. 464 重复。根据欧德谟斯，后者说道："泰勒斯第一个发现了日蚀和在它的回归点上的周期，它并不总是相等。"（对这个观点，我们在其他地方也见到了，cf. Martin, *loc. cit*. p. 48）因为部分同意这个观点，第欧根尼说（Diog. i. 24 sq. 27）泰勒斯揭示了太阳的"从冬至到

214 215 他是第一位把这些科学因素从东方和南方国家移植到希腊的人。[1] 他开创

夏至的运行”，并宣称太阳是月亮的 720 倍。他，或者根据别人，毕达哥拉斯，首先证明建立在一个圆的直径上的三角形是直角三角形（第一个在圆周里画出直角三角形）；他完善了不等边三角形理论（Cobet: σκαλ. καὶ τρίγ.），以及一般的几何学理论；确定了季节，把一年分成了 365 天，通过金字塔的影子测量了它的高度（这一点根据希罗尼姆斯；同样在 Plinly, *Hist. Nat*. xxxvi. 12, 82 ；与在 Plutarch *S. sap. conv*. 2, 4, 147 那里的说法有点不同）；Callimachus ap. Diog. 22 说他是第一个划出小熊星座界限的人，这一点被 Theo in *Arati Phoen*. 37, 39 且 *Scholiast in plato* p. 420, No. 11, Bekker 所重复。普罗克洛断言他第一个表明直径平分圆（in *Euclid*, 44,157 Friedl.），以及在一个等腰三角形中，底角相等（*ibid*. 67 以及 250 Friedl.）；顶角相等（根据欧德谟斯 , *ibid*. 79, a, 299）；当三角形有两个角相等且三条边都相等的话，三角形三个角都相等；并通过这个命题，能测量大海上船只的距离（ibid. 92 [352] ；这一点也基于欧德谟斯的可靠消息）。Apuleius, *Flor*. iv. 18, p. 88H. 说泰勒斯揭示了“时间的循环，风的流通，星体的运动，轰隆雷鸣的奇迹，星座的倾斜航道，太阳一年一次的回归”（τροπαὶ，Theo 以及第欧根尼在前面引述的段落之中的冬至和夏至，*Scholiast in plato*, p. 420，Bekker 说到）；以及月亮的潮汐和月食，以及确定“太阳可以多久一次测量它自己运动的轨道”的一种方法。斯托拜乌归于他一些其他的后面将会提到的哲学和物理学理论，也把天空分成了 5 个区域（*Ecl*. i. 502, Plutarch, *Plac*. ii. 12,1）；并揭示了月亮被太阳照亮（*ibid*., 556, *Plac*. ii. 28, 3），对月亮每个月朦胧的解释，以及月食，560。Pliny, *Hist. Nat*. xviii. 25, 213 提到他关于昴宿星团的一个理论，以及 Theo 在 *Arat*. 172 关于毕宿星团的一段话。根据 Cicero, *Rep*. i. 14 他制作了第一个星象仪；而且根据 Philostratus, *Apoll*. ii. 5, 3，他在 Mycale 观察星体。这些报道中有多少是真的现在无法确定；对日食的预言不可能是历史上真实发生的，Martin in *Revue Archeologique, nouv. sér*. vol. ix.（1864）170 sqq.; 尤其 cf. p. 181 sq.。

1 Proclus, *in Euclid*. 19,o[65] 说算术被腓尼基人所发明；几何学被埃及人基于尼罗河的泛滥所发明，“泰勒斯在首先来到埃及后，将这种思考［几何学］引入了希腊，而且他本人不仅发明了许多东西，还将许多东西的原理教给那些追随他的人”。普罗克洛从哪里获得这个信息他没有说，但很可能欧德谟斯是他的可靠信息来源，我们不知道是否整个说法都来自这里，也不知道谁是欧德谟斯的可靠信息来源。泰勒斯的埃及之行，他与那个国家僧侣的交往，以及他从他们那里获得的数学知识被 Pamphile 和希罗尼姆斯在 Diog. 24, 27 说到了；给费瑞库德斯的书信的作者，ibid. 43; Pliny, *Hist. Nat*. xxxvi. 12,82; Plutarch. *De Is*. 10, p.354; *S. sap. conv*. 2, p.146; *Plac*. i. 3,1; Clemens, *Stromata*, i. 300D, 302; Iamblichus *v. Pythag*. 12; *Scholiast in Plato*, p.420, No.11 Bekk.（cf. Decker, *loc.cit*., p.26 sq.）；关于尼罗河泛滥的理由的一种猜测也被归于泰勒斯，可能与这个说法相关（Diodor. i. 38, Diog. i. 37）。如果泰勒斯投身于贸易的说法是真的（Plutarch, *Sol*. 2 肯定了这一点，加了前缀“他说”），我们可以认为他是首位被其商业旅行引导到埃及的人，并利用这次机会增进自己的学问。然而我们不能认为他在埃及的出现是可以毫无悬念地被证实的，这可能也只是一种断言；因为关于这个问题的传统无法回溯到比欧德谟斯更远的时期，而他的时代距离泰勒斯旅行的时代也有 250 或 300 年了，更不能肯定被后来如 Josephus, *Contra*

了古代自然哲学家学派，这一点已为亚里士多德所证实，[1]并且似乎证据 216
确凿。无论如何他是我们所知道的第一位开始对事物的自然原因进行普
遍考察的人，并与他的前辈们相反，那些人之中有些满足于神秘的宇宙
论，有些只满足于伦理反思。[2]作为对自然考察的答复，他宣称水是构 217

Apronem, i. 2 的不确定的证据所证明的他与迦勒底人的熟悉，或者他在埃及逗留的时间长短，这一点被《学说述要》错误地归于普鲁塔克（i. 3, 1）。一则批注（*Schol. in Ar*. 533a18）声称他被派往埃及作摩西的老师——这是拜占庭甚至更早时期捏造历史的典型方式。他把哲学和自然哲学理论，以及几何学和数学知识从东方带回来的说法，可能除了扬布里柯和《学说述要》的作者之外，并没有被我们的任何一位证人所肯定。罗特（*Gesch. der Abendl. Phil*. ii. a,116 sqq.）从他的学说与埃及人的学说的相似性来证明这一点的企图，一旦我们只把有很好理由归属于泰勒斯的归属于他，就落到了空处。

1 《形而上学》983b20。Bonitz 在对这段话的评注中，正确地提醒我们这不是一般意义上的希腊哲学，而只是伊奥尼亚自然哲学，其来源在这里要归于泰勒斯。塞奥弗拉斯特说（ap. Simp. *Phys*. 6a,m），只是作为一种猜测，一定有在泰勒斯之前的自然哲学家，但是他的名声使得他们都被忘记了。另一方面，普鲁塔克（*Solon*, c. 3 结尾）评论说泰勒斯是同时代人中唯一一位把追求的领域扩展到实践问题之外的人。Strabo（见第 143 页注释 3）、Hippolyt. *Refut. Haer*. i. 1 和 Diog. i. 24 观点相似。Tzetzes（*Chil*. ii. 869, xi. 74）关于费瑞库德斯是泰勒斯的老师的断言没有什么说服力，还与传记相矛盾。

2 看起来泰勒斯并未把自己的学说写下来。（Diog. i. 23, 44; Alex. *in Metaph*. i. 3, p. 21, Bon. Themist. *Or*. xxvi. 317, B; Simplicius, *De an*. 8a, cf. Philop. *De an*. C4; Galen. *in Hipp. de Nat. hom*. i. 25, end, vol. xv. 69 Kühn.）亚里士多德总是从某种不确定的传统或自己的猜测而说到他（《形而上学》983b20 sqq., 984a2；《论天》294a28；《论灵魂》405a19, c5, 411a8 ；《政治学》1259a18, cf. Schwegler, *in Metaphy*. i. 3）；相似地 Eudemus ap. Proclus *in Euclid*. 92（352），罗特（*Gesch. der Abendl. Phil*. ii. a, iii）得出结论，猜测泰勒斯的作品一定是真的，因为它们与被归于泰勒斯的命题是一致的。这是一个奇怪的推论，因为首先他本人只承认了这些作品中的两部的真实性，而关于这两部作品的内容，并没有任何东西流传到我们这里。这两部作品是《航海星象学》以及关于《论至点》的论文。第二，很明显，关于泰勒斯学说的那些传统可能很容易从被伪造的著作中得到，另一方面，这些作品的作者们可能利用了不断变化的传统。在这些作品中归于泰勒斯的《航海星象学》（被 Diog. 23, Simpl. *Phys*. 6a, m 提及）似乎是最老的。根据辛普里丘，这是他唯一的作品。第欧根尼说它被认为是萨摩斯人 Phocus 的作品。根据认为它是泰勒斯真作的普鲁塔克（*Pyth. orac*. 18, p. 402），它以诗的形式被写下来；它似乎是 Diog. 34 所提及的“接近”所指的。被 Suidas（$\theta\alpha\lambda$.）归于他的这部《论天文现象》的诗作是否与《航海星象学》相同，我们无法确定。其他两部被许多作家认为是他仅有著作的，《论至点与昼夜》在 Diog. 23（cf. Suidas）被引用。伪盖伦（*In Hippocr.De humor*. i. 1, 1, vol. xvi. 37, K）引用了一部著作，《论本原》；但是这一证词本身足以证明这部著作不是真实的。Diog. 35（cf.

成万物的质料，万物都由它而生成。[1] 至于这一理论的原因，古人也不
218 知道任何基于历史传统的东西。亚里士多德[2] 的确说过，泰勒斯可能由于观察到所有动物的营养都是潮湿的、所有动物都产生于潮湿的胚胎而产生了这样的看法；但他明确地说这个观点仅仅是他自己的揣度。只是亚里士多德的这一揣度被后来不求甚解的著作家们断定为一个事实，并进一步补充说，即植物从水中汲取营养，星体本身从潮湿的蒸汽汲取营养；万物都死于干燥，而水是组织一切并包含一切的因素；[3] 我们必须设定一种原始物质，否则不可能解释一种元素向另一种元素的转换；这种物质必须是水，因为每一事物都由水的稀疏和凝聚而生成。[4] 所有这些

Decker, p. 46 sq.）引用的诗和信件（*ibid*. 343 sq.）都不能被认为是真的。奥古斯丁在 *Civ. D*. viii. 2（在这里他断言泰勒斯留下了关于教诲的书）所指涉的这些作品中的内容我们知道得并不多。同样，对 Josephus（*C. Apion*. i. 2）关于他的著作的可疑指涉，还有在 Seneca, *Nat. qu*. iii. 13, 1, 14. 1; iv. 2, 22; vi. 6, 1; Plutarch, *Plac*. i. 3; iv. 1; Diodorus, i. 38; *Schol. in Apoll. Rhod*. iv. 269. 中的引文，可以说同样的话。

1 亚里士多德：《形而上学》983b20："泰勒斯，这位哲学的奠基人说本原是水［也即，存在的元素和本原］。" Cic. *Acad*. ii. 37, 118："泰勒斯……说万物都是由水构成的"，以及许多其他人（这些人的一个列表在 Decker, p. 64 被给出）。我们在 Stob, *Ecl*. i. 290 找得到这句话，并在 Justin. *Coh. ad Gr*. c. 5 几乎逐字逐句出现；Plut. *Plac*. i. 3, 2 的说法是："他宣称，存在的本原是水，因为他说万物由水而生成存在，并消逝为水。" 但是这来自亚里士多德，他在刚刚引述的这些话前面说大部分的古代哲学家只知道质料因："构成万物，万物由其而生成，并最终分解为它，……这就是万物的元素和本原。" 因此，亚里士多德实际上是我们有关泰勒斯命题的知识的唯一来源。

2 亚里士多德：《形而上学》983b22："也许是由于看到万物都由潮湿的东西来滋养，就是热自身也由此生成，并以它来维持其生存……而且它不要被一般性地理解（就像 Brandis, i.114）为热，包括星体的热（见下个注释）；它与动物维持生命所必需的热相关，于万物的种子都有潮湿本性，而水是那些潮湿东西的本性的本原。" "万物" 在上下文中是被限制的。

3 Plut. *Plac*. i. 3, 2 sq.（Eusebius, *Pr. Ev*. xiv. 14, 1，以及根本上与此一致的 Stobaeus, *loc. cit*.）；Alex. *ad Metaph*. 983b18; Philophnus, *Phys*. A, 10; *De an*. A, 4a; Simplicius, *Phys*. 6a, 8a; *De caelo* 273b36; Karst. *Schol. in Arist*. 514a26。Ritter, i. 210 以及 Kirsche（*Forschungen auf dem Gebiete der alten Philosophie*, i. 36）已经表明，辛普里丘在这里只是从他自己和别人的猜测出发说，接下来指涉塞奥弗拉斯特的段落与泰勒斯体系的理由无关，因此我们没有权利得出结论说（就像 Brandis, i. 111 sqq 所做的那样），存在从猜想的亚里士多德与塞奥弗拉斯特的一致中而来的关于泰勒斯推理的值得信任的文本。

4 Galen. *De Elem. sec. Hoppocr*. i. 4, vol. i. 442, 444, 484 同时说到了泰勒斯、阿那克西

都使我们难以对这个主题得出任何确定的结论。很可能这位米利都哲学
家被亚里士多德猜测的想法所影响；他也可能是从看到每一生物生成于
一种液体、在毁灭时也返回到液体状态而开始思考这个问题的；但其他 219
的观察同样可以还原到这个理论，例如从冲积层形成了陆地，雨和河流
的充沛的力量，水中数不清的动物数量；与这些观察相关，混沌和海洋
与众神之父的古老神话也可能对他有影响；但确切情况究竟如何现在已
经无从考察了。我们也无法确定，他是否把他的原始的水性质料看作是
无限的，因为辛普里丘的判断[1]的基础明显就是他正在阐释的亚里士多德
的那个段落，[2]而这个段落没有提到泰勒斯。甚至无法证实认为水是原始
物质的这些哲学家中的任何一位，明确地把无限性（infinity）归于这一
元素。假设有这样一个断言，那么更有理由把它归于希波（见下页）而
非泰勒斯，因为物质的无限性在其他地方都普遍地被当作是一个首先由
阿那克西曼德提出的概念；极有可能泰勒斯根本没有提出这样的问题。

据说他区分了[3]作为原始物质的水，与渗透于这种质料之中、并由 220
之形成了这个世界的神或精神。[4]然而，亚里士多德[5]明确否认以泰勒

美尼、阿那克西曼德以及赫拉克利特。的确是阿波罗尼亚的第欧根尼（vide *infra*）首先证明了通过元素的转化而形成的质料的统一性。

1 *Phys.* 105b, m.

2 《物理学》203a16：“自然哲学家们则为无定规定了另外的某种本性，他们全都把无定假定为水、气或它们的居间物等所谓元素的属性。”

3 那里的问题（*loc.cit.*），不是原始物质是否无限，而是无限性是否一个物体的谓述，通过这个它被区别开来，还是被（柏拉图和毕达哥拉斯学派）认为是某种自身独立的东西。因此，亚里士多德并不是说所有的自然哲学家都认为原始物质是无限的，而是所有人都赋予作为基质的某种元素以无限性；而且他在这个问题上说得很好，甚至某些自然哲学家并没有明确地提到首要本原的无限性。“处处”这个词在上下文中被界定为那些自然哲学家所承认的“无定”。

4 Cic. *N. De*. i. 10, 25. 就像 Kirsche（*Forschungen*, 39 sq.）看到的，这个说法本质上明显与斯托拜乌（*Ecl*. i. 56）的说法有相同的来源：“泰勒斯认为宇宙的理性是神”，类似的段落在 Plut. *Plac*. i. 7, 11（因此，合乎逻辑的推理是，我们在 Eus. *Pr. Ev*. xiv. 16, 5 千万不能与 Gaisford 一起读成：*Θαλῆς τὸν κόσμον εἶναι θεὸν*〔泰勒斯的宇宙是神〕，而是读成 *νοῦν τοῦ κόσμον θεόν*〔宇宙的理性是神〕）。Athenag. *Supplic*. c. 21; Galen, *Hist. Phil*. c. 8, p. 251; *Kuhn*.。

5 Cicero, *loc. cit.*；cf. Stob, *loc. cit*.。Philoponus, *De An*. C. 7u 中泰勒斯说：“神意一直

斯为首的这些古代生理学家区分了动力因和质料；或者除阿那克萨戈拉（以及或许在他之前的赫尔谟提穆斯〔Hermotimus〕）之外的任何其他哲学家已经提出来一种组织这个世界的理智的学说。如果亚里士多德已经知道泰勒斯用神称呼这个世界的理性，他怎么会说这样的话？但如果他不知道它，我们就可以确定后世作家们的断言并没有基于历史传统。而且被归于泰勒斯的这个学说与斯多亚学派的神学完全一致；[1] 在斯托拜乌（Stobaeus）那里的这一说法看起来就来自斯多亚的术语；[2] 亚历山大里亚的克莱门斯（Clemens of Alexandria）[3] 以及奥古斯丁（Augustine）[4] 都明确宣称，成功地使自己认为神或神圣的精神（Divine Spirit）是宇
221 宙的创立者的，既非泰勒斯也非自然哲学家们，阿那克萨戈拉才是提出这一学说的第一人。因此，我们当然可以得出结论，这一对立的理论是后亚里士多德时代的一个错误，其来源我们马上就会在亚里士多德的某些文本中找得到。当然，绝不能从这一点推论出泰勒斯本人不信神；[5] 把“神是万物中最古老的、因为他没有开端”这个命题归于他的那一传统很不值得信任，因为这一断言不比归于七贤的数不清的其他箴言更能得到证明；而且很可能最初在某本关于七贤的格言集中被归于泰勒斯，在

延伸到世界的尽头，而其自身并不被注意到。”

1 《形而上学》984a27, b15。

2 例如神被塞涅卡（Seneca, *Nat. qu .prol.*13）描述为 *mens universi*（宇宙的灵魂），被 Cleanthes（vide Tertullian, *Apologet*. 21）描述为 *spiritus permeator universi*（渗透宇宙的精神）；被 Stob, *Ecl*. i. 178 描述为 *δύναμις κινητικὴ τῆς ὕλης*（质料的运动潜能）；被 Diogenes. vii. 138 描述为渗透于万物之中（*δίηκειν*）的 *νοῦς*（努斯）。

3 *Strom*. ii. 364 C; cf. Tert. c. *Marc*. i. 13, *Thales aquam*（*Deum pronuntiavit*）（泰勒斯〔宣称〕水〔是神圣的〕）。

4 *Civ. D*. viii. 2.

5 Plut *S. sap. conv*. c. 9; Diog. i. 35; Stob, *Ecl*. i. 54。毫无疑问，这层意思也是 Clements, *Strom*. v. 595A（以及 Hippolyt. *Regut. haer*. i. 1）中说法的意思，根据这层意思，泰勒斯对这个问题的回应是：*τί ἐστι τὸ θεῖον*；*το μήτε ἀρχὴν μήτε τέλος ἔχον*.（神是什么？它既不是本原，也没有目的。）因为在紧接着的后文，泰勒斯关于神的全能的另一格言被引用了（相同的说法在 Diog. 36 和 Valer. Max. vii. 2, 8 中也被给出）。所以，非人格的 *θεῖον*（神）与人格神 *θεόν* 在这里有相同的意义。Tertullian（*Apologet*. c. 46）把西塞罗关于 Hiero 和西蒙尼德的故事（*N. D*. i. 22, 60）转移到克洛苏斯和泰勒斯身上；但这仅仅是一个疏忽。

其中的其他格言也以相同武断的方式被归于其他贤者。而且，克塞诺芬尼在其他地方一致被认为是与希腊宗教相反的首位宣称神没有开端的人。根据某些作者，泰勒斯教导人们，世界充满了神。这个命题比前一学说更有可能属于他。[1]但是我们要怎么去理解这一表述？它指灵魂弥 222
漫到整个宇宙？亚里士多德谨慎的用词“可能”向我们表明，这样一个解释如何少地得到传统的支持。确实，我们可以断言，不仅是后来的作者，甚至亚里士多德本人也以他自己的方式，把我们无权要求的观念归于泰勒斯。说他认为万物都有生命，在与人的灵魂相类比后把所有活力都拟人化了，确实很有可能，因为这一看法与在科学探究之前出现于所有各个地方的、尤其是希腊人那里的对自然的想像性的理解和谐一致；因此极为可信的是，他可能（如亚里士多德所断言的）由于磁石的吸引力而赋予磁石以灵魂，[2]也就是说，把它看作一个有生命物。毫无疑问，他以相同的方式认为他的原始物质是活着的，因此，就像古老的混沌，它能凭自身且没有组织性精神的参与而生成万物。与古希腊思想完全一致的还有，他会在自然之力中看到神祇的出现，在自然生命中看到自然充满了神的证据。但我们无法相信他将多种自然力量和分离存在的灵魂结合到一个世界灵魂的观念里；因为这个观念预设了无限杂多的现象在世界概念中被统一起来；也预设了，已经与质料区别开来、并被类似于 223
人的精神来看待的动力，不仅存在于个别人身上——在观点的朴素阶段这是自然的，也普遍地存在于宇宙之中。这两个观念似乎都超出了早期哲学最初的狭隘限制，而且历史证据也没有证明我们将它们归于泰勒斯

1　亚里士多德的《论灵魂》411a7：“有些人认为，灵魂弥漫于整个宇宙，由此我们可以看看泰勒斯的观点，他认为，宇宙万物都充满了神。”Diog. i. 27：“宇宙是有生命的，且充满了神灵。”斯托拜乌也相似（参见第 220 页注释 2）。同一命题也被应用于一种道德意义上（Cicero, *Legg.* ii. 11, 26.）。

2　《论灵魂》405a19：“据记载，泰勒斯似乎认为灵魂是能运动的东西，因为他说磁铁有灵魂，它能使铁运动。”Diog. i. 24：“亚里士多德和希庇亚断言，他甚至以磁石和琥珀为论据，认为无生命的东西也有灵魂。”参看 Stob. *Ecl.* i. 758：“泰勒斯认为所有有灵魂的生物都是活着的。”

是合理的。[1] 因此，我们可以得出结论，尽管他把他的原始物质看作活着的和有生产能力的，尽管他分享同胞的宗教信仰，并把它用于思考自然，他仍然对渗透到质料之中并形成宇宙的世界灵魂或精神一无所知。[2]

关于事物来源于水的方式，泰勒斯什么也没有说。亚里士多德当然说过，那些认为有一种性质确定的原始物质的自然哲学家认为事物由于它的稀疏和凝聚而生成，[3] 但这并不能推论说所有的这样的哲学家无一例外地都持有这一观点。[4] 亚里士多德可能使用了相同的表
224 达形式，只要大多数哲学家持有这个观点，而且他觉得这是最合乎逻辑的结论。辛普里丘 [5] 是第一个明确地把泰勒斯和阿那克西美尼相联系、并认为他们采用了这一理论的人；然而，不仅塞奥弗拉斯特（Theophrastus）不同意他的观点，甚至辛普里丘本人也亲口告诉我们，他的陈述只是基于对亚里士多德的话的一般理解。[6] 盖伦（Galen）[7] 在一个有关可疑关系的段落之中所说的，以及由其他作家以一种相同的语气所说的，[8] 很可能基于同一来源。因此，总体而言，最有可能的是，泰勒斯从来没有思考过这个问题，而只是满足于模糊的观念，即万物起源于或生成于水。

我们从其他来源所听到的关于泰勒斯的这个学说，仅仅由孤立的经验观察或猜测、或由其他得不到保证以至于不能认为是真实的说法所构

---

1 Plut. *Plac*. ii. 1, 2 ："泰勒斯和那些追随他的人主张宇宙是一。"这句话当然不能被当作历史的证据。

2 某种这样的答案一定也给了那个上世纪还被热烈讨论但现在几乎完全被忽视的问题，即泰勒斯是有神论者还是无神论者的问题。真相是，他毫无疑问既不是这一个也非那一个；既不在他的宗教信仰中也非在他的哲学中；他的宗教是希腊多神论，他的哲学是泛神论的物活论。

3 《物理学》i. 4 开篇。

4 例如，赫拉克利特认为事物生成于火，不是由于稀疏和凝聚，而是由于转化。

5 《物理学》39a; 310a, u、Pseudo-Alex. *in Metaph*. 1042b33, p. 518, 7; Bon. 以及匿名的 *Schol .in Arist*. 516a, 14b, 14。

6 Simpl. *Phys*. 32a, u.

7 参看第 146 页注释 4。

8 Hipplol. *Refut*. i. 1 ；Arnob. *Adv. nat*. ii. 10 ；Philop. *Phys*. C. 1, 14 有两个段落完全混淆了泰勒斯和阿那克西美尼，他把作为原始物质的气的学说归于泰勒斯。

成。属于后者的不仅有被归于他的各种数学和天文学的发现及道德箴
言，关于天体与地球类似，是灼热的物质，及月亮从太阳接受光等等的 225
主张；甚至还包括世界的统一性，[1] 物质的无限可分性和多样性，[2] 真空的
不可思想性，[3] 四元素，[4] 质料的混合，[5] 灵魂的本性和不朽，[6] 精灵和英雄等
哲学主张。[7] 所有这些并无可信证词的开创性言论，大部分直接或间接
地与更为可信的证据完全相反，以至于我们无论如何没法赋予它们任何
价值。亚里士多德[8] 作为一种传统所给出的说法，更有可能是真的，即，
泰勒斯设想地球在水上漂浮；因为这完全和地球来源于水的理论相互协 226
调，而且很容易与古老的宇宙论观念相适应：我们也可以把它与进一步
的说法相联系[9]，即他用水的运动来解释地震。然而，最后的这一断言，
似乎完全依赖于被错误地归于泰勒斯的一部作品，并无疑是被归于他的
其他学说的最终来源。亚里士多德的这个说法固然被证明为真，但对于
作为一个整体的泰勒斯的学说来说，我们甚至从他那里也只能获得很少

1　Plut. *Plac*. ii. 1, 2.

2　Plut. *Plac*. i. 9, 2; Stob. *Ecl*. i. 318, 348.

3　Stob. i. 378，在这里老的读法 *ἐπέγνωσαν*（发现，懂得）被 Röth, *Abendl*. Phil. ii. 6, 7 认为语法上是不可接受的。

4　根据伪作《论本原》（Galen，见第 145 页注释 2）的残篇，可能还有 Heraclit. *Alle. hom*. c. 22，四元素被明确地还原为水，从此以后，恩培多克勒是第一位把四作为物质性元素的数字的哲学家。

5　Stob. i. 368。在普鲁塔克的 *Placita*, i. 17, 1 的对应位置泰勒斯没有被提到：“这些本原”是在那里被使用的表达，显然更为正确，并可能是普鲁塔克的原始表达。

6　根据普鲁塔克（*Plac*. iv. 2, 1）以及 Nemes.（*Nat. hom*. c. 2, p. 28），他把灵魂描述为 *φύσις ἀεικίνητος ἢ αὐτοκίνητος*（具有永恒运动或自动运动的本性）；根据 Theodoret, *Gr. aff. cur.* v. 18, p. 72，是 *φύσις ἀκίνητος*（不动的本性）（然而这里很可能该读作 *ἀεικίνητος*〔永恒运动的〕）；以上亚里士多德所引述段落的篡改或修补毫无疑问是有道理的。Tertullian, *De An*. c. 5 归于泰勒斯和希波的原理是，灵魂由水构成。Philoponus, *De An*. c. 7, 把这个原理给了希波，同时在另一段落，即 *De An*. A. 4, 他归于希波和泰勒斯两个人。Choerilus *ap*. Diog. i. 24 和 Suidas, *Θαλῆς* 说，他是第一个承认信仰不朽的人。

7　Athenag. *Supplic*. c. 23; Plut. *Plac*. i. 8.

8　《形而上学》983b21；《论天》294a29。

9　Plut. *Plac*. iii. 15, 1；Hippol. *Refut. haer*. i. 1；Sen. *Nat. qu*. vi. 6; iii. 14。然而，最后的一篇论文似乎指的是一篇被错误地归于泰勒斯的论文。

的信息。[1]所有我们知道的，实际上可以被还原为这样一个命题，即水是质料，万物由它生成并由它构成。决定他提出这个理论的原因，现在只能被揣测；他如何更严密地定义事物由水生成的过程，也是非常不确定的；但最有可能的是，他认为原始物质，就像一般性自然，是有活动能力的，而且他持有关于开端或生成的模糊概念，并没有把这一概念界定为由原始物质的稀疏和凝聚而来的产生。

这一理论看起来内容贫瘠而微不足道，但它至少试图通过一个普遍
227 的自然本原来解释现象，因此它就是最重要的；我们发现一系列更为深入的探讨与泰勒斯的那些说法直接相关，甚至他的直接继承者都能够得出更为重要的结论。

二、阿那克西曼德[2]

泰勒斯宣称水是万物的原始物质，而阿那克西曼德[3]则将这一最

1 另一方面，这一理论反对如下猜测（Plut. *Plac*. iii. 10），即他认为地球是球形的，这是一个对于阿那克西曼德和阿那克西美尼很陌生的概念，甚至对阿那克萨戈拉和第欧根尼都很陌生。

2 Schleiermacher, *Über Anaximandros*（1811; *Werke, Philos*. ii. 171 sqq.）；Teichmücher, *Studien zur Gesch. der Begr*. 1 - 70。我懊恼不能使用 Lyng 的专著，'*On den Ioniske Naturphilosophi, isoer Anaximanders*'（*Abdruck aus den Vid. Selskabets Forhandlinger for* 1866），因为我不熟悉这门语言。

3 阿那克西曼德是泰勒斯的同胞，也是他的学生和继任者，根据后来可靠的信息来源（Sext. *Pyrrh*. iii. 30; *Math*. ix. 360; Hippolyt. *Refut. haer*. i. 6; Simpl. *Phys*. 6a, m; Suidas, &c.；这一点同样被 *ἑταῖρος*〔同伴〕这个词，ap. Simpl. *De Coelo*, 273b38 所暗示；*Schol. in Arist*. 514a28; Plut. ap. Eus. *Pr. Ev*. i8, 1; of *Sodalis* in Cicero, *Acad*. ii. 37, 118; of *γνώριμος*〔熟人，朋友〕in Strabo, i. 1, 11, p. 7；而且后者实际上被与 *μαθητὴς*〔学生，门徒〕互换使用，*ibid*. xiv. 1. 7. p. 635.）。根据 Apollodorus（Diog. ii. 2），他在公元前 546—前 547 年，即第 58 届奥林匹亚赛会的第二年时 64 岁，之后不久就逝世了，所以他的出生必定在公元前 611 年的第 42 届奥林匹亚赛会的第二年，或者，如希波吕特（*Refut*.i.6）所认为的，是在第 42 届奥林匹亚赛会的第三年。Pliny（*Hist. Nat*. ii. 8, 3）说他揭示了黄道带的倾斜角度。我们当然无法估计这些说法的价值；但是对 Diels, *Rhein, Mus*. xxxi. 24 的猜测有很多要说的，即阿那克西曼德在他自己的著作中已给出他的年龄，64 岁；Apollodorus（根据 Diog.，他手里有这部著作）根据某些内部证据，计算出这部著作成书于第 58 届奥林匹亚赛

初元素定义为无定（the infinite）或无限定（the unlimited）。[1] 然而他没有像柏拉图和毕达哥拉斯学派那样，把无定理解为一种无形体的元素，[2] 其本质只在于无限性；而是把它理解为一种无限的物质（an infinite matter）：无定不是主词，而是谓述，它指的不是无限性本身，而是指一个拥有无限性质的对象。只是在这个意义上，亚里士多德才说，[3] 所有 228

会的第二年；而且 Pliny 的说法基于相同的计算方法，因为他发现在这部著作中提到了黄道斜度。但是第欧根尼补充了从 Apollodorus 那里引用的话：*ἀκμάσαντά πη μάλιστα κατὰ Πολυκράτην τὸν Σάμου τύραννον*（他的鼎盛年几乎与萨摩斯的僭主波吕克拉底同时），这些话相当令人奇怪，因为阿那克西曼德比波吕克拉底老很多，且比他早死了 20 年。但我们不需要像如上所述的 Diels，设想这些话原本与毕达哥拉斯相关（他的 *ἀκμή*〔鼎盛期〕当然受到波吕克拉底的影响，据说他在 40 岁鼎盛年时已经移民了），因为他们也被解释为不精确地复制了 Apollodorus 关于阿那克西曼德的叙述。我倾向于设想，Apollodorus 依照古代年代学家的方式，为了得到一个同时的日期，已经使得这位哲学家的鼎盛期（*πη*〔以某种方式〕）与波吕克拉底的僭主统治的开始时间几乎一致，一般被安排在第 53 届奥林匹亚赛会的第三年，阿那克西曼德 44 岁时。Eusebius（*Chron.*）把阿那克西曼德的鼎盛年安排在第 51 届奥林匹亚赛会时。关于他的个人简历我们一无所知，但是关于他是在阿波罗尼亚的米利都殖民地的领导人的说法（Aelian,*V.H.*iii.17）表明他在他的祖国有一个非同寻常的地位。他的著作，*περὶ φύσεως*（《论自然》），据说是希腊人的第一部哲学著作（Diog. ii. 2；Themist. *Orat*. xxvi. p. 317C。当 Clemens, *Strom*. i. 308C 说到阿那克萨戈拉的相同著作时，显然把他与阿那克西曼德混淆了）。然而布兰迪斯正确地认识到（i. 125），根据第欧根尼（如上所述），甚至在 Apollodorus 时代，这类著作必然是很少见的，且辛普里丘只能通过塞奥弗拉斯特以及其他人的引用而知道它。Suidas 提到阿那克西曼德的几部著作，但这毫无疑问是一种误解；另一方面，一个世界地图也被归于他（Diog. *loc. cit*.; Strabo, *loc. cit*.。根据 Eratosthenes; Agathemerus, *Geogr. Inf*. 1）。Eudemus ap. Simpl. *De Coelo*, 212a12（*Schol. in Arist*. 497a10）说他是第一位试图确定天体的大小和距离的人。日晷的发明被 Diog. ii. 1 以及 Eus. *Pr. Ev*. x. 14, 7 归于阿那克西曼德；被 Pliny, *Nat. Hist*. ii. 76, 187 归于阿那克西美尼，但这两个说法，很有可能都是错的；因为这个发明，根据 Herod. ii. 109，是被巴比伦人介绍到希腊的；但可能这两位哲学家中的某一位在斯巴达创立了第一个日晷。

1　亚里士多德：《物理学》203b10 sqq；Simpl. *Phys*. 6a 以及其他人；见下面的注释。

2　如 Schleiermacher, *loc. cit*. p. 176 sq 全力证明的。

3　《物理学》203a2：“因为一切接触过这类学科的著名哲学家都对无限的问题提出过问题，而且，他们全都把它作为存在物的某种本原。有些人，如像毕达哥拉斯学派的人和柏拉图，把无限当作是由于自身的实体，而不是其他什么东西的属性。……自然哲学家则为无限规定了另外的某种本性，他们全都把无限假定为水、气或它们的居间物等所谓的属性。”参见《形而上学》1053b15。根据自然哲学家们的这个理论，

229 自然哲学家都说到无定；而且在这些自然哲学家之中，他毫不含糊地认
为有阿那克西曼德。[1] 根据后来的著作家们一致同意的证据，[2] 阿那克西曼德对其理论的主要论证就是，无定，也只有无定，不会在连续生产中耗尽自己。这就是那个亚里士多德引用来 [3] 作为主要理由坚持一种无限的有形物质的论证；而且他确实如此说到那个被我们认作是阿那克西曼德的理论，即无定是与确定的元素相区别的一种物体。阿那克西曼德（亚里士多德因此把他与恩培多克勒和阿那克萨戈拉并列）从无定推导出特殊种类的物质，以及由它们通过分离方式 [4] 构成的世界，还有一个除非无定自身是某种物质的东西、否则不可能的学说。最后，虽然难以揭示这位哲学家如何精确地定义无定，但关于其有形的本性，所有证据都是一致的；在亚里士多德的这些可能指阿那克西曼德、其中一些必然指阿那克西曼德的段落中，没有一个不暗示这种有形本性。[5] 因
230 此他试图用无定（the infinite）来指与大小相关的一块物质的无限（a

ἓν（一）自身并非一种实体，而是有某种 *φύσις*（自然，本性）作为它的基质，“按照那些自然哲学家的方式，有的人说一是友爱，有的人说一是气，有的人〔阿那克西曼德〕说一是无定”。

1 Cf. *loc. cit*. p. 203b13; vide *infra*.

2 Cic. *Acad*. ii. 37, 118 ；Simpl. *De Caelo*, 273b38 ；*Schol*. 514a,28 ；Philop. *Phys*. L, 12m ；Plut. *Plac*. i. 3, 4 ；Stob. *Ecl*. i. 292 ：“为使生成不致中断，没有必要假定可感事物在现实上是无限的。”

3 《物理学》208a8; cf. c. 4, 203b18 以及 Plut. *loc. cit*.。

4 参见第 157 页注释 4 以及 p.250。

5 在 Simpl. *Phys*. 32b, o 的文本中我们有这样的说法：“阿那克西曼德说内在于无形体的无限的主体之中的对立物被分离出来。” Schleiermacher, *loc. cit*. 178 不是读作 *ἀσώματι*（在无形体上的）而是建议读作 *σώματι*（在形体上的）。布兰迪斯（*Gr. Röm. Phil*. i. 130）却宁愿选择 *ἀσωμάτῳ*（无形体的）；但这只能假设辛普里丘把这里的 *ἀσώματον*（无形体的）理解为还没有形成任何确定物体的东西。同时，*σώματι* 不只是意思比较好，它还有利于辛普里丘在前文中（p. 32a, *Schol. in Ar*. 334b18）说到阿那克西曼德的 *σῶμα τὸ ὑποκείμενον*（有形的基质）；类似地，亚里士多德这里所讨论的问题的紧挨着的前文段落，即《物理学》187a13 说到 *σῶμα τὸ ὑποκείμενον*，以及其他地方（见前文注释）说到 *ἄπειρον σῶμα αἰσθητόν*（可感而有形的无定）。这些词意味着：“在原始物质中被设想为 *ἄπειρον σῶμα*（有形的无定）。”

matter infinite)，这一点不容置疑；[1] 很可能我们应该在这个意义上理解 231

1 Michelis（*De Anax. Infinito. Ind. lect. Braunsberg*, 1874）的确以一种认为他自己的正确是不容争论的口吻，肯定了对立的观点。然而，他的论证在我看来是不充分的。他认为亚里士多德在一个迄今为止从未被理解的段落中（《物理学》204a2 sq.）区分了肯定的无限或绝对与否定的无限，后者只与有形和可感事物相关，前者就是阿那克西曼德的 ἄπειρον 的意思。但是这个段落不包含任何这样区别的痕迹，也没有任何作家之前揭示了这些；它只是说我们或者可以称那些无法度量的东西为 ἄπειρον，或者称那些不允许被度量的东西为"无定：不能被穿过的，就像声音不可见一样"；换句话说（cf. c. 5, 204a12），用来称呼不能归入大小概念之下、像声音不能被看作是可见的那样被测量或因而被限定的东西。这样被理解的话，ἄπειρον 的表达根本与绝对或类似的意思无关：ἄπειρον 在这个意义上更多地与那据说（《物理学》iii.4 开篇）既不能被称为 ἄπειρον（在日常意义上，无限的），又不被称为 πεπερασμένον（有限的）的东西极为相似，例如，点或 πάθος（遭受）。Michelis 自己被迫承认（p. 7 sq.）亚里士多德从来没有再提到这种"肯定的无限"。亚里士多德几乎没有想到它，Michelis 可能会看到，如果他研究《物理学》185a32 sqq. 的这段话的话，在这里，没有任何限制地，它被断定为一般的 ἄπειρον，而非任何特殊种类的 ἄπειρον，它被发现仅仅"在数量中，实体或性质或承受都不可能是无限的，除非是由于偶性，即如果它们同时也是数量"。因为绝对如果是任何东西的话，就是 οὐσία（实体），而且这样一个实体，ποσὸν（数量）不能，甚至 κατὰ συμβεβηκὸς（偶性）都不能属于它。根据亚里士多德的看法，绝对的概念以及 ἄπειρον 的概念，显然互不包含；因为绝对是完满的能量，单纯而简单；相反 ἄπειρον 总是不完满的，总是 δυνάμει（潜在），绝不 ἐνεργείᾳ（现实化）（《物理学》204a, 20 c. 6. 206b34 sqq.；《形而上学》1048b14），因此，它只能是质料因，从来没有被用于任何其他意义之上（《物理学》207, 4, 34 sqq.; cf. c. 6, 206a, 18b, 13）。因此，毋庸置疑，亚里士多德本人从来没有想到一种非物质的 ἄπειρον，也没有把它归于阿那克西曼德。甚至 Michelis 错误地认为是他的"肯定的无限"的 ἄπειρον，他在《物理学》204a13 中明确地说道："但是，这既不是那些断言无定存在着的人，也不是我们正在探索的那个含义，即它作为不能被穿过的东西。"不管怎样都不能说亚里士多德没有把一种有形的物质性归于阿那克西曼德的 ἄπειρον，因为显而易见地，他在第 153 页注释 3 以及第 154 页注释 3 所引用的段落中这样做了。Michelis 的论证（p. 11），即《形而上学》1053b15（参见第 157 页注释 1）把阿那克西曼德等同于恩培多克勒（也把他等同于阿那克西美尼），以及按照我的观点被像归于麦里梭一样归于他，什么也证明不了。我们不能得出结论，因为恩培多克勒的 φιλία（爱）不是一种有形的质料，因此阿那克西曼德的 ἄπειρον 就也不是；很可能麦里梭本来已经得出一种存在的确定性，这种确定性使他与阿那克西曼德联系起来，就像柏拉图通过他的无限学说而与毕达哥拉斯学派相关。总而言之（p. 11），《物理学》203b4 的那些话，而且 Michelis 还对此有错误理解的话，一定是说话者亚里士多德本人歪曲了阿那克西曼德的学说；而且所有其他可靠的信息来源，尤其塞奥弗拉斯特，在第 157 页注释 1 被引述的他的说法中，一定也对这件事有责任。然而从这个观点看，任何历史证明的所有可能性都终结了，Michelis 把它代替为一个简单的 sic

ἄπειρον（无定）这一表达方式。[1] 就像我们已经看到的那样，诱使他确定原始物质的主要是这种想法，即原始物质一定是无限的，能够持续不断地从自身产生新的本质。对亚里士多德而言，很容易表明这个证据
232 （在上述引文中）不是结论性的；然而对于最早期的哲学家们的不熟练的思想而言，它似乎已经很充分了。[2] 无论如何我们必须承认，阿那克西曼德因为提出这个理论而首先提出了哲学上的一个重要问题。

到目前为止几乎已经没有不同意的余地了；但是关于阿那克西曼德原始物质更为准确的意义，各种意见分歧极大。古代人几乎一致断言它不与四元素中的任何一种相一致；[3] 根据一些人的看法，它根本不是一种确定的物体，其他人则把它描述为水和气、或者还是气和火的居间物；而第三种说法的代表认为它是所有特殊种类的物质的一种混合物；在混合物中这些作为可区分且确定的东西总是被包含着的，以至于仅仅通过从它那里分离，而在它们的组成中没有任何改变，它们就能被逐步发展成形。这一最后的理论已经在现代构成了如下断言的基础，[4] 这一断言认

volo, sic jubeo（我怎样想，就怎样下命令）。

1 Strümpell（*Gesch. der theor. Phil. der Gr.* 29）、Seydel（*Fortschritt der Metaph. innerhalb der Schule des Ion. Hylozoismus*, Leipzig, 1806, p. 10）以及 Teichmüller（*Studien zur Gesch. der Begr.* 7, 57）都相信，ἄπειρον 在阿那克西曼德那里意味着那种性质不确定的东西，与确定的实体相对。但是这个词似乎是从毕达哥拉斯学派那里首次有了这层意义，甚至在他们那里这只是派生意义；其原始意义是"无限定"（只有无限定的，当被应用于数字时，才是那种对划分和增长都没有限制的东西，vide *infra*, *Pyth.*）。对阿那克西曼德来说，这层含义部分来自与他分配给原始物质 ἀπειρία 相同的原因（就是说，否则它就会被消耗殆尽的）；部分来自如下考虑，即正是因为它的无限性，ἄπειρον 能够包含万物。

2 然而，麦里梭与后来的原子论者 Metrodorus 都犯了相同的错误；vide *infra, Mel.* and *Metrod*。

3 马上给出可靠的文献依据。只有伪亚里士多德的著作 *De Melisso*, &c., c. 2, 975b22 认为他的原始物质是水（vide *infra*），且在 Sextus, *Math*. x. 313 中，据说他认为万物都生成于 ἐξ ἑνὸς καὶ ποιοῦ（一及其性质），即气。但虽然他的名字被提到两次，极有可能的是，这个说法来自于阿那克西曼德对阿那克西美尼的错误替代，被一位塞克斯都文本的抄写者或某位其他正在抄写的作家重复。在 *Pyrrh*. iii. 30 他给了这两位哲学家正确的说法。

4 Ritter, *Gesch. der Ion. Phil*. p. 174 sqq. 和 *Gesch. der Phil*. i. 201 sq., 283 sqq. 实际上收回了他以前所承认的观点，即阿那克萨戈拉认为只限于其起源和能力而非互相不同

为，在早期、同样也在后期伊奥尼亚哲学家那里，存在着两类人：力本 233
论者（Dynamists）和机械论者（Mechanists）；换言之，主张通过一种
至关重要的转变、从一种原始物质生成万物的人，以及相信可以通过在
空间中分离和结合的方式、从多种不变的原始物质中生成万物的人。泰
勒斯、阿那克西美尼、赫拉克利特以及第欧根尼属于第一类，阿那克西
曼德、阿那克萨戈拉以及阿凯劳斯（Archelaus）属于第二类。现在我
们将检验这个理论，因为它不仅对我们之前的理论而且对整个古代哲学
史都有重要影响。

关于这个问题有很多话要说。辛普里丘[1]似乎把我们在阿那克萨戈
拉那里发现的相同的观点给了阿那克西曼德，也就是说，在物质从无定
的分离中，相似的元素成为统一体，金粒子与金粒子结合，土与土结合
等，这些相互区别的不同种类的物质本来已被包含在最初的一团混合物 234
中。他在这个说法上的可靠信息来源被认为是塞奥弗拉斯特。然而，我
们在别的地方[2]看到了相同的观点，而且当亚里士多德把阿那克西曼德
的原始物质表述为一种混合物时，[3]似乎为它做了辩护。亚里士多德也明
确把他看作那些认为特殊种类的物质都是由一种原始物质，不是通过稀
疏和凝聚，而是通过分离发展而来的哲学家中的一位提到。[4]毫无疑问，
这显然证明，亚里士多德自己认为阿那克西曼德的这个原始物质可以类

的东西的事物被包含在原始物质之中。

1 *Phys*. 6b, u 在对阿那克萨戈拉原始元素的学说进行描述之后，他继续这样说。Cf. p. 51b, u.；相同的词被 Simplicius, p. 33a 所引述，作为从塞奥弗拉斯特的 *φυσικὴ ἱστορία*（自然历史）借来的词。

2 Sidonius Apollinaris, *Carm*. xv. 83 sqq.，根据 Augustine, *Civ. D*. viii. 2; Philoponus, *Phys*. C, 4。Irenaeus *C. haer*. ii. 14, 2 并不清楚 *ἄπειρον* 这一概念是什么意思。

3 《形而上学》1069b20：“这就是阿那克萨戈拉的一，或是更确切地说，‘万物为一’；或者恩培多克勒和阿那克西曼德的混合物。”

4 《物理学》187a11-23：“自然哲学家们的说法则有两种方式。一种方式主张存在的基础是单一物体——或者是三种之一，或者是比火更凝聚比气更稀薄的某物——通过凝聚和稀疏化，从它生成万物，造成众多……另一种方式主张对立是在单一之中，是从它分出来的，犹如阿那克西曼德所说；那些断言存在既是单一又是众多的人也是如此，就像恩培多克勒和阿那克萨戈拉，因为他们主张他物是从混合体中分离出来的。”

比于阿那克萨戈拉的那个；因为不得不与原始物质分离的东西必然之前就被包含在它之内。但是经过更为详细的考察，这些理由都极不充分。[5]关于亚里士多德的这些段落，亚里士多德自己告诉我们[6]，他不仅在一种物质被另一种物质现实地包含的地方，也在一种物质被另一种潜在地包
235 含的地方使用“分离”和“包含”这样的表达方式。因此，当他说阿那克西曼德把特殊实在描绘成从原始物质中分离出它们本身时，根本没有推论说这些确定的实在被包含在原始物质之中。原始物质完全能被看作不确定的本质，确定的东西最终经过一种性质上的变化从中产生出来。至于阿那克西曼德与阿那克萨戈拉和恩培多克勒的比较，正如可以指向他们理论间的特殊相似性一样，也可以很容易地指向一种关系疏远的相
236 似性，[7]而且它实际上指的就是后一种相似。阿那克西曼德的原始物质可

5 Cf. Schleiermacher, *op. cit*. p. 190 sq.; Brandis, *Rhein. Mus*. of Niebuhr 以及 Brandis, iii. 114 sqq.; *Gr. Röm. Phil*. i. 132 sq.

6 《论天》302a15：“让我们假定元素是这样的物体：其他物体可以被分解成它，它或潜在、或现实地存在于它们之中……在肉、木头以及诸如此类的物体中，都潜在地内含着火和土，因为可以看到这些元素从它们之中分离出来。”

7 在刚刚引述的《物理学》i.4 的段落中，亚里士多德将那些把原始物质看作一个确定物体的哲学家与阿那克西曼德及这样一些人区分开来：他们是 *ὅσοι ἓν καὶ πολλά φασιν*（认为存在既是一又是多的人），认为那个 *ἓν*（一）（原始物质）同时是一和多，因为它是许多性质不同的实在的一种聚集物。我们的确可以怀疑，阿那克西曼德是否要被看成属于后一类哲学家中的一员；这些词，*καὶ ὅσοι δ'* 并非结论性地反对它；因为它们不仅可以被解释为“以及类似的那些”等，而且可以被解释为“一般地说，那些”。但（cf. Seydel *loc. cit*. p. 13）在 *ἐκ τοῦ μίγματος*, &c 接下来的段落中，*καὶ οὗτοι*（“和这些人”）不能包括阿那克西曼德，因为他是唯一的能与 *οὗτοι*（通过 *καὶ*）进行比较的人，因为唯有他，而不是“那些主张存在的物体是一的人”，在教导 *ἐναντιότητες*（对立面）出于 *ἓν* 的 *ἔκκρισις*（分离）。然而，如果是这样，这些“认为存在既是一又是多的人”哲学家，虽然在 *ἔκκρισις* 方面与阿那克西曼德相似，但同时在另一方面与他不同；因此他不能算作那些认为原始物质是 *ἓν καὶ πολλά*（一和多）的哲学家中的一员，而且他不认为它是各种物质的混合，在这种混合物中保持它们各自性质的不同。Büsgen（*Über d. ἄπειρον Anaximanders*, Wiesbaden, 1867, p. 4 sq.）认为在这段话中，阿那克西曼德一定被认为是那些承认“一和多”的人的一员，否则他和那些假设一个统一的第一原则的人（阿那克西美尼等）不会有矛盾；但是他误解了这些想法的思路。在原始实体的一或多的问题上，阿那克西曼德没有和恩培多克勒以及阿那克萨戈拉一起被放在与阿那克西美尼和其他人对立的位置上，他们理论差别主要关于万物生成的方式（由稀疏和凝聚或分离）；然

以相同的方式被称为 μίγμα（混合物），或者无论如何都可以意义含糊地在这一表达名下被包括（这一表述最初与恩培多克勒和阿那克萨戈拉相关），而没有把在这个术语的特殊意义上的所有特殊物质的一种最初混合物的理论归于阿那克西曼德。[1] 因此我们不能证明亚里士多德把这个学说归于他，也不能证明塞奥弗拉斯特把这个学说归于他。塞奥弗拉斯特明确地说过，只在我们把阿那克萨戈拉的原始本原看作是一种没有 237
确定性质（μία φύσις ἀόριστος〔一种无规定的自然〕）的物质，而不是确定的、性质不同的实体的一种混合物的情况下，他才能被认为与阿那克西曼德在原始物质主题上保持一致。[2] 阿那克萨戈拉的学说最终会被还原到这一无疑偏离其最初意义的理论上来，这一点已经被亚里士多

而同时它也指出阿那克西曼德如何与这两位哲学家不同；以及他们彼此如何不同。Büsgen 企图（p. 6）用来应急的《物理学》i, 2, sub init., 以及 i. 5. sub init. 也是一个错误；因为首先，在这些段落中，如果阿那克西曼德被提到了，那么他就属于那些认为 μία ἀρχὴ κινουμένη（一个运动本原）的人；第二，这些段落的目的也不是完整地罗列不同的体系：恩培多克勒、阿那克萨戈拉以及毕达哥拉斯学派，他们之中的任何一个都没有被提到，而且它只是以一种强迫的方式说到赫拉克利特能被放在那些持原始物质的稀疏和凝聚观点的范畴下。

1　分离相应于混合（τῶν γὰρ αὐτῶν μῖξίς ἐστι καὶ χωρισμὸς〔混合与分离是统一的〕，就像在《形而上学》989b4 所说的；这一段落很值得与我们面前的这一段相比较）；如果万物是从原始物质的分离中生成，这种物质原先就是万物的一种混合物。因此，亚里士多德以相同的方式会说分离和分类，当被分离的元素只是潜在地被包含在原始物质之中时，同样地，在相同的情况之下他会说到混合。必然是 μῖγμα（混合物）被第一次认为是特殊实体的一种集合，就像 Büsgen（p. 3, 7, 11 sq. 在前面注释中被提到的文本）似乎认为与阿那克西曼德的 ἄπειρον 有关；的确，这一点绝对与永恒、不变的原始物质的概念不相匹配。考虑以上提到的段落，一定要注意到，在这里“混合物”首先被归于恩培多克勒，其次才通过 καὶ Ἀναξιμάνδρου 这个附加被归于阿那克西曼德。在这里我们可以容许一个微弱的关联，以使这个词也可以在其一般的概念上（整体在自身包含杂多）被应用于阿那克西曼德，而它在其最充分的效果上只能适用于恩培多克勒。这是更为合理的，因为这段话属于亚里士多德的一个章节，这个章节（也许因为它本来是他打算自用的一个草稿）在他所有的著作中由于过于简洁的表达而非同寻常，在这一章节中，作者恰当的意思常常只有通过补足他几乎没有表达的思想才能被发现。

2　在引号中被引用的这些词，见第 157 页注释 1，καὶ οὕτω μέν—Ἀναξιμάνδρῳ，辛普里丘那里所引用的这段唯一的话的原文就来自他。

德指出来了。[1]塞奥弗拉斯特[2]做了同样的推论，在承认这个推论的基础上，他比较了阿那克萨戈拉和阿那克西曼德的观点。比较显示，他归于阿那克西曼德的是物体的特殊性质在其中尚没有显现出来的一种原始物质，而不是将所有特殊实体本身包含在其自身之中的一种物质。此外，所提到的这一文本并没有把这一后来的学说归于阿那克西曼德；因为把
238 这一意义归于这些话[3]的是阿那克萨戈拉。[4]而且，这些话没有被辛普里

---

1 《形而上学》989a30；cf. *ibid*. 1069b21。

2 *τὸν Ἀναξαγόραν εἰς τὸν Ἀναξίμανδρον συνωθῶν*（"把阿那克萨戈拉归于阿那克西曼德那一类人"），就像它在 Simpl. *Phys*. 33a 被说到的。

3 Simp. *loc. cit.* 从 *ἐκεῖνος γὰρ*（因为那个人）到 *ὑπαρχόντων*（属于），在那里，布兰迪斯（*Gr. Röm. Phil*. i. 13）看到了来源于塞奥弗拉斯特的一个关于阿那克西曼德的说法。

4 这些话当然可能指的是阿那克西曼德，但也可能指阿那克萨戈拉；因为虽然 *ἐκεῖνος*（那些人）经常指更远的那个，它也经常应用于前面所称的主语中较近的那个，参见例如柏拉图：《政治家》303B；《斐德罗》231C, 233A, E；亚里士多德：《形而上学》985a14 sq；Sext. *Phrrh*. i. 213。说这只在 *ἐκεῖνος* 表达的及在文字顺序中更近的观念，在作者思想中是更远的时候才是可能的，我不能同意。（Kern, *Beitr. zur Darstellung der Phil. des Xenophanes*, Danzig, 1871, p. 11：我必须忽视 Büsgen 在相同主题以及阿那克西曼德的 *ἄπειρον* 上的观察）。例如，当亚里士多德说（《形而上学》1072b22）："思想就是对被思想者的接受，对实体的接受。在具有对象时思想就在实现着（具有和实现，现实的思想）。这样看来，在理智所具有的东西中，思想的现实活动比对象更为神圣（是在比仅仅思考的能力更好程度的）。"——*ἐκεῖνο* 不仅仅与按语词顺序较近的东西相关，也与本原观念相关；*τούτου* 与较远的东西相关，只是以与它比较的方式被介绍的。当（*Ibid*. x. 2 开篇）问是否 *ἓν*（一）是一种自身独立的实体，如毕达哥拉斯和柏拉图所认为的那样，"还是更多地有某种东西处于它下面。应该对它说得更加清楚易懂，因为那些人"等（参见第 228 页注释 3），不能设想 *ἐκείνων* 指的自然哲学家们，他们与毕达哥拉斯学派和柏拉图的思想相比，与亚里士多德的思想的距离更远。相似地在《斐德罗》233E，与 *ἐκεῖνοι* 相关的 *προσαιτοῦντες*（询问者），不仅是被最近提及的术语，也是支配性的观念。我们更不能希望找到被像辛普里丘这样近的一位作家小心翼翼地执行的 Kern 的这条规则。在这种情况下，他主要说到的并非阿那克西曼德，而是阿那克萨戈拉。如果 *ἐκεῖνοι* 指的是阿那克西曼德，我们认为辛普里丘说的是：1. 根据塞奥弗拉斯特，阿那克萨戈拉有关原始实在的学说与阿那克西曼德的学说相似。2. 阿那克西曼德承认特殊的实在被包含在 *ἄπειρον* 之中，当分离的过程发生时它们向彼此移动。3. 但是运动和分离（不是被阿那克西曼德而是）被阿那克萨戈拉认为由 *νοῦς* 派生出来。4. 因此，阿那克萨戈拉似乎确认原始实在的一种无限性和一种动力，*νοῦς*。5. 然而，如果我们把由多种实在构成的混合物（即根据这种解释，这一理论属于阿那克西曼德）代替为一种简单的同类聚合物，阿那克萨戈拉的这一理论与阿那克西曼德的理

丘作为从塞奥弗拉斯特那里的一个引用给出来，而是作为他自己意见的一种表达。这可能基于塞奥弗拉斯特的证据，而且这一猜测就其本身而言是极有可能的。但是它只有在不反对确实从塞奥弗拉斯特那里来的观 239
点时才能成立。施莱尔马赫[1]和布兰迪斯[2]已经得出结论，辛普里丘对阿那克西曼德的学说并没有准确而独立的认识，而且他关于这个主题所说的话都有很明显的矛盾。因此，他的证据没有比奥古斯丁以及西多尼斯（Sidonius）或者菲洛庞努斯（Philoponus）的证据有更多的东西，会诱使我们把一个明确被塞奥弗拉斯特否定为其所有的学说归属于阿那克西曼德。另一方面，像塞奥弗拉斯特如此值得信任的一个证人的证词，再加上随后将被引用的进一步证据，足以证明如下结论：这位哲学家并没有认为他的原始物质是几种特殊物质的一种混合物，因此，把他与力活论者泰勒斯和阿那克西美尼区别对待，认为他是一种机械论的物理学体系的拥护者，是不合适的。基于一般的理由，更不可能的是，里特尔归于他的那种观点会属于一个这样古老的时期。原始实在不变的理论以下面两种思想为前提：其一，多种不同的物质，不比物质整体，更能有性质的变化；但是在希腊人那里我们没有遇到这种思想，直到后来变化的可能性被巴门尼德否定之后，恩培多克勒、阿那克萨戈拉和德谟克利特才明确回到了他在这个主题的命题之上；其二，这一（关于不变的原始物质的）理论在阿那克萨戈拉那里与一个安排这个世界的理性的理念结

论是和谐一致的。在这五个命题中，第二个命题与第三、四个命题并没有同一种类的关系，并与第五个命题的处于显著的矛盾之中；在第四个命题中，指的是阿那克萨戈拉因此相信物质的一种无限，在以前的命题中并没有基础；因此 ἐκεῖνοι 只能是阿那克萨戈拉。甚至据说这个 ἐκεῖνοι 说到的 ἄπειρον，也没有形成障碍，因为阿那克萨戈拉（vide p. 879，德文文本）明确地坚持原始实在的 ἀπειρία（无限，永恒）；而且 Kern 惊奇于被普遍地用于描述阿那克西曼德的原始物质的 ἄπειρον 这一表达，被运用于描述阿那克萨弋拉的来源，但是这个段落表明（也请参见《形而上学》988a2 把 ἀπειρία τῶν στοιχείων〔元素的无限〕用于描述他的学说，如 Kern 自己观察到的一样）我们几乎不需要关注那个困难。塞奥弗拉斯特直接把阿那克萨戈拉的原始实在还原为 φύσις τοῦ ἀπείρου（无定的本性）。

1　*Loc. cit.* 180 sq.

2　*Gr. Röm. Phil.* i. 125.

240 合在了一起；甚至恩培多克勒和原子论者的类似观念也被他们的动力因概念所限制。如果不是他们——阿那克萨戈拉在努斯（νοῦς）上，恩培多克勒在友爱与仇恨上，原子论者在虚空上——同时承认有一种独特的运动本原的话，这些哲学家没有谁会把原始物质设想成性质不变的。没人能在阿那克西曼德那里找到任何这样的学说；[1]我们也不能从我们对他的作品所知不多的残篇中得出结论说，[2]他把动力放在特殊事物中，并设想它们凭自己的冲动从最初的混合物中生成；正是这无定自身[3]在推动万物的运动。因此，一种物理学机械理论的所有条件[4]在这里都是缺乏
241 的；我们没有理由，站在最值得信赖的证据的对立面，试图在阿那克西曼德那里寻找这样一种理论。

如果阿那克西曼德没有把他的原始物质设想为一种特殊实在的混合物，而是设想为一团同类的东西（a homogeneous mass），下一步我们必须探求这团东西的本性。从亚里士多德开始的古人，都一致断言它不是由四元素中的任何一种组成的。亚里士多德多次提到关于原始物质的密

1 Ritter, *Gesch. der Phil*. i. 284.

2 Ap. Simpl. *Phys*. 6a. 辛普里丘补充说，阿那克西曼德“以较富诗意的语言”说。

3 根据亚里士多德《物理学》iii.4 的说法，在第 168 页注释 1 被引用。

4 这就是在里特尔关于把伊奥尼亚哲学家分为力本论者和机械论者的那个表述的意义上所说的机械论物理学：他所理解的机械论者，是那些认为确定的物质预先存在于原始物质之中的人；他所理解的力本论者，是那些认为确定物质的独特性质是最初从性质上同质的原始物质中产生出来的人。然而，它并不与后来的理论——自然现象应该被机械地解释为通过运动和物质的混合，从这种原始物质之中产生的相矛盾。当阿那克西曼德（这一点可被 Teichmüller, *loc. cit*., p. 58 sq. 所证明，且在这部著作的后文还有显示）采纳了后一过程时，我们千万不要吃惊，但不可避免的后果就是，既没有对自然的一种纯粹的机械论也没有一种纯粹的力本论解释被他提议和完成。任何人更不应该吃惊（就像 Teichmüller, p. 24），我应该拒绝承认阿那克西曼德有一个特别的动力本原，同时我后文认为天体的运动产生于 *ἄπειρον*。我不认为阿那克西曼德有一个不同于原始物质 *ἄπειρον* 的动力本原。而且我认为，正是由于那两个理由，他把动力放在这种原始物质自身之中，并从 *ἄπειρον* 的运动推论出天体的运动。哪里有矛盾？

度介于水与气[1]或气与火之间的观点，[2]不少古代作家[3]都把这些断言指向
阿那克西曼德，如亚历山大（Alexander）、[4]塞米斯修斯（Themistius）、[5]
辛普里丘、[6]菲洛庞努斯[7]以及阿斯克勒庇俄斯（Asclepius）。[8]但是，虽
然这个理论近来受到辩护，[9]以对抗施莱尔马赫的反对意见，[10]我自己无法
确定它是成立的。从亚里士多德那里援引的一段话看起来确实包含对阿 242
那克西曼德使用的话语的指涉；[11]但是这一涉及本身是可疑的，即使它被
承认，也无法推论这整个段落都与他有关；[12]然而另一方面，紧接着的话 243

1　《论天》303b10；《物理学》203a16, c5, 205a25；《论生灭》332a20。

2　《物理学》187a12，见第 168 页注释 1；《论生灭》*loc.cit.* 以及 328b35；《形而上学》988a30, 989a14。

3　See Schleiermacher, *loc.cit.* 175; Brandis, *Gr.Röm.Phil*.i.132.

4　In *Metaph*. i. 5, 7, pp. 34, 2; 36, 1; 45, 20; 46, 28; and ap. Simpl. 32a.

5　*Phys*. 18a, 33a, 33b（pp. 124, 230, 232 sp.）这个定义的理由在 p. 33a 这样说到：当元素相互矛盾的时候，一个元素被认为是无限的，就会消灭所有其他的元素。因此，无限必然在各种元素之中。这种思想很难属于阿那克西曼德，因为它预设了关于元素的后来的学说；它毫无疑问来自亚里士多德《物理学》204b24。

6　*Phys.* 104; 105b; 107a; 112b; *De Caelo* 273b38; 251a29; 268a45（*Schol. in Ar*. 514a28; 510a24; 513a35）。

7　*De Gen. et Corr*. 3; *Phys*. A10; C2, 3.

8　*Schol. in Arist*. 553b33.

9　Haym, *in der Allg .Encykl*. iii. Sect. B, xx iv. 26 sq.；F. Kern, *Philologus*, xxvi. 281 以及 p. 8 sqq.。关于所提到的论文，参看第 160 页注释 4。

10　*Loc. cit*. 174 sqq.

11　《论天》iii.5 开篇："有些人只假定一种元素，有的说是水，有的说是气，有的说是火，还有些人说它是比水更稀疏、比气更凝聚的无限的东西，包围着所有的天体。"参见《物理学》203b10（第 248 页注释 1）。在这里，这些词 *περιέχειν ἅπαντα καὶ πάντα κυβερνᾷν*（包容一切，支配一切）有可能属于阿那克西曼德；以及 Hippolytus, *Refut. Haer*. i. 6。

12　这些词，*ὃ περιέχειν*（包容物）—*ἄπειρον ὄν*（作为无定）允许有两种解释。它们可能或者只指 *ὕδατος λεπτότερον*（比水更稀疏）等的直接主语，或者整个命题的主语 *ἓν*（一）。在前一种情况下，那些认为原始物质是某种气和水的居间物的人，被相信断言这种居间物包含万物。在后一种情况下，这段话的意义将是这样的：人们只假设一种原始物质——或者是水，或者是气，或者是火，或者是一种比水更精微、比气更凝聚的东西；而且他们说，这种原始物质包含所有本性无限的世界。就语法而言第二种解释在我看来毫无疑问是最好的；但有一说法确实强烈反对它（Kern, *Beitrag*, &c. p. 10），根据《物理学》205a26，"自然哲学家们都不把火或土当作一和无定"，（赫拉克利特，*ibid*, 205a1 sq.，特别被归入那些认为万物是有限的人

显然暗示了相反的思想。因为亚里士多德在这里把原始物质通过稀疏和凝聚的方式生成事物的理论，归于那些相信原始物质是某种气和水的居间物的哲学家；而这个理论是他明确否认阿那克西曼德持有的。[1] 从亚里士多德那里没有其他段落能被引用来表明，他在阿那克西曼德作品中
244 发现了对原始物质的这个界定。[2] 至于后来作家们的说法，看起来完全

之中），以及接下来的关系从句，ὃ περιέχειν（包容物）等不能包含任何对那些把火看作他们原始物质的人的指涉。但这种不精确在亚里士多德那里并不非常少见；在当下的事例中，我也不认为如下情况就是不可能的：在一个综合表述中，如我们这里的，他会把得到绝大多数哲学家或明或暗地承认的关于物质的无限性理论，归属于所有人，并用首个引入它的人的话来表述这个理论。另一方面，极有可能认为原始物质是水和气的居间物的这些哲学家中的一位（或者甚至只有一位持有这个观点，一位哲学家），已经采用了阿那克西曼德的表述，περιέχειν πάντας τοὺς οὐρανοὺς（包容一切天体）来刻画它的无限性（阿那克西曼德本人在《物理学》iii. 4 中只是说 περιέχειν ἅπαντα〔包容一切〕）；阿那克西美尼（vide *infra.*）以相同的方式说到气 ὅλον τὸν κόσμον περιέχει（只包容宇宙），以及第欧根尼（Fr. 6, *infra.*）也把阿那克西曼德残篇的另一种表达赋予气：πάντα κυβερνᾷν（支配一切）。因此我们在讨论的段落，并没有向我们保证归于阿那克西曼德的一个学说，这一学说就像马上会显示的，没有被亚里士多德归于他。

1 在上述所引用的话之后（《论天》iii. 5）亚里士多德紧接着这样说道："这些人都主张单一的元素，或水、或气、或稀于水但稠于气的东西，并认为经过凝聚和稀疏的方式，由此生成其他万物。"

2 Kern, *Philolog*. xxvi. 281，认为这段话（见第 153 页注释 3）所引用的《物理学》iii. 4 可能就是被采用这样的；因为，根据这段话，阿那克西曼德一定被认为在那些认为无定是一种两元素的居间物的哲学家中。在 *Beitrag zur Phil. der Xen*., p. 8, 他宁愿这样解释这些词：自然哲学家把一种元素作为基体赋予无定，或者是它们的居间物。我无法采用这种解释。我认为亚里士多德已经另外表达了这个想法。他也许会说："他为无定规定了另外的本性，或者是所说的元素中的一种，或者是其中的居间者。"另一方面，我仍然在思考这些话，"所说的元素的另一种本性"，可能有一种更为普遍的意义，一种基本物体，与它自身不同，以至于作为所有个别实体基础的物质被包括在这个表达之下。这个观点的可能性似乎不仅来自亚里士多德的对 στοιχεῖον（元素）的综合性用法（例如，《形而上学》989a30, cf. b16; xii. 4；《论灵魂》404b11），而且来自这个词的定义（《形而上学》v. 3）；λεγομένων（所谓的，所说的）这个词并没有显示任何困难，因为我们没有权利在这里找出一种对"四元素"的暗示。相反，亚里士多德明确说道，*loc. cit*. 1014a32："人们所说物体的元素也是这样，物体最终要分解为这些元素。而这些元素却不分散为其他的类。他们说这些元素既可以是一，也可以是多。"相似地，根据这个说法，《论天》302a15 sqq. λεγόμενα στοιχεῖα（所说的元素）是那些被平均划分的物体，它们构成了复合物的最终成分或各种成分。这样的最终成分毫无疑问就是阿那克西曼德的 ἄπειρον，如果我们把

以亚里士多德的这些段落为基础。辛普里丘无论如何都不会直接引用阿那克西曼德，否则，他不可能说的如他确实说的那般不确定，[1]而且他不可能把作为气与火的居间物的物质理论，以及作为气与水的居间物的物质理论这样的双重理论同时归于这个哲学家，好像它是一个无关紧要的主题；[2]因为这两个理论显然互相排斥，而且它们都无法在阿那克西曼德的作品中被找到。辛普里丘也没有在他的前辈那里找到对这个作品的指涉，否则的话他会马上就讨论这个重大的转折。对波菲利（Porphyry）来说，同样如此，[3]如果不是这样的话，他就不会把他的观点（不同于亚历山大的观点）仅依赖于亚里士多德的这段话。这一点也适合于亚历山大[4]和菲洛庞努斯[5]。因此，这些后来的说法，都完全依赖于猜测，而且亚里士多德的说法仅仅指向阿那克西曼德，因为这些话无法适用于别的哲学家。现在，从最值得信任的权威的毫无疑问的证词中明显可知，阿那克西曼德并不认为他的原始物质是两种确定的物质的居间物；245
相反，他或者对它的本性保持沉默，或者明确地把它描述为那种没有任何一种特殊实在的性质会属于它的东西。因为当亚里士多德在上面所提到的段落之中泛泛地说到那些认为原始物质是一种确定的元素，或者两种元素的某种居间物，并通过稀疏和凝聚的过程生成了所有其他事物的人时，显然他的计划并非在这些哲学家与另一类哲学家之间进行区分，后者同样假设了相同种类的一种原始物质，但认为事物以一种不同的方

它理解为一种没有确定实体属性的物质的话。我们几乎被迫接受了亚里士多德话中的这个观点，因为否则这个段落就既不应用于阿那克萨戈拉，也不应用于原子论者。因为 *ὁμοιομερῆ*（相同的部分）和原子都不属于四元素或 *μεταξὺ τούτων*（居间物）；但亚里士多德本人坚持 *ὁμοιομερῆ* 和原子的 *ἀπειρία*；因此这些也得一定是一种 *ἑτέρα φύσις*（另外的本性），这是 *ἄπειρον* 的基质。

1　《物理学》32a。

2　前者，《物理学》107a；后者，《物理学》105b，《论天》273b38; 251a29。

3　Simplicius, *Phys*. 32a.

4　在《形而上学》983a11；*Schol*. 553 b, 22。

5　他甚至并不确定所引述的段落之中，阿那克西曼德的无限是气和火的居间物，还是气和水的居间物。

式由它而生成。相反，在拒绝事物通过稀疏和凝聚方式的派生理论的同时，他相信他拒绝的是一种有确定性质的原始物质的一般理论。这一点在《物理学》i. 4 的段落中看得更为清楚。[1] 他在这里说道："一些人从对一种确定的原始物质的预设出发，认为事物通过稀疏和凝聚的方式由它生成；另一些人，像阿那克西曼德、阿那克萨戈拉和恩培多克勒，认为对立物已经在这一种原始物质中包含了，并通过分离的方式由它生成。"这里的文本相当明确地显示，他认为"稀疏和凝聚"根本地与一种性质确定的物质的理论相关，正如"分离"与关于万物的一种原初混合的理论，或者没有确定性质的物质理论相关一样。它不可能是别样
246 的；因为为了通过分离而从原始物质中生成，特殊物质必然或潜在或现实地被包含在它之中；但这只有在原始物质本身不是一种特殊物质、也不仅仅是两种其他特殊物质的居间物的条件下，且所有事物都同等地包含在它自身中才可能。如果我们进一步认为《物理学》这一章讨论的不是关于事物从元素生成的方式，而是关于原始实体本身的数量和本性，[2] 毫无疑问的事实是，不仅从首要的观点来看、而且从次要的观点来看，阿那克西曼德都与伊奥尼亚派的其他人相反；因此，他的无定既不能是后来被承认的四元素之一，也不能是这些元素中两个元素的居间物。这很可以解释，阿那克西曼德会在《形而上学》i. 3 中被忽略的原因，以及相关的一个评论：[3] 不如此的话，这一评论就没有历史所指；另外，希腊评注家们 [4] 自身也认为这个评论是言说阿那克西曼德的。亚里士多德说："有些人不在任何特殊的元素之中寻找无定，而是在那个所有特殊

1 参见第 157 页注释 1。

2 Haym, *loc. cit.* 否认了这一点；但它确实来自 C2. *sub. init.*

3 《物理学》204b22："其次，一个单一的和单纯的物体也不可能是无限的，无论它是像某些人所宣称的那样，在诸种元素之外并生成诸种元素的东西，还是完全单纯的东西，都不行。有些人把这种东西，而不是把气或水视为无限的，以免其他元素被这种无限的元素所消灭。因为它们彼此之间有对立，例如气是冷的，水是湿的，而火是热的，假若其中的一个是无限的，其他的就确实应该被消灭。所以现在他们就说无定不是这些元素，而是它们所由以生成的其他东西。"

4 Simpl. 11a; Themist. 33a,（230 sq.）

的元素从它生成的东西中寻找；因为每个被认为是无定的特殊实在，一定会排除那些与它相反的实在。”指向后来元素理论的这一理由，几乎 247
不可能被阿那克西曼德这样表述出来。但无论是亚里士多德从某种含糊的说法出发以自己的方式推出这个说法，还是凭他自己的猜测得到它，或者是否可能有后来的作家篡改，用于支持这个观点而被引用的学说毫无疑问最初属于阿那克西曼德。塞奥弗拉斯特在描述阿那克西曼德的无定是一种性质不确定的物质时，就是这么明确地说的；[1] 第欧根尼 [2] 和伪普鲁塔克（Pseudo-Plutarch）[3] 也这么说，还有亚里士多德评注者中的波菲利，或许还有大马士革的尼古劳斯（Nicolaus of Damascus）[4]；无论如何，这些人中的前两个人，看起来运用了一种特殊的资料来源。辛普里丘本人在别的地方说了相同的话。[5] 因此，阿那克西曼德的原始物质不是一种性质确定的物质这一点，是确定无疑的；唯一留下的疑问是，究竟他是明确否认了它所有的确定性，还是根本就回避对此进行界定，我们无法确定。后一个假设看起来更有可能；事实上也为我们的一些文献所持有，并且看起来更为简单，因而，比起经常预设了像上文从亚里士多德引述的那些考虑的其他理论来，更与古代体系相一致；它也提供了对这一事实最合理的解释，这一事实就是，亚里士多德只是在他讨论物 248
质的有限性或无限性，以及事物从它生成的问题时，而不是在处理其元素的构成问题时提到阿那克西曼德；因为在我们主张的情况中，在这一个问题上，如同在前两个问题上，阿那克西曼德没有任何明确的表述为他所知（甚至于这样否定性陈述：无定并非一种特殊实在），所以他宁愿对这个主题完全保持沉默。因此我相信阿那克西曼德仅仅持有这样的观点：无定（the Infinite）或无限的物质（infinite matter）在特殊事物之

1　Ap. Simpl.，见第 150 页注释 1。

2　Diog. ii. 1：“他宣称本原和元素是无定，并将之规定为气或水，或其他什么东西。”

3　*Plac*. i. 4, 5.

4　Simpl. *Phys*. 32a.

5　Simpl. *Phys*. 111a; 6a; 9b.

前存在。而关于这个原始实在的物质性构成，他并没有给出确切信息。

阿那克西曼德进一步教导我们，无定是永恒、不灭的。[1] 在这个意义上，据说他用 *ἀρχή*（本原，始点）这个术语命名万物的第一本原。[2]
249 他设想动力会从开端就与物质相结合；[3] 或者，就像亚里士多德说的（如上所引述），他教导我们，无定不仅包含而且指导万物。[4] 这样，以早期万物有灵论（Hylozoism）的方式，他认为物质是自我运动的、活着的；他认为这个运动的结果就是从其自身生成万物。因此，当亚里士多德（如上所引述）把阿那克西曼德的无定命名为神圣的本质（the Divine essence）时，他对它的描述是正确的，[5] 但是我们不知道是否阿那克西曼

---

1 亚里士多德《物理学》203b10；（参见《论天》iii.5；见第 242 页注释 2）无定就是无开端无结果等："正是因为如此，像我们所说，无定才没有本原，而是反过来，它被认为是其他东西的本原，并且包容一切、支配一切，犹如那些除了无定之外不承认诸如心灵或友爱等其他原因的人们所断言的那样。而且，无定是神圣的东西，因为它是不朽的，又是不灭的（*ἀνώλεθρον*），正像阿那克西曼德以及大多数自然哲学家所宣称的那样。"这些话可能来自阿那克西曼德的著作；只是 *ἀνώλεθρον*（不灭的）被 *ἀγήρω*（不朽的）代替了，就像 Hippolytus, *Refut. Haer*. i. 6"这个本原是永恒的，不老的，并且包围着所有宇宙"的想法类似。更近的是在 Diog.ii.1："部分变化，但整体是不变的。"

2 Hippolyt. *loc. cit.* 和 Simpl. *Phys*. 32b 确实断言了这一点；Teichmüller（*Stud. Zur Gesch. der Begr*. 49 sqq.）在我看来似乎激烈地争论着这些段落的用词。至于这一说法是否为真，而且我们几乎无法确定这一点，则是另一个问题。像 Teichmüller，我不认为说他使用了 *ἀρχὴ*（本原）这个表达是自明的，而且我的疑问被以下这个背景加强了，即对于泰勒斯（他称水为 *ἀρχὴ*）的一个相似评价，我既不能在 Diog. i. 27 找到，也无法在其他地方找到；因此我无法信任它。但是如果阿那克西曼德的确称他的无定为 *ἀρχὴ* 或 *ἀρχὴ πάντων*（万物的本原），或者以任何其他相似的方式指明了它，这只是在说无定是万物的开端，还远不是柏拉图和亚里士多德的 *ἀρχὴ* 概念，即终极原因。

3 Plut. ap. Eus. *Pr. Ev*. i. 8, 1；Herm. *Irris*. c. 4；Hipployt. *l. c.*；Simpl. *Phys*. 9, p.，相似地 107a, 247b。

4 *κυβερνᾷν* 这样的表述，它最简单的意义是舵主对船的运行的指导，这里主要与天体系统的运动有关。

5 罗特（*Gesch. der Abendl. Phil*. ii. a, 142）相信归于无定的独立的动力预设了一种理智，一种有意识的精神的自然，而且阿那克西曼德的无定必须这样被认为是无限的精神；但这是当代思想模式的一种完全的误解，并与亚里士多德著名的断言（《形而上学》984b15 sq.）——阿那克萨戈拉是第一个宣称 *νοῦς* 是世界本原的人——相矛盾。因为缺乏塞奥弗拉斯特上文所引用的话（第 157 页注释 1）的任何其他证据，

德本人使用了那个表述。[1]

我们进一步被告知，他把特殊实在描述为以分离（ἐκκρίνεσθαι, 250
ἀποκρίνεσθαι）的方式从原始物质发展自身，[2] 而且阿那克西曼德自己似乎已经使用了这个词；[3] 但是他把分离精确地理解为什么意义还不清楚。显然就像原始物质概念一样，他同样给这个概念留下了不确定性，那在他脑海中出现的，仅仅是从原始的同质的物质团中分离出几种彼此不同的物质的一般观念。另一方面，我们听说，他把热与冷区分为这种
分离的第一个结果。[4] 从这两者的混合物中他似乎派生出流动的元素，[5] 251

他已经忽视了这个事实，即阿那克西曼德这里与阿那克萨戈拉所比较的只是他的 σωματικὰ στοιχεῖα（物质元素）的定义方面。不要提其他的不准确之处，这已经否定了罗特（*loc. cit.*）引以为豪的发现，即阿那克西曼德关于 ἄπειρον 的学说，与自然哲学的重要性相比，有更多的神学重要性，像他所竭力证明的那样，它与埃及神学完全一致。

1 Simpl. *Phys*. 107a 的文本，只是对从亚里士多德那里引述的这一段落的一种释义，当然不可能说是对它的支持。我无法对这个问题给出这样一种清楚明白的否定，就像 Büsgen, *loc. cit*. p. 16 sq. 所做的那样；但是阿那克西曼德当然没有把他的无定在一神论的意义上命名为 τὸ θεῖον（这个神）；他只叫它神圣的 θεῖον（神）。

2 亚里士多德：《物理学》i. 4，见第 157 页注释 4 ；普鲁塔克在 Eus. *loc. cit*. ；Simpl. *Phys*. 6a。相似地 *ibid*. 32b; 51b（见第 153 页注释 3 和第 157 页注释 1）。然而在那里，阿那克西曼德的学说与阿那克萨戈拉的学说被混淆了，Themist. *Phys*.18a; 19a（124, 21; 131, 22 sq.）；Philoponus, *Phys*. C2。辛普里丘的错误说法，即阿那克西曼德相信稀疏和凝聚，毫无疑问基于这样一个错误的假设，即他的原始物质是两个元素的居间物，以及他被亚里士多德《论天》iii. 5（参见第 163 页注释 11）；《物理学》i. 4 开篇（见第 157 页注释 4）所暗示；cf. Philophnus, *Phys*. c. 3。

3 我们得出这个结论，部分出于亚里士多德上引处对 φησι（他说）这个词的使用，部分出于他把恩培多克勒和阿那克萨戈拉的宇宙论还原到 ἐκκρίνεσθαι（分离）概念的方式。此外，如果不是在阿那克西曼德著作中发现了 ἔκκρισις 概念，那就很难理解亚里士多德和他的后继者如何会把这一概念归属于他。

4 Simpl. *Phys*. 32b; 普鲁塔克（ap. Eus. *loc. cit.*）说得更为准确；Stob. *Ecl*. i. 500. 一般认为，亚里士多德认为干湿和冷热一样是原始的对立面，辛普里丘没有说，他自己根据亚里士多德的这个学说给出了“ἐναντιότητες”（相反者）这个解释。

5 亚里士多德：《气象学》353b6 提到这个观点，即 πρῶτον ὑγρὸν（最初的水）最初填满了世界周围的整个空间：“他们说，因为最初围绕大地的整个地方是潮湿的，但是当被太阳晒干时，蒸发的部分就造成了风和太阳、月亮的回归，而剩下的部分就是海。”而且这就是为什么海洋也一点一点被晒干，Alex. *in h. l*. p. 91a（Arist. *Meteor. ed. Idel*. i. 268; Theophrasti *Op. ed. Wimmer*, iii. fragm. 39）评价道：“如塞奥弗拉斯特所记载的，阿那克西曼德和第欧根尼便属于这种观点。”类似地 *Plac*. iii. 16, 1 ：

就像泰勒斯，他认为这种元素是这个世界直接的（虽然不像泰勒斯那样
认为是终极的）实在。可能出于这个缘故，也是出于对前辈的模仿，他
称水是世界的种子。[1] 从这种流动的普遍的水，通过连续的分离，三种
物质被分离出来：土、气和一种像一球形的地壳围绕着宇宙的火球；[2] 至
252 少这一点看起来是在这个主题上找到的零星暗示的意义。[3] 天体是由火
与气形成的；当宇宙的炽热的圆环爆炸成碎片，以及火被压抑在压缩空
气的轮状壳中时，从它的孔中涌出；这些孔洞的堵塞偶然会造成日食和
253 月食，并以相同的方式产生月盈和月亏。[4] 这火由土的蒸发物维持；而

“阿那克西曼德说海是最初的潮湿的残余，它的绝大部分充满火，剩下的东西通过燃烧而变化。”这就是 Hermias 所说的 ὑγρὸν（潮湿，水）（见第 168 页注释 3）。说就这个理论亚里士多德或塞奥弗拉斯特对阿那克西曼德所说的，就是那本论麦里梭著作对他所说的（见第 156 页注释 3），即：ὕδωρ φάμενος εἶναι τὸ πᾶν（水被认为是万物），我无法赞同 Kern（*Θεοφράστου περὶ Μελίσσου*, *Philologus*, xxvi. 281, cf. *Beitr. zur Phil. d. Xenoph*. 11 sq.）；因为这些词描述水，不仅作为生成世界的东西，而且作为永恒构成它的东西，作为它的 στοιχεῖον（元素）（在第 164 页注释 2 所讨论的意义上），这与这两位哲学家的最明确的说法相矛盾。我也不能承认 Rose（*Arist. libr. ord*. 75）的如下观点：阿那克萨戈拉把潮湿和水只看作万物的质料，且我们所有的权威一致归于他的 ἄπειρον，是后一时期的命名强加在他身上的。

1 参见普鲁塔克，前面的注释。

2 根据第 169 页注释 4 的引述，Plut. ap. Eus。

3 另一方面，我不同意 Teichmüller（*loc. cit*. pp. 7, 26, 58），他认为阿那克萨戈拉的 ἄπειρον 最初是一个巨大的球体，把它的永恒运动（*supra*, p. 248 sq.）看作是这样的旋转，由此火的球形外壳被切碎并分散到球体的表面。这样的观念没有被我们的任何一个权威归于阿那克西曼德；因为 σφαῖρα πυρός（球形的火）并不围绕着 ἄπειρον，而是围绕着地球的大气。确实，如果我们说无定包含万物或所有的世界（参看第 163 页注释 11 和第 168 页注释 1），我们就排除了这个假设，即它本身被我们的世界的界限所包含。但是一个球形的无定就其自身而言，是那么巨大，以至于直接就是一个矛盾，只有最没有问题的证据能够证实我们把它归于这位米利都哲学家，而事实上，根本就不存在这样的证据。

4 Hippolyt. *Refut*. i. 6; Plut. in Eus. *loc. cit*.; *Plac*. ii. 20, 1; 21, 1; 25, 1（Galen. *Hist. Phil*. 15）; Stob. *Ecl*. i. 510, 524, 548; Theodoret. *Gr .aff. Cur*. iv. 17, p. 58; Achilles Tatius, *Isag*. c. 19, p. 138 sq.。所有这些作家都同意我们在文本中所说的。但是，如果试图进一步定义这个概念，我们就会发现在这个说法中有相当大的歧义和缺陷。普鲁塔克（ap. Euseb.）只是说太阳和月亮是在这个火球爆炸成碎片时形成的，并被包围在一定的圆圈内。希波吕特补充说有些圆形有缺口，通过这些缺口我们就会看到星体；当这些缺口被填补的时候，就发生日食和月亮的潮汐。根据 Plut. *Plac*.、斯托拜乌、伪盖伦以及 Theodoret，阿那克西曼德认为这些圆圈可类比于马车的轮子；在充

且，太阳的热由这个球体的干燥和天空的形成物构成。[1] 月亮和行星由它们自己的光而闪耀这个事实 [2] 必然地从阿那克西曼德关于它们的理论中推论出来。他从球体的旋转造成的气流推导出天体的运动；[3] 他关于它 254

满火的轮子的空的圆之间有缺口，火通过这些缺口而流出来。最后，Achilles Tatius 说阿那克西曼德认为太阳有轮子的形状，以光束的形式从轮子的中心部辐射的光（像所说的）分散到太阳的周围。在我看来最后理论就服务于这一点。但是，我必须承认 Teichmüller（*Studien*, p. 10 sq.）已经认真检验了关于这个主题的所有文本，Achilles Tatius 的说法看起来并不很有权威；而且如我们被进一步告知的（*Plac*. ii. 16, 3; Stob. 516），阿那克西曼德使星体"被每一个运行于其上的那些圈环和球体所带动"，这被 τροπαὶ τοῦ οὐρανοῦ（天体的旋转）所证实，被亚里士多德归于他（《气象学》355a21），在我看来很可能罗特（*Gesch. Der Abendl. Phil*. ii. a, 155）把充满了火（罗特错误地说火围绕在外面）的轮子形状的圆形解释成星状球体，是采纳了正确的观点；这些球体在自转过程中，火通过孔道不断流出，并产生了围绕着地球的一种燃烧着的物体的现象。然而，因为这些环状物只由气组成，Teichmüller 在争辩固体球和一种固体天空的理论（Röth, *loc. cit*.; Gruppe, Cosm. *Syst. d. Gr.* p. 37 sqq.）是被阿那克西曼德所持有的并不错（p. 32 sq.）。与这个观点一致，有一种说法（Stob. 538; *Plac*. ii. 25, 1; Galen, c. 15），根据阿那克西曼德，月球是一个比地球大 19 倍的圆，既然这位哲学家极有可能由于我们所不知道的理由，可能已经认为月球轨道（在那种情况下与月球的球形相符合）的圆周是地球圆周大小的 19 倍。然而，我们从相同的来源得知（Stob. i. 524; *Plac*. 20, 1; 21, 1; Galen, *Hist. Phil*. c. 14, p. 274, 276, 279, K.），他使太阳的圆周是地球的 28 倍，而且太阳自身（这个圆的缺口我们认为是太阳的圆盘）与地球一般大小——这是与下面这个理论相矛盾的，即太阳的圆星就是太阳的球，因此它的大小就是太阳的轨道，因为太阳的轨道只是太阳的圆盘的 28 倍大——这是与能看到的证据的明显的矛盾，我们不能归于阿那克西曼德。然而，希波吕特说（如 Teichmüller, p. 17 正确看到的）"太阳的圈环是月亮的圈环的 27 倍"，而且如果我们把它与月球是地球的 19 倍大小的说法相联系，我们将会说太阳的轨道是地球圆周的 513 倍大小，因此是太阳的圆周的 513 倍大小，这当然对阿那克西曼德来说是够资格的。但从我们的证据来看，我们在这个问题上无法做出判断。

1 亚里士多德：《气象学》ii.1（见第 251 页注释 1）；*ibid*. c. 2, 355a21，在那里阿那克西曼德的确没有被提到，但是根据阿那克西曼德值得相信的说法（*loc. cit*. 以及 p. 93b），他是包括在内的。

2 在 *Plac*. ii. 28 以及 Stob. i. 556 所断言的关于月球的话，被第欧根尼（Diog. ii. 1）否认了，但是（如我们已经引述的段落所显示的）没有找到原因。

3 亚里士多德和亚历山大，参见前面的注释和第 169 页注释 5。天体的自转以什么方式被影响，亚里士多德并没有说，但他在 c. 2 的话，就像也在第 169 页注释 5 从 c. 1 引述的段落中所说的话，几乎不支持除此之外的任何其他解释：天体被 πνεύματα（气息）所推动，这是也在阿那克萨戈拉和其他地方找得到的一个观点（Ideler, *Arist. Meteor*. i. 497）。亚历山大这样（*loc. cit.*）解释在第 169 页注释 5 所引述的亚们的位置和大小的理论[1]，就像我们会在天文学的童年所希望的那样武断；然而，如果他真正告诉我们的是，星体被圆周运动造成了圆形，并出于圆周运动，它们接受了让它们发光的火。作为球体理论的作者，他有权要求在天文学史上占有重要的一席之地。他对黄道倾斜度的揭示也
255 为他赢得了这份荣誉，[2]如果这一点确属于他的话。与古代观念一致，我们被告知阿那克西曼德认为星体是神，还说到无数的或无限大小的天体众神。[3]

他猜测地球首先以液体状态存在，并且通过周围的火使得潮气变干而逐步形成的；其余的，变得又咸又苦，流失到海洋中去了。[4]他设想它的形状是圆柱形，高度是其宽度的三分之一；我们生活在它的最表面。[5]它在万物的中心，静止不动，处于平衡状态，因为它与这个宇宙

里士多德的话："因为环绕大地的位置是潮湿的，最初的潮湿被太阳蒸发而从其中产生气，以及太阳与月亮的旋转，就像通过这些蒸汽、蒸发物和这些受造物的旋转，通过环绕它们的的转动，有丰富的潮湿提供给气。"塞奥弗拉斯特把这个说法归于阿那克西曼德和第欧根尼的评价是否指阿那克西曼德阐释的这个部分，并不十分确定。Teichmüller 的理论是，*loc. cit.* 22 sqq.，阿那克西曼德从被设想为球形的 *ἄπειρον* 的旋转推论出的天空的运动。关于它的轴线，由于第 170 页注释 3 所给出的理由我不能承认刚才提到的无关的证据。我也不能承认，如 Teichmüller 所宣称的，在我把被归于无定的 *πάντα κυβερνᾶν*（万物的统治者）与天体的运动相联系有任何矛盾，同时我从 *πνεύματα* 推论出这个运动。当阿那克西曼德说无限通过它自身的运动产生这个宇宙的运动，这并没有阻止他更特别地描述（cf. 250 sq.）导致那种运动的方式，并因此寻找在气流中的闪烁的球体的公转的大概理由。

1 根据 Stob. 510 以及 *Plac*. ii. 15, 6，他认为太阳处在最高的位置，然后是月球，以及恒星和最低的大行星（Röper 在 *Philologus*, vii. 609 错误地给了一种相反的解释）。希波吕特说了相同的话，只是没有提到行星。关于太阳和月球的大小，cf. p. 253。欧德谟斯在第 157 页注释 3 被引述的说法指的就是这些理论。

2 Pliny, *Hist. Nat*. ii. 8, 31. 然而其他人把这项发明归于毕达哥拉斯；vide *infra, Pyth*.。

3 Cicero, *N. D*. i. 10, 25（Philodemus 之后）；*Plac*. i. 7, 12；Stob. 在 *Ecl*. i. 56 的类似段落中说的；Ps-Galen. *Hist. Phil*. c. 8, p. 251 K；Cyrill, c. Jul. i. p. 28D；Tert. *Adv. Marc*. i. 13。要如何理解这些神的无限数量，我们将很快有更具体的研究。

4 参见第 169 页注释 5。

5 Plut. in Eus. *Pr. Ev*. i. 8, 2; *Plac*. iii. 10, 1; Hippolyt. *Refut*. i. 6。第欧根尼（Diog. ii. 1）认为地球的形状是球形而非圆柱形，但这是一个错误。Teichmüller 对这个主题有彻底的研究，*loc. cit*. 40 以下。

的边界距离相等。[1] 他认为动物也在太阳的热的影响之下产生于原始黏液，由于动物种属与地质成型阶段一致逐渐演进的观念自然超出其理解之外，他设想包括人在内的陆生动物，最初是鱼，后来当它们能够在新 256
样式下发展自己时，就开始上岸并蜕掉鱼鳞了。[2] 据说他认为灵魂有气的本性，[3] 而且我们没有理由认为这是不可能的；然而，更为确定的是，在他关于雨、风、雷和闪电的理论中，[4] 几乎每一理论都指向气的影响。但是这些理论与他的哲学理论没有什么关系。

就像万物都产生于一种原始物质，因此也必然都复归于它；因为我们的哲学家说，[5] 万物依据时间次序一定为它们的不正义承担苦行与惩罚。所以可以说，特殊事物的分离存在是一种错误，一种它们必然通过毁灭而补偿的一个罪过。据说阿那克萨戈拉已经把这个相同的原理应用于作为整体的这个世界上，并承认这个世界会毁灭的结果，但是由于这种无限实在的永恒运动，就会形成一个新的世界；这样就会有自然演进 257
的世界的一个无限系列。然而，这是一个有争议的问题。[6] 我们再三被告知阿那克西曼德说到了无数的世界，但是他这句话意味着世界是并列存在呢，还是相继存在呢——以及，就前一个理论，他想到的究竟是彼此分离的多个完整体系，还仅仅是同一世界体系的不同部分，都是不

1　亚里士多德：《论天》295b10；Simpl. in *h.l.* 237b, 45 sq.; *Schol.* 507b20; Diog. ii. 1; *Hippolyt.*, *loc. cit.*。Theo（*Astron.* p. 324）从 Dercyllides 那里来的断言，即阿那克西曼德认为地球围绕着宇宙的中心的运转，是对他（阿那克西曼德）关于地球的悬浮（ap. Simpl. *loc. cit.*）所说的话的一种错误理解。阿那克西曼德自己表达得更为谨慎。

2　Vide Plutarch ap. Eus. *loc. cit.*; *Qu. Con.* viii. 8, 4; *Plac.* v. 19, 4；还有 Brandis, i. 140; 但尤其是 Teichmüller. *loc. cit.* 63 sqq., 他正确地把注意力放在了这个假设和达尔文理论之间矛盾的看法上。但是我无法在以下观点上赞同他（p. 68），根据 Plutarch, *Qu. conv.* 阿那克西曼德禁止吃鱼。在我看来，普鲁塔克并没有说阿那克西曼德明确地禁止吃鱼，而只是说，他关于人从鱼而来的学说表明把鱼作为食物是不合法的。

3　Theod. *Gr. aff. cur.* v. 18, p. 72.

4　Plutarch, *Plac.* iii. 3, 1, 7, 1；Stob. *Ecl.* i. 590；Hippolyt. *loc. cit.*；Seneca. *Qu. Nat.* ii. 18 sq.；Achilles Tatius in Arat. 33；Plin. *Hist. Nat.* ii. 79, 191，认为阿那克西曼德预言了一次斯巴达的地震，但是显著地补充了“Si credimus（如果我们相信）”这样的字眼。

5　在第 168 页注释 4 所引述的残篇中。

6　Vide Schleiermacher, *loc. cit.* 195 sq; Krische, *Forsch.* i. 44 sqq.

容易回答的问题。[1]西塞罗（Cicero）说阿那克西曼德把这无数的世界当作神。这会让我们产生整个体系的观念，就像德谟克利特的世界。斯托拜乌（也像伪盖伦）所说的无数的“天体”（heavens）似乎使同一解释成为必要的，因为叙里卢斯（Cyrillus）就用“世界”（worlds）来代替“天体”。然而，《学说述要》（*Placita*）用了“星体”（Stars）这样的词，而且这个词我们必须看作是阿那克西曼德真正的意思。因为，如果他曾说到在我们的世界之外有无数世界存在而且它们是神，那他就不仅在所有古代哲学家之外茕茕孑立，我们也很难解释他是如何达到这样一个定理的。因为在任何一个时代，无一例外地，神都被理解为人所崇拜的对象：甚至伊壁鸠鲁（Epicurus）的神也是这样，虽然他们自己几乎不会为人类而烦恼。[2]但这些世界，完全脱离我们的感觉和视觉，只是
258 基于一种沉思的假设的力量，并没有能力使我们崇拜，在它们自身中也没有什么东西能引起怜悯；但深深植根于希腊人思想模式之中的对星体的古老崇拜，是在这些哲学家那里经常会遇到的。因此，阿那克西曼德所谓数不清的神，必定是这些星体。相似地，称这些神为“天体”的解释可以在我们已经收集到的他关于星体的概念中找得到。对阿那克西曼德来说，被我们称作太阳、月亮或星辰的东西，只是由气形成并充满了火、且围绕着地球或远或近地旋转的环形物中一个光圈。这个中心发光的环形物就这样围绕着我们，与地球一起形成了宇宙，因此可能被称为天体，也可能被称为世界；[3]但同样可能的是，后来的作家由于采用他们自己时代的语言，会通过解释或校订的方式，用“世界”代替“天体”。此外，阿那克西曼德很可能在这个意义上谈及天体的无限数量，因为（与这一理论相一致）他必然认为这些恒星并不在一个球体上，[4]而是每

1 参见所给出的文本，第 172 页注释 3。

2 Cf. Part iii. a, 395, 第二版。

3 举个例子，辛普里丘谈到（在第 157 页注释 1 所引述的段落之中）没有人相信他持有多个世界理论的阿那克萨戈拉时就说，根据他的说法，νοῦς 产生了 τούς τε κόσμους καὶ τὴν τῶν ἄλλων φύσιν（宇宙和其他的自然）。

4 这样一个球体一定已经像筛子一样被穿孔了，因为每一颗星体在它那里都显示了

一个都是它自己的环形物的孔。因为像在阿那克西曼德时代的那么早的一个时代，如果那没人能判断的东西会在数量上被称为无限，不应该让我们感到惊奇。

另一方面，被归于阿那克西曼德的断言，即相继演进的世界的一种 259
无限性，似乎被他的体系证明了。与这个世界的形成相关的是它的毁
灭；如果这个世界，就像生物一般，从一种既有的物质中、在一个确定
的时期自我发展，很容易设想它也将像生物一样被再次分解为它的构成
元素。如果创造性的力量和运动，就像本质的、最初的性质一样，被归
于这种原始物质，那么唯一符合逻辑的结论就是，由于它的活力，它将
在我们自己的这个世界毁灭之后产生另一个世界；并且，由于相同的理
由，它必然已经在产生地球之前产生了其他世界。这样，我们就可以假
设在过去和未来相继演进的世界的一个无限系列。普鲁塔克的确很明
确地说道，阿那克西曼德认为从无定这个万物生成和毁灭的唯一原因
那里，天体和无数的世界在无尽的循环中生成，[1] 希波吕特（Hippolytus）
也说到了相同的大意。[2] 他说："阿那克西曼德的无定，是永恒的，绝不
变老，环绕所有的世界；但这些世界的每一个都有它们自身生成、存在
和毁灭的一系列时间。"[3] 西塞罗也[4] 提到了无数的世界在很长时间内生 260

一个缺口；而且（根据第 172 页注释 1）它会遮住太阳和月亮。

1　Ap. Eus. *Pr. Ev*. i. 8, 1.

2　*Refut*. i. 6. 顺便说一句，从接下来的说法可知，这些命题似乎另有来源。

3　在这些段落之中没有一个段落说，数不清的世界能被理解为除相继的世界之外的其他世界。当希波吕特直接联系他提到的 *κόσμοι*（诸宇宙），评述它们的开端时间是确定的，这只能意味着这些 *κόσμοι* 有一个确定的持续时间，然后我们这样解释多：有许多世界，因为每一个世界都只持续一段时间。这两个命题，即 *ἄπειρον* 是永恒的，以及它包含所有的世界之间的关系，指向同一个结果。它可能包含所有的现存世界，即使它不永恒；但是如果它比它们所有都存在得更为长久，它只能包含相继的世界。在普鲁塔克那里，*τοῦ παντὸς*（万物）的产生和消逝，以及 *ἀνακυκλουμένων πάντων αὐτῶν*（万物自身的旋转），充分表明被设想的是相继的世界。

4　在第 172 页注释 3 所详细引述的这个段落中，"长时间内的生成与毁灭"这些话，只能应用于一个消失而另一个生成的世界，甚至猜测西塞罗或他的权威把这些世界与被阿那克西曼德称为神的 *ἄπειροι οὐρανοὶ*（无限的天体）混淆了。

成和毁灭；斯托拜乌把这个世界未来将毁灭的理论归于阿那克西曼德。[1]这一点也被这个说法所证实，即他相信海洋在未来会干枯，[2]因为在那种情况下会有火元素的一种日益增长的数量上的优势，这一定最终导致这个地球的毁灭，以及它形成其中心的这个体系的毁灭。在宇宙中一种生成和毁灭持续交替的相同的理论被赫拉克利特所持有——他比任何一位古代伊奥尼亚自然哲学家都更接近阿那克西曼德，而且极有可能这一理论还被阿那克西美尼和第欧根尼所持有。因此，我们有理由设想阿那克西曼德也持有这个观点；还有那个他告诉我们的由原始物质而来、又复
261 归于原始物质的事物分离之间的一种永恒的盛衰变迁的学说；此外，处于相继演进之中的世界的一个永恒系列，是那一学说的自然结果。[3]

他是否同样相信一个无穷数量的体系共存，或像后来的原子论者那样认为多个体系相互分离存在，是另一个问题。辛普里丘，很显然还有奥古斯丁都肯定了这一点；[4]不少现代作家也与他们意见一致。[5]但奥古斯丁并没有从他自己的知识出发说这番话，而且他没有告诉我们他的信
262 息来源。辛普里丘也没有引用阿那克西曼德的作品，[6]他明显表露出他对

1　*Ecl*. i. 416. 阿那克西曼德……*φθαρτὸν τὸν κόσμον*（这个宇宙会毁灭）。

2　塞奥弗拉斯特，还有可能是亚里士多德，见第 144 页注释 1。

3　施莱尔马赫对这个理论的强烈反对的意见（*loc .cit*. 197），在我看来似乎不是决定性的。他认为（根据第 154 页注释 2 和 3 所引述的文本）阿那克西曼德不可能设想一个生成被阻止的时间，这一定是从一个世界的毁灭到一个新世界的产生开始的。但首先，这些词 *ἵνα ἡ γένεσις μὴ ἐπιλείπῃ* 并没有断言“生成从未且不以任何方式被阻止”，而是“新存在物的永恒生成绝不能停止”。如果它继续在一个新世界而不是在一个毁坏的世界里，它就不会停止；这样我们是否能把一个严格理解上排除了这个世界的开端和结束的观念归于阿那克西曼德，就变得很有问题；也就是说，这个观念的意思是，由于首要原因的持续不断的活动（参见第 168 页注释 3），这个世界绝不能停止存在。他可能认为把他正在证明的是这种活动看作总在一个旧世界的毁灭之后形成一个新世界，更有说服力。Rose 关于（*Arist. lib. ord*. 76）世界的形成和毁灭的一种交替是“对理性思维而言很奇怪的最古老”的理论问题，已经在文本中得到回答了。我们发现这一理论在阿那克西美尼、赫拉克利特和第欧根尼那里（然而，对于所有这些人，Rose 同样都否定了）存在，也在恩培多克勒那里存在。

4　Simpl. *Phys*. 257b；参看第 177 页注释 1；Aug. *Civ. D*. viii. 2。

5　Büsgen 尤其在 p. 18 sq. 提到这部著作（见第 158 页注释 3）。

6　如在 p. 237 sq. 观察到的，并且被显示是这些表述的比较所造成的矛盾所清楚地证

于自己所说的话并不十分确定。[1] 从任何其他来源中也没有值得信任的证据能被引用来支持这位哲学家持有这样一个理论，[2] 这是他的哲学体系不仅不需要、实际上还经常与其相互矛盾的一个理论。我们可能设想它是物质无限性的必然结论；但是阿那克西曼德、阿那克西美尼、阿那克萨戈拉以及第欧根尼的继承者证明，在思想的那种早期阶段，这种必然是多么少地存在。他们之中没有一个人在设想以下几个方面有任何困难，即我们的世界是有限的，同时围绕着它的物质，并没有形成任何其他的世界，而是自身向外无限扩展。施莱尔马赫归于我们的哲学家的反思 [3]—— 一定有许多世界，在一个世界里死亡和毁灭的秩序占统治地位，而在另一个世界里生命和活力占优势——对于那个时代来说太不真 263

明的，参见第 157 页注释 1，第 163 页注释 6 和第 165 页注释 1 和 2。

1　Cf. *De Caelo*, 91b34（*Schol. in Ar*. 480a35）; *Ibid*. 273b43.

2　关于西塞罗和 Philodemus 那里的情况已经在 p.257 和第 175 页注释 4 中得到考察；在那里，从希波吕特和普鲁塔克那里被引述的这段话（第 175 页注释 1 和 2）已经被充分思考过了。普鲁塔克的确用过去式说过："诸天被分离出来，而且一般而言全部宇宙是无限的"，但那什么也证明不了；因为首先 *κόσμοι*（宇宙）可能和 *οὐρανοὶ*（天）意义相同（cf. p. 258），而且在下面，也许是就相继的世界说无限数量的它们已经从 *ἄπειρον* 那里产生了；因为它们在过去已经是无数的。也已经表明（p. 257），Stob., i. 56 什么也没有证明。当 Stob（i. 496）说"阿那克西曼德、阿那克西美尼、阿凯劳斯、克塞诺芬尼、第欧根尼、留基波、德谟克利特以及伊壁鸠鲁认为，在无定之中的宇宙在每一个圈环都是无限的，在主张宇宙是无限的人中阿那克西曼德认为它们彼此距离相等，伊壁鸠鲁认为诸宇宙之间的距离是不相等的"时，他的意思毫无疑问就是，阿那克西曼德就像德谟克利特和伊壁鸠鲁相信有无数并存的世界，而且相同的说法也适用于 Theodoret（*Cur. gr. aff*. iv. 15, p. 58），他被归于同一类哲学家中，与斯托拜乌并列，*πολλοὺς καὶ ἀπείρους κόσμους*（其他的以及无限的宇宙）。然而，Theodoret 显然并非一个独立的证人，而采用了这个文本，关于这个文本中的话，斯托拜乌说得更为完整。这个说法本身在这里看起来也是很不值得信任的。因为我们很难相信一位把 *ἄπειροι κόσμοι*（无限的宇宙）归于阿那克西美尼、阿凯劳斯和克塞诺芬尼的作家，另外，他补充的 *κατὰ πᾶσαν περιαγωγὴν*（贯穿万物的旋转）——这不能应用于原子论者和伊壁鸠鲁身上——明显揭露了他在这里对两个不同理论的混淆：一个理论是使数不清的相继的世界从 *περιαγωγαὶ*（旋转）生成（圆周运动是普鲁塔克提及的，见第 175 页注释 1），一个理论是认为有无数同时存在的世界。关于这些世界的相同距离，阿那克西曼德真正所说的，究竟是相关于在 *οὐρανοὶ*（天体）空间中的距离，还是在相继的世界的时间中的距离，我们无法确定。

3　*Loc. cit*. p. 200 sq.

实了。因此，很难明白阿那克西曼德如何得出一个完全独立于感性直觉的理论，而感性直觉是所有古代宇宙论的直接源泉。的确，这样一个理论一定与一个持有如此坚决的观点——每一特殊事物来自一个首要的本原，又回归于它——的哲学家，如阿那克西曼德，相距甚远。[1]德谟克利特是非常有逻辑性的，他认为没有统一的本原指导的无数的原子，在无限空间的最多样的部分彼此关联，因此形成独立的世界体系。相反，阿那克西曼德从他统治万物的一种无定的概念出发，与形成这个世界的力量的统一性相联系，只能达到一个单一的宇宙的理论。

264 现在，如果我们把我们正在被探究的阿那克西曼德的学说与我们所知道的泰勒斯的学说相比较，我们将会发现它在内容上要丰富得多，并预示了哲学思想的一种更高的发展形式。的确，我并不想把任何伟大的意义归于这个被历史学家主要描述为构成对阿那克西曼德本原的最方便的设计，即原始物质的无限性这个概念；因为主要决定阿那克西曼德采用它的"自然创造的无限演进"，可能独立于这个原理而得到承认；[2]而它必然会伴随的这个世界在空间中的无限扩展的结论，就像我们已经看到的，并非这位哲学家教导我们的。另一方面，一个重要的事实是，阿那克西曼德所相信的，不是像泰勒斯所说的那样的一个确定的实在，而是不确定的且无限的物质；不管是什么导致他得出这样一个理论，都暗示了对纯粹感性观察的一种超越。泰勒斯对事物从这种原始物质中生成的方式没有说什么。阿那克西曼德的"分离"仍然十分模糊，但无论如何它是一个努力，要形成关于进程的某种观念，去把现象的多样性还原为最一般的对照物，并得到一种关于这个世界生成的自然哲学理论，摆脱古代神谱宇宙论的神秘因素。阿那克西曼德关于这个世界体系以及生
265 物来源的观念，不仅展示了他的反思，也为后来的哲学施加了重要影响。最后，他承认我们的世界有开端也有结束，还承认相继演进的世界

1 如施莱尔马赫自己所承认的那样，*loc. cit.* 241, 244。

2 如亚里士多德看到的，参见第 154 页注释 3。

的一个无限系列。这个学说表明了显著的思想连续性：除了在放弃关于世界在时间中起源的神秘观念方面走出第一步外，还通过创造性力量从来不会做无用功的观念，为亚里士多德的世界永恒性学说指明了道路。

然而，我不能同意这样一种看法，即阿那克西曼德应该与泰勒斯及其后继者相分离，被赋予了一种特殊的发展次序。这一看法在现代被施莱尔马赫[1]与里特尔[2]基于相反的理由而持有：在施莱尔马赫那里，因为他在阿那克西曼德那里看到推理的自然科学的开端；在里特尔那里，因为他认为他是机械物理学并且更是实验物理学的奠基人。关于后者，已经表明的是，阿那克西曼德的自然理论就像他的前辈和他直接继承者的自然理论一样，几乎没有机械论特点，而且他尤其与赫拉克利特这位典型的力本论者相接近。出于相同的理由，施莱尔马赫断言他与泰勒斯和阿那克西美尼相反、更倾向于特殊性而非普遍性是不正确的；因为阿那克西曼德很明显严格坚持有活力的自然的统一性。[3]确实，他承认对立面起源于这种原始实在；但是这证明不了什么，因为阿那克西美尼和第 266
欧根尼持有同样的观点。最后，我必须与里特尔[4]关于阿那克西曼德没有什么观点来自泰勒斯这个断言争论几句。即使从物质观念的角度我们能说他没有采纳泰勒斯的任何观点，形式上最为重要的仍是，泰勒斯应该是第一个对万物的普遍本原进行探求的人。然而，我们已经看到阿那克西曼德很可能通过他的万物有灵论和地球在其开端是液态的特殊理论而与泰勒斯相关。如果我们进一步思考，他是泰勒斯的同胞，是后者更为年轻的同时代人，而且两位哲学家都很著名、都在他们的母邦受到极大重视，似乎不能说这位年轻的哲学家没有从年长的哲学家那里受到任何的影响；而且阿那克西曼德在年代上处于他的两位同胞——泰勒斯和

---

1 关于阿那克西曼德，*loc. cit*. p. 188; *Gesch. der Phil*. 25, 31 sq。

2 *Gesch. der Phil*. i. 214, 280 sqq., 345; cf. *Gesch. der Ion Phil.* 177 sq., 202.

3 Vide *supra*. p. 256，以及施莱尔马赫关于阿那克西曼德的说法，p. 241，他这样描述这位哲学家，“他的整个考察都那么坚决地倾向于统一性和所有对立面的服从”。

4 *Gesch. der Phil*. i. 214.

阿那克西美尼之间，不可能在科学上与他们没有一点关系。当我们看到阿那克西曼德对他自己直接的继承者施加的影响时，这相反的说法会变更得为明显。

三、阿那克西美尼[1]

阿那克西美尼的哲学理论一般被如是命题所描述：万物的本原或者
267 基础是气。[2]说他用气来指不同于这个名称所指涉的元素的东西，或者

1　关于阿那克西美尼的生平，我们几乎一无所知，除了知道他来自米利都，以及他父亲的姓名是 Euristratus（Diog. ii. 3; Simpl. *Phys*. 6a）。后来的作家把他当作阿那克西曼德的一名学生（Cic. *Acad*. ii. 37. 118; Diog. ii. 3; Aug. *Civ. D*. viii. 2）；朋友（Simpl. *loc. cit. De Caelo*, 273b45; *Schol*. 514a33）；熟人（Eus. *Pr. Ev*. x. 14, 7）；或继任者（Clem. *Strom*. i. 301A. Theodoret. *Gr. aff. cur*. ii. 9, p. 22, Aug. *l. c*.）。虽然可能从他们学说的关系中看出两位哲学家之间有某种关系，但这些说法显然不是基于历史传统，而仅仅是基于一种结合，然而，这种结合比他是巴门尼德的一个学生这种奇怪的说法（ap. Diog. ii. 3）更有道理。根据 Apollodorus 在 Diog. *loc. cit*. 的说法，他出生于第 63 届奥林匹亚赛会期间（公元前 528—前 524 年），大约死于萨尔迪斯被征服之时。如果这一征服意指着第 70 届奥林匹亚赛会期间（公元前 499 年）——这个日期没有在其他任何地方用作纪年的日期——伊奥尼亚人被大流士征服的话，那么阿那克西美尼大约死于阿那克西曼德之后 45 到 48 年；另一方面，如果是那样的话第 63 届奥林匹亚赛会似乎比他的出生时间晚多了。为了消除这个困难，赫尔曼（*Philos. Ion. at*., 21）试图把第 63 届奥林匹亚赛会代替为第 55 届奥林匹亚赛会（就像在 Euseb. *Chron*. 所给出的）；还有罗特（*Gesch. der Abendl. Phil*. ii. a. 242 sq.）代替为第 53 届奥林匹亚赛会。然而，由于希波吕特（*Refut*. i. 7，结尾部分）把阿那克西美尼的鼎盛期放在第 58 届奥林匹亚赛会的第一年，因此，Diels, *Rhein. Mus*. xxxi. 27 猜测第欧根尼的这段话应该这样改变就有可能是对的：“生于萨尔迪斯被攻陷时，死于第 63 届奥林匹亚赛会期间”，而且 Suidas 从那里得出了他的说法：“他出生于萨尔迪斯沦陷时的第 55 届奥林匹亚赛会，当时波斯的居鲁士俘虏了克洛伊索斯。” Diels 说，只有 Suidas 或某位后来的插入者错误地把 Eusebius 的日期写为 ἐν τῇ νε΄ ὀλυμπιάδι（第 55 届奥林匹亚赛会期间）。萨尔迪斯的沦陷，第欧根尼的意思是被居鲁士攻陷的（第 58 届奥林匹亚赛会的第三年，或公元前 546 年），并且 γέγονεν 或 γεγένηται（出生）这个词（如常见的情况下）并不与其出生相关，而与其鼎盛期（ἀκμή）相关。阿那克西美尼的著作中被传到我们手里的一小部分的残篇，根据第欧根尼的说法，是用伊奥尼亚方言写成的；我们在第欧根尼那里发现的两份写给毕达哥拉斯的不太重要的信当然是伪造的。

2　亚里士多德《形而上学》984a5：“阿那克西美尼和第欧根尼认为气优先于水，在简单事物中它是最重要的。”以及所有后来的作家都这么认为 。

把这种基础性实在的气区别于空气性的气[1]，既不能被证明，也不可能是真的。他的确说过气在其纯粹的条件下是不可见的，只能通过对它的冷、热、湿和运动的感知来被感受，[2]但是这一点完全可以被应用到 268
我们周围的气上去，而且我们的文献显然就是这样理解它的，因为它们没有一个曾谈到这样一种区分，其中绝大部分的文本都把阿那克西美尼的原始物质明确地看作四元素之一，一种性质确定的物体。[3]另一方面，他把一种性质归于这种气，那种已经被阿那克西曼德用来区分原始存在和派生性事物的性质：他把气界定为数量上无限的。这一点不仅为后来的作家们所普遍地证实，[4]而且阿那克西美尼本人在说到气包围整个世界时，也暗示了这样一个观点；[5]因为当认为这种气不被苍穹所包含时，作为一种如此易动的实在，它更容易被想象为朝着无限扩展，而非停留在任何确定的界限内。而且，亚里士多德[6]是根 269
据这个世界为无限的气所围绕的说法而提及这一理论。这一段落的确也可以应用到第欧根尼或阿凯劳斯身上，但亚里士多德似乎把原始物质的无限归于所有那些认为世界是被这种物质所包围的人。因此我们几乎不能怀疑阿那克西美尼采用了阿那克西曼德的这个概念。

1　如被 Ritter, i. 217 所假设的，并且被 Brandis, i. 144. 更为坚决地假设的。

2　Hippolyt. *Refut. haer*. i. 7.

3　如亚里士多德上引处以及《物理学》i. 4；Plut. ap. Eus. *Pr. Ev*. i. 8, 4；Simpl. *Phys*. 6a. u; *De Caelo*。参见第 182 页注释 5。

4　普鲁塔克与希波吕特，参见前两个注释。Cic. *Acad*. ii. 37, 118：“阿那克西美尼的气是无限的，但是它是从确定的事物中产生出来的。” *N. D*. i. 10, 26：“阿那克西美尼判断气是神，万物由它产生，无穷无尽，是无限的，而且在永恒运动。” Diog. ii. 3：“他说气是本原，是无定。” Simplicius, *Phys*. 5b：“阿那克西曼德和阿那克西美尼……一方面是一，另一方面是无定，最有可能是元素的基底。” *ibid*.6a, 参见前面的注释；*ibid*. 105b, 参见上文，第 147 页注释 1；*ibid*. 273b：“在无定中……阿那克西美尼和阿那克西曼德的。” 以及 Simplicius, *De Caelo*, vide *infra*; *ibid*. 91b, 32（*Schol*. 480a35）：“阿那克西美尼说火是无限的本原。”

5　在被 Plut. *Plac*. i. 3, 6（Stob. *Ecl*. i. 296）引用的话中。

6　《物理学》iii. 4；见第 147 页注释 2；*ibid*. c. 6, 206b23。也请参见在第 163 页注释 11 所应用的段落；《论天》iii. 5 所引述的段落。

他也同意他的气在不间断的运动之中、在永恒地改变着它的形式，[1]并因此从它永恒地生成新事物的观点；但这是一种什么样的运动，我们的文献没有透露信息。[2]最后，就像说到阿那克西曼德一样，据说
270 他宣称他的原始物质是有神性的；[3]但他是否明确地这么说过，是可疑的，也是不大可能的，因为就像他的前辈（见上文），他认为神在被创造的存在物中间。但实际上，这个说法是真的，因为对他而言，原始物质同时也是原始动力，而且到目前为止，是这个世界的创造性原因。[4]

辛普里丘说，[5]阿那克西美尼认为气是他的第一本原，是因为它变化的本性，这种本性尤其使它适合成为变化的现象的基底。根据阿那克西

1 Plutarch ap. Eus. *Pr. Ev*. i. 8. 根据在第 180 页注释 2 的引文。Cic. *N. D*. i. 10（注释 1）。希波吕特接受了第 181 页注释 3 引文。Simpl. *Phys*. 6a。然而关于他为什么由于不承认动力因而被责备（Plut. *Plac*. i. 3, 7），Krische, *Forsch*. 54 解释得很好，参见亚里士多德《形而上学》984a16 sqq.。

2 Teichmüller（*Studien*, &c. p. 76 sqq.）认为，就像在阿那克西曼德（参见第 170 页注释 3）那里一样，这是一种旋转运动；无限的气被假设在永恒旋转。我不能接受这样一个观点，正因为没有一个文献承认这样一个理论。在我看来，无限自身的一种旋转是那么矛盾的一个观念，以至于我们不应该把它归于阿那克西美尼，除非基于压倒一切的证据；如果我们自己声称物质的永恒运动，大气的类比更容易支持一种摆动运动的理论。Teichmüller 求助于亚里士多德的《论天》295a9："如果地球现在静止着是由于强制，那么，由于旋转的作用，它就会在中心被移动到一起。因此，一切主张宇宙是生成的人都断言地球积聚在中心。"但在我看来，这个段落在这个问题上不甚重要；因为它并没有说是否这种旋转运动在形成这个世界的过程中，把地球上的物质带到在这些物质之前存在的宇宙中心；而且这绝非必然的推论。例如，德谟克利特并没有认为原子原初就是旋转的；运动只产生于在一定的点上原子的碰撞。

3 Cicero, *N. D, loc. cit*，Stob. *Eol*. i. 56: *Ἀναξ. τὸν ἀέρα*（*θεὸν ἀπεφήνατο*）（阿那克西美尼曾宣称气是神）；Lactantius. *Inst*. i. 5, p. 18: Bip.："Cleanthes 和阿那克西美尼说以太是最高的神。"然而这里或者是在现代的意义上被使用的，Tert. *contr. Marc*. i. 13："阿那克西美尼（宣称）气是（神）。"

4 罗特（*Gesch. der Abendl. Phil*. ii. a, 250 sqq.）认为阿那克西美尼与克塞诺芬尼相反，并说他提出作为原始神性的精神的概念，因此称他为第一个唯心论者。但这是对他的本原的重要性及获得此本原的方式的一个虚假理解。

5 《论天》，273b45; *Schol. in Arist*. 514a33。

美尼本人的说法，[1]他似乎主要通过这个世界与一种生物的类比而提出这一理论。在他看来（与古代观念一致，以感觉的证据为基础），在人和动物那里，气的呼与吸是生命的原因，是躯体凝聚力的原因；因为当呼
吸停止或被阻碍时，生命就会停止，躯体就会分解并毁灭。对阿那克西 271
美尼而言，自然会猜想这个世界也是这种情况。因为相信世界是有生命的，是非常古老的信念，并且已经被他的前辈介绍到自然哲学之中了。因此在气的明显可观察到的多样而重要的功效中，他容易找到的证据就是，正是气推动并产生万物。但哲学还没有达到把动力因与物质区分开来的程度。因此，上面的说法就等于说气是原始物质；这一理论同样被日常的观察所支持，而且通过猜想很容易得到认可。一方面，雨、冰雹和雪；另一方面火的现象，都同等地被认为是气的产物。因此这样想法就容易产生出来，即气一定是原始物质，所有其他的物体都由它而成形，一些向上，一些向下；另外，这一看法可能基于气在空间中明显无限的扩散，尤其在阿那克西曼德已经宣称无定是原始物质之后。

然后，阿那克西美尼说万物通过稀疏和凝聚而从气中突然出现。[2]他 272

1　参见第 181 页注释 5。

2　亚里士多德（《物理学》，i. 4. *sub. init.*，《论天》iii. 5. *sub. init.*。参见第 164 页注释 1）把这一理论归于自然哲学家整体。对于阿那克西美尼来说它尤其特别，塞奥弗拉斯特只把它归于他（但是，或许意指着他是最早的哲学家中唯一的），参见第 150 页注释 6。对于进一步的证据，参见 Plut. *De Pr. Frig*. 7, 3，见第 184 页注释 2；Plut. ap. Eus. *Pr. Ev*. i. 8, 3，见第 182 页注释 1；Hippolyt. *Refut*. i. 7；Hermias, *Irris*. c. 3；Simpl. *Phys*. 6a; 32a。稀疏和凝聚的表述是多种多样的。亚里士多德说的是 *μάνωσις*（疏散）和 *πύκνωσις*（凝聚）；取代 *μάνωσις*，普鲁塔克和辛普里丘有 *ἀραίωσις*（稀疏），*ἀραιοῦσθαι*（被稀疏）；Hermias 有 *ἀραιουμενος καὶ διαχεόμενος*（稀疏和离散）；希波吕特有 *ὅταν εἰς τὸ ἀραιότερον διαχυθῇ*（一当被分散为更稀疏的东西）。根据 Plutarch, *De Pr. Frig*.（cf. Simpl. *Phys*. 44b），阿那克西美尼本人似乎已经说到了凝聚，说到了疏散、扩展或松散。阿那克西曼德的分离学说只是在 Mörbekede 对 Simplicius, *De Caelo*, 91b43 的再次翻译（*Ald*. 46a, m）中被归于他；（*Schol*. 480a44）：真正的文本反而是："他们说从一直接生成了万物。"（因此物质的变化只有一个方向，并没有像赫拉克利特那样形成一个圆圈）：*ὡς Ἀναξίμανδρος καὶ Ἀναξιμένης*（就像阿那克西曼德和阿那克西美尼）。在 *Phys*. 44a，被辛普里丘以他自己的名义所解释的稀疏和凝聚，是 *σύγκρισις* 和 *διάκρισις*。

似乎已经认为这些过程是由气的运动造成的。[1] 他认为稀疏与加热是同
义词，而凝聚与变冷是同义词。[2] 通过这个阶段，质料在这些他以某种
条理不清的方式描述的转变过程中不得不发生变化。通过稀薄化，气转
变成火；通过凝聚化，它变成风，然后变成云，然后变成水，然后变成
273 土，最后变成石头。然后复合物体从这些简单物体形成了。[3] 因此猜测
阿那克西美尼已经把元素的数量固定为四的文本是不正确的。[4]

在这个世界的形成过程中，气的凝聚首先产生了地球，[5] 阿那克西美

---

1 见第 182 页注释 1。参见 p. 270。

2 Plut. *Pr. Frig*. 7, 3, p. 947. 为了支持这个观点，就像进一步观察到的，阿那克西美尼极力主张从张开的嘴里呼出的气是热的，从紧闭的嘴唇里喷出的气是冷的；由亚里士多德所给出的解释是，一种气是嘴里的气，另一种气是嘴外面的气，Hippol. *loc. cit*.（见第 181 页注释 2 以及下个注释）。根据波菲利在 Simpl. *Phys*. 41a, *Ald*.，阿那克西美尼认为湿和干是基本的矛盾；然而这个说法是可疑的；之所以如此，是因为辛普里丘认为它奠基于一种六步格的诗的基础上，他说这诗来源于阿那克西美尼，但是在其他地方被归于克塞诺芬尼（参看下文关于克塞诺芬尼的章节），而且不可能来自阿那克西美尼的诗。很有可能，就像布兰迪斯所认为的（*Schol*. 338b31, *loc. cit*.），Ξενοφάνην 应该被替换为 Ἀναξιμένην。

3 Simpl. *Phys*. 32a; 还有以前用的相同术语，p. 6a; 希波吕特在第 181 页注释 2 所引用的段落之后说道："因为凝聚和稀疏显然是不同的：因为一当被分散为更稀疏的东西，火就生成了，而由于在中间凝聚为气，从气中通过紧压云被产生出来"，或许不是这样的，我们应该读作："在中间反过来凝聚为气，从气中通过紧压云被产生出来"——就像 Röper（*Philol*. vii. 610）和 Duncker（在他的编辑本中）所主张的——然而，或许 ἀνέμους（风）在 μέσως 中隐含着风，而且接下来的话应该被另外修改为："而再次当更凝聚时水就被产生出来，当被凝聚得更多时土就被产生出来，而当达到最大的凝聚时石头就被产生出来。所以，生成中最主要的就是对立物，热和冷……一当疏散的气被凝聚，风就产生了。"（这无疑意味着，此时凝聚的气重新扩散自己；除非我们用 ἀρθείς，被带到高空，来代替 ἀραιωθείς，撇开凝聚的气的更大的重量不说，在诸天中它非常有可能自身作为像地球一样的物体存在〔见第 184 页注释 2〕），"当聚集起来并且浓厚到极大时云就产生了，并这样变化为水"。

4 Cic. *Acad*. ii. 37, 118. Hermias *loc .cit*.；Nemes. *Nat. Hom*. c. 5, p. 74 有相同的说法，但不精确。

5 Plut. ap. Eus. *Pr. Ev*. i. 8, 3 ："他说，当气被凝聚时，最初的土就被生成了。"从这个理论同样可推论出星体首先是来自地球的蒸发物。地球如何首先形成，以及它如何居于宇宙的中心，没有被解释。在普鲁塔克那里的 πιλουμένου τοῦ ἀέρος（气被凝聚）这些词，承认在气的凝聚中最稠密的部分会下降。与这个观点不同，Teichmüller（*loc. cit*. p. 83）通过旋转运动的理论来解释它（对此，我们已经在第 182 页注释 2 说到）；但从亚里士多德的《论天》ii. 13 引述的这段话，在我看来，凝聚似乎并没

尼认为它宽广而平坦，就像一张桌子的平板，并因此被气所支撑。[1]同
样地，他认为同样漂浮在气中的太阳和星体也具有相同的形式；[2]关于 274
它们的起源，他认为从地球上蒸发而来的蒸汽日益增强的稀疏产生了
火；而这种火，被天体旋转的力一起压迫而形成了星体，因此一个陆地
核被赋予它们。[3]据说他第一次揭示月亮从太阳接受了光，以及月食的
原因。[4]他认为这些星体不是从顶点向最低点运动，而是从地球旁边绕 275
行的，而且太阳在夜晚会消失在北部山区背后；[5]他把它们轨道的环形归 276

有证明这个过程的合理性；因为在这段话中 *πάντες*（所有人）这个词不能这样被扩展到包括每一位构造了宇宙演化论的哲学家身上。例如柏拉图（《蒂迈欧》40B）对 *δίνησις*（旋转）一无所知。赫拉克利特从来没有提到它，而且毕达哥拉斯并没有把地球置于宇宙中心。

1 亚里士多德：《论天》294b13；Plutarch ap. Eus. *loc. cit.*; *Plac*. iii. 10, 3, 在那里 Ideler 没有任何理由用 *Ἀναξαγόρας* 代替 *Ἀναξιμένης*，Hippol. *loc, cit*.。

2 Hippol. *loc. cit*.。太阳的平坦也被 Stob., i. 524; *Plac*. ii. 22, 1（*Ἀναξ. πλατὺν ὡς πέταλον τὸν ἥλιον*〔阿那克西美尼说，太阳平坦得就像一片叶子〕）说到了。相反，关于星体，同一个资料来源（*Ecl*. i. 510; *Plac*. ii. 14）说阿那克西美尼使它们 *ἥλων δίκην καταπεπηγέναι τῷ κρυσταλλοειδεῖ*（星体像铆钉一样被固定在冰状的东西中）；而且与这个说法相一致，盖伦（*Hist. Phil*. 12）说："阿那克西美尼认为存在着大地的最外层的旋转"（*Plac*. ii. 11, 1），我们的文本却不同："大地的最外层的旋转是天"；但伪盖伦这里似乎给出了原始的读法。那么有可能阿那克西美尼，如 Teichmüller（*loc. cit*. 86 sqq.）猜测的，认为只有太阳、月亮和行星漂浮在空中，并认为恒星结合成为天空结晶的穹窿，无论以何种方式，他已经解释了后者的起源（Teichmüller 认为就像恩培多克勒，*Plac*. ii. 11, 1, 他认为它是由通过火的行动而液化的气形成的）。但在那个问题上，希波吕特一定很不准确地表达了他自己的观点。

3 Hippol. *loc. cit*. Theodoret 断言（*Gr. aff. cur*. iv. 23, p. 59），阿那克西美尼认为星体是由纯粹的火所构成的。这个可能来自被斯托拜乌所保存的信息的开端的断言，一定是依据前面文本而被判断的。

4 Eudemus ap. Theo.（Dercyllides），*Astrom*. p. 324 Mark.

5 Hippol. *loc. cit*.; Stob. i. 510。根据这些证据（尤其希波吕特的证据似乎有一个值得信任的来源），我们应该把阿那克西美尼包括亚里士多德在《气象学》354a28 所说的那些人中："关于地球北部更高的某种证明，是由古代许多天象学家的观点提供的。他们认为，太阳并不是在地球下面运转，而是围绕着地球的北部地区，而且，也真是由于地球的北部高，才遮住了太阳，造成了黑夜。"就我们所知，阿那克西美尼是借助北方的山来解释太阳在晚上消失的唯一哲学家，此外，在希波吕特关于他的话，以及亚里士多德关于古代气象学家的那些话之间，有极大的相似性，我们甚至可以猜测亚里士多德在这里尤其想到了阿那克西美尼。Teichmüller 认为（*loc. cit*. p. 96）这些话，*ἀρχαῖοι μετεωρολόγοι*（古代的天文学家）与物理学理论无关，

但是像在这一章开篇的 *ἀρχαῖοι καὶ διατρίβοντες περὶ τὰς θεολογίας*（古代人以及探讨神学的人），与关于海洋的神话观念相关，即太阳神（Helios）在晚上由西到东回来。这个解释不能以这个上下文为基础，因为这两段话之间没有关系，而且彼此之间离得很远。表达方式也明显反对这样一个观点。亚里士多德总是称神话和半神话的宇宙论的代表人物为神学家；另一方面，他把 *μετεωρολογία*（除了在这段话中，*μετεωρολόγος* 从未被他使用过）理解为（《气象学》i. 1 *sub init.*）自然科学的一个特殊分支（*μέρος τῆς μεθόδου ταύτης*），而且在这段话中，如他明确评价的（*loc. cit.*），他与这些词的日常用法是一致的；气象学、气象，以及类似的，是指称自然哲学家们的共同表达。举个例子，参见 Aristophanes, *Nub*. 228；色诺芬《会饮》6，6；柏拉图《申辩》18B，23D；《普罗泰戈拉》315C。我们知道阿那克萨戈拉、第欧根尼和德谟克利特也认为太阳围绕着地球横向运动（*infra*. vol. ii.）。现在似乎是，如果阿那克西美尼认为太阳在地平线之上升起和降落之间周转的圆周的部分，会继续形成整个的圆，他必然认为太阳会被带到地球之下。但即便这个圆切断了我们的水平面，它也不会被带到地球之下，也就是说，在我们所居住其上的圆柱体的基础之下（参看第 185 页注释 1）；它将形成环绕这个圆柱体的一个环状物，的确是倾斜的，但仍然是横向的；它并不 *ὑπὸ γῆν*（离开地球）而是 *περὶ γῆν*（朝向地球）。因为阿那克西美尼认为这个圆周从地球宜居表面的北部边缘下沉一定距离，这个边缘，根据他的地理学观点，离黑海的北部岸并不太远，他坚信，如果没有地球在这里的某些高地，它的北部边缘，太阳将不会完全从我们面前消失，而且尽管有这样的高地，如果不是被遥远的距离减弱的话（根据希波吕特的观点），它的某些光线甚至在晚上会向我们穿透过来。但我绝不排除这种可能性，根据阿那克西美尼，太阳和星体（关于星体，的确，他明确地这么表达）以及由推论而来的行星（如果他认为这些恒星被集合在一起成为苍穹，见第 185 页注释 2）在它们的位置上下降，或者根本没有，或者几乎不低于地平线的表面。当他把它们想象成就像树叶那样的平面（见第 185 页注释 2），并因此顺气而下，他可能很容易就猜测当它们到达地平线时，空气的阻力会进一步阻止它们的下降（见下文注释）。我希望，现在要说的话将表明罗特的苛责（*Gesch. der abendl. Phil*. 258）的正确性，即对那些看不到星体的一种横向运动的人的苛责，绝不可能与阿那克西美尼有关。Teichmüller（*loc. cit.*）承认，他认为太阳围绕着地球横向旋转，在这种旋转中其轨道的轴线倾斜地站在地平线上。他认为只有在它落山之后，才不会紧紧地围绕着地球运动，或者是在北部高山之后的地球之上（p. 103）——就我所知，迄今为止没有人把这个观点归于阿那克西美尼。在 *Plac*. ii. 16, 4，因此也在伪盖伦，c. 12，代替上面引自 Stob. i. 510 的话，我们读到：*Ἀναξιμένης, ὁμοίως ὑπὸ*（盖伦明显错误地读成 *ἐπὶ*）*τὴν γῆν καὶ περὶ αὐτὴν στρέφεσθαι τοὺς ἀστέρας*（“阿那克西美尼认为，类似地，星体在大地之上、环绕着它旋转”）。Teichmüller 从这段话得出结论（p. 98），太阳（天体）的运动是同时在地球之上和地球之下的运动，苍穹的圆周运动在地球之上和地球之下有相同的半径。但是 *περὶ* 并不意味着上面，以及它会在本质上所刻画的任何种类的运动，与 *ὑπὸ* 相反（这是我们已经从亚里士多德、希波吕特和斯托拜乌的段落中看到的），它只能被用作一种圆周的横向运动。在我看来，在《学说述要》中我们只有一种笨拙的矫正，可能是由真实文本的某种损毁和破坏而引起的，并被其他的作家证明是真实的。

于气的阻力。[1]毫无疑问在这些星体中我们必须寻找被造的诸神，这 277
是阿那克西曼德和阿那克西美尼都已经说到的；[2]但是在他那里就像
在阿那克西曼德那里一样使人产生相同的怀疑，也即，归于他[3]的无
限多的世界理论是与星体相关，还是与一个无限演进体系的系列相
关。[4]然而，斯托拜乌[5]和辛普里丘[6]向我们证实——这两个证词相互 278
支持并彼此完善——与之相关的可能是关于世界轮替生成和毁灭的
理论。

有时基于可靠的根据而被归于阿那克西美尼的关于雨、雪、冰雹、

1　Stob. i. 524 说："阿那克西美尼宣称太阳是火性的。由于受到凝聚的、对抗的气的压迫，星体产生了运转。"相似地 *Plac*. ii. 23, 1："阿那克西美尼认为，星体被凝聚的、对抗的气压迫"，在这两个作者那里，这一点在题目 *περὶ τροπῶν ἡλίον*（论太阳的旋转）之下，（在斯托拜乌那里，是 *περὶ οὐσίας ἡλίου...καὶ τροπῶν*〔论太阳的本质…以及旋转〕等），因此他们的意思有可能是，通常所称的两个至点，阿那克西美尼可能以与他的太阳的观点一致的方式进行了解释。然而，要注意的是，他们两人说到对 *ἄστρα*〔星体〕的代替（斯托拜乌也说 *τροπαὶ*〔旋转〕），*τροπαὶ* 在这个意义上并没有在其他地方被归于前者。因此，可能被这些作家归于阿那克西美尼的命题最初有另外的意义，并表示星体从它们的轨道方向被风的阻力所迫。使用这一表述无法阻止这种解释。亚里士多德本人说到了（《论天》296b4）*τροπαὶ τῶν ἄστρων*（星体的旋转）；《气象学》353b8 说到 *τροπαὶ ἡλίου καὶ σελήνης*（太阳和月亮的旋转）；ibid. 355a25 说到 *τροπαὶ τοῦ οὐρανοῦ*（天的旋转）；根据 Hippol. i. 8, 37 行，还有经常在其天文学理论中把阿那克西美尼引为同盟者的阿那克萨戈拉告诉我们："由于受到气的压迫，太阳和月亮产生了旋转。而月亮由于不能支配寒冷而反复地旋转。"*τροπὴ*（旋转）似乎指的是天体在轨道上的各种变化，它们改变了以前运行路径的方向。这样，上面所提到的阿那克西美尼的命题一定不是试图解释天体的圆周轨道，而是解释太阳在至点的偏离——至少这些天体在苍穹中并非是固定不动的。然而，同时，有可能他想要解释的是，为什么它们的轨道没有从我们的地平线继续下降，或者下降得微不足道，参见以前的注释。他用 *τροπαὶ* 的意思是，被他们所描述的在曲线上的弯曲。

2　Hippol. 参见第 181 页注释 2。Aug. *Civ. D*. viii. 2. 以及在他之后的 Sidon. Apoll. xv. 87；cf. Krische, *Forsch*. 55 sq.。

3　Stob. *Ecl*. i. 496; Theod. *Gr. aff. cur*. iv. 15, p. 58.

4　他没有假设多个并列存在的体系这一点，被辛普里丘明确地表达了，见第 187 页注释 6。

5　*loc. cit*. 416.。由火造成的世界的毁灭在这里没有归于阿那克西曼德等，而只归于斯多亚学派；但阿那克西曼德也这样认为也是可能的。Vide *supra*, p. 260。

6　*Phys*. 257b.

闪电、彩虹[1]和地震[2]来源的假设，对我们来说是次要的；而他的灵魂本性的理论，[3]主要基于日常的流行观点，他本人没有进一步的发展。

对这些被归于阿那克西美尼的学说的探究现在使我们能够回答以下这个早被提出的问题：除了几个小的要点之外，阿那克西美尼从阿那克西曼德那里借来了什么？[4]在我看来，他的哲学作为一个整体明显背叛了前辈的影响。因为很有可能被阿那克西曼德明确断定的，不仅有原始物质的无限性，还有它的活力本性和永恒运动。阿那克西美尼重申了这些理论，并由此得出他的结论说，气是原始物质。的确，他从无限实在
279 的不确定的概念返回到一种确定的实在，并认为事物由它生成，不是由于分离，而是由于稀疏和凝聚。但同时他明显地认可泰勒斯关于原始实在所持有的观点；因此他的本原可以被描述为两个以前本原的结合。与泰勒斯一样，他接受了原始物质的性质的确定性；与阿那克西曼德一样，他明确地断言了它的无限性和活力。至于其他，他主要倾向于阿那克西曼德。甚至如果我们不能公正地把世界毁灭，以及无数世界相继演进的学说归于他，我们仍然能看到他在他关于热和冷的原始对立、地球和星体的形式，关于大气现象、在他所说的星体是被创造的神，也许还有关于灵魂在其本性上像气的意见上对前辈的依赖。[5]然而这种依赖不是那么大，也并非他自己的独特理论没有什么意义，以至于我们有理由拒绝承认在他学说中任何种类的哲学进步。[6]因为阿那克西曼德

1 Hippol. *loc. cit.*; *Plac.* iii. 4, 1, 5, 10; Stob. i. 590; Joh. Damasc. *Parall.* s. i. 3, 1（Stob. *Floril. Ed. Mein.* iv. 151）. Theo in *Arat.* v. 940.

2 亚里士多德《气象学》365a17, b6；*Plac.* iii. 15, 3；*Sen. Qu. Nat.* vi. 10；cf. Ideler, *Arist. Meteorol.* i. 583 sq.。也许在这个观点上阿那克西美尼追随阿那克西曼德，参见第 173 页注释 4。

3 来自第 181 页注释 5，以及 p. 270 所讨论的残篇的简短表述，毫无疑问在 Stob. *Ecl.* i. 796 以及 Theodoret, *Gr. aff. cur.* v. 18 被采用了。

4 Ritter, i. 214.

5 因此，虽然 Strümpell 把阿那克西美尼放在阿那克西曼德之前，但他们学说之间并不像年表所显示的那样具有内在关联性。

6 Haym. *Allg. Enc. Sect.* iii. vol. xxiv. 27.

的无限物质的观念太不确定以至于无法解释特殊实在，而且通过“分离”，他说明所有的产物都来自最初的东西，也遭受相同的指控。根据他的说法，这些确定的实在，其本身并不被包含在原始实在之中：因此分离只是特殊事物变化的唯一的另外的表达方式。阿那克西美尼 280
试图获得一种物理过程的更确定的观念，通过这一过程事物从原始物质发展而来；而且为了那个目的，他在一种确定的物体中寻找原始物质自身，因为它有资格成为那一过程的基体。这样一种尝试当然是非常重要的；而且考虑到在那一时期的研究状态，这种尝试标志着真正的进步。因此，后来的伊奥尼亚自然哲学家尤其追随阿那克西美尼；以致于亚里士多德把稀疏和凝聚的理论归于所有那些认为他们的本原是一种确定实在的人；[1]在阿那克西美尼之后的一个世纪，阿波罗尼亚的第欧根尼（Diogenes of Apollonia）以及阿凯劳斯再次建立了他的原始物质的理论。

四、伊奥尼亚学派的后期追随者：阿波罗尼亚的第欧根尼

阿那克西美尼之后，在我们关于伊奥尼亚学派的认识中有了一段空白。如果我们只检视年谱，这个空白将被赫拉克利特所填补；但他哲学的独特本性将他与早期伊奥尼亚学派分开了。同时在这一时期，米利都自然哲学家的理论一定已经被传播开来了，甚至引起了进一步的解释。从类似学说的随后出现看这是很清楚的。但对于这些类似学说，我们的 281
大部分信息都很缺乏。在这种联系中我们必须提及的哲学家主要是阿那克西美尼的同盟者；他们把气本身，或者由气本性构成的物体称为原始物质。但泰勒斯的学说同样找到了支持者，如希波。[2]他是伯里克利时

1　参见第 164 页注释 1。

2　Cf. Schleiermacher, *Werke, Abtheilung*, iii. 405 - 410; Bergk, *Reliquioe Comoed. Att*. 164, 185; Backhuizen Van den Brink, *Varioe lectiones ex historia philosophiae antique*（Leyden, 1842）, 36 - 59.

代的一位自然哲学家，[1]我们不确定他是哪里人，[2]关于他的生平我们也一
282 无所知。[3]他像泰勒斯一样宣称水是万物的第一本原，[4]或者亚历山大[5]可能说得更为准确，[6]没有任何精确界定的潮湿（τὸ ὑγρὸν）是万物的第一本原。他之所以得出这一结论，看起来主要是通过思考动物精液的潮湿本性；[7]至少因为他把灵魂看作类似于精液的一种液体，在他看来，灵魂

1　这一观点显然来自 Aristophanes, *Nub*. 96 的注释者的说法，Bergk 还发现 Cratinus 在 *Panoptai* 中讥讽他（见第 191 页注释 5）。他的理论也指向了一个较晚的时期。关于胚胎的形成和发展的详细考察似乎包含了对恩培多克勒的暗示（vide Backhuizen Van den Brink, 48 sq.）。当他与灵魂是血的假设（然而，这不是太确定；因为那个想法是古代的流行意见）争辩时，他想到的似乎也是恩培多克勒。无论如何，这些考察表明后来的自然哲学家们倾向于对有机生命的观察和解释。亚历山大归于他的关于泰勒斯原理更为抽象的观念，同样与此相协调。说他被阿尔克迈翁（Cens. *Di. Nat*. c. 5）所反对是一个错误（Schleiermacher, 409）。

2　Aristoxemus ap. Cens. *Di. Nat.* c. 5 以及 Iamblichus, *V. Pyth*. 267，把他描述为萨摩斯人，当然这是极有可能的；其他人也许把他与希帕索斯混淆了，说他来自 Rhegium（Sext. *Pyrrh*. iii. 30; *Math*. ix. 361; Hippolyt. *Refut. Hoer*. i. 16），或者麦塔庞顿（Cens. *loc. cit*.）。同样的错误可能导致扬布里柯（*loc. cit.*）把他看作是一名毕达哥拉斯主义者。尽管目录的作者几乎不需要这个借口。可能阿里斯托克塞努斯说他研究过毕达哥拉斯的学说，因此，扬布里柯或他所依赖的权威力图证明他是一名毕达哥拉斯学派成员。说他来自 Melos（Clemens, *Cohort*. 15A; Arnob. *Adv. Nat*. iv. 29）可能更明显是基于与第欧根尼的混淆（在上文所引述的文本之中，第欧根尼被加上了无神论者的身份），如果不是基于克莱门斯文本的一个笔误的话。

3　从 Cratinus 的攻击，我们无法得到更多信息，只知道他在雅典住过一段时间；Bergk（p. 180）从 Athen. xiii. 610b 的诗进一步得出结论，他写诗，但不能推论他不同时写散文。推测（Backhuizen Van den Brink, p. 55）希波是被错误地归于泰勒斯的著作《论本原》——在第 145 页注释 2 以及第 151 页注释 9 被引用——的作者，在我看来是极不可能的，因为它包含有 ἀρχαὶ（本原）和 στοιχεῖον（元素）这样的表达方式。

4　亚里士多德《形而上学》984a3 ；Simpl. *Phys*. 6a, 32a ；*De Coelc*, 268a44 ；*Schol. in Arist*. 513a35 ；Philop. *De An*. A, 4; C7。

5　*Ad Metaphys*. p. 21, Bon.

6　亚里士多德一般把他与泰勒斯归入一类，但并没有肯定地说他认为水是第一本原；这一说法是被后来的著作家首先提出来的。但是在亚里士多德的其他地方的表述那里，我们能看到他毫无顾忌地把 ὑγρὸν（潮湿）与更具确定性的 ὕδωρ（水）等同了起来。

7　参见下面的注释。Simplicius, *De Coelo*, 273b36; *Schol. in Arist*. 514a26 以及 Philoponus, *De An*. A, 4 说得更确切，泰勒斯和希波认为水是原始物质，因为精液和一般营养物的潮湿。然而，我们已经看到（p. 218），他们这么做仅仅是把亚里士多德的猜

就是从精液中突然出现的。[1] 因此他可能就得出与阿那克西美尼一样的结论，那作为生命和运动的原因的东西一定也是原始物质。他认为火来源于水；这个世界是由火克服了水之后生成的；[2] 因此他的本原有时候被 283
断定为火与水。[3] 在宇宙的构成上他到底持有什么样的确切观点——说他持有地球是第一个形成 [4] 的错误观点是否有任何事实上的依据；为了调和阿那克西曼德和阿那克西美尼，他是否认为地球出于液体而在火的影响之下第一个成形，然后由地球形成星体——我们无法确定。[5] 我们无从得知希波出于什么原因在多个地方都被指控为无神论者，[6]然而，亚里士多德对他哲学能力的不利判断，[7]倒是让我们能与传统上关于他学说的可怜的丁点了解一致起来。毫无疑问，与其说他是一名哲学家，不如说他是一名经验丰富的自然学家，但既便这样，从我们听说的关于他的记载可知，[8] 他似乎也没有什么大的重要性。

测（《形而上学》i. 3）变成一种正式的说法。

1 亚里士多德《论灵魂》405b：“还有些人说得不够确切，如希波，认为灵魂是水。这种观点似乎根源于这样的事实：所有的种子都是湿润的；他反驳了那些认为灵魂是血液的人，种子并不是血液，（根据 Cenc. *loc. cit.*，通过对动物的研究，他试图去证明，精子来自于骨髓）精子是首要的灵魂。” Herm. *Irris*, c. 1（cf. Justin, *Cohort*. c. 7）：希波认为灵魂是一种“受精的水”。Hippolyt. *loc. cit.*：“有时脑髓有（读作他说，或者依据 Duncker，据说存在）灵魂，有时水有灵魂，因为精子在我看来产生于潮湿，据说从它生成灵魂。” Stob. i. 798；Tertull. *De An*. c. 5；Philop. *De An*. A, 4C, 7。

2 Hippol. *l. c.*

3 参见前面的注释以及 Sextus. *loc .cit.*；Galen, *H. Phil*. c. 5, p. 243。

4 Johannes Diac. *Alleg. in Hes. Theog*. v. 116, p. 456.

5 对以下说法可以说同样的话：（见第 190 页注释 1）Cratinus 对希波提出了阿里斯托芬对苏格拉底提出的同样的指控，也就是说，他说天空是一个 *πνιγεὺς*（一个烤炉或一个由煤加热的空盖子），而人们是其中的煤块。他可能猜测天空是依靠在地球之上的圆顶；但现在这个观点如何与他的其他观点相关，我们不得而知。

6 Plut. *Comm. Not*. c. 31, 4，Alexander, *loc. cit*. 以及其他评注者；Simpl. *Phys*. 6a; *De An*. 8a; Philop. *De An*. A, 4; Clemen, *Cohort*. 15A, 36C; Arnob. iv. 29; Athen. xiii. 610b; Aelian, *V. H*. ii. 31; Eustach. *in Π. Φ* 79; Odyss. Γ. 381。亚历山大和克莱门斯说到他的墓志铭是追责的原因的话什么也解释不了。Pseudo-Alex. *in Metaph*. vii. 2; xii. 1, p. 428, 21, 643, 24, Bon. 断言他的物理主义是（他被称为无神论者的）原因；但这显然是一种猜测。

7 在第 190 页注释 4 和第 191 页注释 1 所引用的段落之中。

8 除了已经引用的，我们在这里应该提及我们无法知道得更为具体的他关于出生和

284 就像希波受到泰勒斯的影响，希墨拉的伊达厄斯（Idaeus of Himera）看起来受到了阿那克西美尼的影响。[9] 阿那克西美尼极有可能首先提出被亚里士多德在一些段落中提及的两个理论。[10] 根据其中一个理论，原始物质在密度方面处于水与气之间；根据另一个理论，是处于气与火之间。两个理论都属于更年轻一代的伊奥尼亚自然哲学家是可能的，因为它们在老一辈哲学家那占据一个中间位置：一个在泰勒斯与阿那克西美尼之间，另一个在阿那克西美尼与赫拉克利特之间。然而，我们必须首先把他们与阿那克西美尼联系在一起，因为他是第一位提出不同种类物质的相关密度的问题的人，也是通过稀疏和凝聚的过程解释特殊实在形成的人。他以这种方式达到了稀疏的气与凝聚的气的对立，或热气与冷气的对立；如果热气被采纳为原始元素，结果就是气和火的一种居间物；如果冷气被采纳为原始元素，结果就是气和水的一种
285 居间物。[11] 阿波罗尼亚的第欧根尼[12] 是一位我们更为熟悉的哲学家；他的

胚胎成型的理论，Censor. *Di. Nat*. c. 5-7, 9，Plut. *Plac*. v. 5, 3, 7, 3，以及对 Theophrastus, *Hist. Plant*. i. 3, 5; iii. 2, 2 对野生和种植的植物之间的区别的一个评论。Athen. xiii. 610b 包含一首他反对 *πουλυμαθημοσύνη*（博学）的诗，与赫拉克利特著名的格言相似；然而他从蒂蒙那里引用了相同的诗，而蒂蒙可能引自希波。

9 Sext. *Math*. ix. 360："阿那克西美尼、希墨拉的伊达厄斯和第欧根尼……气［他们说是本原］。"除此之外我们对伊达厄斯一无所知。

10 参见第 163 页注释 1 和 2 这些段落与第欧根尼无关，就像现在所显示的。

11 与阿那克西美尼相关，我们应该提一下 Melesagoras；根据 Brandis, i. 148，克莱门斯（*Strom*. vi. 629, A）认为他是转录阿那克西美尼文字的一本书的作者，并认为他的学说与阿那克西美尼的相似。克莱门特还说："欧迈罗斯、阿库西劳斯这些历史家们把赫西俄德的东西变成普通的理论，并且作为他们自己的提出来。因为列翁提尼的高尔吉亚、那克希俄斯的欧德谟斯这些历史家们剽窃了美莱萨戈拉斯，这些人中还有普罗孔内希俄斯的毕翁……安费洛霍斯、阿里斯托克勒斯、列昂德尼俄斯、阿那克西美尼和海拉尼克斯"等。但是这位被多位历史学家所利用的 Melesagoras，只能是著名的记事散文家，也被称为 Amelesagoras（见 Müller, *Hist. of Gr*. ii. 21)，而且克莱门斯在许多历史学家中称呼的阿那克西美尼，当然不是我们的哲学家，但同样是一位历史学家，可能是被第欧根尼提及的 Lampsacus 的阿那克西美尼，这位演说家的侄子。而且问题是，是否我们不应该读作 *Εὐμήλου* 而是读作 *Μελησαγόρου*，或者不应该读作 *Μελησαγόρας* 而是读作 *Εὔμηλος*；以及是否 *Ἀμφίλοχος* 等与 *ἔκλεψεν* 相关，而不是与 *τὰ Ἡσιόδου μετήλλαξαν* 等相关。

12 古人关于他的说法，以及他的著作残篇，已经被施莱尔马赫（*Über Diogenes v.*

学说以引人注目的方式表明，甚至当其他更为发达的观念被引入伊奥尼亚学派时，这一学派仍然坚持早期的预设。一方面他与阿那克西美尼关系密切，另一方面他在所有可能方面都超越了他：他的阐释不仅在形式上更有条理，在细节上更为认真，而且在关于气的观点上也使他区别于前辈，他认为气是原始原因和原始物质，有一定的精神的性质，并已试图通过如此理解的气去解释灵魂的生命。为了为他的探索获得一个不变的基础，[1] 他确定了必然属于这种原始本质的一般特征：一方面，它一定是万物的共同质料，另一方面，它一定是有能力去思想的一种本质。他为第一个断言所提供的论证如下。我们知道事物彼此相互转化，知道实在是混合的，知道事物彼此影响和产生，但如果各种物体在本质上并不相同，那么这些现象没有一个是可能的。因此它们必然是一，是相同的，必然来自同一实在，必然又消散为同一实在。[2] 在对第二个断言的 286

Apollonia, 他全集的第三卷，ii. 149 sqq.）和 Panzerbieter（*Diogenes Apolloniates*, 1830）认真收集并注释了。Cf. Steinhart, *Allg. Encycl .of Ersch and Gruber*, Sect. I. vol. xxv. 296 sqq.; Mullach, *Fragm. Philos. Gr.* i. 252 sqq.。关于他的生平我们几乎一无所知。他是一位 Apollonia 的本地人(Diog. ix. 57, &c.)，被拜占庭的 Stephen(*De Urb. s. v*. p. 106, Mein.）理解为克里特的阿波罗尼亚（Apollonia in Crete），但是因为他用伊奥尼亚方言写作，如果是这座城市，是很可疑的。他的生卒日期将会在以后讨论。根据 Demetrius Phalerius ap. Diog. *loc. cit.*，在雅典他不受欢迎，因此处于危险之中，这可能意味着他被一个与阿那克萨戈拉受到的类似的控告所威胁。但是这里可能是与 Diagoras 的某种混淆。历史学家安提司泰尼的（ap. Diog. *l. c.*）被 Augustine, *Civ. Dei*, viii. 2 重申的断言：他接受过阿那克西美尼的教导，完全基于猜测，同第欧根尼的如下说法一样，毫无价值：阿那克萨戈拉听过阿那克西美尼的课（Diog. ii. 6）；同时极有可能阿那克西美尼在他出生之前就去世了，cf. Krische, *Forsch*. 167 sq.。第欧根尼的著作《论自然》，被辛普里丘使用了，但（如 Krische 所观察的，p.166）他似乎并不熟悉它的第二卷，这是被 Galen *in Hippocr*. vi. *Epidem*. vol. xvii. 1a, 1006K 所引用过的。第欧根尼创作了其他两卷这一点，毫无疑问是这位作家的一个错误，错误的原因就在于对某些他所说的话的一种错误理解（*Phys*. 32b)，参见 Schleiermacher，p.108 sq.; Panzerbieter, p. 21 sqq.。

1 根据 Diog. vi. 81, ix. 57, 他的作品以这些话开始：“在我看来，当人们开始进行任何的讨论时，所给出的原则应当是无可争议的，而解释也应当是简洁而严肃的。”

2 Fr. 2 ap. Simpl. *Phys*. 32b; Fr. 6 ap. Simpl. *Phys*. 33a 以及亚里士多德《论生灭》322b12。Diog. ix. 57 说他告诉我们——即没有什么从什么也不是的事物来或生成什么东西——在这里的确被假设了，但我们不知道他是否确切地说明了这个原则。

287 证据中，第欧根尼以通用的方式提请大家注意在这个世界上质料的智慧而贴切的分配；[1]尤其是我们经验的这一证据——即是说，在所有有生命的自然物中，生命和思想是通过它们呼吸的气而产生的，并与这一实在密切相关。[2]因此他得出结论，构成万物的实在一定是一种永恒、不变、伟大、强有力的物体，并富有知识。[3]他认为所有的这些性质都是在气中揭示出来的；因为气渗透于万物，并且在人和动物那里产生生命和意识；动物的精液也有气一样的本性。[4]因此，他和阿那克西美尼一起，宣称气是万物的质料和基础。[5]这一点几乎[6]被古代作家一致地证实了；

288 而且第欧根尼亲口说[7]气是理性寓居其中的本质，还指导和统治万物，因为它的本性就是把自己扩散到每一个地方，给万物以秩序且在万物之中存在。大马士革的尼古劳斯，波菲利，[8]在一个段落中，[9]像辛普里丘一样，把亚里士多德经常提到的气与火的居间实在看作第欧根尼的第一本原。[10]这毫无疑问是一个错误，他们很可能是被第欧根尼如是观点误导了：在定义他的原始本质时被他用作类比物的灵魂，[11]有热气的本性。我也不能同意里特尔的类似理论，[12]即第欧根尼的原始本质并非日常的大气，而是一种更精微的气，可被热所点燃；因为不仅所有的

1 Fr. 4, Simpl. *loc. cit*.

2 Fr. 5, *ibid*.

3 从 Simpl. *Phys*. 33a 而来的 Fr. 3.

4 参见第 194 页注释 1，2 和 7。

5 或者像 Theophrastus, *De Sensu* 8, 42 所说。Cicero, *N. D*. i. 12, 29 说到神；参见亚里士多德《物理学》iii. 4（见第 168 页注释 1）Sidon. Apoll. xv. 91，把第欧根尼的气作为被赋予创造性能量的物质，而与神相区分，但这一点并不重要。

6 所讨论的这段话被 Panzerbieter, p. 53 sqq. 详细地给出了，关于这一点请参阅亚里士多德《形而上学》984a5 ；《论灵魂》405a21 ；Theophrastus ap. Simpl. *Phys*. 6a.。

7 Fr. 6, ap. Simpl. 33a.

8 根据 Simpl. *Phys*. 33b; 6b。

9 *Phys*. 44a.

10 参见第 163 页注释 2。

11 参见 194 页注释 2 和 7 所引用的段落以及亚里士多德《论灵魂》405a3 的一般标准，Panzerbieter（p. 59）指出这个标准支持他的假设。参见第 181 页注释 4。

12 *Gesch. der Phil*. i. 228 sqq.

阐释，而且第欧根尼自己的解释，都这样说到这种气："那种被通常称为气的东西"；但是根据他自己的一些原则，在推论万物由气通过稀疏和凝聚而生成时，不在普通的空气的元素中，而是在某一特殊种类的 289
气中[1]去寻求最初的本原（那构成了气的所有不同形式和变化的基础的），对他来说是不可能的。施莱尔马赫的猜测也是[2]不可能的，即第欧根尼自己认为气是原始物质，但亚里士多德怀疑他话语的含义，因此归于他的有时是一般的气，有时是热或冷的气。但亚里士多德关于前辈们的本原问题表示出这样的犹豫态度是没有先例的；从他整个的精神与方法看，极有可能的是，他有时会把早期哲学家不确定的观念还原为确定的概念，而不是在涉及他们明确的理论时以一种摇摆的、不确定的方式来表达他自己的观点。亚里士多德屡次且坚决地宣称第欧根尼的本原是气；然后他不点名地说到一些哲学家的本原是气与水的居间物。这些说法不可能与同一些人有关；因此我们不能怀疑气就是在这个词的被普遍接受的意义上的，我们的哲学家认为它就是万物的本质。

从上述引文我们发现，第欧根尼在他对气的更为精确的描述中，把两个属性归于它，这两个属性符合他一般所称的最初物质的要求。作为 290
万物的实在，它一定是永恒而不生灭的，一定在万物之内包含着，并渗透万物；作为生命的原因和世界的秩序，它一定是一种思想的和理性的本质。在气中这两方面是统一的；根据第欧根尼的观点，因为气渗透万物，所以它指导并给它们以秩序；因为它是万物的基础性物质，万物因它而可知；因为它是最纯粹、最精微的物质，它是最有动力的，是所有

1　虽然他通常把气作为 *λεπτομερέστατον* 或 *λεπτότατον*（最精细的东西）（亚里士多德《论灵魂》上引处）与其他物体相比较，但推论不出他认为最稀疏最温暖的气是唯一的原始物质；相反，在 Fr. 6（见第 196 页注释 5）在宣称气通常是首要的本原之后，说有不同种类的气——较热的，较冷的等。在这个观点上的进一步的细节以后会给出。

2　在他关于阿那克西曼德的 *Werke*, 3te Abth. iii. 184 的文章之中，相反的观点，参见 Panzerbieter, 56 sqq.。

运动的原因。[1] 我们被明确告知，[2] 他说到气是无定而且这一陈述更为可信，因为阿那克西美尼给出一个类似的定义，而他是第欧根尼在其他方面最为紧密追随的哲学家。第欧根尼还进一步以与阿那克西曼德相同的方式把气描述为 *ἄπειρον*；亚里士多德说过原始物质的无限性的观点被大多数生理学家所持有。[3] 但在他看来这个定义不如原始本质的生命和力量重要；后者是他的主要观点，在这个概念之中，他揭示了它的气一样本性的主要证据。

由于这种多样性和持续的运动，气预设了最为多样的形式。根据第
291 欧根尼（在这里他再次追随阿那克西美尼），它的运动由在稀疏和凝聚方面的性质变化所构成；[4] 或者相同的事物在冷热方面的变化所构成；这样有了气的冷热、干湿、较大或较小的移动 [5] 等方面的无限变化，并与它的稀疏和凝聚的不同阶段相对应。除此之外，第欧根尼似乎并没有按照毕达哥拉斯的范畴方式系统地列举这些区别，但是他一定已经推断出事物的不同性质，一些从稀疏来，一些从凝聚来，并且一定在冷热方面

---

1 参见第 194 页注释 7 以及亚里士多德的《论灵魂》405a21："第欧根尼和其他一些人认为灵魂是气，气是最完美的东西，它是本原；由于这个原因灵魂能进行认识并引起运动，灵魂是首要的东西，其他一切都是从灵魂而来，作为最精细的东西它能进行认识并产生运动。"

2 Simpl. *Phys*. 6a. 大概是根据塞奥弗拉斯特："万物的本性就像天空一样广阔，他还说是无定和永恒。"

3 参见第 181 页注释 6。

4 Plut. ap. Eus. *Pr. Ev*. i. 8, 13 在上引的话之后，Simpl. *loc. cit*.："从其中，通过凝聚和稀疏，亦即属性的变化，其他东西获得形式。塞奥弗拉斯特记载了有关第欧根尼的这些观点。" Diog. ix. 57，参见第 243 页注释 1 从亚里士多德引述的以及亚里士多德的《论生灭》336a3 sqq.。

5 Fr. 6，参见第 194 页注释 7。Panzerbieter 用味觉解释 *ἡδονή*（快乐，愉快）(p. 63 sq.)，就像这个词也在阿那克萨戈拉的 Fr. 3 以及色诺芬的 *Anab*. ii. 3, 16 出现了。但是类比于"嗅觉"会更好，这个词已经在赫拉克利特 ap. Hippol. *Refut. Haer.* ix. 10 的一个残篇中出现了；还在塞奥弗拉斯特的 *De Sensu*, 16, 90 中出现。Schleiermacher, *loc. cit*. 154 把它翻译为感觉（Gefühl）；类似地 Schaubach（*Anaxagor. Fragm*. p. 86）翻译为感情（Affectio）；Ritter, *Gesch. der Ion. Phil*. 50 翻译为行为举止（Verhalten）；*Gesch. der Phil*. i. 228 翻译为内在意向性（innerer Muth）；Brandis, i. 281 翻译为内在特性（innere Beschaffenheit）；Philippson, *Ὕλη ἀνθρωπίνη*, p. 205 翻译为状态良好的内在（bona conditio interna）。

使它们协调一致了。[1]我们找不到四元素的任何痕迹；我们不知道他是假设了特殊实在和原始实在之间确定的相关媒介，还是把特殊实在的无 292
限多样性等同于稀疏和凝聚的无数阶段，以至于气在凝聚的一个阶段变成水，在另一阶段变成肉，在第三个阶段变成石头。然而，最可能的假设，一个看来产生于以上他关于不同种类的气的陈述，产生于从他关于胚胎（见下页）的发展的言论的假设，是他没有排他性地采用两种解释方式中的任何一个，更一般地说，在对现象产生的解释中，他没有遵循任何固定而统一的方法。

稀疏和凝聚的第一个结果就是与无限的原始实在分离，重的物质向下运动，轻的物质向上运动。地球从前者产生；太阳、毫无疑问还有星辰，从后者产生。[2]第欧根尼被迫首先是从轻重、其次是从物质本身固有的活力中得出这种向上和向下的运动。因为在他那里，这种运动的理智绝对地与物质相一致；不同种类的气也就是不同种类的思想(残篇 6)；思想被添加物质性实在并使它们运动，[3]对他来说是一个不可能的观点。但是在实在的第一次分裂完成以后，所有的运动从热和轻的物体那里继续进行。[4]第欧根尼把动物的灵魂解释为热气；在世界体系中他也把热 293
的物质看作运动的本原，是动力因；把冷而凝聚的物质，[5]看作有形事物持存的本原。由于热的缘故，[6]他认为宇宙需要一种圆周运动，而地球也通过这种运动形成了它的圆形形状。[7]然而，他意图使这种环形运动仅

1　就像 Panzerbieter 详尽表示的，p. 102 sqq.。

2　普鲁塔克，参见第 196 页注释 4。

3　像 Panzerbieter 所代表的，111 sq.。

4　Fr. 6，见第 194 页注释 7。

5　可感的气借助于 *νόησις*（理智）（根据 Steinhart, p. 299），由它们的结合产生出来。然而，我不知道这个设想是基于什么证据；在我看来这是不可接受的，理由我已经在 p. 288 反对里特尔时提到了。我也没有看到进一步的说法——“这种可感气体被认为好像是由无穷的简单物体构成的”——的任何准确证据。因为第欧根尼绝没有被亚里士多德在《论动物的部分》ii. 1 这段话中有所提及。

6　是原始的热还是太阳的热，并没有说，但是从 Alex. *Meteorolog*. 93b 来看，他的意思似乎是太阳的热。

7　Diog. ix. 57：“地球是圆的，处于世界的中心，它根据由热而来的旋转和由冷而来

仅作为一种侧面运动，地球的圆形也是一种圆柱形而非球形；因为他与阿那克萨戈拉一样，认为地球朝向它表面的轴的倾斜由某种不知名的原
294 因(ἐκ τοῦ αὐτομάτου) 所引起，而且这种轴首先垂直地穿过地球。[1]关于地球的形状，以及天体的最初运动，他更倾向于采用阿那克萨戈拉的观点，因为阿那克西美尼指引他得出相同的结论。如同阿那克西曼德，他猜测地球在其太初状态是松软液态的一团东西，后来逐渐被太阳的热烤干的。这一点也被它在旋转过程中有了它的形状所证明。原始液体中剩下的东西变成了海洋，他认为海水的咸是甜的部分的蒸发所造成：由

的凝固获得其结构。”这一点请参照 Panzerbieter, p. 117 sq.。

1 根据 *Plac*. ii. 8, 1（Stobaeus i. 358; Ps. Galen, c. 11 是相同的意思），第欧根尼和阿那克萨戈拉认为：μετὰ τὸ συστῆναι τὸν κόσμον καὶ τὰ ζῷα ἐκ τῆς γῆς ἐξαγαγεῖν ἐγκλιθῆναί πως τὸν κόσμον ἐκ τοῦ αὐτομάτου εἰς τὸ μεσημβρινὸν αὐτοῦ μέρος（在宇宙形成并且从土中产生出动物后，宇宙在一定程度上自发地倾向它的南部）(ἴσως〔也许〕，毫无疑问以作者自身的名义补充，ὑπὸ προνοίας〔胸有成竹地〕，为了表明宜居和不宜居区域之间的不同）。然而，根据 Diog. ii. 9, 阿那克萨戈拉说：“起初，星辰在天空中就像在一个旋转的圆形屋顶中移动（像阿那克西美尼和其他人，他认为在地球表面的垂直上方，会形成像一个圆柱体那样的东西，cf. vol. ii. *Anax*.）那总是可见的轴心是竖直的，但后来就倾斜了。”据此，星辰在它们的日常公转中，首先只是从东到西横向围绕着地球的圆盘转动，且在我们地平线之上而绝不会在地平线之下。后来，地球轴向地球表面的倾斜产生了，造成了太阳和星辰的路线切断了地平面；最终引起日夜的改变。我们所想的关于这个系统的详细情况(如 Panzerbieter, p. 129 sqq. 所显示的)，是很难说的。如果整个宇宙，也即天体和地球都向南倾斜，那在地球与天体之间的位置关系上就不会有什么改变，而这样大部分星体的暂时消失在地平线以下，以及日和夜的改变，都无法解释。如果天体（或在地球轴线的上方尽头的相同的事物）向南倾斜，太阳在它围绕这个轴线的公转就会越来越离更向南的地平线更近。它在西方升起而在东方下降；当它在南方时我们是半夜，它在北方时我们是中午。另一方面，如果地球向南倾斜而天体的轴线保持不动，海洋和所有的水看来就会淹没地球表面的南方部分。因此，Panzerbieter 猜测，阿那克萨戈拉认为天体不是向南倾斜而是向北倾斜，而且在《学说述要》的这段话中我们或许应该读作 προσβόρειον（朝北的）或 μεσοβόρειον（正北的），而不是 μεσημβρινόν（南方的）。但考虑到我们的三个文本在这个词上是一致的，这一点几乎不可信。然而，我们将会发现（*infra*, vol. ii.），留基波和德谟克利特相信，地球圆盘的南方部分处于下陷位置。如果这些哲学家能发现一个我们不知道而他们很满意的权宜之计，他们能通过它逃避这个假设的明显的困难，第欧根尼和阿那克萨戈拉也能发现一个；另一方面，他们的地球倾斜度的理论给了我们一个了解留基波和德谟克利特在这个相同主题上的观点的线索。

潮湿的干燥而产生的蒸汽扩展了天空。[1] 地球充满了气穿过的通道：如果这些通道的出口被堵塞，就会有地震。[2] 同样地，第欧根尼认为太阳和星体 [3] 是有气孔的物体，具有像浮石那样的结构，中空部分充满了火或燃烧着的气。[4] 把湿气的蒸发作为星体来源的理论，[5] 与刚刚从亚历山大那里引用的关于由地球的蒸发而造成的天空增长的理论相关，会使我们猜测第欧根尼认为太阳是唯一的由于热气上升而形成的，星体是随后从太阳的热而造成的蒸汽中产生的，而由于热，太阳本身被认为继续保有蒸汽。当这种营养在世界的每一个部分被耗尽的时候（至少亚历山大如此阐释第欧根尼的学说），太阳就会改变位置，就像一只野兽变换牧场。[6] 295

第欧根尼与阿那克萨戈拉以及其他自然哲学家共享的信念是，活着的动物[7]和植物[8]都产生于土，且毫无疑问都受到太阳的热的影响。通过母亲躯体的生机勃勃的热对精子的影响，[9]他以一种类比的方式解释了生 296

1　亚里士多德《气象学》355a21；Alex. *Meteorol*. 91a；根据塞奥弗拉斯特可能还有93b；参见第 171 页注释 3。

2　Seneca, *Qu. Nat*. vi. 15; cf. iv. 2, 28.

3　其中他同样估算出彗星，*Plac*. iii. 2, 9; 除非第欧根尼这里的意思是指斯多亚学派。

4　Stob. *Ecl*. i. 528, 552, 508; Plut. *Plac*. ii. 13, 4; Theod. *Gr. aff. cur*. iv. 17, p. 59。根据最后三段话，陨石与石头相类似；但它似乎只是在下落中着火的；vide Panzerbieter, 122 sq.。

5　至少 Stob. 522 这样说月球，当他断言第欧根尼认为它是一个 κισσηροειδὲς ἄναμμα（浮石状的燃烧的物体）时。Panzerbieter, p. 121 sq. 以相同的方式解释在 Stob. 508（Plut. *loc. cit.*）的说法，即根据第欧根尼，星体是 διάπνοιαι τοῦ κόσμου（宇宙的蒸发物）；他可能比里特尔（i. 232）更准确，后者把 διάπνοιαι（呼出的气）理解为呼吸。Theodoret, *loc. cit*. 把 διαπνοὰς（气）归于星体本身；更容易把它们与星体上流动的火热的气相关。

6　参见第 171 页注释 3。第欧根尼关于雷和闪电（Stob. i. 594; Sen. *Qu. Nat*. ii. 20），关于风，Alex. *loc. cit.*（参见亚里士多德《气象学》ii. 1 开篇），关于尼罗河洪水的原因（Sen. *Qu. Nat*. iv. 2, 27; *Schol. in Apollon. Rhod*. iv. 269）的一些其他理论都被 Panzerbieter, p. 133 sqq. 讨论到了。

7　*Plac*. ii. 8, 1; Stob. i. 358.

8　Theophrastus, *Hist. Plant*. iii. 1, 4.

9　要看进一步详细的信息，参见 Panzerbieter, 124 sqq.。根据 Censorin. *Di. Nat*. c.5, 9；Plut. *Plac*. v. 15, 4 etc.。

成的过程。根据他的基本立场，他认为灵魂是一种热而干的气。气有无限变化的能力，同样地，灵魂就像它们所属的种类和特殊自然物一样多种多样。[1] 在他看来灵魂的这种实在性，部分来自于精子，[2] 部分来自于出生后进入肺中的气；[3] 根据上述理论，它的热来自母亲的热。他通过灵魂或热而充满活力的气流与血一起流经血管的理论，去解释遍及整个躯
297 体的生命的扩散。[4] 为了支持这个学说，他对这个有朽的身体系统进行了详尽的，同时按照当时解剖知识水准来说，非常准确的描述。[5] 他认为感觉来自有活力的气与外在印象的接触，[6] 睡眠和死亡都产生于气部分或全部地被血液排出血管。[7] 他在包含于大脑中的气中寻找的感觉的位置。[8] 为了证明这一点他诉诸于这样的现象：当我们专注于其他事物的时候我们意识不到外在印象。[9] 他认为欲望、厌恶、勇气、健康等都是气与血混合的不同比例的结果。[10] 正在睡觉和喝醉的人、小孩和动物的智力低下，他归结为较高的密度和湿气，和有活力的气的不太完善的

---

1 Fr. 6，在被引用的这些话之后，见第 196 页注释 4；参见塞奥弗拉斯特，*De Sensu*, 39, 44。

2 因为他明确地评论说精子就像气（*πνευματῶδες*）和泡沫，从那里衍生出名称 *ἀφροδίσια*（阿芙洛狄忒，自海水泡沫中诞生的女神）。参见第 194 页注释 7；Clemens, *Paedag*. i. 105C。

3 *Plac*. v. 15, 4.

4 Simpl. *loc. cit.*；参见 Theophrastus, *De Sensu*, 39 sqq.。从这些段落可以清楚地知道，第欧根尼不把灵魂的栖息地限制于任何特别的器官；因此这个说法——在 *Plac*. iv. 5, 7 中他把 *ἡγεμονικὸν*（主导的部分）变成 *ἀρτηριακὴ κοιλία τῆς καρδίας*（左心室）——只能在这样的意义上被接受，即这是这种生机勃勃的气的主要位置。Cf. Panzerbieter, 87 sq.。

5 由亚里士多德《动物志》iii. 2. 511b30. s99. 给出在 Panzerbieter. p.72.s99. 得到评述。

6 被斯多亚学派的 *ἡγεμονικὸν*（适合当统治者的）的介绍搞混了的 *Plac*. iv. 18, 2; 16, 3 中有点含糊的这些说法，被 Panzerbieter, 86, 90 讨论过，更为详细的情况被 Theophrastus, *loc. cit.* 给出；参见 Philippson, *Ὕλη ἀνθρωπίνη*, 101 sqq.。

7 *Plac*. v. 23, 3.

8 塞奥弗拉斯特上引此说，归于嗅觉的是，“处于气状的脑髓周围：因为这种聚成一团的东西也在呼吸中更适合”。听力产生：“每当那种以气体状态运动从外面推开朝向脑髓逃走。”视力，是进入眼睛之中的图像与气的结合（*μίγνυσθαι*）。

9 *Loc. cit*. 42.

10 Theophrastus，*loc. cit*. 43.

流通。[1] 他当然不得不预设有活力的气本身就在所有有生命的动物身上。因此，他试图去证明，例如，鱼和牡蛎也有呼吸能力。[2] 他甚至把某种 298
类似于呼吸的东西归属于金属，认为它们吸收了潮气（ἰκμὰς），并再次把潮气散发出来，并试图这样解释磁铁的吸引力。[3] 然而，他认为只有动物能呼吸气本身。植物是完全无理性的，因为它们不呼吸。[4]

如阿那克西曼德和阿那克西美尼，据说第欧根尼已经假设了这个世界的生成和毁灭的永恒变化，和相继演进的世界的一个无穷序列。辛普里丘[5] 明确地说到了这一点，而且第欧根尼相信世界的一种无限性的说法[6] 一定是指这个，因为他整个的宇宙进化论甚至比辛普里丘的断言更清楚（在上述引文中）地表明，[7] 他只能把同时存在的事物的全体看作一个被限制在空间中的整体。斯托拜乌[8] 说到了这个世界未来的结局，亚历山大[9] 说到海洋的逐渐干燥，这两种说法都有一个类似的指涉；甚至即使没有这个明确的证据，在这个观点上我们也必须设想第欧根尼已经与他的前辈保持一致了。

考虑到他的理论是一个整体，我们必须承认，尽管它在科学和表达
形式上优越于以前的哲学理论，并且在经验知识上比较丰富，但涉及其 299
基本概念时存在一个矛盾。如果这个世界有序安排只是被理解为指涉一种形成世界的理性，这就预设了物质本身不能充分地解释它；因此其原因不能在一种元素性物体中被找到，这样第欧根尼就被迫赋予物体这样

1　参见第 199 页注释 8；Theophrastus, *loc. cit*. 44 sqq.；*Plac*. v. 20。

2　亚里士多德：《论呼吸》470b30；Panzer. 95。

3　Alex. Aphr. *Quaest. Nat*. ii. 23, p. 138, Speng.

4　Theophrastus, *loc. cit.* 44.

5　*Phys*. 257b；参见第 187 页注释 6。

6　Diog. ix. 57; Plut. *ap*. Eus. *Pr. Ev*. i. 8, 13; Stob. i. 496; Theodoret, *Gr. aff. cur*. iv. 15, p. 58.

7　在这里 *κόσμος*（宇宙）不能被用作单数，如果它正在谈论的是像德谟克利特设想的那种同时并存的多个世界的话。*Plac*. ii. 1, 6（Stob., i. 440）似乎谈到斯多亚学派的第欧根尼。

8　i. 416。参见第 187 页注释 5。

9　*Meteorol*. 91 a, 根据塞奥弗拉斯特，见第 169 页注释 5。

的属性，它们不仅从我们的观点看，而且也绝对和直接地会相互排斥。因为一方面他把它描述为最精微的且最纯洁的，这是由于它渗透一切并使一切都充满活力；而另一方面，他认为事物由它生成，不仅通过凝聚，还通过稀疏，但是如果原始元素自身在存在上是最纯洁的，这就是不可能发生的。[1]它不仅是[2]热气或灵魂，而且是第欧根尼称为最纯粹的一般的气，至少亚里士多德清楚地告诉我们，[3]第欧根尼认为灵魂是气，因为气是最纯洁的元素和原始物质；而且第欧根尼自己（残篇 6）说气在万物之中，并渗透万物，但除非它自己是最精微的元素，否则是不可能的。稀疏[4]也不能指涉产生于之前凝聚的气的第二种形式；因为古代哲学家一致地把稀疏和凝聚的能力归于原始物质；[5]这的确出于事物的本
300 性，因为稀疏和凝聚相互预设对方，由气构成的一个物体的一个部分的凝聚不可能同时没有另一部分的稀疏。这样，在这一体系的基础中有一个矛盾，产生它的事实是，作者采用了形成世界的理性的想法，但没有因此放弃古代伊奥尼亚物质主义，尤其是阿那克西美尼关于原始物质的理论。

这个背景本身会让我们猜测，第欧根尼的理论并不完全产生于古代伊奥尼亚自然哲学的发展，也在另一种不同立场哲学的影响之下；因此那种矛盾因素在这一理论内部出现了。当我们看到，与第欧根尼同时代的阿那克萨戈拉出于一种更合乎逻辑的学说而提出与他的物理主义的预设相矛盾的定义时，这种猜测变得更为可能了。关于第欧根尼生活的准确日期，[6]我们没有确切的信息，但我们有辛普里丘的证据，[7]这一证据大

1 如 Bayle 评论的，*Dict. Diogène. Rem*. B。

2 如 Panzerbieter（106）以及 Wendt zu Tennemann, i. 441 猜测的。

3 在所引述的段落中，见第 196 页注释 1。

4 如里特尔所持的观点，*Ion. Phil*. p. 57.

5 参见第 196 页注释 1。

6 唯一确定的日期涉及公元前 469 年坠落的 Aegospotamos 的陨石（Stob. i. 508; Theod. *Gr. aff. cur*. iv. 18, p.5 9; 以及 Panzerbieter, p. 1 sq.），但这留有太多的空白。

7 *Phys*. 6a，参见第 196 页注释 1 和第 196 页注释 4；这也吸引了塞奥弗拉斯特的注意力。塞奥弗拉斯特真的认为第欧根尼比阿那克萨戈拉晚看来是可能的，因为在他

概基于塞奥弗拉斯特，说他似乎晚于阿那克萨戈拉，并且在写作中部分 301
地依赖于后者。第欧根尼在关于自然科学的详细叙述中的认真，尤其是他解剖知识的极度精确，表明他处于一个观察已经取得某些进步的时代，一个希波和德谟克利特的时代。[1]我们也同样能找到理由猜测他晚于恩培多克勒。因此之故，第欧根尼对阿那克萨戈拉的某些依赖似乎是可能的，他们学说的内在证据完全有利于这个观点。他们之间令人瞩目的相似性很难使人相信，这些学说本来是彼此独立产生的。[2]第欧根尼和阿那克萨戈拉不仅都需要一个形成世界的理性，也基于相同的理由需要它，否则，宇宙的秩序对他们来说就是不可理解的：两人都把这种理性描述为万物最精微的部分；两人都认为灵魂和生命根本上由它而产生。[3]然而，我们不能认为阿那克萨戈拉依赖于第欧根尼，或把第欧
根尼看作他和更老的自然哲学家之间的历史环节。[4]施莱尔马赫事实上 302
认为，如果第欧根尼真的熟悉阿那克萨戈拉的著作，那他一定会明确反对阿那克萨戈拉关于气是某种复合物的理论；但首先，我们没有证据显示他不反对它；[5]其次，我们没有权利把现代哲学的标准应用于古人的

讨论两人的理论时，多次把第欧根尼放在阿那克萨戈拉之后。*De Sensu*, 39 和 *Hist. Plant*. iii. i. 4 也这么认为；参见 Philippson, *Ὕλη ἀνθρωπίνη*, 199。Augustine, *Civ. Dei*, viii. 2 以及 Sidon. Apoll. xv. 89 sqq. 也把第欧根尼描述为一位比阿那克萨戈拉年轻的同时代人；显然出于同样的原因，在 Cic. *N. D*. i. 12, 29 他的名字被列在所有前苏格拉底哲学家的末端。

1 这个日期得到彼得森在他的 *Hippocratis Scripta ad Temp. Rat. Disposita*, part i. p. 30（Hamb. 1839, *Gym-Progr*.）表明可能的背景的支持，也即，Aristophanes, *Nub*. 227 sqq. 提及第欧根尼在第 200 页注释 10 被说到的理论，如果是这样的话，这一理论一定已经在雅典引起了人们的注意。

2 Panzerbieter, 19 sq.; Schaubach, *Anaxag. Fragm*. p. 32; Steinhart, *loc. cit*. 297, 认为第欧根尼比阿那克萨戈拉更早。

3 参见论阿那克萨戈拉的部分。

4 施莱尔马赫关于第欧根尼的著作 *Werke*, 3te Abth. ii. 156 sq., 166 sqq.; Braniss, *Gesch. der Phil*. s. Kant, i. 128 sqq., vide *supra*, p. 167. Kirsche 不是太肯定， vide *Forsch*. 170 sq.。 但施莱尔马赫后来改变了自己的看法，因为在他的 *Gesch. d. Phil*. p. 77 他把第欧根尼描述为一位无原则的折中主义者，并与智者和原子论者一起属于前苏格拉底哲学的第三阶段，也就是衰退期。

5 他在 Simpl. *Phys*. 32b 说到自己：“反驳对自然的研究，他将它们称作智术。”

方法上，也没有权利希望这些后来者对与他们自己的不同的理论有深刻研究，甚至柏拉图也并不总是如此要求于他自身。然而，在我看来，对于阿那克萨戈拉的主要原则——组织性的理性与质料相分离，第欧根尼在他的残篇 6 中是持反对意见的，这一点很清楚。[1] 施莱尔马赫的确没有在这个段落中找到任何这种类型的论辩的痕迹，而仅仅发现了一个以新的方式引进 νοῦς（努斯）学说的人的声音；但是第欧根尼证明所有的理智属性都属于气的细致小心，给了我相反的印象。在我看来，第欧根尼 [2] 以同样的方式非常小心地证明了几种原始实在的不可思考性，因为在他之前有几位哲学家否认原始物质的统一性。考虑到第欧根尼和阿那克萨戈拉之间相关的许多其他要点，说他暗示的只是恩培多克勒而不涉及阿那克萨戈拉，[3] 是不可能的。然而，如果他主要想到的是
303 恩培多克勒，那这就足以表明他是一位比阿那克萨戈拉更年轻的同时代人，而且他的哲学晚于阿那克萨戈拉的哲学出现。施莱尔马赫认为精神应该首先在它与物质的统一中，然后才在与物质的对立中，被发现；但这个说法在阿那克萨戈拉与第欧根尼的关系问题上很难说是决定性的；因为精神与作为老的自然哲学家始点的物质的直接同一，在第欧根尼那里找不到；相反，他引进思想，因为他不满意对现象的纯粹物理学的解释。一旦思想的重要性被承认，比起被第欧根尼以那么不确定的一种方式与物质因结合，当然更有可能的是，这个新的本原首先被置于与物质因的尖锐对立中。[4] 决定这整个问题的事实是，一种形成世界的理性的概念只是被阿那克萨戈拉逻辑地提出来的；第欧根尼则相反，他试图以一种相反的方式把它与完全不一致的立场相联系。这种折中主义的优柔寡断更多地与想要使用这些新观点又不放弃旧的更年轻的哲学家一致，而不是与把属于他的新观点作为他的独创的哲学家相一

1　参见第 194 页注释 7。
2　Fr. 2，参见第 193 页注释 2。
3　Krische, p. 171.
4　这也与 Krische, p. 172 对立。

致。[1] 因此，在我看来，第欧根尼是老伊奥尼亚自然哲学和阿那克西美尼学派的一位追随者；深受阿那克萨戈拉哲学发现的影响，并试图把他的（阿那克萨戈拉的）学说与阿那克西美尼学说结合起来，但在其原则上和在应用中，主要都在追随阿那克西美尼。说根据这个观点，就会有从阿那克萨戈拉到第欧根尼的一种退步，[2] 证明不了什么；因为关于具体情况的一般历史进程并不排斥退步；[3] 另一方面，说阿那克萨戈拉不能与阿那克西美尼 [4] 直接相联确是真的；但我们没有权利从这一点就得出结论说第欧根尼（而不是赫拉克利特，埃利亚学派或原子论者）形成了他们之间的连接点。最后，尽管 ὁμοιομερῆ（同素体）的理论会是比第欧根尼的理论 [5] 更为人造的一个概念，但这绝不意味着它一定是时间上更近的；相反，极有可能的是，正是阿那克萨戈拉对自然的解释的困难，促使了第欧根尼对更为简单和古老的伊奥尼亚学说的追随。在阿那克萨戈拉信奉的本原的二元论中可做同样的猜测；[6] 这样我们必须认为第欧根尼的理论是一名后来的哲学家的尝试，这一理论部分地把阿那克西美尼和早期伊奥尼亚学派的自然哲学学说保存为对阿那克萨戈拉革新的反对，部分地让它们彼此结合起来。[7]

304

305

1　我们无法从两位哲学家在一定的物理学理论上的一致性，如地球的形式，天体穹窿的原始侧面运动及后来的倾斜度，关于星体是石头的堆积物的意见，或者关于感觉的学说，论证更多。这些理论一般而言与哲学原理如此地不相关，以至于两位哲学家中的任一个都可能从另一个那里借来它们。但第欧根尼关于感性知觉的解释，至少表明了阿那克萨戈拉学说（vide Philippson, Ὕλη ἀνθρωπίνη, 199）的一种发展，而且他在经验知识上的优越，标志着他与其说是阿那克萨戈拉的前辈，不如说是德谟克利特的同时代人。在他关于磁铁的理论上似乎也追随恩培多克勒。

2　Schleiermacher，*loc. cit.* 166.

3　从阿那克萨戈拉到阿凯劳斯有一个类似的后退。

4　Schleiermacher，*loc. cit.*

5　*Ibid.*

6　因此，布兰迪斯（i. 272）认为第欧根尼和阿凯劳斯以及原子论者一起反对阿那克萨戈拉的二元论。

7　如被大部分现代作家所认为的那样，参见 Reinhold, *Gesch. d. Phil*. i. 60; Fries, *Gesch. d. Phil*. i. 236 sq.; Wendt zu Tennemann, i. 427 sqq.; Brandis, *loc. cit.*; Philippson. *loc. cit*. 198 sqq.; Überweg *Grundr*. i. 42 等。

然而这一尝试或许值得注意，但它在哲学上的重要性不能被估计过高。[1] 第欧根尼的主要功绩似乎在于他扩展的关于自然的经验知识的范围，以及努力更完整地详细证明生命和自然的目的论构成。但这些观点本身是被他的前辈们，即阿那克萨戈拉和古代的自然哲学家们提供给他的。希腊哲学作为一个整体，在第欧根尼时代早已走出一条路，使它远远超越了早期伊奥尼亚自然哲学的观点。[2]

1 斯坦哈特（*loc. cit.* p. 298）在他这里发现并认为是一个重要进步的这个学说："所有的现象都被看作是一个就自身而言是永恒而持久的原则的自我否决"，远远超过第欧根尼实际所表述的。事实上，他只是说（Fr. 3，见第 193 页注释 2）事物的所有变化和所有的互动都在它们自身之中预设了它们的原始物质的同一性。这的确是一个值得注意和富于想象的思想，但原始物质的概念以及它与由它生成的事物之间的关系的概念，与阿那克西美尼的是相同的。

2 我们通过 Pseudo-Hippocratic 的著作 *περὶ φύσιος παιδίου*（《论孩子的本性》）（参见引自第 203 页注释 1 的论文 Petersen, p. 30 sq.），想起第欧根尼或者至少是古代伊奥尼亚学派的物理学概念。这里我们也发现了那个学派后续观点的证据。

第二章 306

毕达哥拉斯学派[1]

一、我们关于毕达哥拉斯学派哲学的知识来源

在我们已知的所有哲学学派里，我们几乎可以说，没有哪个学派的历史像毕达哥拉斯学派的历史这样如此繁盛、如此受神话和虚构故事所掩盖，而且其学说在传承过程中如此被后起的观点所替代。毕达哥拉斯及其学派很少被亚里士多德之前的论者提及，[2]即使在与他们有如此紧密联系的柏拉图那里，我们关于他们的历史细节所能够收集到的也非常 307

1 最近关于毕达哥拉斯及其学派的论著目录可见 Ueberweg, *Grundr.* i. 48。除了一般的希腊哲学史著作当中的论述，以及里特尔的 *Gesch. d. Pythag. Phil.*（1826），比较系统全面的著作有罗特的 *Gesch. d. Abendlichen Philosophie*，这部作品对毕达哥拉斯有长篇讨论（Abth. 1, pp. 261-984, and 2, pp. 48-319），还有 Chaignet 的两卷本著作：*Pythagore et la Philosophie Pythagoricienne*。然而，罗特的阐述完全没有进行文本和历史方面的检讨，自信满满地得出了最武断的猜想和夸张的想象，它太缺乏对于典据的理智性把握和正确再现了，以至于我们从中几乎得不到什么关于毕达哥拉斯主义的历史性认识。Chaignet 的谨慎的著作显示出了更多的冷静。但是他对于那些杜撰的残篇和不可靠的记述太过于信赖，因而有时候也会得出一些不当的观点，这些观点在更为彻底的检讨下是站不住脚的。这种情况是难以避免的，因为他的基本假设是这些典据毫无例外都是"有效的，只要我们没有证明它们的存在是不可能的"，而不去追问在每一处典据当中的证言究竟是不是基于历史传承、有没有史实依据，从而根据它的真实性程度给予其不同程度的信任。

2 从克塞诺芬尼、赫拉克利特、德谟克利特、希罗多德、开俄斯的伊娥、柏拉图、伊索克拉底、小阿那克西曼德和以弗所的安德隆那里可以引用的关于毕达哥拉斯学派的少量内容将会在恰当的位置给予关注。

少。亚里士多德确实对毕达哥拉斯学派的学说给予了很多关注，不仅在他的综合性研究中对之有所讨论，而且有关于该学派学说的一些专门论著[1]，不过当我们将他所说的内容跟晚出的阐述进行对比的时候，就会发现他所说的太过简单、甚至可以说很贫乏。晚出的论者可以详细阐释毕达哥拉斯及其学说，而亚里士多德几乎没有、或最多一两次提及毕达哥拉斯本人。毕达哥拉斯的哲学学说被亚里士多德完全略过，而毕达哥拉斯学派却常常被他提及，就好像他不清楚他们的学说是否或在多大程度上真正从毕达哥拉斯本人那里传承而来。[2] 即使我们从早期漫步学派
308 和他们的同时代人——包括塞奥弗拉斯特、欧德谟斯、阿里斯托克塞努斯（Aristoxenus）、狄凯亚尔库、赫拉克利德（Heracleides）和欧多克索（Eudoxus）——的著作中得到的一些说明，[3] 也比晚出材料显得更少和更谨慎。尽管如此，我们从他们那里已经可以看到，毕达哥拉斯这个人以及他的生平已经被传说之迷雾所笼罩；而后期漫步学派就已经开始根据

1 这些著作有《论毕达哥拉斯派》、《论阿尔基塔的哲学》、《< 蒂迈欧 > 和阿尔基塔著作的摘录》、《驳斥阿尔克迈翁》，关于它们的讨论可见 Part. ii. b, p. 48, 2nd ed.。关于著作《论毕达哥拉斯派》，还可参见 Alexander *in Metaph.* 542 b, 5 ；*Fr*. 31, 1 Bon.; Stob. *Ecl.* i. 380; Theo, *Arithm*. 30; Plut. *ap. Gell. N. A.* iv. 11, 12 ；Porphyry, *V. Pythag*. 41 ；Diog. viii. 19, cf. Brandis, *Gr. Röm. Phil.* i. 439 sq.; ii. b 1, 85; Rose, *De Arist. libr. ord.* 79 sqq.。所谓论阿尔基塔的著作和其他论著或许等同于《论毕达哥拉斯派》，或者等同于该著作的某些部分。不管论阿尔基塔的著作是不是很大程度上属于伪作，Gruppe（*Ueber d. Fragm. d. Arch*. 79 sq.）没有证实这点，而 Rose 从下面将要引用到的残篇得出的论证，或者他从达马修斯那里推导出的看法（*loc. cit.*），也没有证实这点。更加有害的是 Rose 把上述所有论著都摒弃了。Diog. viii. 34 中引用的内容，"*Ἀριστοτέλης περὶ τῶν κυάμων*"（亚里士多德关于豆子方面的论述），也可能指《论毕达哥拉斯派》的部分内容，如果这段话不存在某种误读或者窜入的话（这是很可能的）。

2 "所谓的毕达哥拉斯派"；《形而上学》i. 5, init. ；i. 8, 989b29 ；《气象学》i. 8, 345a14 ；"被称为意大利［哲学家］的毕达哥拉斯派"，《论天》ii. 13, 293a20 ；"某些被称为毕达哥拉斯派的意大利人"，《气象学》i. 6, 342b30 ；cf. Schwegler, *Arist. Metaph.* iii. 44。

3 Röth, *Abendl. Phil.* ii. a, 270，在这些人之外还增加了 Lyco，亚里士多德的对手（cf. Part ii. b, 36, 2, 2nd ed.），还有斯多亚学派的 Cleanthes。但是更有可能的是，前者是一位新毕达哥拉斯学派成员而不是亚里士多德的同时代人；而 Cleanthes of Porphyry 肯定不是斯多亚学派成员，最有可能的是涅安塞斯（of Cyzicus）这个名字的误写。

他们自己的想象来阐发毕达哥拉斯学派的学说了。

这些史料（我们确实只是拥有一些残篇）给予我们的任何一方面的细节几乎都没有超出我们通过亚里士多德了解到的内容。关于毕达哥拉斯学派传奇的进一步阐发，更多的是关系到毕达哥拉斯及其学派的历史而不是关系到他们的学说，这些阐发出现在公元前三世纪和二世纪里，在伊壁鸠鲁、蒂迈欧、涅安塞斯（Neanthes）、赫尔米普斯（Hermippus）、希罗尼姆斯（Hieronymus）、希波伯图斯（Hippobotus）和其他人那里。但是，直到新毕达哥拉斯学派的时代，在阿波罗尼乌斯（Apollonius of Tyana）撰写《毕达哥拉斯传》的时代，莫德拉图斯（Moderatus）编纂了长篇的关于毕达哥拉斯学派哲学之著作的时代，在尼各马可（Nicomachus）按照自己学派的原理处理数论和神学的时代，关于毕达哥拉斯及其学说的典据才变得丰富起来，从而让波菲利和扬布里柯的那些阐述得以可能。[1] 这样，关于毕达哥拉斯主义及其奠基人的记载越是 309
丰满，距离这些现象的年代就越是遥远；而关于它们的记载越是稀少，距离它们的年代就越是切近。就这些说法的领域和范围而言，其性质也以同样的方式变化。最初有许多关于毕达哥拉斯的神奇故事流传。随着时间推进，他的整个历史就演变成了一系列最为惊人的事件。在早些时候的说法里，毕达哥拉斯学派的学说带有单纯和原始的特质，跟前苏格拉底哲学的总体倾向保持一致，而按照晚出的表述，它就变得跟柏拉图和亚里士多德的哲学一样蔚然壮观，以至于基督教时期的毕达哥拉斯学派甚至认为[2] 阿卡德米学园和吕克昂学园的哲学家的所谓思想发现都是从毕达哥拉斯那里剽窃来的。[3] 显然，关于这个学派记载的增加不可能

1　属于这一时期开始阶段的还有博学者亚历山大从中获得他关于毕达哥拉斯学派学说阐释的那部著作，而塞克斯都的论述，*Pyrrh.* iii. 152 sqq.；*Math.* vii. 94 s11.；x. 249 sqq.，似乎也基于该著作。

2　Porphyry, *V. Pyth.* 53，很可能追随莫德拉图斯。

3　显然，实际情况恰恰相反，古代早期毕达哥拉斯学派的学说并没有包含后来才出现的那些被添加进来的内容。这点从下面这些也可以被看穿：作者说柏拉图和亚里士多德收集了所有他们不能采纳的学说，而省略了剩余的部分，并称“这部分”为

是从历史记录而来的，因为我们不可能设想，基督教时期的作者手头上占有大量不被柏拉图和亚里士多德所了解的真实史料；而且我们也不可能将那样一些论断接受为真正属于毕达哥拉斯学派的学说——柏拉图
310 和亚里士多德不仅没有将这些论断归于毕达哥拉斯学派，而且明确表示其中许多论断不是毕达哥拉斯学派持有的、而是他们自己的发现。没有被早期典据承认的所谓毕达哥拉斯学派的学说是新毕达哥拉斯学派的学说，而晚出作者提到的许多神奇的故事和很大程度上虚构的说法跟毕达哥拉斯学派的历史混在一起，其中大多数属于新毕达哥拉斯学派。

但是，如果说这些论述的不可靠和不合史实是无可争辩的，那么我们就不能贸然去利用其中包含的说法，哪怕这些说法本身并不跟可能的史实和早期的可靠典据相冲突；因为我们在细节方面怎么能够相信这些人的论断呢，他们在最重要的问题上都基本在欺骗我们。所以，比新毕达哥拉斯主义的出现更晚的那些晚出典据如果没有其他证言的支持，它们总体上就不是建立在真正了解或者可靠记载的基础上，而是建立在独断的预设、片面的兴趣、不确定的传说、武断的构思或杜撰的著作的基础上。哪怕几种典据相互吻合，也不能证明什么，因为它们常常抄来抄去而不作任何事先的检讨；[1] 这些论断只有在某些情况下是值得注意的，如它们直接提及更早期的史料，或者它们本身的性质让我们相信它们是建立在可靠记载的基础上的。

311 前面关于毕达哥拉斯学派的间接典据所说的话也同样适用于所谓直接史料。晚出的作者几乎都属于新毕达哥拉斯主义和新柏拉图主义时期，他们提供了许多毕达哥拉斯主义的作品，我们不仅可以从我们拥有的少量著作中、而且可以从遗失作品所存留下来的大量残篇中看到那些

毕达哥拉斯学派的学说；还有，莫德拉图斯（*loc. cit.* 48）也说对于毕达哥拉斯和他的弟子们而言数论仅仅是更高层次的沉思的象征符号（cf. Part iii. b, 96 sq., 2nd ed.）。

1 扬布里柯就是这样转抄波菲利的，而就我们从他们的引述来判断的话，他们两位都是转抄阿波罗尼乌斯和莫德拉图斯的。

作品的性质和覆盖面。[1]然而，这些著作中只有非常少的部分大概可以归于早期毕达哥拉斯学派。如果早期毕达哥拉斯学派拥有这么多文字作品，我们就很难理解为什么古代作者没有明确提及它们，尤其是为什么亚里士多德对于毕达哥拉斯本人的学说会完全保持沉默[2]——在好几

1　关于这些著作和残篇的评论可见 Part iii. b, p. 85 sqq., 2nd ed.。不过，穆拉克在他编辑的著作残篇第二卷中收录了第一版中略去的大部分残篇。

2　Diogenes, viii. 6 提及了毕达哥拉斯的三部著作：《论教育》、《论政治》和《论自然》。Heracleides Lembus（约公元前 180 年）在这些之外还提到了一篇论著《论大全》（*περὶ τοῦ ὅλου*），以及用六步格诗体写的《圣言》（*ἱερὸς λόγος*）。我们难以搞清楚，最后这个作品跟由二十四篇叙事诗构成的《圣言》的关系是怎样的，后者根据苏达辞书（Suidas）应该归给俄耳甫斯，而根据其他材料应该归给特萨利人 Theognetus，或者毕达哥拉斯学派的 Cercops，而且很可能等同于俄耳甫斯教的神谱（Orphic Theogony）（Lobeck, *Aglaoph*. i. 714）。一份关于数的毕达哥拉斯派颂词残篇（ap. Proclus *in Tim*. 155C, 269B, 331E, 212A, 6A, 96D ；Syrian *in Metaph*. 59b ；*Schol. in Arist.* 893a, 19 sqq. ；Simplicius, *Phys.* 104b ；*De Caelo*, 259a, 37 ；*Schol*. 511b, 12 ；cf. Themist. *in Phys.* iii. 4, p. 220, 22 sq. ；*in De An.* i. 2, pp. 20, 21 ；Theo, *Mus.* c. 38, p. 155 ；Sext. *Math.* iv. 2; vii. 94. 109 ；Iambl. *V. P.* 162. 以及 Lobeck, *loc. cit.*）从属于毕达哥拉斯的《圣言》，这是不可能得到证实的；但是普罗克洛非常明确地将毕达哥拉斯学派的圣诗跟俄耳甫斯教的诗歌区别开来。Iambl. *V. P.* 146 ；cf. Proclus *in Tim.* 289B 记载第二则"圣言"的开头是散文体，而它也被归于 Telauges 的名下。这个著作的残篇见于 Iamblichus, *Nicom. Arithm*. p. 11；Syrian *in Metaph*.; *Schol. in Ar.* 842 a, 8, 902a, 24, 911 b, 2, 931 a, 5；Hierocles in *Carm. Aur.* p. 166（*Philos. Gr. Fr*. ed. Mull. i. 464 b）；cf. also Proclus *in Euclid.* p. 7（222 Friedl.）。这个"圣言"，如上面的引述所示，主要涉及的内容是诸数的神学和形而上学意涵。In Diod. i. 98 提及了毕达哥拉斯的"圣言"（*ἱερὸς λόγος*），我们很可能应该将其看作韵文体而不是散文体作品，散文体似乎是后来出现的。除了上面提及的那些著作，Heracleides, *loc. cit.* 还提及了其他著作：《论灵魂》（*περὶ ψυχῆς*）、《论虔诚》（*περὶ εὐσεβείας*）、*Helothales* 和 *Croton*（后两篇看起来是对话体作品）及其他；扬布里柯（*Theol. Arithm.* p. 19）提及的"关于诸神的著作"很可能跟《圣言》是不同的作品；Pliny, *Hist. Nat.* xxv. 2, 13; xxiv. 17, 156 sq. 提及一本论及诸植物之各种作用的书；Galen, *De Remed. Parab*. vol. xiv. 567 K 提及一篇"*περὶ σκίλλης*"（《论海葱》）；Proclus, *in Tim*. 141D 提及一篇"*λόγος πρὸς Ἄβαριν*"；Tzetzes. *Chil.* ii. 888 sq.（cf. Harless, *in Fabr. Bibl. Gr*. i. 786）提及"*προγνωστικὰ βιβλία*"（预言方面的书）；Malal. 66D，Cedren. 138C 提及萨摩斯人和居鲁士之间的战争；Porphyry, p. 16 提及提洛岛上阿波罗墓地上的一处铭文。开俄斯的伊娥（或更可能是 Epigenes，Kallimachus 将"*τριαγμοί*"[the triads] 归于他名下）断言，他写了伪俄耳甫斯的那些著作（Clemens, *loc. cit.* ；Diog. viii. 8），还有，希帕索斯从他那里剽窃了一篇"*μυστικὸς λόγος*"（《秘教》），从克罗同人 Asto 那里剽窃了整套著作（Diogenes, viii. 7）。"*κατάβασις εἰς ᾅδου*"（《下到冥界》）似乎催生了毕达哥拉斯游历冥界的故事（参见第 232 页注释 3）。Nietzche（*Beitr. z.*

312 部著作的作者都被说成是毕达哥拉斯的情况下。[1] 但是，我们明确被告
313 知，菲洛劳斯是第一个公开发表著作的毕达哥拉斯学派，在他之前没
有毕达哥拉斯学派著作为人所知，[2] 毕达哥拉斯本人没有任何著述；[3] 希帕

Quellenkunde, d, Laërt. Diog., Basel, 1870, p. 16 sq.）提及 Diog. viii 中出现的同一处材料："他们还把 *σκοπιάδας*（*Scopiads*）说成是他的"（可以猜测说，*σκοπιάδας* 应被替换为 *σκοπὰς Αΐδαο*[俯瞰冥府]）。Justin（*De Monarch*. c. 2, end）中的诗篇涉及出自某位犹太人之手的伪造或窜入的一首诗；其他关于毕达哥拉斯派著作的残篇可以参见 Just. Cohort. c. 19（Clemens, *Protr*. 47 C. etc.；参考 Otto 对 Justin 文本的注释）；Porph. *De Abstin*. iv. 18；Iambl. *Theol. Arithm.* 19；Syrian, *Schol. in Arist.* 912 a, 32 b, 4 sqq.。有没有以毕达哥拉斯之名流传的算术理论是可疑的，他写了第一本算术方面的著作这个说法也值得怀疑（vide Malal. 67a；Cedren. 138D, 156B；Isodor. Orig. iii. 2）。斯托拜乌在《选集》（*Florilegium*）中从毕达哥拉斯那里引用来的大量道德格言看起来并不是从某本错误地被归于他的著作中引来的。所谓《金诗》被很多人归于毕达哥拉斯，尽管它本身并没有声称属于这种来源（参见穆拉克编辑的《Hierocles 注 < 金诗 >》第 9 页以下；*Fragm. Philos.* Gr. i. 410，以及从 Stobaeus, *loc. cit.* 摘录而来的概要），还有 Iamblichus, *V. P.* 158, 198 以泛泛的方式提及了囊括全部哲学分支的许多著作，而其中有些是毕达哥拉斯本人写的，有些则被归在他的名下。

1 根据扬布里柯的看法，这些著作的隐匿（参见第 213 页注释 2）已经不再被人相信，甚至在亚里士多德的时代就没能被提出来，而如果伊娥亲自了解这些著作，那就更是如此（见上注）。罗特没有根据地说，亚里士多德和其他古代作者只了解毕达哥拉斯学派的外传学说，而不了解该学派的内传学说（这是罗特整个阐述的不可缺少的、基本的预设），这个说法将在后面得到考察。如果这个说法被证伪的话，那么就不再能够试图从俄耳甫斯教的诗歌残篇中重构毕达哥拉斯的《圣言》——两者被说成是等同的（Röth, ii. a., 609-764）；这首诗来自于毕达哥拉斯学派不仅完全不可证明，而且与关于毕达哥拉斯学派学说的所有可靠记述都不兼容。罗特不顾洛贝克的经典研究，以这样不加评判的方式把俄耳甫斯教著作和毕达哥拉斯学派著作的说法混为一谈，这些说法关联于完全不同的著作，而且几百年来都是被分开的；这样他的整个自信满满、煞费苦心的讨论都只能误导那些缺乏了解的人，而对于有学识的人而言它是完全无价值的。

2 Diog. viii. 15，尤其是第 85 节："根据 Demetrius 的说法（策勒按：Demetrius Magnes，西塞罗同时代的名人），在他的《论同名的人》中，菲洛劳斯是最早发表毕达哥拉斯学派论著的人，他将著作命名为《论自然》"。Iamblichus, *V. P.* 199；参见第 213 页注释 2。

3 Porph. *V. Pythag*. 57（在 Iamblichus, *V. Pyth.* 252 sq. 再次出现）。在 Cylon 的迫害之后，"他们的学问跟他们一起消亡了，直到那时他们也是将这些学问当作秘密而保守的，除了某些被那些不理解它们的人反复表达的少量模糊内容之外。毕达哥拉斯本人没有留下著作"，等等。从迫害中逃脱的那些人为自己的追随者写下了毕达哥拉斯学派学说的概述。但是波菲利自己假定古代早期毕达哥拉斯学派著作一度存在，所以他补充说，毕达哥拉斯学派收集了这些著作。在 Diog. viii. 6，我们读到：

索斯也没有发表著作，[1]尽管我们拥有的某些残篇被认为是来自于他的著
作。扬布里柯说，[2]毕达哥拉斯学派的著作一早就存在，但是直到菲洛劳 314
斯的时代它们都被学派内部当作秘密而严格保存，可是这个说法没办法
反驳我们刚才引用的证据。这只能证实，那些晚出作者本人不能找到早
于菲洛劳斯的毕达哥拉斯学派著作存在的真正迹象。所以，当亚历山大
里亚或罗马时期的学者们设想这些著作至少在毕达哥拉斯学派内部必定
一早就存在，那么这个说法完全建立在所谓古代作品自身的论断的基础
之上，建立在这样一代人的观念基础上——这代人难以设想一个哲学学
派会没有哲学作品，因为他们已经习惯于从书本中得到其哲学学说了。
此外，被认为很可能为真的大多数毕达哥拉斯学派残篇提供的内部证据
强有力地否证它们的真实性。菲洛劳斯的那些数量更多的残篇，如伯克
（Böckh）在他的出色专著里表明的，[3]肯定应该被考虑为真实的，这不
仅因为它们有外部证言的支持，而且更加因为在内容和表达方式方面它
们彼此吻合，而且跟我们从较为可靠的史料中了解到的毕达哥拉斯学派
的记载相吻合；在哲学方面具有重要性的残篇当中只有一则应该被我们
看作例外。[4]另一方面，根据上面的引述，我们不用怀疑那些被归于毕 315 316

“有些人认为，毕达哥拉斯没有留下任何著作”。这在下面这些地方得到了更明确的强调：Plut. *Alex. Fort.* i. 4, p. 328；*Numa*, 22；Lucian, *De Salut.* c. 5；Galen, *De Hipp. et Plat.* i. 25; v. 6, T. xv.; 68, 478, K（尽管他在另一处引用了一部毕达哥拉斯的作品，vide *supra*, p. 312）；Joseph. *Con. Ap.* i. 22（可能遵循 Aristobulus 的说法）；Augustin, *De Cons. Evang.* i. 12。

1 Diog. viii. 84：“根据 Demetrius 在他的《论同名的人》中的说法，他没有留下任何著作”。

2 *V. Pyth.* 199：“他们的严格保密令人叹服。因为在菲洛劳斯的时代以前，在这么多年里似乎没有人见过毕达哥拉斯学派学说的任何书面记载，而菲洛劳斯最早发表了那三卷广为人知的著作。”

3 *Philolans des Pythagoreer's Lehren, nebst den Bruchstücken Seiner Werke*, 1819. Cf. also Preller, *Philol.*; *Allg. Encykl. von Ersch und Gruber*, sect. iii. vol. xxiii. 370 sq.

4 菲洛劳斯的这些残篇的真实性已经被 Rose（*Arist. libr. ord.* p. 2）否认，而从我上面这些论述写下之后，它们的真实性又被 Schaarschmidt（*Die angebliche Schriftstellerei des Philolaus*, 1864）严重质疑，而且这些残篇所属的著作被归于公元前一世纪或者最早公元前二世纪。尽管关于它们我坚持最初的看法，我不能在这里详细说明我的理由，而只能表达几个主要论点。第一，就菲洛劳斯著作的“传承”而言，赫尔米

普斯（ap. Diog. viii. 85）和 Satyrus（ibid. iii. 9）在约公元前 200 年认定存在以菲洛劳斯为作者的著作，因为他们说，他们买了菲洛劳斯的著作并且他的《蒂迈欧》抄自这部著作。两个人都把这部著作说成广为人知的，而如果没有这部著作，那么会出现那个说法是难以理解的。此外，赫尔米普斯从一位更早的作者那里得到这个论断。大约在公元前 240 年，这部著作为涅安塞斯所了解，这位作者在 Diog. viii. 55 中的说法表明了这点，这说法就是，在菲洛劳斯和恩培多克勒的时代，毕达哥拉斯学派容许每个人接受该学派的教导，但是当恩培多克勒在他的诗篇中透露了他们的学说的时候，他们下决心不再向任何别的诗人传讲这些学说。涅安塞斯构造这个故事的意图只能是为了把菲洛劳斯和恩培多克勒放在一起，算作最早进行写作的毕达哥拉斯学派之一，而不是（如 Schaarschmidt, p. 76 认为的）为了解释菲洛劳斯通过口头传讲来介绍该学派的内传学说；按照涅安塞斯本人的看法，菲洛劳斯在这种教导中只能做那个时代其他人也在做的事情。确实，Diogenes 后来只提及恩培多克勒一个人，以及对诗人们的排斥；但是他不能合理地从这点推论出，涅安塞斯"当时并不知道菲洛劳斯写的任何著作"。Diogenes 在恩培多克勒的传记中考察了这点；他可能只从涅安塞斯那里采纳了他自己关注的内容。或者，涅安塞斯可能只是提及恩培多克勒（作为所谓的毕达哥拉斯学派写作者的最早一位）造成的那种对诗人的排斥。按照这些典据，我们也必须认为 Timon. ap. Gell. *N. A.* iii. 17 的著名诗篇指的是菲洛劳斯的著作；因为很难设想他们不针对特定著作，而是泛指任何毕达哥拉斯学派著作（Schaarschmidt, 75）。确实，亚里士多德从未提及菲洛劳斯，尽管在 *Eth. Eud.* ii. 8, 1225a33 有一句话是从他那里引用来的；而柏拉图在《蒂迈欧》中并没有将他的物理学说置于菲洛劳斯之口，而是置于另外一位我们在其他地方毫无了解的毕达哥拉斯派学者之口。如果菲洛劳斯的著作存在，并且它能直接表明柏拉图的物理学说跟毕达哥拉斯学派的学说有很大差异，那么柏拉图就很有理由这样做。至于亚里士多德，尽管他关于毕达哥拉斯学派的许多精细表述是不可能仅仅通过口头的方式获得的，但是他从没有提及他所凭借的典据；就像他在其他地方引用许多古代哲学家的说法而没有说是从哪里得知的。所以，我们不能从他不提及菲洛劳斯就得出，他对菲洛劳斯的著作一无所知。另一方面，如果我们把《形而上学》i. 5, 986b2 sqq. 跟菲洛劳斯（见于 Stob. *Ecl.* i. 454 sq.）的残篇（见第 255 页注释 3）进行比较；把《形而上学》xiii. 6, 1080b20; xiv. 3, 1091a13 sq. 跟 Stob. i. 468 进行比较；把《形而上学》i. 5, 985b29 sq. 跟 Iambl. *Theol. Arithm.* p. 56, 22（vide *infra*, § iii）进行比较，那么显得很有可能的就是，亚里士多德在这些文本中谈及菲洛劳斯的作品；而考虑到我们拥有的残篇是很少的，没有更进一步的证据也不足为奇（其他细节讨论参考 Zeller, *Aristoteles und Philolaos*, *Hermes*, x. 178 sq.）。根据 Iambl. *Theol. Arithm.* p. 61，色诺克拉底也在很大程度上利用了菲洛劳斯的著作；如果这个证据本身还不是那么不容置疑，那么至少有一点可以支持它，即色诺克拉底在以太学说方面是同意菲洛劳斯的（vide Part ii. a, 809, 1）。我们在柏拉图的《伊庇诺米》看到了同样的观点（vide *loc. cit.* 894, 2），但是在那里（977D, sqq.）也有看起来属于菲洛劳斯观点的内容（ap. Stob. i. 8，参考本书后文第 255 页注释 2）。外部证据肯定支持菲洛劳斯确实写有归于他名下的著作这个假定，而且我们从历史传承中得到的残篇是真实可靠的。Schaarschmidt 将这些残篇毫无例外全部归于同一位作者，这点我不同意；

如果基于这个假定，就很可能从有些残篇得出论证来反对其他残篇；然而，作者是不是同一个人这本身首先是有待判断的问题。就我而言，我认为在 Stobaeus, *Ecl.* i. 410（vide *infra*）的残篇和其余绝大多数残篇之间有较大差异，不管是形式上还是内容上，因而我不能将它们归于同一位作者，要不然我就要将它们都称为伪托的。Schaarschmidt 自己注意到了，关于宇宙灵魂的残篇的措辞跟其他地方被归于菲洛劳斯的"中心火"学说的措辞是冲突的。在我看来，他没有在多则残篇之间进行充分辨别，也没有在菲洛劳斯的著作残篇跟关于这著作的转述之间进行辨别。他将下面一些措辞归给了残篇抄录者，如，斯多亚学派的"*ἡγεμονικὸν*"（灵魂的统治部分），在 Stob. *Ecl.* i. 452 中出现的柏拉图式的"德穆革"，还有 ibid. 488 中出现的这个表达："诸元素的纯粹性，喜爱变化的生成（*εἰλικρίνεια τῶν στοιχείων, φιλομετάβολος γένεσις*）"（p. 30）；而斯托拜乌所依据的那位作者在这个例子中，正如在许多其他例子中，将后世的措辞和概念用于表达古代早期的学说了。在第 38 页，阿塞那哥拉斯（Suppl. 6）从菲洛劳斯的某个不明确表述（神的一元性和非物质性）中得出的结论被当成菲洛劳斯本人的说法了。而在第 53 页，"菲洛劳斯"被说成在 Stob. *Ecl.* i. 530 中谈到了"三重太阳"（a triple sun）；尽管叙述者很明确将他自己的评论（"即，按照菲洛劳斯，有某种三重太阳"）跟菲洛劳斯实际说的话区别开来了；而且他随后直接将两个太阳的学说归于恩培多克勒。我们确实可以在斯托拜乌、伪普鲁塔克、Censorinus 和 Boethius 这样的作者论及菲洛劳斯的说法中看到许多不精确性、脱漏之处和不确定之处；但是我们不应该（像 Schaarschmidt 那样，见例如 p. 53 sq., 55 sq., 72）将这点视为他们所提及的那些著作属于伪作的证据，因为他们的描述在那些可以得到更可靠证据确证的情况下也常常有同样的缺点。Schaarschmidt 有不少地方对材料的可靠性也提出了反驳，而在我看来这些反驳其实是由于对文本和其中讨论的问题有不正确看法才会提出来。例如，他说（p. 32 sqq.），在 Stob. *Ecl.* i. 360 的文本跟亚里士多德的说法（《论天》ii. 2, 285a10）之间有冲突，即，毕达哥拉斯学派假定宇宙只有右和左，没有上和下、前和后；但是后面这个说法得到了另一处谈论毕达哥拉斯学派的著作的解释（*Schol. in Arist.* 492 b, 39），而即使它是假冒的，我们也不能归于像新毕达哥拉斯学派那么晚近的时期。毕达哥拉斯学派（我们在那里读到）并没有承认存在普通和本来意义上的上和下，因为他们把"上"等同于宇宙的左边，把"下"等同于宇宙的右边；同时把上边等同于外围，而把下边等同于中心。后面这个观念似乎恰好就是斯托拜乌著作中残缺不全的段落的意思；它将上和下的对立归结为外面和里面的对立。Schaarschmidt（p. 38）还认为这点是不可设想的，即：菲洛劳斯会把中心火称为"*τὸ πρᾶτον ἁρμοσθὲν τὸ ἓν*"（最早得到设置的东西，即"一"），但是他这么理解可能是受到亚里士多德的影响，后者同样将"*ἓν*"（"一"）的形成与中心火关联起来；根据亚里士多德，数"一"从"奇"和"偶"中产生是某个已经得到承认的观点。我们也不能同意 Schaarschmidt（p. 65）把下面这点视为非毕达哥拉斯学派的观点，即 *ἄπειρον*（"无限者"）和 *περαῖνον*（"限定者"）应该跟 *ἄρτιον*（"奇"）和 *περισσόν*（"偶"）分别开来；因为我们在诸对立的列表中看到了这样的分别（亚里士多德《形而上学》i. 5, 986a23）。且不说其他的例子，Schaarschmidt（p. 47 sqq.）不同意菲洛劳斯的五大元素属于古代早期毕达哥拉斯学派的学说：首先，因为（他说）根据亚里士多德，毕达哥拉斯学派不承认物质

317
318 达哥拉斯的著作是杜撰的。流传到我们手上的这些著作的零散残篇，无

性元素；第二，因为恩培多克勒是第一个主张四元素学说的人；第三，因为亚里士多德是第一个把以太加进来作为第五元素的人。这三点理由我全都反对。第一，毕达哥拉斯学派无疑将诸数视为物质性实体，作为事物的终极根据；但是某些毕达哥拉斯学派，例如菲洛劳斯，也许会试图通过将诸物体在物质方面的根本差异还原为它们的基本微粒在形式上的差异来更确切地解释诸事物是"如何"从诸数中产生的。柏拉图从相似的立场出发做了这件事。毕达哥拉斯学派的学说并没有断定不存在诸物体，而只是说，诸物体是某种派生的东西。第二，就恩培多克勒而言，他肯定是比菲洛劳斯早几十年的哲学家；那么，为什么不会是他的元素学说导致了菲洛劳斯的学说呢（正如我在本著作第二版提议的，p. 298 sq.，508 sq.）？第三，我们不能证明亚里士多德是第一个主张存在第五元素的人，尽管该主张在他的学说中扮演重要角色。存在第五元素这个观念显然是来源于毕达哥拉斯学派。以太的存在是所有的老学园派哲学家都承认的，他们从柏拉图主义倒退回了毕达哥拉斯主义；《伊庇诺米》、斯彪西波、色诺克拉底以及晚年的柏拉图本人都承认存在以太（Part ii. a, 809, 1；860, 1；876, 1；894, 2；2nd ed.）。出于所有这些理由，我只能很有限地同意 Schaarschmidt 的结论。传到我们手上的菲洛劳斯残篇肯定掺杂了一些假冒的。我已经对 Stob. *Ecl.* i. 420 sq. 中记载的"论灵魂"残篇的价值提出了质疑（pp. 269, 305, 2nd ed.）。我也对 Philo, *Mundi Opif.* 23 A 中引述的一神论表述，以及 Iamblichus, *in Nicom. Arithm.* 11 的说法，提出了我的某些怀疑（*Ibid.* 271, 4, 6；347, 3）。本著作第三版第 387 页从 *Theol. Arithm.* 22 引用的其他残篇或许最让人觉得不敢确信。但是，在 *νοῦς* 概念已经得到阿那克萨戈拉阐发的时代，那种反思并非不可能；尤其是我们在亚里士多德（《形而上学》i. 5, 985b30）那里看到，*νοῦς* 和 *ψυχή* 跟其他事物都被毕达哥拉斯学派还原为某些特定的数；而另一方面，值得注意的是，其他被称为毕达哥拉斯学派已经知道的那种柏拉图和亚里士多德描述的灵魂有多个部分的学说（vide Part iii. b. 120, 2nd ed.）在这则残篇里并无出现；生命现象和灵魂现象之间存在的那些区别在这个学说里被直接关联于身体方面的器官。同样的论证也可以用来支持这些残篇的大多数是纯正可靠的。在这些残篇里看不到柏拉图和亚里士多德哲学的影响，而这种影响在所有那些伪毕达哥拉斯学派著作中都是很明显的。我们从中看到了许多奇怪的观点（例如，数方面的象征论，vide p. 337, 3rd ed.），但是并没有像晚出的毕达哥拉斯主义的那种明显特征，例如形式和实体的对立，精神和物质的对立，超越的"神"的概念，宇宙的永恒性，柏拉图和亚里士多德的天文学观念，《蒂迈欧》中出现的宇宙灵魂和发达的物理学。这些残篇的语气和阐述方式（除某些细节应该被算作古代晚期的阐述之外）完全符合在苏格拉底时代可能自然形成的毕达哥拉斯学派的语言特点；它还包含某些我们不能归给晚出作者的东西，例如在和弦布局方面（在 Böckh, *Philol.* 70 有所讨论），根据 Nicom. *Harm.* i. p. 9, Meib.，毕达哥拉斯已经换掉了八音音阶（octachord）。Schaarschmidt 关于菲洛劳斯的残篇的判断得到了下面这些人的采纳：Ueberweg, *Grundr.* i. 47, 50；Thilo, *Gesch. der Phil.* i. 57；Rothenbücher, *System der Pyth. nach den Angaben des Arist.*（Berlin, 1867）。Rothenbücher 试图通过检讨 Stob. *Ecl.* i. 454 的那则残篇来确立他自己的观点。但是我在这里不能讨论他的这个检讨，而后面还有机会对其主要论断进行回应。

论是它们的形式和还是内容方面，[1]都只能加强我们的怀疑。被归于洛克 319
利人蒂迈欧（Timaeus of Locris）名下的《论宇宙灵魂》的论著属于杜撰，而它显然是从柏拉图的《蒂迈欧》中摘录而来，在这点上大家的意见是一致的。滕尼曼（Tennemann）在这方面的证明[2]是非常充分的。就卢卡尼亚人（Lucania）俄克鲁斯以及他的论宇宙的著作而言，唯一要问的就是它能不能说是属于早期毕达哥拉斯学派的作品，而答案显然是否定的。然而，它的最后的编辑者正确地主张这部著作的作者是所谓毕达哥拉斯学派，早期作者只要提及它也都一致[3]将它归于他们。毕达哥拉斯学派的其他遗留物中最重要的是阿尔基塔的那些著作；尽管现代有不
少关于这个主题的讨论，[4]我的判断仍然是，被归于他的许多或长或短的 320
残篇中相当数量有压倒性的证据表明它们不属于阿尔基塔；而那些或许可以被考虑为纯正可靠的残篇对于我们了解作为整体的毕达哥拉斯学派哲学而言没有增加太多东西，它们主要属于数学方面，或者其他一些研究领域。[5]这个判断也不能被如下事实所否定，即，彼得森[6]为了解释所谓阿尔基塔的著作中的无可争辩的柏拉图因素，认为他已经为柏拉图的

1　这些残篇绝大多数是多利亚方言的，但是毕达哥拉斯学派无疑说的是他的母邦的伊奥尼亚方言，他在母邦生活直到成人阶段。

2　*System der Plat. Phil.* i. 93 sqq.；参见 Hermann, *Gesch. und Syst. der Plat. Phil.* i. 701 sq. 给出的更多证明。

3　Mullach, *Aristot. de Melisso &c.; et Ocelli Luc. De univ. nat.*（1845）, p. 20 sqq. *Fragm. Philos.* i. 383; cf. Part iii. b, pp. 83, 99, 115, 2nd ed..

4　Ritter, *Gesch. der Pyth. Phil.* 67 sqq.；*Gesch. der Phil.* i. 377；以及 Hartenstein, *De Archytae Tarentini Fragm.*（Leipzig, 1833）——这两人，尤其里特尔，排除了大量的残篇，而这些残篇从哲学观点看是最重要的。Eggers（*De Archytae Tar. Vita Opp. et Phil.*, Paris, 1833）；Pertersen（*Zeitschrift für Alterthumsw.* 1836, 873 sqq.）；贝克曼（*De Pythag. Reliquiis*）；以及 Chaignet（*loc. cit.* i. 191 sqq., 255 sqq.）承认更多数量的残篇。Gruppe（*über die Fragm. des Archytas*）摒弃全部残篇，毫无例外；而穆拉克（*Fr. Phil. Gr.* ii. 16 sq.）认为我们很可能几乎没有阿尔基塔的作品或残篇。Cf. Beckmann, p. 1。

5　参见亚里士多德《形而上学》viii. 2. g. E., and Eudemus, ap. *Simpl. Phys.* 98 b, 108 a; Ptolemaeus, *Harm.* i. 13; and Porphyry, *in Ptol. Harm.* p. 236 sq., 257, 267, 269, 277, 280, 310, 313, 315; cf. Part iii. b, 91, 2nd ed..

6　*Loc. cit.* 884, 890.

理念论提供了准备，而贝克曼（Beckmann）[1]从这点出发把他考虑为一位柏拉图的弟子；因为不止有一位古代作者提及号称的阿尔基塔的柏拉图主义。就柏拉图和阿尔基塔的关系而言，我们只听说过他们有私人的交往，或者有学问上的交流，但这种交流并没有导致哲学理论上的相似
321 性。[2]相反，在谈及阿尔基塔的哲学观点的时候，他总是被说成一位毕达哥拉斯派，不仅西塞罗时代之后的那些晚出作者是这样，[3]而且早在阿里斯托克塞努斯的时候也是这样，[4]后者对后期毕达哥拉斯学派显然是了解的；实际上阿尔基塔清楚地说自己是一位毕达哥拉斯派，[5]这说法见于一则真实性几无争议的残篇。[6]确实，阿尔基塔的学园也被说成是一所

1 *Loc. cit.*16 sqq.。相似的还有 Chaignet, i. 208。

2 严格说来，Eratosthenes（ap. Eutoc. *in Archimed. De Sphoera et Cyl.* ii. 2, p. 144 Ox. quoted by Gruppe, p. 120）的两处证据就是这样；贝克曼（p. 17 sq.）特别依赖这两处证据，以至于把阿尔基塔和欧多克索认为是学园派数学家当中（τοὺς παρὰ τῷ Πλάτωνι ἐν Ἀκαδημίᾳ γεωμέτρας）解决了倍立方难题的两个人；还有，Pseudo-Demosthenes（*Amator*. p. 1415）说阿尔基塔先前被他的同胞轻视，但是在他跟柏拉图交往后获得了很高的名气。其中第一个说法是被 Eratosthenes 本人当作传说来讲的；而第二个说法很可能跟同一本书中的另一个论断有同等程度的历史根据，即：伯里克利通过阿那克萨戈拉的教导而成其为伟大的政治家。

3 在这些人当中，贝克曼（p. 16）引用了下面的材料：Cic. *De Orat.* iii. 34, 139（这段话是很惊人的，因为它一方面同意上述 Pseudo-Demosthenes 的证言的其他方面，另一方面又说菲洛劳斯而非柏拉图才是阿尔基塔的教导者；我们必须跟 Orelli 一样将其读作“Philolaus Archytam”而不是“Philoaum Archytas”）。Ibid. *Fin.* v. 29, 87; *Rep.* i. 10 ；Valer. Max. iv. 1, ext.; vii. 7, 3, ext. ；Apul. *Dogm. Plat.* i. 3, p. 178, Hild. ；Diog. viii. 79 ；Hieron. *Epist.* 53, T. 1, 268, Mart. ；Olympiodor. *V. Plato*, p. 3, Westerm.。除了扬布里柯之外，还可以往其中增加 Ptolemaeus, *Harm.* i. c. 13 sq.。

4 Diog. viii. 82 ：“有四个人叫做阿尔基塔，……阿里斯托克塞努斯说，这位毕达哥拉斯派在他统兵作战的时候从来没有被打败过。”贝克曼对这段话的怀疑是没有根据的。Cf. also Diog. 79。对于 Iamblichus, *V. P.* p. 251 中的话（“但是毕达哥拉斯学派中的其余人，除了塔兰托的阿尔基塔〔Ἀρχύτου/Archytas〕之外，都离开了意大利”），我们会倾向于将 Ἀρχύτου 读作 Ἀρχίππου（Archippus），因为在阿尔基塔的时代，毕达哥拉斯派已经没有必要逃离意大利；然而，这段文本太残缺，我们甚至不能弄清这句话在阿里斯托克塞努斯那里的语境。

5 参见 Part ii. b, 711 sq. 以及本书第 250 页注释 4。Stob. *Floril.* 101, 4 将他称为一位毕达哥拉斯派。Suidas Ἀριστόξ. 更确定地说他是毕达哥拉斯派的 Xenophilus 的弟子。

6 根据 Porph. *in Ptolem. Harm.* p. 236，他的作品《论数学》的开头几句话是：“那些关注数学的人（策勒按：即毕达哥拉斯派）在我看来有很好的辨识；不用奇怪的是，

独立的学园，[1]但是这不能证伪我们的论点。这所学园是毕达哥拉斯学派的，正如色诺克拉底（Xenocrates）是柏拉图学派的、塞奥弗拉斯特是漫步学派的。然而，如果阿尔基塔是一位毕达哥拉斯派，他就不能同时是理念论的拥护者；因为不仅不可能证明[2]这个学说为毕达哥拉斯学派 322
所了解，而且亚里士多德的证言清楚表明情况刚好相反。[3]所以，在所谓阿尔基塔的残篇里，既然我们看到柏拉图学派或者漫步学派的学说和措辞，那么我们必须认定这是晚出材料的可靠标志，因而必须将许多这类残篇排除在外。即使假定现代人为它们所作的辩护是成功的，它们也不能被视为毕达哥拉斯学派学说的记录；因为如果它们只有在其作者被视为某位柏拉图主义者的时候才能被视为可靠的，那么我们在任何情况下都不能确定它们在多大程度上反映了毕达哥拉斯学派的观点。

阿尔基塔的一位同时代人，塔兰托人吕西斯（Lysis）近来被慕拉克（Mullach）[4]猜测为所谓《金诗》的作者；但是第欧根尼的《名哲言行录》第八卷第6节的残缺文本[5]不能为这点提供证明，而这个作品本身的平淡和零散让它看起来更像某种晚出的修行训诫的汇集，而其中某些可能长期都是以韵文的形式流传的。[6]不管怎样，它对我们了解毕达哥 323

他们关于每个东西都思考得很正确；因为他们关于宇宙大全的本性有很好的辨识，这样他们对于其各个部分也会看得清楚。”

1 Vide Beckmann, p. 23.

2 柏拉图在《智者》246 sqq. 的话不会是（像 Petersen, *loc. cit.* 和 Mallet, *Ecole de Mégare*, liii. sq. 认为的那样）指涉后期毕达哥拉斯派（cf. ii. a. 215 sq.），而亚里士多德的《形而上学》对于数论（连同理念论）的敌意不是针对毕达哥拉斯学派的，而是针对学园派的不同支派。

3 《形而上学》i. 6, 987b7, 27 sqq.；cf. c. 9, beginning; xiii. 6, 1080b16, c. 8, 1083b8; xiv. 3, 1090a20；《物理学》iii. 4, 203a3。

4 见于他编辑的 Hierocles 的作品，p. 20；*Fragm. Philos.* i. 413。

5 “毕达哥拉斯的确写了三本著作，《论教育》《论政治家》和《论自然》，但是那本以毕达哥拉斯为名流传的著作是塔兰托人吕西斯写的。”

6 广为人知的毕达哥拉斯学派的誓言肯定是这样的，v. 47 sq.，它被普遍认为是整个学派所有的，而根据 Iambl. *Theol. Arithm* p. 20 的说法，它也出现在恩培多克勒的作品里（cf. Ast. *in Theol. Arithm.*，以及穆拉克对于《金诗》的注释，*loc. cit.*）；v. 54 很可能也是这样的情况。所以，克律西波从中引用的内容（ap. A. Gell, vi. 2）并不能证明这诗篇的年代。

拉斯学派哲学没有实质性帮助。

就其余的残篇而言，那些被说成属于知名的早期毕达哥拉斯学派成员，如泰阿诺（Theano）、布隆提努斯（Brontinus）、克里尼亚斯（Clinias）和厄克芳图（Ecphantus）的残篇，除了少量不重要的例外，肯定都是假冒的。然而，其中大部分都是要么被归于那些我们根本不了解的人，要么被归于那些他们活着的时候就不被人了解的人。但是，由于这些残篇在内容和意思方面跟其他的残篇非常相似，我们不能怀疑它们也应该属于早期毕达哥拉斯学派。如果它们不属于他们，那么就必须被看作是一些有意的伪造，而不是与柏拉图学派和逍遥学派哲学比较接近的晚期毕达哥拉斯主义的真正产物。此外，声称比新毕达哥拉斯主义更早的晚出毕达哥拉斯主义完全是从这些残篇推导出来的，而所有历史证据都表明古代早期毕达哥拉斯学派最晚的支脉并没有延展到亚里士多德的时代。事实上，在这些大量的文本中几乎找不到什么早期毕达哥拉斯主义的因素。对于毕达哥拉斯主义的这些残篇以及其他史迹，我们后面还会从哲学观点方面表达我们的关注；我们还会更详细地讨论我们拥有的某些哲学家的残篇，这些人跟毕达哥拉斯的关系不是太确定，如希帕索斯和阿尔克迈翁。

324 二、毕达哥拉斯和毕达哥拉斯学派

就涉及毕达哥拉斯学派的奠基人的现存史料的数量而言，当我们将那些不确定的传说和晚出的猜测剔除掉，那么我们能够依赖的、很可能属实的材料是非常少的。我们知道，他的父亲的名字是穆纳萨尔库斯（Mnesarchus），[1] 萨摩斯岛（Samos）是他的家乡而且无疑也是他的

1 Heracleitus, ap. Diog. viii. 6, Herodotus, iv. 95，以及其他多数典据。根据 Diog. viii. 1，好几位作者将其名字说成 Marmacus 可能只是由于抄写错误而导致的。Justin（xx. 4）将他称为 Demaratus，这很可能基于同样的混淆，或者基于另外的混淆。

出生地，[1] 但是他的生卒时间以及何时迁居意大利，这些只能大致确定；[2] 325 326

1　他被赫尔米普斯（ap. Diog. viii. 1）、希波伯图斯（Clem. *Stom*. i. 300, D）以及那些晚出作者几乎毫无例外地称为萨摩斯人；扬布里柯（*V. P.* 4）提到一个说法，他的父母都是 Ancaeus 的后裔，此人是萨摩斯的奠基人；然而，阿波罗尼乌斯（ap. Porph. *V. P.* 2）说只有他的母亲是这样的情况。如果我们跟 O. Müller（*Geschichte der hell. St. u. St.* ii. b, 393）和 Krische（*De Societ. a Pyth. conditae scopo politico*, p. 3, etc.）一样假定，他出生于一个 Tyrrheno-Pelasgic 家庭，从弗利乌斯迁居到萨摩斯，那么毕达哥拉斯出生于萨摩斯的说法可能跟如下说法是可兼容的，即，他是一位第勒尼安人（vide Aristoxenus, Aristarchus and Theopompus, ap. Clement and Diogenem, *loc. cit.*；Theodoret, *Gr. aff. cur.* i. 24, S, 7 的相似段落以及 Eus. *Pr. Eu.* x. 4, 13 这两处是从克莱门斯那里引来的；Diodor. *Fragm.* p. 554 Wess.）或者是弗利乌斯人（根据 Porph. *Pyth*. p. 5 引述的佚名作者）。Pausanias（ii. 13. 1 sq.）实际上把毕达哥拉斯的祖父希帕索斯从弗利乌斯去往萨摩斯当作弗利乌斯人的传说来讲述，而这得到 Diog. viii. 1 的确认；在 Ant. Diogenes, ap. Porph. *V. P.* 10 的虚构故事里，以及在 *ibid*. 2 中有更好根据的说法里，穆纳萨尔库斯被说成是迁离家乡的第勒尼安人。另一方面，Plut. *Qu. Conv.* viii. 7, 2 中说他生下来就是伊特鲁里亚人，这显然是一处错误；认为他的出生地是麦塔庞顿这个看法（ap. *Porph*. 5）也是错误的；涅安塞斯（我们从波菲利的文本中看到的不是涅安塞斯而是 Cleanthes）ap. Porph. *V. P.* 1 把穆纳萨尔库斯说成是 Tyrian，由于他在萨摩斯任职，取得了那里的公民权（Clemens and Theod. *loc. cit.* 错误地说，他断言毕达哥拉斯本人是 Tyrian 或者 Syrian）；但是这个说法不重要，因为它一方面可以解释为 *Τύριος* 跟 *Τυῤῥηνὸς* 混淆了，另一方面可以解释为试图说明他自己从毕达哥拉斯那里领略到的所谓东方智慧。Iamblichus, *V. P.* 7 将他描述为其父母在去西顿的路上生下的，这很可能指的就是这个故事。Pontus 的赫拉克利德以及 Sosicrates 所讲的广为人知的故事（ap. Cic. *Tusc.* v. 3, 8；Diog. i. 12; viii. 8；cf. Nicom. *Arithm.* sub. init.），也就是毕达哥拉斯与弗利乌斯的僭主 Leo 有过交谈并且在谈话中他自称是"哲学家"（*philosophos*），显示了他跟弗利乌斯的关系。

2　就 Dodwell 和 Bentley 的计算而言，前者将毕达哥拉斯的出生年份定为第 52 届奥林匹亚赛会第 3 年，后者将其定为第 43 届奥林匹亚赛会第 4 年；这两种计算都被 Krische, *loc. cit.* p. 1 和 Brandis, i. 422 充分反驳了。现在的通常意见是，毕达哥拉斯出生于第 49 届奥林匹亚赛会前后，而且他到达意大利是在第 59 届或第 60 届奥林匹亚赛会前后，而他去世的年代是第 69 届奥林匹亚赛会前后。这大致是准确的，更精确的年份是不可能确定的；即使古人的记述也很可能基于不确定的估算而非基于明确的年代记录。按照 Cicero, *Rep.* ii. 15; cf. *Tusc.* i. 16, 38; iv. 1, 2; A. Gell. xvii. 21; Iamblichus, *V. P.* 35，毕达哥拉斯于第 62 届奥林匹亚赛会时期、也就是 Tarquinius Superbus 执政的第四年（公元前 532 年）去到意大利，而 Liv. i . 18 说他在 Servius Tullius 统治时期在那里教学。其他人（无疑沿用了 Apollodorus 的说法）将第 62 届奥林匹亚赛会说成他的鼎盛年（如 Clem. *Strom.* i. 302 B, 332 A；Tatian, *Con. Graec*. c. 41；Cyrill. *in Jul.* i. 13 A; Euseb. *Chron. Arm*. T. ii. 201, vide Krische, p. 11）。狄奥多罗（*loc. cit.*）甚至把毕达哥拉斯的出生年份说成是第 61 届奥林匹亚赛会期的第 4 年，而 Diogenes, viii. 45 说是第 60 届奥林匹亚赛会当年。这两个说法都可能是基于阿里斯托克塞努斯的论断，他沿用 Porphyry 9，说毕达哥拉斯在 40 岁时为了逃避 Polycrates 的僭政而迁往意大利。按照这个僭政开始的时间估算，前一个年份或后一个年份就成为确定毕达哥拉斯出生的年份（cf. Rohde, *Quellen des Iambl*. in his *Biogr. des Pyth.; Rhein. Mus.* xxvi. 568 sq.; Diels, *Ub. Apollodor's Chronika, ibid.* xxxi. 25 sq.）。如果毕达哥拉斯 40 岁的年份被定为第 62 届奥林匹亚赛会第 1 年，我们就得出他的出生年份是第 52 届奥林匹亚赛会第 1 年（公元前 572 年）；这跟 Eusebius, *Chron*. 的记述相符，后者说他死于第 40 届奥林匹亚赛会第 4 年（公元前 497 年）——如果我们假定他活到了 75 岁（Anon. ap. Syncell. *Chron*. 247 c.）。关于他的寿命的各种记载非常不同。Heracleides Lembus（ap. Diog. viii. 44）说的是 80 岁（这可能从 Diog. viii. 10 推论而来）；但是大多数作者（沿用 Diog. 44 的记述）说的是 90 岁；Tzetz. *Chil*. xi. 93 和 Sync. *loc. cit.* 说的是 99 岁；扬布里柯（265）说的是接近 100 岁；据 Phot.（*Cod.* 249, p. 438 b, Bekk.）有传记作者说是 104 岁；据盖伦（*Rem. Parab*. T. xiv. 567 K）117，有一位伪毕达哥拉斯派说是 117 岁或更长。如果毕达哥拉斯（如 Iambl. 265 说的）充当学派领袖 39 年，并且他抵达意大利的时间是公元前 532 年，那么他的去世年份应该是在公元前 493 年；假定他到达意大利的时候已经 56 岁（Iambl. 19），那么我们就要将他的出生年份定在公元前 588 年。另一方面（Iambl. 255），如果对其学派的迫害（据说他在此后不久就去世了，参见第 3 版，第 189 页注释 2）直接关系到 Sybaris 的被毁（公元前 510 年），那么他的死亡应该发生在公元前六世纪。最后，Antilochus in Clem. *Strom.* i. 309 B 将毕达哥拉斯的 *ἡλικία* 或壮年期（不是 Brandis, i. 424 说的是他的出生年份）说成比伊壁鸠鲁的去世早 312 年，而据 Diog. x. 15，伊壁鸠鲁的去世年份是第 127 届奥林匹亚赛会第 2 年；那么这会让我们得到第 49 届奥林匹亚赛会第 2 年，而毕达哥拉斯的出生年份必须被推后到公元前六世纪开端。Pliny 将这个年份推得更早，（按照对 *Hist. Nat.* ii. 8, 37 最合理的读法）他将毕达哥拉斯的一个天文发现说成是在第 42 届奥林匹亚赛会期间，或者是建城第 142 年；但是将他的著作进行缩写的 Solinus（c. 17）却说，毕达哥拉斯最早在 Brutus 担任领事的时候（A. U. C. 244-5，或公元前 510 年）就去了意大利。罗特（p. 287 sq.）将后面这个说法和 Iamblichus, *V. P.* 11, 19 的说法结合起来了，后面这个说法是，毕达哥拉斯在 18 岁的时候离开萨摩斯，在费瑞库德斯、泰勒斯和 Anaximander 那里接受教育；在埃及被 Cambyses 征服之后在埃及住了 22 年，然后在巴比伦住了 12 年；然后在 56 岁时返回萨摩斯。于是罗特将毕达哥拉斯的出生年份定在公元前 569 年，将他返回萨摩斯定在公元前 513 年，将他抵达意大利定在公元前 510 年，而将他的去世定在公元前 470 年。但是这些说法缺乏证据。罗特假定扬布里柯的说法可能从阿波罗尼乌斯（Tyana 人）那里转抄而来，但即使这是真的，我们还必须问阿波罗尼乌斯是从哪里得知这些的？这里甚至没有提及所谓的“克罗同人回忆录”，阿波罗尼乌斯（ap. Iambl. 262）在此基础上叙述了毕达哥拉斯学派从克罗同被驱逐的事情。可是这个叙述跟罗特的算法不符，因为它让毕达哥拉斯在克罗同居住的时间早于锡巴里斯的被毁（Iambl. 255）。确实，如果（如狄凯亚尔库和其他人主张的，见后文）在克罗同发生的迫害毕达哥拉斯学派事件（据说只有吕西斯和 Archippus 从中得以逃脱）是毕达哥拉斯仍在世的时候，那么他去世的年份必须至少后推至公元前 470 年。如若这样，我们甚至还要将这个时间推后

早期论述者关于他的老师的说法几乎完全缺乏历史根据，[1] 甚至他 327
跟费瑞库德斯的交往——尽管关于这点有很早的、值得重视的
记载，[2] 也不是没有疑问的。[3] 据说他的远方的游历让他了解到了 328

---

18 或 20 年；因为吕西斯的出生几乎不可能在公元前 470 年之前（如我们将看到的）。然而，从这里唯一能够得出的推论是，该说法必须被排除；而且狄凯亚尔库在这点上不值得相信，尽管波菲利（*V. P.* 56）相信了他；审慎的评论者不会将波菲利的这个判断视为对狄凯亚尔库的叙述的充分支持。毕达哥拉斯不可能活到公元前 470 年；这从克塞诺芬尼和赫拉克利特提及他的方式就可以明显看出来，这两人在这个年份之前都去世了（参见下文，第 262 页注释 3，第三版，第 283 页注释 3）；他们的措辞肯定不能让我们设想他们是在谈论某位仍然活着的人。此外，除了 Solinus（他是不值得信赖的），没有一位记录者将毕达哥拉斯到达意大利的年份定在第 62 届奥林匹亚赛会当年之后。因为扬布里柯自己（沿袭自阿波罗尼乌斯）在说毕达哥拉斯在 Cambyses 征服埃及 12 年后（即公元前 425 年之后；即使阿波罗尼乌斯，据 Iambl. 255，也说毕达哥拉斯在锡巴里斯被毁之后不久才去世）到达那里的时候，意思并不是这样；不过扬布里柯太不谨慎、或者对年代方面的事情太缺乏了解，导致他的叙述陷入自相矛盾。然而很明显的是，就毕达哥拉斯的生平而言，所有这些记述者都缺乏编年方面的可靠的、精确的材料。或许，他们的所有表述都是从少数消息中推导出来的，例如，关于他在 Polycrates 时代的迁居，关于征服 Traës 的 Milo 信奉毕达哥拉斯主义。所以，毕达哥拉斯在公元前六世纪末是否还活着，活了多长时间，对此问题我们必须存而不论。

1 Diog. viii. 2 提及费瑞库德斯和 Hermodamas 两人，后者是 Homerid Creophylus of Samos 的后裔，而按照 Iambl. 11，他本人被称为 Creophylus。涅安塞斯（ap. Porph. 2, 11, 15）还增加了阿那克西曼德，而扬布里柯（9, 11, 184, 252）增加了泰勒斯。Apuleius（*Floril.* ii. 15, p. 61, Hild.）没有提及泰勒斯，而是提及 Epimenides，而据 Diog. viii. 3，毕达哥拉斯与此人相识。柏拉图的注解者（p. 420, Bekk.）说，毕达哥拉斯最初去听费瑞库德斯的讲课，然后去听 Hermodamas 的讲课，后来又听了极北之地的人 Abaris 的讲课（见后文）。可以清楚看到，随着时间的推移，越来越多著名人物被加到此名单之中。可是 Abaris 和 Epimenides 也被说成是毕达哥拉斯的弟子（Iambl. 135）。

2 除了前面已经引用过的文本，Diog. i. 118 sq 之外，还有 Diog. viii. 40（after Aristoxenus），Andron 和 Satyrus；Duris, ap. Diog. i. 120 谈到的铭文；Cic. *Tusc.* i. 16, 38；*De Div*. i. 50, 112；Diodor. *Fragm.* p. 554；Ps. Alex. *in Metaph*. 823 a, 19, Fr. 800, 24 Bon. &c.。

3 首先，毕达哥拉斯作为一位奇术师很自然会被描述为年纪稍长的类似人物的弟子，这人同样主张灵魂转世的教义；其次，关于这个主题的记述在细节上也不符。根据 Diog. viii. 2，毕达哥拉斯被带去追随莱斯博斯岛的费瑞库德斯，此人死后转而追随萨摩斯岛的 Hermodamas。Iambl. 9, 11 说，毕达哥拉斯最初在萨摩斯、随后在 Syros 接受费瑞库德斯的教导。波菲利（15, 56）沿袭狄凯亚尔库和其他人说，毕达哥拉斯曾照料在 Delos 患病的老师，并且在去往意大利之前为他下葬；另一方面，狄奥多

腓尼基人、[1] 迦勒底人（Chaldaeans）、[2] 波斯祆教教士（Persian Magi）、[3]

罗（*loc. cit.*），Diog. viii. 40 和 Iambl. 184, 252，沿袭 Satyrus 和摘录其作品的人赫拉克利德说，在毕达哥拉斯自己去世前不久从意大利去往 Delos 照料其老师。

1 依据 Cleanthes（Neanthes），在 Porph. *V. P.* 1，毕达哥拉斯在少年时被他父亲带往 Tyre，在那里受教于“迦勒底人”。Iamblichus, *V. P.* 14 说，当他离开萨摩斯开始其重要的游历之时，他最早去了 Sidon，在那里遇见了一些先知，古代莫库斯的后裔（参见前文，第 32 页，以及后面关于原子论者的章节，注释 2），以及其他一些大祭司；还说他访问了 Tyre、Biblus 和 Carmel 等地，并且接受了这些地方的所有秘仪。波菲利（*V. P.* 6）说得更谨慎一些，他只是说，据说毕达哥拉斯从腓尼基人那里学到了其算术方面的知识。

2 根据涅安塞斯，毕达哥拉斯在少年的时候就接受了迦勒底人的教导（见前注）。根据其他所有证言，他最初从埃及去往巴比伦，要么出于自愿，要么作为 Cambyses 的囚徒。这个说法在 Strabo, xiv. i. 16, p. 638 以最简洁的方式出现：“毕达哥拉斯为了满足求学的热情而去了埃及和巴比伦。”Clemens, *Strom.* 302 C 只是说：“他跟迦勒底人和波斯祆教教士交游”；Eus. *Pr. Ev.* x. 4, 9 sq.；Antipho, ap. Diog. viii. 3；*Schol. Plat.* p. 420, Bekk. Porph. 6 说，他从迦勒底人那里学到了天文学。在 Justin xx. 4，他被说成曾经游历巴比伦和埃及，“去学习星辰的运动，研究宇宙的起源”。Apul. *Floril.* ii. 15 提到，他在天文学、占星学和医学方面接受了迦勒底人的教导。根据第欧根尼，他在记载奇事的书中（ap. Porph. 11）从迦勒底人和希伯来人（还是仅仅从希伯来人?）那里学习了释梦。在 Iambl. *V. P.* 19; *Theol. Arithm.* p. 41，我们读到了这样的说法：Cambyses 征服埃及的时候，毕达哥拉斯以囚徒身份被带到巴比伦，在那里住了 12 年，并且与波斯祆教教士有接触，从而不仅完全掌握了数学和乐理，而且全然接受了他们的宗教诫命和修炼方式。扬布里柯在这里因袭了更早的典据（无疑是阿波罗尼乌斯），这点已经被 Apul. *Floril.* ii. 15 的记述所表明。许多人认为，毕达哥拉斯在 Cambyses 征服埃及的时候被他俘虏，并且在很久之后才由克罗同人 Gillus 解救；由于这个经历，他得到了波斯祆教教士、尤其是琐罗亚斯德的教导。

3 如果希波吕特所言属实，那么毕达哥拉斯必须很早就跟波斯祆教教士、尤其跟琐罗亚斯德有接触（*Refut. haer.* i. 2, p. 12 D）；cf. vi. 23：“Eretria 的狄奥多罗（仅此出现的一位作者）和音乐学家阿里斯托克塞努斯说，毕达哥拉斯去见了迦勒底人 Zaratas”；希波吕特接下来讲述后者将自己的学说传授给毕达哥拉斯，但是其中的讲述方式相当不可靠。希波吕特的说法不足以证明，阿里斯托克塞努斯断定毕达哥拉斯和琐罗亚斯德有过直接接触。他可能注意到了两种学说的相似性，并且大胆猜测毕达哥拉斯跟琐罗亚斯德相识；因为根本不能确定希波吕特自己了解阿里斯托克塞努斯的作品。他所说的毕达哥拉斯采纳了琐罗亚斯德的学说，不能被认为就是阿里斯托克塞努斯的说法，因为该说法认定毕达哥拉斯禁吃豆子的故事属实，而我们将会发现阿里斯托克塞努斯的说法明确与此相反。除此之外，阿里斯托克塞努斯的证言只能证明，早在他的时代，毕达哥拉斯学说和琐罗亚斯德学说的相似性已经被人注意到，并且在希腊是广为人知的（cf. Diog. i. 8 sq.；Damasc. *De Princ.* 125, p. 384），而且这种相似性已经按照希腊人的方式得到解释，即，假定两位作者之间有直接接触。普鲁塔克似乎从希波吕特所根据的同一材料得出了他的更为简短的说印度人、[1] 阿拉伯人、[2] 犹太人、[3] 色雷斯人（Thracians）、[4] 高卢的德鲁伊教 329 330

法；所以没有什么理由怀疑，在他这里，正如在希波吕特那里，Zaratas 本来表示琐罗亚斯德；即使假定普鲁塔克自己区分了他们，让琐罗亚斯德生活在特洛伊战争之前 5000 年（*De Is.* 46, p. 369）。关于这两人关系的最早典据是亚历山大（博学者），此人在论及毕达哥拉斯学派象征性格言的时候说（根据 Clemens, *Strom.* i. 304 B）：“毕达哥拉斯是 *Ναζαράτῳ τῷ Ἀσσυρίῳ*（Nazaratus the Assyrian）的弟子。”这个 *Ναζαράτος* 显然就是 Zoroaster（琐罗亚斯德）；实际上它可能应该替换为 *Ζαράτᾳ*。我们在 Cic. *Fin.* v. 29, 87 同样看到毕达哥拉斯拜访波斯祆教教士的说法；cf. *Tusc.* iv. 19, 44；Diog. viii. 3（可能因袭 Antipho）；Eus. *Pr. Ev.* x. 4；Cyrill. *c. Jul.* iv. 133 D；*Schol. in Plat.* p. 420, Bekk.；Apul.（参见前注）；Suidas, *Πυθ.*。Valer. Max. viii. 7, 2 断言他在波斯从祆教教士那里学习了天文学与占星学。Antonius Diogenes 提到（ap. Porphyry, *V. P.* 12，“在他关于《极北之地以外的难以置信之事》的论著中；这书被 Phot. *Cod.* 166 描述为著名的故事书，它不仅被波非利而且被 Röth, ii. a, 343 说成非常可能是真作），毕达哥拉斯在巴比伦遇到了 *Ζάβρατος*，并且他的前世罪愆被后者所净化，后者教导他虔敬生活所必需的那些禁戒，还有诸事物的本性和理由。

1 Clem. *Strom.* i. 304 B：（前注提及的亚历山大在其著作中说）“毕达哥拉斯是 Galatæ 和婆罗门的听讲者”；在亚历山大之后，Eus. *Pr. Ev.* x. 4, 10；Apul. *Foril.* ii. 15 记载说：毕达哥拉斯从所拜访的婆罗门那里学习了“关于教育心灵和锻炼身体的各门技艺，关于灵魂诸部分及其多重转世的学说，关于每个人都由神按照其应得的而获得惩罚和奖赏的学说”。Philostr. *V. Apoll.* viii. 7, 44 说，毕达哥拉斯的智慧是从埃及裸体哲人（*γυμνῆται*）和印度哲人那里引申出来的。

2 Diog. in Porphyry, 11.

3 毕达哥拉斯的许多学说挪用自犹太人，此说法在 Eus. *Pr. Ev.* xiii. 12, 1, 3（ix. 6. 3）得到 Aristobulus 的断定，而同一说法在 Joseph. *Con. Ap.* 1. 22 和 Clem. *Strom.* v. 560 A 得到重复（后者认为柏拉图和毕达哥拉斯都熟悉摩西的著作，这从他们的学说可以看出来）。Cyril*l. c. Jul.* i. 29 D, Jos. 为了支持这点而诉诸赫尔米普斯，此人在论毕达哥拉斯的著作中说：“他在实践和谈论这些戒律的时候是模仿和采纳了犹太人和色雷斯人的学说。”即使这些作者是从 Aristobulus 那里得到这些说法，也很难断定赫尔米普斯是否确实这样说过；假设他确实这么说过，也只能证明这位公元前二世纪早期的亚历山大里亚哲人是从该城市的犹太人那里得到的这个论断并且信以为真；不然就是他本人从毕达哥拉斯学说和犹太人学说之间发现了某些相似性，并且从中推论毕达哥拉斯了解犹太人的习俗和学说。

4 Heimippus, ap. Jos，参见前注。这个说法无疑是基于毕达哥拉斯学派秘仪跟俄耳甫斯秘仪的相似性，尤其是在灵魂转世学说方面的一致性。由于这种相似性，毕达哥拉斯被描述为色雷斯人的学生；据说，他在 Libethra 接受了 Aglaophamus 的开蒙；如伪毕达哥拉斯自己（不是 Röth ii. a, 357, b, 77 设想的是 Telauges）在 Iambl. *V. P.* 146（cf. 151）的“圣言”残篇里说的。相反，在关于札尔莫克西斯的传说中（根据 Herod. iv. 95 和因袭他的人，如 Ant. Diog. ap. Phot. *Cod.* 166, p. 110 a；Strabo, vii. 3, 5；xvi. 2, 39, p. 297, 762；希波吕特，参见下注），色雷斯的 Getae 关于灵魂不朽的学说源自于毕达哥拉斯。

331 教士（Druids of Gaul）[1]的智慧，尤其是埃及人的秘仪[2]——甚至他去过埃及，尽管这是相对而言最有可能的而且在新近的论者当中也有人支持

1 这听起来让人惊讶，但是亚历山大在第 225 页注释 1 所引段落中确实这么说了；罗特（ii. a, 346）在这个问题上搞错了，他说他发现了对如下说法的误解，这个说法就是毕达哥拉斯在巴比伦遇到了印度人和 Calatians（在 Herod. iii. 38, 97 中提及的某个印度种族，因其皮肤黝黑也被称为 Ethiopians，见 c. 94, 101）。毕达哥拉斯了解高卢的德鲁伊教教士的智慧，这个想法很可能是以下面这种方式产生的。毕达哥拉斯关于灵魂转世的学说存在于、或者被认为存在于高卢人当中（参见本书第 48 页注释 1），这被认为是基于师生关系，要么毕达哥拉斯被认为是高卢人的学生（如亚历山大），要么德鲁伊教教士被认为是毕达哥拉斯哲学的传人（如狄奥多罗和 Ammian，参见第 48 页注释 1）；按照 Hippolyt. *Refut. haer.* i. 2, 9 E；ibid. c. 25，他们定期接受 Zamolxis 的教导。Iambl.（151）还说，毕达哥拉斯接受了凯尔特人甚至伊比利亚人的教导。

2 我们了解到的最早说毕达哥拉斯到过埃及的人是 Isocrates, *Bus*. 11：“在他（毕达哥拉斯）一次访问埃及的时候，成为了当地宗教的门徒，并且第一个将别的学问带到希腊，他比其他人都更突出和更严肃地关注献祭和宗教戒律”。下一个证言是 Cic. *Fin.* v. 29, 87，此处只是说“Aegyptum lustravit”；Strabo（参见本书第 224 页注释 1）也一样；Justin, *Hist.* xx. 4; *Schol. in Plato*, p. 420, Bekk.; Diodorus, i. 96, 98 说，毕达哥拉斯从埃及祭司的记载中学到了许多，而它们源自他们的圣典，参见本书第 18 页注释 3。Plut. *Qu. Conv.* viii. 8, 2, 1 说，毕达哥拉斯在埃及停留很长时间，并且接受了某些宗教戒律（ἱερατικαὶ ἁγιστεῖαι），譬如禁吃豆子和鱼。Plut. *De Is.* 10, p. 354 说毕达哥拉斯的象征格言是从埃及学来的；Ps.-Justin（*Cohort*. 19）说，毕达哥拉斯关于“一”是本原的学说也源自那里。根据 Apul. *Floril.* ii. 15，毕达哥拉斯从埃及祭司那里学到“宗教方面的各种本事，数的组合关系和几何法则”；根据 Valer. Max. viii. 7, 2，在毕达哥拉斯学会埃及人文字的时候，他从埃及祭司的古代著作中发现了“关于无穷循环的观察”；Antipho（Diog. viii. 3 以及 Porph. *V. P.* 7 sq.）讲述了 Polycrates 如何将毕达哥拉斯引荐给 Amasis，而后者如何将他引荐给埃及祭司，并且毕达哥拉斯怎样凭借毅力克服诸多困厄而最终入得埃及秘仪和圣礼。他说，毕达哥拉斯学会了埃及人的语言。Clemens, *Strom.* i. 302 c 和 Theodoret, *Gr. aff. cur.* i. 15, p. 6 说，毕达哥拉斯在埃及接受了割礼，这肯定是从 Antipho 那里推导来的。Anton. Diogenes（ap. Porph. *V. P.* 11）说，他从埃及祭司那里学到了他们的智慧，尤其是他们的宗教学说，还有埃及人的语言以及三种文字。Iamblichus, *V. P.* 12 sqq.（cf. p. 325, note）详尽说明了他从 Mount Carmel 到埃及的神奇游历（根据 *Theol. Arithm.* 41，他逃避 Polucrates 的僭政而去往埃及），并且还讲述他跟埃及祭司和先知交往了 22 年，从中他学到了所有值得学习的东西，访问了所有神庙，入得所有秘仪，并且致力于天文学、几何学和宗教修习。毕达哥拉斯去埃及时统治埃及的国王被 Pliny（*Hist. Nat.* xxxvi. 9, 71）称为 Psemetnepserphres（有些手抄本也写作 Semetnepsertes 或其他样子）；给毕达哥拉斯提供教导的祭司被 Plutarch, *De Is.* 10 说成是 Oinupheus of Heliopolis。Clem. *Strom.* i. 303 C 提到的名字是 Sonches。普鲁塔克（*De Is.* 26; Solon, 10）说 Sonches 是梭伦的教导者。

这点[1]——这些都不能以让人满意的方式得到证实。伊索克拉底关于这 332
个远游的最早证词也已经距离它所涉及的事件 150 年了，而且不是记在历史著作里，而是记在演说词里，它本身就没有自称是可靠的历史记录。[2] 这种证词显然没有什么分量；即使毕达哥拉斯去过埃及的看法不是伊索克拉底自己想出来的，仍然会有这样的疑问，即他所依赖的史料是不是基于真实的记录。然而，这不仅是没有什么证据的事，而且是跟可能的事实相反的。确实，希罗多德提到毕达哥拉斯学派的某个惯例跟
埃及人的风俗有相似性；[3] 他还说关于灵魂转世的信念是从埃及传到希腊 333
的；[4] 但是他从没有说毕达哥拉斯将它引入希腊，不如说他的意思是这种信念是在毕达哥拉斯的时代之前就已经传到希腊了。[5] 至于毕达哥拉斯

1　例如，独立于罗特之外，Chaignet（*Pythagore*, i. 43 sqq.; ii. 353）以非常不精确的方式说（i. 46）我明确主张毕达哥拉斯从未去过埃及。然而我说的是他去过埃及是不可证实的，我从来没有说他没有去过埃及是可证实的。

2　伊索克拉底的 *Busiris* 是智者学派时代之后出现的那种雄辩词，试图在赞颂卑鄙不肖的人和事物而贬损广受尊敬的人方面超过其他作品。雄辩家 Polycrates 为 Busiris 写过一篇辩护词。伊索克拉底表现了他如何可以操纵他的论说主题。他非常坦率地解释了他的观点（c. 12）。他说，Busiris 的对手把完全不可信的事情栽在他身上，例如让尼罗河改道、吞食陌生人。确实，伊索克拉底不能证明他关于此人所肯定的事情，但是他确实不把那些不可能的行迹和野蛮兽性归于此人："此外，即使我们两人碰巧都错了，至少我仅仅以赞颂者该用的方式来使用这些论述，而你却相反以谩骂者的方式使用这些论述。"很显然，自称为修辞构思的作品没有多少史实方面的价值；如果我们不能从这部作品中证明 Busiris 是整个埃及文化的作者，那么我们也不能认为它为毕达哥拉斯出现在埃及并且跟埃及祭司有所交往提供了历史证据。

3　ii. 81。埃及祭司穿亚麻布裤子，外面加毛呢服装，而穿着这些是不容许进神庙或者下葬的。"*ὁμολογέουσι δὲ ταῦτα τοῖσι Ὀρφικοῖσι καλεομένοισι καὶ Βακχικοῖσι, ἐοῦσι δὲ Αἰγυπτίοισι, καὶ Πυθαγορείοισι.*"这句话的意思是说，"他们在这方面跟所谓俄耳甫斯教徒和巴库斯教徒一样，但他们实际是埃及人，而且他们也与毕达哥拉斯学派一样"，而不是像罗特（ii. a, 381）和 Chaignet（i. 45）翻译的那样："他们在这方面跟俄耳甫斯教和巴库斯教的崇拜仪式一样，而它们实际是埃及人和毕达哥拉斯派的"。

4　ii. 123。埃及人最早主张灵魂不死和灵魂转世："有些希腊人，或早期的或晚一些的，将这个学说视为好像是他们自己的；我知道他们是谁，但是不在这里写他们的名字。"

5　希罗多德在刚才引用的段落中谈论采纳灵魂转世学说的晚近哲学家的时候，很可能特别指毕达哥拉斯，但是他未必表示毕达哥拉斯本人从埃及学到这种学说。希罗多德提到 Melampus 将埃及的酒神崇拜引入希腊（参见本书第 47 页注释 4）；所以，

到过埃及这点，尽管希罗多德有许多机会可以提及它，但是他对此不置一词，从这里我们只能设想他对此并不了解。[1] 阿里斯托克塞努斯看起来也不了解这件事。[2] 因而，关于所谓的毕达哥拉斯曾经游历东方这个
334 事情完全缺乏可靠的证据；我们越是远离毕达哥拉斯的生活年代得到的典据就越丰富，而我们越是靠近他的时代得到的典据就越贫乏；我们根本找不到公元前四世纪开端之前的任何典据。每个晚出的作者都比他的前人说出更多的东西。希腊人对东方文明国家的了解越多，被他们提到的这位萨摩斯哲学家的游历范围也随之扩大。这是传说故事而不是历史记录的形成方式。我们确实不能说，毕达哥拉斯去过埃及或腓尼基，甚至巴比伦，这事没有可能性，但是在这方面是完全不可证明的。关于他的游历的叙述的整个特征强化了这样的假定，即，这些叙述看起来不会是从历史性回忆中得来的，而且它们对于毕达哥拉斯与外部民族的交往——其学说被说成源自于这种交往——并没有确定的了解；不过反过来说，它们也强化了这样的假想，即，他的学说起源于外部民族这点促成了他跟外族人交流的那些故事。即使当时没有实际的历史记录，这种假想也是很好解释的，因为有后来的文化融合，有错误的实用主义（Pragmatismus）[3]——它只能通过毕达哥拉斯和东方人的亲自交往来解释毕达哥拉斯学派的学说和习惯跟东方的学说和习惯的相似性，还

将灵魂转世学说引入到俄耳甫斯教派的酒神秘仪的“古人们”似乎最主要是暗指Melampus。在这种情况下，毕达哥拉斯就未必非得去埃及才能领教到这种学说。

1　罗特（ii. b, 74）的解释是，希罗多德故意不提毕达哥拉斯，因为他讨厌克罗同人，他们与特利安人为敌；这种解释不仅属于牵强附会，而且可以证明是错误的。希罗多德在其他地方（iv. 95）确实提及了毕达哥拉斯，而且带有尊敬：“最伟大的希腊教师之一，毕达哥拉斯”；而在 ii. 123（前注）他略过毕达哥拉斯和其他人的名字，不是出于厌恶而是出于宽容。如果他不提及他跟埃及的关系，最自然的解释是他并不了解有这种关系。在 ii. 81（参见本书第 332 页注释 2），如果他认为毕达哥拉斯派跟俄耳甫斯教派一样从埃及学习有关学说，那么他的措辞方式肯定不会是那样的。

2　至少没有一位谈论毕达哥拉斯的埃及游历的记载者提及阿里斯托克塞努斯。

3　德语词 Pragmatismus 没有一个英语的对应词，这个词或许可以解释为通过对于事实的想象性联结来解释思想史的倾向。——英译者注

有颂扬毕达哥拉斯传奇的倾向——它喜欢将整个人类的智慧都集中到这 335
个传奇的主角身上。[1]毕达哥拉斯到过克里特和斯巴达，一方面了解到这些邦国的法律，另一方面可能接受了伊达山的宙斯（Idaean Zeus）秘仪，这样的说法也没有更站得住的根据。[2]这件事情本身是可以设想的，不过证据太不确定，而关于这方面细节的历史记录太少而不足以让我们给予这个论断任何信任。那种认为毕达哥拉斯的智慧源自于俄耳甫斯教的教师[3]和著作的观点也是这样，哪怕这不是全然违反史实，也无疑不是基于任何历史性回忆，而是基于特定时期的设想，在这个时期里俄耳甫斯教的神智学（theosophy）及其书写作品已经处于毕达哥拉斯学派和新毕达哥拉斯学派的影响之下。是否可能通过毕达哥拉斯学派学说的内部性质来进行推论以补充证据方面的不足，这点我们将来后面进行探讨。

关于这位哲学家的第一个清楚的方面是他是移居到大希腊地区的， 336
而移居的时间我们不能精确地确定，[4]对于他迁移的原因我们也只有猜测。[5]然而，他的事业似乎不是在意大利才开始的。通常的记述确实显示他在萨摩斯岛的活动不会持续很长时间。然而，另一些记载表示，他

1 因为除非是通过各次游历（Chaignet, i. 40；Schuster, *Heracl*. 372），否则毕达哥拉斯很难达到"博学"（他因博学这点得到了赫拉克利特的美言，参见第230页注释2），但是这并不能推出，他去了埃及或者访问了非希腊的邦国。此外，赫拉克利特对毕达哥拉斯的了解毋宁是通过阅读其著作而得到的；而这些著作可能是毕达哥拉斯先前游历的时候收集到的。

2 Justin. xx. 4; Valer. Max. viii. 7, ext. 2；Diog. viii. 3（Epimenides）；Iambl. 25; Porph. 17，参见本书第249页注释2。

3 参见本书第225页注释4。

4 参见本书第221页注释1。

5 古人的记述很可能是纯粹的武断性猜测。他们大多数都跟阿里斯托克塞努斯（ap. Porph. 9）一样断言，Polycrates 的僭政导致了毕达哥拉斯的迁徙（Strabo, xiv. 1, 16, p. 638；Diog. viii. 3；Hippoly. *Refut.* 1. 2, sub init.；Porph. 16；Themist. *Or*. xxiii. 285 b；Plut. *Plac.* i. 3, 24；Ovid. *Metam.* xv. 60, etc.），而这个断言跟 Polycrates 给 Amasis 写推荐信这个不确定的故事有矛盾之处，这点没有什么反面的证据。但是它也不能被视为得到证实的，因为事情的联结是非常明显的。其他人（Iambl. 20, 28）说，他迁徙是因为萨摩斯人对哲学太不感兴趣。另一方面，Iambl. 28 说，他迁徙是为了避开政治活动，而那些钦慕他的同胞会迫使他从政。

首先在萨摩斯岛有过一段时间的成功经历；[1]假如这个说法由于与传说故事相关、缺乏可信度而不值得重视，不过赫拉克利特和希罗多德提及毕达哥拉斯的方式似乎可以支持这点。[2]赫拉克利特在这位哲学家去世后不久提及他的博学、他的（在赫拉克利特眼里是错误的）见识，以及一件在伊奥尼亚广为人知的事。[3]不太可能的是，对此事的记载首先是从
337 意大利传到伊奥尼亚的。因为，根据另外的证言（见下文），意大利的毕达哥拉斯主义的广泛传播是在学派奠基人死后较长一段时间由毕达哥拉斯学派成员的分散而带来的。此外，关于札尔莫克西斯（Zalmoxis）的广为人知、常被引用的叙述[4]预设了，毕达哥拉斯在他自己的母邦已经扮演了后来他在大希腊地区扮演的角色。在这个故事里，一位盖塔人的神（Gaetic divinity）以人的形式出现并且跟毕达哥拉斯交流。这个虚构故事的动机显然是要解释盖塔人信仰灵魂不死跟毕达哥拉斯学派学说所谓的相似性（参见前文，第 48 页注释 1）；但是如果这位哲学家的名字不被赫勒斯蓬特海峡（Hellespont）的希腊人所了解，如果他们认为毕达哥拉斯的事业首先是从意大利开始的，那么这个故事根本不会出现——希罗多德从那些人当中得知这个故事。不知道是否他从同胞当中获得的认可比自己的预期更少，或者由于其他某些原因（如，波吕克拉底的僭政，对波斯入侵的担忧）让他厌弃母邦，总之他离开了它而迁居到克罗同（Crotona），他与这个城邦可能有某些私人的关联，而且这个地方在有益于健康方面闻名遐迩，其居民也很积极活跃，这些对他可能
338 也很有吸引力。[5]在这里他找到了自己事业的合适土壤，而他建立的学

1 Antipho. ap. Porph. 9; Iambl. 20 sqq., 26 sqq.

2 如里特尔（*Pyth. Phil.* 31）的恰当评论。布兰迪斯的相反说法在我看来不是无争议的。

3 Fr. 22, ap. Diog. viii. 6：“穆纳萨尔库斯的儿子毕达哥拉斯比其他人都更加致力于探究，他的著作选集表明他创造了自己的智慧，博学，糟糕的技艺。”我不认为“他的著作选集（*ἐκλεξάμενος ταύτας τὰς συγγραφὰς*）”这些话是叙述者插入的，它必定指赫拉克利特提及的之前就存在的著作。Cf. p. 227, 2; 2nd edition。

4 Herod. iv. 95.

5 根据某个记述（ap. Porph. 2），他跟克罗同曾有关联，在年少时跟随父亲去过那里；

派在解散之前跟南意大利的确紧密关联在一起，因而常常被描述为意大利学派。[1]

但是，他的这部分生平也颇为神秘、充满传奇色彩，在大量纯然虚构的材料中很难找到任何有历史根据的东西。如果我们相信提供这些材料的人，那么我们会看到毕达哥拉斯这个人本身被神奇的光芒所环绕。他被说成是阿波罗所喜爱的人，甚至是阿波罗的杰出儿子；[2]他被追随者奉为神明，[3]而且有各种谶语和神迹证明他的神性。[4]凡人中只有 339

但这是个故事而不是历史记载，就像 Apuleius, *Floril.* ii. 15 提到克罗同人 Gillus（在 Herod. iii. 138 提及叫这个名字的塔兰托人）将他从波斯人的监禁中解放出来。根据 Iambl. 33, 36, 142，除了克罗同之外毕达哥拉斯还访问了意大利和西西里的其他多个城镇，尤其是锡巴里斯。然而，没有任何文献提及他首先去锡巴里斯，然后才去克罗同（vide Röth, ii. a, 421）。罗特从阿波罗尼乌斯（ap. Iambl. 255）的话（他完全错误诠释了这些话）以及 Jul. Firmic. *Astron*. p. 9 的说法（"他因流放而住在锡巴里斯和克罗同"）推导说，在锡巴里斯被毁之后，毕达哥拉斯住到了锡巴里斯人给他的田庄；但是除这点外他关于这段田园生活的叙述都纯粹只是想象。

1 亚里士多德《形而上学》i. 5, 987a9, c. 6, sub. init.; c. 7, 988a25；《论天》ii. 13, 293a20；《气象学》i. 6, 342b30；cf. Sextus, *Math.* x. 284; Hippolyt. *Refut.* 1. 2; Plut. *Plac.* i. 3, 24。

2 Porph. 2 为了支持这点而诉诸阿波罗尼乌斯（Iambl. 5 sqq.），诉诸 Epimenides、欧多克索和色诺克拉底；但是这三个名字的第一个只能是因为搞错才被提及的。因为这位著名的克里特人被 Porph. 29 和 Iambl. 135, 222 记述为毕达哥拉斯的弟子，而被其他人记述为他的老师（参见本书第 223 页注释 1），很难说这人在毕达哥拉斯出生时还在世；其他两个人的名字也同样应该被考虑为可疑的。色诺克拉底（如我在 Part ii. a, 875, 3rd edition）可能转述了这个说法，但是他自己不会采纳它。

3 Porph. 20；Iambl. 30, 255。依照 Apollonius and Nicomachus；Diodor. *Fragm.* p. 554；Aristotle, ap. Iambl. 31, 144，引述下面的话来划定毕达哥拉斯的类属："在有理性的动物中，一种是神，另一种是人，还有是像毕达哥拉斯这样的"；还有 Aelian. ii. 26，把经常被提及的话归于他名下（也出现在 Diog. viii. 11 和 Porph. 28），即，毕达哥拉斯被称为 Hyperborean Apollo。参考下注。

4 根据 Aelian, *loc. cit.* cf. iv. 17，亚里士多德已经讲过，毕达哥拉斯在同一时间里在克罗同和麦塔庞顿被人看到，而且他有金质的大腿，还有一位河神跟他讲过话。然而，这个说法听起来非常可疑，让人倾向于猜测"*κἀκεῖνα δὲ προσεπιλέγει ὁ τοῦ Νικομάχου*"（"尼各马可的儿子补充说"）这些话中存在某种错误，而且会让人倾向于设想不是亚里士多德而是著名新毕达哥拉斯学派人物尼各马可才是 Aelian 的典据；不过 Apollon. *Mirabil. c.* 6 也从亚里士多德那里引用了同样的话。但是，讲述这些事情的人不可能是亚里士多德本人。他一定只是将这些事当作毕达哥拉斯学派的传说而提及它们，而后来人把他当作支持这些说法的典据了。这确实是可

他理解诸天体的和谐；[1]他的最初前世是赫尔墨斯之子，而赫尔墨斯允许
340 他在经历了许多不同前世之后记住他所有的往事。[2]甚至有人说他曾经去过冥界。[3]他的学说被说成是他的守护神借德尔斐神庙女祭司塞弥斯

能的，所以这些说法不能用来证明亚里士多德的《论毕达哥拉斯派》（περὶ τῶν Πυθαγορείων）是杜撰的，虽然它很自然会让我们这么想。同样一些传奇也被如下文献提及：Plutarch, *Numa*, c. 8 ；Diog. viii. 11 ；Porph. 28 sqq. ；Iambl. 90 sqq. ；134, 140 sq.（后两者沿袭尼各马可；cf. Rohde, *Rh. Mus.* xxvii. 44）。按照普鲁塔克的说法，他在奥林匹亚向集会的人群展示了他的金质大腿；按照波菲利和扬布里柯的说法，他向极北之地的 Apollo Abaris 的祭司作了展示。更多细节，vide Herod. iv. 36（cf. also Krische, *De Societ. a Pyth. cond.* 37），他将晚出作者们讲述的 Abaris 的传说故事以或然的方式归于本都人赫拉克利德。还有许多其他奇迹，常常带有最夸张的描述，例如用一句话就驯服了一头野兽，预告未来之事，等等，见于 Plutarch, *loc. cit.* ；Apul. *De Magia*, 31 ；Porph. 23 sq. ；Iambl. 36, 60 sqq., 142，但是很遗憾他们没有说出他们从中获知这些内容的那些"可靠的古代作者"究竟是谁；cf. also Hippol. *Refut.* i. 2, p. 10。从 Porphyry, ap. Eus. *Pr. Ev.* x. 3, 4 的记述中可以清楚看出，即使在公元四世纪，还有某些流传的故事证明毕达哥拉斯对未来之事具有超自然的认识。据说 Andron 在他的 *Tripod* 谈论了毕达哥拉斯的预言能力，尤其是他从某次地震发生三天之前的河水预知了要发生地震。Theopompus 把这些故事又转到了费瑞库德斯身上。恩培多克勒（ap. Porph. 30 和 Iambl. 67）的诗篇对这些事情的讲述没有那么神奇。这些诗篇并没有涉及什么超自然的知识，而古人对于这诗篇指涉毕达哥拉斯还是巴门尼德还有不同意见（根据 Diogenes, viii. 54）。至于其他方面，我们很难相信，在毕达哥拉斯在世期间和去世后不久会有那么多关于他的神奇事迹的传言，就像后来恩培多克勒的说法透露出来的情况。

1 Porph. 30; Iambl. 65; Simpl. *in Arist. De Caelo*, 208, b, 43, 211 a, 16; *Schol. in Arist.* 496 b, 1.

2 Diog. viii, 4 sq. 因袭赫拉克利德（Pont.）；Porph. 26, 45; Iambl. 63; Horat. *Carm.* i. 28. 9; Ovid. *Metam.* xv. 160; Lucian, *Dial. Mort.* 20, 3, et pass. Tertull. *De An.* 28, 31。根据 A. Gellius, iv. 11，亚里士多德的两位弟子 Clearchus 和狄凯亚尔库断言，毕达哥拉斯主张他的前世曾是 Euphorbus、Pyrander 和其他人；但是克塞诺芬尼的诗篇（ap. Diog. viii. 36）根本没有提及回忆起前世这样的事。据说他还与某位已经去世的朋友的灵魂一直保持沟通（Herm. in Joseph. *Con. Ap.* i. 22）。更多细节请看后文。

3 希罗尼姆斯（他肯定是漫步学派的成员）提及此事，ap. Diog. viii. 21, cf. 38。赫尔米普斯（vide Diog. viii. 41）模仿关于札尔莫克西斯的故事（Herod. iv. 95）为这个传说赋予了某种无趣的自然方面的解释，但 Tertullian, *De An.* c. 28 对这种解释的气愤也不必要。它的真正来源可能是某篇被归于毕达哥拉斯的著作，题为《下到冥界》（Κατάβασις εἰς ᾅδου）。Cf. Diog. 14 ："他在一篇著作中说，在 270 年（δι' ἑπτὰ，对此 Rohde, *Rh. Mus.* xxvi. 558 参照 Iambl. *Theol. Arithm.* p. 41 要替换成 ἑκκαίδεκα [16 年]）后，他会从冥界返回人间'。"Ibid. 4 ："这就是本都人赫拉克利德 告诉我们的，他曾经这样谈论（λέγειν）自己：他［在前世］曾是 Aethalides。"在这里，

托克勒娅（Themistoclea）之口传给他的。[1] 所以，他最初出现在克罗同
的时候[2] 就吸引了很多人，[3] 并且在整个意大利地区赢得了最高声誉，[4] 这 341
就没什么可奇怪的了。许多弟子聚集在他身边，有男有女，[5] 不仅有来自
希腊殖民地的，还有来自整个意大利地区的。[6] 这些邦国的最知名的立 342

现在时的 λέγειν 指向了某著作，参考 Rohde, *loc. cit.* 的更多引证。大家都知道这类著作对于毕达哥拉斯学派而言是不陌生的。*The Orphic Katabasis* 据说是毕达哥拉斯学派的 Cercops 撰写的（Clem. *Strom.* i. 333 A）。

1 Aristox. ap. Diog. viii. 8, 21；Porph. 41。这个说法非常神秘，而且本身很不可能为真，它不能让我们将毕达哥拉斯主义跟德尔菲的哲学等同起来，如 Curtius（*Griech. Geschich.* i. 427）所作的那样。

2 Dicaearchus, ap. Porph. 18；cf. Justin. *Hist.* xx. 4；首先谈到了他给“长老议事会”（τὸ τῶν γερόντων ἀρχεῖον）做演讲，而根据记载他还给青年人做演讲，最后给女人做演讲。关于这些扬布里柯演讲内容的漫长而雄辩的解释出现在 Iambl. *V. P.* 37-57，而 Röth, ii. a, 425-450 提供了某种现代转述。我不相信这种扩展版本是从狄凯亚尔库那里得来的；一方面是因为这位哲学家所说的内容太贫乏，另一方面是因为狄凯亚尔库说毕达哥拉斯最初是给治国议事会做演讲，然后是给青年人（根据波菲利）；而根据扬布里柯，毕达哥拉斯最初出现在体育场里，在其中的演讲被报告之后才被安排在议事会上做演讲。看起来是后来的传记作者给狄凯亚尔库的记述增补了某些内容；而且很可能这事是阿波罗尼乌斯所为，因为扬布里柯在他的 *V. P.* 259 sq. 以相似的文风引用了他的一处叙述，而且阿波罗尼乌斯，同上书 264（如 Rohde, *Rhein. Mus.* xxvii. 29 评论的）明确提到诸缪斯女神的神庙，而按照第 50 节，这些关于毕达哥拉斯的叙述导致了这些神庙的建设。阿波罗尼乌斯本人似乎将自己的说明建立在对于《蒂迈欧》的一种阐释上（如 Rohde, *loc. cit.* 27 sq. 从扬布里柯的著作第 56 节出发证明的；cf. Diog. viii. 11；以及 Just. xx. 4, sub. fin.；cf. also Porph. *V. P.* 4），而且他还利用了阿里斯托克塞努斯和其他人的某些记载；请比较 Iambl. 37, 40, 47 和 Diog. viii. 22, 23；另请比较 Stob. *Floril.* 44, 21（ii. 164, Mein.）、Iambl. 50 和 Stob. 74, 53。

3 除了前面已经引用的内容，再参见 Nichomachus 的传奇记载，ap. Porph. 20 和 Iambl. 30；Diodor. *Fragm.* p. 554；Favorin. ap. Diog. viii. 15；Valer. Max. viii. 15, ext. 1。

4 Cf. Alcidamas, ap. Arist. *Rhet.* ii. 23, 1398b14：“南意大利的希腊人很崇敬毕达哥拉斯”。Plutarch, *Numa*, c. 8 根据埃庇哈尔穆斯的说法讲，毕达哥拉斯被罗马人授予公民权；然而他是被一份假冒的文献欺骗了，vide Welcker, *Klein. Schriften*, i. 350。根据 Plutarch, *loc. cit.* 和 Pliny, *Hist. Nat.* xxxiv. 6, 26，在 Samnite 战争时期，在罗马为毕达哥拉斯立了一根柱子表彰他为最有智慧的希腊人。

5 Porph. 22：“根据阿里斯托克塞努斯，某些卢卡尼亚人、梅萨比人、Picentinians 和罗马人追随他”。同样的说法（没有诉诸阿里斯托克塞努斯）也出现在 Diog. viii. 14；Nic. ap. Porph. 19 sq.；Iambl. 29 sq., 265 sqq. 127（在其中提及了一位 Etruscan Pythagorean）。

6 关于毕达哥拉斯学派的女性，参考 Diog. 41 sq.；Porph. 19 sq.；Iambl. 30, 54, 132,

法家[1]将他视为自己的老师，而且通过他的影响，秩序、自由、文明和法律在克罗同和整个大希腊地区得到重建。[2]甚至高卢的那些德鲁伊教教士都被晚出作者称为他的弟子。[3]毕达哥拉斯学派不仅向我们呈现为一个哲学团体，而且更主要地呈现为一个宗教和政治的团体。只有通过了严格的考察期，保持 7 年的沉默，才能被接纳进这个团体。[4]团体
343 成员通过秘密的标记而彼此识别[5]；其中只有特定数量的人可以进入内部

267, end。其中最有名的一位是泰阿诺，通常被说成是毕达哥拉斯的妻子，有时被说成是他的女儿，参见 Hermesinax, ap. Athen. xiii. 599 a; Diog. 42; Porph. 19; Iambl. 132, 146, 265; Clem. *Strom.* i. 309; C. iv. 522 D; Plut. *Conj. Praec.* 31, p. 142; Stob. *Ecl.* i. 302; *Floril.* 74, 32, 53, 55; *Floril. Monac*. 268-270（Stob. *Floril. Ed. Mein.* iv. 289 sq.）。关于毕达哥拉斯的孩子们，参见 Porph. 4（其中提到 Tauromenium 的蒂迈欧关于他女儿的某个说法，在 Hieron. *Adv. Jovin*. i. 42）；Diog. 42 sq. ；Iambl. 146 ；*Schol. in Plat.* p. 420, Bekk.。关于他的家庭经济状况，参见 Iambl. 170。

1 尤其是 Zalaucus 和 Charondas，这点得到 Seneca, *Ep.* 90, 6 以及 Posinonius 的断定；相似的说法出现在 Diog. viii. 16（这是否转引自阿里斯托克塞努斯是难以确定的）；Porph. 21 ；Iambl. 33, 104, 130, 172（后两人都可能因袭尼各马可）；cf. Aelian, *V. H.* iii. 17 ；根据 Diodorum, xii. 20，Zaleucus 也被说成与毕达哥拉斯有这种关系。可是 Zaleucus 肯定比毕达哥拉斯早出生 100 年，而 Charondas 也可能是这样（cf. Hermann, *Griech. Antiquit.* i. section 89）；另一方面，如果我们把这位 Charondas（vide Diodorus, xii. 11; *Schol. in Plat.* p. 419）认作是 Thurii 的立法者（公元前 455 年），那么他会年纪太小而不足以充当毕达哥拉斯的弟子。所以，这些说法出现在上述作者的论著中，这表明即使是古代广为流传的关于毕达哥拉斯的记述，其中包含的史实依据也非常少。在 Iambl. 130, 172 中还提到了其他某些毕达哥拉斯派的立法者。关于 Numa 和毕达哥拉斯的关系的故事在 vol. iii. b, 692（2nd edition）有所讨论。

2 Diog. viii. 3 ；Porph. 21 sq., 54 ；Iambl. 33, 50, 132, 214 ；Cic. *Tusc.* v. 4, 10 ；Diodor. *Fragm.* p. 554；Justin, xx. 4；Dio Chrysost. *Or*. 49, p. 249 R.；Plut. C. *Princ. Philos*. i. 11, p. 776 ；参考所谓的毕达哥拉斯和 Phalaris 之间的交谈；Iambl. 215 sqq.。

3 见本书第 48 页注释 1 ；cf. p. 330。

4 Taurus, *ap. Gell*. i. 9 ；Diog. viii. 10 ；Apul. *Floril.* ii. 15 ；Clem. *Strom*, vi. 580, A ；Hippol. *Refut.* i. 2, p. 8, 14 ；Iambl. 71 sqq. 94 ；cf. 21 sqq.; Philop. *De An.* D, 5 ；Lucian, *Vit. Auct.* 3。关于这些考验本身，其中包括面相方面的考察（希波吕特把毕达哥拉斯说成相面术的发明者），以及考察期的沉默时间长度，有各种不同的说法。新人们接触老师只能隔着帘子而看不到他们的面貌，就像在那些秘仪中的情况一样。Cf. Diog. 15。

5 Iambl. 238。据说这种标记是五角形（*Schol. in Aristoph.*; Clouds, 611, i. 249, Dind. ；Lucian, *De Salut.* c. 5）。Krische, p. 44 认为是磬折形（gnomon）。

圈子并且学习学派的秘传学说：[1]他们跟团体之外的人保持距离，[2]而那些不肖成员会被羞辱并逐出。[3]根据后来的记述，高层次的毕达哥拉斯学派成员的财产是共有的，[4]服从一套详细规定好的生活戒律，这戒律被他 344

1　Gellius, *loc. cit.* 提到毕达哥拉斯派的三个层级：ἀκουστικοὶ 或"初学者"、μαθηματικοὶ、φυσικοί；Clem. *Strom*, v. 575 D；Hippolyt. *Refut.* i. 2, p. 8, 14；Porph. 37；Iambl. *V. P.* 72, 8 sqq.; 87 sq.；而 Villoison 的 *Anecd.* ii. 216 提到两个层级，即内传弟子和外传弟子；内传弟子也被称为 Mathematicians（数理派），外传弟子也被称为 Acousmaticians（信条派）；根据希波吕特和扬布里柯，内传弟子被称为 Pythagoreans（毕达哥拉斯派），而外传弟子被称为 Pythagorists（毕达哥拉斯主义者）。根据 Phot. *Cod.* 249，某位佚名作者区分出了 Sebasti、Politici 和 Mathematici；还有 Pythagorici、Pythagoreans 和 Pythagorists 这样的区分方式，其中的学者被称为 Pythagoreans（毕达哥拉斯派），而"ἄλλως ἔξωθεν ζηλωταὶ"（按别的方式追随的外部人士）被称为 Pythagorists（毕达哥拉斯主义者）。罗特（ii. a, 455 sq.; 756 sq.; 823 sqq.; 966 b, 104）在这些说法的基础上得出了下面的论断（他没有考虑这些说法在时间上是晚出的）。内圈的毕达哥拉斯派成员被称为 Pythagorics，而外圈的成员被称为 Pythagoreans；他们的学说之间有重要区别，Pythagoreans 的全部学说都建立在索罗亚斯德教的二元论基础上，而它在毕达哥拉斯的思想观念中是没有的，这些观念是真正埃及人的（根据罗特著作第 421 页，这种二元论是自然哲人 Democedes 引入到克罗同的）。只有这些外圈成员是 Pythagoreans（其中包括恩培多克勒、菲洛劳斯和阿尔基塔，而柏拉图及其追随者是他们的同盟），而亚里士多德所指的人就是这些人，他们是在托勒密王朝之前真正被古人承认的。然而，所有提及这种区分的作者都将外传弟子称为 Pythagorists，而把内传弟子（毕达哥拉斯的真正弟子）称为 Pythagoreans；而 Photius 提到的佚名作者将 Pythagoreans 这个名称用来表示第二代弟子。但是罗特找到一种方式来避免这个困难。我们只要纠正这位佚名作者，也就是要将 Acousmatician 理解为 Pythagoreans；而就扬布里柯而言，我们"把 Pythagorici 替换为 Pythagoreans，而把 Pythagoreans 替换为 Pythagorists（罗特忽略了希波吕特的那个文本），那么就都对了。"罗特在这个武断的猜测基础上建立了某种观点，它不仅完全推翻了迄今人们普遍接受的关于毕达哥拉斯主义的观点，而且完全推翻了菲洛劳斯、柏拉图和亚里士多德等人的证言。

2　Apollon. ap. Iambl. 257.

3　Iambl. 73 sq., 246 ; Clemens, *Strom*, v. 574, D.

4　关于这点的最早的典据是伊壁鸠鲁（或 Diocles），ap. Diog. x. 11；以及 Timaeus of Tauromenium, *ibid.* viii. 10; *Schol. in Plat., Phadr.* p. 319, Bekk.。后来在新毕达哥拉斯学派出现之后（他们一定是主要从柏拉图的理想国家设想那里得到了这些观念），这个说法就被普遍接受了；vide Diog. viii. 10; Gell. *loc. cit.*; Hippol. *Refut.* i. 2, p. 12；Porph. 20; Iambl. 30, 72, 168, 257, &c.。Phot. Lex. κοινά 说毕达哥拉斯将财产公有制引介给大希腊地区的居民，并且将《蒂迈欧》引为依据。

们视为神圣诫命。[1]这包括规定穿亚麻布的衣服，[2]全然禁止带血的祭品，禁吃动物，[3]禁吃豆子和其他某些食物，[4]甚至还有人说他们实行独身禁
345 欲。[5]更值得相信的早期作者没有提及财产共有，[6]尽管他们高度颂扬毕达哥拉斯学派在友爱和团结方面的忠诚。[7]这些作者提及的关于食物和

1 Porph. 20, 32 sqq.；因袭尼各马可，以及奇闻录作家第欧根尼；Iambl. 68 sq., 96 sqq., 165, 256。后者详细描述了他们的整个日常生活。

2 Iambl. 100, 149；看起来两处都是源自尼各马可著作的第 100 节（参考 Rohde, *Rhein. Mus.* xxvii. 35 sq., 47），间接来自阿里斯托克塞努斯，但是后者仅仅提到他自己时代的毕达哥拉斯学派成员；Apuleius, *De Magia*, c. 56；Philostr. *Apollon.* i. 32, 2，他在亚麻布服装的戒律之外还增加了禁止剪发。其他人只提及穿白色服装，e. g. Aelian, *V. H.* xii. 32。

3 这点被归于毕达哥拉斯本人最早见于欧多克索（ap. Porph. *V. P.* 7），以及 Onesicritus（大约公元前 320 年），Strabo, xv. i. 65, p. 716 Cas.；而它被归于整个毕达哥拉斯学派则见于亚历山大里亚时期的某些诗人，ap. Diog. viii. 37 sq.; Athen. iii. 108 sq.; iv. 161 a, sqq., 163 d。后来，此说法几乎变成一致意见；Cic. *N. D*, iii. 36, 88; *Rep.* iii. 8; Strabo, vii. 1, 5, p. 298; Diog. viii. 13, 20, 22; Porph. *V. P.* 7; *De Abstin.* i. 15, 23; Iambl. 54, 68, 107 sqq., 150; Plut. *De Esu Carn.* sub init.; Philostr. *loc. cit.*; Sext. *Math.* ix. 12, 7 sq.，还有其他许多文献。

4 赫拉克利德（无疑是那位本都人）以及 Diogenes, ap. Joh. Lyd. *De Mens.* iv. 29, p. 76；Callimachus, ap. Gell. iv. 11; Diog. viii. 19, 24, 33, 因袭亚历山大、Polyhistor 和其他人；Cic. *Divin.* i. 30, 62; Plut. *Qu. Conv.* viii. 8, 2; Clemens. *Strom*, iii. 435, D; Porph. 43 sqq.; Iambl. 109; Hippol. *Refut.* i. 2, p. 12; Lucian, *V. Auct.* 6, etc.。根据赫尔米普斯和其他人（ap. Diog. 39 sq.），毕达哥拉斯在逃跑时由于不愿意踏过一片豆子地而被捉住并杀死。涅安塞斯（ap. Iambl. 189 sqq.）关于老狄奥尼索斯时代的毕达哥拉斯学派讲述了同样的故事。他还讲述了更夸张的传说，涉及对于禁吃豆子的理由的顽固坚持；这传说后面会提到。最后这个传说经过小的更改而被套在泰阿诺的头上，见 David, *Schol. in Arist.* 14 a, 30。据说毕达哥拉斯还禁止喝酒（Iambl. 107, 69，以及 Epiph. *Haer*. p. 1087 B）。禁吃豆子在 Bayle, *Art. Pythag.* Rem. H 那里有详细讨论。

5 Ap. Clem. *Strom*, iii. 435 c（克莱门斯自己否定了这点）；cf. Diog. 19："没有人了解到他过度饮食、行为放肆或者醉酒。"

6 参见本书第 235 页注释 4，以及 Krische, p. 27 sq.，后者正确地为这个说法找到了一个理由，这就是对于 *κοινὰ τὰ φίλων*（朋友的东西是共同的）这个谚语的误解，该谚语并不专属于毕达哥拉斯学派（参见亚里士多德《尼各马可伦理学》ix. 8, 1168 b, 6）。然而，它被蒂迈欧归给了毕达哥拉斯，ap. Diog. 10；Cic. *Leg.* i. 12, 34, and Ant. Diog. ap. Porph. 33。

7 关于 Damon 和 Phintias 的著名故事，参见 Cic. *Off.* iii. 10, 45；Diodor. *Fragm.* p. 554; Porph. 59; Iambl. 233 sq.（因袭阿里斯托克塞努斯）；将这个故事告诉扬布里柯和其他人的是 Dionysius 本人。关于其他逸闻，可参见 Diodor. *loc. cit.*; Iambl. 127 sq., 185. 237 sqq.；泛泛而谈的说法可以参见 Cic. *Off.* i. 17, 56; Diod. *loc. cit.*; Porph.

衣着方面的戒律(最根本的是节制和朴素的原则[1]）只有零星的诫命，[2]与

33, 59 ; Iambl. 229 sq.，以及 Krische. p. 40 sq.。然而，这些故事大多数都预设毕达哥拉斯派成员有私人财产。

1 Aristoxenus and Lyco, ap. Athen. ii. 46 sq. ; x. 418 e ; Porph. 33 sq. ; Iambl. 97 sq. ; Diog. viii. 19.

2 Aristoxenus. ap. Athen. x. 418 sq. ; Diog. viii. 20; Gell. iv. 11 公开否认毕达哥拉斯戒肉，他只是拒绝吃耕牛和公鹿（前者很可能由于其用处，而后者则由于其淫荡。普鲁塔克（Gell. *loc. cit.* ; cf. Diog. viii. 19）从亚里士多德那里引用了同样的说法。据他说，毕达哥拉斯学派只是禁吃动物的某些部位，还有某些鱼类（所以，根据 Diog. viii. 13，可能只有关于不献带血的祭品这个说法而不是关于毕达哥拉斯的整个故事是从亚里士多德那里引用来的）。Plutarch, *Qu. Conv.* viii. 8, 1, 3 以及 Athen. vii. 308 c，说毕达哥拉斯学派不吃鱼，而且只吃很少的肉，主要是祭祀的牺牲；同样，Alexander, ap. Diog. viii. 33 提及多方面的禁食（常常没有历史根据），但是没有提及戒肉。甚至 Ant. Diog.（ap. Porph. 34, 36）以及 Iambl. 98（在某个无疑从阿里斯托克塞努斯那里间接得来的说明中）在这点上同意这些作者，尽管在其他许多方面不同意他们，而 Plut. *Numa*, 8 提到毕达哥拉斯学派的献祭“大部分”是不带血的。另一方面，塞奥弗拉斯特一定认为毕达哥拉斯学派是戒肉的，他的时代的俄耳甫斯—毕达哥拉斯派秘仪被认为就是这样（cf. Pt. ii. a, 29, 1, 3rd ed. ; Pt. iii. b, 65 sq. 2nd ed.）——如果我们在 Porph. *De Abstin*. ii. 28 中读到的所有说法都是从他那里引用来的。但是，Bernays（*Theoph. v. d. Frömm*. p. 88）认为那些论及毕达哥拉斯学派的句子，*δι'ὅπερ...παρανομίας*（这……是违背戒律的）是波菲利添加的。但是，即使按照这种叙述，他们至少也会吃牺牲的肉，所以他们一定也用动物进行献祭。据说毕达哥拉斯在发现毕达哥拉斯定律（以及得到其他数学发现）的时候用一头公牛进行献祭（Apollodor. ap. Athenseum x. 418 sq., and Diog. viii. 12 ；Cic. *N. D.* iii. 36, 88 ；Plut. *Qu. Conv.* viii. 2, 4, 3；N. P. *Suav*. v. 11. 4, p. 1094；Procl. *in Eucl.* 110 u, 426 Fr.。Porph. *V. P.* 36 从这里引申说这祭品是 *σταίτινος βοῦς*（面粉做的牛）。据说毕达哥拉斯还给运动员介绍肉食，参见后文。就豆子而言，阿里斯托克塞努斯（ap. Gellius, *loc. cit.*）认为毕达哥拉斯非但不禁吃，而且还特别推荐这种蔬菜。所以，很有可能的是，Hippol. *Refut.* i. 2. p. 12 以及 Porph. 43 sqq. 得到这种禁吃豆子的荒谬记述（也被 Lucian, *Vit. Auct.* 6 提及）并不是从阿里斯托克塞努斯那里来的，而是从 Antonius Diogenes 那里来的，而 Joh. Lydus, *De Mens.* iv. 29, p. 76 从后者引用了跟波菲利的记述同样的话；尽管阿里斯托克塞努斯的自相矛盾本身就透露出禁吃豆子在那个时期还是被归于毕达哥拉斯的，但是这只能表明这条戒律没有得到他所追随的那些毕达哥拉斯派成员的承认。Gell. *loc. cit.* 将关于豆子的故事解释为对于某个象征性信条的误解；最有可能的解释是，某个习俗被套在了毕达哥拉斯派的头上，而这个习俗实际属于俄耳甫斯教；cf. Krische, p. 35。毕达哥拉斯派只穿亚麻布衣服这个说法跟 Diog. viii. 19（cf. Krische, p. 31）的记述不符，在其中 Diogenes 草率地解释说他们穿羊毛衣服，并认为亚麻布在那个时候在意大利还不为人所知。根据 Herod. ii. 81，整件事情只是这样：在俄耳甫斯—毕达哥拉斯派秘仪中，死者不准穿着羊毛衣服下葬。

346 特定的崇拜礼仪相关；[1]我们并不确知这些诫命究竟是意大利的毕达哥拉
347 斯学派最早提出的，还是仅仅属于具有毕达哥拉斯学派倾向的晚期俄耳
甫斯教，这样，我们也不知道它们是产生自毕达哥拉斯主义还是产生自
俄耳甫斯秘仪。即使那些晚出作者也完全不知道毕达哥拉斯学派有坚持
独身的情况，他们把毕达哥拉斯描述为结过婚的人，[2]并且从他和他的学
派引述了许多关于婚姻生活的戒律（参考下文）。在纯粹哲学之外，毕
达哥拉斯学派在各门学科中主要发展了数学，而数学最早得到富有成果
348 的发展要归功于他们。[3]他们将数学应用于音乐理论，从而成为关于声

1　正如亚历山大（Diog. viii. 33）明确说的："他们戒肉，禁吃死动物的肉、胭脂鱼、鲂鱼、蛋和蛋生动物、豆子和其他在神庙里举行崇拜仪式时禁用的食物。" cf. Plut. *Qu. Conv.* viii. 8, 3, 15。从 Herod. ii. 81 中可以推知，毕达哥拉斯派有特别的宗教礼拜和礼仪，而这些方面构成了该团体的外部纽带。柏拉图（《理想国》x. 600B）也提及一种"毕达哥拉斯派的生活模式"，而柏拉图的弟子们也由于这种生活模式而区别于其他人。这种生活模式的独特性本身会让我们猜测某种宗教方面的特征；这点从下面几点看起来更明显：首先是我们了解的关于毕达哥拉斯派生活实践的记述，其次是我们可以信之为真的礼仪戒律（见 Diog. 10, 33 sqq. ; Iambl. 163 sq., 256），此外还有毕达哥拉斯主义跟崇拜巴科斯的俄耳甫斯秘仪的早期关联，其证据部分见于上述某些文献，部分见于毕达哥拉斯派杜撰的俄耳甫斯教著作（Clemens, *Strom*, i. 333 A ; Lobeck, *Aglaoph*. 347 sqq. ; cf. Ritter, i. 363, 293）。

2　参见本书第 233 页注释 6，以及 Musonius. ap. Stob. *Floril.* 67, 20 ；cf. Diog. 21。

3　几乎没什么必要为这点去引证什么，如亚里士多德在《形而上学》i. 5, sub init. 所说（"被称为毕达哥拉斯学派致力于数学；他们最早发展这门学问，由于在这方面的培养，他们就认为数的本原就是万物的本原"），因为这点从毕达哥拉斯学派学说的总体特征就可以得到足够证明，而菲洛劳斯和阿尔基塔这些名字也可以说明这点。甚至在后来一段时期，大希腊地区和西西里还继续保持为数学和天文学研究的主要基地。大量数学和天文学方面的知识和发现被归于毕达哥拉斯的名下；cf. Aristox. ap. Stob. *Ecl*. i. 16，以及 Diog. viii. 12；Hermesianax and Apollodor. ap. Athen. xiii. 599 a, x, 418 sq.，以及 Diog. i. 25; viii. 12 ；Cic. *N. D.* iii. 36, 88 ；Plin. *Hist. Nat.* ii. 8, 37 ；Diog. viii. 11, 14 ；Porph. *V. P.* 36 ；Plut. *Qu. Conv.* viii. 2, 4, 3 ；*N. P. Suav. Vivi* 11, 4. p. 1094 ；*Plac.* ii. 12 ; Procl. *in Eucl.* 19 m（此处我们无疑应该读作 ἀναλόγων，而不是 ἀλόγων），110, 111（65, 426, 428 Fr.）；Stob. *Ecl.* i. 502 ; Lucian. *Vit. Auct.* 2 ："但是我们最了解的是什么呢？算术、天文学、江湖奇术、几何学、音乐和魔术；他是位顶尖的占卜家。"尽管毕达哥拉斯本人无疑激发了其学派在数学方面富有成果的发展，但是从一些残篇和完全不可靠的记述中我们不可能构建出任何接近史实的、关于他的数学知识的描述。甚至菲洛劳斯和阿尔基塔时代该学派的数学学科状况也只能由精确了解古代数学的人以非常谨慎的态度来刻画。我们在这里仅限于关注数论与和声学的一般原理，或者说宇宙体系的基本观念。罗特（ii a 962 b, 314）从 Varro, L.

音的科学理论的奠基人，而这种理论在他们的学说体系中占据很核心的位置。[1] 然而，音乐在实践方面的重要性对他们而言也是巨大的；它一方面被当作道德教育的手段，另一方面被关联于医术；[2]因为医术[3]，连同 349
健身术或体育，[4]在毕达哥拉斯学派当中也很兴盛。在讲述毕达哥拉斯的神话故事里提及了他的超凡的智慧，于是很自然地，他和他的学派被说成从事预言占卜。[5] 据说，除了其他一些方面之外，[6] 毕达哥拉斯学派还

lat. v. 6 那里以省略和改写的方式引用了一段话来证明毕达哥拉斯在塔兰托制作了一幅地图，可是 Varro 实际并没有这么说。Varro 在那里提及的是毕达哥拉斯（Rhegium 的毕达哥拉斯，公元前五世纪初的著名雕塑家）在塔兰托制作的“公牛上的欧罗巴”的青铜像。Marc Capella, *De Nupt. Philol.* vi. 5, p. 197, Grot. 归给毕达哥拉斯的是对地区疆界的分划而非一幅地图。

1 根据 Nicomachus, *Harm.* i. 10；Diog. viii. 12；Iambl, 115 sqq.，以及其他文献（参见下文），毕达哥拉斯本人发明了和声学。更为确定的是，和声学在他的学派首次得到发展，正如非洛劳斯和阿尔基塔的名望和学说表明的那样，进一步的说明参考后文。柏拉图在《理想国》vii. 530D 说，毕达哥拉斯学派把和声学和天文学看作姐妹学科。

2 Vide Porph. 32；Iambl. 33, 64, 110 sqq., 163, 195, 224；Strabo, i. 2, 3, p. 16; x. 3, 10, p. 468；Pint. *Is. et Os.* c. 80, p. 384；*Virt. Mor.* c. 3, p. 441；Cic. *Tusc.* iv. 2；Sen. *De ira*, iii. 9；Quintil. *Instit.* i. 10, 32; ix. 4, 12; Censorin. *Di. Nat.* 12；Aelian, *V. H.* xiv. 23；Sext. *Math.* vi. 8；Chamäleo, ap. Athen. xiii. 623（on Clinias）。这些记述无疑包含了许多虚构的内容，但是它们肯定也有些历史根据。毕达哥拉斯学派的和声学说显示了某种对乐理的钻研。音乐技艺在道德方面的应用跟多利亚人的生活模式和阿波罗崇拜是对应的；我们在其他地方也发现，阿波罗崇拜把音乐跟医疗联系起来。与此一致，毕达哥拉斯的音乐被描述为肃穆和安宁的，而里拉琴是他们的主要乐器。然而，Athen. iv. 184 e 列出了毕达哥拉斯学派的长笛演奏家的一整个名录。

3 Diog. viii. 12；Porph. 33；Iambl. 110, 163；Apollon. ap. Iambl. 264。Celsus, *De Medic*, i. *Praef.* 将毕达哥拉斯算作最著名的自然哲学家之一。参见后面关于阿尔克迈翁跟毕达哥拉斯学派的关系的更多讨论。

4 参见 Iambl. 97；Strabo, vi. 1, 12, p. 263；Justin, xx. 4；以及 Diodor. *Fragm.* p. 554。杰出的运动员 Milo 是广为人知的毕达哥拉斯学派成员。（Diog. 12 sq., 47; Porph. *V. P.* 15; *De Abst.* i. 26；Iambl. 25）提及毕达哥拉斯给运动员介绍了肉食规定，这个说法很难说是历史事实，不过它看起来指的就是哲学家毕达哥拉斯。

5 Cic. *Divin.* i. 3, 5；ii. 58, 119；Diog. 20, 32；Iambl. 93, 106, 147, 149, 163；Clem. *Strom.* i. 334 A；Plut. *Plac.* v. 1, 3；Lucian（参见第 231 页注释 4）。各种魔术也同样被归给毕达哥拉斯，Apul. *De Magia*, c. 27, p. 504。

6 Diodor. *Fragm.* p. 555。

要求成员每天都要严格自省以修养道德。[1] 然而，还有记载说，由于在
那个时期道德与政治是不分的，毕达哥拉斯学派不仅热衷于投身政治、[2]
在大希腊地区诸城邦的立法和行政方面起了很大的影响，[3]而且他们在克
罗同和其他意大利城市建立了一种可靠的政治同盟，[4]通过影响这些城市
350 的议事大会，[5]实际上左右着这些政府，并且利用自己的力量支持一种古
代多利亚式的精英政制。[6] 他们严格维护其导师的学说，通过“夫子曰”

1　*Carm. Aur.* v. 40 sqq.，因袭这个材料的，还有 Cic. *Cato*, ii. 38；Diodor. *loc. cit.*；Diog. viii. 22；Porph. 40；Iambl. 164 sq, 256。

2　根据 Iamblichus, 97，餐后时间用于政治事务，而 Varro, vide Augustin. *De Ord.* ii. 20 说，毕达哥拉斯只跟他的最成熟的弟子们传讲政治方面的学说。

3　参见上文第 233 页注释 5 和第 234 页注释 1，以及 Valer. Max. viii. 15, ext. I；ibid. c. 7, ext. 2.

4　在克罗同有 300 个成员；而按照有些记述，成员人数还要更多。

5　在克罗同，这些人被称为 *οἱ χίλιοι*（千人团）(Iamblichus, *V. P.* 45, 260，因袭阿波罗尼乌斯），这个人数对于元老院来说有点多，所以它会让我们设想其指的是公民中起主导作用的部分。Diod. xii. 9 把他们称为 *σύγκλητος*（应召议事会），Porph. 18 称之为 *τὸ τῶν γερόντων ἀρχεῖον*（长老议事会）。但是，狄奥多罗和扬布里柯说到的是 *δῆμος* 和 *ἐκκλησία*(公民大会)，而根据 Iamblichus, 260，后者只须对“千人团”提出的议案作出裁决。

6　Iambl. 249, after Aristoxenus, 254 sqq.; after Apollonius, Diog. viii. 3; Justin. xx. 4。Polybius, ii. 39 提到了大希腊地区诸城邦的毕达哥拉斯派的议事会（*συνέδρια*）。Plut. *C. Princ. Philos*. i. 11, p. 777 提及毕达哥拉斯对于南意大利希腊人领导层的影响，而且 Porph. 54 说，意大利人将其城邦主导权交托于毕达哥拉斯派。在克罗同和锡巴里斯的斗争中（以后者被毁而结束），根据狄奥多罗的说法，克罗同人决定拒绝交出逃亡的锡巴里斯贵族并且跟比他们强大的对手作战，这是尊重了毕达哥拉斯的意思。在 Traës 的致命战役中领导同胞作战的是毕达哥拉斯派的 Milo。西塞罗（*De Orat.* iii. 15, 56; cf. *Tusc.* v. 23, 66）把毕达哥拉斯派、阿那克萨戈拉以及德谟克利特都算作不从政而全然投身学术的人；不过这并不能抵消前面的证言，因为首先西塞罗从何处获得记载是不清楚的，其次毕达哥拉斯本人并没有公共职务。从柏拉图的《理想国》x. 600C 也不能得出结论说，毕达哥拉斯派完全回避政治活动，尽管根据这段文本，该团体的创始人并不以政治家身份出现，而是通过私人交往的方式从事活动。毕达哥拉斯派政治的严格贵族制或精英制特征从其反对派的指控可以看出来，见于 Iambl. 260; Athen. v. 213 f（cf. Diog. viii. 46; Tertull. *Apologet*. c. 46），还从 Cylon 的整个迫害可以看出来。然而，Chaignet（i. 54 sq.）认为克罗同的政体从温和民主制最早被毕达哥拉斯改变成贵族制，这个主张没有任何历史记载可以支持；相反，它跟如下这段文本有矛盾，即 Strabo, viii. 7, i. p. 384 (after Polybius, ii. 39. 5)，其中提到意大利人：“他们在反毕达哥拉斯派的暴动之后，实际上从他们（亚该亚人，他们拥有民主政体）那里借用了大多数法制；如果他们仅仅要求重建他们自己的民

(“αὐτὸς ἔφα”）这个著名的座右铭来消除对立的声音。[1] 然而，根据记载，这种学说严格地被限制在学派内部，而破坏这个规矩要受到严厉惩罚。[2] 还有记载说，为了让这种学说不被那些没有入会的人理解，毕达哥拉斯学派，包括其奠基人，采用了某种象征性表达，其中包括那些被当作毕达哥拉斯学派格言而传下来的大多数象征性表述。[3] 351

主制，那么这会是不必要的；而另一方面（见上注），ἐκκλησία（公民大会）对许多事务有决定权，甚至在毕达哥拉斯派主政的情况下。”

1 Cic. *N. D.* i. 5, 10 ；Diog. viii. 46 ；Clemens, *Strom.* ii. 369 C ；Philo. *Qu. in Gen.* i. 99, p. 70.

2 据 Diog. viii. 15，阿里斯托克塞努斯说，“μὴ εἶναι πρὸς πάντας πάντα ῥητά”（并非所有话都对所有人说）是毕达哥拉斯派的一条原则，而且根据 Iambl. 31，亚里士多德把谈论毕达哥拉斯（见第 231 页注释 3 的引文）算作这个学派的“πάνυ ἀπόρρητα”（绝密）。晚出作者（如 Plut. *Numa*, 22；Aristocles, ap. Eus. *Pr. Ev.* xi. 3. 1；Pseudo-Lysis, ap. Iambl. 75 sqq.，以及 Diog. viii. 42；Clem. *Strom*, v. 574 D；Iambl. *V. P.* 199, 226 sq., 246 sq. ；π. κοιν. μαθ. ἐπιστ. ；Villoison, *Anecd.* ii p. 216 ；Porph. 58 ；一位佚名者，ap. Menage, Diog. viii. ；参考柏拉图《第二封信》314 A）不厌其烦地讲述毕达哥拉斯派在保密方面的严格和忠诚，甚至把几何学和其他全然学术方面的公理也视为盟会内部的秘密，另外还讲诸神对每个背叛这种奥秘的人的憎恶和惩罚。支持这种观点的最早证据是涅安塞斯关于恩培多克勒和菲洛劳斯的论断（supra, p. 315），以及同一作者的传奇性叙述，正如希波伯图斯的叙述，ap. Iambl. 189 sqq.（更晚近得多，cf. Diog. viii. 72），根据这个文本，Myllias 和 Timycha 承受了最极端的考验，后者甚至咬掉自己的舌头（就像埃利亚的芝诺），以免向老狄奥尼修透露毕达哥拉斯禁吃豆子的缘由。另一方面，Diog. viii. 54 中蒂迈欧讲到（涅安塞斯的说法无疑是基于这个讲法），恩培多克勒以及后来的柏拉图被排除在毕达哥拉斯学派教导之外，因为被指控 λογοκλοπία（剽窃）——这个讲法是否确实指公开发表某种秘密学说而非把毕达哥拉斯学派的学说以不正当方式宣告为他们自己的，这点是有疑问的。此外，对于不顾年代方面的考虑、将恩培多克勒视为毕达哥拉斯的亲炙弟子的这样一位作者，我们也不能过分信任（*loc. cit.*）。

3 Iamblich. 104 sq., 226 sq.。关于毕达哥拉斯学派的象征信条的收集和诠释，可以参见 Aristoxenus《毕达哥拉斯派戒律》，还有博学者亚历山大和小阿那克西曼德，ap. Clem. *Strom.* i. 304, B. Cyrill. *c. Jul.* iv. 133D; Iamblichus, *V. P.* 101, 145; *Theol. Arithm.*, p. 41; Suidas, Ἀναξίμανδρος（cf. Krische, p. 74 sq.; Mahne, *De Aristoxeno*, 94 sqq.; Brandis, i. 498）；另一部著作被归于 Androcydes，据说属于早期毕达哥拉斯学派，这将在 Part iii. b, 88, 2nd ed. 得到讨论。亚里士多德论述毕达哥拉斯学派的著作似乎记载了许多这种象征信条（vide Porph. 41; Hieron. *c. Ruf.* iii. 39, T. ii. 565, Vall.; Diog. viii. 34），还有许多作者（如 Athen. x, 452 提及的 Demetrius of Byzantium）偶尔也提及这些内容。被晚出作家归于毕达哥拉斯和毕达哥拉斯学派的大部分句子很可能都是从这些古代汇编中得来的，这些晚出作家有普鲁塔克（尤其在 συμποσιακὰ 或《席

352 这些说法中有多少可以被视为符合史实，这点难以详考；我们只能大致得出某些泛泛的结论。我们看到，早在亚里士多德、阿里斯托克塞努斯和狄凯亚尔库的时代，关于毕达哥拉斯的神奇故事就已经传开；不过我们难以确定他本人是否精通奇术。恩培多克勒和赫拉克利特[1]谈论他的那种方式让我们认为，很有可能的是，在他死后很长一段时间，他仅仅被视为特别有智慧的人，而没有被视为超凡的神明。这种智慧似乎主要是宗教方面的，服务于某种宗教方面的目标。毕达哥拉斯是一个宗教团体的奠基人，这个教派有其自身的敬神方式和教规礼仪；因而他可能被视为一位预言家和祭司，并且他也以此自居；从毕达哥拉斯学派传
353 说的总体特征来看，而且从公元前五世纪毕达哥拉斯学派存在狂欢仪式（orgies）来看，这是很有可能的；但是这不意味着晚出记载所设想的那些神奇现象会出现在他身上；他只是跟埃庇美尼德、奥诺玛克里图斯和其他公元前六、七世纪的某些人属于同一类型。另外，毕达哥拉斯学派由于其伦理方面的倾向而与其他相似团体区别开来，这看起来是确定的。但是我们从晚出的那些不可靠典据中不能了解到其真正的伦理宗旨和习俗。毕达哥拉斯肯定希望建立一个虔敬的学派，而且它要拥有道义、节制、勇敢、秩序、服从法令、忠于朋友，乃至于一般而言要具有希腊人所追求的所有德性，具体而言要具有多利亚人关于优秀勇敢的男子所设想的所有德性；这些德性在可能属于毕达哥拉斯的那些文句中尤其得到了强调。为了这个目标，他首先诉诸宗教方面的激励，从信仰诸神掌管一切出发，尤其从信仰灵魂转世出发，然后诉诸他的母邦的教育

间漫谈》中）、阿森奈留斯、第欧根尼、波菲利、扬布里柯、希波吕特等人。但是，如果要谈论毕达可拉斯的伦理与宗教学说，那么我们不能太过信赖这些句子；因为首先它们的含义非常不确定，其次真正属于毕达哥拉斯的东西和晚出的东西很难区分开来。就毕达哥拉斯的“哲学”而言，它们没有什么重要性。这些句子的汇集可以参见 Orelli, *Opusc. Graec. Vet. Sent.* i, 60 sq.；Mullach, *Fragm. Philos.* i. 504 sqq.；Göttling, *Ges. Abhand.* i. 278 sq., 280 sq. 检讨了所有这些句子。但是他的诠释常常显得太造作，他太倾向于以不必然的方式发现这些训诫中的隐藏含义，而这些训诫本来仅仅具有礼仪规范方面的性质。Cf. also Rohde, *Rh. Mus.* xxvi. 561。

1 参见前文，第 230 页注释 2，第 231 页注释 4。

方法和惯例，包括音乐和体育。我们通过那些最可信的记载可以确定，
这两门技艺在毕达哥拉斯学派中得到积极实践。这些技艺可能与某些医
术和秘密疗法相关（参见前文）。传说中提到他们应用咒语、颂唱和宗
教音乐，这很可能是真的；因为古代医术的总体特征都是跟宗教、巫术 354
和音乐紧密相关的。另一方面，毕达哥拉斯学派的医术主要由膳食学[1]
所构成，这种说法是可以成立的，不仅因为膳食学与体育或健身术紧密
相关，而且从毕达哥拉斯学派的总体生活方式以及[2]柏拉图的相似观点
也可以看出这点。[3]毕达哥拉斯学派在他们的团体内部实行共餐制，这
也很有可能，不管是每天都这样还是隔一段时间进行一次；[4]但是，晚出
作者说他们实行财产共有，这肯定是虚构的；关于他们的衣着、食物和
其他生活习惯方面的细节描述必须被看作不太重要的偏好。[5]此外，毕
达哥拉斯团体的政治性质不容否认，但是说[6]它的整个建构完全出于政
治目标，其他目标都服务于这点，这就说过头了；这说法缺乏历史实
据，而且跟毕达哥拉斯学派学术的自然哲学和数学倾向不相符，也跟早 355
期典据把毕达哥拉斯描述为先知、哲人和道德革新者而非政治家这点不
相符。[7]毕达哥拉斯主义和多利亚精英政制的联合在我看来不是该学派
的人生观的原因而是其结果；历史记载表明大希腊地区的各个毕达哥拉

---

1 Iambl. 163, 264.

2 《理想国》iii. 405C sqq.；《蒂迈欧》88C sqq.。

3 关于毕达哥拉斯学派及其同时代人的医术，参见 Krische, *De Societ. a Pyth. cond.* 40; *Forschungen*, &c. 72 sqq.。

4 如 Krische 基于 Satyrus, ap. Diog. viii. 40 所设想的（*De Societ. a Pyth. cond.* 86）；cf. Iambl. 249；参见第 235 页注释 4 引述的那些作者，他们普遍假定财产共有。

5 Cf. p. 344 sqq.

6 Krische, *l. c.*, p. 101，得出这样的结论："毕达哥拉斯派的社会目标完全是政治的，他们不仅要在前者中恢复贵族制已经衰败的权力，还要巩固和扩大它；为了让两个最高的目标结合在一起，一个是道德的，另一个是读书识字。毕达哥拉斯想使他的学生成为优秀又正直的人，为了让通过权力治理公民的人，不会损害、压制平民，也为了让平民理解他们执政官的旨趣，满意自己的处境。既然，因明智和有文化而受到推崇的人，会期待自己知道善和治理，故而，这个萨摩斯人，就为那些准备为城邦掌舵的人，指导哲学方面的必要研究。"

7 Vide *supra*, 文本引用见于第 230 页，第 238 页注释 1，第 240 页注释 6。

斯主义团体都存在某种“政治上的”联结，这在很大程度上是可信的，然而我没有找到证据来表明，毕达哥拉斯学派的宗教、伦理和学术特质是从他们的政治偏见中发展出来的。其反面看起来倒是更有可能。另一方面，我们很难认定学术探究是毕达哥拉斯主义的根基。因为这个学派的道德、宗教和政治特质也不能通过数论和数学来得到解释，而毕达哥拉斯学派学术的明显独特性是由这些领域构成的，正如我们接下来可以看到的。毕达哥拉斯主义看起来毋宁是发端于道德和宗教方面的缘由，这也是关于毕达哥拉斯的最早记述的最显著方面，而且在早期毕达哥拉斯学派狂欢仪式上体现出来；我们可以明确归给毕达哥拉斯本人的唯一教义、也就是灵魂转世的教义，恰恰跟这个方面相关。毕达哥拉斯希望主要通过宗教的帮助而带来道德生活的某种革新；但是就像在泰勒斯那里的情况一样，最初的自然探究已经跟伦理反思关联在一起，因而实践方面的目标跟毕达哥拉斯在哲学史上占据其地位的那种学术就合在一起
356 了。此外，诸多关于毕达哥拉斯主义团体的秘仪方面的谈论也只能从这个学派的宗教敬拜方面来理解。关于内传和外传学说的区分（如果在早期毕达哥拉斯学派中真有这个情况的话）纯粹是宗教方面的划分。它的起源是传统上在终极入会与初级入会之间的区分，在完全皈依和初始皈依之间的区分。[1] 除开他们在宗教方面的象征性信条之外，那些哲学学说甚至那些数学论点一度是保密的，这是非常不可能的；[2] 至少菲洛劳斯

1 就这个区分之重要性的新近考察而言，我不能同意 Rohde（*Rh. Mus.* xxvi. 560 sq.）的观点。他假设了这样的情况，即在毕达哥拉斯学派哲学出现之后，其追随者将原始的毕达哥拉斯主义（局限于宗教训诫和戒律）视为仅仅是更高层次知识的预备阶段。在我看来，这种观点是新毕达哥拉斯学派的发明，他们试图把他们自己构想的观点说成毕达哥拉斯的观点，以此来解释古代记载对此主题的毫无提及。只有在他们的著作中才看到有这样两类毕达哥拉斯学派；也正是他们，在第 209 页注释 3 讨论的文本中，宣称毕达哥拉斯学派的那些著名命题是某种外传教义，而其真正意思只能通过将其视为更深奥教义的象征才能被发现，这些教义被该学派当作奥秘而不见于通常的记载。毕达哥拉斯学派的真哲学应该被描述为某种秘密教义，即使内部弟子也只有少数能被传授，这种说法跟新毕达哥拉斯学派的倾向相符，而且也说明了为什么会出现这种观点。

2 里特尔（*Pyth. Phil.* 52 sq. etc.）也如此认为。

和其他一些人——柏拉图和亚里士多德从他们那里了解到毕达哥拉斯主义的学说——肯定不知道有这种性质的诫命。[1]

毕达哥拉斯学派团体的政治倾向对于其自身的世俗存在乃至对其大多数成员而言都是生命攸关的。当时反对传统贵族政制（精英政制）的 357
民主运动席卷了大多数希腊城邦，在野心勃勃的领导人的鼓动之下，民主制在多数民众和独立的意大利各个殖民地当中非常迅速和强有力地赢得了支持。毕达哥拉斯学派的“συνέδρια”（议事会）构成了贵族政党的核心：所以他们成为了疯狂迫害的直接目标，而这种迫害给整个南意大利带来了极端的暴力。毕达哥拉斯学派成员聚会的房屋被焚烧或者封禁，而贵族政制被推翻。这种情况一直延续到亚该亚人（Achaeans）的干预才最终签订了一份协议，允许流亡者中仍然活着的人返乡。[2]对于这场迫害的时间和具体细节，不同的记述差异非常大。有一种说法是，
毕达哥拉斯本人在这场迫害中被杀；[3]另一种说法提及公元前四、五世纪 358

1 Porphyry, 58 和 Iamblichus, 253, 199 在作出辩护的时候所说的话透露出后世人的虚构迹象。Cf. Diog. viii. 55（*supra*, p. 315）。

2 这些就是我们从即将要关注的详细记述中能够收集到的；还有 Polybius, ii. 32 的记述，他说（很遗憾只是偶然地，而且没有提到时间）：“在意大利地区，当时被视为‘大希腊’地区，毕达哥拉斯学派的集会场所被焚烧，在那里自然引发了广泛的革命暴动，每个城邦的领导人物因之不幸丧生，在希腊诸城邦到处都有谋杀、内乱以及各种骚乱。”由此可以得出论断，亚该亚人通过联盟和订约而统一了克罗同、锡巴里斯和考洛尼亚，从而将他们的政制引入这些城邦。

3 各种不同的说法如下。第一种，根据 Plut. *Stoic. Rep.* 37, 3, p. 1051；Athenag. *Supplic*. c. 31；Hippolyt. *Refut.* i. 2, sub fin.；Arnob, *Adv. Gent.* i. 40；*Schol. in Plat.* p. 420, Bekk.，以及 Tzetz. *Chil*. xi. 80 sqq. 的一个段落，毕达哥拉斯是被克罗同人活活烧死的。希波吕特补充说，Archippus、吕西斯和 Zamolxis 从大火中逃脱了，而普鲁塔克的话似乎可以解读为只是试图焚烧。第二种，最接近第一种说法的是 Diog. viii. 39 的说法，即，当敌人放火的时候毕达哥拉斯和他的追随者在 Milo 的房子里；他逃脱了，但是在逃跑路上被截获并被杀死；他的多数伙伴（40 人）也被处死：只有少数人逃脱，包括 Archippus 和吕西斯。第三种，根据 Porph. 57 和 Tzetz. *loc. cit.*，其他人认为毕达哥拉斯本人从克罗同攻击事件中逃脱而抵达麦塔庞顿，他的弟子们用身体搭了人桥让他通过；除了吕西斯和 Archyppus，所有人都被烧死；而他本人在那里绝食而死，因为厌倦了生命，如波菲利所说，或者死于缺乏食物，如 Tzetzes 所说。第四种，根据 Dicaearchus, ap. Porph. 56 sq. 和 Diog. viii. 40，毕达哥拉斯在 40 位学派成员遭受攻击时在城里，但不在那所房子里；他逃到了洛克利人

那里，从那里又去了塔兰托，而两处都拒绝他居留。然后他去往麦塔庞顿，因为饿了 40 天（第欧根尼说 ἀσιτήσαντα［绝食］；波菲利说“ἐν σπάνει τῶν ἀναγκαίων διαμείναντα”，这无疑也是 Tzetzes 的观点），抵达那里就死了。这个观点被 Themist. *Orat.* xxiii. p. 285 b 所沿袭；Justin 的 *Hist.* xx. 4 的记述似乎也是从这里得来的；在这里，被害的毕达哥拉斯派成员被说成有 60 位，而其余人被流放。狄凯亚尔库还说，超过 40 人被处死。他跟其他多数记载者一样，似乎把 Cylon 说成是迫害的发起人。关于毕达哥拉斯在塔兰托的旅居，Röth, ii. a, 962 提及了 Claudian, *De Consul. Fl. Mall. Theod.* xvii. 157：“但是所有毕达哥拉斯的教导以及他的沉默岁月都没有压倒斯巴达殖民地塔兰托的臭名昭著的放纵”）；但是这些话显然只能证实那个著名的事情，即塔兰托随后成为了毕达哥拉斯主义传播的主要城邦。罗特还从 *Oebalium Tarentum* 发现了一位叫作 Oebalius 的塔兰托人，而毕达哥拉斯曾试图劝他放弃奢侈的生活方式但徒劳无功，而比这更重大的发现则是关于欧洲地图的事，也就是毕达哥拉斯据说在塔兰托制作了这幅地图（参见前文，第 238 页注释 3）。第五种，根据 Neanthes, ap. Porph. 55，Satyrus and Heracleides（Lembus），ap. Diog. viii. 40，以及 Nicomachus, ap. Iambl. 251 这几个互补性记述，毕达哥拉斯在 Cylon 发起攻击时根本不在克罗同，而是在提洛岛照料生病的费瑞库德斯并最终给后者下葬；在他返回时发现其追随者除了 Archippus 和吕西斯之外都在 Milo 的房子里被烧死或者杀死，于是他去了麦塔庞顿，在那里（据 Heracleides, ap. Diogenem）他绝食而死。第六种，根据阿里斯托克塞努斯（ap. Iambl. 248 sqq.），Cylon 是一位专制和野心勃勃的人，他对毕达哥拉斯拒绝他进入其社团而感到气愤，在毕达哥拉斯在世最后几年间他跟这位哲学家及其追随者产生了激烈冲突。这件事使得毕达哥拉斯自己迁往麦塔庞顿，并最终死在那里；但是那个冲突仍在持续，而毕达哥拉斯派成员作为诸城邦的首脑还维持了一段时间，后来在一次政治会议期间，他们在 Milo 的居所里受到攻击，除了 Archippus 和吕西斯这两位塔兰托人之外其他人都被烧死。Archippus 隐退回到母邦，而吕西斯隐退到忒拜；其余毕达哥拉斯派成员，除了阿尔基塔之外都逃离意大利而一起住在列其昂（但这仍是在意大利），随着政治状况越来越糟，这个学派最终消亡（这个说法中最后这个混淆之处，Rohde, *Rh. Mus.* xxvi. 565 是通过文本窜入来解释的，对此我表示赞同。真正的意思是，毕达哥拉斯学派成员最初一起生活在列其昂，但是在事情变得更糟之时，除了阿尔基塔之外他们都离开了意大利）。这就是狄奥多罗（*Fragm.* p. 556）看到的说法，如它跟 Iambl. 248, 250 的对比所表明的。Apollonius, *Mirab.* c. 6 说，毕达哥拉斯预言了这次攻击，而在事情发生之前就逃往麦塔庞顿。据 Cic. *Fin.* v. 2，毕达哥拉斯在麦塔庞顿的居所和去世的地方得到了标明；而据 Valer. Max. viii. 7, ext. 2，麦塔庞顿整个城市的人都以最崇敬之情参加了毕达哥拉斯的葬礼；据 Aristid. Quint. *De Mus.* iii. 111 Meib.，毕达哥拉斯临终前让他的弟子们使用单弦琴。这些说法跟当今的版本最吻合，因为他们的前提都是毕达哥拉斯在去世时本人并没有受到威胁。Plut. *Gen. Socr.* 13, p. 583 提到毕达哥拉斯学派成员从多个城邦被驱逐，在麦塔庞顿的会所被烧，而只有菲洛劳斯和吕西斯幸免于难——尽管麦塔庞顿替换了克罗同，而菲洛劳斯替换了 Archippus，这时候他没有提及毕达哥拉斯本人，而且将这整个迫害定于他去世之后，这同样与阿里斯托克塞努斯的那些说法相符。所以，Olympiodorus *in Phaed.* p. 8 sq. 提到，被烧死的某些毕达哥拉斯学派成员，说他们躲过了这场迫害。克罗同被最多人说成是这场攻击的始发地，而麦塔庞顿（Metapontum）则是毕达哥拉 359 360 斯去世的地方；但是在细节方面有许多差异，以至于在多种说法之间作出完美调和是不可能的。最可能的是，最初的公共暴动一定是在毕达哥拉斯死后发动的，尽管他在世时就可能有人反对他和他的追随者，并使得他移居到麦塔庞顿。与毕达哥拉斯派斗争的党派可能在大希腊地区的诸城邦[1]、在不同的时间多次发难；而出现多种不同说法的原因可能有一部分是因为对这些不同事实的追忆。在克罗同集中烧死毕达哥拉斯学派的成员以及其他对毕达哥拉斯党派的攻击，这些可能是在公元前五世纪中期以后才出现，而毕达哥拉斯可能在麦塔庞顿安然地度过了其晚年。[2]

的只有毕达哥拉斯的弟子而没有毕达哥拉斯；而且他说只有菲洛劳斯和 Hipparchus（Archippus）逃脱了。第七种，Apollonius, ap. Iambl. 254 sqq. 的记载，跟阿里斯托克塞努斯的记载相似。根据这种说法，毕达哥拉斯学派的精英体制早就激起不满；在锡巴里斯被毁和毕达哥拉斯去世（不仅仅是他的离开，据说“后来他就死了［ἐπεὶ δὲ ἐτελεύτησεν］”，而且前面出现的 ἐπεδήμει 和 ἀπῆλθε 应该跟 ἐτελεύτησεν 一起得到解释）之后，Cylon 和不属于毕达哥拉斯团体的其他贵族更煽动了这种不满，此外，部分领土被占领割让致使敌意公开化。在一次集会中毕达哥拉斯派被分散并且在战斗中被打败，而在极具破坏性的骚乱中，整个毕达哥拉斯党派被审判团从三个相邻城邦中驱逐；审判团出现腐败，他们立法重新分配土地并且解除债务。直到多年以后，亚该亚人才让流放者返回，其中大约有 60 人回去；但是即使这些人在跟条立爱人（Thurians）相处当中也处于非常不利的境地。第八种，赫尔米普斯（ap. Diog. viii. 40; cf. *Schol. in Plat. loc. cit.*）跟其他所有的说法都不同，他说，毕达哥拉斯跟他的朋友们领导阿格里真托人跟叙拉古人作战，而且在战斗中被杀，而毕达哥拉斯派其余成员总共有 35 位在塔兰托被烧死。

1 正如现在普遍被认为的那样，据 Bockh. *Philol.* 10。

2 以上设想主要基于如下根据：第一，大多数最可靠的记载者主张，毕达哥拉斯死于麦塔庞顿（cf. Iambl. 248）；而即使那些把在克罗同纵火事件的时间定在他在世期间的人，大多也说他本人逃脱了。尽管从后面这些说法的矛盾之处显然可以看出当时没有普遍被接受的记载，不过毕达哥拉斯逃到麦塔庞顿这件事本身应该是非常有根据的，因为这些记载的作者们甚至用最不可能奏效的办法来将这点跟他们的其他观点协调起来。别的记载说，他在克罗同或西西里被处死了，但这无疑是他的部分弟子的某件事情被套到了他本人头上。第二，毕达哥拉斯隐退到麦塔庞顿的契机不会是克罗同纵火事件，这个事件应该发生在他死后许多年。阿里斯托克塞努斯和阿波罗尼乌斯明确说了这点。阿里斯托克塞努斯是这样一位记述者，从他这里我们最有可能再现那个时代的毕达哥拉斯派传统。阿波罗尼乌斯在262节中有什么权利诉诸 *τὰ τῶν Κροτωνιατῶν ὑπομνήματα*（“克罗同纪事”），我们不知道。如果他手中有以此为题的著作，那么此题名或许可以用来表示任何克罗同人的著作。然而，罗特认为它显然暗指“同时代的记录”，他从中不仅推导出某些不重要的论点（被他所引述），而且推导出阿波罗尼乌斯的整个叙述。此外，不同的记载一致断定只有 Archippus 和吕西斯从那场屠杀中逃脱；甚至把该事件置于毕达哥拉斯在世期间的人也是这样主张，因而它必定是基于最早时期的一致记载。老年时的吕西斯是 Epaminondas 的教育者（Aristox. ap. Iambl. 250; Diodor. *loc. cit.*; Neanthes, ap. Porph. 55; Diog. viii. 7; Plut. *Gen. Socr.* 13; Dio Crysos. *Or.* 49, p. 248; R. Corn. Nepos. *Epam.* c. 1），而 Epaminondas 的出生年份不能被认为早于公元前418—前420年；不仅因为公元前362年他在 Mantinea 奋勇作战，而且因为 Plut. *De Lat. Viv.* 4, 5, p. 1129 提到他在四十岁时地位开始变得重要，而这个时间（据 *Vit. Pelop*. c. 5, end, c. 12; *De Gen. Socr.* 3, p. 576）不可能是公元前378年忒拜解放之前。假定吕西斯比他的弟子年长50岁，那么我们就要将他出生的年份最早定在公元前468—前470年，而克罗同攻击事件即使在这种情况下也不太可能出现在公元前450年之前。可能性更大的是，吕西斯和 Epaminondas 之间的年龄差别没有这么大（据 Plut. *Gen. Socr.* 8, 13，吕西斯在忒拜解放前不久去世），而克罗同杀戮事件必须要定在公元前440年左右甚至更晚。阿里斯托克塞努斯关于阿尔基塔的记述以及阿波罗尼乌斯的说法，即，一部分毕达哥拉斯派成员被逐出克罗同，在亚该亚人的影响下得到和解后返回，这指向了差不多的年份。因为尽管，根据 Polyb. ii. 39, 7，老狄奥尼修（公元前406年上台）的那些攻击使得三个意大利城邦（克罗同，锡巴里斯和考洛尼亚）在毕达哥拉斯派遇到麻烦之后的某个时间里（*μετά τινας χρόνους*）没有办法巩固和维持借自于亚该亚人的新政体，但是亚该亚人的调停不太可能早于伯罗奔尼撒战争结束之前的10到15年；不过，Polybius 自己似乎假定毕达哥拉斯派成员被烧死事件所透露出来的困境在时间上距离亚该亚人的调停并不太远。这并不影响毕达哥拉斯派集会遭到纵火被一致地说成是在 Milo 的居所，而且纵火事件发起人被阿里斯托克塞努斯说成是 Cylonians（Cylon 的党徒）；因为 Milo 的居所可以在它的主人去世后仍充当毕达哥拉斯派的集会地，如柏拉图的花园在他去世后也成为学园派的集会地；而且，“Cylonians”这个说法（就像 Pythagoreans）似乎是个党派名称，因其首脑人物而得名；cf. Aristox. *loc. cit.* 249。第三，尽管如此，很有可能的是，在毕达哥拉斯去世之前 Cylon 在克罗同已经建立了反毕达哥拉斯派的党派，通过要求分配征服得来的领土并且战胜锡巴里斯人，这个党派得以壮大；这个动荡局势可能让毕达哥拉斯决定迁往麦塔庞顿。这点得到阿里斯托克塞努斯和阿波罗尼乌斯的承认，尽管前者把 Milo 居所被烧事件的时间定在毕达哥拉斯死后的某个不确定年份，而后者没有提及这次纵火却提及 Cylon 时期的另一次事件。甚至亚里士多德（ap. Diog. ii. 446, cf. viii. 49）也偶然提及 Cylon 对毕达哥拉斯的敌意，这种敌对已经是众所周知的事情。但是，较早期的冲突没有导致毕达哥拉斯派在南意大利被推翻。只有当克罗同焚烧集会房子事件给其他地方的同类行动发出信号，从而爆发了反对毕达哥拉斯派的普遍风暴之时，这种被推翻的情况才会发生(即使根据 Polybius 的记载也是这样)。所以，当阿里斯托克塞努斯说，毕达哥拉斯派在针对他们的第一次攻击之后的一段

只有在意大利的那些团体解散之后，并且由于这种解散，毕达哥 361 362
拉斯学派哲学才在希腊变得广为人知，尽管毕达哥拉斯学派的宗教敬
拜方式在此之前就已经在这里传开，[1] 而某些成员已经将其注意力转向 363
了本学派的哲学学说。[2] 不管怎样，在这个阶段我们首先听说了毕达哥
拉斯学派的著作 [3] 以及生活在意大利之外的毕达哥拉斯学派成员。这些
人当中我们最为熟悉的是菲洛劳斯。[4] 我们知道，他是苏格拉底和德谟
克利特的同时代人，而且比这两人年纪都大一些；他于公元前五世纪的
最后 10 年生活在忒拜（Thebes），[5] 他是第一个阐述毕达哥拉斯学派理论 364

时间里还在大希腊地区诸城邦中保持着公共事务上的领导地位，他的这个说法很可能是可信的。第四，如果第一次反毕达哥拉斯派的广泛运动局限在克罗同，而且最终只发生在这里，那么不太可能的是，毕达哥拉斯违背其学派原则绝食至死，或者他会死于饥饿。看起来更可能的是，即使在亚里士多德的时代，关于毕达哥拉斯死亡的具体情境并没有什么记载，而这个空白是后来通过武断猜测而填上的；所以阿里斯托克塞努斯用“据说他在那里丧生”（*κἀκεῖ λέγεται καταστρέψαι τὸν βίον*）这样的话来限制自己时，他是最可信的。Chaignet（i. 94）反对前面的观点，他说如果毕达哥拉斯派成员在意大利被禁绝 70 年，那么他们就不会被称为意大利哲学家（参见前文，第 231 页注释 1）。我不知道他有什么办法可以读到某种讨论，其中能明确表明毕达哥拉斯派不是被驱逐直到公元前 440 年，而在公元前 406 年前返回。

1　参见前文，第 238 页注释 1。

2　参见在第 230 页注释 3 中引述的赫拉克利特的表述，还有 Thrasyllus、Glaucus 和 Apollodorus, ap. Diog. ix. 38 的论断，根据这些论断，德谟克利特与菲洛劳斯相识，他在以毕达哥拉斯为题的一篇论文中以敬佩的口吻论及毕达哥拉斯，而且总体上有效地运用了毕达哥拉斯学派的学说。但是，德谟克利特肯定比菲洛劳斯年轻，而且赫拉克利特在多大程度上把毕达哥拉斯认作是一位哲学家，这也是可疑的。赫拉克利特的话听起来更像是指涉宗教团体的创始人。他责难毕达哥拉斯拥有 *κακοτεχνίη*（糟糕的技艺），而且说他从 *συγγραφαὶ*（书写作品）中得到了他的虚假智慧，这些书写作品可能指 Orphic hymns，也可能指古代神话方面的诗篇，对此赫拉克利特总体上是以轻蔑口吻谈及的；或者它们指费瑞库德斯和阿那克西曼德的著作。关于毕达哥拉斯及其博学的那段话的语境可能跟针对古代诗人的敌意的情况是一致的。

3　Vide *supra*, p. 313.

4　Archippus 在 Hieron. *c. Ruf.* iii. 469, Mart.（vol. ii. 565, Vall.）被描述为与吕西斯一起在忒拜从事教学，是比吕西斯稍年轻的同时代人。这个说法似乎源自于其他地方共同提及了这两个名字；因为所有其他记载者都认为 Archippus 在克罗同纵火事件后回到塔兰托，而吕西斯独自去了忒拜。参见前面第 245 页注释 3 引用的段落。

5　柏拉图《斐多》61D ；Diog. *loc. cit.*。Diog. viii. 84 把克罗同说成菲洛劳斯的母邦；而所有其他记载者都说是塔兰托。关于某些错误记载，如：他从克罗同纵火事件中

体系的人。[1]吕西斯一定也是跟菲洛劳斯大约在同时期去往忒拜，而且很可能在那里住到了公元前四世纪的第二个十年。[2]柏拉图[3]把洛克利人（Locrian）蒂迈欧也说成是同一时期的人，但是我们不确知这位蒂迈欧是不是一位历史上存在的人物。在菲洛劳斯的弟子当中，被提及的有欧吕托斯（Eurytus）、[4]塔兰托人（Tarentum）或者克罗同人，他也应该被认为在意大利之外生活了一段时间，因为我们知道的他的学生当中有一位是色雷斯人，其他的是弗利乌斯（Phlius）人。[5]欧吕托斯的弟子们被

逃脱（Plut. *Gen. Socr.* 13, vide *supra*, p. 359），他是柏拉图的教师（Diog. iii. 6），他是毕达哥拉斯的亲炙弟子（Iambl. *V. P.* 104），还有其他类似说法，都已经被反驳了，参见 Böckh, *Philol.* p. 5 sqq.。根据 Diog. viii. 84，菲洛劳斯被怀疑要在克罗同搞僭主制而被处死。所以他必定已经回到了意大利，而且在最后的针对毕达哥拉斯派的党争中受到牵连。

1 参见前文 p. 313，以及第 213 页注释 4，还有 Böckh, *Philol.* p. 18 sqq.，他正确地挑战了这样的说法，即菲洛劳斯的著作最早因柏拉图得以公开。普雷勒尔（*Allg. Encycl.* iii. Sect. vol. xxiii. 371）的相反观点并没有说服我。Böckh 的考察结果是（p. 24 sqq.），题为《论自然》的著作被分为三卷，并且就是普罗克洛提到的具有神秘名称 βάκχαι 的著作。

2 Cf. p. 361，以及 Iambl. *V. P.* 185，ibid. 75 sqq.，Diog. viii. 42，有一封残存的书信据说是他写的。关于被归于他名下的那些著作的更多细节，参见 p. 322，Part iii. b, 37, 2nd edition。

3 在《蒂迈欧》和《克里底亚》，尤其是《蒂迈欧》20A。

4 Iambl. 139, 148 把他称为毕达哥拉斯的学生。他在 148 节还把此人的母邦说成是克罗同；可是在 57 节，又跟 Diog. viii. 46 和 Apul. *Dogm. Plat.*（*sub init.*）一样说成是塔兰托；在 266 节把他跟某位 Thearides 一起说成是生活在麦塔庞顿，不过此说法的语境很有疑问。Diog. iii. 6 和 Apul. *loc. cit.* 把他算作柏拉图的几位意大利教师之一。他的遗嘱当中的几条原则将在后面提及。在 Stob. *Ecl.* i. 210 和 Clem. *Strom.* v. 559 D 中出现的那些残篇并不属于他，而属于某位虚构中的 Eurysus，而且它们无疑是杜撰的。

5 我们对他们了解甚少，除了 Diog. viii. 46（cf. Iambl. *V. P.* 251）提及的内容："就最后的毕达哥拉斯派而言，阿里斯托克塞努斯在他的时代见到的有色雷斯地区哈尔基季基城的 Xenophilus，弗利乌斯人 Phanton，还有 Echecrates，Diocles 与 Polymnastus，也是弗利乌斯人，他们是菲洛劳斯和塔兰托人欧吕托斯的弟子。"关于 Xenophilus 我们读到的是（Plin. *Hist. Nat.* vii. 50, 168；Valer. Max. viii. 13, 3；Lucian, *Macrob.* 18），他健健康康地活到了 105 岁。最后两个记载者诉诸阿里斯托克塞努斯来支持这个说法。Pliny 和 Pseudo-Lucian 把 Xenophilus 称为音乐家；后者还说他生活在雅典。Echecrates 是《斐多》和柏拉图《第九封信》中提到的那同一个人。Cic. *Fin.* v. 29, 87 错误地把他说成洛克利人，cf. Steinhart, *Plato's Wreke*, iv. 558。

阿里斯托克塞努斯称为最后的毕达哥拉斯学派，而且他说这个学派本身 365
随着这些人而消亡了。[1] 按照这个说法，这个学派应该在公元前四世纪中叶过后不久就在希腊本土消失了，尽管毕达哥拉斯式的酒神秘仪可能还继续[2] 存在了一段时间，并且为阿斯品都斯(Aspendus）的狄奥多罗[3] 将其折中主义称为毕达哥拉斯主义哲学提供了托辞。

然而，毕达哥拉斯学派甚至在意大利也不是由于摧毁其政治权势的那种打击而归于湮没的。尽管政治迫害可能延伸到了大多数希腊殖民
地，但是它不可能蔓延到所有城邦，而且在某些城邦毕达哥拉斯学派的 366
教师甚至在恢复和平之前似乎还维持着他们的地位。不管怎样，举例来说，如果菲洛劳斯在赫拉克莱亚(Heraclea）的旅居[4] 是历史事实，那么这或许会出现在那个时期之前。据说，塔兰托人克里尼亚斯生活在同一个城市，[5] 这人无疑是跟菲洛劳斯差不多同时代的人。[6] 就其哲学方面的地位而言，我们不能作出任何断定。我们看到有很多材料说他是一位简

1　参见上注，以及 Iambl. *loc. cit.*：“即使这个学派到终结的时候，他们仍在捍卫原始的风俗和学问，直到他们以高贵的方式消逝。这是阿里斯托克塞努斯叙述的情况。” Diodor. xv. 76。最后一批毕达哥拉斯派哲学家在第 103 届奥林匹亚赛会第三年（公元前 366 年）还在世。

2　后面将有所说明。

3　这位狄奥多罗来自于 Pamphylia 地区的阿斯品都斯城，被 Sosicrates, ap. Diog. vi. 13 描述为犬儒派服饰（Cynic garb）的发明人，或者如 Athen. iv. 163 更精确地说，他是毕达哥拉斯学派中第一个穿这种服饰的人。Timaeus, ap. Athen. *loc. cit.* 也同意这点。Iambl. 266 把他称为毕达哥拉斯派的 Aresas 的弟子；但这肯定是错误的，因为 Aresas 据说逃脱了 Cylon 的迫害，而且根据 Athenaeus，狄奥多罗必定在公元前 300 年左右还在世。Lyco 似乎属于同一时期，他被 Diog.（v. 69）称为一位毕达哥拉斯派（*Πυθαγορικός*），而 Aristocles 谈到了他对亚里士多德的攻击（Eus. *Pr. Ev.* xv. 2, 4 sq.）。Aristocles 这样谈论他：“Lyco 说他自己是毕达哥拉斯派”，并且把他算作亚里士多德的同时代或稍晚的论战者之一（这在前面被考虑过了，参见第 308 页注释 1）。很可能的是，Iambl. 267 说成塔兰托人的就是这个人。

4　参见 Iambl. 266；从语境中只能表示意大利的赫拉克莱亚这个地方；这个城市是塔兰托和 Thurii 的殖民地，建立于第 86 届奥林匹亚赛会的第四年。

5　Iambl. 266 sq.

6　如 Diog. ix. 40 的杜撰故事中所设想的，他和 Amyclas 阻止了柏拉图焚烧德谟克利特的著作。

朴、文雅、高尚的人；[1]但是我们对他的哲学观点几乎没什么了解，而且这些材料在真实性方面绝不是毫无疑问的。[2]据说普罗鲁斯（Prorus）是他的另一位同时代人，生活在居勒尼，[3]而且如果这个说法是对的，那么毕达哥拉斯主义当时应该从其核心发源地传播到了这个城邦。公元前四世纪上半叶，毕达哥拉斯学派由于阿尔基塔这个人[4]甚至重新赢得了政
367 治上的地位。然而，我们关于他的学术观点能够确定了解的东西很少；我们也不清楚这个学派的复兴在多大程度上跟哲学上的志趣相关。在阿尔基塔的时代之后，即使在意大利，毕达哥拉斯学派似乎就消亡了，或者顶多由零星的追随者所代表。至少阿里斯托克塞努斯提及这个学派的方式是将其视为消亡了的事物，[5]而我们没有关于这个学派持续存在的其

---

1 Iamblichus, *V. P.* 238; cf. 127, 198 ; Athen. xiii. 623 sq. after Chameleon ; Aelian. *V. H.* xiv. 23 ; Basil. *De Leg. Grae. libr.* Opp. ii. 179 d (*Serm*. xiii.; Opp. iii. 549 c.)；参见上一个注释。

2 在 Stob. *Floril.* i. 65 sq. 中出现的两则伦理学方面的残篇显然是假冒的，这从措辞语气可以看出。在 Syrian 的 *Metaph. Schol. in Ar.* 927 a, 19 sqq. 中关于"一"的论述也是如此。我们从 Iambl. *Theol. Arithm.*19 发现的简短残篇没有明确标志为假冒的；但是它的真实性也不能证明。最后，Plut. *Qu. Conv.* iii. 6, 3 的材料是不重要的，不管它是真是假。

3 根据 Diodorus, *Fragm.* p. 554, Wess.，克里尼亚斯在得知普罗鲁斯失去财产的时候，去往居勒尼接济他这位毕达哥拉斯派的弟兄，而两人并不相识。

4 我们关于他的生平的了解只有很少几条记载。他出生于塔兰托（Diog. viii. 79, etc.），是柏拉图和小狄奥尼修的同时代人（Aristox. ap. Athen. xii. 545a ; Diog, *loc. cit.* 1 ; Plato, *Ep.* vii. 338 c），而且据说是柏拉图的教师（Cic. *Fin.* v. 29, 87 ; *Rep.* i. 10 ; *Cato*, 12, 41）；根据另一则同样不可靠的记载（参见第 218 页注释 2），他是柏拉图的弟子。他是伟大的政治家（Strabo, vi. 3, 4, p. 280 :"他主政城邦很长一段时间"；Athen. *loc. cit.* ; Plut. *Praec. Ger. Reip.* 28, 5, p. 821 ; Ael. *V. H.* iii. 17 ; Demonsth. *Amator*. 参见第 218 页注释 2），也是伟大的将军（Aristox. ap. Diog. viii. 79, 82，参见第 218 页注释 4 ; Aelian, *V. H.* vii. 14）。他在数学、力学与和声学方面颇有造诣（Diog. viii. 83 ; Horat. *Carm.* i. 28 ; Ptolem. *Harm.* i. 13; Porph. *in Ptol. Harm.* 313 ; Proclus *in Euc.* 19［66 Friedl. after Eudemus］; Apul. *Apol.* p. 456 ; Athen. iv. 184 e），还有高尚和持守中道的品格（Cic. *Tusc.* iv. 36, 78 ; Plut. *Ed. Puer.* 14, p. 10 ; *Des. Num. Vind.* 5, p. 551 ；其他细节参见 Athen. xii. 519 b ; Ael. xii. 15 ; xiv. 19 ; Diog. 79）。他溺水身亡之事由于贺拉斯的著作而广为人知。关于他的著作，vide *supra*, p. 320 sqq.，还有 Part iii. b, 88 sqq. 第二版。

5 参见前文，第 250 页注释 4。

他史料，[1] 尽管对其学说的了解并不局限在希腊哲人的范围内。[2]

除了我们前面提及的毕达哥拉斯学派成员之外，扬布里柯著作里混 368
乱驳杂的名单中还提及了其他许多人[3]，而别的材料中也提到了某些人。这些名字中有些人显然根本不属于毕达哥拉斯派；其他人则有可能是后世的人插进去的：这些人对我们都没有什么意义，因为我们除了他们叫什么名字之外别无所知。然而，有几位跟毕达哥拉斯学派相关但是不能严格算作其成员的人，我们在后面将给予关注。

三、毕达哥拉斯学派哲学；基本概念——数及其基本要素

为了正确评价毕达哥拉斯学派的哲学，最重要的是我们应该把他们的学说和建制当中严格属于哲学的部分跟那些出自别的渊源和动机的东西区别开来。毕达哥拉斯学派主要不是建立了一个学术的团体，而是建立了一个道德、宗教和政治的团体；[4] 尽管在早期，而且很可能是通过其奠基人，这个团体发展出了某种哲学思想的取向，但是其成员并非都是
哲学家，而且并不是他们所接受的所有学说和观点都出自于哲学方面的 369
探究。相反，其中许多观点可能跟哲学探究没有关系，而可能出自于毕达哥拉斯学派哲学并不关心的那些目标。所以，在考虑这些学说和观点

1　Cato（ap. Cic. *Cato*, 12, 41）说塔兰托人 Nearchus 记载了阿尔基塔反快乐的某个论述，但是这位 Nearchus 很可能是个虚构人物，而且他甚至没有被西塞罗说成一位毕达哥拉斯派。普鲁塔克在重复西塞罗的话（*Cato Maj*. c. 2）的时候首次这么描述他。这个论述附属于某个快乐主义论述；阿里斯托克塞努斯（ap. Athen. xii. 545 b sqq.）让它从 Polyarchus 口中讲出来，而当时阿尔基塔在场；该论述要么直接、要么间接是从阿里斯托克塞努斯的这段话派生出来的。

2　Vide *infra*, Part iii. b, 68 sq., 2nd ed..

3　*Vita Pyth*. 267 sqq.

4　Vide *supra*, 352 sq.。毕达哥拉斯派（Pythagoreans 或 Pythagorici）这个名称似乎最初是政治党派或宗教派别的名称（就像 Cylonists 或 Orphici），而不是哲学派别的名称，而且可能是他们的敌人给起的名称。这似乎可以解释亚里士多德的措辞：“所谓的毕达哥拉斯派”（参见第 208 页注释 2），cf. Dicsearch. ap. Porph. 56 ：“所有追随他的人都被称为毕达哥拉斯派。”

的时候，尽管我们不能不注意到它们可能与纯粹的哲学学说有所关联，但是我们不应该把所有属于该学派的观点都算作该学派的“哲学”。我们或许可以将所有属于希腊人的哲学称为希腊哲学，或者所有在基督徒那里发现的哲学都称为基督教哲学。我们在下面将要考察，在每个案例当中，某种毕达哥拉斯学派的学说在内容方面多大程度上是哲学的，换言之，这种内容在多大程度上能够或不能够通过该学派的哲学特征来解释。

毕达哥拉斯学派哲学的最普遍的独特学说在于这个论断，即，数是一切事物的本质，每个事物就其本质而言是数。[1] 然而，我们应该怎么
370 理解这个原理，就此问题我们的各种典据看起来并不是全然一致的。一方面，亚里士多德多次断言，按照毕达哥拉斯学派的观点，诸事物是由诸数构成的，[2] 或者是由诸数的那些基本要素构成的；[3] 诸数不只是第三

1　亚里士多德《形而上学》i. 5：“跟这些人同时代以及在他们之前，有被称为毕达哥拉斯派的，致力于数学；他们最早推进这门学问；既然他们从中得到教育，就认为数学的本原就是一切存在者的本原。既然在这些本原中数在本性上是最先的，并且他们似乎在诸数中看到跟诸存在物和诸生成物的许多相似之处——比在火、土和水中看到的更多。诸数的某种情形是正义，另一种情形是灵魂和理性，别的情形是时机，其他各种事物也是这样由数来说明的。此外，既然他们在诸数中看到了诸和声的性质和比例，其他所有东西总体上的本性都是由数所构建的，而诸数似乎是整个自然中最原初的东西，那么他们就认为诸数的元素就是一切存在者的元素，而且整个天宇就是和谐与数。” Cf. ibid. iii. 5, 1002a8：“这就是为什么早先那么多人认为，实体和实在就是物体……，后来被认为更有智慧的人主张本原是诸数。” 参考下注。似乎没有必要为亚里士多德的这几段话附加后世作者的那些解释（如 Cicero, *Acad.* ii. 37, 118, Plut. *Plac.* i. 3, 14, etc.）。

2　参见上注，以及《形而上学》xiii. 6, 1080b16：“毕达哥拉斯学派也主张只有一类数学上的数，它们不是可分离存在的，他们说，可感实体是由它们构成的”（或者如 l. 2 说的：“可感事物是由存在于它们之中的诸数构成的”）。Vgl. *c.* 8, 1083b11：“他们说诸物体是由诸数构成的，但这数是数学上的数却是不可能的……，他们说数是诸实在物；至少他们将他们的论点应用到了物体上面，好像它们是由诸数构成的。” xiv. 3. 1090a20：“但是毕达哥拉斯学派，由于他们看到诸数的许多性质从属于可感物体，就假定诸实在物是诸数——不是可分离存在的数，而是诸实在物由诸数构成”，还有 l. 32：“从诸数中构造出自然物体，从没有重和轻的东西中构造出具有重和轻的东西。” i. 8, 990 a, 21：“除了宇宙由之构成的数之外，没有别的数。”

3　参见上注，以及《形而上学》i. 5, 987a14：“毕达哥拉斯学派以同样的方式说存在两个本原，但是又以独有的方式作了补充，他们认为有限定者、无限定者和‘一’

方实体的性质，而且它们本身直接就是事物之实体；它们也构成诸事物
之本质；但是由于同样的理由，诸数并不离开事物而存在，像柏拉图的
理念那样。[1] 所以，他在考虑毕达哥拉斯学派的诸数跟自己的四类原因
的关系的时候，将它们置于质料因之中，又置于形式因之中；他说，毕
达哥拉斯学派在诸数中同时寻求质料与事物之性质。[2] 菲洛劳斯大体同 371
意这些观点；因为他不仅把数描述为宇宙的法则、也就是统摄宇宙的东
西，那种管辖诸神与人类的东西，所有的定义和知识的条件，[3] 而且他还
把“有限”和“无限”（无限定者），也就是诸数的两个构成要素，说成 372
一切事物由之而构成的东西。[4] 然而，另一方面，亚里士多德又说，毕

并不属于另一种东西，就像火、土或其他这类东西，而是说，无限定者自身和‘一’自身就是它们所谓述的东西的本体，正因如此，数是一切事物的本体。”与此相似，《物理学》iii. 4, 203a3 只提及“无限定者”；《形而上学》i. 6, 987b22 ；iii. 1, 996a5 ；Ibid. c. 4, 1001a9；x. 2 开头部分关于“ὄν”（是 / 实在 / 存在）和“ἕν”（一）的论述。

1 《形而上学》i. 5（参见上注），c. 6, 987b27 ：“柏拉图的观点是诸数脱离可感事物而存在，而毕达哥拉斯学派认为诸事物自身就是数……在‘一’和诸数脱离诸事物而存在方面，他（柏拉图）跟毕达哥拉斯学派有所不同。”亚里士多德常常利用这个差异来区别毕达哥拉斯学派的学说和柏拉图的学说；参见《形而上学》xiii. 6（参见本章注释 1），c. 8, 1083b8 ；xiv. 3, 1090a20 ；《物理学》iii. 4, 203a3。

2 《形而上学》i. 5, 986a15 ：“显然，这些人还认为数是本原，既作为存在者的质料，也构成它们的性质和状态。”还有 986b6 的一段话也属于这点：“他们似乎将元素定为质料性的东西；因为他们说实体由这些东西构成和造成，就像由其内属部分构成一样。”不管我们是（就像 Bonitz 在前一个例子中那样）认为这些话指涉之前列举的十个对立（vide *infra*），还是直接认为它们指“数的元素”（见于 986a17），也就是“奇”或“有限者”以及“偶”或“无限者”；因为十个对立只是“有限者”和“无限者”这个基本对立的进一步发展。亚里士多德心里想的很可能是菲洛劳斯的作品段落，如第 255 页注释 4 引用的，而且已经在 p. 316 有所考察。

3 参见 Fr. 18（Böckh, 139 sqq.）ap. Stob. *Ecl.* i. 8 ；以及 Fr. 2（Böckh, 58）ap. Stob. i. 456。这些内容实质上与 Iambl. *in Nicom. Arithm.* p. 11（ap. Böckh, p. 137）的论断是一致的，而且被 Syrian, *in Metaph.*（*Schol. in Ar.* 902 a, 29, 912 b, 17）所重复：“菲洛劳斯把数描述为是‘宇宙中诸事物之永恒性的根本和自然的协调性本原’”，不过这些话不会出现在真实的菲洛劳斯著作中。

4 参见 Fr. 4, ap. Stob. i. 458（Böckh, 62）：“*ἁ μὲν ἐστὼ*[=*οὐσία*] *τῶν πραγμάτων ἀΐδιος ἔσσα καὶ αὐτὰ μὲν ἁ φύσις θείαν τε* (Mein. conj. *θεία ἐντὶ*) *καὶ οὐκ ἀνθρωπίναν ἐνδέχεται γνῶσιν, πλέον* (Mein. *πλάν*) *γα, ἢ ὅτι οὐχ οἷόν τ᾽ ἦs οὐθενὶ τῶν ἐόντων καὶ γιγνωσκομένων ὑφ᾽ ἁμῶν γνωσθῆμεν, μὴ ὑπαρχούσας αὐτᾶς* [*τῆς ἁρμονίας*] *ἐντὸς τῶν πραγμάτων ἐξ ὧν ξυνέστα ὁ κόσμος τῶν*

达哥拉斯学派把诸事物描述为源自于对诸数的模仿，他们在诸数和诸事物中发现了多方面的相似性。[1] 在另外的地方，他似乎仅仅把数内在于事物之中的观点说成是一部分毕达哥拉斯学派成员的观点；[2] 而在晚出的记述中，一切事物都由诸数构成的观点跟如下观点被对立起来了，即诸事物不是由诸数构成的，而是由诸数的范型（pattern）所构成。[3] 还有
373 记载说，毕达哥拉斯学派在数和具有数的事物之间作出区分，尤其是在“一”（Unity）和“太一”（the One）之间作出区分。[4] 从这里出发，有人推论说，他们以不同的维度发展了数的学说；学派中有一部分人认为诸数是诸事物的内在根据，而另一些人认为诸数仅仅是一些原型。[5] 然

τεπεραινόντων καὶ τῶν ἀπείρων（根据伯克的猜测）。”Meineke 读作 *μὴ ὑπαρχοίσας τᾶς ἐστοῦς τῶν πραγμάτων*，而 Rothenbücher, *System. des Pythag*. p. 72 基于这个纯然揣测性的读法之荒谬性来证明这则残篇的不可靠。残篇的开端行文“*αὐτὰ μὲν ἁ φύσις*”不是太好理解，而即使 Meineke 的修正“*μόνα ἁ φύσις*”也不能让我满意。我接下来会把“*μὲν*”看作 *ἐστὼ* 之前字词的重复（如我在 Hermes, x. 188 已经考察的）而舍弃，不过更好的做法是将 *ἀίδιος ἔσσα καὶ ἀεὶ ἐσομένα φύσις* 读作：诸事物的本质，作为永恒的和始终存在的东西，是神圣的。

1 《形而上学》i. 6, 987b10，提到柏拉图的时候说，“只有‘分有’这个名称变了；因为毕达哥拉斯学派说诸存在者通过模仿诸数而存在，而柏拉图说通过分有，名称变了。”Aristoxenus, ap. Stob. i. 16 ：“毕达哥拉斯认为……一切事物都从诸数复制而来。”“*ὁμοιώματα* 和 *ἀφομοιοῦσθαι*”这些表述参考前面《形而上学》i. 5 的引文，而关于“*ἀριθμῷ δέ τε πάντ' ἐπέοικεν*”（一切都模仿数），参见 Plut. *De An. Procr*. 33. 4, p. 1030; Theo. Mus. c. 38; Sext. *Math.* iv. 2; vii. 94, 109; Iambl. *V. Pyth.* 162 ; Themist. *Phys.* 32 a（220, 22 Sp.）; Simpl. *De Caelo*, 259 a, 39（*Schol. in Arist.* 511 b, 13）。

2 《论天》iii. 1 sub. Fin. ：“正如某些毕达哥拉斯学派让一切实在都由诸数构成。”

3 Theano, ap. Stob. *Ecl.* i. 302 ：“我知道许多希腊人认为，毕达哥拉斯说每个东西都是从数中产生的……不过他不是说一切事物都从数中派生，而是说一切事物都根据数而产生。”据说伪毕达哥拉斯在“圣言”中讲了同样的东西，vide Iambl. *in Nicom. Arithm.* p. 11, and Syrian *in Metaph*.（*Schol. in Ar.* 902 a, 24），当他把数描述为诸形式和诸观念的主宰者，是神创造世界所凭借的标准和能力。还可以参见希帕索斯（他关于这点的学说与毕达哥拉斯的学说并无冲突——如本著作第一版 i. 100 和 iii. 515 因袭布兰迪斯所主张的那样——而要被看作对毕达哥拉斯学说的发展）；ap. Iambl, *loc. cit.* ; Syn. *Schol. in Ar.* 902 a, 31, 912 b, 15 ; Simpl. *Phys.* 104 b, 当他把数称作“构建宇宙的最初模型”和“构造宇宙的神的评判工具”。

4 Moderatus, ap. Stob. *Ecl.* i. 20; Theo. *Math.* c. 4。后面将有更详细的论述。

5 Brandis, *Rhein. Mus.* v. Niebuhr und Brandis, ii. 211 sqq. ; *Gr. Rom. Phil.* i. 441 sqq. ; Hermann, *Geschich. und Syst. d. Plat.* i. 167 sq., 286 sq.

而，亚里士多德并没有为这种观点提供任何支持。在他论“天”的作品里，当他说毕达哥拉斯学派认为宇宙由诸数构成的时候，他的意思只涉及该学派的一部分人；但是这不能推出，该学派的其余人以另一种不同方式解释宇宙。亚里士多德以这种方式来措辞，这很可能是因为不是所有的数论都被发展成为宇宙建构学说，[1]或者因为毕达哥拉斯学派这个称谓除了表示该学派哲学家之外还表示其他人，[2]或者因为亚里士多德本人只接触到这些哲学家当中一部分人的宇宙论著作。[3]但是他在其他地方 374
把上述两种学说，即，诸事物由诸数构成，以及诸事物源自于对诸数的模仿，都归于毕达哥拉斯学派名下；而且这两个表述似乎并不出现在相隔较远的文本里，而是出现在密切相关的文本里，以至于让我们觉得，如果这两个表述在亚里士多德那里是不可调和的，那么它们之间的冲突不可能不被亚里士多德本人注意到。他说（《形而上学》i. 5；xiv. 3），“因为”毕达哥拉斯学派在诸数与诸事物之间发现了许多相似之处，他们就认为诸数的元素就是诸事物的元素；（在同一章节里他补充说）他们在数当中既发现了质料以及诸事物的性质；而在同一个地方，他又把诸事物模仿诸数的学说归于他们名下，在《形而上学》i. 6，他断言，他们跟柏拉图的不同之处在于认为诸数是诸事物本身，而不像柏拉图那样把诸理念视为与诸事物分离的东西。从这里可以明显地看出“诸数是诸事物的本体（实体）”和“诸数是诸事物之原型”这两个表述

---

1 他实际上并不是说只有一部分毕达哥拉斯学派主张事物是由诸数构成的，而是：“有些［毕达哥拉斯学派］从诸数中构造一切实在”，或者如前面的措辞：“从诸数中建构天宇”。

2 Vide *supra*, p. 369.

3 亚里士多德喜欢采用一些谨慎的措辞和限定语。因而在他给出他最果断意见的地方我们也总是看到“或许”（ἴσως）和类似的措辞（例如《形而上学》viii. 4, 1044b7）；同样的情况也包括“有些”（ἔνιοι）这样的措辞，例如他在《论生成与毁灭》ii. 5 init. 说：“如果自然物体的质料是水、气或者这类东西，如有些［人］认为的那样”，或者在《形而上学》i. 1, 981b2：“有些无生命的事物确实在活动，但是并没有意识到他们所做的事”。正如我们不能从这些词中推导出，亚里士多德认为有些无生命的东西以有意识的方式活动，从《论天》的段落中也不能推论出，有些毕达哥拉斯学派成员主张世界由数之外的某些东西所构成。

在亚里士多德的心目中并不是彼此排斥的；[1] 按照他的表述，毕达哥拉
375 斯学派认为诸事物是诸数的摹本，而且正是由于这点，诸数是诸事物得以构成之本质，因而诸事物之属性必定可以在诸数中得到认识。菲洛劳斯把数描述为诸事物之法则以及它们的诸属性及其诸关系之原因的时候，他也是把诸数与诸事物放在同一种关系之下；因为法则与它的落实之间的关系跟原型与摹本之间的关系是同一种关系。晚出的作者确实认为，毕达哥拉斯学派的数跟柏拉图的理念所起的作用是完全一样的，都是外在于事物的模型。然而，也有一些持相反观点的作者留下了一些记述。[2] 但是，我们不能过分看重这些人的证言，他们显然不能把早期毕达哥拉斯学派的观点跟晚期的观点区别开来，或者不能把毕达哥拉斯学派的学说跟柏拉图学派和新毕达哥拉斯学派的观点区别开来。[3]

毕达哥拉斯学派的基本学说的意思是这样的：一切是数，即，一切
376 事物都由数构成；数不仅是诸事物之建构由以确立的形式，而且是它们得以构成的事物之实体和质料。形式和质料的区分还没有被确认，这是毕达哥拉斯学派立场的诸本质特征之一。“我们”把诸数仅仅看作表达诸实体之关系的谓词，而他们直接将它们视为实在物之本质和实体。毕达哥拉斯学派得到这个观点无疑是因为注意到一切现象都是依照数来得

1 因而，在《形而上学》i. 5，“ὁμοίωμα”这个概念本身被套在物质性元素上了，因为据说毕达哥拉斯派认为他们在诸数中观察到跟诸事物的许多相似性，“比在火、土和水中（观察到的）还多一些”，而另一方面，亚里士多德（《物理学》ii. 3, 194b26）把理型或形式（他将其视为事物之内在本质）称为“模型”。

2 例如，Theo, *loc. cit.* p. 27 关于“单一”（the Monad）和“一”（the One）的关系评论说：“阿尔基塔和菲洛劳斯没有在一个单一者和单个的一之间作出区分。”亚历山大（ad *Metaph*. i. 5, 985 b, 26, p. 29, 17. Bon.）在论及毕达哥拉斯派时预设了同样的意思：“他们把 nous 称为‘单一’或者‘一’”；关于诸理念，Stob. *Ecl.* i. 326 断言，毕达哥拉斯在诸数、和谐以及几何比例中寻求“与物体不分离的东西”。

3 由于这点，我认为不必要讨论 Syrian 和伪亚历山大关于《形而上学》xiii 和 xiv 的那些明显错误的记述，其中把毕达哥拉斯学派和柏拉图学派始终搞混。在 xiii. 1，他们把理念论以及色诺克拉底关于数学领域和可感对象的区分说成是毕达哥拉斯学派的。

到安排的（如亚里士多德的说法，[1] 菲洛劳斯也是这么说的 [2]）；尤其是诸天体、各个音之间关系，乃至一般而言所有的数学观念，都由特定的数以及数方面的比例所统辖。这个观察本身与古代人使用符号化的整数有关，以及与特定数目的神秘力量及其意涵的信仰有关，[3] 这种信仰在希腊人和其他民族那里都存在，而且很可能在毕达哥拉斯学派秘仪最开始出现的时候就存在。但是，就像柏拉图后来赋予理念以实体性，而埃利亚把“实在”——它最开始被考虑为一切事物的一个谓词——视为唯一和普遍的实体，毕达哥拉斯学派出于同样的实在论（这对于古人而言是很自然的），将数学上的、或者更准确讲算术上的那些规定性，不仅视为诸事物的形式或性质，而且视为诸事物的整个本质，并且在没有作出任 377
何区分或者限定的情况下泛泛地说：一切是数。这种描述方式对于我们而言听起来是奇怪的；然而，如果我们考虑到对于诸现象中普遍的、不变的数学秩序的最初觉察对敏于学习的心灵而言会造成多么大的冲击，那么我们就会更好地理解到，数怎么会被尊崇为一切秩序和确定性的原因、一切知识的根据、在宇宙中起主宰作用的神性力量；也会更好地理解到，那些并非习惯于在抽象观念的领域中而是在直观的领域中运作的思想怎么会将数设定为一切事物之实体。

所有的数被划分为奇数和偶数，另外还有第三类数是“奇偶数”（ἀρτιοπέρισσον），[4] 而每个特定的数都可以要么还原为奇数要素要么还

1　《形而上学》i. 5，xiv. 3；参见前文，第 254 页注释 1，第 254 页注释 2。

2　参见在 p. 370 sq. 引用的段落。更多细节见后文。

3　要证明这点我们只需要注意到数目“七”的重要性（该数目在毕达哥拉斯学派中很受重视），特别是在阿波罗崇拜中（vide Preller, *Mythol*. i. 155）；在神话故事中有许多三重或三级的事物——赫西俄德关于一年中吉日和凶日的详细描述（《工作与时日》763 sqq.）；荷马对于某些数字的偏好，以及在 Ps. Plut. *V. Hom.* 145 中提及的类似情况。

4　Philol. Fr. 2. ap. Stob. i. 456, etc.“数当然有两个固有类型，偶和奇，还有从两者中混合而来的第三类，也就是奇偶数（ἀρτιοπέριττον）。两类数中的每一类都有许多样式。”我们必须把“奇偶数”理解为要么指“一”，毕达哥拉斯派是这么称呼的（参见第 261 页注释 1），但是我们不能设想它被描述为单独的类型；要么指那些除以二得出奇数的偶数。Vide Iambl. *in Nicom.* p. 29。同样的还有 Nikom. *Arithm. Isag*. i. 9, p.

378 原为偶数要素。[1] 毕达哥拉斯学派从这里得出结论说，奇和偶是诸数的
普遍要素，而且是诸事物的普遍要素。他们把“奇”和“有限”等同起
来，把“偶”与“无限”（未限定性）等同起来，因为奇数为“二分事物”
379 确定了一个界限，而偶数没有确定这点。[2] 这样他们就得出这个论断说，

12；Theo, *Math.* i., p. 36；参考 Moderatus ap. Stob. i. 22：“*ὥστε ἐν τῷ διαιρεῖσθαι δίχα πολλοὶ τῶν ἀρτίων εἰς περισσοὺς τὴν ἀνάλυσιν λαμβάνουσιν, ὡς ὁ ἓξ καὶ ὥδέκα*”，这是正确的读法。Gaisford 的读法是保留 *ἑξκαίδεκα*，这与原义是相悖的；而 Heeren 则勉强地将其猜测为 *ὀκτωκαίδεκα*（Meineke 同意这点）。

1　参见 Philolaus ap. Stobaeus, 1. 456 中的一段话：“因为那些从限定者产生的东西有限定，而那些从限定者和无限定者产生的东西既有限定又无限定，那些从无限定者产出的东西会表明为是无限的。”对于诸数，菲洛劳斯主要思考的是，仅仅以奇数为因数得出的结果属于第一类；而那些从偶数和奇数中得到的结果则归属于第二类；那些仅仅以偶数为因数得到的结果则归属于第三类。

2　这是亚里士多德的希腊评注者们给出的理由。Simp. *Phys.* 105a：“这些人说，无限者是偶数，因为根据他们的评注者，每个偶数都可以分成相等的部分，它通过二分可以划分为无限个相等的部分，因为可以无限地划分为相等的两半。但是当奇数被附加上，就限定了它，因为奇数阻止它被划分为相等的部分。那些评注者就是这样说的。”同样，Philop. *Phys.* K. 11, ibid. 12：“因为奇数有所限定和界定，而偶数是无限划分的原因，由于它始终容许二分。”Themist. *Phys.* 32a, p. 221 Speng.。毕达哥拉斯派仅仅宣称“偶数”为无限的：“因为作为无限者，它是划分为相等者的原因”。亚里士多德自己说（《物理学》iii. 4, 203a10）：“他们（毕达哥拉斯派）将无限者等同于‘偶’。因为‘偶’在被‘奇’所围限的情况下仍赋予诸事物以无限性。”这确实断言偶数必定是无限性的原因，但是没有说为什么是这样；我们从这附加的话也看不出其理由：“数所出现的情况就是一个标志，因为 *gnomon* 围着‘一’和围着除其之外（*καὶ χωρὶς*）的数，结果是前者的形状总发生变化，而后者的形状始终是同一的。”这些话被希腊评注家们（Alex. ap. Simpl. 105 b; *Schol*. 362 a, 30 sqq. 以及辛普里丘本人；Themist. *loc. cit.* Philop. K. 13）一致解释为下面的意思：“*gnomon*”是一个数，它被加到一个平方时得出另一个平方；由于这是所有奇数的性质（由于 $1^2+3=2^2$，$2^2+5=3^2$，$3^2+7=4^2$，等等），这样的数（如 *Simpl*. 105a, *Philop. K*. 13 明确断言的）就被毕达哥拉斯派称为 *gnomones*。通过给数 1 增加奇数，我们只能得到平方数（$1+3=2^2$，$1+3+5=3^2$，等等），因而也就属于同一类型的数；而以另一个方式，不管给数 1 加上奇数还是偶数（如 Philop. 说的），或者仅仅加上偶数（如亚历山大、辛普里丘和塞米斯修斯说的），我们得到非常不同的各类数：*ἑτερομήκεις*，*τρίγωνοι*，*ἑπτάγωνοι*，等等，因而是无限多的“类型”。这个诠释在我看来比 Röth, *loc. cit.* 和 Prantl（Arist. *Phys.* 489）的诠释更好接受。把这些诠释和亚里士多德的文本协调起来是很困难的事，即使对于古代评注者而言也是如此。最有可能的假定似乎是，这些话（由于 *καὶ χωρὶς* 这个措辞太简短而显得很模糊）的意思是：一方面，如果给数 1 加上 *gnomones*，那么会得出同一类数；另一方面，如果给数 1 加上除 *gnomones* 之外的另一些数，那么会得出各种不同类型的数。因而 *καὶ χωρὶς*

一切事物都是由“有限”和“无限”构成的。[1] 这个论断与下面这个观 379 380

可能的意思是：καὶ περιτιθεμένων τῶν ἀριθμῶν χωρὶς τῶν γνωμόνων（“附加上除了 *gnomones* 之外的数”）。

1　亚里士多德《形而上学》i. 5, 986a17：“［他们主张］数的元素是偶和奇，其中后者是有限定的，而前者是无限定的；‘一’出自于这两者（因为它是奇也是偶），而数则出自于‘一’；按照他们的说法，整个天宇是诸数。” Philol. Fr. 1, ap. Stob. i. 454：“诸存在者必定要么是有限定的，要么是无限定的，要么是既有限定又无限定的。”这很可能是他的著作的开头，接下来是对这个公理的证明，关于这个证明，只有下面的话被斯托拜乌所保存：“ἄπειρα δὲ μόνον οὐκ ἀεὶ [οὔ κα εἴη, Mein.]”，而 Iambl. *in Nicom*. 7 和 Villoison, *Anecd*. ii. 196 还补充了这样的话：“如果一切都是无限定的，那么不会有任何东西成为可认识的”，参见 Böckh, p. 47 sqq.。另一方面，Schaarschmidt 在未提及任何文字脱落的情况下复述了斯托拜乌的文本；而 Rothenbücher, *Syst. d. Pyth.* 68 批驳了这份文本，这使得我们丧失了恰当领会菲洛劳斯实际意思的机会：“由于它们显然并不出自于有限定的东西，也不出自于一切无限定的东西，所以很显然，宇宙和内在于其中的东西是从有限定者和无限定者两方面配合而产生的。那些产物表明了这点。因为他们……”，参见上注；参见柏拉图《斐莱布》16C：“早些时候的人比我们更卓越、住得更靠近诸神，他们把这个传说传给我们，就是说，被说成存在的东西出自于‘一’和‘多’，在自身中天然就带有限定性和无限定性。” *Ibid*. 23C：“我们说过了，神将诸存在者一方面显明为无限定者，另一方面显明为界限（τὸ πέρας）。”后者也被称为 πέρας ἔχον（有界限者），见 23E 和 26B；而不同类型的“无限者”被归在 περατοειδὲς 的名下（25D）。亚里士多德和柏拉图一样用 πέρας（界限）来表示他一度称为 πεπαρασμένον（被限定者）的东西（《形而上学》1. 8, 990a8；xiv. 3, 1091a18）。实际上这多个称呼没有区别；它们都是用来表示“限定”的意思，不过这些概念通常被古人理解为具体的东西，而且主动表述和被动表述都是可能的，既可以是“限定者”也可以是“被限定者”，因为通过与之混合而让另一个东西得到限定的东西必定自身是某种被限定的东西（参见柏拉图《蒂迈欧》35A，其中不可分的实体自身被说成是起绑定和限定作用的本原）。里特尔不相信亚里士多德措辞的可靠性（*Pyth. Phil.* 116 sqq.），因而他的考察不太有根据。我们也不能得出推论说，上述引文中，有时是一些数，有时是数的成分（“有限”和“无限”），有时是（如后面会看到的）这些要素的统一性“和谐”，被说成诸事物的根据和实体；因为如果一切事物都由诸数构成，那么一切事物必定都由数的一般要素——“有限”与“无限”——所构成；而由于这些要素只在它们的和谐联结中构成数，所以一切事物同样也是“和谐”，参见第 254 页注释 1，第 254 页注释 3，第 264 页注释 2。最后，如果伯克（*Philol.* 56 sq.）反对亚里士多德的阐述，即奇数和偶数一定不能与“有限”与“无限”相混淆，因为它们作为确定的东西都分有“一”从而是有限的，而另一方面布兰迪斯猜测说（i. 452），毕达哥拉斯派在奇数或者 gnomic numbers（也是一些奇数）或者“十”中寻找起限定作用的本原，——那么我们可以回应说，“偶”和“奇”跟奇数与偶数并不是一回事；后者必定始终是确定的，而前者是一切数（不管是偶数还是奇数）的要素，因而它们等同于“有限”和“无限”。

察联系在一起：一切事物都将相反的属性统一在自身之中。他们试图将这些属性还原为“有限”和“无限”、“奇”和“偶”这个基本的对立。“有限”和“奇”被毕达哥拉斯学派认为是更好的和更完满的，而“无限”和“偶”被认为是不完满的；这跟大众的信念是一致的。[1] 所以，他们不管在哪里发现相反的性质，就把较好的性质视为“有限”或“奇”，而把较差的性质视为“无限”或“偶”。这样，在他们看来，一切事物被分为两大范畴，一个范畴在“有限”这边，而另一个范畴在“无限”那边。[2]
381 这些范畴的数目进一步被精确地设定为神圣的数目“十”，于是就有了十对基本的对立，如下：1. 有限与无限；2. 奇与偶；3. 一与多；4. 右与左；5. 雄与雌；6. 静与动；7. 直与曲；8. 光与暗；9. 善与恶；10. 正方与长方。[3]

---

1 参见下注，以及亚里士多德《尼各马可伦理学》ii. 5, 1106b29：“因为如毕达哥拉斯派猜想的，恶（坏）属于无限定者，而善（好）属于有限定者。”后面还会表明，在希腊人和罗马人那里，奇数被认为比偶数更加幸运。

2 亚里士多德《尼各马可伦理学》i. 4, 1096b5：“毕达哥拉斯学派将‘一’置于好事物的行列，这看起来是为‘一’给出了更可信的说明。”《形而上学》xiv. 6, 1093b11（对于毕达哥拉斯学派和具有毕达哥拉斯主义倾向的学园派而言）：“他们认为这是很明显的，奇数、直线、相等(策勒读作 τὸ ἴσον，而不是 τὸ ἰσάκις ἴσον——中译注)、某些数的乘方，这些都属于美好之列。”某些晚出作者也有类似描述，如 Ps. Plut. *V. Hom*. 145。

3 亚里士多德《形而上学》i. 5, 986a22（紧接着第 261 页注释 1 的引文后面）：“他们当中的另一些人说有十组本原，两两相对：有限与无限；奇与偶；一与多；右与左；雄与雌；静与动；直与曲；光与暗；善与恶；正方与长方。”毕达哥拉斯学派从“无限”中派生出运动，这点也被 Eudemus, ap. Simp. *Phys*. 98b 所断定：“柏拉图把运动称为‘大与小’、非是者和不规则的东西，以及任何跟这些东西有同样倾向的东西……最好认为这些东西是[运动的]诸原因，如阿尔基塔认为的。在稍后一点，他又说，‘毕达哥拉斯派和柏拉图把运动当成无界限的东西，这是很对的’。”布兰迪斯（i. 451；*Rhein. Mus*. ii. 221）从这段话得出结论说，阿尔基塔用运动指“限定者”；但是他被 αἴτιον（原因）这个措辞蒙蔽了，这个词肯定应该由 τῆς κινήσεως（运动的）所补足，即便我们采纳他的读法，αἴτιον λέγειν ὥσπερ Ἀρχύτας。（在 *Gesch. der Entw. der Griech. Phil*. i. 169，布兰迪斯修改了他关于这段文本的观点。不过他一定忘记了他之前的话，因为他说：“我仍然认为阿尔基塔用运动指‘无限’，尽管策勒反驳这点。”）我们在亚里士多德《物理学》iii. 2, 201b20 也看到这种关于运动的派生“他们把运动等同于说成是差异或不等同或非是者”，而 Simp. *Phys*. 98a, b 和 Philop. *Phys*. i. 16 把它跟毕达哥拉斯学派联系起来，而且柏拉图的观点与之一致，cf. Part ii. a, 808, 1。没有什么理由反对欧德谟斯（以及 Chaignet, v. 146）的论断，因为，根据阿尔克迈翁，诸神和众星体始终是运动的（vide *infra*.)，而且灵魂也是持续运动的。这种运动的永不休止，如阿尔克迈翁所说，把开端跟终点联结起来，故可以考确实，这个分类仅仅属于毕达哥拉斯学派的部分成员，这些人很可能是该学派的后期成员；[1]但是，毕达哥拉斯学派的前期与后期成员都普遍认 382
可，诸事物由相反的要素组合而成，并且最终是由奇数与偶数或者有限与无限组合而成；因而他们必定全都把特定现象还原为这些以及相似的那些对立面。[2]列出这样的对立面的列表只不过是一种形式上的发展； 383

虑为某种完善过程，即使运动本身是不完善的；它表明诸天体本身是由限定者"以及"无限者构成的。罗特（*Philol. Fragm.*，περὶ ψυχῆς，21）说，在十个对立的列表中，只有运动是以外在方式产生出来的，它被归于"无限"这一边，这个说法是没有根据的。

1 Chaignet ii. 50 sq. 对此表示质疑，因为根据亚里士多德（vide *infra*. section vii.），阿尔克迈翁承认存在十个对立，"正如我们已经解释过的那样（*tels que nous venons de les exposer*）"。然而非常明显的是，亚里士多德并非断言，阿尔克迈翁承认存在"十个对立"，而是说，他与毕达哥拉斯派一样设想人生受到诸对立的统辖；但是他并不跟他们一样将这些对立归结为若干固定的范畴。简言之，亚里士多德的意思跟 Chaignet 从中读出来的意思几乎是相反的。

2 Vide *supra*, p. 378 sq. 布兰迪斯认为，他在这里发现了以不同方式考虑毕达哥拉斯派哲学的一条线索（*Rhein. Mus.* ii. 214, 239 sqq.；*Gr.-röm. Phil.* i. 445, 502 sqq.）。但是，从亚里士多德的行文中能够推导出的东西只能是："所有的"毕达哥拉斯派成员不都主张对立正好是十组，而是说，其中有些人主张只有最基本的"奇"和"偶"，或"有限"和"无限"这一组对立。这并不排斥如下可能性，即后期的毕达哥拉斯派可能用这组基本的对立来解释各种现象，并且将他们在各种事物中发现的那些对立还原为这组基本对立。这样的尝试实际上是由该学派的一般学说（即，诸事物是"有限"和"无限"或"奇"和"偶"的联结物）直接要求的，因而我们很难设想其中一个不伴随另一个。如果毕达哥拉斯学派的这种学说不被应用于具体现象，那么它怎么可能产生呢，而且它会有什么重要性呢？假定在《尼各马可伦理学》所引用的段落中，亚里士多德主要想到的是十组对立，而且假定不能太看重《形而上学》xiv. 6 中关于这些对立的叙述，因为这个段落不单纯涉及毕达哥拉斯学派；再假定普鲁塔克（*De Is.* c. 48）关于诸对立的列举中出现的细微差异是不重要的，而且欧多鲁斯（ap. Simp. *Phys.* 39 a；参见后文，第 267 页注释 2）列举的七组对立和 Diog. viii. 26 列举的三组对立也不能说明什么问题，因为这些作者显然把晚出学说混为一谈了；再假定由于某些理由我们也不能太看重 Ps. Alex. in *Metaph.* xii. 6, 668, 16 的文本；最后假定 Simp. *Phys.* 98a 和 Themist. *Phys.* 30b, 216 中关于诸对立的若干条目的不同编排对当前问题并不重要；可是，事情本身的性质是，即使是那些并没有提出十组对立的人，他们必定也应用和发展了对立学说，当然，不是按照那个固定的范式而是按照某种更自由的方式。从亚里士多德这里来看，显然在十组对立之外还有其他对立得到了考察，参见 Simpl. *De Caelo*, 173 a, 11；*Schol. in Arist.* 492 a, 24，"他们用右和左来表示其他的空间方面的对立面是有道理的。因为他们把右称为上、前和好，把左称为下、后和坏，如亚里士多德本人在阐述毕达哥拉斯学派观点的时候就我们理解毕达哥拉斯主义的基本学说而言，这个列表并不太重要，因为其中各个数并不是按照确定的原理通过演绎而得到的，相反，这些对立面都是通过经验的方式被给予我们的，它们当然是一些最显著的对立面，[1]不过也是以某种独断的方式选出来的，直到数目达到完满的十个为止。所以，将特定概念分派给若干范畴在很大程度上也是独断的，尽管总体而言我们可以看出其中的主导性观点，即试图将统一的、完满的、自身完整的范畴归给“有限”，而将相反的范畴归给“无限”。

按照这种学说，诸事物的基本构成要素具有某种不相似的、相反的
384 本性；于是就必须有一个纽带将它们联结起来，并且使得它们成为能起作用的东西。这些要素的纽带就是和谐，[2]它被菲洛劳斯界定为多样的东西之统一性，不谐和的东西之谐和。[3]既然一切事物都内在具有诸元素

所说的”。禁止将左腿翘到右腿上面的做法（Plut. *De Vit. pud*. 8, p. 532）跟把右看得比左更重要有关系。

1 这是很容易指出的，即使我们不考虑 Plutarch, *Qu. rom*. 102, p. 288（相似的还有 *De Ei. ap. D*. c. 8, p. 388）从奇数和雄性、偶数和雌性的类比中得出的那些理由：“因为奇数是有生育力的，而且当它加到偶数上，就超过它。当被划分为诸单元的时候，偶数就像雌性一样在中间会出现空位，而奇数则始终有完整的部分存留。”据说，毕达哥拉斯把各个奇数，尤其数目一，称为雄性的，而把各个偶数，尤其数目二，称为雌性的，vide Ps. Plut. *V. Hom.* 145 ；Hippol. *Refut.* vi. 23, i. 2. p.10 ; Alex. *ad. Metaph*. i. 5, 29, 13; Bon. Schol. 540 b, 15 ; Philop. *Phys.* K. ii. cf. Sext. *Matt*. v. 8。

2 Philol. ap. Stob. i, 460，接着前面第 255 页注释 4 的引文：“由于诸本原存在，它们不是相似的也不是同类的，那么如果没有和谐伴随它们，无论是以什么方式，那么它们就不可能组成一个有序的宇宙。所以，相似的东西（ὁμοῖα）和同类的东西根本不需要和谐，而不相似的东西（ἀνομοῖα）和不同类的东西，它们要在宇宙中维持自身就必须通过这种和谐而关联起来。”相反的东西而非相似的东西才要求“和谐”，这个论断在 Rothenbücher（*Syst. d. Pyth.* 73）看来是如此奇怪，以致他把这当成本残篇属于假冒的确证。然而，只有在 Rothenbücher 明显违背作者意思，用 περαίνοντα（有限定的东西）替换 ὅμοια，用 ἄπειρα（无限定的东西）替换 ἀνόμοια 的情况下，这个奇怪之处才会产生。就其他人而言，不仅赫拉克利特（vide *infra*.）和其他人在他之后主张每一个“和谐”都以某个对立为前提，而且亚里士多德本人（《论灵魂》i. 4）也引用了这样的观点，即灵魂是一个和谐，“因为和谐是对立面的混合和结合（菲洛劳斯就是这么说的，参见下注），而身体是由相反者混合而成的”，而且柏拉图也让菲洛劳斯的某位弟子讲出了同样的观点（《斐多》86B）。

3 Nicom. *Arithm*. p. 59（Böckh, *Philol.* 61）：“因为和谐是差异的东西的统一，以及对立思想的调和”。这个定义常常被引为毕达哥拉斯学派的，vide Ast, in *hoc. loc*. p.

的对立，所以它们都必需内在具有和谐；这两个说法是同样合适的：一切是数，一切是和谐；[1]因为每个数都是一个确定的联合体，或者是奇数与偶数的和谐。但是，由于对于毕达哥拉斯学派而言，对事物中的内在矛盾的感知首先关联于数的观念，因而他们承认的这种调和对立面的和谐就被关联于乐音关系的观念；在他们看来和谐就是八度音程，[2]因而当 385
菲洛劳斯希望描述和谐之内在本质的时候，他直接就去阐释这些音的关系了。[3]这在我们看起来可能很奇怪，但是对于那些还没有习惯于明确把普遍概念跟个别现象区分开来的人而言是很自然的，他们通过这些个别现象来觉察这些概念。毕达哥拉斯学派从各个音的谐和识别出对立面之联结的普遍法则：所以他们将这种联结称为和谐（正如赫拉克利特与恩培多克勒也是一样），[4]并且把乐音的和谐关系转移到这种和谐；他们 386

299。基于上面那处文本的支持，伯克认为它很可能属于菲洛劳斯。

1 亚里士多德《形而上学》i. 5："整个天界是和谐与数"。Cf. Strabo, x. 3, 10, p. 468 Cas.："由于这点，柏拉图乃至更早时期的毕达哥拉斯学派，把哲学成为乐艺；他们说宇宙是根据和谐而构成的。" Athen. xiii. 632 b："毕达哥拉斯……认为，整个宇宙的部件按音乐的方式组合在一起。"

2 "和谐"（ἁρμονία）是用来表示八度音阶的名称，cf. e.g. Aristox. *Mus*. ii. 36："他们把七音音阶称为和谐。" Nicom. *Harm. Introd*. i. 16："据说，最早的前辈把和谐称为完整音阶。"

3 Ap. Stobaeus, i. 462（Nicom. *Harm*. i. 17）；他在刚才引用的文本后紧接着说："和谐的大小是四度和五度；五度比四度大一个全音（8 : 9）。因为从最低弦（*hypatê*）到中弦（*mesê*）有四度，而从中弦到最上弦（*neatê*）有五度，从最上弦到第三弦有四度，从第三弦到最低弦有五度。在最上弦和第三弦的中间是一个全音，而四度是 3 : 4，五度是 2 : 3，八度是 2 : 4。这样，和谐是由五个全音和两个半音构成，而五度是由三个全音和一个半音构成，四度是由两个全音和一个半音构成（小半音后来被称为 *leimma* = 243 : 256）。" Böckh, *Philol*. 65-89 为这段文本提供了一种解释，而 Brandis, i. 456 sqq. 因袭了他的解释。Sextus, *Math*. iv. 6 的段落或许也指向它；这段话也正确地解释了"和谐"的含义："因为他们宣称，正如整个宇宙是根据和谐而得到主宰的，有生命的东西也就是赋有灵魂的。完满的和谐被认为是由三个和声构成的，也就是由四度音程、五度音程和全音程构成。"关于和谐的体系，参见下文。

4 Böckh, *Philol*. 65 关于这点有不太一样的诠释。他说："'一'是界限，而'未限定者'是不定的'二'，后者因为包含了'一'的尺度的两倍而变成确定的'二'；所以，'限定'是通过'一'对于'二'的规定而得到的；也就是说，通过固定 1:2 的比例，而这个比例是八度音阶的数学比例。所以，八度音阶是'和谐'自身，通过它，相反的本原得到统一。"妨碍我接受这个富有创见的观点的是，我绝对不能把"界限"

是最早确定乐音和谐关系的人。[1]

然而，在我们作出进一步说明之前，似乎有必要考察关于毕达哥拉斯学派之本原学说的不同意见；这些意见部分是基于古人的记载，部分是基于现代学者的猜测。按照我们前面的阐释，毕达哥拉斯学派理论体系从这个命题出发，即一切事物就其本质而言是数。从这里得出了那些最初对立面的学说；接着就得到了曲与直的对立，而居于所有对立最前的是有限与无限的对立。这些对立的统一性同样只能在数当中被发现，而它被更为具体地界定为和谐。然而，我们的许多典据所描述的情况与此不同。他们断言，整个学说体系建立在“一”与“二”的对立之上，而这个对立被还原为精神与物质的对立，形式与实体的对立，神与质料的对立，而一”与“二”的对立自身从作为原始统一性的神那里衍生出来。按照另一种意见，这个体系的出发点不是关于数及其构成要素的算术观念，而是关于空间的诸界限和无限定的空间的几何学观念。第三种意见并不把这个体系建立在关于数的考虑之上，而是建立在关于有限与无限的区分之上。我们现在要考察所有这些意见在多大程度上符合历史证据和内部盖然性。

387 上述几种意见的第一种见于公元前一世纪初的博学者亚历山大(Alexander Polyhistor)。他根据毕达哥拉斯学派的主张这样说：毕达哥拉斯学派把“一”视为一切事物的开端，从“一”产生出“未限定的二”，两者的关系是动力因和质料的关系；从“一”和“二”产生出各个数，从诸数产生出诸点，等等。[2] 这个观点在塞克斯都(Sextus)[3] 从一部毕达

和“无限定者”等同于“一”和“二”。

1 更多细节见后文。

2 Diog. viii. 24 sq.：“亚历山大在其《哲学家的师承》中说，他在毕达哥拉斯派的回忆录中还发现了如下教义。万物的本原是‘单一’；而从这‘单一’中产生出未限定的‘二’，作为‘单一’的质料，并且作为原因而存在。从‘单一’和未限定的‘二’产生出诸数；从诸数中产生出点，等等。”根据 Plut. *Procr. An*, 2, 2, p. 1012，神话人物 Zaratas，也就是毕达哥拉斯的教师，在同一个意义上把“一”称为诸数的父亲，把“未限定的二”称为诸数的母亲，参见第 268 页注释 2。

3 *Pyrrh*. iii. 152-157；*Math*. x. 249-284；vii. 94, 109。很明显，这三处文本是基于同

哥拉斯学派作品的长篇摘录里得到了阐发。按照这个材料，毕达哥拉斯学派对这个主题进行了全面的讨论，他们主张感性现象之诸原因既不能是可以通过感官感觉到的东西，也不能是任何物质性的东西，甚至不能是几何图形，而只能是“一”和未限定的“二”，并且，一切逻辑范畴最终都可以还原为这两个本原。所以，他们把“一”视为动力因，把“二”视为被动的质料，并且设定不仅诸数，而且诸几何形状、诸物体、诸元素乃至宇宙本身，都从这两个本原的共同作用中产生出来。[1] 这两个本原得到了新毕达哥拉斯学派和新柏拉图主义者的进一步阐发。欧多鲁斯 388
（Eudorus）说，[2] 毕达哥拉斯学派把一切事物最终都还原为“太一”，而他们把它理解为最高的“神”而非别的东西；他们从“太一”派生出两个本原，“一”和“未限定的二”，神和物质；他们把所有善（好）的东西都归于前一类，而把所有恶（坏）的东西都归于后一类。于是，他们使用各种各样的名称来称呼这些本原。他们把“太一”称为“奇”、“雄”、“有秩序者”。而与之相反的东西被他们称为“偶”、“雌”、“无秩序者”，等等。然而，由于后面这个元素是从“太一”中派生的，所以只有“太一”才可以被视为真正意义上的第一本原。同样，莫德拉图斯断言，[3] 毕 389
达哥拉斯学派通过“太一”（the One）来称呼统一、同一和等同关系，一切谐和、一切稳定的连续性之根据；而通过“二”[4] 来称呼一切多元性、

一部作品之上的。

1 Cf. *Math.* x. 261：“毕达哥拉斯主张，‘一’是诸存在者的本原，每个存在者由于分有它而成为一个东西；当它在自身等同的意义上得到考虑，那么它就被考虑为‘一’，而当它在差异性中得到考虑，它与自身相加而被称为‘未限定的二’，等等。”第276节：“他们说，从这些东西产生出数学上的1和数学上的2，1出自于本原的‘一’，而2出自于‘一’和‘未限定的二’。因为2是1的两倍……同样，其余的数是从它们产生的；‘一’总是起限定作用，而‘未限定的二’总是产生出2并且将数扩展到无穷多。于是他们说，就这两个本原来说，‘一’占据动力因的地位而‘二’则占据被动的质料的地位。”关于从诸数中产生出诸形状和诸事物，vide *ibid.*。

2 Simp. *Phys.* 39a.

3 Porph. *V. Pythag.* 48 sqq.

4 波菲利在第38节自己说：“就对立的两种能力而言，一个是更卓越的单一，它是光、右、等同、稳固和直，而另一个是较差的‘二’，它是暗、左、不等同、不稳固和流变。”

不等同性、区分和变化。与此相吻合的是，我们从普鲁塔克的《学说述要》[1] 读到关于毕达哥拉斯学派之二本原的学说，“一”表示善、理性和神，而“未限定的二”表示恶、物质和精灵。就这两位作者而言，前者仅仅致力于告诉我们说，他归于毕达哥拉斯学派的学说并没有以长篇大论的方式被他们所表述，而只是在他们的数论中得到一些暗示。古代晚
390 期的其他作者所说的也是这个意思。[2] 伪阿尔基塔 [3] 跟这种阐释的不同之

---

1 i. 3, 14 sq.（Stob. i. 300）：“毕达哥拉斯……主张，本原是数……而且，‘一’和未限定的二就属于本原。按照他的观点，这两个本原中，一个充当动力因和形式因，它是理智、神，而另一个充当被动因和质料因，它是可见的宇宙。” i. 7, 14（Stob. i. 58; Eus. *Pr. Ev.* xiv. 15, 6; Galen, c. 8, p. 251）：“毕达哥拉斯说，他的本原中，‘一’是神，是善，而善是‘一’的本性，它是理智自身；而未限定的二是恶灵，它是恶，环绕着它的是杂多的物质性事物，也就是这个可见的宇宙。”

2 参见伪普鲁塔克（或许是波菲利）的 *Vita Homeri*, 145，根据这位作者，毕达哥拉斯“把一切东西都归结为数，……他认为有两个最高的本原，一个是有限定的，他称为‘一’，另一个是无限定的，他称为‘二’。前者是好事物的本原，而后者是坏事物的本原。”因为，如后面解释的那样，每个好事物都是“自身协调的东西”，而每个坏事物都是从不和谐与纷争中产生的。Hippol. *Refut.* vi. 23：“毕达哥拉斯主张，宇宙的本原是不被产生的‘一’、被产生出来的‘二’，以及其余的数。他说，‘一’是‘二’的父亲，而‘二’是一切被产生的东西的母亲，是被产生的东西的生育者。”他的教师，Zaratas 也把“一”称为“父”，把“二”称为“母”；参见第 387 页注释 1；Ps. Justin. *Cohort.* 19（cf. ch. 4）：“因为他说，一切事物的本原是‘一’，它是一切好事物的原因；他以这种比喻的方式教导说，有唯独的一位神。” Syrian, *ad. Metaph. Schol. in Arist.* 842 a, 8；cf. 931 a, 5：大多数毕达哥拉斯派都把万物的原因称为“一”和“二”；毕达哥拉斯本人在“圣言”中将它们称为 Proteus（这个名称源自“最初的”，*πρῶτος*）和“二”（或“混沌”）。在内容方面相似的伪毕达哥拉斯学派的其他残篇，参见 Part iii. b, 99, 2nd ed.。

3 参见前面引用的残篇，ap. Stobaeus, i. 710 sq.。这则残篇是杜撰的，这已经被里特尔（*Pythag. Philos.* 67 sq.）和 Hartenstein（*Gesch. der Phil.* i. 377 sq.）详尽地指明。里特尔的唯一错误是他试图挽回残篇的部分内容。彼得森的评论（*Zeitschrift für Alterthumsw.* 1836, 873 sqq.）并不足以逆转这个判断，而赫尔曼（*Plat. Phil.* i. 291）同意这点是恰当的。这些思想和措辞中的亚里士多德因素和柏拉图因素太明显了，任何更多证明都是多余的；从把 hulê 和 ousia 等同这点上看，它甚至还透露出斯多亚主义的影响，这个等同在更早的哲学家中从未出现。即使彼得森在将部分有疑问的术语追溯到亚里士多德《形而上学》viii. 2, 1043a21，追溯到阿尔基塔（这是不可能的，如果我们把这段话中亚里士多德自己的评论和对阿尔基塔的引用恰当地区分开来的话）是成功的，而且，即使彼得森的如下猜测是有根据的，即斯托拜乌著作中的这些残篇是从亚里士多德对阿尔基塔著作的摘要中得来的（尽管多利亚方言在其中还有出现），我们仍然有严肃的理由怀疑这段文本的可靠性。阿尔基塔并没有把

处仅仅在于，他更加突出地将原初本质跟两个派生本原区分开来了，而且不是以毕达哥拉斯学派的方式，而是以亚里士多德的方式来理解后者。他将形式和质料视为最普遍的本原；形式对应于有规则的和确定的东西，而质料对应于无规则的和不确定的东西；形式是有益的，而质料是破坏性的。但是他将形式和质料跟神区别开来，神高于这两者，使质料朝向形式运动，并且像匠师一样塑造质料。最后，诸数和诸几何图形被表述为联结形式和质料的居间要素，跟柏拉图的表述方式一样。不止 391
一个地方有这样的论断，[1] 即，毕达哥拉斯学派将“神”视为高于诸本原之间的对立，而诸本原是从“神”那里派生出来的。作为“神”的“一”比这种对立先行存在，它被称为“太一”（the One）。而跟“二”相对的“一”，作为这种对立的一方，被称为“单一”（the Monad）。[2]

运动因跟数的要素分离开来，如赫尔曼在引用一段文本时（参见前文，第 381 页注释 1）恰当地注意到的，而根据这段文本，阿尔基塔将不相等和不确定性描述为运动的原因。

1　Syrian, *in Met. Schol*. 927 a, 19。还有 *ibid*. 925b23。还可参见 *ibid*. 935b13。Pseudo-Alex. *in Metaph*. 800, 32。还可参见“永恒的神”，ap. Plut. *Plac*. iv. 7, 4; Pseudo-Butherus ap. Stob. *Ecl*. i. 12（“一”是不被产生的、至高无上的原因，等等）；*Theol. Arithm*. p. 8 和 Athenag. Supp*l*. *c*. 6：“吕西斯和 Opsimus（Ὄψιμος，cf. Iambl. *V. P.* 267）这样来定义神：有人说他是不可说明的数（一个无理数，这里无疑指无理数的根），另一个说他是最高的数超出最接近它的那个数所超出的那个数。”阿塞那哥拉斯的解释无疑是正确的，他说，最高的数指的是“十”，而最接近它的是“九”，所以整个说法只不过是为“一”而虚构出来的托辞。

2　Eudorus, *loc. cit.*，参见第 267 页注释 2；Hippol. *Refut*. i. 2, p. 10。Syrian（*in Metaph. Schol*. 917 b, 5）引用了下面一段话（作为阿尔基塔的话）：“一（τὸ ἓν）和单一（ἡ μονὰς）是同类的，却是彼此不同的”，并且诉诸莫德拉图斯和尼各马可来支持这种区分。Proclus, *in Tim*. 54D sq.。根据毕达哥拉斯派，第一实在是“太一”（ἓν），它是在所有对立之上的；第二实在是“理想的单一”（the ideal Monad）或者“界限”，以及未限定的二或“无限”。与此相似，Damasc. *De Princ*. c. 43, 46, p. 115, 122：据毕达哥拉斯，“一”在“单一”之前。与此相反，Moderatus ap. Stob. *Ecl*. i. 20 说，似乎下面这些话是他说的：“有人声称诸数（τῶν ἀριθμῶν）的本原是单一，而可数的东西（τῶν ἀριθμητῶν）的本原是‘一’。”Theo. *Math*. c. 4 也同意这点，他以自己的名义说，“单一”在“一”之上。塞克斯都（参见前文，第 267 页注释 1），Justin 的 *Cohortatio*, c. 19 以及 Photius, *Cod*. 249, p. 438 b 提及的某位佚名作者，认为“单一”是最高的，他们说“单一”是神，它比“一”的地位更高：“因为他说，单一属于可理知事物，而一属于数（τοῖς ἀριθμοῖς）。”Röper 在 *Philol*. vii. 546 认为，

392 尽管这些说法受到现代作者的欢迎和重视，但是它们并不足以让我们接纳为可靠的记述。我们已经讨论过，晚出作者关于毕达哥拉斯学派哲学的记述，尤其来自新毕达哥拉斯学派和新柏拉图主义者的记述，只有在我们知道其出处的时候才能被我们信赖。但是在目前这个案例中，这些出处要么没有被提及，要么出现在其真实性更加可疑的那些著作中。就阿尔基塔的很长的残篇而言，这点已经表明过了；从布隆提努斯、克里尼亚斯和布特鲁斯（Butherus）那里引述的内容无疑也是
393 这个情况。[1]在阿塞那哥拉斯（Athenagoras）的作品里所引用的说法的虚构特征足以让我们对之采取不信任态度；哪怕在简短说及阿尔凯讷图斯（Archaenetus）（或阿尔基塔）的地方，也明显透露出古代晚期的措辞方式和思想立场；[2]最后，在一段据说出是自亚里士多德的话里，关于质料的界定被归给了毕达哥拉斯本人，而这个界定跟老学园派的观点是一致的，它以形式和质料的区分为前提，[3]很明显要么这个作品本身是伪

我们应该把 *ἀριθμοῖς* 替换为 *ἀριθμητοῖς*（可数的事物），但是这更不可能，因为 Photius 也是这样写的。显然所有这些说法都是武断的和充满混淆的。亚里士多德的评注者们，如伪亚历山大（*in Met.* 775, 31, 776, 10 Bon.）和辛普里丘（*Phys.* 32b），他们习惯于把“一”和“未限定的二”的学说考虑为属于毕达哥拉斯学派。

1 克里尼亚斯所提及残篇的杜撰特征是明显的，甚至从 *μέτρον τῶν νοητῶν* 这个措辞中就可以看出来。Brotinus 给出的残篇中有这样的论断，即第一本原在力量和尊贵方面都超越了“实在”，这是从柏拉图《理想国》vi. 509B 中逐字抄来的；而当它把作为亚里士多德主义的“神”的“*νοῦς*”（努斯）也加到“实在”上的时候，这个附加就清楚地表明这个著作属于新毕达哥拉斯主义或新柏拉图主义时期。而且 *ὅτι τὸ ἀγαθὸν* 这样的措辞也只能从属于这个时期。

2 就措辞方式讲，以不带任何限定的方式使用 *αἰτία*（原因）这个词最早出现于柏拉图和亚里士多德的著作，这意味着他们对原因概念有所探究；而就思想立场讲，在 *αἰτία πρὸ αἰτίας* 的措辞中，神以某种新毕达哥拉斯学派之前从未出现的方式被拔高到一切宇宙本原之上。

3 Damasc. *De Princ. Arist. Fragm.* 1514 a, 24：“亚里士多德在他论阿尔基塔的著作中讲，毕达哥拉斯也将质料称为‘别物’，因为它处于流变之中而总是变成别物。”Chaignet, ii. 73 sq. 把这点视为确定的。在我看来，亚里士多德此处关于毕达哥拉斯的学说肯定了某种东西，这种语境以及这种肯定的实质清楚地表明，要么论及阿尔基塔的著作是杜撰的，要么达马修斯把这部著作中所说的东西错误地归给了毕达哥拉斯，而这部著作或许只是非常间接地被达马修斯了解到。他记载的毕达哥拉斯的话甚至不能是柏拉图之前的毕达哥拉斯学派说的。另一方面，亚里士多德告诉

造的，要么它包含了虚假的记载。塞克斯都和博学者亚历山大所沿用的那些阐释也明显包含折中主义的特征，它在公元前二世纪后半叶之后开始将各种哲学体系混在一起，并且把古代的学说和后来的学说混为一谈。[1] 由于这些原因，其中提及的证言是没有价值的；关于“一”和 394
“未限定的二”的学说，以及关于最初的“一”与“神”的等同学说，以及所有在此基础上得出的东西，都不能被归给古代早期的毕达哥拉斯学派。

稍晚一代的毕达哥拉斯学派当中有些人的哲学倾向是柏拉图主义的，对他们而言，如我们前面引用的内容所显示的，“一”和“二”占据重要地位；但是，较早的哲学家当中，柏拉图是最早被证实采用了这

我们（《形而上学》xiv, 1087b26），柏拉图的某些弟子将“他者”（ἕτερον）和“别物”（ἄλλο）视为物质本原，与“一”相对；而 Ps. Alex.（777，22 Bon.）将这个断言套在了毕达哥拉斯学派头上。看起来，达马修斯的论断或者他所使用的著作造成了某种类似的误解。

1　这点在塞克斯都那里尤其明显。甚至他的论证的对话特征也明确表明了某个更晚近的年代。此外，不仅原子论者，而且伊壁鸠鲁和柏拉图的名字都被提到了，而且他们的著作也被暗指到了（P. iii. 152；M. x. 252, 257, 258）。我们在 *Math.* vii. 107 中发现了关于 Sysippus 的弟子、Colossus of Rhodes 的雕塑家的非常不可能为真的逸闻。跟亚里士多德的所有表述相反，诸数和诸事物的分离，诸事物对诸数的分有（M. x. 263 sqq., 277；vii. 102），不仅被归于毕达哥拉斯学派，而且被归于毕达哥拉斯本人（P. iii. 153；M. x. 261 sq.）。毕达哥拉斯派被描述为自如地使用毕达哥拉斯派的，甚至是亚里士多德的那些范畴。所以，这个阐述无疑属于晚近年代并且很不可信；Marbach（*Gesch. der Phil.* i. 169）试图为它辩护是完全不可接受的。在亚历山大的阐释中，这些晚近的因素没有那么显著，但也是可以看出来的。在他给出的摘要的一开始，我们就看到了斯多亚学派和亚里士多德关于质料因和动力因的区分。这个区分甚至被用来说明绝对本原，就像斯多亚学派那样。此外，我们还看到了斯多亚学派关于物质之普遍的形态变换的学说（τρέπεσθαι δι᾽ ὅλων），这个学说对于古代早期的毕达哥拉斯学派宇宙论来说是全然陌生的，如我们即将表明的；我们还看到了斯多亚学派的关于 εἱμαρμένη（命运）的那些观念，关于“神”和生命热力（vital warmth）或以太的等同；它内在于诸事物之中（διήκειν）；还有建立在此之上的人与神的同属关系。我们还看到斯多亚学派关于灵魂繁殖的观念，跟斯多亚学派关于感觉的看法相似的观点，还有完全属于斯多亚的学说，根据这个学说，灵魂的诸能力都被归结为气的流动（τοὺς λόγους ψυχῆς ἀνέμους εἶναι）。这些特征足以证明，把亚历山大的阐述视为对于古代早期毕达哥拉斯学派的记录是不可能的。其他细节参见后文。

395 两个本原的，而亚里士多德的文本看起来像是把它们归于毕达哥拉斯学派，而且古代评注者一直也是这样解释的，但是它讲述的完全是柏拉图与学园派。[1] 亚历山大从亚里士多德《论善》中得来的摘录[2]（在其中柏拉图关于“一”和“未限定的二”的学说得到详细阐发），以及波菲利[3]在这个主题上的谈论，都没有提及毕达哥拉斯学派；[4] 尽管塞奥弗拉斯特有一次在同时提及毕达哥拉斯学派和柏拉图之后，暗指了“未限定的二”，但是他对两者的学说的概括非常简短，不能从这种暗指中得出任何推论。此外，根据亚历山大和波菲利的记述，柏拉图将这种学说紧密
396 关联于“大与小”的学说，而亚里士多德将这个学说完全说成是柏拉图特有的、而不为毕达哥拉斯学派所知的观念。[5] 亚里士多德和菲洛劳斯常常引述“奇”和“偶”，或者“有限”和“无限”，并且仅仅把它们说

1 《形而上学》xiii. 6, 1080b6。本章开头清楚表明，关于毕达哥拉斯学派的这段话没有疑问。亚里士多德在后面在提及别的问题的时候只提及他们。属于同一情况的还有 c. 7, 1081a14 sqq.，1082a13。这整章全都是处理毕达哥拉斯学派关于数的学说的。最后，xiv. 3, 1091a4 还提及了柏拉图，而且只提及他。

2 *Comment. on Met*. i. 6, p. 41, 32 sq. Bon ；以及 Simp. *Phys.* 32b, 104b。

3 Ap. Simp. *Phys.* 104b.

4 *Met*.（Frag. 12, Wimm.）33, p. 322, 14 Brand. ：“*Πλάτων δὲ καὶ οἱ Πυθαγόρειοι, μακρὰν τὴν ἀπόστασιν ἐπιμιμεῖσθαί γε θέλειν ἅπαντα· καίτοι καθάπερ ἀντίθεσίν τινα ποιοῦσι τῆς ἀορίστου δυάδος καὶ τοῦ ἑνός· ἐν ᾗ καὶ τὸ ἄπειρον καὶ τὸ ἄτακτον καὶ πᾶσα ὡς εἰπεῖν ἀμορφία καθ' αὑτήν, ὅλως δὲ οὐχ οἷόν τε ἄνευ ταύτης τὴν τοῦ ὅλου φύσιν* [*εἶναι*] *, ἀλλ' οἷον ἰσομοιρεῖν τῆς ἑτέρας ἢ καὶ τὰς ἀρχὰς ἀναντίας.*” 这是布兰迪斯采纳的读法。Wimmer 的读法是 *τὰς ἑτέρας* &c.。或许这段话的正确读法是：“*ἰσομοιρεῖν τῆς ἑτέρας ἢ καὶ τὰς ἀρχὰς ἐναντίας ἢ καὶ ὑπερέχειν τὴν ἑτέραν. διὸ καὶ οὐδὲ τὸν θεόν, ὅσοι τῷ θεῷ τὴν αἰτίαν ἀνάπτουσι, δύνασθαι πάντ' ἐπὶ τὸ ἄριστον ἄγειν, ἀλλ' εἴπερ, ἐφ' ὅσον ἐνδέχεται· τάχα δ' οὐτ' ἂν προέλοιτ', εἴπερ ἀναιρεῖσθαι συμβήσεται τὴν ὅλην οὐσίαν ἐξ ἐναντίων γε καὶ* <*ἐν*> *ἐναντιοις ουσαν.*” 从 *τάχα* 开始的最后一句话非常有可能是塞奥弗拉斯特自己添加的，但是整个文本都有这种毕达哥拉斯主义和柏拉图主义的混合，因而似乎不可能单单从这段话来确定这两方各自特有的观点。

5 《形而上学》i. 6, 987b25 ：“不是把无限定者当成一，而是设定二并且从‘大与小’建构无限定者，这是他（指柏拉图）所特有的。”*Phys.* iii. 4, 203 a, 10 ：“［毕达哥拉斯学派］把无限定者等同于‘偶’……而柏拉图有两个无限定者：大与小。”cf. *ibid.* iii. 6, 206 b, 27。前一段文本并不直接断言毕达哥拉斯派不了解“未限定的二”，而是说，他们不了解作为“大与小”的“二”。

成是诸数的元素。[1] 即使亚里士多德说到诸数出自于"一"的时候，[2] 他所理解的"一"也只是数目"一"而从来没有加上"二"，而如果"一"在不与"二"联结的情况下就不能产生出数的话，他不可能不同时提及"二"；最后，许多典据明确否认毕达哥拉斯学派主张"一"与"二"两个本原的学说。[3] 那么几乎毫无疑问的是，这种学说不属于古代早期毕达哥拉斯学派。[4] 这种后世的把"一"和神、"二"和物质等同起来的诠 397
释必须完全被排除掉。因为这种将物质与精神、质料因与动力因尖锐对立起来的观念与那种确定毕达哥拉斯主义的基本特质的观念是非常不同的，后面这种观念也就是，诸数是由之构成的诸事物的本质。如果允许在质料和形式之间作出区分，那么诸数就会像柏拉图的诸理念那样变成单纯的诸形式，而不再可以被视为物质性事物的实体性要素。然而，质料与形式的区分只是被某些作者归给毕达哥拉斯学派，而如前所示，我们不能给予他们多少信赖。与之相反，亚里士多德强调说，[5] 阿那克萨戈拉是区分精神与物质的第一位哲学家，而且由此他把毕达哥拉斯学派算作仅仅承认感性事物存在的哲学家的行列。[6] 但是，就毕达哥拉斯学派关于神的学说而言，大多数记述都直接将其关联于"一"与"二"、精

---

1 Vide *supra*, p. 377.

2 《形而上学》i. 5，见第 260 页注释 2。参见 xiii. 8, 1083a20，xiv. i. 1087b7，c, 4, 1091b4，这几处评论与某个跟毕达哥拉斯学派的观点相似的观点有关。从 xiii. 8, 1083a36 sq. 的文本中可以清楚地看出，它本身不是毕达哥拉斯派的观点。

3 Theo. *Smyrn*. i. 4, p. 26："笼统地看，后来人把一和二视为诸数的本原；而对于毕达哥拉斯学派而言，诸数的本原是一系列相继的项，'奇'和'偶'通过这些项而得到理解。例如，他们说可感事物中的'三'之本原是'三元组'(the triad)，等等。" Ps. Alex. *in Metaph*. xiv. 1, p. 775, 29；*ibid*. 776, 9："在柏拉图看来，诸数是从不相等的二元产生出来，而在毕达哥拉斯学派看来，诸数的产生出自于多。"与此相似，Syrian, *ad h. l. Schol*. 926 a, 15。

4 Vide Brandis, *De perd. Arist. libr*. p. 27；Ritter, *Pythag. Phil*. 133；Wendt. *De rer. princ. sec. Pyth*. 20 sq.；以及其他材料。与此相反，伯克将"一"和"未限定的二"视为属于毕达哥拉斯学派的学说（*Philol*. 55）；施莱尔马赫认为，这两个本原各自等同于神和物质，一个是起规定作用的本原，另一个是被规定的本原（*Gesch. d. Phil*. p. 56）。

5 《形而上学》i. 3, 984b15。

6 Vide *supra*, p. 189.

神与物质的学说。神似乎一方面被考虑为这些对立的前一项，而另一方
面被考虑为先行于这种对立的更高层次的“一”，它本身产生出两个对
立的要素，并且将它们联合起来。所以，如果这种区分最早被该学派的
晚期追随者附加到毕达哥拉斯主义中，那么毕达哥拉斯主义关于“神”
398 的观念也应该是这样；而问题在于，一般而言“善”的观念对于毕达哥
拉斯学派而言是否具有哲学上的重要性，尤其是它是否与他们关于终极
原因的学说相关。这个问题不能通过诉诸毕达哥拉斯主义的宗教特征
来作出回答，也不能通过引述那些以宗教方式表达一切事物都取决于
“神”、有义务崇敬神、神如何伟大这些段落来作出回答；因为我们在这
里并不是探究，毕达哥拉斯学派的神学在多大程度上与毕达哥拉斯学派
的哲学一起存在，而是探究它在多大程度上与该学派的哲学学说具有逻
辑上的关联性；简言之，毕达哥拉斯学派是否从他们关于宇宙的哲学理
论中推导出神的观念，或者用这种理论来解释神的观念。[1] 后面这个假
定尽管很普遍，但是在我看来是没有根据的。有些人认为，毕达哥拉斯
学派把作为绝对的“一”的神跟那个在对立中出现的“一”或者“有限”
区别开来了；因而神也就区别于宇宙，并且处于众对立面的整个领域之
399 上。[2] 其他人说，[3] 第一个对立中的“一”或“有限”同时被理解为神。然而，
这个断言仅仅出自新毕达哥拉斯学派和新柏拉图主义的典据，以及源自
400 这个圈子的某些被篡改的著作残篇。[4] 亚里士多德在阐述毕达哥拉斯学派

---

1 如果说每个哲学家都从普通意见中借用许多观点，就像 Heyde（*Ethices Pythagoreae Vindiciae*, Erl. 1854, p. 25）说的那样，那么这并不构成对我的观点的反驳。哲学家从这种资源中得到的意见只有在以某种方式与他的哲学观点相关联时，才能被考虑为他的哲学体系的组成部分。除此以外，它们都只是某些个人看法，对于学说体系并不重要；例如，笛卡尔去 Loretto 朝圣对他的哲学而言并不重要。Heyde（*ibid.*）主张，只有某个哲学体系的作者明确表明某些论点不属于这个体系，否则我们不能将它们排除在外。这会使得我们不可能对这类问题的本质方面和外在方面作出区分。

2 Böckh, *Philol.* 53 sq.；Brandis, i. 483 sq.

3 Ritter, *Pythag. Phil.* 113 sq., 119 sq., 156 sq.；*Gesch. der Phil.* i. 387 sq., 393 sq.；Schleiermacher, *loc. cit.*.

4 在前面已经引用的那些残篇之外，菲洛劳斯《论灵魂》的残篇，ap. Stob. i. 420（Böckh,

Philol. 163 sq.）在我看来也是同一个情况。它带有太多晚出的特征，我不能将其视为真实可靠的，也不能认为伯克的观点（被 Brandis, *Geschich. d. Entw.* i. 173）有正确的可能性，他说，这则残篇的基础是可靠的，只不过某人在引用它的时候添加了某些东西。这则残篇的开头让我们想到柏拉图的《蒂迈欧》(33A sq.；34B)，更加想到 Ocellus Lucanus, c. i. 11。像这样的行文："由这两者构成的东西，也就是说，由永远运行的（*θέοντος*）神圣者以及永恒变化的生成者构成的东西，就是宇宙"，让我们特别联想到 Ocellus Lucanus 的 *sub. fin.* 的第 2 章，以及柏拉图《克拉底鲁》397C。Chaignet, ii. 81 用 *ἐόντος* 来替换 *θέοντος*，以此来处理这种碰巧，这本身是武断而没有根据的，即使"神"在前面没有被称为"*ἀεικίνατον*"(永远运动的)，也就是"*ἐξ αἰῶνος εἰς αἰῶνα περιπολεῖ*"(cf. § iv. *Cosm.*)。这则残篇中所说的宇宙之永恒性（不仅仅是它的"永不停止的持续"，如 Brandis, *loc. cit.* 所言；其措辞是这样的："这个宇宙是出自于永恒而持续到永恒的")，作为新毕达哥拉斯学派喜欢的一个论题，它是通过柏拉图的宇宙灵魂的观念而被引入哲学的——亚里士多德的所有相关提示都是如此。这两个学说对真正的毕达哥拉斯派而言都是陌生的，如我们刚刚看到的（§ iv. *Cosm.*)；而且，这位作者关于宇宙灵魂所说的内容在细节上绝对带有柏拉图和亚里士多德的特征，而严格意义上的毕达哥拉斯学派的观点则完全阙如。伪菲洛劳斯在月上世界（他称之为 *ἀμετάβλητον* 或 *ἀεικίνητον*）和月下世界之间（他称之为 *μετάβαλλον* 或 *ἀειπαθὲς*）所做的区分无疑很像是毕达哥拉斯学派的观点，但是它在其中得到理解的方式则更加接近于亚里士多德的方式（例如，Part ii. b, 331, 3; 338 sq., 2nd ed. 中引用的内容)，尤其是《论宇宙》c. 2, 239a29 sq.。在下面这些行文中明显可见亚里士多德的术语的影响："宇宙是神的永恒实现，并且按照可变存在物对于神的服从而生成。"在"自身维持自身不变"（*κατὰ τὸ αὐτὸ καὶ ὡσαύτως ἔχον*）和"既生成又毁灭的多"（*γινόμενα καὶ φθειρόμενα πολλὰ*）之间的对立肯定不属于柏拉图以前的时代：通过生成，可毁灭的东西以不可毁灭的方式获得其形式，这种考察可以在柏拉图和亚里士多德那里见到，其前提是这两位哲学家在形式和物质之间作出的区分。最后，伯克评论说，结尾的几个词"*τῷ γεννήσαντι πατέρι καὶ δημιουργῷ*（使其得以产生的父亲和工匠）"是从《蒂迈欧》37C 抄来的；但是我们不能因为这个理由就把它们归给转抄它们的人。就算我们承认除非有文本窜入，否则其中有些巧合不能得到解释，我们仍然很难相信这部著作是真实可靠的——只要我们考虑到其中有多少混合的内容，而除非设想它属于晚出作品，不然这些混合的内容（它本身是让人感到奇怪的）是不可思议的。Rohr（De *Philol.* Frag., *Περὶ ψυχῆς*. Lpz. 1874, p. 12 sq.）认为，通过把"*διὸ καὶ καλῶς ἔχει*（由此可以很好地说)"这些措辞去掉，他可以将剩下的文字看作菲洛劳斯的作品，但这是徒劳的尝试，正如我将要证明的——我会诉诸关乎宇宙和宇宙灵魂之永恒性这方面的最具决定性的论点。但是如果这则残篇有文本窜入，那就没有理由设想，菲洛劳斯在《论灵魂》中（斯托拜乌说他是从该著作中引用而来）是菲洛劳斯的知名著作的第三卷。伯克和 Schaarschmidt 主张这点；前者（*loc. cit.*）的前提是这则残篇是真实可靠的，后者则认为没有一则菲洛劳斯的残篇是真实可靠的。不太可能的是，这篇论著属于一篇独立作品，跟那些真实可靠的残篇的出处不属同一著作。克劳狄安·玛美尔图在说出那些混乱表述时（见于 *De Statu An.* ii. 7，转引于 Böckh,

关于事物之终极根据的多处段落中从来没有提及他们关于神的学说。[1] 塞
401 奥弗拉斯特甚至区别了[2] 毕达哥拉斯学派和那些把神说成动力因的人。[3]
菲洛劳斯确实把“一”说成一切事物的开端，[4] 但是他的意思无非就是亚

Philol. 29 sqq.）手头很可能有这部著作，而且他很有可能从中转抄了我们将引用的那段话。但这仅仅证明了，这部著作是这位公元五世纪的作者知悉的，而且它被此人视为菲洛劳斯的真作；但是，就算在他使用的抄本中混有菲洛劳斯的真正作品，也不能证明该著作是真实可靠的。

1 《形而上学》xiii. 8, 1083a20 说道，诸数是最初的东西，“而‘一’本身是它们的开端”，但是这个“一”并不被用来表示“神”；此外，这段话并不针对毕达哥拉斯学派，而是针对柏拉图的某一派追随毕达哥拉斯学说的弟子。与此相似的有《形而上学》xiv. 4, 1091b13 sqq.，当亚里士多德提及那些把绝对的“一”跟绝对的“善”等同起来的人，他指的是理念论的追随者，正如“有些人说‘一’本身就是‘善’本身”这些措辞所表明的。这个看法是柏拉图主义者的观点；vide Schwgler and Bonit, *ad. h. l.* 以及 Zeller, *Plat. Stud.* p. 278。第三处文本是《形而上学》i. 5（参见前文，第 261 页注释 1，参见 xiii. 6, 1080b31 ：“所有说‘一’是诸存在者的元素和本原的人”），其中说，毕达哥拉斯学派从“一”推导出诸数；但是，这是数目 1，它不是“神”，因为它自身必定是从“奇”和“偶”中产生出来的。里特尔（*Gesch. der Phil.* i. 388）在提及这点的时候作出如下反驳：关于数，也就是说，“奇与偶”，只能从“一”中产生出来，而“一”不能从它们产生出来：“ἐξ ἀμφοτέρων τούτων”这些话并不表示从两者“派生”，而是由两者“构成”。这个反驳是基于某个明显的混淆：奇“数”和偶“数”并不是“奇和偶”；因而“也就是说”这个措辞是不妥当的，而根据语境亚里士多德的话的唯一意思只能是如下这些：首先，“一”从“奇”和“偶”中产生；其次，其他数从“一”产生。Vide Alexander, *ad. h. l.*。最后，在《形而上学》xiii. 6, 1080b20，xiv. 3, 1091a13，第一个有形体的单元被提及，不过它非常清楚地被刻画为派生出来的，因为在 xiv. 3，我们读到：“不必要怀疑毕达哥拉斯学派是否将生成归给它们；因为他们显然说，当‘一’被构成，不管是出自平面还是表面还是种子还是他们说不出名字的东西，最接近无限定者的部分就开始被拉进来，并且被界限所限定。”在这里，我不得不反对里特尔（*loc. cit.* 389）的评论，他说，根据《形而上学》xiii. 6 的语境，这个“一”不会是任何派生的东西。但是，亚里士多德在那个地方只是说：“最初的‘一’如何得到建构以便具有大小（体积），他们对此似乎感到困惑。”首先，这里的意思不是说他们把“一”视为不是派生的，而是说它的派生难题使他们困惑；由此得出的推论毋宁是，这个难题是基于他们关于“一”的其他某些界定的。其次，这段文本的问题并不是一般意义上的“一”（Unity）是不是从诸本原派生的，而是，第一个“有形体的‘一’”的起源，即宇宙中的第一物体（中心火）的形成，是否以让人满意的方式得到了解释。

2 在第 272 页注释 4 引述的段落中。

3 柏拉图及其学派。参考这个措辞：“διὸ καὶ οὐδὲ τὸν θεὸν”（由此甚至神也不），《蒂迈欧》48A ；《泰阿泰德》176A。

4 参见 Iambl. *in Nichom.* 109（cf. Syrian, *in Metaph. Schol.* 926 a, 1 ；参见前文，第 269

里士多德这里所说的意思，即，数目“一”是一切数的根基，因而，既然一切事物由数构成，那么“一”也就是一切事物的本原。[1]他进一步把神描述为宇宙的唯一主宰者，处于一切事物之上，[2]容纳并照管一切事 402
物；[3]但是这并没有说明在他的体系中神的概念具有何种哲学上的意涵。这些论断中的第一个如果真是来自于菲洛劳斯，[4]它也只是以宗教的方式 403
表达了当时不限于诸哲学学派的一个思想，而且更像是克塞诺芬尼的而

页注释 2，以及 Böckh, *Philol.* 149 sq.）的那则残篇，它的可靠性是很不确定的，尽管没有什么东西可以必然证伪它：“ἓν ἀρχὰ πάντων”（“一”是一切事物的本原）。

1 Photius, *Cod.* 249 a, 19 中的传记作者是这样理解这句话的：“毕达哥拉斯学派把‘一’当成一切事物的本原，因为他们把点当成线的本原，把线当成面的本原，把面当成三维事物或物体的本原。‘一’被考虑为先于点，所以‘一’是物体的本原。”如果这些话都还是指“神”，那就有必要了解这段话的语境，才能说这里的“一”究竟是不是表示“神”，抑或这里的意思是不是这样：“‘一个东西’是所有其他东西的开端，而这一个东西是‘神’”。在第一种情况下，这段话有某种哲学的意涵，而在后面一种情况下，它就是宗教方面的论断，正如我们在其他地方见到的（*e. g.* in Terpander, vide *supra*, p. 122）。

2 Philo, *mundi opif.* 23A：“菲洛劳斯的如下这些说法可以为我所说的作证：他说，万物有一位主宰，也就是神，永恒的一，持存、不动，自身与自身相同，而与其他事物不同。”毕达哥拉斯学派关于“神”的观念以相似的方式在 Plut. *Numa*, c. 8 中得到了阐述。

3 Athenag. *Supplic.* c. 6：“菲洛劳斯说，万物被神包围起来，就像在一个监狱里”；参考柏拉图《斐多》62B：“在秘仪里关于这些事情所说的，也就是人们就像在某种监狱里”，这话很难理解，“不过这在我看来说得很好……诸神关心我们，而我们人类是诸神的财产。”

4 斐洛的论断不能完全确保这点；因为亚历山大里亚的犹太人和基督徒常常引用伪书来证明一神论。伯克还猜测说，该文句可能不是逐字引用，但是没有决定性证据表明它是杜撰的，因为我不能把“αὐτὸς αὑτῷ ὅμοιος”（自己与自己相同）考虑为“柏拉图之后出现的新范畴”（Schaarschmidt, *Schrift. des Philol.* 40）。宇宙或“神”是“ἀεὶ ὅμοιον, πάντη ὅμοιον”（永远相同的，完全相同的），这个说法已经被归给克塞诺芬尼了。巴门尼德把“实在”（Being）称为“πᾶν ὅμοιον”（整体相同的）。此外，“与自己相同，而与所有其他东西不同”这个对立并不比“自己在各个方向上与自己相同，但跟别的东西不同”（*Parm.* v. 117，关系到巴门尼德的诸元素之一）这个对立隐含更多的逻辑预设，也没有比芝诺反对“多”和运动的那些论证包含更多的逻辑预设。严格的一神论跟毕达哥拉斯学派的神学观点是相容的，这个主张如果得到了驳斥，那么我们就可以公正地考察这则残篇是否可以那样来理解，以及考察“主宰和统辖一切事物的神”这个表达是否排除其他诸神。这则残篇向我们表明的可能只是关于某位至高神的确信，正如我们在菲洛劳斯、埃斯库罗斯、索福克勒斯、赫拉克利特、恩培多克勒和其他人那里看到的，它跟多神论并非不相容。

不是专属于毕达哥拉斯学派的措辞。第二个出自俄耳甫斯—毕达哥拉斯派秘仪的论断[1]纯然只是宗教的和大众的观点。[2]这两个论断都没有被用来充当哲学界说的基础。最后，如果菲洛劳斯主张神产生出界限和无限定性，[3]这一定以如下这点为前提，即一切事物都要归因于神；但是因为他没有解释神怎样产生出最初的那些原因、神如何关联于这些原因，所以这个观点纯粹只属于某种宗教信念。从哲学的观点看，它只是表明，菲洛劳斯并不知道怎么解释有限与无限的对立之起源。他似乎认为，它们以某种不可能精确界说的方式产生出来，正如他在其他场合关于和谐的说法。[4]即使在新毕达哥拉斯主义的时期，超凡的“太一”和“单一”
404 的根本区分也没有得到普遍承认。[5]所以，我们只能认为，毕达哥拉斯学派成员相信诸神存在。很有可能的是，他们宣称存在多神的同时，还追随一神论的取向（这种取向在克塞诺芬尼之后对希腊哲学产生了重要影响），比大众宗教更加强调唯一神（ὁ θεὸς，τὸ θεῖον）；[6]然而，与此同时，神的观念对于其“哲学”体系而言没有太大的重要性，[7]它也并不

1 这从柏拉图上引书中可以清楚看到。

2 此处可能有疑问，即阿塞那哥拉斯是否一字不差地抄写了他所引用的话，而且是否原文并非出现为“τοῦ θεοῦ”（神的）而是出现为“τῶν θεῶν”（诸神的），如柏拉图文本中出现的。我们甚至不敢确定这个引文是否从菲洛劳斯的著作引用来的。它有可能仅仅是对于柏拉图著作的那段话的模糊回忆。

3 根据 Syrian（参见前文，第 268 页注释 2）的证言；他的证言得到柏拉图《斐莱布》23C（参见前文，第 261 页注释 1）的证据支持。另一方面，Proclus, *Plat. Theol.* p. 132 仅仅把一切都由“有限”和“无限”构成这个说法当菲洛劳斯的话来引用。“神”产生出这些元素，这个说法被他归给了柏拉图。

4 参见前文第 264 页注释 1。

5 Vide *supra*, p. 375；参见第 269 页注释 2。

6 不过它肯定是跟大众信仰有关系的；因此，对于毕达哥拉斯而言，就像对于一般的民众而言，θεῖον（神）等同于宙斯。参考他们关于宙斯实施监督作用以及所有与之相关的观点。

7 Böckh, *Philol.* 148 认为，假如没有在“有限”和“无限”之上的、更高的统一性的学说，那么毕达哥拉斯派学说体系中就没有了“神”（Divinity）的地位，而他们却因其宗教思想而著称。这个评论至少并不损害我的观点。我并不否认他们把一切东西都归结到“神”，但是我坚持认为他们在这么做的时候并非走在学理的层面上；在我看来这是很容易理解的，因为这个团体具有宗教性，万物都从属于“神”对他们而言就是一个直接预设而不是一个学理性问题。罗特（ii. a, 769 sqq.）本人，尽管

紧密关联于他们对事物之本原的探究。[1]

因而我不怎么相信，毕达哥拉斯学派讲述了神在宇宙中的发展，通过这种发展，神从不完满逐渐进展到完满。[2]这种观点密切关联于这样 405
的说法，即他们主张“太一”就是神。因为“太一”被描述为“奇偶数”，“奇”被描述为完满者，而“偶”被描述为不完满者，故而，有一种论证说，他们认为不仅完满者而且不完满者，以及不完满的根据，都在神之中，因而他们主张完满的善只能来自于神的自我发展。我必须反对这种推论，只要我反驳“太一”等同于神的根据成立。但是，即使不算这点，它也不能是真的，因为尽管毕达哥拉斯学派把数目“一”称为“奇偶数”，但是作为跟两个最初原因之一的、与“未限定的二”相对的“一”，从来没有[3]、也不会被称为“奇偶数”；数目“一”（作为产生自两个最初原因的、由它们构成的东西）无论如何不会被等同于神。[4]亚里士多德确实说，毕达哥拉斯学派，跟斯彪西波（Speusippus）一样，否认最完美和最完善的东西可以从一开始就存在；[5]由于他提到这个观点关联于他

很不情愿但是也被迫承认，毕达哥拉斯的圈子在宗教思辨方面的观念具有神圣性和不可侵犯性，这使得他的学派在这个方面难以有多少自由的知识性发展。在毕达哥拉斯学派留给我们的那些著作中（罗特认为是真实可靠的），没有一部自身具有思辨性特征；它们全都是宗教的和通俗的著作。难道这不意味着（正如我认为的）那些神学信条主要表现为宗教信仰的内容而非学术探究的内容？

1　参考下一节对如下观点的讨论，即毕达哥拉斯学派主张存在某个宇宙灵魂。

2　Ritter, *Pyth. Phil*. 149 sqq.；*Gesch. der Phil*. 398 sqq., 436；反对里特尔的，参见 Brandis, *Rhein. Mus.* of Niebuhr and Brandis, ii. 227 sqq.。

3　即使在塞奥弗拉斯特（参见前文，第 272 页注释 4）中也没有。塞奥弗拉斯特的那些说法对于这个问题而言证明不了什么，即使它们总体上可以被认为是针对毕达哥拉斯学派的。因为我们并不能推论说，由于“神”不能够让万物达到完善状态，所以他自身也是不完善的。否则的话，对于柏拉图而言（那个论断本来是属于他的），神更会是不完善的。

4　参见第 276 页注释 1。

5　《形而上学》xii. 7, 1072b28：“所以我们说，神是有生命的、永恒的、至善的……而有些人，像毕达哥拉斯派和斯彪西波，认为最美者和最善者不在开端之中，因为植物和动物的诸开端虽是诸原因，但是美和完善却在它们的产物之中，这想法是不对的。”施莱尔马赫（*Gesch. der Phil*. 52）对这段话尝试作出的伦理方面的诠释在此不值得讨论。

406 自己关于神之永恒性的学说，而这看起来也被毕达哥拉斯学派应用于他们关于神的观念中。然而，首先，从这里不必然得出，神最初是不完满的、而后来才达到完满。由于斯彪西波从这个论断得出结论说，作为最初本原的“一”必定区别于善，也区别于神，[1] 所以毕达哥拉斯学派也可能以同样方式把它们区别开来。[2] 但是，亚里士多德反驳的这个论题是否被毕达哥拉斯学派针对神的观念提出来过，这也是一个疑问；因为亚里士多德并不总是在早期哲学家自身言说的语境中去引用他们的论断，有许多例子可以证实这种情况。[3] 我们不知道这个论断在毕达哥拉斯学派那里被赋予什么样的意思。它可能指的是，宇宙从不完满的初始状态得到发展，也可能指的是，完满的数（“十”）从不那么完满的数中产生出来；[4] 或者指的是“善”在十对立的列表中的位置，[5] 或者指别的意思。

407 所以我们没有理由通过亚里士多德的这段话而归给毕达哥拉斯学派这样一种学说，这种学说不仅与菲洛劳斯关于神的表述相冲突，而且对于古人而言是不太了解的；[6] 如果这个学说确实存在于毕达哥拉斯学派当中，那么基于同一个理由我们就可能要接受古代作者关于这点的全部更确定

---

1 参见讨论斯彪西波的章节，Part ii. a, 653 sq. 2 A。

2 这也是亚里士多德归给他们的那个观点；他说，他们并不把“一”视为善本身，而只是某一类善。《尼各马可伦理学》i. 4, 1096b5：“毕达哥拉斯派（在十对立列表中）似乎对善有更可信的说明，因为他们把‘一’置于好事物的一边；而斯彪西波似乎追随了他们的观点。”

3 Chaignet, ii. 103 把毕达哥拉斯派跟那些神学家等同起来，而根据《形而上学》xiv. 4, 1091a29，后面这些人主张，“善本身和至善”是“后起的”，而且他们只出现在宇宙的发展过程中。但是从前面的语境中，以及从“善本身”这样的措辞中，可以推知这里所指的是柏拉图学派的人（斯彪西波）。亚里士多德明确说：“那些谈论神的人跟当今某些人是一致的。”

4 如斯坦哈特在 *Plato's Werke*, vi. 227 所说的。

5 参见第 280 页注释 2。

6 确实，古代哲学家经常主张宇宙是从不完善、无形式的状态发展出来的，但是从来没有说“神”是产生发展出来的。赫拉克利特和斯多亚学派的学说也没有包含这样的教义。说神性实在有若干前后相继的形式，跟说这种实在是从不完善状态发展出来的，这两种说法是完全不同的。作为宇宙之基质的、先行于宇宙的那种原始火在此被视为最完善的存在物，*κόρος*。最后，如果 Theogonies 把特定的某些神描述为产生出来的，那么这个学说也不能直接被套用于作为“一”的“神”。

的记述。

在前几页我已经反驳了关于毕达哥拉斯学派的本原学说的神学—形而上学方面的诠释，现在我要同样坚定地反对如下观点，即这些本原根本上指空间关系，这些空间关系与算术方面的元素一起、或者取代算术元素，表示某种几何方面的元素、甚至全然物质性的元素。亚里士多德说，毕达哥拉斯学派将各个数考虑为各个空间大小；[1]他常常提及这个观点，即各个几何形状是各个物体得以构成的实体性元素。[2]而他的评注者们走得更远，他们宣称，毕达哥拉斯学派主张数学方面的形状是物 408
质性事物的本原，并且将它们还原为各个点或单元，而且他们把这些单元一方面视为某种有空间广延的东西，另一方面又视为诸数的构成要素，因而主张物质性事物是由诸数构成的。[3]我们在其他晚出作者那里

1 《形而上学》xiii. 6, 1080b18 sqq.（在第 254 页注释 2 引用的话之后）写道："他们用诸数来建构整个天宇，但不是抽象的单位数目；他们认为诸单元是有空间上的大小的。但是这个最初的具有空间大小的'一'是如何构成的，这个难题他们似乎并不能解决……那些说'一'是诸存在者的元素和本原的人都设想诸数是由抽象的诸单元构成的，除了毕达哥拉斯派之外；但是后者认为诸数具有空间上的大小。"参见下注，以及在第 276 页注释 1 中引自于《形而上学》xiv. 3 的话。

2 《形而上学》vii. 2, 1028b15："有些人认为，物体的界限，也就是面、线、点和单元比物体或立体更加是实体。"iii. 5, 1002a4："然而，物体比平面更不算是实体，而平面比线更次，线比单元或点更次。因为物体由它们所限定；而它们被认为在离开物体的情况下能够存在，而物体在离开它们的情况下不能存在。这就是为什么许多人……"xiv. 3, 1090a30（参见前文，第 370 页注释 1），*ibid.* 1090b5："有些人，由于点是线的界限和终端，线是面的界限和终端，而面是体的界限和终端，就认为必定存在这样一类自然物。"《论天》iii. 1, 298b33："有些人认为所有物体都有生成，通过诸平面的合成与分离。"但是，亚里士多德似乎只考虑到柏拉图，而且引用的明确是《蒂迈欧》。在这一章结尾，他反驳了这个看法之后，说道："从诸数构成天宇也会得出同样的推论，如某些用诸数建构整个自然的毕达哥拉斯派的确得出的。"《形而上学》xiv. 5, 1092b11 指的不会是这个主题。Vide Pseudo-Alex. *ad. h. l.*。

3 Alex. *in Metaph*. i. 6, 987b33；p. 41 Bon.："柏拉图和毕达哥拉斯学派都假定诸数是诸存在者的本原，因为他们觉得初始的东西和非合成的东西就是本原，而诸平面先于诸物体（因为更简单的东西以及不随之毁灭的东西本性上就在先），而出于同一理由诸线先于诸平面，而诸点先于诸线；数学家把诸点称为 σημεῖα，而他们（柏拉图和毕达哥拉斯派）称为诸单元……而诸单元是诸数；所以，诸数是诸存在者中初始的东西。"Ps.-Alex. *in Metaph*. xiii. 6, p. 723 Bon.。我们在上一条注释引用的《形而上学》其他几处文本中，亚历山大以及对其著作进行摘写的人没有谈论毕达哥拉

409 看到相似的一些想法，[1]尽管他们没有确切地将这些想法归于毕达哥拉斯学派。菲洛劳斯试图从诸数中派生出诸几何形状，并且有时候试图总体上从诸几何形状中派生出物质性事物，有时候试图从诸几何形状中派生出诸物体的基本物理性质。里特尔从这里推论出[2]（赫尔曼[3]和斯坦哈特[Steinhart][4]也同意他），毕达哥拉斯学派的限定性本原是单元，或者就空间而言是点，而非限定性的本原是空间或空无；所以，当他们说一切事物由"有限"和"无限"构成的时候，他们的意思是，一切事物是由若干点和若干空的间隙而合成的，而当他们断言一切事物是数的时候，这仅仅表示这些点在一起构成了一个数。赖因霍尔德（Reinhold）[5]和布兰迪斯[6]反对这种解释，不是因为他们更加坚持毕达哥拉斯学派之数的算术特征，而是因为他们将这些数视为物质性的；因为在他们看来，毕达哥拉斯学派所理解的"无限"是物质性事物的质料因，[7]因而一切事物由之构成的诸数必定被该学派的人视为某种物质性的东西；赖因霍尔德认为，数源自于"一"或"界限"对于缺乏限定的质料的限定，而诸事物被称为诸数是因为一切事物都是由"一"所限定的多种元素所构成。
410 里特尔对此正确地反驳说，[8]我们应该把毕达哥拉斯学派的学说本身跟亚里士多德从其中推导出来的东西区别开来。毕达哥拉斯学派的数的物质性最早是由亚里士多德从一切是数这个学说中推导出来的；[9]毕达哥拉斯

斯学派。

1 Nikom. *Inst. Arithm*. ii. 6, p. 45；Boeth. *Arithm*. ii. 4, p. 1328；Nikom. ii. 26, p. 72 跟这个问题没有关系。

2 *Pythag. Philos*. 93 sqq., 137；*Gesch. der Phil.* 403 sq.

3 *Plat. Phil.* 164 sqq., 288 sq.

4 *Haller. Allg. Literaturz*. 1845, 895 sq.。与此相似，Chaignet ii. 33; 36, 1; 39, 1。

5 *Beitrag zur Erl. d. Pyth. Metaphysik*, p. 28 sq.

6 *Gr. Rein. Phil*. 1, 486.

7 据布兰迪斯，它是某种与气息或火相似的东西。据赖因霍尔德，它是某种不确定的、多样的、尚无形式的物质。

8 *Gesch. der Phil.* i. 405 sq.

9 亚里士多德《形而上学》xiii. 6 把他自己的某些解释跟毕达哥拉斯派的学说混在一起了，如里特尔论述的（*loc. cit.*）。这体现为以下这些表述的使用：数学之数（相对于理智之数）、不分离的数、可感实体。他的这种做法在其他地方也很常见。

学派不可能将诸数和它们的要素解释为某种物质性的东西；因为亚里士多德明确说，他们借助有限、无限和“一”这些概念并不是要去表达这些概念被述说的那种载体或基质；而如果无限在他们看来仅仅是无限定的质料，[1] 那么这些概念就无疑会是载体。他注意到，根据他们的学说，一切事物由之构成的数必定是数学上的数，而他由此责难他们出现了矛盾，让物体产生自无形体的东西，又让物质性事物产生自非物质性的东西。[2] 然而，这个结论只是从亚里士多德或者其他晚出的立场来看才是
有效的。对于习惯于将有形体事物与无形体事物区别开来的人而言，诸 411
物体只能由诸物体合成，这必定是显然的，而且由此必然得出，诸数及其要素必须是有形体事物，如果诸物体要由诸数构成的话。然而，毕达哥拉斯学派哲学的独特性就在于，这种区别对于他们而言尚且是未知的，因而数本身不仅被视为形式，也被视为有形体事物的质料。但是数本身并不因此必然被看作有形体的；因为各种性质和各种关系从来没有被人视为诸物体，除了斯多亚学派之外，而这些性质和关系在毕达哥拉斯学派哲学中都借由数来表达。毕达哥拉斯学派不仅借由诸数来界定人、植物或地，而且断言“二”是意见、“四”是正义、“五”是婚姻、“七”是时机等。[3] 这也不是单纯的类比。这两种情况的意思都是说，特定的数就其本身而言直接就是它所比较的那个事物。这是一种象征和概念的混同，属性方面和实体方面的混合；我们忽视了这点就不能认识到毕达

1 参见前文，第 254 页注释 2。

2 《形而上学》xiii. 8, 1083b8 ：“毕达哥拉斯学派的学说一方面比之前提到的那些人的学说面对的困难更少些，另一方面也有自己的困难。因为不把数考虑为可以独立存在消除了许多不可能的推论；但是诸物体由诸数构成而它又是数学之数，这是不可能的。”《论天》iii. 1, end ：主张一切是数的毕达哥拉斯派学说跟柏拉图关于几种基本立体的建构一样是不合理的：“因为自然物体显然具有重和轻，而诸单元的集结既不能构成一个物体也不能拥有重量。”《形而上学》i. 8, 990a12 甚至设想，那些空间上的大小能够从“有限”和“无限”中产生出来，“怎么会有些物体轻而有些物体重呢？” ibid. xiv. 3（参见前文，第 254 页注释 2），此处毕达哥拉斯派也被归入那些只承认存在数学之数的人。

3 Vide *infra*, § iv.

哥拉斯学派思想的根本特质。一方面，我们不能断言，诸物体被毕达哥拉斯学派视为非物质性的，因为在他们看来，诸物体由诸数构成；另一方面，我们也不能推论说，诸数必定是某种有形体的东西，因为否则它们不能成为诸物体的元素。诸物体在他们看来就是一切向感觉呈现出来
412 的东西；诸数就是通过数学思考而领会到的东西；这两种东西是直接被等同的，他们没有注意到这种等同是不可接受的。出于同样的理由，证明“一”、“无限”和“虚空”在毕达哥拉斯学派自然学说中有某种物质方面的意涵，这也是没有用处的。确实，我们看到有记载说，在宇宙的形成过程中，“无限”中最靠近的部分被最初的“一”所吸引和限定，[1]而且在宇宙之外是“无限”，宇宙从这里吸入空间和时间。[2]在这种描述中，“一”肯定被当成了物质性的单一体，而“无限”在某种程度上被当成了无限定的空间，在某种程度上也被当成了未确定的质体；但是这绝不能推出，除了这种观念上的层次之外，这两个概念始终具有同样的意思；相反，我们在这里看到了经常在毕达哥拉斯学派那里看到的一种情况，即，一个普遍概念通过应用于某个特殊的案例而获得一种特别的规定性，尽管这种规定性并不因此就在本质上从属于这个概念，也不排除这个概念在其他方面的应用，而在其中它会有不同的含义。只有借助于这种方法，毕达哥拉斯学派能够将其数论应用于具体的现象。有可能的是，“在某些情况中”，“一”、“无限”和“数”等等，可以被视为有形体的东西或物质性的东西。但是我们不能从中得出结论说，他们以普遍的方式被视为有形体的东西。我们必须记住，数方面的规定性得到毕
413 达哥拉斯学派的多种多样的应用，而无限的东西和有限的东西有许多不同的种类，[3]它们没有得到清楚区分，因为哲学的语言在那里还没有形

---

1 参见前文，第 276 页注释 1，以及第 281 页注释 1。

2 亚里士多德《物理学》iv. 6, 213b22。Cf. iii. 4, 203a6 ; Stobaeus, *Ecl.* i. 380 ; Plut. *Plac.* ii. 9, 1。更多细节参考后文关于宇宙论方面的讨论。

3 里特尔说（i. 414），无限定者自身不能有种类之分；但是，首先，他的这个说法本身是不正确的，因为空间上的无限、时间上的无限和性质上的未限定性，等等，都是无限定者的一些种类。其次，这个说法也不能用来表述毕达哥拉斯学派的学说。

成，而思想在逻辑演绎和概念分析方面还缺乏训练。

出于相似的理由，我必须反驳里特尔的观点。说毕达哥拉斯学派从诸几何形状派生出诸物体，这是真的；这在后面将得到表明。他们把几何形状和空间维度还原为数，把点还原为“一”，把线还原为“二”，等等，还有他们将未限定的空间、空间上的间隙和虚空都算作“无限”，这些也是真的。[1] 但是，从这里不能推出，他们仅仅把“一”理解为点，把“无限”理解为空的位置或空间；在这里我们关于他们的本原如何应用于现象所说的话还是成立的。他们自己并不仅仅用“一”这个名称来表示点，而且也用它表示灵魂；不仅仅用“二”表示线，也用它表示意见；他们不仅将空间，而且将时间也说成是从“无限”进入宇宙的。显然，“有限”、“无限”、“一”和“数”这些概念有比点、虚空和形状更为宽泛的应用领域；至少，形状明确跟数区别开来了，而形状是通过数而得到界定的；[2] 严格说来，他们谈及虚空的方式让我们认为它应该用于 414
表示起限定作用的方面，而不是无限定的方面。[3] 然而，最后提及的这

1　参见第 285 页注释 3 以及亚里士多德《论天》ii. 13, 293a30，那里提及了毕达哥拉斯学派的某个观点，即“界限”比那些“居间者”更为尊贵（*τιμιώτερον*）。从这里我们可以得出结论说，“居间者”（*μεταξὺ*）是与“无限”密切相关的。

2　亚里士多德《形而上学》vii. 11, 1036b12 ：“他们把一切都归于数，并且他们说线的定义（*logos*）也就是‘二’的定义。” Cf. xiv. 5, 1092 b10 ：“这就是欧吕托斯如何确定什么数是属于什么东西的，如，什么数属于人，什么数属于马。”柏拉图以类似方式提及某些平面和立体，但是他没有因此把诸数视为有广延的或有形体的（亚里士多德《论灵魂》i. 2, 404b21 ; cf. Part ii. a, 636, 4; 807, 2, 3rd ed.）。在《形而上学》xiii. 9, 1085a7，诸几何形状明确被称为“*τὰ ὕστερον γένη τοῦ ἀριθμοῦ*”，也就是在数之后产生的种类（属格的“*ἀριθμοῦ*/ 数”受“*ὕστερον*/ 后于”限定而不是受“*γένη*/ 种类”限定；参见《形而上学》i. 9, 992b13）。

3　虚空被认为把一切事物彼此分离开来。亚里士多德《物理学》iv. 6, 213b22 ：“毕达哥拉斯学派也认为，虚空存在，它从无限的气（*πνεύματος*，Chaignet [ii. 70, 157] 要把它变为 *πνεῦμα*，这在我看来是不必要的；而滕尼曼［Brandis, *Gesch. der Phil.* i. 110］也倾向于读作 *πνεῦμα*）进入宇宙，就像呼吸一样，而虚空把诸事物的本质区隔开来……这首先表现在数里，因为虚空把诸数的本质区隔开来。”（对此，Philop. *De Gen. An.* 51a 的论述无疑只是出于他自己的想象）。与此相似，参见 Stobaeus, i. 380。起分离作用的本原自身也是起限定作用的本原；而他的论断是不成立的，他说，诸数的差异是从“无限”中产生的，而它们的限定性是从“一”中产生的。除了一物关联于另一物的那种规定性或限定性之外，有什么东西构成了一物与另一物

个情况不能过分强调，因为毕达哥拉斯学派似乎在这方面跟他们的其他学说有自相矛盾之处。

对于我们前面列举的这些诠释的最有决定性的反驳来自于我们将毕达哥拉斯学派学说考虑为一个整体而得到的论证；因为，只有我们假定
415 关于数的概念构成了整个学说体系的出发点，它的算术特征才能得到理解。如果它是从对于未限定的质料、关于物质的分子的思考出发的，那么其得出的结果就必定是某种跟原子论学派的学说相似的机械性的物理学。但是我们在纯粹的毕达哥拉斯主义当中没有发现这类学说。另一方面，如果情况是那样的话，数论作为该学派学说的根本的和独特的部分就全然不会出现：诸物体的比例关系可能会按照诸数来得到界定，但是根本没有什么理由将诸数视为诸事物之实体。该学派整体学说的这种根本观念只能在如下前提下才是说得通的，即，这个学说由数方面的关系的思想所主导，而且它的最初取向在于将诸物体视为诸数，而不是将诸数视为诸物体。有明确的记载说，厄克芳图（作为一位较晚的哲学家，几乎很难被算作毕达哥拉斯学派成员）最早将毕达哥拉斯学派的"单元"视为某种有形体的东西。[1] 古代早期毕达哥拉斯学派不可能拥有这样的观点，因为在这种情况下，他们必定认为有形体的东西是某种原初的东西而不是派生的东西，而如我们刚才看到的，他们的确认为有形体的东
416 西是从数学形状产生出来的。[2] 他们最初也不可能将"无限"理解为无

的区别呢？如果我们主张虚空是分离的本原，那么虚空自身就必须被置于起限定作用的一边，这样的话，被虚空分离开来的东西就要被置于相反的一边。我们必须（跟 Ritter i. 418 sq. 一样）把"一"考虑为被"虚空"分离开来的一个连续的空间上的"大小"。但是，这显然会将两者都改变为其反面。

1 Stob. *Ecl.* i. 308："叙拉古的厄克芳图是一位毕达哥拉斯派，他认为不可分的物体和虚空是一切事物[的本原]。（Cf. ibid. p. 448.）因为他最早宣称毕达哥拉斯学派的'单元'是有形体的东西。"关于这位哲学家的更多细节讨论，参见第 7 节。Plut. *Plac.* i. 11, 3，Stob. i. 336 说，毕达哥拉斯把第一本原视为无形体的东西，这个说法关系到另一些非常可疑的说法，因而它在此处不适用。

2 即使布兰迪斯（i. 487）的猜测是有根据的，那么这点仍然是正确的，即在前面引述过的那个尝试之外还有别的尝试被毕达哥拉斯学派提出来解释有广延的事物的派生；因为在这种情况下有广延的事物还会是派生出来的东西。但是我们在这点上没

限定的质料。“无限”必定是在应用于宇宙的时候间接地获得这种意涵的；否则就难以理解他们怎么会把“无限”解释为“偶”。同样的考虑也可以用来反对里特尔的观点。因为几何形状从数中派生而来，形状的元素——也就是点和空间的间隙——必定后于数的元素，因此毕达哥拉斯学派肯定是这样看待它们的。因为“奇”和“偶”不能从点和空间的间隙派生出来，而从毕达哥拉斯学派的观点看下面这点是很好理解的，即“奇”和“偶”最早是被当作数的元素而辨别出来的，而这个时候就应该得到了界限和无限这个更一般的对立，而在将这个对立应用于空间关系的时候，点会被视为空间方面的第一个限定，而虚空则被视为无限定的东西。如果毕达哥拉斯学派哲学采取的是相反的思路，是从空间维度和形状过渡到数，那么其中几何方面的元素必定会优先于算术方面的元素；是形状而不是数会被宣告为事物的本质；诸几何形状的系统会取代于数系统的地位。甚至和谐也不再会具有毕达哥拉斯学派当时赋予的那种重要意义，因为各个音的关系从来没有被他们还原为空间上的关系。 417

当我们搞清楚了毕达哥拉斯学派之“诸本原”根本上具有算术方面的特征，剩下来要考察的问题就只有：这些本原是怎样相互关联的，以及该学派理论体系的具体出发点在什么地方；毕达哥拉斯学派是否从一切是数这个命题走向对于诸数与诸事物由之构成的诸元素的辨别，或者反过来，从对于最初的相反者的领会走向万物之本质是数这个学说。亚里士多德的阐述比较倾向于第一种观点；因为在他看来，毕达哥拉斯学派首先从诸事物与诸数的相似性中得出结论说一切事物都是一些数，而后来伴随这个命题才得出由诸数所构成的那些相反的元素之间的区分。[1] 相反，菲洛劳斯的著作一开始就提出有限与无限的学说，[2] 它让我们倾向于设想，这个学说或某种相似的主张构成了毕达哥拉斯学派理论体系的

有确凿证据，因为亚里士多德《形而上学》xiv. 3（vide p. 400）没有证成这个结论；cf. Ritter, i. 410 sq.。

1　参见前文，第254页注释1，第254页注释2。

2　参见前文，第26页注释2。

真正根基，而且该学派将一切事物还原为数乃是因为他们认为他们在数当中发现了有限的东西与无限的东西、“一”与“多”的最初联结。[1] 然而，
418 这不一定是实情；菲洛劳斯出于逻辑论证的需要很可能将理论体系的开端放在著作末后。另一方面，我们肯定必须把亚里士多德的阐释首先考虑为他自己的观点，而不是澄清某个事实的直接证据。但是事情很可能是这样：这个观点是基于对毕达哥拉斯学派思想的真正脉络的了解。如下这点确实是最有可能的：这个学说体系的出发点产生的年代很早，而且相对独立于其他早期学术流派，因而它会是由最简单和最明显的表述所构成；所以，那种没那么发达的、更直接关系到感觉上可领会的关联性的思想，也就是一切是数的思想，会先于将数还原到其诸元素的思想；这样，“偶”和“奇”的算术方面的区分会先行于无限的东西与有限的东西之间的更抽象的逻辑区分。如果我们主张后面这种区分是更基本的观念，该学派的体系是从中得到进一步发展的，那么就很难明白为什么它会立即出现一种算术方面的转向，而不是转向更为普遍和形而上的方向。一切是数并且由“奇”和“偶”构成，这个命题不可能是从关于有限与无限的学说中派生出来的；相反，后者很容易、很自然就可以从前面这个命题产生出来。[2] 所以，亚里士多德的阐述是完全有道理的。毕达哥拉斯学派哲学由之开始的基本观念就在于这个命题，即一切是
419 数；其次，数当中的对立面的分辨——“奇”和“偶”最初确实是以毫无章法的方式跟其他若干对立面（如，右和左，雄和雌，善和恶）区别开来并加以对照的；关于有限与无限的更抽象的表达，尽管这个对立后来被菲洛劳斯置于学说体系的开头，出现在十范畴表的靠前的位置，但是它必定属于更发达的反思阶段。因而，这个学说体系是基本观念只是很简单地从一个思想中发展而来；这种思想即使在科学的童年时代也很

1 Cf. Marbach, *Gesch. der Phil.* i. 108, Ritter, *Pyth. Phil.* 134 sq.，以及所有那些将“一”和“二”或者“一”和“多”的对立考虑为毕达哥拉斯派学说的原理的人，例如，Braniss, *Gesch. der Phil.* s. Kant, i. 110 sq., 114 sq., etc.。

2 Cf. *supra*, p. 376 sq.

容易经由对外部世界的观察而出现在反思者的心灵中。[1]

四、毕达哥拉斯学派的哲学（续）：数论的系统发展及其在物理方面的应用 419

在毕达哥拉斯学派的数论的进一步发展和应用方面，他们的探究程序大部分是无条理的和独断的。亚里士多德说，[2]他们在诸事物中探寻与诸数和数量关系的相似性，他们通过这种方式把握到作为某种对象的数的类别，并且把它当作对象的本质。但是，如果在某种情况下现实事物并不完全符合于预设的算术模式，那么他们会诉诸像“对地”这样的一些假设来追求协调一致。于是，他们说，正义是相等的数相乘而得到的，或者说是正方形数，因为它把相等者返还给相等者；这样他们又把正义[3]等同于“四”，因为“四”是第一个正方形数，或者等同于“九”，因为“九”是第一个不对称的正方形数。“七”是关键时机，因为在古人看来，人生转折期是七年一次的；“五”被称为婚姻数，因为它是第一个阳性数和第一个阴性数的结合；“一”是理性，因为它是不可变化

(420 in right margin beside line "诸数和数量关系的相似性，他们通过这种方式把握到作为某种对象的数")

1　在第 212 页注释 1、第 235 页注释 4 的评论之后，我认为没有必要针对罗特（ii. a, 632 sq., 868 sq.）关于数论与毕达哥拉斯学派神学的阐释再追加批评。对于这样一位在俄耳甫斯教残篇中去寻找真正的毕达哥拉斯主义、而在亚里士多德和菲洛劳斯的文本中却只看到假冒的毕达哥拉斯主义的作者而言，我们根本不可能与之讨论毕达哥拉斯学派学说的基本形态。当这位历史学家把自己的想法跟他所采纳的材料以全然武断的方式搅在一起时，我们完全没办法进行讨论。

2　《形而上学》i. 5（参看第 254 页注释 1）：“他们表明，诸数和诸和声的全部性质跟天宇内的诸现象和诸部分乃至整个秩序都是相吻合的，他们把它们汇集并配合在一起；如果在某个方面出现缝隙，他们会随时做些补充以使得整个理论保持融贯。”

3　他们也把正义称为“ἀντιπεπονθὸς”，亚里士多德《尼各马可伦理学》v. 8, sub init.；《大伦理学》i. 34, 1194a28；Alex. in Met.，参见下注。但是，这里的意思不是指数学意义上的反比例，而仅仅指报偿；因为法官对犯人做那犯人对受害者所做的事，这得出的不是反比例，而是正比例 A : B = B : C。但是，ἀντιπεπονθὸς 这个表达有可能后来使毕达哥拉斯学派也从反比例来界定正义。在 Iambl. *Theol. Arithm.* p. 29 sq.，关于报偿的同一个思想在那个复杂的、明显晚出的界定中得到了表达。

的；“二”是意见，因为它是可变的和不确定的。[1]通过这些类比的进一
421 步联结，他们得出了这样一些公理：这个或那个观念在宇宙的这个或那个
部分中有其坐落处。例如，意见坐落于大地这个领域，合宜的时间坐落于
422 太阳的领域，因为它们都由同一个数所表示。[2]以同样的方式，某些数，[3]或

---

1 亚里士多德《形而上学》i. 5 ; vide p. 369 ; *ibid*. xiii. 4, 1078b21 :“毕达哥拉斯派在这之前就处理了某些主题，这些东西的定义被他们关联于诸数，例如：时机、正义、婚姻。”与此相似，*ibid*. xiv. 6, 1093a13 sq.，在这里没有提及毕达哥拉斯学派的名称，但是他们肯定被暗指到了。《大伦理学》i. 1, 1182a11，正义作为“正方形数”这个界定被归于毕达哥拉斯名下。Alexander, *in Metaph*. i. 5, 985b26, p. 28, 23 Bon.。但是，在这里，尤其那些被推导出来支持各种不同称呼的理由，似乎掺进了许多晚出的因素。在别的那些亚里士多德文本的评注家那里（*Schol. in Arist.* p. 540 b sqq.），以及在下面这样的作者那里，这种情况更是实情，如：Moderatus ap. Porph. *V. Pythag*. 49 sqq. ; Stob. i. 18 ; Nicomachus *ap. Phot. Cod.* 187 ; Jambl. *Theol. Arithm.* 8 sq. ; Theo, *Math.* c. 3, 40 sqq. ; Plut. *De Is.* c. 10, 42, 75, p. 354, 367, 381 ; Porph. *De Abstin*. ii. 36 etc.。所以我放弃从这些作者那里引用更多材料，尽管在他们引述的文字中或许有许多内容确实属于古代早期毕达哥拉斯派，但是我们对此永远无法确定。总体上，我们上面从亚里士多德《形而上学》xiii. 4 中引用的文本会让我们不信任这些记载。

2 关于这点，参考后文关于大地和奥林匹斯之间关系的论述，以及亚里士多德《形而上学》i. 8, 990a18。天上的那些现象按照毕达哥拉斯派的预设怎么可能得到解释呢？“他们把‘意见’和‘时机’放置在特定的位置，而他们又在上面或下面没多远的地方安置‘非正义 /ἀδικία’（al. ἀνικία，根据 Iambl. *Theol. Arithm.* p. 28, 我们可能会猜测是 ἀνεικία，但 Alex. 认为 ἀνικία 更有可能，参考第 295 页注释 5），还有‘筛选’或‘混合’，并且这样来证明说：它们各自都是一个数，但是恰好有许多由诸数构成的有广延的物体存在于每一个位置，因为数的这些不同形态附属于各个不同位置——这样我们必须假定每个抽象物都是这样一个数，而同样这个数也存在于物质性的宇宙中，不然会是别的样子么。”这段文本从未得到充分解释，不管是晚近的评注者，还是 Christ 的 *Stud. in Arist. libr. metaph. coll.*（Berlin, 1853）, p. 23 sq.。最好的方便之计似乎是把 διὰ τὸ 换成 διὸ（如亚历山大所做的那样），并且在 ἤδη 之前添加 τοῦτο（我之前猜测 τοδὶ 而不是 ἤδη，但是亚历山大倾向于 ἤδη）。于是意思变成这样：“如果毕达哥拉斯学派将‘意见’、‘时机’等等安置在宇宙的某个特定部分，并且为了支持这个学说而主张说，这些概念各自都是某个特定的数（例如，意见是数‘二’），此外，宇宙的这个或那个部分自身就包含有诸天体的数（例如，大地是‘二’的位置，因为地在诸天体的系列中处于第二个位置），因而这些概念就从属于这些区域（意见从属于大地，而时机［参见上注］从属于太阳）：从所有这些是否推论出，宇宙的相应领域等同于或者不同于这些概念？”

3 Joh. Lydus, *De Mens.* iv. 44, p. 208, Röth,“菲洛劳斯正确地说，‘二’是克洛诺斯的配偶（大地 Rhea，因为大地是从中心算起的第二个天体）。”cf. Moderatus ap. Stob. i. 20。*Theol. Arithm.* 给出了许多这类书的名称。莫德拉图斯关于数目 1、2、7、8 的论断得到了 Plutarch *De Is*, c. 10. p. 354 的确认，也得到了亚历山大(参见上上条注释)

某些几何形状和它们的角，[1] 被分派给特定的神明；在这里也只有一些零 423 424

的部分确认。亚历山大在同一地方说（c. 75, cf. *Theol. Arithm.* p. 9），“二”也被称为 Eris 和 τόλμη。另一方面，Philo, *De Mundi Opif.* 22E 认定，其他哲学家把数目 7 与雅典娜对应起来，而毕达哥拉斯学派把 7 和至上神对应起来，而且他们都是出于同一理由，即它既不产生，也不被产生。最后这个诠释明显是后来才出现的。各个数被赋予诸神的名字，这个总体情况似乎是没有疑问的。

1　Plut. *De Is.* c. 75。*Ibid.* c. 30。Procl. *in Eucl.* i. p. 36（130 Fr.）。*Ibid.* p. 46（166 f. Fr.）。*Ibid.* p. 48（173 Fr.）。*Ibid.* p. 174 Fr.。关于这些论断的理由，历史上并没有什么记载。普罗克洛关于这个主题所说的显然是基于他自己的猜测，而且大多数源自新柏拉图主义的思想范围。最有可能的解答或许是，承认“角”被献给了 Rhea、德墨忒耳和赫斯提亚这三位大地女神，因为正方形是限定立方体的平面，而如我们将看到的，根据菲洛劳斯，立方体是土的基本形式。但是这个解释跟普鲁塔克提及的赫拉和阿芙洛狄忒这两位女神之名并不吻合。三角形的锐角是否在同一意义上被献给哈得斯、狄奥尼索斯、阿瑞斯和克罗诺斯呢？（或许因为火的基本形式是由四个等边三角形所限定的正四面体，而我们又在这四位神那里发现了火的那种毁坏性以及加热本性）这是我们现在不能讨论的问题。关于十二边形，伯克（*Philol.* 157）已经评论说，它不能被归结于十二面体；菲洛劳斯将十二面体指定为以太和天界的基本形式；因为十二面体是由正五边形所限定的。尽管如此，这两位精通数学的见证人的一致见解使得这点无可怀疑，即，他们确实从他们所参考的文献中发现了这个情况。但是，这个困难并不使得那些文本修改是可行的，也不使得 Röth, ii. b, 285 sq. 建立在常识基础上的那些勉强诠释是可行的；它们几乎不可能是建立在毕达哥拉斯学派的数学之上，从他们的数学出发根本不能直接表明，三角形的角只能被献给三位神，而正方形的角只能被献给四位神（普鲁塔克和普罗克洛的文本都写作 τὴν γωνίαν 而不是 τὰς γωνίας ；而普罗克洛明确补充说，同一种角可能被分派给许多位神；所以他们的看法不是说，三角形的各个角以及正方形的各个角都有其特别的神性）。另一方面，这个困难也不能让我们拒斥关于菲洛劳斯本人的整个记载，而将它归给某位伪菲洛劳斯（Schaarschmidt, *Schrift. des Philol.* 43 sq.）。真实的情况是，我们并不知道这些奇怪论断源自何处；而由此不能推论说这些论断全无根据；菲洛劳斯从他自己观点出发可能认为它们有充分根据。如果我们进入到想象的领域，那么就不容易限制武断的怪念头。我们刚才考虑的那些想法无疑并不比亚里士多德（参见前文，第 292 页注释 1）从欧吕托斯那里引用的东西更加武断。Schaarschmidt 尤其感到困惑的是，把十二面体归给宙斯，同时又将“十”视为主宰宇宙的数。这个问题在我看来并不比下面这些更加困难，即要在菲洛劳斯关于诸元素的理论中发现十二面体构成了以太的基本形式，或者，要在和谐的理论中发现八度音阶被分为六个音而不是十个音。数的体系不能直接应用于各种几何形状。正如在各种立体当中，十二面体被归给普遍的元素，在各种平面图形中，正十二边形可能被选为宇宙的标志以及主宰整个宇宙的至上神的标志（可联想到希腊神话中的十二主神）：以正方形为出发点，正十二边形很容易借助于等边三角形从正方形中建构出来，它也很容易外接圆形，而且它的内角（= 150°）等于正方形内角（= 90°）与等边三角形内角（= 60°）的和。

散的和独断的一些比附点。从这整个方案的任意性和无规律性出发不可
避免地得出，[1]在所有这些比附中会有许多的矛盾之处，同一个数目或几
425 何形状会有不同的意涵，[2]而另一方面，同一个对象或概念时而被这个几
何形状时而被另一个几何形状所表示。古代毕达哥拉斯学派在这个事情
上会容许什么样的奇思怪想，我们可以从欧吕托斯的例子中窥见一斑，
这人试图通过把相应数量的鹅卵石组成的事物形状来证明特定数字的意
义。[3]

不过，毕达哥拉斯学派没有满足于将他们的原则做这种独断性的应
用，而是寻求通过更精确地确定所有事物据以得到安排的数量关系，并
且把这种数量关系应用于现实事物的不同种类，来进行有条有理的运
算。我们不能断定整个学派都在从事这类讨论，也不能从他们的方案中
426 看到相同的设想；哪怕是就菲洛劳斯的作品来看——只有它可能就此主
题给我们提供某种线索——我们能了解到的也非常少，不足以让我们明
确断定某些特定的探究在其中居于什么样的位置。然而，如果我们首先
考虑这个数的体系本身，然后考虑它在音符和几何形状方面的应用，接
下来考虑关于宇宙的基本元素和基本观念的学说，最后考虑关于地上事

1 参考亚里士多德《形而上学》xiv. 6, 1093a1："如果一切事物都分有数，就必然得出许多东西是相同的。"由同一个数所指代的东西必须是相似的。

2 在这个方面，请把上注中得出的那些结果，跟如下这些说法进行比较，即，正义由数目 5（Iambl. *Theol. Arithm.* p. 30, 33）或 3（Plut. *Is.* 75）所指代；健康由数目 7（Philolaus ap. Iambl. *Theol. Arithm.* p. 56）或数目 6（ibid. p. 38）所指代；婚姻由数目 5、6 或 3（*Theol. Arithm.* p. 18, 34）所指代；太阳由数目 10 所指代（*Theol. Arithm.* p. 60）；光由数目 7（Philolaus, *loc. cit.*）和数目 5（*Theol. Arithm.* 28）所指代；精神由数目 1，灵魂由数目 2，意见由数目 3，身体或感觉由数目 4 所指代（Theo of Smyrna, c. 38, p. 152；Asclep. *loc. cit.* 541a17, 参考第 289 页注释 2）。确实，最后提及的这处文本肯定晚于柏拉图的时代；就其余的说法而言，也不可能断言哪些是属于早期毕达哥拉斯学派的。

3 根据亚里士多德《形而上学》xiv. 5, 1092b10（在 1.13 出现的 *τῶν φυτῶν* 看起来是很早就出现的一处误写），以及 Theophr. *Metaph*. p. 312 Br.（Fr. 12, 11）；参见亚历山大（此处是真正的亚历山大）的出色评注 *ad. Met*. p. 805, Bon.；cf. also Syrian *in Metaph. Schol*. 938 a, 27。我不能理解 Chaignet, ii. 125 怎么能够否认我的观点，即，早期毕达哥拉斯学派至少已经播下了发展出这种玄虚象征的种子。尽管他自己引证了（p. 126）我在前面给出那些说明。

物和人类的学说，那么我们会非常接近那些探究的自然关联性。人们很容易会把这些划分还原到更为一般的层次，但是我认为不应该这样做，因为对应于后来的哲学体系的三分法或者其他分类方式而言，我们对于毕达哥拉斯学派的哲学体系的划分并没有任何了解。

为了把诸数还原到一个固定的模式，毕达哥拉斯学派既使用了奇数和偶数的划分，也使用了十进制。前者在前面已经有所提示（p. 377）；在进一步的发展中，偶数和奇数各自都被区分出更多的种类。难以确定这些种类跟后世作者[1]所列举的那些种类是否相同，而且我们也不能确
定，关于数的其他划分，[2]也就是我们在更后来的作者那里发现的，[3]有多 427
少属于古代毕达哥拉斯学派的学说。毫无疑问，其中很多观念实际上属于毕达哥拉斯学派。[4]但是，假如我们剔除掉奇数和偶数的一般划分，那么所有这些算术原则对毕达哥拉斯宇宙论的重要性要远低于对希腊算术的重要性，而希腊算术也是遵循了这个学派所给出的指引的。“十倍制”对于毕达哥拉斯学派而言是更为重要的。他们把超过十的数字看作仅仅是最初十个数字的重复，[5]所有的数和数的乘方在他们看来都可

1 Nicom. *Inst. Arithm*. p. 9 sq. ; Theo. *Math.* i. c. 8 sq.。偶数在这里被区分为三类：(1) *ἀρτιάκις ἄρτιον*（这种数可以除以偶数而得到 1，例如 64）；(2) *περισσάρτιον*（这种数除以 2 得到偶数，但是它除以大于 2 的偶数会得出奇数，例如 12 和 20）；(3) *ἀρτιοπέρισσον*（参见前文，第 259 页注释 4）。与此类似，奇数也被区分为三类：(1)) *πρῶτον καὶ ἀσύνθετον*（初始的若干数）；(2) *δεύτερον καὶ σύνθετον*（由若干奇数产生出来的数，所以不仅可被 1 整除，如，9，15，21，25，27）；(3) 可被 1 之外的其他数单独整除，但是它与其他数的关系只能由 1 来界定，如，9 和 25。

2 一方面，菲洛劳斯在第 259 页注释 4 引述的那则残篇中提到了许多类型的“奇”和“偶”；另一方面，他并不像那些晚出作者那样把“奇偶数”当成“偶”的一个分支，而是把它说成跟“奇”和“偶”并列的第三类。

3 例如正方形数、长方形数、三角形数、多边形数、圆柱体数、球体数、体积数和面积数，等等，以及它们的许多下属分支，平方根数、立方根数，等等的区别。Cf. Nicomachus, Theo, Iamblichus, Boetius, Hippolyt. *Refut.* i. 2, p. 10, etc.。

4 例如，关于平方数和立方数的 *gnomons*（参见第 260 页注释 2）的理论，关于 *ἀριθμοὶ, τετράγωνοι, ἑτερομήκεις* 的埋论，关于对角线数的理论（柏拉图《理想国》viii. 546 B sq. ; 参考第 295 页注释 5）。

5 Hierocl. *in Carm. Aur.* p. 166（*Fragm. Phil*. i. 464）：“数的限定间隔是 10。因为超出 10 的数必须返回到 1。”出于这个理由，亚里士多德指责柏拉图并且间接指责

以在“十”（the decad）中得到理解，因而“十”被菲洛劳斯[1]称为伟大的、全能的、造就一切的东西，是神性的东西和属天的东西的开端和指
428 引，也是地上生命的开端和指引。根据亚里士多德的说法，[2]它是完满和完全的，自身之中就包含了[3]数的全部本质；总体而言，倘若没有数就没有任何东西是可认识的，具体而言，我们可能获得知识要完全归功于“十”。[4]“四”也有类似的重要性，不仅因为它是第一个正方形数，而且主要由于最初四个数相加得到完满的数“十”。在著名的毕达哥拉斯学派誓言中，毕达哥拉斯被当作“圣十”（即“四元数”，Tetractys）的揭示者而得到崇敬，而这“四元数”本身又被当作永恒自然的本和源而得
429 到赞美。[5]晚期毕达哥拉斯主义者喜欢按照四个一组来安排事物：[6]这在

毕达哥拉斯学派仅仅将数计算到 10。《物理学》iii. 6, 206b30；《形而上学》xii. 8, 1073a19；xiii. 8, 1084a12：“如果数抵达 10 就到头了，如某些人说的”。

1 参见前文，第 255 页注释 3。

2 《形而上学》i. 5, 986a8：“数目 10 被认为是完满的，并且包含了诸数的所有本质。”Philop. *De An.* C, 2, u：“因为 10 是完满数，它自身包含了每个数。”这是不是从亚里士多德《论善》中引用来的，如 Brandis, i. 473 所猜测的那样，是不确定的。

3 因而在谈到“实在”总体的时候，总是出现十个类别；如对立有十组，天体也是十个。

4 Philol. *loc. cit.*；还有肯定涉及到这个文本的，Iambl. *Theol. Ar.* p. 61。参考同一处关于斯彪西波（与菲洛劳斯持有同样的看法）的作品所说的话。Theo of Smyrna. c. 49 还说，菲洛劳斯详细谈论了“十”，但是我们对于那篇被 Theo 所引用的、归于阿尔基塔名下的关于这个主题的论著一无所知。

5 “不，向着把四元数（τετρακτὺν）传递我们世代的那位——也就是掌管永恒流动的自然之诸根的源泉——发誓。”关于这个誓言以及那四个数，参见 *Carm. Aur.* v. 47 sq.；Hierocles *in Carm. Aur.* v. 166 f.（*Fragm. Phil.* i. 464 sq.）；Theo, *Math.* c. 38；Lucian, *De Salut.* c. 5；V. Auct. 4；Sext. *Math.* 94 sqq.；iv. 2；Plut. *Plac.* i. 3, 16；Iambl. *Th. Ar*. p. 20；关于这段文字参考阿斯特的论述，关于《金诗》参考 Müllach 在前引文献中的论述。这些诗句的写作年代难以得到确定。根据 *Theol. Ar.*，它们出现在恩培多克勒的作品中，而在他看来四元素应该被看作宇宙的四根。但是这样的话，就不应该是 γενεᾷ，而应该跟 Sextus, iv. 2 和其他人一样读作 ψυχᾷ（cf. Fabricius in *lot. cit.* of Fabricius），而且 παραδοὺς（传递者）这个词的意思会是指“神”（如 Mosheim, *in Cudworth. Syst. Intell.* i. 580 说的那样）。在我看来更有可能的是，毕达哥拉斯在这里被当作“四元数”的发明人而得到礼赞。或许，根据这些诗句，色诺克拉底将他的第二本原称为 τὸ ἄενναον 或“永恒流动者”（cf. Part ii. a, 866, 1, 3rd ed.）。

6 e. g. Theo and *Theol. Arithm.* l. c.

多大程度上源自于古代毕达哥拉斯学派，是难以确定的。其他每个数也都有自己的独特意义。“一”是让其他所有数得以产生的数，因而诸数的两种相反性质，奇和偶，在其中必须得到统一。[1]“二”是第一个偶数；“三”是第一个奇数和完全数，因为我们在“三”这里首次看到开端、中间和终结。[2]“五”是第一个由第一个偶数和第一个奇数相加而得到的数。[3]“六”是第一个由第一个偶数和第一个奇数相乘而得到的数。“六”的自乘得到一个以“六”结尾的数。“五”的倍数都是以“五”或“十”结尾的数。[4]“三”、“四”、“五”是构成最完满的直角三角形的数，而它们一起形成了一个特殊的比例。[5]“七”[6]是十以内的数当中唯一既没 430
有因数也没有乘积的数；这个数由“三”和“四”合成，后面两个数的意义前面已经说过了；最后，且不说其他方面，“七”和“四”一起构

1 Vide *supra*, p. 401，而关于 ἀρτιοπέρισσον（奇偶数），参见 Theo. p. 30。普鲁塔克给出同样的理由。Plut. *De Ei*. c. 8, p. 388。

2 亚里士多德《论天》i. 1, 268a10。Theo, p. 72。Iambl. *Theol. Arithm.* p. 15 给出了一种不太可能而且混乱的理由，“他们将它称为中道和比例”。

3 参见前文，第 289 页注释 3；第 290 页注释 3；Anatol. ap. Iambl. *Theol. Arithm.* p. 34(在数目 6 的许多其他属性之外)：“它产生自第一个偶数和第一个奇数，雄和雌”，所以它被称为“雌雄结合”（ἀῤῥενόθηλυς）和“婚姻”（γάμος）。这些称呼也见于 *loc. cit.* p. 18；Plut. *De Ei*. c. 8；Theo, *Mus*. c. 6；Clemens, *Storm*. vi. 683 C；Philop. *Phys.* K, 11。

4 Plut. *De Ei*. c. 8, p. 388.

5 Iambl. *Theol. Arithm.* p. 26, 43；Procl. *in Eucl.* 111 m（428 Fr.），他根据某个不确实的记载把这种三角形的建构归给了毕达哥拉斯本人。Cf. Alex. *in Metaph*. i. 8, 990a23；Philo. *De Vit. Contempl.* 899 B（41）。按照这个文本，完满的直角三角形是那种直角边等于 3 和 4、斜边等于 5 的三角形。后面这个斜边被称为 δυναμένη，因为它的平方等于两直角边的平方和。两条直角边被称为 δυαστευόμεναι；斜边也被称为 ἀνικία（ap. Alex.）；这个称呼很可能比 Pseudo-Megillus, ap. Iambl. *Theol. Arithm.* p. 28 所说的 ἀνεικία 还要更早一些；这个 ἀνεικία，就像 γάμος 一样，表明了“奇”和“偶”的结合。我们在柏拉图《理想国》viii, 546B 中看到了“αὐξήσεις δυνάμεναί τε καὶ δυναστευόμεναι”这样的表述。这证明这些观点是从属于早期毕达哥拉斯学派的。

6 参见前文，第 290 页注释 1，以及 Iambl. *Theol. Arithm.* p. 43 sq.。因为数目 7 没有因数，非洛劳斯将它称为 ἀμήτωρ，据 Joh. Lydus, *De Mens*, ii. 11, p. 72；cf. also Clemens, *Strom.* vi. 683 D；Chalcid, *in Tim*. 35, p. 188；Mull. sqq.

成了“一”和“十”之间的算术比例项。[1]“八”是第一个立方数，[2] 而“Great Tetractys/ 大四元数”是由最初四个奇数和最初四个偶数构成的，它们的和（36）等于 1、2 和 3 的立方数的和。[3]“九”是三的平方数，也是单位数（units）的最后一个，必定也有某种特别的重要性。[4] 当然，对于毕达哥拉斯学派自身而言，这些算术方面的考察跟他们对于诸数的意义的其他探究是不可分离的，而且，从这些孤立的例子中我们或许可以
431 设想，他们在数学维度上将这些考察推进到很细的地步，远远超出了我们目前所阐述的这些说法。然而，后世的作者在这方面的主题上给予我们很少确定的讯息。即使我现在从他们那里引述的东西也很可能并不完全都源自于原初的毕达哥拉斯学派，不过没有疑问的是，它确实描述了早期古老毕达哥拉斯学派的数论的特征。

“数”与“和谐”对于毕达哥拉斯学派而言几乎是同等重要的概念，他们的算术系统紧密关联于他们的和声系统。[5] 不过，两个领域的不同本性要求我们对它们进行不同的考察。各个数是依据数目 10 来得到安排的，而音的度量是依据八度（the octave）得到安排的。八度音程的主要划分是第四音和第五音：其中两个音的关系是按照它们的共振弦的长度来进行度量的；四度是 3∶4，五度是 2∶3；整个八度是 1∶2。[6] 其

1　因为 1 + 3 = 4，4 + 3 = 7，7 + 3 = 10。

2　参见前文，第 290 页注释 3；Iambl. *Th. Ar*. p. 54；Clemens, *loc. cit.* etc.。

3　Plut. *De Is.* c, 75；Schol. p. 38。更多细节请参考 *De An. Procr*. 30, 4, p. 1027。

4　Vide Iambl. *Th. Ar.* p. 57 sq.

5　根据 Porphyry, *in Ptol. Harm.*（*in Wallisii Opp. Math.* ii.）, p. 207，以及波菲利从其中转抄的 Ptolemais of Cyrene，毕达哥拉斯学派将和声学说称为 *κανονική*。尽管如此，*ἁρμονική* 这个词应该也是在他们中间得到使用的。阿里斯托克塞努斯（*Harm Elem*. sub init.；ibid. p. 8）把 *ἁρμονική* 当成音调学说（*ἡ καλουμένη ἁρμονική*）的普通称谓。他经常以同样的方式把毕达哥拉斯学派理论的追随者称为 *οἱ ἁρμονικοὶ* 或 *οἱ καλούμενοι ἁρμονικοὶ*；我们甚至在阿尔基塔那里看到用 *ἁρμονικὴ ἀναλογία* 来表达某个特定的数量关系。

6　这种八度音阶中的各个音的设置肯定属于早期毕达哥拉斯学派，参见第 265 页注释 3 引用的菲洛劳斯的文本。但是，关于八度音阶的发现和标准确立方面的问题，却存在许多不确定之处。根据一种说法，见于 Nicom. *Harm.* i. 10 sq.; Iambl, *in Nicom*. 171 sq.; *Vit. Pythag*. 115 sq.; Gaudent. *Isag*. 13 sq.; Macrob. *in Somn. Scip*. ii. 1; Censorin, *De Die Nat.* c. 10 ; Boeth. *De Mus.* i. 10 sq.，发现这个和声系统的乃是毕达哥拉斯本人。据说他在铁匠铺里听到铁匠的锤子敲出了四度音、五度音以及八度音。在进一步研究中他发现不同锤子的重量跟它们造成的音的高度成比例。然后，他将一些琴弦延展为同样粗细和同等长度，借助不同的砝码，发现各个音的高度跟琴弦的重量成比例。要得到七弦琴中的最高弦和第四弦（μέση）之间的四度音和声比例，第四弦和最低弦（νήτη）之间的五度音和声比例，反过来，要得到最低弦和从上数第五弦（παραμέση，或者按照古代早期的划分和命名，称为 τρίτη）之间的四度音，第五弦和最高弦之间的五度音，在第四弦和第五弦之间的全音（8 : 9），那么，ὑπάτη（最高弦）需要的重量是 6，第四弦需要的重量是 8，第五弦需要的重量是 9，而最低弦需要的重量是 12。与此相似，Boetius 和 Gaudentius 说，其他一些实验也表明，就同样粗细的一根弦而言（单弦测音器，其发明人被说成是毕达哥拉斯，Diog. viii. 12），各个音的高度与振动琴弦的长度成反比例。Boethius 还提到了利用铃铛的实验。按照这个说明，铁匠锤子的故事随时会被物理上的不可能性所反驳。声音的高度跟琴弦的紧度或者产生这种紧度的重量成比例，这也是罕见的，因为实际上声音的高度只是跟这种紧度的平方根成比例。如果毕达哥拉斯学派确实持有这个观点，那么他们不会是基于实验之上；毋宁说，他们按通常的方式注意到音的高度随着琴弦的紧度而增高，从而得出结论认为，它们以同样的比例增高。不过这个草率的结论也有可能是他们的后继者得出来的。最后，根据 Heracleides, ap. Porph. *in Ptol. Harm.*（*in Wallisii Opp. Math.* ii.）c. 3, p. 213，毕达哥拉斯本人发现了各个音的算术比例，这个观点已经得到了色诺克拉底的明确陈述；不管这个赫拉克利德是谁，究竟是 Heracleides Lembus 还是生活在 Claudius 和 Nero 主政时期的罗马的名叫 Heracleides 的文法家（Suid. H. c. 1）——肯定不是 Heracleides Ponticus，我们都没有理由怀疑色诺克拉底的确这样谈论了毕达哥拉斯。不过，并非色诺克拉底的证词、而是更晚出的证词更加证实了这个说法的准确性。我们不能说这件事不可能，不过我们可能更可以怀疑，在这里，就像在其他地方，毕达哥拉斯的后继者所发现的东西被归给了毕达哥拉斯本人。最后的论断是很有根据的。毕达哥拉斯学派应该是从观察琴弦长度的比例开始的，这些琴弦在粗细和紧度一样的情况下，产生了不同高度的音。我们从古代作者们的证词中可以得出这点，这些证词是从毕达哥拉斯学派的材料本身得出来的。以别的方式我们不能解释关于四度音、五度音和全音我们从菲洛劳斯那里看到的那些迹象。由于这个缘故，在古代音乐理论家那里最大的数表示最低的音，而那些谐音系列（参见柏拉图《蒂迈欧》）的排列不是从较低音到较高音，而是从较高音到较低音。表示某个音的数跟构成这个音的空气振动频率没有关系，而是跟产生这个音的琴弦长度有关系。从这点出发我们才可能正确认识毕达哥拉斯学派关于各个音的发现。毕达哥拉斯学派并不知道不同音的高度取决于空气振动频率的数。例如，在 ap. Porph. *l. c.* p. 236 sq.（Mullach, *Fragm. Phil.* i. 564 b）和 Theo, *Mus*. p. 94 引用的残篇中，阿尔基塔明确说，声音运动得越快，它的高度同比越高；同一个假设也是天体和声学说的基础，就像柏拉图（《蒂迈欧》67B）、亚里士多德和更晚的波菲利（*in Ptol. Harm*. 217, 235 sq.）以及柏拉图主义者 Aelianus（被波菲利引用，见 p. 216 sq.）、音乐理论家 Dionysius（p. 219）和其他许多人所解释的。毕达哥拉斯学派的声音理论所确立的仅仅是这点：在其他所有条件等同的情

432 他的细节，例如特定的音的 variation（变异，偏差）；它们产生的协和
433 和弦；这些不同种类（species）和音乐调式（musical modes）[1]，我会留给音乐理论史去考察，因为这些细节跟毕达哥拉斯学派所采取的关于宇宙的哲学观点没有紧密关联。[2]

434 在音调（tones）之后，数论还被应用于几何形状。不需要成为毕达哥拉斯主义者就能看出各种几何形状的形式和相互关系是由诸数决定的。所以，如果说毕达哥拉斯主义者和一般的希腊数学家习惯于用几何方面的术语来表达诸数，[3]并且在各种几何形状中发现各种算术的与和声方面的比例，[4]那么，这个习惯是非常自然的。然而，毕达哥拉斯学派并

况下，声音的高度跟振动琴弦的长度成反比例，而且，通过这个尺度得到衡量的八度音阶中的各个音程就是上述那个情况。此外，毕达哥拉斯学派也注意到了，当表达两个音的比例的整数是小的，那么这两个音的和音在比例上是更大的。波菲利（*in Ptol. Harm.* 280）从阿尔基塔和 Didymus 出发对这个原理给出了一种毕达哥拉斯学派的解释。这个解释是虚构的，但是我们不能怀疑该原理是很古老的。

1 这些种类（γένη）取决于各弦的分布，而音乐调式（τρόποι ἁρμονίαι）取决于各种乐器的音高。有三个种类：全音阶的、半音阶的、等音的（enharmonic）；有三种调式：多利亚式、佛里吉亚式（the Phrygian）和吕底亚式。在柏拉图的时代就已经有了一些副调式（《理想国》iii. 398E sqq.）。晚些时候还增加了许多的调式。这些“种类”的区分一定属于毕达哥拉斯学派。Ptol. *Harm.* i. 13（cf. Porph. *in Ptol*. 310, 313 sq.）在涉及阿尔基塔的时候谈论了这点。

2 在第 296 页注释 6，第 267 页注释 3 引用的文本以及 Ptol. *Harm.* i. 13 sq. 的段落之外，另参见如下解释：Böckh, *Philol.* 65 sqq.，Brandis, *Gr.-röm. Phil*. i. 454 sq.，尤其关于古代声音学说的解释；Böckh, *Stud.*，以及 Daub and Creuzer, iii. 45 sq.（*Klein. Schrift.* iii. 136 sq.）；*De Metris Pindari*, p. 203 sqq.；以及 Martin, *Etudes sur le Timée*, i. 389 sq.; ii. 1 sq.。

3 参见前文，第 293 页注释 3、4。

4 在第 295 页注释 5，我们已经在毕达哥拉斯三角形中发现了这方面的一个例子。关于立方体中的和声比例的示例在某种意义上也是一样的。所谓和声比例（ἀναλογία ἁρμονική，也被称为 ὑπεναντία），它的意思是三个数量之间的一个比例，即，中间数跟首数的差跟首数的比等于中间数跟末数的差跟末数的比。这出现在如下情况中，即几个数量具有这种性质：“首项比次项多出它自身的几分之一，中项就比末项多出末项的几分之一”（Archyt. ap. Porph. *in Ptol. Harm.* p. 267；*Fragm. Phil*. ii. 119）。相似的提示可以参见 Nicom. *Inst. Arithm*. ii. 25, p. 70，关于三个比例的细节解释；Iambl. *in Nicom. Arithm.* p. 141；Plut. *De An. Procr*. 15, p. 1019。我们在 Plut. *De Mus.* 22, p. 1138 中发现了一处没那么精确的提示，他在数目 6、8、9、12 的关系中发现了“和声比例中项”（ἁρμονικὴ μεσότης）就是“这样一个数，它以同样的比数超

不停留在这里，而是像他们在诸数中看到事物的普遍本质一样，他们也试图从一些特定的数中直接推导出特定的几何形状和物体。亚里士多德告诉我们说，他们把“线”规定为数目“二”；[1] 我们知道菲洛劳斯把“四” 435
解释为“立体”的数；[2] 柏拉图看起来已经把“三”和“四”分别称为“平面的数”和“立体的数”。[3] 此外，柏拉图从“二”中推导出线，从“三”中推导出平面，从“四”中推导出立体；[4] 而亚历山大也把从诸平面中推导出诸立体，从诸线中推导出诸平面，从诸点和单元（monads）中推导出诸线，归到柏拉图和毕达哥拉斯学派的名下。[5] 所以，我们也许可以确定地设想，毕达哥拉斯学派在几何形状的推导方面把“一”等同于

出一端同时被另一端超出”。如柏拉图《蒂迈欧》36A（参见《伊庇诺米》991A）对它的刻画。这个比例被称为和声的，因为它们所在的这些数的最初若干数表达了八度音程的基本比例。因为，一方面，8 比 6 大了 6 的三分之一，而比 12 小了 12 的三分之一；另一方面，6 : 8 是四度音程，而 8 : 12 是五度音程，6 : 12 是八度音程。同样的这些数可以在立方体中被发现；立方体拥有 6 个面、8 个角和 12 条边界线，所以，它被菲洛劳斯称为“几何的和声”，据 Nicom. *Inst. Arith.* ii. 26, p. 72（cf. Cassiodorus, *Exp. in Psalms*. ix. vol. ii. 36 b, Gar. Böckh, *Philol.* 87 sq.）；Simpl. *De An.* 18 b；Boëthius, *Arith*. ii. 49（cf. Philop. *De An.* E 16）也论述说，立方体有时候被称为 ἁρμονία 或 *harmonia geometrica*。

1 《形而上学》vii. 11, 1036b7。我们通常很难确定，是否一个对象的质料应该（或不应该）被包含在其界定之中；因而“有些人怀疑甚至在圆形和三角形的情况中也是如此，即认为通过直线和连续空间来定义它们是不妥当的（如把三角形定义为三条直线包含的空间并不足以指明三角形的本质）……而且他们把一切事物还原为诸数，他们说直线的原理就是‘二’的原理。”这里的“有些人”显然指毕达哥拉斯派；柏拉图学派在后面明确与毕达哥拉斯学派区别开来了。

2 在一段我们后面还要继续考察的文本中，Iambl. *Theol. Arithm.* p. 56 写道：“菲洛劳斯说，数学的大小通过‘四’而变成三维的，随后在‘五’中有性质、可见自然的‘颜色’，在‘六’中有灵魂，在‘七’中理智、健康和他所谓的‘光’，然后，通过‘八’事物就带有爱情、友谊、智谋和构思。”Asclep. *Schol. in Arist.* p. 541 a, 23：“他说四是单纯物体的数，而五是自然物体的数，六是有灵魂的物体的数。”确实，这里给出了非常不可能成立的理由，即，因为 $6 = 2 \times 3$，而且“偶”表示身体，“奇”表示灵魂。

3 亚里士多德（《论灵魂》i. 2, 404b18）引用下面这段话作为来自柏拉图论哲学的讲演内容：“理智是一，知识是二，……意见是平面的数，感觉是立体的数。”

4 亚里士多德，同上；《形而上学》xiv. 3, 1090b20；Ps. Alex. *in Metaph*. xiii. 9, p. 756, 14 Bon.。Cf. Zeller, *Plat. Studien*, 237 sq.；Brandis, *De Perd. Arist. lib*. p. 48 sq.。

5 参见第 281 页注释 3。

436 点，把“二”等同于线，把“三”等同于平面，把“四”等同于立体；他们这样做的理由是，直线由两个点所限定，而最简单的直线图形由三条线所限定，而最简单的立体由四个平面所限定，而点则是不可分的一。[1] 但是，由于毕达哥拉斯学派的那些普遍倾向，他们必定认为这种物体形状的派生会涉及物体自身的类似派生，[2] 因为如我们之前讲过的，[3] 他们假定诸立体由围住它们的那些线和平面所构成，也正如他们假定诸线和平面由诸数所构成。

按照菲洛劳斯的观点，诸立体的元素性质取决于它们的形式。所以，就五种规则立体而言，他把立方体归给土，把正四面体归给火，把正八面体归给气，把正二十面体归给水，把正十二面[4] 体归给第五种元

437 素，后者把其他所有立体都囊括在内；换言之，他这些不同实体的最小成分具有所设想的形式。[5] 如果我们可以假定从菲洛劳斯那里借用了这些界说的柏拉图在他的元素构造的细节上遵从了前者，我们就必须认

1 古人对这个学说的解释一直是这个样子；参见第 281 页注释 2，第 281 页注释 3；以及 Brandis, *l. c.* 和 *Gr.-röm. Phil.* i. 471；Nicom. *Arithm.* ii. 6；Böckh, *Arithm.* ii. 4, p. 1328；Theo. *Math.* 151 sq.；Iambl. *Theol. Arithm.* p. 18 sq.；Speudippus, *ibid.* p. 64；Sext. *Pyrrh.* iii. 154；*Math.* iv. 4, vii. 99（x. 278 sqq.）；Joh. Philop. *De An.* C, 2；Diog. viii. 25。这些文本无疑直接应用于几何的派生，这在柏拉图之后的时代是很常见的。但有可能的是，柏拉图的学说在这点上与毕达哥拉斯学派的学说是一样的；因为这里涉及的结合肯定建立在数论的立场之上。

2 就像在前面引用的文本中预设的那样。在亚里士多德向毕达哥拉斯学派提出的质疑中（即，第一立体是从诸平面还是从某种别的东西中产生的呢?）肯定涉及到了这种从诸平面出发建构诸立体的做法（vide p. 400）。

3 Vide p. 407 sq.

4 Ap. Stob. i. 10（Böckh, *Philol.* 160）。Plut. *Plac.* ii. 6. 5（Stob. i. 450, Galen, c. 11）。Cf. Stobaeus, i. 356，这里跟 Diog. viii. 25(Alex. Polyh.) 一样，没有提及第五种元素。

5 在涉及四元素的方面，菲洛劳斯的措辞无疑有这个意思。只有涉及到第五种规则立体、也就是正十二面体的时候，才可能产生疑问。我们要把这里的意思理解为，这种实体的基本微粒（据菲洛劳斯，它们构成了宇宙的外壳层）呈现为这种形式？还是说，这个宇宙球体本身具有这种形式？有一种情况有利于前一种观点，这就是，就我们能够了解到的资料来看，在柏拉图的弟子中，所有那些最倾向于毕达哥拉斯主义的弟子都承认在其他四种元素之外还有第五种元素，即“以太”。这个情况跟下面的看法也是冲突的，即，这里涉及的文本的作者是从亚里士多德那里转借了第五种立体。Vide p. 317。

为，菲洛劳斯在五种立体的派生方面采用了某种颇为复杂的步骤；[1]但是这种观点不仅没有任何充分的证据可以支持，[2]而且柏拉图的阐述中还可以看到许多与之相悖的论证。[3]诸元素的这种派生究竟是属于更早的哲 438
学家还是起源于菲洛劳斯，而且与此相关的四元素说（且不提第五元素）是从毕达哥拉斯学派传到恩培多克勒那里，还是相反，它是从恩培多克勒那里传到毕达哥拉斯学派那里（附加上第五元素），这个问题没有历史证据可供我们做出裁断。[4]不过，有一些根据让我们倾向于这些选项的后者。菲洛劳斯的学说以几何学知识的较高层次的发展为前提，这就不能把它的时间定得太早，而我们后面会看到，恩培多克勒是最早引入较为精确的关于诸元素的观念的人，而且他主张诸元素就是四种。[5]所以，这种诸元素的构造学说很可能要归到菲洛劳斯的名下。

这个结论得到了如下事实的确认，即，毕达哥拉斯学派关于宇宙的起源于构成要素的观念（就我们了解到的内容而言）关联于其学说体系的其他预设，而跟诸元素的学说没有关系。菲洛劳斯的一则关乎 439

1 Vide Part ii. a, 675 sq. 3rd edition.

2 因为 Simpl. *De Caelo*, 252 b 43（*Schol. in Arist.* 510 a, 41 sq.）基本不可能从塞奥弗拉斯特那里得到这个说法，他只是在谈及德谟克利特的时候才提及塞奥弗拉斯特。更有可能的是，这个说法是从伪蒂迈欧（*De An. Mundi*）那里得到的，辛普里丘在此前（452b, 14）已经从其中引用了一段文本（p. 97 E sq.）。这最有可能是 Hermias, *Irris*, c. 16 的记载的来源，后者将整个柏拉图的元素构造学说都归给了毕达哥拉斯及其学派。

3 柏拉图通过直角三角形来建构基本立体的做法不能被应用于正十二面体。于是，如果这种建构方式被当成出发点，那么，那就不可能把正十二面体视为某种特定的基本形式；而且实际上，柏拉图将正十二面体搁置一边，《蒂迈欧》55C，cf. 40A，而他搁置的方式似乎暗含这样的意思，即，他从别的来源中知晓这第五种立体，但是他不能在他的阐述当中应用这个立体。不同于柏拉图将诸元素还原为特定的平面图形的思路，还有第二种更简单的思路，如亚里士多德《论天》iii. 5, 304a9 sq. 所表明的那样。

4 著名的《金诗》的来源是不确定的，参见第 294 页注释 5，以及 p. 322。像 Vitruvius, viii. *Praef.*（cf. Sextus, *Math.* x. 283；Diog. viii. 25）中出现的证据，将四元素的学说归给恩培多克勒的同时也归给毕达哥拉斯和埃庇哈尔穆斯，这样的证据当然不能被采纳。Pseudo-Athamas, ap. Clem. *Strom.* vi. 624 D 的残篇肯定不是真实的。

5 Vide *infra*, *Emped*.

宇宙起源问题的残篇[1]认为，宇宙过去一直存在，而且将一直存在；这让我们倾向于同意这个说法，[2]即毕达哥拉斯学派在谈到宇宙之形成的时候仅仅想要断言派生的东西对于原始的东西在逻辑方面的依赖性，而不是宇宙在时间方面的起源。[3]但是正如我们之前已经表明这段文本的杜撰性，而且斯托拜乌也没有告诉我们其出处或者他的这个说法的理由，因而这个材料不能推导出什么结论来。另一方面，亚里士多德明确说，“没有一个”早期哲学家主张宇宙是没有开端的，除了在那种从来没有被归于毕达哥拉斯学派的学说的意义上，即，宇宙的实体是永恒的和不可灭的，而宇宙自身是处于持续的生成和消逝的变易过程之中的；[4]而我
440 们所了解到的他的前辈们的学说只能证实他的这个论断。[5]斯托拜乌或

1　Ap. Stob. 1, 420（参见前文，第 274 页注释 4）：“*ἧς ὅδε ὁ κόσμος ἐξ αἰῶνος καὶ εἰς αἰῶνα διαμένει ... εἷς ἐὼν καὶ συνεχὴς καὶ φύσι διαπνεόμενος καὶ περιαγεόμενος ἐξ ἀρχιδίω*”（这个宇宙出自永恒而永恒维持……它是一个，是连续体，呼吸自然的气息并且从开端出发而旋转）。就目前这个问题来说，我们是要像 Meineke 那样读作 *ἀρχιδίω*，还是跟 Rose（*Arist. lib. ord.*, p. 35）一样读作 *ἀρχᾶς ἀϊδίω*，这并不重要。

2　Stob. i. 450：“毕达哥拉斯说，宇宙的产生是就思想而言的，而不是就时间而言的”。晚出作者常常断定，毕达哥拉斯将宇宙视为没有开端的，参见后文，第 303 页注释 1，e. g. Varro, *De re rust*. ii. 1, 3，此人将人类具有永恒性的观点归给毕达哥拉斯；Censorin, *Di. Nat.* 4, 3；Tertull. *Apologet*. 11；Theophilus, *Ad Autol*. iii. 7, 26，他以此为由指责毕达哥拉斯用自然的必然性取代了天意。

3　Ritter i. 417 就是这样想的。但是他同时认为毕达哥拉斯学派主张宇宙的渐进发展，这样他显然是自相矛盾的。Brandis, i. 481；Chaignet, ii. 87；Rohr, *De Philol. Fragm. περὶ ψυχῆς*，p. 31。

4　《论天》i. 10, 279b12：“所有思想家都一致认为宇宙是产生出来的，但是产生之后，有人说它是永恒的，另一些人说它是可以毁灭的……还有人，跟阿克拉加斯的恩培多克勒和以弗所的赫拉克利特一样，认为它是变换的，一时是这样，一时是那样，处于毁灭的过程中，而这过程永远持续。”《论天》280a11 还说，最后这些人的看法跟如下观点是一致的，即宇宙是永恒的，只有形态上的变化。参见《物理学》viii. i, 250b18：“但是，那些说有无数个宇宙（有些在生成，有些在毁灭）的人宣称永远有运动……而那些认为只有一个宇宙（无论它是否永远持存）的人关于运动则设置了相应的假定。”

5　Chaignet（i. 249；ii. 84）跟这个观点相反，诉诸赫拉克利特的著名说法（*infra*, vol. ii. Her.）。但是正如我在 Hermes, x. 187 考察过的，赫拉克利特在这里描述为不生不灭的并不是“宇宙的系统”（它的永恒性被亚里士多德和伪菲洛劳斯所主张），而只是“永恒活着的火”（*πῦρ ἀείζωον*），也就是自身展开、构成宇宙的原初实体，而

者毋宁说他在此遵从的新毕达哥拉斯学派[1]试图从毕达哥拉斯学派体系 441
中找到宇宙永恒性理论的那个权宜说法，仅被亚里士多德归属于柏拉图学派[2]。亚里士多德和他的评注者们都从来没有在这个方面提及毕达哥拉斯学派。如果亚里士多德了解菲洛劳斯或任何其他毕达哥拉斯主义者的论述，那么这肯定是不可能的；他们的论述不仅以最明确的方式主张宇宙没有开端或终结，而且其学说体系的展开恰好建立在这些根据之上。然而，且不考虑这个反驳，古代毕达哥拉斯学派也几乎不可能会认为宇宙是创世力量的某种永恒产物。在事物对于其原因的逻辑依赖性跟事物的时间起源之间作出区分，这要求思想的长时间锻炼和高层次发展，这

且宇宙消解后复归于它。所有自然哲学家都预设了这种非产生出来的本原，但没有从中推导出宇宙的永恒性，参考关于克塞诺芬尼的讨论。同样的回答也可以用来回应 Rohr 的反驳（p. 31），他竭力主张，在第 255 页注释 4 引用的残篇中，菲洛劳斯将“*ἐστὼ τῶν πραγμάτων*”说成是永恒的。“*ἐστὼ τῶν πραγμάτων*”，“界限”和“无限”，可能是永恒的；但是这不能推出，由它构成的宇宙也是永恒的。最后，如果亚里士多德（《形而上学》xiv. 3, 1091a12）在反对柏拉图的数论的时候说，“把生成归给永恒的事物也会是荒谬的”，我们也不能从这个文本推论说（如 Chaignet 那样，ii, 87；他的引用是非常不准确的），毕达哥拉斯学派在描述宇宙形成的时候，并没有想要讨论宇宙在时间中的创生。这个评论（即使它确实表明指的是毕达哥拉斯学派）并非关涉宇宙的形成，而是关涉各个数从“大与小”中产生出来。亚里士多德在这里以他自己的名义将诸数描述为永恒的。如果 Chaignet 认为他可以借助于那段文本（《论天》i. 10；参见上注）来证明，在亚里士多德之前就有人主张宇宙的永恒，那么他完全误解了这段话的意思；*ἀΐδιος* 在那里表示无穷的时间持续，而不是这里所讨论的缺乏开端。

1　我们在其他地方（Part iii. b, 114 sq.）已经表明，关于宇宙之永恒性的学说在新毕达哥拉斯学派中有多么普遍。斯托拜乌的说法只是重复了他们的观点，这点从他把某个区分（它大大超出了毕达哥拉斯的时代，而且实际上也只是得到了柏拉图学派的肯定）归给毕达哥拉斯（亚里士多德并不了解他的学说）就可以得到证明。Chaignet 和 Rohr 认为，他们在斯托拜乌的证言中找到了关于毕达哥拉斯和早期毕达哥拉斯学派的足够证据。但是我们不能信任其材料来源无法追溯到新毕达哥拉斯主义时期之前的那些作者；我们肯定不能信任这么晚出的一位编纂者。

2　《论天》i. 10, 279b30：“主张宇宙尽管是不可毁灭的，却是生成的，这些人当中有人试图提出一个不真实的类比来自我辩护。他们说，他们关于世界生成的说法类似于几何学家画的图形，并不意味着宇宙真的在某个时候生成，而是出于讲授的目的，使问题更容易理解，正构图过程中的图形一样。”从接下来的内容让我们很容易知道这类所说的是柏拉图的弟子们。辛普里丘和其他作者说这里暗指的是色诺克拉底，还有斯彪西波。

是早期思想家未必能达到的。如果他们探究宇宙的起源问题，他们很自然就会想到宇宙在时间方面的开始：正如我们从古代神谱和宇宙生成论那里看到的那样。不用过多长时间，这种观点就必定会被放弃，然后会
442 有两方面的考虑：1. 物质必须是没有起源的；2. 构造宇宙的能力必定不能被看作是缺乏能动性的。就我们所知，前一个观念由巴门尼德所阐发，后一个观念由赫拉克利特所阐发；他们及其后继者由此得出的结论并不是宇宙的永恒性：巴门尼德从他的预设中推导出，生成和消逝是不可能的，因而他宣称现象世界总体上是幻象和蒙蔽人的东西。赫拉克利特、恩培多克勒和德谟克利特各自以自己的方式主张，无穷多的世界各自都有时间上的开端。最后，阿那克萨戈拉采纳了单一宇宙的普通学说，并且同样假定宇宙从无形式的原始物质中经过一定的周期而塑造出自身。另一方面，亚里士多德从来也没有想过要把宇宙起源的描述归给那些自觉地主张宇宙之永恒性的哲学家，如著名的菲洛劳斯。所以，没有什么理由怀疑，关于毕达哥拉斯学派的宇宙构造学说所提到的那些内容实际上指涉宇宙在时间上的开端。实际上，关于这些文本的其他诠释都是不可接受的。按照毕达哥拉斯学派的观点，中心火在宇宙的核心最早形成；这也被他们称为“一”或“元一”(the Monad)，因为它是宇宙的最初躯体；它也被称为诸神之母，因为它产生出了众天体；他们还把它称为赫斯提亚（Hestia)，宇宙的炉灶和祭坛，宙斯的看护、堡垒
443 和王位，因为它是宇宙的中心点，维持宇宙的力量坐落于其中。[1] 这种

1 参见第 305 页注释 5，第 307 页注释 1；亚里士多德《形而上学》xiv. 3；xiii. 6（*supra*, p. 400；第 281 页注释 1）；*Philol.* ap. Stob. i. 468：“最早得到匹配的东西，在寰宇中心处的‘一’，被称为赫斯提亚（灶 / 灶神）。”同样，*ibid.* 360：“宇宙是‘一’。它最初只是出现在中心处（*ἄχρι τοῦ μέσου*）。”这个文本有不清楚的地方，不过“*ἀπὸ τοῦ μέσου*”肯定会是更清楚的。*Ibid.* p. 452；参见后文第 307 页注释 1；Plut. *Numa*, c. 11：“毕达哥拉斯学派在宇宙的中心设置了火元素，并称之为赫斯提亚（灶神）和‘一’。”Cf. Iambl. *Theol. Arithm.* p. 8：“此外，他们说在四元素的中间存有某种单个的火一样的立体，当荷马说那些话的时候（Il. viii. 16）他知道它的中心位置。”所以，作者继续写到，巴门尼德、恩培多克勒和其他人说，“‘单一物’以灶（Hestia）的方式位于中心，因为保持均衡而维持其位置。”我们从这些文本中看到，亚里士

宇宙的开端自身是怎么出现的，亚里士多德（同上）说他们对此不能作出解释，而且我们也肯定不能从他的措辞中搞清楚他们是否试图提供某种解释。[1] 在中心火形成之后，未限定的东西的最靠近的部分（按照毕达哥拉斯学派的模糊想法，它同时指未限定的空间和未限定的物质）持续被吸引到这个中心，并且通过这种吸引作用而得到限定，[2] 这个过程不断持续和扩展，宇宙的体系最终得以完成（因我们必须完成这些解释）。 444

毕达哥拉斯学派把宇宙设想为一个球体。[3] 如我们说过的，他们在整个宇宙的中心设置了“中心火”；环绕它的是十个天体，[4] 自西向东运转而描画其各自的轨道；[5] 距离中心火最远的是恒星天球，次远的是五大行星，然后是太阳、月亮、地球，还有第十个也是最后一个是“对地”——这是毕达哥拉斯学派构想出来的，为了成全神圣的数目“十”。

多德是怎么理解“最初的‘一’”的。中心火，由于其位置以及对于宇宙的重要性，也被称为“一”，以同样的方式，举例来说，大地，也被说成是二，而太阳是七（vide *supra*, p. 421）。但是宇宙的这个特定部分怎么跟数目一相联系或者相区分，这里并无论及。Vide p. 410 sq.。

1　亚里士多德说（《形而上学》xiv. 3），vide *supra*, p. 400：“要么从平面中要么从表面中，‘一’得到构造。”参见亚里士多德《论感觉》3, 439a30。但是我们不能从这里推论说（如 Brandis, i. 487 那样），毕达哥拉斯学派实际上遵循所有这些方法来解释物体的形成，更不能说，所有这些阐释的方式都关系到“中心火”。不过，即使毕达哥拉斯学派对于诸立体的形成不置一词，亚里士多德也可能以这种方式来论述。同样，在《形而上学》xiv. 5, 1092a21 sq.，他对数论的追随者提出了这样的问题：“诸数如何从它们的要素中产生出来”，是通过“混合”还是“组合”呢？是像出自于种子那样呢，还是像相反的情况？

2　亚里士多德，同上；参见第 276 页注释 1。这个学说似乎是 Plut. *Plac.* ii. 6, 2 中主张的基础：“毕达哥拉斯（认为宇宙开始于）火和第五元素”，只是在这里无限者跟亚里士多德的“*περιέχον*”也就是“以太”搞混了。

3　“*Σφαῖρα*”是通常的表达，参见第 304 页注释 1，第 300 页注释 4。

4　毕达哥拉斯学派被说成是最早以明确方式确定它们的次序的人。Simpl. *De Caelo*, 212 a. 13（*Schol*. 497 a, 11）。

5　关于地球和宇宙中其他天体的轨道，情况如下。因为太阳明显的每天自东向西的运动不能通过地球绕中心火运转来得到解释，除非这个运转是自西向东。毕达哥拉斯学派是不是像亚里士多德那样（cf. Böckh, *d. Kosm. System*, p. 112 sq.）将这个自西向东的运动理解为自东向东的运动，或者自右向右的运动，并且把东边称为右边，因为运动从这边开始（如斯托拜乌认为的，*Ecl.* i. 358；cf. Plut. *Plac.* ii. 10；Galen, c. 11, p. 269），这在我看来是可疑的。

宇宙最外端的边界是由火围成的，它与中心火相对应。[1] 他们认为，恒
445 星是固定在透明的圆环或圆球上的，圆环或圆球在自己的轴上的旋转就
446 带动了恒星的转动。[2] 在宇宙的这些质体（bodies）中，中心火占据首要

1　亚里士多德《论天》ii. 13, sub init.："大多数人都说地（地球）处于中心……但被称为毕达哥拉斯学派的意大利哲学家却持相反的观点。他们断言，中心是火，地球只是星体之一，当地球围绕中心作圆周式移动时，就造成了白昼和黑夜。此外，他们还捏造出了另一个与我们的地球对立的地球，并把它称为'对地'；他们不去努力寻求说明这些现象的理论和原因，而是力图牵强附会地把这些现象说成与他们自己的理论和意见相一致。"（这在《形而上学》i. 5, 986a8 以下面的方式得到说明："就像数目 10 被认为是完满的，包含了各个数的全部本性，他们也说，在天上运行的星体也是 10 个。但人皆所见运转的星体实际上只有 9 个，如此他们就发明了第十个星体，也就是'对地'。"）"他们的根据是：最高贵的地方应该属于最高贵的东西，火比土更高贵；而且界限比居间物更高贵，而外沿和中心就是界限……毕达哥拉斯学派还进一步提出了一个理由。他们认为，宇宙最重要的部分（即中心）应被最严格地守卫，他们就把火所占据的这个位置称为'宙斯的守望所'。" Ibid, 293, b, 19."那些否认地球处于中心的人断言它围绕着中心作圆周式运动，而且，不仅地球本身是这样，如我们前面所说，'对地'也是这样。" Stob. *Ecl.* i. 488："菲洛劳斯（说），在中间位置有火环绕着中心，这个中心被他称为宇宙的灶台、宙斯的居所、诸神之母、祭坛、连续体和自然的尺度。还有另一处火，环绕（宇宙）外围的（火）。中间者本性上是最初的，十个天体环绕着它舞蹈：天（也就是恒星天；这个措辞显然属于转述者），诸行星，之后是太阳，它下面是月亮，再下面是地球，再下面是对地，最后是灶台之火占据中心位置。" Alexander *ad Metaph*. i. 5, p. 20, Bon.（参见前文，第 277 页注释 3）在谈论到太阳的时候，说："因为他们说，太阳占据环绕中心运转的十个天体中（从宇宙外层算起）的第七个位置。他们说，因为太阳在恒星天球以及五大行星天球之下运转，在它之下是第八位的月亮，然后是第九位的地球，在地球之下是对地。" 伯克（*Philol.* 103 sq.）已经反驳了 Photius, p. 439 b, Bekk 中的佚名作者，此人把 12 个宇宙区划的学说归给毕达哥拉斯，并且忽略了"对地"、中心的和边缘的火，取而代之的是在月亮和地球之间安排了一圈火、一圈气和一圈水。

2　Alenander 把这个观点当成是毕达哥拉斯学派的；Theo（*Astron*. p. 212, Mart.）提到毕达哥拉斯自己最早发现了恒星"固定在那些圆环或圆球自身上，随着这些圆环或圆球的运动，它们被带着沿黄道带运转"。我们在柏拉图和巴门尼德那里发现了这些想法，这确认了它们的年代是久远的，并且证明了毕达哥拉斯学派（或许是因袭了该学派奠基人的范例）是多天球学说（该学说对于希腊哲学而言具有特别的重要性）的发明者或者至少是主要代表人物。不可能得到断定的是，在他们的观点中，是否一切天体都是由天球（中空的球体）所携带着运行的；或者，是否唯有诸恒星才固定在一个中空的球体上，而诸行星则仅仅固定在一个圆环上，如柏拉图设想的那样。罗特（ii. a, 808 sq., 244）把偏心圆和本轮的学说归给了毕达哥拉斯学派、甚至毕达哥拉斯本人。不仅我们没有这方面的充分证据（因为 Nicomachus and

的地位，不仅因为它的位置，而且因为由于这个位置它是整个宇宙的引力中心和支撑，也是宇宙的尺度和纽带，[1]而宇宙实际上是从它这里、并且通过它的作用而发散出来的。毕达哥拉斯学派习惯于不仅从数学方面和机械方面、而且从动态方面来设想所有这些关系；因而我们本应设想他们会让中心火对整体施以某种重要的作用，即使他们关于宇宙构造的学说和他们关于太阳火的起源的观点之间的类比没有证实这点。[2]然而，
与此相关，晚期的某些解释表示，灵魂或宇宙精神被认为从中心火或从 447
宇宙周围出发弥漫着整个宇宙[3]；不过这很可能是后来人对于古老学说的扩展和修改，而且这种修改的思想来源必定是在柏拉图和斯多亚学派的
学说中被发现的。[4]亚里士多德在讨论古代哲学家关于灵魂的学说的时 448

Iamblichus ap. Simpl. *De Caelo*, 227 a, 17; *Schol*. 503 b, 11 是不值得信任的），而且这个理论跟古代天文学的整个原则也是相悖的。按照罗特（*loc. cit.*）的观点，欧多克索、Callippus 和亚里士多德熟悉本轮的学说；但是，如果我们恰当地考虑亚里士多德和他的评注者们关于这个问题的论述，那么这点也是很不可靠的。Vide Part ii. 344 sqq., 2nd edition。

1 参见第 303 页注释 2；第 305 页注释 5；以及 Stob. i. 452："（菲洛劳斯设定）主宰者（ἡγεμονικὸν）的位置在中心火，δημιουργός（工匠神）在它上面就像在（船的）龙骨上面设置整个宇宙。"这里的 ἡγεμονικὸν 肯定是斯多亚学派的措辞，而 δημιουργός 是柏拉图的措辞；但是，把中心火比作宇宙之船的龙骨，这似乎是毕达哥拉斯学派的意思。Nicom.（ap. Phot. *Cod.* 187, p. 143 a, 32）和其他一些文献都提出一个说法，即，毕达哥拉斯学派把"一"称为"宙斯的守望塔"，而这必定是源自于早期的传统。Proclus, *in Tim*. 172 B："毕达哥拉斯学派把中间者称为宙斯的守望塔和宙斯的守护所。"

2 这得到了一则巴门尼德的证言的确认（该证言是毕达哥拉斯学派传下来的，这点在恰当的地方会给予说明），根据这个证言，掌管宇宙大全的神位于宇宙的中间位置。

3 例如，Pseudo-Philolaus ap. Stob. i. 420（参见第 301 页注释 3）。Alex. Polyh. ap. Diog. viii. 25 sqq.。Cic. *N. D.* i. 11, 27。*Cato,* 21, 78。Plut. *Plac. Qu*. viii. 4, 3, p. 1007：毕达哥拉斯对于"什么是时间?"的问题这样回答说："宇宙的灵魂。"*Plac.* iv. 7, 1："柏拉图和毕达哥拉斯说，灵魂是不死的；当它离开身体的时候，它就回归到宇宙灵魂中，后者与之有相同的本性。"Sext. *Math.* ix. 127：毕达哥拉斯学派和恩培多克勒主张，人不仅彼此同族并且与诸神同族，而且与动物也属同族，"因为有一个 πνεῦμα（精神）弥漫整个宇宙，像灵魂一样，它也让我们跟它们成为一体"，因而杀戮和吃动物是错误的。Stob. i. 453；Simp. *De Caelo*, 229 a, 38（*Schol. in Arist.* 505 a, 32）。*Cod. Coisl. Schol*. 505a, 9。

4 关于菲洛劳斯的残篇和亚历山大的证言，我们已经表明（第 270 页注释 3，第 274 页注释 4）它们不能被视为真实可靠的。就我们目前的问题而言，除文本中所说的

候，[1]只从毕达哥拉斯学派那里引述了这个论断，即从太阳流溢出来的那
些微粒是一些灵魂，而他由此轻易地得出，他们把灵魂视为推动的本
449 原。非常不可能的是，如果亚里士多德了解我们引述的这么重要和这么
充分发展的观念，那么他会仅仅提及这个论断；同样不太可能的是，这
么重要的观念会被亚里士多德这样对毕达哥拉斯学派学说非常熟悉的人
450 所忽视。[2]所以，我们不能把宇宙灵魂的学说归于毕达哥拉斯学派的名

之外，让我们感到奇怪的是，灵魂会被贬黜到宇宙的表层，而没有提到它是由中心火构成的；作者对于中心火似乎完全不了解。同样奇怪的是，灵魂和“神圣者”（the *θεῖον*）要被视为永恒被推动的又是永恒起推动作用的（毕达哥拉斯学派将“神性物体 /*θεῖα σώματα*”而不是严格意义上的“神圣者”视为可被运动的。相反，他们把运动置于“无限”这边，参见第 277 页注释 2；第 262 页注释 3）。在这里很容易看到，针对阿尔克迈翁，有对柏拉图一段话的转述（《克拉底鲁》397C），还有对亚里士多德的话的转述（《论灵魂》1, 2，参见后文，第 315 页注释 4），不过这些转述是误解的结果。我们也一定能注意到，灵魂在一个圆中永恒运动这个学说，以及表达这个学说的措辞方式，都显示了其中有柏拉图和亚里士多德思想的影响。在亚历山大的阐述中，还有在塞克斯都的简短表述中，斯多亚学派的因素也是同样明显的；例如“弥漫整个宇宙的精神”（*πνεῦμα διὰ παντὸς διῆκον*）这个说法，人类灵魂起源于神的灵魂的流溢这样一个观念，还有跟毕达哥拉斯学派的宇宙论特征非常不同的那种宇宙论（这点我们后面还要讨论），还有数目 4 被应用于元素。西塞罗以差不多一样的方式说（而且很可能是真的），这位作者（在他解释古代早期学说的时候随意地运用最晚近的和最易得到的材料）有可能在这个地方指的是亚历山大本人。普鲁塔克著作中出现的那个界定看起来不属于早期毕达哥拉斯学派。斯托拜乌的 *ἡγεμονικὸν* 明显是属于斯多亚学派的。辛普里丘以及转抄他的佐证的那位作者显然不知道怎么区分原始的毕达哥拉斯主义和新出现的毕达哥拉斯主义。我们也一定能注意到，Clemens, *Cohort*. 47, c 中引用的残篇是晚出的（同样出现在 Po. Justin, Part iii. b, 102, 1, 2 A 校订本中）。斯多亚学派的泛神论跟亚里士多德主义的自然神论的争执在这里是明显的。

1 《论灵魂》i. 2；参见后文，第 328 页注释 4。

2 第二个假设明显是不可能的。而如果我们注意到亚里士多德引用他的前辈论及灵魂问题是细心和全面的，那么，第一个假设也失去了可能为真的条件。在那一章的开端和结尾，亚里士多德表达了他打算列举所有以前出现的那些观点。伪菲洛劳斯非常肯定的意思，即，灵魂是“可运动者”，恰恰是亚里士多德不敢无条件归给毕达哥拉斯学派的意思（404a16：“毕达哥拉斯学派的学说似乎建立在同一些观念之上”）。如果毕达哥拉斯学派真的说过博学者亚历山大、西塞罗和其他人归给他们的那些观点，那么，毕达哥拉斯学派没有被亚里士多德归入那些把灵魂视为诸要素之一的人，就会是非常奇怪的。唯一有可能被反驳的是，亚里士多德谈论的是人的灵魂，而不是谈论宇宙灵魂。但实际情况不是这样。他谈论的是一般意义上的灵魂，尤其是宇宙灵魂；而据称的毕达哥拉斯派也谈论人类灵魂。亚里士多德明确把毕达

下，即使他们假定了，热和生命力从中心火流溢到宇宙中，这种古老的唯物主义观念也非常不同于把宇宙灵魂视为某种特别的非物质性实在的学说。

环绕着中心火，地球以及在两者之间的“对地”以这样的方式旋转：地球总是同一面朝着“对地”和中心火转动，所以中心火的光线并不直接抵达我们，而是从太阳那里间接到达我们。当地球跟太阳处于中心火的同一边的时候，我们就得到了白天，而当太阳处于中心火的另一边的时候，我们就得到了黑夜。[1] 确实，有些解释拒斥中心火并且拒斥地球 451

哥拉斯派跟那些将灵魂视为“运动之本原”（ἀρχὴ τῆς κινήσεως）的人（例如，伪非洛劳斯）区分开来了，在他描述了他们灵魂的观念之后（404a20），他继续写道：“同样的倾向也被那些把灵魂界定为自我运动者的人所表明，etc.”。如果他们在这个问题上是柏拉图最早的先驱，那么他不会以这个方式来措辞；cf. Hermes, x. 190。Chaignet 和 Rohr 所提供的反驳没有多大分量。前者说（ii. 176）：因为亚里士多德从毕达哥拉斯学派关于太阳粒子的观念推论说，灵魂被赋予了驱动力（404a21，“所有这些人似乎都主张，运动是最接近于灵魂之本性的”），由此必然推出，他将宇宙灵魂的观念归给了毕达哥拉斯学派。Rohr 也以相似的方式这么说（*l. c.*, p. 21）。但是，亚里士多德在这里做了一个简单的演绎推理，而对这个推理他本人并不十分确定，这种情况足以表明他手头上不可能有像我们的残篇那样确切的某个阐述。Chaignet（ii. 84）诉诸另一个事实，根据亚里士多德（参见下文论阿尔克迈翁），阿尔克迈翁也认为众星体有永远在运动的灵魂。但是亚里士多德根本没有提及这类事。他只是断定，根据阿尔克迈翁，那个 θεῖα，也就是天空和众星，是处于持续运动之中的，而这不意味着这位哲学家将所有的运动都归结于某个单一的精神本原，它不同于宇宙的身体，并且弥漫在宇宙之中。最后，Rohr（*l. c.*, p. 21）引用柏拉图的《斐多》86B sqq. 来证明亚里士多德《论灵魂》i. 4 所说的观点，据此，将灵魂视为身体的和谐，这个观点属于毕达哥拉斯学派。但是我看不出来我们怎么能从这推论说，毕达哥拉斯学派承认存在某个宇宙灵魂（阿里斯托克塞努斯和狄凯亚尔库承认吗?）。我们马上会看到，我们没有理由把这个学说归给毕达哥拉斯学派。

1　亚里士多德《论天》ii. 13；参见前文，第 305 页注释 5；Simpl. *in h. l.* 229 a, 16（*Schol.* 505 a, 19）：“毕达哥拉斯学派（主张）……在宇宙的中心有火。他们还说有个‘对地’，也是一个地球，绕着中心旋转；他们称之为‘对地’是因为它在这个地球的反面。他们说，地球在对地的后面，也围绕中心旋转，月亮又在地球之后（这是他在论毕达哥拉斯学派的著作中叙述的）。地作为诸星体之一围绕着中心旋转，由于它与太阳的关系而出现夜晚与白昼；对地绕着中心旋转并且追随这个地球，但是它不能被我们看见，因为地球的身体挡住了我们。”根据这个文本，地球中我们居住的这一面始终是背着中心火和“对地”的。Plut. *Plac.* iii. 11, 3（Galen, c. 21）：“毕达哥拉斯学派的非洛劳斯（说），火是在中间的（因为这是宇宙的灶台），‘对地’处于第二位，我们居住的地球处于第三位，并且在对地的背面，跟‘对地’一起旋转。因而，在

452 的运动，把“对地”说成是月亮，[1]或者地球的第二半球。[2]但这是从后

‘对地’上的（人们）不能被地球上的（人们）看见。”*Ibid*. 13：“其他人（说），地球是静止不动的。但是毕达哥拉斯学派的菲洛劳斯说，地球绕着中心火旋转，跟太阳和月亮一样以倾斜的圆形轨迹运转。”Stob. i. 530（相似的还有 Plut. *Plac*. ii. 20, 7；Galen, c. 14, p. 275）。Achill. Tat. *in Ar. Prolegg*. c. 19, p. 138 Pet.：“菲洛劳斯（说），（太阳）从上方以太式的火中接收火一样的和透明的东西，通过特定通道将它传递到我们这里。结果是，在他看来，太阳是三重的。”（这里的意思与斯托拜乌文本中的意思是一样的，但是文本显得有些缺陷）。在考虑这些说法的时候，第一个会出现的问题是：毕达哥拉斯学派如何考虑“对地”相对于地球和中心火的位置？从这些事物自身的本性出发，似乎有两个路线是可能的。他们可能将“对地”置于地球和中心火之间，位于地球轨道半径上，要么是将它置于中心火的另一边，位于地球与中心火之间的直线的端点。Schaarschmidt（*Schrift. des Philol*. 33）引用亚里士多德和辛普里丘的“*ἐναντίαν, ἐξ ἐναντίας*”来证明，根据毕达哥拉斯学派，这种情况实际上就是“对地”的位置，但是这个诠释在我看来是错误的。我们或许可以跟伯克一样恰当地假定，它的意思是，地球在转动，从朝向中心火一边转向朝向宇宙外层一边。而相反的情况对于“对地”而言也成立。即使我们仅仅将这个表达看作指“对地”相对于地球的情形，它仅仅意味着，它与地球处于径向相对关系；换言之，它处于地球的轴的延长线上（而不在轴的一边上）；究竟处于中心火的这边还是那边，这没有得到确定。伯克的看法不仅被辛普里丘文本中 *ἑπομένην* 这个词所确认，而且被毕达哥拉斯学派学说的整个推理所确认，按照这个推理，诸天体的系列从外层到中心火是连续而不中断的，而不是在中心火的另一边有终结点（参见 Böckh, *Kl. Schr*. iii. 320 sq.，而 Schaarschmidt 针对伯克的较早阐述的反驳在其中得到了驳斥）。关于太阳和太阳的光，Achilles Tatius（还有斯托拜乌以及他从中获得资料的作者）似乎承认，太阳光是外围火的反射。伯克（*Philol*. 124 sq.）认为，这个看法是错误的，并且认为，中心火是光源，而太阳将它的光线反射给我们；后来他（*Unters. üb. d. kosm. Syst. d. Platon*, 94）倾向于 Martin（*Etudes sur le Timée*, ii. 100）的看法，根据这个看法，太阳不仅聚集和反射中心火的光，而且聚集和反射外围火的光。无疑 *διηθεῖν* 不能排除中心火的反射（如伯克充分表明的那样，*Philol*. 127 sq.），但是，另一方面，三重太阳的反射不能证明，太阳光是从中心火得来的而不是从外围火得来的。不过这看起来会是这样，如果后面这个火能照亮太阳，它也必须能被我们看到。但是我们将会进一步看到，毕达哥拉斯学派或许真认为他们在银河中看到了这种火。这种信念跟这样的看法（出现在所引用的所有段落中）相吻合，即这种火的光线跟中心火的光线都被太阳聚集和反射，正如被某种燃烧的玻璃所聚集和反射一样。毕达哥拉斯学派是否设想，其他行星和恒星也是同一类型的聚光物，但是在光线的强度上较弱，这没有被提及。

1 Simpl. *l. c*. 229 a, 37；*Schol*. 505 a, 32（参见前文，第 307 页注释 3）。由于这里被当作纯然属于毕达哥拉斯派的学说跟亚里士多德的阐述被明确区分开来了，我们对前者之起源的了解就更加确切了。克莱门斯（*Strom*. v. 614 C）甚至认为，毕达哥拉斯学派所谓的“对地”指的是基督教意义上的“天”。

2 Alex. Polyhistor. ap. Diog. viii. 25。毕达哥拉斯学派主张“宇宙……的中心是大地，

来的天文学的立场上对古代毕达哥拉斯学派学说的错误诠释。就古代毕达哥拉斯学派或者毕达哥拉斯本人的学说而言，这些解释完全不可能基于任何历史记载。[1] 只有在公元前四世纪的毕达哥拉斯学派那里我们才 453
看到地球绕自身的轴旋转的学说，[2] 它的前提是，“对地”和中心火被放弃了，不再被当作宇宙的独立部分。他们究竟是完全被废弃了，还是“对地”被看作西半球，而中心火被置于地球的内部，这点并不太紧要。

大地本身也是球体的并且表面上有人居住。存在两个极，而我们的‘下’就是另一极的人的‘上’”。同样地，据 Phot. *Cod.* 249（参见第 305 页注释 5），有位佚名作者说，毕达哥拉斯主张存在 12 个天球，它们是：恒星天球，7 个行星天球（包括太阳和月亮），火圈、气圈、水圈以及在中心的地（土）。其他细节很明显透露出了亚里士多德的影响。

1 如 Martin（*Etudes sur le Timée*, ii. 101 sqq.）和 Gruppe（*D. Kosm. Syst. d. Griechen*, p. 48 sq.）认为的那样。根据他们的观点，毕达哥拉斯和早期毕达哥拉斯学派将“地”视为处于宇宙中心的不运动的球体。Gruppe 认为，中心火以及环绕这个中心火运转的学说是后来由希帕索斯或者其他某位早于菲洛劳斯的人后来发展出来的，而且最初没有提出存在“对地”；这个学说的败坏才导致在地球和中心火之间插入了“对地”。这些假设是没有根据的，伯克也已经非常有效地驳斥过了（*l. c.* p. 89 sqq.）；当我们从批判性立场出发考察这些假设所依赖的证据时，这种无根据性就很显然。Gruppe 从中寻找真正毕达哥拉斯主义的那些学说毋宁说显示出它们不属于早期毕达哥拉斯学派的观点。最后，当罗特（ii. a, 817 sq. b, 247 sq.）主张，毕达哥拉斯和他的学派的“对地”指的是跟我们相背反的那个半球，他们将地球置于宇宙的中心，还认为宇宙在自己的轴上旋转——这个主张是不值一驳的。现在人们普遍承认，把哥白尼和其他人将地球绕自身的轴旋转的学说，以及地球绕太阳运转的学说，归给毕达哥拉斯学派，乃是错误的。参见 Tiedemann（*Die ersten Philosophen Griechenlands*, p. 448 sq.；Böckh, *De Plat. Syst. Cael. Globor.* p. xi. sq.；*Kl. Schrif.* iii. 272）；*Philol.* 121 sq.；Martin, *Etudes*, etc. ii. 92 sq.。

2 根据 Cic. *Acad.* ii. 39, 123，塞奥弗拉斯特把这个看法的提出者说成是叙拉古的希凯塔。后面我们在厄克芳图（Hippol. *Refut.* i. 15, p. 30；Plut. *Plac.* iii. 13, 3）和赫拉克利德（Part ii. a, 887, 3rd ed.）那里也看到这个看法。Martin, *l. c.* 101, 125 以及 Gruppe, *l. c.* 87 sqq.，认为我们也可以把中心火和地球环绕中心火所做的行星般运动的学说归给希凯塔。然而，我们还可以参考 Böckh, *D. kosm. Syst. Pl.* 122 sqq.。他表明，在 Plut. *Plac.* iii. 9（其中，Eusebius, *Pr. Ev.* xv. 55 的确给出了这段文本，但是在 Pseudo-Galen, *Hist. Phil.* 21, p. 293 并没有提及希凯塔的名字）的一处文本中很可能出现了一处谬误，丢失了某些语词；而原本的行文可能是这样的：“毕达哥拉斯学派的希凯塔（说），有一个地球，但是毕达哥拉斯学派的菲洛劳斯（说），有两个地球。”关于希凯塔生活的年代，历史并无记载；但是伯克的猜测（*l. c.* 126），他是厄克芳图的老师并且比菲洛劳斯年轻一些，而这似乎是很可能的。

454 彗星是独立行星的学说可能也是在这同一个时期出现的。[1] 这种八行星
学说可能是为了在“对地”被放弃之后仍将天体数量维持为十个。[2] 然而，
这个猜测可能源自于那些不了解十天体学说与“对地”学说的人，或者
拒斥这些学说的人。毋庸置疑，毕达哥拉斯学派将大地的形状考虑为
455 球形的；[3] 它相对于中心火和太阳的位置要使得它的西半球朝向中心火。[4]
与此同时，他们没有忽视地球轨道相对于太阳轨道的偏斜；[5] 这在他们的

---

1 亚里士多德《气象学》i. 6, 342b29：“有些被称为毕达哥拉斯派的意大利人说，彗星是诸行星之一。”据说开俄斯的希波克拉底（*circ*. 450）和他的弟子 Aeschylus 也表达过同样的观点。此外还有 Alex. *in h. l.*（Arist. *Meteor. ed. Idel*. i. 180）；Plut. *Plac.* iii. 2, 1；Stob. *Ecl.* i. 576。最后这个文献补充说，毕达哥拉斯学派的其他人将彗星仅仅视为某种明亮的反射。Olympiodorus（p. 183, Idel.）把亚里士多德提及的“某些毕达哥拉斯派”套到毕达哥拉斯本人头上了。在 *ad Arat. Diosem*. 359 (ap. Idel. *l. c.* p. 380 sq.)，注经者无疑由于某个错误而将一个普遍说法用在了跟毕达哥拉斯派有关的文本中，并且把希波克拉底也算作为该学派的哲学家；而且很可能是在这个意义上，他被说成是“*εἷς τῶν μαθηματικῶν*”（数理派之一）(ap. Alex.)。

2 即使中心火被考虑为被地球所环绕——就像被中空的天球环绕一样，中心火也仍然可以保持它的意义。

3 伯克（*Kl. Schr.* iii. 335 sq.）认为，毕达哥拉斯学派将地和“对地”视为两个半球，它们被或大或小的空间所分开，而各自的平面一边彼此相对。他得出这个看法仅仅是因为这样的预设（*l. c.* 329 sq.)，即，毕达哥拉斯学派由于将地球划分为两个半球而得到关于“对地”的学说。他后来承认，亚里士多德没有这样的看法，而是把毕达哥拉斯学派的地和“对地”描述为两个完整的球体。但是在我看来，伯克关于毕达哥拉斯学派学说的起源的这个预设是完全没有根据的。如果他们曾经将地视为一个球体，那么（在有必要提出第十个天体的情况下）更自然的情况肯定是将“对地”视为另一个球体而不是将地划分成为两个半球。关于其他天体的类比也使得这点更为可能，即地和“对地”跟太阳和月亮一样被视为球体。最后，如果亚里士多德是这样来表达这个问题的，那么我们不能优先采用别的证言。亚历山大（ap. Diog. viii. 25 sq.）说，毕达哥拉斯学派将地视为球形的，人们居住在它的表面上（这蕴含了正反两面的想法）。Favorinus 说（ap. Diog. viii. 48)，毕达哥拉斯主张地是圆形的（*στρογγύλη*）。不过这些断言都不能被看作比亚里士多德的证言更有分量。

4 Gruppe, *loc. cit.* p.65 sqq. 认为，地的北半球冲着太阳，而南半球冲着中心火；他还认为，毕达哥拉斯学派将地球冲着中心火的那一边视为上边。但是伯克已经彻底反驳了这个假设（*D. kosm. Syst. Pl.* 102 sqq.；cf. *Kl. Schr.* iii. 329）。

5 Plut. *Plac.* iii. 13, 2（Galen, c. 14, 21）：“菲洛劳斯认为……它［地］环绕火运动，按照倾斜的圆形［轨道］。”Ibid. ii. 12, 2 (Stob. i. 502; Galen, c. 12)：“据说毕达哥拉斯最早发现了黄道带的倾斜，但是某位开俄斯人俄诺彼得斯质疑是他发现了这点。”Cf. c. 23, 6。根据其他人的说法，阿那克西曼德已经发现了这点（参见前文，第 172 页注释 2)。根据 Theo（*Astron*. p. 322 Mart. end；*Fragm.* ed. Spengel, p. 140),

宇宙体系中是必要的，不仅是为了解释季节变化，而且因为不然的话地球会每天都妨碍中心火的光抵达太阳，由于它在它们之间穿行。日食通过月亮在地球和太阳之间穿行而得到解释；月食则通过地球或其他在太阳和月亮之间的天体的介入来得到解释。[1] 毕达哥拉斯学派把太阳和月亮看作玻璃状的球体，[2] 它们把光和热都反射到地球上。[3] 与此同时，据 456

欧德谟斯将这个发现归给了俄诺彼得斯——如果我们将残篇中的文字读作 *λόξωσιν* 而不是 *διάζωσιν*。《学说述要》断言欧德谟斯从毕达哥拉斯那里得到这个观点，这个断言会让我们倾向于假设（如 Sch……恰当地注意到的），欧德谟斯已经将这个观点看作是自己的（Schäfer, *Die Astron. Geographie der Griechen etc.,Gymn. progr*. Flensb. 1873, p. 17）。在 Diod. i. 98，有些埃及的贤哲断定，俄诺彼得斯在埃及学到了关于黄道倾斜的学说，这同样预设了他是第一个将这点介绍到希腊的人。在这种情况下，毕达哥拉斯学派只能是从他那里得到这个学说。根据普罗克洛（*in Eucl.* 19, 66th Fragm.），俄诺彼得斯比阿那克萨戈拉年轻一点，而比菲洛劳斯年长一些。

1 关于日食，参见 Stob. i. 526；关于月食，参见亚里士多德《论天》ii. 13, 293b21。他在谈论了“对地”之后，说：“他们中的有些人甚至认为许多物体围绕中心这样被移动也是可能的，只是由于地球插在中间，我们看不见罢了。他们说，这也是月食比日食更经常发生的一个原因；因为这些被移动的物体每一个都要遮蔽月亮，而不仅仅是地球。”与此类似，参见 Stob. *Ecl.* i. 558（*Plac.* ii. 29, 4；Galen, c. 15）。Schäfer 认为他不依赖于月食的众多次数，而在 Pliny（*H. Nat.* ii. 13, 57）提到的现象中（它的日期我们并不知道）发现了这个观点的理由（*l. c.* p. 19）。Pliny 说，月亮在下沉而上升的太阳已经在地平线上可以见到的时候，就出现了月食，它是通过光的折射作用可以解释的现象。我们在阿那克萨戈拉那里看到了同样的观点，vide *infra*. vol.ii。

2 参见第 309 页注释 1 和 Plut. *Plac.* ii. 25. 7（Stob. i. 552）：“毕达哥拉斯认为月亮的质体是像镜子一样的东西。”（同样的说法可见 Galen, c. 15。）就太阳的形式来说，《学说述要》（ap. Euseb. *Pr. Ev.* xv. 23, 7）将其描述为某种玻璃盘（*δίσκος*）；但是这个描述在其他任何文本中都没有，而且明确与 Stob. i. 526 中的说法（“毕达哥拉斯学派说太阳是球形的”）相冲突。此外，毕达哥拉斯学派必定归给太阳和月亮一样的形状，也就是球形，这点从未得到反驳。所以，我们必须把 Eusebius 这个说法视为一处谬误。

3 太阳和月亮的光和热从哪里来的呢？我们针对太阳方面已经讨论过这个问题了（第 309 页注释 1）。针对月亮，确定无疑的是，它的光被认为不是直接从中心火得来，而是从太阳得来，在菲洛劳斯的时代，太阳早就被视为月亮的光的来源了。因为如果月亮的光是从中心火那里得来，那么它必须始终被照亮，因为它朝向中心火的那一面跟朝向地球的一面是同一面。亚里士多德也提到（参见前文，第 313 页注释 1）这样的观点（跟菲洛劳斯关于十天体的断言不吻合），即，在地球之外其他天体也造成月食。我们从这里不能发现，如伯克（*Philol.* 129）和 Martin（*Etudes*, 99）发现的，这些小行星安置在中心火和月亮之间，而是说，这些行星安置在太阳和月亮

457 说他们还把恒星视为类似地球的、并且像地球一样被空气环绕着；[1] 他们认为月亮上有比地球上的植物和动物更大和更美的植物和动物。[2] 看起来，这个观点部分是基于月亮表面呈现的样子（跟地面有些像），部分是基于想要为离开地球的灵魂、即精灵寻求一个特别的居所。[3] 他们还认为，众恒星像地球一样也是一些行星，但是属于宇宙中更好的部分，这些恒星必定以更为完满的方式拥有一切用来装点地球的东西。毕达哥拉斯学派最早试图确定诸行星的秩序；[4] 水星和金星在后世天文学中被置于太阳与地球之间，但这两个行星被他们置于太阳与火星之间。[5] 据说，

之间。为什么月亮不是由中心火照亮的，或者是以过于微弱的方式被照到从而在没有太阳光的情况下就不能被看到，这个问题在我们拥有的材料中没有得到解释。

1 Stob. i. 514："赫拉克利德和毕达哥拉斯学派主张，每个天体都是在无限的以太中的一个世界，自身环绕着土和气（Plut. *Plac.* ii. 13, 8；Galen, c. 13 增加了'还有以太'）；这个看法在俄耳甫斯的追随者中流传，因为他们认为每个天体都构成一个世界。"

2 Plut. *Plac.* ii. 30. 1（Galen, c. 15）："毕达哥拉斯学派（Stob. i. 562：毕达哥拉斯学派中的某些人，其中包括菲洛劳斯）说，月亮对我们显得是跟陆地一样的，由此它跟我们的地一样可供居住，在那里有比我们的地上更大的动物和更美丽的植物；在那上面的动物在能力上是我们这里的动物的 50 倍；它们并不排泄粪便；而且那里的白昼长度是我们地上的 50 倍。"伯克（131 sq.）怀疑最后的表述有些错误。因为如果地上的一天相当于地球环绕中心火一周，那么月亮（它的旋转周期是地球的 29.5 倍）应该拥有跟地球一个月相当的白昼长度，也就是大概地上的 30 天左右。天体上的居住者的大小和力量是跟白昼的长度相对应的。但是，或许其中的措辞是不精确的，而作者的意思是说白昼的光的持续时间相当于 15 个完整的地上天数。然后，不管怎样（如我们在 p. 317 考察过的），我们手头这份材料的不精确性不能证伪菲洛劳斯作品的真实性。

3 第一个说法见于上注中引用的文本；第二个说法来自于俄耳甫斯教诗篇，还有 Iambl. *V. P.* 82 归给毕达哥拉斯的这个说法："那些福岛是什么呢？太阳，还有月亮。"

4 Eudemus, ap. Simpl. *De Caelo*, 212 a, 13；*Schol*. 497 a, 11.

5 关于这个主题，在第 305 页注释 5 以及第 290 页注释 1 引用的那些文本之外，还可参见柏拉图《理想国》x. 616E；《蒂迈欧》38D；Theo, *Astron.* c. 15, p. 180。跟这些证言相反的材料有如下这些：Nicom. *Harm.* 6, 33 sq.；Pliny, *Hist. Nat.* ii. 22, 84；Censorin, *Di. Nat.* 13, 3；Chalcid. *in Tim*. c. 71, p. 155（197 Mull.），以及其他更晚近一些的说法，这些说法遵照后来被接受的那个次序。但是，这些文本的权威性不大，跟以弗所的亚历山大的那些诗篇差不多（此人是西塞罗的同时代人，关于他，参见 Martin 编辑的 *Theo's Astronomy,* p. 66 sq.；Meineke, *Anal. Alex.* 371 sq.；Müller, *Hist. Gr.* iii. 240）；ap. Theo, *loc. cit.*（在这里，它们被错误地归给了埃托利亚人亚历山大）；Chalcid. *loc. cit.*（他把它们归给了著名的米利都人 Alenxander Polyhistor）；

毕达哥拉斯已经发现了金星既是晨星也是暮星。[1] 恒星天球跟其他诸天 458
体一样围绕中心火旋转；[2] 但是由于这种看起来的按日旋转被地球的运动所干扰，毕达哥拉斯学派在这里本来必须考虑相对于地球的按日旋转而言难以察觉的、一个非常长的旋转周期；但是，他们似乎不是通过实际观测而是纯粹通过关于天体本性的教条式预设来得出这个观点的。[3] 他们认为运动是诸天体的内在属性，而且从它们的运动轨迹的不变的规则性中他们找到了众星体之神性的最明显证据。[4] 根据他们归给众恒星
的旋转周期来看，他们似乎确定了“宇宙大年”（universal year），而柏 459
拉图无疑是从他们那里借用了这个概念。[5] 不管怎样，在柏拉图哲学中，这点紧密关联于灵魂转世的学说，而柏拉图在这方面主要因循了毕达哥拉斯学派。宇宙大年由数字“十”所支配，这非常符合毕达哥拉斯学派的方式，因而这个假定有很多的支持者。[6]

Heraclit. *Alleg. Hom.* c. 12。亚历山大一次都没有提及毕达哥拉斯学派。

1 Diog. viii. 14；cf. ix. 23；Plin. ii. 8, 37。

2 从第 305 页注释 5 引用的证据中确实可以得出这点。参见 Böckh, *D. kosm. Syst. Pl.* p. 99 sq.（他反对了 Gruppe, *l. c.* 70 sqq. 的观点）。

3 伯克考虑的那个关于分点岁差的问题（*loc. cit.* p. 93, 99 sqq.；*Philol.* 118 sq.）在很晚的时候才由 Hipparchus 发现，如我们在其他材料中看到的。

4 除了新毕达哥拉斯学派作者（如 Onatas, ap. Stob. i. 96, 100；Ocellus, c. 2 以及 Pseudo-Philolaus, ap. Stob. i. 422）之外，还可参见柏拉图，尤其是在《斐德罗》246E sqq.（伯克在 *Philol.* 105 sq. 证明了这点，而且大多数论者都同意他），他无疑是因袭了毕达哥拉斯学派的观点；此外还有亚里士多德《论灵魂》i. 2，405a29；参见第 312 页注释 4、5 和第 313 页注释 1；另参见前文，第 305 页注释 5。

5 Vide part ii, a 684, 4.

6 但是，我们必须把这种宇宙大年跟 59 年的循环（其中插入了 21 个闰月）区别开来，也就是说，菲洛劳斯或者甚至有人说是毕达哥拉斯发明了大年来让太阳月和太阴月相符合。Plut. *Plac.* ii. 32；Stob. i. 264；Censorinus, *Di Nat.* 18, 8；更多的细节，参见 Böckh, *Philol.* 133 sqq.。土星的运行周期也被称为“大年”；Phot. *Cod.* 249, p. 440 a, 20。据 Censorinus, *loc. cit.* and 19, 2，菲洛劳斯将太阳年的周期时间计算为 364.5 天。伯克认为这是不可能的，因为一年 365 天在埃及早就被知道了；他对 Censorinus 的那段话给出了一种解释，但是并没有消除所有困难。Schaarschmidt, p. 57 并没有理解这个观点，反倒显示出对伪菲洛劳斯毫无所知。在我看来，下面这点完全是不成立的，即菲洛劳斯知道埃及人关于年的观念，更加不可能的是，他有某些决定性理由来维护埃及人的算法而不会有任何考量导致他偏离这种算法。这些考量可能由某位毕达哥拉斯学派提出来，他会将各个数和特有的数方面的比附体系置于一切事物

460 跟古人的日常观念比起来，这种观点显示了天文学方面的巨大进步。因为那些日常观念假定地球是静止的，并且完全从太阳那里推导出日夜变换和季节变换，但是毕达哥拉斯学派最早试图从地球的运动来解释日和夜；尽管地球在自己的轴上自转的正确解释还没有被发现，但是毕达哥拉斯学派的学说在天文学上的直接结果会导向这点，只要单纯从毕达哥拉斯主义的玄设得出的想象性的观念被放弃，“对地”就必然会汇合到地球上来成为西半球；中心火会被转移到地球的中心，而地球环绕中心火的运动会转变为绕着自己的轴进行旋转。[1]

著名的天体和声是众天体之运动的结果。既然每一个快速运动的物体都产生某个音，那么毕达哥拉斯学派就认为，众天体也是如此。他们设想这些音的高度取决于运动的速度，而运动速度又跟诸行星的间隔成比例，而诸行星的那些间隔与八度音阶中的那些音的间隔有对应关系。
461 于是，他们就得出这样的观点，即，众天体在自身的转动中产生了一组音，[2] 它们组成了一个八度（octave），或者也可以说组成了一个和谐或和

之上（cf. Böckh, p. 135）；太阴月的 29 天半得出 59 个半天——即，它是跟 59 年的循环是同一个数字；59 年加 21 个月等于 729 个月；太阳年的 364.5 天相当于 729 个半天；最后，729 是 9 的立方数，和 27 的平方数，或者是一个奇数的第一个立方数（因而数目 729 对于柏拉图而言具有某种特别意义，见《理想国》ix. 587E）。不管情况是什么样，我倾向于认为（跟伯克一样），公元前五世纪某些毕达哥拉斯派，不管出于自己的不完满认识还是其他原因，会将一年计算为 364.5 天，这个情况比后面一种情况更有可能，即，公元前一世纪或前二世纪（一年定为 365 天在这时候已经很常见）的一位消息灵通的作者在缺乏知识的情况下将这个天数算少了半天。后面这个事情在我看来太不可能了，以至于如果没有办法将这个 364.5 天的算法跟菲洛劳斯联系起来（这也是我不认可的），我就会满足于下面这个猜测。Censorinus 或者他所因循的作者必定是在菲洛劳斯关于大年的说法的基础上通过计算而得出一年 364.5 天。菲洛劳斯的这些说法可能由于抄写者的失误或者别的原因而被改变；而菲洛劳斯实际上可能让 59 个太阳年等同于 59 个太阴年加上 22 个月（而不是 21 个月），所以就等同于月亮的 730 周旋转；在这种情况下，如果我们把月亮的旋转周期定为 29.5 天，那么我们就会得到一年 365 天，而如果我们将 59 年定为 729 个月，那么我们恰好会得出一年 364.5 天。

1 正如伯克恰当地注意到的，*Philol.* 123。

2 亚里士多德《论天》ii. 9, sub init.：“从上面所说的这些可见，下面这个理论显然是不真实的：诸星体的运动产生了和谐，也就是说，它们发出的声音是协调一致的；尽管作者们的话说得美妙而有独创性，”接下来还有更细致的说法：“毕达哥拉斯派

声。[1] 我们听不到这些音，这个事情他们的解释是，我们就像是生活在 462

认为如此庞大的物体在运动时必然产生声音，既然在我们地球上的其体积和运动速度都远不如星体的物体都会这样。所以他们说，当太阳、月亮和一切数量如此多、体积如此大的星体以如此快的速度运动时，不可能不产生出其大无比的声音。以这个假定和以星体速度（通过对它们距离的判定）与音乐和声成比例的观察为依据，他们就断言星体作圆周运动的时候发出的声音是和谐的。”或者，根据亚历山大的评注（*Ad Metaph*. i. 5, p. 29, 6 Bon. 542 a, 5 ; cf. 31 Bon. 542 b, 7）：“因为环绕中心转动的诸天体以某种数学比例间隔开……而在它们运动过程中产生出某个声音，较慢的天体产生低音，较快的天体产生高音。因为这些音跟隔开诸天体的间隔成比例，从这些音中产生的声音就是和谐的。我们听不到这个乐音，这似乎是没道理的，因而他们这样来解释说：这个声音从我们出生的时候就灌入我们耳中，因而就跟它的反面也就是寂静无声没办法区分了，因为声音和静默是通过相互对比而得到辨认的。于是，正如铜匠由于习惯了工坊发出的噪音而对之毫无分辨一样，我们人类的情况也是如此。”我们即将会发现其他几处证据，不过在我们这个主要的材料得出的详细解释之后，它们就几乎是不必要的了。

1　我们前面已经注意到（第 265 页注释 2、3），毕达哥拉斯学派主要把和谐理解为八度音阶。在诸天球的和谐中涉及的也是八度音阶。首先，“和谐”这个名称本身就指示了这点，其次，诸行星跟古代里拉琴的七根琴弦的比附关系是很显然的，毕达哥拉斯学派不会错过这点。从古人的证据来看，这点也是明显的。在上面引用的亚里士多德文本中，“λόγοι τῶν συμφωνιῶν”这个措辞不会是别的意思，而只能表示八度音阶的关系；因为，根据漫步学派的阿里斯托克塞努斯（ii. 45）所谈论的八个和声（后来的学说考察了这些和声，cf. Aristox. *Harm*. i. 20 ; Euclid. *Introd. Harm*. p. 12 sq. ; Gaudentius, *Isag*. p. 12），在他之前的和声学家只应用了前三个，称为 Diatessaron, Diapente 和 Diapason（分别指四度、五度和八度）。与此相似，在以弗所的亚历山大的那些诗篇中（前面第 457 页注释 4 提过），且不管在深入细节的时候有些音乐方面的错误（如 Martin 在 Theo, *Astron*. 358 sq. 中指出的），他因循 Adrastus 和 Theo 提出，七大行星的那些音和它们的音程跟七弦琴的七个音和音程是对应的。此外，尼各马可（*Harm*. 6, 33 sq.）明确说，七大行星的距离和音高跟七弦琴的诸弦的音程和音高严格对应，而 Boethius（*Mus*. i. 20, 27）因袭了这个看法。尼各马可跟古代的系统针锋相对（参见第 314 页注释 5），他将太阳置于中心；而在七根弦中，最低弦有最高音（νήτη），对应于月亮；最高弦有最低音（ὑπάτη），对应于土星。不过，尼各马可没有忘记指出，他的前辈们将月亮定为最低音（Alex. Ephes. *l. c.* 粗心地将其说成了地球），从这里上升到土星这个最高音；这点被阿弗洛狄西亚的亚历山大和其他一些人所承认（参见上注）。从同一份古代材料我们看到，Aristides Quint. *Mus*. iii. 145 得出了他自己的解释，“诸行星的谐和运动［被称为］八度音”，同样地，古代材料还说，Emmanuel Bryennius, *Harm*.（Oxon. 1699）, Sect. i. 363 解释得更为具体，他把诸行星在音高上对应于七根弦，并且将最低音归给月亮，最高音归给土星，而中间音（μέση）归给太阳。西塞罗或他所因袭的某位古代作者（*Somn*. c. 5）在谈论八个运动着的天体时显然考虑到了七弦琴和八度音阶，他说，这些天体的其中两个，水星和金星，具有同样的音高；因此它们总体上有七个不同的音：他们揭示了，有学问的人，通过让自己仿效弦乐和歌唱，来回到这个位置。不同的只是，他把恒星天也纳入到这个音乐系统了；他将最高音归给了恒星天，而将最低音归给了月亮。据 Pliny, *Hist. Nat.* ii. 22, 84 记载，毕达哥拉斯根据同一体系确定了诸天体的距离。月亮与地球的距离被视为与一个全音程是等值的（根据 c. 21，这个数字被毕达哥拉斯计算为 126000 个斯塔迪昂［Stadion，古希腊长度单位——中译注］），而太阳和月亮的距离被定为 $2\frac{1}{2}$个音程，而恒星天与太阳的距离被定为 $3\frac{1}{2}$个音程：这样，他们称七音的产生是按照八度音的和谐。最后这个说法无疑是弄错了；但这个错误很可能出现，假如我们把地球设想为不能产生任何音的（因为它是不动的）；这样，发声的那些天体的真实距离就正好跟那些弦音的音程相吻合；因为，从月亮到太阳的距离是一个四度音程（太阳只在这个新理论中占据这个位置），而从太阳到恒星天的距离是一个五度音程，而八个音结合起来构成了具有六个全音的一个八度音阶。另外一种计算方式（根据 Plut. *De An.* Procr. 31, 9, 102, 8 sq. 以及 Censorin. *Di. Nat.* c. 13），将地球（定为 the *προσλαμβανόμενος*，比最低音 *ὑπάτη* 低一个全音）到太阳的距离算成了 $3\frac{1}{2}$个音程，而从太阳到恒星天的距离算成了 $2\frac{1}{3}$ 个音程，这确实给出了正确的音程数目，即 6；但是它漏掉了地球的不发音（因为我们在这里并不涉及菲洛劳斯关于地球具有运动的学说），而且它与八弦琴的划分方式并不吻合，八弦琴要求从中间音到最高音的一个五度音程。这些作者，像西塞罗和普林尼将恒星天纳入到了天体音乐系统之中。另一方面，Censorinus 在那一章的开篇处将这个系统严格限定为七大行星，这是正确的。这点跟他在其他地方所说的观点的矛盾可以算作一个证据，证明他因袭了某个古代的材料，这个材料的意思他自己并没有完全理解。根据 Martin（*Etudes sur le Timée*，ii. 37），八度音阶的那些音在同时发声时并不形成一个和声。但是毕达哥拉斯学派并没有让他们的想象受到禁锢，既没有受到这个困难的禁锢，也没有受到我们所述其他困难的禁锢，而这些困难大多都得到亚里士多德的考察。Macrob. *Somn. Scip*. ii. 1, sub fin., 将天体和声的音域计算为四个八度再加上一个五度（跟 *Timaeus*, ii. 37 的和声数系统只差了一个全音，参见 Part ii. a, 653 sq.）。Anatolius, ap. Iamblichus, *Theol. Arithm.* 56 按照他的方式给诸天体分配各个音，得出两个八度加上一个全音。Plutarch, *l. c.* c. 32 引用了一个后来被 Ptolemy（*Harm.* iii. 16）反驳的观点，根据这个观点，七大行星的音跟十五弦琴的七个不变和弦的那些音相吻合；然后他引用了另一个观点，据此，诸行星的距离跟全音系统的五个四度音阶是对应的。这些观点不可能属于古代早期的毕达哥拉斯学派，因为他们拿来作为前提的和声系统的发展与和弦数目的增加是更晚时代的事情。根据一个被普鲁塔克（*l. c.* 31）归给毕达哥拉斯学派的观点，十个天体中的每个都有运动从而有生命，它们各自跟比它低一层的天体分隔开来，距离是低一层的天体跟更低一层天体的距离的三倍。这个观点跟天体和声中的各个音的计算方式没有什么关系，而且这个评论也适用于柏拉图关于诸行星的距离和速度所说的那些内容（《理想国》x. 616 C sqq.；《蒂迈欧》36D，38C sqq.），尽管其中第一个文本提到了和谐。现代人关于这个问题的讨论，首先可以参考伯克在 *Studien v. Daub und Creuzer*, iii. 87 sqq.（也见于 *Kl. Schr*. iii. 169 sq.）的经典论述，在这篇论著里天体和声跟七弦琴的诸音程的对应关系也在古代音乐系统中得到了解释；最后还可以参考 Martin, *Etudes*, ii. 37 sqq.。

一个铁匠铺里的人那样，从一出生我们就持续听到同样的声音，由于缺 463
乏静默的对比，我们从来没有注意到它的存在。[1] 这种天体和声的观念 464
最初跟十天体系统并没有关系，[2] 而只是跟诸行星系统有关；因为十个天体的运动会得出十个音。对基于七音音阶的古代和声系统而言，和声要求七个音，而如果采用八音音阶，那么和声就要求八个音。所有具体讨论这点的人总是将“七”或者“八”这个数归给天体和声。[3] 这个数最初应该是“七”，因为直到菲洛劳斯时代，毕达哥拉斯学派的学说还只承认七音音阶的七个音。[4] 亚里士多德的证言 [5] 跟这点没有矛盾。首先，亚里士多德在那么说的时候有可能既想到柏拉图或某位柏拉图的弟子，
也想到毕达哥拉斯学派。其次，假定他仅仅想到毕达哥拉斯学派，那么 465
他是否单纯复述他们的观点而没有附加自己的预设，这是有疑问的。不过，天体和声的学说尽管最初只是关系到诸行星，它其实是基于某种普

1　这是亚里士多德和赫拉克利特的看法，*Alleg. Hom.* c. 12, p. 24 Mehl。后者补充了一个可能的理由，即，诸天体的距离太远了。的确，辛普里丘（*De Caelo,* 211, a, 14; *Schol*. 496 b, 11 sqq.）认为这个理由太普通了，不会是一个学派主张的，这个学派的创始人自己听到过诸天体的和声，并且给出这个卓绝的理由（Cicero, *Somn*. c. 5 和亚里士多德也有所提及），即，诸天体的音乐不能被庸俗的有死者的耳朵所感知到。波菲利给出了一个物理方面的理由（*in Ptol. Harm.* p. 257），他说，我们的耳朵太窄了，感知不到这些特别强的声音。在这方面，阿尔基塔似乎为他这个观点提供了预备，参见在 Porph. *l. c.* 和前面第 207 页及以下引用的那则残篇。

2　或许是出于这方面的理由，菲洛劳斯没有提及它（至少就我们能见到的他所留下的残篇而言）。Porph. *V. Pythag*. 31（他自己持有地球中心论的观点）关于九个发声天体（被毕达哥拉斯称为九个缪斯）所说的内容暴露出了它是晚出的观点，只不过对于“对地”的诠释带有非毕达哥拉斯学派的特点。

3　关于这个主题，除了第 317 页注释 1 已经引用的文本之外，参见柏拉图《理想国》x. 616 sq.，他所说的天体和声涉及恒星天和诸行星；Hippol. *Refut.* i. 2, p. 8，他所说的天体和声仅仅涉及诸行星。Censorin. *Di. Nat.* c. 13 ：“毕达哥拉斯也已经表明，整个宇宙是‘和谐的’。Dorylaus 写道，宇宙是神的乐器；由于七个旋转的行星的运动的缘故，其他人由于七个旋转的行星也将宇宙称为‘舞场’（*ἑπτάχορδον*）。”

4　如 Böckh, *Philol.* 70 sq. 表明的（诉诸第 265 页注释 4 引用的那段菲洛劳斯的文本）。Arist. *Probl*. xix. 7 ；Plut. *Mus*. 19 ；Nicom. *Harm.* i. 17, ii. 27 ；参见 Boethius, *Mus*. i. 20。Bryennius, *Harm.* sect. i. p. 365 说，毕达哥拉斯是八度音阶的发现者，这说法在这里不能考虑进来。

5　确实，他在使用“*τοσούτων τὸ πλῆθος ἄστρων*”这个措辞的时候，必定也考虑到了众恒星。

遍的思想，这个思想就是亚里士多德归给毕达哥拉斯学派的那个思想（《形而上学》第1卷第5章），即，整个宇宙是一个和谐（和声）。如我们所见，这个思想直接源自于对诸天体的距离和运动的严整秩序的感觉和预见。眼睛在观察诸星体之时所看见的，也是耳朵在若干音的和谐中所听到的。[1] 毕达哥拉斯学派把精力集中于各种象征，而不太注意诸概念的严格区分，以此方式他们把和谐等同于八度音阶。按照这点，他们就很容易把天体和声也当作一个八度音阶，而把七大行星看作天上的七弦琴的金弦。这种诗性的想法无疑是先出现的，而亚里士多德提到的那种对其进行确证的理智性论证肯定是后来才出现的。

在毕达哥拉斯学派学说中，宇宙周围的火的主要作用是把宇宙围拢
466 在一起作为整体而存在，基于这个理由他们似乎又把它称为必然性。[2] 如

---

1 柏拉图《理想国》vii. 430 D：“很可能是这样，正如眼睛集中关注天文方面的运动，耳朵也集中关注和声方面的运动，从而天文学与和声学是姊妹学科。这就是毕达哥拉斯学派说的，而且，格劳孔，我们也会同意。” Cf. Archytas ap. Porph. *In Ptolem. Harm.* p. 236（*Fragm. Philos.* i. 564）：“确实，关于诸星体的速度和他们的升降，关于几何与数而不仅仅是关于音乐，他们传给我们一套清晰的界定。因为这些学问似乎是有亲缘关系的。”

2 在我看来从残缺的文本中可以得出这个结论，根据 Plut. *Plac.* i. 25, 2（Stob. i. 158; Galen, c. 10, p. 261；Theod. *Cur. Gr. Aff.* vi. 13, p. 87）：“毕达哥拉斯说，宇宙是由必然性所包围的。”里特尔（*Pythag. Philos.* 183）在这个文本中发现了这样的思想，即，包围着宇宙的未限定的东西让宇宙转变为某种限定的东西，并且让它服从自然的必然性。但是根据毕达哥拉斯学派的学说，未限定者不能被视为起包围或限定作用的东西；*περαῖνον* 和 *ἄπειρον* 是直接彼此相对立的。同样，柏拉图在《蒂迈欧》中所说的“必然性”（*ἀνάγκη*）肯定表示跟带有目的而起作用的神的活动相区分的那种自然的必然性，而这个“必然性”不会是毕达哥拉斯学派所说的那个意思；因为自然必然性和神的目的性这个对立的观念对于他们而言是陌生的，如我们前面所讨论到的（参见前文，第273页）。在毕达哥拉斯学派看来，必然性的意思毋宁说是宇宙的纽带；当他们说它包围着宇宙，我们最自然想到的是宇宙外围的火。柏拉图似乎确认了这个观点，他受到毕达哥拉斯学派的启发，让宇宙的各个圆环的主轴在 *Ἀνάγκη* 的两膝上旋转（《理想国》x. 617B），于是这个 *Ἀνάγκη* 在这里也一样包围着所有的天球。以同样的方式，Iambl.（*Theol. Arithm.* p. 61）写道，“既然神学家们一致主张，必然性占据整个天宇的最外围的位置。” Wendt.（*Jahrbuch f. wissensch. Krit.* 1828, 2, 379）把 *Ἀνάγκη* 视为和谐的同义词。但是，尽管第欧根尼（viii. 85）说，在菲洛劳斯看来，一切事物都凭借必然与和谐（*ἀνάγκῃ καὶ ἁρμονίᾳ*）而发生，我们从这里不能得出结论说，菲洛劳斯把必然跟和谐等同起来了；因为我们不能说

下这点也不是不可能的，即，他们认为众天体的光是从它那里获得的，而且某种程度上太阳的光也是如此。[1] 还有理由假定，他们相信这种火或者它的光线可以在银河中看到。[2] 在这个火圈之外是“无限定者”（the 467
Unlimited），或者无限定的气（πνεῦμα），宇宙从这里进行呼吸。[3] 在宇宙 468

和谐包围着宇宙。

1 参见第 309 页注释 1。

2 我们已经从 Böckh（*Philol.* 99）那里看到了这个猜测，它建立在 Böckh 给出的那个暗示的基础上（见 *Kl. Schr.* iii. 297 sq.），即：柏拉图（《理想国》x. 616B sq.）把包围宇宙的光描述为就像一艘船的 ὑποζώματα（缆索），这时候他非常有可能考虑的是银河。据说，宇宙的若干圆环就结合在这光的中空部位，而 Ἀνάγκη（音译：阿娜昂克，意译：必然女神）的纺锤就跟着这些圆环转动，也就是在 Ἀνάγκη 的两膝上旋转（617B）。如果我们把这些文段跟上一注释中引用的文段结合起来，就很可能得出，作为宇宙纽带的外围火跟银河是一回事，它一度被称为 Ἀνάγκη。我们也可以把这个文段跟 Stob. *Ecl. i.* 256 中的说法联系起来，即：“追随毕达哥拉斯的人们认为宇宙是球形的……只有最外层是圆锥状的火。”根据 Böckh，柏拉图把这种光比作圆柱，因为如果从宇宙外的某处来看的话，立圆锥状的银河看起来会是圆柱状的。不过存有疑问的是，毕达哥拉斯派是不是更加相信，宇宙外围火是从银河的北峰爆发出来的，出现为很大的圆柱状，立在很宽广的基础上并且终结于某个点，而且，这个观点是不是影响到了柏拉图的阐述。我不同意 Krohn（*D. Platon. Staat,* p.282 sq.）提议的文本修改。这种宇宙外围火的学说，或者至少外围火等同于银河的学说，似乎只属于这个学派的一部分人。尽管亚里士多德是了解外围火学说的（参见《论天》ii. 13；第 305 页注释 5 引述的“外沿和中心就是界限”明显跟这种火相关），他在论及银河的时候，从毕达哥拉斯派（“所谓毕达哥拉斯派当中的某些人”）引用了这样的观点，即银河是在法厄同（Phaeton）灾难中跌落的诸天体之一的轨迹或轨道，要不然就是太阳一度经过但是现在被舍弃的轨道。这个观点也见于 Olymp. and Philoponus, *ad h. l.*（i. 198, 203, Id.）以及 Stob. *Ecl.* i. 574（Plut. *Plac.* iii. 1, 2），其中没有提及这观点的来源。这样一些观点不能被归于菲洛劳斯。

3 亚里士多德《物理学》iii. 4, 203a 6：“毕达哥拉斯学派……宣称，天的外面是无限的。”Ibid. iv. 6；参见前文，第 285 页注释 3；Stob. i. 380；Plut. *Plac.* ii. 9（Galen, c. 11）。但是，出于第 320 页注释 2 中给出的那个理由，我们不应该把这种“无限定者”等同于外围火，因为它在任何地方都没有被描述为是火一样的，而是被描述为没有边界的气（参见第 285 页注释 3 中亚里士多德的说法），宇宙从这里吸入它的“*πνοή*”。确实，即将要引用的辛普里丘的文句让恒星天直接受到“*ἄπειρον*”（无限定者）的包围；但是，阿尔基塔是否把“*ἔσχατον*”（外围）理解为恒星天而不是最外围的火，这是个疑问。因为“*ἤγουν τῷ ἀπλανεῖ οὐρανῷ*”这些措辞肯定是记录者的注解；一位毕达哥拉斯学派成员不会将宇宙的外围部分称为“*οὐρανός*”。罗特（ii. a, 831 sq.；b, 255）认为，我们应该把置于宇宙外边的“*ἄπειρον*”理解为作为“无限定的精神”（the infinite spirit）的原初的神。但是，这个观点连同所有基于其上的所有观点显然是错误的，因为“*ἄπειρον*”跟“有限定者”对比而言，之外必定存在这样的某种"未定者"（Infinite），这点阿尔基塔已经证明。[1] 时间和虚空从这里进入到宇宙中。[2] 但是这个观念是非常模糊不清的，这不仅要归因于我们的文献材料，而且肯定要归因于毕达哥拉斯学派自身。一方面，我们必须把虚空（void）理解为空的位置（empty space），它在此跟在其他许多地方一样是与填充了气的位置不加区别的；另一方面，虚空把一切事物甚至把各个数彼此分离开来。因而在这里，逻辑上的和物理上的两种不同含义是混为一谈的。由于思想的同一种混淆，时
469 间（由于其延绵无限）被认为是从"未限定者"中产生出来的，也就是说，是从未限定的空间中产生出来的。在这里我们看到了毕达哥拉斯学

从毕达哥拉斯学派的观点看，它是某种坏的和不完满的东西；它是"ἀνόητον καὶ ἄλογον"（*Philol.* ap. Stob. *Ecl.* i. 10）。在毕达哥拉斯学派的残篇中，即使是那些最晚出的残篇，"ἄπειρος"也从未被应用于"神"。如果说亚里士多德谈到了宇宙外边的"ἄπειρον πνεῦμα"，那么这也不能支持罗特的观点，而是与之相反。难道亚里士多德或任何早于斯多亚学派的哲学家曾把精神称为"πνεῦμα"吗？

1 Simpl. *Phys.* 108 a："按欧德谟斯所说，阿尔基塔提出了如下问题：如果我抵达了一个终极，例如恒星天，那么我能不能将我的手或者棍子伸到外面去呢？我不能将它伸出去是荒谬的；但是如果我将它伸出去了，那么在外面的要么是物体要么是位置。这没有什么区别，如我们将要领会到的。所以，他会一直在同一条路上继续走（βαδιεῖται），向着每次选的那个边界，并且问（ἐρωτήσει）同样的问题，如果总是另外有某个地方是棍子可以抵达的，那么很显然，它就是无限的。如果它是个物体，该论点得到证实；如果它是个位置，而位置是某个物体所在或者能在的地方，而就持存的东西而言，潜在的东西（τὸ δυνάμει ὡς ὄν）必须被看作现实的东西，于是还是会有无限的物体和位置。"欧德谟斯的那些解释在这里被附加到阿尔基塔的证明之上，如"βαδιεῖται"、"ἐρωτήσει"和亚里士多德的措辞（《物理学》iii. 4, 203b30；《形而上学》ix. 8, 1050a6："τὸ δυνάμει ὡς ὄν"，等等）所表明的；而且"无限"的物质性正是由这个措辞得到证实，而所有跟这个观念相关的东西都必定属于欧德谟斯；属于阿尔基塔的东西只有这个问题："如果我抵达了一个终极，例如恒星天，那么我能不能将我的手或者棍子伸到外面去呢？"我们看到了另一个证据支持亚里士多德《物理学》iv. 9 提及的"虚空"（empty space），这个说法被 Themist. *in h. l.* 43 a（302 sq.）、Simpl. *Phys.* 161a; *De Caelo*, 267 a, 33 所转抄和评论。按他的说法，Xuthus 说，如果没有虚空就没有稀散和浓缩，而为了让运动存在，某些物体必定会越出宇宙的诸边界，以便为物体的运动提供空间。宇宙必定有所溢出（κυμανεῖ τὸ ὅλον）。辛普里丘把这位 Xuthus 称为"Ξοῦθος ὁ Πυθαγορικός"。但是，他是一位真正的毕达哥拉斯派，还是像厄克芳图那样仅仅（vide *infra*, p. 526）是把原子论学说跟毕达哥拉斯派学说结合起来，这点没有得到说明。

2 亚里士多德《物理学》, iv. 6；Stob. i. 380。

派的玄想式思想方式，对此我们已经看到了许多佐证。我们没有理由通过清晰的界定这些概念来破坏这点，而我们也不能从中推导出在这个学说体系内得不到确保的结论。[1]由于同样的理由，时间(按照前面的论述，它是从“未限定者”进入天穹的）又会被等同于[2]天宇；前面的观点是把时间考虑为没有界限（limit）的东西；后面的观点则说明，天空由于其自身的运动而成为时间的度量尺度。[3]毕达哥拉斯学派无疑没有尝试 470
去把这两个观点很好地协调起来。[4]

这个学说使得那种把宇宙视为由半球形的凹状物所拱成的一个曲面

---

1 Cf. p. 411 sq.

2 Plut. *Plac.* i. 21 (Stob: i. 243 ; Galen, c 10, p. 25)：“毕达哥拉斯（认为）时间是包围（宇宙）的那个天宇（τὴν σφαῖραν τοῦ περιέχοντος)”，这句话被亚里士多德和辛普里丘所确认。因为亚里士多德在《物理学》iv.10, 218a33 中说：“有些人主张，它(时间)是宇宙（τοῦ ὅλου）的运动，而其他人说它就是天宇自身”，而辛普里丘进一步评论说（p. 160)：“有些人说时间是宇宙的运动和运转，就像欧德谟斯认为柏拉图所主张的……有些人说，它是天宇自身，就像有人传言毕达哥拉斯派是这样主张的，这样传言的人可能误解了阿尔基塔（那些被错误地归给阿尔基塔的范畴，参见 Part iii. b, 113, 2 ed.)，他们以普遍的方式说，时间是自然全体的间隔。”根据 Plut. *De Is.* 32, p. 364 ; Clem. *Strom.* v. 571 B ; Porph. *Vit. Pyth.* 41，海洋以相似的方式被毕达哥拉斯学派说成是克洛诺斯的眼泪。克洛诺斯是天空之神，他的眼泪（雨）形成了海（如他们认为的)，参见第 59 页注释 5。在 Chaignet, ii. 171 sq. 转述我以上论点的时候所用的措辞中，我没能认出我的观点。他的那些反驳，以及他试图从假冒的毕达哥拉斯学派著作中寻找毕达哥拉斯学派论点的意义，对这些我在此也不能去讨论。

3 亚里士多德上引书给出了另一个动机：“那些说时间是天宇（ἡ τοῦ ὅλου σφαῖρα）的人就是这样想的，根据这点，一切事物都是在时间中，也即在天宇之中”，辛普里丘著作中将其归给阿尔基塔的那个界定应该以这个意义得到诠释。但是，这个理由似乎不是来自于阿尔基塔。我宁愿猜测它是在他的时代之后才出现的。毕达哥拉斯派（就像费瑞库德斯）最初肯定把克洛诺斯当成天空的象征性名称。参见上注。

4 我不认为它们是协调的，我也不同意伯克（*Philol.* 98）说的，毕达哥拉斯学派把时间说成包围（一切）的天宇，就它的基础是“无限定者”而言。因为一方面，“无限定者”不能被称为“包围（宇宙）的天宇”（σφαῖρα τοῦ περιέχοντος)，另一方面，这个表达在迄今被人所忽视的亚里士多德的那段话中得到了不同的解释。普鲁塔克的提示（*Plat. Qu.* viii. 4, 3, p. 1007）并不值得信赖；按照这个提示，毕达哥拉斯将“时间”界定为“宇宙 / 大全”（the All）或“宙斯”的灵魂。参见 p. 466 sq.。

的原始观点必须放弃；上和下的概念被还原为了距离中心的远和近[1]；下
471 面这部分，或者靠近中心的这部分，被毕达哥拉斯学派称为宇宙的右边；而距离中心远的这部分，被称为宇宙的左边；因为他们把诸天体从西向东的运动视为某种前进运动，因而他们分派给中心的位置是宇宙诸天体右侧的尊贵位置（这符合它在宇宙中的重要地位）。[2] 他们还认为宇宙的上面部分是最完满的，并且把最外层的火圈和天体的那些圆环区分开来，再把这些圆环划分为月上的和月下的；所以宇宙被划分为三个区

1 确实，这点并没有得到亚里士多德（《论天》ii. 2, 285a10）的证言的证实。亚里士多德在考虑诸天是否有上下左右前后的时候，对这点觉得奇怪，即“毕达哥拉斯学派为什么只说这些本原中的两个，即右和左，而忽略了其他四个与它们同样重要的本原”。但是，这意味着，在诸对立的那个列表中（vide p. 381），只有这两个范畴被提及。然而，实际上宇宙的“上”和“下”被归结为“外”和“内”。*Philol.* ap. Stob. *Ecl.* i. 360（Böckh, *Philol.* 90 ff ；*D. Kosm. Syst*. 120 sq.）：“*ἀπὸ τοῦ μέσου τὰ ἄνω διὰ τῶν αὐτῶν τοῖς κάτω ἐστὶ τὰ ἄνω τοῦ μέσου ὑπεναντίως κείμενα τοῖς κάτω*（即，诸天球的次序，从上到中心，是从中心到最低点的次序的反面）*τοῖς γὰρ κάτω τὰ κατωτάτω μέσα ἐστὶν ὥσπερ τὰ ἀνωτάτω, καὶ τὰ ἄλλα ὡσαύτως. πρὸς γὰρ τὸ μέσον ταὐτά ἐστιν ἑκάτερα, ὅσα μὴ μετενήνεκται* (= *πλὴν ὅτι μετεν*; cf. Böckh, *Philol*. 90 sq.; *D. Kosm. Syst*. 120 sq.)”。在 *τοῖς γὰρ κάτω* 等等这些表述中，文本明显是有脱落的。为了改正文本，我的提议是，要么（1）删去 *μέσα*，它只是就 *μέγα* 这个词的一种猜测，而且在好几种抄本中都阙如；这样，意思就会是：“因为对于那些在下面的人们而言，最低的看起来是最高的”；要么（2）将其读作“*τοῖς γὰρ κάτω κατωτάτω τὰ μέσα ἐστὶν ὥσπερ τοῖς ἄνω, καὶ τὰ ἄλλα ὡσαύτως*”。Leop. Schmidt（*Quaest. Epicharmeae*, Bonn, 1846, p. 63）以及 Nutzhorn（*Philol.* xxii. 1865, p. 337）提议的改正在我看来也不好接受。

2 Simpl. *De Caelo*, 175 b, 31; *Schol*. 492 b, 39 ：“在他（亚里士多德）搜集的毕达哥拉斯学派学说的第二卷，他们（毕达哥拉斯派）说，宇宙的一部分是上而另一部分是下，下面的部分是右，而上面的部分是左；他们还说，我们是在下面的部分。”这些话似乎与亚里士多德在《论天》ii. 2. 285 b, 25 中所说的是矛盾的：“毕达哥拉斯派让我们处于上面和右边，而让处于另外半球的人处于下面和左边。”然而，伯克（*D. Kosm. Syst*. 106 sq.）已经表明这两处论断如何是不协调的，并且会遇到怎样的一些反驳，而按 Simplicius, *loc. cit.* 的说法，他和他的前人亚历山大提出过这些反驳，而更晚近的反驳出自 Gruppe, *d. Kosm. Syst. d. Gr.*, 65 sqq.。在辛普里丘那里提到的 *συναγωγή*，关系到将宇宙划分为上面或外面的区域以及下面或里面的区域，而后者（包括地球和对地）是在后边的。在《论天》中的说法与此相反，提到了地球的上半球和下半球；针对这点，毕达哥拉斯学派主张（与亚里士多德相反），我们所在的半球冲着宇宙的外围，而在日常语言里就是上半球。亚里士多德“从他自己的立场出发”将其称为右半球；毕达哥拉斯学派应该会将其称为左半球。

域：奥林帕斯（Olympus）、科斯摩斯（Cosmos）和乌拉诺斯。[1] 奥林帕
斯包含处于纯粹状态的元素；[2] 科斯摩斯 [3] 是有秩序的和单一样式的运动 472
的区域，而乌拉诺斯则是生成变化的区域。[4] 中心火是否被包含在奥林
帕斯区域，而恒星天是否被包含在科斯摩斯区域，我们不清楚。但是这
两种猜想都是很有可能的。“对地”的位置是更为可疑的；毕达哥拉斯
学派有可能从未考虑过这个问题，因为他们主要关心地球领域与超地球
领域的对立设置。最后，在斯托拜乌的摘录中提到了奥林帕斯的运动，
不过他在这里是不是把仅仅应用于恒星天的运动转移给了奥林帕斯，这 473

---

1 参见上注以及 Stob. i. 488，接着第 305 页注释 5 引用的文本之后：“此外，他把包围体的最上面部分称为奥林帕斯，其中是诸元素的精纯物；而在奥林帕斯轨道之下的东西，其中依次有五大行星、太阳和月亮，他称为科斯摩斯，月亮以下以及属于地球的诸区域，其中有容易变化生成的事物，他称之为天（Ouranos）。他还说，关于天宇中有秩序的事物有智慧出现，而关于流变世界之无秩序有德性产生。”关于这点，参见 Böckh, *Philol.* 94 sq.，以及前文，p. 316。属地的天宇和属天的天宇的对立既出现在 Diog. viii. 26 的阐释中（充满了斯多亚学派的意见），也出现在 Phot. 439 b, 27 sqq. 所记载的那个准漫步学派的阐释中，不过在其中菲洛劳斯的三重划分是缺乏的。相反，它在柏拉图的《伊庇诺米》978B 的这些话中有所隐含：“如果我们以正确方式沉思他，不管我们愿意称他为科斯摩斯还是奥林帕斯还是乌拉诺斯——让我们如我们喜欢的那样称呼他”，恰好是因为作者否认了它。Parmenides, v. 141, 137（vide *infra*, Parm.）将最外层的包围层称为“ὄλυμπος ἔσχατος”；另一方面，他将布满星星的天空不是称为 Kosmos，而是称为 Ouranos。不过，我们不能从这里推论说（如 Krische, *Forsch.* 115 那样），菲洛劳斯不能用 Ouranos 这个词来谈论低层区域；他的用词未必与巴门尼德完全一致。

2 换言之，它由最纯粹的实体构成；因为属地的诸元素显然不在奥林帕斯中存在；甚至很难说毕达哥拉斯学派考虑过 στοιχεῖα（元素）这个词。不然，难道我们要把这个表达理解为“有限”和“无限”？因为，单单“无限”，宇宙外部的 ἄπειρον（参见第 321 页注释 3）不能（像伯克所考虑的那样）由复数的 στοιχεῖα 来表示。

3 这里说的是狭义的科斯摩斯。因为科斯摩斯这个词在毕达哥拉斯学派这里通常会表示“宇宙”（e.g. *Philol.* Fr. 1, 参见第 261 页注释 1）。甚至有人说，毕达哥拉斯是第一个使用这个表达的人（Plut. *Plac.* ii. 1；Stob. i. 450；Galen. c. 11；Phot. 440 a, 17）。这个说法中正确的可能是这点，即，毕达哥拉斯学派喜欢使用这个词来表示世界的和谐秩序。但是，甚至在色诺芬的时代，这个用法也不是普遍的用法，正如在色诺芬《回忆苏格拉底》i. 1, 11 中可以清楚看到的；“智者们所谓的科斯摩斯”，参见柏拉图《高尔吉亚》508A。

4 在 Epiph. *Exp. fid.* p. 1087 B 中说的话（使用了某个晚出的术语）并不是完全不准确的：“他说，在月亮之下的一切事物都是要遭受作用的（παθητὰ），而在月亮之上的那些东西则是不遭受作用的（ἀπαθῆ）。”

点是不确定的。

如我们见到的，关于宇宙的天文学观点跟宇宙之呼吸以及宇宙的左边和右边的区分的观念是相关联的。在这里我们看到了古人偏好把宇宙类比于一个生物体；但是，在我们前面提到的关于宇宙灵魂的探究之后，我们就不能再认为这种思想对于毕达哥拉斯学派的学说有什么重要影响。

从被归于普鲁塔克名下的《学说述要》的一段话中[1]或许可以推论说，毕达哥拉斯学派（跟阿那克西曼德和赫拉克利特一样）相信宇宙周期性地产生于毁坏。然而，这段文本也许只不过是断言，地上的存在物通过热和湿的作用而被分解，而进入宇宙的蒸汽可以滋养宇宙或众星体。[2]
474 所以，它只关系到个别事物的毁坏，而就宇宙整体而言，看起来毕达哥拉斯学派并不相信任何的宇宙毁坏；伪普鲁塔克[3]关于这点告诉我们的无疑仅仅是从洛克利人蒂迈欧的作品或其他类似材料那里引申出来的。很清楚的是，与之相反，据欧德谟斯，正如后来斯多亚学派也是这样说的，毕达哥拉斯学派不仅认为居住在世界上的同一些人在后世会再次进入世界，而且认为他们会再次有同样的行为、居住在同样的环境中；[4]这点在

1 II. 5. 3："菲洛劳斯认为，宇宙的毁坏有两种方式；要么是由于天上落下的火，要么是由于月亮的水通过气的漩涡而浇灌下来；从那里出来的蒸汽是宇宙的滋养物。"这个说法在这里和在 Galen. c. 11 都后接如下措辞："πόθεν τρέφεται ὁ κόσμος"（宇宙从那里得到滋养）。在同样标题的作品里，斯托拜乌（*Ecl.* i. 452）说："菲洛劳斯（说），一方面是在火从天窜出来的时候，另一方面是月亮的水由于气的旋转而浇灌出来的时候。这些水的蒸汽是宇宙的滋养物"，而在《论生成和毁灭》i. 418 的章节中，他引用了"菲洛劳斯……浇灌出来的时候"这些话，如同它们在《学说述要》中得到引用的一样，只是在"毁灭"（φθορὰν）后面他加上了"宇宙的"（τοῦ κόσμου）。关于这些晦涩措辞（这些话或许没有得到准确转述）的涵义，我遵从 Böckh, *Philol.* 110 sq. 的看法，他的诠释在我看来比 Chaignet, ii. 159 的诠释更有可能成立。Chaignet 是这样解释这段话的："有两种消亡的原因，一种是当火脱离天界，……另一种是当这火被月亮的水所分散而消失。"

2 正如赫拉克利特和斯多亚学派所说的。

3 *Plac.* ii. 4, 1（Galen. c. 11, p. 265）.

4 在他的《物理学》的残篇中（根据 Simp. *Phys.* 173 a），他追问过去的某个时间会不会再次出现，而他的回答是：后来出现的时间只在质方面跟过去的那个时间相同。

波菲利的一段自身不太重要的文本中得到确证。[1] 这个学说无疑关系到轮回和宇宙大年的学说。如果诸天体会占据与原先同样的位置，每个事物都会返回到其同样的状态，因而同一批人会在同一些环境中再次出现。但是，这个学说属于毕达哥拉斯学派全体还是仅仅属于其中一部分人，这是有疑问的。

毕达哥拉斯学派似乎很少关注地球本性的研究，至少留下来的材料几乎不涉及这个方面，不过菲洛劳斯是个例外，他在这方面有一点尝试。就菲洛劳斯而言，[2] 据说他从最初四个数派生出四个几何方面的规定 475
性（点、线、平面和体），同样他从“五”派生出若干物理性质[3]，而从“六”派生出灵魂，从“七”派生出理性、健康和光[4]，从“八”派生出爱情、友爱、审慎（Klugheit）和创造力。在这里（除了数的图式学说之外）体现出来的思想是，各种事物体现了完满性方面的渐次提升；但是我们没有看到他试图详细地论证这点，也没有看到他去探究对应于每个特定领域的那些特征。[5]

毕达哥拉斯学派在针对灵魂和人方面的探究很可能也没有走多远。晚出作者实际上反复说的是灵魂从宇宙灵魂中产生出来，而且灵魂具有以太一样的、与神相关的、永远运动的、不朽的本性。甚至有一条菲

1　*V. Pyth.* 19，关于毕达哥拉斯的那些学说，灵魂不死和轮回转世是最广为人知的：“在一个特定周期之后，同一些事件会再次出现，没有任何东西是新的。”

2　Iambl. *Theol. Arithm.* 56；cf. Asclep. in *Metaph*. i. 5。这些文句在第 299 页注释 2 中已经得到引用。在 *Theol. Arithm.* p. 34 sq. 说到，“六”被毕达哥拉斯学派视为灵魂的数，而且亚里士多德在提及下面这个论断的时候可能已经暗指菲洛劳斯（《形而上学》i. 5，在第 254 页注释 1 有引用）：“*ὅτι τὸ τοιονδὶ* (sc. *ἀριθμῶν πάθος*) *ψυχὴ καὶ νοῦς*”。

3　“*ποιότητα καὶ χρῶσιν*”。颜色无疑以一般的方式刻画了外部性质（参见亚里士多德《论感觉》c. 3, 439 a, 30：“毕达哥拉斯学派把物体的表面称为颜色”，而“*ποιότης*”这个措辞看起来并不属于菲洛劳斯，应是对这个措辞的晚出诠释。

4　“*τὸ ὑπ᾽ αὐτοῦ λεγόμενον φῶς*”，所以它不是普通意义上的光，而是人的某种性质或状态；或者泛指健康、活得好。

5　关于亚里士多德《论感觉》5, 445a16 那段话，我们只能找到毕达哥拉斯学派讨论有生命者的某些零散的痕迹，根据这个文本，某些毕达哥拉斯主义者认为某些动物以气味为生。关于其他的引文，参见第 331 页注释 4。

洛劳斯的残篇包含这些表述。[1] 然后，我已经表明了，[2] 这则残篇很难被
476 考虑为真实的，因而他写过一部关于灵魂的论著的说法是可疑的。我还表明了，其他一些材料很可能把斯多亚学派和柏拉图学派的学说跟毕达哥拉斯学派的学说混在一起了。如果我们去看最可靠的史料、也就是亚里士多德的说法，那么我们会发现他对毕达哥拉斯学派的灵魂学说所知甚少。[3] 在他关于前辈论及灵魂本性的综合考察中，他谈到毕达哥拉斯学派的仅仅是，他们当中有些人主张灵魂是太阳的微粒（solar corpuscles），而另一些人主张让它们运动的东西是灵魂。[4] 亚里士多德以不点名的方式提到了灵魂是"和谐"的学说，[5] 而在柏拉图著作中 [6] 这个学说被认为是菲洛劳斯的一位弟子的。马克洛比乌斯（Macrobius）[7]
477 将这个学说归在菲洛劳斯自己名下，甚至归在毕达哥拉斯的名下。菲洛庞努斯把这个学说关联于灵魂是一个数的说法，而这个说法也被斯托拜

1　参见第 307 页注释 3 引用的文本。

2　参见 p. 447 sq.；第 274 页注释 4；第 268 页注释 3；第 271 页注释 1。

3　参见 p. 447sq.。

4　《论灵魂》i. 2, 404a16，亚里士多德提到那些把灵魂视为运动本原并且是自身运动的东西的人，尤其是原子论者，然后他说："毕达哥拉斯学派的学说似乎建立在相同的想法之上；其中有些人说灵魂是在气当中的微粒，另一些人说灵魂是使它们运动的东西"；亚里士多德的这个想法（很可能仅仅是他自己的想法）源自于这个情况：即使在完全没有风吹的情况下，太阳的微粒也在运动。我不明白 Schlottmann 对我的责难（*D. Vergängliche u. Unvergängliche in d. menschl. Seele nach Arist*. Halle, 1873, p. 30）。他说，我断定把灵魂界定为运动本原仅仅是亚里士多德的某个归纳，这时候我错误诠释了这段文本（这文本在 p. 448 引用了）。但是，亚里士多德给出这个界定就是作为他自己的归纳：他只是引用了"灵魂是自身运动的东西"作为毕达哥拉斯学派的观点。"太阳微粒被某个灵魂所推动"和"灵魂总体上是运动本原"是不同的两个说法。

5　《论灵魂》i. 4, sub init."关于灵魂还有另一种看法……它的支持者说，灵魂是一种和谐；因为和谐是相反者的混合或组合，而身体是从相反者组合而成的。"《政治学》viii. 5 a："由此，许多哲人说，灵魂是某种和谐，而另一些人则说，灵魂拥有和谐。"

6　《斐多》85E sqq.。

7　Somn. i. 14："柏拉图说灵魂是某种自身运动的实在；色诺克拉底说它是自身运动的数；亚里士多德说它是隐得来希（ἐντελέχειαν）；毕达哥拉斯和菲洛劳斯说它是和谐。"

乌提到。[1] 这个表述本身并不是不可能的：如果每个东西都是数与和谐，那么灵魂也会是这样。但是，灵魂是和谐或者数，这个泛泛的表述没有什么意谓；当柏拉图和亚里士多德（*loc. cit.*）把灵魂描述为“它所属的身体的”数或和谐，这时候我们就灵魂的本质才有了实际的界定。并没有人说，毕达哥拉斯学派是这样界定的，而且这个观点跟他们相信灵魂不朽是不协调的。[2] 所以，如果说这种观点出现在该学派，那么它会是对于原始学说的偏离，而这不能被归于菲洛劳斯名下。更有可能的是，他所说的是克劳狄安·玛美尔图（Claudianus Mamertus）[3] 从那里引用的话，还有可以从我们前面的引述中推导出来的话，[4] 即，灵魂借助于数与和谐而跟身体联合在一起。[5] 然而，更进一步的说法，[6] 即毕达哥拉斯把灵魂界定为一个自身运动的数，这是完全不能接受的。亚里士多德是 478
最早引用这个定义的人，[7] 当他这么做的时候显然不是指涉毕达哥拉斯学派；[8] 而其他论者明确说色诺克拉底是这个观点的提出者。[9] 同样不太可

1 Philop. *De An.* B, 15：“所以，正如他们〔毕达哥拉斯派〕说灵魂是某个和谐的时候不是指由琴弦构成的那种和谐，etc.” 参见 C. 5，在那里说到，色诺克拉底从毕达哥拉斯那里挪用了一个观点，即灵魂是一个数。Stob. *Ecl.* i. 682：某些毕达哥拉斯派把灵魂称为一个数。

2 在柏拉图的著作中，西米亚斯仅仅从这点得出结论说，灵魂在身体毁坏之后消逝，正如乐器毁坏之后和谐会终结；我们很难断言，这个结论怎么可以被规避；这个结论也被阿里斯托克塞努斯和狄凯亚尔库提出来，参见 Part II. b, 717 sq. 2nd edtion。

3 *De Statu An*. ii. 7（ap. Böckh, *Philol.* p. 177）：“灵魂，连同非物体性的和谐，通过数和某个不朽者而被置于身体之中。”

4 参见第 327 页注释 2；p. 431。

5 在这里我们也不确定是不是 Claudian 从真正的菲洛劳斯那里转抄了他的话；参见第 274 页注释 4。

6 Plut. *Plac.* iv. 2。Nemes. *Nat. hom*. p. 44。Theodoret, *Cur. gr. aff.* v. 72，而 Steinhart, *Plato's Werke*, iv. 551 大体上同意他的观点。

7 《论灵魂》i. 404b27，408b32。《后分析篇》ii. 4, 91a37。

8 在关系到毕达哥拉斯学派的文本（引文参见第 328 页注释 4）之后，他接着说（《论灵魂》i. 2, 404a20），“同样的倾向也被那些把灵魂界定为自身运动者的人所表明。”所以，他将这个观点跟毕达哥拉斯学派的观点区别开来了。关于后者，他在别处以不同方式表达了自己的看法，而如果他看到他们关于灵魂本性的界定是非常清楚确定的，那么他不会采用这种方式。

9 参见 Part II. a, 672, 2, 2nd edition。

能的是，阿尔基塔将灵魂界定为自身运动的东西，[1]尽管毕达哥拉斯学派肯定会注意到灵魂的持续运动及其无中断的生命。[2]还有两个说法，一个说毕达哥拉斯将灵魂称为一个正方形（square），而阿尔基塔将灵魂称为一个圆形或一个球形，这都是可疑的。[3]最后，有一个从阿尔基塔那里引用的表达说灵魂是没有空间方面的广延的，这肯定是从伪作中引用的。[4]

479 关于灵魂的构成部分，更晚期的一些论者把各种各样的学说归于毕达哥拉斯学派名下，但是我不认为他们最初就拥有这些主张。据有的人说，毕达哥拉斯学派熟悉柏拉图式的关于灵魂的理性部分和非理性部分的区分，以及相似的关于理性、意气和欲望的区分；[5]除了把理智能力分

---

1 Joh. Lyd. *De Mens.* 6（8），p. 21“因为毕达哥拉斯说，‘人的灵魂是一个直角四边形’。但是阿尔基塔并不把灵魂界定为一个四边形，而是界定为一个圆。‘所以灵魂是自身运动者；它必定是第一推动者，而它是一个圆或球’”。根据我们前面的论述，亚里士多德可能对这个被归于阿尔基塔的界定毫无了解。把灵魂界定为“*αὐτὸ κινοῦν*”（自身运动者）肯定是从柏拉图那里得来的（《斐莱布》245C）。在那里，我们也看到了这样的观察：自身运动的东西相对于别的东西而言是“运动的源泉或开端”（*πηγὴ καὶ ἀρχὴ κινήσεως*）；关于这点，伪阿尔基塔应用了亚里士多德的表述“第一推动者”（*πρῶτον κινοῦν*）。

2 参见亚里士多德的论述（引文参见第 328 页注释 4），尤其是他关于 Aclmaeon 所说的话（见后文）。

3 关系到毕达哥拉斯学派的说法自身是可疑的，就像我们关于毕达哥拉斯本人的个人观点所拥有的所有晚出的材料那样。关系到阿尔基塔的说法也是这样，首先是因为它自身是离奇的，其次是因为它跟柏拉图和亚里士多德的思想有明显的关联。

4 Claud. Mam. *De Statu An.* ii. 7（cf. Pt. iii. b, 90, 2 Aufl.）从阿尔基塔那里转引了一句话：“灵魂按照‘一’的范型而构成，因为它主宰身体，尽管与空间分离，就像数中的‘一’与空间分离一样”。但是，要证明这段话的出处属于阿尔基塔的真作，那就需要比克劳狄安的证言更多的证据；本身不太可能的是，阿尔基塔或者任何其他毕达哥拉斯主义者会阐述这样一种学说，这学说我们最早甚至从柏拉图那里都没有听到，而是从亚里士多德那里才听到，即：灵魂在身体中的在场并不是空间上的联结。Stob. *Ecl.* i. 790 和 Theodor. *Cur. gr. aff. V. P.* 128 记载了一个说法，据此毕达哥拉斯把 *νοῦς* 当成 *θύραθεν εἰσκρίνεσθαι*，这无疑包含了灵魂转世学说的一个推论。Schlottmann, p. 24 sq. 和 p. 476 引述的论著错误地利用了这个说法来证明某个无根据和不太可能成立的猜测，即：亚里士多德从毕达哥拉斯学派那里借用了“*θύραθεν εἰσιέναι*”这个说法来表达灵魂和身体的统一。

5 Cf. Posidonius ap. Galen. *De Hipp. et Plat.* iv. 7；v. 6, T. xv. 425, 478 K.；Iambl. ap. Stob. *Ecl.* i. 878；Plut. *Plac.* iv. 4, 1, 5, 13。关于理性和无理性部分的区分，参见 Ci-

为理性、知识、意见和感觉这样的柏拉图式划分之外，[1]另一位论者还提到，[2]毕达哥拉斯学派将灵魂划分为理性、心灵和意气；理性和意气在人类和兽类中都存在，而心灵只存在于人类中；意气坐落于心脏，其他两 480
种能力坐落于大脑。更有根据的假定是，菲洛劳斯认为理性坐落于大脑，而生命力和感觉能力坐落于心脏，精子（卵子）和发育能力坐落于肚脐，繁殖力坐落于性器官。他说，其中第一个区域有人类的胚胎，第二个区域有兽类的胚胎，第三个区域有植物的胚胎，而第四个区域有一切事物的胚胎。[3]这些就是我们全部所能了解到的毕达哥拉斯学派关于人类的学理性观点。他们关于人类的其他说法全然属于宗教教义的范围，而我们接下来要考察它在毕达哥拉斯学派学说体系中的重要性。[4]

---

cero, *Tusc.* iv. 5, 10；Plut. *Plac.* iv. 7, 4；Galen, *Hist. Phil.* c. 28。其他从伪毕达哥拉斯学派残篇中得来的段落可以参见 Part III. b, 112, 2, 2nd edition。

1 The Pseudo-Archytas ap. Stob. *Ecl.* i. 722, 784, 790，以及 Iambl. *π. κοιν. παθ. ἐπιστ.*（in Villosion, *Anecd.* ii.）p. 199；Brontinus ap. Iamb. C. 198；Theodoret, Cur. gr. aff. v. 197 Gaisf.，他增加了第五个部分，也就是亚里士多德所说的“明智”（*φρόνησις*）。Plut. *Plac.* i. 3, 19 sq.，在一份明显属于新柏拉图主义的阐释的摘录中，基于亚里士多德（《论灵魂》i. 2, 404b21）引用的那些著名的柏拉图的论断中。Photius 给出了另一种更为晚出的划分，见《论灵魂》440b27；cf. Part III. b, 120, 8。

2 Alex. Polyhistor ap. Diog. viii. 30。前面已经表明（第 271 页注释 1，第 307 页注释 4），这个阐述是伪托的。整个划分方式是混乱的，包含许多斯多亚学派的界定，例如，诸感觉官能是从灵魂发散出来的东西，灵魂得到血液的滋养，等等。

3 Iambl. *Theol Arithm*. 22“理性动物有四种本原，如菲洛劳斯在《论自然》中说的，包括头脑、心脏、肚脐和生殖器；头脑是思考之源（*κεφαλὰ μὲν νόω*），心脏是灵魂和感觉之源，肚脐让胚胎植根和生长，而生殖器则用于播撒种子和生殖。头脑是人的本原，心脏是动物的本原，肚脐是植物的本原，生殖器是所有事物的本原，因为它们全部都从种子中萌芽和生长。”“所有事物”（*πάντα*）和“全部”（*ξυνάπαντα*）应该被理解为三种有生命的存在者，也就是人、动物和植物。关于这则残篇的可靠性（从“*κεφαλὰ μὲν νόω*”这些措辞开始；前面那些话是扬布里柯的预备性论述），参见 p. 317。

4 我们只能以补充的方式讨论前面的阐述中略过的某些学说，它们没有构成毕达哥拉斯学派的物理学说的某个有机构成部分，要么是晚出作者从其他材料中插进他们的学说里去的，要么处于零散的状况，缺乏哲学基础而仅仅是基于观察之上。我们应该把这些视为晚出作者的某种添加，例如，Alex. Polyhistor ap. Diog. viii. 25 sqq. vide Part III. b, 74 sq., 2nd edition。同样的判断也适用于 Sextus, *Math.* ix. 366 归给毕达哥拉斯的那个关于物体的界定（“能够被作用或起作用的东西”）。《学说述要》将某个斯多亚学派的学说归给了毕达哥拉斯：“物质是可改变的、可变化的、可转换

481 ## 五、毕达哥拉斯学派的宗教和伦理学说

就毕达哥拉斯学派的学说而言，没有别的学说比灵魂转世的学说更为人熟知、更加可以确定地追溯到这个学派的奠基人。这个学说被克塞诺芬尼提及，[1] 后来被开俄斯的伊娥（Io of Chios）提及。[2] 菲洛劳斯谈论它，亚里士多德把它描述为毕达哥拉斯学派的神话，[3] 而柏拉图
482 关于死后灵魂状况的神话式描述肯定是从毕达哥拉斯学派那里转借来的。正如菲洛劳斯所说[4]（柏拉图重复了这个说法[5]），灵魂被埋在身体

的，在一切事物之间穿越流动”。同一部论著（i. 24, 3）还说有个论断是从毕达哥拉斯那里来的，但是他不可能以这种方式表达此论断，即：由于诸元素的种类改变和形态改变，而导致了严格意义上的“变易”和“消灭”。最后，《学说述要》（*Placita*, i. 23, 1）还归给毕达哥拉斯某种在亚里士多德之后才出现的关于运动的定义（参见 Stob. i. 394）。我们还可以举出其他例子，如，关于颜色的说法：*Placita*, i. 15, 2（cf. Stob. i. 362；Anon. Phot. *Cod.* 249, p. 439 a, cf. Porph. *in Ptol. Harm.* c. 3, p. 213；亚里士多德《论感觉》, c. 3, 439a30）；关于天和地的五个区域的说法，*Plac.* ii. 12, 1；iii. 14（Galen. *H. ph.* c. 12, 21, cf. Theo *in Arat.* ii. 359）；关于视觉，以及镜子的反射作用，*Plac.* iv. 14, 3（Stob. *Ecl.* i. 502，以及在 Joh. Damasc. *Parall.* p. 1, 17, 15 的那些摘要；Stob. *Floril.* ed. Mein. iv. 174；Galen, c. 21, p. 296）；关于声音，*Plac.* iv. 20, 1（Galen. c. 26）；关于种子，*Plac.* v. 3, 2, 4, 2, 5, 1（Galen, c. 31）；关于五种感官，Stob. *Ecl.* i. 1104；Phot. *l. c.*；关于彩虹，Aelian, *V. H.* iv. 17；关于通过闻气味得到滋养的动物，亚里士多德《论感觉》，5（参见第 327 页注释 5）；关于各种疾病的起源，Galen. c. 39。即使这些记述真的再现了古代早期毕达哥拉斯学派的学说（只有其中一部分能够得到这样的假定），它们跟毕达哥拉斯学派的哲学没有直接关联。与此类似，亚里士多德《形而上学》viii. 2, ad fin. 说成属于阿尔基塔的那些关于空气和海的平静的某些论断，都缺乏重要性；还有一个记载是完全孤立的，亚里士多德根据这个说法表明（Probl. xvi. 9），动物和植物中某些器官的圆形是均等法则（law of equality）的结果，此法则主宰自然运动。关于毕达哥拉斯学派的所谓的逻辑学和语言哲学，参见后文，第六节。

1 在 Diog. viii. 36 所引用的诗中：“有一次，当他经过时看见一条小狗遭人虐打，他满是怜悯，说了这样一番话：住手，不要再打！因为一位朋友的灵魂寓于它的体内，故当它哀鸣时，我知道它在说什么。”

2 在 Diog. i. 120 的话是，“智慧的毕达哥拉斯真正判明了一切人的定数”，指的就是灵魂不朽的信仰。

3 《论灵魂》i. 3，末尾部分。

4 Clemens, *Strom.* iii. 433 A; Theod. *Cur. gr. off.* v. 14（Böckh, *Philol.* 181）。根据 Diog. viii. 31，血管被称作灵魂的联结物。其余的话似乎不属于早期毕达哥拉斯学派。

5 《高尔吉亚》493A：“因为我曾听过一位有智慧的人说，我们如今就是死人，我们

里、受到身体的局限，这是因其过错而受到的惩罚。身体是灵魂的囚
牢，神将灵魂置于其中作为处罚，因而灵魂并无权通过某种自以为是 483
的行为而将自身从身体中解放出来。[1]只要灵魂还处在身体中，它就需要身体；因为只有通过身体它才能感受和感知；它脱离身体之后可以在某个更高的世界中过一种无身体的生活。[2]然而，只有当它让自己有能力达到并且配得上这种福分的时候，才可能实现这点；否则，它就只能在肉体生活中继续赎罪，或者在塔耳塔洛斯中接受折磨。[3]所以，

的身体（σῶμά）就是坟墓（σῆμα），我们的欲望所寓居于其中的那部分灵魂实际上是可以被劝说的而且是摇摆不定的。因而有个聪明人，很会讲寓言故事的，可能是西西里人也可能是意大利人，把灵魂的这个部分说成水罐（πίθος），由于它很容易动摇和被说服（πιθανόν）——只是稍稍改了一下名字，他还把没有入教的人（ανοήτοι）称作傻瓜（ἀμύητοι），认为傻瓜……就像一个有裂缝的水罐，……他们用筛子到别处去为那只漏水的罐子取水。”究竟在这个文本中仅仅是σῶμα（身体）与σῆμα（坟墓）的比较，以及对来自菲洛劳斯或者一些毕达哥拉斯学派的αμύητοι的惩罚的神话，还是这个神话的道德解释也来自于他，是个问题。这个解释被伯克（*Philol*.183, 186sq.），布兰迪斯（*Gr.Röm.Phil*. i. 497），Susemihl（*Genet. Entae, d.Plat.Phil.* i.107sq）以及其他人归于菲洛劳斯。布兰迪斯在*Gesch. d. Entw*. i. 187中并不肯定。总之，这个解释在我看来有种纯然柏拉图的特点，与菲洛劳斯的论著并不协调。柏拉图没有说他从κομψὸς ἀνὴρ（聪明人）那里听到了关于这个寓言的解释，而只是听到了寓言本身。当柏拉图把这个寓言关联于一首流行歌曲，Σικελὸς κομψὸς ἀνὴρ ποτὶ τὰν ματέρα ἔφα（一位聪明的西西里人对母亲说的话）（Timocreon, *Fr*. 6 b; Bergk, *Lyr. Gr*. p. 941），这时候他是编了一个关于Σικελὸς ἢ Ἰταλικὸς（西西里人或者意大利人）的寓言故事；他指的是穿孔的船的寓言故事，没有入教的人进入这个船就像用筛子打水——也就是说，把Danaids的惩罚扩展到了所有没有入教的人，这个传统来自于俄耳甫斯—毕达哥拉斯派的圈子。在《克拉底鲁》400B中，柏拉图把σῶμα与σῆμα的对比归给俄耳甫斯教，而菲洛劳斯对此也有相同观点：“有些人说肉体是灵魂的坟墓，可以把灵魂看作今生就被埋葬的……这个名称可能是由俄耳甫斯教的诗人们发明的，他们感到灵魂由于犯罪而正在接受惩罚，肉体是锁闭或囚禁灵魂的地方。”

1　柏拉图《克拉底鲁》，同上；《斐多》62B（在评论菲洛劳斯禁止自杀之后）：“有一种关于此事的说法在人间秘密传授，说人生如在狱中，不能自己越狱潜逃。”西塞罗（*Cato*, 20, 73；*Somn. Scip*. c. 3）相当不准确地复述了这层意思，但是也没有比这一段更权威的其他文本了。Clearchus（ap. Athen. iv. 157 c）把这同一学说归于一位不为我们所知的名叫Euxitheus的毕达哥拉斯派。

2　Philol. ap. Claudian. *De Statu An*. ii.7。*Carm. Aur*. v. 70 sq.。也许这就是厄庇芬尼乌斯（*Exp. fid*. 1807）的说法的来源，根据这个说法毕达哥拉斯自称为神。

3　Euxitheus（ap. Athen, *l. c.*）威胁那些自杀的人说：“神作出谕示，如果人们不留在

按照这些最早的材料记载，毕达哥拉斯学派的这个学说与我们在柏拉图那里看到的这个学说（它关联于其他某些毕达哥拉斯学派观念）是相同的。[1] 恩培多克勒也持有这个学说，[2] 即灵魂由于前世的过错而被罚入身体，在死后每个灵魂按照其应得的报应进入到科斯摩斯或者塔耳塔
484 洛斯，或者通过人类或动物的样式经历再次的游荡。[3] 所以，当我们在晚出作者[4] 那里看到关于这种学说的描述，我们有充分理由将其接受[5] 为真的，但是这不意味着我们要接受所有被他们联系到这点的那些描述。[6] 据

此世，直到神自愿解放他们，那么到时就会有更多、更大的灾祸降临于他们。"根据亚里士多德《后分析篇》94b32，毕达哥拉斯认为雷声威吓塔耳塔洛斯中的那些罪人。因为我同意里特尔（*Gesch. d. Phil*. i. 425）的说法，即，如果柏拉图《理想国》615D. f. 对应的段落得到恰当考虑的话，那么我们必须设想这里的意思是罪人而不是那些提坦神。

1 Cf. Part II. a, 691, 3rd. ed.

2 Vide *infra*, vol. ii. *Emped*.

3 据说毕达哥拉斯学派通过 παλιγγενεσία（重生，再生）这个词来表示灵魂返回到身体。Serv. *Aen*. iii. 68："毕达哥拉斯把一定时间之后（灵魂）的返回说成是重生（παλιγγενεσία）而不是灵魂轮回（μετεμψύχωσιν）。" Vgl. p. 474, 3。

4 例如，亚历山大，在这里似乎比通常更少添加地复述了毕达哥拉斯的想法，ap. Diog. viii. 31："当它（指灵魂）被抛到地上后，它就如同身体（参见柏拉图《斐多》81C；Iambl. *V. P*. 139, 148）一样在空中游荡。赫尔墨斯是灵魂的管理者，因此他也被称为护送者赫尔墨斯、看门人赫尔墨斯和尘世的赫尔墨斯，正是他通过大地和海洋将灵魂从身体中招来，纯洁的灵魂被带入最高天，禁止不洁的灵魂靠近它们，也不允许那些不洁的灵魂互相靠近，而是让它们被复仇女神厄立尼斯捆绑在牢不可解的锁链中。" Porph. *V. P*. 19："他说灵魂是不朽的，它会进入同类的有生命物中。"波菲利补充说：确实"必定把一切生成的有生命者都认作为同类的"。Plut. *Plac*. v. 20, 4（Galen. c. 35）把这层意思解释为，动物的灵魂自身的确是理性的，但是由于它们的身体而并不能够理性地行动。Plut. *Plac*. 1, 4；Galen. c. 28；Theodoret, *Cur. gr. aff*. v. 123 只把灵魂的理性部分描述为死后会存在；但是这些说法，就像人和动物在精神方面的平等这样的说法（Sext. *M*. ix.127；参见前文第 288 页注释 1）是后世才出现的推论。关于毕达哥拉斯自己的转世的神话故事已经在第 232 页注释 2 提过了。

5 我们的解释同样反驳了格拉迪许所说的话（Noack's *Jahrb. f. Spek. Philos*. 1847, 692 sq.），他试图证明恩培多克勒是教导灵魂轮回学说的第一位哲学家。

6 例如，关于禁杀动物和禁吃动物所说的话（参见前文，第 236 页注释 3）。不过我们千万不能像格拉迪许一样得出结论说，毕达哥拉斯因此不可能承认灵魂的转世。柏拉图和其他人承认这点，可是他们仍然吃肉。恩培多克勒并不禁食植物，尽管他认为人的灵魂可以转移到植物身上。

说，灵魂在脱离身体之后会漂浮在空气中；[1]这无疑是上面引用的那个观念（即，太阳的微粒是灵魂[2]）的基础；这个观念不应该被看作某个哲学 485
学说，[3]而只能被视为毕达哥拉斯学派的某个迷信观念。[4]毕达哥拉斯学派肯定相信死者的灵魂有地下的居所。[5]他们关于来世的确切观念是什么：他们是否像柏拉图那样设想其中有些灵魂在冥界遭受惩罚，而且从灵魂离开身体到进入另一个身体必须间隔一段时间；他们把灵魂与身体的联结看作是取决于运气还是取决于本性上的亲缘性，还是仅仅取决于神的意愿——对此历史材料并无提及。此外，他们在所有这些问题上有没有固定和全面的学说，这点也是有疑问的。更确定地被归于他们的观 486
念是：在每个宇宙周期中每个灵魂都返回到地上的生命形态并且处于跟前世相同的环境之中。[6]

相信灵魂转世对于毕达哥拉斯学派而言无疑是很重要的，[7]但是它看

---

1 Alex. ap. Diog. *l. c*。参见第 334 页注释 3，第 337 页注释 1。

2 关于这一点，里特尔（*Gesch. d. Phil*. i. 442 R）援引 Apuleius *De Socr*. c. 20 的这段话：亚里士多德说毕达哥拉斯认为对于任何人而言奇怪的是假装从没有看到精灵，但在我看来这似乎指以人的形状出现的死者的幽灵，而根据 Iamblichus, *V. P*. 139, 148，毕达哥拉斯认为这种现象完全是自然的。

3 就像 Krische（*Forschungen*, etc. i. 83 sq.）所认为的那样。他把上文所引的文本与中心火和宇宙灵魂的观念相联系，基于如下假设：根据毕达哥拉斯的这个学说，只有众神的灵魂直接从宇宙灵魂或中心火那里发出，而且人的灵魂从太阳那里发出并被中心火加热。我无法接受这种联系，因为我不承认宇宙灵魂是古代毕达哥拉斯学派的观念。他还有一个观点，即灵魂是被从太阳猛抛到地球上的，这点没有得到我们任何材料的佐证。

4 毕达哥拉斯学派的这一理论与亚里士多德（《论灵魂》410b27）所称的有重要的亲缘关系："在俄耳甫斯诗歌中所表达的观点也面临着同样的困境；因为这种理论宣称，灵魂为风所生，当动物呼吸时，灵魂便从宇宙进入到动物体内。"如果灵魂最初就漂浮在空中，并伴随着第一次死亡而进入新生的身体之中，它同样随着最后的死亡从将死的身体中逃逸；而且如果它没有上升到更高的处所或者下降到更低的处所，那么它一定漂浮在空气中，直到进入另一个身体。这个俄耳甫斯教的观念本身似乎与某个古代流行信仰相关：为祈祷男女婚配可以多得子女，雅典人向 Tritopatores 或风神祷告的时候（Suid. τριτοπ.；cf. Lobeck. *Aglaoph*. 754），会假设小孩的灵魂是风带来的，参见第 48 页注释 2。

5 根据 Aelian. *V. H*. iv. 17，毕达哥拉斯从死者的集会（σύνοδοι）来解释地震。

6 Cf. p. 474 sq.

7 施莱尔马赫认为（*Gesch. d. Phil*. 58），我们不应该从字面上理解这点，而要将它理

起来跟他们的哲学没有太大的关联。晚出作者试图通过如下观点来寻求两方面的结合点，即把作为宇宙灵魂之流溢物的灵魂考虑为具有神性的、不死的本质。[1]但是正如前面讲过的，这个观点很难被归于早期毕达哥拉斯学派，因为从各方面来看它都跟斯多亚学派的观念和措辞紧密相关，而亚里士多德在《论灵魂》中、柏拉图在他的《斐多》中都没有提及这点，尽管他们都有许多机会可以这么做。[2]除了这个观点之外，我们有可能设想，灵魂被毕达哥拉斯学派考虑为某种不可毁灭的实在，因为它是一个数或和谐。[3]但是，既然一切事物都是数或和谐，那么灵魂就没有比其他事物更为特别的本质。如果灵魂在更精确的意义上
487 被考虑为身体的和谐，从这里能够推导出来的就是《斐多》中西米亚斯（Simmias）推导出的东西，即灵魂会在这个和谐所属的身体终结的时候终结。[4]所以，灵魂不死和轮回的学说是否在学理上被毕达哥拉斯学派关联于他们关于灵魂之本质的观点，或者关联于他们的数论，这点是很可疑的。这个学说在伦理方面的重要性是不可否认的。但是，正如我们很快会看到的，就学理的层面来说，伦理学也是同样被他们所忽视的。所以，这个教义似乎不是毕达哥拉斯学派"哲学"的构成部分，而是毕达哥拉斯学派"秘仪"的传统，很可能来源于更古老的俄耳甫斯教义传统，[5]而跟毕达哥拉斯学派的哲学原则没有学理上的关联。

解为关于我们与动物领域之间亲缘关系的某种伦理性譬喻；这个观点跟所有人的记载都相反，包括菲洛劳斯、柏拉图和亚里士多德。

1 Vide *supra*, p. 475, 417 sq.

2 就像关于亚里士多德已经表明的那样。至于《斐多》，非常不可能的是，柏拉图作为一名很乐于提及俄耳甫斯教和毕达哥拉斯学派传统的人（vide 61C, 62B, 69C, 70C），在表达某种如此相似的想法之时（79B, 80A），会对毕达哥拉斯学派完全没有任何暗指——假如他的灵魂不死学说源于他们的话。

3 Vide *supra*, p. 477.

4 参见第 329 页注释 2。我们更加没办法像赫尔曼（*Gesch. d. Plato*, i. 684, 616）那样，在 Ovid. *Metam.* xv. 214 sq. 以及 Plut. *De εi*, c. p.18 中找到证据来证明，毕达哥拉斯学派把灵魂转世学说奠基于万物流变的学说，尤其奠基于我们身体的形式和实体的变化。Cf. Sumemihl, *Genet. Entw. d. Plat. Phil*. i. 440。

5 Vide p. 67 sq.

早期毕达哥拉斯学派还相信诸精灵（daemons）的存在，[1] 这方面的信念也应该被归入其秘仪的部分。就我们所知的而言，他们认为诸精 488
灵是没有身体的灵魂，有些居住在地下，有些居住在空气中，经常向人们显现；[2] 但是各种精神力和死者的灵魂也被他们称为“精灵”。[3] 毕达哥拉斯学派从精灵来解释神启和预言，并且把这些跟净化和赎罪联系起来；[4] 常常有人记载说毕达哥拉斯学派把预言的地位看得很高。[5] 诸英雄也被看作属于精灵一类，[6] 不过他们似乎没有给予这些英雄以特别的崇

1　菲洛劳斯的残篇第 18 则（参见前文第 255 页注释 3）似乎已经区别了诸精灵和众神。阿里斯托克塞努斯（ap. Stob. *Floril*. 79, 45）也如此，当他建议我们应该像尊敬众神和诸精灵一样尊敬我们的父母时。《金诗》（v.1 sqq.）以更确定的方式说我们应该首先尊敬众神，然后才是英雄和阴间的诸精灵（καταχθόνιοι δαίμονες）。后来的作者，像 Plutarch, *De Is*. 25, p. 360; *Placita*, i. 8，把毕达哥拉斯学派的学说与柏拉图和色诺克拉底的学说结合起来了，但正因如此它们不能被视为真正的毕达哥拉斯主义。亚历山大（据 Diog. viii. 32）提及诸精灵和它们对人的影响的证言似乎有更原始的来源：“整个空气中都充满了灵魂，一些被称为精灵，一些被称为英雄；他们将梦托给人，也向他们显示疾病和健康的征兆；他们不仅向人显示这些东西，也将之显示给羊和其他牲畜。正是因为他们，才有了洁净、驱邪，各种预言、征兆，以及其他诸如此类的东西。”Cf. Aelian. iv. 17：“（毕达哥拉斯曾经）在谈话中多次涉及耳朵中鸣叫的更强有力的声音”。柏拉图在《会饮》202E 中的著名阐述有多大程度上来自于毕达哥拉斯学派，这点无法确定。

2　参见上注，以及第 334 页注释 4 的引文。

3　参见波菲利（*V. P.* 41）的断言：“敲打铜器产生的回声是被禁闭在铜器中的某个精灵的声音。”这是个古老而玄虚的想法，它提醒我们想起泰勒斯关于磁铁的灵魂的观点。

4　Aristoxenus ap. Stob. *Ecl*. i. 206。与 Böckh, *Philol*. 185 相反，布兰迪斯（i. 496）认为这种更高的影响力在菲洛劳斯这里（根据亚里士多德（《欧德谟伦理学》6 末尾）指的是“εἶναί τινας λόγους κρείττους ἡμῶν”（存在某种比我们更强大的逻辑）。Alex.（*l. c.*）把启示和赎罪归于诸精灵而不是 δαιμόνιον（灵机）；但是这个观点仅在此处出现一次，这似乎透露出它是晚期的立场，这种立场不容许神和人之间有任何直接交往。除了在亚历山大这里，我们还可以注意到柏拉图《会饮》202E 有一处相似的文本。

5　参见前文，第 239 页注释 5。许多材料都补充说，毕达哥拉斯不容许占问牺牲（在 Galen. *H. ph*. c. 30, p. 320，我们根据 *Plac*. v. 1, 3 的文本应该读作 οὐκ ἐγκρίνει〔不容许〕而非 μόνον τὸ θυτικὸν οὐκ ἀνήρει〔只有祭司而不是男人〕）。但这个观点完全依赖于这样的假设，即他禁止血祭乃至总体上禁止杀害动物，可是这个假设没有历史根据。

6　参见前文，第 337 页注释 1。

489 拜。[1]那种认为精灵处于诸神和人类之间的居间地位的观念[2]在更古老的民间信仰中就已经存在了。

从精灵转向诸神（gods），我们就会发现，如我们已经看到的，[3]毕达哥拉斯学派并没有把他们关于神的观念跟他们的哲学原则从学理上关联起来。“神”的观念作为一个宗教观念对于他们而言具有至高无上的地位，这点是无可置疑的。然而，除了我们讲过的那些晚出作者的某些不太可靠的说法之外，关于他们的具体神学教义我们所知甚少。菲洛劳斯说，每个东西都被包在神（the divinity）里面，就像在囚牢里面；据说他还把神称为万物的开端；在一则真实性不确定的残篇里，他像克塞诺芬尼一样把神称为“一”、永恒、不变、不动、自身持存的万物之主宰。[4]从这里来看，他显然超出了日常观念中的多神论，而形成了关于神（Deity）的更纯粹的观念，这种观念是我们在他同时代的哲人和诗人那里不多见的。在毕达哥拉斯学派的传说中，[5]当毕达哥拉斯进入冥界的时候，他看到荷马与赫西俄德的灵魂因其关于诸神的言论而遭受严厉惩罚，这个传说也说明了同样的问题。不过我们不能过分看重这个传
490 说，因为我们不知道它出现的年代。还有其他某些具体观念被说成属于毕达哥拉斯和他的学派，[6]不过这些观念更不确定，它们总体上没有比我们前面讲过的观点提供更多的内容；我们的观点就是说，毕达哥拉斯学派实际上对民间信仰进行了纯化并且使之更具精神内涵，他们坚定地主

1 至少 Diog. viii. 33 所说的是一般的希腊观念；vide Hermann, *Gr. Ant*. ii. sect. 29 k。

2 参见前文第 231 页注释 2 从亚里士多德那里引用的文句。

3 Vide p. 387 sq.

4 参见前文，第 277 页注释 2。

5 Hieronymus ap. Diog. viii. 21，参见前文，第 232 页注释 3。

6 “εἰκόνα πρὸς θεὸν εἶναι ἀνθρώπους”（众人是神的仿似物）这样的表述被塞米斯修斯（*Or*. xv. 192, b）归于毕达哥拉斯，与 Clem. *Strom*. v. 559D 所载的残篇所称的 Eurysus 是一致的，与我们在 Stob.（*Ecl*. ii. 66）、Iambl.（*V. P*. 127）和 Hierocles（*In Carm. Aur. Praef*. p. 417 b, M）所看到的关于人的命运（要尽可能像神）的说法也是一致的。“ἕπου θεῷ”（跟随神）这个表达式经常被引用而没有提及毕达哥拉斯，例如 Plut. *De Aud*. i. p. 37；Clem. *Strom*. ii. 390D。

张“神”的一元性，但是我们不能说他们自觉地试图提出关于“神”的哲学理论。然而，毕达哥拉斯学派对于民间信仰的这种纯化跟克塞诺芬尼的情况不太一样，它并不是与民间宗教的论战。尽管他们未必同意荷马与赫西俄德关于诸神所说的一切，但是民间宗教作为整体构成了他们自己的世界观和人生观的基础。在这方面我们只要稍微提及如下几点就够了：他们对于阿波罗的崇拜，他们跟俄耳甫斯教义的关系，他们对于宗教象征的偏好，[1]以及他们关于地下世界的那些神话。因而，他们关于神的观点严格说起来不能被视为其“哲学”的构成部分。

毕达哥拉斯学派的宗教信仰跟他们的道德教训紧密相关。他们认为人生不仅像其他事情一样总体上受到神的照料和看管，而且在特别的 491
意义上人生是一条净化灵魂的道路，因而任何人都无权偏离他自己的选择。[2]于是，人生的根本难题就是他的道德净化和自我完善。如果在地上的生活中人注定是不可能达到完满的净化，如果智慧是不可达到的，可能达到的只有德性或对于智慧的追求，[3]那么就只能推出，人如果没有神所给予的支持就不可能在这个追求中有什么成效。所以，毕达哥拉斯学派的伦理学说总体上有一种宗教特质：遵从神并且变得像神是这种学说的最高原则。[4]但是，他们的伦理学说不如他们的学理性教导那么接近哲学。它对于生活实践而言是非常重要的，但是从学理上来看其发展仅仅局限在很基础的范围里。在这方面我们所了解到的只有如下关

1　参见 p. 421，第 305 页注释 5，第 323 页注释 2 引述的段落，还可以参见载于 Clem. *Strom*. v. 571 B 和 Porph. *V. P*. 41（根据亚里士多德）的说法，根据这些说法，毕达哥拉斯学派称诸行星为珀尔塞福涅的几只狗，称大小熊星座为瑞亚的双手，称昴宿星团为缪斯的里拉琴，称海洋为克洛诺斯的眼泪。

2　参见前文，第 333 页注释 1，第 277 页注释 3。

3　如非洛劳斯所说，参见前文第 325 页注释 1。据说由于相同的理由毕达哥拉斯拒绝了“有智慧者”的名号而自称为“爱智慧者”（φιλόσοφος）。Cic. *Tusc*. v. 3, 8；Diog. i. 12; viii. 8（根据 Heraclides 与 Sosicrates）；Iambl. 58, 159；Clemens, *Strom*. i. 300C；cf. iv. 477 C; Valer. Max. viii. 7, 2；Plut. *Plac*. i. 3, 14; Ammon. *In qu. v. Porph*. 5, b。

4　参见前文，第 338 页注释 6。在被归于毕达哥拉斯、并且被 Plut. *De Superst*. c. 9, p. 169 和 *Def. Orac*. c. 7, p. 413 引用的说法中，我们看到了相同的观点（根据载于 Phot. p. 439 a, 8 的那个准确解释），即，对我们最好的事情就是接近诸神。

于正义的定义（如我们已经引述过的），即正义是一个正方形数，或者“ἀντιπεπονθός”。[1] 但是，这也仅仅是毕达哥拉斯学派普遍采纳的那种思想方法的独断性应用——这种方法也就是通过数的类比来界定某个事
492 物的本质；在这里就连最微弱的关于伦理学的学理性考察的萌芽都谈不上。《大伦理学》（Magna Moralia）的作者说，毕达哥拉斯试图提出一种关于德性的学说，但没有了解到道德活动的本来性质。[2] 我们必须进一步说，毕达哥拉斯学派的理论出发点总体上都不涉及学理层面的伦理学。从德性在于和谐这样的命题中[3] 我们也不能推导出什么来，因为同样的界定被毕达哥拉斯学派应用于所有的可能主题；而且，这个命题的出现时期也是很不确定的。[4] 我们从柏拉图那里看到的、关于达奈德（Danaids）水罐的神话的道德意涵是不是从菲洛劳斯或者其他某位毕达哥拉斯学派那里转借而来的，这是可疑的；[5] 即使实际是这样，从中我们也得不出什么结论来。从我们拥有的全部材料来看，毕达哥拉斯学派也好、其他前苏格拉底哲学家也好，伦理学在他们那里都没有超出俗常反思的层次；我们只能从晚出作者的不太可靠的叙述中看到某些更发达的
493 伦理学观念，[6] 而就著作残篇而言，有些只是空洞的啰嗦话，有些则大量使用了晚出的观点和措辞，这说明它们是后来才出现的，不值得在这里

---

1 参见前文，第 289 页注释 2。

2 《大伦理学》1182a11：“毕达哥拉斯是第一个企图说明德性的人，虽然是不正确的。因为他把德性归为数目的比例关系，用不恰当的观点来对待德性。因为公正并不是一个四边相等的数。”毕达哥拉斯是第一个谈到德性的人的说法似乎来自于第 289 页注释 2 所引的《形而上学》xiii. 4 的段落。

3 Alexander, ap. Diog. viii. 33：“德性就是和谐，健康、所有的善以及神也是和谐。”同样，在 Iambl. 69, 229，毕达哥拉斯提出应该存在灵魂和身体之间的友爱、理性和感觉之间的友爱，等等。

4 如我们已经表明的，这个证据不值得信任，而且亚里士多德对这个主题不置一词使之更为可疑（尽管后面这点不是决定性的）。

5 参见前文，第 332 页注释 5。

6 在这些叙述中，我们必须考虑 Pontus 的赫拉克利德（ap. Clem. *Strom*. ii. 417A）的断言，即毕达哥拉斯把幸福定义为“灵魂关于诸德性之完满性的知识”。所以，Heyder（*Eth. Pyth. Vindic*. p.17）不应该诉诸这个文本。

给予关注。[1]

就毕达哥拉斯学派伦理学的其他历史记载而言，阿里斯托克塞努斯的说法最值得关注。尽管他或许用他自己的措辞方式来描述这个学派的观点，而且很可能也添加了自己的某些想法，但是我们从他那里得到的总体图像跟历史真相大体吻合，也与其他人的记载吻合。按照阿里斯托克塞努斯的记载，毕达哥拉斯学派首先要求敬拜诸神和精灵，然后是尊重父母和城邦礼法，不应轻易拿外邦礼法来改变本邦礼法。[2]他们把不守法视为最大的恶；因为他们认为人类若无权威指引则不能维持其生存。统治者和被统治者应该通过爱而联合起来；每个公民应该在整体中拥有一个被指派给他的特定位置；男孩和青年人应该为了城邦而接受教育；成年人和老年人应该积极参与公共事务。[3]严格要求做到忠诚、尽责、在友爱中经得起时间考验，年轻人顺服老年人，对父母和恩人要有感激之情。[4]要生育一定数量的孩子，但是沉湎于身体欲望或者非婚 494
生子是要避免的。[5]真正爱美的人不会热衷于外观，而是会热衷于品行和学问；[6]相反，学问只有在伴随爱和欲求的情况下才能达成。[7]在许多事情上，人都有赖于运气，但是在许多事情上人也是自己命运的主人。[8]《金诗》中的道德训诫也是同样的旨趣。要尊敬诸神和父母、忠于朋友，要追求正义，对所有人温和、节制、自律、审慎、朴素、顺从命运、按

1 Vide Part iii. b, 123 sqq., second edition.

2 Ap. Stob. *Floril*. 79, 45。同样，*Golden Poem*, v. 1 sq.；Porph. *V. P*. 38；Diog. viii. 23；后面这些材料无疑都因袭了阿里斯托克塞努斯。

3 Ap. Stob. *Floril*. 43, 49.

4 Iambl. *V. P*. 101 sqq.。这无疑是因袭了亚里士多德，因为这些诫命一再被称为 *πυθαγορικαὶ ἀποφάσεις*（毕达哥拉斯学派的诫命）。

5 Ap. Stob. *Floril*. 43, 49, 101, 4, M；参见亚里士多德《家政学》4 sub. init. 所引述的毕达哥拉斯的话，以及这样的说法，即毕达哥拉斯说服克罗同人休掉他们的小老婆（Iamb. 132.）。

6 Stob. *Floril*. 5, 70.

7 阿里斯托克塞努斯从 Joh. Damasc. ii.13, 119（Stob. *Floril*. Ed. Mein. iv. 206）转抄的摘要。

8 Stob. *Ecl*. ii. 206 sqq.

时自省、向神祈祷、遵守圣仪、禁吃不洁食物——这些都是毕达哥拉斯学派的道德准则所要求的义务，据说这样做就可以在死后得到福分。据说，毕达哥拉斯在那些比喻性的格言中很强调这些方面以及其他类似的品德；这些格言有不少流传下来了，[1] 但是这每一条格言的起源和它的含
495 义都是很不清楚的。如我们在其他地方讲过的，[2] 毕达哥拉斯教导说，要尊敬父母和长者，尊重礼法，在友谊中要有忠诚和公正无偏，对所有人保持友好、节制、端庄；他还教训说，敬拜诸神要以素色衣着和纯净的心；人要少赌咒发誓，永远不违背誓言，保管好所托之物，避免过度的欲望，不要伤害有益的动植物。扬布里柯在其著作的多个段落中引用了归于毕达哥拉斯的那些长篇的道德说教，[3] 其中大部分都表达这样的思想：规劝人要虔敬，要维护正义、道德和礼法，要节制、简朴、热爱城邦、尊重父母，在友谊和婚姻中保持忠诚、过和谐有度的生活，要充满道德热情。还可以增加许多这类细节，[4] 但是在每一个例子中，历史佐证都不够确定，难以从中得出什么结论。不过，根据这些材料的一致性，

---

1 Vide Diog. viii.17sq.；Proph. *V. P.* 42；Iambl. 105；Athen. x. 452D；Plut. *De Educ. Puer*. 17, p.12；*Qu. Conv*. viii. 7, 1, 3, 4, 5；以及前文第 233 页注释 2。

2 Diog. viii. 23；Proph. *V. P.* 38 sq.。这两个文本有其一致性，指向某个共同来源，或许就是 Aristoxenus, Diod. *Exc*. p. 555 Wess.。在同一段落，Diog. 22 讲述了禁止发誓、禁止血祭；但这肯定是后世的补充。关于发誓，Diodorus, *l. c*. 的说法似乎更准确。Diogenes（viii.9）根据所谓毕达哥拉斯著作关于夫妻性交时间所说的话看起来几乎不值得信任。Diog. 21 的说法更有可能属于早期毕达哥拉斯学派。

3 大部分因袭了古代作家，参见 Iambl. 37-57；Porph.18；Justin. *Hist*. xx. 4；以及前文第 236 页注释 4。

4 例如著名的"朋友的东西是共同的"（参见前文第 236 页注释 6）；"人类应该是一"的谚语（ap. Clem. *Strom*. iv. 535 C）；cf. Proclus *in Alcib*. iii. 72；Conv. *in Parm*. iv. 78, 112（根据毕达哥拉斯，人生的目的是 ἑνότης〔一体，合一〕与 φιλία〔友爱〕）；劝诫人们要诚实（据 Stob. *Floril*. 11, 25, 13, 21；关于无知、不节制和不和谐之恶的谚语，这谚语被 Porph. 22，Iambl. 34（cf. 171）归在毕达哥拉斯的名下，而被 Hieron（*c. Ruf*. iii. 39, vol. ii. 565, Vall.）归在 Archippus 和吕西斯的名下；还有泰阿诺关于妇女的责任和地位的格言；ap. Stob. *Floril* 74, 32, 53, 55；Iambl. *V. P*. 55, 132；Clemens, *Strom*. iv. 522D；克里尼亚斯的是说法（ap. Plut. *Qu. Conv*. iii. 6, 3）；被归于阿尔基塔的关于法官和祭坛的类比（据亚里士多德《修辞学》1412a12）；见于 Plut. *De Audiendo*, 13, p. 44; *De Exil*. c. 8, p. 602; *De Frat. Am*. 17 p. 488; Ps. Plut, *De Vita Hom*. 151 等处的句子。

以及已经说过的毕达哥拉斯学派的政治倾向，我们可以认为这点是明确 496
的，即毕达哥拉斯的学派相信诸神的强大力量和死后报应，强调生活的简朴、节制、正义、时刻自省、在一切行为上保持审慎、尤其排斥自命不凡；它还要求在家庭、城邦、朋友和一般的人际交往中无条件地遵守道德秩序。它在希腊文化史乃至人类文化史中占据重要地位，不过这些道德学说在学理方面的价值远不如其在实践方面的意义。

六、小结　毕达哥拉斯学派哲学的特征、起源和古代属性

在上一节结尾处以及在这个阐述的开头，我们已经讨论到了毕达哥拉斯学派的生活方式和毕达哥拉斯学派哲学之间的差别；如果我们对这个学派的学说做个整体性综观，这点将会得到确证。毕达哥拉斯学派的团体，它的人生法则、道德准则、崇拜礼仪和政治事业，无疑都发端于其伦理—宗教方面的动机。在前面我们已经表明（p. 149 sq.），公元前
六世纪的格言诗人在抱怨人生的苦厄和人类的恶劣方面，以及在呼吁道 497
德和公共生活的秩序和尺度方面，都比他们的前辈要更加突出。我们认为这反映了道德意识的深化，而这自然伴随着当时政治状况以及希腊人的理智生活的变革。俄耳甫斯—巴库斯秘仪的变革和传播也反应了同样的情况，因为在同一时期这些秘仪就其宗教内容和历史重要性方面都显然得到了提升。[1] 毕达哥拉斯主义的兴起完全有可能归因于同一些原因。对于人生所不可避免的不幸和缺陷的真切感受，加上热诚的道德诉求，大概让毕达哥拉斯想到了成立这样一个团体，可以通过宗教礼仪、道德准则和某些特别的习俗来将其成员引向纯朴的生活和对于一切道德诫命的尊重。所以，我们可以相当合理地将宽泛意义上的毕达哥拉斯主义，包括毕达哥拉斯学派的团体及其生活方式，归因于道德方面的旨趣。但这并不能得出，毕达哥拉斯学派的“哲学”也具有显著的伦理学方面的

1　Vide *sup*. p. 61 sq.

特征。[1] 如我们已经看到的，伊奥尼亚的自然哲学已经伴随着伊奥尼亚诸城邦动荡的政治生活从那里涌现出来，而且从所谓“七贤”文化圈中蔓延开来。以同样的方式，毕达哥拉斯的团体最初也有某种道德和宗教的目的，但是也产生了关于自然的学说，因为在那个时候科学探究的目
498 标是自然世界的本性而不是伦理道德。即使那些把毕达哥拉斯主义视为根本上是伦理学说的人也必须承认实情就是这样。[2] 上面从《大伦理学》引用来的那段话远不能算作亚里士多德的真正证词，也不能推翻上述论断。[3] 从我们前面所观察的各方面来看，毕达哥拉斯学派的学术目标跟其他前苏格拉底时期的学说是一致的，也就是针对自然现象及其原因；而伦理学只是得到很零散和肤浅的处理。[4] 毕达哥拉斯主义生活方式明
499 显的道德倾向性[5] 不能用来反对这点，大量的毕达哥拉斯主义的道德格言也不能用来反对这点；因为问题不在于毕达哥拉斯学派怎么生活、他

---

1 如某些现代作家已经想到的，参见前文，第 120 页注释 1。

2 Ritter, *Gesch. d. Phil*. i. 191 ：“毕达哥拉斯学派哲学确实也是主要致力于解释世界的诸根据以及宇宙的各种物理现象”，等等。里特尔在 p. 450 又说：“他们（毕达哥拉斯派）以学理方式提出的道德说教的部分似乎并不重要。”Brandis, i. 493 ：“尽管毕达哥拉斯学派的道德旨趣必须被认为是他们的目标和努力的根本特征，然而我们只看到毕达哥拉斯学派道德学说的少量而零散的残篇；而且这些残篇不具备某种性质可以让我们设想它们是现在已经遗失的某个更全面的学说体系的残篇”，等等。

3 参考第 339 页注释 3。布兰迪斯在 Fichte's *Zeitschrift*, xiii. 132 所说的支持《大伦理学》为真作的说法不能压倒已知的这部著作的伪托特征，也不能反驳亚里士多德没有在任何地方提到毕达哥拉斯个人的学说这个事实（虽然有时他把某些毕达哥拉斯派的习俗归给后者）。实际上，这个文本没有告诉我们任何我们从其他来源得不到的信息。

4 这点在 p. 490 sqq. 已经得到表明。因此，当 Heyder（*Ethic. Pythag. Vindic*. p. 10 sq.）诉诸那个跟亚里士多德《尼各马可伦理学》i. 4; ii. 5（参见前文第 262 页注释 1 和 2）相反的观点时，他把“συστοιχία τῶν ἀγαθῶν”（好事物的序列）这个措辞看得过于重要了。亚里士多德用这些词来表示两组十数中的第一组，那两组数也就是构成构成毕达哥拉斯学派对立表（有限，奇数等）的那两组对立面。但是并不能从这点推论说，毕达哥拉斯派自己使用了这个称谓，或者说他们在道德意义上而非物理意义上理解这里的 ἀγαθόν（善 / 好）和 κακόν（恶 / 坏）。更不能推论说（就像 Heyder, *l. c*. 以及 p. 18 说的），他们提出了一份好事物的列表，并且为伦理学创建了有点像柏拉图伦理学那样的学理性原则。

5 施莱尔马赫（*Gesch. der Phil*. 51 sq.）的观点就是建立在这点上面。

们认为什么是对的，而在于他们是否以及在多大程度上"以学理的方式"寻求理解和解释种种道德活动。[1]下面这个推论是非常可疑的：毕达哥拉斯为了让人成为有道德的，就必定要为自己提供关于道德之本性的解释；[2]从他的实践过程并不能得出，他以学理的方式反思了道德的一般本质，而不是像其他改革者和立法家那样满足于对特定的和直接的某些难题给出界定。由于这同一个理由，关于灵魂转世的神秘教义，关于人生取决于灵魂转世的学说，这些都不能考虑进来；它们都不是学理性的命题，而是宗教教义，而且它们也不仅仅属于毕达哥拉斯学派。就毕达哥拉斯学派的"哲学"而言，我只能同意亚里士多德的判断，[3]即它完全致力于关于自然的探究。或许有人会反对说，这种探究不是以物理的方式进行的，毕达哥拉斯学派的目标在于探究法则与和谐（在道德方面由善 500
与恶这些概念所界定）如何存在于宇宙的原则中：对他们而言一切事物都在道德的光亮中得到呈现，宇宙的整体和谐按照某些道德概念而得到规范，宇宙的整体秩序在他们看来就是由第一本原发展为德性和智慧。[4]但是，对毕达哥拉斯主义的这种理解，我们可以有许多回应。思想与其对象的这样一种关联本身是难以设想的。如果毕达哥拉斯学派的科学探究完完全全是出于道德方面的旨趣，那么它必定会将探究应用于各种伦理问题，并且产生出某种独立的伦理学体系，而不是与数相关的形而上学和宇宙论。可是这跟历史事实是相悖的。他们对于自然的研究远非基

1 不然的话，我们就必须把赫拉克利特和德谟克利特也算作道德哲学的代表人物，因为他们传下来的关于道德的文句；也必须算上巴门尼德和芝诺，因为他们的生活方式跟毕达哥拉斯学派相似；恩培多克勒当然也是如此。

2 Brandis, *Fichte's Zeitschr. f. Phil*. xiii. 131 sq.

3 《形而上学》989b33："他所探讨和考察的全都有关自然。他们探询有关天的生成，观察其部分、现象和活动的情况，他们把各种本原和原因全都用在这里，似乎和那些自然哲学家相一致，等等"(参见前文，第123页注释6)。《形而上学》1091a18："不过他们在这里构造宇宙，谈论自然。在物理学他们的解释也许是正当的，但却离开当前所讨论的主题。"参见《动物的部分》i. 1；前文，第121页注释1。

4 Ritter, *l. c*. 191, 454, 还有类似的 Heyder, *Ethic. Pythag. Vindic*. p. 7 sq. :13, 31 sq. , 他认为应该从象征的意义上来理解毕达哥拉斯学派的诸数。

于道德方面的考量，毋宁说，他们将道德因素还原为数学和形而上学方面的概念，而后者是他们从关于自然的考察中得到的；他们把诸德性还原为诸数，把善与恶的对立[1]也还原为有限定者与无限定者的对立。这不是以伦理学的方式来处理物理学，而是以物理学的方式来处理伦理学。施莱尔马赫主张将他们的数学看作其伦理学的技术性成分。他认为
501 所有的品德和伦理关系都由特定的数所表达，而且他认为那个对立表有明显的伦理学倾向作为其基础。[2]但是这些论断都没有什么根据，所以也不必要去反驳它们；这些论断有多么武断，从我们前面的阐述中已经可以看出来了。里特尔更正确地注意到，[3]毕达哥拉斯学派的数学是通过一般的秩序观念而与其伦理学联系起来的，而这种秩序观念体现在和谐这个概念中。问题只在于，这个秩序在他们的哲学体系中究竟是被视为道德的还是自然的秩序。只要我们注意到，就学理方面的规定性而言，毕达哥拉斯学派不是在人的行为中而是在其他领域寻求这种秩序，那么我们的回答就没什么悬念。因为它首先在音调中、然后在宇宙中得到表达，而且，他们从未试图按照和声的比例关系来解释各种道德活动。所以，我们不能说，毕达哥拉斯学派将其物理学和伦理学建立在一个更高层次的原则（也就是和声学的原则）之上，[4]因为他们并不把这个原则以同等的方式视为物理的和伦理的；实际上它主要用来解释自然，并且也是为了解释自然而被提出来的；它只是以某种附带的方式、在更加有限的范围内才被用于解释道德生活。[5]数与和谐在此根本上具有物理学方
502 面的意涵，当说到一切都是数与和谐的时候，意思并不是说，自然的秩

1 就像里特尔实际上承认的那样，*Pyth. Phil.* 132. sq.。

2 *Ibid*. p. 51, 55, 59.

3 *Gesch. d. Phil*. i. 455.

4 Heyder, *l. c*. p. 12 sqq.

5 Heyder 本人间接地承认了这点，当他在 p. 14 说下面这些话的时候："他们原则上把物理学和伦理学运用于共同的和高级的事物上，但是除了寻求自然的真理之外没有什么东西被物理学这个名称所称谓。"如果他们同样考虑到了道德方面的要素的话，那么为什么他们仅选择一个物理方面的称谓？

序建基于一个更高的道德秩序之上，而只是表达了自然世界自身的本性。所以，尽管我很愿意承认，如果毕达哥拉斯学派的伦理学倾向并未强化他们对于尺度与和谐的敏感性的话，[1]他们或许不会得出这些理论界定，但是我不能因此而将他们的学问本身看作伦理学性质的：我必须将其本质内容考虑为一个纯然物理学的体系。

我也不认为，毕达哥拉斯学派的哲学最初发端于获得知识之条件的难题，而不是发端于对于诸事物之本性的探究：诸数被毕达哥拉斯学派视为一切实在的本原，不是因为他们认为他们在数的比例关系中发现了诸现象的永恒根据，而是因为如果没有数，那么没有任何东西是可以认识的；而且，因为按照"同类被同类所认识"的著名原则，认识之根据必定也是实在之根据。[2]确实，菲洛劳斯希望在他的数论中证明，没 503
有数就不可能有任何知识，数不容许有任何不真的东西，而且只有数规定着诸事物的关系并且让它们成为可认识的。[3]不过他也已经通过某种相当客观的方式表明，[4]每个东西都必定要么是有限定的要么是无限定的，要么既是有限定的又是无限定的，而只是为了证明界限的必要性他才考虑这个事实，即没有限定就没有任何事物是可以认识的。亚里士多德说，[5]毕达哥拉斯学派把诸数的元素考虑为一切事物的元素，因为他们认为自己已经发现了诸数和诸事物之间的根本相似性。然而，这个观察

1 然而，我们千万不要忽视这个事实，即其他哲学家，除赫拉克利特之外还有巴门尼德和恩培多克勒，以他们的毕达哥拉斯学派的生活方式而闻名，他们的伦理学与毕达哥拉斯的伦理学非常相似，却得出了完全不同的哲学结论。

2 Brandis, *Rhein. Mus*. ii. 215 sqq. ; *Gr.-röm. Phil*. i. 420 sq. , 445; Fichte's *Zeitschr. f. Phil*. xiii. 134 sqq. ; *Gesch. d. Entw*. i. 164 sq. (cf. Reinhold, *Beitrag z. Erl. d. pyth. Metaph*. p. 79 sq.)。通过下面的评论（*Zeitschr. f. Phil*. 135），这个断言跟我们刚刚说过的观点（即，毕达哥拉斯主义主要以伦理学为其特征）联系起来了。既然毕达哥拉斯学派发现事物的原则在它们自身而非外在于它们的东西之中，他们的注意力就更加导向了道德活动之纯然内在的方面；或者相反。然而，严格说来，布兰迪斯在此把内在的或理想主义的取向这个泛泛的观念，而不是把对于我们的认识之真理性的细致追问，当成了毕达哥拉斯主义的出发点。

3 *Fr*. 2, 4, 18，参见前文，第 255 页注释 3，第 255 页注释 4。

4 *Fr*. i.，参见前文，第 261 页注释 1。

5 《形而上学》i. 5，第 254 页注释 1。

表明他们的学说发源于诸事物之本质的难题，而不是知识之诸条件的难题。但是这两个问题在古代是没有被分开的；思想把自身指向对于实在的认知而没有考察它跟对象之间的关联性，或者说没有考察知识的主观形式和条件，这是前苏格拉底时期哲学家的独断论的鲜明特点。因而，他们并没有在知识的诸根据跟实在的诸根据之间作出区分；事物的本性仅仅在哲学家沉思事物时对他们显得最为突出的方面、也就是他在思想中不能与之分离的那些方面得到考察。毕达哥拉斯学派在这方面的探究
504 方式跟其他学派相似，例如埃利亚学派——布兰迪斯把他们的客观出发点跟毕达哥拉斯学派的所谓主观出发点对置起来。菲洛劳斯说，一切东西要有数才能被认识。同样，巴门尼德说，只有是者（Being）存在，因为只有是者（Being）是言语和认知的对象。[1]我们不能从这里得出结论说，埃利亚学派最初是通过其关于知识的学说而通达其形而上学的；对于毕达哥拉斯学派而言我们也不能得出这个结论。如果他们在认知的对象之外单独研究了认知能力本身的本性，或者说，如果他们将其数论建立在关于认识能力的学说的基础上，情况才会是那样。然而，并没有这方面的线索；[2]对于偶尔见到的菲洛劳斯的这个说法，即感觉能力仅仅通过身体才是可能的，[3]即使它不是杜撰的，也不能被看作一则知识论方面的残篇；而被后世说成属于毕达哥拉斯学派的观点，[4]即在理性、知识、意见和感觉之间的区分，这跟塞克斯都的那个说法一样不足为信，[5]

---

1 《诗篇》39：“因为不是者是不可认识的，也不可说明。因为‘思’和‘是’是同一的”。

2 布兰迪斯（*Zeitschr. f. Phil*. xiii. 135）说毕达哥拉斯学派并没有从对于知识之诸条件的明确追问出发，他这么说的时候也承认了这点。只是他没有理由补充说，他们在事物自身之中而不是在事物之外发现了事物的本原。他们在诸数中找到了事物之本原，而他们将诸数既视为在诸事物自身之中又视为在诸事物之外：诸数对他们而言是总体上的事物之本质。

3 参见前文，第 333 页注释 1。

4 参见前文，第 331 页注释 2。

5 *Math*. vii. 92：“毕达哥拉斯学派（并非全体一致地）主张，从数学中得到的 logos——正如菲洛劳斯所说——是静观性的，它与宇宙的本性有着某种类同性。”很明显这里的判断标准是这位作者添加的，而且整个内容是来自菲洛劳斯（上文所引述的）关于数（作为知识的条件）的那些论断。

后者说，毕达哥拉斯学派主张数学推理是真理之标准。如果毕达哥拉斯 505
学派的哲学肇始于“我们的观念中什么要素是绝对确定的?”这样的问题，而不是肇始于“事物中永恒的和根本的要素是什么，它们的存在及其各种性质的原因是什么?”这样的问题，那么，如里特尔所考察的，[1]其整个哲学体系就会具有一种辩证的特征，或者至少会建立在某种方法论和知识论的基础之上。与此相反，亚里士多德明确告诉我们，毕达哥拉斯学派将其探究完全限制在宇宙论问题的范围内；[2]他们跟其他前苏格拉底哲学家一样并不了解辩证法和界定概念的技艺——就这方面而言，他们只在那些数字类比中有一丁点儿的尝试。[3]我们对于他们学说的全部了解只能让我们得出这个判断。新毕达哥拉斯学派按照他们的方式继承和 506
扩展了[4]斯多亚学派和漫步学派的逻辑学、柏拉图的知识论以及其他后世的学说；可是，现在没有人会相信那些著作真是属于古代早期毕达哥拉斯学派的——它们把明显从柏拉图、亚里士多德或克律西波那里得来的观点放到了阿尔基塔或其他早期毕达哥拉斯学派成员之口。[5]我们对于菲洛劳斯和阿尔基塔的了解让我们不能去设想，毕达哥拉斯学派在逻辑训练和科学方法的发展方面领先于其他前苏格拉底哲学家。[6]而且我

1 *Pyth. Phil*. 135 sq.

2 参见前文，第 345 页注释 1。

3 《形而上学》i. 5, 987a20 ：“他们也开始探讨是什么的问题，并加以规定，不过他们把事情讲得太笼统了。他们只是在表面上作规定，他们认为所提出的定义中使用的最初的词项，就是事物的实体。” *Ibid.* , 987b32。理念论和毕达哥拉斯学派的数论之间的差异乃是柏拉图在逻辑方面的探究的后果：“因为那些前辈们没有致力于辩证法”。*Ibid.*, xiii. 4, 1078b17 sqq.。苏格拉底是第一位对诸概念进行界定的人：“因为在自然哲学家当中，只有德谟克利特接触到这个问题，……毕达哥拉斯学派在此以前曾联系到数来说明少数几种事物，如机会、正义或婚姻。”毫无疑问 Favorin（ap. Diog. viii. 48）的说法就是从这段话而来的。“〔毕达哥拉斯〕将定义法应用于数学，而苏格拉底则将定义法应用于更多领域。”在《论动物的部分》i. 1（参见前文，第 121 页注释 1）以及《物理学》ii. 4, 194a20 的文本中，毕达哥拉斯学派不只一次跟德谟克利特一起被提及。

4 Cf. Part. iii. b, III, 2nd ed.

5 然而，罗特（ii. a, 593 sq. ; 905 sq.; b, 145sq. ）把伪毕达哥拉斯学派的残篇和扬布里柯（*V. P*. 158, 161）的断言当成了真实的证据。

6 菲洛劳斯在他关于有限和无限的讨论中（参见前文，第 261 页注释 1）运用了选言

们也完全没有理由将语言学探究的开端归于毕达哥拉斯的名下。[1] 所以，
507 如果亚里士多德既没有将毕达哥拉斯学派描述为辩证法方面的哲学家也没有将其描述为伦理学方面的哲学家，而仅仅是将其描述为自然哲学家，[2] 那么我们只能同意这个说法，并且认同那些在这方面追随亚里士多德的晚出作者。[3]

因而，我们关于毕达哥拉斯学派的学说体系之起源的观点必须是如下这些。从毕达哥拉斯学派团体的精神生活中激发了探究事物之诸原因的独立事业，这个探究首要地被毕达哥拉斯学派导向关于自然的解释，而只在次要的方面被导向对于道德活动的规范；但是，由于法律和秩序在他们看起来是人生中最高的要素，因而在自然方

推理；但这并不表明它是出自柏拉图之后的材料（像 Röthenbücher, *Syst. d. Pyth*. 68 所相信的）；这种推理对于那个时代哲学家而言没什么特别的。我们看到巴门尼德也使用了相同的推理模式（v. 62 sqq.），而芝诺的那些证明比上述菲洛劳斯的证明造作得多。在菲洛劳斯那里，选言推理的大前提确实是首先被宣称的。然后在作者设定为可能的那三种情况中，有两种情况被排除掉。但是这个细节并不重要，而且同一时期的第欧根尼有类似的证明方式（参见前文，第 193 页注释 2），后者通过这种证明方式首先界定了第一实在的诸性质，然后证明这些性质属于气。亚里士多德（参见前文，第 331 页注释 4）从阿尔基塔那里引用了一些定义，补充说这些定义既符合所讨论对象的形式，又符合其质料。但是这时候他并非提出阿尔基塔的原则，而是给出他自己的评论。波菲利只是重述了这个评论，他说（*In Prol. Haerm*. 196）：概念的诸定义刻画了其对象，部分就形式而言，部分就质料而言，“有些则是就两者的结合物而言，尤其是像阿尔基塔所主张的那样”（*οἱ δὲ κατὰ τὸ συναμφότερον, οὓς μάλιστα ὁ Ἀρχύτας ἀπεδεχετο*）。但是在这个评论之外，阿尔基塔的那些定义并不能证明太多东西。

1 据说毕达哥拉斯认为最有智慧的人是首先为事物命名的人（Cic. *Tusc*. i. 25, 62; Iambl. *V. P*. 56, 82; Procl. *in Crat*. c. 16; Aelian, *V. H*. iv. 17; *Exc. e scr. Theod*. c. 32, Clemens *Al*. p. 805, D, Sylb. end）。但即使这个说法是真的，我们也不能从中推论说（像 Röth, ii. a, 592 那样），在毕达哥拉斯学派那里有关于语言的专门探究。辛普里丘（*Categ. Schol. in Arist*. 43b, 30）说，毕达哥拉斯学派认为名称是“由于自然”（*φύσει*）而非“由于约定”（*θέσει*）而产生的，并且认为就每一事物的本性而言只有一个名称属于它，这个说法不能被认为是关于“古代”毕达哥拉斯学派的记载。它所指的无疑是被错误地归给阿尔基塔的那些范畴。

2 《形而上学》i. 8，参见第 123 页注释 6。

3 Sext. *Math*. x. 248, 284; Themist. *Or*. xxvi. 317B; Hippolyt. *Refut*. i. 2, p. 8; Eus. *Praep. Ev*. xiv. 15, 9; Phot. *Cod*. 249, p. 439 a, 33; Galen, *Hist. Phil*. sub init.

面，秩序和诸现象的规则运动就被看作最高的要素，尤其是诸天体中所呈现的那种秩序和规则运动，以及他们注意到的各个音之间的关系所呈现的那种秩序。他们认为自己在诸数的和谐关系中洞察到了一切规律和秩序的根据；对这种和谐关系进行学理性探究是从他们开始的，但是这种和谐关系在希腊人的民间信念中其实早已得到了富有意义的考察。由于思想的自然后果，他们得到了这样的学说，即一切事 508
物就其本质而言是数与和谐。[1]随后这个预设被他们应用于其他一些毗邻的领域；他们通过数来解释某些现象的本性，按照数来对整个现象系统进行分类，从而逐渐得到了我们称为毕达哥拉斯主义的整个学说体系。

所以，这个体系实际上是由许多人历经多个时期而造就的；而且这个体系的建构者并不是从一开始就以有意识的方式拥有一整套相互支持和相互解释的学术论点，相反，每个哲学家都受自己的观察、计算或想象的指引，于是，毕达哥拉斯学派关于宇宙的学说的基本观念有时候在这个维度上得到发展，而有时候在那个维度上得到发展。我们所拥有的关于该学派的学说的材料是不完整的，但是仍然能够看出它在起源方面的这些迹象。我们不同意从许多不同的维度去领会该学 509
派的基本哲学原则，但它确实也不是依照同一形态而得到发展的。按照亚里士多德的观点，“十对立”的列表仅仅属于某些稍晚时期的毕达哥拉斯学派。诸元素的几何学建构、四种官能的区分以及人里面的

1　Cf. p. 376。布兰迪斯（*Gesch. d. Entw. d. gr. Phil*. i. 165）在这里提出了某个我无法赞成的反驳。他说：“所有现象都根据特定数量关系而得到规范，这个论断预设了与那个时代非常不同的观察。”太阳、月亮和诸行星的运转、昼夜交替、季节交替等现象都按照固定时间发生，它们在以同一数字标识的某个时间段之后以有规律的方式再次出现，这些在毕达哥拉斯很久以前就已经为人所知。毕达哥拉斯之前，人生就被分为几个时段。毕达哥拉斯学派自己度量了各个音之间的数量关系；至少在音高与和弦的数方面，他们必定已经得到了某种确定的标准。此外，他们不可能没有其他证据表明一切秩序都基于尺度和数。菲洛劳斯明确这么说了，而且亚里士多德将毕达哥拉斯学派的数论建立在这个观察之上（cf. pp. 369, 1; 370, 1; 376 sq.）。

四种生命功能的区分，这些是菲洛劳斯引入的；运动着的十天体学说的出现似乎晚于天体和声的诗意观念；就哪个数对应于哪个具体现象而言，他们几乎没有什么共识。所以，毕达哥拉斯学派的学说是否可以恰当地被说成具有学术和历史方面的统一性，这是有疑问的；即使承认其主导思想具有某种统一性、其学派内部具有内在关联性，那也还有这样的疑问：这套学说是否发源于这个团体的奠基人，该学派的哲学是否可以跟早期伊奥尼亚自然哲学归为一类，或者它是否可以跟晚期毕达哥拉斯主义归为一类。[1] 有多少毕达哥拉斯学派的学说可以归属毕达哥拉斯本人，对此问题我们的历史典据实际不能帮助我们作出任何确定的判断。亚里士多德始终将这套学说的作者说成毕达哥拉斯学派而从来不说是毕达哥拉斯，此人的名字除了极少的几处根本就
510 不被亚里士多德提及。[2] 晚出作者们 [3] 越是装作了解毕达哥拉斯，其说法就越是缺乏可信度；古代早期论者有少量表述，但是其内容太不明确而不足以让我们搞清楚毕达哥拉斯本人在该学派哲学中占有多少分量。克塞诺芬尼暗指毕达哥拉斯关于灵魂转世的一些论断是奇特的观点；[4] 但是，毕达哥拉斯很难说是这种信念的始作俑者，而且该信念也没有为其

1 例如，正是出于这个理由，布兰迪斯（i. 421）只是在说到埃利亚学派的学说之后提及毕达哥拉斯主义，而且 Strümpell（参见前文，第 136 页注释 1）在毕达哥拉斯主义那里看到某种调和赫拉克利特与埃利亚学派的尝试。

2 在保存下来的真作中，毕达哥拉斯被提到的仅有段落是《修辞学》ii. 23（参见第 233 页注释 3）和《形而上学》i. 5（参见第 353 页注释 2）。关于那些遗失的著作，在 Aelian、阿波罗尼乌斯和第欧根尼的文本之外（这些我们在第 231 页注释 3 和 4 及第 237 页注释 2 说过了），我们应该引用从普鲁塔克与扬布里柯那里摘抄来的毕达哥拉斯学派的记载（参见第 236 页注释 5，第 231 页注释 3）。不过这些文本没有证明亚里士多德本人知道毕达哥拉斯的任何事。我们还有 Porph. *V. P.* 41 的说法，这个说法或许应该被修正为这样的意思，即亚里士多德提及的是毕达哥拉斯学派而不是毕达哥拉斯的象征性格言。

3 甚至是亚里士多德的同时代人和弟子们，如欧多克索、赫拉克利德以及其他人——他们关于毕达哥拉斯的论断已经有所引用；还包括《大伦理学》的作者，参见第 340 页注释 1。

4 参见第 332 页注释 1。

哲学提供什么论证。赫拉克利特说他[1]是比任何其他人都更致力于积攒
学识的人，[2]而且他由于其“糟糕的技艺”（这是赫拉克利特的说法）而
获得了智慧方面的名声；但是，这种智慧究竟是体现为哲学理论、经验
性学识、关于神的教义还是体现为实践方面的业绩，这是从赫拉克利特
的话里没办法了解到的。关于这点我们从恩培多克勒那里也了解不到什
么东西，他赞美毕达哥拉斯在智慧方面超过了所有人并且能预知遥远 511
的未来。[3]不过，尽管直接的材料总体上不能告诉我们什么，但是这个
学派的基本思想是由毕达哥拉斯本人提出来的，这还是有可能的。[4]首
先，这样能够最合理解释这样的事实，即，就我们所知这套学说局限在
毕达哥拉斯追随者的范围内，而且在他们当中得到普遍传播；此外，我
们所了解到的毕达哥拉斯学派的哲学，尽管在细节方面有差异，但是在
主要特征上是一致的。其次，毕达哥拉斯学派的学说跟其他一些学说的
相互关系让我们有理由设想，它发端于公元前五世纪开始之前。在所有
更晚出的学说中都体现出了埃利亚学派怀疑变化之可能性这种思想的影
响。留基波、恩培多克勒和阿那克萨戈拉的思想无论在别的方面有多
大的差异，它们都承认巴门尼德的基本命题，即，“变易”（Becoming） 512
是不可能的，而且把生和灭都归结为单纯的形态变换。本来我们可以设
想毕达哥拉斯学派容易受到其埃利亚邻居的深刻学说的影响，但是却看
不到这种影响的任何痕迹。恩培多克勒一方面追溯毕达哥拉斯学派的生

1　参见第 230 页注释 3。*Fr*. 23 ap. Diog. ix. 11（cf. Procl. *in Tim*. 31 F; Clemens, *Strom*. i. 315 D; Athen. xiii. 610 b）：“博学并不教人拥有理解力（关于这种读法，参见 Schuster, *Heraclit*. p. 65, 2），不然它就教会赫西俄德和毕达哥拉斯了，而且也教会克塞诺芬尼和 Hekataeus 了。”

2　“*ἱστορία*”（探究）与“*πολυμάθεια*”（博学）这些词在这里描述的是从他人那里探求和学习的人，与之相对的是通过自己的反思而形成观点的人。

3　参见载于 Porph. *V. P*. 30 和 Iambl. *V. P*. 67 的诗句。但是我们并不能绝对地肯定这些诗确实跟毕达哥拉斯相关（参见第 231 页注释 4）。

4　这些观点在这部著作的第二和第三版中，以相同的语言被表达，并基于相同的证据。可是 Chaignet（i. 160）还是这样说：“策勒认为，毕达哥拉斯主义的概念科学、哲学要素是要晚于也相当不同于毕达哥拉斯本人的视野及最初的图景的，后者是实践性的。”

活方式和神学观点，另一方面作为哲学家而言却与巴门尼德关系紧密，并且由于这点而疏远毕达哥拉斯学派，从而构建了自己的独立学说。这很可能表明，毕达哥拉斯学派的哲学并不是起因于调和赫拉克利特哲学和埃利亚学派哲学的尝试，甚至它也不是在埃利亚学派哲学的影响下形成的。另一方面，埃利亚学派哲学看起来以毕达哥拉斯主义为前提；因为把许许多多的现象还原为“存在 / 是”（being）这一个概念，这种抽象非常大胆，我们很难不去设想它有某种历史准备；而且如我们所表明的(p. 204)，除了毕达哥拉斯学派之外没有别的哲学更加适合这个角色；毕达哥拉斯学派的原则正好处于早期伊奥尼亚哲学家的感性直观和埃利亚学派的纯粹思想之间的居间位置。毕达哥拉斯学派的宇宙论很可能为巴门尼德所了解，这点从后者的宇宙论与前者的亲密关系可以推知；这种亲密关系我们后面将会论及。所以我们完全有理由认为，毕达哥拉斯学派的哲学早于巴门尼德的哲学，而且就其基本框架而言毕达哥拉斯本人是它的原创者。如果赫拉克利特关于一切事物都产生自对立面与和谐的说法跟毕达哥拉斯学派的类似学说实际上有所关联，那么我们将会发
513 现，赫拉克利特从毕达哥拉斯这位萨摩斯哲学家那里也受到了不小的影响，尽管前者以刻薄的方式谈及后者。毕达哥拉斯在哲学学说方面究竟发展到了什么程度，这点当然是不能搞清楚的。但是如果他要算作毕达哥拉斯学派哲学奠基人的话，他至少必须以某种方式表达某些基本论断，如，一切都是数，一切都是和谐，完满与不完满、直与曲的相互对立遍布一切事物；由于这些论断本身只能伴随毕达哥拉斯学派的算术和音乐理论而出现，因而我们必须也把算术和音乐理论的开端归于他。最后，我们还会发现，巴门尼德将掌管宇宙的神的坐落处设定在宇宙的中心，并且认为不同的天球绕着宇宙中心旋转，因而，我们可以设想，中心火和诸天球的学说在毕达哥拉斯学派早期就已经被了解到，尽管地球的运动、“对地”、以及旋转着的天球的数目确定为十很可能是后来才被提出来的。

毕达哥拉斯是否有自己的一些老师，他的哲学整体或部分是否从这

些老师那里得来，应该从哪里去找这些人，这个问题是有争议的。众所周知，古代晚期的人认为他的学说是从东方学到的。[1] 人们很容易就联
想到埃及、迦勒底和波斯；古代作者在谈论毕达哥拉斯在东方游历的时 514
候会特别提及这些地方。在我看来，他的学说来源于东方是不太可能的。如前所述，完全没有可靠的证据支持这种看法，而毕达哥拉斯主义中可以发现的某些跟波斯和埃及的思想有所接触的疑点并不足以证明它对这些外来影响有所依赖。希罗多德所说的毕达哥拉斯学派和埃及人[2]的思想有一致性，这只局限在关于灵魂转世的信仰以及殓葬死者只用亚麻布衣这两个方面。但是，灵魂转世的信仰在费瑞库德斯那里也可以发现，而毕达哥拉斯即使不是严格意义上他的弟子,[3]也可能熟悉他的论著和观点；而且轮回的信仰也是一种古老的俄耳甫斯传统,[4]而那个殓葬习惯可能也是如此：我们没有必要从这些宗教传统方面的相似性推论出毕达哥拉斯学派的"哲学"源自于所谓埃及祭司的智慧。就毕达哥拉斯学派学说的独特原则，也就是其数论而言，我们在埃及人那里没有发现什么迹象；在埃及人和毕达哥拉斯学派的宇宙论之间有可能作出的类比也不足以证明它们之间有紧密的历史关联；毕达哥拉斯学派的象征性格言
也是这种情况，尽管其中有些看起来源自于埃及。[5] 埃及人的等级制度 515
和其他社会建制并没有被毕达哥拉斯学派所模仿。我们或许可以将毕达哥拉斯学派哲学家维持和复兴古代习俗和建制的热情跟埃及人保守不变的品性进行比较；但是这个现象的理由很容易从大希腊殖民地的环境和传统中找到；通过更进一步的考察可以发现，多利亚人和毕达哥拉斯学派传统跟埃及人的传统有重要差异，根本不能让我们得出结论说，前者源自于后者。就波斯的传统而言也是如此。毕达哥拉斯学派的"奇"与

1　Cf. p. 326 sq.
2　ii. 81, 133.
3　关于费瑞库德斯和杜撰的他与毕达哥拉斯的关系，参见第 46 页注释 2 和 p. 327 sq.。
4　Vide *supra*, p. 67 sq.
5　正如普鲁塔克认为的，*Qu. Conv.* viii. 8, 2; *De Is*. 10, p. 354。

“偶”、“较好”与“较差”等的对立也许可以在波斯人的二元论那里找到对应之处；这种相似性在古代显然让有些人认为，波斯袄教教士，甚至琐罗亚斯德本人，就是毕达哥拉斯的老师。但是，观察到好与坏、直与曲、雄与雌、右与左存在于世界上，这并不需要外来的教导。毕达哥拉斯学派阐述这些对立的特别方式，他们将事物还原为奇和偶、有限与无限的基本对立，以十为基本数目对事物的分类，总而言之，他们对事物的哲学和数学的处理方式，这对于琐罗亚斯德而言是陌生的，正如善神与恶神二元对立的神学观念对于毕达哥拉斯主义而言也是陌生的。还
516 可以举出其他一些相似性，如，强调数字“七”的重要性，相信来世，还有许多伦理和宗教的大量格言，但是这些并不能证明什么，而且在细节上彼此差异也非常大，在这里我们无法细说它们。

毕达哥拉斯学派的生活方式和哲学只有在联系到公元前六世纪希腊的文化特质和文化状态才能真正得到理解。毕达哥拉斯主义作为一种伦理—宗教改革的努力，[1] 必须跟其他某些文化现象放在一起来考察：我们看到在同时代或之前的时期有埃庇美尼德和奥诺玛克里图斯的作品，有秘仪的兴起，有所谓“七贤”的智慧，有格言诗人。它呈现出多面性，因而涵盖了当时文化的一切方面，包括宗教的、伦理的、政治的、哲学的方面，同时在一个紧密的团体中为自己的事业建构了稳固的内核和目标，在这方面它区别于其他类似的文化现象。它的那种一丝不苟的特质跟多利亚种族和多利亚习俗有某种关系。[2] 虽然毕达哥拉斯本人是来自伊奥尼亚的岛屿萨摩斯，但是如我们所示，他的父母很可能是从伯罗奔尼撒半岛（Peloponnesus）的弗利乌斯移民到那里去的，而他自己的主要活动舞台是在多利亚和亚该亚诸城邦。不管怎样，他的作品显示出了多利亚品格的某些特质。对于多利亚神明阿波罗的崇拜，[3] 精英主义政治

1　Vide pp. 496, 352.

2　参见 O. Müller, *Gesch. Hellen. Stämme und Stätte*, ii. a, 365 sq. b; 178 sq. ; 392 sq. 和 Schwegler, *Gesch. d. gr. Phil*. 53 sq. 的出色评论。

3　Vide *supra*, pp. 338, 340.

理念，共餐制，体育训练，道德化的音乐观念，毕达哥拉斯学派有口皆 517
碑的聪明才智，女性与男性一起接受教育，严格而合度的道德准则，个体的最高义务就是服从整体，尊重传统的习惯和法律，尊敬父母、老人和定下来的权威——所有这些明显提示毕达哥拉斯主义在起源和发展中很大程度上分享了多利亚人的精神。这种精神也明显出现在毕达哥拉斯学派的哲学中，这点已经考察过了；[1]但是，毕达哥拉斯把解释自然的哲学努力跟他的道德和宗教生活统一起来，这可能是受到了伊奥尼亚自然哲学家的影响；如此博学、在求知的热情方面超出了同时代所有人[2]的毕达哥拉斯不可能不了解那些自然哲学家。然而，阿那克西曼德是他的老师[3]这个说法只能是基于年代上的可能性而不是基于任何真实材料的一种猜测。但是，毕达哥拉斯很可能了解这位年长些的同时代人，毕竟后者在早期哲学家中非常突出，不管我们设想这种了解是通过亲自的交往还是通过阅读阿那克西曼德的作品。阿那克西曼德的影响或许可以在这些方面找到迹象，如，对于宇宙之诸原因的探究的一般兴趣，毕达哥
拉斯学派关于诸天球的学说（参见第 306 页注释 2），这个学说与被认 518
为属于阿那克西曼德的学说（参见第 170 页注释 3）有某种直接关联。如果有限与无限的区分最早由毕达哥拉斯提出来，那么阿那克西曼德可能在这方面对他有所启发；只有从阿那克西曼德的空间上无限定者的观念出发，毕达哥拉斯才可能得到一般的“无限”（未限定者）的概念；这个“无限”是一切事物的本质要素，而且首要地是数的本质要素。通过毕达哥拉斯，关于自然的探究或者说哲学从伊奥尼亚人的小亚细亚这个最早的家园移植到了意大利，在这里以某种特别的方式得到了发展。在这个发展当中，意大利人的特质（毕达哥拉斯主义的诞生地被意大利人所环绕）跟希腊人的特质一起发挥作用，这当然是可以想象的，但

1　Vide pp. 502, 507 sq.

2　像赫拉克利特所说的，参见第 230 页注释 3，第 353 页注释 1。

3　Neanthes ap. Porph. Cf. p. 326, note.

是支持这种猜测的历史证据[1]太少，甚至不足以让我们认定这是很可能
519 的。[2]如果意大利人的特质对毕达哥拉斯主义有所贡献，它也只在某些

1 Cf. Schwegler. *Röm. Gesch*. i. 561 sq. , 616. Klausen, *Aeneas und die Penaten*, ii. 928 sq.; O. Müller, *Etrusker,* ii. 139 A, 53, 345 A, 22.

2 Numa 是毕达哥拉斯的门徒这样的古代记载（vide Part iii. 6, 69, 2nd edition）似乎预设了罗马宗教和毕达哥拉斯主义之间的某种相似性。普鲁塔克（*Numa*, c. 8, 14）引用了关于 Numa 和毕达哥拉斯之间的几点相似之处。他说："两人都将自己当作诸神的全权代表（其他许多人也可能是这样）。两人都喜欢象征性的格言训诫和礼俗习惯（这点也非常普遍；但是罗马人的象征格言被普鲁塔克以非常武断的方式作了解释）。就像毕达哥拉斯引入 ἐχεμύθια（沉默），Numa 确立了对于缪斯 Tacita（她不是缪斯，并且跟沉默的戒律没有关系，vide Schwegler. p. 562）的崇拜。（普鲁塔克断言）毕达哥拉斯把神设想为纯粹的精神；而 Numa 从相同的观点出发禁止使用神像（毕达哥拉斯并没有禁止使用神像；如果说古罗马早期的崇拜方式没有出现神像的话，其理由不在于某种更纯粹的关于神的观念，而是像古日耳曼人和古印度人以及其他蛮族人那样，是由于缺乏塑像艺术，而且是由于罗马宗教的特征）。Numa 的献祭都是不带血的，而毕达哥拉斯学派的献祭也是如此（根据我们以前的观察，这点似乎是不确定的，即使确定，也得不出什么推论。因为希腊人，尤其在古代，有许多不带血的献祭，而罗马人不仅有大量的动物祭品，还有把人当作祭品的）。最后，且不提其他微不足道的相似性，Numa 把女灶神（Vesta）的火安置在圆形的庙中，"代表宇宙的形状和中心火在其中的位置"（但古罗马人当然不知道中心火，也不可能证明女灶神庙的形状被用来象征宇宙的形状。至少，天穹明显的圆形可以被每个直接观察的人注意到；而另一方面，如果毕达哥拉斯学派称他们的中心火为赫斯提亚，他们自然想到的不是罗马的 Vesta 而是希腊的 Hestia）。同样确定的是，古罗马和古意大利的习俗与毕达哥拉斯学派的习俗之间有其他方面的相似性。根据后来的传统和习俗，古罗马祭司 Dialis 禁吃豆子，就像毕达哥拉斯派禁吃豆子一样。但是毕达哥拉斯派无疑是从俄耳甫斯秘仪那里借用来的这个风俗，以及他们通常遵循的禁欲主义。据说毕达哥拉斯派追随罗马人和伊特鲁里亚人的惯例，即在祈祷时面朝右边。但是从 Plut. *l. c*. 可以清楚知道，他们并不了解这个惯例。哪怕情况不是这样，这个巧合也证明不了什么。还有别的一些巧合也不能证明什么，尽管 Plut. *Qu. Conv*. viii. 7, 1, 3 用它们来证明毕达哥拉斯是一位伊特鲁里亚人。罗马人关于 Genii 和 Lares 的教义在许多方面跟毕达哥拉斯对诸精灵的信仰相似；但是毕达哥拉斯派的这个信仰是建立在希腊宗教的基础上的。这种相似之处仅仅表明希腊人和意大利人总体上的亲缘性。我们更不能从这个情况推导出，毕达哥拉斯派，就像罗马人（以及希腊人和大部分民族），把埋葬未被埋葬的尸体当成神圣的职责；而 Klausen（p. 362）引用来证明古罗马传说中有灵魂轮回观念的痕迹的那些文本并不具有决定性的证明力。我们有更多的理由比较下面两个观念：一方面是古罗马的观念，即精神领域之君王朱庇特把诸灵魂派送到这个世界又召回它们（Macrob. *Sat*. i. 10）；另一方面是据说毕达哥拉斯学派的教义，即灵魂是从宇宙灵魂产生出来的（参见前文，第 307 页注释 3）。但是首先我们要问古代毕达哥拉斯派是否真的持有后面这个学说，然

细枝末节方面起着次要的作用；因为南意大利的希腊人不大可能愿意从 520
周围的外族人那里吸收哲学观点，而外族人也不大可能愿意向他们进行
灌输。哲学在大希腊地区各殖民地自身那里找到了更为适合的土壤，这 521
从哲学在这些地方的兴起可以得到证实，也可以从我们对这些城邦的文化的了解而得到证实。如果需要更多的证据，那么就会是这样的事实，即在毕达哥拉斯学派的同时代有另一派意大利哲学兴起，而且其起源也要归因于一位伊奥尼亚人。不过，在我们考察这个学派的哲学之前，必

后我们必须知道，灵魂来自于天上并且要返回以太，这个信仰也不是希腊人所不了解的（参见前文，第 45 页注释 9、第 46 页注释 7）。某些罗马人的惯例和观念也可能让我们联想到毕达哥拉斯学派的数论。但是这种相似性并没有大到我们能正当地把数论视为古罗马人和古意大利人关于诸数的迷信的哲学表达。在罗马人那里，就像在毕达哥拉斯学派那里一样，奇数被认为是好运气的（vide Schwegler, *l. c.*, 543, 561; Rubino, *De Augur. et Pontif. ap. vet. Rom. Num*. 1852, p. 6 sq. ; cf. also Plin. *Hist. Nat*. xxviii. 2, 23），因此罗马人和毕达哥拉斯学派给更高层次的神明奇数的祭品，而给较低层次的神明偶数的祭品（Plut. *Numa*, 14; Porph. *v. Pyth*. 38; Serv. *Bucl*. viii. 75; v. 66）。但是这种观念和那种习俗并不是毕达哥拉斯学派独有的：它们属于一般的希腊人。至少柏拉图说（《法律》717A）："较低层次的神明应该像'偶'和'左'一样得到次一级的尊崇，而上界的神明应该像'奇'一样得到更高的尊崇，这样就最能够触及目标，也就是虔敬"；柏拉图在这里不太可能仅仅是因袭了毕达哥拉斯学派传统。更有可能的是，在这里，就像在柏拉图的其他法律规章中，他尽可能地沿袭他自己城邦的习俗。最后，在罗马城邦的划分之中，我们看到它贯彻了严格的数字模式，这个模式的基础是数目 3 和数目 10；此外宗教仪式中也有些相似的东西（Schwegler, p. 616）。但是这并不是罗马和意大利所特有的。例如在斯巴达（且不说更久远的民族，像中国人或加拉太人），人口根据数字 3 和 10 而被划分；有 9000 斯巴达人和 30000 珀里俄基人。在为期 9 天的 Κάρνεια 节庆中，他们在 9 个凉棚下吃饭，每个凉棚下 9 人（*Athen*. iv. 141E）。古代雅典人有四个部落，每个部落三个 φρατρίαι 族盟，每个 φρατρία 三十个宗族，每一宗族有三十个家庭。最小的整数，在希腊人那里与在罗马人那里一样，是 3（在毕达哥拉斯学派那里，4 有更高的价值），然后是 10，然后是 100，然后是 1000，然后是 10000。这类数的最高数目之一是 τρισμύριοι（30000）。赫西俄德有许多话说到特定数字的重要性（参见第 359 页注释 3）。对数字模式的偏好可能存在于不同的人们中间，而在他们之间并没有任何历史上的直接关联。在毕达哥拉斯学派那里，它主要产生于思辨的动机；在其他人那里，例如，在罗马人那里，它产生于实用的秩序感。因此我无法同意意大利的人民和宗教对毕达哥拉斯主义有重要影响这样一个观点。另一方面，就像我们将在后文看到的（Part iii. b, 69 sq. 2A, 2nd ed.），正如我们在引文中已经看到的（第 233 页注释 3），毕达哥拉斯的名字比其他任何一位希腊哲人更早地为罗马人所知，而且得到他们的高度尊重。

须把注意力引向跟毕达哥拉斯主义有联系的一些人，尽管我们不能严格地将他们归入毕达哥拉斯学派。

七、与其他因素相结合的毕达哥拉斯主义；阿尔克迈翁、希帕索斯、厄克芳图和埃庇哈尔穆斯

克罗同的医生阿尔克迈翁[1]被说成是毕达哥拉斯的稍年轻的同时代人，甚至被有些人说成是他的弟子。[2]但是，这两个说法都不确定，[3]而
522 第二个说法在严格意义上不可能是真的；因为亚里士多德（*loc. cit.*）明确把阿尔克迈翁和毕达哥拉斯学派区别开来，而他的学说也并不总是跟后者的学说吻合；但是，即使我们对他和他的著作只有一点点了解，[4]也

1 有关阿尔克迈翁，参见 Philippson, Ὕλη ἀνθρωπίνη, p. 183 sqq. ; Unna, *De Alcmaeone Crotoniata* in the *Phil. -Histor. Studien* von Petersen, pp. 41-87, 在这里古人的说法和阿尔克迈翁的残篇得到了仔细收集。Krische, *Forschungen*, etc., 68-78。我们对于阿尔克迈翁的生平一无所知，除了他的出生地和他父亲的名字（*Πειρίθοος*, *Πειρίθος* 或 *Πέριθος*）。Diog. v. 25 告诉我们，亚里士多德写东西反对他。

2 亚里士多德《形而上学》986a27（在枚举了毕达哥拉斯学派的十组对立之后）："克罗同的阿尔克迈翁似乎就是以这种方式想问题的，不是他从他们那里，就是他们从他那里，得到这种理论。阿尔克迈翁在年代上与老年毕达哥拉斯相当，他的主张也与这些人相近。" Diog. viii. 83："*Πυθαγόρου διήκουσε*"（听了毕达哥拉斯的课）。扬布里柯（*V. P.* 104）把他列入"向毕达哥拉斯派老辈人学习的年轻人"；而 Philop. *in Arist. De An*. c. 8 称他为一名毕达哥拉斯派。辛普里丘在关于这同一部论著的评论中更为谨慎地说（p. 8），其他人称他为一名毕达哥拉斯派，但亚里士多德没这么说。

3 毫无疑问，第欧根尼和扬布里柯两人（前者直接地，后者间接地）都是从亚里士多德的那个文本得出他们的信息。在该文本中，"*ἐγένετο…Πυθαγόρᾳ*"这些话以及"*ἐπεφήνατο*"（这个词在优秀的抄本 Ab 是缺乏的）之后的"*δὲ*"并没有被希腊评注者们提及：它们似乎是多余的，并且像是插补的文字。Vide Brandis, *Gr. Röm. Phil*. i. 507 sq. ; Gruppe, *Fragm. d. Arch*. 54 sqq. ; Schwegler *in h. l.*。不过，阿尔克迈翁的著作开篇（在其中他把他的著作献给 Brotinus、Leo 和 Bathyllus）表明文中所确定的年代大约是正确的。参见下注，以及 Unna, p. 43; Krische, p. 70。

4 根据盖伦（*in Hipp. de Elem*. t. i. 487; *in Hipp. De Nat. Hom*. xv. 5K），这部著作（Diog. *l. c.* 因袭 Favorinus 给出了该著作的开篇部分）被命名为《论自然》（*περὶ φύσεως*）。第欧根尼和克莱门斯（*Strom*. i. 308C）也把它称为"*φυσικὸς λόγος*"（自然学说）。但是克莱门斯断言（他确实这么断言的，见 Theodoret, *Cur. Gr. Aff.* 1, 19, Gaisf.）阿

能够明显看出毕达哥拉斯学派学说对他有影响。他的主要贡献似乎在于解剖学和生理学方面的探究，[1]除了这些之外，还有人提到一些零散的 523
天文[2]和伦理方面[3]的论断，以及跟毕达哥拉斯学派哲学紧密相关的一般

尔克迈翁是有论自然方面的著作的第一个人，这个断言是错的；因为甚至克塞诺芬尼也不能被认为是自然哲学家，毕竟，阿那克西曼德和阿那克西美尼（或许包括赫拉克利特）肯定在阿尔克迈翁之前就有这方面的论著了。然而，按照克莱门斯的说法，甚至阿那克萨戈拉也曾经被说成是关于自然方面的论著的首位作者。

1 根据 Chalcid.（*in Tim*. c. 244, p. 233 Mull.），他是第一个从事解剖的人，vide Unna, p. 55 sqq.。关于他的生理学观点，我们从历史记载中得知如下细节。他主张灵魂坐落于大脑（Plut. *Plac*. iv. 17, 1），所有的感觉都经由感觉器官的管道而进行传送（Theophrast. *De Sensu*, section 26）。他是怎么解释不同感觉官能的，这方面的材料见于 Theophrastus, *l. c*. 25 sq. ; Plut. *Plac*. iv. 16, 2; 17, 1; 18, 1，另参见伪盖伦和斯托拜乌的相应段落。由于这个原因，在胚胎中最初成形的是头（*Plac*. v. 17, 3）。精子来自大脑（*Plac*. v. 3, 3）。阿尔克迈翁自己的主要精力集中于胚胎问题，他关注胚胎如何形成、如何接受营养（vide Censorinus, *loc. cit*. c. 5, 6; Plut. *Plac*. v. 14, 1, 16, 3）。他把人的青春期类比于植物的开花期，并把动物的乳汁类比于蛋白（亚里士多德《动物志》581a14 ;《论动物的生成》752b23）。他用血管的充盈来解释睡，用血管的排空来解释醒（Plut. *Plac*. v. 23, 1）。据说他认为山羊通过耳朵来呼吸，见亚里士多德《动物志》i. 11, sub init.。亚历山大（在亚里士多德《论感觉》ii. 12, p. 23, Thur.）说某些医生跟毕达哥拉斯派有相同的看法（在第 327 页注释 2 提及），而他指的医生可能就是阿尔克迈翁；但这个猜测是不确定的。反之，Hirzel（*Hermes*, xi. 240 sq ）的看法似乎是可以接受的；他认为柏拉图在《斐多》96B 中说到如下观点时就是指阿尔克迈翁："头脑提供出听、看和嗅等感觉官能，从它们当中产生出记忆和意见，而记忆和意见变得稳固就得到知识。"正如 Hirzel 正确地观察到的，*ἐπιστήμη*（知识）和 *αἴσθησις*（感觉）的区分与第 362 页注释 4 引用的文本是吻合的。在这个注释的开端所说的话与大脑是认识功能的坐落处的观点相吻合；但是阿尔克迈翁（参见第 362 页注释 1，第 362 页注释 3）必定认为只有灵魂是认识的主体。不过，柏拉图没有将他自己的看法添加到他所转述的观点上，这点我们不敢保证；*ἐπιστήμη*（知识）从 *ἠρεμεῖν*（稳固）——即从观念在灵魂中的固定化——而产生出来（这个观点被亚里士多德在《后分析篇》100a3 中再次提及），这个观点可能就是柏拉图自己补充的；参见《克拉底鲁》437A ;《美诺》97E sq.。

2 根据 Plut. *Plac*. ii. 16, 2; Stob. i. 516，阿尔克迈翁主张恒星从东往西运动；诸行星（我们还要把地球也设想为行星之一，围绕着中心火而旋转）从西到东运动。根据 Stobaeus, i. 526, 558，他跟伊奥尼亚学派一样认为太阳和月亮具有扁平的形状，就像一艘船，并且通过月亮之船的弧状移位来解释月食。辛普里丘（*De Coelo*, 121a, Ald.）说，阿尔克迈翁计算出了分至点的间隔时间；但这是根据古代的文本。根据 Karsten, p. 223a, 15 和 Brandis, *Schol*. 500a, 28，我们发现用 *Εὐκτήμονι*（攸克特蒙）代替 *Ἀλκμαίωνι*（阿尔克迈翁）似乎更为准确。

3 克莱门斯（*Strom*. viii. 624B）从他那里引用了如下的话："警惕敌人比警惕朋友更容易。"

哲学理论。这些理论中的主要观点是：一方面，完满的或天上的东西跟不完满的或地上的东西之间的对立；另一方面，人的精神和永恒者的精神之间有亲缘性。天宇和诸天体是神性的，因为它们以一种返回自身的
524 运动方式进行不间断的旋转；[1]而相反，人类是转瞬即逝的，因为我们不能够将开端和终结统一起来——我们在生命终结之后开始的是一个全新的过程。[2]然而，我们的灵魂可以免于这种转瞬即逝：它以永恒的方式像恒星一样运动，因而是不死的。[3]因而，灵魂之知不局限于感觉能力，它还拥有理解力和自觉意识。[4]可是，按照这种解释，属人的东西都是不完满的。诸神认识隐藏的东西，而我们只能对它有所猜测：[5]诸神拥有单一形式的生命，而我们的生命在各种对立面之间摇摆，[6]它的健全状态
525 有赖于相反的力之间的均衡；如果其中一个因素压倒其余因素，就会出现疾病和死亡。[7]我们当然不能由于这些论断而把阿尔克迈翁考虑为一

1 亚里士多德的《论灵魂》405a30："因为他说，由于灵魂类似不朽的事物，所以它是永恒的，它具有这个特性是因为它永远在运动着；所有神圣的事物，月亮、太阳、星辰，以及整个天体都在不停地运动着。"这个文本无疑是伊壁鸠鲁断言的唯一基础，见 Epicurean, ap. Cic. *N. D.* i. 11, 27："除了他赋予太阳以神性外，也赋予月亮和其他天体以躯体和精神。"以及 Diog. viii. 83 断言："他认为月亮以及整个天宇（策勒按：此处文本似乎有残缺）在本性上是永恒的。"还有 Clem. *Cohort*. 44 A 的断言："阿尔克迈翁认为诸星体是神性的、有灵魂的存在者"。参见下注。

2 亚里士多德的《问题集》916a33："因为阿尔克迈翁说，人死是因为他们不能把起点与终点相连接。"被 Philippson. 185; Unna, 71 准确地确定的这些词的意义，从这段话的整个上下文中可以清楚地看出来。

3 亚里士多德（同上），以及因袭他的 Boethius, ap. Eus. *Pr. Ev*. xi. 28, 5；Diog. viii. 83; Stob. *Ecl*. i. 796；Theodoret, *Cur. gr. aff*. v. 17，还有亚里士多德著作的希腊评注家，其中，菲洛庞努斯（在 *De An*. i. 2, C 8）明确说他并不了解阿尔克迈翁的著作，除了亚里士多德所说的，他对之一无所知。

4 Theophr. *De Sensu*, 4, 25.

5 Alcm. ap. Diog. viii. 83："神拥有那些不可见者的明见性，而人只能通过征兆进行推断。"

6 亚里士多德的《形而上学》i. 5（参见第 360 页注释 2）接着说："他说在人类世界中许多东西都是成双成对的，但他所说的相反并不这样严格，而是顺手拈来的，例如白和黑、甜和苦、善和恶、大和小，这样看来，阿尔克迈翁这个人只是含糊地摸索到其余的对立面，而毕达哥拉斯学派才宣布了这些相反者是什么和有多少。"Isoc. π. ἀντιδόσ. 268 说错了："阿尔克迈翁（说存在者）只有两个。"

7 Plut. *Plac*. v. 30（Stob. *Floril*. 101, 2; 100, 25）："阿尔克迈翁认为健康是相反的力的

位毕达哥拉斯学派，因为我们从所有关于他的记载中没有发现数论这种毕达哥拉斯学派的独特学说。此外，他的天文学观点只有一部分跟毕达哥拉斯学派的宇宙论相吻合；所以我们必须认为亚里士多德在把他跟毕达哥拉斯学派区别开来的时候是对的。但是阿尔克迈翁关于永恒者和有死者之间的关系的考察，关于宇宙中的诸对立面的考察，关于众星体之神性的考察，以及灵魂不死的主张，几乎都与毕达哥拉斯学派的学说完全吻合。我们难以相信，一位与毕达哥拉斯学派同时代的、尤其来自于这个学派的重镇克罗同的人，他形成这些观点会全然与毕达哥拉斯主义无关。所以，尽管亚里士多德并不贸然断言关于对立的学说是从毕达哥拉斯学派传给阿尔克迈翁的，或者恰好相反，但是前一个选项肯定具有更大的可能性；[1]因而我们将阿尔克迈翁视为一位受到毕达哥拉斯学派哲 526
学很大影响、但是没有真正接纳其全部的人。

关于希帕索斯和厄克芳图，我们了解到的东西更少。就希帕索斯而言，古代论者自己了解到的似乎没有比亚里士多德提及的更多，也就是，他跟赫拉克利特一样把火当成最原初的物质。[2]更进一步的说法，如，他主张火是神，[3]他认为火经由稀释或浓缩衍生出其他事物，[4]他认为灵魂具有火一样的本性，[5]宇宙是有限的、永远运动的、按照一定周期而

平衡，湿与干、冷与热、苦和甜，诸如此类；其中一方面占据主宰就导致疾病；因为单一主宰导致毁坏；疾病的原因要么是由于热或冷过度的状态，要么是由于由于〈营养〉过多或过少，要么出现在血液里，要么出现在头脑里；而健康是这些性质（τῶν ποιῶν）的混合达到均衡状态。”柏拉图的《会饮》106D 把同样的想法放在 Eryxainachus 的口中。这里提到了亚里士多德的四种原因以及斯多学派的“ποιοί”（性质），这就表明它不是阿尔克迈翁本人的措辞。

1 就毕达哥拉斯的十组对立列表而言，这是没有疑问的，而就所有事物都充满对立这个一般原则而言，则是有疑问的。

2 亚里士多德《形而上学》984a7：“Metapontium 的希帕索斯以及以弗所的赫拉克利特（把本原说成是）火。”相同的话还出现在下面的论著中：Sext. *Pyrrh*, iii. 30; Clemens, *Strom*. i. 296 B; Theod. *Cur. gr. aff*. ii. , p. 22; Plut. *Plac*. i. 3, 25。最后这位作者（普鲁塔克）提到火可以有质方面的变换的学说的时候，只是将其归于赫拉克利特。

3 Clem. *Cohort*. 42 C.

4 Simpl. *Phys*. 6 a.

5 Theodoret, *Cur. gr. aff*. v. 20; Tert. *De An*. c. 5.

改变自身形态：[1]所有这些说法都应该是从将他跟赫拉克利特进行类比而推演出来的，因为即使亚历山大里亚时期的学者们也并不掌握他的著作。[2]或许是跟赫拉克利特主义学说的这种接近让晚出作者将他称为假
527 冒的毕达哥拉斯学派，以及所谓“信条派”（Acusmatics）的领袖；[3]在别处他被说成是一位完完全全的毕达哥拉斯学派，[4]在这个前提下有些被错误地归于他的著作残篇得到引证。[5]如果我们要追问他为何被视为一位毕达哥拉斯学派，那么最明显可以想到的就是中心火的学说。按照毕达哥拉斯学派，中心火是宇宙的根源，万物都要溯源于它；希帕索斯似乎由于这点而将这种火视为一切事物得以构成的物质。然而，非常有可能的是，他也受到赫拉克利特这个榜样的影响，因而他的学说是毕达哥拉斯学派和赫拉克利特学派观念的一种结合物。

厄克芳图所处的位置也是类似的。他也被归到毕达哥拉斯学派里面，[6]但是该学派的数论似乎对他而言过于抽象和非物质，所以他像希帕索斯一样试图通过后来的自然哲学家的学说来补全这种数论；只不过他选择的不是赫拉克利特的哲学而是原子论哲学和阿那克萨戈拉的哲学，这可能是受到毕达哥拉斯学派关于空间大小的派生学说的影响。他把各个“单元”（它们是各个数的原初构成要素，从而是各个

---

1 Diog. viii. 84; Simpl. *l. c.*; Theod. iv. 5. p. 58，然而，在这里应该读作 ἀκίνητον ἀεικίνητον（不动的永动者）。

2 Diog. *l. c.*：“德谟特里俄斯在《同名人》中说他（希帕索斯）没有留下任何著作。” Theo, *Mus*. c. 12, p. 91 提到了（只是作为转述）Lasos of Hermione 和希帕索斯（或者他的学园）确定各个音的关系的那些实验。如果说扬布里柯（*in Nicom. Arithm.* 141, 159, 163 Tennul）把算术比例、几何比例与和声学比例的区分归于数学家阿尔基塔和希帕索斯，那么他的断言并不是基于希帕索斯的任何著作之上。

3 Iambl. *V. Pyth*. 81。类似的还有 Villoison, *Anecd*. ii. 216。另一方面，扬布里柯（*in Nicom.* 11b），Stob. *Ecl*. i. 862，以及 Syrian, *in Metaph*. xiii. 6，甚至从他的挂名作品中借来有关毕达哥拉斯派学说的证据。

4 E. g. Diog. and Theo, *l. c*.

5 参见前文，第 256 页注释 3。

6 Röth, ii. a, 812 以他惯常的粗心大意将厄克芳图和希凯塔称为“毕达哥拉斯的直接门徒”。这个断言不仅完全没有证据，而且看起来最有可能的是（据 p. 528 sq. 引用的那个文本），这两位哲学家生活在菲洛劳斯之后，与阿尔基塔同时。

事物的构成要素）理解为物质性的原子，在形状和力量上各有不同。 528
诸事物的本质是不可认识的（即，不可感知的），这个说法（我们应该在同德谟克利特类似说法的意义上来理解[1]）很可能指这些原子的不可见。他在原子之外增加了虚空——这个概念在早期毕达哥拉斯学派的学说中已经出现——但是这在他看来还不足以解释诸现象，或者毕达哥拉斯学派的虔诚使他不能停留在这上面，所以它跟阿那克萨戈拉一样假定，诸原子的运动和宇宙的塑造是由心灵或灵魂造成的。由于这种推动因只有一个，他倾向于认同宇宙的单一性和球形而不是原子论主张的有多个宇宙。[2] 然而，所有这些都表明他必定属于
毕达哥拉斯学派比较晚一代的成员。关于他还有这样的说法：与柏 529
拉图主义者赫拉克利德（以及希凯塔〔Hicetas〕）一样，他认为地球在自己的轴上旋转。[3] 在某些细节方面他的观点让我们联想到柏拉图。[4]

著名喜剧诗人埃庇哈尔穆斯[5]也被很多记载者说成是一位毕达哥拉斯学派。[6] 毕达哥拉斯学派的学说对他很可能不仅仅有表面上的影响，

1　更多细节请参考后文。就目前的讨论而言，参见亚里士多德《形而上学》1009b11：“为此德谟克利特说，要么没有真理，要么我们无法弄清。”

2　上述论断所依赖的证据是如下这些：Stob. *Ecl*. i. 308（参见前文，第 286 页注释 1）；*ibid*. 448：“厄克芳图说，宇宙从诸不可分者合成而来，由神意所统辖。” *Ibid*. 496：“厄克芳图说唯有一个宇宙。” Hippolyt. *Refut*. i. 15, p. 28。

3　参见前文，第 311 页注释 2。

4　毕达哥拉斯学派原子论学说的另一线索或许可以在第 322 页注释 1 所引述的关于 Xuthus 的内容中找到。

5　*Grysar. De Doriens Comoedia*, 84 sqq. ; Leop. Schmidt, *Quaest. Epicharmeae*, Bonn, 1846; Welcker, *Kleine Schrift*. i. 271-356; Lorenz, *L. und Schr. d. Koers Epicharmos*, Berl. 1864。按照 Schmidt 的计算，埃庇哈尔穆斯生活于第 59 届至 79 届奥林匹亚赛会之间，即公元前 556—前 460 年之间。Grysar 把他的出生定在第 60 届奥林匹亚赛会期间，即公元前 540 年，Lorenz 则认为是在第 60—62 届之间。我们确定地知道的仅仅是，他在希罗之后不久去世，因此也就在公元前 467 年之后不久，并且得享高寿。根据 Lucian(*Macrob*. 25)，他终年是 97 岁；根据 Diog. viii. 78，他终年是 90 岁。他出生在科斯岛（Cos），在孩提时就到了西西里的麦加拉。他的后半生是在叙拉古度过的。

6　Diog. viii. 78 甚至称他为毕达哥拉斯的门徒。Plut. *Numa*, 8; Clem. *Strom*. v. 597 C 只

而且我们从他的著作残篇中可以看到某种对于普遍反思和格言警句的偏好，[1]这也可能要归因于该学派。但是我们从了解到的东西出发不足以断定他拥有确定的哲学学说。根据第欧根尼·拉尔修《名哲言行录》第3卷第9节（以下），阿尔基谟斯（Alcimus）[2]试图指出柏拉图的大部分学说是从埃庇哈尔穆斯那里挪来的。这个记载不仅不能证明后面这个说法，而且也不能证明埃庇哈尔穆斯是严格意义上的哲学家。就他引用
530 的四段话而言，[3]第一段说，[4]诸神是永恒的，因为如果第一个实在是产生出来的，它必定是从无中产生出来；还有，人处于持续变化中，从不保持自身同一。[5]另一段说，正如技艺不同于有技艺者，而且人只有通过学习技艺才变成一位有技艺者，所以“善”是某种自身独立的东西（*τὶ πρᾶγμα καθ᾽ αὑτὸ*），[6]而人只有通过学习它才变成善的。第三段通过动物的本能推论说，一切有生命者都拥有理性。[7]第四段说，每种存在者都最喜欢自己；如人认为人是最美的，而牛认为牛是最美的，等等。这些说法肯定表明它们出自一位思想者，但是它们并不表明这位诗人的这

称他为一位毕达哥拉斯派。根据 Iambl. *V. P.* 265，他属于外传弟子。Schmidt, *Op. C.* p. 935 对 Lorenz, pp. 44-52 的批评是有道理的，后者过分信赖第欧根尼的说法。

1 参见 Diog. *l. c.*：“他留下了一些论文，其中包括自然哲学、生活箴言和医学理论”，另参见 Welcker, p. 347 sq.。

2 关于阿尔基谟斯，参见本著作的索引，p. 3。

3 关于这四段话的真实性、文本和解释，参见 Schmidt, *Gött. Anz*. 1865, 940 sq.；Lorenz, 106 sq.；Bernays in *Rhein, Mus*. viii. 1853, 280 sq.；斯坦哈特（*Plato's Leben*, 13 sq.，264 sq.）说前两段话肯定是杜撰的，第三段话可能是真的，第四段话毫无疑问是真的。

4 这是一个对话，在其中，一位对话人代表埃利亚学派的观点，另一位代表赫拉克利特的观点。

5 柏拉图在《泰阿泰德》152E 把埃庇哈尔穆斯列入那些主张没有“是”而只有“变易”的人当中，这时候他可能考虑到了这段话，至少他考虑到了其中表达的观点。克律西波（ap. Plut. *Comm. notit*. 44, p. 1083）在同一个文本中发现了“*λόγος αὐξανόμενος*”（增长的原理）。

6 Schmidt（*Qu. Epich*. 49 sq.）猜测包含这个论断的诗句应该被排除掉，但是这个猜测在我看来是不必要的；它跟理念论没有关联，也同其他段落没有关联；柏拉图也在《普罗泰戈拉》330C sq. 和 349B 以相同的含义使用了“*πρᾶγμα*”（事物）这个词。

7 Lorenz, p. 106 在这段话中看到的内容实际上找不到。

些思想以某个哲学原则为其核心。我们更不能从其中推出，这个原则是
毕达哥拉斯学派的原则；关于诸神是永恒的这个论断更加让我们想到克
塞诺芬尼，而上述第四段引述跟他的诗篇也有更大的相似性。[1] 关于人 531
处于持续变化中的说法无疑指向赫拉克利特的学说，[2] 而人的性格就是他
的守护神（daemon）[3] 的论断也应该是从他那里转借来的。但是，这位
诗人关于死后状况的描述表明的是毕达哥拉斯学派的影响。他说，人在
死后身体归于大地，而精神归于天上。[4] 虔敬的生活是走上此途的最好
准备；[5] 上面引述的第三个说法提到动物有理性，这可能也要归于毕达哥
拉斯学派的影响。我们关于埃庇哈尔穆斯所能了解到的内容要么没有哲 532
学方面的意义，[6] 要么让我们难以确定是否由他原创，[7] 或者难以确定是否

1　参见后文关于克塞诺芬尼的注释第 4 和 6。 埃庇哈尔穆斯了解克塞诺芬尼，这点得到亚里士多德《形而上学》1010a5 这段话的证实（亚里士多德在枚举混淆了可感现象与真相的哲学家之后，说道）："因此尽管他们说得貌似对，但他们所说的却不是真的。这种批评拿来针对克塞诺芬尼而不是针对埃庇哈尔穆斯要恰当一些。另外，他们主张这些观点是因为他们看到整个自然都在运动……" 埃庇哈尔穆斯关于克塞诺芬尼写了什么话，我们从这段话中看不到。最自然的猜测是，他说到过这位哲学家的某种观点，它也许会是真的，但是可能性不大。我们没有理由从这段话猜测他写作"反对"克塞诺芬尼；更不应该像 Lorenz, p. 122 sq. 一样得出结论说，克塞诺芬尼归给感官知觉某种肯定的价值，并且正因如此而遭致埃庇哈尔穆斯的攻击。我们的文本不包含任何这类内容。至于 Karsten 的武断猜测（*Xenoph. Rell*. 186 sq.，得到 Polman-Kruseman, *Epicharmi Fragm*. 118 的支持），这与文本的意思和语境相悖（cf. 1. 10 sq.），并且被 Schwegler（*ad. h. l.*）正确地反驳了。

2　参见第 366 页注释 5，以及 Bernays, *loc. cit*.。

3　Ap. Stob. *Floril*. 37, 16。Cf. Heraclit. *Fr*. 57 Schleierm："人的性格就是他的守护神"。

4　*Fragm. inc*. 23, from Clem. *Strom*. iv. 541C. *Fr*. 35 ap. Plut. *Consol. ad Apoll*. 15, p. 110.

5　*Fr*. 46 in Boisssonade *Anecd*. i. 125.

6　例如，*Fr*. 24 in Clem. *Strom*. v. 597 C。*Fr*. 25（*ibid*. vii. 714A。参见一位佚名诗人所写的相似文本（ap. Clem. *Strom*. iv. 531C)。这段话经常被引用，"努斯看见，努斯听闻，而其他东西是瞎的和聋的"（*νοῦς ὁρᾷ καὶ νοῦς ἀκουει τἄλλα κωφὰ καὶ τυφλά*）（vide Polman-Kruseman, *l. c*. 82 sq. ），当然不包含任何与克塞诺芬尼的"*οὖλος ὁρᾷ*"（能看见）等相反的内容（如 Welcker *l. c*. p. 353 所设想的）。著名的谚语"*οὐδεὶς ἑκὼν πονηρὸς*（没有人自愿是坏的）"（*ibid*. p. 10 sq. ，参见亚里士多德《尼各马可伦理学》1113b14；柏拉图《蒂迈欧》86D，还可以参见前文第 77 页注释 1），它真正的意思是没有人自愿是悲惨的；最后还有一个说法是，埃庇哈尔穆斯把诸恒星和诸元素称为诸神（Menander ap. Stob. *Floril*. 91, 29）。

7　就 Clem. *Strom*. v. 605 A 所引用的那些涉及人类的和属神的 *λόγος* 的诗句而言，尤

表达了他自己的意思。[1] 总体上我们可以清楚看到，埃庇哈尔穆斯对他
533 那个时代的哲学毫不陌生，但是他不是任何单一学派的追随者，[2] 而是从
他的同时代人那里随意吸收在他看来值得考虑的观点。

其是这样。因为，根据 Aristox. ap. Athen. xiv. 648d, 这些诗句从中摘录而来的《政制》这本书的作者被某位 Chrysogonus 错误地归于埃庇哈尔穆斯；而且 Schmidt, *Qu. Epicharm*. 17 从格律方面佐证了这个论断。很有可能只有这部著作的开端部分属于 Chrysogonus，在这部分我们发现了毕达哥拉斯派的观点，“*ὁ βίος ἀνθρώποις λογισμοῦ κὰοιθμοῦ δεῖται πάνυ*”（人的生活非常缺乏推理和计算）等等，反之，其余的内容，从“*εἰ ἔστ᾽ ἀνθρώπῳ λογισμὸς, ἔστι καὶ θεῖος λόγος*”（如果说人拥有“推理”，那么神拥有“理”）开始，看起来很像是某位犹太人或亚历山大里亚的基督徒插入的内容。还有一个说法认为（Vitruv. *De Archit*. viii. pref. 1），埃庇哈尔穆斯主张有四种元素，如恩培多克勒所认为的那样，这个说法显然是基于某种偶然的联系，就像我们在别处看到的情况（例如，Aeschylus, *Prometh*. 88 sq.）。这并不足以支持我们可以把跟恩培多克勒一样的关于元素的想法归于埃庇哈尔穆斯。我不知道 Lorenz 怎么会得出如下断言，他说 Ennius 的埃庇哈尔穆斯的残篇一定可以算作我们关于这位埃庇哈尔穆斯所保有的最有意思的作品。

1 例如，赫拉克利特所提出的万物流变的学说被这位诗人滑稽地解释为（就像 Bernays, *l. c*. 286，由 Plut. *De s. num. vind*. c. 15, p. 559 所表明的）：一个人不需要偿还债务，因为他与过去欠债的人不是同一个人。这可能与 Cic. *Tusc*. i. 8, 15 的这段话的意思相同：“*Emori nolo sed me esse mortuum nihil aestimo*”（我不在意死，因为死了就什么也感觉不到了。Sext. *Math*. i. 273 把它说成了“*ἀποθανεῖν ἢ τεθνάναι οὔμοι διαφέρει*〔死和已死对我没有分别〕”，这无疑是不对的）。至少这最后的论断看起来与毕达哥拉斯学派对于灵魂不朽的信仰很不一致。Welcker, *l. c*. 304 sq. 的评论很恰当（Gronovius 和洛贝克也同意这点）：诸恒星和风这些事物被埃庇哈尔穆斯称为诸神，这并不是以他自己的名义说的，而是在他阐述波斯宗教的时候说的。

2 或许这就是为什么 Iambl. , *V. P*. 266 认为他是这个学派的外围成员之一的原因；但是也可能是因为晚出作家发现在他那里缺乏他们心目中真正的毕达哥拉斯主义。

第三章

埃利亚学派

一、学说来源。论麦里梭、克塞诺芬尼和高尔吉亚的著作

埃利亚学派哲学家的著作只有孤立的残篇留传下来。[1]除此之外，亚里士多德关于他们学说的评述是我们信息的主要来源。然后是更近作家的补充记载，其中辛普里丘的记载，由于他对埃利亚主义者著作的亲身了解及对古代文献的细致使用，可排在第一位。尽管所有这些文献到处都有脱漏，但它们仍然包含过多东西；而这一多余，至少对这个学派的创始者来说，比原始文献的稀缺对正确评价埃利亚学派学说造成的伤害还要大。我们拥有的以亚里士多德署名的那本著作，[2]详述并批判了两 534
位埃利亚派哲学家的理论和高尔吉亚（Gorgias）的相似论证。但这两位哲学家到底是谁，这本著作的历史价值又如何，无法得到确实的证

1　克塞诺芬尼、巴门尼德和麦里梭的残篇得到布兰迪斯（*Comment. Eleat.*）收集和评注；Karsten, *Philosophorum Graec. Reliq.* 收集了克塞诺芬尼和巴门尼德残篇。穆拉克在他的版本的 *De Melisso* 中和 *Fragm. Philos. Gr*. i. 99 以下及 259 以下对它们有一个简短的评述。

2　它的通常标题是：*De Xenophane, Zenone et Gorgia*；穆拉克在他的版本中代之以 *De Melisso, Xenophane et Gorgia*（他的 *Fragm*. i. 271 以下同样如此）。关于这一著作的文本、真实性和内容，参见 F. Kern, *Quaestionum Xenophanearum capita duo*. Naumb. 1864、*Symbolae criticae ad libell. Arisiot*. π . Ξενοφ. etc., Oldenb. 1867、Θεοφράστου π. Μελίσσου *Philologus*, vol. xxvi. 271 以下和 Beitrag *z. Darst. d. Philosophie d. Xenophanes.v. Kol*. Stettin, 1874。

明。大量文献给出的这一著作的标题是：《论克塞诺芬尼、芝诺和高尔吉亚》；另一些则只给出更一般性的标题：《论各种意见》或《论哲学家们的不同意见》。就这一著作的具体篇章而言，它的第一部分（c. 1, 2）经常被认为相关于克塞诺芬尼；但在另一些手稿中，特别是在最好的莱比锡抄本（Leipzig Codex）中，它涉及的是芝诺（Zeno）；而最经常与芝诺之名相联的第二部分（c. 3, 4），在这同一的抄本中则指涉于克塞诺芬尼。[1] 然而毫无疑问的是，第一部分处理的既不是克塞诺芬尼也不是芝诺，而是麦里梭。这在作品本身当中得到清楚的证实[2]：它的内容实质表明它们谈论的不可能是其他人。因为正如我们从亚里士多德的清晰证词中所获知的，[3] 麦里梭正是第一个坚持那个“存在之一”（One Being）
535 的无限性的人（c. i. 974a9），相反，克塞诺芬尼对此问题未给出任何意见；同样在这里，按照通常观点被置于克塞诺芬尼或芝诺之口说出的理由，依据亚里士多德无疑真实的表述和辛普里丘保存下来的麦里梭残篇，应属于麦里梭。[4] 另外，如果我们把这一部分与麦里梭相联，那它与古代证词的一致有助于澄清这一章节的内容；而如果是这样的话，我

1　参见 Bekker 和穆拉克给出的证据。

2　C 4, 977 b, 21；参见 c 1, sub init 和 974 b, 20、c. 2, 975 a, 21、c. 6, 979 b, 21；参见 c. 1, 974 a, 11 和 b, 8。c. 2, 976 a, 32 清楚地区分了其理论在章节中得到阐释的哲学家与克塞诺芬尼；c. 5, 979 a, 22 则预设了对麦里梭的预先谈及。

3　《形而上学》i. 5, 986b18；参见《物理学》iii. 5, 207a15。

4　如布兰迪斯（*Comment. Eleat.* 186 sqq., 200 sq.; *Gr. Rom. Philos*. i. 398 sqq.）和之前的 Spalding（*Vindiciae Philosoph. Megaricorum Subjecto Commentario in Priorem partilibelli de Xenoph. Zenone, et Gorgia*, Berlin, 1793）已经表明的。我们后文对麦里梭的讨论将进一步表明这一点。Röth, *Geschicht. d. Abendl. Phil*. ii. b. 28 看不到任何能把 c. 1 以下相联于麦里梭的理由。由于他（*ibid*. a, 186）轻蔑性地否认对这一著作真实性的任何怀疑，我们可以料想他会得出这样的结论；但这改变不了事实。他对克塞诺芬尼的详细考察（*l. c*. a, 174-242 b, 22-24）也少有已知的或可靠的东西。他的主要发现（a, 188, 216, &c.）——克塞诺芬尼的观点是在对阿那克西曼德的观点的持续反对中发展出来的，特别是他关于神的理论，总相关于阿那克西曼德关于神的“无定”观念——除了缺乏任何历史依据外，也是不可接受的，因为它依据对阿那克西曼德的完全武断和错误的理解。但我们也不能期望从对被归属于亚里士多德的著作的理解中获得太多的帮助，它的一个评述这样处理文本，以至于（p. 208）在“无不在任何地方”（即不在空间中）的命题中发现无限空间与无的等同。

们似乎只能认为它的标题有误。与之相反，关于第二部分，不仅与之相关的人物，而且它内容的可信性，都是可疑的。如我们看到的那样，它的不同文本，有时相关于芝诺，[1]有时相关于克塞诺芬尼。作者自己随后 536
谈到对芝诺的讨论，我们可能猜想这出现在第三章；但他的这一谈及如果依据如下的理论可以得到更好的解释：这一著作现在已经佚失的一个部分讨论芝诺；而这也会与这样一个事实一致：如果我们面前的这第三章直接讨论芝诺，那作者就不可能以这样的方式提到他。[2]我们是否应 537

1　在论高尔吉亚的章节（c. 5, 979 a, 21），我们读到："既没有一也没有多，既没有非生成物也没有生成物，一些如麦里梭所说，一些如芝诺在他的那个独特的论证之后试图证明的那样"；c. 6, 979 b, 25："根据芝诺关于处所的论证，没有任何存在者存在于任何地方（按，高尔吉亚认为）"；同上第 36 行，依据穆拉克的补充："他说，无形体的东西就是无，他具有与芝诺的论证相似的见解"。说这里意指的是未在我们这本著作中提到的芝诺的其他的论证，我不能相信。如果作者开始向读者谈到的是麦里梭和克塞诺芬尼的观点，那他又如何能假定读者对芝诺的理论有如此详实的了解，以至于他可以这样谈论它们，好像他们对之非常清楚一般？如何没有更好的解答，我倾向于接受这样一种可能（如在本书的第一版中那样）：这些说法指涉的是第二部分中的段落，因此，这第二部分相关的不是克塞诺芬尼而是芝诺。c. 5 中的话（与 c. 1, 974 a, 2, 11 一起）因此涉及到的是 c.3，在那里神的一性和永恒性得到证明。我们的作者确实说到，在证明存在既不是一也不是多，既不能生成也不能不生成时，部分追随芝诺，部分追随麦里梭。但这并不是一个障碍；因为不管是芝诺还是麦里梭都不可能会提出反对存在的一性和永恒性的论证。因此，高尔吉亚只能是在证明存在不是一个多也不能生成时，而不是在证明存在不是一个一也不是非派生的时，使用了他们的论证。结论是，即使我们的作者主张后一种理论，他也必然是在不确切地表达他的意思。（Kern, *Qu. Xen.* 42 对此观点的反对是不相干的，它直接反对的是一种不应该由我来负责的对这一段话的解释）。从 c, 6 而来的段落可能指涉 c. 3, 977 b, 13："因为不存在绝不在任何地方"存在，但这些词不足以解释这些指涉，即使我们寻求那个基本命题的帮助（ibid. c. 5）："不存在不可能是存在"。在我看来更有可能的是，从 c. 5 以下引来的话指涉这一著作已佚失的一个处理芝诺的部分。或许 c. 2, 976 a, 25 同样指涉这个佚失部分。在 Diog. v. 25，有一本名为 *πρὸς τὰ Ζήνωνος*（《论芝诺的论证》）的著作，与《论麦里梭、高尔吉亚和克塞诺芬尼》一起，被确切地当作亚里士多德的著作提到。

2　在他对 c. 3 阐述的观点的批评（c. 4, 978 b, 37）中，对"神不能运动，因为所有运动都预设了事物的多，据此一个事物进入另一个（即另一个事物的位置）"的观点（977 b, 11 sqq.），作者做出的回应如下。神也能够进入另一个事物，"因为他根本没有说只有一"（Kern, *Quaest.* 35 这样来完善文本），"而是说只有一个神，如果它既是自身（代替这个，我们也许应当按照 Bergk, *De Arist. lib. de Xen. Zen. et Gorg.* Marb. 1943, p. 36 sq. 来校读）又不是自身"；即使他自身并不进入他物，依据 Kern

该由此得出结论说，作者在这一部分正谈论的不是芝诺而是克塞诺芬尼呢？但如果是这样的话，在对埃利亚学派理论的阐释中把这个学派的创始者置于麦里梭和高尔吉亚之间，就会显然有些奇怪。当然，这可以依据这样一种假设得到解释：作者对埃利亚哲学家的讨论顺序，不依据他
538 们的历史联系，而是依据他们的理论观点来安排。正如在《形而上学》著名段落中，亚里士多德首先提到巴门尼德，然后麦里梭，再后才是克塞诺芬尼；[1]同样，在这本著作中，作者先处理那些坚持存在是有限的埃利亚主义者，也即芝诺，以及，毫无疑问，巴门尼德；[2]然后麦里梭，他也认为存在是无限的；再后克塞诺芬尼，他说存在既不是有限的也不是

上引处的另一个猜测的文本："有什么阻止神圆周运动它的各个部分进入彼此之中呢？"（在这里，也许可以被校读为"有什么阻止神圆周运动万物［或整体］的各个部分？"这依据 Felician 的翻译：quid vetat partes omnia ambientis Dei in sese mutuo moveri；Kern 的猜测是："万物的各个部分包围着神"；但这个翻译，如果字面性地理解，必然会导致对文本的巨大改变；如果不这样，ambientis 必然指向 κύκλῳ，否则的话它就未得到翻译），"因为就像芝诺一样，他不会说这样一种一是多"（所以，在 Cod. Lips. 和其他地方，Vulgata 是 φύσει），"因为他说神是有形体的"，等等。在本书的第二版中，我否认有这几个词：ὥσπερ ὁ Ζήνων（正如芝诺），因为在从 *Melissus*, c. 1, 974 a, 18 以下而来的摘录中被找到的，关于一如果改变它的位置就是变成一个多的断言（这个断言也只在这里成问题：τοιοῦτον ἓν〔这样一种一〕会是 κύκλῳ φερόμενος θεὸς〔神的圆周运动〕），没有在任何地方（甚至不在 Themist. *Phys*. 18 o, 122 Sp 中）被归于芝诺。因此我猜想 ὥσπερ 应该去掉，或者用 Μέλισσος 替代 Ζήνων，或更有可能的，如在我看来的，与此书更早段落确切相联的这几个词 ὥσπερ ὁ Ζήνων，是被相信 c. 1 相关于芝诺的人加在这里的。但是，如果此书原本包含对芝诺的讨论（参看前注），那这个猜测就是多余的。如此这几个词相关的就是这个讨论。就当前的讨论而言，这几个词的具体意思并不重要。同时我看不出有什么理由要抛弃我之前的解释，据此 οὐ γὰρ 等说的是："因为我们的敌手不能像芝诺那样反对说，这样一个在一个圆圈内旋转的一根本不会是（would not be）个一（更正确的说法是'不是'〔is not〕，因为没有 ἂν 在 εἶναι 之前），因为他自己称神是球形的。"

1 参见第 379 页注释 1。

2 Philoponus, *Phys*. B, 9 是唯一一个说到亚里士多德有关于巴门尼德的论述的文献："人们说，他专门写了一本书来讨论巴门尼德的学说。"但这一说法有其较大的合理性，因为说任何一个人在讨论埃利亚学派时会漏掉巴门尼德，总不那么可信。如果我们接受这个说法为真，那么我们可以认为我们这本著作的 c. 2, 976 a, 5 和 c. 4, 978 b, 8 指涉的是它的这个部分。不过即使有，它也必然很早就佚失了，因为第欧根尼的列表并没有提到它。

无限的；最后高尔吉亚，他不仅否认存在是可被认知的，而且否认存在自身。如果这会否认芝诺是那个在第三章被处理的哲学家，[1] 那从作品内容看我们更不能找到对他理论的任何确切阐述。[2] 这里提到的哲学家被描述为，“在谈到神时”[3] 否认了生成和多，并相应地只是相关这个方面对他的主张提出了证明，尽管他的论证大部分允许更为普遍的运用。539
但是没有哪个古代记载承认芝诺的理论有这样的限制：它们都同意，芝诺，像巴门尼德一样，普遍性地否认生成与多。如我们将看到的，只有克塞诺芬尼把他反对日常观念的整个论证与神学问题相联；与之相反，除了在我们正讨论的这本著作中发现的之外，没有任何单独的神学命题被当作是芝诺的留传给我们。因此，尽管我们完全可以设想芝诺也把存在之一称作是神，但说他把他的论证只局限于证明神是永恒的、唯一的等等仍是不可能的。恰恰相反，他的目的在于要普遍地表明，多和生成在哪里都是不可能的。[4] 与之相应，我们的这本著作在谈到它处理的埃利亚哲学家时宣称，只能对克塞诺芬尼说这样的话；对其命题的进一步发展也以一种我们不可能设想在讨论芝诺时出现的方式，与克塞诺芬尼相联。[5] 巴门尼德和麦里梭确实把克塞诺芬尼赋予神的同一性、一致性 540

1　参见 Fries, *Gesch. d. Phil.* i. 157 以下，Marbach, *Gesch. d. Phil.* i. 145 以下，Schleiermacher, *Gesch. d. Phil.* 61 以下，于贝韦格，参见下注，也参见本书的第一版。

2　这是弗莱斯和 Marbach 的观点。施莱尔马赫上引处更为谨慎地认为，我们这里拥有的是以克塞诺芬尼的语言表达的芝诺的观念，而且整体上不过是由拼凑而成的。更近的 Ueberweg, *Ueber d. histor. Werth der Schrift De Melisso*, &c.（*Philologus*, viii. 104 sqq.）则试图更为牢固地确立上面的理论。不过最终他改变了在这个问题上的观点，宣称作者很可能谈论的是克塞诺芬尼，但既没有对他也没有对芝诺给出可信的信息（*Grundriss*, i. section 17）。由于他明确地谈到我的相反评论，在当前的版本中我不能忽略它们。

3　τοῦτο λέγων ἐπι τοῦ θεοῦ，c. 3, sub init.

4　如柏拉图所说，《巴门尼德》127C 以下。

5　在 *De Mel.* c. 3, 977a,36，我们发现这样的说法：“[神] 是一，在各个方面相似，全视全听，拥有其他感觉”，这是对克塞诺芬尼的明显模仿（*Fr.* 2）：“他全视，全思，全听”。参见第 312 页注释 2，第 314 页注释 4，第三版；也见 977 b, 11 ：神是不运动的，“而多于一的存在者运动，因为，运动必须彼此进入”。参见 *Xenoph. Fr.* 4（依据卡斯滕的修订）：“他总是待在同一个地方，根本不运动；说他在不同的时候来回于不同的地方也不合适。”此外，977 a, 23 以下关于神的同一的证明所说的，与普和不可运动性赋予了存在。但他们不把这些性质赋予神而赋予存在这一事实，最为清楚地表明，从克塞诺芬尼到巴门尼德，理论已经取得了多么大的进步。无疑，芝诺严格遵奉着巴门尼德的理论。说芝诺已经抛弃了埃利亚学派基本理论方面的形而上学观念——这是巴门尼德的主要贡献所在——重新回到更不完善的神学观念，不可能是对的。另外，这里言说神的方式也令人吃惊。它被描述为既不是有限的也不是无限的，既不是运动的也不是不动的；尽管没有限制，仍被说成是球形的。这怎么可能？在对日常观念的批判中，芝诺认为日常观念用相反的东西同时言说同一事物这一事实，就已经充分证明了它的错误。[1] 如此他还可能自己用这样相互矛盾的性质来言说神吗？于贝韦格认为他并不想把这样的性质赋予神，而是想否认神具有这样的性质，擢升神以超越于整个时空
541 领域之上。[2] 但这样的意图很少得到我们埃利亚哲学家的表达，以至于他明确地把神描述为球形的；此外，历史上的芝诺否认所有不具有广延性的事物的存在。[3] 说芝诺在接受了神不包含在空间中的观念后还会坚持他导师的这些理论，是不可信的；说这样一位敏锐的思想家会在否认神的有限性的同时相信它的球状形式，就更不可信了。我们可以在芝诺那里，像在其他哲学家那里那样，发现内在的矛盾，但这些矛盾只能通过不是他自己做出的推论得出。在他的理论中没有，如这本书强加给他的那样，任何如此明显和直接地把矛盾的东西联结在一起的例证。[4]

鲁塔克（ap. Eus. *Pr. Ev*. i. 8, 5）就克塞诺芬尼所说的完全一致："他也关于诸神主张，在他们之中没有任何居首的；因为任何一位神被主宰是不神圣的"，因为克塞诺芬尼只有依据这样的前提：他并不认同多样性的诸神，才能得出他确实得出的结论。神的非派生性，也最初在克塞诺芬尼那里得到宣告。最后，关于"神既不是有限的也不是无限的，既不是运动的也不是不动的"的说法，必需被看作是对亚里士多德和塞奥弗拉斯特关于克塞诺芬尼所说东西的误解；无论如何，它必然与克塞诺芬尼而不是芝诺相关，就我们所知，在后者那里没有这种说法的任何空间。

1 柏拉图上引书，其他文献后文会列举。

2 同样认为我们这里拥有的是对克塞诺芬尼的真实报道的，参见 Kern, *Qu. Xen*. 11 以下。但 Kern 后来（*Beitrag*, 17）很大程度上修正了这一观点。参见第 379 页注释 1。

3 参见下注。进一步的细节见论芝诺的章节。

4 于贝韦格依据 Themist, *Phys*. 18 a（122 sq.）和 Simpl. *Phys*. 30 a 说芝诺宣称存在是

这本著作对克塞诺芬尼的理论而言也不是真实可信的文献。对它阐述的真实性的一个保证实际上被认为[1]可以在塞奥弗拉斯特那里找到， 542
辛普里丘和巴萨连（Bassarion）关于克塞诺芬尼的类似说法据说就是从他那里借来的。但这一观点非常之不可能。巴萨连[2]的引用，无疑不是来自于塞奥弗拉斯特的某本现在已经佚失的著作，而完全来自于辛普里丘的《物理学》的段落，在其中，评注者诉诸于塞奥弗拉斯特，与我们这本著作的第三章内在一致地阐释了克塞诺芬尼的理论。[3]辛普里丘则
在他关于克塞诺芬尼所说的一切上都不受惠于塞奥弗拉斯特，只在介绍 543
性评论上如此，但其中告诉我们的没有任何东西超出我们在亚里士多

不可分的和广延性的，又依据亚里士多德《形而上学》iii. 4, 1001b7 说芝诺认为一不能是不可分的，因为如果它不可分，它就不会是一个量，也就是会是一个无。但亚里士多德并没有说芝诺确切地主张这一点；他只有说从芝诺的立场出发："凡增之不会加大他物，减之不会缩小他物的，是无"，就会得出结论说，一必然是一个量，因此不是不可分的。这无疑是亚里士多德式话语的含义，不仅从话语本身看这是清楚的，从辛普里丘的引用（*l. c.* p. 21）看也是如此。塞米斯修斯引用的话与这里的讨论无关，因为与之相关的是多而不是一。Cf. p. 498. 1. 3rd ed。

1 这毫无例外地适用于所有的古代作家，也适用于 Steinhart, *Pl. W. W.* iii. 394, 10 和 Mullach, *Praef.* xiv.（*Fragm. Philos. Gr.* i. 271 以下，这里未做修改地重印了 1845 年的序言），尽管后者怀疑这一著作的真实性和绝对可信性。Kern, *Beitr.* 2 和 *Xenoph.* 8，参见 *Qu. Xen.* 48 以下，从塞奥弗拉斯特的《物理学》派生辛普里丘的说法，通过猜测我们的这本著作是塞奥弗拉斯特的概略并被他自己用在《物理学》的具体段落中，来解释它们之间的相似性。

2 *C. Calumniat. Plat.* ii. 11, p.32 b（在 Brandis, *Comm. El.* 17 以下、穆拉克的独立版本的 *Fragmenta*, i. 274, p. xi 和 Kern. *Qu.* 44 以下中刊载）。

3 Kern. *Qu. Xen.* 44 以下（与布兰迪斯上引书、Karsten, *Xenoph. Rell.* 107 和其他文献一致）确实试图证明与 Krische, *Forsch.* 92 以下和我的相反的理论，但他现在已经放弃了这一观点（*Beitr.* 6 *Anm*）。巴萨连对克塞诺芬尼的记载确实没有什么不能从辛普里丘那里被找到，只是看来他对文献的使用并不细心。即使他在前注提到的文字之后直接加上的话，也只能来自辛普里丘（上引处和 p. 7 b, 15 b），虽然在复述后者的说法时他非常不确切。他这样说道：不止是塞奥弗拉斯特这样说，Nicolaus、Damascenus、Alexander Aphrodisiensis、克塞诺芬尼都提到了这一点（真实的表述，参见第 380 页注释 1），据说，麦里梭论存在和自然的作品有记录可查（这只在 Simplicius, 15 b 被谈到）。巴门尼德的论真理与意见（辛普里丘和其他人都没有说到这点，但辛普里丘在 7, 6 确实说："巴门尼德……如他所说的，离开了真理……来到了意见"）。如 Kern, *Qu.* 47 已经表明的，前注的文字以同样的方式不过是对 Simpl. *Phys.* 7 的复制。

544 德《形而上学》中发现的。[1]其余的他以自己的名义说出的，没有提及它们的来源；[2]但他表达的方式表明，[3]它不与人们更一般的引用出于同一

---

1 他在 *Phys.* 5 b 中的话是：*μίαν δὲ τὴν ἀρχὴν ἤτοι ἓν τὸ ὂν καὶ πᾶν, καὶ οὔτε πεπερασμένον οὔτε ἄπειρον, οὔτε κινούμενον οὔτε ἠρεμοῦν, Ξενοφάνην τὸν Κολοφώνιον τὸν Παρμενίδου διδάσκαλον ὑποτίθεσθαί φησιν ὁ Θεόφραστος, ὁμολογῶν ἑτέρας εἶναι μᾶλλον ἢ τῆς περὶ φύσεως ἱστορίας τὴν μνήμην τῆς τοῦτου δόξης*。这些话很容易被理解为不过表达了亚里士多德在《形而上学》i. 5, 986b21 所说的：克塞诺芬尼从未说明他把那个原初的本质之一看作是有限的还是无限的；而塞奥弗拉斯特补充说，他也没有说明它是静止的还是运动的。没有什么能保障我们从这些话中得出结论说，克塞诺芬尼明确地教导说，那个一既不是有限的也不是无限的，既不是运动的也不是静止的。而这一点确实在 *De Melisso* 中得到主张。辛普里丘在把塞奥弗拉斯特的话置于第三人之口说出时，可能对之进行了精简或改变：这是完全可能的。但即使假定塞奥弗拉斯特真的说了这样的话：*μίαν δὲ τὴν ἀρχὴν.... ἠρεμοῦν, Ξ. ὁ Κολοφώνιος ὁ Παρμενίδου διδάσκαλος ὑποτίθεται*，我也看不出有什么会阻止我们这样来翻译它："克塞诺芬尼认为原理是一，也即他认为存在的整体是一；既不把它看作是有限之物也不把它看作是无限之物，既不把它看作是运动的也不把它看作是不动的。" Kern, *Qu.* x. 50 和 *Beitr.* 4, 6 的反对观点认为：因为这里的动词并不是否定的，这句话必须这样来翻译："他把 *ὂν καὶ πᾶν*（世界）看作既不是有限的也不是无限的"，对此我承认我无法理解。在句子"*οὔτε πεπερασμένον οὔτε ἄπειρον ὑποτίθεται*"中，否定之义完全可以像指向 *πεπερασμ*（有限的）和 *ἄπειρον*（无限的）一样指向 *ὑποτίθεται*（认为）；它的意思可以是"他既不把它看作是有限的也不把它看作是无限的"，也可以是"他认为它既不是有限的也不是无限的"。它的意思必然是前者，除非塞奥弗拉斯特要反对亚里士多德的说法（参见第 548 页注释 1）。但这是极为不可能的，因为塞奥弗拉斯特在我们残篇来源的这一章，与亚里士多德《形而上学》第一卷紧密一致。参见他对巴门尼德和阿那克萨戈拉的评论（下文论巴门尼德章节和第 157 页注释 1），对比亚里士多德《形而上学》i. 5, 986b18 以下和他的 Fr. 48（ap. Simpl. *Phys.* 6 b）；参见亚里士多德《形而上学》i. 6。不能主张说，因为克塞诺芬尼（Fr. 4，在第 373 页注释 5 有引用）宣称神是不动的，他就不会在关于世界的运动问题上保留意见。在 Fr. 4 中，克塞诺芬尼与神话的四处游荡的诸神观念作战，例如关于宙斯、波塞冬和埃希奥普亚的观念，坚持认为神是不动的，*ἐν ταὐτῷ*；至于世界是否也是不动的，他没有说到。但从其他的记载来看，他远没有否认世界的运动，因此我们没有理由把他就神所说的运用于世界。但如果做这种运用，那么 Kern 对塞奥弗拉斯特的话的解释，同我的解释一样，都可以被排除。因为如果克塞诺芬尼真的说世界保持着不动，永远在同一个位置，换言之，不是运动的而是静止的，那么就没有人能说克塞诺芬尼宣称世界既不是运动的也不是静止的。

2 辛普里丘在 *δόξης* 之后直接说到：*τὸ γὰρ ἓν τοῦτο καὶ πᾶν*, &c. p. 475。尽管不能说这随后的文字就不是从塞奥弗拉斯特那里借来的，但比较确定的是，辛普里丘的阐释并不支持这种借来的理解。

3 从附加词 *ὁμολογῶν* 等（第 375 页注释 1）可以清楚地看出，前面的引用来自塞奥

来源（即塞奥弗拉斯特的《物理学》）。从阐述的观念和语言的相似看，[1] 545

弗拉斯特的 φυσικὴ ἱστορία（《物理学》），我们从其他文献知道，这本书提到克塞诺芬尼、巴门尼德和大部分古代哲学家，参见 Diog. ix. 22、Stob. *Ecl*. i. 522、Alex. Aphr. *in Metaph*, i. 3, 984 b, 1, p. 24 Bon 和 Simpl. *Phys*. 25 a 等。但依据塞奥弗拉斯特自己的声明，他不能对克塞诺芬尼进行详述。Kern（*Beitr*. 3）说塞奥弗拉斯特可能在他的《物理学》中就他对克塞诺芬尼哲学的批评及随后的忽略给出了一个理由，就在他对克塞诺芬尼哲学的简短说明中。但在我看来采用这种程序不大可能，同时 Kern（同上）从亚里士多德那里举出的类比是不相干的。人们可能认为（Brandis, *Comm. El* 17、Kern, *Quaest*. 50 和 *Beitr*. 2），辛普里丘会说同样的话，即使他进一步的表述不以塞奥弗拉斯特为基础。但如果他在塞奥弗拉斯特那发现了同样的东西，我们更期望他会在那里指出来。但他只是说，塞奥弗拉斯特在他的物理学中忽略了对克塞诺芬尼哲学的讨论。Kern 认为，如果对克塞诺芬尼的记述（τὸ γὰρ ἓν, etc.）不来自塞奥弗拉斯特，那么这个记述与先前引自塞奥弗拉斯特的文字的一致，就无法得到理解。但问题是，那些文字是否将在与这个记述同样的意思上被理解。Kern 最后评论说，辛普里丘不仅在讨论克塞诺芬尼之前提到塞奥弗拉斯特，而且在这之后提到 Nioclaus 和亚历山大；我不知道这个评论试图表明什么。他在为自己的观点寻找支持时，提到他的文献来源以作为证据。但这并不意味着他不提他们时就不会把他们作为证据。

1 比照辛普里丘和 *De Xenoph*. c. 3 两个文本。它们的相似性不是由于它们共同使用了克塞诺芬尼的著作（如 Bergk, *Comment. de Arist. lib. de Xen*. 6 正确评论的那样），因为这本著作作为诗歌完全是另一种文体。上面的比照也表明，在辛普里丘的记述中有一个绝对的“无”得到肯定，而这不来自于这本所谓的亚里士多德的著作；另外，论证的顺序有时不同，表达也有一两处改变：但这些并不会影响什么。辛普里丘的补充，不是一个摘录，而是自己的思考。不过，即使承认辛普里丘依赖于这本论麦里梭等的著作，我们也没有理由把这一直接依赖间接化(Kern，见第 374 页注释 2)，猜测说辛普里丘主要使用了塞奥弗拉斯特的《物理学》，而塞奥弗拉斯特在他的物理学中使用了这本论麦里梭等的著作。因为，一方面，没有证据表明辛普里丘使用过塞奥弗拉斯特的《物理学》，他自己的话反而证明了相反的东西；另一方面，他的阐述与论麦里梭等的著作是如此的一致，最好的解释只能是，辛普里丘直接使用了这本著作。我们没有理由忽视这一最为明显直接的理论，反而去支持某些更为晦涩和做作的理论。我们知道论麦里梭等的著作的内容；辛普里丘毫无疑问熟悉这一著作；这一熟悉足以解释他的记述。在能够通过处理这些已知变量得出这样一个简单结论的情况下，我们完全没有动机和理由，把所谓的塞奥弗拉斯特物理学对克塞诺芬尼的阐释这种不清楚和不确定的因素引入进来，然后说这种阐释的基础是论麦里梭等这本著作；更何况塞奥弗拉斯特自己明确地宣称对克塞诺芬尼的阐释不属于物理学。对 Teichmuller 的理论（*Stud. z. Gesch. d. Begr*. 593 sq.）可以说同样的话。这一理论认为，辛普里丘手头上除了论麦里梭等的著作外，还有后来某个埃利亚主义者写作的对克塞诺芬尼理论的一个阐释。他的记载不包含任何不能通过以下事实来解释的东西：他使用了这本伪亚里士多德的著作和克塞诺芬尼的诗篇，尽管不是逐字逐句地照搬。因此，我们没有理由去寻找其他来源，它们的痕迹，假使有，也必

546 非常清楚的是，这一来源只能是论麦里梭等人的著作，也即我们正在考察的这本著作。我们不必因此就诉诸这样的理论：辛普里丘认为这本著作是塞奥弗拉斯特写作的，[1]或这本著作实际上就出自这位漫步学派哲
547 学家之手，[2]以解释他的证词。[3]他的说法不过证明他不仅熟悉他提到的塞奥弗拉斯特在其《物理学》中的评述，而且熟悉这本论麦里梭等人的著作，不管它是以谁的名义传下来的；证明他把这本著作看作是一个真实的历史来源，并在复制其第三和四章时认为它们谈论的是克塞诺芬尼。但是，非常清楚，这一先例不能给我们提供任何标准。它们的内容与我们所知的关于克塞诺芬尼的古代文献并不一致。当克塞诺芬尼宣称神是不动的时，[4]这本著作说它既不是运动的也不是不动的；[5]当亚里士多

然在这本著作的某个地方早有出现。

1 如 Vatican MS 那般。

2 如 Brandis, *Gr. Rom. Phil.* i. 158; iii. a, 291、Cousin, *Fragm. Philos*. i. 25, 7 以及更为主要的 Kern（见第 376 页注释 3）的猜测。在 *Comment. El.* 18 中，布兰迪斯否认亚里士多德是此书的作者，但也只在间接意义上把它与塞奥弗拉斯特相联。在 *Gesch. d. Entw. d. Gr. Phil*. i. 83 中，他承认有这种可能：此书是由某个更晚的漫步学派成员所写。

3 布兰迪斯的反对意见（*Comment. El.* 18）：假如辛普里丘把这本他正在使用的著作归属于亚里士多德，那他就不会把塞奥弗拉斯特当作他的来源提到，也不会不提亚里士多德之名，很难说得过去。辛普里丘对他只从亚里士多德那里得知的古代哲学家说了许多，却没有提到他的文献来源。

4 在 Fr. 4，第 373 页注释 5 有引。

5 为解决这一矛盾，辛普里丘所说的（*sup*. p. 546），以及 Kern 在 *Quaest*. 11 中接受在 *Beitr*., p. 17 之后放弃的观点，没有什么力度，也把在亚里士多德之前不为人所知的概念的区分归属于克塞诺芬尼。由此 Kern 提出了另一种观点（他在 *Beitr*. 4 中回到这个观点），即认为克塞诺芬尼开初否认神的运动，后来否认神的不动。我们不能否认有这种可能：这位哲学家可能改变他的观点。但要确定有这样一种改变，我们必须有与之相关的明确迹象和证据；而我们既不能在蒂蒙的诗篇（p. 464, 1, third edition）中，也不能在克塞诺芬尼的残篇中（对此，参见下文 p. 559），找到这种迹象和证据。我们所有的与克塞诺芬尼相关的文献没有哪个提到他观点的任何改变，我们正在考查的这本著作同样如此。除了这本著作和以之为基础的辛普里丘的说法，我们所有的文献都断定他否认神的运动，而不是神的不动（cf. p. 455, 6, third edition）。因此，我们没有理由认为我们的文献会有相反的说法。这个理论只是一个猜测，意在调和这本著作的说法与其他证据的冲突；但这个猜测只在我们确定这些说法是确切时才是合理的。最后，Teichmuller, *Stud. z. Gesch. d. Begr*. 619 以下试图通过这样的观点来避免矛盾：克塞诺芬尼确实否认宇宙的运动，但并不否认宇宙

德告诉我们克塞诺芬尼未对一的有限或无限给出任何意见时，[1]这本著作 548
明确和断然地否认它们是它的谓词。这后一个说法更加奇怪，因为它不
仅明显自相矛盾，而且与直接在它后面出现的主张，[2]也即神是球形的主 549

内部的运动。但由于以下事实，这条避免路径并走不通：论麦里梭等的著作否认的，不是不同事物的运动和静止，如宇宙的运动，它不同部分的静止，而是同一个事物的运动和静止：ἓν, ὃν τὸν θεὸν εἶναι λέγει。这从 c. 3, 977 b, 8 和 c. 4, 978 b, 15, 37 看是非常清楚的。

1 《形而上学》i. 5, 986b18。这里并不是在说，克塞诺芬尼在他把一看作是形式原理还是质料原理的问题上未有明确说法，而是说，他拒绝把它界定为有限的或无限的。即使是巴门尼德和麦里梭也没有谈到前者；亚里士多德是从他们关于第二点（有限或无限）所说的得出结论的，因此 οὐθὲν διεσαφήνισε（没有明确论述）说的只能是这第二点。我们也不能（像 Kern, *Qu*. 49 那样）对此解释说，克塞诺芬尼在关于神的表述上自相矛盾。亚里士多德无疑可以在这一矛盾上指责他，但如果是这样，他不会说，在神是有限的还是无限的问题上，他缺乏清晰性。克塞诺芬尼如何还能比他在我们这本著作中已经做过的那样更为清楚地表达自己的观点？ Kern 更近的回答（*Beitr*. 6）没有回应这些思考。他说，“没有明确论述”这些词涉及的不是一的有限或无限问题，因为如果是这样的话，περὶ τούτων 或类似的话就要补充进来；而且克塞诺芬尼的理论“被描述为是普遍含糊的”。但是这里漏失的补充可以在这句话中被找到：οὐδὲ τῆς φύσεως τούτων οὐδετέρας ἔοικε θιγεῖν，它的意思只能被理解为：克塞诺芬尼没有讨论那些巴门尼德和麦里梭没有取得一致意见的问题。Kern 进一步试图表明克塞诺芬尼确实在一的有限和无限问题上进行了自相矛盾的表达，因为他把神称作（ap. Timon，见第 387 页注释 5）ἶσον ἁπάντη（到处相等的），Sext. *Pyrr*. 1, 224 把这解作 σφαιροειδῆ（球形的）；另一方面，他认为地球的根无限延伸（见第 387 页注释 5）。但是塞克斯都的 σφαιροειδῆ 无疑直接或间接地来源于这本著作本身（c. 3, 977 b, 1）；而蒂蒙的 ἶσον ἁπάντη 不涉及球形，似乎更指向 οὖλος ὁρᾷ（全视）等等。至于地球的无限延伸，我们马上会表明，这不能被运用于神。

2 里特尔（*Gesch. der Phil*. i. 476 sq.）事实上认为，克塞诺芬尼说神是球形的，意在表明有限和无限的统一，因为球形是自我限定的；而当他否认神是静止的时，他不过是在主张神与他物没有不变的联系。但说这些界定可能包含这样一种意思，并不容易得到证明；此外，它对一个如此年代久远的思想家来说也太过精细。Kern 的解释（*Beitr*. 17; cf. *Xenoph*. 10 sqq.）同样站不住脚：“克塞诺芬尼只就存在内部，就存在与被逐出存在从而外在于它的事物的相对而言，否认它的有限性；只就一是一个整体而言，否认它的无限性。”克塞诺芬尼因此把他的一或神看作是不被中断的（在自身永远找不到限定的）、球形的和充满所有空间的。为了把他的存在与非存在以及多区分开来，也很可能为了反对毕达哥拉斯学派的理论，他拒绝把它置于 πέρας（有限）和 ἄπειρον（无限）的范畴之内。这意味着克塞诺芬尼否认的存在的有限，应被解释为“相对他物的有限”，并仅限于此。但是，我们的文本没有说到存在不是被他物所限的，而是绝对性地说它不是有限的 οὔτ᾽ ἄπειρον εἶναι οὔτε

张矛盾。此外，说亚里士多德会在像《形而上学》i. 5 和《物理学》i. 3 这样的段落中忽略这样一种奇怪的观点，也是极不可能的。我们知道到公元三世纪最为博学的亚里士多德评注者还在争论克塞诺芬尼把神看作是有限的还是无限的问题；[1] 如果除了亚里士多德的著作外，他们还拥有
550 从克塞诺芬尼自己而来的，如这本著作所认定的，这种明确而详细的解释，那么这一现象就是无法得到解释的。即使真的有一本克塞诺芬尼写作的这样的著作，它也必然在这本著作中遭受极大的修改和变动，[2] 否则的话克塞诺芬尼著作的诗性表达和史诗形式的痕迹不会遭到如此彻底的清除。[3] 另外，抛开这一阐释的内容，说会有这样一本著作的存在也是不可能的。对辩证讨论如此系统化的使用，从头至尾在学术辩驳形式上如此规则化地运用两难论证和归谬论证进行推演，除非蔑视所有的历史类比法则，[4] 否则不能被归属于巴门尼德的这位前辈，被归属于那个被亚

πεπεράνθαι（既不是无限的也不是有限的）。依据这个词的普遍含义，它指的就是这一绝对的有限，而不是相对它否定面的事物的有限；在证明这个命题时，它说：由于多是彼此限定的，而一不同于多，因此，一必然不是有限的。我们不能必然得出结论说，这里的 *οὔτε πεπαράνθαι* 自身意指不被他物限定，因此也是对球形的一的否定。没有哪个被引用的段落中的 *πεπαράνθαι* 或 *πεπερασμένον εἶναι*（c. 3）会没有任何补充地意指“被他物限定”。而 c. 4, 278 a, 16 以下对被归属于克塞诺芬尼的命题的驳斥，充分地表明作者从未考虑这样一种限定。

1 Simpl. *Phys*. 6 a.

2 情况可能就是这样。甚至布兰迪斯（*Gesch. d. Entw*. i. 83）也承认这一点，他说作者可能把诗篇中所有孤立的或松散联系的东西编在一起。参见 Kern, *Qu*. p. 52，他说这里的话和论证的许多部分可能是作者自己的。但另一方面，我们能从哪里找到保证说作者在如实地复述克塞诺芬尼的理论？作者的名字不是保证，因为这本著作是否属于他还是有疑问的；被布兰迪斯当作观点的依据的诗性表达（参见下注）同样不是保证。

3 布兰迪斯上引书 c. 82 相信他能够在这本著作中找出许多明显用诗歌形式表达的句子，并把它们与克塞诺芬尼的残篇中的某些对应。而 Kern, *Qu*. 52 评论说，他所引用的只有 *ἀτρεμεῖν*（不动的）这个词有重要意义。但是，像这样孤立的词很少具有价值，甚至 Kern 补充的那些词 *οὐδὲ γὰρ οὐδὲ πάντα δύνασθαι ἂν ἃ βούλοιτο*（977 a, 35）（不然他就不能做一切他想做的事），在我看来，也不意味着“作者在对一本诗作给出阐释”。

4 文特（在他对 Tennemann, *Gesch. d. Phil*. 18 以下第一卷的编辑的第 163 页）主要基于这个困难得出结论说，这本书的作者很可能是后来的一位哲学家，他同辛普里丘一样从某个间接来源获得资料，并给予这里引用的观点这种推论形式；但对克

里士多德批评[1]为在思想上缺乏熟练的哲学家。

出于所有这些原因，说我们正在讨论的这本著作是由亚里士多德或 551
塞奥弗拉斯特所写的，看来是最不可能的。[2]此外，它包含许多不可能 552

塞诺芬尼的诗篇本身他并不了解。莱茵霍尔德（*Gesch. d. Phil*. i. 63 第三版，以及 *Programm v. J.* 1847, *De Genuina Xenophanis disciplina*）和 Vermehren（*Autorschaft der dem Arist. zugeschriebenen Schrift. π. Ξενοφ*. Jena. 1861, p. 43）用来否认这本著作的理由（同 Bergk, *Comment. de Arist. lib. de Xen.* &c., Marb. 1843 和 Rose, *Arist. Libr. Ord*. 72 以下一致），特别聚焦于它的非诗歌性的辩证论证形式。Kern. *Qu*. 53 貌似合理地说，亚里士多德对克塞诺芬尼的批评包含了麦里梭，但我们可以在关于他的残篇中发现纯然辩证形式的阐述。我不认为对麦里梭的讨论展现了这一著作赋予克塞诺芬尼的同等的逻辑能力（cf. Kern, *Beitr*. 16）。即使我们假定如此，在麦里梭和克塞诺芬尼之间仍存在着巨大的不同，不能像 Kern 那样说："我不清楚，为何在巴门尼德之前不久，这种看法已经被否定掉，而到了巴门尼德时代，同样的看法却又借助最为确证的证据而出现。"在麦里梭（他不是巴门尼德的同时代人，大概小 30 岁）和克塞诺芬尼的写作活动之间，显然存在着一个至少 50 年的间隔；在这个间隔内，不仅有赫拉克利特哲学和原子论哲学的开端，也有巴门尼德和芝诺的积极哲学活动，由于他们，严格的形而上学特性和埃利亚学派的辩证方法开始得到确立。我们不能在这一时间间隔的开端，期待我们在它的末尾发现的东西；在克塞诺芬尼的诗篇中没有辩证方法——哪怕是在形式上只超越巴门尼德的辩证方法——被制定出来，在克塞诺芬尼著作残篇中也不会有辩证法的痕迹，这在我看来都是自明的。我非常乐于"只要它的存在得到充分证明，就承认在如此早的历史阶段存在着如此复杂哲学的内在可能"（Kern, *Beitr*. 16），但不会在没有充分证明的时候，如在当前情况下，去承认这种可能。不仅所有的历史类比，如在我看来的那般，而且所有古代人的判断，都支持我的观点。Kern 依据 *π. Μελίσσου* 这一著作把克塞诺芬尼作为哲学家置于巴门尼德之上非常有道理，但如果克塞诺芬尼真的说了这本著作归属于他的东西，像 Kern 所认为的那样，那么他就不仅在辩证能力上超出了他的后辈，而且会在关于神和世界的问题上，教导与巴门尼德在存在问题上教导的本质相同的理论，而这就会极大贬低，即使可能不会完全否认，巴门尼德的个人价值。如果是这样，那我们就很难解释为什么不仅亚里士多德（Kern 指责他在与巴门尼德相较时对克塞诺芬尼评价过低），而且柏拉图（参见下文论巴门尼德注释 1），会相较其他埃利亚主义者如此高看巴门尼德。

1 《形而上学》i. 5, 986b26。

2 穆拉克确实有不一样的说法。他反对 Bergk 评论说（*Fragm. Philos*. i. 274, p. 12 sq.）："亚里士多德在阐述他人观点时，经常会自相矛盾，说许多我们觉得他不会说的话。"Kern, *Qu*. 49 有类似说法。我不认为亚里士多德，会像这本著作的作者对克塞诺芬尼所做的那样，如此误解他的前辈，或在谈论他们时陷入这样的自相矛盾。如下文将表明的，穆拉克依据他对巴门尼德的解释提出的反对意见是毫无根据的。Kern 争论说，亚里士多德经常专断地把他前辈的界定纳入他自己理论体系的范畴，对他们的批评也并不总是公正。但这与否认克塞诺芬尼会像我们这本著作所说的那与这两位哲学家中的哪一个相关的东西。关于阿那克西曼德认为水是万物本原的说法与所有文献关于阿那克西曼德所说的矛盾；[1]关于恩培多克
553 勒所说的听上去非常不像是亚里士多德的口吻；[2]阿那克萨戈拉被说得好像作者对他只有道听途说的了解；[3]在被讨论和批判的理论中，与许多重要的东西一起，我们可以发现不少在亚里士多德或塞奥弗拉斯特眼里会

样确切和清楚地表达他的观点，或否认他具有这本著作归属于他的完全超出他的观念之外的辩证方法，并不是同一回事。即使我们承认亚里士多德真的写过我们在论麦里梭等著作中发现的东西，我们也没有理由假定说这一著作不过是对亚里士多德更大部著作的一个摘录；相较而言，Kersten, p. 97 的理论更有道理得多：它是亚里士多德出于自己的使用而做的一个概略。

1 参见第 169 页注释 5，第 156 页注释 3，第 157 页注释 4。

2 C. 2, 976, b 22。如果这意指恩培多克勒真的持有无限运动的理论，那么它与亚里士多德在其他地方的明确陈述矛盾：在那里亚里士多德认为恩培多克勒持有的是运动和静止相互轮替的观念（参见本书论恩培多克勒章节）。另一方面，如果我们（像 Kern, *Symb. Crit.* 25 那样）认为它意指在质料聚集过程中，运动不间断地进行，那么在 *τὸν ἅπαντα ἐνδελεχῶς χρόνον* 这些词中就包含一个非常非亚里士多德式的赘语。我们也很难明白作者，为了证明没有虚空运动也是可能的，会论证说在恩培多克勒的 *σφαίρος*（天球）中也没有虚空，因为在天球中运动已经停息了。至于“证明恩培多克勒的理论只是为了在确定程度上反对麦里梭”的目的（Kern, *Beitr*. 13），我则不能在话语或文本中找到任何它的痕迹。

3 C. 2, 975 b, 17 ：“有人说，这就是阿那克萨戈拉说如下话的意思：生成之物的生成出于永恒存在而又无限的事物。”没有人会相信亚里士多德或塞奥弗拉斯特会这样谈论一个他们如此熟悉的哲学家，一个他们在其他地方（如我们将看到的）把上面所说理论明确归属于他的哲学家。Kern, *Beitr*. 13 诉诸亚里士多德《形而上学》iv. 3, 1005b23 ：“如有人认为，赫拉克利特曾说同样的事物可以为是亦可以为非不是。”但一旦我们更为细致地考察这段话，类比就不成立了。亚里士多德经常说赫拉克利特有这样的命题：同样的事物同时是又非是；或同时是自己的对立面（Vide infra. p. 550. third edition）。但他并不相信赫拉克利特严肃地持有这种观念；他把它看作是“为了论证而说出的命题”（《物理学》i. 2, 185a5）；他认为赫拉克利特自己也没有弄清楚它的意思（《形而上学》xi. 5, 1062a31），而为了表明这一点，他选用了这样的表述（《形而上学》iv. 3）：*τινὲς οἴονται λέγειν*（如有人认为），*λέγειν* 在这里意指表达某种观点，说出某东西，正如亚里士多德接下来的话表明的：“一个人不必然就相信他所说的。”如果问题只在于上引话是否与赫拉克利特的话一致，亚里士多德只会说：*καθάπερ Ἡρ. λέγει*（正如赫拉克利特所说）；但他说的却是：*τινὲς οἴονται λέγειν*，这样说的理由必然是，他没有宣称在说自己的观点。另一方面，我们这一著作的作者在评论阿那克萨戈拉时，完全没有必要用这样的表达（有人说）来放弃自己对这些评论的文责。

是琐碎和没有价值的东西。[1] 因此我们依据它的主要内容获得的关于这一著作真实性的判断，可以得到这些次要特征的支持；如果它们单独都 554
不是决定性的，那它们一起也构成了相当数量的间接证据，其价值不能被文稿和后来作家提供的总站在这一无疑伪造著作一边的证言抵消。

这三篇论述什么时候写成、由谁所写，无法得到确定。从它们的特征和第欧根尼列表对它们的提及[2]来看，说它们出自漫步学派是有可能的。它们似乎包含两个现在已经佚失的论巴门尼德和芝诺的残篇；[3]因此作者必然试图对埃利亚学派理论进行整体的阐述和批评。讨论采纳的看来正是我们前文引用的亚里士多德的话所说的那个顺序，[4]不过加上了芝诺和高尔吉亚。在讨论麦里梭和高尔吉亚时，作者主要从他们自己的著作中获得他们的观点，并在这些观点以逻辑完善的论证形式呈现给他时，对它们的本质内容进行了正确的表述；但对克塞诺芬尼的讨论，恰好相反，他看来误解了亚里士多德和塞奥弗拉斯特的说法，[5]从这样的前
提开始讨论：这位哲学家明确否认了神的有限和无限、运动和静止；并 555
随后依据他在克塞诺芬尼的诗篇中发现的，或自认为发现的迹象，发展出对这一观点的论证。但也有可能另有作家在他之前就这样做了，而他把这种阐释而非克塞诺芬尼自己的阐释当作自己的直接来源。我们只能

1　例如，对是否有事物能产生于不存在（non-Being）的问题的讨论是多么是琐碎（c. 1, 975 a, 3 sqq.），亚里士多德这里的回答又是多么地没有内涵：无物产生于绝对的不存在，但所有的事物产生于相对的不存在（δυνάμει ὄν〔有能力存在的〕）！ c. 4 第二句话中的问题是多么地奇怪：为什么生成之物不是从相似或不相似之物生成，而是从无中生成？同样奇怪的是在 c. 1, 975 a, 7 中提出的反对意见：生成经常被认为从无中而来。亚里士多德或塞奥弗拉斯特没有哪个在其他地方曾经没有任何进一步规定地提到，即使是当作假设或可能地提到，从 μη ὄν（不存在）而来的生成。C. 2, 976 a, 33 以下的说法是多么地多余和令人不安：它说到可能有多个无限，正如克塞诺芬尼在谈到地之下和气之上的无限时所认为的那样，之后又引用恩培多克勒谴责这种说法的诗句。

2　第欧根尼在亚里士多德著作列表中提到（v. 25）：《答麦里梭一卷》……《答高尔吉亚一卷》、《答克塞诺芬尼一卷》和《答芝诺一卷》。

3　Cf. p. 535 sqq.

4　参见 p. 537 及第 378 页注释 4。

5　参见第 379 页注释 1 和第 376 页注释 1。

从这一著作与其他文献的对照中发现真实来源于克塞诺芬尼的东西。单独来看，它关于相关命题的证言不足以保证它们的真实性。

埃利亚哲学的发展完成于三代哲学家之手，他们的活动大概跨越了一个世纪。这个学派的创始人克塞诺芬尼首先以神学的方式表达了他们的主要原理。与多神论相反对，他宣称神只是一，是非派生的和无所不包的存在；与此相一致，宇宙是统一的和永恒的。但与此同时，他承认多和变化之物也具有实在性。巴门尼德赋予了这一原理形而上的基石和纯粹哲学的表达；他把一与多的对立、永恒之物和变化之物的对立，还原为存在（the Existent）与非存在（the non-Existent）的基本对立；他从存在与非存在的概念派生它们的特性，并在严格性的普遍意义上证明生成、变化和多是不可能的。最后，芝诺和麦里梭坚持巴门尼德的命题以
556 反对日常的观念；但他们把存在与非存在之间的对立极端化到这样的程度，以至于埃利亚学派原理在解释现象上的不充分性清晰地显现出来。

二、克塞诺芬尼[1]

557 我们对克塞诺芬尼理论的了解出于两个来源，即从他著作保存下来

1 人们普遍把克洛丰说成是克塞诺芬尼的母邦；Apollodorus 把他的父亲称作 Orthomenes，其他人称作 Dexius 或 Dexinus（Diog. ix. 18、Lucian, *Macrob*. 20、Hippolyt. *Refut*. i. 14 和 Theodoret, *Cur. gr. aff*. iv. 5, p. 56）。至于他的年代，Apollodorus 在 Clem. *Storm*. i. 301 C 中说：他出生在第 40 届奥林匹亚赛会期间，一直活到大流士和居鲁士的时候。我们不能认为这里的 *Κύρου*（居鲁士）意指 *Ξέρξους*（薛西斯），或 *Δαρείου*（大流士）要去除；因为 Hippolyt 上引处也提到居鲁士。但这不能被当作是克塞诺芬尼活了极长的证据（*παρατετακέναι*〔长〕即 *τὸν βίον*〔生命〕），说出生于第 40 届奥林匹亚赛会期间的他，在居鲁士时代还活着。把大流士置于居鲁士之前的奇怪说法，依据韵律原因可以得到充分的解释（Apollodorus 用三音格诗写作），参见 Diels, *Rhein. Mus* xxxi. 23。另一方面，第 50 届奥林匹亚赛会必须取代第 40 届奥林匹亚赛会，作为他的出生日期，因为（Diels, p. 23）关于他的鼎盛期在第 60 届奥林匹亚赛会的说法（Diog. ix. 20）也出自 Apollodorus；而 *ἀκμὴ*（鼎盛期）一般被置于一个人 40 岁的时候。但由于 Sext. *Math*. i. 257 也把第 40 届奥林匹亚赛会说成他的出生日期，这个错误必然早就出现在塞克斯都和克莱门特使用的文本之中了。这个鼎盛期——Apollodorus 很可能据此来推算他的出生日期，依据克塞诺芬

尼对埃利亚建城所做颂诗得以确定（cf, Diels, *l. c.*）。这可以从 Diog. *l. c*. 推出。Eusebius 提到第 60 届以及第 56 届奥林匹亚赛会，但这并不重要。Sotion, ap. Diog. ix. 18 也非常不确定地提到他，说他是阿那克西曼德的同时代人。Eus. *Pr. Ev*. x. 14; xiv. 17, 10 说他是毕达哥拉斯和阿那克萨戈拉（他在其他地方被 Eusebius 置于过早的时期）的同时代人。Iambl. *Theol. Arith*. p. 41 则只说是毕达哥拉斯的同时代人。Hermippus, ap. Diog. viii. 56，参见同书 ix. 20，说他是恩培多克勒的老师；Timaeus ap. Clem. *l. c.* 和 Plut. *Reg. Apophth.* Hiero, 4, p. 175，说他是 Hiero 和埃庇哈尔穆斯的同时代人；Ps. Lucian 甚至说他是阿凯劳斯的学生；阿里斯托芬（*peace*, v. 696）笔下的训诂者说他有一则关于西蒙尼德的格言，不过这很少受到重视，参见 Karsten, *Phil. Graec. Rell*. i. 81 以下。他自己似乎把毕达哥拉斯当作已死的人物谈论，而赫拉克利特则把他看作是自己的一个前辈（参见第 332 页注释 1，第 353 页注释 1）。 他也在 Epimenides 死后谈到了他（Diog. i. 111; ix. 18）。他说伊奥尼亚殖民地和波斯之间的冲突开始于他的早年时期（Fr. 17, ap. Athen. ii. 54 e），因为当他被问到：*πηλίκος ἦσθ᾽ ὅθ᾽ ὁ Μῆδος ἀφίκετο*（美地亚人〔即波斯人——中译注〕到来时，你多大年纪），这当然不指近期发生的事，而是指在很久前发生的事（cf. Cousin, *Fragm*. i. 3 sqq.; Karsten, p. 9）。这与 Diog. ix. 20 中的说法一致：他以 2000 行的六步格诗赞颂埃利亚的建城，也与 Plut. *De Vit. Pud*. c. 5, p. 530 中的轶事一致，据此，他熟知 Lasus of Hermione（大概在公元前 520—前 500 年）。综合以上考虑，他漫长生命历程的主要部分最有可能集中于公元前六世纪的后半叶；他可能出生于这个世纪的三四十年代，也必然死在之后的一个世纪；因为可以确定的是，他死时年岁很高。在 Diog. ix. 18 的短诗中，他说他从 25 岁开始，在希腊土地上漫游了 67 年。因此，Lucian 上引处说他活了 91 岁就是错误的。依据 Censorin. *Di. Nat*. 15, 3，他活过了 100 岁。至于他的生平，我们被告知说，他被从母邦驱逐，在不同时间定居于 Zancle、Catana 和埃利亚（Diog. ix. 18；亚里士多德《修辞学》ii. 23, 1400b6；Karsten, p. 12, 87）；他一直贫困潦倒（Diog. ix. 20，追随 Demetrius 和 Panaetius；Plut. *Reg. Apophth*. 4, p. 175）。关于他曾是毕达哥拉斯主义者忒尔奥戈斯的学生（Diog. i. 15），是一位不知名的雅典人 Boton 的学生，甚至是阿凯劳斯的学生（Diog. ix.18; Ps. Lucian, *l. c.*）的说法，不值得关注。当柏拉图（《智者》242D）说埃利亚学派开始于克塞诺芬尼甚至于更早时，他不可能是在指克塞诺芬尼的任何特定的前辈。Cousin（p. 7）认为他在指毕达哥拉斯主义者，但柏拉图不会把他们称作是埃利亚派关于存在是一的理论的创始人。他很可能只是依据一般的观念在说，类似的理论在他之前就有人持有：那个时候，在古老诗歌中寻找哲学家的理论是一种惯例。洛贝克猜测（*Aglaoph*. i. 613）他在这段话中特别指涉俄耳甫斯教的神谱，但我不能同意这个说法。普鲁塔克谈到的涉及埃及游历的一个故事（*Amator*. 18, 12, p. 763 和 *De Is*. 70, p. 379；在 Clem. *Cohort*. 15 B 中有同样的故事，但没有提到克塞诺芬尼的名字），武断地把依据亚里士多德上引处发生在埃利亚的事转移到埃及。另一方面，由于对探索的热情，他很有可能还在待在母邦时就已经为早期的伊奥尼亚自然哲学所吸引。Theophrast 追随 Diog. ix. 21，说他是阿那克西曼德的学生，我们没有理由怀疑这个说法；关于他与泰勒斯和毕达哥拉斯有矛盾的说法（Diog. ix. 18），可能以这样的事实为依据：他不仅批评了毕达哥拉斯（第 332 页注释 1），也批评了泰勒斯（详情参见后文）。

558 的残篇和古代作家的记载。这两个来源并不总是彼此一致；因为虽然在他的教诲诗歌的残篇中神学观念占据主导地位，只有很少自然理论被提出，但古代作家却把普遍性的形而上学的观念赋予他，使他与他的继任者巴门尼德紧密相联。如何看待这两种表述的关系，必然会极大地影响我们对克塞诺芬尼的理解。

让我们首先来考察传统留传给我们的克塞诺芬尼自己所说的话语。在这些话语中，他的主要观点看来是要反对他在古代传统中获知的流行

559 的多神论信念。[1] 他用他的一神论来反对流行的多神论；用神的永恒说来反对神在时间上的产生；用神的不变论来反对神的可变观；用神的崇高性来反对神的神人同形同性；用神的无限精神性来反对神在物理上、

说他拥有超出常人的智慧，可以从赫拉克利特的评论中推出（第 353 页注释 1）。他主要由于他的诗作而为同时代人所知，依据古代的惯例，他在游历中朗读这些诗作（Diog. ix. 18）。所有被后来作家归属于他的诗作类型有：史诗、挽歌、抑扬诗（Diog. *l. c.*; cf. Kern, *Xenop*. 18）、悲剧（Eus. *Chron. Ol*. 60, 2）、诙谐诗（Athen. ii. 54 e）、*σίλλοι*（六步音讽刺诗）（*Strabo*, xiv. 1, 28, p. 643; *Schol. in Aristoph. Knights*, v. 406; Prokl. *in Hes. Opp. et Di*. v. 284; Eustath. *on Il*. ii. 212; Tzetz. in Bernhardy's edition of the *Geograph. Min*. p. 1010）；或者如 Apul. *Floril*. iv. 20 所说（不过手稿在这里被读成色诺克拉底）的讽刺诗。Cousin, p. 9 和 Karsten, 19 以下不承认有 *σίλλοι*；对此可参见 Wachsmuth, *De Timone Philasio,* 29 以下。他的哲学观点包含在以史诗韵律写作的一篇教诲诗歌中，对此我们拥有一些残篇；说它的标题是 *περὶ φύσεως*（《论自然》），则只是更晚一些作家的观点（Stob. *Ecl*. i. 294; Poll. *Onomast*. vi. 46），由于这一作品似乎早就佚失了，他们的证据是非常可疑的。参见 Brandis, *Comm. El*. 10 以下和 Karsten, 26 以下（例如辛普里丘就提到他也没有见过这本著作；*De Caelo*, 233 b, 22 和 *Schol. in Arist*. 506 a, 40）。依据更早的读法，Diog. i. 16 把克塞诺芬尼看作是最多产的哲学作家之一，但这里应代之以 Xenocrates（色诺克拉底）；参见 Nietzsche, *Rh. Mus*. xxv. 220 以下。Athen. xiv. 632 D 关于克塞诺芬尼的诗作的判断，较之以 Cicero, *Acad*. ii. 23, 74 的，更令人满意。

1 特别参见亚里士多德《诗学》25, 1460b36。诗人的话语依据如下的标准得到辩护：他们要么如事物本来的样子描述它们，要么依据事物应有的样子描述它们，*εἰ δὲ μηδετέρως, ὅτι οὕτω φασὶν, οἷον τὰ περὶ θεῶν. ἴσως γὰρ οὔτε βέλτιον οὕτω λέγειν, οὔτ᾽ ἀληθῆ, ἀλλ᾽ ἔτυχεν ὥσπερ Ξενοφάνης ἀλλ᾽ οὔ φασι*。这段话在现代作家那里遭到不必要的修正，产生了许多错误的解释（cf. Karsten, p. 188）。它们可以被简单地翻译如下："关于诸神的一般观念很可能既不是好的也不是真的，正如克塞诺芬尼所认为的那样，但仍有许多人持相反的意见。"里特尔认为这一整章都是后来的添加，但即使是这样，它也必然基于某种真实性的东西，而且我们援引的这些话具有亚里士多德式的印记。

理智上和道德上的有限性。唯一的神统治着诸神和人，因为神是至高的，而至高性的东西只能是一。[1]这一唯一神是不被创造的，因为被创 560
造的东西也是可朽坏的，而神只能被设想为不可朽坏的。[2]他也不会遭受变化：对他来说最适合的是保持在一个位置上不动，而不是一时在这一时在那。[3]此外，我们有什么权利给予他人类的形体？每个人都依照自身来设想他的神：黑人把他们的神设想为皮肤黝黑和扁鼻子的，色雷斯人把他们的神想象为蓝眼睛和红头发的；如果马和牛会绘画，它们无疑也会把它们的神描绘为像马和牛一般的。[4]以同样的方式，人们把人
类本性其他不完善的方面转嫁到诸神身上。不仅荷马和赫西俄德描述的 561
不道德行为，[5]实际上所有的限制，都是与诸神不相称的。神不仅在形体

1 Fr. 1 ap. Clem. *Strom*. v. 601 C；亚里士多德《论麦里梭等》c. 3, 977 a, 23 以下。Plut. ap. Eus. *Pr. Ev.* i. 8（见第 373 页注释 5，参见 p.554），也表明了为什么及在何种意义上我们能够在克塞诺芬尼问题上接受这本伪亚里士多德著作的证据。从第 539 页注释 2 引用的亚里士多德的话看，克塞诺芬尼在他自己的著作中谈到神的一性是非常清楚的。但是猜测他只是在晚年才成为一个严格的一神论者，在此之前相信的不是唯一的神，而是远超于其他神祇之上的至高神（Kern, *Beitr*. 4），则在这一残篇中找不到支持。其中有一个是至高神的许多神，不必然被设想为真实的神。依据克塞诺芬尼的理论，即使他们只存在于人类的想象中，真实的神也能够与他们相比，特别是在诗学语言中，被称作是比他们更伟大的。"神和人之中的最伟大者"，必然指绝对性地最伟大者。例如，当赫拉克利特（参见下文论赫拉克利特章节）说世界不是由神或人创造时，他不过在说世界根本不是被创造的；甚至在一篇基督教的赞美诗中，上帝也被称作诸神之神。

2 Fr. 5，在 Clem. 上引处，在 Theod. *Cur. Gr. Aff*. iii. 72, p. 49 中稍微有些不同。亚里士多德《修辞学》ii. 23, 1399b6。同上 1400b5（普鲁塔克版本的这个故事，见第 384 页注释，*De Mel*. c. 3，参见第 376 页注释 2，但那里的证明不是克塞诺芬尼的。Diog. ix. 19。

3 Fr. 4 ap. Simpl. *Phys.* 6 a（见第 373 页注释 5）。参见亚里士多德《形而上学》i. 5, 986b17，那里这样普遍地说及埃利亚主义者：他们说存在是不动的。

4 Fr. 1, 5 及 Fr. 6，在 Clem. *Strom*. v. 601 D 和 Theod. 上引处；Eus. *Pr. Ev*. xiii. 13, 36。其他的，参见 Theod. 上引处和 Clem. *Strom*. vii. 711 D。也参见 Diog. ix. 19，如果那里的界定真的确立在克塞诺芬尼某些表述的基础之上的话："神的本质从形状上看是球形的，并且与人毫无相同之处；他看着整个宇宙，也听着整个宇宙，但他自身并不呼吸。"我不认为这段话旨在反对毕达哥拉斯学派关于世界呼吸的理论（见第 321 页注释 3，参见 Kern, *Beitr*. 17 和 *Xenoph*. 25）。

5 Fr. 7 ap. Sext. *Math*. ix. 193, i. 289。由于对自然宗教诗人的这种敌对态度，克塞诺芬尼被 Timon ap. Sext. *Pyrrh*. i. 224 和 Diog. ix. 18 称作 Ὁμηραπάτης ἐπισκώπτην(更

上也在精神上不同于可朽的人。神是无所不见、无所不闻和无所不思的，并用他的理智毫不费力地主宰着所有的事物。[1]因此，在这里，一种纯粹的一神论在反对着自然宗教及其多神论，不过，仅依据我们上面引用的这些观点的逻辑力量，我们还没有理由赋予这一神论一种严格的哲学属性。[2]

其他证词确实会引导我们超出这个论断，把克塞诺芬尼关于神的统
562 一和永恒所说的以一种普遍的方式运用于事物整体。柏拉图用“一切皆一”来阐述他和他的继任者的理论。[3]亚里士多德也称他为万物统一理论的创建者，并评论说，相关于世界，他提出关于神的统一的命题。[4]与此相一致，塞奥弗拉斯特[5]宣称，在原初原理的统一中及与其一起，他坚持所有存在的统一；蒂蒙（Timon）则说他自己谈到，无论他把目光转向何处，都发现事物消解为同一种永恒的和同质的本质。[6]我们没有理由怀疑我们最为可信的作家们的这些一致说法（此外，所有后来的
563 作家都赞同他们），[7]仅仅是因为这种类型的泛神论与克塞诺芬尼的纯粹

好的是 ἐπικόπτην）（荷马式虚构的嘲讽者）；Diog. 上引处说他：针对赫西俄德和荷马写过哀歌和抑扬体，指责他们关于诸神所讲的话。第 386 页注释 1 讨论过的亚里士多德说法，涉及这些及类似段落。

1 Fr. 1，见本章注第 387 页注释 1；Fr. 2 ap. Sext. ix. 144（cf. Diog. ix. 19; Plut. ap. Eus. *Pr. Ev*. i.8, 4）。Fr. 3 ap. Simpl. *Phys*. 6a。参见 Diog. 上引处。Timon. ap. Sext. *Pyrrh*. i. 224（参见 Wachsmuth，对这段话进行修补的尝试，没有一个让我满意）。更多的细节，见本章注第 388 页注释 7。或许第欧根尼的话具有同样的意思：“他还说，许多东西逊色于心灵。”

2 对被 Cic. *Divin*. i. 3, 5 和 Plut. *Plac*. v. 1, 2 归属于克塞诺芬尼的对预言的抨击，可以说同样的话。

3 《智者》242D。

4 《形而上学》i. 5, 986b10：也有人说万物的本性是一。对这些人，亚里士多德接着说道，“他们的统一的原初本质，不像自然哲学家的原初质料，是生成的原因，他们主张存在是不动的……克塞诺芬尼是这些人中第一个教导一的。”参见第 379 页注释 1。

5 在辛普里丘文献中，见第 376 页注释 1。

6 Sext. *Pyrrh*. i. 224.

7 Cic. *Acad*. ii. 37, 118；*N. D*. i. 11, 28。其中第一个段落也援引自希腊文，这已经得到 Krische, *Forsch*. i. 90 的证明。在 Theod. *Cur. Gr. Aff*. iv. 5, p. 57 Sylb 中有一个希腊文阐释（自然出于更早的来源）与它非常一致。Plut. ap. Eus. *Pr. Ev*. i. 8, 4。Sext.

一神论不相一致。[1] 我们如何能够知道他关于神的统一性、永恒性、无限制性和精神性的观点，是在一神论而非泛神论的意义上被理解的？他自己的表述无法确定这一点；但可能性，抛开古人的证词不说，站在泛神论的一边。因为希腊人的神纯粹是自然和人类生活的力量的人格化；因此，一个反对多神的哲学家，会把他们统一在一个普遍自然力量的概念之下，而非外在于世界的神的概念之下，会显得合乎情理得多。如此，我们就具有充分的理由认为，克塞诺芬尼在他关于神的统一的观点中，同时主张世界的统一；从他的观点看，我们很容易明白这第二个主 564
张如何会看来直接包含在第一个当中。在对万物原因的沉思之中，他与流行信念一致，主要在诸神的统治中找寻这个原因。但他无法把流行诸神的多样性、局限性和神人同形同性本质与他关于神的观念调和。与此同时，天穹拱顶对世界的明显限制甚至向感官直觉显明世界的统一，而更深入的思考对现象间的相似性及内在联系的识别，在他看来必然表明塑造世界的力量——不会被他看作是独立于世界的力量——的统一。[2] 神和世界在这里作为本质和现象彼此联系在一起。如果神是一，事物依据它们的本质特性也必然是一；反过来，多神论的自然宗教就变成一种哲学的泛神论。

与他关于神的统一的理论相联系，克塞诺芬尼据说把神描述为同质

Pyrrh. i. 225（cf. iii. 218）。Hippolyt. *Refut*. i. 14。Galen, *H. Phil*. c. 3, p. 234。所有这些文献看来出于同样的来源。Alexander *Metaph*. 23, 18 Bon（934 a. 29）同样把所有存在的统一的理论归属于克塞诺芬尼；Ibid. 32, 17（986 b, 8）；Ibid. 33, 10（986 b, 17，见第 379 页注释 1）。

1 Cousin, *Fragm. Phil*. i. 37 以下和 Karsten, 134 以下。类似地，布兰迪斯（*Gr. Rom. Phil*. i. 365）怀疑克塞诺芬尼教导过存在为一的理论，因为他不把在生成中显明自身的分离者等同于单纯的存在；Krische, *Forsch*. 94 不认为他是一个泛神论者，因为他只把独立于生成的存在当作神。但问题是，克塞诺芬尼是否，如这会表明的那样，对存在和生成做了如此明确的区分。

2 这不仅在上文所引的蒂蒙的诗句中，也在亚里士多德上引处的如下话语中得到表明："注视着整个天空"，这只能是在说，克塞诺芬尼既不关注事物的形式也不关注它们的质料，而是不对事物这些方面做任何区分地聚焦于世界整体；另外，这句话也表明他是通过对世界的思考而得到关于神的一的理论的。这能够得到他关于世界永恒理论的支持，我们马上就会讨论这个问题。

性的；换言之，他认为神圣本质的性质单一性（Einfachheit）与它的统
565 一性同时并存。但是，尽管这个说法得到大量古代文献的支持，[1]它会不会只是从克塞诺芬尼描述神圣知识的话语而来的一个推论，仍然是有疑问的。[2]在另一个方面，说他把神称作是球形的和有限的，或反过来，如有些人主张的，称作是没有边界的和无限的观点，[3]与亚里士多德和塞奥弗拉斯特的明确断言[4]相矛盾。而这两个观点不会都是毫无理论依据的。首先，克塞诺芬尼认为世界是无限延伸的，因为他说地上面的气和
566 下面的根，都延伸至无限；[5]其次，我们听到，他同时把世界描述为球形的。[6]这两个观点的极端矛盾，表明它们不是科学的命题，而是在克塞诺芬尼诗篇的不同部分偶然出现的说法。他可能一时谈论天穹的球形，一时说到世界的下面和气的上面的空间的无限延伸，没有考虑这两个观点之间的相容问题。很难说他这两个观点中任何一个，表达着他对世界的形状和延伸的某种确定的信念，说它们涉及神，则更是不可能的。他关于世界是非派生的、永恒的和不可朽坏的观念，[7]倒更有理由让我们想起对神的类似界定。世界永恒理论，在他看来，可能暗含在关于神的永

1 参见第 373 页注释 5，第 388 页注释 1，第 388 页注释 6，第 388 页注释 7 从论麦里梭等著作、蒂蒙和希波吕特处援引的话语。

2 这个猜测可以得到论麦里梭等著作的支持，它对克塞诺芬尼理论的阐述和批判都把谈及神的同质性的命题与 *οὔλος ὁρᾷν*（全视）等等联系在一起。参见 c. 3, 977 a, 36（第 373 页注释 5）；c. 3, 978 a, 3。蒂蒙在本章第 387 页注释 1 援引诗句中类似地把 *ἶσον ἁπάντη*（到处相等的）与 *νοερώτερον ἠὲ νόημα*（思想或理智）关联在一起。

3 见第 380 页注释 1，第 387 页注释 3，第 388 页注释 3。Philop. *Phys*. a, 5（ap. Karsten, p. 126）把原初本质具有有限性的说法同时归属于克塞诺芬尼和巴门尼德。

4 第 379 页注释 1，第 376 页注释 1。

5 他自己确实说到地球的这个方面；参见 Act. Tat. *Isag*. p. 127 E, Pet.。亚里士多德《论天》ii. 12, 294a21 认为这个观点适用于他：那些认为我们之下的地是无限的人，说它把它的根扎向无限，正如克塞诺芬尼；恩培多克勒的指责要反对的意见是：地深无限和天宽无限。*De Mel*. c. 2, 976 a, 32 有类似说法。以下文献重复了同样的东西：Plut. ap. Eus. *Pr. Ev*. i. 8, 4、*Plac*. iii. 9, 4（Galen, c. 21）、Hippolyt. i. 14、Kosmas Indicopl. p. 149 和 Georg. Pachym. p. 118；参见 Brandis, *Comm. El*. 48、Karsten, 154 和 Cousin, 24 以下。

6 第 379 页注释 2，第 388 页注释 7。

7 第 388 页注释 3 和 Plut. *Plac*. ii. 4, 3（Stob. i. 416）。参见第 393 页注释 1。

恒理论之中，因为神对他来说就是世界的内在原因。但他似乎只就世界的实质而言，在一种普遍意义上，赋予了世界永恒性，并没有教导说，作为以上命题的一个结论，世界的当前状态是非派生的。[1] 同样，关于一切事物保持着自身相同的主张，[2] 可能只在世界进程的有规律性和宇宙恒久性的意义上，得到他明确的阐述。但是，说他绝对性地否定了在世界之中的所有生成和毁灭，所有变化和运动，像最近一些作家断言的那 567
样，[3] 则不可能是正确的。古代文献和克塞诺芬尼的著作残篇没有提到这样一种否定；[4] 此外，有许多关于个体事物的起源和物质地球的变化的自然哲学命题被归属于这位哲学家，同时没有评论指出，[5] 在表达这些观点时，克塞诺芬尼，像巴门尼德在他的自然哲学中所做的那般，只在谈论虚假的现象而非真实的存在。我们的文献没有哪个曾说到，克塞诺芬尼以他继任者的那种方式把存在和非存在对立起来，或教导说只有存在才是真实的。

克塞诺芬尼的这些自然理论，与他哲学的基本观念几乎没有什么联系。它们是孤立的观察和猜测，有些意味深长发人深省，有些则粗陋而幼稚，恰如我们在自然科学的开端能够料想到的。下面我们就对其中被保存下来的做简略的评述。

依据某些人的证词，克塞诺芬尼认为土是万物的原初实在；依据另一些人的，则是土和水。[6] 但这些观点依据的诗文似乎只在讨论地球上 568

---

1 参见第 393 页注释 1。

2 Plut. Cic. Hippol. 和其他文献，见第 388 页注释 7。

3 文献见第 373 页注释 5。

4 亚里士多德确实说到埃利亚主义者普遍认为 *ἀκίνητον εἶναί φασιν*，但 *ἀκίνητον*（不动）的主词不是 *τὸ πᾶν*（整体）而是 *τὸ ἕν*（存在）。

5 如布拉尼什所说（*Gesch. d. Phil*. Kant, i. 115），而 Ritter, i. 477 想象他能在 Fr. 15 和 Fr. 18 中找到这样的东西。

6 这两个观点都在 Sextus, *Math*. x. 313 f 和 Hippol. *Refut*. x. 6 以下被提到，每一个都引自克塞诺芬尼的单独残篇；第一个观点引自 Fr. 8，另一个引自 Fr. 9。参见 Fr. 10。谈到前者的文献有（cf. Brandis, *Comm*. 44 sq.; Karsten, 45 sqq.; 146 sqq.）：Plut. ap. Eus. *l. c.*、Stob. *Ecl*. i. 294、Hippol. i. 14 和 Theod. *Cur. Gr. Aff*. i. 10, p. 22; iv. 5, p. 56；谈到后者的有：Sext. *Math*. ix. 361、*Pyrrh*. iii. 30、Porph. ap. Simpl. *Phys*. 41 a、

的事物，[1] 因此，只说了我们在任何地方都能发现的流俗之见。[2] 亚里士多德在列举古代哲学家的基本原初实在时，不仅没有提到克塞诺芬尼，而且说那些承认只有一种原初实在的人没有谁把土看作是这样一种实在。[3] 因此，他明确地否定了上述观点的第一个；当他把干和湿置于原初实在之列时，[4] 我们也不能认为他在支持第二个观点。[5] 因为他再三只把巴门尼德看作是唯一的，与提出唯一实在论的哲学家相对，承认有两个对立元素的埃利亚哲学家。[6] 另一方面，后来的作家也有些理由以这种意思来解释克塞诺芬尼的诗句，因为克塞诺芬尼认为星辰(参见下文)产生于土和水的蒸发。说他把土自身看作是气和火的复合的理论，[7] 确实
569 是错误的，[8] 这可能源于一个类似的误解，据此四元素理论被归属于他。[9] 对后来的作家来说要在每一个宇宙论中发现四种基本元素无疑都是容易的；但亚里士多德明确地指出，[10] 这一理论最初由恩培多克勒提出，而且它与巴门尼德的形而上学的联系太过明显，以至于我们很难认为，巴门

Philop. *Phys*. D, 2（Schol. *in Arist*. 338 b, 30; 339 a, 5，见第 184 页注释 2）、Ps.-Plut.（很可能是波菲利）*V. Hom*. 93、Eustath. *in Il*. vii. 99、Galen, *H. Phil*. c. 5, p. 243 和 Epiph. *Exp. Fid*. p. 1087 B。

1 因此，当 Sabinus ap. Galen in Hipp. *De Nat. Hom*. i. p. 25 K 说克塞诺芬尼宣称土是人的原初实在（而非所有事物的，如 Karsten, 150 所说）时，他是正确的，而盖伦的严厉批评，如布兰迪斯承认的，是不恰当的。

2 我们只需记住在 *I Mos*. 3, 19 或 *Il*. vii. 99 中的话：*ὕδωρ καὶ γαῖα γένοισθε*（水和土被生成）。

3 《形而上学》i. 8, 989a。

4 《物理学》i. 5, 188b33。

5 如 Prophyry 上引文所主张的。

6 《形而上学》i. 4, 5, 984b1；986b27 以下。

7 Plut. *Plac*. iii. 9（Galen, c. 21）.

8 Brandis, *Gr. Rom. Phil*. i. 372 猜测，在这里，如在其他地方经常发生的那样，克塞诺芬尼被混淆于色诺克拉底；但 Plut. *Fac. Lun*. 29, 4, p. 944 并不支持这一观点。Karsten, p. 157 在解释这一理论时说，克塞诺芬尼认为气和火，也即蒸汽和干热从土中产生。但在我看来，Ritter, i. 479 的解释是最有可能的；参见 Brandis, *Comm. El*. 47。依据这个解释，这些词在最初的文本中只表明，土由于气和火的作用，从液态变成固态。

9 Diog. ix. 19.

10 《形而上学》i. 4, 985a31。

尼德的一位前辈会不仅只是偶然性地提及火、土等等，而且还会明确地把四元素看作是所有复合物体的基础。

如下的理论则无疑具有更多的理论依据：克塞诺芬尼认为土是从液态变成现在的固态的，同时在时间中它会借助于水重新变成泥浆。他在陆地甚至山岭发现石化的海洋生物，除了依据以下的假定外他不知道怎么解释这一现象：世界，至少是世界的表面，会遭受从液态到固态，然后又回到液态的阶段性转变；在这一转变中，人类与其居住地一起，必
然会沉入水中，然后在干的陆地每次恢复时重新出现。[1] 他可能通过如 570
下理论把这一观点与他的哲学观念联系起来：唯有单一的神圣本质不可 571
改变，但每一地球事物遭受着永恒变化。[2] 后来作家在世界的无数形成

1 Hippolyt. i. 14。参见 Plut. ap. Eus. *Pr. Ev.* i. 8, 4。这些说法非常明确，不可能支持 Teichmuller 的如下理论：克塞诺芬尼相信人类永远地存在地球上（*Stud. z. Gesch. d. Begr*. 604; *Neue Stud*. exc. i. 219）。没有支持这种理论的证据，它也不能从世界永恒理论——即使克塞诺芬尼真的持有这种理论——中推出。因为希波吕特说（我们没有理由反对他），克塞诺芬尼认为人类在每次地球阶段性沉没时都会被毁灭，然后在它每次恢复时重新出现。甚至世界永恒理论也不能被证明为克塞诺芬尼所持有，不管是第 390 页注释 7 援引的《学说述要》的证词，还是第 388 页注释 7 援引的更晚作家的说法，都不能证明这一点，后者对这位哲学家关于神的主张和对宇宙所说的未做任何区分。无论如何，我们不能依据这样的证据，去指责亚里士多德在否认他的前辈曾有人持有世界永恒理论时（《论天》i. 10, 279b12），犯了错，或像 Teichmuller 那样，认为这一否认带有恶意和存心的误解（见 Teichmuller, *Neue Stud*. etc. i. 218，参见 p. 239 和 p. 229 以下，但那里的讨论没有任何新意，也丝毫没有注意我对 Hermes, x. 186 以下的解释及我这本书第三版 p. 352 的说法）。事实上，在亚里士多德的主张与被归属于克塞诺芬尼的观点之间没有不可调和的矛盾。当亚里士多德谈到世界的永恒时，他说的不只是它质料方面的永恒，也涉及它形式方面的永恒，涉及我们这个世界的永恒；也因此，他把赫拉克利特——尽管他有著名的相反宣称——置于那些相信世界有一个开端的人之列（参见下文论赫拉克利特的章节）。说像克塞诺芬尼这样一位相信地球会时不时地沉入大海并阶段性重新形成、相信太阳和星辰每天重新生成然后又消失的哲学家，会认为世界没有一个开端，是难以令人置信的。他可能会说，一切，也即质料的聚合团，没有开端，但对这种质料接受的形式，他必须会认为是变化着的。亚里士多德因此不认为他持有这种亚里士多德意义上的世界永恒理论。第欧根尼（见下下个注释）和希波吕特（也即相信克塞诺芬尼持有世界永恒理论的人追随的作家）在他那里发现有许多相继的世界。

2 我们在埃庇哈尔穆斯那里看到同样的观点，见第 367 页注释 1。

中看到无数世界的相继，[1] 显然是不正确的；但这一说法可能要归因于克塞诺芬尼关于星象的理论。他把太阳、月亮和星辰（以及彩虹 [2] 和其他
572 天体现象）[3] 看作燃烧着的发光蒸气的凝集，简言之，看作炽热的火云，[4] 在它们沉没时熄灭如灰烬，在它们升起时被点燃，[5] 或更恰当地说，重新形成；[6] 他认为，在日食和月食时发生的是同样的事。[7] 这些蒸气团（这一点至少在谈及太阳时被明确说到）不被看作是在围绕着地球的圆环内运行，而是直线无限上升；如果这个轨迹向我们显得是环形的，那只是出于眼睛的错觉，就像其他烟雾那样，当它们趋向顶峰时，在我们眼睛看起来是升起，当它们在地平线之下时，看起来是下降。依据这个理论，新的星辰必然持续出现在我们的水平线上，因此彼此距离甚远的地

1 Diog. ix. 19：*κόσμους δ' ἀπείρους ἀπαραλλάκτους δὲ*（有无数完全相似的世界）。卡斯滕用 *οὐκ ἀπαραλλάκτους*，Cobet 用 *παραλλάκτους*，代替 *ἀπαραλλάκτους*。如果我们读作 *ἀπαραλλάκτους*，那我们就会认为克塞诺芬尼像斯多亚主义者那样，相信每一个相继的世界都是完全一样的（cf. Pt. ii.a, 141, 2 A）；如果依据卡斯滕和 Cobet，他必然会否认这一点。很可能这两个读法都是不正确的，*ἀπαραλλάκτους* 或 *οὐκ ἀπαραλλάκτους* 可能从后来一位作家的某个不重要的表述演化而来，这位作家在听到克塞诺芬尼说无数世界时，马上就想知道他是怎么看待它们相似或不相似这个难解问题的。Cousin, p. 24 把 *ἀπαραλλάκτους* 翻译为"不变的"，用"地球的无限基质"来解读 *ἄπειροι κόσμοι ἀπαράλλακτοι*，自然也就不关心上面的任一种理解。Stob. *Ecl*. i. 496（第 262 页注释 3），以及 Theod. *Cur. Gr. Aff*. iv. 15, p. 58，依据同一来源，把克塞诺芬尼、阿那克西曼德、阿那克西美尼等人，与德谟克利特和伊壁鸠鲁一起（未做进一步区分地）看作是无限世界理论的支持者。

2 Fr. 13 ap. Eustath. *in Il* xi. 27 及其他评注。

3 Stob. i. 580；*Plac*. iii. 2, 12（cf. *Plac*. ii. 25, 2; Stob. i. 510）。关于闪电和双子座，参见 Stob. p. 513, 592、Plut. *Plac*. ii. 18 和 Galen, c. 13。

4 Stob. *Ecl*. i. 522。对月亮的说法类似于此，p. 550。同样的说法出现在 Hippol. 上引处、Plut. ap. Eus. 上引处、*Plac*. ii. 20, 2, 25, 1 和 Galen, *H. Phil*. c. 14, 15。不过盖伦说的是 *ξηροὶ ἀτμοί*（干的蒸气）而非 *ὑγρὰ ἀναθυμίασις*（蒸发的水）。关于这一点，参见 Karsten, p. 161 以下。

5 Achill. Tat. *Isag. in Arat*. c. 11, p. 133。Stob. i. 512、Plut. *Plac*. ii. 13, 7、Galen, c. 13, p. 271、Theod. *Cur. Gr.* Aff. iv. 19, p. 59 和 Hippol. 上引处的说法在某种程度上有与之类似的意思：他说太阳和星辰从云中被生成。

6 第 395 页注释 1。

7 Stob. i. 522, 560；Plut. *Plac*. ii. 24, 4；Galen, c. 14, p. 278；*Schol. ad Plato Rep*. 498 A（p. 409 Bekk）。

球不同部分必然被不同的太阳[1]和月亮照亮。

至于其他被归属于克塞诺芬尼的自然哲学命题，有些确实不是他 573
的，[2]另一些包含太少具有他理论特性的东西，不值得特别关注。[3]他残
篇中包含的伦理观念，严格来说，不属于他的哲学，因为尽管它们所揭 574
示的内涵是可敬的和哲学性的，但他从未把他的伦理学与他宇宙理论的普遍基础科学地关联起来。诗篇谴责他同胞之前的奢侈；[4]另一方面，

---

1 这可从 Stob. i. 534（*Plac*. ii. 24, 7; Galen, c. 14）中推出："克塞诺芬尼说，依据地球的区域、部分和地带，会有许多太阳和月亮，而在某一时刻，那个圆盘掉进了地球的不被我们居住的某个部分，就像踩空了一样产生蚀的现象；而这同一个人还说，太阳无限地上升，但由于距离看起来是在环绕。"参见希波吕特上引处："有无数的太阳和月亮。"如果所有这些天文学解释的一致以及它们属于天文学开端时期的特性，不能证明它们的真实性的话，那么这些更近的和不可信的证词也不足以证明克塞诺芬尼真的持有这些观点。甚至关于这里有某些与赫拉克利特的混淆的明显怀疑，经过仔细考察也会消失，因为这两位哲学家的观点尽管在许多方面有相似，但也有许多本质的区别。Karsten, p. 167 的评论：克塞诺芬尼不会相信在天空同时有许多太阳和月亮，因此，这个说法必然出自于对相继的太阳和月亮与同时存在的太阳和月亮的混淆，会受到文本的驳斥。Teichmuller（*Stud. z. Gesch. d. Begr*. 601, 621）的说法是，由于依据克塞诺芬尼，地球向下无限延伸，那么天穹就不会是环绕着它的，因此，克塞诺芬尼必然会否定天穹的环转；但这个说法不及要义。地球的无限向下延伸（想象一个圆柱形状），并不会影响星辰环绕地球的观念，它们的轨道有时在水平线上，有时在它之下，围绕地球侧向运行，如果这些轨道相关于水平线的倾斜不会导致星辰降到地球自身之下的话。天体的侧向绕转理论也为阿那克西美尼、阿那克萨戈拉、第欧根尼和德谟克利特所持有。

2 例如，伪盖伦的说法（*H. Phil*. c. 13）：克塞诺芬尼相信所有的星辰的轨道处于同一平面上；Stob. i. 541 和 Plut. *Plac*. ii. 15 中的段落，更可能涉及色诺克拉底而非克塞诺芬尼。再如，得到 Lactantius, *Instit*. iii. 23 重复和 Cousin, 22 辩护的 Cicero, *Acad*. ii. 39, 123 的观点：克塞诺芬尼说月亮上有人居住。Brandis, *Comm*. 56, 56 和 Karsten, p. 171 评论说，这些作家把克塞诺芬尼和其他哲学家搞混了（例如阿那克西曼德、阿那克萨戈拉、菲洛劳斯）。

3 我们被告知说，他认为海水有咸味是因为混有地的元素（Hippol. *l. c.*）；云、雨和风，在他看来出于蒸气，太阳的热量使它从海中蒸发（Stob. 摘录于 Joh. Damasc. *Parall*. i. 3; *Floril*. vol. iv. 151, Mein ；Diog. ix. 19）；月亮由于自己的光发亮（Stob. i. 556），并对地球没有影响（*ibid*. 564）。依照古老的观念，他认为灵魂是气（Diog. ix. 19; cf. Tert. *De An* c. 43）。Brandis, *Comm. El*. 37, 57 从这段话及 Xen. Fr. 3 得出结论说，克塞诺芬尼把 νοῦς（心灵）置于 ψυχή（灵魂）之上，把 φρένες（理智）νοῦς 之上；但我既不能在第欧根尼和克塞诺芬尼那里找到这种说法，也不认为这是这位哲学家的理论。

4 Fr. 20, ap. Athen. xii. 324 ；参见在 Plut. *De Vit. Pud*. 5, p. 530 中的轶事。

他悲叹肉体的力量和敏捷比智慧更带给人荣誉，后者对城邦更有价值得多；[1]他不赞同把誓言当作证言，因为他在其中看到不敬神者的利益。[2]他赞赏愉悦的宴会、虔诚的老练和有益的交谈，但像谴责诗人的神话创作一样谴责空谈。[3]尽管这揭示出科学的品味和对神话的反对，但所有这些观点从总体上看未超出流行的格言智慧。更为重要的则是以下的观点，如果它是正确的话：克塞诺芬尼要么完全否认知识的可能性，要么仅把这一否认限于对神的认识；或者像另一些人所说的，他只承认理性
575 概念的真实，否认感官知觉的真实。[4]但这一说法依据的表述绝不会得出这样的理解。克塞诺芬尼发现真理只是逐渐获得的。[5]他相信完善确定的知识是不可能获得的；因为即使一个人在一个问题上偶然说出的真理，他也永远不能绝对确定这一点；因此，克塞诺芬尼只赋予他自己的观点，甚至是在最重要问题上的观点，一种或然性。[6]但这位哲学家的
576 这种谦逊，不应该被误解为一种怀疑主义，尽管它无疑出于一种怀疑主义的气质。因为知识的不确定性，在这里，不建立在对人类理智功能的普遍探究的基础之上，不过作为个人经验的结论得到主张；因此，哲学家对此的主张，不会妨碍他对自己的神学的和自然的命题有充分的确

1 Fr. 19; ap. Athen. x. 413.

2 亚里士多德《修辞学》i. 15, 1377a19，卡斯滕非常武断地把它弄成韵文。

3 Fr. 17, 21; ap. Athen. ii. 54 e; xi. 462 c. 782 a（1036 Dind.）.

4 Diog. ix. 20；同上 ix. 72。Didymus ap. Stob. *Ecl*. ii. 14 说：克塞诺芬尼第一个教导说："因此神知道真理，但假象却在一切方面被制造"。Sext. *Math*. vii. 48 f；*Pyrrh*. ii. 18；同上 110。据此，塞克斯都补充说，他会把 *λόγος δοξαστὸς*（看起来的道理）当作标准。前一种理论得到 Hippol. *l. c*.、Epiph. *Exp. Fid*. 1087 B 和 Plut. ap. Eus. *l. c*. 的支持；后二种理论得到 Proclus *in Tim*. 78 B 的支持。蒂蒙不同意以上两种观点，他指责克塞诺芬尼（参见第 397 页注释 1）一方面承认事物的不可知，另一方面又坚持存在的一；Galen, *Hist. Phil*. c. 3, p. 234 说了同样的话。Aristocles（Eus. *Pr. Ev*. xiv.17, 1）最后把他的观点与其他埃利亚主义者和麦加拉主义者的观点放在一起这样总结说："应当拒绝感觉和假象，而唯独相信理性"。在亚里士多德的与这段话相关的表述中（见下文论麦里梭章节），只有麦里梭是有疑问的。上文已经表明（p. 531, 1; 558, 1），亚里士多德《形而上学》iv. 5 和《诗学》25 中的话与此没有关联。

5 Fr. 16 b；Stob. *Ecl*. i. 224; *Floril*. 39, 41.

6 Fr. 14, ap. Sext. *l. c*.。Fr. 15, ap. Plut. *Qu. Conv*. ix. 14 表明这个说法涉及他所有的言论："就让这些东西被以为是真实的东西吧。"

信。对理性认识与感官欺骗性认识之间的划分还未被做出——哲学理论还和其他理论处于平等的地位；因为这一划分被埃利亚主义者建立在对感觉向我们揭示的生成和多的否定的基础之上；而正如我们已经看到的，克塞诺芬尼没有做出这样的否定。[1]

我们更没有理由，像某些古代作家那样，认为克塞诺芬尼在做自然 577
研究的同时也做逻辑探究，[2] 或把他与后来的论辩家归为一类。[3] 他的理论，在古代的和更为广泛的意义上，更是自然哲学性的，尽管还远不同于其他的纯粹的自然理论，但与巴门尼德的更为抽象的命题相比，其自然研究的特性仍然非常清楚，可以适当地被看作是联结伊奥尼亚探究与完善的埃利亚主义关于纯粹存在理论的中间环节。[4] 依据塞奥弗拉斯特的观点，克塞诺芬尼自身是阿那克西曼德的学生，[5] 我们找不到理由来反对这样的说法：他最初是由这位哲学家带入对世界的本质和原因的探讨

---

1 Cousin, p. 48 以下和 Kern, *Beitr*. 4; *Xenoph*. 13 阐述了相反的理论。Cousin 相信克塞诺芬尼的诗篇涉及他同时代人的多神论，而他对此只持有怀疑主义的观点。但克塞诺芬尼所说的话似乎具有更普遍的含义，他对多神论的批评不能被称作是怀疑主义的，因为他对此的态度不是不确定，而是敌对。Kern 所持的观点是，克塞诺芬尼只在晚年明确地阐述了他的关于一的理论，而在此之前一直满足于对他人观点的怀疑。为了支持这一观点，他诉诸 Sext. *Pyrrh*. i. 224 中蒂蒙的诗句（参见第 388 页注释 3）。但那里的 *πρεσβυγενὴς*（年长的），并不表明他在晚年才开始形成关于存在是一的理论，在此之前一直是个怀疑主义者，而是说，尽管年岁已高（也或者尽管有年老的弱点），他坚持怀疑主义的立场。如果他在同一诗篇中同时有怀疑主义的表达，又提出了存在为一的理论，那么 Kern 式的观点就不会得出。在 Fr. 14（见上个注释）中，他自己用非常怀疑主义的口吻谈到他关于诸神和世界所教导的东西（即使 *ἀμφὶ θεῶν*〔关于诸神〕主要与 *εἰδὼς*〔知道〕相联，“关于诸神，关于所有我所说的”也表明他同样谈到诸神）；因此，我们不能认为他的怀疑主义表述属于他的更早时期而不是他的独断论时期。

2 Sext. *Math*. vii. 14.

3 Aristocles, ap. *Eus. Pr. Ev.* xi. 3, 1.

4 Brands, *Gr. Rom. Phil*. i. 359。Cousin 的观点不那么正确（*l. c.* p. 40, 46）。他在克塞诺芬尼体系中发现伊奥尼亚主义元素和毕达哥拉斯主义元素的结合，但克塞诺芬尼的神学理论更可能影响了毕达哥拉斯主义者而不是相反。年代表也会反对这一理论，特别是如果 Cousin 把克塞诺芬尼的出生年置于公元前 617 年的说法是正确的话。

5 见 Diog. ix. 21，下文论巴门尼德注 1 有引。

的。但另一方面，他确实只在一些相对次要的观点上追随他的前辈，他思想的主体倾向也遵循别样的路径，并得出不同的结论。像阿那克西曼德一样，他认为地球和地球上的事物源于原初黏泥的干涸；[1]阿那克西曼
578 德说宇宙轮替性地产生于原始物质，并重新回归于它，而克塞诺芬尼针对地球——这对他来说是宇宙最为重要的部分——教导同样的东西。他关于天体不过是蒸气团的说法，[2]让我们想起说天体之火被地球蒸发所营养的理论；[3]地往下和气向上无限延伸的理论，[4]让我们想起阿那克西曼德原始物质的无限。但克塞诺芬尼的世界理论一般而言非常不同于阿那克西曼德的体系。无论如何，阿那克西曼德试图以物理学的方式解释宇宙的形成和构造；但克塞诺芬尼没有教导任何这方面的东西，他的星辰理论也清楚地表明对现象的自然主义处理如何少与他的精神倾向一致。他确实探究事物的原理，但这一探究向神学的直接转向，引导他去检验关于人们一般在其中寻找最终因的存在的流行观念——去批判诸神信念，并进而得出关于这样一种存在的思想：它是唯一的、永恒的和不变的，是其他任何有限之物都无法比拟的。他的哲学只在出发点上是自然主义的；
579 但在发展中，它变成一种神学的形而上学。[5]由于原初本质，不以

1 参见第 392 页，以及第 151 页和第 169 页注释 5。

2 Cf. p. 252.

3 依据 *Plac*. ii. 25, 2，克塞诺芬尼认为月亮是 *νέφος πεπιλημὲνον*，彗星和类似现象是 *πιλήματα νεφῶν*，依据 Stob. *Ecl*. i. 510，阿那克西曼德在同样的意义上把星辰看作是 *πιλήματα ἀέρος*（气的紧压）。在我看来这得不出什么结论；因为我们不知道克塞诺芬尼是否自己使用了这一表达；即使他使用了，他的意思也不会与阿那克西曼德的一样。他是在说牢固的联结，而阿那克西曼德不过在指松散的聚集。

4 见第 390 页注释 5。

5 Teichmuller（*Stud. z. Gesch. d. Begr*. 612）在做以下评论时是完全正确的："克塞诺芬尼的形而上学，不出于对自然的思考，而出于既定神学与理性的矛盾。"但与克塞诺芬尼相关，当我们也被告知说（*ibid*. 620, 598）"如果我们要理解古代哲学家的形而上学，我们必须首先研究他们的自然理论"时，他确实就在自相矛盾。在我看来，这一说法并不普遍适用于前苏格拉底哲学家（我们只能在某种确定意义上说他们可能有对形而上学和自然研究的某种区分）；不适用这一说法的我认为有巴门尼德、赫拉克利特和克塞诺芬尼。在 Teichmuller 的阐释中，我发现不了克塞诺芬尼关于神的理论和关于世界统一的理论能从他留传给我们的极少关于自然的主张中得出的方式。甚至阿那克西曼德的 *ἄπειρον* 也绝不与它们相关。Teichmuller（p. 620

纯粹形而上学的方式被理解成没有进一步明确限定的存在，而是神学性地被理解为神，或统治世界的神圣精神，克塞诺芬尼就没有必要去怀疑多和变化之物的实在性，或去宣称现象不过是欺人的表象。他确实说所有事物在其深层原理上是永恒的和唯一的，但他并没有与对这个一性的肯定一起，否认派生和暂时之物的多的存在；他忽略了，明显没有注意到，从他自己的观点出发包含在这个理论之中的那个困难，以及它向哲学研究提出的那个问题。巴门尼德是最初发现这一点的人：他从逻辑一 580
致性出发，不计后果地发展出与日常观念对立的埃利亚主义理论。

三、巴门尼德[1]

埃利亚哲学在巴门尼德那里取得的伟大进步最终体现在如下方面：

---

sq.）确实认为，克塞诺芬尼否认了宇宙的运动，因为阿那克西曼德归之于它的环形运动只在地球悬挂在气中时才是可能的，而这对克塞诺芬尼来说非常之不可能。这个观点在我看来非常牵强，可以从两方面对之提出反对。第一，克塞诺芬尼（如第393页注释1所评论的）虽然否认世界的创造和毁灭，但仍然明确地主张它的状态的周期变化；第二，阿那克西曼德(参见第170页注释3）并不相信宇宙的环形运动，以及天体的旋转，他所教导的与地球地下世界的无限完全一致（参见第395页注释1）。

1　依据 Theophrast. ap. Alex. *in Metaph*. i. 3, 984 b 1、Diog. ix. 21、Suid. *sub voc* 和 Theod. *Cur. Gr. aff*. iv. 7, p. 75 中的说法，巴门尼德是 Pyres 或 Pyrrhes 的儿子；但在 Diog. ix. 26 中（依据通常读法），他也被称作 Teleutagoras 的儿子，不管我们是像 Cobet——他可能追随也可能不追随 MSS. 中的证据——那样删去以下的词 *Πύρητος τὸν δὲ Παρμενίδην*（“普赖斯的儿子巴门尼德”），还是像 Karsten, *Phil. Grae. Rell*.i. b. 3 那样改变词序：“芝诺是埃利亚人；Apollodorus 说他在年龄上自然来说是泰留塔戈拉斯的儿子，但在习惯上是巴门尼德的儿子；而巴门尼德是普赖斯的儿子”。他来自一个富有而显赫的家庭，据说最初参加了毕达哥拉斯学派。在毕达哥拉斯主义者 Ameinias 的引导下进入哲学的生活，他也对另一个毕达哥拉斯主义者 Diochaites 抱有极大崇敬，以至于在他死后为其修建了一个祭堂（Sotion ap. Diog. *l. c.*）。更近的作家把他自己称作一个毕达哥拉斯主义者（Strabo, 27, 1, 1, p. 252; Callimachus ap. Procl. *in Parm*. t. iv. 5 Cous; Iambl. *V. P*. 267, cf. 166; Anon. Phot. *Cod*. 249, p. 439 a, 35），把巴门尼德式生活说得好像等同于毕达哥拉斯主义生活似的（Cebes, *Tab*. c. 2）。但就他的哲学观念而言，他最类似于克塞诺芬尼，那个被认为是他的老师和相熟的人，尽管这一点在亚里士多德那里（《形而上学》i. 5, 986b22 ：“有人说他是巴门尼德的老师”）说的没有在其他人那里确定：Plut. ap. Eus. *Pr. Ev*. i. 8, 5、Eus. *ibid*. xiv.

17, 10, cf. x. 14, 15、Clem. *Strom*. i. 301 D、Diog. *l. c*.、Simpl. *Phys*. 2 a、Sext. *Math*. vii. 111 和 Suid. *Παρμ*.；另外，Theophrast. ap. Alex. *l. c.* 只说道："巴门尼德追随此人〔克塞诺芬尼〕"。不过，他不可能完全不认识克塞诺芬尼，因为两人有一段时间共同生活在埃利亚。这两个说法可以是一致的，如果我们假设巴门尼德与毕达哥拉斯主义者有私人的密切联系，并从他们那里学到很多道德生活方面的东西；但就他的哲学信念而言，他主要受影响于克塞诺芬尼，就像恩培多克勒一样，赞同毕达哥拉斯主义的生活，但不是毕达哥拉斯理论体系的追随者。（这很可能就是 Diog. *l. c*. 如下话的意思："尽管他曾受教于克塞诺芬尼，但并不追随于他。"追随在这里意指，如后文也表明的，亲密的私人关系）。另外，说巴门尼德曾受过阿那克西曼德的教导，则与我们关于这两位哲学家的时期所知的所有东西冲突。因此，当第欧根尼上引处说"巴门尼德受教于克塞诺芬尼，此人，塞奥弗拉斯特在《摘要》中说，曾受教于阿那克西曼德"时，其中的此人必然不是指巴门尼德，而是指克塞诺芬尼；当 Suidas 说，依据塞奥弗拉斯特，巴门尼德是阿那克西曼德的学生时，他明显是误解了他引用的第欧根尼的话。某些评注者说巴门尼德在埃及学习逻辑学和天文学，见 Brandis, *Comm*. 172、Karsten, p. 11 sq., *Notices et Extraits des Manuscrits*, t. xx. b, 12（来自 Remigius of Auxerre），参见 *Schol. in Arist.* 533 a, 18 以下，则是一个奇怪的说法（cf. Marc. Capela, *De Nupt. M. et. V.* i. 4）。巴门尼德的生卒日期大致清楚，但很难精确。Diog. ix. 23（无疑追随 Apollodorus）把他的鼎盛期置于第 69 届奥林匹亚赛会时期（504-500 B. C.），因此，第 79 届奥林匹亚赛会的说法（依据 Scaliger ap. Karsten, p. 6、Fulleborn, *Beitr*. vi. 9 sq.、Stallbaum 版的柏拉图《巴门尼德》24A 以下、《泰阿泰德》183E 和《智者》217C），在我看来过于冒险。但 Apollodorus 的计算是来源于确切的日期，还是纯粹（如 Diels, *Rh. Mus*. xxxi. 34 以下认为的）依据与赫拉克利特的同时对照，并不清楚。另一方面，柏拉图（《巴门尼德》127A 以下，《泰阿泰德》183E，《智者》217C）说苏格拉底在非常年轻（*σφόδρα νέος*）的时候在雅典遇上巴门尼德和芝诺，那时巴门尼德大概 65 岁，芝诺大概 40 岁：在这个时候，那篇以巴门尼德命名的对话中的辩证讨论以巴门尼德之口说出。假如苏格拉底在那个时候只有 15 岁，我们可以得出巴门尼德出生于公元前 519 或前 520 年。如果我们像格罗特（*Hist. of Gr.* viii. 145 sq., ed. of 1872）那样，认为这个对话发生在公元前 448 年，那我们会得到公元前 513 年的结论。如果像赫尔曼（*De Theoria Del*. 7; *De Philos. Ion. Aetatt*. 11）那样，我们接受 Synesius（*Calv. Encom*. c. 17）的观点作为真实证据：苏格拉底那时 25 岁，那我们会得到公元前 510 年。但没有什么东西能保证柏拉图的说法为真。甚至 Athen. ix. 505 以下和 Macrobius, *Sat*. i. 1 也怀疑它年代的确切性。因为如果据说在苏格拉底和巴门尼德之间发生的对话的内容不是真实的，如果柏拉图故事的主旨，即巴门尼德对苏格拉底有明确的思想影响，确实就是虚构的，那这个对话的场景，两人的会面，以及他们那个时候的确切年纪所属的这次会面的更具体情况，如何不会也是一个虚构？这并不会让柏拉图更加担上"故意错误"的罪责（Brandis, i. 376）；否则的话，我们也必须指责《普罗泰戈拉》《泰阿泰德》《会饮》和其他一些对话的开场中的场景的错误。诗的豁免权在所有情况下都是一样的。Alberti（*Socrates*, p. 16 sq.）的观点是：柏拉图不至于这样完全放弃可能性原则，在他的虚构中包含历史性不可能之事。对此，我们只需问道：那在柏拉图对话中出现的无数的令人震惊的年代错误（cf. Zeller, *Abh. d. Berl. Acad.* 1873; *Hist. Phil.* Kl. 79 sqq.），如果不是历史性不可能之事又是什么？说苏格拉底和埃利亚哲学家有柏拉图置于他们之口的那样的对话，还有什么比这更不可能？我们又怎么知道柏拉图和他的学生对巴门尼德的年表有充分的了解，以至于知道这些描述（尽管出于虚构）不可能是真的？最后，在类似的情况下面临同样的历史正确性的问题时把梭伦至少弄年轻了 20 岁的柏拉图（《蒂迈欧》20E 以下），怎么就会在把巴门尼德说得比他实际年龄更小的问题上犯难？即使事实上巴门尼德从未与苏格拉底会面或到过雅典（这是我们无法确定的），柏拉图也有充分的动机这样说。为了向他的学生解释埃利亚体系与他自己的体系的联系，苏格拉底必须与埃利亚理论的导师们，最好是与这个学派的首领，会过面；一旦这一点确定下来，其他的一切都自然而然了（Cf. Steinhart, *Plato's Werke*, iii. 24 sqq.; Zeller, *Abhandlung*, p. 92 sqq.）。柏拉图说法的历史精确性，最初得到 Steinhart, *Allg. Enc. v. Ersch. und Gruber*, sect. iii. B, xii, 233 以下和我的 *Plat. Stud.* 191 的辩护；支持这一观点的有：Schleiermacher, *Plato's W. W.* i. 2, 99、Karsten, *Parm.* 4 sq.、Brandis, *l. c.*、Mullach, *Fragm. Philos. Gr.* i. 109 和 Schuster, *Heraklit.* 368 等。Cousin, *Fragm. Philos.* i. 51 以下相信这两位埃利亚哲学家至少在雅典出现过，尽管他把这个日期界定在第 79 届奥林匹亚赛会期间，但不认为他们与苏格拉底有过对话。Schaarschmidt 坚持同样的观点，但质疑对巴门尼德的说法。Eusebius, *Chron. Ol.* 80, 4 和 Syncellus, 254 C 中的说法可能可以追溯到柏拉图：它们把巴门尼德，与恩培多克勒、芝诺和赫拉克利特一起，置于以上提到的时期。另一方面，Eus. *Ol.* 86 和 Syric. 257 C 甚至把他说得更晚 25 年，当作德谟克利特、高尔吉亚、普罗狄科和希庇亚的同时代人。除了巴门尼德曾给埃利亚人立过法（Speusippus ap. Diog. ix. 23; cf. Strabo, *l. c.*）——埃利亚人每年宣誓遵守它（Plut. *Adv. Col.* 32, 3, p. 1126）——外，我们对他生平的其他的东西一无所知。但这并不意味着他在晚年完全献身于哲学（Steinhart, *A. Enc. l. c.* 234），这未得到我们任何文献的支持。Deutinger（*Gesch. d. Philos,* i. a, 358 sqq.）的观点：他开始是个自然哲学家，后来由阿那克萨戈拉引向"一"的哲学，既与两个体系的内在关系不符，也没有年代上的可能。所有古人都对他的个人品质和哲学品质持有敬意。柏拉图《智者》237A 中的埃利亚主义者称他是 *Παρμενίδης ὁ μέγας*（伟大的巴门尼德）；《泰阿泰德》183E 中苏格拉底说道："在我看来，用荷马的话来说，巴门尼德是一个令人崇敬又害怕的人……拥有思想上绝对高贵的深度。"在《巴门尼德》127B 他被描绘成一个有高贵外表的老年人；亚里士多德《形而上学》i. 5, 986b25 明确地给予他在科学上比克塞诺芬尼和麦里梭更高的地位；更不消提更近的作家了。巴门尼德以教诲诗篇的形式阐释他的哲学理论，其残篇得到第 370 页注释 3 提到的作家们，以及 Theod. Vatke, *Parm. Vel. Doctrina*（Berl. 186）和 H. Stein, *Symb. Philol.* Bonnens. 763 以下的整理和解释。依据 Diog. ix. 32，Callimachus 怀疑它的真实性；但对我们来说，这是不确定也不重要的。Sext. *Math.* vii. 111、Simpl. *De Caelo*, 249 b, 23、*Schol. in Arist.* 509 a, 38 和其他一些文献说它的标题是 *περὶ φύσεως*（《论自然》），但这一点不能从 Theoph. ap. Diog. viii. 55 中确定推出。Porph. *Antr. Nymph.* c. 22 称它为 *φυσικὸν*（研究自然的）；Suidas 说是 *φυσιολογία*（自然研究）；柏拉图式的称呼 *περὶ τῶν ὄντως ὄντων*（论真实存在）（Procl. *in Tim.* 5 A，cf. Simpl. *Phys.* 9a）只指它的第一

581 582 埃利亚主义的基本观念，即所有存在的一性，在他那里以一种比克塞诺
芬尼的更为明确的方式得到理解，被确立在存在概念的基础之上。克塞
583 诺芬尼在主张世界赋形力量或神的统一的同时，也坚持世界统一的思
想；但他并没有因此否认具体存在的多和变。巴门尼德则表明一切就其
自身只能被设想为一，因为所有存在的本质相同。出于这个理由，他不
584 承认其他任何事物，只承认这个一的实在性。只有存在是（Being is）：
非存在（non-Being）就像它不能被说或想一样，同样不能存在（exist）；
无视存在和非存在之间具有的不可否认的区别，把它们看作是同样的东
西，是最严重的错误和最不可理解的谬误。[1] 一旦这一点得到承认，所
585 有其他的都可以通过单纯的推理得出。[2] 存在没有开端，也不会不再存
在。它既非曾在，也非将在，而是在完全不可分割的当下存在。[3] 它会
从哪里生成？从非存在生成？但非存在并不存在，不能生成任何事物。
从存在生成？但存在只会生成自身。对毁灭来说同样如此。[4] 一般而言，
586 曾在或将在并不在（is not），但我们不能说存在不在。[5] 此外，存在是

部分；*κοσμολογία*（宇宙论）（Plut. *Amator*. 13, 11, p. 756）指它的第二部分。我们下文会进一步讨论这两个部分。关于巴门尼德也用散文写作的说法（sub voc.），无疑依据对柏拉图《智者》237A 所说话语的错误理解。Simpl. *Phys*. 76 中所谓的散文残篇，无疑是虚假的。古人只认可这位哲学家的一部著作，见 Diog. *Proaem*. 16、柏拉图《巴门尼德》128AC、Theophr. ap. Diog. viii. 55、Clemens, *Strom*. v. 552 C 和 Simpl. *Phys*. 31 a。关于这部著作艺术特性的讨论，可以在 Cic. *Acad*. ii. 23, 74、Plut. *De Aud. po*. c. 2; *De Audiendo*, c. 13(p. 16, 45）和 Procl. *in Parm*. iv. 62 Cous 中被找到。Karsten, *l. c*. 15 以下对这本著作更多的细节和历史有讨论。

1 Parm. V. 33 及以下。

2 V. 58.

3 V. 61。如从 V. 78 以下看非常清楚的，*ξυνεχές* 指不可分；在这个地方，它不指空间上的不可分，而是时间上的不可分。存在是不可分的，因此，它没有部分在将来或过去存在。

4 V. 62；65。在 V. 66 中，*τοῦ μηδ. ἀρξ.* 意指“从无（nothing）中开始”。我把 *φῦν* 看作是 *φῦναι*（生长）的缩写，为 *ὦρσεν*（催促）支配。Vatke, *l. c*. 49，以及非常明显的 Preller, *Phil. Gr. Rom*. No. 145，把它当作一个分词，这会导致结构上的困难。

5 V. 71。由于对生成的这一否定，柏拉图（《泰阿泰德》181A）称埃利亚主义者 *οἱ τοῦ ὅλου στασιῶται*（整体派），依据 Sext. *Math*. x. 46，亚里士多德把他们看作是 *στασιώτας τῆς φύσεως καὶ ἀφυσίκους*（自然的反对派）。参见第 403 页注释 6 从亚里士多德引用的话和第 375 页注释 2 从塞奥弗拉斯特引用的话。

不可分割的；因为没有什么地方存在着不同于它并使它分割成部分的东西：所有空间只被存在充实。[1] 它是不动的，为自身停留在一个地方，保持自我同一；[2] 由于它不能是不完善的或有缺陷的，它必然是被限定的。[3] 思想也不与存在分离；因为在存在之外别无他物，而所有的思想 587
都是关于存在的思想。[4] 一句话，存在就是作为统一体真实存在的一切，没有生成或消逝，没有位置或形式变化：它是一个整体，一个完全不可分的、同质性的、所有方面同等均衡的和所有部分同等完善的整体。巴门尼德因此把它类比成一个完满的球体。[5] 因此，后来作家的一致证词：依据巴门尼德，存在存在（Being exists），除此之外，别无他在，他把一切都看成一个永恒不变的本质，[6] 事实上就是正确的；但关于世界是永 588

1　V. 78。（见 Karsten, *l. c.*，至于 V. 79 的读法，依据穆拉克的建议，用 $\pi\eta$ 取代 $\tau\tilde{\eta}$ 并不更好）我赞同 Ritter, i. 493，认为这一诗节与 V. 90 相联（V. 90 中的 ἀποτμήξει 必须被不及物地看待，要不然，像 Karsten 那样代之以 ἀποτμ. τὸ）；参见 V. 104 以下。

2　V. 82 ff。巴门尼德如何证明存在的不动，我们未被告知。《泰阿泰德》180E 中的话未明确指明那里给出的理由是属于他的，还是主要来自于麦里梭。Favorinus, ap. Diog. ix. 29 把芝诺的一个论证归属于巴门尼德，见下文论芝诺。

3　V. 86 以下（依据 Simpl. 9 a，但在 p. 7 a, 31 b,，τὸ 被 τε 替代。其他的变更是不必要的。τὸ 作为关系代词指涉 πείρατος〔锁链〕）。进一步细节见下文。当 Epiph. *Exp. Fid.* 1087 C 说巴门尼德“主张无定是万物的本原”时，他把巴门尼德混淆于阿那克西曼德。

4　V. 94 以下。参见 V. 43（第 402 页注释 1）。

5　V. 97; 100; 105.

6　柏拉图《巴门尼德》128A；《泰阿泰德》180E；《智者》242D（第 361 页注释 3）；亚里士多德《形而上学》i. 5, 986b10；i. 28；iii. 1001a31。如果存在本身是绝对实在，那我们怎么设想多？“因为没有异于存在的东西，因此，根据巴门尼德的理论，结论就是全部存在是一，这就是存在。”《物理学》i. 2 sub. init.：“本原必然要么是一要么是多，如果是一，要么不运动，如巴门尼德和麦里梭所说。”但对这一观念的批评，并不恰当地属于物理学，也不属于对第一原理的探究：“因为，再者，如果惟有一而且一这样存在，那么，就没有本原。”（《形而上学》i. 5 类似）。同上 185b17 和《形而上学》i. 5, 986b18 论巴门尼德存在的有限性；参见 Simpl. *Phys*. 25 a 和 29 a。辛普里丘补充说，他没有在欧德谟斯物理学中发现这样的说法；但他从一本著作中援引了一段话，它指责巴门尼德没有区分存在概念被使用的不同含义，并指出，即使它只有一种含义，所有存在的同一也不能被证明。亚里士多德《物理学》i. 3, 186a22 以下和 c. 2 同样有此反对。ἀλλὰ καὶ μοναχῶς λέγεται τὸ ὂν（但是他也单一地主张存在）这些词无论如何只是欧德谟斯的一种修订；对于巴门尼德，他恒的和不可朽坏的命题，严格地说，不能被归属于这位哲学家；因为如果所有的多和变化都被否定了，那就根本不会再有相关世界的问题了。基于同样的理由，巴门尼德看来没有把存在看作神：[1]我们给予原初本质
589 以神的名称，[2]是为了区别它与世界；但一个完全否认有限之物与永恒之物一起存在的哲学家不需要这样的术语。[3]更为合理的可能是问这样的问题：巴门尼德是否真的把所有在我们看来涉及多的东西都排除在存在概念之外，真的从可感的性质转移到非物质的本质。对这个问题我们必须给予否定的回答。即使存在与球体的类比，单纯作为一个类比，从其自身看，证明不了什么，但巴门尼德关于存在的有限性、同质性和不可分性所说的一切，[4]表明他把存在看作是在空间中延伸的东西，从未形成不包含在空间中的存在概念。他远没有回避存在的空间性质，把这看作是不可接受的，而是明确地把存在描述为一个不变的和同质的物质，中心到周边的距离均等——它在自身的限定内总是占据着同一个位置，没

在上引处和亚里士多德在《物理学》上引处说道：他没有思考存在的不同含义，由此自然可推出他没有明确地区分它们。没有必要引用更近作家的说法；它们可以在 Brandis, *Comm. El*. 136 以下和 Karsten, *Parm*. 158, 168 中被找到。关于被波菲利错误地归属于巴门尼德的一个论存在统一的证据，我们还会进一步谈到。

1 Stob. *Ecl*. i. 416；Plut. *Plac*. ii. 4, 3（见第 390 页注释 3）。把它称作一切（All）、一、永恒的、不变的和不动的等等更为正确，如我们在柏拉图《泰阿泰德》181A（*οἱ τοῦ ὅλου στασιῶται*）、亚里士多德《形而上学》i. 3, 984a28 以下（*ἓν φάσκοντες εἶναι τὸ πᾶν*）、Theophr. ap. Alex. *in Metaph.* i. 3, 984 b, 1、Alex. *ibid*.、Plut. *Plac*. i. 24、Hippol. *Refut*. i. 11 和 Eus. *Pr. Ev*. xiv. 3, 9 那里发现的；由于巴门尼德也把这样的谓词，*ὅλον*（整体的）和 *πᾶν*（全部的），赋予存在，亚里士多德上引处的表述，*τὴν φύσιν ὅλην ἀκίνητον εἶναι*（整个自然是不动的），就不那么精确。

2 在巴门尼德的残篇中，这一赋名从未被发现，更后的作家是否有所使用，并不重要，Stob. *Ecl*. i. 60。Ammon. *π. ἑρμην*. 58（cf. Brandis, *Comm*. 141; *Gr. Rom. Phil*. i. 382; Karsten, 208; cf. Parm. v. 61, 75 sq.），Boeth. *Consol*. iii. sub. fin.。*De Melisso, Zeno et Grogia*, c. 4, 978 b, 7 中的话，证明不了什么，即使假设它的真实性比实际上更大一些。

3 没有必要假设巴门尼德是出于宗教情感或谨慎考虑，而未在存在和神的关系上有所宣称（Brandis, *Comm. El*. 178）。答案更为明显得多。他没有这样做，是因为他是一个世界性的有创造力的哲学家，在他的哲学中没有神学表述的位置。

4 Sup. p. 584 sq.。我看不出施特里姆培尔（*Gesch. d. Theor. Phil. d. Gr*. p. 44）有什么理由能从这些话中得出“存在不在空间中延伸”的结论。

有哪个地方被非存在打断，没有在哪个点上包含更多存在。我们只有在发现巴门尼德把存在设想为非物质性的任何迹象，发现他在哲学讨论的其他地方运用了比喻性的表达时，才有理由把这种描述纯粹看作是比喻性的；但没有任何地方有这两种情况。进而，如我们马上将看到的，芝诺和麦里梭也赋予存在空间上的量度，而原子论者，明显相关于巴门尼 590
德的理论，把存在等同于物体，非存在等同于虚空；因此，我们可以把这位哲学家自己的话看来试图表达的观念，毫不犯难地归属于他。他的存在，不是一个消除了所有感性混杂的形而上学的概念，而是从一种直觉发展出来的概念，还带有这种起源的清晰痕迹。对巴门尼德来说，实在就是充实（Full，$\pi\lambda\acute{\varepsilon}o\nu$），那个填充空间的东西。物质性和非物质性的区别，不仅不为他所知，也与他的整体观念不合；因为被他当作他统一理论的一个直接结论的存在与思维的统一，除非依据物质和非物质事物还未得到区分这样的前提，否则就太过实在主义而不是可能的了。依据亚里士多德的杰出评论，[1]他正在思考的是物质自身的实在，而非不同于物质的一个实在；当他说"只有存在是"（Only Being is）时，他是在说，为了把单纯的、不可分的和不变的基质看作是唯一的实在，我们通过对分离的和可变的可感现象的抽象获得对事物的真实认识。这一抽象无疑是大胆的一步；但在迈出这一步时，巴门尼德并没有如此地远离之前的哲学探究的整体倾向，以至于他好像从一个纯粹的形而上学的概念出发，完全没有考虑所有的感官的信息似的。

至此，由于关于实在的知识只能通过这一抽象获得，我们只有通过 591
对事物的抽象理智研究才能通达真理：判断只属于理性言说（$\lambda\acute{o}\gamma o\varsigma$）；反映了多和变、生成和毁灭的呈现或现象的感官，则与之相反，是所有错误的原因。巴门尼德因此强烈地警告我们，不要相信感官，只能相信理性；[2]也由此，像赫拉克利特一样，他促生了一个在后来对知识论和

1 见第 124 页注释 2 和 3；关于上面的一般说法，见第 187 页以下。

2 Parm. v. 33 以下和 52 以下（第 402 页注释 1），后来作家对此很少有增补（例如 Diog. ix. 22、Sext. *Math*. vii. 111、Plut. ap. Eus. *Pr. Ev.* i. 8, 5、Aristocles, *ibid*. xiv. 17,

普遍形而上学来说至关重要的区分。但在他自己的体系中，这个区分还不具有这种伟大的重要性；在那里，它还只是一个重要的形而上学的结论，而不是整个理论的基础；感官的认识和理性的认识，在它们的形式特征上不是对立的，只在它们的内容上是对立的；如我们马上要看到的，对认知能力的心理探究还如此遭到忽视，以至于这位哲学家还赋予思想与感知同样的来源，从物质实在的混合来产生两者。

尽管巴门尼德把实在和现象、理智思考和感官欺骗极端对立起来，他仍然忍不住要在他教诲诗篇的第二部分指明，从日常观念的立场出发
592 会导致什么样的世界理论，个别现象在这种情况下会得到什么样的解释。[1]

正确的路径让我们在万物中只发现存在；日常观念则补充于非存在。[2] 因此，日常观念把事物看作由对立成分组成的复合物，尽管实在事实只属于其中之一；[3] 由此，对日常观念来说（参见下文），一显得是多，不变的显得是生成的和变化的。如果接受这样的观念，我们就要承认有两种元素，其中之一对应于存在，另一对应于非存在。巴门尼德把前者称作光明或火，后者称作黑夜；在我们拥有的他的著作的残篇中，他把前者描述为稀薄的，后者描述为致密和沉重的。[4] 在其他文献那里，
593 它们也被称作热的和冷的，或火和土；[5] 看起来巴门尼德同样使用了后面

---

1 和 Joh. Dam. *parall*. ii. 25, 23, in Stob. *Floril*. ed. Mein. iv. 234，参见亚里士多德《论生成和毁灭》i. 8, 325b13）。许多怀疑论者把巴门尼德和他的老师克塞诺芬尼置于他们的行列（Cic. *Acad*. ii. 23, 74 和 Plut. *Adv. Col.* 26, 2），但这并不非常重要。

1　我们可以在 Plut. ap. Eus. *Pr. Ev*. i. 8, 6 中找到同样的观念，尽管表达上有些笨拙。Theod. *Cur. Gr. Aff*. iv. 7, p. 57 中有更清楚但不完全的对应段落。

2　V. 33 sqq., 45 sqq.（第 402 页注释 1）

3　V. 113.

4　V. 116.

5　V. 122。依据 v. 117 以下，卡斯滕对后一诗节的如下解释无疑是正确的：它们都是同质性的和非混杂的。这也得到辛普里丘（*Phys*. 7, b）在他原稿的如下诗节间找到的注释的支持："在这里有稀薄、温暖、明亮、柔软和轻的，而在那以紧密命名的地方有寒冷、黑暗、坚硬和重的。因为它们彼此分离。"

这些称呼。[1] 但亚里士多德告诉我们，更为抽象的表达，“热和冷”，[2] 对应于他的元素起源，第一次被他采用以代替更为具体的命名。亚里士多德告诉我们说，[3] 他把光明与存在联系在一起，把黑夜与非存在联系在一起；这一说法得到残篇的支持。在这些说法中，对于万物共同从中派生的两种元素，他宣称真理和实在只属于其中的一个，另一个元素的存在，则相反，出于错误的认定。[4] 因此，他把一个元素看作是存在的，另一个看作是不存在的；出于这个原因，在把炽热元素描述为完全同质 594

1　亚里士多德《物理学》i. 5, sub. init.；《形而上学》i. 5, 986b31；也参见《形而上学》i. 3, 984b1 以下、iv. 2, 1004b32。Theophrast ap. Alex.，见第 408 页注释 2。Simpl. *Phys*. 7 b（其中最后一句话明显是对 v. 117 以下的一个误解）。类似的还有，Simpl *Phys*. S, 6 b, 38 b ；Alex. in *Metaph*. i. 5, 986 b, 17; iv. 2, 1004 b 29; xii. 1, 1069 a, 26（33, 21, 217, 34, 643, 19 Bon）；Alex. ap. Philop. *Gen. et Corr*. 64 a ；Philop. *Phys*. A, 9, C, 11 ；Plut. *Adv. Col*. 13, 6, p. 1114，在这里，两元素被称作“明亮的和黑暗的”，在 *De An. Procr*. 27, 2, p. 1026，它们被称作 *φῶς*（光明）和 *σκότος*（黑暗）。这无疑是 Clemens, *Cohort*. 42 C 中错误的来源：“巴门尼德……将火和土设置为诸神。”

2　Brandis, *Comment*. 167、Karsten, p. 222 和其他一些作者怀疑这一点，部分是因为亚里士多德《形而上学》上引处 *οἷον* 这个词，部分是因为 Simpl. *Phys*. 6 b 说：“巴门尼德在意见的部分把火和土而不是光明和黑暗（设为本原）”；参见 Alex.，见下个注释。但辛普里丘和亚历山大的话也可以像我们在文本中所说的那样被解释；至于 *οἷον*，Bonitz 已经表明（Bonitz, *on the Metaphysics*, p. 76），亚里士多德在他不想表达比较和疑问的时候，也经常使用它。*οἷον* 这段话只是在说：“他把一个称作火，另一个称作土”，这绝不与物理学和论生灭著作中的明确表述有冲突。另一方面，从亚里士多德评价其他哲学家的观点的一般方式看，以下情况完全是可能的：巴门尼德在谈到土的形成时，因为土产生于黑暗，而开始称黑暗元素为土。这也得到了 Plutarch, ap. Eus. i. 8, 7 的支持。

3　亚里士多德《形而上学》上引处；亚里士多德《论生成和毁灭》。Alexander *in Metaph*. 986 b, 17 不能被看作是独立的证词，因为它明显来自亚里士多德。Philop. *Gen. et Corr*. p. 13 a 无疑也是如此。亚里士多德的说法遭到 Karesten, p. 223，以及更为明确的 Mullach, on v. 113（还有 Steinhart, *Allg. Enc*. sect. iii. vol. xii. 233 sq.; *Plato's Werke,* vi, 226）的反对，理由是，两种可朽的元素都不能等同于存在。但如我们已经表明的，没有支持这一观点的充分证据。

4　V. 114。*καταθέσθαι* 应补充在 *τῶν μίαν οὐ χρεών ἐστι* 之后。但这句话不能像辛普里丘、Krische（Forsch. 102）、卡斯滕、穆拉克、斯坦哈特（*Allg. Enc*. 240）和其他一些人那样来解释，即：“只承认其中之一是错误的。”因为这里被当作人类共同错误提出来的是：他们认定有两种实在；正如在 v. 37 中，与存在一起，承认非存在，被说成是欺骗之路。这句话的意思更应该是这样的：其中一个不能得到承认，因为关于它的理论以欺骗为基础。

的时，他把赋予存在的同样特性赋予炽热元素。[1] 据说他还进一步把炽热元素看作是主动原理，把黑暗看作是被动或质料原理。[2] 但这不可能
595 是确切的。他很可能在有机物的产生和宇宙的形成中普遍地赋予热生机性的和赋形性的作用；但非常明显的是，他既不可能使用这些亚里士多德式的术语，也不会像赫拉克利特那样，试图通过热元素本身来普遍地解释运动。因为，如果是这样的话，假定一个特定的神话形象——所有实在的联结由其产生——就没有必要了[3]：女神殿坐宇宙的中心，统治着
596 它整个的进程。[4] 他用象征的方式把光明和黑暗的混合表征为两性结合；把爱神（Eros）描述为统治世界女神的第一个创造物，[5] 把这些元素自身描述为阳性的和阴性的。[6] 在爱神之外，他似乎还引入了其他象征性存在，把它们当作神，[7] 但我们未被告知它们在世界的产生中起什么样的作用。

---

1 V. 117。Cf. v. 85, 109（第 406 页注释 3，第 403 页注释 2，第 403 页注释 5）。

2 亚里士多德《形而上学》i. 3, 984b1。塞奥弗拉斯特在 Alex. p. 24, 5 Bon 中对这段话的评论说得更为明确。更近的作家，Cic. *Acad*. ii. 37, 118 和 Diog. ix. 21 说了同样的话。Hippol. *Refut*. i. 11 无疑间接地援引了塞奥弗拉斯特，后者也被第欧根尼提到。Alex. ap. Simpl. *Phys*. 9 a；Philop. *Gen. et. Corr*. 12 a。亚里士多德《论生成和毁灭》ii. 9, 336a3 以下似乎没有特别提到巴门尼德，更主要涉及的是阿那克西曼德（第 184 页注释 2）和第欧根尼（p. 291）

3 如 Simpl. *Phys*. 9 a 批判亚历山大所说的。

4 V. 128（cf. p. 600, 3）。依据 Stob. *Ecl*. i. 482 以下，p. 158 对应段落和 Theod. *Cur. Gr. Aff*. vi. 13, sect. 87，巴门尼德的这位女神被称作是 *κυβερνῆτις*（掌权的）、*κληροῦχος*（分配份额的）（Karsten, p. 241 代之于 *κληδοῦχος*〔执掌锁匙的〕）、*δίκη*（正义的）和 *ἀνάγκη*（必然的）；但其他东西，特别是诗的序言，似乎被带入这个地方。

5 V. 132（柏拉图《会饮》178B；亚里士多德《形而上学》i. 4, 984b25；“在所有神中她首先创造了爱神”）。这里 *μητίσατο*（创造）的主词，依据辛普里丘上引处明确的说法，是 v. 128 中的 *δαίμων*（女神）；Plut. *Amator*. 13, 11, p. 756 说是 *Ἀφροδίτη*（阿芙洛狄忒），但对女神的描述，特别是上下文，充分地表明她是爱神的创造者。

6 对 v. 130 以下的这种更为普遍的解释，似乎正是这一诗节的上下文，以及明确赋予爱神的普遍宇宙作用所要求的。

7 西塞罗的证据，或更适当地说，Philodemus 的证据（Cic. *N. D*. i. 11, 28），不是决定性的；这里巴门尼德是否被混淆于恩培多克勒还是不清楚的；但 Parm. v. 132 中的如下一些词，*πρώτιστον θεῶν πάντων*（在所有神中首先创造），表明有其他神在爱神之后产生。见 Krische, *l. c*. 111 以下。

说巴门尼德从一个更古老的自然理论那里借来了两元素的理论，不是很有可能；因为，首先，我们所知的理论没有哪个适合这个目的；[1] 其次，他自己说，人类普遍的日常观念，是诗篇第二部分谈论的对象。相应地，这一谈论以这样一个不能完全逃脱人类观察的事实为依据：感觉和共同意见都在万物之中看到相反的实在和力量的结合。对这一事实的 597
解释——把这些对立面还原为存在和非存在的、光明和黑暗的基本对立，并引入创造性神祇——所有这些都可被看作他自己的增加。但在古老的宇宙起源说中，[2] 在早期伊奥尼亚派的创造理论中，在毕达哥拉斯主义的原初对立的学说中，[3] 仍然存在着一些对他的阐释有某种影响的相似点。

在自然观念的进一步发展中，巴门尼德把自己的探究扩展到那个时代研究的所有主题上。[4] 但他理论的这个部分，只以非常残缺的方式留 598
传给我们。在对宇宙的描述中，他与毕达哥拉斯主义体系结盟，尽管没有持续地追随于它。他把宇宙看作是由多个球体或圈环彼此环绕构成的复合体。[5] 最内和最外的圈环由浓厚和黑暗元素构成，形成宇宙的稳定内核和外墙。最内圈环周围的和最外圈环之下的是纯粹之火的圈环；它

1　被认为指涉到这种理论的亚里士多德的文本，要么指涉的理论不为我们所知（第407页注释3），要么可以通过其他方式来解释。进一步的细节参见 p.599, 3rd ed.。

2　例如赫西俄德、阿库西劳斯和 Ibycus 关于爱神的说法；阿库西劳斯论爱神、黑暗和类似的东西，见上文 pp. 87，97。

3　其中众所周知的是光明和黑暗。

4　他自己在 v. 120 以下、133 以下和 140 对此有所承认；Plut. *Adv. Col*. 13, 6 也类似说到他。在 v. 141 中，如在第 325 页注释 1 中已经看到的，我们发现毕达哥拉斯主义关于 *οὐρανὸς*（天空神域）和 *ὄλυμπος*（奥林匹斯神域）的区分。在斯托拜乌那里（见下注），天空最接近地球的部分被称作 *οὐρανὸς*，而在 v. 137 中，*οὐρανὸς* 被称作宇宙的边界。Stein, p. 798 以下，不必要地把 v. 133-139 归属于恩培多克勒。

5　从文献看（见下注）不清楚这里到底指球体还是圈环。巴门尼德使用的术语 *στεφάνη* 指向环形带子的观念。但由于这些圈环的最外层，天穹的凹面拱顶，不仅与我们的感知一致，也与巴门尼德关于存在的理论一致（supra, p. 587, 589），必须被设想为球体（在为这个理由，他在 v. 137 中被称作：*οὐρανὸς ἀμφὶς ἔχων*〔周围的天〕），由于地球（依据第 410 页注释 1）也必须是个球体，它们之间的中间层不是中空的球体的话就很难得到设想。（参见第 306 页注释 2 的评论）

们之间的中间领域则是由黑暗和炽热元素混合组成的圈环。[1] 这些圈环
599 的最外层，必须被理解为天穹——被看作是固定的——的拱顶；[2] 最外层
圈环之下的火的圈环，必须被理解为毕达哥拉斯主义的环绕之火；中心
不动的圈环只能是地球，在其他地方我们被告知说，它是一个球体，静
置于宇宙中心。[3] 依据这样的理解，包围它的火之圈环只能是气，后者
与地球相对，很可被描述为稀薄的和明亮的。[4] 在这两个极点之间是恒
星的领域。[5] 至于具体的星球如何置于其中，巴门尼德在这些方面是否
600 像他的前辈们那样不同于日常观念，无法得到确定。[6] 其他被归属于
他的天文学和宇宙学的理论的情况同样如此。[7] 统治世界的女神——

---

1 Stob. *Ecl*. i. 482（它的开头也出现在 Plut. *Plac*. ii. 7, 1 和 Galen, c. 11, p. 267 中）。这个记载（Krische, *Forsch*. 101 以下对之的解释，在我看来，是最为成功的，对 Branids, *Comment*. 160 以下和 Karsten, 241 以下的解释有本质的完善）部分得到 Cic, *N. D.* i. 11, 28 中混乱说法的支持（它要么完全就是错的，要么基于对某一真实段落的总体误解），但特别得到 Parm. v. 126 的支持："因为这些较为狭窄的圈环被纯粹之火所充满，而挨着它们的那些则被黑暗充满，但会有一定的火向其中注入。"（第 408 页注释 4）Cf. v. 113 sqq.，第 406 页注释 3。

2 如 v. 141 中所称呼的：*ἔσχατος Ὄλυμπος*（最外层的奥林匹斯）。

3 Diog. ix. 21。Plut. *Plac*. iii. 15, 7。巴门尼德和德谟克利特认为地球保持着平衡状态不运动，是因为它与宇宙的所有部分都是等距离的。当 Schafer（*Astron. Geogr. d. Griechen,* Flensb. 1873, p. 12 sq）追随 Schaubach 和 Forbiger 的先例，说巴门尼德认为地球是圆盘而非球体时，他忘记了第欧根尼的说法来源于塞奥弗拉斯特。依据 Diog. viii. 48，塞奥弗拉斯特这样说巴门尼德：*πρῶτον ὀνομάσι τῆν τὴνστρογγύλην*（首先指出地球是圆的），这里的 *στρογγύλην*，如它在柏拉图《斐多》97D 中那样，应该指球体形状，因为巴门尼德绝不是第一个认为地球是个圆盘的哲学家。

4 是这个明亮，而非热，特别被看作是巴门尼德的火的特征，它也出现在 v. 116 以下（见第 406 页注释 4）；他把它称作 *ἤπιον*（温和的）。

5 在斯托拜乌上引处称作 *πυρῶδες*（火样的）和 *οὐρανός*（天空）。

6 Stob. i. 518（cf. p. 570）。如果这里的陈述是正确的，那我们可以认为巴门尼德把银河置于最高的位置，紧挨着固定的天穹拱顶，其他恒星被置于最低位置；行星、太阳和月亮在两者之间。但斯托拜乌的信息提供者是从对巴门尼德诗篇的真实了解得到他的说法的，还是依据第 410 页注释 1 援引诗节和其他一些话自己构建一个远超出巴门尼德自己理论的天文学体系，还是有疑问的。参见 Krische, p. 115。

7 依据 Stob. i. 484（第 410 页注释 1）524，他认为银河和太阳是炽热的，而月亮是混杂的；但由于这三者都属于混杂球体，它们之间的差别只能是炽热元素或黑暗元素的比例多少问题。在 p. 574（*Plac*. iii. 1, 6; Galen, c. 17, p. 285）中，斯托拜乌说银河的颜色源于浓厚和稀薄元素的混杂，并让巴门尼德（s. 564）依据这个

诸神和万物的创造者（参见前文）——把宇宙的中心当作自己的寓所；[1] 她无疑对应于毕达哥拉斯主义者的中心之火、诸神之母和世界的 601
构造者。

除了这些宇宙论观念外，还有一些人类学理论被当作巴门尼德的观点留传给我们。他似乎认为人类起源于原初黏泥，由太阳的热产生；[2]

原因解释月亮的表面。依据 p. 532，巴门尼德认为太阳和月亮从银河中产生：太阳出自它混杂的稀薄部分，月亮出于浓厚部分。在 p. 550（*Plac*. ii. 26 对应段落）我们发现这样的话：*Π. πυρίνην* [*τὴν σελήνην*] *ἴσην δὲ τῷ ἡλιῷ, καὶ γὰρ ἀπ' αὐτοῦ φωτίζεσθαι*（“巴门尼德说〔月亮的〕火相等于太阳，因为它被它照亮”）（也出现在 Parm. v. 144 以下），但这里我们必须要么删去 *γὰρ*，它在其他文献中是没有的，要么认为巴门尼德的 *ἴσην* 不指月亮的大小，而指它的轨道。（Karsten, p. 284）Stob. i. 510 也谈到巴门尼德论星辰本性的观点；他把它们（像赫拉克利特、克塞诺芬尼、阿那克西曼德和其他一些人一样）看作是 *πιλήματα πυρὸς*，也即炽热的蒸气团，为来自于地球的蒸气所营养（如果这是对他的真实报道的话）。依据某些作家，他发现了晨星和暮星的等同（对此他必然给出了某些观点）（Diog. ix. 23; cf. viii. 14; Suidas, *Ἑσπεπρος*）；其他一些人则把这一发现归属于毕达哥拉斯（见第 315 页注释 1）。首先把地球划分成五个区域的人，有时也被说成是巴门尼德（Posidon. ap. Strabo, ii. 2, 2, p. 94; Ach. Tat. *ad. Arat*. c. 31, p. 157 C; Plut. *Plac*. iii. 11, 4）；有时则被说成是毕达哥拉斯主义者（第 282 页注释 1），他们确实借助于巴门尼德形成了这样的观点。

1　斯托拜乌（第 410 页注释 1）说是在混杂球体的中央。这个说法得到了 Krische, *Forsch*. 105 以下的正确解释：它是对第 408 页注释 4 援引过的 v. 128 中的 *τούτων*（之中）的误解。Simpl. *Phys*. 8 a 和 Iambl. *Theol. Arithm*. p. 8 对巴门尼德有类似的说法。Apelt. *Parm. et Emp. doctrina de mundi structura*（Jena, 1857）p. 5 以下的相反说法，我无法赞同。

2　Diog. ix. 22 很可能追随塞奥弗拉斯特说道：*γένεσιν ἀνθρώπων ἐξ ἡλίου πρῶτον γενέσθαι*（人类的繁衍首先从太阳那里开始）；但依据 Basle 的版本和许多现代作家，其中的 *ἡλίου*（太阳）很可能应该读作 *ἰλύος*（黏泥）；或依据斯坦哈特的猜测（*Allg. Enc. l. c*. 242），应读作 *ἡλίου τε καὶ ἰλύος*（太阳和黏泥）。但即使我们接受 *ἡλίου*，我们也不需要像 Krische, *Forsch*. 105 那样接受这样的观点：灵魂的产生出自于太阳；这不可能是这些词的意思；不管是假定的毕达哥拉斯主义者的先例（第 328 页注释 4），还是在 Simpl. *Phys*. 9 a（p. 448, 3, third edition 提到过）中的话，都不能证实这一观点属于巴门尼德。我们更应该像 Karsten, p. 257 那样来理解这句话：由太阳的热产生。普鲁塔克（见第 409 页注释 4）也说巴门尼德谈到人的起源。

如此，他在这个主题上的观点类似于恩培多克勒的。[1]他关于性别差别[2]
602 以及这一差别的生成起源所说的，并不重要。[3]对我们来说更重要的是，他从身体中物质的混合来派生灵魂现象，也即感知和思考。他认为两个原初物质的每一个相知于与它类似的，因此，依据热或冷元素在身体中的主导情况，人类的观念和思想是这种或那种特性的，记忆保持着或丢失了：他在热元素中寻找生命和理智的原因；[4]但即使在火元素完全缺乏的情况下，例如在尸体中，也必然会有感觉；只是这个感觉不感知光和
603 热，只感知冷暗元素。[5]从这里我们可以看到，即使是巴门尼德也还远未区分精神和物质之物，未试图在起源和形式特性上区分感觉和思想，尽管他完全认识到理性判断相对于感觉直观的优越性；就这点而言，这

---

1 Cens. *Di. Nat*. 4, 8 在引用恩培多克勒的著名观点后说："在埃利亚的巴门尼德那里能找到同样的观点，除了少数一些观点外，他与恩培多克勒没有不同。"（相关讨论参见 pp. 256, 296, 569）

2 尽管他把炽热元素看作是更高贵的，他仍然认为女人本性比男人更热：由于她们更含血的体质等等（亚里士多德《论动物的部分》ii. 2, 648a28；参见《论动物的生成》iv. 1, 765b19）。出于这个理由，在人类的最初形成中，他认为男性产生于北方，女性产生于南方，Plut. *Plac*. v. 72 和 Galen, c. 32, p. 324。

3 依据 v. 150，男孩来自于男女器官的右边，女孩来自于它们的左边；Plut. *Plac*. v, 11, 2 和 Cens. *Di. Nat*. 6, 8 中的说法：来自右边的孩子像父亲，来自左边的像母亲，纯粹是个误解。Censorinus, c. 6, 5（cf. 5, 4）说的更可能是真的：父母双方的种子争夺主宰，哪一方获胜孩子就像谁。把身体的好体质归因于男性和女性种子和谐混合，身体畸形和缺陷归因于它们的斗争的诗节（拉丁版在 Coel. Aurelian, *De Morb. Chron*. iv. 9, p. 545, v. 150 sqq. Karst. 中），也被看作是真的。*Plac*. v. 7, 4 中的论性别起源的说法，确实是不正确的。

4 因此，Stob. *Ecl*. i. 796 用后来的术语说 *Παρμενίδης πυρώδη*（*τὴν ψυχήν*）（巴门尼德的热，那个灵魂）。他也把睡眠和年老解释为热的衰退的结果。Tert. *De An*. c. 43；Stob. *Floril*. 115, 29。

5 Parm. v. 146 以下。对这个残篇的最好的解释由 Theophrastus, *De Sensu*. 3 以下给出。参见 Alex. *in Metaph*. 1009 b, 21，他总结对这一诗节的评论时说道："因为他说那最多的（*πλέον*）是思想；因为思维附着于身体的混合，而且它总是依照在身体状态中的占多数的和居主导的而产生。"Ritter, i. 495 把 *πλέον* 翻译为"充实的"；Hegel, *Gesch. d. Phil*. i. 277 译为"最多的"；Brandis, *Gr. Rom. Phil*. i. 392 译为"更有力的"；Steinhart, *l. c*. 243 译为"占优势的炽热"。但它如塞奥弗拉斯特正确解释的那般，更意指 *τὸ ὑπερβάλλον*，那个胜过的；整个命题说的是，两种元素中，那个占优势的和战胜的就是思想，它产生和决定意见。由于这个理论，塞奥弗拉斯特把巴门尼德置于这样的哲学家之列：他们把感知看作是通过类似产生的。

样一种观念只在他诗篇的第二部分得到阐明，并不重要。如果他意识到这一区别，他就不会在这个地方忽略它，而会从日常意见的角度寻求对它的解释。[1]但他并没有对意见的本质以及灵魂活动的本质进行进一步的探究。[2]

他是否在他的自然研究中教导了轮回或前世学说，无法得到确定。[3] 604
关于他相信宇宙毁灭的说法，[4]看来出于误解。[5]

1　塞奥弗拉斯特说："他说感觉和思想是同样的。"亚里士多德《形而上学》iv. 5, 1009b12, 21 把巴门尼德置于那些把思想等同于感觉的人之列；Diog. ix. 22，追随塞奥弗拉斯特，赞同 Stob. i. 790，告诉我们：（巴门尼德认为）灵魂和理性是同样的。事实上，这是非常正确的；但我们必须记住的是，他没有发现感觉和思想之间的区别，因此也就没有明确地否认它；在 v. 148 中，感觉被包括在 *φρονέει*(思维、感受) 这个词之下。

2　参见第 412 页注释 5。依据 Joh. Damasc. *Parall*. ii. 25, 28（Stob. *Floril. Ed*. Mein. iv. 235），巴门尼德像恩培多克勒一样，依据感官中的孔道理论来解释感觉。但巴门尼德之名在这里无疑有错误；它在 Plut. *Plac*. iv. 9, 3 和 Galen, c. 14, p. 303 中就没有出现。在 *Ib. No*. 30 中我们发现：*Παρμ. Ἐμπεδοκλῆς ἐλλείψει τροφῆς τὴν ὄρεξιν*（"巴门尼德和恩培多克勒认为欲望是由于对食物的缺乏"），这是一个即使是真的也得不出什么结论的提示；因为卡斯滕的如下解释（p. 269）是非常不确定的：当元素中的一个出现的量太小时，欲望就产生了。最后，Plut. *Plac*. iv. 5, 5 说："巴门尼德和伊壁鸠鲁都主张（主要的部分）在整个胸部"，但这明显只是巴门尼德某些话语的推论，不是他自己的话。

3　Simpl. *Phys*. 9 a 说巴门尼德的神：*καὶ τὰς φυχὰς πέμπειν ποτὲ μὲν ἐκ τοῦ ἐμφανοῦς εἰς τὸ ἀειδὲς, ποτὲ δὰ ἀναπαλίν φησι.*。Ritter, i. 510 和 Karsten, p. 272 以下这样来理解这句话：*ἐμφανὲς* 是光或以太，*ἀειδὲς* 是黑暗或属地世界；相应地，巴门尼德把生看作是更高世界的下降，死是对它的回归。但是 *ἐμφανὲς* 和 *ἀειδὲς* 并不指光和暗，而指向我们显明的东西和向我们隐藏的东西；因此一个是高层世界，一个是更低世界，地狱。 因此，辛普里丘的话只是在说，神时而派灵魂进入这个生命，进而进入那个生命。尽管这些词，严格上说，确实暗示了前世生活，但我们应该如此解释它们，而不是要把它们当作诗性的表达模式，仍然是有疑问的。与此同时，说巴门尼德在他对日常理论的阐释中采纳了轮回学说，也是完全有可能的。*στυγερὸς τόκος*（痛苦的诞生）（Parm. v. 129，第 408 页注释 4）并不必然表明，如里特尔所说的，人不出生是更好的：它可以单纯指分娩的疼痛。*πάντη*（一切）已经把我们带出了我们的人类世界。

4　Hippol. *Refut*. i. 11.

5　由于 Philosophumena 自己说巴门尼德没有特别在世界毁灭问题上发表意见，这个说法可能除了巴门尼德诗篇结尾的诗节外别无其他支持："这样，确实，根据意见，这些过去生长而现在存在，并且在此之后成熟起来的东西将完结；而人们赋予它们每一有区别的名字。"但这些诗句似乎指的是个体事物的毁灭而非宇宙的毁灭。

605 巴门尼德赋予了他自然研究何种意义，从最早开始就是一个争论不休的问题。[1]有些人认为在其中我们只能获得欺人意见的立场，不能有哲学家的个人确信。另一些人则相信，他并不想要否认现象世界本身的所有真实性，而只是想把可分的和可变的存在区别于作为真实存在的那个唯一和不可分的存在。这第二种理论在现代得到很多的支持，[2]但我无法认同它。巴门尼德自己非常明确地宣称，他只承认唯一不变本质的实在性，不想给予向我们显示多和变的日常观念任何真实性，并因此，在他诗篇的第二部分他只是在表述他人的观点，而非他自己的确信。[3]亚
606 里士多德以同样的方式理解他的理论；[4]柏拉图告诉我们，[5]在反对日常观念时，芝诺完全站在他导师的一边；而芝诺绝对否认多和变，是完全没有疑问的。如果这样来理解问题，巴门尼德会不仅对他认为完全没有价值的意见给出一个详细的阐述，而且从这种观念出发建构了一个具体的理论，确实会显得有些奇怪；说他会完全否认感觉感知的真实性，会相信他关于一的极少的、否定而非肯定的命题穷尽了所有真理，似乎也没

1 古人的意见在 Brandis, *Comm. El.* 149 以下有最为充分的表述；参见 *Gr. Rom. Phil.* i. 394 以下，也参见 Karsten, p. 143 以下。我不认为有讨论它们的必要，因为亚里士多德的判断，这是我们马上就要探讨的，对我们来说必然是决定性。

2 Schleiermacher, *Gesch. d. Phil.* 63："但事实是，所有这些只对绝对存在来说是有效的，因此，多不是绝对存在的多"等等；Karsten, 145：巴门尼德（cf. p. 149）区分了永恒之物和可变之物，但没有精确地界定这两者的关系，不过他绝不会把现象只看作欺人的表象。参见 Ritter, i. 499 以下。埃利亚主义者认为，除了一些普遍命题外，我们绝不能把握神圣真理；人类的一般思考模式设定了多和变，这只是错误的和感官的欺骗。另一方面，我们必须承认，即使是在显现为多和变的事物之中，神也存在着，尽管是以隐藏和被误解的方式。

3 在这一点上参见第 402 页注释 1、第 403 页注释 5 和第 413 页注释 5 援引的话；特别是他诗篇第一部分关于存在理论的结尾诗节 v. 110 以下："在这里，我为你停止可信的言谈和思想，关于真理的；而来自有死者的意见，你要学习，倾听我的话语中欺人的秩序。"

4 参见第 388 页注释 2 和第 403 页注释 6 援引段落和《论天》iii. 298b14。类似的还有《论生成和毁灭》i. 8, 325a2。他进而提到现象世界的确定性，并赞扬巴门尼德把他的研究也扩展到这个世界（《形而上学》i. 5，第 406 页注释 1），但这并不中肯，因为他没有谈到任何巴门尼德关于现象和实在的关系的说法。

5 Parm. 128 A.

有可能。[1] 但是，一旦从这样的命题——只有存在存在（Being is），非存在（non-Being）全然在所有方面都不存在——出发探讨问题，同时在柏拉图和亚里士多德后来用来反对他的理论的更为严谨的辩证区分还未做出的情况下，他还有什么能说的，又如何还能在有关实在的主题上表述与此不同的观点？不过他自己仍然充分解释了他为什么要详细考查现象世界的原因：他试图甚至不忽略敌对意见。[2] 读者将面对两种理论， 607
一个真一个假，以此更为确定为真的那个。错误的宇宙理论，不是因为它在之前哪个哲学家那里确实被发现而得到阐述，而是因为依据巴门尼德的观点，它应该这样来表述。我们可以在其他古代哲学家那里同样发现这一点。柏拉图经常纠正他反对的意见，不仅因为它们的内容，也因为理解它们的方式。修昔底德（Thucydides）没有让他的角色说出他们确实说过的话，而是修昔底德在他们的位置上会说的话。巴门尼德采用了同样的戏剧方法；他表达的关于世界的日常理论，是他站在那个立场上自己会认为的；但他的目的不在于说明他自己的观点，而在于表达他人的观点；他整个的自然理论只具有纯粹假设性的重要性。它的目的在于向我们表明，如果我们把现象世界看作一个实在，那么它会如何向我们呈现。这一点从如下的阐述来看是非常清楚的：现象世界只能依据两原初元素的理论得到解释，其中一个对应存在，另一个对应非存在；因而它全方面地假定了非存在的存在。也因此，更为明显的是，不同于一和永恒存在的现象世界自身，没有资格被称作实在。然而，巴门尼德并没有试图对日常表达模式进行全面的辩证批判，最为可信的文献告诉我 608
们，这是芝诺的独特成就。[3] 因此，当后来作家把这种类型的辩证方法归属于巴门尼德时，[4] 他们搞混了他与芝诺：仅有这种方法的开端，能在

1 Ritter, *l. c*.

2 V. 121（见第 409 页注释 3）。

3 文献下面会列出；当下只要回想柏拉图《巴门尼德》128A 以下就足够了。

4 依据 Sext. *Math*. vii. 5 以下，有些人试图不仅把他看作自然哲学，也看作辩证法家。Favorin. ap. Diog. ix. 23 把阿基里斯之谜归属于他；Proph. ap. Simpl. *Phys*. 30 a（vide p. 617, n）把二分论证归属于他。但我们将发现，它们都是属于芝诺的。参见第 405

他驳斥非存在的存在的论证中被发现。

四、芝诺

巴门尼德把埃利亚学说发展到很难再做实质提升的地步。留给他后继者唯一的工作只是对他的观念进行辩护，以反对日常的意见，并在具体的细节上更为精确地建构它们。但是，两种立场间的联系越被认为是细微的，它们之间的完全不相容必然就越是突出，而埃利亚学说解释现象的无能也就越是清楚。另一方面，一旦试图以日常观念的方式进行理解，关于存在的定义的纯粹性立刻就要受到伤害。阐明这一点正是芝诺和麦里梭的贡献所在。至于其他的，这两位哲学家都与巴门尼德保持着
609 一致。两人之间的唯一不同在于，芝诺在辩证能力上，在对他导师立场的无条件的维护上，在与日常观念的尖锐对立上，远超出麦里梭；而麦里梭，由于缺乏理智的敏锐性，某种程度上更为趋近于日常观念，在某些并非不重要的方面脱离了巴门尼德的理论。

610 芝诺，[1]作为巴门尼德的亲密朋友和学生，看来在所有的方面与后者

页注释 2。

1　埃利亚的芝诺，是 Teleutagoras 的儿子（Diog. ix. 25，见第 399 页注释 1），依据柏拉图（《巴门尼德》127B），他比巴门尼德年轻 25 岁，大概在公元前 455—前 450 年 40 岁。这表明他大概出生于公元前 495—前 490 年，第 70 或 71 届奥林匹亚赛会期间。但这个说法，如已经指出的，很难被看作是具有历史精确性的。Suidas 把芝诺的鼎盛期置于第 78 届奥林匹亚赛会期间；Diog. ix. 29 置于第 79 届；Eusebius 在他的年表中，置于第 80 届。但这些说法并不总是确定的，它们是以确切的历史传统为依据的，还是纯粹来自于对柏拉图话语的推论，或是通过这样的计算获得（Diel, *Rhein. Mus.* xxxi. 35）：芝诺比他的导师年轻 40 岁，而后者的鼎盛期在第 69 届奥林匹亚赛会期间，经常是有疑问的。我们唯一能确定的是，芝诺出生于公元前五世纪初，在这个世纪中叶的之前很早就作为教师和作家出现。他与巴门尼德的关系据说非常亲密；柏拉图上引处说他被称作是巴门尼德最喜欢的（*παιδικά*）；Athen. xi. 505 以下极力反对这一说法；但这不必恶意来理解。Apollodor. ap. Diog. *l. c.* 说芝诺是巴门尼德的养子。尽管这是有可能的，但柏拉图在这个问题上的沉默让我们怀疑“养子”这一说法应代之于“最喜欢的”，以避免错误理解他们的关系：《智者》241D 中令人误解的表述也可能与此相关。芝诺与巴门尼德共享了 *ἀνὴρ Πυθαγόρειος*（毕达哥拉斯学派的人）（Strabo, vi. 1, i. p. 252）的荣誉称号和为埃利亚人制订法律和秩

序的荣耀。Diog. ix. 28 称赞他热爱自己的城邦，在埃利亚度过了一生，从未到过雅典（οὐκ ἐπιδημήσας τὸ παράπαν πρὸς αὐτούς）。但这一说法不可能是真的。因为如果《阿尔基比亚德前篇》太过可疑不能确保以下事实的话（119A）：Pythodorus 和卡里亚斯每人付费 100 米那给芝诺以获得他的教导——卡里亚斯确实在雅典受到过他的教导，Plutarch, *Per*. c. 4, c. 5 也告诉我们芝诺在雅典逗留过，在此期间伯里克利与他有联系；这一事实可能就是柏拉图关于巴门尼德拜访雅典的故事的源头。据说芝诺由于牵涉对某个僭主的一场反叛而遭受到酷刑，并在酷刑面前展现出顽强不屈的精神。这一事件本身得到许多人的充分证明：Heraclides、Demetrius、安提司泰尼、赫尔米普斯和其他一些人，在 Diog. ix. 26 以下、Diodor. *Exc*. p. 557、Wess. Plut. *Garrulit*. c. 8, p. 505、Sto. *Rep*. 37, 3, p. 1051、*Adv. Col.* 32, 10, p. 1126、Philo. *Qu. Omn. Pr. Lib.* 881 C f. Hosch.、Clemens, *Strom*. iv. 496 C、Cic. *Tusc*. ii. 22, 52、*N. D*. iii. 33, 82、Val. *Max*. iii. 3, 2 以下、Tert. *Apologet*. c. 50、Amm. Marc. xiv. 9、Philostr. *V. Apoll.* vii. 2 和 Suidas, Ἐλέα 等处。但细节方面则许多不同。我们的大部分文献把埃利亚看作事件发生的场所；Valerius 说是阿格里真托，菲洛斯特拉图斯说是 Mysia，Ammianus 把芝诺混淆于阿那克萨尔库斯，说是塞浦路斯。那个僭主有时被说成是 Diomedon，有时是 Demylus，有时是 Nearchus，Valerius 说是 Phalaris，Tertullian 说是狄奥尼修斯。有些人说芝诺向僭主出卖了自己的朋友；另一些人说他为了不背叛朋友，咬断了自己的舌头；还有一些人说他咬掉了僭主的耳朵。对他死亡的方式，也有许多不同的说法。依据第欧根尼，僭主被杀了；依据狄奥多罗，芝诺被释放了。Valerius 说这个事件发生了两次，第一次发生在这个芝诺身上，后来又发生在与他同名的另一个人身上（cf. Bayle, *Dict. Zenon d'Elee*, Rem. C）。因此，尽管这个事件似乎是真实的，但没有什么细节能得到确定。亚里士多德《修辞学》i. 12, 312b3 谈到的是否指涉这个事件，对它的正确解释又是怎么样的，我们并不清楚。柏拉图以这样的方式提到的一本芝诺早期写作的著作（《巴门尼德》127 以下），似乎这是他唯一为人所知的著作（直接把它称作：τὰ Ζήνωνος γράμματα〔那本芝诺的著作〕，τὸ σύγγραμμα〔那本著作〕）。辛普里丘（*Phys*. 30 a）也提到的一本著作（το σύγγραμμα），明显就是柏拉图提到的那本。这本著作致力于驳斥日常观念，通过推理来反驳这种观念的前提。它被分成几个部分（柏拉图称作 λόγοι〔论证〕），每一部分又被分成不同的分段（柏拉图称作 ὑποθέσεις〔前提〕，辛普里丘称作 ἐπιχειρήματα〔设计〕），在每一分段中，日常观念的一个前提被设计出来产生荒谬结论（Proclus *in Parm*. iv.100 Cous.，把 λόγοι 理解为几个论证，把 ὑποθέσεις 理解为几个结论的前提；他谈到 40 个 λόγοι，很难在芝诺的著作中被找到。David, *Schol. in Arist*. 22 b, 34 以下的说法无疑从这里而来）。我们从柏拉图那里得知，也从辛普里丘的摘录得知，这本著作以散文方式写就。它无疑就是亚里士多德《辩谬篇》c. 10, 170 b, 22 中用这样的话"芝诺既是回答的人也是提问的人"提到的那本著作，因为即使这本书中有问答，它也不必由此就是一篇确实的对话，芝诺不必是第一个写作对话的人，如 Diog. iii. 48 用前缀 φάσι（据说）所主张的。如果我们可以从 Diog. 和 Athen. xi. 505 c 来判断的话，亚里士多德自己也没有这样说他。从 Diog. ix. 26 中对 βιβλία（书籍、卷）的复数用法得不出芝诺写了许多著作的结论，因为这可能指他这本著名作品的多个部分。另一方面，Suidas 提到四本著作：《论争》

611 保持着一致。无论如何，柏拉图就明确地说，他力图在他的著作中驳
斥事物的多，以此间接地证明巴门尼德所主张的所有存在的一。[1]因此，
他的存在概念必然在一般意义上与他导师的相同。我们被告知的他关于
自然的命题，也部分与巴门尼德的自然哲学的假设一致。但是，由于这
些说法中的某些明显是不真实的，也由于我们最为可信的文献从未引用
芝诺的任何自然理论命题，最为可能的情况是，他没有在这个部分进一
612 步发展巴门尼德的理论。[2]我们只能把那些旨在为巴门尼德理论辩护以

《对恩培多克勒的解释》《致哲学家们》《论自然》。但其中的《对恩培多克勒的解释》必然是伪造的，我们在其他地方能发现迹象，见 p. 612。其他三本，只被 Eudocia 提到过，可能不过是我们已经谈到的那本著作的不同名字。Stallbaum 建议把 Suidas 中的话读作“他曾关于自然写过与哲学家们的论争”的主张（Plut. *Parm*. p. 30），不仅与被接受的文本冲突，也与 Suidas 和类似作家列举著作的一般方式完全不合。依据辛普里丘上引文，亚历山大和 Prophyry 没有见过芝诺的著作；甚至普罗克洛看来也不熟悉它。但辛普里丘自己可能拥有比书籍摘录更多的东西，尽管（见 p. 21 b）他可能并不非常确定他的文本是完全的。在 p. 131 a，他只从欧德谟斯援引文字。

1 《巴门尼德》127E。苏格拉底对此评论说，巴门尼德和芝诺说的是同样的，不过前者直接后者间接。“因为你在诗中说一切是一……而他又说不是多”，芝诺在更为详细地解释他如何写作他的著作时，实际上承认了这一点。

2 在这个方面我们拥有的信息只限于一些段落。Diog. ix. 29 说：“他有如下观点：存在着许多个宇宙，但并不存在虚空；万物的本性都来自于热和冷、干和湿，这些元素之间相互转化；人生于土，但他的灵魂却来自前面所说的几种元素的混合，且没有哪种元素占据主导地位。”Stob. *Ecl*. i. 60“麦里梭和芝诺主张一切是一，惟有一是永恒的和无限的；而且一就是必然性，其质料是四种元素，其形式是仇恨与友爱。他还说神就是诸元素，它们的混合就是宇宙，单纯的东西分解为它们；（所有表面上是同一的东西，例如木头、肉、肌肉，等等，亦即亚里士多德称之为同素体的东西，自身最终分解为四元素）他还认为灵魂是神圣的，那些纯洁地分有它们的纯洁的东西也是神圣的。”后一个阐述如此让我们想起恩培多克勒，以至于 Heeren（in *h. l.*）想着用恩培多克勒的名字来代替这些奇怪的词：ὕλην δὲ αὐτῆς（其质料）。在我看来，恩培多克勒的名字可能从文本中脱离了，要么就在这个地方，如 Sturz（*Emped*. p. 168）所认为的；或更为可能的（Krische, *Forsch*. i. 123），在 τὸ μὲν ἓν（而且一）这些词之前。但也可能，这整段话来自于被归属于芝诺的 ἐξήγησις Ἐμπεδοκλέους 这本著作（见第 416 页注释 1 末）。但这一著作不可能是真实的；它最初必然被冠以斯多亚派的芝诺之名。首先，说像芝诺这样的哲学家会写作一篇对他同时代人的著作的评注，是没有什么可能性的，也是完全没有先例的；其次，如果他这样做了，却没有选择他导师的著作，而是一本与他自己的观点很少有一致的著作，也是非常奇怪的；再次，从我们 p. 610 引用的文字看非常清楚的是，芝诺只写作了一本著作；亚里士多德和他的评注者对芝诺的自然理论的完全沉默也表明他

反对日常表达的论证确实地归属于他。[1]

芝诺为着这个目的采用了一种间接的方法。巴门尼德直接从存在的概念派生存在的性质。芝诺则通过表明相反的理论会导致我们陷入困难和矛盾，以及存在不允许我们把它看作是多，看作是可分和可变之物，来证明同样的理论。他试图通过把日常言说模式引入荒谬来证明埃利亚理论。[2] 由于对这一方法的卓越运用，芝诺被亚里士多德称作辩证法的创始人，[3] 柏拉图则说，他能让同样的事物向听众显得是相似的又是相异的，是一又是多，是运动的又是静止的。[4] 尽管这一辩证法后来为智者的论辩术提供了许多武器，但由于它具有的积极的目的，它本身不同于论辩术；[5] 出于同样的理由，它更不能被等同于怀疑主义。[6] 在芝诺那里，辩证论证尽管并不完全鄙夷智者式的使用，但它只是确立一种形而上学确信的，也即存在的一和不变的理论的一个方法。

613

614

更具体地说，就我们所了解的而言，芝诺的论证关注于多和运动。

们对之一无所知；最后，在斯托拜乌那里，非常清楚的是，他对被归属于芝诺的命题完全没有了解。对第欧根尼的说法某种程度上可以说同样的话，但就它们中的大部分与巴门尼德的理论一致而言，它们也不是那么不可能。巴门尼德同样否认虚空的存在，认为冷和热是元素，并教导说人最初起源于土，而灵魂由元素混合而成。不过，“存在着许多宇宙”这个命题不会属于一个埃利亚哲学家，不管我们把它理解为有许多同时并存的世界，还是有许多相继的世界；埃利亚的芝诺在这里似乎被混淆于斯多亚的芝诺；对元素所说的也带有斯多亚—亚里士多德主义理论的痕迹。Epiph. *Exp. Fid.* 1087 中的说法似乎也同样混淆了两位芝诺。

1 Stallbaum, *Plat. Parm.* 25 以下认为它主要反对的是阿那克萨戈拉和留基伯；但芝诺的论证没有特别指向他们中的哪一个。

2 Xeno. *Parm.* 25 sqq.

3 Diog. viii. 57; ix. 25; Sext. *Math.* vii. 7; cf. Timon ap. Diog. *l. c.*（Plut. *Pericl.* c. 4; Simpl. *Phys.* 236 b）.

4 《斐德罗》261D。这里说的是芝诺而非阿尔基达马斯（如 Quintil. iii. 1, 2 所认为的），是非常明显的。柏拉图在《巴门尼德》127E 中也有类似的话。Isocr. *Enc. Hel.* sub init 的话，无疑不指任何具体的论证，而指芝诺的二律背反的一般程序。

5 Plut. *Per.* 4 和 Plut. ap. Eus. *Pr. Ev.* i. 8, 7 把它与论辩术密切等同；Seneca, *Ep.* 88, 44 以下在把高尔吉亚的命题：“一确实不存在”归属于芝诺时，也把它与论辩术混淆起来。这个奇怪的说法很可能出于像对第 420 页注释 1 援引的亚里士多德这样的话的误解。

6 依据 Diog. ix. 72，怀疑主义者做出了这种声明，但蒂蒙在上引书中未做此声明。

留传给我们的反对事物的多的论证，涉及它们的大小、数量、空间性存在和协作关系。反对运动的论证同样有四个，对此，芝诺既没有以最好的顺序，也没有按照某种既定的原则进行安排。

我现在就来共同考察它们——

一、反对多的论证

1. 如果存在是多，那么它必然同时既无限小又无限大。无限小，因为每一个多都由许多一构成，只有真正的一才是不可分的——如此，每一个是多的事物，要么自身是一个不可分的一，要么由这样的一构成。但是，不可分的东西，不能有大小；因为所有具有大小的事物都是无限
615 可分的。构成多的具体部分因此也就没有大小。这样，加上它们事物不会变大，拿走它们事物也不会变小。但是，加之不会使事物变大，减之不会使事物变小的东西，就是无（nothing）。是多的事物因此是无限小
616 的，因为它的每一构成部分都小到是无。[1] 另一方面，这些部分同样也无限大。因为没有大小的是无，而是多的事物要存在，就必须具有大小：它的部分因此必须相互分开，也就是说，它们之间还必须有其他部

---

1 Simpl. *Phys*. 30 a（它的前半部分得到欧德谟斯，参见前面注释，和亚里士多德《形而上学》iii. 4, 1001b7 的支持）。Themist. *Phys*. 18 a, p. 122Sp.。从芝诺这一主张的上下文看（依据辛普里丘），辛普里丘对 Themist 的批评看来是对的。芝诺并没有主要谈到存在的一，而是从多的前提出发，他告诉我们的是，是多的事物的每一个必然会被如何设想。就他同时指出，每一事物为了成为一必然也要是不可分的而言，他的主张也可能运用于存在的一；这样的存在，为了成为一，也必须是不可分的（ἓν συνεχές）。欧德谟斯在 Simpl. *Phys*. 21 a（cf. 30 a, 31 a）中说的话表明他想到的也正是这个论证。Simpl. 21 b 对此有评论；从这段文字看，亚历山大正确地领会了芝诺命题的意思，以及无疑的，欧绪德谟的意思，而辛普里丘在这里犯了他后文在塞米斯修斯那里纠正过来的错误。芝诺说的是：为了认识事物，我们必须认识构成它们的最小部分；但这并不意味着，由于它们是最小的部分，它们就是不可分的点，同时作为不可分的点，没有大小，因此是无。他想要证明的是（如 Philop. *Phys*. B. 10, 15 所评论的，带有对他自己观点的某种补充）：多不能存在，因为每一个多都由一构成，但所有向我们呈现为多的事物，所有 συνεχῆ（可分之物），没有哪个是真实的一。Brandis, i. 416 从欧德谟斯和亚里士多德上引处所说的错误中得出一个独立的论证；Ritter, i. 522 从欧绪德谟的说法中得出一个大胆的理论：芝诺，像巴门尼德一样，承认他这里的定义不包含充实（the full）和对一的真实知识。我不赞同这两种观点的理由在我正进行的解释中会出现。

分。对这些部分来说同样也是如此：它们也必须具有大小，彼此分开，617
这样以至无穷。如此我们得到一个无限数量的量度，或一个无限的量度。[1]

2. 依据同样的方法，芝诺也表明是多的事物在数量方面必然既是有限的也是无限的。是有限的，因为它们只能是实际存在的那么多，既不多也不少。是无限的，因为两个事物是两个，只在于它们被分开；而为了能分开，必然需要有某物在它们中间；这个中间之物与前两个事物之间同样如此，这样以至无穷。[2] 由于在第一个论证中得到无限的量度，这里通过把多理解为分离的量的多，再引入每两个分离的量之间的第三
个量，就得到事物数量上的无限。古人通常把芝诺两个论证的这个部分 618
称作依据二分法的论证。[3]

1　辛普里丘上引书 30 b，在讨论了可分论证之后，对此有直接阐述。其中的 *προέχον*，我理解为在某物之前，因而使它与第三物保持距离的东西。

2　Simpl. *l. c.* 30 b（参见前注）。

3　在详细探讨了巴门尼德和麦里梭关于一的统一性的理论之后，亚里士多德《物理学》i. 3, 187a1 说："一些人（原子论者）屈服于这两方面论证，一者是一切是一，如果存在表示一的话，因为非存在存在，一者是根据二分法，提出有不可分的体积。" Simpl. p. 30 a 对此评论说："亚历山大说，依据二分法的第二个论证是属于芝诺的，他说，如果存在者有体积，而且可以被分割，存在者就是多，而不再是一，他据此证明，没有一个存在者是单一的。"这最后的说法受到辛普里丘的正确质疑，其错误来源可追溯到 p. 616 援引的欧德谟斯的话。接着出现的是 p. 615 援引的关于芝诺论证的说法，再接着，在 p. 30 a，出现的是这样的评论："然而波菲利说，依据二分法的论证是属于巴门尼德的，他试图由此证明存在者是一，他这样写道：'有另一个依据二分法的论证是巴门尼德的，它被认为是在证明存在者仅仅是一，它是没有部分和不可分割的。因为他说，如果它是可以被分割的，它就会被分成两半，接着每一个部分又会被分成两半；他说，显然，这种情况总是会产生，这样，要么就会剩下一些最终的东西，体积最小和不可分，但在数量上是无限的，整体是由最小但数量无限的东西所构成，要么它就会被毁灭，并且将被分解为无，并再次从无中构成，这是荒谬的。因此，它将不被分割，而是保持为一。而且因为，既然在一切方面都类似，如果它始终是可分割的，那么它在各方面都类似地是可分割的，而不是在这方面是，在那方面不是，就应当在各方面被分割。因此，显然，再一次，没有什么东西剩下来，而是会被毁灭，而且如果要被构成的话，它将再次从无中构成；因为如果剩下些什么，就绝不会在各方面是可分割的，从而由此显然，他说，存在者是不可分割的、没有部分的和单一的'……（引文的其余部分不属于这一主题）值得考虑，这个论证是否属于巴门尼德而不是芝诺的，就像甚至亚历山大所以

3. 由于所有的存在都在空间中存在，空间自身必然处于一个空间之
619 中，这样以至无穷。由于这是不可设想的，存在不能在空间存在。[1]

4. 第四个论证以这样的方式出现：如果摇晃一蒲式耳谷子会产生声音，那摇晃每一粒谷子和每一更少量谷子必然同样会产生声音，而这似乎与我们的感知相悖。[2] 这里的一般问题是：许多事物聚在一起如何会产生一个它们单个就不会产生的效应？

二、反对运动的论证

由于以上引用的论证反对多，以证明埃利亚理论的第一个主要原
620 理，即存在的一，下面四个论证反对运动，以证明这个体系的第二个基本原理，存在的不变。[3]

1. 第一个论证如下：在运动的物体到达它的目的地之前，它必须首先到达它路程的中点；在它到达这一中点之前，它又必须首先到达这前半路程的中点，再先到达前四分之一路程的中点，如此以至无穷。如此，每一物体为了从一点到达另一点，都必须经过无限多的空间。但我们不能在有限的时间内穿过无限。因此，从一点到达另一点是不可能的，运动是不可能的。[4]

为的那样。因为，在巴门尼德的诗中没有说过任何这类的东西，绝大多数记载都将这个根据二分法的难题归于芝诺，而且甚至在那些有关运动的论证中也记载是芝诺的（参见以下，第一、第二反对运动的论证）以及为什么应当讲多，它有时也被归于同一本芝诺的著作。”等等。辛普里丘的这些理由相当具有说服力。波菲利认为，两分论证必然属于巴门尼德，因为亚里士多德上引处在批评巴门尼德的理论——没有提到芝诺——时提到它。但波菲利自己不熟悉芝诺的著作；他关于这一论证所说的来自其他资源，也没有在芝诺的原初意义上给出这个论证。

1 亚里士多德《物理学》iv. 3, 210b22；c. 1, 209a23；Eudemus, ap. Simpl. *Phys*. 131 a；Simpl. 130 b。类似的，同上书 124 b。

2 亚里士多德《物理学》vii. 5, 250a19。Simpl. *in. h. l.* 255 a（也见 p. 256 b）。依据这个表述，我们不能认定这个论证能在芝诺的著作中被找到；在辛普里丘著作中出现的它的更为完善的形式，可能属于某个后来的哲学家。但它的本质方面得到亚里士多德的保证。

3 关于这些问题，参见 Gerling, *De Zen. paralogismis motum spectant*. Marb. 1825 和 Wellmann, *Zeno's Beweise gegen die Bewegung und ihre widerlegungen*. Frankf. 1870。

4 亚里士多德《物理学》vi. 9, 239b9；c. 2, 233a21。Simpl. 236 b（cf. 221 a, 302 a）。塞米斯修斯给出的则是一个更短也更含糊的说明。亚里士多德《论题篇》viii. 8,

2. 所谓的阿基里斯的论证不过是这个论证的另一种运用。[1] 最快的
阿基里斯永远赶不上最慢的生物乌龟，如果乌龟比他更先行一步的话。 621
因为为了赶上乌龟，阿基里斯必须首先到达乌龟出发的那个地方；在这个时间里乌龟已经走到下一个点上，当阿基里斯赶到这第二个点时，乌龟又前进了一点，如此以至无穷。但是如果最快的不可能赶上最慢的，那么一般而言，能到达某个既定目的地是不可能的，运动是不可能的。[2] 如在前一种情况中一样，这整个论证以这样的主张为基础：要穿过一个既定的空间，除非这个空间的所有部分可被穿过；但后者是不可能的，因为这些部分的数量是无限的。[3] 唯一的不同只在于，在前一种情况中，这个主张被运用于既定长短的空间，在第二种情况中，它被运用于长短变化着的空间。

3. 只要事物保持在同一空间中，它就是静止的。而飞行着的箭在每一瞬间处于同一空间。因此，它在它飞行中的每一瞬间是静止的：因此
它在整个过程中的运动只是表象。[4] 这个论证的理论依据与前两个论证 622

156b7 和 Sext. *Math*. x. 47 谈到这个论证。

1 Favorinus, ap. Diog. ix. 29 说，巴门尼德已经使用了这个论证；但这个说法确实是错误的。所有其他文献把它归属于芝诺。第欧根尼上引处明确地说这是芝诺首先提出的；而我们对巴门尼德所知的（参见经常被引用的《巴门尼德》128 A）表明，他自己没有以这种方式辩证驳斥日常观念。

2 亚里士多德《物理学》239b14。Simpl. 237 a 和 Themist. 56 a 对此的解释与我们上文给出相同。

3 如亚里士多德紧接着正确评论的。他的评注者类似于此。

4 亚里士多德《物理学》239b30；参见 1. 5：*Ζήνων δὲ παραλογίξεται εἰ γὰρ ἀεί, φησιν, ἠρεμεῖ πᾶν ἢ κινεῖται, ὅταν ᾖ κατὰ τὸ ἴσον, ἔστι δ᾽ ἀεὶ τὸ φερόμενον ἐν τῷ νῦν, ἀκίνητον τὴν φερομένην εἶναι ὀϊστόν*（芝诺做了错误的推理；因为，他说，如果每一个东西，只要它对应着相等物，它就总是静止，而移动的事物总是在现在，那么，移动的箭就是不动的）。对 *ἐν τῷ νῦν ἀκίνητον*，其他人读作 *ἐν τῷ νῦν τῷ κατὰ ἴσον ἀκίνητον*。Gerling, *l. c.* p. 16 用 *ᾗ κινεῖται* 来代替 *ἢ κινεῖται*。我倾向于认为，这个从当前形式看有许多困难、也未得到 Prantl. 令人满意解释的文本，原本应该是这样的：*εἰ γὰρ, φησιν, ἠρεμεῖ πᾶν, ὅταν ᾖ κατὰ τὸ ἴσον, ἔστι δ᾽ ἀεὶ τὸ φερόμενον ἐν τῷ νῦν κατὰ τὸ ἴσον, ἀκίνητον* 等等，这样，它的意思就是上文我们给出的。塞米斯修斯（p. 55 b, p. 392 Sp.）似乎同样假定文字的这种形式，尽管进行了改写。类似的还有 p. 56 a, 394 Sp.。亚里士多德反对芝诺的评论——他整个的论证依据把时间看作是具体瞬间的组合（*ἐκ τῶν νῦν τῶν ἀδιαιρέτων*）这样的错误理

的相同。在前两个论证中，要被穿过的空间，在这里，运动的时间，被分解成最细小的部分；依据这个前提，运动是不可设想的。如亚里士多
623 德所承认的，后一个论证是非常正确的。在这样的瞬间，没有运动，更一般而言，没有变化，是可能的；如果我问在这一瞬间飞矢在哪里，答案不能是在从空间 A 到空间 B 那里，换言之，不能是在 A 和 B 那里，答案只能是，它在空间 A 那里。如此，如果时间被设想成一个相继时刻的无限系列，而不是一个既定的量，那我们得到的必然不是从一个空间到另一个空间的运动，而不过是在分离空间中的相继存在：运动恰恰是不可能的，如果（与芝诺的第一和第二论证类似）我们假定的是无限数量的相继和分离的点，而不是可被穿过的线的话。[1] 因此，我们面前的论证并不像它看上去的那样是个诡辩；无论如何，它不会比其他论证更是诡辩。像其他论证一样，它从一个更近的思想家也发现有许多困难的哲学问题出发；同时也与芝诺的一般立场具有相同的联系。一旦一和多被以埃利亚主义者的那种方式被看作是绝对相互排斥的纯粹矛盾，时间和空间上的分离就很容易被看作是缺乏一的多；空间和时间也就容易被看作分离空间和时间点的聚合，这样，从一个点到另一个点的转移，
624 也即运动，就变成不可能的。[2]

4. 第四个论证中的错误更加明显。这个论证涉及运动的时间和运动要穿过的空间的关系。依据运动的法则，在运动速度相同的情况下，运

论，与这个意思非常一致。另一方面，辛普里丘 236 b 与我们的抄本的文本相一致。这个推导没有丝毫我们在芝诺的论证中总能发现的确定性。由于熟悉芝诺的著作，辛普里丘确实值得我们关注；但另一方面，我们不能忘记施莱尔马赫（Ueber Anaximandros, *Werke z. phil.* ii. 189）的杰出评论：辛普里丘在他著作的后面卷章中没有考虑他前面卷章中利用的文献。我赞同塞米斯修斯和辛普里丘的观点，把 εἶναι κατὰ τὸ ἴσον 的意思理解为"在同一空间中"，如前面表明的，而不是改变位置。

1 亚里士多德在他简短的反对评论中也表明，这就是这个论证的真实力量所在（参见前面注释）。

2 在 Diog. ix. 72 似乎从芝诺引来的话中，对这个论证的基本思想有个指涉（如 Kern, *Xenoph*. 26, 74 提醒我们的）："运动的物体既不会在它所在的空间运动，也不会在它所不在的空间运动"；它不能在它所在的空间运动，得到如下观察的证明：它在每一瞬间在同一空间中。

动事物在同样的时间内必然可穿过同等的空间。但是，在两个大小相同的物体以相同的速度对向运动时，它们两次彼此经过的时间，与它们一个静止，另一个以同样的速度一次经过它的时间相同。因此，芝诺大胆地总结说，要以同样的速度穿过同样的空间——这两个物体各自占据的空间——在一种情况下要花费的时间只是在另一种情况下要花费的一半。因此，他认为这里的事实违反了运动法则。[1]

这个结论的错误立刻会让我们大吃一惊；但我们不能由此认定芝诺 625
并不真的严肃地看待它。因为这整个的错误的基石是：一个物体经过的空间依据它经过的物体的大小来衡量，不管这个物体是运动的还是静止的。说这可能会逃脱第一个普遍研究运动法则的哲学家的注意，是不公

1　亚里士多德《物理学》239b33：“第四个论证是关于运动场上两排物体的论证：这两排物体大小相同，各以相同的速度按相反的方向彼此通过，其中一排从运动场的终点往前排，另一排从中间往后排。他认为这会得出一个结论：一半的时间等于它们双倍。”在这些话中这个论证涉及的含义就是我们上面所说的，这没有什么问题；但芝诺更为精确地解释它的方式则是有疑问的，这部分是因为文本的不确定，部分是因为亚里士多德解释的过度精简。在我看来，辛普里丘对它给出了最好的叙述和最真实的解释（p. 237 b sq.），甚至 Prantl 的解释——在其他方面是令人满意的，也可以在这里找到完满的形式。

1. D………………………………………E

　　　　　A1　A2　A3　A4
B4　B3　B2　B1
　　　　　　　　　C1　C2　C3　C4

2

A1　A2　A3　A4
B4　B3　B2　B1
C1　C2　C3　C4

根据辛普里丘，芝诺的论证如下：假设在一段空间中，或从 D 到 E 的路程中，有三排由同等物体组成的同等大小的队列，A1……，B1……，C1……，如图 1 所示。再假设 A1 那排保持静止，而其他两排，以相同的速度、相反的方向朝它平行运动。C1 会在 B1 到达 A4 和 C4 的同一时刻到达 A1 和 B4（见图 2）。因此，在 B1 经过所有的 Cs 和 C1 经过所有的 Bs 的同等时间内，它们都只通过了 As 的一半。或者，如芝诺看来表达的，在 C1 经过所有 Bs 的同等时间内，B1 只经过了一半 As；在 B1 经过所有 Cs 的同等时间内，C1 只经过了一半 As。但是 A 排与其他两排占据了同等大小的空间。因此，C1 经过 A 排整个空间的时间，等同于 B1 以相同速度经过这一半空间的时间，反之亦然。但由于运动速度相等，运动的时间对应于经过的空间，后一时间只有前一时间的一半长；因此，双倍时间等同于一半时间。

正的；特别是，如果他一开始就确信，如芝诺那样，他的探究将导致矛盾的话。类似的谬论甚至在现代哲学家辩驳经验概念时遭到忽视。

对芝诺的论证的科学价值、亚里士多德对它们的责难，以及现代作家[1]对这两者所做的评判进行评议，不是我们这里的任务。无论这些
626 论证的积极价值是什么，它们的历史重要性都不容低估。一方面，埃利亚理论对日常观念的反对在它们那里达到顶峰；芝诺对多和变的反对，不同于巴门尼德的通过可能被其他普遍命题满足的普遍论证对之的反对，通过这些观念本身来证明它们的不可能；因此，巴门尼德的阐释仍然可能留下的这样的印象完全被消除了：与存在的一并立，多和可变之物仍可能在某种程度上找到它们的位置。[2]但是，另一方面，它也因此

1 例如，Bayle, *Dict. Zenon d' Elee Rem. F.*；Hegel, *Gesch. d. Phil.* i. 290 以下；Herbart, *Metaphysik*, ii. § 284 以下；*Lehrb. z. Einl. in d. Phil.* § 139；Strumpell, *Gesch. d. theoret. Phil. b. d. Gr.* 53 以下；Cousin, *Zenon d'Elee Fragm. Phil.* i. 65 以下；Gerling, *l. c.*；Wellmann, *l. c.* 12 以下和 20 以下。

2 Cousin 确实表达了相反的理论（同上书，特别参见 p. 65 和 p. 70 以下）。他认为，芝诺意在驳斥的不是一般意义上的多，而只是缺乏任何一的多。但这样一种限定，不仅在芝诺的论证中，也在柏拉图《巴门尼德》的序言中，找不到痕迹。他的论证非常普遍地直接反对多和运动等观念；如果对这些观念的驳斥预设了没有连续性的纯粹分离和没有一的纯粹多，那么这个预设就不是批判的要点，而是批判的出发点。芝诺相信，如果普遍性地假定多，那这个理论必然会导致一的消除和所有类型的矛盾；他的意思并不是，如 Cousin 所说的那样，如果假定一个没有任何一的多，那么运动等等都是不可能的。如果后者是芝诺的意见，他就必须区分缺乏一的多和为一所限的多。但出于埃利亚理论的不可避免的结果，他没有，也不能做出这样的区分。一与多、存在的持续不变与变化，在埃利亚主义者那里，完全是对立的。柏拉图第一次认识到，这些明显对立的性质能够也必须在同一主体中统一起来；在《智者》和《巴门尼德》中，他反对埃利亚理论明确地表达了这个观点。芝诺完全没有这种信念，他的论证全部确切地指向相反的目的，力图消除日常观念的混淆含糊；它把一看作多，把存在的看作是生成的和变化的。在他那个时代，坚持没有一的多的是留基波（但只在限定意义上），但芝诺从未提到留基波。赫拉克利特——Cousin 把他看作芝诺批判的主要对象，但我在芝诺的著作中找不到任何对他的指称——也远没有坚持没有一的多，相反，他强调的是所有存在的统一。因此，Cousin 上引书第 80 页对亚里士多德的指责就是错误的。亚里士多德公正批判的，正是这一前设的绝对性。像 Cousin 一样，Grote, *Plato*, i. 103（他还误解了前面的评论）相信，芝诺关于没有一的多的前设，不是以他自己的名义提出的，而不过是站在他对手的立场上提出的。这确实在某种程度上是真实的。他意图通过从他们的前设中得出矛盾推论的方式来驳斥他的对手。但达到这个目的的中介，不属于他的对手而属于他

在解释现象方面向哲学提出了难题，对此的思考从此再也无法逃避。这 627
些难题表面上的无法解决性，为希腊智者对知识的否定提供了受欢迎的支持；但它们在此之后又为柏拉图和亚里士多德最为深入的研究提供了持续的动力，甚至现代的形而上学也不断地被迫再三回到这些被芝诺首先提出来讨论的问题。无论他的辩证法的直接结论在我们看来多么难以令人满意，它对科学而言都具有最高的价值。

五、麦里梭

在试图反对日常观念以为巴门尼德理论辩护上，麦里梭类似于芝诺。但是，当芝诺力求通过驳斥日常理论以间接地达到这个效果，并因
而把两种观念的对立推到极端时，麦里梭[1]意图以直接的方式表明，存 628

自己。他们的主张只是：存在着多、运动；他试图证明，如果承认多，那么是多的事物必然由无限的多个部分构成，而在运动中，一个无限数量的空间必须被穿过等等。

1 关于麦里梭的生平，我们知道的很少。他的父亲被称作 Ithagenes，他的母邦是萨摩斯（Diog. ix. 24）。第欧根尼上引处（cf. Aelian, v. 4, vii. 14）说他是个著名的政治家，特别作为舰队指挥官而闻名。这解释了普鲁塔克的明确的重复说法（*Pericl*. c. 26；*Themist*. c. 2，这里诉诸了亚里士多德；*Adv. Col*. 32, 6, p. 1126；参见 Suid. *Μέλητος Δάρου*）——对此我们没有任何理由去怀疑：麦里梭指挥萨摩斯舰队在公元前 442 年战胜了雅典人（*Thus*. i. 117）。Apollodorus 在第欧根尼上引处中的计算很可能以此为基础：把麦里梭的鼎盛期置于第 84 届奥林匹亚赛会期间（公元前 444—前 440 年）。因此，他是芝诺的同时代人，最有可能比芝诺年轻一些。他关于存在的一和不变的理论，被 Pseudo-Hippocrates（Polybus）*De Nat. Hom*. c. 1; end vi. 34; Littre 提到。麦里梭可能和芝诺一样是巴门尼德的学生；但这一点未得到第欧根尼上引处和 Theod. *Cur. Gr. Aff*. iv. 8, p. 57 的证实。第欧根尼的另一个关于麦里梭认识赫拉克利特的说法，并非完全不可能；但他的补充说法：以弗所人通过他的介绍才开始留意赫拉克利特，则不可能是真的。Simpl. *Phys*. 22 b 以直接说为 *τὸ σὐγγραμμα*（那本著作）的方式提到的麦里梭的一本著作，无疑是他唯一的著作，Suidasd 在 *Μέλητος* 词条中说它名为 *περὶ τοῦ ὄντος*（《论存在》），Galen, *Ad. Hippocr. De Nat. Hom*. i. p. 5、*De Elem. sec. Hipp*. i. 9, p. 487, Kuhn 和 *Schol. in Arist*. 509 a, 38 说是 *περὶ φύσεως*（《论自然》），Simpl. *De Caelo,* 249 b, 42 和 *Phys*. 15 b 则说名为 *π. φύσεως ἢ π. τοῦ ὄντος*（《论自然或论存在》）；Bessarion, *Adv. cal. Plat*. ii. 11 看来依据辛普里丘最后那段话杜撰了他的说法，参见第 375 页注释 3。辛普里丘著作中包含的有价值的麦里梭著作残篇，在 Brandis, *Comm. El*. 185 以下、Mullach. *Arist.*

在只能像巴门尼德对它的概念定义那样来设想；由于这一旨在说服对手的直接证明必须从双方共同的前设出发进行推理，他试图在日常思维模式的表达中找到与埃利亚理论的共同点。[1]但出于这个理由，他不能完全避免那种会危害其纯粹性的界定进入埃利亚理论。

629 麦里梭关于存在的理论留传给我们的所有观点涉及存在的这样四种性质：永恒性、无限性、一性和不变性。

存在是非派生的和不可朽坏的。因为，如果它是派生的，它必然要么来自于存在，要么来自于非存在。但从存在而来的，不是派生的，而是先前就存在的；从非存在则不能派生任何东西，尤其是绝对意义上的存在。[2]类似的，如果它会消亡，它必然要么消解为存在的某物要么消解为不存在的某物；但存在不能变成不存在，如所有人承认的；而如果它变成一个存在，那就不能说它消亡了。[3]

630 麦里梭认为，如果存在是永恒的，那么它必然也是无限的，因为不被派生的和不会消亡的东西，既没有开端也没有结束；而既没有开端也没有结束的东西，是无限的。[4]麦里梭的这一与巴门尼德偏离的定义，

De Mel. &c. p. 80 以下和 *Fragm. Phil.* 259 以下得到收集和评注。

1 辛普里丘上引处："运用自然哲学家们的原理，麦里梭这样开始他的论述生成和毁灭的著作。"参见 Fr. 1 中的话："因为就连这一点也被自然哲学家们所承认。" *καὶ τοῦτο* 表明麦里梭已经在文本中诉诸了自然哲学家的同意。

2 "既不能从非存在之类生成什么，也不能是别的什么绝不存在的东西（这当然是麦里梭以纯粹假设的方式在日常观念的意义上谈论的）而是绝对的存在。"

3 Mel. Fr. 1, ap. Simpl. *l. c*。残篇的结论如下："存在也不会被毁灭。因为，存在不会变成非存在；因为就连这一点也被自然哲学家们所承认。存在也不会变成存在；因为这样的话它会再次停留而不被毁灭。因此，存在既不被生成也不被毁灭。因此它总是过去存在和将要存在。"上述论证的第一部分也在 *De Melisso,* c. 1, sub. init. 中以某种程度上更为扩展的方式给出。这一增补很可能取自这一著作的后一部分，依据布兰迪斯（*Comm.* 186）的卓越评论，这一著作首先提出主要观点和论证模式，然后再详述具体的部分。与残篇 1 的一部分一致的更短的残篇 6，很可能出于同样的后一部分。从第 402 页注释 3 看非常清楚的是，在上述理论中，麦里梭与巴门尼德紧密一致。

4 Fr. 2。Fr. 7 与之类似，其结论：*οὐ γὰρ αἰεὶ εἶναι ἀνυστὸν ὅ τι μὴ πᾶν ἐστι*，说的不过是：如果存在大小上是受限制的，那么它就不是永恒的；但为什么就不是，麦里梭除了以下已经援引过的理由外没有给出其他的：永恒的必然是无限的，因为否

招致亚里士多德的严厉指责，[1]对亚里士多德来说，非常明显的是，不管 631
是这一定义本身，还是以它为基础的论证，都是不可接受的。在其中，
对时间性的无限与空间性的无限的混淆清晰可见。麦里梭证明了，依据
时间，存在必然是没有开端或结束的，但他因此却得到结论说，它在空
间上没有边界。而可以肯定的是，他赋予存在的无限正是这种意义上的
无限。[2]不过，他还通过如下的进一步观察来支持他的观点：存在只能
被虚空限制，因为没有虚空，所以它必然是无限制的。[3]但如果说巴门
尼德赋予存在的有限延伸很难与它的不可分性一致的话，那么这个无限
延伸就更难了。因此，尽管麦里梭明确地反对存在的物质性以自我辩
护，[4]但亚里士多德关于他看起来把它设想为物质的评论，[5]仍然不是完全
不公正的。我们还可以认为，麦里梭尽管反对伊奥尼亚自然哲学，但后
者仍然对他有某种影响，导致了他这一与埃利亚关于存在的统一的学说 632
不一致的理论。

我们的哲学家确实从存在的无限直接推论它的统一。他说，如果有

则的话它就不是没有开端也没有结束的。Fr. 8 和 9 明显是属于 Fr. 7 的更为完全的论证的小部分。在我看来，Fr. 8 包含了这个讨论的开头；因此这个残篇应置于 Fr. 7 之前。经常谈到麦里梭这一论证的亚里士多德的清晰表述，表明他好像把从 ἐπειδὴ 到 ἔχει（生成之物有开端）这段话看作是前提，把从 τὸ μὴ 到 οὐκ ἔχει（非生成之物没有开端）这段话看作是结论。参见《辩谬篇》c. 5, 167b13；c. 28, 181a27；Eudemus, ap. Simpl. *Phys*. 23 a。无疑，后面命题的对应部分（ἔτι δὲ τὸ φθειπ 等）证明，τὸ μὴ γιγ 这段话属于前提："由于生成之物有开端，而非生成之物没有"等等。因此，亚里士多德要么错误地建构了这一论证，要么已经假设麦里梭从所有生成之物都有开端这一事实得出结论说，非生成之物没有开端。另一方面，亚里士多德《辩谬篇》c. 6, 168b35 和 *De Melisso* 上引处所说的，与哲学家自己的话一致。近来作家对麦里梭这一理论的探讨，可以在 Brandis, *Comm. El*. 200 以下被找到。

1　《形而上学》i. 5, 986b25。

2　这从 Fr. 8 看是非常清楚的。"但是，正像它永远存在那样，它的体积也必然永远是无限的。"从亚里士多德的明确和重复的表述看也是如此（见下文第 430 页注释 2 和《形而上学》i. 5, 986b18 和《物理学》i. 2, 185a32 及 b16 以下）。

3　见第 430 页注释 2。

4　Fr. 16.

5　《形而上学》上引处，见第 379 页注释 1。必须记住的是，在对这段话的批评中，在亚里士多德那里，ὕλη 一词的含义远比 σῶμα 的更广泛。参见 Part. ii. b, 243 以下，第二版。

多个存在，那么它们都必然会彼此限制；如果存在是无限的，那么它也就是一。[1] 在他看来，多自身也是无法设想的。因为要成为多，事物必须被虚空分离；但不存在着虚空，因为虚空不过是非存在。即使我们假定事物的部分彼此直接接触，没有东西在它们之间，我们也得不出什么结论。因为如果事物在所有的点上被分割，那就不会有一，也就不会有多，一切都将成为虚空；另一方面，如果说事物只在确定的点上被分割，那我们也没有理由说它为什么不会在所有的点上都能够被分割。因
633 此，它完全不能被分割。[2] 最后，麦里梭也以如下的方式获得了同样的结论。如果所谓的多的事物真的是我们看上去的那个样子，那么它们也将再也不会是这个样子。因为我们的感觉向我们显现变化和消亡，它自
634 我反对，因此，它关于事物的多所说的不值得相信。[3] 但是，这个被麦里梭自己只看作次要证明的论证，会侵蚀他在驳斥运动和变化的可能性的一般论证中已经确立的理论基石。

存在不会运动，它不会遭受增减、状态的变化和痛苦；因为每一运动都是向他物的转变，是旧事物的终止和新事物的产生。但存在是一，没有他物与其并存；它是永恒的，因此没有终止也没有产生；因而它必然是没有变化的，总是似其自身的；因为所有的变化，甚至是最缓慢的变化，必然会在时间中走向变化之物的完全消亡。[4] 狭义上的运动——

1　Fr. 3；Fr. 10；亚里士多德《论麦里梭等》i. 974 a, 9。

2　亚里士多德《论生成和毁灭》i. 8, 325a2。出于以下理由，我们可以说亚里士多德在这个阐释中最有可能主要想到的是麦里梭而非(如 Philop. *in. h. l.* p. 36 a 所认为的，很可能出于他自己的推测）巴门尼德：1. 最后一个命题无疑指向麦里梭的关于存在无限的理论；2. 这里关于运动所说的与即将从麦里梭著作援引的话一致（见第 431 页注释 1）；3. 这整个论证以虚空理论为基础；巴门尼德确实反对虚空，但就我们所知，不管是他还是芝诺，都没有赋予它在批判日常观念中如此重要的地位。从如下事实我们可以看到菲洛庞努斯的主张如何地缺乏依据：他尽管承认上述论证与原子论哲学的联系，但仍然把它归属于巴门尼德。

3　Fr. 17（在 Simpl. *De Caelo*, 250 a, f 和 *Schol. in Arist*. 509 b, 18，部分也出现于 Eus. *Pr. Ev*. xiv. 17。我这里依据穆拉克的读法）。

4　Fr. 4；Fr. 11（ap. Simpl. *Phys*. 24 a, u; cf. *De Caelo*, 52 b, 20; *Schol*. 475 a, 7）提供了一致的证明。Fr. 12 就 μετακόσμησις 说了同样的话：我们应该把这个词理解为在一个事物中的每一先前变化；它的话是：然而它被改变也是不可能的；因为之前的世界

空间运动，麦里梭相信，没有虚空理论是不可设想的。因为如果一个事
物要移动到另一个空间，这个空间必须是空的才能接受它。另一方面， 635
如果这个空间自我收缩，那么它必然变得比先前更加浓厚，也就是说，
它必然变得更少有虚空，因为更稀疏意味着它包含更多虚空，更浓厚意味着包含更少虚空。每一运动都预先假定了虚空；能够接纳他物于自身的是虚空；不能接纳他物于自身的是充实；运动之物只能在虚空中运动。但是虚空是不存在，而不存在并不存在。因此，没有虚空，也因此，没有运动。或者，换句话说，存在既不能在存在(充实之物）中移动自身，因为在它自己旁边没有存在；也不能在非存在（为空之物）中移动自身，因为非存在并不存在。[1]麦里梭也明确地指出，否认多和运动的一个结果是，没有存在的分割或实在的混合是可能的。[2]他无疑由于恩培多克
勒的理论而得出这个结论，因为恩培多克勒认为，他能够通过把生成和 636
毁灭还原为结合与分离，来回避埃利亚主义者对生成可能性的否定。如果他熟悉阿那克萨戈拉的著作的话，他可能同样也指涉这位哲学家。在他的反对运动的论证中，所有运动都预设了虚空，以及虚空不存在的命题，清楚地揭示出了他对原子论哲学的了解。因为说原子论者从麦里梭这里借来了他们的基本理论，是不可能的（见下文）。另一方面，关于稀疏和浓厚的言论指向阿那克西美尼学派。从这可以清楚地看到，麦里梭相当程度上了解自然哲学家的学说。

（整体，它以它部分的确定安排为基础，是个复合体）没有被毁灭，未存在的世界也没有被生成等等。Fr. 13 对此补充了一个在我们看来非常多余的论证：存在不能体验痛苦或悲伤，因为遭受痛苦的不会是永恒的，也不会与健康的具有同等的力量，因此必然会变化，因为痛苦部分是某些变化的结果，部分是健康的消失和疾病的出现。麦里梭持有的支持物质不动的间接证据（参见亚里士多德《物理学》i. 2, sub. init. 和《形而上学》i. 5, 986b10 以下），没有必要引用。

1　Fr. 5。Fr. 14 部分一字不变。*De Melissus*, c. 1, 974 a, 12 以下的摘录取自这个段落及其之前段落，它特别强调的是麦里梭自己在 Fr. 4 和 11 中阐述的，他在更前段落明确论证的理论：存在作为　是 ὅμοιον πάντῃ（全部相似的）。亚里士多德《物理学》iv. 6, 213b12 谈到同样的论证："麦里梭就是根据这些理由证明宇宙万物是不运动的。因为，他说，如果有运动，就必然有虚空，但虚空是不存在的。"

2　关于混合，见 *De Melisso, l. c.* 3, 24 以下摘录；关于分割，见 Fr. 15。

从整体上看，除了关于一是无限的观点外，我们发现我们的哲学家严格地坚守巴门尼德的理论。但这一理论，并未得到他的进一步完善，尽管他反对自然哲学家对它进行了辩护，但他的论证无疑在敏锐性上是劣于芝诺的。不过，它们也不是完全没有价值的；他特别关注运动和变化的论证，显示出思想的痕迹，揭示了真实的困难。在巴门尼德和芝诺之旁，他仅作为二流哲学家出现，但考虑到他所处的时代，他仍是一位有价值的思想家。

他无疑也在因为感官用多和变化的表象来欺骗我们而拒斥感官的
637 证词上，赞同前述的哲学家；[1]他很可能没有对认知的功能进行彻底的探究，也没有任何这类的理论被归属于他。

有些古代作家把一些自然理论归属于麦里梭。依据菲洛庞努斯，他像巴门尼德一样，首先讨论正确的观念，或者说所有存在的统一的观念；然后处理人类的观念，在他的第三部分把火和水称作原初实在。[2]斯托拜乌把恩培多克勒的四元素和两动力理论归属于他和芝诺；把在某种意义上立刻表明自身更晚起源的理论归属于他。[3]斯托拜乌也说，他认为一切都是无限的，而世界是有限的。[4]厄庇芬尼乌斯（Epiphanius）说他教导无物具有不变本质，一切皆为短暂现象的理论。[5]但这些说法都是极为可疑的；首先，因为亚里士多德明确地把巴门尼德与克塞诺芬尼和麦里梭不同的特色说成是：他在存在之外探究了现象的原因；[6]其
638 次，因为从个别看，它们都是极不可信；[7]因此，我们可以毫不犹豫地把

1 Fr. 17（第 430 页注释 3）；亚里士多德《论生成和毁灭》，第 430 页注释 2；*De Melisso*, c. 1, 974 b, 2；Aristocl. ap. Eus. *Pr. Ev*. xiv. 17, 1；参见第 406 页注释 2。

2 *Phys*. B, 6,

3 第 418 页注释 2。

4 *Ecl*. i. 440.

5 *Exp. Fid.* 1087 D.

6 《形而上学》i. 5，依据第 426 页注释 2 的引文。（见第 403 页注释 6，第 407 页注释 1；也参见 c. 4, 984, b, 1）

7 对 Stobaeus, i. 60 的说法，我们在 p. 612 已有说明。斯托拜乌的第二段话把一个界定归属于麦里梭，这个界定既在他的体系中找不到依据，也实由斯多亚主义者第一

它们弃置一边。另一个说法：麦里梭避免对神的任何提及，因为我们对他们一无所知；听起来更有可能；[1] 但这里的证据仍然是不充分的。如果麦里梭真的说了这样的话，那他无疑也不是在表达他关于神不可认知的哲学信念——他在他存在的理论中必然相信自己对之有所认知——而是像柏拉图在《蒂迈欧》（40D）中那样，避免在他自己理论和流行信仰的关系问题上说出危险的话。

六、埃利亚学派的历史地位和特性

芝诺和麦里梭是我们有具体了解的最后的埃利亚派哲学家。在他们之后不久，学派本身似乎就消亡了；[2] 它的剩余部分迷失在论辩术——芝诺已经为它铺平了道路——之中，[3] 并随后通过智者的媒介，迷失在苏格拉底—麦加拉哲学之中。借助于巴门尼德和芝诺的著作，部分以这种间接的方式，部分以直接的方式，埃利亚学派对柏拉图的观念论哲学及随后的亚里士多德的自然哲学和形而上学产生了重要的影响。不过在此之前，它也极大地影响了前苏格拉底自然哲学的发展。赫拉克利特看来不 639

次引入（Part iii. a, 174, 1）。因为麦里梭这里与第欧根尼被同时提到，我们可以推测这个观点很可能出于斯多亚学派的第欧根尼，他在提出这个理论的段落中，提到麦里梭的界定，并依据他自己学派的精神对之进行了解释。至于菲洛庞努斯，对大多数古代哲学家而言，他都是极不可靠的。在当前这个例子中，标题本身，《关于真理》、《关于意见》，就证明存在着与巴门尼德的混淆。厄庇芬尼乌斯的观点，则可能基于对第 430 页注释 2 援引的探讨的误解，或与其他哲学家的某种混淆。

1　Diog ix. 24.

2　柏拉图确实在《巴门尼德》中提到某个 Pythodorus，说他是芝诺的学生兼朋友，在《智者》216A 和 242D（第 388 页注释 3），这样谈论埃利亚学派，好像它在对话发生的假定时期，在苏格拉底的最后年月里，仍然存在着。但我们从这里得不出什么结论，因为柏拉图倾向于依据他运用的对话的形式来描述事态。另一位哲学家，科林斯的克塞尼亚得，很可能出自埃利亚学派，像高尔吉亚一样，把埃利亚理论与怀疑主义混合起来；我们会在讨论智者时说到他。

3　如柏拉图自己在《巴门尼德》的开篇所表明的；因为在来自埃利亚的陌生人被描述为“巴门尼德和芝诺的一个追随者”之后，苏格拉底讥讽性地问他是否可能是个“辩驳之神”；Theodorus 对此回答说，他“比热衷于言辞之争的人更加理智得多”；这表明埃利亚主义者必然一般而言已经成为热衷于言辞之争的人了。

仅从伊奥尼亚人那里，也从克塞诺芬尼那里获得了哲学推动力；恩培多克勒、原子论者和阿那克萨戈拉他们的哲学，与巴门尼德的联系，则更加清晰明确。所有这些哲学家都预设了巴门尼德引入的存在的概念；他们都承认实在最终意义上是永恒的和不可朽坏的；基于这个理由，他们都否定实在的性质变化，并由此不得不接受关于存在着多个不变的原初实在的理论，接受在随后很长一段时间内在自然哲学研究中占据主导地
640 位的机械主义倾向。元素和原子的概念，把变化还原为空间性的结合与分离，源出于埃利亚主义者。埃利亚学说因此形成了古代思辨史的主要转折点，当它在巴门尼德那里得到完善之后，没有哪个兴起的哲学体系不被它与这个学说的关系本质地决定着。

这一影响自身就足以阻止我们在一般目的上把埃利亚学说与同时代的自然哲学分开，赋予它不是自然的，而是辩证的或形而上的特征；更具体的考察立刻会表明它的创建者离纯粹观念哲学或本体论有多远。我们已经看到克塞诺芬尼向自己提出的问题本质相同于自然哲学家的：确定自然现象的原因、事物的本质；我们发现甚至巴门尼德和他的学生也把存在设想为在空间中延伸的东西；我们获悉亚里士多德对埃利亚派的普遍评判[1]：他们的存在不过是可感事物的实在。从所有这些看非常清楚的是，这些哲学家也原初地关注于自然的知识；他们也从既定的和现实的东西出发，然后在他们对普遍原因的探求中，独自地获得了他们更为抽象的定义。我们因此必须在它的普遍倾向上，不把埃利亚学说看作是一个辩证哲学体系，而看作是一个自然哲学体系。[2]芝诺确实在辩护中使用了辩证方法，也因此被亚里士多德称作是辩证法的创始人；[3]但埃利
641 亚哲学作为一个整体，仍然还远不是一个辩证的体系。要成为一个辩证哲学体系，它必须有更为明确的问题观和科学知识的方法论；它的自然的和形而上的探究必须以一种知识理论为先导，它的世界理论必须由概

1 参见第124页注释2和3。
2 更多的，参见p.185以下。
3 参见第419页注释3。

念的界定和辨析来主导。但所有这些都完全缺失。自巴门尼德时代以来埃利亚主义者区分了对事物的感觉认识和理性认识，但这一区分在他们那里所具有的意义与在赫拉克利特、恩培多克勒、阿那克萨戈拉和德谟克利特那里的相同；它不是他们形而上学命题的理论基石，而是它们的理论结果，很少被发展成一种真实的知识理论，如在其他自然哲学家那里。至于苏格拉底借以开创出哲学新路的原理，即概念探究必须先于所有对象知识的原理，不管是在埃利亚主义者的明确宣称中，还是在他们的科学路径中，都找不到痕迹。我们对他们所知的一切都倾向于支持亚里士多德的观点，他把苏格拉底看作是观念哲学的绝对第一人，并且不是在埃利亚主义者那里，而是在德谟克利特那里，某种程度上也在毕
达哥拉斯主义者那里，找到这一哲学的不完善萌芽。[1] 在埃利亚体系中， 642
主导整体的不是认知的观念，而是存在的概念；这一体系没有例外地形成的是前苏格拉底自然哲学的独断论。因此，普遍地说，我们必须把埃利亚主义者置于自然哲学家之列，如在古代就有人做的那样；[2] 尽管在实质结论上他们非常不同于其他的自然哲学家。至于其他方面，这个学派的历史地位，以及它在希腊思想发展中的重要意义，已经在导言中得到讨论。

1 《论动物的部分》i. 1（见第 121 页注释 1）；《形而上学》xiii. 4, 1078b17。类似的还有同上书 i. 6, 987b1 ；参见 xii. 9, 1086b2 ；《物理学》ii. 2, 194, i. 20 和第 381 页注释 1 援引文字。

2 Plut. *Pericl*. c. 4 ；Sext. *Math*. vii. 5 论巴门尼德。

Die Philosophie der Griechen in ihrer geschichtlichen Entwicklung

中国人民大学科学研究基金
（中央高校基本科研业务费专项资金资助）项目成果
10XNI010

聂敏里　主编

古希腊哲学史

Die Philosophie der Griechen in ihrer geschichtlichen Entwicklung

第一卷（下）

从最早时期到苏格拉底的时代
（附 总 论）

[德] 爱德华 · 策勒　著

余友辉　译

人 民 出 版 社

德国哲学史家策勒的《古希腊哲学史》是古希腊哲学学科的奠基之作，中国学者有责任将它完整地翻译过来！

汪子嵩

2016-6

目　录

第二部分　赫拉克利特、恩培多克勒、原子论者和阿那克萨戈拉

第三部分　希腊智者

第二部分

赫拉克利特、恩培多克勒、原子论者和阿那克萨戈拉

第四章

赫拉克利特[1]

一、赫拉克利特学说的一般观点和基本概念

在埃利亚学派的所有存在统一（the Unity of all Being）的理论对一
切“多”和“变”进行否定的同一时期[2]，处于希腊文明世界的另一端的 2

1 Schleiermacher, *Herakleitos der Dunkle*, etc.; *Mus. d. Alterthumsw*. i. 1807, p. 313 sqq.（now in Schleiermacher's *Werke. 3. Abth*. i. 1 sqq.）; Bernays, *Heraclitea*, Bonn, 1848; *ibid. Rhein. Mus. N. F*. vii. 90 sqq., ix. 241 sqq.; *ibid. Die Heraklltlshchen Bricfc*, Berl. 1869; Lassalle, *Die Philosophie Herakleitos des Dunkeln*, 1858, 2 vols.; Gladisch, *Herakleitos und Zoroaster*, 1859; Schuster, *Herakleitos von Ephesus*, 1873; Teichmuller, *Neue Stud. Z. Gesch. d. Begriffe*. 1. H. *Herakleitos*, 1876.

2 在 Diog. ix. 1 中，赫拉克利特的鼎盛期被置于第 69 届奥林匹亚赛会期间（公元前 504—前 500 年），这无疑依据 Apollodorus 的权威，后者又几乎完全从 Eratosthenes 那里获得数据。与此相似，Euseb. *Chron*. 认为是第 70 届奥林匹亚赛会期间；Syncellus, p. 283, C 认为是第 70 届奥林匹亚赛会的第一年。在被篡改的信件中，他被描述为大流士一世的同时代人（Diog. ix. 13，参见 Clemens, *Strom*. i. 302 B 和 Epictet. *Enchirid*. 21），据说这位国王邀请赫拉克利特访问他的王宫却受到拒绝。但是，Eusebius 和 Syncellus, p. 254 C 把赫拉克利特的鼎盛期置于第 80 届奥林匹亚赛会第 2 年与第 81 届奥林匹亚赛会第 2 年之间，即第 80 届或 81 届奥林匹亚赛会之间；这个说法的证据似乎是，依据 Strabo, xiv, 1, i. 25, p. 642（与他的证据对比，所谓的赫拉克利特第八封信就不具有什么价值，p. 82, Bern.），以弗所人 Hermodorus——Pliny, *H. Nat*. xxxiv. 5. 21 和 Pomponius, *Digest*. i. 1, tit. 2, § 4 告诉我们，他曾协助罗马十人委员会立法（第 81 届奥林匹亚赛会第 4 年，公元前 452 年）——正是赫拉克利特的朋友，哲学家因为他的放逐而不能原谅自己的同胞。（Strabo *l. c.*; Diog. ix, 2, &c.; vide *infra*）据此，赫尔曼推测（*De Philos. Ionic. AEtatt*. p. 10, 22）而 Schwegler 赞同（*Rom. Gesch*. iii. 20；另外，在 Kostlin 版本的 *Gesch. d. Griech. Phil*. 20 的第 79

页，Bernays 也猜测性地参照巴门尼德谈及赫拉克利特，但人们已经普遍承认，这与赫尔曼的计算并不一致）说，赫拉克利特生于第 67 届奥林匹亚赛会期间（公元前 510 年），卒于第 82 届奥林匹亚赛会期间（公元前 450 年）。不过我已经在论文 *De Hermodoro Ephesio et Hermod. Plat.*（Marb. 1859）中表明，这个观点是站不住脚的。得到 Syncellus 重复的 Eusebius 的观点自身也远不如依据 Apollodorus 的第欧根尼的观点来得可信；赫尔曼极力主张说 Eusebius 对阿那克萨戈拉和德谟克利特的年代的确定比 Apolodorus 的更为精确，但事实并非如此。恰恰相反，这个陈述因为与同一个作者更早一个说法的明显矛盾而失去了它所有的力度。Eusebius 在哪里发现了这个观点以及它的依据，我们并不清楚；但如果我们记得，是赫拉克利特的鼎盛期（而不是像赫尔曼所说的那样，是他的卒日：那个词是 clarus habebatur, cognoscebatur, ἤκμαζε〔鼎盛〕）被看作与罗马十人委员会的立法的时期确切一致，那么 Eusebius 的观点很可能就是出于这样一种假设：赫拉克利特的朋友 Hermodorus，是在被放逐之后立刻与罗马十人委员会发生了联系的，而他的放逐与赫拉克利特的鼎盛时期（ἀκμή）一致。第欧根尼的判断很难说能够得到确切的年代资料的支持，更有可能的是（正如 Diels 在 *Rh. Mus*. xxxi. 33 sq 承认的那样），作者只是了解这样的一般说法：赫拉克利特是大流士一世的同时代人，而与此相一致，他就把赫拉克特的鼎盛期置于第 69 届奥林匹亚赛会期间，也即大流士统治的中间时期（第 64 届奥林匹亚赛会第 3 年到第 73 届奥林匹亚赛会第 4 年）。尽管如此，这个观点仍然接近于真实，而赫拉克利特的卒年也不能晚于公元前 470—前 478 年，从其他一些理由看，这也是极度可信的。有这样的一些事实——尽管我们可能不能过于强调它们：依据 Diog. ix. 5 中 Sotion 的说法，赫拉克利特被许多人看作是克塞诺芬尼的学生；我们在第一卷第 532 页发现很可能是真实的埃庇哈尔穆斯对赫拉克利特的暗指，表明赫拉克利特的理论早在公元前 470 年。就已经在西西里为人所知；同时，由于赫拉克利特自己列举的尽管博学但并未带来智慧的人的名单，只有克塞诺芬尼、毕达哥拉斯和赫卡泰，另外再加上赫西俄德，这似乎表明更晚的哲学家，特别是他的对手巴门尼德，并不为他所知。此外，关于 Hermodorus 的说法也绝不能迫使我们把赫拉克利特看作是更晚的。因为首先，关于参与罗马十人委员会的立法的 Hermodorus 与作为赫拉克利特朋友的 Hermodorus 就是同一个人的理论，即使是在 Strabo 那里（正如我已经在上引书 p. 15 中表明的那样），也不建立在可靠的传统的基础之上，而只是基于一个很有可能的猜测；其次，我们没有理由认为 Hermodorus 就是和赫拉克利特同等年纪的。假如他比赫拉克利特年轻个 20 到 25 岁，那就完全可能在承认他参与了罗马十人委员会的立法的同时，不改变赫拉克利特的卒年至公元前 5 世纪中叶。我们确实不能把 Hermodorus 的被放逐和赫拉克利特著作的写作的时期置于公元前 478 年之前，因为民主制在以弗所兴起的时期几乎不可能早于它从波斯统治中的解放；从另一方面讲，可能正是民主制的兴起导致了政治上的解放。这两个理论都与这样的假设一致：一方面，赫拉克利特死于公元前 475 年；另一方面，Hermodorus 在公元前 452 年帮助过罗马十人委员会。亚里士多德认为赫拉克利特活到 60 岁，如果 Diog. viii. 52 中的文字可以这样来读的话："因为，亚里士多德说他（恩培多克勒）和赫拉克利特死于 60 岁。"但是 Sturz 把其中的 Ἡράκλειτον 读作是 Ἡρακλείδης（意思就变成"亚里士多德和赫拉克勒德斯都说他（恩培多克勒）死小亚细亚（Asia Minor），出现了一个从同样的前提出发却得到相反结论的理论体系，它把存在看作是某种纯然在运动之中并会遭受永久变化和分离的东西。这个体系的创造者就是赫拉克利特（Heracleitus）。[1] 3

于 60 岁——中译者注"），Cobet 接受了这一被广为接受的猜测，并把它写入文本，但也只是把它当作猜测。但我并不认为这个修正是绝对必要的；因为亚里士多德完全可能把这两个人放在一起谈论他们的岁数，而第欧根尼这里谈及的恩培多克勒的传记作者（尽管有 Diels, *Rh. Mus*. xxxiii. 38 的支持，但说第欧根尼这里的资料都来自 Apollodorus，在我看来仍是可疑的），可能会在这里利用机会顺便谈及赫拉克利特，就像在第 55 节菲洛劳斯与赫拉克利特一起被提到那样。但另一方面，说这里的 *Ἡράκλειτον* 是对 *Ἡρακλείδης* 的误读，也是完全可能的；因此，我们必须像在赫拉克利特年表的许多其他方面那样，对此不做断定。

1　依据古人的一致证词，赫拉克利特的母邦是以弗所。Justin 在 *Cohort*. c. 3 中把他的母邦说成是 Metapontum，但这不过是依据某一段话作出的草率推论：在这段话中，赫拉克利特的名字被与 Metapontum 的 Hippasus 一起提到；一般来说，这来自于亚里士多德《形而上学》i. 3, 984a7 中的说法。依据 Diog. ix. 1 等处，他的父亲名叫 Blyson，但另一些人也称他为 Heracion（Schuster, p. 362 sq 猜测叫这个名字的是他的祖父）。他所属家族的地位，从 Diog. ix. 6 中安提司泰尼的说法看非常清楚：他把王位（*βασιλεὺς*）让给了他的弟弟；因为这是以弗所城邦创立者 Androclus 家族的世袭制（Strabo. xiv. 1, 3, p. 632; Bernays, *Heraclitea*, 31 sq.）。在他的母邦实施民主制的时候，他仍然坚定地持有贵族主义的观念（参见下文）；这能够解释为什么他的朋友 Hermodorus 会遭到放逐（Diog. ix. 2），以及他自己为什么不怎么受欢迎（Demetr. *ibid*. 15）。但基督教作家据此得出的他因为持无神论而受到迫害的说法（Jestin. *Apol*. i. 46; *Apol*. ii. 8; Athenag. *Supplic*. 31, 27），则可能完全来自赫拉克利特的第四封信（cf. Bernays. *Herakl*. Br. 35），但所有古代权威作家对此的沉默表明这是不可能的。关于赫拉克利特死前的疾病和死亡，我们可以在 Diog. ix. 3 以下、Tatian, *C. Graec*. c. 3 和其他一些地方发现各种各样不可靠、有些相互矛盾的故事。如果这些故事具有任何的历史渊源（Schuster, p. 247 认为它们有许多这样的渊源），我们也是不知道的。拉萨尔（i. 42）关于这些故事不过是对立面统一理论的神秘性象征的说法，在我看来则是牵强附会的。塞奥弗拉斯特把赫拉克利特的性情描述为忧郁性的（*ap*. Diog. ix. 6; cf. Pliny, *H. N*. vii. 19, 80），这能得到他残篇的支持。但第欧根尼（ix. 3 sq）联系他的愤世而谈到的轶事，则是没有什么价值的；更别说那种关于他是哭泣的哲学家而德谟克利特是欢笑的哲学家这样的荒谬说法（Lucian. *Vit. Auct*. c. 13; Hippolyt. *Refut*. i. 4; Sen. *De Ira*, ii. 10, 5; *Tranqu. An*. 15, 2, &c.）。一般的传统对他的师承一无所知，古代作家（Clements, *Strom*. i. 300 c, sqq.；Diog. ix. 1；*Proaem*. 13 sqq.；类似的 Galen, c. 2）发现无法把他与任何学派联系在一起。因此，像 Diog. ix. 5 那里的 Sotion 那样把他看作是克塞诺芬尼的学生，或像另一些材料（ap. Suid. *Ἡράκλ*.）那样把他看作是 Hippasus 派的学者，明显是错误的，很可能出于对亚里士多德《形而上学》i. 3 的误解；另外，像 Hippolytus 上引书所做的那样，把他与毕达哥拉斯学派继承人（*διαδοχή*）联系在一起，也是错误的。关于他自我宣称完

456 赫拉克利特的理论，[1] 与埃利亚主义者的一样，以反日常思维模式的

全自学成才，年轻时没有学到任何东西，之后就无所不知的说法（Diog. ix. 5; Stob. *Floril*. 21, 7; Procl. *In Tim*. 106 E)，则可能是从他著作中某些被误解的话语中得到的推论。

1 我们具有的关于赫拉克利特的理论的最为可信的信息来源，是他自己著作的残篇。这本著作以伊奥尼亚散文的形式写就，按照 Diog. ix. 5, 12 和 Clem. *Strom*. v. 571 C 的说法，它的标题是“论自然”。Diog. ix. 5 告诉我们，它被分为三个主题，即论万物、论政制和论神。很有可能（正如舒斯特在 p. 48 以下所评论的那样，这与施莱尔马赫在 *Werke z. Phil.* ii. 25 以下所持的观点相反）这本书包含了几个部分，每个部分处理一个独特主题；而这与这样一个事实相联：Diog. 12 告诉我们它还有另一个标题：(《缪斯》）——如果我们像 Schuster, p. 57 那样，想到更古老神话中的三缪斯的说法的话。(另一方面，Diog. 12 说到的更多的标题，则确然是虚假的；参见 Bernays’ *Heracleit*. 8 以下）但是，“*Μοῦσαι*”的说法起源于柏拉图《智者》242D（就如 Schuster, p. 329, 2 所倾向于主张的那样），而非赫拉克利特；第欧根尼给出的三个部分的名称（如舒斯特所发现的那样，p. 54 以下)，也最初起源于亚历山大里亚学派的编目；因此，正确描述了这本著作内容的这些名称本身是极不确定的，正如柏拉图对话会有双重标题，以及其他一些证据，所证实的那样。我们所拥有的残篇只有很少一些确然属于第二个部分，能恰当归于第三部分的则更少，如果说前者探讨政治而后者探讨神学的话；如我们将发现的那样，对于其他涉及赫拉克利特理论的传统来说，情况同样如此（cf. Susemihl, *Jahrb. F. Philol*. 1873, H. 10, 11, p. 714 sq.)。我相信，要依据现存的残篇去确切地复原这本著作的整体计划，是不可能的；舒斯特的复原尝试所依据的假定，已经受到普遍的怀疑，而在我看来，有些时候它们还不只是可疑的。毫无疑问，赫拉克利特只写了这样一本著作，对此，我们不仅有亚里士多德《修辞学》iii. 5, 1407b16、Diog. ix. 7 和 Clemens, *Strom*. i. 332 B 提供的间断证据：它们提及赫拉克利特的著作时，用的是单数“*σύγραμμα*”而非复数“*συγράμματα*”；而且他也没有其他著作受到古代作家的引用或评述。Plut. *Adv. Col*. 14, 2 中的“赫拉克利特的（*Ἡρακλείτου*）《琐罗亚斯德》”，我们应该像 Dubner 那样读作“*Ἡρακλείδου*”（“赫拉克利德的”）（参见 Bernays, *Rh. Mus*. vii. 93 以下），这个修正能够解决施莱尔马赫关于这本著作的真实性的怀疑，并保障普鲁塔克关于赫拉克利特的描述的可靠性（同上）。David, *Schol. In Arist*. 19 b, 7、Hesych. *Vir. Ill. Ἡράκλ*. 和 Schol. Bekker, *in Plat*. p. 364 提到赫拉克利特的 *συγγράμματα*（著作复数)，但这只表明了他们的疏忽大意。赫拉克利特的信件不可能是真实的。关于赫拉克利特理论的韵律版本，参见第 452 页注释 1。是否像 Diog. ix. 6 和其他一些地方所说的那样，赫拉克利特把他的著作置于阿耳特弥斯的神庙，不能得到确定；如果确实如此，那也不像 Tatian, *C. Gr*. c. 3 所说的那样，是出于保密的原因。我们也不能假定他的著作所具有的那种使他在后来作家（例如伪亚里士多德的《论宇宙》c. 5, 396b20 和 Clem. *Strom*. v. 571, C）那里获得“晦涩”(*σκοτεινὸς*）称号的晦涩性(cf. Lucret. i. 639)，可归结于他的不满和愤世（参见 Theophrastus, ap. Diog. 6 以及 Luc. *Vit. Auct*. 14)，或想要隐匿自身观点的意图（参见 Diog. 6；Cic. *N. D*. i. 26, 74; iii. 14, 35；*Divin*. ii. 64, 133 等处）。对后一种观点的反对，参见 Schleiermacher, p. 8 以

方式发展自身。不管往哪里看，我们哲学家都没有看到真实的知识。[1] 7

下和 Krische, *Forschumgen*, p. 56。舒斯特（p. 54, 72 sq., 75 sqq.）则支持这种观点说，赫拉克利特有充分的理由隐匿自己的观点，因为这可能使他遭受无神论的指控；但是另一方面非常显著的却是，他残篇中那些会带来最大程度上冒犯的关于宗教习惯和政治传统的判断，得到了最大可能的显白和大胆的阐述（赫拉克利特的伦理观和政治观，参见下文）；虽然由于表达的晦涩性，这些观点很难得到理解，但无论他如何清楚地表达这些观点，它们都绝不可能是危及这个哲学家的安全的东西。没有哪个古代作家断言赫拉克利特是为了避免迫害而在他的著作中刻意晦涩。他的晦涩性的原因看来部分在于那个时代哲学表达的困难性，部分出于他独特的个性。他让他的深刻洞见披上了最意味深长的、庄严的语言外衣，在大多数的时候，尽可能地使用象征化的表达，因为这些方式最适合于他，也最配得上他思想的重量。他太吝啬笔墨，也太缺乏创作的实践，以至于不能避免语句安排上的含糊不精，这一点已经为亚里士多德所注意（《修辞学》iii. 5, 1407b14 ；参见 Demetr. *De Elocut*. C. 192）。在残篇 39 和 38 中，他自称他的语言是适合于主题的语言（在 Plut. *Pyth. Orac*. C. 6, 21, p. 397, 404 和 Clemens, *Strom*. i. 304. c.。pseudo-Iambl. *De Myste*r. iii. 8 谈到这两个残篇中的第一个，没有提及另一些不同的表述；pseudo-Iambl. *De Myste*r. iii. 15 则谈到第二个），依据对这些残篇最为可信的解读（这得到 Lucian 上书的肯定），赫拉克利特把他的文字比作是受神灵启发的女祭司的最为真实和朴素的话语，德尔菲敬祭之神的神谕。赫拉克利特语言的这种神谕式特色，也可以联系到亚里士多德的指责（《尼各马可伦理学》vii. 4, 1146b29 和《大伦理学》ii. 6, 1201b5）：他说赫拉克利特，像有知识的人对他的知识那样，对自己的意见抱有自信。当结论只是无论证地以严峻方式给出时，确定性的几个层次之间的区别就既得不到感觉也得不到表现。除了其他的例子外，赫拉克利特对自己信念的自信可以在这样的表达中发现（*Fr*. 137 ；Olympiod. *in Gorg*. 87。参见 Jahn, *Jahub. Suppl*. xiv. 267 ；比较 Diog. ix. 16）：“甚至在珀耳塞福涅身旁我也这样讲。”也可参阅下文，那里的那句话“信赖那一个人强过信赖一千个人”说的“那一个人”主要就是他自己。Diog. ix. 22 和 ix. 11 以下提到苏格拉底对赫拉克利特著作理解难度的评论。Diog. ix. 15 还提到其他一些赫拉克利特著作的评论者。布兰迪斯（*Gr. Rom. Phil*. i. 154）出于很好的理由，并基于 Diog. vi 19 和 ix. 6 中的其他一些段落，怀疑这里提到的安提司泰尼是苏格拉底派哲学家（参见 Schleiermacher, p. 5），Lassalle, i. 3 则得出一个令人遗憾的结论说，在 Eus. *Pr. Ev*. xv. 13, 6 中，苏格拉底派的安提司泰尼并不被称作“赫拉克利特派”，而是“赫拉克利特式的，一个有思想的人”；cf. part Ⅱ . a, 261. 4。下文我对赫拉克利特残篇的引述，运用了舒斯特的细目，但同时会提及它们的出处。

1 *Frag*. 13，在 Stob. *Floril*. 3, 81 处：*ὁκόσων λόγους ἤκουσα οὐδεὶς ἀφικνεῖται* (- *έεται*) *ἐς τοῦτο ὥστε γινώσκειν, ὅτι σοφόν ἐστι πάντων κεχωρισμένον*。在 *γιγνώσκειν* 之后，旧的版本还有 *ἢ γὰρ θεὸς ἢ θηρίον*。Gaisford 基于 MSS. 对此进行了批判，它显然是由某位注释者插入的，这位注释者在对亚里士多德《政治学》i. 2, 1253a29 的错误引用中认为“离开众人的贤哲”是指“贤哲的隐退”；对比 Lassalle, i. 344 以下；舒斯特对这些文字的辩护并不能说服我。拉萨尔认为最后那句话“*ὅτι σοφὸν*......”中的“*σοφὸν*”意指神圣的智慧，因此这样解释它说：“绝对者不同于所有感性存在，

永恒真理尽管清晰明白，大众却缺乏把握它的理智；他们日常碰面的，对他们来说却始终是陌生的；他们自己道路的指向却对他们隐匿自身；他们忘却他们醒着时候的所作所为，就像这是在梦中做的一样；[1] 世界的

因为它是相反的。”但在我看来它更可能真实的含义是：“没有人明白，智慧是独立于所有事物的，”也就是说，智慧有其自己的路径，与一般的意见背道而驰。这并不与 *ἕπεσθαι τῷ ξυνῷ* 相矛盾，正如舒斯特（p. 42）所相信的，因为 *ξυνὸν* 是指某种不同于人们意见的东西。舒斯特的解释——这也是 Hernze 的观点（*Lehre vom Logos*, p. 32）：“智慧是无的部分”，在我看来，并不与他对 *ξυνὸν* 的理解更为一致。为了确定这些词的真实含义，我们必须知道它们的上下文。

1 *Fr*. 3 和 4，在亚里士多德《修辞学》iii. 5, 1407b16 和 Sext. *Math*. vii. 132 处（他们都说这是赫拉克利特著作的开头）；Clem. *Strom*. V. 602 D ；Hippol. *Refut*. ix. 9 ：*τοῦ λὀγου τοῦδ᾽ ἐόντος* ；后面两个希腊词被修正为“*τοῦ ὄντος*”或者“*τοῦ δέοντος*”；后面的修正读法是对我们的亚里士多德文本的通常读法，但如果这种修正仅出于这样的理由的话：这么做，紧接在这句话后面的 *ἀεί*（永恒）就不会与后面的句子联结（而是被用来修饰前面的“逻各斯”），那么它就是令人难以接受的。因为亚里士多德明确地评论说，我们并不清楚“*ἀεί*”到底是属于前文还是后文；在我看来，亚里士多德必然是把它读成 *τοῦδε ὄντος*，而赫拉克利特必然是这样写的：“*τοῦδ᾽ ἐόῦτος* or *τοῦδε ἐόντ. αἰεὶ ἀξύνετοι γίνονται ἄνθρωπιο καὶ πρόσθεν ἢ ἀκοῦσαι καὶ ἀκούσαντες τὸ πρῶτον γινομένων γὰρ πὰντων κατὰ τὸν λόγον τόνδε ἀπείροισιν*（Bern. Mull. Schust 读法）*ἐοίκασι πειρώμενοι ἐπέων καὶ ἔργων τοιούτων ὁκοίων ἐγὼ διηγεῦμαι κατὰ φύσιν διαιρέων ἕκαστον καὶ φράζων ὅκως ἔχει τοὺς δὲ ἄλλους ἀνθρώπους λανθάνει ὁκόσα ἐγερθέντες ποιοῦσι*（-*έουσι*）*ὄκωσπερ ὁκόσα εὕδοντες ἐπιλανθάνονται*.”对于这个广受争议的残篇，我同 Heinze（上引书 10）一样认为，*ἀεί* 联结的是 *ἐόντος*（存在）；而那个 *λὀγος*，在我看来，则主要指话语（discourse），也指话语的内容，即它表达的真理；不同观念的混淆和辨别，用同一个词来联结和包含它们，在赫拉克利特那里没有什么可奇怪的。他说道：“这一话语（在他著作中阐述的世界理论）并不为人所认知，尽管它永恒存在着（也就是说，它总是存在着，包含着万物的永恒秩序，那个永恒真理），因为尽管所有的事物按照它来发生（因此它的真理为所有事件普遍证实着），但是，当言辞或事物如是向他们呈现时，就像我现在所做的那样，人们却好像从未体验到它似的”（当这里提出的观念通过指导或他们自己的感知向他们呈现时）。Schuster, 18 以下认为“*λὀγος*”指称的是“自然以听得见的话语给我们的启示”。但是即便我们通过“万物的生成”等和“那样一些事情”等应当了解到，它们全都与赫拉克利特正在说的 *λόγος* 相对应，*λὀγος* 也不能被描述为自然的话语；自然不仅未被当作言说的主体提及，甚至根本没有被提到。为了赋予这种意义给 *λὀγος*，我们必须假设“*τοῦδε* 指之前对 *λόγος* 是‘自然的逻各斯’的界定”。但不可能存在任何这种预先的界定，正如这段话是作为赫拉克利特著作的开头所表明的那样；即使第一行话（如 Hippolytus 所说的那样）以这样的形式出现：*τοῦ δὲ λόγου τοῦδε*，我们也不需要把 *δὲ* 指向这部著作的标题以外的任何东西（在标题中，“关于自然的论说”

秩序，光芒四射，但对他们来说，并不存在。[1] 真理在他们看来却是不可信的东西；[2] 它在他们耳边，他们却听不见；[3] 在驴子眼里，干草比黄金更好，狗则对所有陌生人狂吠。[4] 他们既不会听也不会说，[5] 他们的听和说不过掩盖了他们的无知。[6] 无理性如他们，总是信守诗人的话语和大众的意见，却从未认识到好的东西总在数量上占少。大多数人像野兽般过活，只有那凡人中的最优秀者，才会独独爱着那个东西，也即不朽的荣耀；[7]

8 9 10

已经出现了）；我们不需要像 Schuster, p. 13 sqq. 那样，根据亚里士多德的“在这部著作的开头”，根据塞克斯都的“作为《论自然》的开端”假定，认为在赫拉克利特所说的话之前有一篇长篇的导论，而且是一篇在我看来与其余部分的格调很不协调的导论。但是，如果是这样，重复两次 *ὅδε*，就像在希罗多德的历史的开头那样，只能是指赫拉克利特著作本身。也参考 *Fr*. 2，Clem. *Strom*. ii. 362 A。*Fr*. 1，Hippol 上引处等。M. Aurel. iv. 46，其中大部分文字，我同意 Bernays, *Rh. Mus*. vii. 107 的观点，认为是引自赫拉克利特，但显然只是根据记忆，因此并非逐字逐句的。在 Hippocr. *π. διαιτ*. i. 5 中的文字（如果摘自赫拉克利特）必定属于同一关联。

1 我猜测 Theophrast. *Meatph*. 314（*Fr*. 12, 15, Wimm.）中的残篇文字，表达的是对日常思维的责难：“赫拉克利特说，最美的秩序正像是被随意倾倒的死物（*ὥσπερ σὰρξ*［Wimmer 猜测它为 *σωρὸς*, Bernays ap. Schuster, p. 390 认为是 *σάρον*，“垃圾”；*σάρος* 指称同样的意思，但更为接近］）。”舒斯特认为这是赫拉克利特自己的观点，但他给出的两个解释都无法令我满意。

2 这至少是 *Fr*. 37, Clem. *Strom*. V. 591 A 的意思。克莱门斯文本中在这之前的文字，我并不相信是出自赫拉克利特，这部分是因为“认识的深度”这个表达有强烈的基督教语言特色（参见 1 *Cor*. ii. 10、*Rev*. ii. 24、1 *Cor*. viii. 1, 7、2 *Cor*. x. 5 以及其他一些段落），部分是因为之前 p. 6 给出的理由。我不赞同舒斯特（p. 72）的观点，他认为在这个残篇中可以找到对预防迫害的谨慎手段的建议。

3 *Fr*. 5, Theod. *Cur. Gr. Aff*. 70, p. 13; Clem. *Strom*. v. 604A.

4 *Fr*. 28，亚里士多德《尼各马可伦理学》x. 5, 1176a6。*Fr*. 36, Plut. *An Seni s. Ger. resp*. c. 7, p. 787。对这些及与其类似的只以零碎的形式流传给我们的名言，我只是给出我认为最有可能的解释，并不保证它们绝对正确。

5 *Fr*. 32, Clem. *Str*. ii. 369 D.

6 *Fr*. 31，在 Stob. *Floril*. 3, 82。后面的补充似乎后来的事情。如我们在其他几个地方发现的那样，普鲁塔克对此的解释有些不同；参见 Schleierm. p. 11、Mull. 315 和 Schuster, 71。

7 *Fr*. 71，这里确如 Bernays, *Heracl*. 32 以下所做的恢复；参见 Schuster, 68 以下（优于 Lassalle, ii. 303）：出自 Procl. *in Alcib*. p. 255；Creuz. iii. 115, Cous.；Clem. *Strom*. v. 576 A。其余部分是克莱门斯的解释性附加。我对最后一个命题的解释，不同于 Bernays、拉萨尔（ii. 436 sq.）和舒斯特的，他们让“凡人的”依附于“荣誉”。Bernays 在“凡人永远变动的荣誉”这三个词的并列中，看到对甚至最好的人所追求的东西的无价值的讽刺。拉萨尔在这里看到的则是把荣誉看作是有限之人无限实而那一个好人的价值超过成千上万个坏人。[1] 即使那些已经获得卓绝智慧的名声的人，在赫拉克利特的眼里，经常也不会表现得更好一些。他认为他们只有多种多样的知识，却没有真正的智慧。在谈及赫西俄德（Hesiod）和阿尔基罗库斯（Archilochus），谈及毕达哥拉斯、克塞诺芬尼和赫卡泰（Hecataeus），特别是谈及荷马时，他的言辞极端严厉；[2] 所
11 谓的“七贤”也只有极少的人得到他更有敬意的评论。[3] 因此，无论赫拉克利特的理论与埃利亚学派的有多大的不同，它们都与关于世界的一般理论相对立。

在赫拉克利特看来，流行表达模式的最大错误在于，把并不属于事物的持久存在性（Being）赋予了事物。真实的情况是，没有什么东西具有在世的不变和持存性，相反，所有事物都处于持续的变化当中，[4]就像在一条河
12 流当中，新浪总是不断地取代着旧浪；[5] 这不只是说个别存在总在流变当中，

现的思想。

1 *Fr*. 30，依据 Bernays 上引书 p. 35，在 Theodor. *Pordr*.（Laz. *Miscel*. p. 20）处；参见 Symmachus, *Epist*. ix. 115 和 Diog. ix. 16。Olympiodor. *in. Grog*. p. 87（Jahn's *Jahrb*. *Supplementb*. xiv. 267）的说法是：“对于我是一个人而不是许多人”。类似的，Seneca, *Ep*. 7, 10 阐述德谟克利特的话说：“对我来说一个人就是许多人，许多人就是一个人”；情况可能是这样，德谟克利特从赫拉克利特那里获得这个说法——我们将看到，前者对后者在其他地方也有所回应。

2 这一点参见 *Fr*. 22 以下（参见上册第 230 页注释 3 和第 353 页注释 1）；*Fr*. 25（见第 449 页注释 2）；*Fr*. 134；Diog. ix. 1。*Fr*. 76（见第 460 页注释 1）。赫拉克利特谴责荷马，是因为后者要消解冲突。

3 特别是 Bias，*Fr*. 18，Diog. i. 88。还有泰勒斯，*Fr*. 9 及 23。Alcaeus 在 Diog. i. 76 中提到的那个赫拉克利特，不可能是我们的这位哲学家。

4 柏拉图《泰阿泰德》160D，152D（见第 451 页注释 2）；《克拉底鲁》401D，402A，412D；《智者》242C 以下；参见第 461 页注释 1；亚里士多德《形而上学》iv. 5, 1010a13（参见下个注释）。同书 i, 6；同书 xiii. 4, 1078b14；《论灵魂》i. 2, 405a28；《论题篇》i. 11, 104b21；《物理学》viii. 3, 253b9（见第 449 页注释 1）；《论天》iii, 1, 298b29（见第 452 页注释 1）。更晚的作家，如 Alex. in *Top*. p. 43、*Schol. in Arist*. 259 b, 9、*in Metaph*. xiii. 4, 9, p. 717, 14, 765, 12 *Bon*.、Ammon. *De Interpr*. 9、*Schol. in Ar*. 98a, 37、Diog. ix. 8、Lucian. *V. Auct*. 14、Sext. *Pyrrh*. iii. 115、Plut. *Plac*. i. 23, 6 和 Stob. *Ecl*. i. 396, 318。同样的理论，也为埃庇哈尔穆斯所假定（vide *supre*, vol. i. 529 sq.）。

5 柏拉图《克拉底鲁》402A，参见前一个注释；Plut. *de Ei ap. D*. c. 18。我认为这些话来自于赫拉克利特，施莱尔马赫同样持这种观点（vide p. 30）。赫拉克利特第六

而且表明，一个事物的任何持存性状态都不过是错觉；这一点不仅显著地得到赫拉克利特自己的确认，也是从柏拉图和亚里士多德开始的我们所具有的所有文献一致告诉我们的。[1]无物保持着自身之所是，恰恰相反，每一事 13

封信中的话（如 Bernays 正确地注意到的那样，p. 55）（*ὁ θεὸς*〔神〕）“聚集分散的东西”指的就是它。另一方面，*οὐδὲ......κατὰ ἕξιν*，在我看来，是普鲁塔克的解释性附加。赫拉克利特几乎不可能会说“*θνητὴ οὐσία*”；另外，我们很难不在“*κατὰ ἕξιν*”的表达中发现亚里士多德主义的斯多亚式表达形式。同样的表达也在如下材料中出现：Plut. *de s. Num. Vind. c*. 15, end p. 559、*Qu. Nat*. 2, 3, p. 912 和 Simpl. *Phys*. 17 a, m, 308 b。Plut. *Qu. Nat*. 补充说：*ἕτερα γὰρ ἐπιῤῥεῖ ὕδατα*；Cleanshes 在 *Eus. Pr. Ev*. xvi. 20, 1 中更充分地表达说：“其余的部分则不能看作是赫拉克利特主义的。”在赫拉克利特的 *Alleg. Hom*. c.24, p. 51, Mehl. 中，我们发现这样的句子：*ποταμοῖς......εἶμεν*，它可能可以这样来解释：“我们只是看起来踏入了同一条河流，保持着自身同一的河流；但事实上，我们没有踏入同一条河流，因为在我们踏入它的时候，它发生着变化；同样我们自己也是又不是，因为我们也处于持续变化之中。”（舒斯特的解释，p. 88，是：“我们在它之中，同时我们也不在它之中”，则并不那么令我满意。）但是，这段话同样能够接受这样的解释：“事实上，我们并没有踏入同一条河流，而我们自身也不同于（在 *εἶμεν* 之后我们在前文中可以补充加上：*οἱ αὐτοὶ*）之前的我们。”亚里士多德《形而上学》iv. 5, 1010a12 支持这样的解释：（*κρατύλος*）......*ἅπαξ*；因为如果赫拉克利特也说同样的话，那么就没有理由进行这样的批评了。同样 Seneca, *Ep*. 58, 23 写道：“这就是赫拉克利特说的：‘我们不能两次踏进同一条河流。’”这后一段话可被用来支持施来尔马赫的猜测（上引书 143）：“*δὶς*”应该插在“*ποταμοῖς τοῖς αὐτοῖς*”之后；但在我看来，更有可能的是，在塞涅卡那里，“bis”是一种解释性的附加，出自于这一著名的命题：“我们不能两次踏入同一条河流。”舒斯特依据上面引文对赫拉克利特文本所做的复原（p. 86 sqq.），在我看来，根本不清楚。这里引述的所有话语不必出自同一个地方。

1　Schuster, p. 201 以下花费不少努力试图证明，在上面所引的命题中，赫拉克利特要表达的不过是这样的观点：“世间万物都逃不过最终的毁灭。”但我并不认为这是可接受的。首先，说赫拉克利特理论原初的表述形式是（正如舒斯特所相信的，vide p. 86）：*πάντα χωρεῖ καὶ οὐδὲν μένει*，《克拉底鲁》402A（一切皆流，无物永驻）（参见上个注释），是完全值得怀疑的。这段话是否真的出自于赫拉克利特本人，我们完全不清楚：同样完全可能的情况是，即使这确实出自于赫拉克利特，他也没有经常回到这个原初的观点上来；如果是这样，那我们可以猜想，他没有总是使用同样的表达模式。那为什么舒斯特引述的表述就一定比其他流传给我们的表述更为真实？为什么亚里士多德提到三次的“一切皆流”（《论天》iii. 1、《形而上学》i. 6 和《论灵魂》i. 2，见第 453 页注释 4），或者在《泰阿泰德》160D 中被柏拉图当作是赫拉克利特格言引述的相应表达“万物就像流动的东西一样运动”，就不能同样被看作是赫拉克利特的原话？为什么他应该说的是“一切皆流”而不是（依据《克拉底鲁》401D“万物即逝，无物常驻”，并不清楚。不管赫拉克利特用了什么样的表述，关键的问题仍是，他试图表达什么样的意思。而在这一点上，他自己的意思是非常清楚的。流动着并将整体永远流动着的河流，非常不适合用来表述这样的主张：所有事物最终要走向毁灭；但却非常适用于指称事物的持续变化。赫拉克利特通过对比清楚地表明了这一点，他说：我们不能两次踏入同一条河流。至于这条河流是永恒不灭地流动着，还是会在某个时候消失，就这一对比而言，完全是不重要的。另外，即使对赫拉克利特的解释并不那么确定，那么那些熟悉赫拉克利特整体著作的作家的意见，也要比只知道他残篇的我们的意见，更具有决定性。而这些作家一致地同意，他否认事物的所有持存状态。舒斯特说（p. 207 sq.），柏拉图是第一个把这个意思赋予“πάντα χωρεῖ”的人，亚里士多德追随于他，但在《物理学》viii. 3 指出，他自己并不确定到底应该怎么解释赫拉克利特著作中的这些话。就我而言，无法这样指责柏拉图和亚里士多德，甚至于普鲁塔克和亚历山大，说他们完整地拥有这本广受阅读的著作，却对它给出了如此粗心和肤浅的解释。即使不考虑赫拉克利特自己说了什么，站在对它们的一致理解的对立面，提出一种自身得不到任何证明的主张，在我看来，是完全不具有说服力的。因为即便是《物理学》viii. 3，也不能证明任何东西。在这里亚里士多德（253b9）说的是：“有些人说在存在者中不是这些在运动而那些不运动，而是全都永远在运动，只是我们感觉不到罢了。对于这些没有区分他们指的是某种运动还是所有运动的人，并不难于应对。”因此，亚里士多德明确地把这样的观点归于赫拉克利特（这段话主要谈的就是他）：所有事物都处于永恒的运动当中。他不能确定的只是，赫拉克利特意指的是哪种运动变化；他接着表明的是，所有类型的运动变化——数量上的增减、变形和位置变化（cf. Part. ii. 290, 3rd ed），都不可能不间断地进行。这说明了什么？它什么地方表明亚里士多德对赫拉克利特观点的阐述可能是不正确的：即赫拉克利特独特性地坚持事物的永恒变化，并通过诸多实例（如我们将看到的那样）来证明它？它表明的只是，赫拉克利特，未能像亚里士多德那样，对不同类型的变化做逻辑的区分，因此在一般性地宣称万物流变时，他持有的是一种不确定的事物运动（或流变）概念，未能解释这种运动表现在哪个方面：是事物的位置、大小，还是它的物质构成，或者是所有这些方面，永恒变化着。在柏拉图那里（《泰阿泰德》181B 以下），依据赫拉克利特的理论，这样的主张——所有事物都在位置和构成上经历着永恒变化——同样事实上被看作是这一理论的恰当所指；从这里也可以看到，柏拉图是第一个对这两种不同运动做出区分的人。舒斯特的观点认为，假定个体事物的永恒变化会导致巨大的难题。如果我们假设它们的“形状”（shape）永恒变化着（据我所知，没有人把这一点归于赫拉克利特），那这就会与地、海、天空和死后灵魂等事物的连续性发生矛盾。如果它们持续从一种“物质”（substance）变成另一种“物质”，那么这一理论就既不与世界大火时期，也不与随后的一切皆海时期（vide *infra*, *Her. Cosm.*），甚至于当下的宇宙时期的说法不一致；这只表明这样一种观念：所有的事物都在每时每刻从旧的部分变成新的部分；这样，世界就像变魔法一样，在每一瞬间消失和再现。这显然不会是赫拉克利特的观点。但是，要通过这些结论来驳斥对赫拉克利特理论的流变解释，有两个东西首先需要得到证明。第一，如果它是正确的，那么赫拉克利特自己得出了这些推论；第二，他发现了其中的困难。但我不能接受这两个假定中的任何一个。如果赫拉克利特确实坚持事物物质的永恒转变，那我们如何知道，他把这一转变看作是瞬间发生的，而不是逐渐发生的，时而快些，时而慢些？

物都会转变成它的对立面，一切出自于一切；一切也是一切。白昼有时长
些，有些短些；夜晚同样如此。干热与潮湿轮替转换；太阳时而离我们近， 14
时而离我们远。可见的逐渐变成不可见的，不可见的又逐渐变成可见的； 15
一物占据另一物的位置，或被另一物所取代；小滋养着大，大也滋养着小。
自然从人那里夺走他一些部分，与此同时又给予他另一些部分；她通过给
予使他大，又通过剥夺使他小，这两个方面同时发生着。[1] 白昼同于黑夜，
也就是说，有一种本质，它时而明亮，[2] 时而黑暗；[3] 有益的和有害的，[4] 上 16

或者他曾经自我言道："如果万物持续变化着，那么这对于物质的最小微粒来说也必然是真的"？我们又如何知道，从他的观点出发，物质的这样一种绝对转变就是不可想像的？即便在这种假定的基础上，具体事物明显具有的连续性，甚至它们持留到世界末日的持续性，也完全能够得到解释，如果我们同样假定它们在一方面失去的东西会在另一方面得到弥补；而依据第三版 p. 559 以下，这似乎正是赫拉克利特的观点。参见 Susemihl 上引书 725 以下、Siebeck, *Ztschr. f. Phil.* 1, xvii. 245 以下和 Teichmuller, *Neuc Studien,* i. 118 以下。这最后被列举的作者相信，赫拉克利特把他关于万物流变的理论与克塞诺芬尼关于神祇不动的主张对立起来。我不能同意这一猜测，因为克塞诺芬尼只是否认神祇的运动（vide *supra*, vol. I. p. 543; 566），而赫拉克利特的主张涉及世间万物，并不指向神祇自身。

1　这出于 pseudo-Hippocrates, *π. διαίτης*, i. 4 以下的一段话，Bernays, *Heracl.* 10 以下认为这段话取自于赫拉克利特的著作（虽然希波克拉底做了许多添加），尽管可能只有某个赫拉克利特信徒的著作或资料使用过它（更多的细节，参见第三版 p. 570）。我从中挑选了在我看来根据其意思无论如何属于赫拉克利特的东西；在我们的引文没有的东西是：同一个东西在生成和毁灭，同一个东西在混合和分离；这后一句话就其意义而言，显然不是赫拉克利特主义的；把生成和毁灭还原为物质的混合和分离，更暴露了（如在下文中将被表明的那样）阿那克萨戈拉的影响。

2　*Frag*. 25, Hippol. *Refut*. ix. 10.

3　如此"它是一个东西"就能得到理解。Schuster, p. 65 这样解释它说："白昼和黑夜是同一的，这就是说，它们都是对时间的划分。"但在我看来，这个观点，就其深度而言，较之归于赫拉克利特，更适合归于柏拉图派的 Dioysodours 或同一阵营的某个智者。赫拉克利特把白昼和黑夜同一所指的意思，从 *Fr*. 67（参见第 450 页注释 4）看非常清楚。他对赫西俄德的指责涉及 *Theog*. 124，在那里"白昼"被表征为"黑夜"的女儿。如果他鉴于一天相同于另一天而同样指责赫西俄德对吉日和凶日的信念的话（Plut. *Cam*. 19; Sen. *Ep*. 12, 7），那这也必然出于其他段落，因为这里没有对此的说法。

4　*Fr*. 83，Hippol. 上引处。（依据 Teichmuller *N. Stub*. i, 29 的正确观察，这里的"*μιαρώτατον*"一词不能像在 Schuster, p. 249 那里那样被译为"导致疾病的"或"肮脏的"；它的意思是"不纯净的"，主要指海水的糟糕味道和不可饮用。）下面接着出现的是医生的例子（*Fr*. 81），可以解释为："他们抱怨自己未得到应得的报酬——但

17 和下，[1]开始和结束，[2]不朽的和可朽的，[3]都是同一的。疾病与健康、饥饿与饱
足、劳累与恢复，都是同样的；神是白昼和黑夜，是夏天和冬天，是战争与
和平，是充足与匮乏；一切皆一，一切变成一切。[4]从生产生死，从死出来
生，从年轻到年老，从年老又到年轻；睡从醒而来，醒从睡而来。生成和
18 消逝之流从来不会停留；制造万物的黏土总是被铸造成新的形式。[5]所有

他们不值得任何报酬；他们把他们施加于人身上的恶看作是具有价值的东西，看作是'善'。"如果我们依据Gottingen版本的Hippolytus和Schuster, p. 246，用 *μισθὸν*（报酬）来替换 *μισθῶν*，也会得到同样的结论。Bernays（*Rhein. Mus*. ix. 244；*Heraclit*. Br. 141）认为确切的表达是这样的："*ἐπαιτέονται μηδὲν ἄξιοι μισθῶν λαμβάνειν*, &c."，意思是："他们要求病人付款，作为他们不应得的报酬。"但在这种情况下，就不是赫拉克利特自己从医生的行为推出结论说善与恶是等同的，而是Hippolytus得出了这个结论：他把赫拉克利特对"*ἀγαθά*"的反讽性使用看作是真诚性的。如果是这样，我不怀疑他说法的真实性。Schuster, p. 247 倾向于接受的来自于 *Ep. Heracl*. vi. 54 残篇的那种增补，在我看来并不源出于赫拉克利特。

1 *Fr*. 82, Hippol. ix. 10。（上层者，也即天空中的旋转和元素之间的转换，变成下层的，反之亦然；上与下因此就是同一本质。同时，"*καὶ τὸ ἄνω......τὸ αὐτὸ*"这些话是属于赫拉克利特本人，还是只是作家从"*ὁδὸς ἄνω* &c."得来的一个推论，并不清楚。）我们将在这个主题上谈及更多。

2 *Fr*. 58, Prophyr. *in Schol. Ven. in Il*. xiv. 200.

3 Cf. *Fr*. 60，（参见下文论赫拉克利特人类学）。

4 *Fr*. 84, ap. Stob. *Floril*. iii. 84. *Fr*. 67, Hippol. *Refut*. ix. 10. Philo. *Leg. Alleg*. ii. 62 A.

5 *Fr*. 59, Plut. *cons*. ad. Apoll. 10, p. 106。（对其中的"*ταὐτό τ᾽ ἔνι*"，Schleiermacher, p. 80 猜测是：*ταὐτό τ᾽ ἐστι*；Bernays, *Rh. Mus*. vii. 103 和 Schuster, p. 174 等处说是：*ταὐτῷ τ᾽ ἔνι*；后一个变更在我看来失去了这段话的意味；两个变更中的 *τε* 都不令人满意；因此我更喜欢 *ταὐτὸ τὸ*。）我同意 Bernays（上引处）的观点：普鲁塔克很可能不仅从赫拉克利特那里引述了这部分文字：*ταὐτὸ......γηραιὸν*，而且这里的整段文字都来自于赫拉克利特；特别如黏土和它被赋形的比喻——关于生成和消逝之流以及光明和黑暗的说法，同样很有可能——多半出自同一来源。关于这些话的意思，普鲁塔克说道："赫拉克利特宣称，活着的等同于死了的，醒着等同于睡着等等，因为这两方的每一方都逐渐变成另一方（例如活着的东西当它死后就变成死了的，死的东西当它滋养着活物时它就变成活了的；在时间的流逝中年轻的变成年老的，而在种属的繁衍中年长的又变成年幼的）"；不能认为这些说法对于这位思想深刻的哲学家来说太过平庸了（Lassalle, i. 160），因为，首先，关于在某种确定意义上死的重新变成生的、年老的重新变成年轻的这一思想本身，就足以远离日常的观念；其次，由此而得出的关于生和死同一的结论，仍然独特地属于赫拉克利特。不过，这些话就其本身而言也可能表达的是这样的意思：活着的同时也是死了的，反之亦然，因为活着的只能产生于先前存在着的东西的毁灭；而死了的正经历向存在的转变；醒着就是睡着，睡着就是醒着，则是因为，在醒着时并非所有的能力都充

的生命和对生命的认识，[1]都建立在这一持续运动的基础之上，它独自构
成了万物的存在；无物是（is）这个或那个，它们只是在成为（become）
其所是的东西，处于自然活力的运动之中；万物并不被设想成某种固定
不变的东西，一次性地得以完成；它们在现象的流变中凭借主动的力量
不断地被再生着；[2]它们不过标明着自然活力的对立之流相互交叉的那个 19
点。[3]因此，赫拉克利特把世界比作是必须不断地搅拌才不会分解的混
合物，[4]世界的创造力量则被他类比成在游戏中这样那样丢石头的小孩。[5]
因此，在巴门尼德否认变化（Becoming）以保证存在（Being）概念的
纯粹性时，赫拉克利特否认存在以保障变化法则的绝对效力；在巴门尼 20
德宣告变化和运动的观念不过是感官的欺骗时，赫拉克利特对不变存在
的观念说同样的话；在巴门尼德因为日常思维模式承认生成和毁灭而

分实现着，睡着时也并非它们都完全不发挥作用；年轻的就是年老的，是因为年轻的只能产生于早就存在的东西；年老的就是年轻的，因为年老的只存在于持续的更新中；甚至更为抽象的表达，例如“生同时是死”等等，也能得到辩护（cf. Plut. *De Ei*, ap. *D* c. 18, p. 392）。生和死的同一，在 *Fr*. 139（*Etymol. Magn*. v. *βίος*；Estath. in *Il*. p. 31, 6）中被提及。

1 参见 *Plac*. i. 23。Iambl. ap. Stob. i. 906。Numen. ap. Porph, *Antr. Nymph*. c. 10，也就是说，干热极力转变成潮湿（参见下章论赫拉克利特人类学）。

2 柏拉图《泰阿泰德》152D、156E。在这里的第一段话中，这个观点被普遍性地归于除巴门尼德外所有的古代哲学家，特别是赫拉克利特、恩培多克勒和普罗泰戈拉；*τινὶ* 只被运用于普罗泰戈拉。但是，如已经被证明的和我们将进一步看到的那样，这里被引述的话正确地阐述了赫拉克利特的理论。

3 进一步的细节参见下文。

4 *Fr*. 85, Theophr. *De Vertig*. 9, p. 138；Wimm.：*εἰ δὲ μὴ*（这毫无疑问是正确的；Bernays, *Heracl*. 7 读作：*εἰ δὴ*），*καθάπερ......κινούμενος*（这是 Wimmer 依从 Usener 和 Bern. 的读法，更老的版本则省去了 *μὴ*〔以免〕，但它明显是文本所需要的，尽管 Lassalle, i 75 有不同说法）。Cf. Lucian, *Vit. Auct*. 14。Plut. *Garrulit*. c. 17, p. 511 中谈及的轶事，不可能与这一理论有任何联系。Chrysippus ap. Philodem. *Nat. De. Col*. vii. 谈及赫拉克利特的 *κυκεὼν*（混合物）；但依据彼得森的修订，相较而言，Sauppe 更喜欢另外一个简单的版本。在 Diog. x. 8 中伊壁鸠鲁称赫拉克利特是“搅拌器”。

5 Procl. *in Tim*. 101F。Clem. *Paedag*. i. 90 C。*Fr*. 49，Hippol. *Refut*. ix. 9。Luc. *l. c*.。Bernays（*Rhein. Mus*. vii. 108 sqq.）依据 Homer. *Il*. xv 360 以下和 Philo. *Incor. M*. 950 B（500 M）很好地阐释了这些话语；但在 Plut. *De Ei*. c. 21, p. 393 中，跳棋游戏没有被特别提及。在柏拉图《法律》x. 903D 的“跳棋”那里，很可能有对“玩跳棋男孩”的暗指。

原则上把它看作是错误的时，赫拉克利特恰因为相反的理由得到类似的结论。

但是，在赫拉克利特那里，与万物处于持续流变当中这一形而上学立场相伴随的是一种物理性的直觉。自然的活力和运动元素在他看来就是火；如果万物被设想为处于永恒的运动和变化当中，那么它的结论就是万物都是火。这第二个观点看来并不是通过有意识的反思从第一个观点中发展出来的，但他无处不见的变化法则，是以这一象征化的方式通过想像的直接作用呈现给他的，因此，他就不能在他的意识中把它的更为普遍的意义与它包含的感性形式分开。这也是我们理解如下主张时必
21 须采用的方式[1]：赫拉克利特认为火是第一元素，是万物的主要或首要物质。[2] 他说，“这个世界，对所有事物来说相同的东西，既不由某个神也

1　亚里士多德《论天》iii. 1, 298b29；《形而上学》i. 3, 384a7；同书 iii. 4, 1001a15。Pseudo-Alex. *on Metaph*. xii. 1, p. 643, 18 Bon。Diog. ix. 8。Clemens, *Cohort*. 43 A。Stob. *Ecl*. i. 282 中的诗文同样说及这一点（cf. Plut. *Plac*. i. 3, 25），但这种形式的表达明显是伪造的，是对克塞诺芬尼著名诗篇（参见上册第 391 页注释 6）的模仿，虽然后者被 Simpl. *Phys*. 111 b 证实包含了许多真正赫拉克利特式的东西。因为在辛普里丘给出被当作是赫拉克利特理论的句子“万物出自有限的火而存在，并且万物毁灭成为它”后，他接着说到“赫拉克利特说万物‘成为火’‘并且出自火’。”由于这些话在斯托拜乌那里被做成六步格诗，也由于我们在其他一些地方（ap. Proc. *in Tim*. 36 C；Plut. *Plac*. ii. 21；*Qu. Plat*. viii. 4, 9, p. 1007；也参见“火的补偿”，参见第 457 页注释 1）看到冠以赫拉克利特之名的韵文残篇，我们可以假定存在着一个关于他理论的韵文版本，以帮助记忆，它很可能出自斯多亚学派。Schuster, p. 354 猜想它的作者是 Scythinus，按照 Diog. ix. 16 中 Hieronymus 的说法，他把赫拉克利特的著作转成韵文；舒斯特也谈及 Stob. i. 26 中的韵文残篇。

2　对此，Teichmuller 评论说（*N. stud*. i. 118 以下，同样，p. 135, 143 以下，虽说从我的论文 *The metaphysical proposition* 中引述了我的话）：“据此，赫拉克利特首先发现的是这一形而上的真理，然后才从中得出那个依赖事物观察的结论。”但我确实认为我已经足够清楚地表明了相反的观点，不至于会受到这样的误解。甚至那个形而上学的立场也明显不能被理解成“在先的”；我在谈及赫拉克利特无所不见的变化法则时，指出了（p. 13 sq.）这位哲学家把他的立场建立在何种观察的基础之上。我从观察派生立场，并明确地表示，在赫拉克利特的认识中，形而上学的立场并不先于“万物是火”的主张。但我确实没有假定说，在谈及火时，赫拉克利特想到的只是“我们看到和听到噼啪在响”的现实的火，或者有人曾经认为整个世界曾是并将再次成为这样可见的火，更甚而它总是这样，在当下也是这样。赫拉克利特说世界不仅“过去是、现在是”而且“过去是、现在是和将来是永恒的活火”。结果是，

不是由哪个人创造的，它过去、现在和将来一直都是一团永恒的活火， 22
在恰当分寸上点燃和熄灭"[1]：永不停息之火，主宰着一切。[2] 他由此表明
他称世界为火的理由；正如辛普里丘（Simplicius）[3] 和亚里士多德 [4] 所注
意到的那样，它能使自然的绝对活力以及现象间无休止的轮替得到可理 23
解的表达。火对他来说，不是一种不变的实在，万物由它组合而成，它
自身却保持着性质的不变，就像恩培多克勒（Empedocles）的元素，或

我不得不把这个观点看作是象征性的。但我从来没有说，对赫拉克利特来说，火"只是变化法则的一个象征"，这是 Teichmuller 强加于我的，他甚至天真地引述了那段会反驳他的话来作为证据："赫拉克利特不能把这个观念的更为普遍的意义与它的感性形式区分开。"但如果赫拉克利特在说世界是火时，没有荒谬地把它说成是可见之火，那么对他来说火就必然具有一种超出它直接可感内容之外的含义；换言之，它是一个象征性概念。

1 *Fr*. 46（Clemens. *Strom*. v. 599 B; Plut. *An. Pr.* 5, 2, p. 1014; Simpl. *De caelo* 132b, 31, 19; *Schol. in Arist*. 487 b, 46, 33）。我将马上回到这后一个界定上来。施莱尔马赫（p. 91）鉴于它们的困难而感到不确定的 τὸν αὐτὸν ἁπάντων（万物自同），我认为是真实的，尽管在普鲁塔克和辛普里丘那里没有它们；我认为阳性 ἁπάντων（万物）指的是神和人，因此，这些词就能表明为什么他们没有创造世界的原因：即，因为他们都是世界的部分，被包含在世界之中。Lassalle ii. 56 以下说："出于万物的是同一的，那源出于万物的东西，是内在同一的"；但这个解释的意义并不清楚。在 Plut. *De Superst*. 3（参见下文论赫拉克利特人类学的章节）中赫拉克利特同样说道，世界对一切来说都是同一的。我们不需要像舒斯特（p. 128）那般询问，是谁主张说世界为某个人所创造；也不必像 Teichmuller（*N. Stud*. i. 86）那样通过提及东方式的君主崇拜来回答这个问题（埃及和波斯人不至于那么愚蠢，会把某个受欢迎的君主看作是世界的创造者）。正如在 vol. I, p. 559 我们已经看到的那样，"无神无人"（no God and no man）指的就是"没有任何一个"。事实上，对于赫拉克利特时代的希腊人而言，世界由某个神创造的观念，并不比世界由某个人创造的观念更奇怪。赫拉克利特这里把永恒性归属于世界，并不与亚里士多德的如下主张相矛盾：他说所有他的前辈都把世界看作是生成的，或被创造的：我们上册第 302 页注释 5 和 p.570 已经指出了这一点（参见下文论赫拉克利特宇宙论章节）。

2 *Fr*. 68, Hippol. *Refut*. ix. 10。Hippocr. π. διαιτ. i. 10 末（vide *infra*, p. 27, note）。我们在 Cleanthes 的颂诗的第 7 行以下（Stob. *Ecl*. i. 30）也会碰到同样被以 κεραυνὸς 称呼的相同世界统治之火，在那里，这位从其他迹象看特别类似于赫拉克利特的斯多亚主义者把宙斯称颂为在其手中握着"永恒的雷火"：由此你驾驭着共同的逻各斯，它贯通于一切。

3 *Phys*. 8 a.; *Ibid*. 6 a, m.

4 《论灵魂》i. 2, 405a25。关于这段话的更详细讨论，参见第 456 页注释 2 和论赫拉克利特人类学注释 4。亚里士多德自己在《气象学》ii. 3, 357b32 中以赫拉克利特的口吻说了类似的话。另参见《论善与恶》c. 5, 470a3。类似的 Theophr. *Fr.* 3（*De Igne*），3。

阿那克萨戈拉（Anaxagoras）的首要实在那样；而是一种不停地转变为所有元素的本质，一种宇宙的滋养质料，在永恒循环中，它渗透到宇宙的所有部分之中，每每呈现出不同的构造，产生个体存在，并再次消解自身；正是它的绝对运动，导致自然脉搏的不息跳动。赫拉克利特所
24 理解的火、火焰或闪电[1]，从后来作家使用的语言来看，[2]不仅仅是可见之火，而且是普遍的热、温暖物质或干的蒸气；正出于这个理由，他从未

1 “雷火”一词早在第453页注释2就已经出现，依据上下文，它只能指称作为世界创造性原则的火，而不仅仅是特殊意义上的闪电。但是，*Fr*. 47, Clemens, *Strom*. v. 599 C 中的“飓风”一词无疑也具有这同样普遍的意思：“火的转化，首先是海，而海的转化，一半是土，一半是飓风”，不管赫拉克利特是依据 *πρηστὴρ* 的最为字面化的意思（如 Stob. *Ecl*. i. 594 所认为的）把它与 *κεραυνὸς* 区分开，还是把它们同等地理解为“闪电”。Lassalle, ii. 75 以下通过把 *πρηστὴρ* 看作是宇宙基本之火和万物的基础，对 *πρηστὴρ* 与 *πῦρ* 以及可见之火做了区分，同时他也只把 *πῦρ* 理解为可见之火。不过这一理论在刚才所引的话中找不到任何支持——这是赫拉克利特唯一一处谈到 *πρηστὴρ* 的地方；也同样得不到这样一种事实的支持：（正如拉萨尔所说）*πρηστὴρ*“已经在俄耳甫斯教中被用来指称不纯洁的，也即物质的、可感的火”：它在俄耳甫斯教的一则残篇（ap. Proc. *in Tim*. 137 C）中指称这个意思，所以，在晚赫拉克利特几个世纪的一篇诗文中就出现了这些词：“飓风是不可见的火的外观”。

2 当亚里士多德在上引处（参见前一个注释）说赫拉克利特在“*ἀναθυμίασις, ἐξ ἧς τἆλλα συνίστησιν*”（其他事物由之构成的蒸气）中寻找灵魂时，很明显这里的“*ἀναθυμίασις*”（蒸气）不能与 *πῦρ* 分开，而后者在其他地方被说成是赫拉克利特的首要物质。舒斯特认为（p. 162）询问亚里士多德是否用这两个词表达同一个意思，没有什么意义；不过对我来说似乎没有理由去怀疑一个如此清晰的表达。如果在一个地方是“火”，在另一个地方是“*ἀναθυμίασις*”，被指定为被赫拉克利特看作是万物从中产生的本原，那我们就只能假定（除非我们指责亚里士多德在这里有最为明显的相互矛盾）这两个术语意指同一个东西。亚里士多德实际上对 *ἀναθυμίασις* 的所说的（参见第456页注释2），完全就是柏拉图对普遍渗透的本质所说的，因此，当 Philoponus（in *h. l.* c. 7）说：“（赫拉克利特说）火不是火焰（因为如亚里士多德所说，火焰是火的过度）；但是他说火是干燥的蒸气。因此，甚至灵魂也由它构成”时，他对亚里士多德做了正确的解释。这里指称“火焰”的“*ὑπερβολὴ πυρός*”，不能被看作是赫拉克利特式的；引文不过是亚里士多德以他自己的名义所说的话（《论生成和毁灭》ii. 3, 330b25；《气象学》i. 3, 340b21），不是他谈及赫拉克利特的言论。对拉萨尔关于“*ἀναθυμίασις*”解释（i. 147 sqq.; ii. 328 sqq.）的反对意见，参见 Part III. b, 23, 2nd ed。

用“呼吸”（$\psi\upsilon\chi\dot{\eta}$），[1] 可能也未用“以太”[2] 来代替火。但是像埃尼西德穆（Aenesidemus）[3] 那样说赫拉克利特认为万物都由温暖的气构成，则表明对他整个体系的一种误解。与这一术语更为深刻的意义相一致，赫 25

1　在我们刚才讨论过的段落中亚里士多德明确地说到这一点。也参见 *Fr*. 89，在 Clem. *Strom*. vi. 624 D 和 Philo *AEtern. Mundi*, 985 C 处（参见 Procl. in *Tim*. 36、Julian *Orat*. V. 165 D. Spanh. 和 Loympiodor. in *Gorg. Jahn's Jahubb Supplementb*. xiv. 357, 542）。Philo 事实上把“ψυχή”解释为“ἀὴρ”（气），而 Plutarch *De Ei,* 18, p. 392 认为赫拉克利特说的是“πυρὸς θάνατος ἀέρι γένεσις καὶ ἀέρος θάνατος ὕδατι γένεσις”（“火的死是气的生，气的死是水的生”）；但从我们前面的引文以及其他还未谈到的引文（见论赫拉克利特宇宙观的章节）看，这明显是不正确的。

2　“以太”未在任何赫拉克利特残篇中被提到过，但是从他给予宙斯的谓词 αἴθριος（明亮的）（*Fr*. 86，见第 469 页注释 1）来看，从柏拉图从 ἀεὶ θέω（永远运动）派生出 aether(以太)，特别是从 Pseudo-Hippocr. *De Carn*. i. 425k 宣称 θερμὸν(温暖的)在他看来就是被古代人称作以太的东西来看，他很有可能知道这一概念；斯多亚主义者也把上层的火看作是以太（vide Part iii. 124, 4; 129, 2; 2nd ed.）。但是这一点并不十分确定，因为斯多亚主义者也可以通过亚里士多德主义理论得到他们的观念，而论文“π. σαρκῶν”的写作时间（从它包含的元素理论以及其他一些迹象看）比亚里士多德还晚许多。Lass. ii. 89 以下提出的进一步主张——以太是赫拉克利特的最高创造原理，在赫拉克利特看来，依据不同程度纯净性的自我显现，火分为三种不同层次，即以太、“火”和“飓风”——没有真实的依据，尽管它的作者花费了不少努力去证明它。拉萨尔认为单是这一理论就足以解释埃尼西德穆的如是断言：气是赫拉克利特的第一原理；但我已经表明（Part iii. b, 23 sq., 2nd ed.），我们并不需要它来解释这一点。他也极力主张说，在 Ambrosius *Hexaem*. i. 6 T., 1, 8 Maur. 以及 Ps.–Censorinus *Fr*. 1, 4 对元素的列举中，气（它只有在与以太相混淆的情况下才能出现在这里），而非火，占据了最高的位置，就好像这个列举必然是按照严格的秩序进行的，好像 Censorinus 没有立刻评论说：斯多亚主义者把以太置于气之上，而在气之下的是水。他特别强调上引书中的引文：“世界由四种元素构成：土、水、火和气；有些人如 Cleanthes 则认为太阳是最高的原理。”但“cujus”（最高的）并不像拉萨尔所假定的那样指“aer”（气），而是指“mundus”（世界）；因为 Cleanthes 把太阳看作是“宇宙的主宰”（vide Part iii. a, 125, 1, 2nd ed.）。他依赖斯多亚学派关于天上之火和普通之火的区分，但这一区分是否借自赫拉克利特仍然是个问题，同时它（即使是在 Heracl. *Alleg. Hom*. c. 26 中）也并不与据说是我们的哲学家做出的关于以太和火的区分不完全一致。他认为以太的冷寂（ps.-Censorinus）与斯多亚学派理论矛盾，因此必然来自赫拉克利特，但是它的来源更有可能是亚里士多德的《物理学》（vide part ii. b, 331, 2nd ed.），而 Ocellus, 2, 23 的观念，以及 Philolaus 伪造的残篇（但拉萨尔认为它们是真实的）——这在上册第 274 页注释 4，cf. p. 358，已经被探讨过的——也同样必然源自于那里。

3　Ap. Sext. *Math*. x. 233; ix. 360; cf. Tertull. *De An*. c. 9, 14; Part iii. b. 23 sq.

26 拉克利特说他的火永远不会遭受毁灭，[1]它不像与具体的因而变化着的现
象相关联的阳光，而是宇宙本质，被包含在万物的实在之中。[2]但我们
不能像拉萨尔（Lassalle）那样，据此把它简化为一种形而上学的抽象。
当赫拉克利特谈及火时，他想到的不只是“生成（Becoming）概念本
身”，或“存在与非存在过程中的统一（processirende Einheit）”等等；[3]
没有任何文字表明他只是在意指“火之观念性的逻辑实在”，而不是在
对热的感觉中感知到的确定实在，或者说作为原理的火，就是纯粹的、
27 无质料的，不同于所有物质性火的东西。[4]恰恰相反，他自己的表述，

---

1 *Fr*. 66, Clem. *Paedag*. ii. 196 C；从克莱门斯的增补看，作为 *δῦνον* 的主词的是 *πῦρ* 或 *φῶς*（光）。施莱尔马赫的修订（p. 93 sq.）在我看来是不必要的。赫拉克利特很可能说道：“没有什么东西能向神圣的火隐藏自身，即使是无所不见的赫利俄斯（太阳神）也不例外。”“任何一个”一词也得到了 Lassalle, ii. 28（他恰切地让我们想起 Cornut. *N. Deor.* 11, p. 35）、Schuster, p. 184 和 Teichmuller, *N. Stud*. i. 184 的辩护。但舒斯特认为它指涉遵守内在于火中的法则的赫利俄斯，则是我不能认同的。

2 参见柏拉图《克拉底鲁》412C 以下，他对 *δίκαιον*（正义）词源的戏谑性的解说——很可能借自赫拉克利特——以典型的赫拉克利特风格进行。为了渗透于万物之中，它必然是最精细的，以及“最快的，这样它对待其他东西就好像它们是静止的一样”（亚里士多德对“蒸气”说了同样的话）。这个 *δίκαιον* 受到了不同的解释；一个说，有人说正义就是太阳，又说，有人问，是否我认为一旦太阳下沉人类就没有正义了（可能是对“不下沉的”的戏说）。另一种解释把正义理解为抽象性的火，又说不是火，而是存在于火中的热。这在我看来是一个支持文本中的观念取自赫拉克利特的火的证据，但 Schuster. p. 159 错失了这一点。另外一些证据还可以在亚里士多德把 *πῦρ* 还原为 *ἀναθυμίασις*（参见第 454 页注释 2）和赫拉克利特自己的表述（参见第 452 页注释 1、第 453 页注释 1 和 2）中被找到。当舒斯特注意到：“火就是世间的每一事物，但大多数时候它是熄灭的”，他事实上就肯定了他批判过的东西（火是宇宙本质等等）。对这些词的解释，参见本书 p. 22 以下。

3 如拉萨尔主张的那样，i. 361；ii. 7, 10。

4 同上 ii. 18, 30。仔细审查后会发现，拉萨尔对这些主张的冗赘而啰嗦的辩护证明不了什么东西。他首先主张说火是这样的：“它不是存在而是纯粹的进程”；但即使这个说法是对的，我们也不能从中得到任何有关于赫拉克利特的火的概念的结论。他诉诸于前文提到的《克拉底鲁》中的段落，但是“内在于火中的热”，即使真的符合赫拉克利特的观念，也不是非物质性的，而只是把它的热能传递给火的相同物质；如果主张说，有些人，像阿那克萨戈拉一样，从 *νοῦς*（努斯）来解释 *δίκαιον*（正义），那这一解释也只与 *δίκαιον* 相关而无涉于火；另外，它也不出于赫拉克利特而源于阿那克萨戈拉。拉萨尔进一步通过谈及 Ps. Hippocr. *π. διαίτ*. i. 10 和 *De Carn*. i. 425 K 中的两段话来支持他的观点；那里表达的思想具有明显的赫拉克利特主义印记，第一段话主要涉及人，它针对“按本性统治一切、安排一切的最热、

以及后来作家的说法，都清楚地表明，他是在一种作为确定实在的火中寻找万物的原理和本质的。

但是原始之火会变化成最为多样的形式，它的变形正是万物产生的出处。赫拉克利特说，万物兑换成火，火兑换成万物，正如货物兑换成黄金，黄金兑换成货物；[1]这里他要让我们理解的是，从原始物质而来的 28
派生物，不是通过结合和分离，而是通过变形，通过性质的变化，产生出来的；因为在把货物兑换成黄金时，保留下来的不是它的实在，而只是它的价值。其他的任何解释都会与这位哲学家关于万物流变的基本理论发生矛盾。因此，像我们的某些权威作家那样宣称，在赫拉克利特看来，事物通过要素的结合与分离的方式形成，[2]无疑是错误的，如果这

最有力的火”说，“它通过万物驾驭万物，无论是这些还是那些，任何时候都不静止”；第二段话说的是：“我认为我们把它称作不死的热，思想一切、观看一切、倾听一切，并且一切现在和将在的东西”。我看不出从这里能得到什么反对赫拉克利特把火等同于物理性的生命之热（斯多亚主义者的 πῦρ τεχνικὸν）的结论。第欧根尼（见上册第 194 页注释 7）对气所说的，与这些赫拉克利特主义哲学家对 πὺρ 或 θερμόν 所说的完全相同。Lassalle, ii. 22 认为他在 Marc. *Capella*, vii, 738 那里发现赫拉克利特的真实理论，尽管这个作者并没有提到赫拉克利特。但是在那个段落中提到的无定形物质和四元素，会向他表明这纯粹是斯多亚—柏拉图主义的解释。在 vol. ii. 27 中，他还试图依据 Chalcid. *in Tim*. c. 323, p. 423 M 来证明赫拉克利特主义的原始之火是非物质性的：我们会认为赫拉克利特的这个火没有确定性，没有任何先在物质；但是这里他误解了这位新柏拉图主义者的话（另外这位新柏拉图主义者也并不非常可信）。“没有先在物质的火”并不是非物质性的火（我想不起在哪个古代哲学家那里——包括新柏拉图主义者那里——能找到这种说法的痕迹），而是一种不掺杂任何燃烧物质的非混合性的火。拉萨尔认为（i. 360; ii. 121）Sext. *Math*. x. 232 的主张是：“在赫拉克利特看来，火不是物质性的物体。”但对这一观点我们可以说以上同样的话。我跳过了一些进一步的观察。

1 *Fr*. 57, Plut. *De Ei*. c. 8, end p. 388；Heracl. *Allge. Homer*. c. 43, p. 92。相似地有 Simpl. *Phys*. 6 a 和 Diog. ix. 8，以及 Eus *Pr. Ev*. xiv. 3, 6。

2 亚里士多德并不包含在内；他确实在《形而上学》i. 8, 988b34 中说：“因为在一种方式上，万物由以构成的最初的东西最是万物的元素，而这有可能就是物体的最微小的部分和最细微的。”但他在这里只是指出，从他自己的观点看，火是原始元素的理论会需要什么前设；他并没有说这就是赫拉克利特证明它的方式。另一方面，Hermisa, *Irris*. c. 6 这样阐释赫拉克利特理论（相当混乱地）说：“万物的本原是火；它的两个性状，稀疏和凝聚，凝聚是施为，稀疏是遭受，凝聚是聚合，稀疏是分散”，Simpl. *Phys*. 310 a 谈及赫拉克利特和其他自然哲学家时说：“他们通过凝聚和稀疏来说明生成和毁灭，凝聚是一种聚集，稀疏是一种分离。”Lucret. i. 645 以下也

一表述指的就是恩培多克勒、阿那克萨戈拉和德谟克利特给予此类表述
的那个意思的话。另外，如果我们像有些作家那样[1]依据这里被使用的
29 语言认为赫拉克利特相信万物通过凝聚和稀疏产生于火，并最后再次分
解为火的话，那么这些语言也是不确切和有误导性的。[2]无可否认，当
火转变为湿气，湿气转变成土时，有凝聚发生着，相反的方向上则有着
稀疏。但是从赫拉克利特的观点看，稀疏和凝聚不是物体实在变化的原
因而是结果；正如他对变化进程的描述，不是炽热微粒更紧密的并列使
湿气产生于火，固体土的粒子产生于湿气；相反，是更浓厚元素从更稀
疏元素的产生，因为火转变为湿气，而湿气转变成土；因此，要从其他
30 物质元素再生出火，需要的不只是它们原初构成的分解，而是完全的转
化，部分以及整体的性质改变。他用来描述一个元素变成另一个元素的
进程的语言足够清楚地表明了这一点：因为我们读到的，不是实在要素
的稀疏与凝聚、结合与分离，而只是转化、火的点燃与熄灭、元素的生
成与消逝；[3]其他自然哲学家没有人使用过这样术语。不过最为关键性的

假定万物起源于火，与赫拉克利特的理论相抗争，但我们从这里得不出任何有关这一原理本身的东西。在 *Plac*. i. 13 和 Stob. i. 350 中，原子理论被看作是赫拉克利特的，如果我们可以依据斯托拜乌来判定的话，这显然是把赫拉克利特和 Heracleides 搞混淆了。

1 亚里士多德在谈及主张只有一种原始物质的哲学家时说（《物理学》，i. 6, 189b8）：“但是所有人都用对立者来对这个一进行形式规定，例如凝聚和稀疏（阿那克西美尼和第欧根尼），以及多与少（柏拉图）”。这里能得出的结论，不是赫拉克利特认为事物产生出稀疏和凝聚，而是事物产生于来自原始物质的对立面的发展；这完全是正确的。只有后来的作家才把稀疏和凝聚归之于他。例如，Diog. ix. 8 以下等等。Plut. *Plac*. i. 3, 25（Stob. i. 304）。Simpl. *Phys*. 6 a ；赫拉克利特和 Hippasus ：“他们通过凝聚和稀疏从火中产生万物。”

2 这从引自辛普里丘的第一段话看非常清楚；以与亚里士多德在《物理学》viii. 7, 10, 260b7 和 265b30 中所做的同样的方式，辛普里丘把凝聚和稀疏简化为“*σύγκρισις*”和“*διάκρισις*”；他说，凝聚出自于物质的部分更紧密地挨在一起，稀疏出自于它们保持更大的距离。他进一步指出，如果事物从“一个”原始物质产生出来，那么对它的恰当表达就是凝聚和稀疏；如果事物从多个原始物质产生出来，恰当表达是结合和分离。施莱尔马赫（p. 39）毫无理由地把这一评论说成是“奇怪的”（wunderlich）。

3 *ἀμοιβή*（转化）（参见第 457 页注释 1），*τροπή*（转变）（*Fr*. 47，见第 454 页注释 1），*σβέννυσθαι*（熄灭）和 *ἅπτεσθαι*（点燃）（见第 453 页注释 1，参见 Plut. *plac*. i. 3；

论据还是，任何假定了具有不变性质的原始物质的理论，都会与赫拉克利特的基本原则发生冲突。在他那里，火意味着某种完全不同于早期物理学家的元素的东西；元素是在具体事物的变化中保持不变的东西，而赫拉克利特的火是通过持续变形而产生这一变化的东西。[1]

因此，从“万物流变”产生的结论是，所有事物都毫无例外地在自身当中统一着对立的性质。每一种变化都是从一种状态向其相反状
态的转变；[2]如果所有事物都变化着并只在这一变化中存在，那么事物不 31
过是对立面的中项（middle-term）；无论我们在生成之流中抓住哪一个点，它都只是一个过渡和极限的点，在其中，对抗性的性质和状态互相碰面。因此，尽管在赫拉克利特看来万物都在永恒的变化当中，每一事物仍在每一时刻包含对立原则于自身；它是又不是；我们不能对一个事物做出任何断言，因为它包含的对立面并不完全和同时地属于它。[3]自然的整个生命就是对立状态和现象的无休止的轮替，每一个具体事物的“是”其所是，更确切地说，“成”其所是，不过处于对立面的持续涌现的
中途。[4]或者如赫拉克利特所表达的：一切出于划分；战争是万物之父之主， 32

见第458页注释1），$\zeta\acute{\omega}\eta$（生成）和 $\theta\acute{\alpha}\nu\alpha\tau o\varsigma$（消逝）（参见第455页注释1）。

1　赫拉克利特并没有说明火为什么会遭受这一持续转化的原因；只有一种解释能与他的理论一致：因为这内在于它的本质之中——因为它是“永恒活着的”。但当拉萨尔断言，运动的物理本性，而非它的逻辑的、辩证的本质，才是赫拉克利特的原理的起源时，他就错了；逻辑原则和物理原则的区分完全不为赫拉克利特所知。如果我们进一步询问，他如何能知万物变化，唯一的回答是：他从经验得知，并这样来理解经验（参见第452页注释2）。

2　“不，不是这样，”Schuster, 241, 1 说，“只是变成一种不同于先前状态的状态。”但后来状态之所以不同于先前状态，只是因为先前特征的一部分已经转换成与它不能同时存在于同一主体和同一关系之中的特征；我们把这种特征称之为对立面。每一种不同都可回溯到部分对立，在两种状态之间的每一变化波动，在它们被以完全限定的方式设想时，都会互相排斥。

3　除了本书p.11说的，比较埃尼西德穆在Sext. *Pyrrh*. i. 210中所说：“怀疑论者说对立面出现在所有事物之中，而赫拉克利特主义者说，对立面实际上属于所有事物；”以及塞克斯都自己所说的类似的话（Ibid ii. 59, 63）：高尔吉亚教导“无物存在”，赫拉克利特教导“也就是说，一即一切”；德谟克利特教导说，蜜既不是甜的也不是苦的，而赫拉克利特教导说，它同时既是甜的也是苦的。

4　参见Diog. ix. 7以下。Stob. *Ecl*. i. 58。Philo. *Qu. rer. div. h.* 510 B（503 M）通过许

是世界的法则和秩序；[1]那不同的聚在一起，[2]为了产生和音，高音和低音必须
33 联合起来；为了产生新的生命，雄性的和雌性的必须结合在一起。[3]分离者，

多例子解释这一命题：世界中的一切几乎自然地是相对立的。同上 *Qu. in Gen*. iii. 5 和 p. 178 在类似的解释后说：于是，赫拉克利特写了论自然的著作，借用我们神学中关于相反者的观点，再结合大量繁琐而晦涩的论证。这最后的话表明，赫拉克利特像伪希波克拉底（参见第 449 页注释 1）一样，用了许多例子来证明他的对立面理论。

1 *Fr*. 75；Hippol. *Refut*. ix. 9。Philodem. *π. Εὐσεβείας* Col. 7。克律西波说，宙斯和"战争"是同一的，如赫拉克利特同样教导的，参见第 450 页注释 3；Plut. *De Is*. c. 48, p. 370。Procl. *in Tim*. 54 A。*Fr*. 77，Orig. c. *Cels*. vi. 42；对于后者，施莱尔马赫用 *εἰδέναι* 代替 *εἰ δὲ* 和用 *ἔριν* 代替 *ἐρεῖν* 的读法，不像他说的那么冒失。关于它是否以 *χρεώμενα* 开头，我并不比他更为确定，因为拉萨尔的解释（i. 115 sq.）"激励他们自己"（bestire themselves）不能被证实是希腊式的；布兰迪斯的 *σωζόμενα* 在我看来并不像是赫拉克利特的。舒斯特的猜测（p. 199）似乎更可取：*καταχρεώμενα*，"他们致力于"。亚里士多德（参见下个注释）确认了"*γινόμενα* &c."这些词。因此在《欧德谟斯伦理学》vii. 1, 1235a25 处对荷马的指责是："赫拉克利特以诗文赞扬说，'斗争出自于神和人的毁灭'。因为没有轻和重就不会有和谐，没有雌和雄就没有动物，它们相反对。"普鲁塔克上引处（对此参照 Schuster, p. 197 以下）；Chalcid. *in Tim*. c. 295 和 *Schol. Venet. z. Il*. xviii. 107 说的同样的话。Simpl. *in Categ. Schol. in Ar*. 88 b, 30 对这一指责做的修正，"他说万物流逝"，可能从赫拉克利特著作中引用了一些话。这一 *πόλεμος* 理论同样在 Plut. *De Sol. Anim*. 7, 4, p. 964 中被谈及，但认为它表明这位哲学家在责备自然，因为她是 *πόλεμος*，则是错误的。

2 亚里士多德《尼各马可伦理学》viii. 2, 1155b4："而且赫拉克利特说对立物是有益的，从不同的东西中产生最美的和谐，万物按斗争产生"。这里的 *ἀντίξουν*（对立物），依据赫拉克利特的语言特色，要被最为字面化地理解为：两块木头，被分别从相反的方向砍削，以能够相互契合，或相互支撑；*συμφέρον*（有益的）一词同样主要指相互或共同支撑的东西。但是，如果在这里他又是在同个意思下，用一个词来指称不同的概念，那这同样是非常赫拉克利特风格的；由此 *συμφέίρον* 意为"相容的"，*ἀντίξουν* 意为"敌对的"。但我不能像 Schuster, p. 227 那样把它们的意思局限于此。关于这一段话，参见 Hippocr. *π. διαιτ*. i. 643 K etc；Alexander, *Aphrod*. ap. David *Schol. in Arist*. 81b, 33 解释了 *ἀντικείμενα*。

3 见亚里士多德刚被引的两个段落。在 *π. διαιτ*. i. 18 伪希波克拉底更为详细地说，每一和谐都由高音和低音构成："最大的差别把最多的东西聚到一起，最小的差别把最少的东西聚到一起"（参见上一个注释中的"*καλλίστη ἁρμονία*"）他接着说："屠夫为人们切肉，分开又聚拢，合成各种东西，从同样的东西中没有产生同样的东西，人们吃的和喝的"，这听起来有点像赫拉克利特。Hippocr. i. 23、亚里士多德《论宇宙》c. 5, 396b7 以下和 Plut. *Tranq. An* c. 15, p. 474（这最后一个说法直接与高音低音的例子相联）做出的把世界中的对立类比于语言中声音的对立，可能早就为赫拉克利特做出。Philo（见第 459 页注释 4）告诉我们赫拉克利特举了无数的例子来证

统一着自身[1]：世界的结构依赖于对立面的张力，就像弓与琴；[2]整体和部 34

明他的对立面理论，我们也能在 Hippocr. *l. c.* c. 15 以下、Pseudo-Arist. *l. c.*、Philo. *Qu. Rer. Div. Haer*. 509 D 以下、Hosch 以及其他一些人那里，找到一些这样的例子，它们总可能有一个出自赫拉克利特。

1 *Fr*. 80, Hippol. *Ref*. ix. 9。柏拉图《智者》242C 以下。有些人把 Being 看作是复数，而另一些人则依据埃利亚派的态度看作是一个统一体。柏拉图《会饮》187A。我同 Schuster, p. 230 一样认为最为权威的文本是 Hippolytus 的；只是关于 *παλίντροπος*（回转的）参见下注。柏拉图引文中的不同，表明 *διαφερόμενον*（对立者）的主词既不是"*ἓν*"也不是"*ὄν*"，当然也不是普鲁塔克经常提到的 *κόσμος*（宇宙）。在我看来最好把 *διαφερόμενον* 自身看作是主词；他们没有领会弓的意像：分离者聚集在一起。

2 参见前注。Plut *De Is*. c. 45, p. 369。*De Tranqu. An*. c. 15, p. 473 逐字逐句说了同样的话，但没有提及赫拉克利特；另一方面我们在 *De An. Procr*. 27, 2, p. 1026 却读到有赫拉克利特。Simpl. *Phys*. 11 a。 Porphyry, *Antr. Nymph*. c. 29。但是这里的文本无疑是有讹误的；拉萨尔（i. 96 sq., 112）把"穿透"（shoot through）看作是"渗透"（penetrate）的同义词，这在我看来是不可能的，我不能相信 Porphyry 或赫拉克利特会用这么奇怪的图像去描绘用弓射箭中的和谐。Schleiermacher, p. 70 猜测不是 *τοξέυει*" 而是 *τόξον, εἰ*，如此它的意思就会是："因此，和谐被称作'张紧的'（strained back）和谐与弓的和谐，因为它通过矛盾产生。"在这种情况下，我们会期望的是 *ὅτι δ. τ. ἐ* 而不是 *εἰ δὶ ἐν*。或许这里有些词已经丢失，Porphyry 写的可能是：*κ. δ. τ. παλίντροπος ἡ ἁρμονία κόσμου ὡς λύρας καὶ τόξου, ὅτι δ. ἐν*，或者如舒斯特更直白建议的（p. 231）：*ἡ ἁρμονία λύρας καὶ τόξου εἴπερ δὶ ἐν*。对这一表达的理解一直是个困难，即使是在古代。如果依据柏拉图的 Eryximachus 和普鲁塔克的先例，*ἁρμονίη λύρης*（琴的和谐）被理解为音调的和谐，那么就不会有与 *ἁρμονίη τόξου*（弓的和谐）对应的意思；如果 *ἁρμονίη τόξου* 意思是指"拉弓"，那么对 *ἁρμονίη λύρης* 的理解就会存在困难；而谓述 *παλίντονος* 或 *παλίντροπος*（向后弯曲）也不与上面二种解释相容。Bernays 似乎是第一个发现了它的正确意思的人（*Rh. Mus*. vii. 94），他依据琴和弓的构造或形状解释 *ἁρμονία*（和谐）：Scythian 和古希腊人的弓同时在两端弯曲，这在外形上非常类似于亚里士多德《修辞学》iii. 11, 1412b35 的竖琴，*τόξον*（弓）被称作是 *φόρμιγξ ἄχορδος*（无弦的琴）。舒斯特（p. 232）也采取这一观点，不过不理解为 Scychian 的弓，而是日常的弓，这在我看来不那么恰当。谓述 *παλίντροπος* 或我更喜欢的 *παλίντονος* 指称的就是这种形状；*τόξογ παλίντονον* 似乎就是指这种形状的弓，正如 Wex, *Zeitschr. fur Alterthumsw*, 1839, 1161 以下所表明的那样。因此，它就是与第 460 页注释 2 说到的相似的图像。Gladisch 试图支持 *Zeitschr. fur Alt*. 1846, 961; 1848, 217 以下的猜测：前面段落中的 *λύρης* 应换成 *βαρέος*，*τόξου* 应换成 *ὄξεος*，除了没有必要之外，在诸多非常可信的证词面前也是非常冒失的。Bergk 更轻微的变动（Ibid. 1846, 35）"*τόξου καὶ νεύρης*"同样可以舍弃。Retting, *Ind. Lectl. Bern*. 1865 同意 Bernays 的解释，不过他认为赫拉克利特的对比不仅涉及弓和琴的形状，也涉及它们的力量。"正如火的点燃和熄灭两种冲突之力决定了现象一样，弓和琴的手臂拉力决定了张力。"

分，相称的和不相称的，一致的和不一致的，必须统一起来，以使得一
35 从一切产生，正如一切从一产生那样。[1] 一言以蔽之，整个世界为对立法则所主宰。

36 因为这些观点，赫拉克利特被亚里士多德和他的评论者批评为否定了矛盾法则。[2] 后来的作家则从另一方面肯定了他的功绩：他第一个认

（p. 16）这个说法与文字本身相容，包含恰当的意思。拉萨尔反对 Bernasys（i. 105 sqq.），但他反对的理由在我看来不具有什么力量；他诉诸 Apul. *De Mundo*, c. 21 和 Iambl. ap. Stob. *Floril*. 81, 17 的两段话，与问题本身毫无关系。前面提到的 Porphyry 的观点，即使它的文本是正确的，也不能证明任何东西。Synes, *De Insomn*, 133 A 把世界的和谐类比于琴的和谐，并依据音调的和谐来解释后者：这很可能表明他在解释赫拉克利特时追随柏拉图，但这不会影响我们对赫拉克利特自己观念的解释。拉萨尔自己把这里的观念理解为“琴和弓之间的和谐”（p. 111）。他发现（p. 113）：“弓是单一性的流逝的方面，因而是差异。琴则是自身朝向统一性的有序化运动本身。”弓是从侧面拉出一个个端点，它们各不相同，而琴是使各个端点构成一个秩序：这个比喻对于新柏拉图主义者来说是没有什么不可接受的，但任何有经验的评论家都会发现它很难与赫拉克利特自己的话相容。世界的和谐事实上被类比弓的和谐和琴的和谐，它必然是某种为经验所知并由经验给出的东西，对立的要点是 *παλίντονος* 或 *παλίγτροπος*；但哪里提到琴和弓之间的和谐？通过这一对型——不同事物之间的和谐——我们又如何能理解对立面的转换？

1 *Fr*. 98；亚里士多德《论宇宙》c. 5, 396b19：*συνάψειας οὖλα* [*καὶ*] *οὐχὶ οὖλα, συμφερόμενον* [*καὶ*] *διαφερόμενον, συνᾷδον* [*καὶ*] *διᾷδον καὶ ἐκ πάντων ἓν καὶ ἐξ ἑνὸς πάντα*。Schleiermacher, p. 79 把“*καὶ ἐξ πάντων*, &c.”这段话从引文中拿掉，但这在我看来是属于它的。*οὖλα οὐχὶ οὖλα*（整体又不是整体）（以上每一种情况下的“*καὶ*”一词很可能都不为赫拉克利特所有，尽管它可能出现在论世界的著作中）被 Hippocrates, *π. διαιτ*. c. 17 解释为：“建造者从差异中建造一致，弄湿干的，弄干湿的，分开整体，又把分开的放到一起。”Schuster, p. 285 把 *οὖλος* 解释为毛茸茸的、紧密的、愉快的，因为他认为赫拉克利特这里给出了分别来自三种技艺的例子：纺织、建筑和音乐。但这一点不能得到文本的支持，*π. κόσμου*; *συμφερόμενον* 和 *διαφερόμενον* 不包含对建筑的特别提及，而“*ἐκ πάντων ἓν*, &c”同样与这一解释冲突，似乎表明应该在更为广泛的意义上理解这一表述；正如在所有的技艺之中，一“*ἐκ πολλῶν*”（出自多），反之亦然，但不是“*ἐκ απ ντων*”（出自全体）。

2 亚里士多德《形而上学》iv. 3, 1005 b23。同书 c. 4 开头，那里赫拉克利特没有被指名，但说的明显就是他；同书 c. 7 末。同样 c. 8 开头；同书 xi. 5, 1062a31。同书 c. 6, 1063b24；《论题篇》viii. 5, 155b30。《物理学》i. 2, 185b19。评注者有类似的表达。Alex. *ad. Metaph*. 1010 a. 6; 1012 a, 21, 29; 1062 a, 25, 36 b, 2, p. 265, 17; 194, 30; 295, 19; 296, 1, 624 sq. Bon.；Themist. *Phys*. 16, b（113 Sp.）；Simpl. *Phys*. 11 a, unt. 18, a, m；参见 Lassalle, i. 80。Asklepius, *Schol. in Arist.* 652a, 11 以下把如下命题归属于赫拉克利特：“对于所有事物只有一个定义”，但他只是“象征地”或“练习地”说到这一点。

识到对立面的统一与存在和非存在的统一性，并使之成为他理论体系的基石。[1]不管这被看作是功绩还是缺陷，这两种对它的评论都不是完全正确的。如果赫拉克利特坚持认为对立的性质不仅在同一时刻，而且在同一方面，属于同一主体，那么他确实否定了矛盾法则。但他并没有这样说。事实上，他的发现是，那同一的本质呈现出极端对立的形式，在 37
每一事物之中，对立的状态和性质被统一起来，事物就在它们之间，上下波动，经受着生成。但是他并没有说，事物就在同一方面统一着它们——出于这个理由，这样一种“同一方面的”概念（就我们所知，它最初为柏拉图和亚里士多德清楚地注意到[2]）无疑从不为他所知。从另一方面讲，他也没有以一种非常普遍的方式说及对立面的统一与存在和非存在的统一，这一普遍的观点并不能从他运用的表达中确切地得出。说“同一本质是光明也是黑暗，是白昼也是黑夜；同一过程是产生也是毁灭”，是一回事，说“在白昼与黑夜之间，在存在本身和非存在本身之间，没有区别”，则完全是另一回事；在具体事物中认定对立面的统一，并不等同于抽象地认定对立面的统一；说同一主体之中有对立面的存在，并不就是说对立面就是同一的。只有更前的观点能从赫拉克利特给出的例子中得出，他没有理由更进一步，因为他关注的不是思辨逻辑，而是物理学。但是我们不能就假定说[3]他的命题不过意味着：“每一事物都展现出非常不同的性质，要么是同时性的，如果它忽然与其他多个事物发生联系的话；要么是相继性的，如果与它相反对的只是一个事物的话，因此，事物是可变的。”用赫巴特（Herbart）话说，对立面的共存 38
不过是一个次要意见的产物。从赫拉克利特自己的表述和古代学者对他

辛普里丘和亚里士多德（见上册第 382 页注释 3）不自禁地承认，这里归属于赫拉克利特的推理，是他从未做出的，也是不可能以这种形式得到承认的。《克拉底鲁》或许给予它更多的理由。柏拉图《泰阿泰德》182C 以下称这一主张只是赫拉克利特观点的一个推论。

1 Hegel. *Gesch. d. Phil*. i. 305; Lassalle, i. 81 sq.

2 cf. Part ii. a. 527, 1, third edition; Part ii. b, 174, second edition.

3 Schuster, p. 236 sqq.

的阐述中找不到对这种观点的任何支持。恰恰相反，他非常普遍并未加任何限制地说，明显相互对立的事物——例如白昼与黑夜、战争与和平、上与下等等——是同一的；表现他思想的局限性的东西是：他还未及询问，在何种状态下，在哪种意义上，这一对立面的统一是可能的。

尽管所有事物都必然会分解为对立面，但同样必然的是，对立面会再次联结以形成一个整体；因为最为对立的东西起源于同一事物，它是这样一种本质：在它的变化过程中，产生对立面又重新取消它们；它在
39 万物之中自我产生，在冲突原则的活动中把一切保持为一。[1] 在自我分离的同时，它又自我统一；[2] 斗争产生存在，产生对立和统一；产生差异和一致；一出于一切；[3] 一切又为着整体的和谐服从于神；即使那不像的也把自己统一于神并变成像的；即使那对人来说是恶的，对神来说也是

1 *Fr*. 67, Hippol. *Refut*. ix. 10: *ὁ θεὸς ἡμέρη εὐφρόνη, χειμὼν θέρος, πόλεμος εἰρήνη, κόρος λιμός ἀλλοιοῦται δᾴ ὅκωσπερ ὅταν συμμιγῇ θυώμασι ὀνομάζεται καθ' ἡδονὴν ἑκάστου*。Bernays, *Rh. Mus*. ix. 245 对明显有问题的第二从句建议说，用 *θύωμα* 来取代 *θυώμασι*；Schuster, p. 188 在 *θυώμασι* 之前，引入了 *οἶνος*。对我来说，把 *ὅκωσπερ* 读作 *ὅκως ἀήρ* 更为简单（*ἀήρ* 在老的拼字法中非常像 *περ*）。结论中的 *καθ' ἡδονὴν* 不能像在舒斯特和其他一些人那里那样被译作“随意”（at pleasure）；因为（即使不管舒斯特的解释：“每个人都随意地给它贴上标签”）这样来理解就得不到恰当的意思，这又是因为原始物质在它的转变中所呈现的形式，是某种客观给予的东西，不能依据我们可能选择的任何对立来描述。它更好的解释是这样的：它（带有香味的空气）依据这些香味中的任何一种气味（见上册第 197 页注释 3）被命名。（我们并不说我们闻到了空气，而说我们闻到了没药味等等）。斯多亚主义者（ap. Stob. *Ecl*. i. 66）对渗透到万物中去的 *πνεῦμα*（普纽玛）表达了类似的说法：“通过它运行于其中的物质的交替而变换名称”。这与随意命名没有任何关系。Teichmuller, *N. Stud*. i. 66 以下认为那个有争议的句子可以在不改变文本的情况下得到解释，即把 *συμμιγῇ* 和 *ὀνομάζεται* 的主词看作是 *θεός*，后者意指火。但就我而言，很难设想——即使从赫拉克利特的观点出发——一个混杂有香味的神。Teichmuller 同样把 *Καθ' ἡδονὴν* 译成“随意”。

2 柏拉图《智者篇》上引处，参见第 461 页注释 1；比较 252B，在那里赫拉克利特和恩培多克勒之间的不同被说成是，恩培多克勒把这些统一和分离的状态看作是轮流发生的，而赫拉克利特在分离本身当中看到一种持续的和同时的统一。

3 参见第 462 页注释 1。

善的；[1] 那产生万物的世界的隐秘秩序，非可见之美所能媲迹。[2] 这就是

---

1 *Schol. Ven.* ad *Il*. iv. 4。参见 Hippocr. *π. διαίτ*. c. 11。参见本书 p. 32 及第 461 页注释 2 对亚里士多德和辛普里丘的引用。

2 Plut. *An. Procr*. 27, 5, p. 1026。这个残篇的第一部分也出现在 Hippol. ix. 9 中。基于 c. 10 的引文，舒斯特（p. 24；反对的观点，参见 Teichmuller. *N. St*. i. 154 以下）猜测赫拉克利特的话是这样的：*ἐς τί γὰρ ἁρμονίη ἀφανὴς φανερῆς κρείττων*；"为什么不可见的和谐就应当比可见的更好?"但是这一猜测尽管非常敏锐，却得不到 Hippolytus 文本的支持，如果我们从文本整体上看的话。由于 c. 9 中所引述的句子 *ἁρμονίη, &c* 中没有 *ἔστι* 一词，也由于这句话不能意味着不可见的比可见的更好，Hoppolytus 便不可能（我在 Jenaer *L. T*. 18755, Art. 83 错误地认为这是可能的）在他的赫拉克利特文本中用疑问式的"*ἐς τί*"，而只能用"*ἔστι*"。c. 10 中的话也不相关其他文本的理论，因为他这里并没有得出结论说——正如依据舒斯特的读法我们会期望的——赫拉克利特更喜欢可见的而非不可见的，而是说它们都是平等的：因为有些时候他把"不可见的和谐"看作是更好的，另一些时候又优先选择"看得见的和谐"。这一结论的错误就很明显，但我们不能因为它导致的"理解问题"，就似乎有理由拒斥 c. 9 中的表达。或者 Hippolytus 可能错误解释了赫拉克利特的话，他对这些话的运用表明了他对它们的理解，以及对它们表达的理论的驳斥，为此，他在两个前后相联的引文中引用了同样的话来表达相互矛盾的观点。但这个理论看起来更无法接受，因为普鲁塔克完全同意 Hippolytus 的第一个引文，同意他第二个引文中的"*ἔστι*"用法。我不能认同舒斯特的如下判断：普鲁塔克上书中的"模糊阐述"完全没有力量反对 Hippolytus 的"清晰证词"。在我看来唯一清楚的是，Hippolytus 在 c. 9 中的引文与普鲁塔克的一致。被舒斯特称作是驳斥了普鲁塔克的 Hippolytus 的清晰证词，事实上不过是他自己的猜想，既得不到 Hippolytus 原文的支持，也得不到段落联系的支持。另一方面，普鲁塔克关于他从赫拉克利特那里所读到的东西的阐述（没有任何具体的引用），至少不是模糊不清的；非常清楚的是，他在赫拉克利特那里发现的主张只是：不可见的和谐比可见的和谐更好，而不是对它的疑问："为什么不可见的和谐会比可见的更好?"普鲁塔克进一步就"可见的和谐"说，神在其中隐藏"差异和他者"。这些表述确实不属于赫拉克利特，普鲁塔克也没有把它们归属于他。但是某些赫拉克利特式句子会在普鲁塔克的头脑中浮现（很可能是一些与双重和谐相关的话）——我们在 Philo, *Qu. in Gen*. iv. 1, p. 237 Auch 读到：根据赫拉克利特，我们的自然本性是一棵树，它喜欢隐退、隐藏自己。事实上，"树"并不像舒斯特所认为的那样（*Fr*. 74，p. 193，"自然喜欢隐藏自身，就像一棵树那样。"Teichmuller 追随于他，*N. Stud*. i. 183）属于对赫拉克利特的引用；它指涉 Philo（*Gen*. xviii. 1）之前提到过的树，Mamre 橡树，是比喻性的说法；如果它另外出现在我们的拉丁语文本中，那么那两个译者，或其中一个，要为之负责（Petermann 告诉我，Armenian 的文本中非常字面化的说法是："树，依据赫拉克利特，我们的自然喜欢隐藏起来，隐匿自身"）。为 Themistocles, *Or*. v. 69 b（*φύσις δὲ καθ' Ἡράκλ. κρύπτεσθαι φιλεῖ*〔根据赫拉克利特，自然喜欢隐藏自身〕，*Or*. v. 或 xii. 159 b 的第二修订版有相似说法）、Philo. *De Prof*. 476 C 和 Julian, *Or*. vii. 216 C（Strabo x. 3, 9, p. 467 不属于它）所支持的观点是：自然 *κρύπτεσθαι καὶ καταδύεσθαι φιλεῖ*（本

40 41 万物共同服从的神圣法则，[1] 那个世间万物都不能违背其命令的“正义”
42 （“*δίκη*”）；[2] 万物据此得到统治的依据或必然。[3] 这同一个宇宙秩序，在

性喜欢隐藏自身和潜伏自身）。Themistocles 添补的词“*καὶ πρὸ τῆς φύσεως ὁ τῆς φύσεως δημιουργός*”明显不出自赫拉克利特（Lassalle i. 24 倾向于认为它们是，Schuster, 316, 1 同样如此，但他从斯多亚主义和新柏拉图主义时期的著作中找来的支持这个观点的话，并不能说服我）。因此，非常清楚的是，可见的和谐，既不能像施莱尔马赫（p. 71）所说的那样，被用来指称元素（而不可见的和谐指称有机体存在物），也不能像拉萨尔所说的那样（i. 97 sqq.），用来指称本身不可见的“隐蔽的和内在隐藏着的宇宙和谐”；我们更不能认同普鲁塔克，他不把（像拉萨尔所说的）*ἁρμονία φανερὰ*（可见的和谐）解释为“隐藏的”，而是相反，解释为在它之中 *ἁρμονία ἀφανὴς*（不可见的和谐）隐藏自身。不可见的和谐必然就等同于自然，她自我隐藏：她是存在和生成的内在规律；而可见的和谐，要么指这一规律的外在现象，要么指具体的音乐和谐；因此，它的意思是：“世界的内在和谐比任何音调的和谐都更加光辉灿烂。”舒斯特把一则残篇录中说及可见和不可见和谐的话，与 Hippolytus 进一步的引述“*ὅκοσων ὄψις*, &c.”联系在一起；但是 Hippolytus 提及这两个陈述态度并不能证实这一点，而它们的意思（如我们上面解释过的）也不可能支持这一联结。

1　*Fr.* 123, Stob. *Floril.* iii. 8.

2　*Fr.* 64, Plut. *De Exil.* 11, p. 604。参见 *De Is.* 48, p. 370 稍微有一些不同的说法。Bernays（*Heracl.* 15；*Rh. Mus.* ix. 259, 3）猜测赫拉克利特所用的词是 *λύσσαι* 而不是 *Ἐριννύες*（复仇女神）和难理解的 *γλῶτται*（舌头、语言）。拉萨尔（i. 351 sqq.）为 *γλῶτται* 辩护，并用他对 Philostratus, *Apoll.* i. 25, 2 的阅读来作为支持：那里谈到鸟的四种意像（*ἴυγγες*），提醒我们神圣的分配，是从波斯祭司的 *θεῶν γλῶτται*（神的语言）那里得以命名的；他认为，他由此不仅证明波斯人把正义女神的女仆称作是“舌头、话语”（tongue），而且赫拉克利特熟知波斯祭司的宗教教义和象征。但这明显就是错误的；因为即使啄木鸟的形象被波斯人看作是“respice finem”（寻求界限）的象征，称作是诸神的话语，我们也得不出结论说复仇女神被称作是诸神的话语或单纯的 *γλῶτται*（舌头）。但是即使是 Bernays 有启发性的猜测也必须放弃，因为 Schuster, p. 184 以及更早的 Hubmann（cf. Schuster, p. 357）建议用 *κλῶθας*（命运女神）代替 *γλώττας*（纺命线的命运女神，作为死亡之神，在太阳离开它自己的轨迹后，知道如何去找回它）。比照关于“*δίκη*”的进一步的说法，Orig. c. *Cels.* vi. 42（参见第 460 页注释 1），以及第 456 页注释 2 从《克拉底鲁》引述的话。Clemens, *Strom.* iv, 478 B 的“*Δικης ὄνομα οὐκ ἄν ᾔδεσαν*”，似乎并不属于这里。

3　Plut. *Plac.* i. 27。因此 Theodoret. *Cur. Gr. Aff.* vi. 13, p. 87、Diog. ix. 7、Stob. i. 58 和 Stob. i. 178（*Plac.* i. 28）说：*Ἡράκλειτ. οὐσιαν εἱμαρμένης ἀπεφαίνετο λόγον τὸν διὰ οὐσίας τοῦ παντὸς διήκοντα, αὕτη δ᾽ ἐστι τὸ αἰθέριεν σῶμα, σπέρμα τῆς τοῦ παντὸς γενέσεως καὶ περιόδου μέτρον τεταγμένης. πάντα δὲ καθ᾽ εἱμαρμένην, τὴν δ᾽ αὐτὴν ὑπάρχειν ἀνάγκην γράφει γοῦν ἔστι γὰρ εἱμαρμένη πάντως*。这里的文本有一个非常令人遗憾的断裂，因为下来接着的是赫拉克利特自己的话，但是这之前的话具有如此强烈的斯多亚主义色彩，以至于从 *αὕτη* 到 *γενέσεως* 这段话

被看作是动力[1]力量时，被称作统治世界的智慧、逻各斯（λόγος）、[2]宙 43 44

是否是（Schleiermacher, p. 74 猜测是）相关于 οὐσία 的增添，对我们来说并不重要。我相信，如果文本秩序是正确的，那么它的意思是：他把 εἱμαρμένη（命定的）解释为 λόγος，它作为 σπέρμα（种子）等，渗透到世界的物质之中（那个 αἰθέριον σῶμα）。Simpl. *Phys*. 6 a，参见 Ps-Hippocr. π. διαιτ. i. 4 以下（参见第 444 页注释 1 和第 449 页注释 1 ）和 Plut. *An. Procr*. 27, 2. p. 1026 及 *De Ei*. c. 9. p. 388。但我们不能确定这里有多少是来自赫拉克利特。

1　*Fr*. 24, Diog. ix. 1。对于无意义的 οἱ ἐγκυβ，Schleiermacher, p. 109 猜测应该替换为 οἴη κυβερνήσει（cf. Lassalle, i. 334 sq.），Bernays, *Rh. Mus*. ix. 252 sq. 认为是 οἰακίζει，Schuster, p. 66 认为是 οἵη τε κυβερνήσει 或 οἵη（οἵη τε）κυβερνῆσαι ；如舒斯特和拉萨尔所证实的那样，κυβερνᾷν（驾驭）在赫拉克利特和其他一些人那里经常被如此使用。*Fr*. 14，Orig. *c. Cel*. vi. 12，Plut. *De Is*. 76，Schleiermacher, p. 118 认为应该用 ἄλλοθεν 替代 ἄλλως τε ；Bernay, *Rhein. Mus*. ix. 255 认为应该是 ἀμυστί。只有这个表述："τὸ φρονοῦν ὅπως κυβερνᾶται τὸ σύμπαν"，可以被看作是赫拉克利特式的(在我看来，这一点受 Heinze 观察的影响，下文 p. 45 将讨论他)；ἀπορροὴ 和 μοῖρα 则完全是斯多亚主义的口吻。

2　对赫拉克利特的"逻各斯"讨论，参见 Heinze, *Die Lehre vom Logos in d. Gr. Phil*. 9 以下、Schuster, p. 18 以下和 Teichmuller, *N. Stud*. i. 167。赫拉克利特指派给理性（以逻各斯或其他一些名字称呼）的在世界中的作用，不能得到 *Fr*. 3（参见第 444 页注释 1）的确切证实，但作为整个世界见证的真理，它接近于内在于世界之中的理性概念。*Fr*. 7，Sext *Math*. vii. 133 是不大有疑问的：在他们看来好像他们具有自己的私己理性似的。λόγος κοινὸς（共同的逻各斯）与 ἰδία φρόνησις（私人的心智）的对立，不过表明理性是普遍的原则，它颁布整个世界都必须遵守的法则。舒斯特把 λόγος 解释为"可见世界的言辞"的观点，建立于两个假设的基础之上，即，残篇 7 直接与第 444 页注释 1 讨论过的第三个残篇相联，以及在那里，λόγος 意味着"自然的言语"。这两个假设中的前一个无法被证实，后一个，从上面的评论看，完全不可能。κοινὸς λόγος 在赫拉克利特那里与在他的继任者斯多亚主义者那里，必然本质上指向同一个东西（cf. Part iii. a, 126, 2, second edition）。因此，当 Sextus. *Math*. vii. 133 和 viii. 8 依据 τὰ κοινῇ φαινόμενα（共同的现象）来解释 κοινὸς λόγος 时，他就正确地受到 Lassalle, ii. 284 的反对，错误地受到 Schuster, p. 23 的辩护。塞克斯都自己在更早的时候就把 λόγος 解释为 θεῖος λόγος（神圣的逻各斯）。理性似乎是某种客观的东西，不同于个人的观念，因为我们可以在 *Fr*. 79, Hippol. ix. 9 中发现相关的证据（cf. p. 45, n.）；但是这样的解释："不要听从我，而要听从话语本身，那个话语的内容，那个理性"（cf. Schuster, 83, 228），也是可接受的。另一方面，从前注和第 459 页注释 4 引自斯托拜乌的对 εἱμαρμένη 的界定来看，那个 λόγος 无疑是来自斯多亚主义的术语；如拉萨尔所认为的（ii. 60），在 Clem. *Strom*. v. 599 C 中，διοικῶν λόγος καὶ θεὸς（支配着的逻各斯和神）不出现在对赫拉克利特的引述中，而是出现在对赫拉克利特言论的斯多亚主义解释中；这个解释自身也十分不准确的，并被克莱门斯清楚地指明是他自己的添加（"他的表述的意思是"）。同样，在 Marcus Aurelius, iv. 46（vide sup. p. 8, n.）那里，这位斯多亚主义者在"ᾧ

斯或神[1]——就其产生无尽的宇宙周期和依赖它们的无穷变化状态而言，也被称作“永恒”（AEon）。[2] 所有这些概念在赫拉克利特那里指称同一个东西，[3]作为主动主体的世界赋形力量，在这里还未与宇宙和宇宙的秩
45 46 序区别开。[4] 这一力量同样与世界的原始物质内在一致；神或者宇宙法

μάλιστα διηνεκῶς ὁμιλοῦσι λόγῳ”（它们最大程度地与逻各斯相伴随）后面加上了“*τῷ τὰ ὅλα διοικοῦντι*”（那支配整体的东西）。这些东西，从根本上说，讲到的不会比下面的句子更多：“*οἷς καθ᾽ ἡμέραν ἐγκυροῦσι*”，那持续呈现在人们面前的东西。Lassalle, ii. 63 认为他能在 *Fr*. 48，见第 481 页注释 3，发现 *λόγος* 的预先存在性，但我们在那里发现的 *λόγος* 除了指称关系外，没有其他意思。综上所言：赫拉克利特真正地教导的是，理性统治着世界，可以把这一普遍理性称为 *λόγος*，但是 *λόγος* 概念在他那里并不像在斯多亚主义者那里那样显著。拉萨尔的解释需要被本质性地局限于此；他把这个理论与琐罗亚斯德教的创世言辞和法则的信条相联的猜测，在赫拉克利特的言语中找不到支持（正如 Heinze, p. 56 所承认的）；因为它们从未假定任何超出希腊语言和希腊观念的东西。

1 除了第 451 页注释 5、第 460 页注释 1 和第 464 页注释 1 所引的之外，参见 *Fr*. 140，Clem. *Strom*. v. 604 A。我在这里不能讨论 Bernays, *Rh. Mus*. ix. 256、Schuster, 345 和其他一些人对这些话的解释。在我看来，最好的解释是：“那个唯一智慧者，愿意又不愿意被以宙斯之名命名。”它愿意以之命名，是因为它事实上就是我们以这个名字为荣耀的东西；它也不愿意，是因为与这个名字相联的呈现，不能与原始本质相一致。选择“*Ζηνὸς*”而非“*Διὸς*”，是为了表明它起源于“*ζῆν*”；对于这个说法，我同其他作者一样认为是很有可能的，但对此并不做过多的强调。

2 参见第 451 页注释 5。赫拉克利特对“AEon”所说的，很可能就是埃尼西德穆（或塞克斯都）如下断言的原因：把时间等同于 *πρῶτον σῶμα*（首要的物体）（在 Part. iii. b, 24 中讨论）的观点出自于赫拉克利特。

3 例如 *πόλεμος*（战争）有时被称作宙斯，有时被称作正义（*δίκη*），而 AEon 被解释为宙斯和 *δημιουργός*（造物主）。

4 赫拉克利特哲学的现代评注者在赫拉克利特如何设想统治世界的理性这一问题上，没有取得多大的一致。Bernay, *Rh. Mus*. ix. 248 以下把它理解为有意识的理智；拉萨尔（i. 325, 335 sqq., et passim）在它那里只看到理性的客观法则；Heinze（*Lehre vom Logos*, 28 sqq.）同意 Peipers（*Die Erkenntnisstheorie Plato's* i. 8, sq.），得出一个类似的结论。最后，Teichmuller（*N. Studien*, i. 181 sqq.）不同于以上两种观点，认为自我意识不能与赫拉克利特的世界统治智慧相分离。但我认为，赫拉克利特不仅还未区分主观与客观理性，而且还把这一理性表征为会遭受睡和醒的轮替、强与弱的实现；至于它的人格问题，则从未得到他的思考。这最后一个主张，显然不能与 Teichmuller 在赫拉克利特的世界统治智慧那里辨认出的自我意识相容；因为有自我意识的，也就有人格，不管人格这个词有没有被运用，也不管属于人格概念的特征以多大的强度呈现。也没有任何证据支撑这样一种理论：赫拉克利特认为神圣逻各斯的自我意识在有的时候会毁灭，有的时候会复生；这个来自与宇宙状态轮替的类比的结论，既不属于赫拉克利特的理论，也不属于斯多亚派的理论。如果他把神圣智

则不与原始之火相区别；[1]原始的本质，通过自身的力量，依据内在于自身的法则，从它自身产生万物。因此，我们哲学家的宇宙理论，就是最

慧设想为一个有自我意识的思维，那么他必须假定它总是如此；因为他把它描述为“ἀειζωον”“永远活着的”（参见第 453 页注释 1）和 μὴ δῦνον（不下沉的）（参见第 456 页注释 1），那个统治一切的力量，甚至在当前的世界状态中，尽管有原始之火向其他要素的部分转化，不会被毁灭。赫拉克利特是否把世界统治智慧界定为自我意识的这一问题，只有在我们确定他曾经向自己提出它的自我意识的问题之后，才能得到肯定或否定的回答。但后者是极度不可能的。他谈到统治万物的理智，谈到神圣智慧（参见第 467 页注释 1），谈到无物能向它隐藏自身的“μὴ δῦνον”。他在 *Fr.* 79（vide supra, p, 43, n.）中说：“ἓν πάντα εἰδέναι”（知道一切是一），我们没有理由把这里的“εἰδέναι”换成“εἶναι”（如牛津版的 Hippolytus、Lassalle, i. 339 和 Heinze, p. 28 以下所做的那样），因为 εἰδέναι 在这里没有表达任何我们刚考查过的句子或 ἓν σοφὸν（智慧是一）（*Fr.* 140，见第 468 页注释 1）不能表达的东西。尽管这些以人类自我意识为基础的概念，隐含着个体自我意识思想的特征，但我们不能假定说赫拉克利特清楚地看到了这一点，或他明确地向自己提出了这个问题。假如他这样说：统治世界的理性，必须被设想为一个人格，那他就不能同时把它设想为通过自我转化而使万物产生的实在。事实上，这种意义上的原始本质的人格性问题，从没有在古代哲学家那里出现（他们甚至没有一个词来表达“人格”）；它在其他意义上的使用，也要到 Carneades 和普罗提诺时代才会出现。也因此，我们发现思想、知识、理性等等经常被归属于从我们的观念看不具有人格性的自然。在赫拉克利特那里，同样如此。他在世界之中察觉到一种主宰并渗透到万物之中去的理性，并用我们只用来称呼个体人类存在的东西来称呼这个理性；但在他那里，不仅没有更为明确的人格概念，甚至也没有理性和物质的区分。阿那克萨戈拉是第一个明确地在原理上区分它们的人；亚里士多德《形而上学》i. 3, 984b15 中一段著名的话谈到了这一点，在那里亚里士多德说阿那克萨戈拉第一个在“νοῦς”（努斯）中发现自然秩序的原因；不过这一说法（正如 Teichmuller, 189 以下在反对 Heinze 上引书 35 页以下时正确发现的那样）不能被看作是认为赫拉克利特没有把知识赋予神的证据。同样在这一段落中，克塞诺芬尼的“神”没有被提到，因为它并不被当作解释自然的一个原理来看待（αἴτιος τοῦ κόσμου），因此，赫拉克利特的 γνώμη 被忽略，是因为它并不作为一个独立原理与物质相反对。

1　参见第 453 页注释 1、2 和第 459 页注释 4；Clemens, *Coh.* 42 C。Hippol. *Refut.* ix. 10。Sext. *Math.* vii. 127，参见第 493 页注释 3。赫拉克利特把 περιέχον（包围者）看作是理性的，认为 θεῖος λόγος（神圣的逻各斯）通过呼吸进入人体。由于火与神的等同，南方作为光和热的起点，被称作是明亮宙斯的所在，*Fr.* 86, Strabo, i. 6, p. 3。我不能对这些词给出更为精确的解释。Schuster, 257 以下把 οὖρος αἰθρίου Διὸς 理解为南极；但 Teichmuller 正确反对说，我们不能期望在赫拉克利特那里找到这个概念。他自己则认为 οὖρος 意指“大角星”（Arcturus），但如果是这样的话，οὖρος αἰθρίου Διὸς 就会是个奇怪的表达；另外，大角星如何能被称作是界于早晨和夜晚之间的一个边界点，完全不清楚。这段话表达的不过是北方和南方处于东方和西方之间，而 οὖρος αἰθρίου Διὸς 只是指称光的区域。

47 为直言不讳的泛神论；[1]神圣的本质，出于它本质的必然，不断地转化为有限之物的变化形式，而有限之物也只在神圣之中持续存在；神圣的本质，在持续性的统一当中，就是实在、原因和世界的法则。

二、宇宙论

如果我们进一步询问，在我们世界的开端，原始本质向派生存在的转变是如何实现的，我们会被告知，依据赫拉克利特，火最初被神圣的创造理性转变成气，然后是湿气；湿气是世界的种子，从这里再产生出地球、天空以及一切它们所包含的东西。[2]这里我们不自禁地会看到斯多亚主义自然理论的影响，后者坦承自身不过是对赫拉克利特理论的复制和阐释，也因为这个原因，它对后来作家关于赫拉克利特理论的理解
48 造成了严重的偏见和混淆。[3]但以下的说法是确定的：依据赫拉克利特，在世界的形成中，[4]原初的火首先转变成水或海，然后从这里，借助第二

---

1 我们必须在这一泛神论的意义上理解亚里士多德《论动物的部分》i. 5, 645a16 提到的轶事，即赫拉克利招呼正犹豫着是否该在厨房拜访他的陌生人说："别害怕，请进，因为甚至在这里也有神。"参见 Diog. ix. 7："万物具有灵魂并且充满了神。"

2 Clem. *Strom*. v. 599 D 以下。*Fr*. 46（第 453 页注释 1）表明赫拉克利特认为世界是非派生的，但 *Fr*. 47 表明他也认为它是派生的。关于 *πρηστήρ*（飓风），参见第 454 页注释 1。

3 在克莱门斯对赫拉克利特命题的评注中，我们必须把以下表述归于斯多亚主义的理论和术语：*λόγος καὶ θεὸς τὰ σύμπαντα διοικῶν*（逻各斯和神控制万物），对此参见 p. 44. n.；*σπέρμα τῆς διακοσμήσεως*（秩序的种子）；另外还有增添的 *δὶ ἀέρος*（通过气），它不断地在斯多亚主义者的著作中出现，并为斯多亚主义的元素理论所需要（cf. Part iii. a, 136, 4, 137, 2, 169, 1, second edition），但在赫拉克利特的语言中没有位置，并会与他关于要素相互转化的理论相冲突（如马上要表明的那样）。在斯多亚主义者的公式 *τροπὴ πυρὸς δὶ ἀέρος εἰς ὕδωρ*（火通过气转化为水）中，*δὶ ἀέρος* 总是作为插入的东西出现，而我们的权威作家没有人说道"火转变为气，气转变为水"。这似乎表明，有一个更老的解释在被使用，在其中，只有火转变成水被谈到，正如赫拉克利特的第 47 残篇所说的那样。

4 我赞同舒斯特（p. 148 sq.）的观点，认为 *Fr*. 47 说到世界起源于原始的火，而不是像自施莱尔马赫以来被认为的那样，起源于世界之中元素间的相互转换。因为我们没有理由不相信克莱门斯的如下断言：*Fr*. 47 谈及世界的形成，并与 *Fr*. 46 相联系（见第 453 页注释 1）。（但在 *ἐπιφερόμενα*〔事件〕中，不存在与 *Fr*. 46 的"直接"联系）

次转变，向对立的方面发展自身，一方面是固体元素，土，另一方面是温暖和轻浮的要素，热风；[1]这个理论，使赫拉克利特和泰勒斯之间的联系类似于泰勒斯和阿那克西曼德[2]之间的联系，使阿那克西曼德成为老一辈伊奥尼亚人当中，与赫拉克利特立场最为接近的哲学家。但除此之外，关于赫拉克利特在世界形成问题上所持的意见，我们没有任何更多的资料。

原始本质在世界开端所采取的三种形式，被赫拉克利特看作是当下 49
世界状态的端点，在它们之间，实在要素发生着轮替，生成和消逝进行着循环。他把变化命名为(如第欧根尼所说[3]）向上和向下的道路，认定世界以这种方式产生。他说，火由于凝聚变成水，水凝聚变成土；土以相反的方向变成流体，变成水，而几乎所有其他的事物都由水的蒸汽产生。这前一种进程被他称作向下的路，后一种进程称作向上的路。这一解释[4]，不能像克莱门斯（Clemens）那里的残篇那样，运用于世界的起源问题，而只适用于当下世界状态中的物质的转变。[5]这就是柏拉图

在第 458 页注释 1 被引述的一段话中，*Placita* 同样谈到了赫拉克利特描述的世界形成过程，尽管它们包含了对它的错误解释，即，通过火中最浓密部分的分离，土最初形成；然后由土产生水，由水产生气。这一解释的第二部分来自于斯多亚主义的元素理论（Part. iii. a, 169, 1），而土直接从火中产生的理论甚至与斯多亚主义理论冲突。

1　这并不意味着海的一半是土，另一半是火，以至于自身没有留下任何东西；*θαλάσσης δὲ*, &c 说的不过是，海在其自身当中同等份地包含着（潜在地）土和火，以至于它们能够同等地从它那里产生。参见 Teichmuller, *N. Stud.* i. 54 以下。

2　关于阿那克西曼德，参见 vol. I. 250 以下；关于克塞诺芬尼的类似观点，参见 vol. I. p. 569。

3　依据第 490 页注释 2 的引文，ix. 8 有相关说法（参见第 473 页注释 4）。

4　如舒斯特所相信的，155 以下和 148。

5　舒斯特事实上认为，从这里的联结看，它同样非常清楚地指向了世界的形成。但是第欧根尼已经在前面的文字中完成了对赫拉克利特的世界起源和大火理论的报道（见第 489 页注释 2 和第 490 页注释 1）；他以"*καὶ τὴν μεταβολὴν*"（变化）转向了另一个要点。"*τὸν κόσμον γίνεσθαι κατὰ ταύτην*"（世界据此生成）不能告诉我们更多的东西。因为第一，*κατὰ ταύτην* 不仅指向 *ὁδὸς κάτω*（向下的路），而且指向 *ὁδὸς ἄνω κάτω*（向上向下的路）：更早的文本把它说成是单一的路，而不是两条路，*ὁδὸς ἄνω* 和 *ὁδὸς κάτω*；但依据舒斯特，关于 *ὁδὸς κάτω*(*πυκνούμενον...λέγει*) 所说的只适用于世界创生，后面的话适用于它的毁灭。第二，对 *γίνεσθαι*、

50 所称的向下之路和向上之路的意思，[1] 而评注这个表述的意思的后来作家，也都毫无例外地[2] 采纳了同样的观点。此外，我们还有一则赫拉克利特自己关于物质的变化、以及他认为它会采取的主要形式的观点的材料，它与第欧根尼的说法完全一致。他说，“对灵魂来说，死就是变成水，对水来说，死就是变成土，但是水生于土，灵魂生于水。”[3] 舒斯特（Schuster）认为这段话只用于生物，它们的灵魂从它们肉体的水质构成中持续地形成自身，并再次分解为这些构成；正如肉体持续地从水变成土，从土变回水一样。[4] 但这个解释与我们证人的一致证词[5] 相矛盾，对
51 于这些证词我们没有理由去怀疑，因为亚里士多德告诉我们，赫拉克利特把构成万物实在的火称作灵魂。[6] 因此，我们有充足的证据表明，赫拉克利特认为火、水和土，是物质在它的变化中会采取的基本形式。有些更晚的作家确实通过把赫拉克利特的“灵魂”解释为气，试图在这里

ἐξυγραίνεσθαι 等当前形态的持续运用，明确地表明，接下来发生的，不涉及前面已经发生的事。第三，在舒斯特指出的那些话中，宇宙的形成未得到充分的描述，因为没有任何话说及天空的形成（参见第 470 页注释 2）。第四，“*πάλιν τ᾽ αὖ τὴν γῆν*, etc.”（再次变成土）这些词不可能包含对 *ἐκπύρωσις*（大火）的描述，因为它说其他的都来自于水，而水几乎完全通过大地和水的蒸发来解释。舒斯特因此读作：*ἐκ δὲ τούτου τὸ πῦρ, τὰ λοιπὰ σχεδὸν*, etc.（由此是火，几乎其余一切）。但这一变更只有在这种情况下才是可能的：被一般接受的文本不包含任何可接受的结构。但是它包含非常好的意思，尽管不同于舒斯特归于它的意思，而在舒斯特的读法中，非常单纯的思想“火通过水的蒸发产生于水”，却要通过混乱和模糊的语句来表达：*τὰ λοιπὰ σχεδὸν πάντα*, etc.（几乎其余一切）。*λοιπὰ πάντα*（其余一切）能意指什么？火是在世界大火中唯一能持续从水中产生的东西。

1 《斐莱布》43A。有智慧的人坚称我们的身体永远不能保持静止，“因为一切永远向上和向下流动”。这里没有提到世界的起源和大火，只是说及世间事物的变化。

2 例如 Philo. *De AEtern. M.* 958 A，如赫拉克利特自己表达的那样。Max. Tyr. 41, 4。

3 *Fr.* 89，参见第 455 页注释 1。

4 同上书 268 以下、157 和 165。

5 Philo 上引书 958 C 提到这段话作为支持他对元素转换的评论的证据；Clemens, *Strom*. vi. 624 A 认为赫拉克利特这里是在模仿某些他引用的俄耳甫斯教诗句，但事实上是这些诗句在断言“从灵魂产生水，从水产生土，反之亦然”时，模仿了赫拉克利特的语言。下下个注释引述的作家，也普遍地把这段话用来指称元素。

6 参见第 453 页注释 4 和第 454 页注释 2。

引入第四元素，或把气看作是处于火和水之间的中间物。[1] 但这不会比赫拉克利特自己的明确断言更有价值；特别是要考虑到，在这一时期存在着一种在这一点上曲解古代哲学家的普遍倾向，它特别为斯多亚主义评注者激励着——这些人总是不可自抑地要把自己的观点和赫拉克利特的等同起来。[2] 基于同样的理由，我们不能给予某些更晚作家谈及的火向土的直接转变[3]，或土向火的直接转变[4]任何价值。我们也不能在恩培 52 53

1　Plut. *De Ei*. c. 18, p. 392 给出的引自 *Fr*. 89 的话是："火死气生，气死水生。" Philo 上引处对此的解释是："他认为灵魂就是普纽玛，并暗示说气死水生，水死又是土生"。Max. Tyr. 41, 4 和 Schl. p. 285 R 说"土死火生，火死气生；气死水生，水死土生"（不过它已经不再被明确地归属于赫拉克利特）。Plut. *Plac*. i. 3，参见第 458 页注释 1；Max. Tyr. 上引书。最后一个作者没有把第四元素归属于赫拉克利特，但以赫拉克利特的名义说，火转变成气，气转变成水，水转变成土，而土又转变成火。

2　舒斯特（157 sq.）确实相信而 Teichmullse（*N. Stud*. i. 62 sqq.）部分同意于他的观点是：赫拉克利特在他的元素理论当中没有遗漏气。但在我看来，这缺乏充足的证据。赫拉克利特很可能会在合适的场合谈到气（如我在第 464 页注释 1 涉及 *Fr*. 67 时已经谈到的），但这并不意味着他就把它当作是物质的基本形式——我们可以称为他的元素的东西。正如阿那克萨戈拉和德谟克利特把气表征为不同要素的聚集一样（vide *inf*. 815, 3, 708, third edition），赫拉克利特可能把它看作是某种介于水和火之间的东西，一种过渡形式，或一系列的过渡形式。普鲁塔克把气引入赫拉克利特的话——在第 455 页注释 1 和第 51 页注释 2 中已经讨论过——并不能反对赫拉克利特自己明白所言。如果埃尼西德穆以气取代火作为赫拉克利特的原始物质（vide Part iii. b, 23），这也可以无需假定赫拉克利特把气看作是与土、水和火同样地位的东西而得到解释（以前文已经表明的那样）。埃尼西德穆关于赫拉克利特原始本质的观点（无论如何是错误的），不能被当作这一理论的证据。

3　Plut. *Plac. loc. cit.*

4　Max. Tyr.；参见第 473 页注释 1。在这种意义上我们可以理解 Diox. ix. 9 的话："由土和海产生蒸气，它们有些是明亮、洁净的，有些是黑暗的；从明亮的蒸气中火在增长，而从其他蒸气中水在增长。"但这不是必要的。因为尽管拉萨尔的理论（ii. 99）——海只产生洁净的蒸发，土只产生昏暗浑浊的蒸发——以及与它相反的理论——土产生洁净明亮的蒸发，海产生昏暗的蒸发——会与这样的事实相矛盾（这是 Teichmuller, *N. Stud*. i. 57 指出的）：来自于土和海的蒸发是同样浑浊的；尽管如果它是在说明亮和昏暗的蒸发都来自于土和海会更为正确一些；但这根本不是问题的要点。因为，首先，第欧根尼没有说土，作为基本的元素，转变成炽热的蒸气；"$\gamma\tilde{\eta}$"在这里指称的是与海相对的陆地，不包含湖、河、沼泽中的水和雨水带来的地面湿气。其次，这里涉及的是关于明亮和昏暗的蒸发是否同时一起发生、是否它们并非最初都昏暗和潮湿然后才变得明亮的问题。之后昏暗的蒸发形成云，明亮的蒸发产生星辰和明亮的天空。Schleiermacher, p. 49 以下为土直接转变为火的观点辩护，理由是，在气象学上本质上依赖赫拉克利特的亚里士多德说，干的蒸发与湿的多克勒或亚里士多德式的意义上理解赫拉克利特的元素概念；[1] 他的意思只是，上面提到的三种物质是原始物质在它的转化中的最初表现——最初物质，是其他所有事物最后会变回东西，是在既定秩序中相互转化的
54 东西；[2] 这一规则进程在两个方面得到同等的保持，用他自己的话说：向上的路和向下的路是同一条路。[3] 这句话同样向我们表明，在赫拉克利

蒸发同时发生，因此，他也就是在说土向火的直接转变。但是亚里士多德对赫拉克利特的依赖，或者在普遍意义上，或者在这个具体问题上，得不到证明。Ideler（*Arist. Meterol*. i 351）的猜测：赫拉克利特可能从俄耳甫斯教的诗篇中借来双重蒸发理论，有一些理由，但柏拉图《克拉底鲁》402B 和 Clemens, *Strom*. vi. 629 所说的不能用来支持它。

1 恩培多克勒把他的所谓的元素（众所周知，他自己并没有用这个词）理解为不变的原始物质，不同元素之间不能相互转化。亚里士多德允许他的元素相互转化，但他没有把它们当作任何在时间先于它们的物质的派生物；因为“πρώτη ὕλη”（最先的物质）从未自身存在过；它只是元素的观念假定，它们的共同原素，只在这四种元素形式中存在。赫拉克利特则相反，把火看作是自身存在于世界产生之前的东西，只是在时间之中转变成水和土。

2 关于赫拉克利特“在为他的火炉点燃木头时，是否总在想，要在升起火之前，这个土必然先变成海，然后变成 πρηστήρ（飓风）”的问题（舒斯特，166），是一个哲学史不需要回答的问题。他很可能不会每次看到 Caystros 河时都在想，这不是和以前同样的河；或每次喝水时自我折磨地想他灵魂的干燥是否因此而受苦。我们关注的唯一问题是：赫拉克利特如何依据自己的预设解释像木材燃烧这样的普遍现象？即便在这个主题上他没有告知我们任何东西，我们也不因此就有理由怀疑这些预设。我们确实不知道赫拉克利特如何解释木头的燃烧，甚至不知道他是否有这个解释意愿。如果他想的话，那么答案也并不难找。他不需要（如舒斯特认为的）把木头完全看作是土。他可以把它看作是土和水的混合：当它被燃烧完时，没有转变成水的土，作为灰烬留了下来。这个剩留物，和木头中包含的水一起，最初变成昏暗的蒸气，然后变成明亮的蒸气，先变成烟，再变成火（依据 Theophrastus, *De Igne*. Fr. iii. 3，火是燃烧着的烟；依据亚里士多德《气象学》ii. 2, 355a5，火被湿气所营养——这个观点得到许多自然哲学家的支持，例如第欧根尼（supra, p. 295）。他能有的这个解释，不会比其他的许多解释更不与现象一致，同时又能很好地与他的其他理论相容。或者他可以把燃烧看作是包含在 περιέχον（环绕物）中的火的涌现（vide inf. p. 81 sq.），看作是木头的燃烧微粒向 περιέχον 中逃避。只要我们还不清楚一个哲学家是否自己试图调节，以及以何种方式来调节他的科学理论和一些确定事实之间的关系，我们就不能把它们之间的不可调和性，看作是比他科学理论的明确证据更有说服力的东西。难道德谟克利特和柏拉图会因为他们关于土不能变成火的理论，而把木头看作是不可燃烧的吗？ Vide infra, p. 234, 2 third edition, Part ii. a, 676, 2。

3 *Fr*. 82，在 Hippocr. *De Alim*. ii. 24 K 和 Tert. *Adv, Marc*. ii. 28 处；更为充分的说法则

特那里，物质的变化也是位置的变化；越接近炽热本质的物体，升得越高；离这一本质越远，沉得越低；就像感性的观察也能证实的那样。[1]

在 Hippol. 那里，参见第 471 页注释 3 及第 472 页注释 1。拉萨尔（i. 128, 173 sqq.）不满意于用向上的路和向下的路来指称元素转变进程的阶段，以及把两条道路的等同理解为这些阶段的同一性；他认为以上命题同时也意味着世界是恒定统一的，是存在（Being）与无（Nothing）、朝向 *γένεσις*（生成）与朝向 *ἐκπύρωσις*（大火）或"否定"这两个矛盾时刻的持续调和。但这就使这位已经很晦涩的哲学家变得更加晦涩。不管是来自赫拉克利特的还是关于赫拉克利特的说法，都无法为我们把 *ὁδὸς ἄνω*（向上的路）和 *κάτω*（向下的路）理解为除"从土到火的道路"和"从火到土的道路"之外的东西提供保证；Diog. ix. 8 的证据只是来自于拉萨尔的错误翻译（参见第 471 页注释 3 引用的文字）：它把 *μεταβολὴ*（变化）解释 *πόλεμος*（战争）和 *ὁμολογία*（一致）的相互转化，理解为导致从存在到非存在（non-Being）、从非存在到存在的变化的时刻（也参见 ii. 246, 关于这些词的其他联系，参见 ii. 137）。第欧根尼自己则从未在 *ὁδὸς ἄνω* 和 *κάτω* 的意义的理解上给我们留下什么疑惑。说元素转变的阶段的特性使它们不能被描述为"同一条路"（*ὁδὸς μίη*），则真是一个奇特的反对（同上书 173 以下）。从火经过水再到土的转变之路，与从土经过水再到火的转变之路是同一条路，尽管它们的方向不同。

1　说向上的路和向下的路不包含任何位置的变化，是我不能接受的。拉萨尔相当啰嗦地试图证明这一点，而布兰迪斯（*Gesch. d. Entw.* i. 68）在这一点上同意他。拉萨尔的论证并没有什么说服力，他说："向下和向上的运动是直线性的，而赫拉克利特的运动是环形的"（这只在他把物质的转变看作是环形的时候才是真的）；"海位于比土更深的地方"（更确切地说，是比陆地而非海底更深）；"但是如果我们把向上的路看作与位置相关，那么它必然在更高的地方"（据此我们可以证实柏拉图和亚里士多德对元素的自然位置一无所知）；"在位置上，上与下、向上的路和向下的路并不等同"（参见前注和第 450 页注释 1）。"如果这一表述只在字面意义上被使用，而不是纯粹作为一个象征，柏拉图和亚里士多德就不会对'*ὁδὸς ἄνω κάτω*'保持沉默"（为什么不会？他们难道没有对赫拉克利特理论体系中的许多重要概念保持沉默？柏拉图也确实在《斐莱布》43A 中提到所有事物持续 *ἄνω τε καὶ κάτω ῥεῖ*（向上和向下流动）的理论，并在《泰阿泰德》181B 中说，这一理论使它们处于持续的位置和性质变化之中）；"Diog. ix. 8 以下并没有谈到任何位置上的渐进运动"（参见前注）；"亚里士多德《物理学》viii. 3 明确地否认可依据位置来理解 *ἄνω* 和 *κάτω*"（事实并非如此；否则的话，他也会明确地否认赫拉克利特教导的物质的永恒变化）；"Ocellus（i. 12）把'*διέξοδος κατὰ τόπον*'（按位置的路径）和'*κατὰ μεταβολὴν*'（按变化的路径）彼此对立。"除了把 *ἄνω* 理解为位置性的上，把 *κάτω* 理解为位置性的下，我们还能怎么理解它们，拉萨尔对此未做解释。非常清楚的是，所有提到赫拉克利特这个理论的古代作家们，都是以这种方式来理解它的，这已成为通行的理解。拉萨尔（ii. 251）自己发现他不得不承认，赫拉克利特可能也用 *ὁδὸς ἄνω* 来描述元素的转变过程，而在这种运用中，必然会有位置的变化。就火占据世界的上层部分来说，Stob. *Ecl.* i. 500 把赫拉克利特看作是那些视天空为 *πύρινος*（火热的）的人中的一个；这一点并不与 Diog. ix. 9 中的说法冲突：赫

55 因此，物质的转化以循环的方式进行；当它的元素本性在土中实现
时，它就离它的原初形式越远，但它可以通过早先阶段重新回到它的开
端。这一运转的统一和既定的秩序，就是那个在世界生命的流变之中保
持不变的东西。物质无休止地变化着它的本性和它的位置，因此，没有
什么东西，就它的物质构成而言，能够保持与之前的同一；所有的事物
56 都经受着持续的转变，持续地失去它的质料部分，又通过其他部分的向
上或向下的流动持续地在位置和本性上补充自身。持久存在的表象只能
源出于此：流出去的那个部分得到同等大小的其他部分的补充；水在火
和土中失去的，必然得到从火和土而来的湿气的同等补充，火、土也是
这样；在事物的流变之中保持持久的东西不是物质，而是物质的比例；
就元素之间以同等的比例相互转变而言，世界整体保持着同一；就在物
质的变化之中，同样的性质在世界的这个具体地方出现而言，每一个体
事物保持着同一。因此，每一事物的是其所是，不过是因为物质的对立
之流，这前进和退却之流，在这个确定的方位上，以这一确定的比例，
在它那里相互碰面。[1] 赫拉克利特把这一进程的规则称作是和谐、正义、
命运、世界统治智慧等等；同时另一方面，从实在元素的变化产生出万
57 物的流变，从向上和向下道路的对立产生出普遍的斗争法则。

如果我们设想这一理论逻辑地运用于世界的所有部分，那么结果必然是这样一个自然理论体系，在其中，事物的不同种类对应于变化的普遍进程的诸多阶段。但赫拉克利特多半不可能会具有这样一种关于自然的综合性描述的观念；除了我们即将考虑的人类学的理论之外，他的自

拉克利特从未确切地解释 περιέχον 的本性。

1　我们确实不能提及 *Fr.* 48（见第 481 页注释 3）作为直接证据来支持对赫拉克利特理论的这种理解，假如那些话不指涉元素之间的相互转化，而指涉世界的毁灭的话。但是从我们所知的他关于万物流变的理论来看，很难发现他还能以什么其他方式来解释具体事物和世界整体持续或长或短时间保持不变的事实。万物流变理论通过著名的河流例证得到确立（参见第 446 页注释 5），亚里士多德（《气象学》ii. 3. 357b30 以下）在同样意思上使用它，并自己断言说（sup. p. 13, n.），依据赫拉克利特，万物总处于变化当中，只是我们没有注意到它罢了。

然哲学留给我们的只剩下少许天文学和气象学的命题，[1]这一事实，很可能不只是因为我们相关资料的不足，同样可以由他自身立场的不完备性得到解释。那个最为经常被提及的、几乎独自与这方面相关的东西，是他著名的太阳日新的理论。他不仅像其他一些哲学家那样认为，太阳
之火由升腾的蒸气所营养，[2]而且把太阳自身看作是一团燃烧着的蒸气；[3] 58
因为他认为这些蒸气会在白天被消耗和燃烧掉，而在早晨又重新产生出
来，他得出结论说，太阳每一天都是新的；[4]因此，物质的持续的流进流 59

---

1 从 Philo. *Qu. in Gen*. iii. 5 的话来看（在第 459 页注释 4 引述过），我们只能得出结论说，赫拉克利特运用了许多例子去证明他的关于存在的对立理论。这里没有拉萨尔（ii. 98）发现的对一个完备的物理学体系的暗示。

2 亚里士多德《气象学》ii. 2, 354a33。我们从后文看到，赫拉克利特被归在这些人之中。在 Diog. ix. 9 中有一个对赫拉克利特的星辰理论的充分介绍。太阳散发的光更亮更暖，因为月亮在大气中运行，不那么洁净也离地球太近；而其他的天体又离得太远。*Placita*. ii. 22, 27, 28, 29、Stob. i. 526, 550, 558 和 *Schol. in Plat*. p. 409 Bekk. 关于太阳和月亮所说的，支持第欧根尼；但是斯托拜乌用斯多亚主义的语言把太阳说成是"ἄναμμα νοερὸν ἐκ τῆς θαλάσσης"（出自于大海的有理智的燃烧物）。太阳的船状外形同样在 Ach. Tat. *in Arat*. p. 139 B 中被提到；阿那克西曼德（赫拉克利特在许多地方追随于他）也认为天体的火由蒸气所营养，并不断从包围着它的外壳中涌出来。Cf. vol. I. p. 251。在太阳的外形上，他的观点不同于赫拉克利特，后者仍坚持关于太阳和月亮的古老的船形观念。Stob. i. 510 称天体为"πιλήματα πυρός"（火的凝聚），这无疑是错误的。在 *Plac*. ii. 25, 6 中说："赫拉克利特说（月亮）是被雾所包裹的土"；Schleiermacher, p. 57 正确地把那个名字改作："Ἡρακλείδης"。依据 Diog. ix. 7、*Plac*. ii. 21、Stob. i. 526 和 Theod. *Cur. Gr. Aff*. i. 97, p. 17，赫拉克利特认为太阳直径只有一尺长。但这很可能是对一个关于太阳表面直径的说法的误解，并不涉及太阳的真实大小问题。无论如何，从赫拉克利特赋予太阳的重要性考虑（参见第 478 页注释 5），如果他把太阳的大小看作是可公度的，将会比较合适；但他完全可能说这样话："太阳只有一尺宽，但它的光却充满整个世界。"

3 亚里士多德《问题集》xxiii. 30 末。

4 柏拉图《理想国》vi. 498A。亚里士多德《气象学》ii. 2, 355a12，Alex. in *h. l.* 对此有正确解释。Proclus, *in Tim.* 334 D 也从赫拉克利特那里引用了"νέος ἐφ᾽ ἡμέρῃ ἥλιος"这些词。Plotinus, ii. 11, 2, p. 97 D 的"对于赫拉克利特，他说甚至太阳也永远在生成"，无疑涉及的是这些话（不像拉萨尔 ii. 105 所认为的那样还涉及其他一些话）。柏拉图的一个注释者认为赫拉克利特的太阳落入大海并在那里熄灭，然后朝向东方从地球下穿过并在那里被重新点燃。这可以这样的方式与第欧根尼的引文（参见前注）发生联系：在太阳之火被燃尽后，也即在它完全变成水后（无论如何我们都必须用这个来取代火在海中的熄灭），包裹火的船形外壳，被描述为朝向东方运动，以到那里获得燃烧着的蒸气。因此，只有太阳的"火"每天获得更新，而火

出导致的属于太阳的明显持存性也不过只有这点很短的时间。[1] 亚里士多德明确地否认 [2] 他曾把这一观念运用于其他天体：因此，当我们被告知说他认为月亮和星辰由蒸气所营养——因此他把月亮，像太阳一样，看作是一个盛满火的杯子，[3] 把星辰看作是一团火时，我们必须认为第
60 一个主张无论如何都只是他确切话语的武断延伸。[4] 他似乎很少想到星辰，因为它们对我们世界的影响是很小的。[5] 至于他对其他天体现象的

的外壳依然保持着；但这对我们的理论没有什么影响，因为只有火才被我们看作是太阳，因此仍然可以说太阳每天都是新的；如果赫拉克利特真的相信有这种星辰和太阳的火的储藏器（从他那里引来的关于日食和月之盈亏的独特解释很难允许我们怀疑这一点），那么他说它们是固体的并因此是持久的，就比说它们由蒸气构成并会随着它们包裹的火一起消失，更为自然。Lassalle, ii. 117 认为，依据赫拉克利特，太阳之火不会在白天的任何时候完全转变成湿气，这转变过程只在夜晚太阳环绕着地球另一面运行时才得以完成（就赫拉克利特而言，我们没有理由说地球的另一面）；这正是那个柏拉图主义的注释者的观点的立论基础。但这显然不会是赫拉克利特自己的观点，那些只是说在赫拉克利特看来太阳会在它的位置上熄灭的作家，也没有人持这种观点。舒斯特评论说（p. 209），如果赫拉克利特把太阳看作是一个神，那他就不会认为他会在每一天重新产生，而只会说他改变着自己的物质质料；但这个观点同样与我们所具有的所有证据以及赫拉克利特自己的话相冲突。

1 *Fr*. 64（见第 466 页注释 2）似乎谈到这种存在的持久性；不过这也可能相关于它运行的边界，因为如果太阳的运行轨迹更远一点的话，它白天的活动就会更持久一些。时间和空间的测量在这里是一致的。

2 《气象学》ii. 2. 355 a 18。《问题集》上引处也说到，只是太阳由海的蒸气所形成。

3 参见第 477 页注释 2；参见 Olymp. *in Meteo*r. f. 6 a, p. 149 Ideler。关于另一面，参见 Bernays, *Heracl*. 12 以下。

4 要反对这种理论——赫拉克利特认为太阳由海的蒸气所营养，月亮由淡水的蒸气所营养，星辰由地球之水的蒸气所营养（Stob. *Ecl*. i. 510; cf. 524；Plut. *Plac*. ii. 17）——还有许多话可以说。这里，最有可能是把斯多亚主义理论归属于赫拉克利特。如我们已经指明的那样，赫拉克利特在星辰的营养问题上保持着沉默，他不可能相信土会直接转变为同样营养着炽热元素的蒸气（cf. p. 52）。穿着亚里士多德式问题外衣的赫拉克利特主义者（参见第 477 页注释 3），对盐水和淡水之间的差异做了完全不同的运用。

5 参见 *Fr*. 50，在 Plut. *Aqua an ign. util*. 7, 3, p. 957 处；或者如 Plut. *De Fortuna*, c. 3, p. 98 所说的。在斯多亚主义者中最类似于赫拉克利特的 Cleanthes 赋予了太阳极其重要的作用，把它描述为神的所在（Part. iii. a, 125, 1），我们被告知说这也是赫拉克利特学派所持有的观点（柏拉图《克拉底鲁篇》413B；参见第 456 页注释 2："公正的和更新的太阳统治着存在者。"但赫拉克利特自己并没有持这种观点（参见第 456 页注释 1）；假如他有这种观点的话，他就不会说太阳每天都会熄灭。在 Plut. *Qu. Plat*. vii. 419 中，我们没有理由（Schuster, p. 161 持相反的看法）把除 ὥρας αἳ

解释，留给我们的话已经非常支离破碎，很难从中收集到关于他真实理论的东西。[1]

我们没有被明确告知赫拉克利特是如何设想宇宙的形状和结构的。 61
但正如物质的转变在上面的火和下面的土那里各有一个极点一样，正如性质变化在赫拉克利特那里与位置的上升和下降相一致一样，赫拉克利特必然把宇宙设想为上下有限的；至于他是否把宇宙设想为球形，并不为我们所知，[2] 谈到地球，相反的理论则似乎更有可能。[3] 同样无法证实
的是他关于诸天体的每日循环理论。[4] 但他必然把世界看作是一个统一 62
的整体，正如他明确地表明的那样，[5] 因为只有这样，循环的运动才是可能的，在其中一切从一而来，一从一切而来，存在的对立面通过无所不

πάντα φέρουσι（那显明一切的时间）之外的任何东西归属于赫拉克利特。

1　在第 473 页注释 4 和第 477 页注释 2 所引的文字之后，第欧根尼有进一步说法。据此，赫拉克利特认为白昼与黑夜的更替，以及在第 464 页注释 1 的引文中与其结合在一起的四季的更替，来源于炽热元素和潮湿元素的交替优势。从普鲁塔克那里（参见前注）我们知道他提及了四季。他对前面谈到的其他现象的解释，则在 Stob. *Ecl*. i. 594 中被提到。依据 Olympiodorus（*Meteorol*. 33 a; i. 284 Id.）的说法，赫拉克利特相信海来自于土的蒸发，但这一说法（如 Ideler 正确猜测的那样）似乎来自于与第 481 页注释 1 所引的残篇 48 提到的恩培多克勒的某种混淆。

2　Hippocr. *π. διατ*.（见第 449 页注释 1）确实说道："对于宙斯是光明，对于哈得斯是黑暗，对于哈得斯是光明，对于宙斯是黑暗。它们这样流转，它们安排所有时间。"但首先，我们不能确然从中得出结论说世界就是球形的，因为如果诸天转到地球的另一面，而地球被看作是圆柱形的，如我们在更早和更晚的伊奥尼亚人那里发现的那样（super. vol. I. p. 275 sq.），那么当太阳随着这一旋转坠落到地平线以下时，下面的世界仍然可以被照亮。其次，我们并不知道作者是否正确地表达了赫拉克利特的意思；作者的表述显然与我们哲学家关于太阳每日熄灭的理论非常之不相容。拉萨尔把太阳不是完全熄灭当作是对这一困难的一个解决方案（参见第 477 页注释 4），无法被接受。此外，在这种情况下，照亮上层世界的光不可能也是地狱（Hades）中的光。

3　正如不仅是阿那克西曼德和阿那克西美尼，同样阿那克萨戈拉和德谟克利特，无疑还包含第欧根尼，都认为地球是圆柱形的或扁平的一样，赫拉克利特不可能把它设想为其他形状。地球球形理论，似乎要到公元前五世纪末，才为毕达哥拉斯学派和他们的天文学的支持者所持有。

4　他关于太阳每日熄灭、太阳的船形和月亮的理论，更指向这几个天体的自由运动，如阿那克西美尼所认为的那样（sup. vol. I. p. 275 sq.）。赫拉克利特很少关心星辰和天文学，似乎从未认为所有天体的日常升起和坠落预设了某种共同的原因。

5　*Fr*. 46 和 98；见第 462 页注释 1。

包的和谐相互结合在一起。因此，当后来作家把赫拉克利特看作是那些教导世界的统一和边界理论的人中的一员时，[1]他们无疑是正确的，尽管赫拉克利特本人从未运用过这样的表述。

如果只存在着一个世界，那么它必然是没有开端和结尾的，因为神圣的创造之火从来不会停息。在这个意义上，赫拉克利特明确地说，世界过去如此，将来也是如此。[2]不过这并不排除宇宙在状态和结构上变化的可能性；这样一种理论看起来似乎更为万物变化的基本法则所需要，尽管事实上并非如此；因为假如世界整体在它的部分发生变化的同时保持着自身，同时没有任何个体事物具有任何不变的存在性的话，这个法则会得到更为充分的显现。赫拉克利特很可能持有这一理论，正如阿那克西曼德和阿那克西美尼两位自然哲学家在他之前持有它一样；阿那克西曼德更是他在许多方面非常接近的人。确实，古代作家近乎一
63 致地把这样一种理论归属于他：当前的世界会在将来的某个时刻毁灭于火，然后从世界大火中产生一个新的世界，如此永无止境地进行。因此，宇宙的历史，依据既定的时间周期，不断地进行着再生和毁灭的更替。[3]但是这一理论近来受到一些学者的强烈反对，首先是施莱尔马赫（Schleiermacher）[4]，其后是拉萨尔。[5]但拉萨尔没有充分地区分两个

---

1 Diog. ix. 8。Theododoret, *Cur. Gr. Aff*. iv. 12, p. 58、Simpl. *Phy*. 6 a 和亚里士多德《物理学》iii. 5, 205a26 的："自然学者中没有一个人把火或土看作是一个无限的东西"，并不反对这个说法，因为赫拉克利特的原始物质不是无限的。拉萨尔（*ii*. 154）把这段话归属于赫拉克利特，而忽略了"καὶ ἄπειρον"这两个附加的词。

2 参见第 453 页注释 1。

3 斯多亚主义者经常用来表达世界毁灭的词是 ἐκπύρωσις。不能证实赫拉克利特使用过这个词。Clemens, *Strom*, v. 549, ii 明确地说："斯多亚学派以后把这叫做大火。"

4 同上书 94 以下。Hegel, *Gesch. d. Phil*. i. 313 和 Marbach, *Gesch. d. Phil*. i. 68 进行了类似的反对。但这两个作者都没有更详细地探讨它。

5 ii. 126, 240。布兰迪斯开始反对施莱尔马赫，强烈地主张赫拉克利特相信世界毁灭于火（*Gr. Rom. Phil*. i. 177 sq.），后来似乎被拉萨尔说服放弃了这一理论（*Gesch. d. Entw*. i. 69 sq.）。为了解释古人们的说法，他做出这样一个猜测：赫拉克利特持有两种运动观，一种运动没有对立面，他把这描述为静止和平静的运动；另一种运动涉及宇宙状态的对立。他如此理解这两种运动，以至于认为它们在观念上的分离是时间上的分离："甚至可能他自己也是这样来理解它们的。"这后一种理论实质上重申

可用同一个表述——即宇宙的“燃尽”（burning up）或宇宙的“毁灭”（destruction）——来描绘的观念，而事实上它们的意思相离甚远。根本的问题不是严格意义上的世界毁灭是否意指它物质的完全消灭；赫拉克 64
利特当然不会持有这种观点，因为对他来说世界只是神圣之火存在的确定形式，神圣之火因此就是世界的物质。他极尽可能地明确宣称，他不相信这一点。我们关注的问题只是：赫拉克利特会相信，世界的当下状态，以及它以之为基础的元素性物质的分布，会在个别事物的持续变化中保持着整体的不变性，还是他会认为所有不同的物质会时不时地回到原始物质，然后重新从它那里再生出来？

他自己的表述似乎证明他持有后一种观点。确实，他有些表述并不能让我们确定，他到底是在说个体事物持续地从火中产生，并相应地回归于火，还是在说宇宙同时性地转变成火，并随后再次产生出来。[1] 但是他的另一些话则几乎只能用来表明世界向火的将来转变，也即世界的毁灭，而这也是把这些话留传给我们的作家们用它们来表达的意思。赫拉克利特说：“火将降临万物，安排并夺取它们。”[2] 正如克莱门斯告知我们的，在另
一则残篇中，他描述了在世界燃尽之前发生的土向海的新的转变。[3] 亚里 65

了赫拉克利特的世界大火理论；因为假如无对立的运动时期追随在包含对立的运动时期之后，那这就等同于说在 *διακόσμησις*（秩序）之后跟着一个 *ἐκπύρωσις*（大火）。但是，很难把这两种运动在纯粹观念上的分离归属于赫拉克利特，而在我看来说赫拉克利特会有一个无对立的运动概念（它自身就是个矛盾概念）更是令人难以想象。因为这一观点将在下文中得到反驳，我在这里就不具体深入了。拉萨尔的冗长讨论当然只在它的核心内容上值得关注。

1　例如“*ἁπτόμενον μέτρα καὶ ἀποσβεννύμενον μέτρα*”（参见第 453 页注释 1）；“*εἰς πῦρ καὶ ἐκ πυρὸς τὰ πάντα*”（参见第 452 页注释 1）；以及第 457 页注释 1 的引文。

2　*Fr.* 68，在 Hippol. ix. 10 处：*πάντα τὸ πῦρ ἐπελθὸν κρινεῖ καὶ καταλήψεται*。这里用的将来时态（第一个动词中的这个时态由第二个动词所证实）表明它很可能指的不是万物向火的持续转变，后者是用现在时态表述的：“*πάντα οἰακίζει κεραυνὸς*”（雷火驾驭万物）（参见第 453 页注释 2）；而这里描述的转变是在将来某个确定时刻发生的；因此 Hippolytus 合理地引用这句话作为支持“*ἐκπύρωσις*”的一个证据。

3　*Fr.* 48，Clem. *Strom.* v. 599 D（Eus. *Pr. Ev.* xiii. 13, 33）：*ὅπως δὲ πάλιν ἀναλαμβάνεται*（以便再次返回）（即 *ὁ κόσμος*，世界将如何重新回返原始本质；这一表达是斯多亚式的，参见 Part. iii. a. 140, 6；关于相对应的 *ἀναχωρεῖν*〔回返〕，参见同上书 130, 3）。克莱门斯的明确语言不允许我们怀疑，这些话事实上指土向海

士多德更为明白地说：赫拉克利特和恩培多克勒都认为世界有些时候处于
66 当下状态，但之后会被毁灭并开始一个新的状态，这个过程永无止境。[1]

的回归，而在宇宙形成时，它是从海中产生的（vide. p. 47 sq.）。像拉萨尔（*ii. 61*）那样删除“*γῆ*”，或像舒斯特（129, 3）那样代之以“*γῆν*”，没有什么依据。因为海的大部分之后会变成土，因此，依据物质转变的普遍法则（cf. p. 49 sq.），现在土必须再次变成海。第欧根尼也用“*χεῖσθαι*”（倾流）（参见第 471 页注释 3）来指称土向火的这一转变。拉萨尔上引处把“*εἰς τὸν αὐτὸν λόγον*”解释为“依据同一条法则”；但是在这一解释中，“*εἰς*”的意思就未受到足够的重视。它更可能指的是“同样大小”，或更确切地说（因为“*λόγος*”指的是比例，在这里就是指大小的比例），“因此，保持着之前做为土的同样的大小，以它变成土之前同样的比例存在”（Vide also Peiper's *Erkenntnisstheorie Plato's*, 8）。我不能像 Heinze（*Lehre v. Log*. 25）那样认为，在这里“*ὁκόσος*”必须被替代为“*ὁκοῖος*”。“*ὁ αὐτὸς οἷος*”的所指与“*ὁ αὐτὸς ὡς*”相同（就像之前所具有的同样大小）。Heinze 像拉萨尔一样删去了“*γῆ*”，并这样解释这段话：“海被转变成 *λόγος*，也即同一的自然之火，它在海产生之前独立存在。”但是，即使这同一自然一时被理解为原始之火，一时被理解成“*λόγος*”，我们也不能说这些概念是可以相互转换的，或者指称这一本质的理智方面的表述，可以同时用以指称它的物质基础。一个泛神论者可以说，“神是精神也是物质”；但他不会因此就说，“派生的物质被消解为原初的‘精神’”，而只会说“它们被消解为原始的‘物质’”。

1 《论天》i. 10, 279b12。“*ὁτὲ——ἄλλως ἔχειν*”这句话要么被译为：“它时而在这种状态时而在那种状态”，要么被译为：“它有时处于与现在相同的状态，有时处于其他状态”。这并不影响当前的问题。不过对“*φθειρόμενον*”（被毁灭）的运用似乎更倾向于第二种译法。如 Prantl 正确发现的那样，这个词只能与“*ἄλλως ἔχειν*”（处于另一种状态）联结在一起，因此，这句话就如其所是地指“*ὁτὲ δὲ, φθειρόμενον, ἄλλως ἔχειν*”（有时候，被毁灭后就处于另一种状态）。但如果“*ἄλλως ἔχειν*”描述的是世界毁灭之后事物的状态，那么“*οὕτως ἔχειν*”就只能指称与此相反的状态，即世界的当前状态。在“*τοῦτο ἀεὶ διατελεῖν οὕτως*”中，“*τοῦτο*”明显指称“*ὁτὲ μὲν οὕτως ὁτὲ δὲ ἄλλως ἔχειν*”整体：“世界状态之间的更替，总在进行着。”Lassalle, ii. 173 认为它单指“*φθειρόμενον*”，因此做这样的翻译：“这一毁灭永恒实现着自身”；这样，如他所说，作为赫拉克利特理论体系一部分的（在这种情况下，同样恩培多克勒理论体系的一部分的）世界产生和毁灭在时间上的轮替，在这段话中遭到明确的否定。但是，这些话自身明显不会有这个意思。如果赫拉克利特自身把世界看作是非派生的（参见第 453 页注释 1），那么亚里士多德把世界派生理论归属于他，就会显得非常奇怪。但是亚里士多德只是谈及当前世界，谈及天空（*οὐρανὸς*）的结构；至于其他的，他承认“交替地结合和分解它”（这同样是对拉萨尔的修订的一个显著反对），“并不能够使情况更为不同，而是使它本身成为永恒的，而仅仅改变它的外观”。Alexander（ap. Simpl. *De Caelo*, 132 b, 32 sqq.; *Schol*. 487 b, 43）的发现与此异常一致：“如果赫拉克利特把‘*κόσμος*’称作是永恒的，那么他必须这样来理解：‘不是这个秩序，而是普遍的存在者和它们的安排，按照这个安排，万物部分地彼此变化，时而变成火，时而变成这样的宇宙。’”参见上册第

赫拉克利特（亚里士多德在其他地方发现[1]）说万物都将最后变成火；从
这里使用的语言看，[2]更进而从文本的联系看，这个说法不会只涉及个体
物质的持续变化，也相关于万物的共同整体“同时性地”变成火的状 67
态。因为在上述引文中亚里士多德说的是，世界不可能由一个单一元素
构成，或会消解成单一元素，就像依据赫拉克利特的理论——万物都将
变成火——会表明的那样。[3]斯多亚主义者从一开始就不以别的方式来
理解赫拉克利特，[4]在这样做时，他们不可能只是纯粹地接受亚里士多德
的观点，没有依据我们哲学家自己的说法来形成他们的判断。还有许多
其他证词同样能够证明这一点，[5]尽管已经有许多努力试图找到相反的说 68

393 页注释 1。

1 《物理学》iii. 5, 205a3。《气象学》i. 14, 342a17 以下同样被评注者用于赫拉克利特；这里提到一个海因为干涸而变小的理论。但这个理论的出处并不确定，这样一种理论从未被归属于赫拉克利特，但可被归属于德谟克利特。参见以下论德谟克利特的章节。

2 是“ἅπαντα”，而非仅仅“πάντα”。

3 决心否认赫拉克利特持有世界毁灭大火理论的拉萨尔（ii. 163），甚至用了亚里士多德的材料，完全无视了它的语境；不过他似乎仍然对此有所疑虑，因此诉诸于如下的绝望的权益之计：在《物理学》的这个段落　　它后来成为《形而上学》第十一卷后半部分的内容（众所周知，《形而上学》这一卷汇编自《物理学》）——中，我们讨论的这些词出自的那个陈述（《物理学》205a1–4；《形而上学》1067a2–4），可能首先来自《形而上学》。

4 对此没有直接的证据。但是，因为最早的斯多亚主义教师在他们的物理学上依附赫拉克利特——他们的理论得到 Cleanthes 和 Sphaerus 的解释（Diog. ix. 15; vii. 174, 178），因为“ἐκπύρωσις”的理论从一开始就在斯多亚学派中得到教导，特别是得到 Cleanthes 的教导（vide Part iii. a, 132 sq. second edition），这一点不存在疑问。如我已经在 *Hermes*. xi. 4 H 表明的那样，依据 Theophrastus，*Fr*. 30（Philo. *AEtern. M.* 959 C sqq. p. 510 sqq. Mang.），甚至在他那个时代，反对亚里士多德式世界永恒理论，主张世界形成和毁灭更替的证据就已经被提出——被归之于斯多亚学派的创始人。如果这些证据并不源出于斯多亚主义，那么它们必然直接来自赫拉克利特学派。

5 Diog. ix. 8（见第 489 页注释 2 和第 490 页注释 2）；*M. Aurel*. iii. 3；Plut. *Plac*. i. 3, 26；Alex. *Meteorol*. 90 a, m, p. 260 Id.，拉萨尔在这里去掉ἐκπύρωσις（大火）的尝试，跟在第 483 页注释 1 的引文中一样，不可能成立（Lassalle, ii. 117 以下，对此参见 Bernays. *Heraklit. Briefe*. 121 以下）。还有 Simpl. *loc. cit.* 132 b 17（487 b, 33）和 *Phys*. 6 a, 111 b, 257 b（这里拉萨尔事实上认为没有人比辛普里丘在以下文字中更清楚地“反对了”“ἐκπύρωσις”：“他们说宇宙永远存在，但并不永远同一，而是另一

法，但是没有一个可信的证词能够在所有的后亚里士多德文献中被找到，以证明世界在火中的产生和毁灭的更替曾经被否认是赫拉克利特的
69 70 71 72 73 理论；[1]甚至在那些反对宇宙燃尽理论的斯多亚主义者——尽管他们学派

个时间生成另一个东西，按照某些事件的循环，就像阿那克西美尼和赫拉克利特说的那样。"）Theimst. *Phys*. 33 b, p. 231 sp.；Olympiodorus, *Meteorol*. 32 a, p. 279 Id.；Euseb. *Pr. Ev*. xiv. 3, 6；Philo, *AEtern. M*. 940 B（489 M）。在这最后一段话中，赫拉克利特未被指名，但说的就是他。他的名字在 Clemens, *Strom*. v. 599 B 的话中被提到，这段话无疑与上面的来源相同，在语言上都有部分相似（这里 Lassalle, ii. 159 再次试图敷衍掉它最明显的意思）。参见 *Strom*. v. 549 C 和 Lucian, *V. auct*. 14。进一步的细节参见第 489 页注释 2。

1 Lassalle, ii. 127 追随舒斯特，首先求助于 Max. Tyr. xli. 4 末。他总结说："这位作者熟知，除了局部的持续更新外，没有其他的世界更新。"但他没有理由在这个地方提及其他的：他在这里提到的只是一种"经验的事实"，即一个事物的毁灭就是另一个事物的诞生；但是"*ἐκπύρωσις*"不是一个经验的对象，一个"*ὁρᾷν*"。拉萨尔接着引用 M. Aurel. x. 7，并像施莱尔马赫般问道："这后一种与斯多亚主义观点相反对的'*ἐκπύρωσις*'理论，除了赫拉克利特，我们还能把它看作是谁的？"在前面的注释中我们已经表明，Marcus Aurelius 把"*ἐκπύρωσις*"理论归属于赫拉克利特；当他谈到那些代之以世界永恒地做周期性变更的人时，他必然指的是反对世界毁灭于火的斯多亚主义者的对手（我们可以把亚里士多德和他的学派归在其中）；这一点在 Cic. *N. De*. ii. 33, 85 和 Ps.- Censorin. *Fr*. 1, 3 中同样得到坚持。施莱尔马赫（p. 100）和拉萨尔（i. 236; ii. 128）的第三个引用是 Plut. *Def. orac*. 12, p. 415。尽管这似乎表明，斯多亚主义"*ἐκπύρωσις*"理论的某些反对者，试图从它那里撤出赫拉克利特和其他一些权威对它的支持，但它丝毫没有告诉我们，这一尝试的依据是什么，或指责斯多亚主义者错误地利用了赫拉克利特的话的根据何在。当拉萨尔出于自己的需要引述（i. 232）Philo, *De Vict*. 839 D（243 M）的话：*ὅπερ οἱ μὲν κόρον καὶ χρησμοσύνην ἐκάλεσαν, οἱ δὲ ἐκπύρωσιν καὶ διακόσμησιν*（一些人把它叫做饱与饥，而另一些人把它叫做大火和秩序），并指出在这段话中，*κόρος*（饱）和 *ἐκπύρωσις*（大火）、*χρησμοσύνη*（饥）和 *διακόσμησις*（秩序）是同义词时，他的错误就更加严重了。Philo 论世界不朽的论文——拉萨尔对此也有引用——把斯多亚主义者持有的世界相对毁灭的理论归属于赫拉克利特；见第 483 页注释 4。Diog. ix. 8（见第 489 页注释 2）同样如此，拉萨尔为了在这段话中找到一个反对世界毁灭理论的"卓绝证据"，不得不把它曲解为相反的意思。我们也不能从晋罗提诺 v. 1, 9, p. 490 的话——"赫拉克利特知道火是永恒的和能思维的"——中获得更多的东西，因为尽管斯多亚主义者和赫拉克利特坚持 *ἐκπύρωσις* 理论，但他们都不会否认神或原始之火的永恒性。在 Simpl. *De Caelo*, 132 b, 28（*Schol*. 487 b, 43）中，我们首先碰到的是这样的断言：赫拉克利特"通过谜语来揭示他自己的智慧，表明它不是在多数人看来的那些"，因为他也写道 *κόσμον τόνδε*, &c.（参见第 453 页注释 1），而且与此相一致，我们读到，Stob. *Ecl*. i. 454 说："赫拉克利特说宇宙不是按照时间生成的，而是按照思想"。但我们能从中得出什么？一个新柏拉图主义者在阐

述他们自己关于世界永恒理论之时，在赫拉克利特那里发现一种世界产生和毁灭轮替发生的理论，总是件麻烦事，因此，他就和其他人一样，宣称这不能从时间顺序上来理解，只能从观念上来理解。但是辛普里丘再三说，赫拉克利特谈到这样的轮替（参见前注），斯托拜乌同样认定他就是这样说的。Lassalle, ii. 142 认为他在伪希波克拉底的"*περὶ διαίτης*"（《论生活方式》）的论著中找到支持他的观点的有力证据，这本书的第一卷说道，万物由水和火构成，由于它们总处于冲突当中，且没有哪一个能够完全战胜另一个，世界会总如它现在所是的样子。但是，尽管此书的第一卷包含许多赫拉克利特式的东西，但它仍然（正如现在已经得到普遍承认的）在其中混杂了许多异类的东西，以至于我们丝毫没有理由把它看作是对赫拉克利特物理学的真实记录。如果我们进一步考虑构成它整个生理学和心理学基石的理论：万物由水和火构成，这一点就非常清楚了。因此，就涉及赫拉克利特而言，这本论著的写作时间问题只是次要问题，尽管如果 Teichmuller（*N. Stud*. i. 249 sqq.）能够成功证明它写作于赫拉克利特和阿那克萨戈拉之间的时期的话，它在相关于公元前五世纪的哲学史的问题上会很有价值。不过这就把它的写作时期定得太早了。在这本著作中，确实没有柏拉图和亚里士多德哲学存在的痕迹；我也承认，从 C, 4 *sub init.* 中我们也看不出作者对亚里士多德的元素理论的熟悉，在那里，火被描述为热的和干的，水被描述为冷的和湿的，特别是考虑到，依据柏拉图《会饮》186D 和 188A、《智者》242D 以及上册第 362 页注释 7 关于 Alcmaeon 的引文，这四种自然性质先前受到自然哲学家的特别强调，而水似乎被 Archelaus（*infra*, p. 847, 3, 3rd ed.）称作是"*τὸ ψυχρὸν*"（冷）和"*τὸ ὑγρόν*"（湿）。但是，尽管所有这些考虑可能促使我们（像 Bernays *Herakl*. 3 以下和 Schuster, pp, 99, 110 一样）把这本著作的写作时间定在亚历山大时期，但说它属于公元前五世纪二三十年代则完全没有可能。一个如此详尽的阐释，带着经验完备性的清晰目标进入到所有类型的具体环节之中的阐释，远非那个时期会有的文本类型，如公元前五世纪所有的哲学残篇表明的那样。即使是第欧根尼和德谟克利特的残篇，以及在希波克拉底著作（*περὶ φύσιος ἀνθρώπου*）中发现的 Polybus 的论著，也明显在表达上更为质朴、更具古风。"*περὶ διαίτης*"的作者事实上告诉我们他属于在文献历史上更晚的时期，因为他说（C. 1）已经有许多人在节食最有利于健康的问题上写过东西，在 ii. 39 又说到所有那些写过甜食、肥腻食物的影响的人（*ὁκόσοι*），等等。说在希波克拉底时代之前已经有了在这些主题上的完整文献，是极不可能的。Teichmuller 提醒我们，赫拉克利特在残篇 13（见第 443 页注释 1）中提到他对更早文献的研究；但这是不相干的。首先，因为赫拉克利特在这里说到的只是他听到过的"*λόγοι*"，而不是他研究过的文献；其次，问题的根本不在于那个时代是否有著作（包括赫西俄德、荷马、克塞诺芬尼和其他人的诗篇）讨论相关的主题，而是在这些主题上是否有着大量的文献。基于以上理由，我们也不能依赖赫拉克利特残篇 22 的证据（见上册第 230 页注释 3 和第 249 页注释 2）。支持这一理论的另一个证据是，"*περὶ διαίτης*"的作者并不知道原子论者、恩培多克勒和阿那克萨戈拉的理论。但更确切的说法是，他没有提到它们；如果一个作者从未提到其他意见本身，只是从它们那里引用了他自己采纳的东西，这并不能证明他就不熟悉它们，更不能说它们就不存在。但甚至也不能说他没有提到它们。作者这样解释 C. 4 说："没有什么东西绝对地产生或消逝，相反，所有事物只通过结合与分离而发生变化：因此，当有人说到产生时，他不过在描述‘ξυμμίσγεσθαι’，说到消逝时，不过在描述‘διακρίνεσθαι’。”在我看来，这显然不会是赫拉克利特式的。当舒斯特（p. 274）认为它是时（事实上没有得到任何残篇或其他证据的支持），我只能用他自身对万物流变理论的否定（在第447页注释1讨论过）来解释。在恩培多克勒、留基波和阿那克萨戈拉之前，我们找不到把产生等同于非派生的不变的物质的结合、把消逝等同于它们的分离的说法。当Teichmuller, p. 262问道：“为什么一位作者不可能在这一点依赖于克塞诺芬尼（应该指的是巴门尼德，因为克塞诺芬尼从未正式否认过生成和毁灭），而阿那克萨戈拉依赖于我们的作者？”对此直接的回答是：因为阿那克萨戈拉、恩培多克勒和留基波就是所有古代人所知的这些体系的创建者，它们把生成和毁灭的概念当作它们共同的基石，而没有人知道被Teichmuller看作是这一基本概念的来源的论著“περὶ διαίτης”的点滴；因为像我们作者这样的编纂者，完全缺乏敏锐性和逻辑的洞察力，以至于把赫拉克利特的“πάντα χωρεῖ”混淆于前面提到的以巴门尼德的预设为前提的理论，而后者根本不可能是这一理论的创造者；最后因为，正如从对比中可以清楚看到的，对阿那克萨戈拉和恩培多克勒文字的回忆在我们作者的表述中清晰可见。参见περὶ διαίτ. C. 4。

我不知道Teichmuller是否在最后一个引文中发现阿那克萨戈拉对“περὶ διαίτῆs”作者的剽窃。但对我来说非常清楚的是，后者在这里采用了阿那克萨戈拉的观点，这个观点对阿那克萨戈拉阐释自己的主要观念来说是必要的，但却与灵魂由火和水混合而成的灵魂学说完全不相容。我相信这已充分表明，这个作者是晚于公元前五世纪一直到德谟克利特的所有自然哲学家的；不过仍然还有来自其他方面的证据。甚至作者极为自傲的关于生物、人类灵魂以及万事万物都由火和水混合而成的发现（C. 4-6, 35 *et pass*），也不是他自己的，而是从自然哲学家阿凯劳斯那里借来的（infra, p. 847, 3rd edit.）；当他（C. 3）赋予火运动万物的能力，赋予水营养万物的能力时，这个观念几乎有一大半不是原创的，因为阿凯劳斯已经把热看作是运动的，把冷看作是静止的。综上所述，这篇论著必须被看作是一个自然哲学家在公元前四世纪前十年的作品，这位作者在写作它时，利用了当时在雅典最为流行的物理理论——首先是阿凯劳斯的，其次是通过克拉底鲁而在那里为人所知的赫拉克利特的理论。这一情况表明，它很可能是在雅典被写就的，尽管它的作者可能是个伊奥尼亚人。以上关于作品写作时间和地点的观点，与这部作品中所说的（C. 23）一致：“语法学是这样的：元音的组合，人的声音的符号……通过对七个元音的了解识字的人和不识字的人掌握了这一切（他讲的是用σχήματα来描述的声音）”；如果是七“σχήματα”，它在这段话中就不可能意指字母以外的东西，指的就是七元音，它们作为“φωνήεντα”，仍然被优先称作“σημήϊα φωνῆς”：因为只是在Euclides时期（403 B. C）之后，雅典才有七元音使用。这一更晚时期更为可信的特征还可以在我们作者把“νόμος”和“φύσις”对立的方式中被找到（C. 11, vide supra），因为这一对立在希腊智者之前还不为人所知。Teichmuller的反对（p. 262）证明不了什么。关键的问题不是：我们能否假定在哲学的和流行的观念之间存在着一种不同？能否证明“νόμος”和“φύσις”这两个词被分开使用？而是：我们能否证明它们在更早时期的语言和思想中被正式地和原则性地彼此对立起来？在赫拉克利特那持有这种理论——那里，也找不到这样的否认。[1]因此，自亚里士多德以来，古代作家们一致的、或绝无例外的传统是，赫拉克利特教导说，世界将在火中被毁灭，然后形成新的。

有些人试图借助于更老的和更为真实的证据来反驳这一理论。柏拉
图这样区分赫拉克利特和恩培多克勒的观点：他说，“赫拉克利特认为
存在的东西持续地聚合在一起，即使是在它自身的分离时也是如此；但
恩培多克勒不相信结合与分离的持续共存，主张这两种状态的周期性
更替。”[2]人们可能会问，如果赫拉克利特和恩培多克勒一样，曾教导说，
会有一个存在（Being）的分离和矛盾状态，与万物变成火因而事物和
物质的所有区别消失的世界状态，之间的轮替，那么柏拉图的这番话如
何能得到辩护？但是，首先，赫拉克利特即使主张世界会毁灭于火，他
也不必就要认定在这一毁灭中，所有的对立和所有的运动都会暂时性消
失，就像在恩培多克勒的天球（Sphairos）那里发生的那样：他可能认
为，依据火的活力本性，元素性冲突的新出现、世界的新创造，又在开 74
始。即使他赋予万物毁灭于火的状态更长些时间，他也不必把它看作是
一种完全没有对立的同一状态；因为在他那里，火是生生不息的和永恒
运动的原理，它的存在就是对立面的永恒显现和消失。假如他没有通过
以上任何一种方式来解释的火的周期性主宰与万物流变之间的一致性问
题，那么仍然可以提出的问题是，柏拉图是否就会因此而放弃用以上所
引的方式把他和恩培多克勒做比较？因为两个哲学家确实在他们各自
的原理上相互反对，正如柏拉图所说：“恩培多克勒主张首先存在的是
所有物质的完全混合状态；只是在这种状态消失之后，他才允许分离的
进入；结合也只通过这一分离的消失才重新获得确立。赫拉克利特则相
反，宣称结合已经在分离之中伴随分离出现；每一种分离同时也是一种

里，人类法律从神圣法则那里获得支撑（参见第466页注释1）。在这个作者这里它们处于本质的对立当中。

1 Cf. Part iii. a, 142, second edition.

2 参见第461页注释1。

结合，反之亦然。在他的世界状态的周期变化的理论之中，他也未放弃这一原理；如果这两个理论并不相容，那么这也是他未曾注意到的一个矛盾。”柏拉图在想要简洁明了地描绘赫拉克利特和恩培多克勒的哲学原理的关系时，难道就不会仅限于关注它们的一般前设，而不询问它们的其他理论是否会与这些前设完全一致的问题吗？这难道不是，无论怎
75 么说，也比亚里士多德和他的所有后继者对赫拉克利特体系的严重误解——如我们必须认为的那样——更可信得多吗——如果我们不考虑他们对宇宙大火的证词的话？[1]

因此，如已经表明的，宇宙状态的更替，并不会影响赫拉克利特的万物流变理论；如果他真的设想，在世界大火之后，存在着一个除了原始之火之外无物存在、所有的对立面都在这一火中消失的时期，那么这样一种理论，就必然会与这一火的创造性活力相冲突，必然会与所有实在为了重新结合而永恒地自我分离的主张相冲突。但这里的问题不是，我们能从赫拉克利特的原理中演绎出什么，而是哲学家自己在何种程度上进行了演绎；说他从未提出任何并不必然地和逻辑地来自他一般原理的理论，[2]或任何在逻辑上会与它们冲突的理论，都是无根据的假设。太阳每日熄灭的观点事实上就并不来自于万物流变的理论；细致的考察还会发现它更与一个很容易从赫拉克利特的前提中得出的理论相矛盾，即
76 元素性物质（火、水和土）的总量必然总保持不变的理论；因为依据前者，太阳的火就会在遭受大量缩减的同时未得到持续的补充。但我们不能据此就否认赫拉克利特持有这一观点。灵魂的先在以及它在肉体死后的存在，严格地说，并不能与万物永恒变化的理论有什么联系；但我们

1　尽管亚里士多德明确地把世界大火理论归属于赫拉克利特，但在《物理学》viii. 3, 253b9 谈到赫拉克利特时，他仍然说道：“有些人说，存在者中不是一些运动，一些不运动，而是全部和永远在运动”；虽然先前（viii. 1, 250b26）他已经把这样的命题归属于恩培多克勒：“部分地运动，再次静止”。

2　如果所有的元素性物质都依据既定的顺序处于永恒的转变之中，同时在这种转变之中，一个物质的同等的量持续地产生于另一个物质的同等的量（vide *supra*. p. 56），那么结论必然是物质的总量保持不变。

仍然会发现这就是赫拉克利特的观点。对我们正在考虑的问题来说同样如此。他不仅能够无需世界大火理论就完成他的理论建构，而且，如果他不教导宇宙周期性产生和毁灭的理论，而是同亚里士多德一样，认为宇宙没有开端也没有结束，尽管它的部分持续地发生着变化的话，他甚至能够更加严密地得出他的主要观念。但是这个思想超出日常意见太多，后者也是哲学家在很长一段时间相信的[1]。除了宇宙起源论，还没有哪个古代哲学家能够以其他方式解释世界的构成；即使是柏拉图也概莫能外。与流行观念相比，一个哲学家竟然断言，像赫拉克利特那样，世界从它的物质上看，是没有开端的，这就已经非常了不起了。在宣称世界本身是非派生的、在亚里士多德式意义上永恒的理论被提出来之前，存在着一个试图把关于世界起源论的前设和关于绝对开端不可能的新理 77
解联结起来的努力，依据这种努力得出的理论，世界从其本质特性看，实际上是永恒的，尽管它的状态会时不时地遭受如此完全的改变，以至于必然会有一个新世界的产生。如果这不是最合逻辑或最为科学的理论，那么它至少是对当时哲学来说最显白的理论，对那种赫拉克利特在他的直接前辈阿那克西曼德和阿那克西美尼那里发现的，在古代伊奥尼亚学派中发现的哲学来说最显白的理论，而这也足以让所有那些不认为古代存在着一致传统的人缄默。

正如世间的每一过程都有其确定的尺度一样，更替着的宇宙周期的持续时间也有确切的限定；[2] 很可能与其相关的是这样一个说法（它的正确性还未得到完全的确定）：赫拉克利特相信“大年”（great year），有些人说他估算一个大年有 10800 个太阳年，另一些人则说是 18000

1　只有埃利亚学派宣称存在是非派生的；但是巴门尼德和他的追随者并不通过这一存在来理解世界本身，因为他们否认多与变化。克塞诺芬尼则与此不同，如已经表明的（*sup*. vol. I. 569 sq.），他认为在世界之中有这种变化，因此他的理论同样与亚里士多德的相差甚远。

2　Diog. ix.。Simpl. *Phys*. 6 a（参见第 466 页注释 3）；类似的 257 b, u；*De Caelo*, 132 b, 17（*Schol*. 487 b, 33）；*Eus. Pr. Ev.* xiv. 3, 6。

78 个。[1] 对立面的分离，或世界的形成，被赫拉克利特称作是“战争”；分离者的结合，则被称作是“和平”或“和谐”。分离存在的状态也被称作是“匮乏”，而世界大火产生的结合被称作是“饱足”。[2] 世界的生命在这一矛盾中运行着，不管是小物还是大物；但在变化的形式中，只有一个本质在显示着自身：创造之火就是所有的产生和消逝。神既是战争又是和平，既是匮乏又是饱足。[3]

1 Censorinus, *Di. Nat.* 18, 11 说通过大年我们可以了解七颗行星再次回到它们最开始所处的宫位之前需要的周期。Linus 和赫拉克利特把这个周期界定为 10800 个太阳年；另一些人则有些不同。另一方面，Stobaeus *Ecl*. i. 264（Plut. *Plac*. ii. 32）说：“赫拉克利特（那个提出大年的人）认为它由 18000 个太阳年构成”；Bernays, *Rhein. Mus. N. F*. vii. 108 认为这一数字是从赫西俄德的诗篇（ap. Plut. *Def. Orac*. 11, p. 415）中推出来的；但是并不容易看清楚这是怎么被推出来的。舒斯特（p. 375 sq.）则优先选择 *Placita* 中的说法，因为他猜测赫拉克利特可能指派给世界（如他指派给人的那样，见第 496 页注释 5）30 年周期，并给每一宇宙年 12 个世纪而非 12 个月；这样我们就有 36000 年，“ὁδὸς ἄνω”（向上的路）和“κάτω”（向下的路）各占据 18000 年。但在我看来这也非常不确定，而 *Placita* 也说过不同的东西：因此，如舒斯特所认为的，它们必然是混淆了“διακόσμησις”（秩序）的持续时间和整个宇宙年的持续时间。Lassalle, ii. 191 以下提出的观点是（对应于他关于太阳的假设，参见第 477 页注释 4），赫拉克利特的大年，等于宇宙的所有微粒（atom）穿过存在的循环最后达到火的形式之前持续的时间。这个观点不仅完全不同于我们所有权威资料所说的，而且（且不管微粒与他的物理理论绝对不相容）对赫拉克利特来说太过牵强太过精细了，事实上它完全是不自然的。每一年都必定有它开始和结束的确定时间点；如果我们像在其他段落中它被理解的那样理解“大年”的话，它同样如此。拉萨尔理解的“大年”，则完全可以在任何时刻开始和结束。

2 参见前文引述第欧根尼的说法。Hippol. *Refut*. ix. 10（参见第 450 页注释 4 和第 469 页注释 1）；Philo. *Leg. Alleg*. ii. 62 A（参见第 450 页注释 4）；*De Vict*.，*sup*. p. 68 n.。普鲁塔克在 *De Ei*. c. 9 中提到了 κορος（饱）和 χρησμοσυνη（饥），并在 vol. iii. a, 140, 6（第二版）讨论了它们。但赫拉克利特的名字未被提及，整段话很可能涉及的是对神话的一个斯多亚主义解释。斯多亚主义者自然是从赫拉克利特那里借来了饱和饥的说法，但我们没有理由自然而然地认为普鲁塔克对这两种状态的待续时间所说的同样来自赫拉克利特，特别是考虑到斯多亚主义内部对此绝非没有争议。在 Seneca, *Ep*. 9, 16（*l. c*. p. 131, 2）中，“ἐκπύρωσις”则似乎只是相继世界之间的一个短暂时期。

3 参见第 450 页注释 4、第 464 页注释 1 和第 469 页注释 1。

三、人：他的知识和行为

和世间的所有事物一样，人最终源自火。但在这个方面，他本质 79
上包含两个极端不同的部分。肉体从其本身看是僵硬的和无生命的；因
此，当灵魂从它那里分离出来后，对赫拉克利特来说，它就只是一个嫌
恶的对象。[1] 与之相反，灵魂作为人类本性的完美部分，[2] 却在其内部保
存着纯净形式的神圣之火。[3] 灵魂由火构成，由热和干的蒸气构成，[4] 出 80
于这个原因，后者也被称作“灵魂”。[5] 这一火越是纯净，灵魂就越是完
善：“最干燥的灵魂是最有智慧和最好的”；[6] 我们被告知说，灵魂就像云

---

1 *Fr*. 91，见第 493 页注释 8；*Fr*. 51（在 Plut. *Qu. Conv*. iv. 4, 3, 6 和 Orig. *c. Cel.* v. 14, 24 处，参见 Schleiermacher, 106）。

2 *Fr*. 90, Diog. ix. 7。Tert. *De An* 2；参见 Schuster, 270, 391 以下。我大部分同意舒斯特，认为这里的 *πείρατα* 指灵魂的限度，它本性的限度；但在我看来，他提出的文本变更是不必要的。我更不能接受拉萨尔的修订（ii. 357）。

3 就此而言，Chalcid. *in Tim.* c. 249（如 Lassalle, ii. 341 所表明的）把古代人普遍熟知的斯多亚主义如下理论归属于赫拉克利特并非没有理由：人类灵魂与神具有不变的相关性。但是，赫拉克利特会以何种形式以及会多么明确地提出这一理论，我们无法从这后来证词中获得教益。

4 第 453 页注释 4 和第 454 页注释 1 讨论过的亚里士多德的文字是对此最可信的证据；在那里，*ἀναθυμίασις* 与在其他地方被称作 *πῦρ* 的意指相同的东西。尽管这个火被称作“*ἀσωματώτατον*”（最没有形体的），我们必然不能像 Themistius（参见下文）那样得出结论说，它就是“*ἀσώματον*”（无形体的），或像 Lassalle, ii. 331 那样，说它完全是非物质性的东西；它的意思是说，它是最稀薄的、最不可感知的物质，最接近现实非肉体性的物质。认为对灵魂的这一界定的理由是，为了能够认识运动的事物，灵魂必然是运动的，只是亚里士多德的猜测，他已经表达了（《论灵魂》404b7 以下）作为这一观点的一般前设。同样参见 Philop. *De An* c. 7（参见第 454 页注释 2）；Themist, *De An.* 67 a, u（ii. 24 sp.）。Arius *Did*. ap. Eus. *Pr. Ev*. xv. 20, 1。Tert. *De An.* c. 5。Macrob. Somn. i. 14。Nemes. *Nat. Hom*. c. 2, p. 28。类似地，Plut. *Plac*. iv. 3, 6。依据 Sext. *Math*. ix. 363 和 Tert. *De An*. 9, 14，有些人说赫拉克利特认为灵魂是气。对此的解释，参见 Part iii. b, 23, 26。

5 *Fr*. 89；参见 I. 614 以下、第 455 页注释 1 和 p. 50 以下。

6 *Fr*. 54, 55。这一命题被非常普遍地归于赫拉克利特，但 MSS. 中的文本如此不同，以至于很难确定它的原样。Stob. *Floril*. 5, 120 中的说法是：*αὔη ψυχὴ σοφωτἄτη καὶ ἀρίστη*。但 MS. 一处说“*αὔη ξηρὴ*”，另一处说“*αὐγὴ ξηρη*”。Musonius, *ibid.* 17, 43 的残篇则在没有“*ξηρὴ*”的“*αὔη*”、“*αὐγὴ ξηρη*”和“*αὖ γῆ ξηρὴ*”之间变换。Porph. *Antr. Nymph*. c. 11 删去“*αὔη*”说：*ψυχὴ ξηρὰ σοφωτάτη*；类似地，Glykas, *Annal.*

81 层中的闪电一样撞击着肉体的外幔。[1] 另一方面，如果灵魂之火受到湿气的污染，理性就会失去；[2] 赫拉克利特以此来解释酒醉现象；醉酒

74, 116（Schleiermacher, p. 130）说：*ξηροτέρη ψυχὴ σοφωτέρη*。Plut. *v. Rom*. c. 28 的说法也相似：*αὕτη γὰρ ψυχὴ ξηρὴ*（*al. αὔη γ. ψ. καὶ ξ.*）*ἀρίστη καθ' Ἡράκλειτον, ὥσπερ ἀστραπὴ νέφους διαπταμένη τού σώματος*（从普鲁塔克的文本联系看，也从引自克莱门斯的话来看，普鲁塔克的这一增补似乎很有可能也出自赫拉克利特）。Plut. *Def. Orac.* 41, p. 432 说：*αὕτη γὰρ ξηρὰ ψυχὴ καθ' Ἡράκλειτον*。另一方面，我们又在 Pseudo-Plut. *De Esu. Carn.* i. 6, 4, p. 995 中发现这样的话："*αὐγὴ ξηρὴ ψυχὴ σοφωτάτη*" *κατὰ τὸν Ἡράκλειτον ἔοικεν*（sc. *λέγειν*）；或依据另一个文本：*αὐγῇ ξηρῇ ψυχὴ σοφ κ. τ. Ἡρ. ἔοικεν*。Galen. *Qu. An. Morse*, etc. c. 5, vol. iv. 786 K 有类似说法，Hermisa *in Phaedr.* p. 73 中的话意思差不多：*αὐγὴ ξηρὴ ψυχὴ σοφωτάτη*；Clemens *Paedag*. ii. 156 C 没有提到赫拉克利特，说：*αὐγὴ......σωματοποιοιμένη*。Philo. ap. Eus. *Pr. Ev.* viii. 14, 67 有：*οὗ γῆ ξηρὴ ψυχὴ σοφωτάτη καὶ ἀρίστη*，这个地方的真实读法，不像有些文本中说的"*αὐγὴ*"或"*αὐγῇ*"（有一个文本是 *ξηρῇ ψυχῇ*），而是"*ού γῆ*"，这从 Philo. *De Provid*. ii. 109 中的文字来看非常清楚：在干地上，灵魂有智慧、爱德性（进一步的细节，参见 Schleiermacher, p. 129 以下）。施莱尔马赫认为存在着三种不同的表达：*οὗ γῆ ξηρὴ, ψυχὴ*, &c.；*αὔη ψυχὴ*, &c.；*αὐγὴ ξηρὴ ψυχὴ*, &c.。但这是非常不可能的；而且即使三个残篇中的第一个不同于其他二个，后二个似乎本来就是相同的。原初的表达是怎么样的，它的不同版本又是怎么被解释的，不能得到肯定的回答。但我并不认为命题"*αὐγὴ ξηρὴ ψυχὴ σοφωτάτη*"（干燥的光是最智慧的灵魂）是赫拉克利特式的。主词"*ψυχὴ*"作为谓词的一部分已经多少有些混乱了，而"*αὐγὴ ξηρὴ*"（干燥的光）则是奇怪的赘语，因为不存在"*αὐγὴ ὑγρά*"（潮湿的光）；潮湿产生于光束的熄灭。因此，如果这些词真的源出于赫拉克利特（从它们被引的频率看确实很有可能），那我们必须假定标点有些不同。如果赫拉克利特写的是：湿的灵魂为肉体所囚禁，但干的灵魂"飞离了肉体，以此方式成为云的光；干燥的灵魂是最智慧和最高贵的"（Plut. *V. Rom*. 28 似乎假定了类似的东西），那么所有的问题都能得到充分的解释。Schuster, p. 140 认为普鲁塔克的"*ἀστραπὴ*"会比"*αὐγή*"更合适得多；但 Teichmuller, *N. Stud*. i. 65 表明"*αὐγὴ*"也意味着闪电；参见 *Il*. xiii. 244；Hes *Theog*. 699；Sophocl. *Phil*. 1199（*βροντᾶς αὐγαῖς μ' εἶσι φλογίζων*）。舒斯特的解释"如果气是干的，灵魂就是最有智慧的"，与（即使不考虑气的问题）以上所说的矛盾——只有假定也有一种"*αὐγὴ ὑηρά*"（湿的光），我们才有可能说"*αὐγὴ ξηρὰ*"（干的光），并宣称干的光是智慧的。但有人会说"如果光束"，或"如果火焰，是干的吗？"

1 我怀疑以下被 Tertullian（*De An*. 14），以及埃尼西德穆和 Strabo 归属于赫拉克利特的命题的真实性："渗透于整个身体及其所有部分的灵魂，就像气流从牧笛的风孔中吹出一样，通过感官以不同方式逸出。"

2 参见第 455 页注释 1 所引命题，它首先具有更普遍的意思。

之人失去自我控制是因为他的灵魂变湿了。[1] 正如所有事物都经受着
持续的变化，不断变成新的一样，灵魂也是如此：不仅它的火来自于
肉体之外，而且为了维系自身它还必须从外部获得火的营养——如
果把灵魂类比于呼吸的空气的话，这个理论就明显受呼吸进程的启
发。[2] 赫拉克利特因此认为[3]，理性或干热物质借助空气进入我们，[4] 部分 82
通过呼吸，部分通过感觉的器官。[5] 当这些通道在睡眠中被关闭时，理
性之光就熄灭了，人就局限于他个体世界的呈现中——局限于梦的主观 83
想像中，[6] 尽管事实上他仍处于宇宙的变化之中。[7] 当这些通道在醒着被
打开时，理性之光重新被点燃；当通过呼吸而与外部世界建立的联系彻
底断裂时，这一理性之光就永远熄灭了。[8]

但赫拉克利特（如后来的恩培多克勒一样，尽管方式有些不同）还

1　*Fr*. 53，Stob. *Foril*. 5, 120。参见 Plut. *Qu. Conv*. iii., *Proaem*, 2 和 Stob. *Floril*. 18, 32。

2　参见上册第 335 页注释 1。

3　参见第 467 页注释 4；Sext. *Math*. vii. 127 以下。Pseudo- Hippocrates, *π. διαίτ*. i. 29 在另一种联系中运用了余烬的想像。非常清楚的是，塞克斯都这里是在用自己的话，或埃尼西德穆的话，来复述赫拉克利特的观念。Sext. vii. 349（cf. Tert. *De An*. 15）中的主张——在赫拉克利特看来灵魂在肉体之外，不过是个推论。Sext. *M*. viii. 286，依据赫拉克利特的表达宣称："人不是理性的，唯有那包围者是主宰心灵的。"被称作是 Apollonius of Tyana 的 *Epist*. 18 有类似的话。

4　从塞克斯都的话来看这就是"*περιέχον*"这个词的意思；我们通过自己的呼吸与外面的空气发生联系，通过我们的眼睛与外面的光发生联系。这种概念模式在赫拉克利特那里并不奇怪；如果理性等同于火，那么它会通过有活力和温暖的呼吸进入人体，并得到光和空气的营养，就是非常自然的。只有在我们像拉萨尔那样把赫拉克利特的原始之火纯化为形而上学的抽象概念时，我们才能批评他使用的这种语言。拉萨尔（i. 305 sqq.）把"*περιέχον*"理解为"生成的普遍和现实的进程"，或（ii. 270）"构造世界的客观法则"——它被称作"*περιέχον*"，是因为它主宰（overcome）万物。但是"*περιέχειν*"并不指称"主宰"（当然并不像 Lass. i, 308 对它的表达那样，与对象的宾格相联），"*τὸ περιέχον*"也从不意指除"包围者"之外的任何东西。塞克斯都的话不可做其他的理解。此外，在我看来（如对拉萨尔来说 i. 307），说赫拉克利特从未使用过"*περιέχον*"的表达，是不可能的。

5　赫拉克利特是否也把灵魂看作是从血液而来，并为它所维系（参见第 491 页注释 4），则并不非常清楚。

6　Plut. *De Superst*. c. 3, p. 166.

7　M. *Aurel*. vi. 42.

8　*Fr*. 91，在 Clem. *Strom*. iv. 530 D 处。

把神话式的生死观念与他的这些物理理论联系在一起，尽管前者完全不为他的哲学前设所必需。从这些前设中我们只能得出结论说，灵魂，像其他在自然生命的流变之中持续地再生着自身的所有事物一样，只在这一产生进程保持着相同的形式和相同的比例时，能够维系它的个体同一性：换言之，灵魂作为个体，当灵魂的物质不在这一确定点上形成着时，它会遭受毁灭；同时，由于构成灵魂的干热蒸气，依据赫拉克利特，会伴随着呼吸，部分地逸出肉体，部分地从肉体之外获得，灵魂就不可能在肉体之外独存。但赫拉克利特看来满足于这样的含糊观念：当神圣之火
84 赋予人以活力时，生命持续存在；当神圣之火离开他时，生命就停止了。他把这一神圣要素人格化，说人是可朽的神，神是不朽的人；我们的生是神的死，我们的死是神的生。[1] 只要人活着，他本性中神圣的部分就被束缚于低劣的物质之中，但通过死，它又重获自由。[2] 他说，灵魂穿越向下和向上的道路，它们进入肉体，是因为它们需要变化倦于持续处于相同状
85 态。[3] 他把只能逻辑地运用于宇宙灵魂或神圣生命之火的东西也运用于个

1 *Fr*. 60，它最初的形式无疑来自于 Hippol. *Refut*. ix. 10。施莱尔马赫把来自于以下文本的话综合在一起：Heracl. *Alleg. Hom*. c. 24, p. 51 Mehl.、Max. *Tyr. Diss*. x. 4, end（xli. 4 ad fln.）、Clem. *Paedag*. iii. 215 A、Hierocl. *in Carm. Aur*. p. 186（253）、Philo. *Antr. Nymph*. c. 10 末和 Philo, *Leg. Alleg*. i. p. 60 C（*Qu. in Gen*. iv. 152），参见 Luc. *V. Auct*. 14，得出的说法是："人是有死的神，神是不死的人，前者死后者活，前者活后者死。"对他和 Lassalle, 136 以下的反对，参见 Bernays, *Heracleit. Briefe*, 37 以下；也参见第 450 页注释 5；Clem. *Strom*. iii. 434 C 说："甚至赫拉克利特也不把死亡称作生成。"

2 因此，Sext. *Pyrrh*. iii. 230、Philo. *L. Alleg*. 60 c 和其他一些人以与毕达哥拉斯主义者和柏拉图主义者相似的语言，阐述了赫拉克利特的理论。塞克斯都上述引文中的话，"赫拉克利特说生就是死，我们既在生之中，也在死之中"，包含赫拉克利特自己的话，还只是上述引文的一个推论，是有疑问的。我们更不能从 Philo 的引文中确定，赫拉克利特是否自己使用了 σῶμα 和 σῆμα 的对比（参见上册第 332 页注释 4 和 5）。

3 Iambl. ap. Stob. *Ecl*. i. 906。在谈及另一个不同的灵魂堕落理论时，上书 896 有同样的说法。这些说法得到 Aen. Gaz. *Theophr*. p. 5, Boiss. 的说明和支持。但是，在这里，赫拉克利特理论受到柏拉图式的解释。赫拉克利特确然从未说到过"德谟革"（Demiourgos）；而这段话与《斐德罗》的其他一些类似（正如 Lassalle, ii. 235 以下力图证明的），与其说是出于赫拉克利特著作对柏拉图的影响，不如说是出于柏拉图著作对 Aeneas 的影响。Aeneas, p. 7 谈及赫拉克利特时说："在他看来对于灵魂辛劳的休憩就

体灵魂。我们可以从几个不同的渠道发现他赋予了灵魂独立于肉体的存在性。在一则残篇中他说道，死后等待人的是他现在从未期待或相信的；[1] 在另一则残篇中他许诺高贵而死的人将受到奖赏；[2] 在第三则残篇中他谈到在 86
地狱（Hades）中的灵魂状态；[3] 还有两则残篇又提到精灵（daemons）[4] 和英

是流放在生命中。" Numen. ap. Porph. *De Antro Nymph*. c. 10（参见第 451 页注释 1）在下面引文中同意这一点：依据赫拉克利特，"'灵魂的快乐'是不死"（如 Schuster, p. 191 主张的，这是来自 Numenius 的一个增补，指涉第 455 页注释 1 所引观点，但这个增补与赫拉克利特的意思反对，因后者把"τέψις"〔快乐〕恰恰看作在于转化，即，灵魂的"θάνατος"〔死亡〕），"'水之生'，它们的快乐就是向生坠落"。但是，普罗提诺——为 Lassalle, i. 131 指出——给出的赫拉克利特主张更为真实可信。普鲁塔克在 *De Sol. Anim*. 7, 4, p. 9664 中说恩培多克勒和赫拉克利特责备自然（参见第 460 页注释 1）：ὡς...... ὅπου ......ἀποσπωμένοις，这段话的从"ὅπου"开始的后面部分（如舒斯特所认为的那样，185, 1），是否真的以赫拉克利特的表述为基础，是有疑问的。它最为明显地让我们想起恩培多克勒，*inf*. p. 3, 656, 2, third edit.。

1 *Fr*. 69，在 Clem. *Strom*. iv. 532 B、*Cohort*. 13 D、Theod, *Cur. Gr. Aff*. viii. 41, p. 118 和 Stob. *Floril*. 120, 28。*Fr*. 17，在 Clem. *Strom*. ii. 366 B；Theod. i. 88, p. 15 很可能谈到同样的主题。Theodoret 用"ἐλπίξητε"和"εὑρήσετε"来取代"ἔλπηται"和"ἐξευρήσει"；而 Schuster, p. 45 猜测是"ἔλπηαι"。

2 *Fr*. 120，在 Clem. *Strom*. iv. 494 B、Theod. *Cur. Gr. Aff*. ix. 39, p. 117，参见 *Fr*. 119，在 Theod.，我不赞同 Schuster, p. 304 把这些话看作是反讽性的。

3 *Fr*. 70，Plut. *Fac. Lun*. 28, end, p. 943。这些词的含义并不清楚。舒斯特的解释"灵魂寻着哈得斯，把它当作养分贪婪地追逐"并不那么令我满意，因为普鲁塔克给出这句话是为了证明灵魂在地狱中能够以蒸气营养自身。与此相关我们可以提到亚里士多德在《论感觉》c. 5, 443a23 中说的话："如果一切存在物都变成了烟，鼻子就可能分辨。" Bernays, *Rh. Mus*. ix. 265 用它来指称世界大火，这在我看来太过牵强。我们很难从这些话里找到其他意思。

4 *Fr*. 61，Hippol. *Refut*. ix. 10：ἔνθνδε ἐόντι（Bern. ἐόατας）ἐπανίστασθαι καὶ φύλακας γίνεσθαι ἐγερτὶ ζώντων（这是 Bern. 读法，不取 ἐγερτιζόντων）καὶ νεκρῶν（他们在那里再次站起，成为生者和死者的清醒的卫士）。我认为这些词指称的是被看作是人类保护者的精灵，参见 Hes. Ἐ. καὶ ἡμ. 120 以下和 250 以下。Lassalle, i. 185 在其中发现了灵魂的复活，但就表述本身而言，这无论如何都是错误的；因为"ἐπανίστασθαι"在这里并不意指复活，而是指自我提升，也就是成为人类的看护者。我必须更为明确地反对这样一种观点，它认为赫拉克利特表达了关于肉体复活的理论（Lassalle, ii. 204）。拉萨尔确实并不用这一复活来意指基督教意义上的"ἀνάστασις σαρκὸς"（肉体的复活），这后者是 Hippolytus 在上述引文中明确所持观点（φανερᾶς 必须被替换为 φανερῶς）。拉萨尔的意思只是：先前构成一个人类肉体的所有物质微粒，在更晚的世界周期重新联合成相似的肉体。这个观点不仅从赫拉克利特角度看异常牵强，得不到他任何表述的支持，而且与他的立场完全不相容：这些物质微粒在世界的更后周期根本就不存在；它们作为确定的物

87 雄，[1] 并把精灵不仅看作是生者，而且是死者的守护者；我们还被告知说他相信万物都充满了灵魂和精灵。[2] 因此，他的观点无疑是这样的：灵魂从一个更高的存在进入肉体，死后，当他们证明了自己配得上这个称号时，他们又转变成精灵过更纯净的生活；[3] 但至于细节，他似乎持有的仍是一般人关于地狱的观念。[4]

赫拉克利特是否在人类肉体性生活的问题上进行了更为具体的探讨，传统在这个主题上留传给我们的极少资料不能给出确然的 [5] 回答。但另一方面，从引自他的许多话看，他确实运用他的立场考察了人的认识能力和道德行为问题。

88 在认识方面，他只会把在他所有哲学确信中最为核心的那个东西看

质会在生成之流中遭到完全的毁灭；它们已经变成了其他物质；而且即使它们可能会部分地重新变成人类肉体的要素，也没有理由说，来自于某个具体肉体的那些特殊物质，会不需要其他物质，重新构成相似肉体。舒斯特（p. 176）选择的读法是：［δαίμων ἐθέλει］ἐνθάδε ἐόντι ἐπιΐστασθαι καὶ φυλακὸς（=φύλαξ）γίνεσθαι ἐγερτὶ ζ. κ. ν.（［精灵们将要］站在那里，成为生者和死者的清醒的卫士）。但如果是这样，相比于带有"ἐπανίστασθαι"（再次站起）的一般文本，Hippolytus 要在这种读法中发现肉体复活的观念将会益加困难。

1 *Fr*. 130, Orig. *c. Cel*. vii. 62.

2 Diog. ix. 7，参见第 470 页注释 1。

3 在一种个体性生命之中，而不像 Theodoretus, v. 23, p. 73 所说的，在世界的灵魂之中。

4 类似的末世论，参见 Pindar, *supra*, vol. i. p. 70。

5 从 *Fr*. 62，在 Plut. *Def. Orac*. c. 11、*Plac*. v. 24、Philo, *Qu. in Gen*. ii. 5, end p. 82 Auch. 和 Censorin, *Di. Nat*. c. 16，参见 Bernays, *Rh. Mus*. vii. 105 以下，我们得知他把 30 年看作是人的生命的一个周期，因为人会在他 30 岁时有一个自己已成为父亲的儿子，因此，人本性在这个时间段完成它的循环。*Fr*. 73，在 Clem. *Strom*. iii. 432 A，也谈到这个周期："既然生成者想要活着并且拥有死亡"，但更想要复活（不管舒斯特在 p. 193, 1 的描述，我把这看作是克莱门斯的修订，很可能指涉第 494 页注释 3 讨论过的"μεταβολή"〔变化〕观，或是基督徒对把死亡仅仅看作是生命完结的哲学家的一个抗议；它并不与克莱门斯在这段话中发现的"κακίζειν τὴν γένεσιν"〔谴责生成〕相一致）"而且他们留下孩子们去生成死亡"。但是不能对这些话予以过多的重视。Hippocr. π. διαιτ. i. 23 末对七种感官所说的，以及同上 c. 10 对腹部和火在人体内三次循环所说的，不可能来自赫拉克利特；Joh. Sicel, *Walz, Rhett*. vi. 95 中的说法（为 Bernays, *Heracl*. 19 所引用）：赫拉克利特进行了解剖学的研究，则更为可疑。

作是认识中的最高问题，即，把握现象流变之中的事物永恒本质，把我们从向我们呈现出可变事物的持久存在性的欺骗性表象中解放出来。他因此宣称智慧只在于一件事，即认识统治着一切的理性；[1]我们必须追随的是共同的理性，而非个体的特殊意见；[2]任何话语要是合理性的，它就必须建立在对所有人来说共同的东西的基础之上，因此，唯一共同的东西是思想。[3]对人而言，只有对普遍事物的理性认识具有价值：感性知觉必须被看作是不可信的。我们感官感知的不过是飞逝的现象，而非本质；[4]永恒的活火隐在重重的帷幕之中向它们藏匿着自身；[5]它们把真正最为可变的东西和万物的生命呈现为僵硬的和死的东西。[6]或者，像 89
赫拉克利特学派后来的理论所说的，所有的感觉来自于两种运动的冲撞；它是客体作用于具体感官，以及感官以自己的独特方式接纳这一影响的活动的联合产物。因此，感觉不能向我们呈现任何永恒和绝对之

1 参见第 467 页注释 1。但是，在 Lassalle, ii. 344 看来，这一知识却以“客观和绝对之物的自我显现”为条件。拉萨尔的这一观点部分依赖于 Sext. *M.* viii. 8，在其中，埃尼西德穆把“*ἀληθὲς*”界定为“*μὴ λῆθον τὴν κοινὴν γνώμην*”（不隐藏共同的见解）；部分依赖于第 456 页注释 1 所引残篇。但塞克斯都并没有说埃尼西德穆是从赫拉克利特那里得到这一界定的，而且即便他这样说了，我们也无法从中推出很多。那个残篇把火称作是“*μὴ δῦνον*”（不下沉的），这与“*μὴ λῆθον*”（不隐藏）非常不同。尽管赫拉克利特很有可能确实说过，神或理性对所有人来说都是可知的，但除了拉萨尔对此思想的现代化理解之外，我们找不到任何支持它的证据。

2 *Fr.* 7，见第 467 页注释 2。

3 *Fr.* 123，Stob. *Floril.* 3, 84。参见第 466 页注释 1。关于这段话的意思，参见第 467 页注释 2。

4 亚里士多德《形而上学》i. 6 第二句话。

5 Diog. ix. 7。Lucret. *Rer. Nat.* i. 696，火作为唯一可感的现象，在其中，事物的物质依据它的真实本性自我展现。

6 *Fr.* 95，在 Clem. *Strom.* iii. 434 D，依据 Teichmuller, *N. St.* i. 97 以下的正确观察，这里的话不是“*Πυθαγόρας δὲ καὶ*”，而应该是：*Πυθαγόρᾳ καὶ*: ......*ὕπνος* ：“正如我们在睡着时看到梦一样，我们在醒着时看到死。”这则残篇的开头文字被 Lassalle, ii. 320 这样来解释：“我们醒着时看到的并当作是有生命的，事实上是它自身的持续消逝。”但是，依据赫拉克利特，这一持续消逝就构成了自然的生命，因此，他绝不会用“死”这个不好的词来描述它。Schuster, 274 以下为了避免对感官感觉的贬低给出的解释，在我看来是极度不自然和非赫拉克利特式的，也受到 Teichmuller 的正确抛弃。

物，而只能显现这一绝对之物在既定情况下向某一具体感觉自我呈现出
90 的单一现象。[1] 因此，尽管我们确实能从感觉观察中学到一些东西，就
其向我们显现出事物的诸多性质而言；[2] 尽管两个更为高贵的感官，特
别是眼睛，确然比其他感官更优，[3] 但与理性的领会相比，感性知觉只有
很少一点价值；在非理性的灵魂那里，眼睛和耳朵对人来说只会是个坏
的见证。[4] 但它们却正是人们普遍追随的证言。因此，这里有对人类大
众的深层藐视，如我们已经在这位哲学家那里看到的；有对任性意见的
91 敌视，[5] 因为无理性的人不能觉察神的声音，[6] 因为愚昧的人会被话语困扰

---

1 Theophrast. *De Sensu*. i. 1 以下。基于这个得到赫拉克利特世界对立原则支持的证词，我们更有理由说柏拉图《泰阿泰德》156A 以下中的理论是赫拉克利特式和普罗泰戈拉式的；柏拉图自己说是他们的（180C 以下）。即便这一理论的更明确的发展是由后来哲学家做出的，例如克拉底鲁和普罗泰戈拉，但它里面的基本观念——感性知觉是客体和感官共同运动的产物，因此不具有客观的真实性——属于赫拉克利特本人。

2 参见第 495 页注释 3 和第 497 页注释 5。

3 *Fr*. 8，Hippol. *Refut*. ix. 9。关于视觉感官的特殊性，参见 *Fr*. 91。*Fr*. 9，Polyb. xii. 27，这在我看来（尽管 Bernays, *Rh. Mus*. ix. 262、Lass. ii. 323 以下和 Schuster, 25, 1 有不同意见），不包含比希罗多德所说的（i. 8）更多的东西，而 Polybius 理解这句话说的只是：一个人可以比依赖他人的言辞更相信自己的眼睛。

4 *Fr*. 11，Sext. *Math*. vii. 126：*κακοὶ μάρτυρες ἀνθρώποισιν ὀφθαλμοὶ καὶ ὦτα βαρβάρους ψυχὰς ἐχόντων*（它无疑比 Stob. *Floril*. 4, 56 中的版本更为真实）。Bernays, *Rh. Mus*. ix. 262 以下猜测这句话后面三个词应更换为："*βορβόρου ψυχὰς ἔχοντος*"，因为在塞克斯都的文本中，属格"*ἐχόντων*"跟在"*ἀνθρώποις*"之后，是非常奇怪的；因为在赫拉克利特时代，"*βάρβαρος*"不会已经具有"粗鲁"含义。但是即使我们接受通常的读法，也不必就要把这个意思归属于它；事实上如果这个词在原初意义上被理解，我们会获得更好的意思：一个不理解我的语言我也不理解他的语言的人。赫拉克利特因此用比喻的手法说：如果灵魂不能领会耳朵听到的言辞，那么听到也没有任何意义；奇怪的属格"*ἐχόντων*"被使用，似乎正是因为这个句子首要涉及耳朵（尽管它也运用于眼睛）。参见 Schuster, 26，2。

5 Diog. ix. 7。他仍然被亚里士多德《尼各马可伦理学》vii. 4, 1146b29（《大伦理学》ii. 6, 1201b5）指责对自己的意见过于自信，如已经被注意到的那样。Schleiermacher, p. 138 比较了第欧根尼的上述文字和来自 Apoll. Tyan. *Epist. 18* 的一段话；但后者并不被 Apoll. 当作是赫拉克利特式的东西引用。

6 *Fr*. 138，在 Orig.*c. Cels*. vi. 12。用"*δαήμονος*"来取代"*δαίμονος*"（Bernays, *Heracl*. 15 的猜测），在我看来没有必要。舒斯特对这段话的理解，参见第 500 页注释 4。

迷惑，[1]因为轻浮的人邪恶地要弄真理；[2]因此他不信任不自我探究而从他人那里学习的博学。[3]他自己则满足于皓首穷究却只获点滴，就像挖金人一样；[4]他不会对最重要事物下草率判断；[5]他不问人，只问己，[6]或更好的，只问神，因为人类本性缺乏神圣自然才拥有的智慧；[7]人类的智慧不 92

1　*Fr*. 35; Plut. *Aud. Poet*.c. 9, end, p. 28; *De Aud*. c. 7, p. 41.

2　Clem. *Strom*. v. 549 C。我并不认为这则残篇的前半部分在施莱尔马赫（他会代之以“*δοκέοντα*”和“*γιγνώσκειν φυλάσσει*”）或 Lassalle, ii. 321 那里得到令人满意的解释。即使是 Schuster, 340，1 的提议：*δοκ......φυλάσσειν*（因此一个诗人决定采纳最可信的人认为可信的东西），也不能令我完全满意。拉萨尔认为“*ψευδῶν τέκτονες*”指涉感官。我则赞同舒斯特的观点，认为说它指涉诗人更为可信得多(参见第 446 页注释 2)。

3　如先前所说，我们必须在这个意义上理解赫拉克利特反对博学所说的话，参见上册第 353 页注释 1 和第 230 页注释 3。在这个主题上的残篇（ap. Stob. *Floril*. 34, 19），被 Gaisford 正确地归于阿那克萨尔库斯。

4　*Fr*. 19，在 Clem. *Strom*. iv. 476 A 和 Theod. *Cur. Gr. Aff*. i. 88, p. 15。我们未被告知赫拉克利特是如何使用这一例证的；但在我看来文本中给出的这一转承是最为自然的。也参见 *Fr*. 24 和 140，参见第 467 页注释 1 和第 468 页注释 1，以及 Lassalle, ii. 312 指出的 *Fr*. 21 ；Clem. *Strom*. v. 615 B 中的所说的“*ἱστορία*”，独立的探究，被区别于纯粹的博学。

5　据 Diog. ix. 73，他被记载说过：“我们在最重要的事情上不贸然推测”，但这听起来不像他通常的语言。

6　*Fr*. 20(ap. Plut. *Adv. Col*. 20, 2, p. 1118；Suid. *Ποστοῦμος*。Cf. Lassalle, i. 301 sq.)：“我曾经寻求我自己”。上面提到名字的作者以及许多更近的评注者对它的正确解释，涉及对自我认知的要求，这很可能来自于 Diog. ix. 5 ：“他曾说寻求他自己并且从他自己学习一切”（参见 Schuster, 59, 1 和 62, 1）。普罗提诺（iv. 8, i. p. 468）是否这样理解这一表述，则是可疑的。在 v. 9, 5, p. 559 中，他的解释把“*ἐμαυτὸν*”(我自己)用来指称被寻求或者被研究的对象；在有关思想和存在的统一的一个讨论中，他说：“因此正确的是……我曾经寻求作为存在者之一的我自己”。这当然不是对上面命题原初意思的最终说法；我更不能接受拉萨尔的如下理论：即“*ὡς ἓν τ. ὄ.*”（作为存在者之一）这些词同样属于赫拉克利特，而这整个命题的意思是：“一个人必须把自身看作是存在着的事物中的一个”，也即，看作是处于同样流变之中的只具极少存在性的事物。我看不出来，这个意思如何能从上面的话中推出，另外，我不认为赫拉克利特会说及“*ὄντα*”（存在者）。在我看来“*ὡς ἓν τῶν ὄντων*”就是普罗提诺的补加，用来证明他在正谈论的问题上对赫拉克利特的引用。Stob. *Floril*. 5, 119 中不那么确定的话：“认识自己和节制是属于所有人的”，被施莱尔马赫正确地看作是伪造的。

7　*Fr*. 14, 138，参见第 467 页注释 1 和第 498 页注释 6。

过是对自然和神的模仿。[1]只有聆听神圣法则和普遍理性的人，才能发现真理；对追随感官欺人表象和人们含糊意见的人，真理永远对他隐匿着自身。[2]但这并不等同于关于知识的科学理论，我们也不能假定赫拉
93 克利特感受到对这种理论的需要，或他清楚地意识到，在对事物进行任何探究之前，有必要首先对知识的条件和探究的方法给出一个解释。如在他同时代的巴门尼德的类似理论那里一样[3]，以上观点，本质上是来自于一个物理理论的推论，这个理论导致他与可感表象的极端对立，促使他感到有必要怀疑来自于感官的证据。但这并不意味着他有意要独立于经验，借助一种先天的（a priori）框架来建构他的体系；因为这样一种建构预设了对知识的理论和方法的探究，而这是不为他和所有前苏格拉底哲学家所知的东西。把这个古代的以弗所人看作是经验主义的第一个代表，或在他那里发现一种观察和归纳的倾向，更得不到赫拉克利特自己言辞或我们最可信的资料的任何证实。[4]他的思考关注于自然中的事

1 参见 *Fr.* 123，见第 466 页注释 1。这似乎就是柏拉图《大希庇亚》289A 以下所引的被当作是赫拉克利特的命题（*Fr.* 15）的本来意思，尽管明显不是哲学家自己的话。Hippoc. *περὶ διαιτ.* i. c. 12 以下举出了很多例子，虽然并不总是非常适当，用来表明所有人类的技艺都来自对自然的模仿，尽管人们并没有意识到这一点。这一思想似乎属于赫拉克利特，但它后来发展出来的形式，只有部分是他的。参见 Beranys *Heracl.* 23 以下和 Schuster, p. 286 以下。

2 因此 Sext. *Math.* vii. 126, 131 对赫拉克利特所说的，大体上是正确的。许多怀疑主义者却相反把他看作是他们中的一员，而这不过具体显明了这个学派众所周知的专断，Diog. ix. 73。参见 Sext. *Pyrrh.* 209 以下。

3 Cf. vol. I. 591 sqq.

4 舒斯特（p. 19 sqq.）主要依据第 444 页注释 1 讨论过的残篇 2 和 3 来支持这种观点。但残篇 3 没有任何一个词表明"*λόγος ἀεὶ ὢν*"（永存的逻各斯）只能借助感官来被感知；说我们应该"观察可见世界"，应该"在表象的基础上"追寻事物的真实状态，更不能表明这是获得真理知识的唯一道路。在讨论残篇 2 时，舒斯特认为赫拉克利特是在这样谴责人："因为他们并不寻求知识，探究他们每天碰面的"（即他们并不投身于观察以获得知识）；但这就引入了不相关的东西，因为赫拉克利特事实上谴责人们"并不理解（或思考，*φρονέουσι*）他们每天碰面的"，并不在这个问题上指导自己（以何种方式没有提到）。舒斯特同样谈到残篇 7；但正如我已经证明的（见第 465 页注释 2），他对此的解释不能得到证实。在那个地方我也谈到，我们不能把舒斯特接受的那个意思赋予那个涉及不可见和谐的命题，也不能把它与第 498 页注释 3 的引文直接联系在一起。就其自身而言，它并不表明"*μάθησις*"（知识）只来自

看和听，而只是说出于知识的快乐优于所有其他的快乐：至于知识多大程度上来自思想，多大程度上来自观察，这则残篇并没有说到。此外，残篇 7 中的“ξυνὸν”（共同的）或“λόγος ξυνὸς”（共同的逻各斯）并不意指“可见世界的言辞”；被谴责的也不是那些“沉溺于他们个人思想”、“独自地在不可见而非可见的事物中寻觅宇宙谜题的特殊解答”的人（Schuster, 23 sq.），参见第 467 页注释 2：更不用提赫拉克利特相信“εἷς ἐμοὶ μύριοι”（参见第 446 页注释 1），确实只追随自己的思想；而舒斯特跟随埃尼西德穆（ap. Sext. *Math*. viii. 8）用“ξυνὸν”来指涉的“κοινὴ γνώμη”（共同思想），至少对赫拉克利特来说也具有权威性。Schuster, p. 27 以下最后引述了 Lucret. i. 690 以下的话，这里感觉被称作是：所有确信的基础，认识被他称作火的东西的力量；但是他忘记了，卢克莱修并不把这一言论归于赫拉克利特，相反，这来自他自己的反赫拉克利特的理论前设；当他谈到赫拉克利特的理论时，他说（参见第 498 页注释 5）在所有的感官感觉中，他只相信对火的感觉（不像舒斯特说的那样，指“在所有伪装和变化下的”火，而只是指可见的火）。由于这两个主张中的第一个出于误解，要否定第二个就只需要颠倒一下事物的秩序，这个被认为支持舒斯特观点的证据就反过来成为否定它的明确证据；此外，它的不正确性，从第 497 页注释 5、第 497 页注释 6 和第 498 页注释 4，特别是从亚里士多德的断言（见第 497 页注释 4）——柏拉图追随赫拉克利特相信——看，是非常清楚的。Schuster, p. 31 推测说，亚里士多德在这里说的只是克拉底鲁和赫拉克利特主义者，他们“在这一点上的观念非常不同于他们的导师”；但这是完全不可接受的。亚里士多德没有说“ταῖς τῶν Ἡρακλειτείων δόξαις”，而是说“ταῖς Ἡρακλειτείοις δόξαις”；而一个“Ἡρακλείτειος δόξα”就确然指赫拉克利特的一个意见，就像《物理学》i. 2, 185a7 中的“Ἡρακλείτειος θέσις”指赫拉克利特的一个主张，《形而上学》xiii. 4（参见第 446 页注释 4）与之相对应的段落中的“Ἡρακλείτειοι λόγοι”指赫拉克利特的命题一样。“Ἡρακλείτειος”就指来自赫拉克利特的；如果不那么精确地使用的话，还可以指只是由他的门徒从他的理论中派生出来的观点，但它一定不会被用来指任何与他自己观点相矛盾的意见。因此，舒斯特求助于另一个理论，即亚里士多德把柏拉图从赫拉克利特理论那里推出的结论归属于赫拉克利特自己：这个猜测只有在亚里士多德的断言与其他可信的资料冲突时才能得到解释；但事实是它们完全一致。从普罗泰戈拉把他的感觉主义和关于普遍生成的主张结合在一起这一事实出发，我们不能和舒斯特（31 sq.）一起得出结论说，赫拉克利特也赋予了感官感觉最高的重要性；即使我们能像舒斯特那样把克拉底鲁看作是因拒绝感官的证词而站在赫拉克利特对立面的人，这一结论也确然不能得出。从未宣称自己在复制赫拉克利特的理论本身的这位希腊智者，为什么就不会比明确宣称这个理论的哲学家本人，依据舒斯特的理论，更容易与这一理论背道而驰？另一方面，普罗泰戈拉也不会说：“存在着一种‘ἐπιστήμη’（知识），它就等同于‘αἴσθησις’（感觉）和建立在‘αἴσθησις’基础上的意见。”由于感觉的相对性，他更会否定知识的可能性（cf. p. 896 sqq., 3rd ed.）。假如知识是可能的，而这里的前设是知识只能来自感觉，那么这一假设，即存在着知识，直接就要受到反对，因为感觉并不能保障知识。因此，如果我们从普罗泰戈拉推论赫拉克利特的话，那么结论只能是，他同普罗泰戈拉一样，不会赋予感官感觉以什么客观真实性。学院派哲学家 Arcesilaus, c. 9 纯粹出于感觉的不确定

94 物；像所有的其他哲学家一样，他从感觉出发，进而发展出他的哲学确
95 信；但他从未向自己提出这样的问题：他的确信来源于何处？当他沿着这条道路最后得出与我们感官证言相反的理论时，他并没有像一个真正的经验主义者必然会说的那样，说这个理论一定就是错误的：相反，他说的是，感官是欺骗性的，只有理性知识真实可信。但我们如何才能获得这一理性的知识，却是赫拉克利特和所有的前苏格拉底哲学家都未明确地直面的问题。那个被现代作者们归属于他的原理：[1] 事物的名称向我
96 们解释着它们的本质自然，得不到任何直接证据的支持，[2] 也无法从柏拉图的《克拉底鲁》得到确然的归纳证明；[3] 尽管与赫拉克利特的一般思维

性证明知识的不可能性（cf. Part. iii. a, 448sq., 2nd ed.），但没有人会从这里得出结论说，柏拉图在讨伐感性知识的同时，否认有其他类型知识的存在。

1 Lassalle, ii. 362 以下；Schuster, 318 以下。对拉萨尔的反对，参见 Steinthal. *Gesch. d. Sprach*. i. 165 以下。

2 拉萨尔诉诸 Procl. *in Parm*. i. p. 12 Cous.：“（苏格拉底赞赏）赫拉克利特（学派）的通过名称达到对存在者的认识的方法。”但是这段未提及赫拉克利特本人、只提到他的学派的话，完全以柏拉图的《克拉底鲁》为基础；Ammon. *De Interpr*. 24 b, 30 b 中的话同样如此。后者的第二段话明确地说：“苏格拉底在《克拉底鲁》中指出，名称不是‘在本性上像赫拉克利特所说的那样’（但是苏格拉底没有点赫拉克利特的名）。”头一句话也无误地指向柏拉图的对话（428E），就像甚至舒斯特也承认的那样，319 以下；它指出，许多人用名称来指“自然的作品，正像克拉底鲁和赫拉克利特所认为的那样”。

3 在《克拉底鲁》中，那位赫拉克利特主义者说道：“存在着在本性上适合于每一个存在者的名称的正确性”（383A，cf. 428D sqq.），而克拉底鲁对这一观点的坚持，跟他由此得出的令人震惊的推论一样（p. 384B，429B sq.，436B sq.），更有可能来自他自己的那种完全与他对赫拉克利特式理论的其他拙劣模仿相一致的主张（参见下文 p. 113 以下）。我们不能从中得出结论说赫拉克利特自己提出了这样一种理论。舒斯特认为，一个像克拉底鲁那样极端夸大万物流变理论的学派，不会只是自己偶然发现了这一理论。但只要他们没有从这一理论中得出普罗泰戈拉式的怀疑主义结论，我就看不出为什么不会这样。即使克拉底鲁不是第一个确立这一理论的人，我们也不能就说它必然来自赫拉克利特；在他的死和柏拉图听到克拉底鲁的话之间，已经有 60 多年过去了。舒斯特试图（p. 323 sq.）证明普罗泰戈拉同样持有上面的理论，但他的唯一证据只是普罗泰戈拉的神话，而在这一神话当中，这个理论没有位置。普罗泰戈拉在 322A 说，人类因为与神的亲缘关系，习得了言说的技能；但这并不能得出所有的语言的所指都是确切的。舒斯特最后（p. 324 sq.）认为巴门尼德的在上册第 413 页注释 5 被引的诗篇中提到赫拉克利特在描述性名称上的思考；但这一猜测，在我看来，是毫无依据的。

模式非常一致，[1]我们仍然不能从在他残篇出现的对语词和词源的戏说[2] 97
中得出结论说，他试图，以后来作家的方式，对这一命名法的使用进行理论的辩护。

以上对知识所说的适用于行为。赫拉克利特还没有明确地把这两个领域划分开，而是用同样的法则来贯穿它们。他在这个领域对人类所做所为下的判断，并不比在知识领域中的更宽容。大多数人像野兽般地活着；[3]他们在烂泥中作乐，像蠕虫一样以土为食。[4]他们出生、孕育子女然后死去，并不追求任何更高的人生目标。[5]有智慧之人将鄙视那大众极力争夺的，把它们看作是无价值的和易腐烂的东西。[6]他奉共同法则
而非自己的幻想为圭臬；[7]他视自以为是为最大的恶，因为这逾越了为个 98

1 Schaarschmidt, *Samml. d. Plat. Schr.* 253 以下对此进行了质疑，理由是，语词的自然正确性和不变特性，会与万物流变理论不相容；如果舒斯特对“*πάντα ῥεῖ*”的解释（参见第 447 页注释 1）是正确的话，那么他会基于这个理由同意这一点（p. 321）。但是依据我们的解释，万物流变并不排除普遍法则的永恒存在；前者包含后者；赫拉克利特把这理解为逻各斯，而作为人类逻各斯的思想（理性和言说都被包含在这一概念之内），就其是神的一部分而言，也具有真实性；因此，这里不存在着什么不一致。

2 “*βίος*”和“*βιὸς*”，参见第 450 页注释 5；但在这里名称和事物相反对；“*διαφέρεσθαι*”和“*ξυμφέρεσθαι*”，参见第 461 页注释 1；“*μόροι*”和“*μοῖραι*”，参见第 495 页注释 2；“*ξὺν νόῳ*”和“*ξυνῷ*”，参见第 497 页注释 3；“*Ζηνὸς*”和“*ζῆν*”，参见第 468 页注释 1；“*αἰδοίοισιν*”和“*ἀναιδέστατα*”，参见第 507 页注释 2；另一方面，“*σῶμα*”和“*σῆμα*”的比较，则不是赫拉克利特式的，参见第 494 页注释 2。对“*ὄνομα*”的迂回使用，更具有价值，参见第 497 页注释 3 和第 504 页注释 5。

3 参见第 445 页注释 7。

4 这无论如何就是 Athen. v. 178 以下和亚里士多德《论宇宙》c. 6 末所引文字的意思。前者说：不要像赫拉克利特说的那样“在烂泥中作乐”；后者说：“所有蠕虫都以泥土为食”。Bernays（*Heracl*. p. 25）推测说，文本原本不是这些文字，而是另一些非常不同的话，我不能赞同这一点。

5 *Fr.* 73，参见第 496 页注释 5。由于他对一般人的蔑视言论，Timon，ap. Diog. ix. 6 把赫拉克利特称作是“*κοκκυστὴς ὀχλολοίδορος*”（谩骂民众的乌鸦）。

6 就此而言，Lucian, *V. Auct*. 14 以他的名义说的可能是真的：“我相信人类的事务是可怜的、可悲的，它们没有一个是不可毁灭的”。关于他为所有事情悲叹的说法（supra, p. 4, n.）似乎表明他表达这一类情绪。

7 *Fr.* 7, 123，参见第 467 页注释 2 和第 497 页注释 3，参见 Stob. *Floril*. 3, 84。

人和人类本性设定的界限；[1]通过服从于整体的秩序，他将获得被赫拉克
利特宣称为人生最高目的的满足。[2]一个人幸福与否只在于他自身。世
界总如它理应所是的样子；[3]人类的责任就在于与宇宙秩序保持一致；一
个人的品性就是他的守护者（daemon）。[4]个人如此，共同体亦然。对于
一个国家来说，法律的统治胜于一切；人类的法律源自神，依据它们社
99 会得以确立，没有它们就无公正可言；[5]因此，一个国家必须像保护它的
城墙一样，为它的法律而战。[6]不管是个体的还是大众的专断统治，都
会同等地违反法律的王权。赫拉克利特事实上是一个自由之友，[7]但他仇
恨和鄙视民主政治，因为它不明白如何服从最优秀的人，不能容忍任何

---

1 *Fr*. 126，在 Diog. ix. 2。对一种特定类型的“ὕβρις”的指涉可以在 *Fr*. 128，在亚里士多德《政治学》v. 11, 1315a30、《尼各马可伦理学》ii. 2, 1105a7 和《欧台谟伦理学》ii. 7, 1223b2 等援引中被发现。Plut. *De ira* 9, p. 457、*Coriol*. 22 和 Iambl. *Cohort*. p. 334 K 对它的修订，我并不认为是真实的。至于它的意思，不管《尼各马可伦理学》ii. 2，从增补的“ψυχῆς γὰρ ὠνέεται”来看，似乎不指个人情感的冲突，而指与他人的冲突。

2 Theod. *Cur. Gr. Aff.* xi. 6, p. 152：伊壁鸠鲁把快乐看作是最高的善；德谟克利特认为是“ἐπιθυμία”（欲望）（l. εὐθυμία〔宁静〕）；赫拉克利特则“以满足代替快乐”。*Fr*. 84，在 Stob. *Floril*. 3, 83：如果人的所有愿望都得到满足的话，那就不会有幸福。

3 参见第 465 页注释 1 所引文字。

4 *Fr*. 92，在 Alex. Aphr. *De Fato*. c. 6, p. 16, Or.、Plut. *Qu. Plat.* i. 1, 3, p. 999 和 Stob. *Floril*. 104, 23。这只是表达了埃庇哈尔穆斯（参见第 367 页注释 2）在相应文字中表达的观点：人的幸福依赖于他的内在品质。至于舒斯特（272，2）留意的必然和自由的问题，什么也没有说到。

5 *Fr*. 123，参见第 497 页注释 3 和第 466 页注释 1；*Fr*. 121，在 Clem. *Strom*. iv. 478 B。这句话的意思并不清楚；它可能包含对大众的谴责（如舒斯特所认为的），他们没有明确的法律，不知道何为公正。Teichmuller 的解释，认为“ταῦτα”涉及的是人的不公正的行为，没有它们就不会有法律（*N. Stud*. i. 131 sq.）；但这一解释只能得到克莱门斯对赫拉克利特式话语的运用的不确定支持，而克莱门斯的解经法是非常独断的；就其自身来看，我认为这种解释不具备什么可能。另一方面，如果它是正确的，那么我们就必须把“δίκη”特殊地理解为惩罚性的正义“δίκη πολύποινος”。

6 *Fr*. 125，Diog. ix. 2。也参见第 495 页注释 2 所引言论，不过这主要相关于为自己的祖国而死。

7 依据 Clem. *Strom*. i. 302 B，他促动僭主 Melandcomas 放弃自己的权利，拒绝了大流士的王宫邀约。我们不知道这些说法有多少真实性；Diog. ix. 12 中的信件接受了第二个说法，但这不过表明这些信件的作者熟悉这件事，并不表明别的。Bernaya, *Heracl. Briefe*, 13 以下的讨论不过证明事情的可能性。

卓绝的伟大。[1]他倡导和谐，因为只有它能维系一个国家。[2]但是，没有 100
任何迹象表明，他试图对伦理学和政治学提出任何的科学界定。

流行宗教的许多观念和习俗，必然被赫拉克利特算在人类错误的意见和行动之内。但对它们进行正式的反对，如我们在克塞诺芬尼那里发现的那样，却非他的目的所在。他不仅用宙斯[3]来称呼神圣的创造本质，而且非常热衷于神话的名称。[4]他用信奉者的口吻谈论阿波罗（Apollo），在女祭司（Sibyl）的话语中发现神圣的灵感。[5]他普遍地用人与神的精神交流来解释预言。[6]在把哈得斯(Hades）等作狄奥尼索斯(Dionysus）的命题中，[7]

---

1 *Fr*. 40，在 Strabo. xiv. 1, 25, p. 642、Diog. ix. 2、Cic. *Tusc*. v. 36, 105；参见 Iambl. *V. Pyth*. 173 和 Stob. *Floril*. 40, 9（ii. 73 Mein.)。依据 Iamblichus，这番话是对以弗所人的请求的回应，这样的话他就会给他们立法；依据第欧根尼（ix. 2)，他也拒绝了这一请求。考虑到他明确的政治立场，民主政治的多数人不大可能向他提出这样的请求；不过这些话确实在他著作中出现。关于 Hermodorus，参见我的论文 *De Hermodoro*（Marb. 1859)。关于他对民主政治的判断，可从如下轶事中看出——出现在 Diog. ix. 3 中，它只能以这位哲学家的话为根据——他与小孩子一起玩游戏，并对他的同胞说，这比和他们一起参加政治生活更智慧；也见 *Fr*. 127，Clem. *Strom*. v. 604 A，p. 589, 3 和 Theodorides, *Anthol. Gr*. vii. 479，他称赫拉克利特是"一条对民众狂吠的狗"。

2 Plut. *Garrul*. c. 17, p. 571（also Schleiermacher, p. 82）谈到他的一个具有这种意味的象征性行为。

3 参见第 468 页注释 1。

4 例如 Erinnyes 和 Dike，参见第 466 页注释 2。

5 P. 6, n. 提及的话；*Fr*. 38（Plut. *Pyth. Orac*. 21, p. 404）和 *Fr*. 39（ibid. c. 6, p. 397)。

6 Chalcid. *in Tim*. c. 249。这首先是斯多亚主义的，但关于灵魂由于它与神的亲缘关系而能预言将来的一般观念，无论如何可以某种方式从赫拉克利特那里得出。从 Pseudo-Hippoc. *π. διαίτ*. i. 12（Schuster, 287 sq.）那里，因为这一著作本身的原因，得不出任何确定的结论。

7 *Fr*. 132（参见第 507 页注释 3)。作为地狱中的一位神祇，狄奥尼索斯在宗教秘仪中受到膜拜，特别是在俄耳甫斯教的狄奥尼索斯秘仪中；在俄耳甫斯教的传说中，他有时被称作是宙斯和 Persephone 的儿子，有时是冥王和 Persephone 的儿子。但把他和冥王看作是同一个神的说法，不能在更为古老的宗教中被发现，不清楚赫拉克利特是否是这一说法的创始者。在狄奥尼索斯那里，生和死统一在一起，每一次生都是之前存在的新的毁灭；因此，狄奥尼索斯既是自然的富饶的创造生命力之神，也是哈得斯，死亡之神。Teichmuller（*N. Stud*. i. 25 sq.）把狄奥尼索斯解释为太阳，它被等同于哈得斯，是因为太阳产生于土，而土又重新接纳太阳之光。对此，我们的反对是，第一，哈得斯事实上在土的下面，而非土本身；第二，赫拉克利特并不认为太阳产生于土，而是认为它产生于潮湿，产生于蒸气，特别是出于海的蒸

101 更进而在关于不朽和精灵的言论中，[1] 他显现出与俄耳甫斯教（Orphic）
102 的极大亲合性。[2] 但是，在传统宗教和被看作是它神圣记录的诗歌作品

气（参见第 477 页注释 2、第 477 页注释 3 和第 478 页注释 4）；第三，说太阳产生于土，又转变为土，并不等于说太阳和土是同一的；第四，在赫拉克利特和他那个时代的俄耳甫斯教那里，都找不到把狄奥索斯看作太阳的证据（*sup*. vol. i. p. 63 sq. 98 sq.）。此外，Teichmuller 还把哈得斯看作是“*υἱὸς αἰδοῦς*”（羞耻之子），他可能最终对我们的残篇做了奇特的解释；如果狄奥尼索斯不是羞耻和无耻之子，同样适用于二者，那么狄奥尼索斯的盛宴就会是毫无羞耻的；但这个解释缺乏任何真实的根据。Teichmuller 诉诸于 Plut. *De Is*. 29, p. 362 的话：“因为柏拉图说哈得斯对于那些在他身旁生成的人来说是羞耻之子，并且被称作是适合于他们的神”，但柏拉图即使真的这样说了的话，那也很难看出这里能得出什么与赫拉克利特相关的结论。而且柏拉图并没有说到任何这类的东西。“*αἰδοῦς υἱὸς*”既没有出现在《克拉底鲁》403A 以下（这是普鲁塔克唯一能指望的段落），也没有出现在柏拉图的任何对话中。甚至在普鲁塔克那里，它也没有任何可接受的含义，以至于人们会想这很可能出于在其他方面多有讹误的文本的手稿错误。因为“*αἰδοῦς υἱὸς*”（依据 Hercher 的修订——他非常友善地与我进行了交流——无疑应该读作在书写上与之接近的“*πλούσιον*”）已经确切地出现在 Plut. *De Superst*. 13, p. 171 与之对应的段落中，那里还谈到《克拉底鲁》403A 和 E。Teichmuller 在 p. 32 以下的努力也没有取得更大的成功；在那里他提出一种观点说：在 Clem. *Cohort*. 21 D 以下的残篇中赫拉克利特提到粗俗的狄奥尼索斯神话，但他误解了 22A 的话，而这恰恰是他极力强调的。克莱门斯的话不包含任何对赫拉克利特的指涉；赫拉克利特式的残篇决不会与这一神话关联在一起；如果克莱门斯在他报道的结尾把这一残篇与生殖崇拜放在一起，那绝不意味着赫拉克利特在选择他的话语时，会想着这一独特的神话，或以神话自身未提供先例的方式谈到地狱中的狄奥尼索斯。

1　*Supra*. p. 85 sq.

2　拉萨尔（i. 204-268）试图证明赫拉克利特和俄耳甫斯教徒之间存在着密切的联系，后者对他产生巨大的影响。但他主要依据的来自 Plut. *De Ei*. c. 9, p. 338 的话，并不像他相信的那样，描述的是赫拉克利特的神学，它事实上是一个斯多亚主义者对俄耳甫斯教神话的解释。拉萨尔认为普鲁塔克不会给斯多亚主义者这样的荣誉头衔：“*θεολόγοι*”（神学家）和“*σοφώτεροι*”（更智慧的人），但他没有注意到，首先，“*σοφώτεροι*”（它在这里指称的是精明而非智慧）说的不是神话的解释者，而是它的创造者，即俄耳甫斯教徒；其次，“*θεολόγοι*”并不是荣誉头衔，而且普鲁塔克在其他地方也谈到斯多亚神学；再次，在 c. 9 中被阐释的理论在后面的 c. 21 中被称作是有害的。从 Philo, *De Vict*. 839 D（*supra*, p. 63, n.）丝毫得不出结论说，普鲁塔克使用的术语，*κόρος*（满足）和 *χρησμοσύνη*（欠缺），不是斯多亚主义者原有的（如拉萨尔所说）。即使赫拉克利特和俄耳甫斯教残篇的联结点比实际上被承认的要多得多（这是拉萨尔在 246 以下极力要证明的），考虑到这些残篇取自的诗文的后出性（vide vol. I. p. 104 sq.），我们也只能说它们受斯多亚—赫拉克利特式观念的影响，而不能说赫拉克利特受影响于俄耳甫斯教徒。

那里必然会有许多他要反对的东西。认为神会随心所欲地施予人类幸福
或不幸的意见，与日常观念保持着一致，却不相容于哲学家关于自然进
程规律性的认识；[1]同样与之冲突的还有在古老宗教中广为流传的关于凶 103
日和吉日的分别。[2]赫拉克利特同样强烈地反对酒神节狂欢的寡廉鲜耻；[3]
他抨击作为希腊宗教独特支柱之一的肖像崇拜；[4]他也严厉谴责已有的献
祭体系。[5]这些批判都非常尖锐，却并不意味着赫拉克利特意图对流行
宗教整体或它的一般建构进行攻击。

---

1 Lassalle, ii. 455 以下巧妙地把这一点与对荷马和阿尔基罗库斯的评论（第 446 页注释 2 引用和 Schuster, 338 以下讨论过的）联系起来。他认为它以同样的意味指向 *Odyssey* xviii. 135 和 Archil. *Fr*. 72（Bergk, *Lyr. Gr*. 551, 701）这两篇诗文，并把它与对赫西俄德的类似批评联系在一起（参见下文注释）。在我看来赫拉克利特不大可能（参见 Schleiermacher, 22 以下和 Lassalle, ii. 454）会谴责荷马的占星术并否认这一技艺。*Il*. xviii. 251（p. 495 b, 5 Berkk.）的评注者确实说道，因为这一诗文和 *Il*. vi. 488，赫拉克利特把荷马称作是 *ἀστρολόγος*，在这个文本中它只能意指占星士。但是在更古老的语言中，*ἀστρολόγος* 从未被用来指我们现代意义上的占星士，而经常指天文学家。另外，这两篇诗文没有任何东西会让荷马遭受这样讽刺性的描绘。舒斯特认为，由于依据克莱门斯（参见下一个注释），赫拉克利特熟悉波斯祭司，而且 *μάγοι* = *ἀστρολόγος*，因此他可能也把荷马称作一个占星士。但是即使赫拉克利特真的使用了这样的名称："*νυκτιπόλοι*"、"*μάγοι*" 等等（这实际上非常不确定）——后来对它们的使用使魔法师和占星士变成同义——也不能证明赫拉克利特是在这个意义上说占星士。在我看来，更有可能的是，要么赫拉克利特是在天文学家的意义上称荷马为"*ἀστρολόγος*"的，并不涉及任何上面所引诗文，要么后来某个同名作家（很可能是荷马寓言的作者）可能在占星士意义上称他为"*ἀστρολόγος*"。

2 依据 Plut. *Cam*. 19，参见 Seneca, *Ep*. 12,7，他谴责赫西俄德对吉日和凶日的区分，因为对于本性无知的人每一天都是一样的。

3 *Fr*. 132，在 Clem. *Cohort.* 22 b 和 Plut. *Is. et Os*. 28, p. 362。最后一句话（参见第 505 页注释 7）很可能意在警醒人们在他们赞颂死亡之神的放荡祭典上的无知。参见 Clemens, *Coh*. 13 D。其中一些文字似乎（如 Schuster, 337, 1 赞同 Bernays, *Heracl. Br*. 134 所认为的那样）来自赫拉克利特。但是 *Fr*. 69（见第 495 页注释 1，参见 Schuster, p. 190）与这一段话的联系不可能是克莱门斯理解的那样。

4 *Fr*. 129，在 Clem. *Coh*. 33 B 和 Orig. *c. Cel*. vii. 62, i. 5。

5 *Fr*. 131，在 Elias Cret. *Ad Greg. Naz. cr*. xxiii. p. 836 和 Apollon. Tyan. *Ep*. 27。非常明显的是，这一责难不只是反对对献祭效用的信念。祭品本身也被称作 *πηλὸς*（泥土），它与赫拉克利特对尸体所说的完全一致（参见第 491 页注释 1）。因此，如果（Iambl. *De. Myster*. i. 11, end）他也把它们称作是 *ἄκεα*，那这必然是反讽。

四、赫拉克利特的历史地位和重要性、赫拉克利特主义者

即使在古典时期，赫拉克利特也被看作是最重要的自然哲学家之一。[1] 从他的学派接收了诸多重要观点的柏拉图，尤其把他看作是一个最为合理的世界和知识理论——与埃利亚学派的直接相反的理论——的创造者。[2] 这事实上就是我们探讨这位哲学家的重要性时要首要关注的东西。在解释具体现象方面，他没有任何能够与毕达哥拉斯学派的数学和天文学发现相媲美的东西，能与德谟克利特和第欧根尼的物理探究相比肩的东西；他的伦理学理论，尽管与他关于宇宙的整体理论逻辑相联，自身不过是含糊的一般原理，是我们无关任何哲学体系而总能发现的东西。他的独特功绩不在具体的探究上，而在他确立了把自然当作整
105 体来研究的普遍观念上。赫拉克利特是第一个断然宣称自然绝对活力、物质不息转变和所有个体事物持续变化短暂存在的哲学家；与之相对的另一方面，则是普遍联系的不变均等，和关于绝对理性法则主宰自然整体进程的思想。因此，如以前发现的那样，他不能被纯粹看作是古代伊奥尼亚物理学的追随者，而应被看作是一个独特哲学倾向的创造者，尽管我们有理由说这一哲学倾向在起源上并不独立于伊奥尼亚学派。他与这个学派共享了关于原始物质的物活论思想，认为原始物质自身具有能力自我转化，以派生万物。他与阿那克西曼德和阿那克西美尼共享了世界周期性毁灭和创生的理论。他关于世界的整体观念，无疑受阿那克西曼德的影响；因为在赫拉克利特把每一个体事物都看作是自然生命之流中的一个飞逝现象，涌现而又消失时，阿那克西曼德把所有个体存在都看作是必须通过它们的毁灭来加以补偿的恶。但赫拉克利特最有特色和最为重要的理论，仍然是他不能从更早的伊奥尼亚哲学家那里借来的东

1　他经常被称作是“φυσικός”（自然哲学家）；Diog. ix. 15 中的语法学家 Diodotus 的荒谬说法——他的著作并不真的是论自然，而论国家，书中关于物理的讨论不过是政治讨论的例子——没什么人理睬。

2　参见第 446 页注释 4、第 451 页注释 2、第 456 页注释 2 和第 461 页注释 1 所引著作。

西。这些哲学家没有哪个断言无物常驻、一切皆流；没有哪个宣称世界进程法则和世界统治理性，就是那个在万物变化中唯一保持不变的东 106 西；没有哪个把这一法则精炼为对立面的结合与分离，或确定三种基本元素；没有哪个从两条道路的，向上和向下的道路的，对立进程中派生现象整体。在所有这些理论中，赫拉克利特离开他的伊奥尼亚先驱有多远，就趋向毕达哥拉斯主义者和克塞诺芬尼有多近。像他一样，毕达哥拉斯主义者坚称万物由对立面构成，因此，一切即和谐。正如赫拉克利特认定事物除了它们的部分的构成关系外，没有任何持存性一样，毕达哥拉斯主义者尽管远没有否认物质性元素的持存，却把数学形式看作是它们的真实本质。克塞诺芬尼是泛神论的第一个哲学代表，而赫拉克利特把泛神论当作是自己理论的基石；与此相联，克塞诺芬尼关于神的思想本性的主张，关于神作为统一的自然力量的主张，为赫拉克利特的世界理性理论铺平了道路。会让我们进一步想起毕达哥拉斯主义者的，还有赫拉克利特关于死后灵魂生命的理论和他在伦理和政治上的观点；他的太阳理论则与克塞诺芬尼的星辰理论出奇地相似。如果我们还把他与更晚的埃利亚主义者做比较的话，我们会发现，赫拉克利特和巴门尼德从相反的哲学前设出发，得到理性认识绝对优于感性知觉的相同结论。为了确立存在是一的理论，芝诺运用他的辩证法颠覆了日常的事物观 107
念，赫拉克利特以客观的态度更为彻底地把同样的辩证法运用于事物自身；因为在物质的永无止息的转化中，原初的统一不断地从多中重建自身，正如它持续地分裂成多一样。[1] 由于毕达哥拉斯和克塞诺芬尼并非不为赫拉克利特所知，[2] 另一方面，由于埃庇哈尔穆斯（Epicharmus）似乎提到赫拉克利特的理论，[3] 而如果通常接受的年表是正确的话，巴门尼德就可能同样了解它，我们有理由推测说，赫拉克利特的哲学理论可能

1　参见 Hegel. *Gesch. d. Phil*. i. 300 以下；关于赫拉克利特与埃利业学派的关系，参见 Berniss, *Gesch. d. Phil. d. Kant*. i. 184。

2　参见上册第 230 页注释 3 和第 353 页注释 1。

3　*Supra.* vol. i. p. 531.

受到毕达哥拉斯和克塞诺芬尼的影响，而后反过来影响了巴门尼德和后来的埃利亚学派。这第一个说法的可能性很大，尽管赫拉克利特对他的前辈做了严厉的批评；但非常清楚的是，他的独特原理，不会来自他们；带有他们影响的命题，在赫拉克利特那里，要么处在一种非常不同的理论背景之中，要么并不足以证明他的哲学对他们哲学的任何实际依赖。存在的统一，在埃利亚学派那里，排除了所有的多和变化，但依据赫拉克利特，它恰通过永无止息的变化和多从一中持续形成来维系自
108 身；[1] 神圣理性与变化现象的秩序和谐一致。在毕达哥拉斯主义者那里，对立面是派生之物，但赫拉克利特把它看作是在原始物质的转化中最先产生的东西。统一着对立面的和谐，在他那里并不如在毕达哥拉斯主义者那里那样有特定的音乐内涵；最后，在他那里我们也找不到他们数字理论的任何痕迹。在预言方面，他的理论是否对他们的有所借用，很难确定，因为毕达哥拉斯主义者自己也在这些理论中显示出与俄耳甫斯教教义的极大亲合性；如果说他在伦理学和政治学的倾向上与他们有所相似，这种相似也仅限于普遍的观点，而这种普遍观点在支持贵族政制和保守政制的人那里随处可见，不具备毕达哥拉斯主义的独特性。他著名的太阳每日熄灭的理论与他的其他观点如此一致，不允许我们对它与克
109 塞诺芬尼观念的类同赋予决定性的意义，尽管这一类同确实显著。因此，尽管赫拉克利特与毕达哥拉斯和克塞诺芬尼之间的历史联系看起来

1　克塞诺芬尼并没有否认事物的多和变，但他明确把这两个概念排除在原始本质或神之外；而赫拉克利特则把神描述为火，它永无止息地转变成多种多样的形式。舒斯特（p. 229, 1）认为很有可能而 Teichmuller（*N. Stud*. i. 127 sq.）认为无可否认的情况是，赫拉克利特站在克塞诺芬尼的对立面明确地说到这一点。但对我来说，只是有可能，绝不能确定；因为，“神既是白昼又是黑夜”等等命题（参见第 464 页注释 1），并不与克塞诺芬尼的“*εἷς θεὸς*”（神不变）有直接和明显的矛盾；神变化自身以成万物的观点，也并不与克塞诺芬尼对神的位置移动的否定（参见上册第 387 页注释 3）相矛盾，它们都只有相互联系在一起才能得到解释。我更不能同意舒斯特（229，1）这样的观点：克塞诺芬尼说到要在不可见之物中寻找和谐，而赫拉克利特关于可见和谐的主张与之相对；因为，首先，我们并不知道克塞诺芬尼是否说过这样的话，其次，我们确实知道赫拉克利特没有说过这样的话。

具有充分的可能性，但仍然很难把这一可能变成必然。更为不确定的是这样一种猜测[1]：当巴门尼德在批判“相信存在（Being）和非存在（non-Being）同时既相同又不同的傻子”[2]时，暗指的就是赫拉克利特。在这个问题上，年代问题困难重重；[3]除此之外，就我们所知，第一个明确阐述非存在的存在的人，不是赫拉克利特，而是原子论者；巴门尼德必然是
从他的对手那里得到存在和非存在等同的观点的；但从他对这些对手的 110
描述看，这更可能是指非批判性地依赖于感官表象的人类大众，而非显
著地反对他们否定感性知觉真实性的一位哲学家。[4]另一方面，如果说 111

1 Bernays, *Rhein. Mus.* vii. 114 sq.; Steinhart, *Hall. A. Literaturz*. 1848, Novbr. p. 892 sq.; *Platon's Werke*, iii. 394, 8; Kern, *Xenoph*. 14; Schuster, p. 34 sqq. 236.

2 V. 46 sqq.; *supra*. vol. i. 589.

3 第439页注释2已经表明，几乎可以肯定赫拉克利特的著作并不写就于公元前478年之前。巴门尼德的著作则不大可能更晚；事实上它很可能更早。甚至按柏拉图的算法，芝诺在公元前454—前452年是四十岁，他在青年时代（因此很可能大概在公元前470—前465年左右）曾经为他的导师“针对那些试图取笑他的人”做辩护；因此，巴门尼德的著作必然还要早几年；而且由于柏拉图确实没有把巴门尼德表现得更老，更可能是比他实际年龄要小许多（cf. vol. i. p. 581 sq.），因此我们就非常接近赫拉克利特著作的写作年代。同样的结论可从埃庇哈尔穆斯的诗中得出，在Diog. iii. 9（参见上册第366页注释4），在那里他让埃利亚哲学的代表说：“我们没有任何办法依据任何首先消失的东西”。克塞诺芬尼没有提到这个反对绝对变化的论证；但巴门尼德 v. 62 sq.（参见上册第402页注释4）明确地提出了它。因此，如果埃庇哈尔穆斯是从巴门尼德那里借来了这一论证，并因此拥有巴门尼德的诗篇，那么这一诗篇自身包含对赫拉克利特著作——它同时被埃庇哈尔穆斯使用着——暗指，就不是完全没有可能，尽管不是很有可能。更不具有可能性的则是，巴门尼德在他的壮年时期在赫拉克利特著作的影响下开始形成自己的理论，尽管这个理论的前提已经由克塞诺芬尼充分地给出。

4 我一直保持着来自前一版的上述观点，未做本质改变，因为舒斯特没有以他的辩护说服我相信相反的理论，他的辩护是同时发表的。在我看来，我们无论是在巴门尼德的理论中还是在他的表述中都找不到这样一种与赫拉克利特有关的观点，以确保我们假定他谈到了这后一位哲学家。巴门尼德反对那些“认为存在和非存在是同一的人”；但如已经表明的，赫拉克利特从未说存在和非存在是等同的；即使是他的“我们既存在又不存在”，也没有这样意思（参见第446页注释5）；它也不包含在亚里士多德的如是断言中：赫拉克利特认为善与恶是同一的（为舒斯特所引）。撇开这一断言的精确性问题（cf. 36 sq.），说善与恶（它们都属于存在）是同一的，与说存在与非存在是同一的，完全是两回事。巴门尼德最初引入这个说法，是为了表明他正在反对的概念模式会导致的矛盾。但如果我们问，这是怎么样的一种概念模式，他会指向（v. 37, 45 sqq., 75 sq.，参见上册第402页注释1和第402页注释5）

那些持这样观点的人：(1) 有非存在；(2) 有产生和消逝。但从另一方面讲，巴门尼德肯定会把他的批判扩展到赫拉克利特的理论上来，正如赫拉克利特会把他包含在这样的人当中一样：他们不理解他们眼前的东西（参见第444页注释1），把永恒的活火看作是死的和僵硬的（参见第497页注释6）；但这丝毫不能证明巴门尼德在他的话语中特别暗指赫拉克利特。他把他的对手（上引处）形容为 *ἄκριτα φῦλα*（无判断的族群），就像瞎子和聋子般活着的人；并警醒他们不要相信他们的眼睛耳朵多过"*λόγος*"；这个描述确实适用于感觉主义者——舒斯特把赫拉克利特算在其中——但不适用于这样一个哲学家，他完全赞同巴门尼德在与理性的对比中贬低感觉，甚至以同样的方式表达了这一信念（*supra*, p. 87 sq.，cf. vol. i. 585, 591）。至于巴门尼德在他诗篇的第二部分"完全以赫拉克利特的方式把火与土的暗看作是根本的对立"，我则实在看不出来。巴门尼德这里提出两种元素，光明和黑暗，他也称作火和土；但在赫拉克利特那里，这两者只是在他的三种，或依据舒斯特，四种元素形式之中的一种"根本对立"：水，作为它们之间的联结，同样是基本性的。因此，当巴门尼德在对 *δόξαι βρότειοι*（有死者的意见）进行阐释时（参见上册第406页注释3和第408页注释4），只谈到两种"*μορφαὶ*"（形式），依据它们万物得到解释，未曾提到第三种；此外，他在第一系列中把它们称作是"光明"和"黑暗"，而非"火"和"土"，这也不能保障说巴门尼德特别想到的是赫拉克利特的三种元素形式。如果他在暗示某种特殊的理论体系，那更为可能是毕达哥拉斯的，他的宇宙论（参见上册第409页注释3）非常明显地带有这种痕迹，甚至在十种对立列表形成之前，光明与黑暗的明显对立就已经被提出来。只是从这一体系当中才演绎出 *δαίμων ἣ πάντα κυβερνᾷ*（它驾驭精灵或万物）（参见上册第408页注释4和p.600以下）；相反舒斯特提醒我们的却是赫拉克利特的 *γνώμη, ἥτε οἴη κυβερνῆσαι πάντα*（理智，这一类的东西驾驭万物）（参见第467页注释1）；但是这里的相似只在于 *πάντα κυβερνᾶν*，而这并不能证明什么，因为我们可以在阿那克西曼德（参见上册第248页注释1）和更晚一点的第欧根尼（参见上册第194页注释7）那里发现同样的表述，而巴门尼德的表述的最显著特征"*δαίμων*"（精灵），像毕达哥拉斯的"*ἑστία*"（神龛）一样参见上册第309页注释1，被置于所有领域的核心位置，在赫拉克利特那里没有与之相应的东西。在巴门尼德的 *παλίντροπος κέλευθος*（反转的路）(v. 51, vol. i. 584）和赫拉克利特的 *παλίντροπος ἁρμονία*（反转的和谐）（参见第461页注释2）之间的相似性也只是依赖于在这两个例子中对 *παλίντροπος* 的使用，这是一个并不非同寻常的表达，即便对后者的真实读法不是"*παλίντονος*"的话。另外，这个词的意思并不每每相同，在赫拉克利特那里，"反向拉紧"或"重新返回"描绘的是从对立向统一回归的状态；在巴门尼德那里描绘的是在从其原始的方向过渡到相反的方向的过程中进入到与其自身的对立之中的状态。赫拉克利特曾经说过（参见第460页注释1）：*εἰδέναι χρὴ τὸν πόλεμον*（要知道战争是必然的）等，巴门尼德也说过（v. 37, 参见上册第402页注释1）*ὡς χρεών ἐστι μὴ εἶναι*（非存在是必然的）和（v. 114, 参见上册第406页注释3）*τῶν μίαν οὐ χρεών ἐστι*（其中一种并不必然），从这一事实得不出多少结论来；因为说必然存在着非存在，并不等同于说，必然有斗争；赫拉克利特所说的，并未在巴门尼德说及思想转变的话中被提到，这是专属于他的；对像 *χρὴ* 这样意指"不可避免"的词的使用——巴门尼在对感官知识的否定中，巴门尼德是在追随赫拉克利特，那我们必须记住，这两个哲学家的反对具有完全不同的意思。巴门尼德不相信感官，是因为它们向我们显现多和变化；赫拉克利特不相信它们，是因为它们向我们显现个体事物的持存。因此，说巴门尼德熟知赫拉克利特的理 112
论，并在建构自己理论的时候对之有所考虑，不是很有可能。

但是，即使赫拉克利特与毕达哥拉斯学派和埃利亚学派之间的直接联系得不到确然的证实，他理论的历史地位和重要性也不会受到影响，不管他是在他的前辈们的推动下走向他们理论的反面的，还是在自己对事物的研究中，选择接受了后者不那么看重、并在后来埃利亚体系发展中被明确否定的观念。在埃利亚学派关于一的理论中，首要指向事物原始实在基础的古代探究达到它的顶峰；但在赫拉克利特那里，这一倾向受到反对。赫拉克利特明确宣称自然的绝对活力，以及物质实在的持续变化，认为只有世界构造力量及内在它之中的构造法则，才是在现象变化中唯一持存的东西。但是，如果所有事物都屈从于生成，那么哲学家就不能逃避解释生成和变化的责任。因此，赫拉克利特向哲学家提出了一个新问题。现在要关注的问题不是万物由之构成的实在，而是导致生成、消逝和变化的原因；全心致力于这一探究，导致了前苏格拉底自然哲学的整体特征的改变。[1] 赫拉克利特自己对这一问题的回答并不非常 113
完善。他只是表明万物都处于持续的变化当中；他把这一变化进一步界定为对立面的发展和统一；他描述了这种变化呈现的元素形式；但如果我们问道，为什么万物都屈从于生成，为什么持存的存在无处可觅，他

德换成 χρεών ἐστι，也不能说证明了什么。

1　Strumpell, *Gesch. d. Theor. phil. d. Gr.* p. 40 颠倒了这一关系；他认为赫拉克利特先于埃利亚主义者，转变是在他们之间发生的。他评论说，赫拉克利特教导的自然变化，促使后者说所有个体事物都是非存在；因此，埃利亚主义者把变化自然完全排除在知识对象之外，认为知识排他性地指向存在。但是由于埃利亚学派的创始人老于赫拉克利特，由于埃利亚学派理论在整体倾向上与更早的自然哲学家相反对，而赫拉克利特的理论又是更后关注于解释生成的自然哲学的开端，我认为这个解释是不正确的。

的回答只是：因为万物都是火。但这实际上只是事物绝对变化的另一种表达；它并没有解释，火如何能变成湿气，而湿气又如何能变成土；原始物质又为什么要把它原来的炽热本性变换为其他形式？即便是赫拉克利特理论的后来追随者也未能在这个方向上，或者在他们观点的科学建构和方法发展上，做出任何贡献。赫拉克利特学派似乎在它的创建者死后还维系了很长一段时间。柏拉图告诉我们，在公元前四世纪初，这个学派以它在伊奥尼亚，特别是在以弗所，成员众多而自得；[1]赫拉克利特自己则是被赫拉克利特主义者克拉底鲁引入雅典的，[2]更早一代，则有普
114 罗泰戈拉运用来自赫拉克利特的命题来支持自己的怀疑主义理论。[3]在被错误地归于希波克拉底（Hippocrates）名下的著作中明显出现的那些具有赫拉克利特式影响的痕迹，很可能来自于克拉底鲁。[4]我们对这些后来的赫拉克利特主义者的仅有的一点了解不足以让我们对他们的理论成就给出一个很高的评价。柏拉图确实找不到恰当话语来形容他们无由的狂热和不断地从一个主题转向另一个主题的急躁，他们对自己神谕式表达的自我满足，对自己教义的空洞自信和对所有其他人的蔑视，而这就是这个学派的典型特征。[5]柏拉图嘲讽克拉底鲁毫无根据的词源学理论，因为这位赫拉克利特门徒过于夸大了诉诸语辞的实践；亚里士多德
115 联系克拉底鲁来批评赫拉克利特未能足够清晰地阐述万物变化，以至于他最后不敢在任何主题上发表意见，因为每一个命题都会包含对一个存

1 《泰阿泰德篇》179D（提到赫拉克利特的"φερομένη οὐσία"）。参见第 514 页注释 5。

2 亚里士多德《形而上学》i. 6；cf. Part ii. a, 344, 5。依据柏拉图《克拉底鲁篇》440D、429D，克拉底鲁比苏格拉底年轻许多；他被称作（*ibid*, 429 E; cf. 440 E）雅典人，父亲的名字是 Smikrion。另一个名叫安提司泰尼的赫拉克利特主义者，也在 Diog. vi. 19 中被提到；这不是犬儒主义者安提司泰尼，似乎是一个评注赫拉克利特著作的人（Diog. ix. 15）；但我们不知道关于他更多的详情。

3 参见下文论希腊智者知识理论的章节。

4 除了曾经说到过的论著 π. διαίτης 之外，*sup*. p. 69 sq.，第 449 页注释 1，我们应该提到"περὶ τροφῆς"（论营养）。cf. Bernays, *Heraclit. Br*. 145 sq.。

5 《泰阿泰德篇》179 E。参见《克拉底鲁篇》384 A。

在的断定。[1]但是，如果在公元前四世纪初，赫拉克利特学派不仅在它的发源地，而且在其他地方，拥有追随者，那么这就足以表明它的历史重要性；但赫拉克利特的理论自身似乎并没有在这个学派之中得到进一步的发展。那个也在他同时代人那里获得教益的哲学家巴门尼德，是第一个试图对被赫拉克利特当作他理论基础的生成概念进行确切解释的人。如之前发现的，在这个方面接着必须被提到的人物就是恩培多克勒和原子论者。[2] 116

1　亚里士多德《形而上学》iv. 5, 1010 a, 10。Alex. *in h. l.*、Philop. *Schol. in Ar*. 35, a, 33 和 Olympiodorus, *ibid*. 未做任何增添地说了同样的话。

2　我们只能用附录的方式（因为它几乎不包含在我们哲学史的主题之内）提到最近由 Gladisch（sup. vol. i. 34 sqq.）、更早由 Creuzder（*Symbolik und Mythol*. ii. 196, 198 sq.2 ed. p. 595 sqq., 601 sqq. ed. 1840）提出的观点：赫拉克利特是琐罗亚斯德教（Zoroastrian）教义的信徒。至于我的批评，我只能谈到主要几点。Gladisch 相信（*Heracl. u. Zor. Rel. u. Phil*. p. 139 sqq.; cf. 23 sqq.）赫拉克利特的体系和琐罗亚斯德的是相同的。但是即使是在它们的基本观念上也存在着巨大的不同。一个是纯粹的二元论，另一个是物活论的泛神论；波斯人的理论有两个最初的存在，一个是善另一个是恶；说这种二元论最初产生于原始本质通过变形从它的原始存在转变成其他的存在（eine Umwandlung des Urwesens aus seinem Ursein in Anderssein），是与最为可信的报道相矛盾的假设，只能得到一些后来的不可信的资料的不完全支持。赫拉克利特则相反，同所有哲学家一样强烈地相信世界的统一和推动世界的力量；在他那里，对立不是原初和永存的，统一的本质才是原初的元素，在它的发展中，存在的极端对立形式才开始出现，并最后回到它本身。波斯人的体系，即使是在善与恶、光明与黑暗的最终和绝对对立中也保持着不变；恶神及其王国纯粹是不应该存在的，只是在时间进程中干扰世界的东西（参见 Schuster, 225, 3）；但对赫拉克利特来说，战争是存在的必然状态；即便恶对神来说也是善的；那种构成琐罗亚斯德教宇宙论的开端和结尾的没有任何阴暗的纯粹光明世界，对赫拉克利特来说是完全不可想象的；因为这个原因，对立面持续分解自身以形成宇宙整体的和谐。波斯人的二元论与恩培多克勒和毕达哥拉斯学派二元论的相似性，远多于与赫拉克利特体系的相似性。赫拉克利特关于万物流变的首要理论，完全不在琐罗亚斯德教的神学中出现；因此，它们共同的对火的崇拜，意义差别甚大。波斯人宗教关于光明和温暖的信仰主要惦念的是它们对人类的益处；但对赫拉克利特来说，火是自然的普遍生命的原因和象征，是万物流变的原因和象征；它是自然的力量，既产生有益于人的，也产生毁灭性的东西。波斯人的教义不包含任何元素转化的观念，或世界轮替形成和毁灭的思想；Gladisch 从 Dio Chrysost. *Or*. xxxvi. p. 92 sqq. R. 所引的（*Rel. u. Phil*. 27; *Heracl. u. Zor.* 38 sq.），明显是更后的解释，用古代波斯人的善神马车（cf. Herod. vii. 40）或太阳坐骑来乏味地寓意再现斯多亚主义的宇宙论。它既没有提到赫拉克利特的太阳理论——他的这个典型理论在这里完全找不到位置；也没有提到赫拉克利特的人类学，因为对 Fravashis 的信仰——被 Gladisch 谈到——与它甚至很难有细微的类似。如已经说过的，没有理由像拉萨尔那样，把赫拉克利特的逻各斯与创世言辞联系在一起。至于说赫拉克利特“就其政治意见而言，他是个琐罗亚斯德教式的君主论者”，就不只是个冒险的主张了：他自己的话表明他具有贵族主义和保守主义的倾向，但与此同时，他仍然是个彻头彻尾的希腊人，我们也被明确告知说他拒绝了波斯王宫的邀请。在这种情况下，在我们知道战争在赫拉克利特那里完全不同于琐罗亚斯德宗教关于善与恶的冲突后，试图通过他称战争为万物之父来证明什么，完全是白费力气；他把火看作是原始本质，但他的火并不试图表达波斯人在把光明的本性看作是纯粹精神时要表达的东西；说他对尸体有厌恶之情（但这是人的自然感受）；说有传言记载他被狗撕成碎片，但这不等于说他有个波斯人的葬礼，这事实上从未在活人身上发生过；说他谴责肖像崇拜，但克塞诺芬尼和其他一些人同样有此谴责，却不为那个古罗马人和这个德国人所知；说他追求真理知识，是错误的敌人，但一个哲学家确然不需要从外国祭司那里学到这一点。即便假设还存在着许多这种类似，我们也不能从中得出任何真实的历史性的依赖关系；如果赫拉克利特熟悉波斯人的宗教教义（这是非常可信的），那这也不表明它就对他的理论产生了任何决定性的影响。

第五章

恩培多克勒和原子论者

一、恩培多克勒[1]

1. 恩培多克勒自然哲学的一般基础——生成和毁灭——原始实在和

1 关于恩培多克勒的生平、著作和理论，除了更为全面的著作，Sturz, *Empedocles Agrig*. Lpz. 1805——在这里资料得到非常仔细的收集——外，参见 Karsten, *Empedoclis Agr. Carm. Rel*. Amst. 1838；Stein, *Empedoclis Agr. Fragmenta*, Bonn, 1842；Steinhart, *in Erach und Grubers Allg. Encykl*. Sect. i, vol. 34, p. 83 sqq.；Ritter, on the philosophy of Empedocles, in Wolfs *Literar. Analekten*, B. ii.（1820），H. 4, p. 411sqq.；Krische *Forsch*. i. 116 sqq.；Panzerbieter, *Beitrage z. Kritik u. Erlaut. D. Emp*. Mein. 1844；Zeitschr. *f. Alterthumsw*. 1845, 883 sqq.；Bergk, *De Rroaem. Empedoclis*, Berl. 1839；Mullach, *De Emp. Proaemio*, Berl. 1850；*Quaest. Empedoclearum Spec. Secund. Ibid*. 1852；*Philosoph. Gr. Fragm*. i. xin. sqq., 15 sqq.；Lommatzsch, *Die Weisheit d. Emp*. Berl. 1830。

依据我们权威资料的一致证词，恩培多克勒的母邦是阿格里真托。他的活动期主要在公元前五世纪后半叶。Diog. viii. 74（依据 Apollodorus）把他的鼎盛期定在第 84 届奥林匹亚赛会期间（公元前 444—前 440 年），Euseb. *Chron*. 说是第 81 届奥林匹亚赛会期间也说是第 86 届奥林匹亚赛会期间，即要么是公元前 456—前 452 年要么是公元前 436—前 432 年。Syncellus, p. 254 C 接受更早的时期；Gellius, xvii, 21, 13 以下认为是罗马十人委员会时期（公元前 450 年），同时又说是 Cremera 战役时期（公元前 475 年）。第欧根尼的观点无疑依据于（如 Diels 所表明的，*Rhein. Mus*. Xxxi. 37 sq.）他在 viii. 52 提到从 Apollodorus 那里引述来的 Glaucus 的说法：在 Thruii 城邦建立之后不久（第 83—84 届奥林匹亚赛会期间）恩培多克勒就到此访问；但这一说法仍然留有极大的余地，因为它并没有提到访问时他有多少岁。依据亚里士多德《形而上学》i. 3, 984a11，他比阿那克萨戈拉更年轻；但另一方面，辛普里丘在 *Phys*. 6 b 中说，他"生得不比阿那克萨戈拉晚多少"。关于他参加了叙拉古人反对雅典的战争（公元前 415 年）的说法，与 Apoll. *Loc cit*. 说法矛盾（Steinhart, p. 85 和 Diels 认为这必然是指公元前 425 年的战争，这样，Apolloldorus 依据自己的计算说他那个时候已经死去或 *ὑπεργεγηρακὼς*〔垂暮〕的反对，就并不适用）。Diog. viii. 52, 78 中的亚里士多德（或者还有 Heracleides，cf. p. 3, n.）说，他死于 60 岁；Diog. viii. 72 中的 Favorinus 则说是 77 岁，但这个说法更得不到可信的证实。说他活到 109 岁（ibid. 74）则是把他和高尔吉亚混淆了。因此，如果我们相信 Apollodorus 接受 Diels 的观点的话，他的生命历程在公元前 484 年到前 424 年之间。但在我看来，把他的生年和卒日提早 8 或 10 年更为可靠，因为，第一，依据 Diog. viii. 56 中阿尔基达马斯的说法，恩培多克勒和芝诺在同一时期接受过巴门尼德的指导；第二，辛普里丘的 *οὐ πολὺ*（没有多少）不可能意指 16 年这么长一段时间；最后（参见 vol. I. 636 和以下论阿那克萨戈拉的章节），麦里梭和阿那克萨戈拉似乎已经提到恩培多克勒。我们没有关于他的更多的确定信息。他出自一个富裕而高贵的家庭（参见 Diog. viii. 51-53 和 Karsten, p. 5 以下）。他的同名祖父在第 71 届奥林匹亚赛会上获得四马战车的比赛冠军（Diog. *l. c.*，如 Diels 所说的，依据 Apollodorus）；Athen. i. 3 追随 Favorinus（ap. Diog. *l. c.*），把这个事件看作是哲学家本人的；同样这么做的，依据第欧根尼，还有 Satyrus 和他的摘录者 Heracleides。他的父亲 Meton（几乎所有的记载都这么称呼他，不同的观点，参见 Karsten, p. 3 以下）似乎在公元前 479 年的驱逐僭主 Thrasidaeus 和建立民主政治的事件上发挥过作用（Diog. xi. 53），并随后成为城邦当中最有影响力的人物之一（vide Diog. viii. 72）。在 Meton 死后，当古老的贵族政体开始死灰复燃，并试图实施暴政时，恩培多克勒不乏严酷地帮助民主政治重获胜利，在言辞和行动上表明自己是个热诚的民众之友。Diog. viii. 63-67, 72 以下和 Plut. *Adv. Col.* 32, 4 p. 1126 告知我们，他拒绝了人们授予他的王位。但他同样逃脱不了成为民众喜怒无常性情的牺牲品的命运，很可能被从阿格里真托流放（Steinhart, 85 认为这是因为他参加了叙拉古与雅典的战争，但正如我们已经看到的，这不是真实发生的事件）到 Peloponnesus。他的敌人成功地阻止了他的回归，他因此最后死在那里（Timaeus, ap. Diog. 71 sq., *ibid.* 67，那里文本中的 *οἰκιζομένου* 应该代之以 *οἰκτιζομένου*，而不是 Steinhart, p. 84 所认为的 *αἰκιζομένου*）。关于他因为从马车上摔下来而死在西西里的说法（Favorin, ap. Diog. 73），并不那么可信。至于他在祭祀宴会上消失的传说（Heracleides ap. Diog. 67 sq.），则无疑就像 Romulus 的类似故事一样，是为了神化哲学家而编造的神话，没有任何历史的依据。出于相反意图要把他看作是自鸣得意的骗子而对这一传说进行的自然解释，则是他跳入 Aetna 火山的著名故事（Hippobotus and Diodorus ap Diog. 69 sq.；Horace, *Ep. ad Pis.* 404 sq.，还有其他许多人，参见 Sturz, p. 123 以下和 Karsten, p. 36），类似的还有 Diog. 74 中 Demetrius 关于他上吊自杀的说法。很可能是为了反驳这种不良报道，Diog. 74，参见 53，一个名叫 Telauges 的人说他是因为年老不慎掉进海里被淹死的。对恩培多克勒的品性的描述在所有关于他的传记中占据很大篇幅。他的性格严肃（亚里士多德《问题集》xxxi. 953a26 说他忧郁）；他的活动涉及各个方面且都取得卓越成就。我们已经提到他的政治功绩。他的语言能力同样不凡，他自己就把他的政治成就归功于此（Timon ap. Diog. viii. 67 称他是“高谈阔论者”；Satyrus, *ibid.* 58 也说他是“高贵的演说家”），这一能力也在他诗作的丰满意象和庄严表达中清楚可见，以至于人们说他受过专业训练。亚里士多德把他看作是第一个教导修辞学的人（Sext. *Math*. vii. 6；Diog. viii. 57，cf. Quintilian iii. 1, 2），而高尔吉亚也被说成是在修辞学上师从他的人（Quintil. *l.c*. Satyrus ap. Diog. 58）。但他自己把他的职业，像毕达哥拉斯、Epimenides 和其他一些人一样，看作是祭司和先知。他自我宣称（v. 24 sq.; 422, 462 Mull）他能妙手回春、呼风唤雨，还能起死回生。在《净化篇》的引言中，他自我吹嘘说他被众人当作神来崇拜；人们总是张灯结彩地欢迎他，一旦他降临，立时就被需要各种帮助的人环绕，或为求乞预言，或为治愈疾病。这些元素在他关于人类学和伦理学的理论中异常显目。古代作家不仅谈及他浑身洋溢的庄严和肃穆（Diog. viii. 56, 70, 73；AElian. *V. H*. xii. 32；Tertull. *De Pall*. C 4；Suid. *Ἐμπεδοκλ.*；Karsten, p. 30 sq.），谈及人们对他的极大崇敬（Diog. viii. 66, 70），也谈到他创造的诸多奇迹，如在毕达哥拉斯那里那样。他阻止了风暴进入阿格里真托（Timaeus ap. Diog. viii. 60；Plut. *Curios*. i. p. 515；*Adv. Col*. 32, 4, p. 1126；Clemens, *Strom*. vi. 630 C；Suid. *Ἐμπεδ. δορᾶ.*；Hesych. *κωλυσανέμας*；cf. Karsten, p. 21；cf. Philostr. *V. Apollon*. viii. 7, 28），但蒂迈欧和普鲁塔克对这件事的说法不一样。最初的说法无疑是蒂迈欧的奇迹般的描述，据此，风暴被巫术囚禁在管子里，就像在荷马风神（Aeolus）那里那样。普鲁塔克则对这一奇事给出了一个自然的解释，但这个解释比 Lommatzsch, p. 25 和 Karsten, p. 21 的说法更为荒谬：恩培多克勒拉开驴皮罩住了风口。我们还听到他通过改变河流的方向消除了 Selinuntians 的瘟疫（Diog. viii. 70；Karsten, 21 sq.）；让一个明显死去、尸体都僵硬很久的死人复活（Heracleid, ap. Diog. viii. 61, 67 和其他一些人；Hermippus, ibid. 69 的说法听起来更平常些。进一步的细节，在 Karsten, p. 23 以下；对 Heracleid 著作的评述，参见 Stein, p. 10）；用音乐手段阻止一个疯子自杀（Iambl. *V. Pyth*. 113 和在 Karsten, p. 26 中的其他一些人）。这些故事有多少历史的依据，现在已经无从考证。第一和第三个故事是可疑的，似乎只来源于恩培多克勒的诗篇；第二故事谈到的对河流的改善，可能暗指卡斯滕描述的故事，据此，故事里的河神不过是 Selinus 城的象征。恩培多克勒自己的著作表明他相信自己具有巫术的力量；依据 Satyrus, ap. Diog. viii. 59，高尔吉亚声称自己亲眼目睹他实施巫术。从 Plin. *H. N*. xxxvi. 27, 202、Galen. *Therap. Meth*. c. 1, B. x. 6, Kuhn 引述的他的话来看，他同样践行医术，而医术当时普遍与巫术和祭司技艺相联。谈及恩培多克勒的老师的文献后面会被提到。归属于他的著作在内容上多种多样，但有许多是否真的属于他还有疑问。Diog. viii. 57 以下的说法——他写过不少于 43 篇的悲剧——无疑依据的是 Hieronymus 和涅安塞斯，而不是亚里士多德。Hercleides 认为悲剧为另一个人所做，这个人，按照 Suid. *Ἐμπεδ.* 的说法，很可能是他的同名祖父；这一猜测具有极大的可能性，参见 Stein. p, 5 以下对 Karsten, 63 sqq., 519 的反对。他正确地认为 Diog. viii. 61 和 65 两处的妙语是伪造的，对第欧根尼从中引述了给毕达哥拉斯之子 Telauges 的一封信的诗篇或诗歌（ibid. p. 17），可以说同样的话。Diog. 57 归属于他的 *πολιτικὰ* 和悲剧，很可能不是独立的著作（尽管第欧根尼似乎这样认为），而是另一本著作的一个小部分；因此，它们不可能是名副其实的，必然和赫拉克利特著作的所谓政治部分同属一类范畴。关于恩培多克勒以散文的形式写过 *ἰατρικὰ* 的说法（Diog. 77，Suid. Diog. 60 说的与此并不相关），依据 Suidas（*καταλογάδην*），很可能相关于某本伪作，或出于对本来指涉他自然哲学的医学部分的一则信息的误

推动力量

赫拉克利特剥夺了实在的所有持存性；巴门尼德则相反，否认生成
118 与消逝、运动与变化；恩培多克勒开辟了一条中间道路。一方面，他站
119 120 在巴门尼德一边，认为严格意义上的生成和毁灭，也即原始实在的性质
121 变化，是不可想象的；但另一方面，他又不完全抛弃这种观点；他不仅
承认具体事物自身会有生灭和变化，而且相信世界处于持续的变化之
中。因此，他不得不把这些现象还原为位置性的运动，还原为原初的、
不灭的和性质上保持不变的实在的结合与分离；而为了解释事物多样
性，这种实在还必须是在构成上不同的多个。从我们部分于他自己的话
122 语，部分于古代作家的记载所知，这就是恩培多克勒关于本原问题的理
论的最基本观念。

如果我们看到一个新事物的产生，我们一般会认为它是一个之前并不存在的事物；如果我们看到一个事物的毁灭，那我们会想这个事物不复存在了。[1]但在这个方面恩培多克勒追随巴门尼德，把这种观念看作是矛盾的。一个事物从无中而来，或最后变成无，对他来说是同样不可能的。他与他的前辈一起问道，从哪里可以给实在整体加上新东西，存在的东西会变成什么？哪里也没有使实在消失的虚空，无论它变成

解，参见 Stein, p. 7 以下（至于其他意见，参见 Mullach, *De Emped. Proaemil*, p. 21 sq. *Fragm*. i. xxv.）。按照 Diog. viii. 57 的说法，Hieronymus 或亚里士多德接受之，他的两篇诗歌，一篇是献给阿波罗的颂歌，一篇是关于薛西斯军队的，在他死后就被毁掉了。说恩培多克勒写过演说辞或修辞学指南，得不到古代记载的支持，参见 Stein, 8 和 Karsten, 61 以下。最后只有两本无疑真实的著作留传至今，*φυσικὰ* 和 *καθαρμοί*；它们是独立的著作，如卡斯滕（p. 70）和其他一些人认为的那样，这一点已得到 Stein 的最后证实。*φυσικὰ* 一书在更晚时期被分成三本（vide Karsten, p. 37），但作者自身似乎没有做这种划分的意图。关于古代人对恩培多克勒诗歌的证言和意见，参见 Karsten, p. 74 以下和 57 以下。Sturz、卡斯滕、Mullach 和 Stein 收集了恩培多克勒的残篇，前三个人还对它们进行了评注。（我从 Stein 那里引用，但加上了卡斯滕和 Mullach 给出的诗句编目。）

1 V. 40（342, 108 M）以下；特别参见 V. 45 以下。

什么，总有事物再次从它那里出来。[1] 因此，对我们显得是生成和毁灭
的并不真的是生成和毁灭；事实上只有结合与分离。[2] 我们称作生成的， 123
是实在的结合；我们称作是毁灭的，是实在的分离，[3] 尽管在日常语言中 124

---

1 V. 48（81，102M）。V. 90（117，93M）。V. 91（119K；166，94 M）。V. 51（350，116 M）。

2 V. 36（77，98 M）。参见亚里士多德《形而上学》i. 3，984a8。《论生成和毁灭》ii. 6；ii. 7，334a26：在恩培多克勒那里元素的混合是“一种就像墙壁由砖石构成一样的组合”。

3 “生”不过是构成事物的实在的结合，“死”不过是它们的分离；这一点不仅得到恩培多克勒自己，也得到我们的许多权威文献的经常肯定。Cf. V. 69（96，70 M）。（这里我保留了 *ἀκινητὶ*，有些人把它读作 *ἀκίνητα*，这与 MSS. 差别太大，另一些读作 *ἀκίνητον*，而这从许多方面看不是很有可能；这里的问题是，MSS. 涉及亚里士多德和辛普里丘时一直使用的 *ἀκίνητοι*，是否在这里不是真实的读法，阳性的 *οἱ θνητοὶ* 是否是这个命题以及 V. 54 中 *βροτοὶ* 的主词）。这可从有关友爱和仇恨的理论那里得到支持（参见下文），因为恩培多克勒从构成物质结合的基本动力的友爱中派生“生成”，从仇恨派生万物的毁灭；恰如亚里士多德《形而上学》iii. 4，1000a24 以下所说的那样。因此，很难怀疑恩培多克勒把生成当作是 *μῖξις*，把死或消逝当作是 *διάλλαξις*。但是，在一段话中，他似乎从每一个动力因——即从结合也从分离——同时派生 *γένεσις* 和 *ἀπόλειψις* 两者：V. 61（87，62 M）以下，及随后的 V. 69 以下。我不能同意卡斯滕，依据我们的辛普里丘文本，在 V. 63 中用 *τοιήδε* 取代 *δοιηδὲ*、用 *αὔξει* 取代 *ὀλέκει*、用 *θρυφθεῖσα* 取代 *θρεφθεῖσα* 的作法，因为这样的话变化就太大了，整个诗句的丰富蕴含也被削弱了。Panzerbieter，*Beitr*. 7 以下、Steinhart, p. 94 及 Stein, *ad h.l.* 对这段话如下的解释则几乎得不到证实：事物不仅产生于物质的结合，也产生于它们的分离，因为作为分离的结果，新的结合出现了；相似的，事物的毁灭，不仅仅通过它们的分离，也通过它们的结合；因为每一个物质的新结合就是先前结合的毁灭。这一说法自身并不是没有可能，但它与恩培多克勒的观点冲突（就现在能够清晰所知的），因为他只通过物质的结合来解释生，只通过它们的分离来解释死。如果在另一种情况下，他会断言每一结合同时也是分离，反之亦然，那么依据柏拉图《智者》242D 以下（参见第 461 页注释 1），*διαφερόμενον αὑτῷ ξυμφέρεται*（分离者在其自身结合）构成了赫拉克利特的学说区别于恩培多克勒的学说的独特性，就会因此同等地属于恩培多克勒；另外，亚里士多德批评于他的矛盾（参见第 531 页注释 1）——友爱在结合的同时也在分离，仇恨在分离的同时也在结合——就不会存在，因为这恰是依据友爱和仇恨的本质会发生的事。这几句诗的上下文似乎要求于不同的解释，因为正如 V. 60-62 和 V. 66-68 并不直接指涉个体而是指涉宇宙及其状态一样，中间的诗句必然同样是这种指涉。*πάντων σύνοδος* 的表达同样支持这种说法，因为它紧密地对应于 V. 76 的 *συνερχόμεν᾽ εἰς ἓν ἅπαντα*，V. 116（142，151 M）的 *συνερχόμεν᾽ εἰς ἕνα κόσμον* 和 V. 173（169，193 M）的 *πάντα σινέρχεται ἓν μόνον εἶναι*，这允许我们用另一种不同的方式来解释它。因此，V. 63 以下的意思是：“可朽的产生于不朽的元素（参见下文，V. 182），部分表现在事物从天球的产生，部分表现在它们对它的

对它们的称呼不同。[1] 因此，所有事物都处于生成和毁灭之中，但这只
125 是就事物从一变成多，或从多变成一而言，就基本实在于这一位置变化
中维系着自身存在和独特本性而言，就它在变化保持着不变而言。[2]
126 万物由四种不同的实在构成：土、水、气和火。[3] 恩培多克勒被看

回归；但在这两种情况下，它同时也是毁灭，或者是通过随后的结合，或者是通过随后的分离。”参见 Sturz, p. 260 以下和 Karsten, 403 以下。更晚作家对恩培多克勒的分离和结合理论的评述，没有告诉我们任何新东西。

1 参见第 521 页注释 2 和 V. 40（342，108 M）。

2 V. 69 以下，参见第 521 页注释 3。V. 72 中的话允许双重解释。或者是：“就这一变化永远不会停止而言”或者是“就它在变化中永远不会消失而言”，从含义和背景看，我认为第二个解释更恰当。由于原始物质的这种不可改变性，亚里士多德《论天》iii. 7 一开始把恩培多克勒和德谟克利特放在一起批评说：“因此恩培多克勒和德谟克利特的那些追随者们没有注意到他们自己不是从彼此（按，诸元素）造成生成，而是好像是生成；因为他们说，内在的每一个元素被分离出来，就像是生成出自于容器中，而不是出自某种物质，但不发生变化。”同样参见亚里士多德《论麦里梭、克塞诺芬尼和高尔吉亚》c. 2, 975a36 以下以及第 521 页注释 2 的引文。因此，当 Simp. *De Caelo*, 68 b. Ald. 把如下赫拉克利特式命题“不是某一个神、也不是某一个人创造了这个宇宙，而是它永远存在”归属于恩培多克勒时，真实的文本（首先附于 Peyron, *Emp. et Parm. Fragm.*；现在在 p. 132 b, 28 K.; *Schol. in Arist.* 487 b, 43）表明，这是在把来自于 Aldus 文本的拉丁语重新转译为希腊语时，把名字搞混了。

3 V. 33（55，159 M）。关于这个诗句的文本和含义的诸多推测可以在卡斯滕和 Mullach *in h.l.*、Schneidewin, *Philologus*, vi, 155 以下、Van Ten Brink, *ibid.* 731 以下中被找到。火也被称作是 *Ἥφαιστος*；Van Ten Brink 相信，依据 Heyne，Nestis 被说成是西西里人的水神，就等于 Proserpine（另一方面则参见 Krische, *Forsch.* i. 128）。很清楚，赫拉并不像 Diog. viii. 76、Heracl., Pont. *Alleg. Hom.* 24, p. 52、Probus in *Virg. Ecl.* vi. 3、Athenagoras, *Suppl.* c. 22 和 Hippol. *Refut.* vii. 79, p. 384 所认为的那样（很可能因为 *φερέσβιος*〔带来生命、食物的〕）意指土（Stob. i. 288 和 Krische, i. 126 通过轻微改变用词避免了这个错误）。赫拉当然意指气，我们甚至不用像 Schneidewin 那样用 *φερέσβιος* 来指称 *Ἀϊδωνεὺς*（哈得斯），因为它完全适用于表达气。除了神话命名外，我们还可以在以下诗句中找到对四元素的称呼：V. 78（105，60M）：*πῦρ*, *ὕδωρ*, *γῆ*, *αἰθήρ*；V. 211（151，278M）.*ὕδωρ*, *γῆ*, *αἰθηρ*, *ἥλιος*；V. 215（209，282M）：*χθὼν*, *ὄμβρος*, *αἰθὴρ*, *πῦρ*；V. 96（124，120M）以下很可能是：*ἥλιος*, *αἰθὴρ*, *ὄμβρος*, *αἶα*；V. 377（16，32M）：*αἰθὴρ*, *πόντος*, *χθὼν*, *ἥλιος*；V. 187（327，263M）：*ἠλέκτωρ*, *χθὼν*, *οὐρανὸς*, *θάλασσα*；V. 198（211，211M）：*χθὼν*, *Νῆστις*, *Ἥφαιστος*；V. 203（215，206M）*χθὼν*, *Ἥφαιστος*, *ὄμβορς*, *αἰθήρ*。我不能同意 Steinhart 的如下推测（*l.c.* 93）：恩培多克勒用这各式各样的名称是为了表明原始元素与感官能感知的水火土气的区别。V. 89（116, 92M）说四种原始元素在其自身当中包含一切物质；这一物质既不增添也不删减，*καὶ πρὸς τοῖς οὔτ᾽ ἄλλο τι*（这是 Mull. 的读法，但文本自身是残破的，任何修复都是非常不确定

作是第一个明确肯定这四种元素的人，[1]而就我们所知，他的前辈们也会倾向于支持这一说法。不过更早的哲学家尽管承认有万物由之生成的原始实在，但这些原始实在都缺乏一种独特的性质，而正是这种性质才使它们成为恩培多克勒意义上的元素：这就是元素的性质不变性，这使得元素只剩下空间上的结合与分离这种可能性。更早的哲学家同样熟知被恩培多克勒称作为元素的这些实在，但他们并不把它们列为基本实在以区别于所有其他事物；他们中的绝大多数仍然认为原始实在只是一。只有巴门尼德在他的诗篇的第二部分认为有两种原始实在，但没有人会认为有四种；至于最初被产生的实在，除了费瑞库德斯（Pherecydes）和 127
阿那克西美尼的无体系的列举外，我们在赫拉克利特那里发现有三种，菲洛劳斯（Philolaus）那里有五种（很可能已经与恩培多克勒有所联系），阿那克西曼德那里有热和冷两种对立范畴。不管是从恩培多克勒的残篇还是从古代的记载看，我们都找不到他把元素的数目界定为四的原因。乍看起来，他得到这个结论的方式与其他哲学家得到他们结论的方式没什么两样，即通过观察相信现象能够通过这种方式得到最为简单的解释。但他的理论确实在先前哲学中已经有所预示。我们都知道毕达哥拉斯学派对数字四有极高的评价。但我们不能过高估计它对恩培多克勒可能产生的影响，因为他的自然哲学少有毕达哥拉斯主义的东西，而毕达哥拉斯学派即使是在它的元素物体的理论中，追随的也是其他的观念。恩培多克勒的元素有三种分别是泰勒斯、阿那克西美尼和赫拉克利特的原始实在，第四种与克塞诺芬尼和巴门尼德有关。赫拉克利特谈到三种元素物体；它对恩培多克勒的影响是我们现在要考察的。如果液态流动的元素和蒸气元素，即水和气，以日常的方式相互区别的话，如果

的）*γίγνεται οὐδ᾽ ἀπολήγει*。

1　亚里士多德《形而上学》i. 4, 985a31，参见 c. 7, 988a20；《论生成和毁灭》ii. 1, 328b33 以下。参考 Karsten, 334。几乎一眼就能看出，*στοιχεῖον* 一词不是恩培多克勒式的。柏拉图被看作是最初把它引入科学语言的人（Eudemus ap. Simpl. *Phys*. 2, a；Favorin. ap. Diog. iii. 24）。亚里士多德发现它已经流行开来，如我们从表达 *τὰ καλούμενα στοιχεῖα*（所谓的诸元素）可以看到的（cf. Part. ii. b, 336, 2nd ed.）。

128 被赫拉克利特看作是至高元素的部分的干的蒸气被看作是气的话，那么赫拉克利特承认的物体的三种基本形式很容易演变成恩培多克勒的元素。[1] 赫拉克利特的三元素理论似乎以这种方式出自为阿那克西曼德阐述并为巴门尼德随后坚持的理论：后者强调热和冷的基本对立，而赫拉克利特在它们之间引入一个中间状态。另一方面，菲洛劳斯的五种元素物体的理论，则代表着在几何学和宇宙论基础上发展了的恩培多克勒四元素理论。因此，恩培多克勒的元素理论似乎构成从阿那克西曼德到菲洛劳斯的理论持续发展的一个阶段，在其中，元素的数量不断地增加着。另外，尽管恩培多克勒宣称四元素的原初平等，但正如亚里士多德所说，他事实上仍把它们还原为两个；因为他把火置于一边，把其他三个元素共同置于另一边；这样的话，他的四分实际上就来源于巴门尼德
129 的二分。[2] 但即便如此，当后来作家断言他的出发点就是热和冷的对立，或稀疏和凝聚的对立，甚或于干和湿的对立时，[3] 他们仍然只是在做自己的推论，得不到恩培多克勒的支持，他的著作不仅没有这样的表述，也不在任何地方有明显的这种指向；说在宇宙的形成过程中两个低等元素是质料而两个高等元素提供动力，[4] 则更非他自己的观念。

---

1 亚里士多德也提到三元素的理论：火、气和土（《论生成和毁灭》ii. 1, 329a1）。Philop. *in h. l.* p. 46 b 把这一理论归属于诗人伊翁：伊索克拉底（*π. ἀντιδός*. 268）也确实这样说到他，“伊翁（说存在者是）由三元素而不是很多元素构成”。类似的还有 Harpocrat. *Ἴων*.。这一理论可能确实是伊翁的，即使（如 Bonitz, *Ind. Arist*. 821 b, 40 和 Prantl. *Arist. Werke*, ii. 505 评论的那样）亚里士多德的话可能并不相关于伊翁，而是涉及柏拉图式的“划分”（Part ii. a, 380, 4, 3rd edition），据此，一个中间体首先区别于火和土，然后被划分成水和气。伊翁可能从赫拉克利特那里借来了他的三元素；他不可能对恩培多克勒有影响，因为他似乎更为年轻。

2 《形而上学》i. 4, 985a31。《论生成和毁灭》ii. 3, 330b19。

3 参见 Alexander、Themistius、Philoponus、辛普里丘和斯托拜乌，在 Karsten, 340 以下相关段落。

4 在 Hippol. *Refut*. vii. 29, p. 384 中恩培多克勒认为四元素“两个是物质性的，土和水，两个是工具性的，凭借它们物质得以安排和变化，火和气，两个是作用者，……仇恨和友爱”，这一点随后又得到重申。当这同一个作者在 i. 4 中指出（在 Cedren. *Synops*. i. 157 B 被重述）——很可能取自一个斯多亚主义或新毕达哥拉斯主义文本：“他说万物的本原是仇恨和友爱；属于单一体的理智的火就是神，万物由火构成，并且复归于火”，恩培多克勒的理论就受到更为明确的误解。另一方面，Karsten, p. 343

因此，这四种基本实在作为元素，必然是原初的；它们都是非派生的和不灭的。它们每一个都由性质相同的部分构成，而且在不改变它们的本性的情况下，会经历借助事物的可变性而被带入进去的各种结合。[1] 它们在质量上也是相等的，[2] 尽管它们以非常不同的比例结合成具 130
体事物，且并不都包含在每一个具体事物之中。[3] 但它们借以区分彼此的独特性质，以及它们在宇宙结构中的位置，似乎并没有得到恩培多克勒的明确界定。他把火描述为热的和明亮的；把气描述为流动的和透明的；把水描述为昏暗的和冷的；把土描述为重的和硬的。[4] 他有时赋予土自然向下运动，火自然向上运动；[5] 但他在这个问题上的表述并不总是一

的说法：依据 Hippolytus，恩培多克勒把火和水分别当作是主动和被动原理让它们彼此对立，也是错误的。

1　V. 87（114，88M）。V. 89，参见第 523 页注释 3；V. 104（132，128M）。参见第 521 页注释 1。也参见 V. 90 以下和 69 以下(参见第 521 页注释 1 和第 521 页注释 3)；亚里士多德《形而上学》i. 3（参见第 521 页注释 2），iii. 4, 1000b17；《论生成和毁灭》ii. 1; ii. 6, *ibid*. i. 1, 314a24（参见《论天》iii. 3, 302a2 和 Simpl. *De Caelo*, 269 b, 38; *Schol*. 513 b）；《论天》iii. 7（参见第 523 页注释 2）；《论麦里梭、克塞诺芬尼和高尔吉亚》，c. 2, 975a 和其他一些在 Sturz, 152 以下，176 以下，186 以下和 Karsten, 336, 403, 406 以下等段落中。

2　这无论如何能得到刚才引用的诗句中的 *ἶσα πάντα*（一切相等）支持，它在语法上既可以和 *ἡλίκα*（同样大的）放在一起，也可以和（相同起源的）*γένναν*（后代）相联。亚里士多德《论生成和毁灭》ii. 6 以下问道，这一相等是指数量上的还是指能力上的？恩培多克勒无疑未对它们做出区分。他同辛普里丘在 *Phys*. 34 a 中一样少地把它与 *γένναν* 相联。

3　参见 V. 119（154，134 M）以下，（除了我们谈到的混合中原始元素的比例之外）那里把不同事物中物质的混合类比于颜色的混合，画家借此在画中重现这些事物："以和谐的方式混合这些多一些，另一些少一些"。Brandis, p. 227 由于 V. 129 中一个错误标点（在后来编纂者那里得到修正），在这些诗句中发现一个既与恩培多克勒的著作也与他的立场格格不入的意思：所有可朽之物都以神作为原因，正如技艺作品存在于技艺家的头脑当中一样。

4　V. 96（124，120 M）以下，但它在传统文本中受到严重损坏。被修复的 V. 99，尽管这一修复并不令人满意，很可能以这样的词句开头：*αἰθέρα θ' ὡς χεῖται*（在流动的气）。亚里士多德《论生成和毁灭》i. 315b20 和 Plut. *Prim. Frig*. 9, 1, p. 948 中的说法来自于这里；但另一方面，亚里士多德在《论呼吸》c. 14, 477b4（*θερμὸν γὰρ εἶναι τὸ ὑγρὸν ἧττον τοῦ ἀέρος*）（"因为水比气更少温暖"）中似乎提到了随后的某段话，它如今在诗篇中已经佚失了。

5　参见第 533 页注释 6。

131 致。[1]但是在这里没有什么超出最直接的观察之上。柏拉图和亚里士多德是首先把元素的性质简化为确定的基本分类并赋予每一元素自然位置的人。

132 即便没有亚里士多德的证词[2]也会非常明显的是，恩培多克勒的四

---

1 我们后面会发现相关例证。参见 Plut. *Plac*. ii.7, 6 和 Ach. Tat. *in Arat*. c, 4 末；这些资料很可能依据同一来源宣称，恩培多克勒没有给元素规定明确的位置，而只是认定每一元素都有能力占据其他元素的位置。亚里士多德《论生成和毁灭》iv. 2, 309a19 说：恩培多克勒像阿那克萨戈拉一样，没有对物体的重和轻给出解释。

2 《论生成和毁灭》i. 8,325b19（《论天》iii. 6, 305a 和 Lucretius, i. 746 以下否认恩培多克勒持有原子理论）。如果亚里士多德真的说了里特尔（*Gesch, d. Phil*. i. 533 sq.）认为他说了的话，即所有四种元素都完全是从同一个本质中派生出来的，这个作为所有差异的基础的同一本质，确切地说，就是 *φιλία*（友爱），那么亚里士多德就在自相矛盾。但这个说法是错误的。亚里士多德（《论生成和毁灭》i. 1, 315a3）说的是恩培多克勒的自相矛盾："因为他没有说这些元素彼此生成，而是其他一切从它们生成，但同时，当他把除了仇恨外的所有本质混合成一时，他又让每一个东西再次从一生成。"非常清楚它的意思只能是：恩培多克勒自己完全否认四元素会产生于另外的事物；但他关于天球的理论间接承认了它们具有这样一种起源，尽管他自己没有意识到；因为如果关于在天球中所有事物统一的理论被严格接受，那么元素间的性质差别必然消失了；结果是，当元素从天球中再产生出来时，它们必然通过同类实在的聚集以新的形式出现。这里亚里士多德并不是在把一个会与他其余理论矛盾的观点归属于恩培多克勒，而是在通过一个并不来自于恩培多克勒的推论来反驳他。《形而上学》iii. 1, 4 的说法也不能表明亚里士多德在把一个元素由之产生的统一本质称作是 *φιλία*。在《形而上学》iii. 1, 996a4 中，他问道："究竟一和存在，根据毕达哥拉斯学派和柏拉图曾经说过的，不是别的什么而是存在者的实体呢，抑或不是存在者实在，而是别的什么，如恩培多克勒说的友爱，或另一人说的火，又一些人说的火或气。"这里亚里士多德并不是在依据 *φιλία* 谈论四元素的原始物质，而是把 *φιλία*（它作为统一的原则，以限定原则被称作 *πέρας*、形式原则被称作 *εἶδος* 的相同方式，被亚里士多德称作"一"）纯粹作为一个例子来表明，"一"的概念不仅可以像在柏拉图和毕达哥拉斯主义者那里那样被用作主体，也可以被用作谓述；这段话对 *φιλία* 所说的不过是：*φιλία* 作为主体不是统一（Unity），而是把统一当作谓述从属于自身的主体。c. 4 也是如此，那里说着相同联系和含义的话：柏拉图和毕达哥拉斯主义者认为统一是"一"（the One）的本质，"是"（Being）是存在的本质；因此存在不区别于"是"，一不区别于统一：*οἱ δὲ περὶ φύσεως οἷον Ἐμπεδοκλῆς ὡς εἰς γνωριμώτερον ἀνάγων λέγει ὅ τι τὸ ἓν ὂν ἐστὶν ἓν ὄν*（那些研究自然的人例如恩培多克勒似乎在诉诸更为简单的东西，他说那个是一的东西就是一个存在）（如果 *ἓν ὂν* 被看作是一个概念——"那个是一的东西"——的话，文本必然是这样的；否则的话，它就必须像 Karsten, *Emp*. p. 318、Brandis、Bonitz、Schwegler 和 Bongi *in h. l.* 从 Cod. *Ab.* 接受的那样被读作：*ὅ τί ποτε τὸ ἕν ἐστιν*）*δόξειε γὰρ ἂν λέγειν τοῦτο τὴν φιλίαν εἶναι*（因为他似乎会说这就是友爱）。因此，

元素不会是从其他更为原始的元素中派生出来的东西。因此，当更晚作家声称他把原子看作是先于元素并自身构成元素的东西时，[1]就明显对他的理论进行了错误理解。[2]但从某个方面看，他的理论可能导致这种观念。因为，依据他的说法，原始实在不会遭受任何性质变化，只能被机械性地联结在一起；甚至它们的化学结合也必须被还原为机械性的。实在的混合只能通过一个物体的微粒进入它与其他物体部分间的空隙的方式产生。因此，多个实在之间的完美结合就只是原子的聚集，它们的元 133
素本性在这个过程中并不发生改变：这就不是原子确实地混合成新的实在。[3]当一个物体从另一个物体中产生出来时，物体间的变化并没有发生，而只是已经作为这些确定实在的物质不再和其他的物质混合在一起。[4]但是，由于所有的变化都由结合和分离构成，当两个物体由于它们各自的实在本质而明显分开时，它们之间的相互作用就只能通过这样的假设来解释：不可见的微粒从一个物体中分离出来，进入了另一个物体的孔道。一个物体的孔道越是与另一个物体的微粒和流射相符，它就越是容易受到后者的影响，越是能够与之混合。[5]依据恩培多克勒的理

亚里士多德在这个要点上的说法并不自相矛盾；相反，里特尔对他关于恩培多克勒的言论的大部分指责，仔细分析都是毫无依据的。

1 依据我们刚才所说的，像 Petersen, *Philol. –Hist. Stud.* 26 那样认为，天球是最初的，而四元素由它产生出来，同样是不适当的。

2 Plut. *Plac.* i. 13。除了最后几个词之外，Stob. *Ecl.* i. 341 中有同样话（对此参见 Sturz, 153 以下）。类似的还有 *Plac.* i. 17（Stob. 368 和 Galen. c. 10, p. 258 K）。

3 从后面的话来看(vide Part iii. a, 115. 2, 2nd ed.)，所有的混合都是 *παράθεσις*(连接)；就像不存在着 *κρᾶσις δὶ ὅλων*(出自全体的混合）一样，也不会有 *σύγχυσις*(结合)。

4 亚里士多德《论天》iii. 7（参见第 522 页注释 2），评注者们所加的（在 Karsten, 404 以下）没有任何重要的东西。

5 亚里士多德《论生成和毁灭》i. 8（如后面所说，他们不仅解释了个别现象，而且关联着空的间隙解释了物体的形成和变化）。Philop. *in h. l.* sq. 35 b 和 *Gen. Anim.* 59 a（这两段话都出现在 Sturz, p. 344 以下中）没有给出更多的东西，因为 *Gen. Anim.* 关于恩培多克勒称“充实”（the full）为 *ναστὰ*（致密）的陈述，混淆了他和德谟克利特(参见以下论原子论者)。另一方面，亚里士多德的阐述得到了柏拉图《美诺》76C 的显著支持，颜色据此这样被界定：“同视力相匹配的、可感的形状的流射”。参见 Theophr. *De Sensu*, 12。我们的残篇 V. 189 与此主题相关，相关的特别还有 V. 281（267，337 M)；V. 267（253，323 M)；V. 282（268，338)；V. 284（272，340 M)；

134 论，当两个物体相像时，情况越是显著如此；因此，他说，类型相似的
和容易混合的，彼此友爱；相像之物彼此相求；反之，那些不能混合的
135 彼此敌对。[1] 这整个理论与原子论者的紧密相联。不可见的细小微粒取
代了原子的位置，孔道取代了虚空的位置。原子论者在物体中看到被虚
空间隙分隔的原子聚集；恩培多克勒看到的是彼此间存在入口的微粒聚
集。[2] 原子论者把物体的化学变化还原为原子的更替；恩培多克勒把它
们还原为物质微粒的更替，它们在不同的结合中像原子一样保持着性质
136 的不变。[3] 恩培多克勒自身却从未承认虚空 [4] 或原子 [5] 的存在，尽管他的
理论必然在逻辑上会导致对它们的承认。[6] 我们也不能把这样的观念明
确地归属于他：原始实在由极为细小的微粒构成，因此它们自身还能够

V. 286（274，342 M）。

1 V. 186（326，262 M）；亚里士多德《尼各马可伦理学》viii. 2, 1155b7；参见前文注释。《欧德谟伦理学》vii. 1, 1235a9（《大伦理学》ii. 11, 1208b11）。柏拉图《吕西篇》214B：在自然哲学家的著作中我们读到："类似必然总是热爱于类似"。恩培多克勒在磁石对铁的吸引中找到这一选择性亲合的例证。他认为在磁石的流射进入铁的孔道之后，阻塞它们的气被排空了，铁的强力流射接着进入磁石的对称孔道，这样磁石就把铁拉向自身并牢牢地吸住它。Alex. Aphr. *Quaest. Nat*. ii. 23。

2 至于这些入口完全是空的，还是充满着某些的实在，特别是气，恩培多克勒似乎从未进行过探究。Philoponus, *Gen. et Corr.* 40 a, b 认为他与原子论者相反对持有第二种观念，但这不是可信的说法。依据亚里士多德《论生成和毁灭》i. 8, 326b615，我们必然能够说（尽管有前文相关磁石所引说法），恩培多克勒从未在这一点上形成一般规定；因为他拒绝在以上两个前提的基础上理解孔道理论。

3 亚里士多德《论生成和毁灭》ii. 7, 334a26；《论天》iii. 7（参见第 522 页注释 2）；Galen *in Hippocr. De Nat. Hom*. i. 2, end, T. xv. 32 K.。*Ibid*. c. 12, sub init. 49：依据恩培多克勒，事物由四元素构成，"不是相互混合，而是按照微小的部分并列和靠拢"。希波克拉底是第一个教导元素混合理论的人。因此，亚里士多德在《论生成和毁灭》当中针对多个元素性物体使用了这样的表述："它们的堆积起来的大小"，而 Plut. *Plac*. i. 24（Stob. i. 414）把恩培多克勒、阿那克萨戈拉、德谟克利特和伊壁鸠鲁放在一起这样说道："他们引入了结合和分离，生成和消灭不是首要的；因为不是按照性质根据变化，而是按照数量根据聚集生成万物"。

4 参考 V. 91，参见第 521 页注释 1；亚里士多德《论天》iv. 2, 309a19。Theophr. *De Sensu*. § 13；Lucretius, i. 742 没有提到其他复述了这一诗句的晚期作家，例如 Plut. *Plac*. i. 18。

5 参见第 527 页注释 4 所引文字。

6 参见亚里士多德《论生成和毁灭》i. 1, 325b5。同上书 326b6 以下。

进一步细分，尽管这种细分从未真的发生。[1]但这一观念似乎实际上为对称孔道理论所必需，因为如果这些实在可被无限划分，那么就不会有什么孔道小得不足以让任意的一个实在进入。因此，所有实在之间必然都能够相互混合。但是，正如恩培多克勒在虚空问题上存在着不一致一样，他在最小微粒的问题上同样如此。亚里士多德告诉我们，他没有听说过这位哲学家在这个问题上有明确的说法。我们或许可以推测，他从未没有注意到这一点，而是满足于孔道、实在的进入这样不确定的观念，并未对导致物体选择性亲合的原因做进一步的研究。

但通过物质性的元素来解释事物只是问题的一个方面。当实在以某种特定的方式和特定的比例相互结合时，确定的现象会得以产生；但它们结合与分离的依据何在？换言之，他们的动力因是什么？恩培多克勒 137
不能回避这个问题，因为他的主要目标是要使生成和变化能够得到理解。另一方面，他又不能在物质当中寻找动力因，因为在把巴门尼德的存在概念转变成原始元素时，他只能把这些元素看作是不可变的实在，它们不能像赫拉克利特和阿那克西美尼的原始物质那样，由其自身固有的力量改变自我形态。尽管为了使事物的变化成为可能，他必须允许它们做位置上的运动，但是那个推动它们进入结合的动力，并不存在于它们当中，是它们出于自我存在和本性还无法触及的东西。恩培多克勒从未教导说元素具有灵魂，尽管有人把这一理论归属于他。[2]因此，问

1　亚里士多德《论天》iii. 6, 305a1。

2　亚里士多德在《论灵魂》i. 2, 404b8 中说："那些关注认识和感知存在者的人们说灵魂是本原，一些人认为灵魂是众多的，而另一些人则认为灵魂是单一的，正像恩培多克勒根据万物的元素，认为它们每一个都是灵魂。"但他在这里对恩培多克勒所说的，不过是他依据那个著名诗句所做的自己的推论；亚里士多德给我们的这一点显然在下面的话中能够得到理解："他说'通过土我们看到土'"。非常清楚的是，这些诗句并没有声称，不同的实在都是自身有生命的，而只是在说，它们在人那里是灵魂活动的原因。进一步的观察会发现，即使这前一种观念可从后一观念中推论出来，我们也没有理由就认为恩培多克勒自己得出了这一推论，或相信他会持有这样一种会改变他理论体系的总体特征并导致他的两动因观念多余的理论。它更得不到亚里士多德《论生成和毁灭》ii. 6 结尾的支持，因为亚里士多德在那里所做的不过是对恩培多克勒的批评："如果灵魂是由诸元素构成的或者是其中之一，这都是不可

138 题就在于要把推动力量和物质区分开来，而恩培多克勒是第一个接受这一区分的哲学家。[1] 单一的推动力量对他来说仍然不够；他感到有必要把生成的两种运动——结合和分离、生成和毁灭——还原为两种不同的动力。[2] 跟在原始实在理论那里的情况一样，这里他再次从诸多原始不同的实在中派生出事物的不同性质和状态，它们依据巴门尼德的存在概念，每一个都具有同一的不变本质。在恩培多克勒的表述中，这两种动力被人格化为“友爱”（Love）和“仇恨”（Hate）；另一方面，他又把它们看作是物质性的实在，被结合在事物之中：这不只是他表达的“形式”问题，而是对他来说力量的“观念”还不清晰；他既没有把它与神话式的个体、也没有把它与物质性的元素区别开。它的独特意义只在于解释万物遭受变化的原因。友爱使实在混合联结，仇恨使实在斗争分离。[3] 但正如亚

能的，……如果灵魂是火，那么火作为火的那些性状便属于它；如果是混合的，那么就是物体性的东西属于它”。第 528 页注释 2 所引文字同样不能对元素的生命本质有所证明。元素也被称作诸神（亚里士多德《论生成和毁灭》ii. 6, 333b21；Stob. *Ecl*. i. 60，sup. Vol. i, 612, n.；Cic. *N. D*. i. 12, sub init.），于此无关紧要；因为这一说法无疑纯粹依据它们的神话命名（参见第 523 页注释 3），对 V. 254（239，310 M）中的“*δαίμων*”（神灵）也可以说同样的话。

1　如果不考虑我们对古代宇宙起源论的神话象征的描述和巴门尼德的诗篇，并假定阿那克萨戈拉的 *νοῦς* 概念出得比恩培多克勒的理论更晚的话。

2　亚里士多德《形而上学》i. 4, 985a29 注意到他是第一个教导双重动力因的人。

3　V. 78（105，79 M）：“火、水、土和气之广袤，可憎的斗争把它们分开，在各个方向上相等，而友爱在它们之中，在长和宽上都相等。”对最后一点他继续说道，它是使人在友爱中结合的东西，被称作 *γηθοσύνη*（欢乐）和 *Ἀφροδίτη*（阿芙洛狄忒）。（恩培多克勒自己无差别地把它称作 *φιλότης*，*στοργή*，*Ἀφροδίτη*，*Κύπρις*，*ἁρμονίη*）V. 66 sq.，*sup*. p. 124。V. 102（130，126 M）：“在仇恨中它们全都是殊异而两分的，而在友爱中它们又走到一起并且彼此渴望。”V. 110 以下（inf. p. 145），169（165,189 M）以下（*infra*. p. 152），333（321,378 M）以下（见第 547 页注释 3）。我们的其他文献同意这一记载；我们这里只引用两个最老和最好的。柏拉图《智者》242D（在第 461 页注释 1 引述的文字之后）说：“那些较不严格的人（恩培多克勒）他们将事情总是这样变得松散起来，部分地，有时候他们说一切是一，由于阿佛洛狄忒而是友爱的，有时候是多，由于某种仇恨自身与自身战争。”亚里士多德《论生成和毁灭》ii. 6, 333b11 说：“因此什么是它们（自然现象的规则）的原因呢？因为不是火或土。然而，也不是友爱和仇恨；因为前者只是结合的原因，而后者是分离的原因。”（参见下个注释）由于它的结合本质，亚里士多德在《形而上学》iii. 1, 4（cf. *sup*. p. 131）甚至把恩培多克勒的 *φιλία* 称作是“一”（《论生成和毁灭》i. 1

里士多德正确发现的那样，这两种力量事实上无法分开，[1]因为实在的每 139
一新结合也就是一个先前结合的解散；实在的每一分离也会导致新的结
合。但恩培多克勒显然没有觉察到这一点，他把友爱独自看作是结合的
原因，仇恨独立看作是分离的原因。就元素的结合被恩培多克勒看作是
更好的和更完善的状态而言，[2]亚里士多德恰当地说他就以某种确定的方 140
式把善与恶当作了原则。[3]不过亚里士多德并不隐瞒这样的事实：这只
是个推论，从未被恩培多克勒明确提出，恩培多克勒的原初设定仅限于
把友爱和仇恨表征为动力因。[4]更晚的作家则与最为可信的古代证词和
恩培多克勒的整体理论相冲突，声称友爱与仇恨的对立与元素的质料差 141
异相一致：[5]我们必须把仇恨理解为炽热元素，把友爱理解为潮湿元素。[6]
现代作家，[7]相较而言更具合理性地把火归因于友爱，把其他元素大抵归

结尾与此毫无关系，因为那段话中的 *ἓν* 并不意指 *φιλία*，而是指天球。Karsten, *l. c.* p. 318 反对 *ἓν* 和 *οὐσία ἑνοποιὸς* 的等同，但这不过依据对亚里士多德观点的错误理解)。《形而上学》xii. 10, 1075b1。Karsten, 346 以下和 Sturz, 139 以下、214 以下收集的后来作家的表述，不过是对亚里士多德言语的重复和解释。我们具有的一致证词和恩培多克勒自己的清晰表述，使我们不可能认为亚里士多德（以及柏拉图和所有后来的作家）误解了恩培多克勒的真实理论，以至于在他那里，爱和争不是结合和分离的原因，它们在我们引述的文字中只作为对结合和分离状态的诗性描述出现（Thilo, *Gesch. d. Phil*. i. 45)。

1 《形而上学》i. 4, 985a21。(类似的评注者，cf. Sturz, 219 ff.)《形而上学》iii. 4, 1000a24。同上 b10。对恩培多克勒生成理论的批评，参见《论生成和毁灭》i. 1 和 ii. 6。

2 这从分配给友爱和纷争的谓词看非常明显；分配给友爱的是 *ἠπιόφρων*（温柔的）(V. 181)，分配给纷争的是 *οὐλόμενον*（毁灭的）(V. 79)，*λυγρὸν*（致死的）(335)，*μαινόμενον*（狂暴的）(382)；而这从后文会对天球和世界起源说到的看就更加清楚了。

3 《形而上学》i. 4, 984b32。同上书 xii. 10；参见第 530 页注释 3；参考 Plut. *De Is*. 48, p. 370。

4 参见前注及《形而上学》i. 7, 988b6。后来作家类似的表述，参见 Sturz, 232 以下。

5 Simpl. *Phys*. 33 a.

6 Plut. *Prim. Frig*. c. 16, 8, p. 952。布兰迪斯（*Rhein. Mus*. iii. 129；*Gr. Rom. Phil*. i. 204）不该把它当作真实的证据。

7 Tennemann, *Gesch. d. Phil.* i. 250；Ritter, in Wolfe's *Analekten*, ii. 429 以下；参考 *Gesch. d. Phil*. i. 550，对此我们第一版第 182 页也表示了赞同。Wendt zu Tennemann, i. 286。

因于仇恨，并没有把仇恨和友爱等同于元素。但这同样很难得到接受。[1]更远离恩培多克勒真实观念的是现代作家的如下主张：卡斯滕（Karsten）认为六种第一原则不过是一个统一原始力量的泛神论性的现象形式；[2]其
142 他现代作家则把友爱看作是唯一的事物基础和唯一的真实存在，认为仇恨只存在于可朽存在的想象之中。[3]但从恩培多克勒的思维进程看，他从未试图把不同的原始力量和原始实在还原为某一原始本质。[4]对于这一点，我们前文已经给出了理由，同时它会在后文中表现得更为清楚。

---

1 里特尔支持这个观点的理由如下：首先，依据亚里士多德（参见第 524 页注释 2），恩培多克勒一般把火和其他三种元素对立起来，并似乎在这一对立中把火看作是更高的：他认为男性是更为火热的，把理智的缺乏归因于血液的冷，把死亡和睡眠看作是由火的损耗导致的（参见下文）；其次，依据 Hippolytus, *Refut*. i. 3，恩培多克勒把火看作是事物的神圣本质；再次，恩培多克勒自己在 V. 215（209，282 M）中说，Cypris 把火置于统治地位。这第三个原因源于疏忽；那里的话是 *χθόνα θοῷ πυρὶ δῶκε κρατῦναι*，"她把土交给火以使其变硬"。对 Hippolytus 观点的驳斥我们放在后文。至于里特尔的第一个也是最重要的理由，恩培多克勒很可能会认为火优于其他元素，认为友爱比仇恨更好，但却并不把前一种元素看作是后者的根据。他把友爱和仇恨看作是四元素之外的独立原则，而这正是他整体理论的必然需要；即使没有火的作用，友爱也能使物质结合，即使受到火的影响，分离也只是仇恨的作用。

2 P. 388。参考 Simpl. p. 700, 1。

3 Ritter, *Gesch. d. Phil*. i. 544, 558。刚刚引述的文字很难与这里的一致。对他的以及卡斯滕的观点的驳斥，包含在我们对恩培多克勒理论的整体阐释之中。里特尔在对他观点的辩护中力主（1）亚里士多德《形而上学》卷三第一章和第二章的说法；（2）仇恨的力量只涉及存在的部分，它们由于自己的错误，暴力地与整体分离，并只在错误存在时持续着。这第一个论点已经得到反驳（参见第 526 页注释 2），第二个论点则依据对两个理论的错误联结——它并不出于恩培多克勒自身。恩培多克勒通过仇恨把天球的分裂看作是普遍必然，而不是个体的罪责（参见下文）；他也不可能归罪于个体；因为在仇恨分离元素之前，元素就已经在这一原初状态中被结合在一起，那里没有什么个体存在处于错误之中。说仇恨最后会消失，它最终不过是整体的限度，同样完全错误；因为即使它被驱逐出天球，它也不会就此不复存在；在世界的宁和状态中，它仍然持续着，它不发生作用，只是因为它和其他元素的结合被阻断了（恩培多克勒的在这一时期的仇恨的概念，类似于基督教的最终审判后的罪恶概念，存在着但不发生作用）。后来它重获力量，并强大到足以摧毁天球的统一，就像它在世界发展的开端所做的那样。如果在恩培多克勒那里它是某种不真实的东西，那它就不能起这样的作用。也参考 Brandis, *Rhein, Mus*.（Niebuhr 和布兰迪斯版本）iii. 125 以下。

4 因此宇宙中的二元动力论就被亚里士多德看作是独属于恩培多克勒理论的东西。《形而上学》i. 4，参见第 531 页注释 3 和第 530 页注释 2。

因此，以上的这类说法很难令人满意。这些按照确定方式形成和变 143
化的事物，除非在物质的变化过程有确定的法则可依，否则不可能通过实在的结合与分离产生出来。[1]但由于恩培多克勒很少谈及这一点，我们只能假定他没有意识到这个问题。他确实把结合的力量称作和谐，[2]但这并不意味着[3]实在的结合依据某种确定的尺度进行，而只是表明实在由于友爱结合在一起。对于确定的对象，他谈到构成它们的不同实在在
它们当中相互结合的比例。[4]亚里士多德相信，[5]这涉及在事物形式中的 144
事物本质的思想。但即便亚里士多德也承认，这种思想未得到恩培多克勒的明确阐述：它更像是一种无意识的承认。从亚里士多德给出的证据看，他似乎从未把它看作是一种普遍的原则；因为在提到这一主题的不同段落中，亚里士多德只是引证了他关于骨骼形成的诗句。亚里士多德在恩培多克勒那里找不到任何接近于像赫拉克利特在他相关世界理性和元素变化阶段的命题中阐述的普遍法则的东西。恩培多克勒从元素的运动中得到许多进一步的结论，但都没有进行详尽的解释，似乎纯属偶然。他并没有形成关于所有自然现象为法则所制的思想。[6]

1　如亚里士多德在《论生成和毁灭》ii. 6 所表明的（supra, p. 139, n.）。

2　V. 202, 137, 394（214 sq., 25, ap. Mull. 214, 175, 23）.

3　如 Prophyry 所推断的——无疑依据 V. 202, ap. Simpl. *Categ. Schol. in Arist*. 59 b, 45：“恩培多克勒……根据诸元素的和谐的混合来说明性质。”

4　参见 V. 198（211），V. 203（215）谈到骨骼的形成时所说的。

5　《论动物的部分》i. 1, 642a17。《论灵魂》i. 4, 408a19。《形而上学》i. 10 说早期哲学家确实从四因来派生万物，但他们的方式都是含糊的和不完善的：“因为最初的哲学正当青年、并且首先是针对本原的，因此对于一切便似乎说不清楚，因此甚至恩培多克勒也只会说骨头按比例而存在，而这就是事物的是其所是和实体。”

6　亚里士多德《论生成和毁灭》ii. 6 在第 530 页注释 3 所引文字之后说：“这就是每一个东西的实体，而不只是‘混合物的混合与分离’，正像他所说的那样；但机会也是适合于这些东西的名称（参见恩培多克勒 v. 39, *supra*），而不是比例；因为可以像碰巧那样混合。”同书 p. 334a1，参见第 521 页注释 2（Philop. *in h. l.* 59 b 对此未增加任何新东西）：“因为仇恨造成分离，而以太向上运动不是由于仇恨，而是有时他说仿佛出自机会，‘因为那时它碰巧这样运动，但在另一个地方又是另一个样子’，而有时他说火向上运动是自然。（参见《论灵魂》ii. 4, 415b28：恩培多克勒说植物“向下生长……由于土按本性这样运动，而向上生长是由于火是这样”），而他说以太‘以深深的根伸向大地之下’。”（这两句诗是 V. 166 sq., St. 203 sq. K, 259 sq. M.）

2. 世界及其部分

四种元素是非派生的和不灭的。推动的力量同样永恒。但它们之间的联系却持续发生着变化，因此宇宙处于变化之中，我们当下的世界
146 也有生成和毁灭。友爱和仇恨同样原始且力量均等；但它们并不总是力量均衡：它们轮流进行着统治。[1] 在某一时刻元素由于友爱而相互结合，

《物理学》ii. 4, 196a19 中恩培多克勒说："气并不总是分离向上，而是按照有可能碰巧的方式"。——"碰巧这样运动"这几句话就是针对它而接着被引用的。《物理学》viii. 1, 252a5（反对柏拉图）说："因为这样的主张似乎更多地是根据想象。类似地还有主张事物自然如此，并且应当把这认作是本原的观点，恩培多克勒看来就这样主张，他说事情必然就是友爱与仇恨交替统治和造成运动，在时间交替的间隙保持静止。"同书 1, 19 以下与此类似，参见柏拉图《法篇》x. 889。里特尔在 Wolf, *Analekten*, ii. 4, 438 以下站在恩培多克勒一边反对亚里士多德指责所说的不足以证明他的结论。恩培多克勒在 V. 369（1）中把轮回转世描述为必然的法则和诸神的古老命令，不能证明什么；他在 V. 139（66，177 M）中把友爱之阶段和仇恨之阶段的交替看作是不可逆转的誓言和盟约（πλατὺς ὅρκος），同样如此。它无疑包含这样的思想：每一阶段必须遵循一个不变的秩序，但这一秩序仍然只是一个无法领会的绝对法令，而且它也只涉及这些个别情况，不像在赫拉克利特那里那样以世界的普遍法则的形式出现。Cicero, *De fato*, c. 17 以下说，恩培多克勒和其他一些人教导说：万物命定产生，因此命运具有必然的力量。Simp, *Phys*. 106 a 把 ἀνάγκη（法则）与友爱和仇恨放在一起当作恩培多克勒的动力因。Stobaeus, *Ecl*. i. 60（*sup*. vol. i. 612 n.）说，根据最可能的读法和意见，恩培多克勒把 ἀνάγκη 看作是统一的原始基础，它在物质方面，自我分裂成四元素，在形式方面，自我分裂成友爱与仇恨。斯托拜乌（i. 160；Plut. *Plac*. i. 26）相应地把恩培多克勒式的 ἀνάγκη 界定为运用（物质）元素和（动力）原因的本质。Plut. *An. Procr*. 27, 2, p. 1026 在友爱和仇恨中看到在其他地方被称作是命运的东西；辛普里丘（见第 531 页注释 5）更为明确地主张，恩培多克勒把元素的对立还原为友爱与仇恨，把友爱与仇恨还原为 ἀνάγκη。Themist. *Phys*. 27 b, p. 191 以下把恩培多克勒置于在物质意义上谈论 ἀνάγκη 的哲学家之列。所有这些后来的解释，都不能在有关恩培多克勒的真实理论的问题上对我们有任何教益，因而，我们不能像在 Ritter, *Gesch. d. Phil*. i. 544 那里那样相信它们的真实性。它们无疑要么源于 V. 369（1）以下，要么源于与斯多亚主义、柏拉图主义和毕达哥拉斯主义理论的类比，或更有可能出于想要在恩培多克勒那里找到一种统一原理的意愿。亚里士多德的在前面引用过的《物理学》viii. 1 中，确实很有可能找到它们的痕迹，但正如已经非常清楚的，这段话只指涉恩培多克勒的 V. 139 以下（参见下文）。亚里士多德谨慎的语言表明，他并不暗指任何更为明确的解释。

1 V. 110（138，145 M）。从 ἀμφοτέρων（双方的）看非常清楚，这里说的是友爱和仇恨。参考 V. 89 以下；参见第 522 页注释 3 末。

在另一时刻它们因仇恨[1]而四分五裂。[2]此时世界结合成一整体，彼时它又分裂成多与对立。在恩培多克勒看来，这每一进程都要一直持续到要么是元素的完全结合要么是元素的完全分离；自然生命运动持续的时间完全相同，在其中，个体存在生成和毁灭着；但是一旦最终目的得以实现，这一运动就停止了，元素不再结合和分离，因为它们已经完全结合 147
或分离了；它们会保持这种状态，直到有新的动力出现，使它们转向相反的方向。因此，世界生命被描述为一个循环：实在的绝对统一、向分离的转变、绝对的分离和向统一的回归，这就是它持续进入无限重复的四个阶段；在第二个和第四个阶段，它在复合事物的分离存在中表现自身：只是在这里有自然的生命；与之相反，在第一阶段没有元素实在的分离，在第三阶段没有元素实在的结合，它们都不包含个体性存在。运动和自然生命的阶段因此与静止和自然生命终止的阶段，规律性地轮次发生。[3]但是这每一阶段会持续多长时间，恩培多克勒是否曾经对它们

1　柏拉图上引文；参见第 530 页注释 3；亚里士多德上引文（V. 69-73）；同书 p. 252a5（见第 533 页注释 6）；同书 i. 4, 187a24。《论天》i. 10；参见第 482 页注释 1。更晚一些的证据，参见 Sturz, p. 256 以下。

2　V. 61 以下；参见 p. 123, n. 相关内容，在那里我给出了我不赞同 Karsten, p. 196 以下观点以及我为什么改变了自己先前对这一诗节的理解的理由。我现在不认为它指涉个体事物，而是与柏拉图《智者篇》242D 以下、亚里士多德《物理学》viii. 2, 250b26 和他的评注者（参见 Karsten, 197, 366 以下）站在一起，认为它指涉世界状态的更替。V. 69 以下（*sup*. p. 123；第 522 页注释 2）。V. 114（140，149 M）；这里的文本和解释同样是不确定的；我们可能推测 διαφύντα 或 διαφύντ᾽ ἐπὶ πᾶν，但这只是部分修复。Mullach 对这一文本的翻译是：因此固态事物将会完全地沉陷；但我不认为恩培多克勒会以这样牵强的方式进行表达。

3　正如亚里士多德在引自《物理学》viii. 1 的话中所说的那样；这个说法也得到恩培多克勒 V. 60 以下的支持，如果依据我们在 p. 124 对此给出的理解来看的话；更不需提更后作家依据亚里士多德所做的评述，如 Themist. *Phys*. 18a, 58a（124, 409 Sp.）和 Simpl. *Phys*. 258b, 272b。此外，如果恩培多克勒承认有实在的完全混合，那么逻辑的一致似乎要求他也承认有相反的实在的完全分离。如此，Eudemus, *Phys*. viii. 1 将天球静止时期仅仅归于天球中各元素的联合时（Simpl. 27 b；Brandis, i. 207 对此用恩培多克勒取代欧德谟斯的猜测，在我看来是错误的），这必然只是一种片面观点；尽管恩培多克勒自己的做法可能会促生这种观点：他只是较为严谨地描述了天球，对相反的绝对分离状态，却一般忽略不做提起，或只是草草提到。里特尔（i. 551）对恩培多克勒在宇宙阶段变化理论上的真诚性的怀疑，很少能得到其他人证

148 的持续时间做过确切规定，都得不到明确的回答。[1]

在我们哲学家宇宙起源论的最开端，[2] 所有实在混杂在一起，四元
素并不独立出现。这一混杂后来被描述为球形的和不动的；[3] 因为完美
的混合消除了分裂原则的所有影响，恩培多克勒说仇恨并不在其中出
149 现。[4] 因为它的球状形式，他把处于这种相互混杂状态的世界称作是天
球（Sphairos），这也是后来作家对它的一般称呼。亚里士多德则把它称
作是 *μῖγμα*（混合物）[5] 和 *ἕν*（一）[6]。它也被称作“神”（Deity），[7] 但不是

词的支持，也很少能得到他自己的说法的支持。

1 在这个问题上我们唯一拥有的暗示是刚刚提到的 V. 369（1）中的说法：罪恶的精灵要在世上游荡三万个 *ὥραι*。但我们是否能从中推论说（像 Panzerbieter, *Beitr*. p. 2 那样）宇宙时期有同样的持续时间，仍然是个问题；因为精灵必然在它们开始游荡之前就已经存在了，并在之后继续存在；而且这个理论与恩培多克勒自然哲学的联系非常小。至于我们把 *τρὶς μυρίαι ὥραι* 是像 Mullach（*Emp. Proaem*. 13 sqq.）那样理解为三万年，还是像 Bakhuizen van den Brink, *Var. Lect*. 31 以下和 Krische, *in Plat. Phaed*. p. 66 那样理解为三万个季节，也即一万年，不会产生很大的意义差别。后一种说法部分受到被使用的语言的支持，部分受到与柏拉图理论的类比支持。Cf. Part ii. a, 684, 694 sq., third edition。

2 Cf. *inf*. p. 150 sq.

3 V. 134 以下（64，72 sq., 59 sq. K. 170 sqq. M）。天球被亚里士多德和欧德谟斯在上引处描述为处于静止状态；Philop. *Gen. et Corr*. 5 a 则相关于前面所引诗节称它为“无性质的”。

4 V. 175（171，162 M）。与这一诗节直接相关的不是完全的结合状态，而是开始进行的结合状态；但它很容易被运用于前者：如果结合进程开始于对仇恨的驱逐，那么当结合完满实现时，仇恨必然整个地被驱赶出去了。亚里士多德（《形而上学》iii. 4；见第 531 页注释 1）很可能援引这一诗节证明他这样的说法：在天球之外，仇恨部分存在于所有事物之中：“因为除了神之外其他一切都由此而来（V. 104 以下；见第 525 页注释 2）……甚至除开这些也是显然的；因为，如果仇恨不存在事物之中，那么一切就会是一，如他所说；因为一旦万物聚在一起，这时，‘仇恨就处于底端’，因此，”亚里士多德继续说道，“与之相随的结论就是，最幸福的神比其他东西更缺少心智；因为他不认识全部元素；因为他不具有仇恨，而对同类的认识依靠同类的东西。”参见 xiv. 5, 1092b6；《论生成和毁灭》i, 1（见第 526 页注释 2）。Simpl. *De Caelo*, 236b22，*Schol. in Arist*. 507a2（cf. *Phys*. 7 b）中的观点：仇恨同样部分存在于天球中，基于错误的解释。参见 Branids, *Rhein. Mus*. iii. 131 和 Ritter, *Gesch. d. Phil*. i. 546。

5 《形而上学》xii. 2, 1069b21, c, 10, 1075b4; xiv. 5, 1092b6；《物理学》i. 4, 187a22。

6 《形而上学》i. 4, 985a27; iii. 4, 1000a28, b11；《论生成和毁灭》i. 1, 315a6, 20；《物理学》i. 4 以下。

7 参见第 536 页注释 4，及恩培多克勒 V. 142（70，180 M）。

指人格性的存在——恩培多克勒也用它来称呼元素，而柏拉图也把它用
于可见世界。[1]后来作家对天球有各种解释：无形式的质料，[2]动力因，[3]斯
多亚学派的原始火，[4]柏拉图的可知世界；[5]这些解释都是错误的，但我们 150
这里不妨给自己省去反驳的麻烦。认为天球只是理想存在，纯粹是对作
为变化现象基础的统一与和谐的象征表达，[6]同样是错误的。这一理论与
柏拉图和亚里士多德的明确断言矛盾，也与恩培多克勒自己的解释矛
盾。[7]此外，对事物的观念本质和它们的现象之间的这种区分，超出了
前苏格拉底自然哲学的普遍立场。

一个世界，[8]只有在原始实在发生分离，或以恩培多克勒的话来说，
只有在天球因仇恨而分裂时，[9]才会产生。因此，他告诉我们的是，在时 151

1　因此，Gladisch 的如下说法是非常奇怪的（*Emped. u. d. Aeg*. 33; cf. *Anaxag. u. d. Isr*. xxii.）：“恩培多克勒不会把纯粹的元素混合之物称作至高神。”在恩培多克勒看来，整个世界都不过是纯粹的元素混合之物，人类灵魂和诸神同样如此。此外，恩培多克勒从未把天球称作是“至高神”（the Deity），而只是称作“神”（Deity）。论及神的精神性的著名诗句，如我们马上会看到的，并不指涉天球。亚里士多德首先称呼天球 *ὁ θεός*，但这并不意味着恩培多克勒也如此称呼。

2　Philop. *Gen. et. Corr*. p. 5 a；但严格地说，这只是亚里士多德在《论生成和毁灭》i. 1, 315a 中用来批评恩培多克勒的观点的一个发展。在 *Phys. H*. 13（ap. Karsten, 323、Sturz, 374 sq.）他则承认实在是现实地混合在天球中的。类似的结论可由亚里士多德《形而上学》xii. 6, 1072a4 和随后的 Alex. *in h. l.* 从动力因理论中得出，即恩培多克勒认为现实先于潜能。

3　Themist. *Phys*. 18a124 以下很可能草率地使用了 Simpl. *Phys*. 33 a 提到的解释。

4　Hippol. *Refut*. vii. 29（见第 524 页注释 4）。这个被布兰迪斯（i. 295）赋予了极大重要性、暴露了恩培多克勒理论的巨大无知的观点，不能被看作是真实的。它的唯一依据很可能来自恩培多克勒和赫拉克利特关于宇宙状态变化的理论的类比，来自于 Clemens, *Strom*. v. 599 B 把世界将毁灭于火的观点归属于恩培多克勒的说法。

5　关于新柏拉图主义者，Karsten, p. 369 以下给我们提供了有关他们的许多细节；cf. *inf.* note 4。在 *Theol. Arithm*, p. 8 以下中我们读到，恩培多克勒、巴门尼德等人，像毕达哥拉斯主义者一样教导说：“单一的本性像赫斯提亚那样坐落在中央，而且由于平衡而保持着同样的位置”；但这似乎并不指向天球，而是指向友爱，它是处于旋转着的宇宙物质的中心的东西（V. 172；见第 538 页注释 2）。

6　Steinhart, *l. c*. p. 91 以下；类似的 Fries, i. 188。

7　参见第 538 页注释 1。

8　*κόσμος* 与 *υφαῖρος* 相对立——依据辛普里丘，这是恩培多克勒自己引入的一个区分。参见 *De Caelo*, 139 b, 16（*Schol. in Ar*, 489 b, 22）。

9　柏拉图（参见第 530 页注释 3）因此从仇恨派生事物的多样性，亚里士多德则更为

间进程中，仇恨逐渐在天球中滋长起来，开始分裂元素；[1]在这一分裂得
152 到充分实现后，友爱又在分离物质中出现，并在某个点上发生螺旋运动，使部分实在发生结合，把仇恨（这纯粹是同一进程的另一种表述）排除在正自我成形的螺旋之外。随着这一运动的扩展，仇恨被推得越来越远，还未结合的实在逐渐被拉进这个旋涡，然后通过它们的结合产生出当下的世界和可朽的造物。[2]但正如世界有其产生一样，它也有其

明确地把当前的世界阶段看作是由仇恨主宰的阶段。《论生成和毁灭》ii. 6, 334a5 说："同时他说，宇宙现在在仇恨下和之前在友爱下是一样的"。《论天》iii. 2, 301a14：如果要阐释世界的起源，我们必须从先于物质的划分和分离——它的当前状态——的那一状态开始："生成出自于分离和运动是不合理的"；因为如果是这样的话，如 300b19 已经说过的，就会有一个世界先于这个世界存在："因此甚至恩培多克勒也忽略了友爱时的生成；因为他不能通过分离又构造由友爱所造成的结合来构成天；因为宇宙从诸元素的分离中构成，正像生成必然出自一和结合一样。" Alexander 追随这个先例，把仇恨完全看作是世界的创造者（Simpl. *De Caelo*, 236 b, 9, 20; *Schol. in Arist*. 507 a, 1），或至少是当下世界的创造者。Philop. *Gen. et. Corr*. 59 b 对亚里士多德《论生成和毁灭》ii. 6 评论说：如果我们把 *κόσμος* 理解为元素因仇恨而分离的状态，或由友爱重新聚集在一起的状态，那么仇恨和友爱在 *κόσμος* 中就会是唯一的推动力；另一方面，如果我们把 *κόσμος* 理解为构成天球以及当下世界的基础的物质团，我们就必须赋予它一种自我运动："或者类似地，他说，无论是现在在仇恨之下还是之前在友爱之下宇宙甚至以同一种方式存在和运动；而在它们所生成的东西的运动的中间间隙，无论是之前通过仇恨友爱占统治地位的时候，还是现在通过友爱仇恨占统治地位的时候，宇宙都存在，但是以另一种运动的方式在运动，而且不是按照友爱和仇恨所推动的运动的方式"。这种解释甚至更早就出现了，Hermias（他必然由别人那里得来）就声称恩培多克勒说了这样的话（*Irris*. c. 4）："仇恨产生一切"。依据 Simpl. *Phys*. 7b，后来新柏拉图主义者的流行观点是：天球由友爱独立产生，这个世界由仇恨单独创造。Simpl. *De Caelo, l. c.*（cf. *ibid*. 263 b, 7；*Schol*. 512 b, 14）更明确地说："但任何时候都不会仇恨在这个世界里居于统治地位，就像友爱在天球中那样，而是人们说以两种方式有两种力量生成"；其中关于天球的说法不可能是正确的。Theodor. Prodr. *De Amic*. v. 52 把仇恨称作是与天球相对立的世界的创造者，但这没有重要的意义。

1 V. 139（66，177 M）。在我看来，尽管有 Mullach（*Emp. Pr*. p. 7; *Fragm*. i. 43）的反对，这里必然是 *πάρ᾽ ἐλ.* 而非 *παρελήλαται*，cf. Bonitz and Schwegler, *in Metaph*. iii. 4，他们同样赞同这一修订。V. 142（参见第 536 页注释 7）；Plut. *Fac. Lum*. 12, 5 sq., p. 926 中的话"*χωρὶς τὸ βαρὺ πᾶν καὶ χωρὶς τὸ κοῦφον*"（万物无轻亦无重），很可能包含恩培多克勒式的表达。

2 由此我们可以理解以下的诗节：171（167，191 M），175，180，185。*θνητὰ* 不仅指生物，而且普遍性的指称所有要遭受生成和毁灭的事物。

结束：当万物通过持续的统一，回返天球的原始状态时，世界也就结束了。[1] 断言世界的毁灭是由火导致的[2]，无疑源于对恩培多克勒理论和赫 153
拉克利特理论的混淆。[3]

在这一宇宙起源论中有一个显著的逻辑间隙。如果所有的个体存在物都依赖于元素的部分结合，在元素完全结合或完全分离时不复存在，那么具体的存在物就必然在同等程度上既因为天球分解为元素而产生，也因为完全分离的元素返回统一而产生。在第一种情况下，世界形成于混合物的分离；在第二种情况下，世界形成于分离者的结合。如已经指出的，亚里士多德[4] 确实把这一观念归属于恩培多克勒，而这位哲学家在一般情况下也这样自我表述。但在宇宙起源论的更进一步发展中，他似乎只说到从因仇恨导致的元素分离而来的世界形成。我们所拥有的所有残篇和记载都与它相关；[5] 而前文引述过的诗节（V. 171 sqq.）似乎也
没有为更详细地解释在元素从天球中分离出来后发生了什么留下任何空 154
间。恩培多克勒自己似乎没有注意到他的阐释当中存在着的这一缺陷。

他把世界的形成过程描述如下。[6] 在旋转物质团中所有元素由于友

1　与此相关的文献在这个章节的开始就已经给出。也可参见亚里士多德《形而上学》iii. 4, 1000b17。如卡斯滕（p. 378）正确发现的那样，恩培多克勒因此从未像荷马那样称诸神为 *αἰὲν ἐόντες*（永恒的存在），而只是称它们为 *δολιχαίωνες*（长生者），V. 107, 126, 373（135, 161, 4 K; 131, 141, 5 M）。万物的毁灭同样导致诸神的终结。

2　参见第 537 页注释 4。

3　我们拥有的文献很少有证据支持这一点：最为可信的作家都在这点上完全保持沉默。此外，说所有元素的统一由它们的大火导致，似乎也很难想象，因为恩培多克勒在这里只会看到元素的转变，而依据他的理论，这是不可能发生的。

4　Alexander 的类似说法，参见第 537 页注释 9。

5　布兰迪斯在上引处 201 评论说，恩培多克勒似乎把大的物质团——如天空和海洋——的形成主要归因于争的作用，把有机存在物的产生归因于爱的作用。这一说法必须依据前文所引的证据（参见亚里士多德《论天》iii. 2）和事实的情况做重大修正。它们都由友爱而产生；但在结合已经为仇恨所分离的元素时，友爱必然首先产生大的物质团，以更为直接的方式混合它们，然后才是有机存在物的产生。

6　Cf. Plut. ap. Eus. *Praep*. i. 8, 10。*Plac*. ii. 6, 4。亚里士多德《论生成和毁灭》ii. 6（见第 533 页注释 6）。Emp. V. 130（182，233 M）。延伸的 *τιτὰν*，在这里最有可能不是指太阳，而是对以太的称呼；而在其他地方与 *ἀὴρ* 同义的 *αἰθὴρ*，在这里指上层的气，并不表明上层气和下层气的任何元素性的不同。依据 Eustath. *in Od*. i. 320,

爱而相互振颤结合，首先出现气，它在螺旋圈的最边缘凝结成形，像一个中空的球体一样包围着整体。[1] 接着产生火，它占据上层空间，然后
155 到达球体的最高内弧面，并把气挤压到地的下面。[2] 这样就形成两个半球，它们共同构成天穹的内弧面：一个明亮，完全由火构成；另一个暗沉，由气构成，但内部还有零星的火物质散布。由于火的压迫，天穹会发生旋转运动；当它的炽热半球在我们之上时是白天，当它的暗沉半球在我们之上而炽热半球被地球所遮挡时是黑夜。[3] 地球 [4] 则由剩余的物质

恩培多克勒把火称作 *καρπαλίμως ἀνόπαιον*，迅速上升的，很可能与亚里士多德上引处所说的相关。

1 依据 Stob. *Ecl*. i. 566，它是蛋形的，更确切地说，是扁豆形。他的说法如下："恩培多克勒说到从大地一直到天空的高度……在宽度上的距离是巨大的，就此而言比起高翔的天空更大，因此，宇宙就像是蛋一样。"这个观点会受到感觉观察的欢迎；亚里士多德《论天》ii. 4 及其评注者未提到这一点并不构成对它的反对，因为亚里士多德在那个地方并没有谈到他前辈的观点。但如果恩培多克勒（参见第 540 页注释 3）说的是夜晚光的半球降到地球之下，而不是天空围绕地球作侧向运动，那么就会产生这个的难题：天空占据的空间不足以让它做出转向；而这又是亚里士多德随后赋予了某种重要性的东西。

2 亚里士多德和普鲁塔克上引处。

3 Plut. ap. Eus. 上引处接着说道："圆周围绕大地运动的是两个半球，明亮的是火，混合的由气和少量的火构成，它被认为就是黑夜"。恩培多克勒自己在 V. 160（197, 251 M）把黑夜解释为土的介入，这可以与普鲁塔克以上述那种方式表达的说法联系在一起："当下坠的火聚集时运动就开始了"。但最后这个句子在文本上有些不确定，不能作为参考（像在 Karsten, p. 331 和 Steinhart, p. 95 那里那样被用来指涉元素从天球的最初分离）。*Plac*. ii. 11（Stob. i. 500）说："恩培多克勒说天是坚硬的，由火所凝结的气所构成（这得到 Diog. viii. 77、Ach Tat. *in Arat.* c. 5, p. 128 Pet. 和 Lact. *Opif. Dei*, c. 17 的支持）在每一个半球中都包裹这火状的东西和气状的东西"。在 Plut. *Plac*. iii. 8, *parall*. 中，四季的更替，同白天和黑夜的更替一样，依据两个半球的关系得到解释。

4 参见第 539 页注释 6。据此，把恩培多克勒置于那些认为只存在一个在大小上有限的世界的人之列，是非常合理的（Simpl. *Phys*. 38 b；*De Caelo*, 229 a, 12；*Schol. in Arist*. 505 a, 15；Stob. *Ecl*. i. 494, 496；Plut. *Plac*. i. 5, 2）；但说他自己明确地表达了这样的观念，不是很有可能（V. 173，见第 538 页注释 2，与此毫无关系）。关于他把世界只看作是整体（*πᾶν*）的一小部分，其余的为无形式的物质的说法，无疑纯粹基于对 V. 176 以下（*sup. l. c.*）的误解，后者涉及的是世界的早期阶段。无论如何它也没有提供证据去支持这样的说法（Ritter in Wolf's *Anal*. ii. 445 以下；参照 Brandis, *Rh. Mus.* iii. 130 和 *Gr. Rom. Phil*. i. 209）：天球，或它的一部分，与当下世界并列存在；因为神圣的天球不能被描述为 *ἀργὴ ὕλη*（明亮的物质）。他关于死后生

构成，最初是潮湿和泥泞的。但旋转会把它的水甩出去；而水的蒸气直 156
接补充更低的气的位置。[1] 因为天穹的急速旋转，地球能够悬浮在空气中不至于下跌；[2] 基于同样的理由，恩培多克勒告诉我们，整个宇宙保持在自己的位置上。[3] 他赞同毕达哥拉斯主义者，认为太阳是一个透明的晶体，很可能与地球一样大，就像一个燃烧着的玻璃一样，收集和反射来自于围绕着它的明亮半球的火的光线；[4] 他认为月亮由硬化的晶状气构成，[5] 外形呈圆盘状，[6] 从太阳那里得到它的光，[7] 到地球的距离为它到太阳 157
的距离的三分之一。[8] 与上层区域相对的月亮之下的空间，据说被恩培

命的理论，如我们马上要表明的，也不能得出这个结论，因为死后至福的住处不等同于天球，在后者那里没有个体生命的可能。里特尔相信，在斗争世界之外必然还存在着另一个独由友爱统治的世界；但这是不正确的：在恩培多克勒看来，友爱和仇恨并不并列统治，而是一个接一个是轮流统治。即使在当下世界，友爱也和仇恨共同发生作用。

1 参见第 539 页注释 6。

2 亚里士多德《论天》ii. 13, 295a16 ；Simpl. *ad h. l.* 235 b, 40。

3 参见上册第 313 页注释 2。

4 Plut. ap. Eus. *l. c.*。*Pyth. orac*. c. 12, p. 400（V. 151 St. 188 K, 242 M）。这可能与 Diog. viii. 77 的如下说法相关：在恩培多克勒看来，太阳是 *πυρὸς ἄθροισμα μέγα*（聚集的大火）；第欧根尼或他的来源文献认为，这个表述的意思是，把光线汇集在一个中心。另一方面，说（*Plac*. ii. 20, 8; Stob. i. 530 *parall.*）恩培多克勒认为有两个太阳：一个在上层半球的原初太阳和一个在我们半球的可见太阳，明显是错误的。参见 Karsten. 428 以下和上册第 309 页注释 1。关于太阳大小的说明，参见 Stob. 上引处。

5 Plut. ap. Eus. *l. c.* ；*De Fac. Lun.* 5, 6, p. 922 ；Stob. *Ecl*. i. 552。认为气的这一凝结受火的影响，同时又把月亮类比于冰雹或冰云，看起来是奇怪的。

6 Stob. *l. c.* ；Plut. *Qu. Rom*. 101, end, p. 288 ；*Plac*. ii. 27 *parall.* ；Diog. *l. c.*。

7 V. 152-156（189 sq.，243 sqq. M）；Plut. *Fac. Lun*. 16, 13, p. 929 ；Ach. Tat. *in Arat*. c. 16, 21, p. 135; E, 141 A。后者说恩培多克勒把月亮称作是 *ἀπόσπασμα ἡλίου*（破碎的太阳），但如恩培多克勒的 V. 154 的文字所表明的，这不过意味着她的光来自太阳光的反射。

8 Plut. *Plac*. ii. 31。据此，附于 Stob. i. 566 的文字应当被纠正；但像卡斯滕主张的那样引入 *Placita* 的这段文字似乎是不必要的：*διπλάσιον ἀπέχειν τὸν ἥλιον ἀπὸ τῆς rῆs ἤπερ τὴν σελήνην*（太阳距离它两倍于月亮）。依据 *Plac*. ii. 1 对应段落，恩培多克勒认为太阳的运转路径就是宇宙的边界，但这不能做过于字面化的理解。我们的残篇 V. 150, 154 以下（187，189 K，241，245 M）只说道：太阳横越天空，而月亮靠近地球旋转。

多克勒像毕达哥拉斯主义者那样看作是邪恶舞台。[1] 他认为恒星被固定在天空的拱顶；而行星却自由运行。至于它们的实在构成，他相信它们都是火，因此与气相分离。[2] 日食是由于月亮的遮挡；[3] 地球轴线朝向太阳轨道是因为气的挤压，气则被火推到北边。[4] 恩培多克勒似乎认为太
158 阳的运行轨迹有确定的限度。[5] 太阳最初的运行速度比现在的要慢上许多——那时的一天相当于现在的九个月，后来变成七个月。[6] 他依据流射理论来解释天体的光，[7] 并相应认为光需要一定的时间来穿越太阳到地球的距离。[8] 他关于气象现象的理论，我们所知的非常之少，但从中已可发现他理论的独特性；[9] 而他关于地球的无机之物的产生的理论，同样如此。[10]

1 Hippol. *Refut*. i. 4。不过他这里很可能只是谈及恩培多克勒关于地球生命的抱怨，这一抱怨我们马上就会看到；他自己看来接受的把地球区域扩展到月亮的观念，则纯粹出于与同源理论的类似。

2 *Plac*. ii. 13, 2, 5 相应段落；Ach Tat. *in Ar*. c. ii.；参见第 540 页注释 3。

3 V. 157（194，248 M）sqq.; Stob. i. 530.

4 Plut. *Plac*. ii. 8 相应段落和 Karsten, 425 把这一点与 *Plac*. ii. 10 相应段落的如下观察联系在一起：恩培多克勒与古代的一般观念一致，把世界的北边看作是公正的一边。但他与此相关的理论究竟如何，并不清楚。

5 *Plac*. ii. 23 *par*.

6 *Plac*. v. 18, 1; cf. Sturz, p. 328.

7 Philop. *De An*. K, 16；参见第 527 页注释 4。

8 亚里士多德《论灵魂》ii. 6, 418b20，《论感觉》c. 6, 446a26 反对了这一观点；Philop. 上引处和其他亚里士多德评注者的观点，参见 Karsten, 431。

9 恩培多克勒如何解释四季的变化，已经在第 540 页注释 3 依据 Eus. *Praep*. i. 8, 10 进行了说明。他认为冰雹是冰化的气（冰化的蒸气），见第 541 页注释 5。他这样谈到风的起源：依据 Olympiodorus in *Meteor*. 22b, i. 245 Id.，参见 21b, i. 239 Id，他把风的从北向东和从南向西的倾斜运动归因于部分来自火、部分来自陆地的气的升腾；在这里，它们的自然运动和相反运动的相互调节产生了倾斜运动。依据 Philop. *Phys*. c. 2（在 Karsten, 404），参见亚里士多德《论天》iii. 7（见第 522 页注释 2），他关于雨和闪电的理论分别如下：在气的凝结中，其中包含的水被挤压出来；在气的稀释中，其中包含的火被释放出来。依据亚里士多德《气象学》ii. 9, 369b11 和 Alex. *ad h. l*. p. 111b，参见 Stob. *Ecl*. i. 592，火通过太阳的光线进入云层，然而由于碰撞而闪耀出来。这很可能基于这样一种观察：雷云一般在太阳非常强烈的时候出现。

10 特别是关于海，他认为它形成于因为太阳的热而从地中的渗出（亚里士多德《气象学》ii. 3, 357a24、Alex. *Meteor*. 91b, i. 268 Id. 26a 和 Plut. *Plac*. iii. 16, 3，Eus. *Praep*. xv.

对于有机存在物，他似乎予以了特别的关注；[1]其中，首先在地球上 159
出现的是植物，[2]在此之前，是太阳对地球的光照，[3]然后出现的是动物。它们在本性上紧密相联；我们马上会发现，恩培多克勒不仅认为植物具有灵魂，而且相信它们的灵魂与人和动物的是同种灵魂。[4]他同样对应于动物的生殖考察了植物的果实孕育，尽管植物没有性别区分：[5]他把树木的叶子比作动物的毛发、羽毛和鳞甲。[6]地球的温热被用来解释植物的生长：不仅使它们的枝干向上伸展，而且在地底下使它们的根须向下
蔓生。[7]与他关于元素结合的一般理论相一致，他认为植物的营养来自 160
于亲合实在之间的相互吸引，通过孔道的作用得以获得。[8]他诉诸于孔

59, 2 那里有对此的正确读法）。从海的这一起源理论他得出对海的咸味的解释（亚里士多德上书 i. 353b11；Alex. *l. c.*）；他认为盐形成于太阳的热（Emp. V. 164, 206 K, 257 M）；但淡水也必然混合于其中，借此鱼类才得以存活（Aelian. *Hist. An*. ix. 64）。火在地球底下部分的出现，似乎是他特别感兴趣的一个话题，他认为火在这里不仅加热了温泉，而且硬化了石头（Emp. V. 162, 207 K, 255 M；亚里士多德《问题集》xxiv. 11；Sen. *Quaest. Nat*. iii. 24）。同样的火，从地壳里喷发出来，使岩石和山岳耸立（Plut. *Prim. Frig*. 19, 4, p. 953）。我们已经谈到了磁石问题，参见第 528 页注释 1。

1 Cf. Hippocr. ἀρχ. ἰατρ. c. 20, i. 620 Littre.

2 Meyer, *Gesch. d. Botanik,* i. 46 以下讨论了恩培多克勒的植物学说，但正如作者自己所言，他的讨论只依据 Sturz 提供的文献。

3 Plut. *Plac*. v. 26；参见 Pseudo-Arist. *De Plant*. i. 2, 817b35、Lucret. *Nat. Rer*. v. 780 以下、Karsten, 441 以下和 *Plac*. v. 19, 5。这些地方明确地说道，和动物一样，植物最初也是从土里部分性地生长出来的。

4 因此 *Placita* 正确地把它们称作 ζῷα（生命），Ps-Arist. *De Pl*. i. 1, 815a15, b16 说阿那克萨戈拉、德谟克利特和恩培多克勒认为灵魂具有感觉、欲望、知觉和理智的能力；Simpl. *De An*. 19b 发现他甚至赋予了植物理性灵魂。

5 亚里士多德《论动物的生成》i. 23 提到 Emp. v, 219（245，286 M）说道："这样大树产卵，首先是橄榄树"。但在《论植物》i. 2, 817a1, 36, c. 1, 815a20 却没有详细谈到恩培多克勒。*Plac*. v. 26, 4。

6 236（223，216 M）sq.

7 亚里士多德《论灵魂》ii. 4, 415b28 和他的评注者 *in h. l.*。依据 Theophrastus, *Caus. Plant*. i. 12, 5，植物的根须（很可能只是就其大部分而言）由土构成，而它们的叶子由以太（Luft）构成。

8 V. 282（268，338）以下；参见 Plut. *Qu. Com*. iv. 1, 3, 12，那里的话是否首要指向动物的营养，并不重要，因为对植物可以说同样的话：参见下个注释及 Plut. *l. c*. vi. 2, 2, 6。

道的匀称和物质的构成，解释有些植物保持常青的事实。[1] 对植物营养多余的元素则进而形成果实；每一植物果实的味道也因此依据它们的营养物而各有不同。[2]

恩培多克勒认为，在动物和人的最初形成中，它们的不同构成部分先独自从地里产生，[3]然后才在爱的作用下联结起来。但是由于纯粹的偶然主宰着这一进程，最初产生的是各种奇形怪状的东西，它们很快被再次毁灭，直到最后产生出具有协调形状和能够生存的有序存在。[4] 人
161 类同样从地里产生。首先由土和水形成没有形状的隆块，它们被地底之火抛出，然后各自成形变成人类的不同部分的形状。[5] 恩培多克勒的

1　Plut. *Qu. Com*. iii. 2, 2, 8，这里的话让 *Plac*. v. 26, 5 中的说法得到更为清楚的确定。

2　*Plac*. v. 26, 5 以下；Galen c. 38, p. 341 ；Emp. v. 221（247，288 M）。

3　V. 244（232, 307 M）。亚里士多德在《论天》iii. 2, 300b29（在这里他引用了这段话）说，这发生 ἐπὶ τῆς φιλότητος（在友爱的作用下）；但这并不意味着发生在友爱的领域，在天球中，而只是在友爱的影响下发生（类似的，同上 401a15 ：τὴν ἐπὶ τῆς φιλότητος γένεσιν〔在友爱的作用下的生成〕）。这在《论动物的生成》i. 18, 722b19 有更为清楚地表达：καθάπερ Ἐμπ. γεννᾷ, ἐπὶ τῆς φιλότητος λέγων（正如恩培多克勒所说，在友爱的作用下生成）。

4　亚里士多德《论灵魂》iii. 6. 以下。《物理学》ii. 8, 198b29（参见 Karsten, p. 244），在我们看来是按照设计构成的也许原本是偶然发生的，这难道是不可能的吗？"因此当一切东西结合在一起就像是为了某个目的生成时，那些自发地恰当地结合在一起的东西就得到了保存；而那些不这样的就被毁灭了，正像恩培多克勒说到那些，人面的牛，一样。"同上书 ii. 4, 296a23。Emp. V. 254（235, 310 M）。亚里士多德《论动物的部分》i. 1, 640a19 有一个例子，显明了恩培多克勒解释当前有机存在物如何从这些最初造物中产生出来的方式："因此，当恩培多克勒说动物的许多特征是由于在生成中碰巧如此，他说得就不正确，例如，尾椎之所以如此，是因为扭动偶然导致的下沉"。（这里涉及的诗节，以及其他一些谈论胃和呼吸器官的形成的诗节，已经为 Stein, *Philol*. xv. 143 sq. ap. Cramer, *Anecd. Oxon*. iii. 184 所确定。）V. 257（238, 313 M）。这无疑是恩培多克勒解释马人（Centaurs）、喀迈拉（Chimeras）、阴阳人（Hermaphrodites）等东西的方式。Philop. *Phys. H*. 13 说这些畸形产生于"天球第次分离和宇宙创造的开端，在仇恨最终在种上彼此分离之前"。但从所引的诗句看，恩培多克勒似乎更把它们看作是来源于由仇恨所分离的元素的联合；第 537 页注释 9、第 544 页注释 3 所引亚里士多德文本也支持这一点。

5　参见 V. 267（251，321 M）论人类的起源。Censorin. *Di. Nat*. 4, 8 把这一表述与前面谈到的表述不恰当地联系起来，这样来理解恩培多克勒的理论：最初，分离的部分从土中产生，好像被孕育了一般，然后它们聚在一起，形成混合着火和潮湿的完整人类物质。*Plac*. v. 19, 5 把这位哲学家关于生命存在物的起源的不同表述错误地

这些东西不过是对巴门尼德[1]观点的发展，后者早就联系古老的土生和 162
巨人神话[2]教导过人类起源理论。他也在如下理论上追随巴门尼德：性别由于它们或多或少的热而被区分开；但巴门尼德把温热本质归属于男人，而恩培多克勒把它归属于女人，[3]并相应主张（这里再次不同于巴门尼德），在人类的最初创生中，男人生于南方，女人生于北方；[4]而在生育的一般进程中，男性成形于子宫的温热部分，女性成形于更冷部分。[5]在质料方面，他还进一步主张，孩子身体的某些部分来自于父亲，某些部分来自于母亲，而生育的冲动发于这些分离元素间的彼此靠拢。[6]他
在胎儿的发育问题上的猜测多种多样。[7]有些时候他试图依据不确定的 163

联结在一起，也使他的真实观念受到误述。

1　*Supra*, Vol. I. 601.

2　巨人也在 *Plac*. v. 27 中被提到，那里说，当前的人种，与更早的相比，就像是小孩；但这也可能只是指黄金时代（参见下文）。

3　亚里士多德《论动物的部分》ii. 2, 648a25 以下。

4　Plut. *Plac*. v. 7.

5　Emp. V. 273-278（259, 329 M）以下；亚里士多德《论动物的生成》iv. 1, 764a1; cf. i. 18, 723a23；Galen *in Hippocr. Epidem*. vi. 2, t. xvii. a1002, Kuhn。这些记载并不完全一致。恩培多克勒自己说到子宫的不同位置（Galen 更明确地说，他同巴门尼德一样，把男孩置于右边；但这一诗节是这个说法的唯一证据）。亚里士多德则对性别的区分给出了另一种解释。Censorinus, *Di Nat*. 6, 7 的说法则是，男孩产生于男性器官的右边，女孩出于左边，这与他随后所说的关于恩培多克勒对性别差异和孩童与父母相似的解释矛盾。我们对此不能过于倚重；参见 Karsten, 472。

6　亚里士多德《论动物的生成》i. 18, 722b8; iv. i. 764b15；Galen, *De Sem*. ii. 3, t. iv. 616，涉及 Emp. v. 270（227，326 M）。如果他对此主题有所言述的话，那他更为明确的观点也是无法确定的。Philop. *De Gen. An*. 16a, 81b（ap. Sturz, 392 sq., Karsten, 466 sq.）所说的是相互矛盾的，明显只是一个推测，参考 p. 17 a。我们这里忽略 Plut. *Qu. Nat*. 21, 3, p. 917（Emp. v. 272, 256, 328 M）、*Plac*. v. 19, 5; 12, 2; 10, 1 和 Cens. 6, 10 所说的。参见 Karsten, 464, 471 以下；Sturz, 401 以下。与他关于物质结合的一般理论一致，恩培多克勒设想为了形成种子的有效结合，雄性和雌性之间必然存在着确定的对应孔道。但如果过度，则可能产生相反的效果，例如骡子所表明。参见亚里士多德《论动物的生成》ii. 8；参考 Philop. *in h. l.* p. 59, a（在 Karsten, p. 468，在这里 *Placita*, v. 14 在这个主题上的说法得到纠正）。

7　胎儿在前七周成形，或更确切地说，在第六和第七周成形（Plut. *Plac*. v. 21, 1；Theo. *Math*. p. 162）；生育则发生在第七个月和第十个月之间（*Plac*. v. 18, 1；Censorin, 7, 5）；指甲是最后形成的，它们由坚硬的肌腱构成（亚里士多德《论呼吸》c. 6, 484a38、*Plac*. v. 22 和 Karsten, 476）。V. 279（265 K, 215 M）谈到的与奶酪制作

164 和随意的结构[1]来解释身体部分的产生和物质构成。[2]他认为，不同动物的生命的所在位置及其样式，依据动物的实在构成得以确定；依据普遍的法则，每一实在都在寻求相似之物。[3]基于同样的理由，他得出对身体不同部分的位置的解释。[4]同植物一样，动物吸收同类实在获得营养；[5]生长来自于温热，睡眠和年老衰弱则由于温热的减少，死亡则是温热的完全消失。[6]

中凝奶的类比，可能相关于胚胎的最初成形，参见亚里士多德《论动物的生成》iv. 4, 771b18 以下。但这很可能也涉及眼泪从血液中的分离，对此，依据 Plut. *Qu. Nat.* 20, 2，恩培多克勒这样说道："就像奶清一样，当血液被搅动时，眼泪就被排了出来"。恩培多克勒还谈到流产问题；参见 *Plac.* v. 8 和 Sturz, 378。

1 因此他认为（参见 *Plac.* 上引处，依据 Galen, *H. Phil.* c. 36, p. 338 Kuhn 处的更好的文本；Plut. *Qu. Nat.*, cf. note 1）眼泪和汗液来自于血液的分解（*τήκεσθαι*），依据 v. 280（266，336 M），他似乎同样看待雌性的乳汁，并以其惯常的方式，认为它在既定的日子出现。在 v. 215（209，282 M）中，他更为详细地描述了身体的一个部分的形成（不清楚这到底是哪个部分），把它比作是陶器的制作。

2 在骨骼的构成中，二份土中加入了二份的水和四份的火；在肌肉和血液中，四元素则以平等或接近平等的份额混合，v. 198 以下，参见第 533 页注释 4；依据 *Plac.* v. 22，肌腱的构成则为二份的水加上一份的土和一份的火。*Placita* 中关于骨骼构成的说法不同于恩培多克勒自己给出的；在 Philop. *De An.* E, 16 和 Simpl. *De An.* p. 18 b 中，一份水和一份气取代了两份水；但这些分歧没有什么考察的价值。卡斯滕对它们的调和与所引诗节的主旨冲突。

3 *Plac.* v. 19, 6（但这里文本是残缺的。不应该是 *εἰς ἀέρα ἀναπνεῖν*，而应该读作 *εἰς ἀέρα ἄνω βλέπειν* 等等。但对于结束语 *πᾶσι τοῖς θώραξι πεφωνηκέναι*，我不知道该如何修复。卡斯滕用 *πεφυκέναι* 取代 *πεφωνηκέναι* 的建议很可能是对的，但用 *περὶ* 取代 *πᾶσι* 的做法就很难说是对的了；他也错误地用这段话来指涉具体的部分）。依据这一原则，恩培多克勒也不总是正确的，因为他说过水生动物追寻潮湿是因为它们的温热本性，参见亚里士多德《论呼吸》c. 14 和 Theophr. *Caus. Plant.* i. 21, 5。前文从 v. 233-239（220 sqq., 300 sqq. M）和 v. 163（205，256 M）所引的文字似乎表明他非常详细地讨论了动物的不同种类。

4 Philop. *Gen. An.* 49a。Karsten, 448 以下猜测这只是对他关于植物所说的（见第 543 页注释 7）武断延伸。但 Plut. *Qu. Conv.* i, 2, 5, 6 引述的诗节（233 sqq., 220 K, 300 M），没有提出任何反对它的东西；而亚里士多德《论动物的生成》ii. 4, 740b12 支持这一说法。

5 Plut. *Qu. Conv.* iv. 1, 3, 12，它诉诸了 v. 282（268，338 M）以下；*Plac.* v. 27。

6 *Plac.* v, 27, 23, 2, 25, 5；Karsten, 500 以下。早就有人说过，而恩培多克勒在 v. 247（335，182 M）以下重复说，对生命物来说，毁灭都源于构成事物的实在的分离。而这一点可能通过如下理论与 *Placita* 中的说法关联起来：恩培多克勒把身体的死亡看作是生命热量缺失的结果。

至于恩培多克勒在其他肉体活动上的观点，传统告诉我们最多的是
关于呼吸和感性知觉的进程。依据他的理论，空气的呼出和吸入，不纯 165
粹借助于气管进行，而且由于血液的运行，在整个身体上发生着。当血液在它的来回运行中从身体的外在部分退出时，空气会通过皮肤的微小孔道进入；当血液重新流入这些部分时，空气又被逐出。[1] 他同样依据孔道和流射来解释感觉。为了产生感觉，从对象发射出的微粒必然会和感觉器官中的同类元素发生接触，要么通过对象微粒经由孔道的进入，要么（如在视觉情况下）通过感觉器官的元素以相同的方式射出。[2] 这是因为，依据被恩培多克勒最初当作原理来阐述的理论，事物只能通过与在我们之中的相似的元素为我们所知：土通过土来认识、水通过水来认识 [3] 等等。这个理论最适用于解释味觉和嗅觉。在恩培多克勒看
来，这两种感觉都产生于摄入鼻子或嘴巴的细小物质微粒，在前一种情 166
况下，微粒混杂于空气中，在后一种情况下，混杂于潮湿中。[4] 在听觉中，他认为声音由空气进入耳道振动产生，就像它进入喇叭一样。[5] 视觉则相反，据说眼睛会发射出看的物质，以和事物的流射发生接触。恩培多克勒因此把眼睛视作灯笼：在眼球中，火和水被包裹在薄膜之下，它的孔道依次排列，以为不同的实在的流射提供通道：光导致对明亮事物的感觉，水导致对暗黑事物的感觉。因此，当可见事物的流射到达眼睛时，眼球内部的火和水通过孔道发出自己的流射，二者的交汇产生视

1　V. 287（275，343 M）sqq.；cf. Karsten, Arist. *Respir*. c. 7；Scholiasts *in h. l.*（on Simpl. *De Anima*, p. 167b sq.）；*Plac*. iv. 22, v, 15, 3。

2　参照上文 p. 132 以下；Theophrast. *De Sensu*，§ 7，孔道的不同决定了感觉的具体差异：每一种感官察觉那种与它的孔道对称因而能进入这些孔道并影响器官的事物，而所有其他的事物，则要么并不进入感官孔道，要么穿过它而不产生感觉。*Plac*. iv. 9, 3 有类似说法；参见 Hoper, *Zur Lehre von der Sinneswahrnehmung d. Lucrez*. Stendal, 1872, p. 5。

3　V. 333（321，378 M）.

4　*Plac*. iv. 17；亚里士多德《论感觉》c. 4, 441a4；Alex. *De Sensu*. 105b；参照 Empedocles, v. 312（300, 465）f。

5　Theoph. *De Sensu*, 9；Plut. *Plac* iv. 16，但这里恩培多克勒（同样依据塞奥弗拉斯特）用来类比耳朵内部的 *κώδων* 被不恰当地看作是意指铃铛而非喇叭。

觉。[1]

167 思想具有类似的起源。理智和思想的能力被恩培多克勒不做物质
和精神区分地赋予了所有事物；[2]因此，像所有其他的生命活动一样，思
想产生并依赖于实在在身体中的混合。[3]我们通过身体中对应的元素形
成对每一元素的概念。这特别是在血液中，因为在那里元素混合得最为
完全，因此，血液，特别是心脏的血液，是思想和意识的主要位置所
168 在（这是古人的普遍观念）。[4]但与他自己的理论相一致，恩培多克勒不

---

1 V. 316（302，220 M）以下；参照 240（227，218 M）以下；Theoph. l. c. § 8 以下；亚里士多德《论感觉》c. 2, 437b10 以下和 23 以下；Alex. *in h. l*. p. 43, 48；Thurot. Philop. *Gen. Anim.* 105b（在 Sturz, 419 和 Karsten, 484）；Plut. *Plac*. iv. 13, 2；Joh. Damasc. *Parall*. p. i. 17, 11（Stob. *Floril*. ed. Mein. iv. 173）。依据 Theophr. 和 Philop. 上引处；亚里士多德《问题集》xiv. 14；《论动物的生成》v. 1, 779b15，恩培多克勒认为浅色的眼睛是炽热的，黑色的眼睛是潮湿的；浅色的眼睛在晚上看得更清，而黑色的眼睛在白天看得更清（原因在塞奥弗拉斯特那里得到典型的解释）；但最好的眼睛中的火和水以平等的比例混合。Hofer 上引处反对关于恩培多克勒认为内部的火从眼睛发射的观点；但他既没有考虑恩培多克勒自己相关于 φῶς ἔξω διαθρῶσκον（向外流射的光）的说明，或亚里士多德的重述 ἐξιόντος τοῦ φωτὸς（流向外的光）对此的指涉，也没有顾及 Alexander 完全站在这个观点的一边对恩培多克勒诗句的评论。柏拉图对视觉给出了同样的解释。参考 Part II. a, 727, 3（英文译本 p. 428）。与以上引文一致，我们也可以看到他对颜色的定义 ἀπόῤῥοια（流出）（亚里士多德《论感觉》c. 3, 440a15；Stob. *Ecl*. i. 364，这里四种主要颜色被依据四元素命名；参见第 527 页注释 4、第 542 页注释 7）；恩培多克勒关于透明物体（亚里士多德，见第 527 页注释 4）和镜中影像的理论。他对后者的解释是，粘在镜面上的对象流射被从镜面孔道中流出的火送回。

2 V. 231（313，298 M）。Sext *Math*. viii. 286；Stob. *Ecl*. i. 790；Simpl. *De An*. 19b。

3 V. 333 以下，见第 547 页注释 3。亚里士多德《论灵魂》i. 2, 404b8 以下以其惯常的方式从这一诗节得出结论说，在恩培多克勒看来，灵魂由所有四种元素构成；而这个结论也因此得到他的评注者的复述。参见 Sturz, 443 以下，205 以下；Karsten, 494。但这是不正确的。恩培多克勒并没有认为灵魂是由元素构成的；只是被我们称作灵魂活动的东西依据身体的元素构成得到解释，他没有不同于身体的灵魂观念。Theodoretus 的如是主张（*Cur. Gr. Aff*. v. 18, p. 72）：恩培多克勒把灵魂看作是 μῖγμα ἐξ αἰθερώδους καὶ ἀερώδους οὐσιας（出自于以太和气的实体的混合），则更是错误的；Sextus, *Math*. vii. 115, 120 的推论——恩培多克勒相信有六种真理的标准——显然只属于他自己和他的文献。

4 Thephr. *De Sensu*. § 10 在阐述恩培多克勒的感觉理论后说道："他关于思维和无知就是这样说的；因为思维相关于类似，而无知相关于不类似，因此思维与感觉要么同一要么类似。因为就像我们按照一一对应来认识的那样，经过计算最终他加上这

能也没有否认身体的其他部分具有思想的功能。[1]元素的混合越是均匀，感觉和理智一般来说就越是敏锐；当元素性微粒以松弛涣散的方式相互结合时，[2]精神功能就会运行得非常缓慢；当它们细微而又紧密地聚在一起时，精神功能就会飞快运转；在一种情况下它持久稳定，在另一种情况下它摇摆不定。[3]如果元素的正确混合出现在身体的某个部分，它就会产生相应的独特天赋。[4]恩培多克勒因此像巴门尼德[5]一样认为，思想 169
的品质受身体构成的调节，并随之发生变化。[6]亚里士多德据此得出结论说，他必然在感觉现象中寻求真理；[7]但恩培多克勒完全会像他的埃利亚前辈一样对此进行否认，[8]至于这一否认是正确的还是错误的，不是我

一句'出自于它们'。（V. 336 以下）。因此思维甚至在很大程度上通过血液；因为在血液中各部分的元素最大程度地混合在一起"。Emp. v. 327（315，372 M）。这一诗节被看作是恩培多克勒的：尽管依据 Tert. *De An*. 15，它似乎出现在俄耳甫斯教诗文中，但无疑它最初出自恩培多克勒。Philop. *De An*. c. a 把它归属于克里底亚；但这明显是错误的。更晚的作家有时在恩培多克勒随后关于 ἡγεμονικόν（主导部分）位置的探究的意义上重复或误解了这一定义；参见 Cic. *Tusc*. i. 9, 19; 17, 41、Plut. ap. Eus. *Praep*. i. 8, 10、Galen, *De Hipp. et. Plat.* ii. extr. T. V. 283 K、Sturz, 439 以下和 Karsten, 495, 498。也参见第 545 页注释 7 和柏拉图《斐多》96B。

1　值得注意的是 v. 328 中的 μάλιστα（最为），这段话的结论在塞奥弗拉斯特那里被直接引用。

2　或者依据 Interpr. Cruqu. on Horace, *Ep. ad. Pis*. 465（在 Sturz, 447，Karsten, 496），在血冷的地方：但这很可能被恩培多克勒看作是部分松散联合的结果。

3　这是节制理论的最初萌芽。

4　Theophr. *l. c.* § 11。最后一句话在 Plut. ap. *Eus. Praep*. i. 8, 10 中被做了这样的表达："主导部分既不在脑袋里，也不在胸腔里，而是在血液里；就此而言身体的某个部分，当它最大程度地分布时，它就是主导部分，因此，它据之被认为先于人"。

5　*Supra*, vol. i. 602.

6　V. 330（318，375 M）。为了支持这一主张，恩培多克勒也举出梦的现象作为例子。依据 Philop. *De An*. p. 3 和 Simpl. *De An*. 56b，v. 331（319，376 M）中的话同样也与此相关。他也评论说，疯狂出于肉体原因，尽管他后面说疯狂由罪产生，这除了疾病疯狂之外，还有更高的宗教狂热疯狂。Col. Aurel. *De Morb. Chron*. i. 5, 145。

7　《形而上学》iv. 5, 1009b12 这样谈到德谟克利特和恩培多克勒（对后者谈及刚才所引诗节的效力）："总之，由于断言感觉就是思维，而这就是变化，他们说那在感觉上显现的必然就是真的。" ἐξ ἀνάγκης 与 φασιν 相连：他们不得不认为。

8　里特尔的观点（cf. Wolf's *Anal*. ii. 458 sq, ; cf. *Gesch. d. Phil*. i. 541）：在恩培多克勒看来，天球只能为理性所知，而当下世界为感官所知；这得不到他自己表述的支持。因为下个注释引述的诗节（19 sqq.）具有普遍的含义：没有任何迹象表明它仅限于

们探讨的主题。因为他远未完全相信感觉，相反告诫我们不要予以它任
170 何信任，而要在对事物本性的反思中认识自己；[1]尽管他同克塞诺芬尼一
样深切悲叹人类知识的局限性，[2]但就可朽者配得的知识而言，他期望理
性的远多于感觉。但几乎不消说，他没有建立后世意义上的知识理论；[3]
我们也不能因为他对人的各个方面的普遍谴责而把他看作是怀疑主义者
171 的盟友。[4]我们的残篇没有清楚地告诉我们是什么导致了他对感官的不
信任；但与巴门尼德、德谟克利特和其他自然哲学家相似观点的对照，
清楚地表明，在他那里情况一样，原因在于感觉现象和他的物理理论的
矛盾，特别是因为生成、毁灭和性质变化概念会导致的困难；因此，在
他这里，知识理论的命题同样不是作为基础出现的，而只是客观探究的
一个结果。

在恩培多克勒看来，和观念一样，情感以相同的方式产生，处于相同的状态。与每个人的构成部分亲合的东西，在给他带来知识的同时，会引发他的快乐感觉；与这些构成相反的东西，则促生痛苦感受。[5]欲

指天球，cf. note 4。

1 V. 19（49，53 M）。V. 81（108，82 M）说 *φιλότης*：“你要用心智看清楚她，而不是用双眼坐着发愣”。我跳过了像 Lact. *Inst*. iii. 28、Tert. *De An*. 17 这些后来作家的表述。

2 V. 2（32，36 M）。我们在恩培多克勒那里发现的这一最强烈的表达，事实上只是在说：考虑到人类知识的有限性和人类生活的短促性，不能说我们能通过偶然和片面的经验把握整体；要以这种方式获得对真理的真实知识是不可能的（v. 8 sq.）；因此我们必须满足于人类本性能够获知的。类似地，在 V. 11（41，45 M）以下，恩培多克勒恳求诸神保护他远离自以为是的精神，这将超出有死者的限度，并恳求他们向他揭示“他们的法则，在每一天都可以倾听”。V. 85（112，86 M）以下的第三段话则与此没有关系；因为在那里他说及友爱，“有死的人学会了他和整体一起的旋转”，依据文本，这是唯一的意思；当爱作为性爱出现时，它的力量为每个人所知；但它的普遍宇宙内涵，还不为人所知，而即将被他第一个揭示（“而你要听我言谈的无欺诈的安排”）。

3 Sextus, *Math*. vii. 122 把如下理论归属于他：真理的标准不是感觉，而是 *ὀρθὸς λόγος*（正确的理性）；它部分是神圣的，部分是属人的；作为属人的部分，它只能在言说中得到表达。但除了最初引用的诗句外，它得不到任何其他资料的支持。

4 Diog. ix. 73 和 Cic. *Acad*. i. 12, 44 中的怀疑主义者持这种观点。*Acad. pri*. ii. 5, 14 中的说法是矛盾的。

5 Emp. v. 336 以下和 189 以下（参见第 547 页注释 3、第 528 页注释 1）。Theophr.

望就是每个个体对自已缺乏的亲合元素的追求；它是适应于个体本性的实在结合的最终结果。[1]

3. 恩培多克勒的宗教学说

至此我们已经讨论了恩培多克勒的物理理论。所有这些理论都从同样的前提出发，尽管在具体细节上，我们会发现许多东西都是任意武断 172
的，但从整体上看，一种依据相同的原理和相同的原初因来解释所有事物的努力仍然清晰可见。因此，恩培多克勒的物理观念，作为一个自然哲学体系的部分，尽管不在各个方面都是完备的，但仍然贯彻了一个总体的规划。但是，就他部分来自他论自然的诗篇的第三卷、主要来自 καθαρμοί（《净化篇》）一书的宗教学说和律令来说，情况则完全不同，它们与他的科学原则没有任何联系。在这些命题中，我们只会看到各种信条，它们是完全来自另一个方面的对他哲学体系的附加。但我们也不能完全跳过它们。

让我们从轮回转世和死后生命的观念开始。恩培多克勒告诉我们，命运的一个不变法则是，因为谋杀或背誓而有罪的精灵，必然会被从神圣者那里驱逐出去 30，000 个季节，以可朽存在的不同形式穿越生命的
痛苦历程。[2] 因此他认定有一个原初的极乐状态，它的位置必然在天上； 173
因为他抱怨说他被从诸神的所在驱逐降到地上，进入这个洞穴，[3] 而回归诸神便是对虔诚者的回报。[4] 诗人在他强有力的诗篇当中以自我回忆的形式，[5] 描述了负罪精灵辗转于无休止的世界游荡的不幸；[6] 灵魂进入对立

De Sensu, 16 引用了这一诗节："然而他并不以同样的方式来说明快乐和痛苦，他根据类似来产生快乐，而根据相反来产生痛苦。" Joh. Damasc. *Parall*. S. ii. 25, 30, 35（Stob. *Floril*. ed. Mein. iv. 235 sq.）；参见 Plut. *Plac*. v. 28 和 Karsten, 461。

1 Plut. *Plac*. *l. c.*; cf. *Quaest. Conv.* vi. 2, 6.

2 V. 369（1）。我在这里和下文忽略了后来文献的表述，因为它们只在重述和歪曲恩培多克勒自己所说的。这些表述可以在 Sturz, 448 以下中被找到。

3 V. 381（7，9 M）；V. 390（11，15 M）；392（31，29 M）。

4 V. 449 以下；见第 552 页注释 8。

5 V. 383（380，11 M）。

6 V. 377（16，32 M）。V. 400（14，30 M）似乎谈到同一种状态。

和斗争、疾病和易逝的领域，[1]发现自己穿上了肉体的外衣，[2]从生命领域
174 坠入死亡王国的痛苦和悲哀。[3]被放逐的精灵在他们的游荡中，不仅会
进入人和动物的肉体，而且会进入到植物之中；[4]但最高尚的寓所被安排给最为价值的精灵。[5]灵魂离开肉体后进入的中介状态，看来被恩培多克勒依据流行的地狱观念来设想。[6]至于他是否认为游荡概念也适用于所有的灵魂，适用的话又要持续多长时间，我们无法清楚获知。[7]最好的灵魂最后获得预言家、诗人、自然哲学家和君主这样的尊号，并从这里作为神返回神地。[8]

在恩培多克勒那里，与这一信念相伴而生的还有确定的净化观念
175 （我们可以在他的著作中找到相关痕迹），[9]以及禁止食肉[10]和屠杀动物的
律令。这两者在他看来都是犯罪，就像杀人和吃人一样罪恶昭彰。处在动物身体里的是人类的灵魂；那为什么不应把运用于我们同类的普遍法则同样运用于动物？[11]为了逻辑一致，恩培多克勒还应当把这些原则扩

1 V. 385（13，17 M），386（21，19 M）。参见 V. 393（24，22 M）对地球世界对立面的描述：*Χθονίη* 和 *Ἡλιόπη*（土和火）的、*Δῆρις* 和 *Ἁρμονίη*（仇恨和友爱）的、*Φυσώ* 和 *Φθιμένη*（生和死）、美和丑的、大和小的、睡和醒的等等。（我们不需要像 Plut. *Tranqu. An.*, 15, p. 474 那样认为这意味着恩培多克勒通过生命赋予了每个人一个善的和一个恶的精灵）参见第 542 页注释 1。

2 V. 402（379，414 M）。依据 Stob. *Ecl.* i. 1048，这个命题的主词是 *ἡ δαίμων*（那个受神谴的）。

3 V. 404（378，416 M）.

4 参见第 551 页注释 5、第 543 页注释 3。

5 V. 438（382，448 M）.

6 这在 V. 389（23，21 M）中被提到；直接的出处并不清楚："它们可能在黑暗中游荡在疯狂的草地上"。

7 V. 374 中的 *τρισμύριοι ὧραι* 意思不明（参见第 536 页注释 1）；另一方面，我们在 V.445（420，255 M）以下发现一个威胁，这无疑指的就是轮回转世。

8 V. 447（387，457 M）。参见 Pindar, Vol. I. p. 70, note 4 所引文字。在《净化篇》一书的序言中，V. 355（392，400 M），恩培多克勒这样谈及他当前的生命："对于你们，我就是不朽的神，不再是有死的"。

9 V. 442（422，452 M）.

10 V. 430（410，442 M）.V. 436（9，13 M）.V. 428（416，440 M）f.

11 亚里士多德《修辞学》i. 13, 1373b14（V. 425, 403 K, 437 M）。

展到植物世界；[1] 但这当然是不可能的：因此他满足于禁止食用或滥用某些植物[2]——因为它们的宗教意义。

无论这一理论和这些律令对他个人来说多么的重要，[3]它们与他的理论体系只有局部的联系，而且事实上在某一方面明显与之相反。当恩培多克勒从斗争和对立的世界回首渴望那一切都处于宁静和谐之中的原初神圣状态时，我们可以在人类生活方面看到他同样的态度和观点，这在关于宇宙状态的变迁理论之中有清楚的表现。在这两种情况下，统一 176
状态都被看作是更好的和更早的；个体存在物之间的分裂、对立和斗争被看作是一种不幸，由于原初秩序的失调和神圣原初状态的失去而导致的。但即使他的宗教理论和物理理论如此处于同一个方向上，恩培多克勒也从未试图把它们科学性地联系在一起，或去证实它们的一致性。由于精神生命只是物质性实在结合的产物，它作为个体性生命同样为这一确定的结合所决定；因此，灵魂既不可能存在于身体形成之前，也不可能比身体持续得更久。但这一困难似乎完全为恩培多克勒所忽略，就我们所知，他没有做出任何努力去解决它，或试图把轮回转世的理论与他的其他理论联系起来。他关于原始元素所说的——它们在变换着的结合中贯穿所有的存在形式，[4]与精灵游荡天际的说法，只有很小的一点类似，缺乏确实的关联；[5]尽管元素自身被冠以神的称呼，[6]被称是精灵，[7]但

1 如 Karsten, p. 513 很好地发现的那样。

2 如果 V. 440（418，450 M）以下中的第二句诗（*δειλοὶ πάνδειλοι κυάμων ἄπο χεῖρας ἔχεσθε*）真的是恩培多克勒的话，那么月桂和豌豆就是有这种意义的东西；因为这很可能与民众会议上的投票相关。

3 Vide p. 173.

4 参见第 525 页注释 2 和第 521 页注释 1。Karsten, p. 511 和 Gladisch, *Emp. u. d. Aeg.* 61 认为 V. 51 以下（见第 521 页注释 1 所引）指涉灵魂的预先存在和不朽。但这是错误的；它指涉的是构成可朽存在物（*βροτοὶ*）的原始元素的不朽。

5 在恩培多克勒看来，所有的个体存在物，包括神和精灵，最初都产生于元素实在的结合，毁灭于它们的分离。因此，原始实在的永久性完全不同于个体之物的持久性，后者只是那些实在的结合的产物。

6 参见第 522 页注释 3 和第 529 页注释 2。

7 V. 254，见第 544 页注释 4。

177 这并不意味着恩培多克勒真的就把灵魂的转世和元素的循环这两种完全不同的东西等同起来，或认为对前者所说的适用于后者。[1] 我们也没有理由认为，对他来说，轮回转世不过是自然生机论和自然生命的阶段发展的一种象征。[2] 他自己是在严格意义上以极大的真诚性和精确性来阐述这一理论的，尽管以之为基础的各种律令在我们看来可能非常琐细，但在他眼里无疑都是重要的。因此，唯一剩下的能够得到坚持的观点是，他从俄耳甫斯教—毕达哥拉斯主义的传统接受了轮回转世的理论，并只依据这一传统来理解它，没有把它与他自己的在其他地方以其他方式阐释的哲学信念科学地联系在一起。[3]

对于恩培多克勒以一种独特的方式阐述的关于黄金时代的神话，[4] 可
178 以说以上同样的话，尽管我们不能发现它与他其他理论的任何联系。不能说它是关于天球的想象，[5] 因为在天球中没有个体性的存在；也不能把它看作是对属天的原初状态的描述，因为活在黄金时代中的已经被明确说成是人了，而他们所处的环境正是地球。有人会从刚才所引的亚里士

1 正如 Sturz, 471 以下、Ritter（Wolf's *Anal*. ii. 453 sq., *Gesch. d. Phil*. i. 563 sq.）、Schleiermacher, *Gesch. d. Phil*. 41 sq.、Wendt on Tennemann, i. 312 等，追随 Irhov, *De Palingenesia Veterum*（Amsterd, 1733）, p. 233 以下等处（vide Sturz, *l. c.*）所认为的。

2 Steinhart 上引处 p. 103 以下。Sext. *Math*. ix. 127 以下不能对此形成支持，因为他，或他转录的斯多亚主义者，在字面意思上理解恩培多克勒和毕达哥拉斯主义的轮回转世学说，并把它确立在斯多亚主义的世界精神的理论基础之上。

3 如无数的事例表明的那样，持有相互冲突的观念是完全可能的。例如，基督教哲学家持有多少会与他们的哲学逻辑矛盾的神学理论！

4 见似乎为亚里士多德《论生成和毁灭》ii. 6, 334a5 所引的诗节，也即 V. 405（368, 417 M）以下。参见 V. 421（364，433 M）以下。因此在随后的诗节中我们被告知这些神如何在以前的人种那里受到不带血污的牺牲和祭品的祭祀，因为所有动物与人友爱相处，植物也果实累累。（至于对 *ἄγαλμα* 的这一解释，参见 Bernays, *Theophr. ü. d. Frömmigkeit*, 179。Bernays 猜测在前一诗节中出现的应是 *στακτοῖς ζωροῖσι*〔以滴落的醇酒〕而非 *γραπτοῖς ζῴοισι*〔以描画的动物〕。但这并不能说服我。恩培多克勒很可能主张用图画的 *ζῷα*〔动物〕来取代真实的动物献祭；就像 Favorinus ap. Diog. viii. 53 说恩培多克勒、Proph. *V*. p. 36 说毕达哥拉斯用面粉烤制的公牛做祭品一样）。参见第 545 页注释 2。Stein 和 Mullach 关于被古人归属于毕达哥拉斯或巴门尼德的诗节（见上册第 353 页注释 3）实际上属于这个部分的说法，在我看来是可疑的。

5 Ritter, *Gesch. d. Phil*. i. 543, 546 和 Krische, *Forsch*. i. 123 持这种看法。

多德的话中得出结论说，黄金时代必然属于这样一个阶段，在其中，不同元素从天球的分离开始发生。但这一观点很少能得到理论上的支撑，因为如我们已经看到的，恩培多克勒没有对与我们当下世界如此对立的宇宙的形成给出具体的阐述。[1] 因此，情况看来是这样，他利用黄金时代的神话来支持他关于动物生命神圣性的原理，却不烦心于考虑在他的理论体系中是否会有这种理论的一席之地的问题。

与这些神话和理论并肩存在的恩培多克勒的神学观念，是我们现在
要考察的问题。他以不同的方式谈到神。首先，他指出，神处于由原始 179
实在结合而产生的事物之列，他们生命更为持久，最受尊崇。[2] 这些神与流行的多神论信仰中的神灵没有什么区别；除此之外，依据恩培多克勒的宇宙论，他们也是在时间上有限的存在。[3] 精灵同样如此，关于他们中的有一些一直生活在神圣之地、而另一些则要经历轮回才能重新回到那里的说法，[4] 同样属于流行信仰。其次，当恩培多克勒把元素和动力因称作是精灵，并给予它们神的称呼时，他仍然与流行信仰站在一起；[5] 只不过在这里神话的面纱被如此揭开，以至于我们可能认为对神灵名称的这种使用不过是比喻性的。依据他自己的观念，六种原始本质事实上是绝对的和永恒的存在，因此，对它们的神圣描述更是原初意义上的而非被造神的意义上的，但诗人也只是偶尔才会赋予这些本质以某种人格性。再次，对天球的神圣性可以说同样的话。所在实在的这一混合只在
这种意义上是神圣性的：古人把世界看作是神圣动力和本质的总体。[6] 最 180

1　*Supra*, p. 153.

2　V. 104 以下（参见第 525 页注释 2）；参照 119（154，134 M）以下。

3　参见第 539 页注释 1。

4　参见第 551 页注释 2 及 p. 172。

5　见第 529 页注释 2 末、第 522 页注释 3 和第 530 页注释 3。

6　Wirth, *d. Idee Gottes*, 172 以下持相反的看法（参照 Gladisch. *Emp. u. d. Aeg*. 31 以下和 69 以下）。他把恩培多克勒关于天球的神圣性所说的（参见第 532 页注释 1）与友爱的理论联系在一起，并把两者与马上要引述的恩培多克勒的诗节联系在一起，得出这样的结论：神是一个理智主体，他的本质是 $\varphi\iota\lambda\acute{\iota}\alpha$，他的原始存在是天球，因此天球在 V. 138（见第 535 页注释 3）被描述为人格性的东西。但这一

联结既得不到历史证词的支持，也与恩培多克勒理论最为明确的界定不相容。维尔特的主要论据是亚里士多德的如下观察（见第 536 页注释 4）：恩培多克勒的 *εὐδαιμονέστατος θεὸς*（最幸福的神）比所有其他造物都更为无知，因为它不包含仇恨于自身，因此也就对仇恨一无所知。但从中得出结论说，恩培多克勒把天球看作是一个理智的主体，独立于有限者的进程之外，则不过表明对亚里士多德字面解读他的前辈的通常方式的无知。假如亚里士多德只在指涉诗节 138 和 142（见第 535 页注释 3 和第 536 页注释 7），在那里天球被描述为神和神圣存在物，那么他的说法也是完全可以得到解释的。亚里士多德抓住这些界定，并把它们与关于相似的认知相似的进一步主张相联，就足以得出恩培多克勒观点荒谬的结论。但这样说，并不意味着恩培多克勒自己也说天球并不认知仇恨，或他认为天球具有什么认知功能。这一断言完全可能只是亚里士多德的一个推论；甚至最高的 *εὐδαιμονέστατος θεὸς* 也不必然需要在恩培多克勒那里出现（他基于韵律的理由不会这么表达）。亚里士多德自己得出这样说法，要么出于讥讽，要么是因为他认为如果统一是值得追求的最好的状态、斗争是最坏的状态（Emp. v. 79 sqq., 405 sqq., 416 sqq.; M &c.），那么最为神圣的存在必然只包含统一和爱，不涉及任何仇恨于其中。所有能被证实的只是这样一种观念：恩培多克勒的天球被描述为神和神圣的本质。但他同样（如亚里士多德在《论生成和毁灭》ii.6, 333b20 中所说）也把元素和由元素构成的存在物——人以及精灵——称作是神；他完全能够把天球描述为神圣的，就像柏拉图把这个词运用于我们的可见世界一样，即使他并不认为它是一个人格性的存在。进而，即便恩培多克勒不考虑天球的非人格本性，仍然人格化地设想它，或以早期哲学家的那种含糊的方式来这样设想它，赋予它某种人格特性，例如知识，这也绝不意味着它就是一神论意义上的神，那个不遭受有限进程的最高存在物。首先，我们并不清楚恩培多克勒是否会持有关于神的一神论观念，因为那个被认为支持这一观念的诗节，如 Ammonius 指出的，指涉的是阿波罗；其次，即使他确实持有这种观念，他也不可能把这一至高的神等同于天球。因为依据维尔特，至高神独立于有限者的进程之外，但天球完全处于这一进程之中，它自身作为完善的整体（参见第 536 页注释 7），被仇恨所分裂，并分解为分离的世界；在这些诗节中，神被描述为纯粹的精神，而天球则正相反，是所有物质性实在的混合。仅仅说，从古人的实在主义观念出发，神可能会被设想为元素的统一，而第欧根尼和埃利亚哲学家就持有与此类似的神的观念，并不足以证明这些观念的一致性。这里的问题不在于神是否会被设想为元素的统一（早期的伊奥尼亚物活论哲学家和其他一些人会持有这种观念）；也不在于，在这种情况下，理性和思想是否能被赋予被物质性设想的原始本质（有许多哲学家，例如第欧根尼和赫拉克利特，就是这么做的，而斯多亚主义者都持有这种观念）；而在于同一个哲学家是否会同时既把神看作是纯粹精神（*φρὴν ἱερὴ καὶ ἀθέσφατος ἔπλετο μοῦνον*），又看作是所有物质性元素的混合。因为这里不存在任何的类似。维尔特的理论与恩培多克勒理论体系的基本概念完全反对。依据他的描述，同样依据 Gladisch, *l. c.*，最初存在的是所有存在物的统一，是那个神圣之物，它同时是基础性的物质；只是从这统一的本质中才产生出具体的实在。这样我们就得到了一个类似于赫拉克利特式泛神论的世界理论。但恩培多克勒自己宣称四元素及二元动力因是第一性的和非派生性的。另一方面，他再三明确地把这些

后，我们确实具有这样一些恩培多克勒诗句，在其中，他以克塞诺芬尼
的方式甚至与其几乎相同的词句，把神描述为不可见的和无与伦比的、 181
超越于人类形体和有限性之上的、统治着整体世界的纯粹精神。[1] 但这
一表述实际上直接相关于某一位流行观念中的神，[2] 而且即使不是这样， 182
我们也不能认为像恩培多克勒这样一个到处肯定多神论且自身完全作为祭司和先知身份出现的人，会同他的埃利亚前辈一样采取一种与流行宗教如此敌对的态度。因此，像人们经常做的那样，把这些诗句看作是对纯粹一神论的宣言，就是错误的；它们也不应在哲学泛神论的意义上得到解释，因为在恩培多克勒那里没有泛神论的痕迹：[3]实际上，这会与他理论体系的一个基本原理，即元素和动力因的原始多样性，产生根本的冲突。不过对流行信仰的净化目的在这里仍然清晰可见，当恩培多克勒在他的物理诗篇第三卷的序言中赞美对神的真实知识的价值、悲叹关于诸神的错误观念，[4] 并恳求缪斯的帮助 [5] 以使他能对可敬的诸神做出良好的论说时，他也就明确地宣告了这一目的。但即使是这一更为纯粹的信
仰，也与他的哲学理论没有任何理论的联系。确实有这么一个不那么 183
直接的联系：流行宗教的神人同形同性说并不那么投这样一位哲学家所好，在他那里对自然原因进行探求的知识品味已经得到非常完善的发展。但这些神学观念既不属于恩培多克勒理论体系的基础部分，也不是它的发展产物。在他的理论之中，渗透于宇宙之中的神，既不是宇宙的

元素的混合，即天球，描述为某种派生性的东西，看作是由原初原则结合而产生的东西。因此，天球（尽管亚里士多德把它称作是 ὁ θεὸς），不可能被他设想为绝对意义上的神，它只被看作是一个神圣之物；参见第 537 页注释 1。

1　V. 344（356，389 M）.

2　Ammon. *De Interpret*. 199, ap. *Schol. in Arist*. 135a21。依据 Diog. viii. 52（vide *sup*. 121, n.），恩培多克勒创作过 προοίμιον εἰς Ἀπόλλωνα，不过这在他死后就被烧毁了。有没有可能它以抄录的形成被保存下来了？

3　我们已经注意到（Vol. I. 446 sq.）被归属于他和毕达哥拉斯主义者的塞克斯都的话，表达了斯多亚主义的世界精神理论。

4　V. 342（354，387 M）.

5　V. 338（383 M）.

创造者也不是它的塑形者，因为世界的原因只能在四元素和两动力因中被找到。依据这个理论的前设，神也不是宇宙的统治者，因为就我们从恩培多克勒残缺的表述中所知的，世界的进程完全依赖于元素的混合与仇恨和友爱的轮次作用，它们按照一个不可逆转的自然法则进行着。在他的理论之中没有神发挥人格性作用的空间：即使是被里特尔（Ritter）[1]看作是友爱和仇恨统一的作为动力因的必然（Necessity），在恩培多克勒那里也不会具有这种作用。[2]我们也不能认为与以上那般描述的神相连的是友爱，因为友爱只是两种动力因中的一种，它与另一种动力因直接对立；它也不被恩培多克勒看作绝对统治世界的精神，而只被看作与所有事物相关的六元素之一。[3]因此，我们越是在他的著作中发现精神性的神的观念，我们就越是难以把它与他的哲学理论和谐一致，把它与
184 流行宗教和谐一致，而后者是与它首要相关的方面；结果是，我们不能从这些理论中直接派生这种观念，而必须把它追溯到另一些前情，这一方面如克塞诺芬尼的前例，从引自恩培多克勒的话语使用的语言看，他的影响清晰可见；[4]另一方面如他在道德和宗教上的关注，我们已经在他关于流行信仰的血腥献祭的革新态度上看到了这一点。如果我们的目标在于获得对恩培多克勒的人格和影响的完备图景，或在于确定他在宗教问题上确切立场的详情，那么这些追溯具有非常重要的意义，但它们与他的哲学信念的联系如此之小，以至于我们并不能在哲学史上赋予它们任何重要的价值。

4. 恩培多克勒学说的科学性和历史地位

关于恩培多克勒学说的价值及其与更早和同时代的理论体系的关系问题，在古代就在哲学家当中产生了极大的争议，而这种观点的分歧后来更是有增无减。虽然在他的同时代人那里，恩培多克勒受到很高的崇

---

1 *Gesch. d. Phil.* i. 544.
2 参见第 532 页注释 3。
3 参见第 530 页注释 3。
4 参见引用了克塞诺芬尼的话的诗节，Vol. I. 560 以下。

敬，不过依据他自己的说法，这种崇敬更多来自于他作为先知和人民之
友的身份，而非他哲学家的身份；[1] 当后来作家站在相反的角度极有敬意 185
地提到他时，[2] 柏拉图[3] 和亚里士多德[4] 则似乎对他哲学的价值评价甚低；
到现代，与某些作者[5] 对他的热烈赞扬相抗衡的则是不只一家的贬低评
价。[6] 在恩培多克勒与更早哲学学派的关系问题上，观点上的差异则更
为显著。柏拉图（上引处）把他与赫拉克利特放在一起，亚里士多德则
通常把他与阿那克萨戈拉、留基波和德谟克利特，甚至是更早的伊奥 186
尼亚主义者放在一起；[7] 但从亚历山大时代以来，他一般被归为毕达哥拉
斯主义者一类。现代作者则几乎毫无例外地背离了这一传统，[8] 但却未在

---

1 Vide *supra*, p. 119.

2 一方面如众所周知的新柏拉图主义者，我们已经谈到他们对恩培多克勒理论的歪曲；另一方面如卢克莱修，因为他作为诗人的伟大和他的原子论的物理理论倾向。Lucret. *N. R.* I. 716 以下。

3 《智者》242E，在这里，恩培多克勒与赫拉克利特相较，被称作是不合逻辑的。

4 亚里士多德实际上从未对恩培多克勒做正式的评判；但他有时吐露的评论使我们相信，他并不认为他作为一个自然主义者能与德谟克利特对等，或作为一个哲学家能与巴门尼德和阿那克萨戈拉比肩。亚里士多德驳斥许多恩培多克勒理论的态度（例如《形而上学》i. 4, 985a21，iii. 4, 1000a24 以下，xii. 10, 1075b，对友爱和仇恨的定义的驳斥，同上书 i. 8, 989b19，《论生成和毁灭》i. 1, 314b15 以下和 ii. 6，对元素理论的驳斥；《物理学》viii. 1, 252，对宇宙阶段理论的驳斥；《气象学》ii. 9, 369b11 以下，对闪电解释的驳斥），并不比他通常的批判更为严厉。在《气象学》ii. 3, 357a24 中，海从土里渗出形成的观点被说成是荒谬的：但这并不重要；对恩培多克勒的表达和诗作的批判（《修辞学》iii. 5, 1407a34；《诗学》i. 1447b17），有某些赞扬（ap. Diog. viii. 57）与之对立，不会影响对他哲学的评价。但与阿那克萨戈拉的比较（《形而上学》i. 3, 984a11）确然不利于恩培多克勒，同书 i. 4, 985a4 中的 ψελλίζεσθαι（含糊话语）一词，即使被扩展于（*ibid*. i. 10）对整个早期哲学的评价，也会给我们带来这样的印象：恩培多克勒特别缺乏清晰的概念。

5 Lommatzsch 在第 517 页注释 1 中提到的著作中有这样的评价。

6 Cf. Hegel. *Gesch. d. Phil*. i. 337; Marbach, *Gesch. d. Phil*. i. 75; Fries, *Gesch. d. Phil*. i. 188.

7 《形而上学》i. 3, 984a8, c, 4, c, 6 end, c, 7, 988a32；《物理学》i. 4; viii. 1；《论生成和毁灭》i. 1, 8；《论天》iii. 7 et pass。

8 只有 Lommatzsch 完全追随这一传统。维尔特（*Idee der Gotth*. 175）说，恩培多克勒的整个理论体系都渗透着毕达哥拉斯主义的精神。Ast. *Gesch. d. Phil*. 1 Λ, p. 86 把毕达哥拉斯主义元素局限于恩培多克勒的思辨哲学，认为他的自然哲学则相连于伊奥尼亚哲学。

其他方面形成任何一致的意见。有些人把他置于伊奥尼亚主义者之列，认为在他学说的伊奥尼亚式核心之外，只有少量的毕达哥拉斯主义和埃利亚主义元素的混合。[1] 另一些人则相反，把他看作是个埃利亚主义者；[2] 还有第三种人 [3] 把他看作是除阿那克萨戈拉的之外的二元论者。但大多数人越来越倾向于相信恩培多克勒的学说包含了各种不同要素的混合——毕达哥拉斯主义的、埃利亚主义的和伊奥尼亚主义的，但主要是埃利亚主义的和伊奥尼亚主义的：[4] 在何种关系上、依据哪一点它们相互联系在一起，或它们是否纯粹以折中主义的方式并列存在，则仍然是个富有争议的问题。

187 为了得到确定的结论，最好的做法似乎是参照古人对恩培多克勒的师承的说法。但他们并没有给我们提供确切的立脚点。阿尔基达马斯（Alcidamas）说他是巴门尼德的学生，后来离开他追随阿那克萨戈拉和毕达哥拉斯。[5] 这后一个断言听起来如此地奇怪，以至于我们很难相信它是由高尔吉亚的一个著名学生做出的。要么某个更晚的与他同名之人说了这样的话，要么它来自于肤浅的编纂者对他真实话语的误解。[6] 即使阿尔基达马斯真的做了这样的断言，这也只表明，他从这些哲学家的学说的相似性中推出了他们的个人联系，并非他真的了解这方面的事

1 Tennemann, *Gesch. d. Phil.* i. 241 sq.; Schleiermacher, *Gesch. d. Phil.* 37 sq.; Brandis, *Gr. –rom. Phil.* i. 188; *Rhcin. Mus.* iii. 123 sq.; Marbach. *l.c.*

2 Ritter, *l.c.*; Braniss, *sup.* Vol. I. p. 166 sq.; Petersen, *sup.* p. 194 sq.; Gladisch, in *Noack's Jahrb. f. spek. Phil.* 1847, 697 sq.

3 Strumpell, *Gesch. d. theoret. Phil. d. Griechen*, 55 sq.

4 Hegel, *l.c.* 321; Wendt zu Tenneman, *Gesch. u. Syst. d. Plat.* i. 150; Karsten, p. 54, 517; Krische, *Forschungen*, i, 116；Steinhart. *l.c.* p. 105; cf. 92; Schwegler, *Gesch. d. Phil.* p. 15; Haym, *Allg. Enc. 3te. Sect.* xxiv. 36 sq.; Sigwrat, *Gesch. d. Phil.* i. 75; Ueberweg, *Grund.* i. § 22.

5 Diog. viii. 56.

6 卡斯滕的如是建议（p. 49），在我看来似乎是最有可能的。正如卡斯滕推测的那样，阿尔基达马斯可能只是说到某个毕达哥拉斯主义者，说恩培多克勒是他的学生；或只是谈到恩培多克勒的学说与毕达哥拉斯和阿那克萨戈拉学说的亲合性，并不涉及任何私人关系。在第一种情况下，*οἱ ἀμφὶ Πυθαγόραν* 的表述，在第二种情况下，*ἀκολουθεῖν* 或其他类似的词，可能会导致误解。

实。蒂迈欧（Timaeus）同样说恩培多克勒是毕达哥拉斯的学生。[1] 他补充说，这位哲学家因为剽窃他们的言论（*λογοκλοπεία*）而被毕达哥拉斯学派驱逐；涅安塞斯（Neanthes）说了同样的话，[2] 但他的证词不能增加这个故事的可信度。另一方面，我们必须牢记，这些说法都以关于毕 188
达哥拉斯主义者秘传教义的非历史性的假设为前提。其他一些人则倾向于把恩培多克勒看作是毕达哥拉斯的间接追随者；[3] 但他们的说法如此相互矛盾，其中许多明显错误，而且全部缺乏有力证据，因此并不值得我们信任。最后，许多作者一般性地把恩培多克勒看作是一个毕达哥拉斯主义者，[4] 但却没有关于他的学说或他与毕达哥拉斯学派联系方面的任何进一步的具体说明；我们无法知道，这一描述是以某个确定的历史传统为依据的，还是纯粹的猜测。人们也说他与埃利亚学派有个人的联系，这看起来更有可能；因为尽管他不可能像克塞诺芬尼的学生赫尔米普斯（Hermippus）所说的那样认识克塞诺芬尼，[5] 但没有什么历史的证据反对关于他可能与巴门尼德有私人交往的说法。[6] 第欧根尼没有说清楚，[7] 塞 189
奥弗拉斯特（Theophrastus）到底说他是巴门尼德本人的学生，还只是说他熟悉巴门尼德的著作。因此，关于恩培多克勒是受过巴门尼德的确

---

1 Diog. viii. 54。我忽略了像 Tzetzes 和 Hippolytus 这样的后来作家。参照 Sturz, p. 14 和 Karsten, p. 50。

2 在 Diog. viii. 55。Vide Vol. I. 315, n.。

3 在给毕达哥拉斯的儿子 Telauges 的一封信中——涅安塞斯怀疑它的真实性，Diog. viii. 53, 74 似乎同样有此怀疑——恩培多克勒被说成是 Hippasus 和 Brontinus 的学生（Diog. viii. 55）。Diog. viii. 43 以 Hippobotus 之口引述的献给 Telauges 的诗无疑出自这封信；从这里也可能得到这样一个结论（*τινὲς* ap. Diog. *l.c.*；Eus. *Praep*. x. 14, 9, 以及在他之后，Theodoretus, *Cur. Gr. Aff*. ii. 23, p. 24；Suid. *Ἐμπεδοκλῆς*）：Telauges 自己（或如 Tzetz. *Chil*. iii. 902 所说，毕达哥拉斯和 Telauges）曾经教导过恩培多克勒。Suidas（*Ἀρχύτας*）甚至把 Archytas 当作是恩培多克勒的老师。

4 Sturz, 13 以下；Karsten, p. 53 给出了许多例子。也参见下注以及 Philop. *De An*. C. i.（在那里 *Ἐμπεδοκλῆς* 替代了 *Τίμαιος*），同书 D. 16。

5 Diog. viii. 56。参见 Diog. ix. 20 中克塞诺芬尼对恩培多克勒的假想回应。

6 Simpl. *Phys*. 6 b。Olympiodorus, in *Gorg. Proaem*. end（Jahn's *Jahrb. Supplementb*. xiv. 112）、Suidas, *Ἐμπεδοκλῆς* 和 Prophr. 上引处。但当 Porphyry 说他为巴门尼德所钟爱时，无疑是把他和芝诺搞混了。阿尔基达马斯，参见第 561 页注释 5。

7 Diog. 55.

实指导还是只利用了他的诗作，我们只能保持不确定。他也被称作是阿那克萨戈拉的学生，[1]但基于历史和年代的原因，这是极不可能的；[2]卡斯滕试图通过推测来证实他们之间联系的外在可能性，但这些推测本身是极度危险的，我们只能把它看作是失败的。[3]关于他到东方旅行的说法，更得不到可靠的证实，[4]它甚至不为第欧根尼所知：这一说法的唯一证据是恩培多克勒在巫术方面的名望，如我们的文献清楚表明的那样。[5]如

1 参见第561页注释5。

2 这在论阿那克萨戈拉的部分将得到表明。

3 卡斯滕（p. 49）猜想恩培多克勒可能与巴门尼德同时到过雅典，大概在第81届奥林匹亚赛会，并可能听过阿那克萨戈拉的课。但我们关于他第一次到希腊旅行的所有被告知的，都表明恩培多克勒当时已经声名显赫了，也无疑早就确立他的哲学立场了。参见 Diog. viii. 66, 53, 63。Athen. I. 3, e. xiv. 620 d。Suidas, Ἄκρων.。

4 Pliny, *H. Nat*. xxx. 1, 9 实际上说到为了学习巫术，恩培多克勒像毕达哥拉斯、德谟克利特和柏拉图那样进行过更远的旅行。但当他把自己看作与波斯祭司进行过交流的人之一时，我们也只能说他到过东方（Philostr. *V. Apoll*. i. 2, p. 3 似乎同样认为他做过这一旅行）。

5 只此一点就足以表明 Gladisch（*Empedocl. u. d. Aeg*.，以及他提到的其他著作，见上册第462页注释1）所持的关于恩培多克勒理论与埃及神学有他所谓的那种紧密关联的观点的不可能性。因为除非恩培多克勒曾长期逗留埃及，否则的话，他不可能对埃及人观念有那样确切的了解和完善的使用。但是，并没有相关于这一逗留的文献保持下来，在第欧根尼那里没有，他依据亚历山大文化资源记载了诸多与恩培多克勒相关的东西，仔细收集了所有相关于他的师承方面的信息；在其他作家那里也没有；如果我们考虑到在希罗多德时代之后希腊人为了把他们的贤哲与东方，特别是埃及联系起来，是如何狂热地收集和传播一切相关的东西，甚至包括最为荒谬无稽的传言时，这一无记载就显得更为令人难以置信了。因此，为了证明关于它们之间存在任何历史联系的猜测，恩培多克勒理论体系与埃及人学说之间的内在亲合必须得到非常清晰的展现。但 Gladisch 在这方面的努力，尽管他对此付出了极大的辛劳，也不乏敏锐，并不能说服我。如果我们把轮回转世学说和以之相关的禁欲主义——它早在恩培多克勒之前就在希腊本土化了，他提出的这一理论的形式也本质上不同于埃及人的——放到一边，进而把单独依赖于 Hermetic 著作及其他不可信文献而被归属于埃及人的一切东西，或缺乏典型性而无法从中得到任何结论的东西放到一边，那么 Gladisch 所列举的类似中还剩下三个重要的比较要点，即恩培多克勒的天球学说、元素学说与友爱和仇恨的学说。就天球而言，我们已经表明（p. 179 sq.），它不是万物由之产生的原始本质，而是由原始本质派生和混合而成的东西；因此，如果埃及人真的（依据古埃及人的观念和前亚历山大哲学，这必须受到重大的限定）把至高神看作是与世界同在的，把世界看作是神的躯体，即使我们无法证实他们是否持有世界从神那里产生的观念，他们体系与恩培多克勒的之间的亲合也得不到确立；因为这些理论都不在后者那里出现。至于四元素说，不仅恩培多克

此，由于我们关于恩培多克勒师承方面所知的有部分明显基于传言，我 190
们无法确定哪些是真正来自于历史传统的更为可信的说法。因此，从这 191
个方面我们无法获得有关他与他前辈关系问题上的、不能通过对他的理论研究获得的任何信息。

我们可以在恩培多克勒的理论中区分三种构成要素，分别相联于毕达哥拉斯式的、埃利亚式的和赫拉克利特式的观点。但这些不同的要素在恩培多克勒的哲学体系中并不具有同等的重要性。毕达哥拉斯主义的影响只明显出现在他理论的神话部分，出现在与轮回转世和精灵相关的主张及与此相联的实践性律令之中；在他的自然哲学中，这种影响则要么根本不存在，要么只涉及具体的和次要的点。在神话理论方面，很难否定恩培多克勒主要是从毕达哥拉斯主义者那里获得它们的；尽管毕达哥拉斯主义者可能最初从俄耳甫斯教教义那里接受了它们，而恩培多克勒在他关于禁止屠杀动物和食肉的命令中比早期毕达哥拉斯主义者更为
严格地运用了它们。同样很有可能的是，恩培多克勒在他的个人举止方 192
面以毕达哥拉斯为榜样。他也可能从毕达哥拉斯主义者的这里或那里借来了一些确切的宗教观念，但我们现在没有办法去证实这一点，因为豆类禁忌是不是出自于早期毕达哥拉斯主义者，是非常难以确定的。[1] 无

勒的元素观源自巴门尼德的自然哲学是非常清楚的，而且 Gladisch 只能在 Manetho 那里和后来大部分来自于他的记载中找到这四种原始实在的理论；在埃及人的观念中，如 Lepsius 已经证实的（*Ueber die Gotter d. vier Elemente bei d. Aegyptern, Abh. d. Berl. Akademie*, 1856. *Hist. Phil. Kl*. p. 181 sqq.）和 Brugsch（ap. Gladisch, *Emp. u. d. Aeg*. 144）肯定的那样，四对元素神并不出现于托勒密王朝之前，它最开始出现于托勒密四世统治时期（公元前 222—前 204 年）。因此，四元素理论必然不是从埃及传到希腊的，而是从希腊传到埃及的。Manetho 自己明显从希腊人那里借得了这些东西；他也像更晚的作家那样四处随意地把希腊的概念引入埃及哲学。Eus. *Pr. Ev*. iii. 2, 8 和 Diog. *Proaem*. 10 从他和与他同时代的 Hecataeus 那里引用的相关于元素的话，甚至已经有了非常明显的斯多亚学说的痕迹。最后，如果 Isis 和 Typhon 是 *φιλία*（友爱）和 *νεῖκος*（仇恨）的原型，那么这一对应也太牵强了，这些埃及神的意义如此不同于恩培多克勒的那两个自然动力的，我们可以合理地从许多其他神话形像派生它们，而从某些神话形象（例如 Ormuzd 和 Ahriman）派生它们会更为合理得多。

1　参见上册第 237 页注释 2。第 553 页注释 2 已经指出，这在恩培多克勒那里也是不

论他在他理论的这个方面从他们那里借来了什么，就此说他在各个方面都是一个毕达哥拉斯主义者，或属于毕达哥拉斯团体，无疑是轻率的。他的政治品性自身就会拒斥这样的推论。作为一个毕达哥拉斯主义者，他必然应该是个古代多立安式（Doric）贵族政制的拥护者，但他完全站在相反的立场上，是阿格里真托人（Agrigentine）民主政治的领头人。因此，尽管他的神学具有毕达哥拉斯主义的倾向，在政治学中他完全不同于毕达哥拉斯主义者，对于他的哲学来说，情况也是如此。他取自毕达哥拉斯主义者的宗教理论和律令不仅与他的物理理论缺乏内在联系，如我们已经看到的，而且事实上与它们相反对。因为这些理论而把他置于毕达哥拉斯主义哲学家之列，就像因为笛卡尔的天主教义而把他看作经院哲学家一样，是个巨大的错误。在他的哲学当中，在他的自然哲学中，毕达哥拉斯主义没有什么明显的表现。那里没有毕达哥拉斯主义理论基本概念——即数是事物的本质——的痕迹；图形和物体的数
193 字结构，和元素几何性派生，也远非他的思考路径；毕达哥拉斯主义者的数字象征主义完全不为他所知，尽管他偏好比喻和象征的表达。在具体的情况中，他确实试图依据数字来确定元素混合的比例，但这完全不同于毕达哥拉斯主义者的路径，后者径直宣布世界为数。在他的元素理论方面同样如此，如我们已经看到的，[1]说它在相当程度上受影响于毕达哥拉斯主义，没有什么可能。此外，对元素的更为确切的界定，据此元素是个别实在，在性质规定上保持不变，完全不为毕达哥拉斯主义者所知，是恩培多克勒首次引入的东西。在他之前没有这样的东西，因为它完全以巴门尼德关于生成的探究为基础。毕达哥拉斯主义数字理论对恩培多克勒理论的影响，如果存在着这种影响的话，不会非常重要。同样我们会简单想起的还有与毕达哥拉斯主义者的数字理论紧密相联的音乐理论，它有和谐之名，而恩培多克勒把这个名称和其他名称一起，归属

确定的。

1 Vide *supra*, p. 125; cf. Vol. I. p. 436 sq.

于友爱；但在恩培多克勒谈及这一和谐的功用的地方，我们找不到任何类似于音调谐和的东西：在他那里没有任何谐音体系的知识的痕迹，也
从未提及任何谐音性的基本比例，而这些都是毕达哥拉斯主义者熟知 194
的。由于恩培多克勒明确地认为，在他之前，没有谁把友爱看作是一种普遍的自然力量，[1]他会在毕达哥拉斯主义者说一切皆和谐的意义称友爱是和谐，并像他们一样在音乐而非伦理意义上使用这一表达，就是非常可疑的。再者，毕达哥拉斯主义者把他们的天文学体系与他们的数学和音乐理论联系起来的做法，同样为恩培多克勒所不取。他对中心火，地球的运动，天体的和谐，乌拉诺斯（Uranus）、科斯摩斯（Kosmos）和奥林帕斯（Olympus）的区分[2]，宇宙之外的无限和宇宙之内的虚空等等一无所知。他唯一从毕达哥拉斯主义者那里借用的是这样一种观念：太阳和月亮是像玻璃一样的物体，甚至太阳反射的火也不是它自己的。据说他把北边看作是公正的一边，但这并不意味着什么，因为这个理论并不排他性地属于毕达哥拉斯主义者。这些很少的一点东西就是我们能在恩培多克勒的和毕达哥拉斯主义的自然哲学之间找到的所有类似，它们并不能证明前者在相当程度上受后者的影响。尽管恩培
多克勒可能主要从毕达哥拉斯主义者那里借来了轮回转世的教理及与之 195
相关的命题，但他关于世界的科学理论，在它所有的主要观点上，独立于它们形成：他对毕达哥拉斯主义所负的所有债务只在于一些不重要的观点上。

恩培多克勒哲学得于埃利亚主义者的，特别是巴门尼德的，要多得多。从巴门尼德那里它获得了决定它整个体系发展的第一原则，即对生成和毁灭的否认。恩培多克勒用与他前辈相同的论证，有时甚至用同样

1　参见第 550 页注释 2。

2　唯一可能让人想起这一区分的说法是：恩培多克勒把处于月亮之下的区域称作是邪恶舞台；但这一说法是不确定的（参见第 542 页注释 1），而且即使它是真的，也不过表明了一种极小的相似；因为以月亮（位置最低的天体）为界的属地的和属天的对立，属于一般观察；恩培多克勒 V. 150（187，241 M）没有对这三个区域做明确的区分；他同义性地使用 οὐρανὸς 和 ὄλυμπος。

的词来证明这一原则，消除了在这一原则起源问题上的所有疑惑。[1] 巴门尼德因为感觉向我们显示了生成和毁灭的非存在（non-Being）而否认它的真实性；恩培多克勒同样如此，他用的表述都与巴门尼德的相同。[2] 巴门尼德得出结论说，因为一切皆存在，因此，一切皆一，事物的多样性不过是感官的欺骗。恩培多克勒在相关于世界的当下状态时不会承认这一点，但在整体上他无法避免巴门尼德的这个结论。他因此采取了另一个权宜之计：他把巴门尼德诗篇说的两个世界，真理世界和意见世界，看作是世界的两个不同状态，认为它们都是真实的，不过限定了它们持续的时间。在对两个世界的描述中，他同样追
196 随巴门尼德的先例。天球是球形的、同质的和不动的，像巴门尼德的存在一样；[3] 当下世界则像巴门尼德的虚幻意见世界，由对立元素混合而成。恩培多克勒的四重元素最终来源于巴门尼德的二分；[4] 事物因为友爱（对应于巴门尼德的 Eros 和世界统治女神 [5]）联结不同种类的东西而由元素产生。在宇宙论中，恩培多克勒不仅在宇宙形状的概念上，而且在否认虚空的存在上 [6]，与他的前辈接近。至于其他方面，恩培多

---

1 比较恩培多克勒 v. 46 以下，90，92 以下（见第 520 页注释 1 和第 521 页注释 1）与巴门尼德 v. 47，62-64，67，69 以下，70（Vol. I. p. 585）；恩培多克勒 v, 44（见第 522 页注释 1）的 *νόμῳ* 与巴门尼德 v. 54（Vol. I. p. 585）的 *ἔθος πολύπειρον*。

2 参见 Emp. v. 45 以下，19 以下，81（见第 520 页注释 1）；Parm. v. 46 以下，53 以下（Vol. I. p. 585）。

3 要确定这两个描述之间的相似，甚至是表达上的相似，我们只需比较 Emp. v. 134 以下，特别是 v. 138（见第 536 页注释 3）与 Parm. v. 102 以下（见上册第 403 页注释 5）。我们不必过多强调这样的事实：亚里士多德把天球称作是一（见第 536 页注释 6），因为这样的称呼确然不出于恩培多克勒；或强调被归属于它的神性（见第 536 页注释 4 和第 536 页注释 7），因为恩培多克勒的天球无论如何也不会在克塞诺芬尼称宇宙为神的那个绝对意义上被称作神。

4 见第 524 页注释 2。

5 这位女神像 *φιλία* 一样在世界形成中具有核心的作用，她也被——至少被普鲁塔克——称作是阿芙洛狄忒（参见上册第 408 页注释 5 和 p.600）。

6 参见第 528 页注释 4，参见上册第 403 页注释 1。关于月亮，比较 Parm. v. 144 与 Emped. v. 154（190 K，245 M）。Apelt, *Parm. et Emp. Doctrina de Mundi Structura*（*Jena*, 1857），p. 10 以下在巴门尼德和恩培多克勒的天文学体系之间发现更多的一致。但对我来说这并不如此明显。

克勒在他有机自然哲学中更是接受了巴门尼德的观点。恩培多克勒关于人类起源于地球黏土、关于性别产生、关于冷热在性别确定上的影响等方面所说，尽管有许多添加和分歧，但最为紧密地与巴门尼德相关。[1] 不过，两位哲学家最引人注目的相似点，还是他们关于理智官能 197
的理论，他们不仅都把它看作是产生于物质性要素的混合，而且都认为，每一元素认知与其相似的。[2] 恩培多克勒这里与埃利亚哲学家的不同只在于他理论在这些共同前设的基础的进一步发展，尽管这种发展与他对元素的定义有所不同。

恩培多克勒对人类知识有限性的抱怨，[3]特别是在关于净化神人同形同性说的神的观念方面，[4]让人想起克塞诺芬尼。但即使这一更为纯粹的神的概念，也与他的哲学没有科学的联系。

但无论埃利亚主义者对恩培多克勒的影响如何地无可否认和重要，我也不能同意里特尔把他完全看作是个埃利亚主义者的做法。里特尔认为恩培多克勒像巴门尼德一样理解自然哲学和真实知识的关系，也倾向于把许多我们称作知识的看作感官的欺骗，甚至把关于自然的整体理论看作这样的东西。如果说他仍然主要致力于这一主题研究，并在对天球的描述中以纯粹神话的方式谈及存在的一（One Being），那原因部分在于埃利亚学派形而上学的否定性，部分在于他相信神圣真理是不可言说和无法为人类理智获知的。[5] 但是恩培多克勒自己没有任何只言片语表 198
明他的自然哲学的目的在于报道不确定的意见，就明确地驳斥了这种观点。他确实区分了感性的知觉和理性的概念；但其他自然哲学家，如赫拉克利特、德谟克利特和阿那克萨戈拉，同样有这样的区分；他对比了完美的神圣智慧和不完善的人类智慧，但在这方面，克塞诺芬尼和赫拉

1　Vide p. 160 sqq.; cf. Vol. I. p. 601 sq.

2　Vide Vol. I. 602; *sup*. p. 164.

3　见第 550 页注释 2；见上册第 396 页注释 6。

4　见第 557 页注释 1。

5　In Wolf's *Analekten*, ii. 423 sqq.; 458 sqq.；*Gesch. D. Phil*. i. 541 sqq.; 551 sqq.

克利特更先于他，且并未因此就否定分离和变化的存在的真实性；另一方面，也并未把他们的研究仅限于欺骗性的现象。[1] 如果恩培多克勒曾明确地宣称他的自然哲学只在于描述人类的错误的意见，那么它确实只能依据巴门尼德的自然哲学的观念得到理解。但恩培多克勒的做法恰好相反，他宣称（明确地指向巴门尼德的这种解释）他的描述不包含欺人的话语。[2] 因此，我们不能怀疑他自然哲学理论的严肃性，只能把他关于物质和动力因的原初多样性、关于宇宙阶段的更替、关于个体事物
199 的生成和毁灭所说的，看作他自己的信念。[3] 说一个哲学家不仅会与其真实观念并列去阐述与之相对的他认为从基础上就是错误的意见，而且会以自己的名义不加任何对正确立场的指涉地详尽阐释这些意见，完全没有任何内在的可能性，在历史上也找不到这样的例子。恩培多克勒的自然理论远不同于埃利亚派的存在学说。巴门尼德只承认那样一个存在物，它没有运动、变化或划分；而恩培多克勒则有六种原始本质，它们确实在性质上不发生变化，但仍在空间上是可分的和会运动的，它们在无尽的变更当中结合和分离，构成最为不同的混合比例，产生不同的个体事物然后又分解它们，形成运动着的和可分的世界然后又毁灭它。通过断言在前一种情况中的分离和运动原则不过是某种不真实的和只在想象中的存在，以把恩培多克勒的世界理论还原为巴门尼德式的理论，如我们已经看到的，不过是一种得不到证实的尝试。[4] 真实的情况很可能是这样的，恩培多克勒确实从埃利亚主义者那里借来了许多东西，他的理论原则及其体系的发展都特别受巴门尼德的影响，但他思想的主要倾向仍然是非常不同的。无论他怎么认可巴门尼德，他仍在这样一个关键点上不同于巴门尼德：他明确地肯定被巴门尼德否定的关于运动和分离

1 Vide *supra*, Vol. I. 575; Vol. II. 91.

2 V. 86（113，87 M）。参见上册第 414 页注释 3。恩培多克勒在直接涉及友爱的理论时如是宣称，但由于这一理论与他的其他自然理论紧密相联，特别是与他关于仇恨的理论和元素理论相联，这些话必然可以普遍地用于他的自然哲学。

3 参见第 535 页注释 3。

4 见第 532 页注释 3。

存在的真实性。巴门尼德在关于一的思想中取消了现象整体性的多；恩 200
培多克勒则试图表明这一多如何能从原初的统一中被发展出来：他的所有努力都指向对被巴门尼德宣布为不可思考的东西——即多和变化——的解释。在所有早期哲学家的理论当中，这两个理论最为紧密地联系在一起；在埃利亚主义者因为他们关于所有存在统一的理论而不得不否认生成和运动时，在他们的对立面，这两者同时得到坚持；不管这种坚持是以赫拉克利特的方式，认为事物的多样性产生于原始本质的永恒运动，还是以另外的方式，认为生成和变化是由原始实在和力量的多样性决定的。恩培多克勒的理论体系只有在拯救被巴门尼德非难的现象的真实性的意义上才能得到理解。他不知道如何去反对关于绝对的生成和毁灭是不可能的断言；又不能下定决心去否认事物的多样性及个体事物的生成、变化和毁灭。他因此采取了这样一种权宜之计，把所有这些现象都还原为性质不变的实在的结合与分离，而要以这种方式来解释事物的多样性，这样具有对立本性的实在就必须有多个。但如果原始元素本身是不可变化的，那它们就不会力图走出它们的原始状态；它们的运动原
因也因此就不能存在于它们自身当中，而只能存在于作为具体实在而与 201
它们相区别的运动力量当中：正如依据恩培多克勒，所有的运动和变化都产生于物质的结合与分离一样，在另一个方面，依据关于生成的不可能性的普遍原理，看来不能说结合力量在另一时刻也是分离力量，而分离力量在另一时刻也是结合力量，[1]而必须承认，如恩培多克勒相信的那样，存在着两种本质和作用相反的动力因，即友爱与仇恨。在原始动力和原始实在的共同作用下，一与多、静止与运动被分配给宇宙的不同状态：实在的完全统一和完全分离是世界生命循环的两个极点；在这两个极点上，友爱或仇恨排他性地统治着，所有的运动都停止了；存在于它们之间的则是部分结合和部分分离的状态，是个体存在和变化的状态，是生成和毁灭的状态。尽管事物的统一状态在这里被看作更高的和更幸

1　*Supra*, p. 138.

福的状态，但对立和分裂仍得到与统一一样的原初的承认，在世界之中，仇恨与友爱、多与一、动与静相互抗衡；实际上，与天球相比，当下的宇宙被显著地看作对立和变化的世界，地球被看作冲突和痛苦的所在，属地的生命被看作不息运动的阶段，被看作堕落精灵痛苦游荡的阶
202 段。在埃利亚主义者那里被看作当下和现实的所有存在的统一，在恩培多克勒那里只存在于过去；无论恩培多克勒多么向往那个统一，我们的当下世界在他看来整体上遭受着被巴门尼德宣称为感官纯粹欺骗的变化和分离。

我们在这一思维模式中发现的所有这些特性都表明，它离巴门尼德的思想越远，就离赫拉克利特的越近；事实上，后两者之间的极大亲合性使我们不得不相信，赫拉克利特的理论对恩培多克勒及其理论体系有决定性的影响。恩培多克勒自然哲学的整体倾向会让我们想起这位以弗所哲人。正如赫拉克利特在宇宙中无处不见对立和变化一样，恩培多克勒在当下世界处处看到斗争和变化，无论他如何悲叹于此，而他的整个理论都旨在对这一现象进行解释。所有存在的不动的统一确实构成他出发的起点，但这个理想对他来说始终只在远处，而他探究的本质意趣指向运动和分离的世界，其主导思想在于获得一种能够解释现象的多和变化的存在观念。为了这一目的他诉诸四元素和两动力；在这一诉诸中，他一方面受巴门尼德探究的引导，但在另外两个要点上明显受影响于赫
203 拉克利特：四元素是赫拉克利特三元素的扩展；[1] 两动力更明确地与赫拉克利特在生成的本质运动中发现的两原理相对应，如恩培多克勒后来所做的那样，他把它们称为斗争与和谐。两位哲学家都在结合的分离中，在分离的结合中，看到自然生命的两极，都认为对立和分离是原初的状态。恩培多克勒确实憎恶被赫拉克利特称颂为万物之父的斗争；但他也只能通过斗争对天球的渗入来解释个体存在物的产生，而他这样做的理

1　参见 p. 126 以下。恩培多克勒与赫拉克利特的相似，甚至表现在用词中，因为他称赫拉克利的 *αἴθριος Ζεὺς* 为 *Ζεὺς ἀργής*。参见第 523 页注释 3 和第 469 页注释 1。

由本质上是与赫拉克利特相同的。如果赫拉克利特的那个原始物质不转化成对立的元素，那具体和分离的现象就不可能从中产生；如果恩培多克勒的四元素不在完全混合的状态中保持自身，那现象也同样不可能从四元素产生。如柏拉图正确发现的那样，[1]恩培多克勒在这里与他前辈的不同只在于，他把赫拉克利特设想为同时性发生的在时间上分解为两个不同的作用；并与此相关，把被赫拉克利特看作是内在于活力原始物质之中的同一种力量的纯粹两个方面的表现，理解为两种不同的动力。赫拉克利特关于世界轮次生成和毁灭的理论，同样在恩培多克勒那里有所修正，因为他认为在赫拉克利特看来永不停息的生成之流会被静止阶段 204
切断；[2]但这个理论仍然很可能来源于以弗所哲人。两位哲学家的年岁支持这样一种判断：恩培多克勒熟知赫拉克利特的著作；甚至在恩培多克勒之前，他的同胞埃庇哈尔穆斯就已经提到赫拉克利特的理论；[3]因此，我们很少有理由怀疑这样的主张：这两位哲学家的观点之间不仅存在着内在的亲合，而且有外在的联系；恩培多克勒的所有这些与赫拉克利特一致的重要理论，[4]不是单单通过巴门尼德，很可能直接从他的以弗所前辈那里获得。至于他是否熟悉更早的伊奥尼亚主义者，如果熟悉，又在何种程度上熟悉，则没有办法确定。

因此，我们探讨的结论如下：恩培多克勒的哲学体系，就其一般倾向而言，试图依据存在的原初构成来解释事物的多样性和可变性；这一体系的所有基本观念都来自于巴门尼德式和赫拉克利特式理论的结合，但在这一结合之中，埃利亚主义要素从属于赫拉克利特主义要素，这个体系的本质意趣不在于关于存在概念的形而上学的探究，而在于对自然现象及其原因的物理研究。这个体系的主导观念可以在这样的命题中被发现：事物的基本构成像没有生成和毁灭一样不能有性质的变化；但另 205

1　参见第 461 页注释 1 和第 530 页注释 3。

2　Vide *supra*, 145 sqq.

3　参见上册 p.530 和第 368 页注释 1。

4　如 Gladisch 所认为的，*Emped. und die Aeg*. 19 以下。

一方面，它们可以最为不同的方式相互结合与分离，并由此产生由原始元素混合而成的事物的生成和毁灭，产生它们对自身形式和构成要素的改变。从这一观念出发，恩培多克勒试图对自然现象作为一个整体给出一个逻辑的解释，这一方面是对他的原始实在的界定，另一方面是与之并列的以结合力和分离力两重形式出现的动力因；所有其他的事物都形成于这两个动力对原始实在的作用——形成于元素的结合和分离；像第欧根尼和在他之后的德谟克利特一样，恩培多克勒旨在达于具体的现象，又不失去他普遍的原理。因此，如果我们把折中主义理解为这样一种方法，它依据主观的情绪和倾向，把同类的元素毫无确定科学立场地联结在一起，那么恩培多克勒在他自然哲学理论的本质内容方面，不能被看作是个折中主义者，我们也必须仔细地不要低估他的科学价值。尽管利用巴门尼德关于存在的界定来解释生成，他仍然开出了一条在他之后自然哲学追随的路径；他不仅把元素的数目确定为四——这在很长一段时间几乎被当作是一个公理，而且把元素这一概念引入自然科学，从而与留基波一起成为关于自然的机械论解释的创始者。最后，从他自己
206 的前设出发，他试图解释个体中的真实——考虑到当时的知识状态，这是最为值得称颂的；对我们来说特别让人感兴趣的是他尝试理解目的性构成和能够生活的有机体的起源的方式，这使他成为达尔文（Darwin）最早的先驱。[1] 但是，他的体系，即使不考虑那个时代所有理论共有的问题，也不是没有缺陷的。关于不变的原始元素的理论确实得以科学的确立，但其数目何以为四却未得到进一步的说明。运动力量从外作用于实在，但为什么这种力量不会内在于实在自身当中，为什么同一种力量不能既结合又分离，并未得到充分的论证；因为实在的性质不变并不排除它们追求位置变化的自然趋向，这是恩培多克勒也认为它们会遭受的；他自己也不能够严格地贯彻关于结合与分离之力的区分。[2] 相应

1　Cf. p. 160.

2　Vide p. 138.

地，这些力量的作用，如亚里士多德评论的那样，[1]似乎或多或少地出于偶然；为什么它们在当下世界中共同发挥作用，要以它们独立作用的状态一个在前一个在后，在前的是元素的完全混合，在后的是元素的完全分离，并未得到解释。[2]最后，在他关于灵魂轮回转世和灵魂预先存在的理论及以后者为基础的禁食肉类的律令中，恩培多克勒把不仅与他的 207
自然哲学体系没有科学联系，而且绝对会与之矛盾的东西跟它联结在一起。因此，无论他在希腊自然哲学史上具有多么重要的地位，就科学性而言，他的哲学具有明显的缺陷，它意图实现的对自然的机械解释，混杂于关于友爱与仇恨的神话形式及其无法解释的作用。以相同普遍前设为基础的对自然的这一机械论解释，在原子论哲学中得到更为严格和逻辑的贯彻。

二、原子论者

1. 他们的体系的自然基础：原子和虚空

原子论哲学的创始人是留基波（Leucippus）。[3]但是，由于他理论的 208

1 参见第 533 页注释 6。

2 比较第 461 页注释 1 引述的柏拉图的评判。

3 我们几乎不了解留基波的个人生平。关于他的生卒年，我们只能说他必然比他的学生德谟克利特更年老，比他追随的巴门尼德更年轻；他因此必然是阿那克萨戈拉和恩培多克勒的同时代人；其他的一些推测我们后面再谈。他的母邦，有时被说成是阿布德拉，有时米利都，有时埃利亚（Diog. ix. 30，那里的 *Μήλιος* 应是 *Μιλήσιος*，Simpl. *Phys*. 7 a, Clem. *Protr*. 43 D；Galen. *H. Ph*. c. 2, p. 229；Epiph. *Exp. Fid*. 1087 D）；但这些说法是否基于历史传统，仍然存有疑问。辛普里丘上引处无疑追随塞奥弗拉斯特，把巴门尼德称作留基波的老师，但大多数作家，为保持习惯的师承顺序，说他的老师是芝诺（Diog. *Proaem*. 15, ix. 30; Galen. and Suid. *l.c.*; Clem. *Strom*. i. 301 D; Hippol. *Refut*. i. 12），或麦里梭（Tzetz. *Chil*. ii. 980；Epiph. 上引处也把他置于芝诺和麦里梭之后，一般性地称作论辩法家，也即埃利亚主义者）。Iambl. *V. Pyth*. 104 则把毕达哥拉斯说成他的老师。我们也未被明确告知他是否将他的理论形成文字，或这些文字是什么类型。在亚里士多德《论麦里梭、克塞诺芬尼和高尔吉亚》c. 6, 980a7 中我们发现这样的表述："在被叫作留基波的人的理论中"，这似乎指涉某一不确定来源的作品，或某个他人对留基波理论的阐释作品。但从中能推出什么仍然具有疑问：*De Melisso* 一书的作者可能使用了二手资源，尽管有原细节为我们所知的极少，要在我们的阐释中把它们与他著名的学生德谟克利特（Democritus）[1] 的理论分开是不可能的。尽管如此，我们仍然会

始资料的存在。Stob. *Ecl*. i. 160 从著作 $\pi\epsilon\rho\grave{\iota}\ \nu o\tilde{\upsilon}$（《论心灵》）引述了某些文字，但这里可能存在着与德谟克利特的某种混淆（如 Mullach, *Democr*. 357 追随 Heeren *in h.l.* 所认为的）。塞奥弗拉斯特追随 Diog. ix. 46，把在德谟克利特著作列表中出现的作品 μέγας διάκοσμος 归属于留基波；但他的这一说法只源发性地关联于这一作品自身包含的观点。如果说这些说法都得不到完全的确定，那么亚里士多德和其他一些人谈到留基波时所说的，证明这位哲学家确实有某本著作为后来作家所知。从亚里士多德《论生成和毁灭》i. 8 引述的话（见第 579 页注释 1）中的 φησὶν（他说）一词表明，这段话来自留基波的一本著作。后面的许多引用会表明，亚里士多德、塞奥弗拉斯特、第欧根尼和 Hippolytus 也在他们的引用中使用现在时态。参照我们谈到 Apollonia 的第欧根尼对留基波引用时所说的类似的话（见上册第 198 页注释 1）。但这本著作，甚至于留基波之名，都由于他学生的更为成熟更为详尽的工作，很早就被大多数作家遗忘了。原子论哲学的复兴者伊壁鸠鲁和大多数伊壁鸠鲁主义者对他的持续忽视，可能助长了这一遗忘（参见本章第四节）。

1　关于德谟克利特的生平、著作和学说，参见 *Mullach, Democriti Abderitae Operum Fragmenta*, &c., Berl. 1843（*Fragm. Philos. Gr.* i. 330 sqq.）。除了其他一些更为一般性的著作，也参见 Ritter, in *Ersch. und Gruber's Encykl. Art. Democ.*；Geffers, *Quaestiones Democriteae,* Gott. 1820；Papencordt. *De Atomicorum Doctrina Spec*. i. Berl. 1832；Burchard 有价值的论文 *Democriti Philosophiae de Sensibus Fragmenta*, Mind., 1830；*Fragmente d. Moral. d. Democritus, ibid*. 1834；Heimsoth, *Democriti de anima Doctrina*, Bonn, 1835；B. Ten. Brinck, *Anecdota Epicharmi, Democrati Rel*. in Schneidewin's *Philologus*, vi. 577 sqq.；*Democriti de se ipso Testimonia, ibid*. 589 sqq.; vii. 354 sqq.；Democriti liber, π. ἀνθρώπου φύσιος, ibid. viii. 414 sqq.；Johnson, *Der Sensualismus d. Demokr*., &c., Plauen, 1868；Lortzing, *Ueb. die Ethischen Fragmente Demokrit's*, Berlin, 1873；Lang, *Geschichte d. Materialismus*, i. 9 sqq.。

依据几乎得到古代人一致认同的证词（参见 Mullach p. 1 以下），德谟克利特的母邦是阿布德拉，Thrace 的一个殖民地，当时以其繁盛和文化而著称，但之后（参见 Mullach, 82 以下）却有愚昧的恶名。依据 Diog. ix. 34，也有些作家认为他的母邦是米利都；Juvenal on *Sat*. x. 50 的评注者则说是麦加拉；但这些说法都不值得关注。他的父亲有时被称作是 Hegesistratus，有时是 Damasippus，有时是 Athenocritus（Diog. *l.c.*）。至于进一步的细节，参见 Mullach 上引书。他的生年只能得到较为接近的确定。依据 Diog. ix. 41，他自己说他比阿那克萨戈拉小 40 岁，由于阿那克萨戈拉大概生于公元前 500 年，说他出生于 80 届奥林匹亚赛会期间（460 sqq. Apoll. ap. Diog. *loc. cit*）大致不会错到哪里去。这与这样一个说法相一致：德谟克利特（ap. Diog. *l.c.*）说他在特洛伊沦陷 730 年之后写作了 μικρὸς διάκοσμος（《小系统》）一书，如果他的特洛伊年代（如 B. Ten. Brinck, *Phil*. vi. 589 以下和 Diels, *Rh. Mus*. xxxi. 3 所认为的）追溯到公元前 1150 年的话（Muller, *Fr. Hist*. ii. 24; 1154-1144）；但这一点极不确定。当 Thrasyllus 在 Diog. 41 中说他出生于第 77 届奥林匹亚赛会的第三个年头，比苏格拉底大一岁，而 Eusebius 相应地在他的编年史中把第 86 届奥

林匹亚赛会期间看作是他的鼎盛期时，如 Diels 猜测的那样，很可能受这一特洛伊年代的影响；但这明显不适用于此，比 Eratosthenes 给出的通常时期有十年的差别。Eusebius 的确又把第 69 届奥林匹亚赛会期间及它的第三个年头看作是德谟克利特的鼎盛期，然后似乎与此一致，说这位哲学家在 100 岁时死于第 94 届奥林匹亚赛会的第四个年头（或第二个年头）；Diodorus xiv. 11 则说他 90 岁时死于第 94 届奥林匹亚赛会的第一个年头（公元前 401—前 403 年）；Cyril c. Julian. i. 13A 同时说他生于第 70 届和 86 届奥林匹亚赛会期间；*Passah Chronicle*（p. 274, Dind.）把他的鼎盛期置于第 67 届奥林匹亚赛会期间，然而这同一个编年史随后（p. 317）又追随 Apollodorus 说他在 100 岁高龄死于第 104 届奥林匹亚赛会第四个年头（ap. Dind. 105, 2）；所有这些不过给我们提供了诸多证据表明后来作家在他们的计算方面的不可靠和粗心大意。更多的细节参见下一章节（论阿那克萨戈拉）。Gellius, *N. A*. xvii. 21, 18 和 Pliny, *H. N*. xxx. 1, 10 给出的说法：德谟克利特的鼎盛期在伯罗奔尼撒战争的第一阶段，并不能提供明确的信息；我们同样不能在如下事实中得到任何信息：他从未在他的著作中提及阿那克萨戈拉、Cenopides、巴门尼德、芝诺或普罗泰戈拉（Diog. ix. 41, &c.）。当 Gellius 说苏格拉底比德谟克利特年轻许多时，他参照的是 Diodours 采用的计算，对此我们马上会进行讨论；另一方面，我们绝不能依据亚里士多德《论动物的部分》i. 1（见上册第 121 页注释 1）得出结论说，德谟克利特比苏格拉底更为年长，那里说的只是，他作为一个从事哲学研究的作者先于苏格拉底。亚里士多德无疑清楚，正如我们清楚知道的那样，苏格拉底主要在他生命的最后 10 年作为柏拉图和色诺芬的老师在苏格拉底学派中传播他的哲学。因此，德谟克利特的出生日必然大概在公元前 460 年左右，甚至很可能更早一些；我们无法完全确定。更不确定的则是他的享年和卒日。我们不断被告知说，他活到高龄（*matura vetustas*, Lucret. iii. 1037），但更为详细的说法却有相当大的不同。Diodorus 上引处说是 90 岁，Eusebius 和 *Passah Chronicle* 说是 100 岁，安提司泰尼（他错误地被 Mullach, p. 20, 40, 47 认作比亚里士多德更老，参见作家和作品列表）在 Diog. ix. 39 则说超过 100 岁；Lucian, *Macrob*. 18 和 Phlegon, *Longaevi*, c, 2 说是 104；Hipparchus ap. Diog. ix. 43 说是 109；Censorin, *Di. Nat*. 15, 10 说他几乎活到同高尔吉亚一样的岁数，也即 108 岁（pseudo-Soranus 在 *Hippocr. Opp*., ed. Kuhn, iii. 850 中谈到 Hippocraes 的生平时说，他出生于第 80 届奥林匹亚赛会的第一个年头，依据有些人的说法，他活到 90 岁，其他一些人则说他活到 95、104 或 109 岁；这与关于德谟克利特生卒的说法非常相似；B. Ten Brinck, *Philol*. vi. 591 关于这些说法是从德谟克利特那里转移过来的推测，很可能是真的）。至于德谟克利特的卒日，参见以上。

即使不考虑 Diog. ix. 36 谈到的轶事，说我们的哲学家对知识有着强烈的渴求也是可以相信的。但我们被告知的关于他在孩童时就受到过波斯祭司的教导的说法，特别是 Valer, *Max*. viii. 7, ext. 4 所说的关于他的父亲作为主人款待过薛西斯的军队的故事，则几乎得不到什么证据的支持（Diog. ix. 34 诉诸希罗多德，但后者既没有在 vii. 109，也没有在 viii. 120，或其他任何地方谈到这样的事情），从年代上看也是不可能的。但 Lange, *Gesch. d. Mater*. i. 128 仍然试图把德谟克利特接受的一般教育——在其中，依据第欧根尼所说，他学习了“关于神学和天文学的东西”——看作是对一个聪慧男孩的启发性影响，以挽救这个不可信的传说；Lewes（*Hist. of*

Phil. i. 95 sq.）则同时既说德谟克利特生于公元前 460 年，又说薛西斯（在此 20 年前）把一些波斯祭司留在阿布德拉教导他。这整个的关联很可能可以追溯到这样一个时期：德谟克利特其时被希腊人看作是个巫师和巫术之父。Philostr. *v. Soph*. x. p. 494 同样如此说及普罗泰戈拉。更能得到证实的是德谟克利特对希腊哲学家的了解。Plut. *adv. Col*. 29, 3, p. 1124 说他对他的前辈一般持否定态度；那些被他时而赞扬时而反对地提及的哲学家，有巴门尼德和芝诺（Diog. ix. 42），尽管他们对原子论哲学的影响清晰可见；有毕达哥拉斯（*ibid*. 38, 46）、阿那克萨戈拉（ibid. 34 sq.; Sext. *Math*. vii. 140）和普罗泰戈拉（Diog. ix. 42 ；Sext. *Math*. vii. 389 ；Plut. *Col*. 4, 2, p. 1109）。很有可能他只有一个老师，那就是留基波，但即使是这一点也不能完全确定，因为 Diog. ix. 34、Clem. *Strom*. i. 301 D 和 Hippol, *Refut*. 12 提供的证据，单独看，都不是决定性的；尽管亚里士多德（《形而上学》i. 4, 985b4 及之后的 Simpl. *Phys*. 7 a）把德谟克利特称作是留基波的"同道"（*ἑταῖρος*），但并不清楚这是说他们之间有个人联系（*ἑταῖρος* 经常用来指学生，参见 Mullach, p. 9 等），还只是想表明他们学说之间有相似性。不过前者仍是最为可能的解释。另一方面，断言（在 Diog. 上引处及之后的 Stuid.）德谟克利特与阿那克萨戈拉有私人交往，完全不具有可信性，即使 Favorinus 关于德谟克利特因为阿那克萨戈拉不接受他作为学生而对他有敌意的说法，被看作是明显的捏造，不能作为证据来反对这样的断言（也参照 Sext. *Math*. vii. 140）。此外，Diog. ii. 14 说是阿那克萨戈拉敌视德谟克利特；但我们必须把这看作是出于作者的粗心大意。我们也经常被告知说他与毕达哥拉斯主义者有联系；不仅 Thrasyllus ap. Diog. ix. 38 称他是"毕达哥拉斯学派的热忱信徒"，而且依据这同一文献，德谟克利特的同时代人 Glaucus 也认为"他肯定听过某个毕达哥拉斯派学者的教导"；依据 Porph. *V. P.* 3，Duris 把毕达哥拉斯的儿子 Arimnestus 称作德谟克利特的老师。依据 Diog. 上引处的 Thrasyllus，德谟克利特自己把他的一本著作冠以"毕达哥拉斯"之名，并对这位萨摩斯哲人大加赞扬；依据 Diog. 上引处的 Apollodorus，他也与 Philolaus 有联系。但说德谟克利特有本名为 *Πυθαγόρης* 的著作，非常可疑；他没有从毕达哥拉斯主义理论那里，特别是数学理论那里接受任何东西；他自己的哲学与毕达哥拉斯主义的没有任何的亲合性。为了积累学识，德谟克利特到了东方和南方国家游历。在 Clemens, *Strom*, i. 304 A 保存的残篇（对此的评论，参见 Geffers, p. 23、Mullach. p. 3 以下和 B. Ten Brinck, *Philol*. vii. 355 以下）中，参见 Theophrast. ap. Aelian, *V. H*. iv. 20，他自我吹嘘说比他所有同时代人都旅行得更远；他特别提到埃及，说他在那里逗留了一段时间。至于这段游历持续的时间，我们只能猜测，因为克莱门斯说的 80 年，必然基于某些十足的误解或书写错误。（Papencordt, *Atom. Doctr.* 10 和 Mullach, *Democr*. 19, *Fr. Phil*. i. 330 认为意指 *πέντε* 的 *π* 被误作 *π´*，80 中的那个 0 ；Diod. i. 98 确实说德谟克利特在埃及待了 5 年）后来作家更具体地说道，他把他全部的大量财产花费在旅行上，他拜访了埃及祭司、迦勒底人、波斯人，有人甚至说还有印度人和埃塞俄比亚人（Diog. ix. 35 ；其后持有这种看法的还有 Suidas, *Δημόκρ*.、Hesych. *Δημόκρ*.——依据同一资源——和 Aelian 上引处；克莱门斯上引处只说到巴比伦、波斯和埃及；Diodorus, i. 98 谈到他在埃及逗留了 5 年；Strabo, xv. 1, 38, p. 703 说他周游了亚洲绝大部分地区；Cic. *Fin*. v. 19, 50 只一般性地说到他为了获得知识做了很远的旅行）。这些说法具有多大的真实性，

我们只能部分确定。德谟克利特肯定到过埃及，及与它邻近的亚洲和波斯；但没有去过印度，如 Strabo 和克莱门斯上引处所说的；参见 Geffers, 22 以下。但这些旅行的目的和结果，与其说在于从东方人那里接受科学的教导，不如说在于要于此观察人和自然。德谟克利特在 Clem. 中说，没有人，甚至于埃及的数学家，在几何学知识方面超过于他（关于他的数学知识，也参见 Cic. *Fin*. i. 6, 20 和 Plut. *c. not*. 39, 3, p. 1079），这表明他的目的在于科学交流，同时也支持这样一个推测：德谟克利特在这方面不能从外国人那里学到很多。Pliny 所说的（*H. N*. xxv. 2, 13; xxx. 1, 9 sq.; x. 49, 137; xxix. 4, 72; xxviii. 8, 112 sqq. ; cf. Philostr. V. Apoll. i. 1）德谟克利特在游历中学会了巫术技艺，基于伪作，这甚至是 Gellius, *N. A*. x. 12 也承认的；参考 Burchard, *Fragm. d. Mor. d. Dem*. 17、Mullach, 72 以下和 156 以下。关于他与大流士有联系的说法（Julian, *Epist*. 37, p. 413, Spanh. ; 参照 Plin. *H. N*. vii. 55, 189 ; 进一步的细节，见下文第三节和 Mullach, 45, 49），尽管听起来比较自然，但完全是个传言。对于如下的说法（Posidonius ap. Strabo xvi. 2, 25, p. 757 和 Sext. *Math*. xi. 363）：德谟克利特从 Mochus，一位年高德劭的腓尼基哲学家那里学到了他的原子理论，可以说同样的话。Joseph. *Antiquit*. i. 3, 9、Athen. iii. 126a、Damasc. *De Princ*. p. 385, Kopp. ; 参照 Iambl. *V. Pyth.* 14 和 Diog. *Proaem*. 1，证实了有一本以这位 Mochus 为作者的著作存在；但即使在其中包含了与德谟克利特的相类似的原子论理论，那这也只会证明这位作者抄袭了阿布德拉哲学家，而非阿布德拉哲学家抄袭了他；如果是德谟克利特抄袭了的话，那么留基波也必然如此抄袭了。原子论理论在早期希腊哲学中已有明显迹象，无法假定它的外来起源。从 Damascius 的话来看，Mochus 的著作很可能并不出现于欧德谟斯时代。游历回来后，德谟克利特似乎一直留在母邦；这段时期他可能到过一次雅典（Diog. ix. 36 sq. ; Cic. *Tusc*. v. 36, 104 ; Valer. *Max*. viii. 7, ext. 4），但对此我们不具有任何可信的信息。游历耗尽了他的财富，据说为了摆脱贫穷，他朗诵了他的某些著作（Philo, *Provid*. ii. 13, p. 52, Auch. ; Diog. ix. 39 sq. ; Dio Chrys. *Or*. 54, 2, p. 280 R ; Athen. iv. 168b）；另一些人则说（这个故事也被用在阿那克萨戈拉和泰勒斯的身上）他无视财富，但为了让那些指责他的人闭嘴，做了榨油机的投机买卖（Cic. *Fin*. v. 29, 87、Horat. *Ep*. i. 12, 12 及对这些文本的评注，Plin. *H. N*. xviii. 28, 273、Philo. *Vit. Contempl*. 891 C, Hosh. 及之后的 Lactant, *Inst*. iii. 23）。Valer. 上引处说他把他巨额财产的大部分捐献给城邦，以使自己能够不受干扰地以智慧过活。但这些说法，甚至于第一个说法，是否有真实的依据，仍然是有疑问的。关于他住在坟地和荒野的说法（Antisth. ap. Diog. ix. 38，这里 Mullach, p. 64 关于用 τάρφεσι〔在密林中〕代替 τάφοις〔在坟地里〕的建议，在我看来是错误的；Lucian, *Philopseud*. c. 32），同样如此，更不用说他自愿弄瞎自己的故事了(Gell. *N. A*. x. 17 ; Cic. *Fin. l.c.* ; *Tusc*. v. 39, 114 ; Tertul. *Apologet*. c. 46。另外的说法，参见 Plut. *Curiosit*. c. 12, p. 521 以下），这很可能与他对感官不可信的观察相关（参见 Cic. *Acad*. ii. 23, 74，那里的表述“失明”、“剥夺感官”可用作这种理解）。Petronius, *Sat*. c. 88, p. 424, Burm. 说他一辈子从事自然哲学研究，更为可信；与此相关是 Plut. *Qu. Conv*. i. 10, 2, 2 谈到的轶事。他受到他同胞的极大尊敬，并从他们那里获得 σοφία（智慧）的称号（Clem. *Strom*. vi. 631 D; Aelian, *V. H*. iv. 30），可能也是真的；至于说他被授予了母邦的统治权，则相反，非常之不可能（Suid. Δημόκρ.)。我们不知道他有没有结过婚，有一个传闻说他有，但得不到什么证据的支持（Antonius, *Mel*. 609; Mullach, *Fr. Mor*. 180）；但我们也不能从他关于婚姻的说法中推出他没有结过婚（参见下文）。一个广为流传的说法是，他嘲笑一切事情（Sotion ap. Stob. *Floril*. 20, 53；Hor. *Ep*. ii. 1, 194 sqq.；Juvenal, *Sat*. x. 33 sqq.；Sen. *De Ira*, ii. 10；Lucian, V*it. Auct*. c. 13；Hippol. *Refut*. i. 12；Aelian, *V. H*. iv. 20,29；Suid. *Δημόκρ*.；相反的说法参见 *Democr. Fr. Mor*. 167)，但这个说法很快就表明自己只是个没有价值的虚构；说这位哲学家有巫术和预言的能力，同样是荒谬的（参见下文和 Plin *H. N*. xviii. 28, 273, 35, 341、Clem. *Strom*. vi. 631D、Diog. ix. 42、Philostr. *Apoll*. viii. 7, 28）。他与希波克拉底的假想联系，也催生了许多虚构；依据 Cel. *De Medic. Praef*. Ps.Soran.; *v. Hippocr*.（*Opp. ed. Kuhn*, iii. 850），希波克拉底被许多人看作是老师。这类说法甚至在 Diog. ix. 42、Aelian, *V. H*. iv.20 和 Athenag. *Suppl*. c. 27 中也有出现——我们可以在这两人所谓的信件中找到这种后来被轻率夸大的传言的源头：参见 Mullach, 74 以下。最后，关于德谟克利特的死的不同说法——在 Diog. ix. 43、Athen. ii. 46 e、Lucian, *Macrob*. c. 18 和 M. Aurel. iii. 3 等处（参见 Mullach, 89 以下）——同样不可信。即使 Lucretius, iii. 1037 以下的流传更广的说法：在感到年老体衰后他自愿结束了生命，也远不确定。

德谟克利特因其超出他所有前辈和同时代人的丰富学识、比其中大多数人更为敏锐和严密的头脑，成为亚里士多德的直接先驱，后者频繁地引用和使用他的东西，带有明显的赞许谈论他。（文献后文会给出。塞奥弗拉斯特和欧德谟斯同样对德谟克利特给予了许多关注，如 Papencordt 上引书 p. 21 表明的）他多种多样的著作，从标题和留传给我们的残篇看，必然包含数学的、物理的、伦理的、文法的和技艺的主题。Diogenes, i. 16 说他是最为多产的哲学作家之一；我们不能像 Nietzsche, *Rh. Mus*. xxv. 220 以下那样，在这里把德谟克利特之名换成 Demetrius（Phalereus）；因为同一本书 Diogenes, ix. 45 及以下以 Thrasyllus 之名对德谟克利特著作四本一组，列出不下十五组，其中物理主题的占据最大部分。除此之外，还有许多伪作被提到；很有可能许多都是伪作，甚至那些被普遍认为是真实的作品也可能如此（Suid. *Δημόκρ*. 只认为两本是真实的）。无论如何，Thrasyllus 的名字在德谟克利特这里，和在柏拉图那里一样，不能成为什么保证。参照 Burchard, *Fragm, d. Mor. d. Dem*. 16 以下。Rose, *De Arist. lib. ord*. 6 以下相信以德谟克利特之名进行伪造创作很早就开始了，并断言所有的伦理学著作都是假的。Lortzing 上引书更为谨慎地认为其中两本伦理学著作 *π. εὐθυμίης*（《论宁静》）和 *ὑποθῆκαι*（《忠告》）是真实的，它们是我们所有的大多数道德残篇的来源；其他的他要么否认要么怀疑。古代人对他具体作品的说明，可以在 Heimsoth, p. 41 以下和 Mullach, 93 以下中被找到；关于第欧根尼的书目，也可参见 Schleiermacher's *Abhandlung v. J*. 1815 和 Werke, 3te. Abth. iii. 193 以下。这些著作的残篇（大多数属于伦理学，许多是可疑的或假的）可以在 Mullach 著作中被找到。参见 Burchard 和 Lortzing 的被引著作；B. Ten Brinck, *Philol*. vi. 577 以下和 viii. 414 以下。由于他的语言庄重经常富有诗意，德谟克利特被 Cicero, *Orat*. 20, 67 和 *De Orat*. i. 11, 49 拿来与柏拉图作比较。Cicero, *Divin*. ii. 64, 133 也赞扬他阐述的清晰；而 Plut. *Qu. Conv*. 7, 6, 2 则赞赏他高超的流畅。甚至 Timon, ap.Diog. ix. 40 也语带敬意地谈论他；Diony. *De Compos. Verb*. c 24 把他

发现，如我们下文将表明的，这个理论体系的主要特征来源于它的创 209
始人。
亚里士多德把原子论学说的起源和一般观点描述如下。他说，埃利 210 211
亚主义者否认事物的多样性和运动，因为没有虚空它们就无法设想，而 212
虚空是不存在的。留基波承认没有虚空就没有运动，而且虚空也必须 213
被看作是非存在（non-existent）；但他仍然认为他能够保持现象、生成 214
和毁灭、运动和多样性的真实性，方法是，在存在（Being），或充实
（Plenum）之外，承认同时存在着非存在（non-Being）或虚空（Void）。 215
在这一理论中，存在事实上不只是一，而是由无穷数量的在虚空中运动
的细小的不可见的物体组成。由于这些物体的结合与分离，生成和毁
灭、变化与事物的相互作用得到形成。[1] 留基波和德谟克利特因此赞同 216
巴门尼德和恩培多克勒，认为严格意义上的生成或毁灭是不可能有的；[2]
他们也承认（这实际上是前者的一个直接结论）[3]，多不能产生于一，一
也不能产生于多；[4] 如果存在被非存在或虚空所分割，那么事物也只能是

与柏拉图和亚里士多德并列，当作哲学作家的典范（也参见 Papencordt, p. 19 以下和 Burchard, *Fragm. d. Moral. d. Dem.* 5 以下）。塞克斯都还拥有他的著作，但当辛普里丘写作时，它们就已经佚失了（参见 Papencordt. p. 22）。斯托拜乌的选萃必定来自于更老的辑集。

1 《论生成和毁灭》i. 8（见第 527 页注释 5）。其中的“他说非存在绝不属于存在”，我以前推测是“他说非存在更少属于存在”。尽管我们为支持这一读法，可以诉诸可能的意思，以及第 580 页注释 3 引述的亚里士多德和辛普里丘的话，但传统的读法在我看来同样是可接受的，如果我们把这句话的意思解释为“他允许无作为非存在存在”的话。它还可以更自然地直接跟在 *ὡς οὐκ ἂν κίν. οὔς,* &c. 后面，那么结果分句就从 *τό τε κενὸν* 开始，这样解释也不会出现困难。Prantl 在他的版本中，在“*τό τε κενὸν μὴ ὂν*”之后插入 *ποιεῖ κενὸν μὴ ὂν*，这在我看来，与 MS. 的差别太大，也不像亚里士多德的风格。参见辛普里丘上引书，他的解释很可能追随塞奥弗拉斯特。Philop. *in h. l.* p. 35 b 以下没有给我们任何新东西。

2 亚里士多德《物理学》iii. 4, 203a33。Alex. *in Metaph.* iv. 5, 1009 a, 26, p. 260, 24, Bon。Diog. ix. 44。Stob. *Ecl.* i. 414。

3 参见上册第 403 页注释 2 和第 403 页注释 5。

4 参见第 579 页注释 1，及亚里士多德《论天》iii. 4, 303a5。《形而上学》vii. 13, 1039a9。Pseudo-Alex. in *h. l.* 495, 4 Bon。类似的，Simpl. *De Caelo*, 271 a, 43 f, 133 a, 18f（*Schol.* 514 a, 4, 488 a, 26）。

217 多；[1]最后，他们宣称，如果没有虚空的假设，运动将是无法设想的。[2]但
他们并不由此就像埃利亚主义者那样认为多和变化不过是纯粹的表象，
相反他们得出结论说，由于事实上存在着许多生成和毁灭着的、变化和
运动着的事物，由于没有非存在的假设这一切都是不可能的，因此，非
存在（non-existent）必然是一种存在（Being）。他们反对巴门尼德的主
要原则“非存在不是”（Non-Being is not），大胆地宣称“存在不在什么
方面比非存在更为实在”，[3]如德谟克利特所说，有（something，τὸ δὲν）
绝不比无（nothing）更实在。[4]像埃利亚主义者一样，[5]他们把存在设想
218 为充实，非存在设想为虚空。[6]借着这样的命题他们宣称，万物都是由
填充空间的物质和虚空本身构成。[7]但如果要通过这两者来解释现象，

---

1 亚里士多德《论生成和毁灭》上引处；《物理学》i. 3, 参见上册第 421 页注释 3 ；《物理学》iv. 6, 213a31（反对阿那克萨戈拉驳斥虚空理论的努力）。对比从巴门尼德所引的，见上册第 392 页注释 1 和第 403 页注释 5。

2 亚里士多德《论生成和毁灭》上引处；《物理学》上引文 213b4，其中的 αὕτη δ' ἐστὶ φορὰ καὶ αὔξησις，意思是“似乎没有运动是可能的”，而非 Grote, *Plato* i. 70 所理解的“运动似乎不会出现”。德谟克利特对这一命题的论证马上会得到考察；原子论的虚空理论与麦里梭的虚空理论的联系，后面会谈到。

3 亚里士多德《形而上学》i. 4, 985b4。Simpl. *Phys*. 7 a（无疑追随 Theophrast.），这段话说的是留基波。

4 Plut. *Adv. Col*. 4, 2, p. 1109。这段话中后来成为废词的 δὲν（如现在的德文词 Ichts），在 Alcaeus, *Fr*. 76, Bergk. 中还可以被发现。Galen, *De Elem. Sec. Hipp*. i. 2, t. i. 418 Kuhn 认为应该用 ἓν 来取代 δὲν，这有一定的可能性。

5 *Supra*, Vol. I. 588 sq.

6 参见上两个注释及第 579 页注释 1；亚里士多德《物理学》i. 5 开头；《形而上学》iv. 5, 1009a26 ；更不用提后来的作家。依据塞奥弗拉斯特（见第 580 页注释 3），留基波用 ναστὸν（= στερεὸν）一词来指称虚空。Simpl. *De Caelo*, 133 a, 8, *Schol*. 488 a, 18 说这在德谟克利特那里更为清楚：“德谟克利特认为永恒事物的本性属于微小的实体，在数量上无限，对于这些实体他赋予了在体积上无限的不同的处所，他用这些名称称呼处所，虚空，无，无限，而他用另一些名称称呼每一个实体，这个，致密者，存在者”。*Ibid*. 271 a, 43 ；*Schol*. 514 a, 4，见第 582 页注释 3 ；Alex. *Ad. Metaph*. 985b4, p. 27, 3 Bon.。依据 Theod. *Cur. Gr. Aff*. Iv. 9, p. 57，德谟克利特用 ναστὰ 一词来表示原子，而梅特洛多罗用的是 ἀδιαίρετα，伊壁鸠鲁用的是 ἄτομα ；但我们将发现，见第 581 页注释 4，ἄτομα 同样被德谟克利特使用。Stobaeus, *Ecl*. i. 306 说：“德谟克利特说致密者和虚空”；i. 348 同样如此。参见 Mullach. p. 142。

7 依据亚里士多德《物理学》iv. 6, 213b，德谟克利特支持虚空的论证如下：(1) 运动只能在虚空中发生，因为充实不会允许任何东西进入它自身（这进一步为如是观察

那它们就不能只是并列存在；它们必然相互结合在一起，充实为虚空所分割，存在为非存在所分割，通过改变它们的部分的联结，事物的多样性和变化成为可能。[1] 这一分割不能无限进行下去，因此，不可分割的原子就必须被看作是万物的最终构成部分；德谟克利特用已经由芝诺[2] 提供给他的观察证明说，绝对的分割将导致没有量度能够得到保持，因此最后什么都不会剩下。[3] 除此之外，这一假设也为原子论者从埃利亚主义者那里借来的存在概念所必须；因为依据这一概念，存在只能被界定为不可分的一。留基波和德谟克利特相应主张，物体是由不能被进一步分割的部分组成的；他们说，万物都由原子和虚空构成。[4] 219

所支持：如果两个物体会处于同一空间，那么必然就会有无数的物体在那个位置上，最小的物体能够包含最大的）；(2) 稀疏和凝聚只能通过虚空得到解释（参照第九章开头）；(3) 生长的唯一解释是营养进入了物体的虚空；(4) 最后，德谟克利特认为他观察到，装满灰尘的容器能容纳与空容器一样多的水，因此，灰尘必然是消失在水的内在虚空之中。

1 参见亚里士多德《形而上学》iv. 5（见第 580 页注释 6）；《物理学》iv. 6；Themist. *Phys*. 40 b, p. 284 Sp.。

2 *Supra*, Vol. I. p. 614 sq.

3 亚里士多德《物理学》i. 3（见上册第 421 页注释 3）；《论生成和毁灭》i. 2, 316a13 以下；那里给出的论证的基本观念无疑属于德谟克利特，即使对它的逻辑发展部分源出于亚里士多德。在前一文本中，亚里士多德说——为了表明亚里士多德对德谟克利特的敬意这是值得引述的——德谟克利特和留基波的原子学说相比柏拉图《蒂迈欧篇》中的能得到更多的支持："很少能够全面了解公认的东西（指柏拉图）的原因是缺少经验。因此，那些更加深入到自然事物中的人就更能够设定那样一些在很多方面能够联系在一起的本原；而那些从许多理论出发对事实不思考的人，则很容易在看到很少的东西的时候就发表意见。由此一个人甚至可以知道，那些按照自然来研究的人和那些按照逻辑来研究的人，差别有多大；因为，一些人说存在不可分的大小，因为否则的话三角形本身就会是多，而德谟克利特则显然会被恰当的与合于自然的东西所说服。" Philop. *Gen. et Corr.* 7 a, 8 b 似乎只具有亚里士多德的文献。

4 Democr. *Fr. Phys*. 1（在 Sext. *Math*. vii. 135、*Pyrrh*. i. 213 sq.、Plut. *Adv. Col*. 8, 2 和 Galen, *De Elem. Sec. Hipp*. i. 2; i. 417 K 中）。没有必要再引述其他文献。从这一残篇，以及 Simpl. *Phys*. 7 a, 8 a、Cic. *Fin*. i. 6, 17 和 Plut. *Adv. Col*. 8, 4 以下（参见第 582 页注释 4）看，非常清楚，德谟克利特，甚至留基波已经使用了 *ἄτομα* 或 *ἄτομοι*（*οὐσίαι*）这一术语。在其他地方，它们也被称作是 *ἰδέαι* 或 *σχήματα*（参见第 582 页注释 4），与虚空 *ναστὰ*（参见第 584 页注释 2）相对，同时，依据

被埃利亚主义者归属于存在的所有特性，就这样被转移到原子身上。
220 它们是非派生的和无生灭的，因为万物的原始构成不可能产生于它物，有
也不能变成无。[1]它们完全充实，因此不包含任何虚空；[2]也因此是不可分割
的；因为分离和多只在存在或充实被非存在或虚空分割时才是可能的；在
一个完全没有虚空的物体之中，无物能够进入其中使其分割为部分。[3]基
于同样的理由，因为它们的内在构成和本性，它们不会遭受任何变化，因
为存在本身是不会变化的；不包含任何非存在的必然总保持着自身的同一。
哪里不存在着部分，哪里就没有内部的虚空，哪里就不会发生部分的移
位；不允许任何事物进行其中的东西，不会受任何外在的影响，不会经历
221 任何实在的变化。[4]最后，原子依据它们的实在，绝对单一和同质；[5]因为，

Simpl. *Phys*. 310 a，作为原始实在，它们显然也被称作 *φύσις* ；但后者看来是一个误解。

1 参见第 579 页注释 2；Plut. *Plac*. i. 3, 28。为了证明并非所有事物都是派生性的，德谟克利特诉诸这样的事实：时间是没有开始的；参见亚里士多德《物理学》viii. 1, 251b15。

2 亚里士多德《论生成和毁灭》i. 8（见第 579 页注释 1）。Philop. *in h. l.* 36 a：原子的不可分割性是这样被留基波证明的："存在者中的每一个都是绝对地存在；在存在中没有一个是不存在，所以，也就没有虚空。如果在它们之中没有虚空，而没有虚空也就不可能有分割，因此，它们就不可能被分割"。

3 亚里士多德《形而上学》vii. 13；《论天》iii. 4；见第 579 页注释 4；《论生成和毁灭》i. 8, 325b5。Philop.，参见前一个注释。但他的说法并不被看作独立的历史证据，只被看作是他对亚里士多德观点的修正（见上册第 430 页注释 2）。Simpl. *De Caelo*. 109 b, 43; *Schol. in Arist*. 484 a, 24。Cic. *Fin*. i. 6, 17，参见第 580 页注释 1 和第 580 页注释 3，作为不被内在间隙分裂的不可分割的量度，每一个原子都是 *ἓν ξυνεχὲς*（连续的一），就像埃利亚主义者的存在一样，巴门尼德也通过存在的绝对同质性证明它的不可分性，参见上册第 403 页注释 1 和第 402 页注释 3。

4 参见第 579 页注释 1 和第 579 页注释 4；亚里士多德《论天》iii. 7（见第 579 页注释 1）；《论生成和毁火》i. 8, 325a36；Plut. *Adv. Col*. 8, 4（因此，由于它们是无色的，颜色就不产生于它们，由于它们是没有性质和生命的，*φύσις* 或灵魂就不产生于它们；也就是说，它们涉及的是事物的本质，而不是纯粹的现象）；Galen, *De Elem. Sec. Hipp*. i. 2, t. i. 418 sq. K；Diog. ix. 44；Simpl.；参见前一注释。

5 亚里士多德《物理学》iii. 4；Philop. u. Simpl. *in h. l.*，参见第 584 页注释 4；亚里士多德《论天》i. 7, 275b29。亚里士多德因此这样称呼原子（《物理学》i. 2, 184b21）："在属上是一，在样式或形式上相区别或相对立"。Simpl. *in h. l.* 10 a, 1。Id. *ibid*. 35 b, m。Id. *De Caelo,* 111 a, 5；*Schol. in Arist*. 484 a, 34。

首先，如德谟克利特相信的，只有在这种情况下它们才能够相互作用；[1] 其次，如巴门尼德早已表明的，[2] 相互不同是非存在的结果；在没有非存在 222
的纯粹存在那里，只可能有同一种存在的构成。我们的感官才向我们显现事物的性质规定和不同；对于原始物体自身，原子，我们不能赋予它们任何具体的性质，只能把它们看作是这样的东西：没有它们，一个存在物或一个物体就是不可想象的。[3] 换言之，存在只是填充空间的实在，是物质自身，不是受到某种具体界定的物质；因为所有的界定都被排除，每一个确定的实在都不是像其他事物那般的是：后者不只是一个存在，也是一个非存在。原子论的存在学说在所有这些方面与埃利亚主义者的不同只在于，把巴门尼德对一个全体性实在或全体所说的转移到许多个别的实在上来。

但是对原子的同质性和不可改变性的坚持不能被推到这样的地步，以至于派生性事物的多样性和变化也成为不可能。因此，如果我们的哲学家不承认原子间的性质的不同，那么他们必须更加强调量上的不同，
关于它们在形式、大小，以及在空间上的相互关系上的不同，这些原子 223
必然被设想为无限多样的。德谟克利特因此宣称，原子在它们的形状、秩序和位置方面上相互区别开来：[4] 大小和重量的不同同样被提到。主要

1　亚里士多德《论生成和毁灭》i. 7, 323b10。Theophr. *De Sensu,* 49。德谟克利特是否以上面提到的那种方式运用这一原则，并没有得到清楚的指明，但它自身是很有可能的。我们在第欧根尼那里发现同样的情况(见上册第 193 页注释 2)；由于第欧根尼(依据上册第 202 页注释 7）从留基波那里有所借鉴，这一重要的观察源出于留基波是完全可能的。

2　参见上册第 392 页注释 1；参见第 580 页注释 1。

3　参见第 581 页注释 4；Sext. *Math*. viii. 6。德谟克利特认为唯有物质的才是实在，“由于没有一个可感的东西在本性上是基础，因为那些在各方面聚合的原子具有一切单一的可感性质的本性”。普鲁塔克和 Galen 上引处不那么精确在把原子称作“无性质的”。在谈及归属于或不归属于它们的性质时，会给出进一步的细节。

4　亚里士多德《形而上学》i. 4 在第 580 页注释 3 引述的文字之后还有进一步的表述；同书 viii. 2 开头更为简要地说到同一个意思。亚里士多德《物理学》i. 5 开头；《论生成和毁灭》i. 1, 314a21, i. 2, 315b33, i. 9, 327a18 同样如此提到原子间的不同。这些说法随后被他的评注者重复：Alex. *Metaph*. 538 b, 15 Bekk. 27, 7 Bon.、Simpl. *Phys*. 7 a, 8 a, 68 b（*Schol*. 488 a, 18）、Philop. *De An*. B, 14、*Phys*. C, 14 和 *Gen. et*

的不同是形状上的，因此，形状经常被单独提出来，[1]也因此原子自身被
称作形式（forms）。[2]原子论哲学进而主张，不仅原子，而且原子的不
同形状，在数量上必然是无限的，这部分是因为没有什么理由能说为什
224 么这个而非那个形状属于它们；部分是因为只有依据这个假设，事物的
如此无限多样、遭受如此多种变化和向不同的人如此不同呈现才能得到
225 解释。[3]此外，原子在大小上彼此不同，[4]但并不清楚这一不同与形式的

Corr. 3 b, 7 a。*Ρυσμὸς* 被 Philop. 和 Suid. 看作是阿布德拉特有的表达，但其实不过是 *ῥυθμός* 的另一种发音。Diog. ix. 47 提到《论不同的形状》和《论形状的改变》两本著作。

1 例如亚里士多德《物理学》i. 2;《论天》i. 7（参见第 582 页注释 5）;《论生成和毁灭》i. 8, 325b17 及其后 326a14。

2 Plut. *Adv. Col.* 上引处；亚里士多德《物理学》iii. 4, 203a21；《论生成和毁灭》i. 2，参见下一个注释及第 588 页注释 1；《论灵魂》i. 2；参照 p. 226, n.；Simpl. *phys* 7a，参见第 584 页注释 3。德谟克利特自己著有 *περὶ ἰδεῶν*（《论形式》）（Sext. *Math*. vii. 137）一书，讨论的无疑是原子的形式或一般性的原子。Hesychius 谈论 *ἰδέα*，无疑追随德谟克利特，其意思也指"最小的物体"，参照 Mullach, 135。

3 亚里士多德《论生成和毁灭》i. 2, 315b9。同书 i. 1, 314a21；《论天》iii. 4, 303a5，见第 579 页注释 4；同上第 10 行。《论灵魂》i. 2, 404a1。原子数目的无限经常被提到，例如亚里士多德《物理学》iii. 4, 203a19；《论生成和毁灭》i. 8, 325a30、Simpl. *Phys*. 7a、Plut. *Adv Col.* 8, 4 和 Diog. ix. 44（它也笨拙地附加说原子在大小也是无限的）。关于原子形式的无数和多样性，"不平坦"、"钩状"、"中空的"、"弯曲的"等等，参见 Theophr. *De Sensu*, 65 以下；Id. *Metaphy*.（*Fr*. 34）12，这里责备了德谟克利特原子的形式的不规则性；Cic. *N. D.* i. 24, 66、Alexander, ap. Philop. *Gen. et Corr.* 3b 和 Plut. *Plac*. i. 3, 30（后两者也提到伊壁鸠鲁在这点上的不同）；对照 Part. III. a, 375，第三版、Themist. *Phys*. 32 a（222 sp.）、Philop. *De An*. B. 14；Simpl. *Phys*. 7 a 诉诸原子论者自己的表述对这个定义给出了一个理由："他们说，由于没有任何东西更是这样而不是那样，原子中的形状的数量就是无限的"（参看 Plut. *Col*. 4, 1：根据 Colotes，德谟克利特坚持认为："每一个事物都不更是这样而不那样"），并且在此之前，同亚里士多德一起主张："每一个形状通过形成另一种结合而产生不同的结构；因此，合理地，由于本原是无限的，他们便声称说明了所有的性状和实体被什么生成和如何生成。因此，他们甚至说，只是由于这些让元素是无限的人，一切才合理地产生"。Id. *De Caelo*, 133 a, 24, 271 a, 43（*Schol*. 488 a, 32, 514 a, 4）；参见 p. 232 以下和第 596 页注释 2。

4 亚里士多德《物理学》iii. 4. 203a33，这在 Philoponus、Simplicius, *in h. l.* 和其他一些人（*Schol. in Arist*. 3362 b, 22 sq.）那里得到复述；Simpl. *De Caelo,* 110 a, 1; 133 a, 13（*ibid*. 484 a, 27; 488a22）；*Gen.et Corr.* i. 8（见第 586 页注释 2）。Theophr. *De Sensu*. 60。Ibid. 61，参见第 586 页注释 1。Plut. *Plac*. i. 3, 29; 4, 1。

不同有什么关联。[1]原子只是由于其中没有虚空才是不可分割的，因此，它们不是数学上的点，而是有确定大小的物体，[2]它们在大小方面如在形式方面一样存在着不同。但是德谟克利特认为所有原子都太小了以至于无法为我们感官感知；[3]这也是他不得不认为的，因为每个感官可察觉的 226
实在都是可分的、变化的和有确定性质的。但是大小直接涉及重量，因为重量属于每一个物体本身，而由于所有的物质都是同质的，所有物质

1 一方面，如刚刚表明的，在谈到原子的区别时，只有形式被一般性地提到，我们可以猜想每一形式都与确定大小相联（因此 Philop. *De An*. c. 6 推测德谟克利特把球形原子看作是最小的，因为同样体积的物体，球形的是最小的）；另一方面，如我们会马上发现的那样，在谈到球形原子时，同样形状的原子会做大小的区分。亚里士多德《论天》iii. 4, 303a12（在第 584 页注释 3 所引文字后接着说）："他们没有进一步规定诸元素每一个的形状是怎样的和是什么，而是仅仅使火是球形；他们靠大和小来区分气、水和其他东西，好像一切元素的混合就是它们的本性"；因为他们认为在它们之中，最为不同形式的原子混合在一起。

2 Galen（*De Elem. Sec. Hipp*. i. 2 t. I. 418 K）说伊壁鸠鲁把原子看作"不被坚硬的东西所破坏的东西"，留基波把它看作"不被微小的东西所分割的东西"。Simplicius, *Phys*. 216a 说留基波和德谟克利特的原始物体的不可分割性不仅出于它们的"不可感"，也出于"小和无部分"；伊壁鸠鲁相反，并不认为它们是"无部分的"，而认为是"由于不可感而不可分"。类似地，在 *De Caelo*, 271 b, 1, *Schol*. 514 a, 14 中，它们被说成是"由于微小和致密而不可分"。但这是错误的（很可能是伊壁鸠鲁主义者的错误）；亚里士多德对原子的反对同时直接指向了数学性的原子（《论天》iii. 4, 303a20），但如 Simpl. *Phys*. 18 a 承认的那样，德谟克利特和留基波并不把原子看作是数学性的不可分的，而是像伊壁鸠鲁那样，认为它们是物理性的不可分的。

3 Sext. *Math*. vii. 139，这里（其意思必然如此）真实的知识出现了：亚里士多德《论生成和毁灭》i. 8（见第 579 页注释 1）；Simpl. *De Caelo*, 133a13（*Schol*. 488a22），&c.。Plut. *Plac*. i. 3, 28 和 Stob. *Ecl*. i. 796 正确地把原子称作是"通过理性思维的东西"，尽管这个表达可能最初来自于伊壁鸠鲁；亚里士多德《论生成和毁灭》i. 8, 326a24 如此责难原子理论："无位置和微小的东西是不可分的，但大的东西则不然"。Dionysius ap. Eus. *Pr. Ev*. xiv. 23, 3 说伊壁鸠鲁相信所有的原子都是非常小的，不能为感官所感知的，而德谟克利特则认为有些原子是大的；Stob. *Ecl*. i. 348 则断言德谟克利特相信有原子可能和一个世界一样大；但两个说法确然都是错误的。从亚里士多德《论灵魂》i. 2, 404a1 能得出的更为合理的结论是：原子在确定的情况下是可见的。在这里亚里士多德这样谈及德谟克利特：由于形状和原子是无限的，他便说球形的原子是火和灵魂，就像在空气中的尘屑，它们在穿过窗户的光线下显现出来；这些话的意思非常明确，不会支持 Philoponus 的如下主张（*De An*. B 14, *Gen. et Corr*. 9 b）：他把阳光中的微尘看作是经常不被我们感官感知的物体的例子。即使与毕达哥拉斯理论（见上册第 328 页注释 4）相联系，德谟克利特认为这些被感知的微尘由相同原子构成，他也会认为它们是这些原子的聚合，对于它们的具体构成部分我们是不能感知的。

必然没有重量上的区别；因此，同等原子量的物体具有同等的重量：具体物体的重量大小因此完全由它们的原子量的多少决定，而与此完全一致，如果一个大的物体显得比更小的物体轻，那只是因为相较而言它
227 包含更多的虚空，它的原子量事实上更少。[1]因此，原子必然具有重量，同等比例的重量；与此同时它们必然与它们的大小一致在重量上有所区别。[2]这个理论对原子论体系来说具有重要的意义：与之相反的文本[3]必
228 须被看作是错误的。关于原子在位置和秩序上的不同，德谟克利特似乎并没有给出进一步的或更为普遍的界定；无论如何，传统文献没有保存比我们已经引述的更多的东西。[4]

虚空被原子论者设想为无限的；这不仅为原子数量的无限所必需，

1　这些对后面的自然理论来说非常重要的命题，是所有物质在性质上同类的直接结论。原子论者清醒地意识到这些结论，如亚里士多德表明的（《论天》iv. 2, 308b35）。Theophr. *De Sensu*, 61 中的话，从 *εἰ γὰρ διακριθ.* 到 *στοαμὸν* 这段文字部分是出于我自己的推测，部分基于 Mullach. p. 214, 346 以下。其他为完善文本而做的推测，参见 Schneider 和 Wimmer 的编辑本、Burchard, *Democr. Phil. de Sens*.15、Philippson, *῞ϒλη ἀνθρωπίνη*, 135、Papencordt, *Atom. Doctr*. 53 和 Preller 上引处。文本自身是这样的：*εἰ γὰρ διακριθῇ ἕνθεν ἕκαστον, εἰ καὶ κατὰ σχῆμα διαφέροι, διαφέρει σταθμὸν,* etc.。也请参见 Simpl. *De Caelo*, 302 b, 35（*Schol*. 516 b, 1）和 Alex. ap. Simpl. *ibid*. 306 b, 28 以下（*Schol*. 517 a, 3）。

2　参见前一个注释和亚里士多德《论生成和毁灭》i. 8, 526a9。Simpl. *De Caelo*, 254b27; *Schol. in Arist*. 510 b, 30；参见下文。进一步的细节，见 p. 241。

3　Plut. *Plac*. i. 3, 29 就是如此。伊壁鸠鲁把形状、大小和重量赋予原子：“因为德谟克利特讲两个，大小和形状；而伊壁鸠鲁给它们加上了第三个，重量。”Stob. i. 348（参见第 585 页注释 3）。Cic. *De Fato*, 20, 46：伊壁鸠鲁认为原子由于它们的重量而产生运动，德谟克利特则认为是由于碰撞。Alex. *on Metaph*, i. 4, 985 b, 4 说：“因为，他们不说原子中的重量来自何处；因为他们说，在原子中被思维的东西是没有部分的，它们有部分的存在是没有重量的。”Alexander 这里诉诸亚里士多德《论天》的第三卷；但看来把它第一章反对柏拉图式元素结构理论所说的错误地归属于留基波和德谟克利特，后者并不承认原子中存在着部分。

4　亚里士多德（《物理学》i. 5）列举了位置和形状的不同，但他并不是以德谟克利特的名义，而是以自己的名义做这一列举的。

也是虚空概念的本质内涵。[1] 原子为虚空所包围，[2] 并为虚空分割开；[3] 因此，哪里有原子的结合，哪里就必然有虚空；它就像充实一样，无处不在。[4] 但这一定义并未得到原子论哲学创始人如此严格的贯彻，以至于他们会否认原子间的直接接触；[5] 他们否认的只是原子的现实合并。[6] 229

依据这些前提，事物的所有性质都必然被还原为组成事物的原子的数量、大小、形状和空间关系，事物的所有变化都必然被还原为原子结合的改变。[7] 当原子的一个联合体形成时，一个事物产生了；当这个联合体解散时，事物消亡；当原子的位置和方位发生改变，或它们的一个部分被其他部分取代时，事物发生着变化；当新的原子加入到这个联合

1　亚里士多德《论天》iii. 2, 300b8。Cic. *Fin*. i. 6（inf.）；Simpl. *Phys*. 144 b；*De Caelo*, 91, b 36, 300 b, 1（*Schol*. 480 a, 38, 516 a, 37）；Stob. *Ecl*. i. 380；Plut. *Plac*. i. 3, 28。依据 Simpl. *Phys*. 133 a，德谟克利特区分了虚空和空间（τόπος，space），并像后来的伊壁鸠鲁一样（Part III. a, 373，第二版），借此来理解包围一个物体的边界之间的距离（τὸ διάστημα τὸ μεταξὺ τῶν ἐσχάτων τοῦ περιέχοντος），这个距离有时被物体填充，有时空着。但由于在辛普里丘那里德谟克利特的定义和伊壁鸠鲁的定义被混在一起，完全有可能德谟克利特并未像辛普里丘在 *Phys*. 124 a 说的那样确切地阐述他的理论：“因为德谟克利特说虚空就是位置。”类似的还有 89 b。

2　参见前一注释及第 579 页注释 1。

3　亚里士多德《论天》i. 7, 275b29。《物理学》iv. 6（参见第 580 页注释 1）同样提到毕达哥拉斯学派的类似理论。

4　亚里士多德《形而上学》iv. 5；见第 580 页注释 6 等。

5　参见亚里士多德《物理学》iii. 4, 203a19；《论生成和毁灭》i. 8（见第 579 页注释 1），同书 325b29。柏拉图同留基波一样，认为原子具有确定的形状：“由这些而有生成与分离。留基波认为可能有两种方式（按，生成与分离），通过虚空和通过接触（因为正是通过接触每一个东西是可分的），而柏拉图只有接触”。同书 326a31 直接反对原子论者：“因为，如果万物的本性是一，什么是分离呢？或者，当它们接触时为什么没有成为一，就像当水接触水时那样？”Simpl. *De Caelo*, 133 a, 18; *Schol*. 488 a, 26。这里与前面引文没有矛盾，那里说世界不是“连续性的”；因为纯粹的接触实际上就能形成空间中的物质联合体，它可以被称作“通过接触的连续”；但那里不存在着内在的联结，因此，不是严格意义的 συνεχές。参见《物理学》viii. 4, 255a13；在 Simpl. *Phys*. 195b 那里这一表达被修正为“通过接触而不是通过合并造成的连续”，参见第 596 页注释 2。因此，我们不能把亚里士多德文本中的“接触”理解为纯粹指紧密的接近，如 Philop. *Gen. et Corr*. 36a 所做的那样。

6　参见前一注释及第 579 页注释 4。

7　Cf. Simpl. *De Caelo*, 252b40（*Schol*. 510a41）.

体时，事物会变大；当某些原子与它分离时，事物会变小。[1] 与此类似，
230 事物间的所有相互作用都是机械性的，通过挤压和撞击得到解释；因
此，如果有某种动力作用在远处发生时，我们必须认为它实际上是机械
性的，是由接触而产生的。这样，像恩培多克勒一样，原子论者试图通
过流射理论来解释所有的这类现象。[2] 最后，如果事物显得具有许多不
同的物理性质，那么这些性质也必须通过原子的量性的联系来得到机械
性的解释。由于它们的实在构成，所有的事物都是类似的；它们只在它
们原始构成部分的形状、大小和联结上具有不同。但这些派生性的性质
231 之间仍存在着一个本质的不同。它们中的有一些直接产生于原子在结合
中的相对比例，无关于我们观察者的观察方式；它们属于事物自己。另
一些则相反，间接产生于我们对这些比例和结合的感知；它们并不原始
地属于事物的本性，而属于由事物引起的感知。[3] 这些派生性质有重量、
密度和硬度，德谟克利特又加上了热和冷、味道和颜色。[4] 对于那些不

---

1 亚里士多德《论生成和毁灭》i. 2, 315b6；同上第 8 章（参见第 579 页注释 1）。同上第 9 章，327, 16。《形而上学》i. 4，见第 583 页注释 4。《物理学》viii. 9, 265b24：原子论者只把位置运动归属于原始物体，把其他运动归属于派生物体："因为他们说，当不可分的物体聚集和分离时，就有增加和减少以及变化"，这在 Simpl. *in h. l.* 310a 那里得到不断的重复；*De Caelo,* iii. 4, 7（参见第 580 页注释 4 和第 522 页注释 2）；Galen, *De Elem. sec. Hipp*. i. 9, T. I. 483 K, &c。

2 参见亚里士多德《论生成和毁灭》i. 8（见第 579 页注释 1）。留基波和德谟克利特从接触来派生所有的主动和被动。如果一个事物的部分进入另一个事物部分的内在虚空，那么后者受前者的作用。Alex. *Aphr*.（*Qu. Nat.* ii. 23, p. 137 Sp.）更为清楚地提到流射；他告诉我们，像恩培多克勒一样（见第 528 页注释 1），他力图依据这个理论来解释磁石的吸引力（依据 Diog. ix. 47，他对此写了一篇论文）。他认为磁石和铁由相同本性的原子构成，但在磁石那里，原子结合得不是那么紧密。一方面，同趋向于同；另一方面，一切都在虚空中运动，磁石的流射进入铁块，挤出它自己的一部分原子，而这部分原子被拉向磁石，并进入它的间隙。铁块自身追随这一运动，而磁石并不朝铁块运动，则是因为铁块接受磁石流射的空间更少。这一理论其他的及更为重要的运用，会在论感觉的部分被发现，这也是德谟克利特认同于恩培多克勒的。

3 这里我们第一次遇上第一性质和第二性质的区分，它在后来被洛克引入，对知识理论产生了重大影响。

4 德谟克利特，见第 581 页注释 4；Theophr. *De Sensu*, 63（参照 68 以下）论德谟克利特。参见亚里士多德《论灵魂》iii. 2, 426a20、Simpl. *Phys*. 119 b、*De An.* 54 a 和

能纯粹表现事物的客观构成的性质，他的理由是，同一对象在不同的人那里和在不同的情况下，会在以上的那些方面，产生不同的印象。[1]但它们当然也基于某种客观的东西，哲学家的任务就在于指明这种客观的 232
东西是什么，通过对原子的形状和结合关系的界定，来解释热、颜色等感觉的产生。

关于事物的第一性质，德谟克利特把它们的重量直接还原为它们的原子的量：在除去虚空间隙外，原子量越大的物体越重；如果物体的大小是一样的，那么它们的重量对应于密度。[2]同样硬度必然由物体中充实和虚空的比例决定；但它不仅依赖于虚空间隙的数量和大小，而且依赖于它们的分布方式：一个在许多点上被虚空同等间隔的物体，比起另一个具有更大间隙同时又具有更大连续部分的物体，可能会更软；即使前者从整体上看，在同等空间上会包含更少的虚空。铅比铁更密更重，却比它更软。[3]

在德谟克利特看来，事物的第二性质则普遍地产生于原子的形状、大小和秩序；因为他认为一个物体依据它的原子或原子形式或原子以紧密或松散、同等或不同等的秩序安排的大小与我们感官的接触来产生感觉；[4]因此，依据构成物体的原子类型以充量的方式撞击我们感觉器官 233

Sext. *Math*. viii. 6 等。Diogenes, ix. 45 中的话属于这一语境；在我们的文本中，它们不具有任何意义："是习俗上的性质，而在本性上是原子和虚空"。依据 Democrit 上引处，它实际上应该是这样的："依照习俗是性质"，等等。

1 塞奥弗拉斯特继续说道："而证据就是，正像它们在本性上不存在一样，它们对于所有的动物表现得并不一样，而是对于我们是甜的对于别的东西是苦的，对于另一些东西又是酸的，又对于别的东西是辣的，再对于这些东西是咸的；而且其他亦然，此外，它们（知觉主体）根据混合（它们的物质成分的混合在变化；但另一些人读成'根据分离'）、根据性状和年龄而变化；因此很明显，位置是现象的原因"，同上 § 67。亚里士多德《形而上学》iv. 5, 1009b1 提到的关于感官感觉不确定的相同理由，看来来源于德谟克利特。参照 Democrit. ap. Sext. *Math*. vii. 136。

2 参见上文 p. 226 关于原子密度取决于它们并列的紧密性的说法。Simpl. *Categ*.（Basil. 1551）68 γ ；Philop. *Gen. et Corr.* 39b ；参见亚里士多德《论生成和毁灭》i. 8, 326a23。

3 Theophrastus, *l.c*. 62.

4 这一结论也可从关于具体颜色和味道所说的中推出，亚里士多德《论生成和毁灭》i.

而产生感觉印象的方式，同一客体会向我们不同地显现（例如更热或更冷）。[1] 如塞奥弗拉斯特所说，[2] 他更为精确的界定主要相关于颜色和由味觉感知的性质。塞奥弗拉斯特在这两个主题上告诉我们的 [3] 进一步表明德谟克利特对这种问题的关注：依据他的普遍前设对自然现象进行解释；但我们这里不能对这些细节做进一步的探究。

234 我们还可以注意到德谟克利特关于四元素的观念。他当然不会在元素的恰当意义上理解这些实在，因为在他的体系中原子才是万物的最初构成。他也不像后来的柏拉图那样，把它们看作是所有其他可见物体的原始实在，尽管它们是由原子构成的；因为无数形状的原子必然会产生比四种可见元素更多的东西。[4] 但由于别的哲学家已经确定了四元素，他仍然可能会对它们给予特别的关注，并试图诉诸它们的原子构成来解释它们的性质。但只有火对他来说具有某种非常重要的意义；如我们将看到的，火被他看作贯穿整个自然的运动和生命的原则，看作恰当的精

2, 316a1。Theophr. *l.c.* 63（见第 588 页注释 4）；及同上 64、67 和 72。*Caus. Plant*. vi. 2, 3。

1 参见第 588 页注释 4 引文的结论和 Theophrastus, *De Sensu*, 67。（阿那克萨戈拉有类似说法，参见下文）也参见亚里士多德《形而上学》iv. 5，见第 580 页注释 6；《论生成和毁灭》i. 2, 315b9；Philop. *ad h. l.* 6a 和论感觉的部分。

2 *De sensu*, 64、*Fr*. 4（*De Odor*.），64。塞奥弗拉斯特同时评论说，德谟克利特没有对颜色和对应于每一颜色的原子形状的明确界定。

3 味道必然由接触舌头的原子的形状决定，同上书 65—92、*De Caus. Plant*. vi. 1, 2, 6, c. 6, 1, 7, 2、*Fr*. 4, *De Odor*. 64；参照 Alex. *De Sensu*, 105 b（亚里士多德《论感觉》c. 4, 441a6 把这与德谟克利特相联）、109 a。在颜色方面，德谟克利特把白、黑、红和绿看作是四种基本颜色，*De Sensu*, 73-82，参照 Stob. *Ecl*. i. 364；亚里士多德《论感觉》c. 4, 442b11。同书 c. 3, 440a15 以下和 Alex. 上引书 103a、109a。光和颜色的流射已经得到部分的考察，见第 588 页注释 2。进一步的细节，也参见 Burchard, *Democr. Phil. de Sens*. 16 和 Prantl, *Arist. ub. d. Farben*, 48 以下。

4 因此，得出如下的结论（参见 Simpl. *Phys*. 8）就是错误的：像伪蒂迈欧一样，留基波和德谟克利特承认四元素是复合物体的原始实在，只不过他们力图把这些元素进一步还原为更为原初的和更为单纯的原因。Diog. ix. 44 关于德谟克利特相信四元素是由原子构成的说法更为可信；另一方面，Galen, *H. Philos*. c. 5, p. 243 中关于德谟克利特把土、气、火和水看作是原理的说法完全是可疑的。即使把气排除出去（这不是很有可能），也仍然是错误的。德谟克利特可能确实在他似乎支持这一说法的著作（*Σοφιστικὰ*，它不出现于 Mullach 的德谟克利特著作列表）中谈到土、火和水；但即使这一著作是真实的，它也不会把它们看作是所有物体的元素。

神元素。由于它的可运动性，他相信它由圆形和细小的原子构成，虽然其他元素由不同形状的原子混合而成，火则只是依据它们部分的大小彼此分别。[1]

原子一般如何形成这些确定的结合，复合之物的源起和世界的形成 235
如何得到解释，是我们必须在下一个部分考察的问题。

2. 原子的运动；宇宙的形成和系统；无机的自然

原子在无限虚空中的循环运动[2]是永不停息的。[3]这一运动对我们的 236
哲学家来说如此为事物的本质所必需，[4]以至于他明确地宣称它是没有开端的，[5]并据此拒绝赋予它任何原因，因为无限和没有开端之物不从其他

1　亚里士多德《论天》iii. 4；见第 585 页注释 1。同上 303a28 说水、气和土通过相互分离而产生；关于这一过程，也参见《论天》iii. 7（见第 522 页注释 2）。关于热或火，见同上和《论灵魂》i. 2, 405a8 sqq. c. 3, 406b20；《论天》iii. 8, 306b32；《论生成和毁灭》i. 8, 326a3；参见《形而上学》xiii. 4, 1078b19。《论天》iii. 8 许多段落提到的关于以上理论的理由，很可能只是一个任意的猜测，关于火的燃烧和穿透力量也可能只是一个假设。Theophr. *De Sensu*, 75 说，红由与热相同的原子构成，只不过它的原子更大；一个事物包含越多和更精细的火，它就越明亮(例如烧红的铁块)："精细的东西是热的"。Cf. § 68。Simpl. 上引处。依据 Theophr. *Fr*. 3, *De Igne*, 52，德谟克利特通过火焰内在部分的冷的递增来解释它的锥形。更多的细节会在下文论灵魂部分发现。

2　亚里士多德《形而上学》xii. 2, 1069b22 比较了这一原初状态和阿那克萨戈拉的"万物皆同"："如德谟克利特所说，万物在潜能上皆同，但在现实上不然"。我们当然不能（像 Ps-Alex. *ad h.l.* p. 646, 21、Bon. Philop. ap. Bonitz, *ad h. l.*、Trendelenburg on Arist. *De An*. 318、Heimsoth. p. 43、Mullach, p. 209, 337; *Fragm*. i. 358 和 Lange, *Gesch. d. Mater*. i. 131, 25 那样）认为从 *ἦν* 到 *οὔ* 这段话是从德谟克利特那里逐字引来的，并据此把对 *δυνάμει* 和 *ἐνεργείᾳ* 的区分，以及亚里士多德式理论的基本概念归属于他。这段话必然应该这样来翻译："同时，依据德谟克利特的观点，所有事物都非现实地而是潜在地聚在一起。"因为在原子的原初混合中，所有事物依据它们的实在都包含于其中，但并未真的形成和确定。参见 Bonitz 和 Schwegler, *ad h. l.*。此外，原子论者只能在非常有限的程度上相信这一原初状态，因为原子的结合和世界，总是存在着。

3　参见第 591 页注释 5、第 587 页注释 1 和第 579 页注释 1。亚里士多德《形而上学》xii. 6, 1071b31；同上 1072a6；Galen, *De Elem. sec. Hipp*. i. 2, T. I. 418 K。

4　亚里士多德《物理学》ii. 4, 196a24。辛普里丘正确地用这段话来指涉原子论者，因为他们，也只有他们，相信宇宙形成于极速的旋转运动，而并不把这一运动派生于一个具体的推动力量。《物理学》74a, b。

5　参见前一个注释，Cic *Fin*. i. 6, 17。参见第 587 页注释 1；Hippol. *Refut*. i. 13。

237 事物派生。[1] 但如果说亚里士多德可以公正地指责原子论者没有确切地
寻找动力因，[2] 那么说他们把运动归于偶然则是错误的。[3] 只有在我们把
偶然理解为并不出于目的时，运动才能被称作是偶然的；[4] 但如果这个术
语被用来意指没有自然原因而发生的事，那原子论者远未得出这样的观
点。相反，他们明确地宣称，世界上没有什么事物是出于偶然而发生
238 的，万物依据必然从确定的原因产生；[5] 命运对人没有什么影响，运气不
过是人们为自己错误辩解的借口。[6] 亚里士多德和后来的作家承认，原
子论哲学强烈地主张一切都基于绝对的必然发生，[7] 甚至把明显偶然发生
239 的还原到它的自然原因上来，[8] 比更早体系更合乎逻辑地对自然进行了严

---

1 亚里士多德《物理学》viii. 1, end；《论动物的生成》ii. 6, 742b17。Cf. note 1。

2 亚里士多德《论天》iii. 2，参见第 587 页注释 1；《形而上学》i. 4 结尾。对比 Diog. ix. 33 对留基波的说法：“正像存在着宇宙的生成一样，同样，按照某种必然性，也存在增加、减少和毁灭，但他没有阐明它们是怎样的。”Hippol. i. 12 有类似的话，它们取自同一来源。

3 亚里士多德促生了这种误解。他在《物理学》ii. 4 把 *αὐτόματον* 用作 *τύχη* 的同义词——不仅在这个地方，而且总是如此；但德谟克利特必然在完全不同的意义上使用这个词，如果他使用过这个词的话。不过最后特别导致这种误解流传开来的还是西塞罗。参见 *N. D.* i. 24, 66。我们还可以在西塞罗同上书 c. 37, 93、*Tusc.* i. 11, 22, 18, 42 和 *Acad.* i. 2, 6 发现同样的“偶然的聚合”。西塞罗更为正确地说到（*Fin.* i. 6, 20）“混乱的聚合”。同样的观念还可以在 Plut. *placita*, i. 4, 1、Philop. *Gen. et Corr.* 29b、*Phys.* G, 9、Simpl. *Phys.* 73b, 74a、Eus. *Pr. Ev.* xiv. 23, 2 和 Lactant. *Inst.* i. 2 那里被找到；很可能还有欧德谟斯，参见第 591 页注释 4。

4 如亚里士多德在《物理学》ii. 5, 196b17 以下所做的那样，在这个意义上，亚里士多德能在他自己的立场上正确主张原子论者认为世界出于偶然形成。

5 Stob. *Ecl.* i. 160（*Democr. Fr. Phys.* 41）。这里留基波未被否认为 *περὶ νοῦ* 一书的作者（没有表明理由），而我们在第 573 页注释 3 已经看到这个残篇被归属于德谟克利特；但这一点对我们当下的问题来说并不重要。

6 *Democrit. Fr. Mor.* 14 ap. Stob. *Ecl.* ii. 344；Eus. *Pr. Ev.* xiv. 27, 4.

7 亚里士多德《论动物的生成》v. 8, 789b2。Cic. *De Fato*, 10, 23。类似的，同上 17, 39；Plut. ap. Eus. *Pr. Ev.* i. 8, 7。Diog. ix. 45。Oenomaus ap. Theod. *Cur. Gr. Aff.* vi. 15, Nr. 8, 11, p. 86 和 Theodoretus 自己说：德谟克利特否认自由意志，把世界进程提交给必然的命运。Plut. *plac.* i. 25, 26：“巴门尼德和德谟克利特说万物按照必然；命定、正义、天意、创世是同一回事”（就德谟克利特而言，这只是部分正确）。德谟克利特把 *ἀνάγκη* 的本质归于“物质的抗阻、运动和打击”。也参见第 592 页注释 2 和 5。

8 亚里士多德《物理学》iv. 2, 195b36。Simpl. *phys.* 74 a；类似的还有 76 a、73 b。Theodoretus *l. c.* p. 87 说了同样的话，不过是以斯多亚主义的语气：德谟克利特宣称

格的物理解释。[1] 原子论者当然不会诉诸目的来解释自然现象：[2] 自然的必然性对他们来说是一种盲目的作用力；他们的体系不涉及任何形成世界的精神因素，或后来意义上的天命；[3] 但这一不涉及的理由不在于他们相信世界为偶然性所主宰，恰恰相反，在于他们在各个方面对自然的必然性的概念的坚持。他们也必然把原子的原始运动看作是某个自然原因的必然结果，而这个原因只能在重力中寻找。当我们被告知说最小的物体在虚空当中必然会发生运动时（参见前文），我们也绝不能由此得出结论说，虚空是运动的原因；[4] 有些时候原子论者把重量看作是所有物体的一个本质属性，也因此看作是与原子的物质量对应的东西。[5] 同样非 240
常清楚的是，原子运动的速度与每一原子的物质量对应；更大更重的原子必然比更小更轻的原子下降得更快；[6] 此外，有记载明确指出，德谟克利特同恩培多克勒一样，认为所有的原子最初为它们的重量所推动；他把许多物体的上升运动解释为更重原子下降产生的压力导致更轻原子的升起。[7] 与此相应，伊壁鸠鲁著名的原子偏斜理论被看作是对德谟克利

"机会对于人的理性来说是不明的原因"。参见 Part. III. a, 151, 3 第二版。但如果德谟克利特不承认在具体事件上的偶然，我们可以确定这位逻辑严谨的思想家绝不会认为整个宇宙是偶然的产物。

1　参见亚里士多德在这点上所说的（除了第 581 页注释 3 和第 579 页注释 2 外），《论生成和毁灭》i. 2, 315a34（他在谈论对生成、毁灭等的解释）。《论灵魂》i. 2, 405a8。

2　见第 592 页注释 4。

3　德谟克利特一般在这一点上受到责备，参见 Cic. *Acad*. ii. 40, 125、Plut. ap. Eus. *l.c. Plac*. ii. 3（Stob. i. 442）、Nemes. *Nat. Hom*. c. 44, p. 168 和 Lactantius 上引处。依据 Favonius ap. Diog. ix. 34 以下，德谟克利特明确地反对阿那克萨戈拉关于世界通过 *νοῦς*（努斯）产生的理论。但他能在多大程度上谈论一种普遍理性，我们将在后文讨论。

4　如亚里士多德（《物理学》viii. 9, 265b23）在把原子论者看作是不承认有特殊动力因的人时所说的："他们说运动由于虚空"。同样的还有，Eudemus ap. Simpl. *Phys*. 124 a。

5　见第 586 页注释 1 及 Theophr. *De Sensu*, 71。

6　Cf. *inf*. p. 241.

7　Simpl. *De Caelo*, 254 b, 27, *Schol. in Arist*. 510 b, 30。（后面接着的不是对德谟克利特理论的阐释）类似的，同书 314 b, 37，121 b, 42、*Schol*. 517 b, 21，486 a, 21。*Ibid. Phys*. 310 a。西塞罗文献参见下注。

特的反对：伊壁鸠鲁试图避免他的命定论；[1] 无论如何，伊壁鸠鲁及他的追随者对原子完全垂直下降的反对，[2] 确实只适用于更老的原子论哲学：更不要说伊壁鸠鲁确然不是他自己用原子偏斜的武断理论违反了的关于
241 运动和宇宙的纯粹物理解释的创始者。因此，依据留基波和德谟克利特的理论，我们必须把原子的运动直接看作是它们重量的结果，而最初的运动只是向下的或垂直的。[3] 至于在无限的虚空中并不存在着上与下的困难，[4] 似乎并未成为原子论者的问题。[5]

242 原子出于它们自身，在同样的方向上运动着。但由于它们在大小和重量有着不同，它们（原子论者如是认为）以不同的速度下降；因此，

1 Cic. *N. D.* i. 25, 69。非常明显，这里的前设是，德谟克利特通过承认原子完全依据重力法则运动得到了这一结论。

2 Epicurus ap. Diog. x. 43, 61; Lucr. ii. 225 sqq.

3 Lewes 的相反理论是（*Hist. of Phil.* i. 101），德谟克利特并未赋予原子重量，而是赋予了它们力量，并认为重量产生于更大力量的撞击；但这个理论甚至得不到第 586 页注释 3 引文中说法的支持，也与最为可信的证据冲突。

4 Cic. *Fin.* i. 6，参见第 591 页注释 5；Simpl. *De Caelo*, 300 a, 45（*Schol.* 516 a, 37）。亚里士多德在《论天》iv. 1, 308a17 的段落中谈论的似乎不是原子论者；另一方面，他在《物理学》iv. 8, 214b28 以下和《论天》i. 7, et pass 中在这个方面责备了他们。参照 Part. II. b, 210 以下和 312 第二版。

5 伊壁鸠鲁实际上在 Diog. x. 60 中为此辩护说，依据如下观察，即使在无限的虚空之中也会有向上和向下运动：他说，如果在无限的虚空之中没有绝对的上和下（没有 ἀνωτάτω 和 κατωτάτω），那么从我们的脚到头的运动和从头到脚的运动仍然是相反的，尽管在两个方向上都可以无限延伸。Lange, *Gesch. d. Mat.* i. 130 赞同这一论证，并认为它可能来自于德谟克利特。但德谟克利特不仅说原子事实上在我们习惯称作下的方向上运动，而且认为它们必然在这个方向上运动；他把原子的重量看作是原子运动的原因，只是因为只有这样他才能确定它们的运动方向，因为对此我们不能有任何的感知。但如果原子由于它们的重量而向下运动，那么这个下就不只是从我们在地球的位置上看显得更低的位置，而是对每一原子来说——不管它们处在无限虚空的什么位置上——更低于作为它们自然运动的目的的位置。但在无限虚空中，不会有这种意义上的下。如果伊壁鸠鲁无视这一事实，试图通过这样一种与传到他手上的原子下降理论很少一致的权宜，反对亚里士多德的批评对它进行辩护，并没有什么好奇怪的。但说像德谟克利特这样一位自然哲学家会没有注意到这一矛盾，则并不可信；更为可信的说法是，他和留基波都认为物体在虚空中的下降是自明的，并未考虑到这一运动是自然的下降运动，而这样的运动在无限虚空中是不可能的。

它们相互碰撞，轻的被重的撞得向上，[1] 由于这两种运动的撞击及原子的震荡和反冲，产生圆周的或旋转的运动，[2] 然后在其中产生原子的不 243
同聚集。[3]

1　依据亚里士多德《论天》iv. 6, 313b4，德谟克利特把这一向上运动称作是 *σοῦς*。

2　对原子论者据之产生宇宙的圆周运动的起源的这种理解（参见下文），不仅为他们理论的内在联系所必需——无法通过其他方式得到令人满意的说明——也得到所有历史证词的支持。原子的最初运动是向下运动，并只是由于这一运动某些原子被趋于向上运动，这在辛普里丘（参见第 593 页注释 7）那里得到清晰的阐述。从我们前面的评论看，Lucr. ii. 225 对这一观点的反对只能指向德谟克利特；同伊壁鸠鲁一样(参见 Part III. a, 378 第二版)，他反对亚里士多德的主张(*ibid.* ii. b, 211, 1; 312, 3)，认为所有物体在虚空中以同样的速度下落。进而，尽管 *Placita*, i. 4（Galen. c. 7）纯粹是在复述伊壁鸠鲁的理论（参见 Part III. a, 380)，这一理论仍然以德谟克利特的学说为来源；第欧根尼和 Hippolytus 相关留基波有类似说法。Diog. ix. 31；Hippol. *Refut*. i. 12。亚里士多德在《论天》i. 8, 277b1 中的说法无疑涉及原子论哲学：他说火由于自身的本性而采取向上的方向，而不是另一个东西所施加的力的结果，"正像一些人说由于挤压"；柏拉图《蒂迈欧》62C 很可能同样与此相关。至于原子论者如何设想圆周运动产生于向下和向上的两种直线运动，我们未被告知。在 Diog. x. 61, 43 以下中伊壁鸠鲁（不涉及原子论者）谈到由原子的撞击和反弹产生的侧向运动；*Plac*. i. 26（见第 592 页注释 7）也把这归属于德谟克利特，同样如此做的还有 Galen（见第 591 页注释 3）和 Simpl. *De Caelo*, 110 a, 1（*Schol*. 484 a, 27)。Diog. x. 90 中伊壁鸠鲁评论说这 解释需要得到完善，指的就是德谟克利特世界圆周运动形成的理论："因为应该不是仅仅有了聚集和旋转，按照公认的意见宇宙就可以借此出自必然地在虚空中生成，而是正像那些所谓的物理学家中的一位所说的，通过增大直到它可以与另一个东西撞击。"更多的细节参见下注。奥古斯丁在 *Epith*. 118, 28 中的断言：在原子聚集中存在着确定有生命和气息的力量，被 Krische, *Frosch*. i. 161 正确地看作是对 Cicero, *Tusc*. i. 18, 42 的误解。朗格（*Gesch. d. Mat.* i. 130, 22）的推测：德谟克利特认为圆周运动在原子的结合形成之后发生，然后再产生世界，在传统文献中找不到支持；另一方面，Diog. ix. 31 认为"球形的聚集"最初产生于"涡旋"。同样，伊壁鸠鲁在上引处谈到虚空中的"旋转，宇宙可以借此生成"。

3　这一观点与第 592 页注释 1 评述的观点一起，解释了德谟克利特的学说为什么有时似乎把原子的相互震荡和旋转看作是它们的唯一运动，并不进而寻找它们的起源，参考 Diog. ix. 44。*Id.* § 45，见第 592 页注释 7、Sext. *Math*. ix. 113; ap. Stob. *Ecl*. i. 394（*Plac*. i. 23, 3)。(*Ibid*. 348，那里原子的震荡甚至被说成是它们的唯一运动，而它们的重量遭到否定，见第 586 页注释 3)。Alexander, *ad Meatph*, i. 4, p. 27, 20 Bon.，见第 586 页注释 3；Cic. *De Fato*, 20, 46；Simpl. *De Caelo,* 260b16（*Schol*. 511b15)。(Mullach, p. 384 引述 *Phys*. 96 的话说："德谟克利特在讲原子在本性上是不运动的同时说它们通过撞击运动"，但这些话并不出现在我们现行的文本中。）基于这同样的理由，亚里士多德《论天》iii. 2, 300b8 以下质问原子论者说，因为这一个强有力的运动以一种自然的运动为前提，那么什么是原子的最初的和自然的运

244 由于原子的这一运动，同类的微粒首先聚集在一起；因为在重量和形式上的相同的原子必须基于这个理由沉向或趋向同一个地方。[1] 但是，从事物的本质看，这产生的必然不是原子间简单松散的并置，而是它们紧密的结合；因为当不同形状的原子震荡结合时，有许多原子必然相互
245 粘附和纠缠在一起，必然相互环绕和彼此阻碍，[2] 以至于有些原子被保持在一个并非与其本性相合的地方；[3] 这样就通过原子的结合产生出复合的物体。这些复合体的每一个从原始物质团中的分离，都构成了世界的萌芽。在原子论者看来，这些世界有无数个；因为原子的数量是无限的，虚空是无限的，原子将在无数的地方被发现。此外，由于原子在大小和
246 形状上的无限多样，由它们形成的世界也将表现出极大的不同；不过也有可能它们中的有一些碰巧完全相同。最后，由于这些世界有其开端，它们也会遭受增减，并最终毁灭；当其他实在从外加入它们时，它们会

动？很可以设想，原子在虚空中的下降运动——这对原子论者来说是可能的，尽管对亚里士多德来说是不可能的——被忽视掉了，因为德谟克利特未做任何清楚阐释地认定，这就是原子的自然运动。

1 参见第 595 页注释 2 的引文。德谟克利特自己在 Sext. *Math*. vii. 116 以下（参见 Plut. *Plac*. iv. 19, 3 和亚里士多德《尼各马可伦理学》viii. 2）中的残篇中说，同类相合是普遍的法则：“他说，因为动物与同类的动物聚集在一起，正像鸽子与鸽子，鹤与鹤，对于其他非理性的事物亦然。”但他认为这种结合的原因不在于原始实在的固有倾向，而在于机械运动，在于原子的大小和形式，如我们在以下文字中可以清楚看到的那样：“对于无灵魂的东西亦然，正像在过筛的种子和海滩边的砾石上可以看到的那样；因为，就前者而言，依靠筛子的旋转，豆子与豆子、大麦与大麦、小麦与小麦下漏到一起，而就后者而言，依靠波浪的运动，椭圆形的石头被推到与椭圆形的石头相同的位置，圆形的石头和圆形的石头在一起。”（再后面的似乎是塞克斯都自己附加的。）参照 Alex. *Qu. Nat.* ii. 23, p. 137 Sp.；Simpl. *Phys*. 7 a。

2 亚里士多德《论天》iii. 4（见第 579 页注释 3）；《论生成和毁灭》（见第 579 页注释 1）。Philop. *ad. h. l.* 36 a 似乎是编造的，Hippol. *Refut*. i. 12，参见第 595 页注释 2、Galen，参见 p. 243, n、Strabo in Cic. *Acad*. ii.38, 121、Simpl. *De Caelo,* 133 a, 18; *Schol*. 488 a, 26。关于引自亚里士多德的那段话，同上书 271 b, 2（*Schol*. 514 a, 6）。

3 依据亚里士多德（《论天》iv. 6, 313a21，参照 Simpl. *ad. h. l.* 322 b, 21; *Schol*. 518 a, 1），德谟克利特依据这种方式解释扁平的物体比水重却浮在水面上的现象。他说，从水中产生的热实在不允许它们下沉；以同样的方式他设想地球是一个被气撑起的扁平圆盘。他因此认为，在旋转中，轻的会进入更低的位置，重的会进入更高的位置。

增大；当出现相反情况时，它们会缩小；如果两个世界发生碰撞，它们也会湮灭，其中小的被大的撞碎；[1] 世界的内在构成同样发生着持续的变化。[2]

我们世界的产生方式被详细描述如下。[3] 由于许多不同类型的原子 247
的震荡，一个原子团脱离出来，在其中轻的部分被抛向上，而整体则由于相反运动的冲撞，处于涡旋运动之中，[4] 被挤出来的物体会在整体外面形成一个圆，从而构成包围它的一种外壳。[5] 由于这个遮盖物的部分被运动逐渐带到中心，它会变得越来越薄；另一方面，由于外来原子对它的持续加入，这个初始世界物质团会变得越来越大。地球由沉到中心的实在构成；而天空、火和气则由那些升到上面的实在构成。[6] 这些上升实在的一部分自身形成紧密的球形物质团，最初是潮湿和泥泞的；但是
当气带着它们旋转强行通过上升物质团并产生强烈的涡旋运动时，它们 248

1 亚里士多德在说如下话（《物理学》viii. 1, 250b18）时无疑想到的原子论哲学："那些人说宇宙是无限的，其中一些在生成，一些在毁灭，他们说总是有生成"；因为"一些在生成"这些词只能被理解为像原子论者说的并存世界，而非像阿那克西曼德和赫拉克利特所说的相继世界。对相信有多个世界存在的观点的驳斥（《论天》i. 8），也必然指的是并存世界。后来的作家说得更加清楚："因为一些人设定宇宙在数量上是无限的，正像那些追随阿那克西曼德（这是一个误解，已经在 Vol. I. 257 sq. 被指出了）与留基波和德谟克利特的人所说的，……他们认为它们由于无限既生成又毁灭，因为总是这一些在生成，而那一些在毁灭。" *Id. De Caelo*, 91 b, 36, 139 b, 5; *Schol*. in *Arist*. 480 a, 38, 489 b, 13、Cic. *Acad*. ii. 17, 55。Diog. ix. 31 谈论留基波说："他说元素，宇宙出自于它们，是无限的，并且毁灭于它们。"同上 44 谈论德谟克利特说："宇宙不仅是无限的，而且是可生成和可毁灭的。"同上 33，见第 591 页注释 5；Hippol. *Refut*. i. 13。Stob. *Ecl*. i. 418。

2 参见第 598 页注释 3。

3 Diog. ix. 32 在第 595 页注释 2 的引文之后。与此相一致，参见 Plut. *Plac*. 1, 4 的阐释，对此的讨论，参见第 595 页注释 2。

4 参见第 598 页注释 2。

5 这同样能在 Stob. *Ecl*. i. 490 中被找到。斯托拜乌补充说，这个外壳（主要）由钩状的原子构成。Cf. Galen, c. 11, p. 267 K。

6 与此相关，德谟克利特主义者梅特洛多罗在 Plut. *Fac. Lun* 15, 3, p. 928 中受到批评，因为他认为，地球的下沉是由于它自身的重量，太阳则相反，像翅鞘一样因为太轻被挤得向上，而天体像天平的刻度一样移动。

逐渐变干，迅猛的运动同时把它们点燃，这样天体就形成了。[1] 以同样的方式，由于风的压力和天体的影响，更小的微粒从地球中被拉出，它们聚在一起形成水进入洼地，而地球同时也被压缩成更为稳固的物质团；[2] 这个进程，按照德谟克利特的理论，现在还在进行着。[3] 由于地球逐渐变大变密，它固定在世界的中心，而在最开始的时候，当它还小和轻时，它会到处运动。[4]

249 因此，原子论者关于世界的观念与日常的理解相当地一致。世界
被紧密结合在一起的原子形成的圆形外层所环绕，在无限虚空中漂
浮；[5] 它的中心是地球；中心与固定外壳之间的空间由气所充满，而天
体在气中运行。[6] 他们赞同古代物理学家的观点，认为地球是极其扁平
的圆柱，因为它的宽度为气所支撑。天体如已经说过的，是类地性的
物体，由于在天空中的旋转而变热；像阿那克萨戈拉一样，德谟克利
特特别用此来描述太阳和月亮；他也同意他的前辈，认为它们都具有
相当大的体积；而月亮与地球类似，因为他在它的表面看到山脉的阴
250 影。[7] 关于这两个天体最初像地球一样，是别的世界的核心，而太阳

---

1 关于这一点，除了刚才给出的和第 598 页注释 4 的引文外，参见 Hippol. i. 13；Diog. ix. 30；*ibid*. 33。Theod. *Cur. Gr. Aff*. iv. 17, p. 59 说，像阿那克萨戈拉一样，德谟克利特把天体看作是石头物质，由于在天空中的旋转被点燃。

2 *Plac*. i. 4。这个解释尽管主要是伊壁鸠鲁式的，但最终可能来源于德谟克利特。从内部的证据和与马上要引述的理论的比较看，这是很有可能的。

3 依据亚里士多德《气象学》ii. 3, 365b9、Alex. *in h. l*. 95 a, b 和 Olympiod. *in h. l*. i. 278 sq. Id.，他认为海迟早会被蒸发干。

4 *Plac*. iii. 13, 4.

5 无论如何，没有任何资料谈及世界整体的运动；原子论者似乎认为世界的圆周运动能够克服由于重量而导致的下降运动。

6 *Plac*. iii. 10："留基波认为（地球）是半球形的，而德谟克利特认为是扁圆形的，中空的，位于中间"。如我前面认为的，这段话并不意味着地球是中空的，而是指它沉在中心，向边缘抬升，参照 Schaefer, *Astron. Geogr. d. Gr*., Flensb. 1873, p. 14；亚里士多德《论天》ii. 13, 294b13，参见第 596 页注释 3。

7 Cic. *Fin*. i. 6, 20；Stob. *Ecl*. i. 532；*Ibid*. 550（Theodor. *Cur. Gr. Aff*. iv. 21, 23 中有同样的话）。*Ibid*. 564 谈到月亮的表面。参见下注；关于月亮的光，参见第 599 页注释 3 和第 598 页注释 1。当 Diog. ix. 44 说太阳和月亮，像灵魂一样，由光滑和圆形的原子构成，也即火构成时，这只能指后来才加到它们类地的中心的火。

只是在后来当它的圆周变大时才充满了火的说法，[1] 可能通过如下理论与原子论哲学宇宙论的其他部分发生联系：太阳和月亮在它们形成的早期阶段，被以地球为中心的旋转物体团抓住，进而成为我们世界的一部分。[2] 对留基波和德谟克利特关于天体次序的观点有许多不同的说法。[3] 这两位哲学家认为，天体的运行轨迹最初(在地球轴线倾斜之前) 251
平行于地球的表面，它们的运动因此是横向旋转，[4] 方向都是从东向西；[5] 距离世界周线越近的速度越快，因此，恒星的运行速度比太阳和其他行

1　Plut. ap. Eus. *Pr. Ev*. i. 8, 7.

2　太阳和月亮以不同于其他天体产生的方式产生，可能由于它们的体积而显得有所必要。第 598 页注释 1 引述的第欧根尼的说法：依据留基波，太阳被星辰点燃，无疑与刚刚引述的普鲁塔克的话相联，表明了太阳和月亮的情况是特殊的。

3　依据 Diog. ix. 33（关于留基波），月亮离地球最近，而太阳离地球最远，其他天体处于它们之间；这提醒我们上册第 410 页注释 3 引述的关于巴门尼德的说法。依据 Plutarch, *Plac*. ii. 15, 3，从地球开始算起，最先出现的是月亮，然后分别是金星、太阳、其他行星和恒星。依据 Galen, *H. Ph*. 11, p. 272（同样不那么完全地出现在 Stob. *Ecl*. i. 508 中），它们以如下次序出现：月亮、太阳、行星、恒星；依据 Hippol. *Refut*. i. 13，次序则是这样的：月亮、太阳、恒星，至于行星——关于它与地球的距离，德谟克利特有不同的说法——则似乎由于转录者的疏忽被遗漏掉了。依据 Lucretius, v. 619 以下，德谟克利特对太阳在至日的运行轨迹的偏差的解释是，每个天体随天空运行的速度，与其同地球的距离成正比；因此太阳被恒星超过，月亮被所有的天体超过，并且一再地被超过；这就使太阳和月亮显得与其他天体处于相反的方向。Plut. *Fac. Lun*. 16, 10, p. 929 中的说法："德谟克利特说，（月亮）通过与发光者保持一条直线，来抓住和接受太阳"，对当前的问题并没有什么影响，因为 *κατὰ σταθμην* 并不意指"接近"，而是意指"方向相反"，更适当地说，"处于垂直线上"，如我们在 Simpl. *De Caelo*, 226 a, 20（*Schol*, 502 b, 29）发现的那样；Seneca, *Qu. Nat*. vii. 3 说：德谟克利特……也说，他怀疑有许多星辰非常迅速地运动，但除了五行星外，他并没有确定它们的数量和名称；但从这得不出结论说，德谟克利特不认为行星的数量为五。塞涅卡的意思似乎是这样的："那个时候，五行星不仅是我们哲学家游访的东方大陆早已普遍所知的，而且它们还被毕达哥拉斯天文学体系所接受。"此外，他一本论著的标题"论行星"（Diog. ix. 46）也反对这一主张。德谟克利特确实所说的很可能是这样的：除了已知的五行星外，还可能存在着其他的；塞涅卡从第三手资料获得并误解了它。

4　从我们马上会提到的地球的倾斜与阿那克西美尼、阿那克萨戈拉和第欧根尼——原子论者在他们关于地球的形状和位置的观念上完全赞同他们——的相应说法看，这是很有可能的。

5　Plut. *Plac*. ii. 16, 1.

星的要快，而后者又比月亮更快。[1] 另一些作家则说，他们相信天体的
252 火由地球的蒸气所营养。[2]原子论者关于地球轴线的倾斜[3]、日食和月食[4]、
天体和银河的光[5]、彗星[6]及宇宙大年[7]的观点，这里只能简单提及。德谟
克利特在这些方面大部分赞同阿那克萨戈拉。被归于这位哲学家的其他
253 一些天文学观察，[8]或许可以跳过不谈，至于他被说到的在相关于无机自
然领域方面所持有的进一步理论，简单的列举就足够了。[9]

---

1 卢克莱修上引处，见第 599 页注释 3。

2 依据 Eustath. in *Od*. xii. p. 1713, 14 Rom.，德谟克利特依据太阳为蒸气营养来解释诸神的食物。

3 依据 Plutarch, *Plac*. iii. 12，他们认为地球向南倾斜，留基波的解释是更热地区的密度更小，而德谟克利特则说是南部的“防卫”更弱；两位哲学家的观点无疑是一样的：世界的更热地区充满更轻和更可移动的原子，不能抵抗地球圆盘的压力，因此会向这个方向倾斜。但如果是这样的话，就很难解释为什么水不会倾向南面，从而充满南部地区。参见阿那克萨戈拉和第欧根尼在同一主题上的理论（上册第 198 页注释 1）；也参见下注。

4 依据 Diog. ix. 33，留基波教导说，“日食和月食是由于地球挡在了太阳的前面”，但这是毫无意义的。如下文会表明的，“由于地球挡在了太阳的前面”这段话必然与刚才从 *Placita* 引述的文字处于同样的背景；也必然会有其他的关于日食和月食的理由。但也有可能这个混淆的责任在于第欧根尼。

5 德谟克利特认为银河由许多非常接近的小星辰构成；关于它奇特的光，他同阿那克萨戈拉一样认为其他星辰由太阳照亮，我们在它们那里看到的光，不是它们自己的，而是太阳光的反射；但由于银河的星辰处于地球的阴影中，它们的光亮出于它们自身。亚里士多德《气象学》i. 8, 345a25，他的表述在 Alex. *in h. l*. 81 b 中得到复述；Olympiodorus, *in h. l*. p. 15 a; i. 200 Id.、Stob. *Ecl*. i. 576、Plut. *Plac*. iii. 1, 8、Macrob. *Somn. Scip*. i. 15 ；也参见 Ideler, *ad Meteorol*. i. 410, 414。

6 像阿那克萨戈拉一样，德谟克利特认为彗星是多个行星的聚集，它们如此相近，以至于它们的光合并在一起。亚里士多德《气象学》i. 6, 342b27, 343b25；Alex. *in h. l*. p. 78 a, 79 b ；Olympiodorus, *in h. l*. i. 177 Id. ；Plut. *Plac*. iii. 2, 3 ；参照 Sen. *Qu. Nat*. vii. 11 ；*Schol. in Arat. Diosem*. 1091（359）。

7 德谟克利特认为每个大年有 82 个日常年加 28 个闰月（Cens. *Di. Nat*. 18, 8）；这就是说，他认为在这样长的时间中，太阳年和太阴年在时间上差别消除了；如果每个太阳年以 365 天计算的话，那么 82 个太阳年的日数等于 1012（12 × 82+28）个大概每月 29 ½ 天的太阴月的日数。

8 参见 Mullach, 231-235 及 142 以下对德谟克利特的天文学的、数学的和地理的著作的论述，对于它们，除了著作标题外，我们所知很少。

9 他认为，地震由地底的水和气流的运动导致（亚里士多德《气象学》ii. 7, 365b1 ；这在 Alex. *in h. l*., *Sen. Nat. Qu*. vi. 20 中被复述）；雷鸣、闪电和热风（πρηστὴρ）被他非常有独创性地依据云的本性进行解释(ap. Stob. i. 594)；在 Plut. *Qu. Conv*. iv. 2, 4,

3. 有机自然；人：他的知识和行为

德谟克利特关于有机存在物的探究不仅包含动物，还有植物；但他主要关注的还是人。[1] 从某个哲学角度看，单独他的人类学就值得我们 254
注意；他对植物[2]和动物[3]的观察留传到我们手上的只有孤立的评论和推

3（Democr. *Fr. Phys*. 11）中他把闪电的不同表现解释为有些物体对它进行抵抗，而有些物体允许它穿过。当许多原子在空气中被压挤在很小的空间中时，风暴就产生了：当它们得到空间散开时，风暴平息。他这样解释尼罗河的涨溢：当北部山脉的积雪融化时，后面部分的夏季的北风把蒸汽吹来南方，降落在 Ethiopian 山脉（Diod. i. 39；Athen. ii. 86 d；Plut. *Plac*. iv. 1, 4；*Schol. Apollon. Rhod. in Argon*. iv. 269）。他同恩培多克勒一样认为，海水中除了有咸水外还有淡水，这样鱼类才能得以生存（Aelian, *H. Anim*, ix. 64）。关于磁石，我们在第 588 页注释 2 中已经说过了。Mullach, 231 以下及 238（*Fragm. Philos*. i. 368 sq.）中谈到的气象的规律，如果是真实的话，必然也属于德谟克利特；另一方面，同书 238 和 239 以下（*Fragm*. i. 372 sq.）归属于他的来自于 *Geoponica*（《农业集成》）的关于泉水的寻找的东西，不能属于他；因为德谟克利特的 *Geoponica*（对此的讨论，参见 Meyer, *Gesch. d. Botanik*. i. 16 以下），完全是伪造的。

1　Diog. ix. 46 以下德谟克利特的著作列表提到："《种子、植物与果实的原因》，《动物的原因》三卷，《论人的本性或论人类》二卷，《论心灵》，《论感觉》"；《论胃液》和《论皮肤》这两本书在一定程度上也属于同一类型的著作。Backhiusen T. Brinck, *in Philologus*, viii. 414 以下从伪造的德谟克利特致希波克拉底的信件《论人的本性》及其他一些资源，收集了可能属于著作《论人的本性》的残篇。Sext. *Math*. vii, 265 和 *Pyrrh*. ii. 23 批判的那个说法很可能就出现在这本著作中，但它当然不会是一个有意给出的确切定义；这个说法是："人是我们所有人所知道的"。

2　植物因为它的中间管道是垂直伸展的，所以生长得很快，但在持续短时间之后，由于营养物质快速地流过它们的所有部分，它们也死得更快；参见 Theophr. *Caus. Plant*. i. 8, 2; ii. 11, 17。Mullach, p. 248 以下（*Fragm*, i. 375 sq.）从 *Geoponica* 引述的关于不同农作物生长的观点，确然不属于德谟克利特。参见前注。关于植物的灵魂，参见以下。

3　Mullach, 226 以下（*Fragm*. i. 366 sq.）从 Aelian's *History of Animals* 收集的文字涉及以下主题：狮子并不像其他动物一样闭着眼睛出生；鱼类靠海水中的淡水部分生存；还有狗和猪的生殖、骡子的不能生育（也参见亚里士多德《论动物的生成》ii. 8, 747a25，Philop. *ad h. l*. 58 b 对此依据他常有的方式进行了解释），论杂交品种的起源；论牡鹿角的形成；论去势公牛和公牛身体结构的差别；论公牛的去角。亚里士多德《论动物的部分》iii. 4, 665a31 关于无血动物的内脏、《论动物的生成》v. 788b9（Philop. *ad h. l*. 119a）关于牙齿的结构、《动物志》ix. 39, 623a30 关于蜘蛛的网的说法，可能同样属于德谟克利特。Mullach. 254, 103（*Fragm, Philos*. i. 377, 13 依据 *Geopon*. xix. 4）关于兔子的说法，则明显不是他的。

255 测。甚至他关于生育和胎儿发育的理论[1]——这是古代自然哲学家都倾向于思考的问题——也不是需要我们特别关注的。不过可以提到的是，他和他的许多前辈一样，认为人和动物产生于地球黏土。[2]

人由于他的身体结构和形状，对德谟克利特来说，是应给予最高赞美的对象。[3]在对人类身体的描述中，[4]他不仅试图以这些探究的当时状况所允许的最大精确性，依据身体部分的位置和本性来描述这些部分，而且以这样的热情来赞扬它们对人类生活的用途和重要性，以至于尽管他一般倾向于以纯粹机械论的方式解释自然，在这里却趋向于目的论；这种目的论经常主要与对有机体生命的研究相联

1 依据普鲁塔克的 *Placita*，他认为精液从身体的所有部分分泌（v. 3, 6，参见亚里士多德《论动物的生成》iv. i. 764a6; i. 17, 721b11、Philop. *Gen. Anim*. 81b 和 Censor. *Di. Nat*. c. 5, 2），女人也有精液，并有一个与之相关的器官：他似乎区分了精液的可见构成和隐在其中的火或灵魂原子（*Plac*. v. 4, 1, 3 说详细的说明来自于他关于灵魂的理论）。胎儿在母亲身体中的孕育使它的身体类似于母亲（亚里士多德《论动物的生成》ii. 4, 740a35，这里的说法在 Philoponus, *ad h. l*. 48 b 中得到详述，但明显是出于他自己的而不是德谟克利特的说法）。胎儿的形成开始于肚脐，它使胎儿保持在子宫中（*Fr. Phys*. 10，参见下文）；与此同时，冷的气使母体更为紧密地封闭，也使胎儿处于静止状态（Aelian, *H. Anim*. xii. 17）。身体的外在部分，特别是（依据 Cens. *Di. Nat.* 6, 1）头和腹部，比身体的内在部分更先形成（亚里士多德《论动物的生成》740a13。Philoponus 只依据这段话就武断地声称，依据德谟克利特，“营养和繁殖的能力不是在心脏，而是在外部”）。孩子的性别依据于父亲和母亲从性器官射出的精液的相对比例（亚里士多德《论动物的生成》764a6，这个说法在 Philoponus, 81b 中得到扩展，无疑比 Censorinus, *Di. Nat*. 6, 5 中的更为精确；巴门尼德的类似的说法，参见上册第 412 页注释 3）。怪胎由于多胎导致（亚里士多德《论动物的生成》iv. 4, 769b，及随后的 Philop. 90 b）。孩童通过嘴获得营养，即使在子宫中也是如此，就像吸吮乳房一样吸吮子宫的部分（*Plac*. v. 16, 1；参见亚里士多德《论动物的生成》ii. 7, 746a19）。最后被提及的理论——Censorinus（*l. c*. 6, 3）也把它归属于希波克拉底和第欧根尼——是对动物的探究；因为它涉及人类身体不具有的绒毛叶。

2 Censorinus, *Di. Nat*. 4, 9 主要谈到了人的这个方面；他的说法无疑被放在与伊壁鸠鲁理论的类比中。同样的说法以零碎和不完善的形式出现在 Galen, *Hist. Phil.* c. 35, p. 335 中。

3 依据 Fulgentius, *Myth*. iii. 7，他引述 Homer, *Il*. ii. 478，赞扬古代人把身体的不同部分派称为不同的神，如把头派称为宙斯，把眼睛派称为帕拉斯等等。依据 David, *Schol. in Arist*. 14 b, 12，他把人称作是一个“小宇宙”。

4 Cf. B. Ten Brinck, *l. c*.

系，并且即使在他那个时代，就以苏格拉底为代表，成功地与古代
物理学家的自然主义形成对抗。身体的堡垒以大脑为主宰：大脑是整 256
体之主，被委托以思想的能力；心脏被称作是王后，愤怒的看护者，配备抵抗攻击的盔甲；[1] 在感觉和言说的器官方面，它们构成的多么适合它们的功能等等。[2] 德谟克利特确实从未说它们依据预定的明确目的和既定目标被构成；[3] 他没有确切地走在目的论的道路上，但他越是并不把这些结果看作环境偶然合作的产物，而把自然看作一个整体的产物，[4] 认为一切按理性和必然性产生，[5] 他就越是接近他从自己的哲学观念出发会尽可能蔑视的目的论。[6]

依据原子论学说的假设，灵魂只能被设想为物体性的，但它的物质性实在必然是能够解释它独特本性的那种。依据德谟克利特，这就在于
它有生命的和活动的力量：灵魂是产生有生命存在物的运动的东西。但 257
只有当它自身处于持续运动当中时，它才能做到这一点，因为唯一得到原子论者承认的机械运动只能通过运动着的东西来产生。因此，灵魂必然由最可运动的实在——精细的、光滑的和圆形的原子——换言之，火来构成。[7] 从灵魂的第二主要特性出发也能得到相同的结论，这个特性与灵魂的活力相互关联，这就是灵魂的思想能力，因为思想同样是一种

1　参见第 604 页注释 3。

2　参见 Heracleides, ap. Porph. in *Ptol. Harm.*（in *Wallisii Opp. Math. T.*）ii. p. 215 关于感觉器官引用的话。

3　参见亚里士多德《论呼吸》4（见第 605 页注释 1）。关于 *π. φύσ. ἀνθρ. l.c.* No. 28 中的话：“那在最隐秘处的无形体的本性创造了内脏的各个种类”，其中 ἀσώματος（无形体的）可能相关于至高的创始者；如果是这样，我们就不应该把它换作 ἀόρατος（不可见的）。

4　参见前注及 No. 26。

5　Vide *supra*, p. 237 sq.

6　但我们不能走到这样一个极端，以至于认为我们需要怀疑他是我们上文阐述的观点的创始者。我们发现同样的理论出现在 Plutarch, *De Am. Prol.* c. 3, p. 495 的引述中；cf. *Fort. Rom.* c. 2, p. 317。我们会在本章的后面逐渐发现，德谟克利特毫无困难地把他的唯物主义与对自然和人之中的精神层面的承认联系在一起。

7　P. 234.

运动。[1] 德谟克利特始终如一地认为，这些炽热的微粒渗透于整个身体；
258 由于有这样的原子处于身体的所有部分，它们依据本性，持续处于运动
当中并推动周围的东西，身体的所有部分都是有活力的：[2] 实际上他甚
至认为每一对身体原子之间都有一个灵魂原子。[3] 但这并不意味着身体
所有部分的原子运动都是相同的；相反，在德谟克利特看来，灵魂的不
同功能位于身体的不同部分：思想在大脑中，愤怒在心脏中，欲望在肝
脏里。[4] 因此，当后来作家声称他把整个身体当作是灵魂非理性部分的
处所，[5] 把大脑或心脏当作是灵魂理性部分的处所时，这个说法尽管不是
259 一概要抛弃的，但只有部分的正确性。[6] 由于灵魂原子的精细和可运动
性，这就存在着一个危险，它们会被我们周遭的气挤出身体。回应这一
危险，德谟克利特说我们被呼吸保护着，它不断地把新的炽热和活力物
质引入身体，部分地取代消失的灵魂原子；[7] 同时，主要阻碍灵魂原子逸

1 亚里士多德《论灵魂》i. 2, 403b29。同书 405a8。参见同书 i. 4, 5, 409a10, b7 及下注，特别是第 605 页注释 1。德谟克利特认为灵魂由温热实在、由光滑和圆形原子构成的观点，得到许多作家的证实，例如 Cic. *Tusc*. i. 11, 22; 18, 42、Diog. ix. 44 和 Plut. *Plac*. iv. 3, 4（Stob. i. 796 认为留基波有同样的观点）。Nemesius, *Nat. Hom*. c. 2, p. 28 把构成灵魂的圆形原子解作"火和气"，Macrobius, *Somn*. i. 14 则把它解作"Spiritus"（气）；但这些都是不确切的，很可能产生于与伊壁鸠鲁灵魂理论的混淆，或来源于后文会提到的德谟克利特的呼吸理论。

2 亚里士多德《论灵魂》i. 3, 406b15。亚里士多德把这类比于喜剧诗人 Philippus 的异想：Daedalus 给他的雕像灌注水银使它们活动起来。因此，在《论灵魂》第五章的一开始，亚里士多德说："因为如果灵魂在所有有感觉的身体中的话。"我们在 Iambl. ap. Stob. i. 924 中发现同样的话，Sext. *Math*. vii. 349 则更为简洁地说到这一点，它们很可能来自于亚里士多德；cf. Macrob. *l. c.*。

3 Lucret. iii. 370。卢克莱修认为身体原子比灵魂原子在数量上多许多；因此，灵魂原子的分布比德谟克利特设想的要更为松散。

4 在这个意义上，德谟克利特《论人的本性》，*Fr*. 6 把大脑称作"思维的处所"；*Fr*. 15 把心脏称作"看护情感的女王"；*Fr*. 17 把肝脏称作"欲望的原因"。

5 Plut. *Plac*. iv. 4, 3。Theod. *Cur. Gr. Aff*. v. 22, p. 73。

6 *Placita* 明显混淆了德谟克利特和伊壁鸠鲁的理论（关于后者，参见 Part III. a, 386 第二版）。在 Theodoretus 那里，无论如何，"主导的"的概念是篡加的。

7 从亚里士多德《论灵魂》i. 2（下注）看非常清楚，呼气同样有助于这个目的；因为与新的炽热微粒的进入相对应的是老的退出。Philop. *De An*. B, 15、Simpl. *De An*. 6a 及 π. ἀναπνοῆς 的评注者，还有 Simpl. *De An*. 165 b 对此说得更为明确，但显然只是依据亚里士多德的权威。

出的是我们身体中从吸入口而来的反向气流，这使它们能够抵抗外部空气的压力。如果呼吸被阻碍了，如果这一抵抗能力随之被气的压力克
服，内在的火就会被消耗掉，结果就是死亡的降临。[1]但是，由于火不 260
是即刻熄灭的，当灵魂物质部分流失后，生命活动可能重新得到恢复。睡眠就通过这种方式得到解释；在这种情况下只有少数炽热微粒离开身
体。[2]这个进程更为彻底的发生则出现假死现象。[3]但如果死真的发生了， 261
那构成灵魂的原子将完全地离开身体，它们再重新回到这个身体，或在这个身体之外继续保持着联结，都是不可能的。[4]

1 亚里士多德《论灵魂》i. 2 继续说道："因此，就连生命的定义也是呼吸；因为周围的空气挤压身体（Philop. *ad. h. l.* B, 15，同意原子论学派的前提，将'周围空气'的寒冷用作解释这个的原因；也请参考亚里士多德《论呼吸》c. 4, 472a30）；并且挤压出赋予动物以运动的那些原子，因为它们从来没有静止，而当这一类的其他东西通过呼吸从外面进入，就形成了补充；因为通过抵消挤压，它们阻止了内在于动物之中的原子的分离；而且只要它们能够这样做，它们就一直活着。"类似的还有《论呼吸》c. 4。但是，为什么所有生物会死，什么是呼吸的原因，德谟克利特并没有说到。

2 如此这些似乎来自于伊壁鸠鲁关于睡眠的理论（Lucret. iv. 913 sqq.）。

3 关于这一点，参见 Proclus 对《理想国》第十卷的评注残篇，它最初在 Alex. Morus on *Eu. Joh.* 11, 39, p. 341 中得到传播，首先在 Wyttenbach ad *Plut. de s. Num. Vind.* 563 B（*Animadverss*. ii. 1, 201 sq.）和 Mullach, *Democr*. 115 以下得到纠正。德谟克利特写过论假死的文章，这个主题在古代受到许多的讨论（参见刚刚提到的作家，和p. 120, n.引述的关于恩培多克勒让假死之人回生的说法）；他还写了《论不可见者》一文，如 Proclus 所言，在其中他探究了"死者如何能够再次复活"；但唯一的回答是，人可能没有真的死。关于这些对死后复活的探究的最文雅的故事可能是 Julian（*Epist*. 37, p. 413 Spanh.，出现于 Mullach, 45）所说的——当然来源于更老的作家：德谟克利特安慰亡妻的大流士王说，要使她复活，只需要在她的墓碑上写上三个已经摆脱悲伤的人的名字（Lucian, *Demon*. 25 对 Demonax 说了同样的事）。当 Pliny（*H. N.* vii. 55, 189）说"德谟克利特许诺给予自身没有生命的虚空以生命"时，他想到的可能就是这个故事；但它也可能暗指德谟克利特论巫术的文章中的话，Pliny 忽略了自己的批判主义，只从这篇文章中引述了这些东西；而 Julian 给予所谓巫术的一种道德转向的故事，可能同样涉及关于德谟克利特能起死回生，或留下了如何做的教导的说法。无论如何，Pliny 的话只涉及巫术——这是后来杜撰者强加于阿布德拉自然主义者的想象，并不涉及不朽的理论——这从他的观点看是完全无法想象的。甚至 qui non revixit ipse（自身没有生命的）——这如果运用于另一生命没有意义——也表明：Roth（*Gesch. d. Abendl. Phil*. i. 362, 433）和他追随的 Brucker（*Hist. Crit. Phil*. i. 1195）完全是错误的：在他看来，德谟克利特是波斯人复活理论的拥护者。

4 这一点从问题本身看如此地清楚，以至于要驳斥认为德谟克利特持有不朽论的观

因此，德谟克利特并没有否认灵魂和身体之间存在着不同，或灵魂高于身体。在他那里，灵魂是人的本质，身体只是灵魂的容器，[1]出于这个理由，他告诫我们要更多地照料我们的灵魂；[2]他宣称，离开理智的肉体之美只是某种动物性的东西；[3]他说动物的荣耀在于肉体性的优秀，[4]而人的荣耀在于道德上的优秀；他在灵魂之中寻找幸福的所在，在正确的
262 品质中寻找至高的善；[5]他要求灵魂为它导致的肉体的伤害负责；[6]他把灵魂的天赋看作是神圣的，与人类的纯粹身体禀赋对立起来；[7]有人甚至说他把人的理智看作神。[8]但如果我们把这置于原子论哲学自己的立场上来看，它并不与原子论哲学的唯物主义有什么矛盾。灵魂像所有其他事物一样，是物质性的；但由于构成物质实在的原子有各种不同的形式和联合结构，一个实在具有独属于自己的性质也是可能的；如果圆形被看作是最完善的形状，德谟克利特也可以认为由最精细的圆形原子构成的火或灵魂在价值上超出所有其他事物。精神，对他来说，如对其他唯物

点，我们几乎不需要如下文献中的证词：Iamblichus ap. Stob. *Ecl*. i. 924、Lactantius, *Inst*. vii. 7、Theodoretus, *Cur. Gr. Aff.* v. 24, p. 73 和 *Placita*, iv. 7, 3；更为显著的是，伊壁鸠鲁从未在这个方面把自己和他区别开来；考虑到伊壁鸠鲁认为否定不朽论所具有的重要性，他和他的学派在这个方面给予德谟克利特的尊重似乎排除了他们之间的任何不同。德谟克利特在 Stob. *Floril*. 120, 20 中如此自我表达说："有一些人不知道可朽的本性的消灭，但却知道生命中的作恶，他们承受在困苦中的生命时光，编造有关死后时间的谎言。" *Placita*, v. 25 中的含糊说法：留基波认为死只属于身体，我们不必予以重视。

1 *Σκῆνος* 是德谟克利特对身体的一般指称，*Fr. Mor*. 6, 22, 127, 128, 210。

2 *Fr. Mor*. 128.

3 *Ibid*. 129.

4 *Ibid*. 127.

5 *Fr*. 1, &c.。进一步的细节参见下文。

6 Plut. *Utr. An. an Corp. s. lib.*（*Plut. Fragm*. 1），c, 2, p. 695 W.，德谟克利特说如果身体责备灵魂滥用和错误对待了它，灵魂要受到谴责。

7 *Ibid*. 6.

8 Cic. *N. D.* i. 12, 29。我们有理由认为这个说法有历史的真实性；因为尽管西塞罗这里追随的 Philodemus 往往会歪曲古代思想家的观点，但他的主张一般有这样的事实基础：被一个哲学家描述为神圣的东西，即使是在广义上，都被他列为这个哲学家的神。而德谟克利特很可能说过"神圣的心灵"，也在某种确切意义上说过"神"。

主义者来说，[1]是最完善的物体。

从这一概念联系出发，我们现在能够明白德谟克利特在何种意义上声称灵魂或精神寓于所有事物之中，而渗透于整体宇宙之中的灵魂是
神。由于他把理性等同于灵魂，把灵魂等同于温暖和炽热实在，他必然 263
会在所有事物中发现如他在光和热中发现的同等多的灵魂和理性。他因此认为在空气中分布有许多灵魂和理性：否则的话我们如何能从它那里吸入灵魂和理性？[2]他同样赋予植物以生命，[3]甚至很可能认为在尸体中仍剩有一部分生命之热和感觉。[4]他似乎把这一温热和生命要素描述为事物中的神，[5]因此似乎有理由以后来的表达形式说他把神看作是由火的
圆形原子构成的世界灵魂或理性。[6]但这样的语言是不精确的和误导性 264
的，因为当德谟克利特说到神时，他既不指人格性的存在，也不指任何一种存在；神不是一个灵魂，而只是灵魂的物质，[7]炽热的原子，它产生生命和运动，当它们大量聚集在一起时，也产生理性；这非常不同于阿那克萨戈拉的 νοῦς 和柏拉图的世界灵魂意义上的推动世界的那个力

1　例如赫拉克利特、斯多亚主义者等。

2　亚里士多德《论呼吸》c. 4 中引文；Theophr. *De Sensu*. 53。

3　Plut. *Qu. Nat*. 1, 1, p. 911 ；Ps.- Arist. *De Plant*. c. 1, 815b16.

4　Plut. *Plac*. iv. 4, 4。John. Damasc. *Parall*. s. ii. 25, 40。Stob. *Floril*. ed. Mein. iv. 236。类似的，Alexander in *Topica*, 13（也谈到巴门尼德，vide Vol. I. p. 602）。与这后一段话一致，Philippson 把 Theophr. *De Sensu*. 71 中的“小的”改成“尸体”：“〈德谟克利特〉说，根据真理每一个东西都在生成和存在，特别是在微小的东西上具有理智的部分”。但这并不是完全没有问题的。

5　Cic. *N. D*. i. 43, 120 ：“他因此说在整个世界之中的精神性元素就是神。”这些“精神性元素”明显就是刚才引文中亚里士多德所指的东西：精细和圆形的原子。关于这一点，参见第 606 页注释 7 和第 607 页注释 2。

6　Stob. *Ecl*. i. 56 ；Plut. *Plac*. i. 7, 13, ap. Eus. *Pr. Ev*. xiv. 16, 6 ；Galen, *H. Ph*. c. 8, p. 251，其不完善的文本被 Krische（*Forsch*. i. 157）正确参照于 Cyrill. c. *Jul*. i. 4 中更为完善的文本。西塞罗在 *Tusc*. i. 34, 82 中说：“因此，死后身体是否会感到痛苦或有感觉？事实上没人说到它，尽管伊壁鸠鲁以此责备德谟克利特，但德谟克利特并没有承认这一点。”从这段话来看，德谟克利特的说法要么在时间上有限定，即在尸体完全冰冷之前，要么他赋予了死者无限小的灵魂部分，但既没有意识也没有感觉。

7　ἀρχαὶ νοεραί，如西塞罗正确所说，是精神元素。

量。[1]因此，否认他持有精神形成世界和神祇统治世界的理论的另一些作家更与事实一致。从他的观点看，精神性东西不是超出物质总体之外的力量；它是物质的一部分；唯一的推动力是重力，灵魂为什么是万物中最可运动的和推动它物的东西，唯一的理由就在于构成它的实在因其大小和形状是最容易被压力和碰撞推动的东西。有关精神的理论并不来源于解释自然的一个更深层原则的普遍必然；它根本上只适用于人类灵魂；尽管与它们类似的东西也在自然中被寻求，但德谟克利特关于精神的说法，不同于阿那克萨戈拉和赫拉克利特的，甚至是第欧根尼的相应说法。不同点在于：他并不把精神看作形成世界的力量，而只看作是与其他实在并列存在的一个实在；在这一点上他的理论比跟它在许多方面相似的恩培多克勒的理论更为落后；因为恩培多克勒坚持认为他归属于
265 所有事物的理性是元素的一种内在性质；德谟克利特则相反把它看作一个现象，来源于确定原子相互联结的数学结构；[2]感知和意识不过是这些原子可运动性的一个结果。[3]

关于灵魂的功能，德谟克利特给予最多关注的是认知功能；无论如何，传统文献告诉我们的是他试图解释这些功能而非其他的功能。依据我们从他的理论中所看到的，一般而言，他简单从这样一个前设开始：所有的呈现都由物质性进程构成。[4]从具体上说，他解释了感官感觉和思想。他认为感觉产生于外在印象在我们之中导致的变化；[5]由于一个物

1 参见第 593 页注释 3。

2 这是德谟克利特理论的一个缺陷，还是如 Lange, *Gesch. D. Mat*. i. 20 相信的，是它的一个优点，或者很可能既是优点又是缺点，是一个片面观点逻辑发展的必然，我这里无需做出讨论。考虑到以下情况则更是如此：朗格在承认我的观点基本正确的同时，又这样评论说："这是所有唯物主义理论的缺陷，它们关于现象的解释结束的地方，正是哲学最高难题开始的地方。"

3 这也能解释为什么德谟克利特论自然的精神的理论到这里才开始被提到：他对自然的解释并不需要这些理论；它们是他思考人类精神的产物，并只能在这种关系中得到理解。

4 Stob. *Exc. e Joh. Damasc*. ii. 25, 12（Stob. *Floril*. ed. Mein. iv. 233）.

5 亚里士多德《形而上学》iv. 5, 1009b12 谈到德谟克利特和其他人时说："因为主张感觉就是理智，而感觉就是变化，因此，他们说依据感觉的现象必然地是真

体对另一个物体的作用只能通过接触来产生，我们能够说他把所有的感 266
觉都看作是接触，[1] 而所有的感觉都是不同类型的接触。[2] 但是，这一接触不只是直接的接触，它或多或少地是流射的结果，没有流射，事物间的相互作用就是不可理解的。当这些流射穿过感觉器官进入身体，并弥散于身体的所有部分时，事物的呈现，感性的知觉，就产生了。[3] 但为了得到这一结果，一方面，印象必须具有确定的力量，具有确定数量的穿透性原子；[4] 另一方面，它们的物质构成必须与感觉器官的物质构成
一致；因为同类的才能相互作用，[5] 我们的感官只能关涉与它们类似的东 267
西；如恩培多克勒所教导的那样，我们通过我们自然的与事物相似的部分感知它们。[6] 因此，如果德谟克利特相信有许多可感知之物由于与我

的。” Theoph. *De Sensu*, 49。塞奥弗拉斯特在谈到德谟克利特那个未得到回答的问题——每一感官是感知与其相似的还是与其不相似的——时继续指出，这个问题允许双重的回答：就感官感觉是一种变化而言，它必然来源于异质的事物，就只有同类能够相互影响而言（见第 583 页注释 1），它必然来源于同质的事物。参见第 609 页注释 6。

1 Vide *sup*. p. 230.

2 亚里士多德《论感觉》c. 4, 442a29。

3 Theophr. *De Sensu*, 54。§ 55：在听觉中，被搅动的气穿透整个身体，但主要是穿过耳朵，“一当它从内部生成，就迅速地散播开来。”这在 § 57 中被进一步解释。他在其他感觉上的意见未留传下来，但从上面的引文看非常清楚，流射对身体的进入，不仅被他用来解释嗅觉和味觉，也被用来解释触觉；因为他只能把感觉解释为外在事物与整个灵魂的接触。对热的感觉似乎也来自于这一接触的本性。

4 参见第 588 页注释 4 和第 590 页注释 1；Theophr. *De Sensu*. 55。声音确实穿透整个身体，但大部分穿过耳朵，“因此，身体的其他部分没有感觉，而仅仅通过耳朵。”

5 参见第 583 页注释 1。

6 Theophr. *De Sensu*, 50。我们看到，当眼睛湿润，眼膜薄而固定，内部组织多孔，眼睛的通道直而干时：“它们（双眼）通过印象而获得相同的形式。” Sext. *Math*. vii. 116，也即第 596 页注释 1 给出的文字。那段话与此的确实联系可由 Plut. *Plac*. iv. 19, 3 证实，那里以这样的话开头对它进行了摘录：“德谟克利特说，空气分散进入相同形状的身体，与出自于声音的碎片一起滚动：(cf. *inf*. p. 269)‘因为寒鸦栖在寒鸦旁’”，等等。从原则上说，同类相知，参见亚里士多德《论灵魂》i. 2, 405b12：那些通过它的理智功能来界定灵魂的本质的人，把它看作是某一个元素或由几个元素构成的事物：“他们说的与其他人类似，只除了一个人（阿那克萨戈拉）；因为他们说相同根据相同被认识。”

们的感官不相适应而不能被我们感知，[1]承认其他存在物可能具有我们缺乏的感官，[2]与他的其他前设完全一致。

268 至于不同的感觉，除了视觉和听觉外，我们没有听到德谟克利特持有什么特别的观点。他确实讨论了其他的感觉，但除了上文提到的一般理论外，他似乎没有在这些方面提出任何本质的新东西。[3]他像恩培多克勒那样解释视觉，假定保持着事物形式的流射从可见事物中发出，这些影像在眼睛那里得到反映，从那里弥散于整个身体，由此产生视觉。但是，由于对象和我们眼睛之间的空间充满了气，从事物中发出的影像[4]不能自身到达我们的眼睛；使它们到达我们眼睛的是空气；当影像向前流动时，空气被其推动，并接受它们的印象。因此，距离越近看得越清楚，但同时由于流射也从我们眼睛中发出，事物的影像同样被它

269 们所修正。[5]因此，非常清楚的是，我们的视觉并不如事物自身所是地

---

1 Stob. *Exc. e Joh. Damasc.* ii. 25, 16（Stob. *Floril* ed. Mein. iv. 233）。说这个从现有形式看非常奇怪的说法，原本就具有在文本中出现的那个意思，当然只是个推测。

2 Plut. *Plac*. iv. 10, 3（Galen, c. 24, s. 303）。如其本身表明的那样，这只能是某个反对者做出的推论，不是德谟克利特自己的主张；但它清楚地向我们表明德谟克利特确实说了什么。他必然曾主张说，动物可能具有其他生物缺乏的感官；而某个反对者，很可能是一个斯多亚主义者，由此得出一个在他看来荒谬的结论：非理性的自然物会具有这样一种知识，它不为最高的理智自然物——神和有智慧的人——所拥有。

3 Theophr. *De Sensu*. 49。§ 57。论嗅觉的简略说法，参见上引书 § 82；*De Odor*. 64 没有什么特别的东西。参见第 589 页注释 4。

4 *εἴδωλα*，就像它们通常被叫的那样（Diog. ix. 47 提到德谟克利特有一篇著作名为 *περὶ εἰδώλων*）。依据 *Etymol. Magn.*，*δείκελα* 条目，德谟克利特自己曾经使用了这一词；如果是这样，那么无疑我们应该用“*δεικελα*”来代替 Simpl. *Phys*. 73 b（*Democr. Fr. Phys*. 6）中的 *δεῖν*，而不是像 Mullach 所认为的那样用 *δίνη* 来代替（而且 *αὐτὰ* 与此相一致）。

5 这是从亚里士多德《论感觉》c. 2, 438a5 中推出的结论。Alex. *in h. l.* 97a；Theophr. *De Sensu*. 50。塞奥弗拉斯特随后重复了同样的说法（在 § 51 中，但这里的“被按印的”应该被读作“被压紧的”），在这里他讨论了这一理论，并补充以 p. 266 等地方的引文。为支持他的影像理论，德谟克利特诉诸对象在眼睛中的可见影像（Alex. *l.c.*）；依据 Theophrastus § 55，他这样解释我们在黑暗中不能看见的事实：阳光必须压缩空气以使它能够保持影像。为什么他不设想这些影像自身能够进入眼睛，而不是要借助在空气中的印象，亚里士多德《论灵魂》i. 7, 419a15 的解释是：“因为德谟克利特对此说得不对，他认为如果居间的是空虚的，那么，如果在天上有一个蚂蚁，就可以清楚地看见。”在 Plut. *Plac*. iv. 13, 1（cf. Mullach, p. 402）中我们发现一

那般表征事物。[1] 对听和声音的解释同样如此。[2] 声音是从共振的物体发出的原子之流，它推动在它前面的空气。在这一原子之流中，在被它推动的空气中，依据前文谈到的法则，相同形式的原子聚集在一起。[3] 当
它们作用于灵魂原子时，听觉就产生了。尽管声音进入整个身体，但我 270
们只用耳朵听到，这是因为这一器官的构造使它能够吸收最大多数的声音，为它们提供最为快捷的通道，而身体的其他部分只接受很少的部分，以至于我们不能感知到它们。[4]

思想与感觉具有相同的起源。我们感知的和我们思考的是同一个东西。[5] 感觉和思想都是灵魂物体的物质变化，[6] 像其他所有的变化一样，
它们都由外在印象导致。[7] 如果这一运动是这样一种类型，能使灵魂处 271

个不那么精确的说法：依据留基波、德谟克利特和伊壁鸠鲁，视觉产生于“影像的进入，光线的进入，当光线撞击了对象后再次返回到眼睛时”。至于在德谟克利特看来，眼睛应该如何构造才能使我们看得清，我们已经在第 609 页注释 6 中看到了。我们被告知说，他同样依据 εἴδωλα 理论解释镜中成像；参见 Plut. *Plac*. iv, 14, 2 对应段落。参照 Lucret. iv. 141 以下。

1 Vide p. 231.

2 Theophr. *l.c*. 55-57; cf. § 53；Plut. *Plac*. iv. 19；Gell. *N. A*. v. 15, 8；Mullach. 342 sqq.；Burchard, *Democr. Phil. de Sens*. 12，参见第 609 页注释 3 和第 609 页注释 6 。

3 参见第 596 页注释 1。德谟克利特试图依据这个概念来解释声音的联结和音乐属性，他在著作 π. ῥυθμῶν καὶ ἁρμονίης（Diog. ix. 48）中讨论了这个问题。他可能说，在流动中构成声音的原子越是形式相同，声音就越纯净，这些原子越是细小，声音就越尖锐。

4 从这一观点出发，Theophr. § 56 研究了敏锐听觉的生理状态。

5 亚里士多德《论灵魂》i. 2, 404a27。同上书 405a8，见第 604 页注释 1；《形而上学》iv. 5, 1009b28（见第 612 页注释 1）；Philop. *De An*. A, 16 o, B, 16；Iambl. ap. Stob. *Ecl*. i. 880。Stob. *Floril*. 116, 45 的传统文本中归属于德谟克利特的东西都是这种：但这里出现的不是德谟克利特，无疑应被读作 *Δημοκήδους*（vide Heimsoth. *Democr. de An. Doctr.* p. 3），因为这些话出现在 Herod. iii. 134 中，在那里，它们直接出于 Atossa 之口，间接来自于 Democedes。

6 斯托拜乌，参见第 612 页注释 1；亚里士多德《形而上学》iv. 5；Theophr. *De Sensu*. 72。参见亚里士多德《论灵魂》iii. 3, 427a21：“那些古人们说思维和感觉是同一的”，这句话，同第 549 页注释 6 引述的恩培多克勒的诗节和 Homer, *Od*. xviii. 135 一起，很可能引自德谟克利特，并带有这样的评论：“因为他们全都主张思维就像感觉一样是肉体性的。”参见下注。

7 Cic. *Fin*. i. 6, 21。Plut. *Plac*. iv. 8, 3；Stob. *Floril*. iv. 233 Mein.；*No*. 18，留基波、德谟克利特和伊壁鸠鲁：“感觉和思维都产生于从外部进来的影像，因为除了进来的影

于恰当的温度，那么灵魂就能正确地把握对象，思想就是自然的；但如果相反，运动传递给灵魂的是过度的热或冷，灵魂就会产生错误的想象，思想就是失调的。[1] 尽管从这一理论出发，很难明白思想与感觉的区别何在，[2] 德谟克利特仍然没有赋予它们同等的价值。他把感性知觉称
272 作是昏暗的，只把理性的观念看作是真实的；他宣称，事物的真实构成向我们的感官隐藏自身；事物向我们感官的所有显现都属于不确定的现象；只有我们理智能够把握那对感官而言太过精细的东西，也即事物的真实本质，原子和虚空。[3] 尽管为了认知隐蔽之物，我们必须从显明之

像之外没有任何别的东西投射在任何一部分上。" Cf. Democr. ap. Sext. *Math*. vii. 136（见第 589 页注释 1）。

1 Theophr. *l.c*. 58："关于在这一程度上的思维他曾经说过，当灵魂适度地伴随着运动，它就产生；而如果一个人变得非常热或非常冷，他说，就发生了改变。因此，甚至那些古人也很好地主张这个，说它是别样的思维。所以，显然，正是通过肉体的温度，造成了思维。" Ritter, i. 620 把这里的"伴随着运动"替换成"根据温度"，我自己曾认为是"按照运动"。但现在看来，这个也为 Wimmer 保留的传统文本仍然是妥当的，塞奥弗拉斯特意图要说的是：当由运动产生的感觉器官中的灵魂状态是平衡的时，"对事物的正确判断，与 ἀλλοφρονεῖν 相反"得以进入。塞奥弗拉斯特的这一说法在第 611 页注释 5 的引用中得到了解释；亚里士多德《形而上学》iv. 5, 1009b28 同样解释说："甚至荷马显然也持有这样的意见（即所有的呈现都同样是真的），他让受重击昏迷的赫克托耳躺着进行别样的思维，仿佛甚至那些出离思维的人也在进行思维，但不是同样的思维。"

2 布兰迪斯（*Rhein. Mus. V. Nibuhr und Brandis*, iii. 139, *Gr.-Rom. Phil.* i. 334）主张一种"对原子和虚空的直接直觉"，但是从德谟克利特的理论前设看，很难明白，原子和虚空在由它们构成的事物之外如何能作用于我们的灵魂，而这些事物不借助感官如何能作用于我们的灵魂。Johnson 的尝试解释（第 574 页注释 1 提到的著作的第 18 页及以下）也不能对我有所启迪。里特尔的提议（*Gesch. d. Phil*. i. 620）更好一些：即把清晰或理性的知识等同于灵魂的匀称状态（参见前注）；只是如果是这样的话，我们就必须接受一个从未被归属于德谟克利特，而且从其自身看也是极为不可能的观点：每一感觉都会扰乱灵魂的匀称。在我看来最有可能的说法是，德谟克利特从未试图确立思想对于感觉在灵魂论上的优先性。参见 Brandis, *Gesch. d. Entw*. i. 145。

3 文献已经在第 581 页注释 4 和第 585 页注释 3 中被给出。另参见 Cic. *Acad*, ii. 23, 73。后来作家尤其强调这一点，以至于断言，德谟克利特只把实在性赋予了理智之物（Sext. *Math*. viii. 6），他否定可感的现象，认为它并不现实存在，只是存在于我们的意见之中（*Ibid*. vii. 135）。

物开始，但仍然只有理智能向我们真实呈现这一知识。[1] 因此，如果亚里士多德把这样的意见归属于德谟克利特：感觉自身是真实的，[2] 那这一说法不过基于他自己的推论；[3]因为原子论哲学没有区分感觉功能和思想功能，亚里士多德就得出结论说它未在真实性方面对它们做出区分。[4]
但是，德谟克利特不可能在不违反他理论体系的基本观念的情况下得出 273
这样的结论；因为如果事物确实只由我们感官不能感知的原子构成，那么感官显然就不能在事物的真实本质方面对我们有所教导；如果德谟克利特，像巴门尼德和恩培多克勒一样，宣称生成和毁灭是不可想象的，他就不可能不像这些哲学家那样得出结论说：感觉向我们欺骗性地呈现生成和毁灭；也就不可能会持有亚里士多德归属于他的相反主张。他自己告诉我们的，非常清楚地表明他远不可能持有这样的观点。对他来说，接受以下进一步的结论同样是不可能的：如果感觉自身是真实的，

1　Sext. *Math*. vii. 140。对于叙述者的解释来说，除了整体的解释外，这里还必须确定“标准”。

2　《论生成和毁灭》i. 2（见第 581 页注释 3）；《论灵魂》i. 2（见第 611 页注释 5）；《形而上学》iv. 5（见第 608 页注释 5）。类似的，Theophr. *De Sensu*, 71（见第 607 页注释 4）。*γίνεσθαι μὲν ἕκαστον καὶ εἶναι κατ᾽ ἀλήθειαν*（根据真理每一个东西都在生成和存在），似乎属于这一语境，只是文本无疑是残缺的：*γίνεσθαι μὲν* 很可能出自（*τὸ*）*φαινόμενον*，而 *ἕκαστον* 可能是对“*ἑκάστω*”的误写。

3　如他自己在《形而上学》中表明的：*ἐξ ἀνάγκης* 不与 *εἶναι* 而与 *φασὶ* 相联，因此，意思是“因为他们认为思想和感觉一样，他们必然会断定感觉现象都是真的。”

4　我们可以从诸多的例子中看到这是亚里士多德的惯用方法。《形而上学》iv. 5 中的那段话包含的不过是这种类型的一个推断，亚里士多德据此对某些自然哲学家进行抱怨，说他们否认了矛盾律。因此，我们没有理由去支持这样一种理论（Papencordt, 60；Mullach. 415）：德谟克利特在这一点上改变了观念，放弃了他最开始承认的感觉的明晰性。尽管他可能会在确定的具体问题上逐渐发生观念的改变（Plut. *Virt. Mor.* c. 7, p. 448 A），但这并不意味着他会在不同时候在我们正在讨论的这样一个问题——与原子论体系的基本原理相互交织的问题——上持相反的信念。我们也不能（同 Johnson, *l.c.* 24 以下一样）认为亚里士多德的话有这样的意思：“德谟克利特认为，现象确实客观地显现，尽管它可能并不与我们对它的呈现一致”。这个解释与引文的上下文冲突，更明显地与话语本身（*τὸ ἀληθὲς*〔真实的〕，《论灵魂》和《论生成和毁灭》）冲突。如果把 Johnson 建议的那种理论看作是被亚里士多德归属于德谟克利特的，那么德谟克利特就不会受到这样的指责：他因为混淆了思想和感觉而得出了错误的观点。

274 那么所有的感觉必然都是真实的；[1]由此，如果感官在不同的人那里或在不同的时候对同一对象断言相反的东西，那么这些相反的断言必然是同等真实的，因之也是同等错误的；也因此我们永远无法认知事物事实上是如何构成的。[2]他无疑说道，每一事物都包含形式最为多样的原子，而这正是事物会如此不同显现的原因；[3]但不能由此得出结论说，作为实在本身的原子，同时具有相反的性质。他也抱怨人类知识的狭隘性，宣称真理藏匿在深处，我们无法认知事物的真实构成，我们的意见随着外
275 在印象和身体状态发生改变。[4]最后，他承认事物之名出于任意的选择；[5]所有这些都可能在怀疑论意义上被使用。但说他借此宣称所有知识都是不可能的，则是不可信的。如果他有这种信念，那他就不能建立一个科学的体系，或区别真实的知识与含糊和混乱的意见。进而，我们还被告

1 Philop. *De An*. B, 16 把这一主张归属于德谟克利特："因为他〔德谟克利特〕直接说，真实与现象是同一的，真理与显现在感觉中的没有任何区别，而是对每一个人显现的以及看起来是这样的都是真的，正像普罗泰戈拉所说的。"但 Philoponus 很可能除了亚里士多德的话外没有其他文献，而从这段话是得不出这样的结论的。我们也不能太过重视 Epiphanius, *Exp. Fid*. 1087 D 中的话，在那里留基波教导说："根据现象和意见一切都在生成，而没有一个根据真理。"

2 参见亚里士多德《形而上学》iv. 5, 1009a38。Plut. *Adv. Col.* 4, 1, p. 1108。Sext. *Pyrrh*. i. 213 中德谟克利特的理论也被看作是类似于怀疑论者的："因为根据蜂蜜对于一些人显得是甜的，对一些人显得是辛辣的，他说德谟克利特据此推断既不存在甜本身，也不存在辛辣本身，并且因此发出'不多的'声音，是怀疑性质的。"Johnson *D. Sensual. d. Demokr*. 23 不应当未加进一步考察就把这个说法看作历史的证据。

3 参见前注及第 584 页注释 3。

4 除第 585 页注释 3 的引文以外，Sext. *Math*. vii. 135 以下。Diog. ix. 72（这也出现在 Cic. *Acad*. ii. 10, 32 中）。这类的话无疑就是 Sext. *Math*. viii. 327 所做评论的唯一依据，亦即经验的物理学家质疑证明的可能性："或许（τάχα）还有德谟克利特，因为他借助规则有力地反驳它"，这是间接的证言，否则 τάχα 就会是不必要的。

5 Procl. *in Crat*. 16 认为，依据德谟克利特，"名称"就是"规定"。为支持这一观点，他还提出"多义词、同义词"和"没有名称的东西"，并论证说，许多词具有多个意思，许多事物具有多个名称；还有许多事物，从类比来看，我们期望它们具有独特的命名却没有这样的命名；他似乎同样诉诸于人名的改变。Proclus 给出的对这些论证的进一步发展不能看作是德谟克利特的。参见 Steinthal. *Gesch. d. Sprachwissensch. bei Gr. u. Rom*. 76, 137 以下，我不能完全同意他对这些表达的解释：特别是对 νώνυμον 的解释，在我看来他完全误解它的意思。Diog. ix. 48 提到德谟克利特的一些语言学著作，但我们不能确定它们的真实性。

知，他明确而充分地驳斥了普罗泰戈拉（Protagoras）的怀疑主义[1]——而依据上面那些说法，他应该共享这种怀疑主义——尖锐地批判了他那个时代的论辩术。[2]后来的怀疑论者自己指出了他的理论和他们的之间 276
的本质不同；[3]甚至亚里士多德也证实说（这与所谓的对所有知识的否定难能一致），德谟克利特是所有前苏格拉底哲学家中最为关注对概念进行界定的人。[4]因此，我们必须认为德谟克利特的对知识不可能的抱怨不过是在一种狭义上指：他只是就感官感觉而言，认为它局限于变化着的现象，不能保障真实的知识。另一方面，他没有否认理性能够认知作为事物真实本质的原子和虚空，尽管他深切地感受到人类知识的有限性及深刻探究的困难性。与所有这些完全一致的是如下的主张，他不会因为他自身的知识和观察的丰富性，就不以赫拉克利特式的精神告诫我们要反对不加辨识的学习，不去把思想置于比经验性知识更高的地位；[5]他 277
声称，只有人能通过，如他所认为的，从动物那里借用某些技艺，并逐渐达于教养；[6]人最初只力图满足他们最基本的需求，然后在时间的进程中，追求生活之美；[7]由此，他也益加强调教育对本性的助益，认为教育通过对人的重塑，能给他带来第二天性。[8]在所有这些言论中，我们看到的是一个不低估学习价值、不满意于外在现象知识的哲学家，而绝不是个否认一切知识的怀疑论者。

1　Plut. *l.c*; Cf. *ibid*. vii. 53.

2　*Fr*. 145，在 Plut. *Qu. Conv*. i. 1, 5, 2 和 Clem. *Strom*. i. 3, 279 D，他抱怨“寻章逐句的人，技巧的追随者，好争辩的人，钻牛角尖的人”。

3　Sext. *Pyrrh*. i. 213 sq.

4　《论动物的部分》i. 1，参见上册第 121 页注释 1；《形而上学》xiii. 4; 1078b17（参见上册第 349 页注释 3）；《物理学》ii. 2; 194a81。从亚里士多德《论动物的部分》i. 1, 640b29 的批判性说法我们得知，德谟克利特在这方面不能完全满足后来的要求；Sext. *Math*. vii. 264 说：“我们大家都了解的就是人。”

5　*Fr. Mor.* 140-142。我必须放弃我以前对这些残篇来源于德谟克利特的怀疑，因为依据以上的评论，它们与这位哲学家的观念很是内在一致。

6　Plut. *Solert. Anim*. 29, 1, p. 974.

7　Philodem. *De Mus*. iv（Vol. Hercul. 135, ap. Mullach, p. 237）。对此问题的探讨，参见亚里士多德《形而上学》i. 2, 982b22。

8　*Fr. Mor*. 133.

像德谟克利特那样的明确区分感觉现象和真实本质的一个哲学家，
不可能会屈服于外在世界，不在心灵和性情的正确构成中探求人类生活
的困难和幸福。他留传给我们的所有道德观念和原理都带有这样一种特
色。但无论这一点如何清楚，也无论有多少伦理学著作被归属于他[1]（这
278 有时确实无法确定），他仍然远离苏格拉底所开启的那种科学伦理学。
从形式上看，他的伦理学说本质上与赫拉克利特和毕达哥拉斯主义者
的非科学的道德反思一样；[2]我们确实可以看到一种独特的生活观贯彻始
终，但这一观念还未建立在关于道德行为本质的普遍探究的基础之上，
也未体系性地展现道德的行为和责任。他以古代伦理学的模式，把幸
福看作我们生活的目的：快乐和痛苦看作有益和有害的衡量标准；对人
来说最好的事是，在他的一生当中，尽其可能地多些快乐，少些痛苦。[3]
但德谟克利特并未从此得出结论说肉体性的快乐是最高的目的。幸福
与否不在于牧群或金银，灵魂才是守护神的居所：[4]产生幸福的，不是
肉体和财富，而是正直和智慧（Fr. 5）；灵魂的善是神圣的善，肉体的
279 善是属人的善。[5]不伴随智慧的荣誉和财富只是靠不住的资产，[6]缺乏理
性，人就不知道如何享受生活或如何战胜对死亡的恐惧。[7]因此，并
不是所有的享乐都是值得欲求的，只有美的享乐如此；[8]这与如下说法
一致：人应该相比他的肉体更加关注照料灵魂，[9]他能够出于自己创造快

1 参见 Mullach, 213 以下和第 574 页注释 1 提到的 Lortzing 的著作。论道德的残篇（为简洁故，我只依据它们的编目进行引用），收集在 Mull. *Democr*. 160 以下和 *Frag. Philos*. i. 340 以下中。

2 Cic. *Fin*. v. 29, 87.

3 *Fr. Mor.* 8。*Fr. Mor.* 9 有同样的意思（参见 Lortzing, p. 28；这里代替无法理解的 περιηκμακότων，我们可以猜测是 πρηκτέων）。*Fr.* 2："对于人来说最大快乐、最少痛苦地度过一生是最好的事"，它在塞克斯都（见第 613 页注释 1）那里的表达，使感觉成为追求和嫌恶的标准。

4 *Fr.* 1.

5 *Fr.* 6，见第 606 页注释 6。

6 *Fr.* 58, 60.

7 *Fr.* 51-56.

8 *Fr.* 3; cf. 19.

9 *Fr.* 128，见第 608 页注释 2。

乐。[1] 总而言之，依据其本质特性，幸福只在于喜悦和康乐，在于好的
品质和不变的心灵平静。[2] 当这些东西越是稳定和完善地成为人的一个
部分时，他就越能知道如何在他的欲望和享乐方面保持适度，如何辨别
有益的和有害的，如何避免错误的和不适当的，如何在自己的行为和意
愿中只指向与自己的本性和能力相一致的东西。[3] 知足、节制、行为和 280
思想的纯净与心灵的教养，被德谟克利特看作是通达真实幸福的路径。
他认为幸福只能通过努力获得，但不幸却不请自来（Fr. 10）；不过他仍
然认为，所有幸福的手段都给予了人，如果他错误地使用了它们则是他
自己的过错。诸神只给予人善；只是由于人的愚蠢，善的才成为恶的；[4]
一个人的举止如何，他的生活就怎样。[5] 幸福的技艺在于使用和满足于
已经获得的。人类的生命短暂而又穷困，在变迁兴衰中浮沉：认识到这
一点的人会满足于适度拥有，不追求超出他幸福必要之外的东西。肉体
的需求容易得到满足，难以满足的是出于想象的需要。[6] 一个人越是贪婪， 281
就要求越多；欲壑难填比极度匮乏还糟糕。（Fr. 66-68）与之相反，欲求
很少的人容易得到满足；限制欲望使穷人富裕。[7] 拥有太多的人，像寓言

---

1 *Fr.* 7.

2 西塞罗，见第 616 页注释 2；Theod. *Cur. Gr. Aff.* xi. 6，参见第 504 页注释 2；Epiph. *Exp. Fid.* 1088 A；Diog. ix. 45；Stob. *Ecl.* ii. 76；Clem. *Strom.* ii. 417 A。参见下注。Diog. 46 和 Seneca, *Tranqu. An.* 2, 3 提到一本著作 *π. εὐθυμίης*（《论高兴》），很可能就是被第欧根尼说成佚失的《论幸福》。被斯托拜乌称作是“心神安宁”的，在 Strabo, i. 3, 21, p. 61 被称作是 *ἀθαυμαστία*，在西塞罗上引处被称作是 *ἀθαμβία*。

3 参见前注及 *Fr.* 20。为了避免这一点，德谟克利特建议我们不要把自己和命好的人比，而要和命不好的人比，这样我们可以轻松点：“要对那些能做到的事情具有知识，要满足于身边的事情。” *Fr.* 118：勇于做正义之事的人是幸福的和平静的；瞧不上正义的人却因为恐惧和对他行为的回忆而烦恼忧虑。*Fr.* 92。Cf. *M. Aurel.* iv. 24。

4 *Fr.* 13。*Fr.* 11; *Fr.* 12。参见 *Fr.* 96: 大多数的恶来源于人的内心。*Fr.* 14，见第 592 页注释 6。

5 *Fr.* 45.

6 *Fr.* 22，参见 23 和 28：*τὸ χρῆζον οἶδε, ὁκόσον*［很可能是，*-ων*］*χρήξει, ὁ δὲ χρήζων οὐ γινώσκει*。我以前认为中性的 *τὸ χρῆζον* 指的是肉体，我现在仍认为这是可能的；尽管我承认，Lortzing 的读法（p. 23）——据此，*τὸ χρήζον* 指的是动物，而 *ὁ χρήζων* 指的是人——更好一些。

7 *Fr.* 24，参照 26、27、35 以下和 38 以下；参照 *Fr.* 40，论贫穷享有的好处：不被嫉

中的狗一样，失去他的所有（Fr. 21）；每一种快乐过度便变成痛苦（37）；另一方面，节制提升快乐（35，34），确保不依赖于命运的满足（36）；明智的人享受他所拥有的，不操心于他不拥有的。[1] 因此，最好的总是恰如其分，过度与不足都会产生恶。[2] 战胜自己是最高尚的胜利（Fr. 75）；英勇之人战胜的不仅是敌人，还有欲望（76）；要战胜愤怒确实困难，但理性的人能够成为它的主人（77）；在不幸中保持公正是伟大的（73），但如果有了智慧，我们就能够战胜（74）一切烦恼。感官的享乐提供短期的快乐却带来更多的痛苦；欲望总是匮乏，[3] 只有灵魂的善能带来真实的
282 幸福和内在的满足。[4] 不正义地攫取财富是一种罪恶；[5] 教养比资产更有价值；[6] 权力和珍宝无法媲美我们知识的增长。[7] 德谟克利特因此要求我们，不仅在行为和言辞上，[8] 而且在意愿上，[9] 远离不正义；人行善事，不应出于强制，而应出于确信（Fr. 135），不应为着报偿，而应为了它自身；[10] 他使自己远离罪恶（117），不应出于恐惧，而应出于责任感；他的羞耻感更应该是面对自己的，而不是面对他人的，因此，不管是否会为人所知，他都同等地避免作恶；[11] 他说只有这样的人能取悦痛恨罪恶的诸神；[12] 只有作正确之事的意愿能带来心灵的平静（Fr. 111）；作恶比遭恶更让人不幸（224）。他赞美智慧，说只有它能确保我们拥有三个最大的善：

妒和免遭敌意。

1 *Fr*. 29, cf. 42.

2 *Fr*. 25, cf. *Fr*. 33.

3 *Fr*. 47, cf. *Fr*. 46, 48.

4 参见第 617 页注释 2 和 3。

5 *Fr*. 61, cf. *Fr*. 62-64.

6 *Fr*. 136。Lortzing, 23 把这与 *Fr*. 18, Stob. *Floril*. 4, 71 联系在一起，如果 εἴδωλα ἐσθῆτι（Meineke 认为是这个词而非 *αἰσθητικὰ*）是用描述奢华之人的空虚的话，那确实很有可能。

7 Dionys. ap. Eus. *Pr. Ev*. xiv. 27, 3.

8 *Fr*. 103, 106, 97, 99.

9 *Fr*. 109, Cf. *Fr*. 110, 171.

10 *Fr*. 160.

11 *Fr*. 98, 100, 101.

12 *Fr*. 107, cf. 242.

正确地思考，良好地言说和正当地行事；[1]他把无知看作是所有过错的原 283
因；[2]把教育和实践看作是达于完善的必不可少的手段；[3]他告诫人们要谨
防嫉妒和猜忌、[4]贪婪[5]与其他过错。德谟克利特著作留传给我们的所有
这些东西，表明他是一个具有广泛经验、敏锐观察力、真诚道德品性和
纯净原则的人。他的言论也关注与这一品质相对应的社会生活。他把深
切地渗透于希腊伦理学之中的友爱看得很高；他说，没有公正之人作为
朋友，生活是不值得过的；[6]一个有智慧之人的友谊，就好过所有愚蠢之
人的友谊（Fr. 163）；但要被爱，一个人首先就必须爱别人（171），而
这一爱只有在不被不道德的激情所玷污时才是恰当的。[7]德谟克利特也
承认国家的必要性。他确实宣称有智慧之人必然能在所有国家生存，高
尚的品质以整个世界为其母邦，[8]但他同时也说，没有什么比一个好的政
府更为重要，它包容一切，所有事物因其成全也因其毁灭；[9]他相信共同 284
体的不幸比个人的不幸更坏；[10]他宁愿贫困而自由地生活在民主政治中，
也不愿富足而奴役性地与强人生活在一起（Fr. 211）。他承认没有什么
伟大的事情能够不通过一致的合作实现（Fr. 199），城邦的无序在所有

1　依据 Diog. ix. 46 和 Suid. *τριτογ.*（参见 *Schol. – Bekker* in *Il. Θ*, 39、Eustath. *ad Il. Θ*. p. 696, 37、Rom. Tzetz. *ad Lycophr*. v. 519 和 Mullach, p. 119 以下），德谟克利特著有 *Τριτογένεια* 一书，在其中，他把荷马的帕拉斯和她的其他名字解释为智慧："由她产生了三个东西，它们包含了所有人事"，亦即，"良好的推理，美好的言谈，正确的行为。" Lortzing, p. 5 认为这是一个篡加，我并不否认这种可能；但这样的比喻语言并没有超出在其他地方归于德谟克利特和他同时代人的东西（参见第 600 页注释 2、第 602 页注释 3 和第 621 页注释 4；Part III. a, 300 第二版）。这完全不同于斯多亚主义者运用的语言（*ibid*. 308, 1）。此外，这些话不必是著作的主要内容部分，它们可以是对某些道德反思的纯粹介绍。

2　*Fr*. 116.

3　*Fr*. 130-134, 115; cf. 85 sq., 235 sq.

4　*Fr*. 30, 230, 147, 167 sq.

5　*Fr*. 68-70.

6　*Fr*. 162, cf. 166.

7　*Fr*. 4，在我看来 Mullach 并没有正确理解这句话。

8　*Fr*. 225.

9　*Fr*. 212。Plut. *adv. Col*. 32, 2, p. 1126。cf. Lortzing, p. 16。

10　*Fr*. 43.

情况下都是一种恶（200）；他在法律中看到人的福祉（187），他要求好人的统治（191—194），对权威和法律的服从（189 以下，197），对公共之善的无私关注（212），对他人进行帮助的普遍意愿（215）；他谴责这样的状态，在其中，好的统治者得不到适当的保护，坏的统治者随意地滥用权力；[1] 在其中，政治活动与危险和不幸相伴。[2] 因此，德谟克利特在这个问题上与他那个时代的最优秀的人一致。[3] 他对婚姻的观念则
285 更为独特；但它们的独特性并不如我们可能期望的那样与他的唯物论和看上去的幸福论相关：他确实缺乏一种关于婚姻的更高道德观念，但这是他那个时代的通病。婚姻关系主要令他厌恶的不是它的道德因素而是它的感官因素，因为在这里欲望战胜了意识，人让自己屈服于感官的卑劣诱惑。[4] 他也对女性持相当低的评价；[5] 而不愿意生育则是因为对孩子的教育会阻碍人们从事更多的必要活动，而且教育的结果也是不确定的；[6] 尽管他承认对孩子的爱是普遍的和自然的，他仍然认为收养比自己生育更为明智，因为在前一种情况下可以挑选，在后一种情况下则只能凭运气。尽管这些观点必然都是片面的和有问题的，我们仍然不能就此在总体上反对德谟克利特的伦理学原理，就像不能因为共妻制度而总体上反对柏拉图，因为禁欲主义崇拜而总体上反对基督徒一样。

286 至于德谟克利特是否把他的伦理学与他的科学理论以这样的方式联

---

1 *Fr.* 205，但是那里的文本并不非常有序。*Fr.* 214。

2 这是我对 *Fr.* 213 的理解。因为如果在绝对意义上理解它，那么这一反对政治活动的警告就不能与德谟克利特的其他一些原理相一致。除了上面的引文外，参照 *Fr.* 195。

3 Epiphanius, *Exp. Fid.* 1088 A 谈到他时说的是：他蔑视当局，只承认自然正当，宣称法律是个邪恶的发明，说有智慧的人不遵守法律，而应该自由生活；但这明显是个误解。后世践行的解释学很容易在第 581 页注释 4 的引文中发现“法律”和“自然”的对立，但这很少适用于公民法。

4 *Fr.* 50; *Fr.* 49.

5 *Fr.* 175, 177, 179.

6 *Fr.* 184-188。Theodoretus, *Cur. Gr. Aff.* xii. 责备德谟克利特因为婚姻和生育会阻碍他的幸福而拒绝它们，但这是个错误理解；德谟克利特担心的“可憎之事”指的是被教坏的小孩导致的麻烦。Theodoretus 只引用了 Clemens, *Strom.* ii. 421, c.，但后者并未如此明确地说这样的话。

结起来，以至于我们必须把它们看作是他理论体系的本质部分，则是另外一个问题；而我只能对此做出否定的回答。如已经注意到的，它们之间确实存在着确切的联系；他理论对可感现象的超越必然导致这位哲学家在道德领域中同样只会赋予外在事物很小的价值；他对自然不变秩序的洞察必然会在他的心灵中激起如是的信念：最好在这一秩序中寻找安宁和自足。但就我们所知的而言，德谟克利特自己很少阐明这一内在关联；他没有普遍性地探究道德行为的本质，而只是发表了许多孤立的观察和生活规范，它们确实与同一种道德倾向和思维模式相联，尽管不是以明确的科学概念来达至的；但这些伦理主张的联系如此松散，以至于它们全都可能出于一个完全不接受原子论哲学的人之口。因此，不管德谟克利特的伦理学会如何地引人注目和值得赞颂，不管我们多么乐意把它们看作道德反思进步的证据，看作在同时代希腊智者和苏格拉底的理论那里得到印证的东西，我们仍然只能在它们那里看到他哲学体系的外部工作，因此只能在评价这个体系时赋予它们次要的价值。

对德谟克利特的宗教观念来说同样如此。[1] 他不能和他的同胞共享 287
关于诸神的观念是显然的。那个恰当意义上的所有事物依赖的永恒本质，神，对他来说只能是自然，或更确切地说，由于它们的重量而做运动并形成世界的原子整体。如果在流行的说法中，它们被诸神所替代，那也只是个表达形式的问题。[2] 在一种次要的意义上，他似乎把世界和人之中的能动和理性的因素称作是神，但它的意思不过是说，这一因素是最为完善的物质和所有生命和思考的原因。[3] 此外，他可能把天体称作神，因为它们是这一神圣之火的首要位置所在；[4] 如果他曾把理性归属

1　参照下文 Krische, *Froschungen*, 146 以下。

2　*Fr. Mor*. 13，见第 617 页注释 4。类似地，*Fr. Mor*. 107；*Fr. Mor*. 250。第 610 页注释 2 的引文对诸神的说法，如那里已经表明的，不属于德谟克利特，但他也可以假设性地谈到它们。

3　Cf. p. 262 sq.

4　Tertull. *Ad Nat*. ii. 2；这很可能涉及天体的起源；也可能不那么适当地与当下正在讨论的存在相关，从它们那里发出“影像”。第 600 页注释 2 提到，对“神食”的解

于它们，这也并不与他体系的前设相矛盾。与之相反，在关于诸神的流行信仰中，他看到的只是幻相：他相信诸神原始地表征了确定的物理或道德的概念，宙斯（Zeus）象征上层空气，帕拉斯（Pallas）象征智慧等等，但这些形式随后就被错误地看作是确实的存在，具有人格性的存
288 在。[1]至于人们为什么会得到这样的观念，他部分解释为异常的自然现象，例如风暴、彗星、日食和月食等，在他们那里产生的印象，[2]部分相信是建立在未能得到正确理解的真实观察的基础之上。由于他对待流行宗教的态度非常宽容，他不能决心依据更高自然的现象和它们对人的影响把它完全解释为欺骗：对他来说，同样把这些观念派生于确切的外在
289 印象，更与他感觉主义的知识理论相一致。因此，[3]他认为在空气中存在着某种存在物，它们外形上像人，但在卓越、能力和生命的持续时间上优于人：这些存在物通过发出流射和影像显现自身，经常在非常远的地方自我复制，逐渐为人和动物看见和听见，并被当作神，尽管事实上它

释表明天体被看作是神。

1 Clemens, *Cohort*. 45 B（参照 *Strom*. v. 598 B 和 Mullach, 359 相关文本；Burchard, *Democr. de Sens. Phil*. 9；Pppencordt, 72)。关于帕拉斯，参见第 619 页注释 1。

2 Sext. *Math*. ix. 19。德谟克利特是从异常自然现象派生诸神信念的人之一："因为他说，当看到了在不确定的事件中的事物，那些古人们，正像恐惧于打雷、闪电、霹雳、长着獠牙的星星（彗星，见第 600 页注释 6，也是如此；Krische. 147)、日食和月食，认为神是这些事情的原因。"

3 Sext. *Math*. ix. 19。参见 §42。Plut. *Aemil*. P. c. 1；*Def. Orac*. c. 7；西塞罗（他也在 *Divin*. ii. 58, 120 提到这一理论）*N. D*. i. 12, 29（关于这一点，参见 p. 262 以下）；同书 43, 120（这后者明显是对德谟克利特理论的歪曲，很可能由于提到的"包围"导致，它也出现在塞克斯都和普鲁塔克文本中；此外，我们应该记住，西塞罗的这两段话，都以一个伊壁鸠鲁主义者之口说出，后者尽可能地把许多荒谬和矛盾的东西加到德谟克利特理论之中，以能够对它们进行轻易的嘲讽)。Clemens, *Strom*. v. 590，把 $\theta\varepsilon\tilde{\iota}\alpha\ o\grave{\upsilon}\sigma\acute{\iota}\alpha$ 界定为 natura quae imagines fundat，发出"影像"的存在物。参照同上 *Cohort*. 43 D（德谟克利特的第一原理是原子、虚空和影像）和 Krishce, 150, 1；Max. Tyr. *Dess*. xvii. 5 说：依据德谟克利特，神是 ὁμοπαθὲς（即 ἡμῖν，因此像人一样）。从对德谟克利特关于这些存在物的有益和有害本性的言论的错误理解出发，很可能借助于某本伪作的媒介，Plonius, *H. N*. ii. 7, 14 得出这样的说法：德谟克利特认为存在着两种神：Paena 和 Beneficium。Iren. *Adv. Haer*. ii. 14, 3 甚至把原子论的 εἴδωλα 混淆于柏拉图的理念。至于其他的，参见对伊壁鸠鲁理论的阐释（Part III. a, 394 以下，第二版)。

们并不是神圣的和不朽的，不过比人存活得更长久一点。这些存在物和 290
它们的影像部分是有益的，部分是破坏性的；我们被告知，因为这个理由，德谟克利特表达意愿说希望会遇上幸运的影像；最后，他同样基于此来解释先兆和预言，因为他认为幻影会向我们显露发射它们的事物的意图，以及在世界其他部分正在发生的事情。[1] 事实上它们不过就是流行信念中的精灵，[2] 就此而言，德谟克利特是第一个，在调节哲学和流行宗教过程中，着手这样一个之后经常被从事的进程的人：把多神论的诸神降格为精灵。与对诸神信念的这一物理主义观念一起，他还有一些观点留传下来，它们涉及他宗教观的伦理意义。[3] 他绝不会认为站在既定宗教以及共同体秩序的对立面是正当的；因此，如他的追随者被断言的那样——很可能只是因为伊壁鸠鲁主义者 [4]——他们参与习惯性的宗教仪式；德谟克利特自己可能同样如此：从希腊立场看，这完全是正常的，即使从德谟克利特的原理来看。

与它们类似的还有其他一些理论，德谟克利特在这些地方同样更多
地追随流行信仰而非他的物理学体系，尽管他试图让它们与其保持一 291
致。因此，除了我们刚才关于更高存在的显现所说的之外，他也相信梦的预兆，并试图依据影像来解释它们。由于梦一般性地（我们必须这样来理解他）由所有可能事物的影像抵达睡梦中的人导致，他相信在确定情况下，这些影像（像我们醒着时感知到的话语或特性一样）可能反映着灵魂的状态，以及其他人的意见和目的；梦境如此产生，就能在许多隐秘的事情上指导我们。但这些梦并不完全是可靠的，这部分是因为影像自身并不总是同等清楚和有力的，部分是因为它们在通达我们的

1　参见第 624 页注释 1。

2　精灵被看作是活得很长的，但并非不朽。不用提其他的文献，可参见 Plut. *Def. Orac*. c, 11, 16 以下，p. 415, 418 和第 538 页注释 2、第 551 页注释 2。

3　*Fr. Mor*. 107；参见第 621 页注释 2。也可参照 Fr. 242；但这些话（如 Lortzing, p. 15 所评论的）不像是德谟克利特写的。

4　Orig. *C. Cels*. vii. 66.

途中，会由于空气的状况，遭受或大或小的变化。[1] 流射和影像理论也
292 被用来证明关于恶眼伤人（evil eyes）的迷信——它在希腊乃至今天都广受信奉：他相信，从心怀恶意的人的眼睛里发出的影像，会携带他们情绪的某种东西，并给他们意图报复的人带来麻烦。[2] 我们哲学家赞同的关于祭品察看的论证，更为简单。[3] 最后，他是否以及以何种方式把关于诗人受神灵启发的信念[4] 与他的其他理论联系起来，我们未被告知；但他很可能会认为确定灵魂的有利结构，会接纳非常充沛的影像于自身，并因此使它们处于比其他灵魂更为活跃的状态；而这也构成诗歌的功能和性质。

4. 原子学说整体；它的历史地位及重要性；这个学派的后来追随者

原子论哲学的特性和历史地位在古代和现代受到不同的评价。在古
293 代人的传承顺序中，原子主义者经常被划归于埃利亚学派；[5] 亚里士多德一般把他们与恩培多克勒和阿那克萨戈拉并列，有时把他们和这些哲学家放在一起置于物理主义者一列，[6] 有时又强调他们与埃利亚主义者的亲合性。[7] 在现代，则只有少数作家还在追随这些古代的划分，把原子论者看作是埃利亚学派的附属分支，看作是埃利亚主义的物理主义者。[8]

---

1 Plut. *Qu. Conv*. viii. 10, 2。亚里士多德《论睡眠中的预兆》c. 2, 464a5, 11、Plut. *Plac*. v. 2 和 Cic. *Divin*. i. 3, 5 提到这些理论。

2 Plut. *Qu. Conv*. v. 7, 6.

3 Cic. *Divin*. i. 57, 131；局限于这些情况表明，这只涉及内脏中的这类变化，只有它们受自然原因的影响，而德谟克利特在这个问题上似乎没有柏拉图《蒂迈欧》71 说得清楚。

4 Democritus, ap. Di. Chrys. *Or*. 53；Id. ap. Clem. *Strom*. vi. 698 B；Cic. *Divin*. i. 37, 80.

5 第欧根尼、Pseudo-Galen、Hippolytus、辛普里丘、Suidas 和 Tzetzes 如此划分。前三人似乎依据他们认为的原子论者所具有的位置，而所有人都依据他们关于德谟克利特和留基波师承的说法，做出这种划分（参见第 573 页注释 3 和 p. 210, n.）。从同样的前提出发，普鲁塔克在 Eus. *Pr. Ev.* i. 8, 7 中把德谟克利特直接排在巴门尼德和芝诺之后；Cicero, *N. D.* i. 12, 29 中的伊壁鸠鲁主义者把他排在巴门尼德之后，与恩培多克勒和普罗泰戈拉并列。

6 《形而上学》i. 4, 985b4。

7 例如《论生成和毁灭》i. 8；参见第 579 页注释 1。

8 例如 Degerando, *Geschich. d. Phil*. i. 83 以下；Tennemann 译本，Tiberghien, *Sur la generation des connaissances humaines*, p. 176。类似的，Mullach, 373 以下和 Ast.

更为普遍的做法则是，要么把他们看作是伊奥尼亚物理主义者，[1]要么认为他们构成一个独特学派，与后来的学派并列。[2]但即便如此，关于他们与他们的前辈和同时代人的联系，人们仍然有不同的说法。尽管得到普遍接受的是，原子论哲学试图把埃利亚主义者的结论与经验结合起来，但它在多大程度上受其他哲学体系的影响，特别是赫拉克利特、阿那克萨戈拉和恩培多克勒的哲学体系的影响，人们仍未取得一致的意见。有些人在这个哲学体系中发现阿那克西曼德所开创的机械唯物论的 294
完成，[3]另一些看到的则是赫拉克利特立场的发展，或更为确切地说，赫拉克利特观念和埃利亚主义者观念之间的联合，[4]以埃利亚主义的存在概念来解释赫拉克利特所坚持的变化。[5]维尔特（Wirth）把原子论者和赫拉克利特放到一起，因为赫拉克利特坚持变化，而原子论者坚持事物的多样性，[6]共同反对埃利亚主义者；马巴赫（Marbach）不仅把他们与赫拉克利特联系起来，也把他们与阿那克萨戈拉联系起来；赖因霍尔德（Reinhold）和布兰迪斯（Brandis），同样还有施特里姆培尔（Strumpell），

Gesch. d. Phil. 88 把原子论哲学置于意大利的观念论范畴之下，尽管他在其他地方同 Tennemann 一样描述它。

1 Reinhold, *Gesch. d. Phil*. i. 48, 53; Branids, *Rhein, Mus*. iii. 132, 144; Gr-rom. *Phil*. i. 294, 301; Marbach, *Gesch. d. Phil*. i. 87, 95; Hermamm, *Gesch. und System d. Plat.* i. 152 sqq.

2 Tiedmann, *Geist d. spek. Phil*. 244 sq.；Buhle, *Gesch. d. Phil*. i. 324；Tennemann, *Gesch. d. Phil*. 1 A, i. 256 sq. ；Fries, *Gesch. d. Phil.* i. 210 ；Hegel, *Gesch. d. Phil*. i. 321, 324 f ；Braniss, *Gesch. d. Phil. s. Kant*, i. 135, 139 sqq. ；vide sup. Vol. I. p. 209, 1 ；Haym, *Allg. Enc. Sect*. iii. vol. xxiv. 38 ；Schwegler, *Gesch. d. Phil*. p. 16 ；*Gesch. d. Gr. Phil*. p. 12, 43 ；Ueberwge, i. 25。

3 Hermann, *l.c.*

4 Hegel, i. 324 以下采取这个观点，发现：在埃利亚哲学中，存在和非存在相互对立；在赫拉克利特那里，它们是同样且平等的；但如果存在和非存在被客观地设想，结果就是充实和空虚之间的对立。巴门尼德把存在或抽象的普遍当作他的原理，赫拉克利特把进程当作原理；属于留基波的则是现实性上的存在的确定论。参照 Wendt, *zu Tennemann*, i. 322。

5 Haym 上引处；Schwegler, *Gesch. d Phil.* 16，参照此书第一版 i. 212。Schwegler, *Gesch. d. Griech. Phil*. 43 则相反，把原子论哲学看作是机械自然观对阿那克萨戈拉二元论的回应。

6 *Janrb. d. Gegenw*. 1844, 722 ；*Idee d. Gottheit.* p. 162.

认为原子论学说产生于这样的双重反对：反对埃利亚学派关于一的理论，反对阿那克萨戈拉的二元论；[1] 最后，布兰迪斯把原子论哲学看作是阿那克萨戈拉和希腊智者之间的联系纽带。更早一点时期，施莱尔马赫[2]和里特尔[3]曾非常明确地把原子论者置于希腊智者之列，宣称他们
295 的学说是对阿那克萨戈拉和恩培多克勒哲学的非科学性的败坏。这种观点必须在这里受到审查，因为它完全颠覆了我们给予原子论者的地位，也必然会影响我们对他们哲学体系的整个理解。

这种观点部分以德谟克利特的文字特色，部分以他理论的内容为依据。关于前者，里特尔[4]发现许多值得批评的东西。这位哲学家在一本著作[5]的开篇所用的词就表现了他的自大；他对他的游历和数学知识夸大其辞，他的语言也暴露出矫揉造作的热情；甚至他关于自己比阿那克萨戈拉年轻 40 岁的单纯言语，也意在通过与这位哲学家的比较来自我炫耀。但相关于他理论体系的特性，所有这些都没有什么重要意义。即使德谟克利特确实非常自负，这也并不意味着他教导的理论就是一种空洞的论辩术——即便这个理论只是他自己的。而事实上情况并非如此；因为尽管他的显赫名声，在原子论哲学的反对者和追随者那里，从伊壁鸠鲁（Epicurus）和卢克莱修（Lucretius）一直到朗格（Lange），导致
296 了对他导师的遗忘，[6] 但仍然可以确定的是，他的自然哲学的所有本质特

1 或者如布兰迪斯所说，阿那克萨戈拉和恩培多克勒的二元论。

2 *Gesch. d. Phil.* 72, 74 sq.

3 *Gesch. d. Phil.* i. 589 以下批评了他；Brandis, *Rhein. Mus.* iii. 132 以下。

4 *Gesch. d. Phil.* i. 594-597.

5 在 Sext. *Math.* vii. 265（作者在那里只看到做作的吹嘘）；Cic. *Acad.* ii. 23, 73：“我说的是有关所有这一切的东西。”

6 依据 Diog. x. 7，即使伊壁鸠鲁也不把留基波（他的著作很可能完全不为他所知）看作是个哲学家（“但是他说并没有一个哲学家留基波”）；他的继承人 Hermarchus 同样如此；而这个学派的其他成员则把留基波看作是德谟克利特的老师。卢克莱修从未提到他。朗格在他写原子论者的 18 页文字中，只有一次（p. 13）评论性地提到他：“一个可疑的传统把关于所有事物必然发生的命题归属于他”；至于其他部分，他的表述会让所有不预先熟知真实情况的人以为德谟克利特才是原子论体系的创建者。

性都来源于留基波。[1] 进而，这些批评自身也是不公正的。[2] 关于与阿那克萨戈拉年龄比较的陈述，我们并不知道它的实际背景；而且这种陈述在古代也很常见。他著作的开篇辞不过是对它内容的宣告。他的自信并不过度，经常还比不上赫拉克利特、巴门尼德和恩培多克勒的自我表达表现出来的。[3] 最后，他的语言，尽管华丽和热诚，却从不浮夸和做作；
他对他的游历和几何学知识所说的 [4] 可能和某个独特的动机相关；总的 297
来说，一个人不能因为他在恰当的地方说了一个他事实上有理由骄傲的事，就被看作是智者式人物。

但我们被告知说，原子论哲学自身整体上都充满了一种反哲学色彩。第一，它声称，[5] 我们在德谟克利特那里发现一种经验对思辨的过度支配——一种非哲学的博学；第二，他把这一倾向提升为一种理论，因为他关于知识的整个学说倾向于消除真实知识的可能性，只留下对博学的无益满足；第三，他的物理体系完全缺乏统一性和理想性，他的自然法则变动不居；他既不承认神也不承认灵魂的非肉体性，其结果就是，第四，他远离希腊哲学的特性，把神话因素和辩证因素完全分离；第

1　例如，把生成和毁灭还原为不可派生的物质的结合与分离；原子和虚空理论，参见第 579 页注释 1、第 580 页注释 3 和第 582 页注释 3；只能从原子重力产生的原子的永恒运动（见第 591 页注释 3），原子的振荡，它们的旋转运动及其导致的世界形成（见第 595 页注释 2）；地球形状的观念（多少有些不同于德谟克利特的），天体的次序，地球轴线的倾斜（见第 598 页注释 6、第 599 页注释 3 和第 600 页注释 3）；灵魂的本性（第 604 页注释 2）。所有这些都表明留基波已经有其宇宙论和关于生命存在物的理论，尽管很可能不如他学生的深刻。原子论自然哲学的基本概念——正是朗格特别强调的那些部分，因此属于留基波；但朗格令人难以理解地在沉默中把他给省略掉了。事实上，对这些的承认，并不会不适当地减损德谟克利特的伟大功绩，但会纠正在他的原创性和重要性上所持的夸大观念。

2　参见 Brandis, *Rhein. Mus*. iii. 133 以下，也参见 Marbach, *Gesch. d. Phil*. i. 87。

3　关于巴门尼德，参照 *Parm*. v. 28、v. 33 以下和 45 以下（见上册第 402 页注释 1）；关于恩培多克勒，参照 *Emp*. v. 24（424 K; 462 M）以下、352（389 K; 379 M）(p. 118, n.)。如果德谟克利特由于一个表述——它事实上并不比希罗多德在他的《历史》开头说的话更为自吹自擂——的原因而被认作是一个智者，那么里特尔会怎样评论像恩培多克勒那样的人，他曾把自己看作是在凡人中游荡的神？

4　Vide *sup*. p. 210, 211.

5　Schleiermacher, *Gesch. d. Phil*. 75 sq.; Ritter, p. 597 sq.; 601, 604 sq.; 622-627.

五，他的伦理学引导的是低级生活观念，是精神对以自我为中心的吹毛求疵和纯粹享受的屈服。

这些指责的大部分已经在我们的阐释中受到驳斥，或至少得到相当大的修正。德谟克利特确实可能积累了太多的经验材料，以至于他不能在他的科学理论中妥善地安排它们，尽管他比他的所有前辈都更为深入
298 和具体地进行了现象解释。但这也是大多数古代哲学家的问题，是每一个试图综合性地联合观察和哲学思辨的哲学家会遇到的问题。德谟克利特应该因为他没有忽略经验性知识，并试图把他的理论建立在对事物的确切知识的基础之上以解释具体之物而受指责吗？他在他的探究中涉足比所有以前的哲学家的都更为广阔的领域，在他对知识的永不满足的渴求中不蔑视任何事物，不管是渺小的还是伟大的，难道不正是优点而非缺陷吗？只有在他因为自己的博学而沉湎于毫无意义的自满之中，忽略了，或明确地丢弃了，对事物的理性知识时，这一对收集材料的热情才对他理论的哲学性构成伤害。但我们在前文中所看到的一切表明，事实远非如此；他多么明确地把思想置于感官感觉之上，多么费心地依据它们的原因来解释自然现象！[1] 如果在这样做的时候，他碰上了在他看来不能从任何隐秘的原理中得出的东西时，[2] 我们或许可以把这看作是他理论不完善的一个证据，但绝不能 [3] 说他智者性地忽视了关于最终因的问题；如果说科学问题的困难导致他抱怨人类知识的徒劳，[4] 那他完全可以要求按照与他前辈相同的标准来接受评判，而不是被看成一个智者式的怀疑主义者，原因仅仅是说了如果出自于一位像克塞诺芬尼，或像巴门
299 尼德、阿那克萨戈拉和赫拉克利特这样的哲学家之口就会为他们赢得在科学上谦逊的美名的话。甚至他在知识追求中提倡适度，因而只为自己

1　Vide *sup*. 271 sqq.

2　参见第 592 页注释 1。

3　像 Ritter, p. 601 那样。

4　Vide p. 274.

的兴趣而非出于真理自身从事研究，也成为指摘的对象。[1]但首先，这并不与关于博学的其他批判相一致；其次，我们会疑惑这样一个如此真实和单纯的言论如何会得到这样的解释。但即使他真的曾经说过——事实上他从未明确这样说：我们应该为了幸福而追求知识，那这也不过是在复述被所有时代的大部分伟大哲学家无数次重复的宣言；我们没有权利把一个如此非凡地献身于知识的人，一个，如已经说过的，拒绝用单个科学发现来交换波斯王位的人，[2]看作是品质恶劣的智者。

但留基波和德谟克利特开创的科学理论无疑是不尽如人意的和片面的。他们的体系完全是唯物论的：它的明确目标是以牺牲所有存在为代价拯救物体性存在，以牺牲所有动力为代价拯救重力：德谟克利特自己明文反对阿那克萨戈拉的努斯。[3]但大部分古代哲学体系都是唯物论的：无论是早期伊奥尼亚学派，还是赫拉克利特，或者恩培多克勒，都不承认任何非物质性的本质；甚至埃利亚主义者的存在也是充实或物体，而 300
埃利亚主义的存在概念正构成了原子论的形而上学的基石。原子论者只在更高的严格性和连贯性上区别于他们的前辈，据此，他们把对自然的一种纯粹的物质性的和机械性的建构贯彻始终；但这几乎不能被看作是他们的缺点，因为在这样做的时候，他们不过是演绎出先前整个哲学发展必然会导致的，已经包含在他们前辈的理论的前提之中的结论。因此，如果我们把他们的体系和与它如此内在相联的先前的自然哲学分开，以智术之名把它排除在真实知识之外，那我们就错估了他们的历史价值。由于原子的多样性而坚持认为这个体系完全缺乏统一性，同样是不公正的。尽管它的原理在数量的统一上有其缺陷，但并不缺乏概念的统一；恰恰相反，它试图依据充实和空虚的基本对立来解释万物，毫不

1 Ritter, 626，其中依据是 *Fr. Mor.* 142："我期望不要认识一切东西，不要成为博学的。"依据里特尔的表述，"不要成为博学的"是原文中有的，但实际上原文接在后面的是，"也不要在一切东西上是无知的。"

2 参见第 618 页注释 7。

3 Diog. ix. 34, cf. 46.

求助于更进一步的前设，它自我证实是一致性反思和追求统一的理论结果。亚里士多德因此公正地赞扬它的逻辑一致性和它原理的统一性，在这方面在与恩培多克勒更不连贯的理论进行比较时给予了它更多的偏
301 爱。[1]这也足以反驳如下的进一步主张：它把偶然看作是世界的主宰；此外，我们也已经看到原子论者会如何远离这种主张。[2]我们能够正确说的是，他们承认没有最终因，没有目的性指向的理智工作。但即使这个特性也为他们与大多数古代理论体系所共享，不管是早期伊奥尼亚学派的原理，还是巴门尼德和恩培多克勒的世界创造必然，都不会比德谟克利特的必然更是理智性的。亚里士多德在这方面未对原子论哲学和其他体系做任何区分。[3]因此，原子论者能够因为在同时代的哲学方向上继续推进，因为通过丢弃不能得到保障的迷信和神话想象而使这一倾向臻于科学的完善，而受到指摘吗？在古人们宣称德谟克利特的必然不过是纯粹的偶然时，就对他们进行赞扬，但当他们对事实上更有理由持这种观点的恩培多克勒说同样的话时，就对他们进行责备，这难道公平？[4]

原子论哲学的无神论不过是同一个缺陷的另一个表达。但这同样可以在其他古代哲学那里被找到，无论如何不是智者式思考模式的证据。德谟克利特对流行诸神的否定，尤其不能被看作他的一个过错；另
302 一方面，他认为对神的信念不过是幻觉，并力图找到产生它的真实事物：这个尝试值得尊敬，无论他对这个问题的解答在我们看来多么的不完善。当我们发现德谟克利特在他的“影像”假设中所做的不过是以他的方式做了自他以后无数其他人做了的，那甚至这一指责尺度也必须受到限制[5]：即把流行诸神解释为精灵，并尽可能逻辑地忠于他体系的前

1　关于这一点，参见第 579 页注释 1、第 581 页注释 3 和第 593 页注释 1 从《论生成和毁灭》i. 8; i. 2 和《论灵魂》i. 2 所引文字。

2　P. 236 sqq.

3　参见《物理学》ii. 4；《形而上学》i. 3, 984b11。特别涉及恩培多克勒的是《物理学》viii. 1, 252a5 以下；《论生成和毁灭》ii. 6, 333b9, 334a。

4　Cf. Ritter, p. 605, cf. 534.

5　Vide *sup*. p. 291.

设。此外，如果他在他的解释中净化所有的神话成分，这也不是，如施莱尔马赫所说的，一个过错，而是一个与阿那克萨戈拉和亚里士多德共享的优长。原子论体系中甚至也缺乏一个更为纯粹的神的概念，则是比较严重的问题。但这一缺乏并不独属于希腊智者；古代伊奥尼亚物理学只能在与德谟克利特相同的意义上合乎逻辑地言说神；巴门尼德只能神话性地提及神；恩培多克勒纯粹出于一致性的需要才谈到神（尽管有许多像精灵的诸神与德谟克利特的处于同样的范畴）。在阿那克萨戈拉那里，哲学第一次达到对精神和物质的区分；但在这一步迈出之前，神的概念在哲学体系自身中找不到位置。因此，如果我们把神理解为非物质的精神，或与物质分离的创造性力量，那整个古代哲学原则上都是无神论的；如果它仍然带有宗教的气息，那么这或者是一种不一致，或者可归因于解释的形式，或可能是个人信仰而非哲学确信的结果；在所有这 303
些情况中，最好的都是那些宁愿丢弃宗教表达，也不愿没有哲学根据地接受它的哲学家。

德谟克利特的伦理学与原子论体系的联系实在还未紧密到能给它提供一个标准的地步。尽管如此，里特尔仍对它们提出了一些不合理的反对。就形式而言，它们确实是幸福主义的，因为快乐和痛苦被当成人类行为的标准。但在所有的古代体系中，幸福都被看作是伦理学的顶点、生活的最高目的；即使柏拉图也不例外；如果幸福被德谟克利特狭窄地理解为快乐，那这不过证明他伦理学理论的知识基础的缺陷，而不是他的自我放纵的品质。[1] 德谟克利特的原理自身是纯净的和值得敬重的；里特尔的反对很少具有价值。据说他在真理上并不严谨，但被认为具有这个意思的格言，说的是完全不同的东西。[2] 他也被指责说剥夺了城邦

1　一般说来，甚至苏格拉底也把道德行为确立在纯粹幸福主义的基石上。

2　此格言在 *Fr. Mor.* 125 中："在这里讲真话更好"；但非常清楚的是，这只意味着保持沉默经常比说更好；这同一个意义在 *Fr.* 124 被这样表达："在家中随随便便是自由，但不讲分寸是危险的"。此外，甚至苏格拉底和柏拉图，众所周知，也认为在有些情况下撒谎是允许的。

之爱的道德价值，否认婚姻和亲子关系的道德性：但我们先前的讨论表
304 明，这一指责的前一部分完全没有根据，后一部分被严重夸大，同时它也完全适用于言说许多从未被看作是智者的人。[1] 最后，关于他希望能遇上幸运影像的意愿，里特尔的评论充满成见："对偶然事件的全然屈服，就是他理论的结论。"[2] 这样一个意愿在我们看来可能确实有些奇怪，但就其自身而言，从原子论的立场看，它就像对美梦或好天气的欲求一样自然；至于德谟克利特如何不使内在的幸福依赖于偶然，我们前文已经表明。[3]

关于原子论哲学与希腊智者理论的整个比较，也以对智者理论的非常含糊的观念为基础。论辩术在这里被设想为错失了真实和科学的精神态度的思想模式。但这不是我们在历史上看到的智者教导的本质，它的本质更在于思想从客观探究的退却、对单向度思考的限制和对科学真理的不关心；在于人是万物尺度、我们所有的表象不过是主观现象，以及所有道德观念和原理不过是武断命令的观念。我们在原子论者那里
305 找不到任何这样的东西，[4] 相应地，他们也从未被任何古代作家看作是智者。他们是自然哲学家，是被亚里士多德从逻辑一致性上推崇 [5] 和偏爱

1 不消提我们已经引用的其他哲学家的话，我们可以把同样的世界主义像归属于德谟克利特一样归属于阿那克萨戈拉。

2 Ritter, i. 627.

3 参见第 592 页注释 6、第 616 页注释 4 和第 617 页注释 4。

4 Braniss 在证明原子论学说与智者理论的相似性时说（p. 135）："它把精神看作是与空间中存在的客观事物相对立的东西，看作是纯粹主观性的东西。" 但这是不确切的。原子论体系，同其他的物理体系一样，在它的客观原理中未做精神和物质的区分；但我们不能把这一消极的主张转变为积极的，说他们把精神完全看作是主观性的；因为他们在主体之内，同在主体之外一样，很少承认有非物质的原理。Braniss, p. 143 在为自己的观点辩护时评论说，在原子论哲学那里，反对着无机自然的只是这样一种精神性的东西，即主体在解释自然中的快乐；它用主观的对真理的追求（追求真理，追求关于事物的真实知识）来取代真理；尽管表面上对事物感兴趣，但主观性思考只关注于自身，关于它自己的解释和假设，不过假定这样能达到客观真理等等。这些说法的部分能言说任何一种唯物论体系，其余的则在我们反对 Ritter, 1 时已经得到驳斥。

5 参见第 630 页注释 1。

的人；[1]他们体系的优势和弱点，都在于对自然的纯粹物理的和机械的解释方面的严格性和排他性。因此，我们根本没有理由把原子论哲学和其他的物理学体系分离开来；我们也只有通过在这些体系中找到它的真实位置，才能正确地界定它的历史地位。

关于它所处的位置，前文已有普遍的揭示。像恩培多克勒的物理学一样，原子论学说试图在巴门尼德关于生成和毁灭是不可能的主张的基础上，解释事物的多和变化，在不质疑巴门尼德体系的第一原则的同时回避它的结论，在否认经验的绝对真理性的同时，反对巴门尼德拯救它的 306
相对真实性——以调和埃利亚学派的观念和日常的意见。[2]因此，在所有的更早的学说中，它与巴门尼德的最为紧密地联合在一起——不过这一联合以一种双重的方式进行：就它采纳了他的部分主张而言，这一联合是直接性的；就它反对了他的其他主张，并因而违反它自己的定义而言，这一联合是间接性的。它从巴门尼德那里借来了存在和非存在、充实和虚空的概念，借来了对生成和毁灭的否定，对存在的不可分性、质的单一性和不变性的主张；与巴门尼德一起，它教导说多和运动的原因只在于非存在；像他一样，它否认感性知觉，在对事物的反思性沉思中寻找真理。与巴门尼德相反的是，它坚持存在的多样性、运动的真实性和量的变化，并由此坚持了最为清楚地表达了这两种观念的对立的东西：非存在或虚空的实在性。在原子论者的物理理论中，我们会在几个具体观点上想起巴门尼德，[3]特别是从热物质派生灵魂活动的观点；但从整体上看，它主题的本质就不允许埃利亚学说在这个方向上发挥重要的影响作用。

除巴门尼德外，原子论哲学看来也与麦里梭（Melissus）有直接的历史联系。但如果说留基波无疑从麦里梭那里有所获益的话，那么，从 307

1　在所有的前苏格拉底哲学家中，亚里士多德引用得最为频繁的是德谟克利特的物理学著作，因为他的探究最为详细具体。

2　Vide *supra*, p. 210 sqq., cf. p. 229 sq.

3　例如，关于宇宙的概念，依据巴门尼德诗篇的第二部分，它被固定的外壳包围；关于生命从黏泥的起源，关于尸体保留着某种感知的说法。

另一方面说，麦里梭似乎也对留基波的学说有所关注。例如，如果我们把麦里梭的论证与巴门尼德和芝诺的做比较的话，我们会惊讶地发现，虚空概念在前者那里起着在后二者那里未起到的作用；不仅是存在的统一性，同样还有运动的不可能性，都通过虚空的不可想像得到证明；分离物体只有通过接触才能进入联结的理论也得到明确的驳斥。[1] 这一理论不出现在原子论者的物理体系之外，[2] 只有他们试图借助虚空来解释运动。我们由此能够假定麦里梭，那个从未被认为具有特别理智敏锐力的人，自己在恰当的地方创造和引入了这个对后来物理学来说如此重要的概念，然后原子论者首先从他那里把它借来作为他们体系的基石之一？还是说相反的主张更为可信得多，即一般来说与他同时代的自然哲学更紧密相联的萨摩斯（Samian）哲学家，只是因为这个概念的重要性已经在一个从虚空来派生所有事物的运动和多样性的物理理论那里得到证明之后，才仔细地考察了这个概念？[3]

308 在对埃利亚主义的反对中，原子论者是否有受赫拉克利特体系的影响，无法得到确定的回答。就德谟克利特而言，说赫拉克利特的著作为他所知，确实很有可能，也能得到他伦理残篇的支持；因为不仅在具体的言论上他与赫拉克利特一致，而且他关于生活的整个理论也与那位以弗所（Ephesus）哲学家的内在相似。[4] 他们都不在外部事物而在灵魂的

1　参见上册第 430 页注释 2 和 p.635 以下。

2　参见第 587 页注释 3 和第 587 页注释 5。

3　亚里士多德《论生成和毁灭》i. 8（参见第 579 页注释 1，见上册第 430 页注释 2）不能作为反对证据。亚里士多德这里确然在阐述埃利亚学说，然后主要依据麦里梭，转向了留基波；但由于他的主要目的在于表明埃利亚主义和原子论体系的相关性，并不涉及对两个学派具体哲学家的特别谈论，我们不应该从中得到结论说，他认为留基波对麦里梭有所依赖。

4　例如关于博学的说法，参见第 615 页注释 5，对比从赫拉克利特那里所引文字，见上册第 353 页注释 1 和第 230 页注释 3；关于灵魂是精灵寓所的主张，参见第 616 页注释 4，参看第 504 页注释 5；关于所有人类技艺来源于对自然的模仿的理论，见第 615 页注释 6，对照第 500 页注释 1；关于第 446 页注释 1 所引文字，Lortzing, p. 19 与之相关，引用了 Ps.-Galen, ὅρ. ἰατρ. 439, xix. 449 K，在那里，如下文字被归于德谟克利特："全体人类都将是一个人。"

善中寻找真实的幸福；都宣称自足的品性是最高的善；都把对我们欲望的限制、节制、明智和对宇宙进程的服从，看作是达到这一心灵平静的唯一方式；他们的政治观念还更为相像。[1]但另一方面，说留基波熟知赫拉克利特的学说并利用了它，则得不到明确的主张；不过，原子论者的导致他们与巴门尼德冲突的所有理论，都处在赫拉克利特开创的方向上。如果说原子论者坚持运动和分离性存在的真实性，那么正是赫拉克利特比任何其他哲学家都更为明确地主张，实在持续地变化着并分裂成 309
为对立面；如果说原子论者从存在和非存在派生万物，相信所有的运动被这一对立所决定，那么正是赫拉克利特早就告诉我们，斗争是万物之父，每一运动都以对立为前提，所有事物既是其所是又不是其所是。存在和非存在是赫拉克利特式生成的两个瞬间，原子论者关于非存在和存在一样实在的原理，可以毫无困难地从赫拉克利特关于万物流变的理论中派生出来，如果依从埃利亚主义者，用相对生成——从一种不变的原始物质中的生成——来取代绝对生成的话。原子论者进而还在对自然的不可打破的相互依存关系的认同上同赫拉克利特一致，据此，尽管他们是唯物论者，他们仍然承认对法则的理性服从。[2]同赫拉克利特一样，他们认为个体世界有产生和毁灭，但原始物质整体是永恒的和不可朽坏的。最后，德谟克利特在弥散于整个宇宙和生物肉体之中的热原子当中寻找生命和意识的原因；[3]这个理论，尽管在细节上有各种不同，极其类似于赫拉克利特关于灵魂和宇宙理性的理论；与此同时，两个理论体系都以类似的方式解释生命、睡眠和死亡的现象。所有这些特性，让我们很能够说，原子论哲学在它的起源处，不仅受影响于埃利亚学说，同样 310
受影响于赫拉克利特学说：如果它仍然独立于后者产生，那无论如何，由于关于变化和生成的、关于多样性和分离存在的思想，在它那里占据着如此显著的位置，从事实的情况看，它仍必须被看作是赫拉克利特式

1　Vide p. 97 sq., 277 sq.

2　Vide *supra*, p. 236 sqq.; cf. 39 sq.

3　Cf. 256 sq.; 262 sq.; cf. 79 sq.

立场和埃利亚主义观念的结合，或更确切地说，被看作是在埃利亚主义基本理论的假设的基础之上，从原始存在的本性出发，解释派生性事物的生成和多样性的一种尝试。[1]

因此，原子论体系向自己提出的，与恩培多克勒体系提出的，本质上是同一个问题。两者都从对自然科学的兴趣出发，试图解释生成和毁灭、事物的多样性和变化。但两者都对埃利亚主义者做出让步，承认原始实在既不可能毁坏也不可能在它的本质或构成上发生改变。因此，两者都采取了这样一种权宜手段：把生成和变化还原为不变实在的结合和
311 分离；同时，由于只在这些不变的实在数量为多的情况下，这才是可能的，现象的多样性才能够得到解释，它们都把早期哲学家的单一原始物质分裂为多——恩培多克勒的四元素，原子论者的无数原子。因此，两个体系都带有关于自然的纯粹机械论解释的色彩；都只承认物质元素，只承认这些元素在空间中的结合；甚至在它们关于实在之间的结合和相互作用的方式的理论的具体细节上，达到这样的相似，以至于我们只需更合逻辑地发展恩培多克勒的观念就能达到原子论的界定。[2] 最后，它们都质疑感官知觉的真实性，因为它不能向我们显现事物的不变的第一原理，迷惑我们相信生成和毁灭的真实性。使这两个理论相互区别开来的，只是原子论哲学摒弃了所有其他的前设，严格地演绎出机械论物理学的思想。当恩培多克勒把他的物理理论与宗教观念联合在一起时，我们看到的只是一种生硬的自然主义；当他把神话形式的友爱和仇恨当作动力因时，原子论者以纯粹物理的方式把运动解释为虚空中原子重量的

1 维尔特对原子论者和赫拉克利特的如是处理（参见第 625 页注释 6）在我看来是不精确的：“在埃利亚学说中存在着一个双重的对立，与生成的对立和与多的对立；生成的概念取自于赫拉克利特，多的概念，取自于原子论者。”因为，一方面，如亚里士多德发现的那样（vide *supra*, p. 210 sqq.），原子论者在关注对生成和变化的辩护的同时，同等地关注对多的辩护；另一方面，他们的方法本质上不同于赫拉克利特，他们回到埃利亚主义的存在概念，在明确承认这一概念的基础上尝试解释现象；而赫拉克利特不仅不承认这一概念，而且事实上最为明确地否弃了它。况且，他们之间还存在着几十年的年代间隔。

2 Vide *supra*, p. 134.

结果；当他一开始就赋予原始实在一种性质差异的时候，原子论者更为严格地坚持存在的概念，把所有性质的差异还原为在形式和大小上的量化差别；当他在数量上对元素进行限制，又让它们无限可分时，原子论 312
者更合乎逻辑地回到不可分的原始物体上来，为了解释事物的多样性，把它们设想为在数量上无限与在形式和大小上无限多样的东西；当他让物质间的结合和分离阶段性地更替时，原子论者在原子永恒运动的理论基础上发现原子间的持续相互结合和分离。因此，这两个理论体系都追随同样的倾向，而这个倾向在原子论者那里得到更为纯粹和逻辑的发展，比起恩培多克勒的体系来，原子论体系在科学性上远占据更高的位置。但两个体系在它们的主要特性上并不具有如此明确的相互依赖的痕迹，以至于我们能把恩培多克勒的学说归因于原子论的影响；更恰当的说法是，两个体系从同样的前设出发同时性地被发展出来。只在越是深入细节时，例如在流射和影像理论中，在对感官知觉的解释中，在生物起源的理论中，原子论哲学才有可能对恩培多克勒表达感激，恩培多克勒也才能，如他已经受到的那样，越是受到原子论学派的后来追随者的极大崇敬。[1] 但是原子论学说的这种进一步发展明显是德谟克利特的工作，他对他著名的阿格里真托前辈的观念无疑是熟悉的。

古代伊奥尼亚学派的影响在原子论体系中无迹可寻；德谟克利特确实被认为具有关于毕达哥拉斯学说的知识，[2]但留基波是否拥有这种知识 313
我们无法得知。如果他确实拥有这种知识，那么原子论学说的数学和机械论特色可能与毕达哥拉斯主义数学有所联系；要证明这两个体系间的相似性，我们可以谈到厄克芳图（Ecphantus）的毕达哥拉斯式的原子论理论，[3]谈到亚里士多德的评论，[4]在那里他比较了复合事物从原子的派生和毕达哥拉斯主义的事物从数的派生。但是，关于厄克芳图，我们很

1　参见第 559 页注释 2 从卢克莱修所引文字。

2　Vide p. 210.

3　Vide Vol. I. p. 527.

4　《论天》第三卷在第 579 页注释 4 引文之后说。

容易认为他的理论已经受到原子论者的影响。亚里士多德对两个理论的比较，也不能在它们的真实联系上证明什么；因此，我们必须对此不做评论，不管原子论学说的创建者是否从毕达哥拉斯主义者那里受到任何科学的影响。

最后一个问题涉及原子论者与阿那克萨戈拉的关系；但这个问题只有在我们对这位哲学家的观念有了解之后才能得到探讨，因此必须被延迟到下一章。

关于原子论哲学在德谟克利特之后的历史及其追随者，传统告诉我们的很少。对于德谟克利特的学生涅索斯（Nessus），或者涅萨斯（Nessas），[1] 除了名字外我们一无所知。这个涅索斯的一个学生，也可能
314 是德谟克利特自己的学生，是开俄斯岛的梅特洛多罗（Metrodorus of Chios），[2] 他似乎是这些后来的原子论者中最重要的人物之一。

尽管在基本理论上赞同德谟克利特，如充实和空虚，[3] 原子，[4] 物质和
315 虚空的无限，[5] 世界数量上的多，[6] 也在对自然解释的许多细节上类似于

1　Diog. ix. 58；Aristocles 参见下注。

2　Diogenes 上引处同时提到这两种说法；Clem. *Strom*. i. 301 D 和 Aristocl. ap. Eus. *Pr. Ev*. xiv. 19, 5 提到普罗泰戈拉和梅特洛多罗；Suidas, *Δημόκρ.* 参照 *Πύῤῥων*，说梅特洛多罗是德谟克利特的学生；Aristocles 在 Eus. Pr. Ev. xiv. 7, 8 中则说德谟克利特是普罗泰戈拉和涅萨斯的老师，而梅特洛多罗是涅萨斯的学生。依据 Stobaeus, *Ecl*. i. 304，梅特洛多罗的父亲名为 Theocritus。*Ὁ Χῖος*（那位开俄斯人）是对这位梅特洛多罗的一般称呼，以区别其他同名哲学家，特别是两位来自兰萨库斯的同名哲学家，其中更早的是阿那克萨戈拉的学生，更后的是伊壁鸠鲁的学生。但他仍然有时会被混淆于他们；例如，在 Simpl. *Phys*. 257 b 中，那个与阿那克萨戈拉和阿凯劳斯一起被认为持有世界由 *νοῦς* 创造的理论的梅特洛多罗，被称作是开俄斯岛人，这只能是个疏忽。*Placita* 中的（除 ii. 1, 3 外，那里提到"伊壁鸠鲁的学生梅特洛多罗"），斯托拜乌的 *Eclogae* 中的，和 pseudo-Galen 中的关于梅特洛多罗的说法，都指涉开俄斯岛人，但他们在斯托拜乌的 *Florilegium* 中都是指那个伊壁鸠鲁主义者。

3　Simpl. *Phys*. 7 a（依据塞奥弗拉斯特）。Aristocl. ap. Eus. *Pr. Ev*. xiv. 19, 5 也说：据说梅特洛多罗得到过德谟克利特的教导，"宣称充实与空虚是本原；其中前者是存在，后者是非存在。"

4　Stob. *Ecl*. i. 304；Theod. *Cur. Gr. Affect*. iv. 9, p. 57，据此，他把原子称作是 *ἀδιαίρετα*（不可分者）。关于虚空，特别参见 Simpl. *Phys*. p. 152 a。

5　Plut. *Plac*. i. 18, 3；Stob. *Ecl*. i. 380; Simpl. *l.c*. 35 a，参照下注。

6　Stob. i. 496（Plut. *Plac*. i. 5, 5；Galen c. 7, p. 249 K）。普鲁塔克在 Eus. *Pr. Ev*. i. p. 12

他，[1] 梅特洛多罗与德谟克利特仍有所区别：作为一个物理学家，他有许多独属于自己的理论；[2] 作为一个哲学家，他从德谟克利特的学说中演绎 316

中的话再次以单数形式提到万物："那位开俄斯人梅特洛多罗说万物是永恒的，因为，如果它是可生成的，那么，它就会出于非存在，而因为它是永恒的，它就是无限的，因为它不开始于某处，没有界限也没有终点；但万物也不分有运动；因为如果不改变位置，运动就是不可能的，而改变位置必然要么进入充实要么进入虚空。"（但这看来是不可能的，因为在 $\pi\tilde{\alpha}\nu$ 中，在事物整体中，所有的虚空和充实都被包含在内）。即使在这里也没有与原子论立场冲突的东西，因为原子和虚空是永恒的，即使在无限的原子团当中运动既没有开始也不会结束，但这一原子团作为一个整体（它说的只能是这样的东西），因为它的无限，仍然从不被推动。梅特洛多罗因此完全能够在这方面接受麦里梭关于永恒、无边界和存在不动的学说（在 Vol. I. 553 以下所做的比较能证明他确实这样做了；即使从世界的永恒推理世界的无边界的错误在这里再次出现），我们可以忽略这样一个推测，Eusebius 在他的摘录中把两个记载混淆起来，一个涉及麦里梭，一个涉及梅特洛多罗。另一方面，在刚才所引文字和直接在它之后的文字之间，有着一个脱漏，这无疑不是普鲁塔克的过错，而是 Eusebian 摘录的编纂者的过错。

1 例如，他赞同德谟克利特（参见第 600 页注释 5），不仅月亮和其他行星，而且恒星的光都从太阳而来（Plut. *Plac.* ii. 17, 1; Stob. *Ecl.* i. 518, 558; Galen, *H. Ph.* c. 13, p. 273 K）；不同于德谟克利特，他把银河解释为"太阳光环"，意思很可能是，它是太阳行经天空时留下的一个光圈（*Plac.* iii. 1, 5; Stob. 574; Gal. c. 17, p. 285）。像阿那克萨戈拉和德谟克利特一样，他把太阳称作"灼烧的铁块或石头"（*Plac.* ii. 20, 5；Gal. 14, p. 275；Stob. 524 不那么精确地写作"是炽热的"）。他对地震的解释：由外在空气进入地球的中空导致，必然受德谟克利特的启发，尽管后者更把这一现象归因于水的作用而非气流（参见第 600 页注释 9）。他无疑还在其他许多理论上赞同德谟克利特，但它们没有留传下来，因为编纂者主要从哲学家那里引用能让他们相互区别的东西。

2 特别是他关于世界形成的理论非常具有特色。据说（*Plac.* iii. 9, 5）他认为地球来自于水的凝聚，太阳是来自于气的凝聚；这确实是对德谟克利特观念的修正，与第 597 页注释 6 所引的一致。另一方面，普鲁塔克的说法更值得关注（在 Eus. i. 8, 12 处）："以太的凝聚造成了云，其次是水，它下降到太阳上熄灭它，又再次通过变得稀薄而被点燃；而在时间中太阳由于干燥而凝固，并从清澈的水中造出星辰，从熄灭和点燃产生夜晚和白昼，并且一般而言产生日食。"这些话听起来像说梅特洛多罗认为天体由于太阳对空气中水的作用而每日重新产生；但即使说他宇宙论的这个部分受到误述，他实际只在以这种方式说天体的最初产生，那这仍然与德谟克利特有相当大的分歧。关于太阳每日熄灭又重新点燃的进一步说法，更像是赫拉克利特的理论而不是德谟克利特的。像阿那克萨戈拉一样，梅特洛多罗据说认为天体是轮状的（Stob. 510），也跟他一样认为处于世界最高位的是太阳，随后是月亮，然后才是恒星和行星（*Plac.* ii. 15, 6; Gal. c. 13, p. 272）。依据 *Plac.* iii. 15, 6，他用以下方式解释地球保持在原位的事实："没有一个东西在本己的位置上运动，如果没有一个人推或拉的话；因此地球也不运动，它自然地静止"，柏拉图和亚里士多德提出过同出怀疑主义的结论。例如，他不仅质疑感官知觉的真实性，[1]而且宣称我们什么也不能认识，甚至于我们是否知道或不知道。[2]但他并不试图在这些主张中根本上取消所有知识的可能性，因为如果是这样的话，他就
317 不能宣称原子论体系的主要理论，也不能热切地投身于自然的研究；因此，它们必须被只看作是相关于他不信任感官、相关于他对人类知识确实状态的判断的夸大表述。他似乎并不怀疑思想的真实性。[3]

阿布德拉（Abdera）的阿那克萨尔库斯（Anaxarchus），[4]是亚历山大的伙伴，[5]因为面对死亡酷刑表现出的无畏而闻名；[6]他据说受过梅特洛多罗的教导，[7]或梅特洛多罗学生第欧根尼的教导。他也被看作是怀疑主

样的观念来反对原子论关于重量的假设。进一步参照他以下理论，论双子座（*Pl*. ii. 18, 2），流星（*Plac*. iii. 2, 11；Stob. i. 580），雷鸣、闪电和热风（*Pl*. iii. 3, 2；Stob. i. 590 sq.），云层（Plut. ap. Eus. *l.c.*；另一方面，*Plac*. iii. 4, 2 和 Stob. *Floril*. ed. Mein. iv. 151，不包含任何重要的东西），彩虹（*Plac*. iii. 5, 12），风（*Plac*. iii. 7, 3），海洋（*Plac*. iii. 16, 5），及前面注释中的引文。

1 在 Joh. Damasc. *Parall. S*. ii. 25, 23 和 Stob. *Floril*. ed. Mein. iv. 2, 34 处。命题“感觉是谎言”被归属于梅特洛多罗，以及德谟克利特、普罗泰戈拉和其他一些人。Epiphanius 上引处类似地说：“不应当致力于感觉，因为按照意见万物存在。”

2 Aristocl. ap. Eus. *Pr. Ev*. xiv. 19, 5。在著作《论自然》开篇，梅特洛多罗说道：“我们什么也不知道，也不知道我们究竟知道还是不知道。”Sext. *Math*. vii. 88; cf. 48、Diog. ix. 58、Epiph. *Exp. Fid*. 1088 A 和 Cic. *Acad*. ii. 23, 73 引有同样的话，最后一位断言“它就在关于自然的一本书的开头”。

3 Aristocles 上引处从他那里引来话说：“万物存在，一个人有可能会这样思想。”这可以用来指：“对每个人来说事物就如他想的那样”（cf. Euthyedm. *inf.*）；但它的意思也可能是：“万物都是我们可以用思想来包含的东西”；这样它就阐述了思想相对于感觉的价值。恩培多克勒同样（参见第 550 页注释 1）用“思想”来反对感觉。关于这一主题，参见第 585 页注释 3。

4 他被描述为阿布德拉人，Diog. ix. 58；Galen. *H. Phil*. c. 3, p. 234 K 和 c. 2, p. 228，那里不应该是“Ἀναξαγόρας”，而应该读作“Ἀνάξαρχος”，甚至 Diels 现在都承认这一点。

5 Diog. ix. 58 如此说。Clem. *Strom*. i. 301 D 更为明确地说到这一点；Aristocles, ap. Eus. xiv. 17, 8 把第欧根尼称作阿那克萨尔库斯的老师。第欧根尼的母邦是 Smyrna；但依据 Epiph. *Exp. Fid*. 1088 A，也有说是 Cyrene。Epiphanius 说他的哲学立场和普罗泰戈拉的相同，但这个人并不确然可信。

6 关于他，参见 Luzac, *Lectiones Atticae*, 181-193。

7 他落入他的敌人塞浦路斯僭主尼科克勒翁之手，后者下令把他放到石臼中捣死，但他没有屈服，向那个僭主大声喊道：“请你磨阿那克萨尔库斯的袋子，你没有磨

义的先驱之一；[1]但唯一可以被引来当作证据的是一个对人的行为和意见 318
的轻蔑说法，而这并没有说出比我们经常会发现的与怀疑主义理论没有任何联系的更多的东西。其他记载把他描述为德谟克利特自然理论的追随者。[2]当他宣称幸福是我们追求的最高目的时，他同样与德谟克利特有联系。[3]另一方面，他在他哲学主要关注的关于生活的实践问题的更为明确的观念上不同于德谟克利特。这有两个方面。一方面，他接近于犬儒主义；[4]他赞扬皮罗（Pyrrho）不动心；[5]当尼科克勒翁（Nicocreon）把他放在石臼中捣死时，他著名的言语表达了他对外在痛苦的骄傲蔑

阿那克萨尔库斯。"这个事件得到普遍的记载，只有一些小的细节上的差异；参见 Diog. *l.c.*、Plut. *Virt. Mor.* 10, p. 449、Clem. *Strom*. iv. 496 D、Valer. Max. iii. 3, ext. 4、Plin. *H. Nat*. vii. 23, 87、Tertull. *Apologet*. 50 和 Ps. Dio Chrys. *Or*. 37, p. 126 R（ii. 306 Dind）。Wiedemann 在 *Philologus*, xxx. 3, 249, 33 中谈到其他证词。

1 Ps. Galen. *H. Phil.* 3. p. 234 K 把他看作是怀疑主义者，Sext. *Math*. vii. 48 则把他和梅特洛多罗一起，置于不承认有真理标准的人之列。在 p. 87 以下他还说：许多人认为这是梅特洛多罗、阿那克萨尔库斯和 Monimus 的观点；是梅特洛多罗的，因为前文引用过的评论，是阿那克萨尔库斯和 Monimus 的，因为："他把存在与幻象相比，他断定它们类似于睡梦中或疯狂中发生的事情。"

2 在 Plut. *Tranqu. An*. 4, p. 466 和 Valer. *Max*. viii. 14, ext. 2，他被说成是把世界无限理论呈给亚历山大的人，这对于一个怀疑主义者来说是不恰当的，因为它赞同德谟克利特的观点（参见第 615 页注释 5），这在 Clem. *Strom*. i 287 A 中被引用；Stob. 34, 19 论 πολυμαθίη（博学）说，它尽管对有智慧之人是有用的，但对于不做辨识对所有事物喋喋不休的人来说是有害的；这个说法也被 Bernays, *Rh. Mus*. xxiii. 375 证明为来自于机械论者 Athenaeus（参见 Wescher 的 *Poliorcetique des Grecs*, § 4, 202）。

3 是因为这个观点，而不是他的"无动于衷和对生活的满足"（如 Diog. ix. 60 所说），他才获得"幸福者"的称号（Diog. and Clem. *l.c.*; Sext. vii. 48; Athen. vi. 250 sq.; Aelian *V. H*. ix. 37）。参照 Galen, *H. Phil*. 3, 230；一个哲学派别"根据目的和学说"会被称作"幸福学派"，因为阿那克萨尔库斯曾经说幸福就是就自身良好教育的目的，Diog. *Proaem*. 17。许多哲学家"根据秉性被称作幸福者"，Clearchus 在 Athen. xii. 548 b 说："被阿那克萨尔库斯称作幸福者"。

4 因此，Timon 在 Plut. *Virt. Mor.* 6, p. 446 中说到他的"大胆、疯狂"，他的"犬儒的精神"，Plut. *Alex*. 52 则称他"从一开始就走了哲学上的一条独特的道路，并对习俗事物持轻蔑和藐视的看法"。

5 Diog. ix. 63。有一次当阿那克萨尔库斯掉进泥沼时，皮罗径直走过而未予关心，最后却因为他的"不动心和冷漠"受到阿那克萨尔库斯的赞扬。

319 视；他非常自在地与马其顿征服者相处，[1] 但同时也以伪装真诚的奉承败坏了他。[2] 另一方面，在个人行为中他违反自己原则地柔弱和放纵，并由此遭到各方指责。[3] 阿那克萨尔库斯是怀疑主义者皮罗的老师。[4] 瑙斯芬尼（Nausiphanes）也似乎与梅特洛多罗有间接联系，至少他被说成
320 是皮罗怀疑主义的追随者，以及伊壁鸠鲁的老师；[5] 由此，我们可以认为，像梅特洛多罗一样，他把原子论物理学理论和对人类知识的一种怀疑主义观点结合在一起。[6] 总而言之，在德谟克利特的这些后继者那里，原子论哲学似乎追随着一种很容易从它的物理学前设中得到的怀疑主义的倾向，尽管它自身并没有放弃这些前设；在更早和同时代，赫拉克利特物理学由于克拉底鲁和普罗泰戈拉，埃利亚学说由于高尔吉亚和论辩

1 参见 Diog. ix. 60 处的轶事。第欧根尼自己提请我们注意普鲁塔克的不同说法；参见 Plut. *Qu. Conv.* ix. 1, 2, 5、Ael. *V. H.* ix. 37 和 Athen. vi. 250 以下（依据 Satyrus）；在我看来，即使这最后一个记载包含的也不是奉承，而是反讽，如亚历山大的回答所预设的。

2 否则的话我就不知道如何评论他在 Clitus 被杀害后的行为（Plut. *Alex.* 52, *ad princ. incr.* 4, 1, p. 781; Arrian, *Exp. Alex.* iv. 9, 9），依据普鲁塔克的说法，他借此使自己获得极大的恩宠，但对国王却造成了恶劣的影响：我找不到不相信普鲁塔克记载的理由。另一方面，也有可能不是阿那克萨尔库斯，如 Arrian 上引书 9, 14. 10, 7 所说，他以“他拥有理性”开始他的陈述，而是 Cleon（Curt. *De Reb. Alex.* vii. 17, 8 以下如是认为），那个劝告马其顿人崇拜亚历山大的人。普鲁塔克同样观察到，亚历山大曾经称赞“那个和谐者（即，幸福者）阿那克萨尔库斯”，参见 Plut. *Alex. Virt.* 10, p. 331。

3 Clearchus 在 *Athen.* xii. 548 b 指责他追求快乐，并提供了许多例子证明。在 Plut. *Alex.* 52 中，Callisthenes 对他说，如果要讨论波斯和希腊哪里更暖和的问题，他必然会发现波斯更冷，因为在希腊他把他的斗篷换成了三件外衣。甚至 Timon 也在 Plut. *Virt. Mor.* 6, p. 446 中说：他的“沉迷于快乐的天性”导致他违反了自己的更好知识。像 Luzac 那样，在所有这些当中只看到漫步学派的毁谤，其最终动机在于 Callistenes 对阿那克萨尔库斯的敌意，在我看来是冒险的，尽管我并不给予 Clearthus 的言论不适当的重要性。

4 Diog. ix. 61, 63, 67, Aristocl. ap. Eus. *l.c.* and 18, 20.

5 Diog. *Proaem.* 15，那里把他和某个 Nausicydes——除此之外不为人知——说成是德谟克利特的学生和伊壁鸠鲁的老师，x. 7 sq. 14; ix. 64, 69；Suid. Ἐπίκ.；Cic. *N. D.* i. 26, 73, 33, 93；Sext. *Math.* i. 2 sq.；Clemens, *Strom.* i. 301 D。依据 Clem. *Strom.* ii. 417 A，他宣称“宁静”是最高的善，德谟克利特则称之为 ἀθαμβία。关于他与伊壁鸠鲁的关系，参见 Part. III. a, 342 第二版。

6 伊壁鸠鲁与梅特洛多罗的以瑙斯芬尼为中介的这一联系，可能是如下说法的原因（Galen. *H. Phil.* c. 7, p. 249; Stob. *Ecl.* i. 496）：梅特洛多罗是“伊壁鸠鲁的导师”。

家，遭到类似的修正。至于在古代尽人皆知的著名的无神论者狄亚戈拉
斯（Diagoras）是否可被正确地归于德谟克利特学派，则由于他似乎比
德谟克利特更老，或至少不比他年轻，同时又没有任何哲学命题留传下
来，显得更为不确定。[1] 对阿布德拉的彼翁（Bion）这位德谟克利特式 321
的哲学家[2]，我们也不知任何详情。

1　关于狄亚戈拉斯，参见 Diodorus xiii. 6 end、Jos. *c. Apion*. c. 37、Sext. *Math*. ix. 5, 3、Suidas, *sub voce*、Hesch. *De Vir. Illustr. sub voce*、Tatian, *Adv. Gr.* c. 27、Athenag. *Supplic*. 4、Clemens. *Cohort*. 15 B、Cyrillus, *c. Jul*. vi. 189 E、Arnob. *Adv. Gent*. iv. 29、Athen. xiii. 611 a 和 Diog. vi. 59。从这些记载中我们可以得出如下结论：狄亚戈拉斯出生于 Melos，最初是个酒神诗人；他因为有人公然对他作恶却未受到诸神惩罚（关于细节记载各有不同），从最初惧怕神转变成一个无神论者；他因为渎神的言论和行为，特别是对神迹的揭露，被雅典人判处死刑，悬赏抓捕；在逃亡中，他死于海难。阿里斯托芬已经在 *Clouds*, v. 830（第 89 届奥林匹亚赛会第 1 年）中谈到他的无神论，在 *Birds*, v. 1073（第 91 届奥林匹亚赛会第 2 年）中谈到他的定罪。参照 Backhuysen v. d. Brinck, v. *Lectt. ex Hist. Phil*. 41 以下对此的引证。Diodorus 也把他的定罪置于第 91 届奥林匹亚赛会第二年；Suidas 关于他的鼎盛期在第 78 届奥林匹亚赛会期间的说法（Eusebius 在他的 *Chron*. 中同样如此认为），和关于他被德谟克利特从监牢中释放的说法相互冲突。关于他的死的记载，很可能混淆于普罗泰戈拉。他发布秘仪的一本著作，以 *φρύγιοι λόγοι* 或 *ἀποπυργίζοντες* 之名被引用。

2　Diog. iv. 58。喜剧诗人 Damoxenus 在 Athen. 102 a 中所说的，谈到德谟克利特物理学的流行，涉及伊壁鸠鲁主义物理学，只是在这种间接意义上，涉及德谟克利特式哲学。

第六章

阿那克萨戈拉[1]

一、他的体系的原理：物质和精神

322 323 324 325 326 阿那克萨戈拉，生于公元前500年，[2] 是恩培多克勒和留基波的同时代人。

---

1 关于阿那克萨戈拉的生平、著作和学说，参见 Schaubach, *Anaxagorae Claz. Fragmenta*, &c., Leipzig, 1827，在这里古代的记载得到最为细致的收集；Schorn. *Anaxagorae Claz. et Diogenis Apoll. Fragmenta*, Bonn, 1829；Breier, *Phil. d. Anaxag*. Berl. 1840；Krische, *Frosch*. 60 以下；Zevort, *Dissert. sur la vie et la doctrine d Anaxagore*, Par. 1843；Mullach, *Fragm. Philos*. i. 243 以下。现代作家的，参考 Gladisch 和克莱门斯的著作 *De Philos. Anax.* Berl. 1839（Vol. I. p. 35 有引用）。关于更老的专论，特别是 Carus 和 Hemsen 的，参考 Schaubach, p. 1, 35、Brandis, i. 232 和 Ueberweg, i. § 24。

2 这一先前被普遍接受的日期，近来受到 Muller, *Fragm. Hist*. ii. 24; iii. 504、K. F. Hermann, *De Philos. Ion. aetatibus*, 10 以下和 Schwegler（*Gesch. d. Griech. Phil*. p. 35; cf. *Rom. Gesch*. iii. 20, 2）的质疑；阿那克萨戈拉的生命期被提前了 34 年，因此生于第 61 届奥林匹亚赛会第 3 年（公元前 534 年），死于第 79 届奥林匹亚赛会第 3 年（公元前 462 年），他在雅典的逗留期为从第 70 届奥林匹亚赛会第 4 年到第 78 届奥林匹亚赛会第 2 年（公元前 497—前 466 年）。Bakhuysen von den Brinck（*Var. Lectt. de Hist. Philos. Ant*. 69 sqq.）已经（1847）尝试证明阿那克萨戈拉生于第 65 届奥林匹亚赛会第 1 年，20 岁（第 70 届奥林匹亚赛会第 4 年）时来到雅典，第 78 届奥林匹亚赛会第 2 年离开。我在本书第二版中对此进行了反对，在著作 *De Hermodoro*（Marb. 1859）第 10 页以下总体上默认了这一点。从 Diog. ii. 7 看，Apollodorus 很可能追随 Demetrius Phaler（Diels, *Rh. Mus*. xxxi. 28），把阿那克萨戈拉的出生日置于第 70 届奥林匹亚赛会第 1 年（公元前 500—前 496 年）。更为明确的是如下说法（同上书，以“据说”开头）：薛西斯入侵希腊时他 20 岁，并活到 72 岁；因此他生于第 70 届奥林匹亚赛会第 1 年（公元前 500 年），死于第 88 届奥林匹亚赛会第 1 年（公元前 428 或 427 年）；尽管在第欧根尼上引书的传统文本中 Apollodorus 说他死于第 78 届奥林匹亚赛会第 1 年，我们无疑应该把它读作（如大多数人同意的）“70 届”而非“80 届”。Bakhuysen v. d. Brinck（p. 72）推测说，应该保留这个奥林匹亚赛会纪年，但不是“死于”，应替代为“盛年”；但它很少得到支持。这个通常的说法也得到 Hippol. *Refut*. i. 8 的支持，他无疑把第 88 届奥林匹亚赛会第 1 年看作是这位哲学家的“鼎盛期”，但只是因为他发现这个被人当作阿那克萨戈拉卒日提到的日期，就错误地把它说成是他的 ἀκμή。这也得到 Demetrius Phal. 说法的赞同（ap. Diog. *l.c.*），他在其执政官名录中说：“他在卡里俄斯执政时在雅典开始哲学研究，当时 20 岁”，甚至都不用（像 Meursius, &c.，cf. Menage, *ad h. l.*、Brandis, *Gr. Rom. Phil*. i. 233、Bakhuysen v. d. Brinck 上引书 79 以下和 Cobet 在自己的版本中那样）把“卡里俄斯”改成“卡里阿德斯”，因为它们不过是同一名字的不同形式而已。卡里阿德斯是公元前 480 年的执政官。因此，我们得出公元前 500 年是阿那克萨戈拉的出生日。不过我们必须认为第欧根尼和他的文献误解了 Demetrius 的说法，他必然或者这样说及阿那克萨戈拉：“他在卡里俄斯执政时开始哲学研究”，或更有可能这样说：“他在卡里俄斯执政雅典时开始哲学研究”；因为如果是那样的话，ἤρξ. φιλ. 说的就不是阿那克萨戈拉作为老师的出现，因为 20 岁还太年轻了，只能刚刚开始他的哲学学习。但什么诱使他出于这个目的在薛西斯的军队涌向雅典时来到这样一个城邦呢，它既没有在当时也没有在更早的时候在它的城墙下庇护过任何值得关注的哲学家？（Schaubach, 14 以下、Zevort, 10 以下及其他一些人提议说，不用改变执政官的名字，但 40 岁应该取代 20 岁；也就是说“M”应该取代“K”；这样阿那克萨戈拉就在 40 岁时来到雅典，在公元前 456 年当 Pallias 为执政官的时候）。Diodorus、Eusebius 和 Cyrillus 对德谟克利特的年代进行的界定，但它们与这个说法不符；因为如果德谟克利特（如 Diodorus, xxiv. 11 所说）在 90 高龄时死于第 94 届奥林匹亚赛会第 1 年（公元前 403 或 404 年），或如果（如 Eusebius 和 Cyrillus 所说，vide *sup*. 209）他生于第 69 届奥林匹亚赛会第 3 年或第 70 届奥林匹亚赛会期间，那么比他大 40 岁的阿那克萨戈拉（Diog. ix. 41 ；vide *sup*. p. 209）必然就在公元前五世纪初就已经是 33 到 41 岁的人了。我们有许多重要的理由可以提出来反对这个观点。首先，不仅 Eusebius 和 Cyrillus 要为他们年表中的诸多矛盾负责——在德谟克利特那里的矛盾和错误更是令人难以置信（在我的著作 *De Hermodoro*, p. 10 中可以找到许多相关于 Eusebius 的例子；也参照 *Praep. Ev.* x. 14, 8 以下和 xiv. 15, 9，在那里，克塞诺芬尼和毕达哥拉斯被当作是阿那克萨戈拉的同时代人，而欧里庇得斯和阿凯劳斯仍被称作他的学生。关于 Cyrillus，想想以下几点就足够了：在 *C. Jul*. 13 b 中，他把德谟克利特的 ἀκμὴ 同时既看作是在第 70 届奥林匹亚赛会期间又看作是在第 86 届奥林匹亚赛会期间；把巴门尼德的鼎盛期置于第 86 届奥林匹亚赛期间；把哲学家阿那克西美尼——无疑混淆于兰萨库斯的修辞学家——弄成伊壁鸠鲁的同时代人。Cedren. 158 C 也把他说成是亚历山大大帝的老师）；同样 Diodorus 在年代的精确性上无法与 Apolldorus 媲美。赫尔曼认为关于德谟克利特年代的三个说法，即 Apolldorus、Thrasyllus 和 Diodorus 三人的，都可以追溯到这一点上：它们都以更先的这样一个观察为基础，据此德谟克利特在特洛伊被毁 723 年后出生；然后三个人都依照自己的特洛伊年代来计算日子（Apolldorus 认为是公元前 1183 年，Thrasyllus 认为是公元前 1193 年，而 Diodorus 和 Ephorus 一致认为是公元前 1217

年）；接着他们就依据德谟克利特的年代来确定阿那克萨戈拉的年代。即使这个观点是正确的，这也并不意味着 Diodorus 就是正确的，其他人都是错误的；而且，就其自身而言，这个推测也不是很有可能。因为，首先，甚至无法证明 Ephorus 把特洛伊毁灭定于公元前 1217 年（Bakhuysen v. d. Brinck, *Philol*. vi, 589 以下赞同 Boeckh 和 Welcker 的观点说是公元前 1150 年；Muller, *Ctes. et Chronogr. Fragm*. 126 在我看来并没有证明任何相反的东西）；从 Clemens, Strom. i. 337 A 和 Diodorus, xvi. 76 看，清楚的只是，他把 Heraclidae 的迁居确定于公元前 1070 年或前 1090—前 1091 年；此外，Apollodorus 和他的前辈 Eratosthenes 几乎不可能以赫尔曼所说的方式获得他们关于德谟克利特和阿那克萨戈拉的年代的结论。因为德谟克利特自己的说法是，他在特洛伊被毁后的第 730 个年头创作 *μικρὸς διάκοσμος*（《小系统》），他们必然很清楚这一点；事实上从 Diog. ix. 41 看，Apollodorus 似乎正依据这一说法计算德谟克利特的生年。但如果是这样的话，他们就不可能把与他创作著作的第 730 年处于同一时期的第 723 年看作是这个哲学家的生年；他们只能通过把德谟克利特关于自己年代的说法与他们的时代相符合地发现这一日期。另一方面，就阿那克萨戈拉年代来说，在 Diog. ii. 7 中赞同他们的 Demetrius Phalereus 和其他一些人，不可能通过对同一个特洛伊年代的错误运用获得他们的理论。甚至说像 Eratosthenes、Apollodorus 或 Thrasyllus 这样的人，会采取像赫尔曼认为的那种草率的方法，也是不可能的。其次，Diodorus 自己，他是赫尔曼的主要证人，也赞同以上关于阿那克萨戈拉的证言；因为在 xii. 38 以下，在讨论伯罗奔尼撒战争的起因时，他评论说："伯里克利因为他关于公共财富的政策而陷入的困境，由于另一些偶然情况被加剧了：反对菲狄亚斯的诉讼和对阿那克萨戈拉无神论的指控。"这里把对阿那克萨戈拉的审判最为明确地直接置于伯罗奔尼撒战争之前，由此可以得出结论说，他生于公元前五世纪初或六世纪末。赫尔曼辩解性地评论说（p. 19），对菲狄亚斯的指控，复苏了对阿那克萨戈拉的往昔抱怨；但这个说法如此不自然，几乎得到不任何人的认同。Diodorus 说道："伯里克利的敌人通过对菲狄亚斯的逮捕：'控告伯里克利本人渎神。此外，他们还告发作为伯里克利的老师的智者阿那克萨戈拉亵渎了诸神。'"如果 Diodorus 暗示的不是对当时还活着的阿那克萨戈拉的猜疑，而是对一个已经死去 30 年的人的指控，那谁能相信 Diodorus 会这样说话？"作为老师"和"亵渎"的现在时态形式，已经证明了相反的结论。普鲁塔克（*Pericl*. 32）也把对阿那克萨戈拉的控告置于同样的时代和历史背景当中；他也在 *Nic*. 23 中说在西西里战役期间发生了一次月食："阿那克萨戈拉是第一个公开和清楚地撰文论述月食的人，'他不是一个古人，理论也不有名（为公众意见所承认）'，由于当时雅典人不欢迎对自然的物理解释，他的意见只得到谨慎的接受，在一个狭小的圈子里流行。"因此，普鲁塔克赞同 Diodorus，认为阿那克萨戈拉在伯罗奔尼撒战争开战前些时候还待在雅典。Satyrus 在 Diog. ii. 12 中说到的不能构成对此的反对，即修昔底德（Melesias 的儿子）是阿那克萨戈拉的指控者；因为 Sotion（同上书）也把 Cleon 说成原告，后者只在伯里克利生命走向尽头时才获得一些名声（Plut. *Per*. 33）；依据 Plut. *Per*. 32，提出要对不信神并教导天体理论的人进行指控的"议案"的是 Diopeithes，他也被阿里斯托芬（*Birds*. v. 988）当作仍然在世的人提到（414 B.C.）。Brandis, *Gesch. d. Entw*. i. 320 以下极为依赖的事实——柏拉图《斐多》97B 中苏格拉底说他关于阿那克萨戈拉学说的知识不来自于阿那克萨戈拉本人，而来自于他的著作——也不会对此不利。柏拉图无疑可能与阿那克萨戈拉有私人联系，但说如果阿那克萨戈拉直到公元前 434 年还在雅典，那他就必然如此，则没有依据。第三，色诺芬（*Mem*. iv. 7, 6 sq.）和柏拉图（《申辩》26D）说阿那克萨戈拉作为自然哲学家，其学说和著作在公元前五世纪末为雅典人所周知，正如阿里斯托芬在 *Clouds* 中所言，也反对赫尔曼的观点。如果他 60 多年前就离开了雅典，没有人还会记得他和他的审判，哲学的敌人也会转移他们的目标攻击新人和新学说。柏拉图在《克拉底鲁》（409A）——其写作日期不可能早于公元前五世纪最后 20 年（柏拉图大概在公元前 409—前 407 年听到克拉底鲁的讲座）——中，把阿那克萨戈拉的月亮理论描述为“他最近所说的”东西。此外，欧里庇得斯（生于公元前 480 年）被称作是阿那克萨戈拉的学生（见第 649 页注释 5），如果是他自己这样说的（参见 Vol. II. a, 12 第三版），那么这就假定了这位哲学家未死于公元前 462 年之前，即他离开雅典之后的几年。证实欧里庇得斯与阿那克萨戈拉的这一关系的作家都是相对晚近的，如果有人反对这一点，那么，对此还有一个有效的回答。因为依据 Athenaeus, v, 220 b，苏格拉底派学者 Aeschines 的“卡里亚斯”：“在对待父亲上与卡里俄斯有区别，在逗笑取乐上与智者中的普罗狄科和阿那克萨戈拉有区别”；他因此就把阿那克萨戈拉和普罗狄科与卡里亚斯联系起来，后者在阿那克萨戈拉离开雅典时——依据赫尔曼——还未出生。对于这一困难，赫尔曼的唯一回应是这样的推测：在 Athenaeus 文本中，应该是 *Πρωταγόρου* 而非 *Ἀναξαγόρου*（*De Aesch. Socrat. Reliqu*. 14.）。但这个变更非常武断，只表明赫尔曼的假设与传统文本的不可兼容。关于阿那克萨戈拉依据当时的语言可能被称作为智者，从上册第 203 页注释 5 看非常清楚，后面也将更为清楚（参见第十一章论智者）。赫尔曼明确地承认这一点，Diodorus 也这样称呼他（参见前文），又说这个称呼不包含恶意。但这就很难理解为什么苏格拉底主义者 Aeschines 会反对把他置于智者之列；毕竟苏格拉底自己在色诺芬的 *Mem*. ii. 1, 21 中对 Prodicus 的评价远好于阿那克萨戈拉。最后，赫尔曼认为，由于卡里亚斯在第 102 届奥林匹亚赛会第 2 年（公元前 371 年）还专注于城邦事务（在 Xen. *Hellen*. vi. 3, 2 以下），他不再会参加阿那克萨戈拉的讲座；也由于他的父亲 Hipponicus 在公元前 424 年阵亡于 Delium，他不会在此之前就是智者的支持者。但对此我们不仅有柏拉图记载的反对，他甚至让普罗泰戈拉在伯罗奔尼撒战争之前就招揽了许多最为著名的智者，而且更有决定性的证据是，卡里亚斯的同母异父弟弟 Xanthippus 在公元前 429 年之前就已经成婚（Plut. *Per*. 24, 36；参照柏拉图《普罗泰戈拉》314E）。如果我们在这些论证的基础上再加上如下事实：阿那克萨戈拉（如本章最后会表明的）不仅受到巴门尼德——依据赫尔曼的说法，他是他老一些的同代人——的强烈影响，而且几乎可以肯定研究过恩培多克勒和留基波，那么关于他年代的流行说法的正确性就不再有什么疑问了。从 Plutarch, *Themist*, 2 中的说法中也找不到任何反驳这一点的根据，那里记述说 Stesimbrotus 声称 Themistocles 听从过阿那克萨戈拉的教导，专注过麦里梭。因为尽管 Plut. *Cimon*. 4 谈到 Stesimbrotus 时说他“出生在大约于西蒙大致相同的时间”，但这个证据在阿那克萨戈拉方面，并不比在麦里梭方面更值得相信，依据 Apollodorus 的计算，后者比阿那克萨戈拉年轻一些，不会比他更老；我们会面临这样一个选择：要么 Themistocles 在待在小亚细亚的期间（公元前 474 到前

这位博学之士[1]——在大多数古代数学家和天文学家那里也卓有名望的人，[2]从

470 年），确实与阿那克萨戈拉有过接触，那时阿那克萨戈拉正待在兰萨库斯，也与麦里梭有过接触（不会比这更多）；要么作者本人——依据 Plut. *Per*. 36，他的著作在 Themistocles 死后超过 40 年写成，普鲁塔克（*Per*. 13, 36）也对他的不可信提供了决定性的证据——毫无依据地说了这样的话，或出于某些不为人知的动机捏造了这一情况。在我看来，后者的可能性更大得多。关于阿那克萨戈拉的学生阿凯劳斯在 Cimon 的妻子死后写了一首挽诗给他的说法（Plut. *Cim*. 4），也不能证明什么，因为这明显只是个猜测，我们无法了解它的真实性；即使我们接受它是真的，我们也完全不知道这首诗是在 Cimon 死之前的什么时候创作的（450），那个时候阿凯劳斯年纪如何，他又比阿那克萨戈拉年轻多少。无论如何，把阿那克萨戈拉逃离雅典的时间直接置于伯罗奔尼撒战争之前的普鲁塔克相信，这一年表支持 Panaetius 的观点。基于同样的理由，我们不能因为苏格拉底是阿那克萨戈拉的学生的说法（即使它是真的），就把阿那克萨戈拉待在雅典的时间置于公元前五世纪前 30 年。而我也在其他地方表明（Part. II. a, 47 第三版）这个说法如何地不可信。为支持他的理论，赫尔曼宣称，只有依据他的计算，普罗泰戈拉才可能是德谟克利特的学生，德谟克利特才可能是薛西斯带到他父亲家里的波斯人的学生；但这没有什么成效，因为普罗泰戈拉被设想的学生身份，如将表明的，来自于非常可疑的资料；至于德谟克利特的波斯教师，我们已经看到（*sup*. p. 210），完全子虚乌有。

1 *Κλαζομένιος*（克拉佐美奈人）是他一般的称号。依据 Diog. ii. 6（cf. Schaubach, p. 7），他的父亲名叫 Hegesibulus 或 Eubulus；由于财富和显赫出生，他占据了一个显要的位置。

2 阿那克萨戈拉确实如此，这没有疑问，但他如何获得如此广博的知识，则不再可能被了解。在“师承”上，他经常被置于阿那克西美尼之后，因此被称作是这位哲学家的学生和后继人（Cic. *N. D*. i. 11, 26; Diog. *Proaem*. 14, ii. 6; Strabo, xiv. 3, 36, p. 645; Clem. *Strom*. i. 301 A; Simpl. *Phys*. 6 b; Galen. *H. Phil*. c. 2, &c.; cf. Schaubach, p. 3; Krische, *Forsch*. 61）；但这当然是完全错误的，Zevort, p. 6 以下尝试对这个本不应得到辩护的问题进行辩护；当 Eusebius（*Pr. Ev*. x. 14, 16）和 Theodoretus（*Cur. Gr. Aff*. 22, p. 24, cf. iv. 45, p. 77）把他说成是毕达哥拉斯和克塞诺芬尼的同时代人时，当 Eusebius 认为他的“鼎盛期”在第 70 届奥林匹亚赛会第 3 年并死于第 79 届奥林匹亚赛会第 2 年时，他们似乎也接受了这个理论。Ammian, xxii. 16, 22、Theod. *Cur. Gr. Aff*. ii. 23, p. 24 和 Cedren. *Hist*. 94 B（参照 Valer. viii. 7, 6）关于阿那克萨戈拉为了学习而游历埃及所说的，不值得相信。Josephus 把他与犹太教联系起来（*C. Ap*. c. 16, p. 482），但这是不正确的。关于他的老师和他受教育的过程，我们最为可信的文献都完全保持沉默。据说，由于热爱知识，他忽视了他的财产，让他的土地荒芜成羊群的牧场，并最终把他的财产转让给他的亲戚（Diog. ii. 6 sq.；柏拉图《大希庇亚》283A；Plut. *Pericl*. c. 16；*De V. Aere Al*. 8, 8, p. 81；Cic. *Tusc*. v. 39, 115；Valer. Max. viii. 7, *ext*. 6, &c.；Schaubach, 7 sq.；参照亚里士多德《尼各马可伦理学》vi. 7, 1141b3）；他同样不关心政治，把天穹看作是自己的家园，把思考天体看作是自己的职业（Diog. ii. 7, 10；《欧德谟斯》i. 5, 1216a10；Philo, *Aetern. M*. p. 939 B；Iamb. *Protrept*. c. 9, p. 146 Kiessl.；Clem. *Strom*. ii. 416 D；Lactant, *Instit*. iii. 9, 23；cf.

他的母邦克拉佐美奈（Clazomenae）[1]来到雅典，[2]在那里现身说法，使哲 327
学第一次为它所接纳；[3]尽管多年一直居住在这个城市，他仍然不得不与
大多数当地居民的猜疑和成见做斗争，[4]但也不乏有识之士寻求与他的有 328
益交往；[5]特别在伟大的伯里克利（Pericles）那里他找到庇护，伯里克利的友谊补偿了民众对他的不喜。[6]然而，在伯罗奔尼撒战争开战前不久，这位政治家的敌人开始从他朋友着手对他进行攻击，阿那克萨戈拉

Cic. *De Orat.* iii. 15, 56）。

1 Ps.- Plato, *Anterast.*；Procl. *in Euclid.* 19, 65 sq.。Friedl.（追随欧德谟斯）说："他就几何学讲了很多"；Plut. *De Exil.* 17 末。常有人声称知道阿那克萨戈拉在其顶峰进行天文观察的那座高山（Mimas，在开俄斯岛附近）（Philostr. *Apoll.* ii. 5, 3）。他的数学知识也被与预言联系在一起；其中最著名的，对 Aegospotamus 陨石这个热点问题的神话式预言，谈到天上发生的事件，与他的天体理论关联在一起：Diog. ii. 10；Ael. *H. Anim.* vii. 8；Plin. *H. Nat.* ii. 58, 149；Plut. *Lysand.* 12；Philostr. *Apollon.* i. 2, 2, viii. 7, 29；Ammian. xxii. 16, 22；Tzetz. *Chil.* ii. 892；Suid. Ἀναξαγ.；Schaubach, p. 40 sqq.。

2 依据 Diog. ii. 7，以"据说"开头，他在雅典待了 30 年。如果是这样的话，那他必定是在公元前 463 或 462 年到达雅典的。关于日期的其他说法，参考 p. 321 以下。

3 埃利亚的芝诺据说也在雅典生活过一段时间，参见上册第 416 页注释 1。

4 参照上文 p. 324 讨论过的 Plut. *Nic.* 23 的引文、柏拉图《申辩》26C 以下和阿里斯托芬的 *Clouds*。即使据说给予他的 Νοῦς 的称号，无疑也只是个绰号，无关尊敬与认同（Plut. *Pericl.* 4 和 Timon ap. Diog. ii. 6；Schaubach, p. 36 引用的后来作家很可能只是复制了它们）。

5 除了阿凯劳斯、梅特洛多罗（后面会被提到）和伯里克利外，欧里庇得斯也被当作是阿那克萨戈拉的学生提到（Diog. ii. 10, 45；Suide. Εὐριπ.；Diodor. i. 7 末；Strabo, xiv. 1, 36, p. 645；Cic. *Tusc.* iii. 14, 30；Gell. *N. A.* xv. 20, 4, 8；Alexander Aetolus 援引过他；Heracl. *Alleg. Hom.* 22, p. 47；M. Dionys. Halic. *Ars Rhet.* 10, 11, p. 300, 355 R, &c.；参照 Schaubach. p. 20 以下），他自己也似乎谈过到这位哲学家及其学说（参考 Vol. II. a, 12 第三版）。依据 Antyllus 在 Marcellin, *V. Thucyd.* p. 4 D 中的说法，修昔底德也听过阿那克萨戈拉的演讲。把恩培多克勒说成是他的学生，则是个错误，这已经在本书 p. 187 表明，参考 p.118；德谟克利特和苏格拉底明显也不会是他的学生，参考 p. 210 和 Part. II. a, 47 第三版。

6 关于伯里克利与阿那克萨戈拉的关系，参照 Plut. *Per.* 4, 5, 6, 16、柏拉图《斐德罗》270A、《阿尔基比亚德前篇》i. 118C、《书信集》ii. 311A、Isocr. π. ἀντιδόσ. 235、Ps.-Demosth. *Amator.* 1414、Cic. *Brut.* 11, 44、*De Orat.* iii. 34, 138、Diodor. xii. 39（*sup.* p. 323）和 Diog. ii. 13 等，在 Schaubach, p. 17 以下。但这一关系成为奇闻和诽谤的牺牲品（甚至在当时无疑就已如此）；我把 Plut. *Per.* 16 中的说法归于这类无依据的虚构，它受到 Backhuysen v. d. Brinck 非常不好的解释：当伯里克利很长一段时间没来照料他时，阿那克萨戈拉异常悲伤，如果不是他的保护者的适时介入，他几乎把自己饿死。

受到牵连，被指控否定城邦的神，甚至他有权势的朋友也完全不能庇护
329 他；他因此被迫离开雅典，[1] 前往兰萨库斯（Lampsacus），[2] 并最后大约在
公元前 428 年死在那里。[3] 他的科学理论在一本著作中得到阐述，其中
一些有价值的残篇被保留下来。[4]

330 阿那克萨戈拉的学说与同时代的恩培多克勒和留基波的理论体系密

1　关于这些事件，参见 Diog. ii. 12-15、Plut. *Per*. 32、*Nic*. 23、Diodor. xii. 39、Joc. *c. Ap*. ii. 37、Olympiod. *in Meteorol*. 5 a, 1, 136 Id.（这里与所有的最为可信的证据相反对，说阿那克萨戈拉回到雅典）、Cyrill. *C. Jul*. vi. 189 E；也参见 Lucian, *Timon*. 10、柏拉图《申辩》26D、《法律》xii. 967C、Aristid. *Orat*. 45, p. 83 Dind. 和 Schaubach, p. 47 以下。关于审判的细节有许多不同的说法。大多数记载说阿那克萨戈拉被判处监禁，也有一些说他在伯里克利的帮助下逃脱了制裁；还有一些说他被当庭释放，同时被驱逐出境。Satyrus 在 Diog. ii. 12 中的说法（对于它的真实含义，Gladisch, *Anax. u. d. Isocr*. 97 给出了一个非常不可信的猜测）：他被指控，不仅是因为“不敬神”，还有“亲波斯”，很少得到支持。至于指控的日期和控告者，参见 p. 323 以下。

2　关于他在那里创建了一个哲学学派的说法，只得到 Eusebius, *Pr. Ev*. x. 14, 13 极不充分的证明：阿凯劳斯领导了他在兰萨库斯的学派；而且从他的高龄来看，这不是很有可能。事实上，学派这个概念，一般而言，能否正确地适用于他和他的朋友们，还是个问题。

3　这些日期由 Diog. ii. 7 部分依据 Apollodorus 给出；参见上文 p. 321；在 Diog. 14 处 Hieronymus 也提到在审判时他已经年迈体弱。关于他自愿饿死的说法（Diog. ii. 15; Suid. Ἀναξαγ. and ἀποκαρτερήσας），非常可疑；这看起来要么来自于第 649 页注释 6 提到的轶事，要么来自于 Hermippus 在 Diog. ii. 13 处的说法：他由于不堪忍受审判给他带来的耻辱而自杀身亡。但是，那个轶事，如我们已经说过的，非常可疑，与其他东西相关；而 Hermippus 的说法，要么不与他在兰萨库斯居住过的事实一致，要么不与我们所知的他平静对待他的判决、流放以及其他不幸相符。兰萨库斯人民以公共葬礼、祭坛和（依据 Aelian，以敬奉“心灵”和“真象”之名）持续了一个世纪的年度庆典方式纪念他（Alcidamas 在亚里士多德《修辞学》ii. 23, 1398b15 处；Diog. ii. 14 以下；参考 Plut. *Praec. Ger. Reip*. 27, 9, p. 820 和 Ael. *V. H*. viii. 19）。

4　这本著作，同古代哲学家的大多数著作一样，被冠以《论自然》之名。关于它的残篇，参见 Schaubach、Schorn 和 Mullach。除这本著作外，据说（Vitruv. vii. *Praef*. 11）他还写作过论透视法的书；依据 Plutarch, *De Exil*. 17, p. 607，他在监牢中写作过一本著作，或更确切地说，画过论化圆为方的图形。Schorn 的观点（p. 4）：论透视法的著作的作者是另一个同名之人，确然是错误的。Zevort 的推测更为合理得多：论透视法的文章是著作《论自然》的一个部分，而后者是阿那克萨戈拉的唯一著作；如 Diogenes, i. 16——无疑基于更多古代资料——让我们理解的那样。至于其他著作，则没有明确的说法（参见 Schaubach, 51 以下和 Ritter, *Geschich. d. Ion. Phil*. 208）。至于古代人对阿那克萨戈拉的评论，参考 Schaubach, 35 以下；Diog. ii. 6。

切相联。三个学说的共同出发点可以在巴门尼德关于生成和毁灭是不可能的命题中被找到；它们共同的目的是解释现实，解释它们承认的多与变化；为着这个目的，它们都假定存在着确定的不变的原始实在，所有事物通过它们在空间中的结合与分离产生。但阿那克萨戈拉不同于其他两位哲学家的地方在于，他更为精确地界定了原始实在，以及它们运动的原因。后两位设想原始实在没有派生性事物的性质：恩培多克勒认为元素在性质上互相区别，但在数量上有限；留基波设想原子在形式和数量上无限，但在性质上相同。阿那克萨戈拉则与他们相反，认为派生事物的所有性质和差别都已经内在于原始物质之中，因此设想原始实在在性质和数量上都是无限的。此外，当恩培多克勒用神话形式的、也因此在现实中根本不存在的友爱和仇恨来解释运动时；当原子论者站在他们一边通过重量的作用机械性地解释运动时，阿那克萨戈拉得出结论说，运动只能被理解为一种非物质性力量的作用；他因此对立于物质，把心灵看作是所有运动和秩序的原因。就我们的了解而言，他的哲学的所有独特的东西都可以说取决于这两点。

如已经说过的，他的体系的第一个前设是关于绝对生成不可能的 331
原理。“关于生成和毁灭，希腊人说的并不正确。因为无物产生或者毁灭，只有事物从存在着的东西中混合形成和再次分裂成它们。因此，正确的说法是，称生成为结合，称毁灭为分离。”[1]因此，像巴门尼德一样，阿那克萨戈拉无法在这些词的确切意义上设想生成和毁灭；出于这个理由，他也坚称事物的总体既不增加也不减少；[2]在他看来，运用这类表达本身根本上就是用语不当。[3]事实上，所谓的新事物的产生和旧事物的

1　*Fr*. 22，Schaub. 17 Mull.。阿那克萨戈拉的著作并不以这些话开头；当然，这并不就意味着它们不能构成他理论体系的出发点。

2　*Fr*. 14.

3　在刚才援引的残篇中，“*νομίζειν*”似乎暗指（如提到“*Ἕλληνες*”〔希腊人〕会确实让我们猜想的那样）流行的表达，这与恩培多克勒和德谟克利特的“*νόμῳ*”（见第 522 页注释 1 和第 581 页注释 4）与巴门尼德的“*ἔθος*”（V. 54, 参见上册第 402 页注释 1）一致，因此被译作“相信”并不十分确切。

消亡，不过是预先存在的、并在之后继续存在的事物的变化；而且这一变化不是一种性质变化，只是一种机械变化：实在保持着自身之所是，只有它的结合方式发生着改变；生成是确定实在的结合，毁灭是确定实在的分离。[1]

332 以这种方式来理解问题，原始实在数量上的多立即得到承认；但恩培多克勒和原子论者坚称最单纯的物体是最为原始的，因此，除了所有物质的普遍性质之外，只把数学性的形式或四元素的简单性质赋予他们的原始实在时，阿那克萨戈拉相反相信个别性确定的物体——例如肌肉、骨骼、黄金等等——才是最为原始的，相信元素性
333 实在只是一个混合物，[2] 元素的明显单一性被他解释为，因为在所有可

1 亚里士多德《物理学》i. 4, 187a26：*ἔοικε δὲ Ἀναξαγόρας ἄπειρα οὕτως οἰηθῆναι* ［*τὰ στοιχεῖα*］*διὰ τὸ ὑπολαμβάνειν τὴν κοινὴν δόξαν τῶν φυσικῶν εἶναι ἀληθῆ, ὡς οὐ γινομένου οὐδενος ἐκ τοῦ μὴ ὄντος διὰ τοῦτο γὰρ οὕτω λέγουσιν,"ἦν ὁμοῦ τὰ πάντα" καὶ"τὸ γίνεσθαι τοιὸνδε καθέστηκεν ἀλλοιοῦσθαι," οἱ δὲ σύγκρισιν καὶ διάκρισιν. ἔτι δ᾽ ἐκ τοῦ γίνεσθαι ἐξ ἀλλήλων τἀναντία ἐνυπῆρχεν ἄρα*。从 *τὸ γίν* 到 *ἀλλοιοῦσθαι* 这句话，在我看来，跟它前面的一句话一样，是一个直接的引用；因此我们应该这样来翻译："因此他们说所有的事物都混合在一起"，和"生成意指变化"，或他们也谈及结合和分离。《论生成和毁灭》i. 1, 314a13 也提到这些话。（在 Philp. *ad h. l.* p. 3 中被复述）。无论如何，在这里我们可以找到关于阿那克萨戈拉明确地把"生成"还原为"变化"的一个证明；因此，当 Porphyry（ap. Simpl. *Phys.* 34 b）在解读《物理学》中的这段话时，提议用 *τὸ γίνεσθαι* 这段话来指涉阿那克西曼德而非阿那克萨戈拉，他确然就是错误的。对"聚集"和"分离"的论述，参见《形而上学》i. 3（下注）和《论动物的生成》i. 8（见第 653 页注释 2）。后来的证词重复了亚里士多德的说法，在 Schaubach, 77 以下和 136 以下。

2 亚里士多德《论生成和毁灭》i. 1, 314a18。（因为四元素是有具体性质的物体的聚集）。《论天》iii. 3, 302a28 中有类似的说法。Simpl. *in h. l.* 同样如此，见上册第 157 页注释 1 和第 159 页注释 1；参照 Theophr. *H. Plant*. iii. 1, 4、*ibid*. ap. Simpl. *Phys.* 6 b、Lucret. i. 834 以下、Alex. Aphr. *De Mixt*. 141 b; cf. 147 b 和 Diog. ii. 8 等等，参见 p. 333 以下。这似乎与亚里士多德《形而上学》i. 3, 984a11 矛盾：*Ἀναξαγόρας δὲ......ἀπείρους εἶναί φησι τὰς ἀρχάs σχεδὸν γὰρ ἅπαντα τὰ ὁμοιομερῆ, καθάπερ ὕδωρ ἢ πῦρ, οὕτω γίγνεσθαι καὶ ἀπόλλυσθαὶ φησι συγκρίσει καὶ διακρίσει μόνον, ἄλλως δ᾽ οὔτε γίγνεσθαι οὔτ᾽ ἀπόλλυσθαι, ἀλλὰ διαμένειν ἀΐδια*。但"正如水或者火"，也可能意味着通过它们来解释"同素体"的概念完全是亚里士多德自己的意思；与此同时，"几乎"表明阿那克萨戈拉没有把所有亚里士多德包含这个概念下的东西都看作是原始实在（Breier, *Philos. d. Anax*. 40 以下，追随 Alexander, *ad h. l.*）；或者更好的说法是，这些词可能暗示先前从恩培多克勒援引的东西：因为

能的有具体性质的实在的混合中，被感知的不是任何哪一个的明显的 334
个性，而是它们的总体性。[1]恩培多克勒和原子论者认为有机体由元素性实在产生；阿那克萨戈拉相反认为元素性实在产生于有机物的构成。亚里士多德经常这样来表达这一观点：阿那克萨戈拉认为同素体（τὰ ὁμοιομερῆ）是万物的元素，[2]而后来作家把他这种原始实在称作 ὁμοιομέρειαι。[3]

阿那克萨戈拉自己从未使用这些表达，[4]因为它们不仅完全未出现 335

他认为，所有同素体，和元素（依据恩培多克勒）一样，都只能以既定的方式，通过结合和分离产生（cf. Bonitz, *in h. l.*）。这段话，如 Schwegler 所评论的，不过断言了与第 651 页注释 1 援引残篇所说的同样的东西，我们没有理由（像 Schaubach, p. 81 那样）不相信亚里士多德在我们开始引用的两个段落中明确表达的观点。Philoponus 确实在 *Gen. et. Corr.* 3 b 中与亚里士多德的说法相反对，把元素也看作是同素体的一类。但这没有什么重要意义。如果我们从其他的类比来看，这个理论只是 Philoponus 依据亚里士多德式关于什么具有同素体的概念而来的编造。此外，亚里士多德归于阿那克萨戈拉的概念模式，完全与阿那克萨戈拉理论的一般倾向一致；因为他认为没有感官可感的性质会在实在的最初混合中出现，因此对他来说自然而然的一个结论是，在它最初不完全分离时，只有最为普遍的性质，即元素性的性质，可以被辨识。进而，阿那克萨戈拉（参见下文）并不认为四元素是同等原初的；相反，他首先让火和气分离出来，然后从火和气产生水和土。当 Heracleitus, *Allge. Hom*. 22, p. 46 把在其他地方被归属于克塞诺芬尼的理论归属于阿那克萨戈拉——水和土是万物的元素（不仅是人的，如 Gladisch, *Anax. u. d. Isr.* 所说）——时，他只能通过从那个阿那克萨戈拉所谓的学生欧里庇得斯那里引述的诗句来得到这个不可思议的观点。

1 以同样的方式，看似没有颜色的光很可能产生于所有颜色的光的混合。

2 除了之前引用的，参见《论动物的生成》i. 18, 723a, b（论种子必然在自身包含所有成分的部分的观点）；《物理学》i. 4, 187a25；同上书 iii. 4, 203a19；《形而上学》i. 7, 988a28。《论动物的生成》ii. 4 以下，740b16 和 741b13 中的文字几乎与此没有联系。

3 这个词最初出现在卢克莱修那里，但他不是用复数来指称多个原始元素，而是用单数指称它们整体；因此，ἡ ὁμοιομέρεια 是 τὰ ὁμοιομερῆ 的同义词（至少在我看来他的话最好这样来解释，Breier, p. 11 对它们的解释有些不同）；对于其他的部分，他给出了足够精确的报道，i. 830；834。复数的 ὁμοιομέρειαι 最初出现在更晚的作家那里。Plut. *Pericl*. c. 4；Sext. *Phyrrh*. iii. 33；*Math*. x. 25, 2；§ 254。Diog. ii. 8；Simpl. *Phys*. 258 a。同上书 33 a, 106 a, 10, Porphyry 和 Themistiu 都在此被引用（*Phys*. 15 b, p. 107 Sp.）。Philop. *Phys*. A, 10；同上 *Gen. et Corr.* 3 b；Plut. *Plac*. i. 3, 8（Stob. i. 296）。

4 施莱尔马赫是第一个指出这一点的人（在 Diog. *Werke*, iii. 2, 167 和 *Gesch. d. Phil*, 43 中），之后有里特尔（*Ion. Phil*. 211, 269；*Gesch d. Phil*. i. 303）、Philippson（Ὕλη ἀνθρ. 188 以下）和黑格尔（*Gesch. d. Phil.* i. 359）；再后有 Breier（*Phil. d. Anax.*

在他著作的残篇中，[1] 而且它们只能在亚里士多德的语言背景中得到解
336 释。[2] 他确然没有谈到元素，因为这个术语最初是被柏拉图和亚里士多德引入哲学的；[3] 再者，与我们说过的一致，阿那克萨戈拉的原始实在也不同于元素。更确切地说，他的意思是，那构成事物的实在是这样的东西，它们在性质上确定，非派生且不可朽坏；由于存在着无数的事物，它们之间不会有两个完全相似，他就说存在着无数的种子，不仅它们之

1-54），他的观点在现代作家那里几乎得到一致的认同，我们在解释中也主要追随他，试图通过对阿那克萨戈拉整体理论的全面探究来确定它无可置疑的地位。所有更早的作家都持相反的理论，同样持这种观点的，还有 Schaubach, p. 89、Wendt. *zu Tennemann,* i. 384、Brandis 上引书 245（另外的还有 *Gesch d. Entw.* i. 123）、Marbach, *Gesch. d. Phil.* i. 79 和 Zevort, 53 以下。

1 在我们期望出现 τὰ ὁμοιομερῆ 这个词的地方，如在 *Fr.* i. 3, 6（4）中，阿那克萨戈拉说的是“种子”，或更加模糊的“事物”。参照 Simpl. *De Caelo*, 268 b, 37（*Schol.* 513 a, 39）。

2 亚里士多德用 ὁμοιομερὲς（Gleichtheilig〔无限相似〕）来意指相同部分，表明物体的所有组成部分都是同一种实在，因此，在物体之中，所有的部分以及物体整体都是相同种类的（对此，参照《论生成和毁灭》i. 1；Philop. *in h. l.* p. 332, 1；《论生成和毁灭》i. 10, 328a8 以下；《论动物的部分》ii. 2, 647b17，在那里 ὁμοιομερὲς 和“在整体上同名异义的部分”表达的是同一个意思。Alexander, *De Mixt.* 147 b）；他一方面区分了 ὁμοιομερὲς 和元素（但元素也依据 ὁμοιομερὲς 得到考虑，见第 652 页注释 2 和《论天》iii. 4, 302b17），另一方面区分它和狭义上的所谓有机体。这三种东西，形成一个渐次等级，他总是指出，低层是高层的构成部分和条件；ὁμοιομερὲς 由元素构成，有机体由同素体的实在构成；属于 ὁμοιομερὲς 的有肌肉、骨骼、黄金和白银等等；属于有机体或者说异类部分的有脸、手等等。参见《论动物的部分》ii. 1、《论动物的生成》i. 1, 715a9、《气象学》iv. 8, 384a30、《论天》iii. 4, 302b15 以下和《动物志》i. 1。进一步的细节，参见 Breier 上引书 16 以下；Ideler 在论 *Meteor. l. c.* 中，给出了塞奥弗拉斯特、Galen 和普罗提诺的参考文献。在区分同类和异类部分上，柏拉图预示了亚里士多德（《普罗泰戈拉》329D，349C），但 ὁμοιομερὴς 的表达确实没有出现，这是这个词来源于亚里士多德的另一个证明，但那里表达的观念非常明确：“所有这些都是美德的部分，不像金子的各个部分是彼此类似并且其各部分也类似于整体，而是像脸的各个部分，其各部分与整体、与彼此都不类似”。但是，对这一区分的综合运用，只在亚里士多德那里能找到，为柏拉图所缺乏。依据已经说过的，*Placita* 上引处、Sext. *Math.* x. 318 和 Hippol. *Refut.* x. 7 把 ὁμοιομερὴς 解释作 ὅμοια τοῖς γεννωμένοις（类似于生成物的东西），就是不正确的。

3 参见第 523 页注释 1。

间互不相似，[1] 而且它们在形状、颜色和味道上各不相同。[2] 这个说法是 337
只涉及不同种类的原始实在及由它们复合而成的事物，还是也认为同一种类的个别物质实在同样也是互不相似的，则并不确定，这个问题本身很可能未被阿那克萨戈拉提出；也没有迹象表明他把原始实在的无限异质性关联于更为普遍的形而上学的考虑；[3] 因此，最有可能的是，同原子论者一样，他把它纯粹建立在经验所显明的现象的多样性的基础之上。在事物的对立性质中，我们发现疏和密、热和冷、明和暗以及湿和干的
范畴处于特别显著的位置；[4] 但是由于阿那克萨戈拉认为个别性的实在是 338
原始的，并不从单个原始物质派生它们，这些普遍对立的观念，在他那里不具有在古老伊奥尼亚学派物理主义者或毕达哥拉斯主义者那里具有的同等重要性。

接着阿那克萨戈拉就设想所有这些不同的物体最初混合在一起，它们混合得如此彻底，以如此细小微粒的方式，以至于没有哪个可以个体性地被感知到，也因此，混合体作为整体没有事物的任何确定性质。[5]

1　*Fr*. 6（4）。*Fr*. 13（6）。原始物质在数量上的无限经常被提到，例如在 *Fr*. 1（见第 655 页注释 5）、亚里士多德《形而上学》i. 3, 7、《物理学》i. 4, iii. 4、《论天》iii. 4（见第 652 页注释 2 和第 653 页注释 2）和《论麦里梭》c. 2, 975b17 等处，参见 Schaubach, 71 以下。Cicero, *Acad*. ii. 37, 118 说阿那克萨戈拉教导无限物质，从它那里相似的粒子被划分成更小的部分。但这只是对 ὁμοιομερῆ 的一个错误解释，无疑取自于他的希腊文献；为了与 *Fr*. 6 中的"没有任何类似的东西"一致，我们这里应该读作 dissimiles（不同）。为支持这一推测，我们可以引用 Aug. *Civ. D*. viii. 2：从彼此不同的粒子中产生不同的身体（参见下文论阿那克萨戈拉学派和阿凯劳斯）。

2　*Fr*. 3。关于 ἡδονή 的意思，参见上册第 196 页注释 5；第 464 页注释 1。这里它也可被译作"气味"（smell），但"味道"（taste）更为适当得多。但最有可能的是，这个词就像德语的"Schmecken"一样，在确定的方言中，没有任何明确区分地同时具有这两个意思。

3　像莱布尼茨的单子那样，Ritter, *Ion. Phil*. 218 和 *Gesch. d. Phil*. i. 307 把这样的观点归属于他：所有事物在与整体的联系中保持着自身的个性。

4　*Fr*. 6，见第 655 页注释 1；*Fr*. 8（6）；*Fr*.19（8）。参见第 656 页注释 2。亚里士多德《物理学》i. 4（见第 653 页注释 3）无疑与这些话和类似的话相关，也把 ὁμοιομερῆ 称作"对立物"（cf. Simpl. *Phys*. 33 b; *ibid*. 10 a）。

5　*Fr*. 1（他著作的开头语）。辛普里丘在 *Phys*. 33 b 中报道了这些文字，在 p. 106 a 复述了第一句话；但他在那里增添的是他自己的修补；因此 Schaubach, p. 126 把它当作一个独立的残篇，就是错误的。同样在 Diog. ii. 3 处的 *Fr*. 17b（如 Schorn, p. 16、

不过即使在派生事物那里，他也相信分离没有完成，而是每个事物都必然
339 包含所有事物的部分；[1] 因为一个东西如何能出自另一个东西，如果前者不
包含在后者之内的话？万物的转换，甚至于最为对立的事物的转换，一个
变成另一个，如何得到解释，如果不是所有的在所有的之中的话？[2] 因此，
340 如果一个对象向我们排他性地显示具有某个单一性质，那只是因为在其中
与这种性质对应的实在更多于其他实在；但实际上每一事物都包含所有类
型的实在于自身，尽管它只以那种在其中占优势的实在为名。[3]

Krische, *Forsch*. 64 以下和 Mullach, 248 正确地坚持的那样），不包含阿那克萨戈拉自己的话，不过是他理论的与他著作的开篇相关的一个摘要。另一方面，Simpl. *De Caelo*, 271 a, 15（*Schol*. 513 b, 32）保留了 Mullach 略去的话："这样，在分开的东西中绝大多数都不知道，无论是通过语言还是行动。" *Fr*. 6（4）；参见第 655 页注释 2。"万物同一" 这一在古代人那里成为谚语的表达，持续被提到；例如柏拉图《斐多》72C、《高尔吉亚》465D、亚里士多德《物理学》i. 4（见第 652 页注释 1）、《形而上学》iv. 4, 1007b25, x. 6, 1056b28, xii. 2, 1069b20（也请参照 Schwegler）、Schaubach, 65 以下和 Schorn, 14 以下。

1 *Fr*. 3，见第 655 页注释 2；参考 Schaubach, p. 86；*Fr*. 5，见第 657 页注释 5；*Fr*. 7（5）；*Fr*. 8，见第 657 页注释 5；*Fr*. 11（13）；*Fr*. 12（6），它在 Theophr. ap. Simpl. *Phys*. 35 b 中被谈到。（在所有的事物中，即使是在那些从原初混合中分离出来的事物，也即个体事物之中，存在着不同种类的实在，在最小的事物那里存在着与在最大的事物那里同样多的实在。同样的观念在这则残篇的开头被这样表达："存在着大和小的同等的部分"）。亚里士多德经常引用这则残篇（参见下注）。Alex. *De Sensu*, 105 b、Lucret. i. 875 以下等等。参见 Schaubach, 114 以下，88, 96。Philop. *Phys*. A 10 和 Simpl. *Phys*. 106 a 没有非常正确地表达这一观念，他们说在每一个同素体中存在着所有其他的实在。

2 亚里士多德《物理学》iii. 4, 203a23，Simpl. *in h. l.* p. 106 a 对此有很好的解释。同上书 i. 4（在第 652 页注释 1 的引文之后）。在 *Placita*, i. 3, 8 和 Simpl. 上引处，*ὁμοιομερῆ* 的理论更为直接地来源于如下观察：在我们身体的营养中，身体所包含的不同实在来源于同样的营养物；但阿那克萨戈拉在这里也考虑到无机物质的转变，如他著名论断所表明的：雪是黑色的（即，在雪中既有明也有暗），因为构成它的水是黑色的（Sext. *Pyrrh*. i. 33；Cic. *Acad*. ii. 23, 72, 31, 100；之后还有，Lactant. *Inst*. iii. 23；Galen, *De Simpl. Medic*. ii. 1 B; xi. 461 Kuhn. *Schol. in Ilias*. ii. 161）。甚至亚里士多德也从阿那克萨戈拉上面的理论中推出的怀疑主义命题，我们下文会讨论。里特尔（i. 307）把命题"一切在一切之中"的意思解释为：所有原初构成都现实地存在于它们中的每一个之中；但这在我看来既不与古代人的证词一致，也不符合阿那克萨戈拉学说的精神。

3 除了上两个注释外，参见亚里士多德《形而上学》i. 9, 991a14 和 Alex. *in h. l.*。在所有事物的存在的问题上对阿那克萨戈拉理论的一个批评，可以在亚里士多德《物

这个理论确然不是没有困难的。如果我们接受严格意义上的物质原始混合，那么被混合的实在就不能保持它们独特的性质，而必须结合成一个同质的物质团；因此，我们有的，不是无数不同实在构成的混杂物，而是一个单一原始物质，它像阿那克西曼德的“无定”一样，没有任何具体实在的性质，是塞奥弗拉斯特把阿那克萨戈拉这一混合体还原成的东西，[1]或柏拉图式的质料，是亚里士多德把它还原成的东西。[2]另一方面，如果实在的确定性质在混杂中仍保持着，那么非常明显的是，341
如在恩培多克勒的体系中那样，这要成为可能，除非最终原子是不可分的或不由其他东西合成的；但这样我们就得到了不可分的物体——也有作家把这样的理论归属于阿那克萨戈拉。[3]但是，不仅阿那克萨戈拉自己远未持有统一原始物质的理论，[4]而且他明确地认为物体的增减是可以无限进行的。[5]他的原始物质因此不同于原子，这不只是因为它们具有 342

理学》i. 4 中被找到。我为了清楚起见而运用的质料和性质的区分，当然就其形式而言，不为阿那克萨戈拉所有，参见 Breer, p. 48。

1　参见上册第 157 页注释 1 和 p. 236。

2　《形而上学》i. 8, 989a30（cf. Bonitz, *ad h. l.*）。

3　这从来未得到明确的表达；因为 Simpl. *Phys*. 35 b 只是说原始实在并不做任何进一步的化学性地分离；并没有说它们不能在空间上分割。同样，说阿那克萨戈拉的原子和留基波的同素体（在 Stob. *Ecl*. i. 356 中），明显不过是个对换。但我们的某些作家，似乎把同素体看作是微小物体，例如西塞罗在第 655 页注释 1 引文中就是如此；尤其是塞克斯都，不断地把阿那克萨戈拉和不同的原子论者一并提及，如德谟克利特、伊壁鸠鲁、Diodorus Cronus、Heracleides 和 Asclepiades；并把他的 *ὁμοιομερῆ* 等同于 *ἄτομοι*（原子）、*ἐλάχιστα καὶ ἀμερῆ σώματα*（最小的、没有部分的物体）和 *ἄναρμοι ὄγκοι*（没有缝隙的团块）（*Pyrrh*. iii. 32；*Math*. ix. 363. x. 318）。我们没有理由怀疑他这里追随的是更老的记载，因为 Hippol. *Refut*. x. 7, p. 500 D 有与 *Math*. x. 318 完全相同的话；在同书 x. 252 对一个毕达哥拉斯主义者，也即一个新毕达哥拉斯主义者著作的一个摘录中，我们读到：“因为那些说原子的人，要么是说同素体，要么是团块，要么是一般思维物”；类似的还有同书 254。在现代作家当中，里特尔（i. 305）倾向于把原始种子看作是不可分的。

4　这从我们前文对亚里士多德的引证看非常清楚。我们还可以参照《物理学》iii. 4（见第 653 页注释 3），在那里 *ἁφή* 指称机械结合，与化学性的（*μίξις*）结合相区别；参照《论生成和毁灭》i. 10, 327b31 以下的讨论，那里亚里士多德讨论的明显是不久前提到的阿那克萨戈拉理论。Stobaeus, *Ecl*. i. 368 因此正确地说：“阿那克萨戈拉根据结合生成元素的混合”。

5　*Fr*. 5（15）。*Fr*. 12（16）。

确定的性质，也是因为它们的可分性。他也相当明确地反对了原子论体系的第二基本理论：他否认了，确实是在并不充分的理论依据上，虚空的假设。[1] 他的观点是，由于不同的实在绝对地混合在一起，因此这不会成为一个问题；恩培多克勒同样在天球的元素混合中坚持这一点，同阿那克萨戈拉一样，没有看到这里暗含的矛盾。

但是如果一个世界要从这些实在形成，那么还必须另外存在着一个安排和推动的力量，而这，如我们哲学家所相信的，只能存在于思想性的本质中，在精神或心灵（Geist）[2] 之中。在阿那克萨戈拉著作的残篇
343 中，这一理论的依据并没有以一种普遍的方式给出；但它们都出于心灵具有的，区别于其他不同实在的特性。这类特性主要有三：它本质的单一性，它的能力和它的知识。其他一切事物都与万物混在一起，心灵为着自身必须与其他一切分离；因为只有不与它物混合，它才能把所有的事物置于自己的权能之下。它是所有事物中最为稀少和最为纯粹的；因为这个理由它本质上是完全同质的；至于其他事物，任何具体事物都不能与它物相像，因为它们中的每一个都以特定的方式由不同的实在混合而成。精神，则与之相反，没有异质的微粒在其中；因此，它哪里都是自我同一的；在一个实在中多一点在另一个实在中少一点，但不管是大的还是小的精神团都是相同本质的；事物只依据内在于它们之中的精
344 神的量而非它们的质互相区别开来。[3] 同属于精神的必然还有对物质的

1 亚里士多德《物理学》iv. 6, 213a22（也参见第 528 页注释 4）。Lucret. i. 843。

2 与其他作者一样我如此翻译阿那克萨戈拉 *Νοῦς*，尽管这两个术语在意思上并不精确一致；因为德语中没有更确切的对应词。确实，*νοῦς* 的准确意思，只能在阿那克萨戈拉自己那里得到解释。

3 *Fr.* 8（6）。后来作家以自己的表达方式说了同样的意思；参照柏拉图《克拉底鲁》413C。亚里士多德《形而上学》i. 8（见第 657 页注释 2）；《物理学》viii. 5, 256b24：必然存在着只推动而自身不被推动的事物。“因此，甚至阿那克萨戈拉也说得很正确，他说心灵是不受影响、不混合的，既然他使它成为运动的本原；因为，这样的话，唯有它是不动的却在推动，是不混合的但却造成混合。”《论灵魂》i. 2, 405a13；405b19；iii. 4, 429a18。亚里士多德在这些话中有时把 *νοῦς* 描述为“不受影响”，是指它的不可改变性；因为依据《形而上学》v. 21，他把一种“就此而言事物可以变化的性质”描述为“感受”（参见 Breier, 61 以下）。这一性质是 *νοῦς* 单

绝对控制能力，物质只能通过精神来产生运动。[1] 最后，它必然还具有无限的知识，[2] 因为只有借助于它的知识它才能最好地安排万物：[3] 因此，νοῦς 必须是单纯的，否则的话它就不可能是全能的和全知的，而为了能够规范世界，它必须是无所不能和无所不知的：νοῦς 理论的基本观念，古代作家主要引述的观念，[4] 是为世界赋形的力量概念。因此，我们 345
必须认为这就是阿那克萨戈拉据之形成自己学说的要点。他不知道如何通过物质本身来解释运动；[5] 更不知道如何用它来解释产生了如此美丽和如此秩序井然的世界的规则运动。他决意不诉诸无理性的必然或者偶然，[6] 因此假定了一个非物质的本质，让它来推动和安排物质：没有理由

一性的直接结果；因为依据阿那克萨戈拉，所有变化都是合成事物的部分的变化，单一的事物必须是没有变化的。亚里士多德因此可能从上面引述的阿那克萨戈拉的话中推出这一观念。但阿那克萨戈拉或许自己也说过它。但是，它们性质的不变，并不意味着空间的不可移动，也即 Simpl. *Phys*. 285 a 从亚里士多德那里推出的 ἀκίνητον。Schaubach, 104 中的进一步证据重复着亚里士多德的话。

1　在“最纯净”之后，阿那克萨戈拉在 *Fr.* 83 中继续说道：“并且具有关于一切的所有知识，而且是最强有力的；而且心灵统治着所有无论大小、具有灵魂的事物。并且心灵统治着整个旋转，好让它在一开始旋转。”参见下下个注释和第 658 页注释 3。最后一句话赋予它的无限性，似乎主要指 νοῦς 的能力。

2　参见前注和以下的话：“心灵知道一切混合在一起的东西、分离的东西和分解的东西”（它也为 Simpl. *De Caelo*, 271 a, 20 和 *Schol*. 513 b, 35 所引）。

3　阿那克萨戈拉继续说道：“并且凡是过去将要存在、曾在、现在以及将在的一切，心灵都予以安排，也包括星辰、太阳、月亮、气、以太这些分开的东西，现在所旋转的那种旋转”。参见上册第 194 页注释 1 和注释 7 从第欧根尼所引文字。

4　柏拉图《斐多》97B（见第 663 页注释 2）；《法律》xii. 967B（同上）；《克拉底鲁》400A；亚里士多德《形而上学》i. 4, 984b15：最为古老的哲学家只知道质料因；随着时间的发展，人们越来越发现还需要加上动力因；最后，经过长时间的探究，大家承认这两者还不足以解释宇宙体系和进程的美和善：“当有人说正像在动物中那样，甚至在自然中也内在有心灵，宇宙和一切秩序的原因，他相对于前人们混乱的说法，就显得像是清醒的。” Plut. *Pericl*. c. 4。进一步的细节见本书 p.346 以下和 Schaubach, 152 以下。

5　这从后文会提到的观点看非常清楚：在心灵的作用发生之前，原初的混合保持着不变；正在这一原初状态中，物质的本质纯粹和绝对地自我呈现。亚里士多德引述的（《物理学》iii. 5, 205b1）关于无限的静止的文字，与此无关。

6　他对此二者的明确否认只在后来作家那里得到阐述：Alex. Aphr. *De An*. 161 a, m（*De Fato*, c. 2）；Plut. *Plac*. i. 29, 5（Stob. *Ecl*. i. 218; Theodoret. *Gr. Aff. Cur*. vi. p. 87）。但事实上，这个说法不包含任何不可信的东西，尽管我们的作家使用的这些词可能不

346 去怀疑，他确实想到的是这样一种本质，[1]因为他关于心灵卓绝于万物之上的断然主张不能以其他的东西为基础；尽管他对非物质概念的描述的含糊性，不能完全归咎于他语言的不充分[2]——尽管他可能确实把精神看作是一种更为精细的物质，以广延的方式进入事物之中[3]——但这并不对他的一般意图构成妨碍。[4]除了人类精神外，我们的经验没有为非物质性和指向一个目的的设计提供其他的类比，因此，阿那克萨戈拉会依据这一类比把他的动力因界定为思想，就是非常自然的。但是，因为他只是出于解释自然的目的才首要地探究精神，这一新的原理就既不能得到纯粹的把握，也得不到严格的和逻辑的贯彻。一方面，精神被描述为自我认知和自我存在的本质，[5]由此我们可以认为我们就此获得了关于精神性个体、关于自由和自我意识的主体的充分概念；但另一方面，它
347 也被说成好像是一种客观性的物质，或客观性的力量；被称作是万物之中最为精细的东西，[6]被说成是部分性地存在于具体事物之中的，[7]在通过“或多或少的精神”这一表达来表明它在其中存在的数量的同时，[8]却未对生命的最低阶段和理性的最高阶段做任何的具体区分。[9]尽管我们不应该由此得到结论说，阿那克萨戈拉的确定目的就是想把精神表征为非

来自于阿那克萨戈拉。Tzetz. in *Il*. p. 67 不能被当作反对它的证据。

1 如 Philop. *De An*. c. 7, 9 和 Procl. *in Parm*. vi. 217 Cous. 所言；这也是自柏拉图以来所有哲学家的 *νοῦς* 观念所预设的。特别参见亚里士多德，p. 343。

2 参见下文和 Zevort, p. 84 以下。

3 对此的证据部分在这些词中：“万物当中最精细的”（*Fr*. 8, p. 343），但主要还在马上会发现的关于 *νοῦς* 存在于事物之中的说法中。

4 同样的对 *νοῦς* 的半物质性的说法也可以在那些在理论上最为强调精神和物质对立的哲学家那里被发现。例如亚里士多德，当他设想属地领域为神所包围时，就很难避免这个说法。因此，当 Kern. *Ueb. Xenophanes*, p. 21 说找不到证据认为阿那克萨戈拉教导过一种不在空间中延伸的非物质性的原理时，他没有抓住要害。他很可能没有用这样的词来说它，但他的目的仍然是要在本质上区分 *νοῦς* 和所有的复合事物。

5 “它是仅仅在其自身的”（*Fr*. 8）。

6 见第 660 页注释 3。

7 *Fr*. 7，那里的 *νόος* 也只能被理解为“心灵部分”。亚里士多德《论灵魂》i. 2, 404b1。参见上册第 194 页注释 1 和 7 从第欧根尼所引文字。

8 *Fr*. 8; cf. p. 343.

9 参照上上个注释。

人格性的，但这些特性仍然证明他还未拥有纯粹的人格概念，也未把这种人格概念运用于精神；因为作为灵魂，部分内在于其他实在之中的一种本质，还不能被恰当地称作为人格；进一步观察我们还会发现，严格意义上的个体生活的独特标志，自我意识和自由决定，没有在什么地方被归属于 *νοῦς*，[1] 这就表明它的自我存在（Fursichsein）主要指的只是它本质的单一性，而这种性质完全可被任何不与其他实在混合的实在拥有；[2]最后，知识也经常被古代哲学家赋予确实被他们暂时性人格化但并 348
不严格地看作是个人或个体的本质；[3]综合所有这些考虑，阿那克萨戈拉

1　因为 *Fr.* 8 中的 *αὐτοκρατὴς* 和各种记载中的类似表达（见 p. 343），事实上像第 659 页注释 1 的引文一样，描述的是它对物质的绝对权能，而不是自由意志；*Νοῦς* 的知识同样主要涉及它对原始实在的知识，对什么从它们那里产生的知识。关于 *Νοῦς* 是否是个有自我意识的自我，是否其行动出于自由意志，很可能从来不是阿那克萨戈拉想到要问的问题，因为他只要求 *Νοῦς* 成为构造世界的力量。

2　这从刚才援引的 *Fr.* 8 看非常清楚。

3　赫拉克利特和其后的斯多亚主义者就如此把火同时看作是世界理智；赫拉克利特认为人从周围的空气中吸入理性；在巴门尼德那里，思想是存在和普遍物质实在的一个本质谓词；菲洛劳斯把数描述为思想性的自然（上册第 255 页注释 3），第欧根尼（上册第 194 页注释 7）相信他能把阿那克萨戈拉关于心灵所说的一切都运用于言说气。即使柏拉图也不能例外，因为他的世界灵魂依据与人类人格的类比得到设想，但自身却很少具有人格性；在《克里底亚》开篇，他祈求科斯摩斯（Cosmos），那个派生的神，向对话者传播真实的知识。维尔特（*d. Idee Gottes,* 170）反对前两个类比，说刚才谈到的赫拉克利特和埃利亚主义者的观念，超出了他们自己的原则；但我们前面的解释已经表明这个说法如何地不正确。他同样发现我对第欧根尼的理解不过是一种偏见，除了在哲学中无处不在的泛神论外看不到任何其他东西（好像如果第欧根尼把人格性的神当成是万物的实在——并只在这种情况下——他的理论就不会是一种真实的泛神论似的）。就我而言，如果第欧根尼的气，那个万物通过凝聚和稀释而从中产生的物质，能够被看作是一个人的话，我就不知道说一个人意味着什么。说因为“在人之中的自我意识的原理是气”，所以气必然是一个人，只是一个危险的推论。如果是这样，那么阿那克西美尼的气、赫拉克利特炽热蒸气、德谟克利特和伊壁鸠鲁的圆形原子、巴门尼德理论中的物质和恩培多克勒理论中的血液，每一个都将是有自我意识的人格。从我所说的绝得不出这样的结论：当第欧根尼声称气具有知识时他并“不是认真的”；他确然是认真的，但这远不是关于知识本性的清楚概念，因此他会说这一性质，就像热、广延等等一样，可以归属于无生命的、非人格性的物质。即使物质由此必然被人格化了，那么在自身是非人格性事物的无意识人格化和确立人格原理的意识之间，仍然存在着巨大的差别。自然对象的神话性人格化——这也被维尔特引用来反对我——更不能证明他的观点：如果海洋被人格化为俄刻阿诺，气被人格化为赫拉，这些神也在他们的人类形体上不同于元素性实在。水本身，气本身，不管是在荷

式精神的人格性得不到确立。真实的情况很可能是，阿那克萨戈拉确
349 实依据与人类心灵的类比界定他的 νοῦς 概念，赋予它思想，用严格意义上只属于个人存在的谓词来描述它；但他从未有意识地向自己提出有关它人格性的问题，并因此把这些人格概念和其他的从与非人格的力量和实在的类比中得到的东西结合起来。即使像后来的作家[1]声称的那样——很可能是没有依据的[2]——他把 νοῦς 描述为神，那他的理论也只是单方面的有神论；他的理论另一方面是自然主义的，它的独特性表现如下：精神尽管原则上不同于物质，但也被设想为自然的一种力量，在这种情况下，它既不能运用于个人也不能运用于纯粹的精神自然。[3]

马那里还是赫西俄德那里，都从未被看作是人。

1 Cic. *Acad*. ii. 37, 118; Sext. *Math*. ix. 6; Stob. *Ecl*. i. 56; Themist. *Orat*. xxvi. 317 c; Schaubach, 152 sq.

2 因为不仅残篇，而且大多数我们的证词都在这点上保持着沉默；那些谈到它的在这类问题上也并不非常可信。但这个问题并不非常重要，因为 *Νοῦς* 无论如何事实上与神一致。

3 维尔特在上引处说："在阿那克萨戈拉的学说中有一种有神论的元素。"我没有任何理由否认这一点，我也没有像他在 *Jahrb. d. Gegenw*. 1844, p. 826 中所说的那样对此进行了否认。我曾经坚持的，现在仍然坚持的只是：精神和自然的分野，尽管开始于阿那克萨戈拉，但并不完成于他，精神没有确切地被设想为独立于自然的主体，因为尽管一方面它被表征为非物质性的和思想性的；另一方面它也被看作是在个体自然中的分离性元素，和以物理力量的方式发生作用的力量。Krische, *Frosch*. 65 以下的说法与此非常一致。Gladisch（*Anax. u. d. Isr*. 56; xxi. et pass.）和 F. Hoffmann（*Ueber die Gottesidee des Anax. Socr. u. Platon*., Wurzb, 1860. *Der dualistische Theismus des Anax. und der. Monotheismus d. Sokr. u. Pl*.; in Fichte' s *Zeitschrift f. Philos. N. F*. xl. 1862, p. 2 sqq.）试图证明我们哲学家的神的理论是纯粹有神论的；但这两位作者都没有表明纯粹和逻辑完善的人格概念如何能与如下说法和谐一致：*Νοῦς* 是在所有生物当中的分离性存在，这些生物的不同等级实际上是由内在于它们之中的 *νοῦς* 的量而非质决定的。Hoffmann 明确地承认这二者互不相容（*F. Zeitschrift*）；但当他由此得到结论说，我们不能"严肃地把这样一种 *Νοῦς* 理论归属于阿那克萨戈拉：*Νοῦς* 作为本质具有部分且能够划分，因此它作为灵魂部分地内在于其他自然物之中"时，这就是（如果我们这样说不会冒犯的话）把问题搞反了。什么能被归属于阿那克萨戈拉，只能依据他自己的说法来判断，而在这个问题上，这是足够清楚的；如果这些说法彼此不能完全兼容，那我们只有得出结论说，阿那克萨戈拉并不非常清楚他自己观念的结果。我坚持认为的只是：我并不否认阿那克萨戈拉把他的 *Νοῦς* 设想为一种理智性本质，依据目的来发生作用的力量；但我否认他把这样一种本质概念，与我们习惯相联于个人存在观念的所有表达结合起来，去除了我们从这个观念中去除的所有东西。他可能已经走在这条路上（不像 Hoffm. F. Zeitschrift, 26 所说，必然如此），我从这一情况出发，再

当我们发现即使是关于精神的动力作用的观点也面临同样的矛盾 350
时，这一点会变得更为清楚。就精神作为一种理智本质，出于它的知识
并依据它预定的目的，[1]形成世界而言，结论是阿那克萨戈拉必然已经采
取了一种目的论的自然观；就精神自身按照与人类精神的类比来设想而 351
言，它的作用也必然按此来设想；它的活动是它的思想通过物质中介的
实现——是指向一个目的的活动。但物理的兴趣在我们哲学家那里同样
异常强烈，不允许他只满足于关于事物的目的论观念；因为他最初接受
精神的概念是由通常理论的不充分所致，所以他只在不能够找到一种现
象的物理因时才会运用它。一旦一种物理主义的解释成为可能，他立即
优先选择这种解释；精神与物质分离，但它以机械的方式，通过它产生
的旋转运动达致这一分离；因此，万物从最初运动开始就遵照机械的法
则产生，精神只在这一机械解释失败的地方作为“天外救星”（Deus ex
machina）进入其中。[2]即使在它出场之后，也很少有什么具体的世界功 352

加上其他一些理由，说许多重要的哲学家在这个问题上也是如此。把我的观点批判为“半步”（Halbheit）思维（同上书 21）是很奇怪的。如果我说阿那克萨戈拉止于半途，那这也不同于说我半步思考。我的对手没有充分思考这样一个区别，其中一个是历史问题：阿那克萨戈拉如何会把神设想为 *νοῦς*？另一个是教义问题：我们应该如何理解它？鉴于我们关于人格神的概念是完全非物质性的，那么问题是，阿那克萨戈拉和其他古代哲学家有没有这一概念，他们是在一定程度上纯粹性地理解或发展了它，还只是不完善地理解或发展了它？

1　这在如下文字中表现出来（见第 659 页注释 3）：“凡是过去将要存在，心灵都予以安排”。阿那克萨戈拉很可能也把心灵当作世界的维系力量来谈论，例如 Suid. *Ἀναξαγ.*（也出现在 *Harpokriation*, Cedren. *Chron*. 158 C 中）说：“他说心灵是万物的守卫者”。但这并不意味着阿那克萨戈拉自己使用了“守卫者”这一术语。

2　柏拉图《斐多》97 B 、98B ；《法律》xii. 967B。亚里士多德的话与此非常一致。一方面他承认在 *νοῦς* 中有一种在本质上更高的本原被发现，在其中，万物都被指向善或目的因，但另一方面，部分以与《斐多》相同的话，他抱怨说，在这个体系的实际发展中，机械因被抬上桌面，心灵只是作为一个权宜之计被引入进来。除了第 659 页注释 4 和第 660 页注释 7 的引文外，参见《形而上学》i. 3, 984b20（参照第六章末尾）；xii. 10, 1075b8 ；xiv. 4,1091b10。但与之相反，他又在 i. 4, 985a18 中说：古代哲学家没有清楚地认识到他们的本原的重要性——“因为阿那克萨戈拉机械地使用心灵来创造，而且一当他困惑于由于什么原因这是出于必然的时，他就把它撤在一边，而是把其他事情中的一切而非心灵用作生成的东西的原因。”《形而上学》i. 7, 988b6。重复柏拉图和亚里士多德判断的后来作家在 Schaubach, p. 105 以下被援

能被指派于它。阿那克萨戈拉不仅在神灵对宇宙进程的个体干预问题上保持沉默，在他那里我们也找不到任何关于神圣统治思想的痕迹[1]——

引。这里引述 Simpl. *Phys*. 73 b 中的话就足够了："如欧德谟斯所说，阿那克萨戈拉在承认心灵的同时，也诉诸机会来造成很多东西。"

1 被归于普鲁塔克的 *Placita*, i. 7, 5（也出现在 Eus. *Pr. Ev*. xiv. 16, 2 中）确实说道："阿那克萨戈拉说，正像心灵作为本原规定了物体，神的心灵也安排它们，并且造成整体的生成"，在提到柏拉图类似的解释（在《蒂迈欧》中）之后，他补充说："因此，这两者犯了共同的错误，因为他让神关注于人类事物，甚或为此来构造宇宙；因为幸福的、不朽的生物……整个的存在都关注于人类事物的特殊的幸福和不朽的保持；而将农夫与木匠的正义置于宇宙的设计中来关注，这可能是不幸的。"但在这段话中看到"普鲁塔克的一个会让所有进一步的疑问都显得多余的明确和清楚的证词"，相信"普鲁塔克如此明确地赋予阿那克萨戈拉的 *νοῦς* 甚至是在人类事务中的看护功能，以至于他把这当作是指责这位哲学家的一个依据"（Gladisch, *Anax. d. u. Isr*. 123; cf. 165），则需要以所有的偏见和草率，去支持要证实某些作家观点的强烈愿望，但这个观点不过暴露了这些作家在学识或研究方法上的缺陷。Gladisch 和我们中的任何人一样知道，*Placita* 就其当下形式而言，不是普鲁塔克的作品，而是一个更晚许多的汇编，把不同的、有时是非常可疑的文献拼凑在一起。此外，他不可能如此不熟悉普鲁塔克的神学观念，以至于不承认，普鲁塔克不可能会对天道信念，特别是柏拉图的天道观念，提出这样的反对；他几乎不会反对这个观点一眼就能看清的伊壁鸠鲁式的起源（对这段话我们在 Part III. a, 370-390 第二版中有引用讨论）；但他仍然说得好像我们这里在讨论的是普鲁塔克的无误证词一样。甚至这个假定的普鲁塔克也没有说 Gladisch 发现他在说的话：他只是把所有其他作家说过的同样的话当作是阿那克萨戈拉自己的观点说出，即神圣 *Νοῦς* 构造世界：当他把神圣天意主宰着人的信念归属于阿那克萨戈拉时，不过是在做一个伊壁鸠鲁主义者的推论，借此他能够把他的学派对这个信念的通常反对施于阿那克萨戈拉的学说。此外，这个推论，作为历史证据，并不比例如 Cic. *N. D*. i. 11, 26 中相同的伊壁鸠鲁主义解释更有价值（cf. Krische, *Forsch*. 66），据此，*νοῦς* 是一个具有感知和运动的"生物"。当 Gladisch（p. 100 sq., 118）进而以我们哲学家之口说，自然之中无物是无序和非理性的，*νοῦς* 作为宇宙的安排者也是所有通常所谓恶的创造者时，他完全在说无根据的话。亚里士多德《形而上学》xii. 10, 1075b10 指责阿那克萨戈拉确实是因为"他没有提出善与心灵的对立面"，但我们不应该由此得到结论说，他把恶因也归结为 *νοῦς*，因为同样可能的是，他从未试图解决恶的存在难题；《形而上学》i. 4, 984b8 以下和 32 以下明显支持后一种观点。Alex. *ad. Metaph*. 4 b, 4; Bon. 553 b, 1 Br. 中的话："如他所说（按，亚里士多德），对于阿那克萨戈拉，心灵是好的与坏的的唯一的生产性的原因"，绝不能证明什么，因为它不过是一个推论，而且绝不是从阿那克萨戈拉原则而来的必然推论（因为阿那克萨戈拉完全可以从物质来派生恶，就像柏拉图那样）。另一方面，非常明显的是（如甚至 Gladisch 也倾向于承认的），在这里我们应该用"美的"来取代"坏的"。亚里士多德《形而上学》i. 3, 984b10 和亚历山大自己在 p. 25, 22 Bon. 537 a, 30 Br 中把阿那克萨戈拉 *νοῦς* 描述为"好的和美的"的原因。Themist. *Phys*. 58 b（413 Sp.）中的说法："依据阿那克萨戈拉，非

他没有那种在像苏格拉底、柏拉图和斯多亚主义者这样的哲学家那里极 353
为重要的天道信念。无论这是应该赞扬的还是指责的，它都证明，阿那 354
克萨戈拉只是非常不完善地得出了会从一个全知的世界塑造者依据既定目的安排万物的概念中得出的结论；所以他不能纯粹地领会这个概念本身，或自己清楚地认识到它所包含的一切。这样，阿那克萨戈拉的精神学说，从一方面说，是这样一个关键点，它引导更早自然哲学的现实主义超越自身；但从另一方面说，这个学说仍然在某种程度上以这种现实主义为基础。在对自然的生成和运动的原因的探寻中，这位哲学家找到了精神；但由于他主要是为着解释自然的目的找到这一更高原理的，他就只能不完善地运用它；自然的目的论直接被转换成机械论。如亚里士多德所说，阿那克萨戈拉找到了目的因，但只把它当作动力因来使用。

二、世界的起源和系统

为了从原初混沌中产生一个世界，心灵首先在这一物质团的某一个点上发动旋转运动，并随即扩散开来，把不断增加的物质部分卷入它的运动，一步一步往外扩展。[1]由于它极快的速度，这一运动会产生实在 355
的分离，依据浓与稀、冷与热、暗与亮、湿与干这些最为普遍的对立，[2]最初形成两个大的物质团；[3]它们的相互作用又是事物进一步形成的关键因素。阿那克萨戈拉称它们为以太和气，列在以太之下的是所有的热、

理性和无序之物在自然中找不到位置”，更得不出什么。在这句话中，他不过站在自己的立场上反对阿那克萨戈拉。

1 *Fr.* 8（见第 658 页注释 3）。从这一描述看，阿那克萨戈拉主要想到的可能是这样一种情形：把一个物体投入到液体当中，会在液体中产生一个旋涡，并不断向外扩展。很可能正是某个这种类型的表达导致普罗提诺在 *Enn.* ii. 4, 7 中的错误说法：“混合物”是水。

2 *Fr.* 18（7）。*Fr.* 21（11）。*Fr.* 8（19），参见第 655 页注释 4。

3 因为热与干，在阿那克萨戈拉那里，同在其他自然哲学家那里那样，等同于稀与亮。参见下注。

亮和稀；包含在气之中的则是所有的冷、暗和浓。[1] 浓与湿由于旋转被
356 卷在中心，而稀和热则被抛在外面，就像在水的或气的旋涡之中重的
元素被带到中心一样。[2] 从底层的蒸气团中最开始分泌出水，然后从水
产生土，又通过冷的作用从土产生石。[3] 分离的石头物质团被旋转运动
远远地抛出地球，在以太中炽热发亮，照亮着地球；它们就是天体，包
括太阳。[4] 由于太阳的加热，最初由粘土和泥浆构成的地球，[5] 逐渐变干，
357 剩下的水，则由于蒸发，变得既咸又苦。[6]

这一宇宙起源说与所有试图解释宇宙起源的努力面临同样的难题。

1 早已由里特尔（*Ion. Phil.* 266, *Gesch. d. Phil.* i. 321）和 Zevort, 105 以下提出的这个理论，以下面的文献为依据：*Anax. Fr.* 1（第 655 页注释 5 所引文字之后）；*Fr.* 2、亚里士多德《论天》iii. 3（见第 652 页注释 2）和 Theophr. *De Sensu.* 59。阿那克萨戈拉把以太理解为炽热元素，得到亚里士多德《论天》i. 3, 270b24、《气象学》i. 3, 339b21 和 ii. 9, 369b14 的支持。类似的还有：Plut. *Plac.* ii. 13, 3、Simpl. *De Caelo*, 55 a, 8, 268 b 43（*Schol.* 475 b, 32, 513 a, 39）、Alex. *Meteorol.* 73 a, 111 b 和 Olympiodorus, *Meteorol.* 6 a（*Arist. Meteor.* ed. Id. i. 140）；从最后者我们还得知，阿那克萨戈拉从“燃烧”派生“以太”。

2 *Fr.* 19，参见第 655 页注释 4；参照亚里士多德《论天》ii. 13, 295a9、《气象学》ii. 7、Simpl. *Phys.* 87 b 和 *De Caelo*, 235 b, 31 以下。阿那克萨戈拉的话在 Hippol. *Refut.* i. 8 和 Diog. ii. 8 中有记载，不过在后者那里不那么精确。

3 *Fr.* 20（9）。不管是从这段话本身的蕴含看，还是从第 652 页注释 2 和第 653 页注释 3 引述的亚里士多德文本看，元素理论都不能被归属于阿那克萨戈拉。在他的体系中，元素的意思似乎完全不同于恩培多克勒的；参照前文注释和 Simpl. *De Caelo*, 269 b, 14, 41（*Schol.* 513 b, 1），281 a, 4。

4 Plut. *Lysand.* c. 12；*Plac.* ii. 13, 3。我们已经重复说到，阿那克萨戈拉相信天体是石头，太阳特别是炽热的物质。除了 Schaubach, 139 以下和 150 引用的其他许多段落外，参照柏拉图《申辩》26D、《法律》xii. 967C 和 Xenoph. *Mem.* iv. 7, 6 以下。依据 Diog. ii. 11 以下，为支持这一观点，他诉诸陨石现象。*Placita* 关于这些石头物质的地球起源所说的，得到普鲁塔克文字的支持；不仅如此，从他理论的整体结构看，除了地球起源，或至少类地领域的起源外，很难设想他还可能会有其他选择。太阳和月亮必然同时性产生（Eudem. ap. Procl. *in Tim.* 258 C）。

5 参照下注和 Tzetz. *in Il.* p. 42。

6 Diog. ii. 8、Plut. *Plac.* iii. 16, 2 和 Hippol. *Refut.* i. 8。Alex. *Meteor.* 91 b（亚里士多德《气象学》ii. 1, 353b13）把如下主张归属于阿那克萨戈拉：海水的咸味是由于其中混合了确定的土的要素；只是这一混合不是由水从土中渗出导致的（就像亚历山大第一次从亚里士多德的话中得出的结论一样），而是出于液体的原初构成，它的土的部分在蒸发过程中保留下来。

如果一方面世界的物质，另一方面世界的塑造力量，都是永恒的，那么世界自身如何会在某一既定的时刻开始形成？但我们不能因为有这样的困难，就把我们哲学家完全预设了运动在时间中的起始的表述给搪塞掉；或接受辛普里丘[1]的观点，说阿那克萨戈拉只是为了论证的目的才说及运动的始点的，自己并不真正相信这一点。[2]他自己在说及运动的起始和原始混合时，用的语调与他谈论其他主题的是一样的，从未在哪里暗示这些话有什么题外之义。亚里士多德[3]和欧德谟斯(Eudemus)[4]都这样理解他；而且实际上，既说到运动的持续增长，又不假定这个运动 358
的起始，似乎是不可能的。另一方面，在这个问题上，辛普里丘并不比他在另一个问题上，更值得信任；在那里，他把所有实在的相互混合运用于新柏拉图主义的统一，把对立面的最初分离运用于理念世界。[5]关于表述的内在困难，阿那克萨戈拉很容易把它忽略掉，就像在他之前及在他之后的其他哲学家所做的那样。我们更有理由要问的是，我们的哲学家是否认为运动会在某一时刻停止，从而宇宙回归到它的原初状态？[6]依据最实可信的证据，他并没有在这一点上做清晰说明；[7]但从他用来描述运动逐渐扩展的语言看，[8]他似乎并没有任何关于运动停止的设想；在他的理论体系中，也没有任何与这样的概念相联的东西。在把世界带进有序状态后，νοῦς 怎么可能让它重新陷入混沌？无疑，阿那克萨戈拉

1 *Phys*. 257 b.

2 如 Ritter, *Ion. Phil*. 250 以下、*Gesch. d. Phil*. i. 318 以下、Brandis, i. 250 和 Schleiermacher, *Gesch. d. Phil.* 44 那样。

3 《物理学》viii. 1, 250b24。

4 Simpl. *Phys*. 273 a.

5 *Phys*. 8 a; 33 b sq.; 106 a; 257 b; vide Schaubach, 91 sq.

6 如 Stobaeus, *Ecl*. i. 416 所坚持的。由于他在这个方面把阿那克萨戈拉与阿那克西曼德和其他伊奥尼亚哲学家放在一起，我们必须认为他所说的是指世界的生灭更替。

7 参见第 667 页注释 4；参照亚里士多德《物理学》viii. 1, 252a10 和 Simpl. *De Caelo*, 167 b, 13（*Schol*. 491 b, 10 sqq.）。这最后一段话不能被引述来支持相反的观点，因为它只是声称阿那克萨戈拉似乎把天穹的运动和地球在中心的静止看作是永恒的。Simpl. *Phys*. 33 a 说的更明确：他认为世界是不朽的；但这是否以阿那克萨戈拉的任何明确的话做为依据，仍是可疑的。

8 参见第 665 页注释 1。

关于世界及其状态更替所说的，可能被误解并引发这样的观点。[1] 最后，
359 有人从他著作的一个含糊残篇推论说，[2] 阿那克萨戈拉相信有许多与我们的宇宙类似的宇宙存在；[3] 但在我看来，这个推测同样必须放弃。因为我们即使不重视斯托拜乌（Stobaeus）的证词 [4]——据此，阿那克萨戈拉教导世界统一的理论 [5]——由于阿那克萨戈拉自己把世界描绘为一，他必然确实把它看作是一个相互依存的整体；而这个整体也只能形成一个宇宙系统，因为原始物质团的运动出于同一个中心，并在物质的分离中，类似的部分在同一个位置聚在一起——重的下降、轻的上升。因此，这一残篇必然不是在谈论不同的宇宙，而是在谈论我们宇宙的一个
360 部分，最有可能是月亮。[6] 在世界之外，是无限蔓延的物质，它们由于不断扩展的旋涡运动，逐渐被卷入到宇宙之中。[7] 对于这一物质，阿那克萨戈拉的说法是，它处于静止当中，因为在它之外没有空间让它移动。[8]

在关于宇宙结构的理论方面，阿那克萨戈拉大多时候与更老的伊奥尼亚自然哲学家保持一致。他相信，地球在宇宙的中心静止不动，是一个扁平的圆筒体，因为它的宽度而为气所支持。[9] 天体最初在地球周围

---

1 依据 Diog. ii. 10，他认为兰萨库斯周围的山脉会在遥远的将来被海洋淹没。他很可能通过像克塞诺芬尼所做的那种观察，得出这样的猜测（Vol, I. p. 569）。

2 *Fr.* 4（10）。Simpl. *Phys*. 6 b 谈到这一点，用了复数的 *τοὺς κόσμους*，但这并没有什么重要意义。

3 Schaubach, 119 sq.

4 *Ecl*. i. 496.

5 *Fr.* 11，见第 656 页注释 1。

6 这些话（我们不清楚它们的背景）可以指我们地球的另一个部分，也可以指更早状态的地球，还可以指另一个世界。第一种情况是不可能的，我们不能说这个地球的另一个部分，同样有一个太阳和月亮；就阿那克萨戈拉持有的地球形状和上下的观念来说（见第 668 页注释 9），他不可能相信有对地（antıpodes），对他来说，这样的观察可能早就确立了。第二种情况被使用的现在时态 *εἶναι*、*φύειν*、*χρέονται* 所排除。因此，只剩下第三个可能，而且我们只能认为它说的是月亮；我们已经知道阿那克萨戈拉在其他地方说过月亮上住着人类，并称它为地球。如果它也被派配于一个月亮，那么这就表明有另一个星辰与月亮相联，就像月亮与地球相联一样。

7 见第 665 页注释 1 和第 666 页注释 1。

8 亚里士多德《物理学》iii. 5, 205b1。参照 Vol. I. p. 635 从麦里梭处引述的文字。

9 亚里士多德《论天》ii. 13，见第 598 页注释 6；《气象学》ii. 7, 365a26 以下；Diog.

做横向运动，因此我们可以看到天极总与地球的平面保持垂直。之后，地球的位置发生偏斜，也因为这一偏斜，星辰有些时候会在地球的[1]下面运行。至于天体的秩序，阿那克萨戈拉与大多数古代天文学家一致，让太阳和月亮邻近于地球；但他认为在月亮和地球之间还存在着其他我们看不见的物体：他认为这些物体，同地球的遮挡一样，是月食的原
因，[2]而日食则单独是由月亮行经地球和太阳之间导致的。[3]尽管不知道 361
太阳到底有多大，但他相信它比看上去的要大得多。[4]如我们已经看到的，他把太阳描述为一个发光的石头物质。他相信，和地球一样，月亮上有山脉和溪谷，而且居住有人；[5]他也认为它的这一类地本性能解释为什么它自己的光亮会如此的暗淡（如月食时所表明的）；[6]它平常更亮的光则来自于太阳光的反射——尽管这不是他自己的发现，[7]但他无疑是第
一个把它介绍到希腊的人。[8]至于他如何解释太阳的每年绕转和月亮的 362

ii. 8；Hippol. *Refut*. i. 8；Alex. *Meteor*. 66 b 和其他一些人在 Schaub. 174 以下所说。依据 Simplicius, *De Caelo*, 167 b, 13（*Schol*. 491 b, 10），他还把旋转的力量当作是地球静止的另一个原因；但辛普里丘在这里似乎毫无依据地把亚里士多德关于恩培多克勒所说的用于阿那克萨戈拉；参见第 541 页注释 1 和 2。

1 Diog. ii. 9；Plut. *Plac*. ii. 8；以及 Hippol. i. 8（见上册第 198 页注释 1；第 599 页注释 4）。

2 Hippol. *l. c*. p. 22；Stob. *Ecl*. i. 560，依据塞奥弗拉斯特，还有 Diog. ii. 11；参照上册第 313 页注释 1。

3 Hippol. 上引处。参照 Plut. *Nic*. c. 23。

4 依据 Diog. ii. 8 和 Hippol. 上引处，他说它更大；依据 Plut. *Plac*. ii. 21，他说它比伯罗奔尼撒大许多倍，而月亮（依据 Plut. *Fac. L*. 19, 9, p. 932）与这个岛同等大小。

5 柏拉图《申辩》26D。Diog. ii. 8；Hippol. *l. c*.；Stob. i. 550 *parall*.（见第 598 页注释 7）；Anaxag. *Fr*. 4（见第 668 页注释 2）。从 Stob. i. 564 来看，阿那克萨戈拉似乎（从其自身看这也是很可能的）把这一点与月球的外貌联系起来；依据 Schol. *Apoll. Rhod*. i. 498（参见 Schaubach, 161），参照 Plut. *Fac. L*. 24, 6，他用这样的猜测来解释 Nemean 狮子从天而降的故事：它可能从月亮而来。

6 Stob. i. 564; Olympiod. *in Meteor*. 15 b, i. 200 Id.

7 持有这种观点的，在他之前有巴门尼德，与他同时代的有恩培多克勒，见上册第 410 页注释 7 和第 541 页注释 7。前者因为这个理由在 V. 144 把月亮称作："在大地周围游荡的夜辉是个别的光"。另一方面，这 发现被错误地归属于泰勒斯（见上册第 151 页注释 1）。

8 柏拉图《克拉底鲁》409A。Plut. *Fac. Lun*. 16, 7, p. 929；Hippol. *l. c*.；Stob. i. 558；见第 666 页注释 4。依据 Plutarch, *Plac*. ii. 28, 2，智者安提丰仍然认为月亮闪耀的是

每月变化，则没有确切的资料。[1] 他认为星辰像太阳一样是发光的物质，由于它们的距离和周边事物的冷却，我们才无法感知它们的热度；[2] 像月亮一样，除了自身的光之外，它们还从太阳那里借来光亮；在这个方面，他未对恒星和行星做出区别；那些在夜晚由于地球的遮蔽而未被太阳光穿透的星辰就构成银河。[3] 它们的旋转总是从东向西。[4] 几个行星的紧密并置就产生彗星现象。[5]

阿那克萨戈拉如何解释不同的气象和自然的现象，我们这里只需简
363 要地进行列举，[6] 接着我们必须详细地考察他关于生物和人的理论。

三、有机存在物；人

如果说我们的哲学家与当时流行的观念相反，把星辰降格为没有生

她自己的光。

1 从 Stob. *Ecl*. i. 526 和 Hippol. 上引处，我们只知道它们周期性的返回是由于在它们之前的浓厚空气的阻挡；月亮比太阳回返时间更短的原因，据说是，太阳的热量热化和稀化了空气，因此在很长时间内战胜了这一抵抗。

2 Hippol. 上引处和第 666 页注释 4。

3 亚里士多德《气象学》i. 8, 345a25 和他的评注者；Diog. ii. 9；Hippol. *l. c.*；Plut. *Plac*. iii. 1, 7，见第 600 页注释 5。

4 Plut. *Plac*. ii. 16。德谟克利特持同样的观点。

5 亚里士多德《气象学》i. 6；Alex. 和 Olympiod. *ad h. l.*，见第 600 页注释 6；Diog. ii. 9；Plut. *Plac*. iii. 2, 3；Schol. in *Arat. Diosem*. 1091（359）。

6 打雷和闪电是由于以太之火撕裂云层所致（亚里士多德《气象学》ii. 9, 369b12；Alex. *ad h.l.* 111 b；Plut. *Plac*. iii. 3, 3；Hippol. *l. c.*；Sen. *Nat. Qu.* 19；参照 ii. 12，和不那么精确的 Diog. ii. 9)，与之类似的还有飓风和热风（τυφῶν 和 πρηστὴρ, *Plac. l. c.*)；冰雹来自于蒸汽，它为太阳加热，升到高处后又被冰化（亚里士多德《气象学》i. 12, 348b12；Alex. *Meteor*. 85 b, 86 a；Olymp. *Meteor*. 20, ap. Philop. *Meteor*. 106 a, i. 229, 233 Id.）；流星是高处的火由于振荡而发出的光（Stob. *Ecl*. i. 580; Diog. ii. 9；Hippol. *l. c.*）；彩虹和幻日是由太阳光线在云层中的折射导致（*Plac*. iii. 5, 11; *Schol. Venet. ad Il*. p. 547）；地震由以太进入地球的中空所致（亚里士多德《气象学》ii. 7；Alex. *ad. h. l.* 106 b；Diog. ii. 9；Hippol. *l. c.*；Plut. *Plac*. iii. 15, 4；Sen. *Nat. Qu.* vi. 9；Ammian. Marc. xvii. 7, 11；参照 Ideler, *Arist. Meteorol*. i. 587 以下）；补充河流的既有雨水，也有地下水（Hippol. *l. c.* p. 20）；尼罗河洪水是由于 Ethiopian 山的积雪的融化所致（Diodor. i. 38, &c.）。关于这些主题，参见 Schaubach. 170 以下和 176 以下。

命的物质，认为它们以纯粹机械的方式通过整体的旋转被心灵（Mind）所推动，那么在生物那里，阿那克萨戈拉承认心灵的直接呈现。“每一事物之中都存在着除心灵外的所有事物的部分，但在有些事物之中也存在着心灵。”[1]“那具有灵魂的，不管是大的还是小的，心灵都进行着统治。”[2]他无疑从未探究心灵以何种方式存在于具体事物之中的问题；但从他的整体阐释和表达方式来看，非常清楚的是，他把心灵类比于以延伸的方式存在的实在。[3]如已经表明的，他把这一实在设想为所有部分同质的东西；他相应主张一个生物的心灵只在程度上，而不在类别上，区别于其他生物的心灵：所有的心灵都是相似的，不过一个大些，另一个小些。[4]但这并不意味着他必然把精神禀赋的不同还原为肉体性结构的多样性。[5]他自己明确说到不同数量的心灵，[6]这与他的理论前设完全 364
一致。同样，当他说到人因为具有手所以是所有生物中最为明智的时，[7]他很可能并不是要否认心灵的更高秩序的价值，[8]而只是在用一种强烈的表达来表明手的价值和不可或缺性。[9]我们也不能认为阿那克萨戈拉把

---

1 *Fr.* 7，参见第 612 页注释 3。

2 *Fr.* 7，见第 658 页注释 3。从 κρατεῖν（统治）后面直接跟着的文字看非常清楚的是，这个词指向推动力量。参照亚里士多德，参见第 660 页注释 7。

3 Vide *sup*. 345 sq.

4 Cf. p. 343.

5 持这种还原论观点有：Tennemann, i. a 和 i. 326 以下、Wendt. *ad h. l.* p. 417 以下、Ritter, *Ion. Phil*. 290、*Gesch. d. Phil*. i. 328、Schaubach, 188 和 Zevort, 135 以下等等。

6 在 *Placita*, v. 20, 3 中，如是观点被归属于阿那克萨戈拉：所有生物具有的都是主动理智而不是被动理智；但他不可能说这样的话；为了表达人超越于动物的独特权力，上面的话恰好要反过来说。

7 亚里士多德《论动物的部分》iv. 10, 687a7。参照 Scyncellus, Chron. 149 c 中的诗文，那里说阿那克萨戈拉派诉诸了这句诗：“多谋的雅典娜降下毁灭的双手。”

8 Plutarch, *De Fortuna*, c, 3, p. 98 中的说法也表明了这一点：“在身体方面，野兽远胜于我们”：“但根据阿那克萨戈拉，依靠经验、记忆、智慧、技术，我们利用它们，采蜜，挤奶，拢在一起驱赶它们、带领它们。”

9 *Plac*. iv. 3, 2。在如下文献中，这个理论被更为明确地归属于阿那克萨戈拉和阿凯劳斯：Stob. *Ecl*. i. 796 ；Theod. *Cur. Gr. Aff*. v. 18, p. 72 ；cf. Tert. *De An*. c. 12 ；Simpl. *De An*. 7 b ；ap. Philop. *De An*. B. 16（阿那克萨戈拉把灵魂描述为一个自动的数）；Brandis, *Gr.- Rom. Phil*. i. 264 正确替换了 Ξενοκράτης。Cf. *ibid*. c. 5。

灵魂自身看作是某种物质性的东西，看作是气。另一方面，亚里士多德
正确地指出，他未对灵魂和心灵做出区分；[1]亚里士多德同样正确地以此
说法为基础，把阿那克萨戈拉关于心灵，即那个动力因所说的，用于之
365 灵魂。[2]心灵无论在哪里都是推动物质的东西。即使一个存在物自我运
动，这个运动也必然是心灵产生的——心灵不仅从外部机械性地推动事
物，也从内部推动事物——因此，心灵自身必然内在这样的存在物中：
它成为这一存在物的灵魂。[3]

阿那克萨戈拉甚至在植物那里也承认心灵的这一赋予生命的力量，
像恩培多克勒和德谟克利特一样，赋予植物生命和感知。[4]他依据他体
系的基本观念来解释植物的起源：认为植物的胚芽来自于气，[5]而气像其
他元素一样，是所有种子的混合体。[6]动物以相似的方式最初得以产生；[7]
泥泞的土因为包含在以太中的胚胎而孕育。[8]同样持有这一观点的，在
366 同时代有恩培多克勒，更早有阿那克西曼德和巴门尼德，之后有德谟克
利特和第欧根尼。[9]阿那克萨戈拉也在关于生殖和性别起源的理论上赞

1 《论灵魂》1, 2，见第 660 页注释 7；《论灵魂》405a13。参见第 658 页注释 3。

2 《论灵魂》404a25。

3 Cf. p. 363.

4 Plut. *Qu. N.* c. 1, p. 911；Ps.- Arist. *De Plant.* c. 1, 815a15; b16（见第 543 页注释 4 和第 607 页注释 3）。依据这同一本著作的 c. 2，他也赋予植物呼吸能力；另一方面，亚里士多德《论呼吸》2, 440b30，则只把“一切”归于“动物”。

5 Theophr. *H. Plant.* iii. 1, 4。这是否意味着植物可以这种方式被产生出来，并不清楚。依据亚里士多德《论动植物》c. 2, 817a25，阿那克萨戈拉把太阳称作植物的父亲，把地球称作动植物的母亲；但这并不重要。

6 对这个主题的论述，参见第 652 页注释 2。

7 不过它们的更高本质似乎已经在关于它们种子的起源的说法表露出来：它们不出于气和潮湿，而是出于炽热元素，以太。

8 Iren. *Adv. Haer.* ii. 14, 2。因此，Euripides, *Chrysipp. Fr.* 6（7）说：灵魂产生于以太性种子，死后回归以太，就像身体回归产生它的土一样。这并不与我们在 Hippol. *Refut.* i. 8, p. 22 和 Diog. ii. 9 中读到的相互矛盾，而是对它的完善。依据 Plut. *Plac.* ii. 8，这发生在地球平面发生倾斜之前（参见第 669 页注释 1）；阿那克萨戈拉无疑认为那时太阳可以不受打断地作用于地球。

9 参见 p. 159 以下；Vol. I. pp. 256, 601；第 602 页注释 2；Vol. I. 295。还有 Diodor. i. 7 中的阿那克萨戈拉主义者阿凯劳斯（参见下文）和欧里庇得斯。

同恩培多克勒和巴门尼德。[1]他关于动物的观念，除了所有动物都有呼吸的论断外，[2]传统没有告诉我们什么重要的东西；[3]他关于人的肉体生活的理论，我们所了解的同样如此（除了我们已经引述的东西之外）。[4]关于他认为灵魂在离开肉体后马上会死亡的说法，非常之不确定；[5]甚至他 367
是否在这个问题上表达过任何意见，都是个问题。但从他自己的理论前设看，我们必然能够得出结论说，心灵自身，像物质一样，确然是永恒的；不过精神性个体，则正相反，像肉体一样是可朽坏的。

在精神活动中，阿那克萨戈拉首要关注的是理智，正如他个人把知识看作是生活的最高目的一样（参见下文）。但尽管明确地把思想置于感觉之先，他似乎仍在研究方面更为关注后者而非前者。与日常观念相

1　依据亚里士多德《论动物的生成》iv. 1, 793b30、Philop. *Gen. An.* 81 b, 83 b、Diog. ii. 9 和 Hippol. 上引文（Censorin. *Di Nat.* 5, 4. 6, 6, 8 和 Plut. *Plac*. v. 7, 4 中有些差异的说法，不需要考虑），他认为种子由雄性单独提供，雌性只提倡种子容器；孩子的性别由种子的本性和产所决定；男孩孕育于子宫的右边，女孩在子宫的左边。参见上册第 412 页注释 3、第 545 页注释 5。Censorinus 进一步说道，他认为胎儿的大脑最先形成，因为所有的感官产生于此；身体由包含在种子里的以太性热形成（这与第 672 页注释 8 的引文完全一致），胎儿通过肚脐接受营养。依据 Cens. 5, 2，他反对他同时代人 Hippo（见上册第 191 页注释 1）的观点：种子来自于骨髓。

2　亚里士多德《论呼吸》2, 470b30。*Scholia ad h. l.*（在 Simpl. *De An. Venet.* 1527 之后）p. 164 b, 167 a。在第欧根尼那里，这一他与阿那克萨戈拉共享的理论，与关于灵魂本质的观念相联。但在阿那克萨戈拉这里情况并非如此（参见第 672 页注释 8）；但如下观点对他来说必然是显然的：为了存活，所有生物必须吸入生命的热。参见第 672 页注释 8。

3　我们只有亚里士多德《论动物的生成》iii 的说法：他认为有些动物通过嘴来交配；在 Athen. ii. 57 d，他把蛋白称作是鸟奶。

4　依据 Plut. *Plac*. v. 25, 3，他说睡眠只涉及身体无关于灵魂；为支持这一观点他无疑诉诸于灵魂在梦中的活动。依据亚里士多德《论动物的部分》iv. 2, 677a5，他（或可能只是他的学生）认为发热性疾病源于胆囊。

5　Plut. 上引处，在"究竟是灵魂还是肉体的，是睡眠还是死亡"这一标题下，继续说道："分离就是灵魂的死亡。"这一说法更加不可信，因为死只涉及身体无关于灵魂的命题，被归属于留基波；另一方面，恩培多克勒尽管相信不朽，仍然接受死亡同时相关于身体和灵魂的理论。非常清楚的是，Diog. ii. 22 和 Cic. *Tusc*. i. 43, 104（参见第 676 页注释 7）中的话得不出任何相关推论；Diog. ii. 13 和 Ael. *V. H.* iii. 2 等处的表述，如果是真实的话，看起来也只是表明他把死看作是纯粹的自然必然，而没有谈及死后的生活；但这一推论同样是不确定的。

反，他接受了赫拉克拉利特的观点，认为不是类似之物，而是相反之物，产生感觉。他说，相同种类的事物不能相互产生印象，因为不能导致变化；只能是不相似的相互作用，出于这个原因，每一感觉都与某种
368 厌恶相联。[1] 他相信，他对几个感官的考察会为他的理论提供主要证明。我们能够看得见，是因为对象在眼球中的反射：依据阿那克萨戈拉，这一反射并不在颜色上类似于对象，而是与之不同；当眼睛是黑色的时，我们能够在白天事物被照亮的时候看见它们；在有些事例中情况则相反。[2] 触觉和味觉类似；我们只能从比我们身体更热或更冷的对象那里接受到热和冷的印象；我们通过身体中的苦感觉到甜，通过身体中的淡感觉到咸。[3] 因此，我们以相反者闻和听到相反者；对嗅觉更严格的解释是，它出自于呼吸；对听觉的则是，音调通过颅骨的孔穴传播到大脑。[4] 对所有的感官来说，阿那克萨戈拉相信，越大的器官越能接受越大的和
369 远的对象，更小的器官只能接受更小的和近的。[5] 至于感觉对 νοῦς 的分享问题，他似乎没有表达任何明确的意见，只是假定，νοῦς 是理解的

1 Theophr. *De Sensu,* 1："关于感觉有很多意见，一般而言有两种。因为一些人主张根据相似，另一些人主张根据相反"，属于前者的有巴门尼德、恩培多克勒和柏拉图；属于后者的是阿那克萨戈拉和赫拉克利特。§ 27："阿那克萨戈拉根据相反的东西来生成感觉；因为相似的东西不受相似的东西的影响；而他试图就每一种感觉进行列举。"在这一点得到详细揭示之后，他在 § 29 继续说道："所有的感觉都伴随着痛苦；(类似的，见 § 17) 他可能认为这是紧跟着前提而来的。因为所有不相似的东西在接触时都招致了痛苦"，就像我们在这些特别强烈和持久的感官印象中清楚看到的。参见第 498 页注释 1。

2 Theophr. *l. c.* § 27.

3 上引书 28（参照 36 以下），那里这样说道：感觉随"每一种东西的欠缺"而来。比较 p. 338 以下从阿那克萨戈拉引述的最后命题与上册第 406 页注释 3 引述的巴门尼德的命题和第 547 页注释 3 引述的恩培多克勒的命题。

4 上引书涉及听觉和音调，其他作家还告诉我们一些进一步的细节。依据 Plut. *Plac.* iv. 19, 6，阿那克萨戈拉相信声音的起因是：从说话者而来的气流碰击着浓厚的空气并返回耳朵；他同样以这种方式来解释回声。依据 Plut. *Qu. Conv.* viii. 3, 3, 7 以下和亚里士多德《问题集》，他认为气随着太阳的热的振荡运动而振动，就像我们在太阳光中的微尘那里看到的那样；噪音是这一振动的结果，我们在晚上听得比在白天更清晰。

5 Theophr. *l. c.* 19 sq.

主体，而感官只是感觉的器官。[1]

但如果感觉以肉体性器官的本性为前提，我们就不能期望它能够揭示事物的真实本质。每一物体性事物都是最为不同的要素的混合；那么有什么对象能在它那里得到最为纯粹的反映？只有精神是纯粹和非混合的：只有它能够分离和区别事物；只有它能够为我们提供真实知识。对此阿那克萨戈拉给出这样的事实证明：我们不能感知在一个物体之中混合着的细小原子，也不能感觉一个状态变成相反状态的逐渐转变。[2]但我们不能认为，他由此否定了所有知识的可能性，[3]或宣称所有的现象都是同等正确的，[4]因为他自己表达了完全独断性的确信；我们不能像亚里 370
士多德那样，从万物混合的理论，得出他否认矛盾律的结论；[5]因为他的观点不是，相反的性质属于同一事物本身，而是不同的事物密不可分地相互混杂在一起；后来作家做出的推论，正确地或错误地来自于并不属于他的命题。他确实认为感官是不充分的；他承认它们只能在事物的本质上给我们提供不完善的指导；但他也从现象出发，论证它们的隐匿原因，[6]也确实依据这一路径，而非其他路径，得出他的自己理论；而且由于创造世界的心灵知道一切，寓于人之中的部分心灵必然分享了它的这一知识。当人们

1　Theophrastus, *De Sensu,* 38 中的话表达的似乎就是这个意思。他说 Clidemus（参见下文）认为耳朵并不自己接受对象，而是把感觉传送给 *νοῦς*，“不像阿那克萨戈拉把心灵作为一切的本原”。

2　Sext. *Math*. vii. 90。进一步的理由——感官并不能识别事物的构成成分——在第 613 页注释 1 和下面说法（*Plac*. i. 3, 9; Simpl. *De Caelo*. 286 b, 40; *Schol*. 513 a, 42）中被提到：所谓的 *ὁμοιομερῆ*（同素体）不是通过感官被感知，而是由理性独自把握。

3　Cic. *Acad*. i. 12, 44.

4　亚里士多德《形而上学》iv. 5, 1009b25，如果传统说法是正确的，那这段话无疑只是要表明，当我们从不同的立场来看待事物时，事物会对我们表现出不同的意思。世界的进程是与我们的意愿一致，还是与之相反，依据我们具有的是正确的还是错误的世界理论。也参照 Ritter, *Ion. Phil.* 295 以下。Gladisch, *Anax. u. d. Isr*. 46 以阿那克萨戈拉的话提出的变更，及他对此给出的解释，几乎不需要反驳。

5　《形而上学》iv. 4, 5, 17, 1007b25，1009a22 以下；1012a24，xi. 6, 1063b24 ；Alex. *in Metaph*. p. 296, 1 Bon. 684 a, 9 Br。

6　见第 613 页注释 1。

说他宣称理性就是标准的时，[1] 这确实是真的，尽管不是严格意义上的。他无疑从未尝试对思想的本质和特性进行任何精确的定义。[2]

371 几乎可以肯定，人的道德生活并不被阿那克萨戈拉包含在他科学探究的领域之内。在一些孤立的表达中，他确实把对宇宙的沉思描述为人的最高目的，[3] 并谴责日常生活观念的肤浅；[4] 对他品性的记述，表明他是一个真诚而又温和的人，[5] 大度地看待外在财物，[6] 在不幸面前也表现得相

372 当坚毅；[7] 但我们不知道属于这个部门的科学准则，[8] 甚至文章提到的主张都不取自我们哲学家的著作。

他对宗教也未做更多的研究。对他的指控确实出于他的无神论，即

1 Sext. *Math*. vii. 91.

2 这一点我们必然能从残篇对此的沉默及所有的他人证词得出：甚至 Philop. *De An*. C 1, 7 也没有把亚里士多德式的定义归属于这位哲学家本人，即："严格而言的心灵是就思维而言的"，"心灵相对于事物中那些单纯的对立，或者知道，或者不知道"；他只是在讨论他的理论时运用了它们。

3 《欧德谟斯伦理学》i. 5, 1216a10（其他的参见第 648 页注释 2）说（以"他说"开头）阿那克萨戈拉对生命为什么具有价值这一问题的回答是："为了思考天和整个宇宙的秩序"。Diog ii. 7。他把天穹称作是他的家园，要么是因为他的兴趣，要么是因为第 672 页注释 8 提到的论灵魂起源的理论；或者同时指这两者，意思是说，我们灵魂来自的天穹是灵魂最有价值的研究对象。

4 《欧德谟斯伦理学》i. 4, 1215b6。

5 Cic. *Acad*. ii. 23, 72 赞扬他庄重和高贵的举止；Plut. *Per*. c. 5 把伯里克利著名的严肃感归功于他与阿那克萨戈拉的交往；Aelian, *V. H*. viii. 13 说他从未在公众场合大笑；另一方面，Plut. *Praec. Ger. Reip*. 27, 9, p. 820 和 Diog. ii. 14 中的轶事——在临死前，他不要求任何荣誉，只是希望孩子们能在他死的周年纪念日里有一个假期——表明他亲切和和蔼性情。

6 参照第 648 页注释 2 关于他忽视自己财产所说的。Tert. *Apologet*. c. 46 中的中伤是最不可信的。Themistius, *Orat*. ii. 30 C 使用了尽人皆知的"更公正的阿那克萨戈拉"。

7 依据 Diog. ii. 10 以下，他对他被判决的消息的回答是（不过 Diog. ii. 35 也把这用于苏格拉底），"其实很早之前自然就已经判处了雅典人和他自己的死刑"；对"他失去了雅典人"的评论，他的回答是："不，是他们失去了我"；对他将被迫死于流放的安慰的回答是："从哪里到地狱都是同等的距离"（这也出现在 Cic. *Tusc*. i. 43, 104 中）；对他儿子死亡消息的回答是："我早知道他们生下来就是要死的"。最后一个回答也被 Plut. *Cons. ad. Apoll*. 33, p. 118、Panaetius ap. plut. *Coh. Ira,* 16, p. 463 E 和其他一些人提到，但同样被用于梭伦和色诺芬，参见 Schaubach, p. 53。

8 Clemens, *Storm*. ii. 416 D 中的说法（被 Theod. *Cur. Gr. Aff*. xi. 8, p. 152 复述），无疑只来源于《欧德谟斯伦理学》（见第 676 页注释 3）。

否认城邦的神，[1] 但这一指控只依据于他关于太阳和月亮的理论：至于这些理论与流行信仰之间的关系，他无疑从未表达过什么意见。他对他同时代人习惯看作是奇迹和预兆的现象的自然主义解释，大概是同样的情况。[2] 最后，据说他是第一个从道德角度解释荷马神话的人；[3] 但看起来在这方面他似乎被错误地给予了本属于他学生的，[4] 特别是梅特洛多罗的荣誉；[5] 因为如果说对诗歌的寓意解释完全符合希腊智者时期的口味的话，373
那道德解释是最不合阿那克萨戈拉的口味的：他对伦理学没有什么关心。我们可以冒险这样说他：在探究中，他完全把自己局限于物理学。

四、阿那克萨戈拉与他前辈的关系；他的理论的特征和起源；阿那克萨戈拉学派：阿凯劳斯

我们已经发现，就恩培多克勒和德谟克利特、麦里梭和第欧根尼而言，在公元前五世纪的历史进程中，不同哲学学派和它们的理论之间越来越出现更为活跃和重要的相互影响。阿那克萨戈拉不过是进一步支持我们的发现的例证。这位哲学家似乎了解并运用了大多数古代理论：只有毕达哥拉斯主义，他如此地远离它，以至于我们在他的理论体系中找不到任何它的影响，不管是多么间接的，甚至哪怕是两个体系间偶然性的一致。另

1　参见第 650 页注释 2 所引作家；Iren. ii. 14, 2 因为这个理由说阿那克萨戈拉，他的别名叫 Atheus。

2　例如 Diog. ii. 11 中受到许多讨论的 Aegospotamos 的石头，Plut. *per*. 6 中的只有一只角的公羊。

3　Diog. ii. 11。Heraclit. *Alleg. Homer*. c. 22, p. 46 与此没有联系。

4　Syncell. *Chron*. p. 149 C。参见第 671 页注释 7。

5　关于梅特洛多罗（他也在 Aelx. *Meteorol*. 91 b 和 Simpl. *Phys*. 257 b 中被当作阿那克萨戈拉的学生提到，在柏拉图《伊翁》530C 中被说成是荷马史诗的严肃解释者），参见 Tatian. *C. Graec*. c. 21, p. 262 D。我们完全可以补充 Tatian，把战斗中的英雄们解释为纯粹的符号性个人；依据 Hesychius（Ἀγαμέμ），梅特洛多罗确实把阿伽门农解释为以太。但是一般来说，正如我们从 Tatian 的指责中可以看到的那样，他并不把寓意解释运用于荷马史诗的人类形象。

374 一方面，在他关于原初对立的理论之中，[1] 在他的天文学理论中，[2] 在他关于地球形成 [3] 以及生物起源的观念中，[4] 伊奥尼亚自然主义者的影响都清晰可见；他关于万物混合和物质无限所说的，让我们想起阿那克西曼德和阿那克西美尼；尽管在具体细节上没有与赫拉克利特理论的醒目联系，[5] 但他的整个体系直指对现象——赫拉克利特比任何哲学家就更加倾向于承认它的真实性——和变化——万物都要遭受的——的解释，直指对变化导致的多样性的解释。我们还可以更清楚地发现埃利亚理论对他的影响的痕迹。巴门尼德关于生成和毁灭不可能的命题，构成了他整个体系的出发点。在不相信感觉，否定存在着虚空，[6] 和其他一些物理理论上，他与这同一位哲学家保持着一致；[7] 唯一成问题的只是，这些理论是直接从巴门尼德那里传到他手上的，还是通过恩培多克勒和原子论者的中介。

如已经发现的，阿那克萨戈拉与他的这些同时代人（伊奥尼亚主义者和埃利亚主义者）紧密结盟。这三个理论体系都直面于解释宇宙的形
375 成、存在的生成和个体产生、现象的变化和多的难题，但前提是，不承认绝对的生成和毁灭，不承认原始物质的性质变化，不放弃巴门尼德否认这些进程可能性的理论的任何部分。最后的结果是，他们都采取了这样的权宜之计：把生成还原为实在的结合，把毁灭还原为实在的分离，认为实在本身是非派生的和不灭的，它们在这种变化进程中，只是发生位置和空间关系的改变，而不是质的改变。但在更为明确的界定上，三个体系开始出现不同。为了使派生性事物的多可以得到理解，他们必然都会主张原始实在的多；但恩培多克勒把基本的性质看作是实在；留基

1 P. 355，参见上册 p.250 和第 184 页注释 2。

2 P. 360, cf. Vol. I. p. 237 sq.

3 P. 356，参见上册 p.255 和第 171 页注释 3。

4 P. 365 sq.

5 但他关于感觉的理论（见 p. 367 以下），似乎显现出赫拉克利特的影响。

6 见第 658 页注释 1。里特尔（i. 306）认为这可能不受埃利亚主义的影响，在与原子论者或毕达哥拉斯主义者的争论中产生出来；但考虑到阿那克萨戈拉主义和巴门尼德主义理论在整体上的相互依赖性，在我看来这个说法没有什么可能。

7 参见第 672 页注释 8、第 673 页注释 1 和第 674 页注释 3。

波和德谟克利特只把属于每一物体事物本身的普遍的性质看作是实在；阿那克萨戈拉则把具体物质的性质看作是实在。为了解释自然之中不可胜数的差异和派生事物的结构，恩培多克勒认为四元素以无限多样的比例混合，原子论者认为同质物质被分割成无限数量的不同形状的原始物体，而阿那克萨戈拉则说无数的实在能够进行最为多样的混合。因此，原始实在被恩培多克勒设想为在数量和种类上有限但无限可分的；被原子论者设想为在数量和形式上无限但不可分的；被阿那克萨戈拉设想为数量和种类上无限且无限可分的。最后，为了解释运动——派生事物的 376
所有生成以之为依据——恩培多克勒在四元素上增加两动力因；但由于它们纯粹的神话形式，与运动的自然原因相关的问题仍未得到解答。原子论者在重量那里找到运动的纯粹自然原因；为了使这能产生无限多样的运动，他们在原子之间引入虚空。阿那克萨戈拉确实感到有必要引入推动力量；但他并不在神话想象中，在自然和实在之外寻找这一动力，而是把精神或心灵看作是自然的统治者和物质的推动者。

在进一步运用自己的原理解释自然时，阿那克萨戈拉也在许多方面赞同恩培多克勒和德谟克利特。三人都开始于原始实在的混沌混合，然后说世界通过旋涡运动从混沌中产生，在这一物质团中自我生长。在他们的宇宙观中，阿那克萨戈拉和德谟克利特之间几乎找不到一个重要的不同。德谟克利特把三个低等元素看作是最为不同种类的原子的混合，阿那克萨戈拉则在元素中普遍看到所有种子的混杂。[1] 在诸如黄赤交角[2]，植物的生命本质[3]，生物从地球粘泥起源等理论上[4]，三位哲学家都保持着一致；恩培多克勒和阿那克萨戈拉也在关于胎儿的 377
产生和发育问题上有一致的观念；[5] 无论如何，他们在这些理论中的第

1　比较第 585 页注释 1 和第 652 页注释 2；亚里士多德对这两者使用了同样的表达："所有种子的混合"。

2　参见第 542 页注释 4、第 600 页注释 3 和第 669 页注释 1。

3　见第 551 页注释 6、第 607 页注释 3 和第 672 页注释 4。

4　见第 672 页注释 8 和第 672 页注释 9。

5　见 p. 162 和第 673 页注释 1。

一个和最后一个上的一致如此地显著，我们很难认为这种一致只是出于偶然。

但是，尽管我们可以确切地说，以上提到的哲学家不仅在理论上相互联合，而且在历史上确实有相互的影响，但要确定他们中的哪一个最先提出了他们共同持有的观点，却并不容易。阿那克萨戈拉、恩培多克勒和留基波是同时代人，传统并没有告诉我们是谁第一个发表他的理论。亚里士多德确实在一段著名的话中说阿那克萨戈拉年岁上长于恩培多克勒，但著书比他晚。[1]但这是在说他的理论出现得更晚，还是在说他的理论更为成熟，更或者在说他的理论更不完善，并不容
378 易分辨。[2]如果我们试图确定这些学说的内在关系问题，我们很有可能会被拉向两个相反的方向。一方面，阿那克萨戈拉从精神派生运动的观念，看来应该比恩培多克勒的神话性派生，或原子论者的纯粹物质

1 《形而上学》i. 3, 984a11：*Ἀναξαγόρας δὲ...τῇ μὲν ἡλικίᾳ πρότερος ὢν τούτου, τοῖς δ᾽ ἔργοις ὕστερος*。

2 对这段话做以上三种解释都是可以的。就第一种而言，即使 Breier（*Phil. d. Anax.* 85）的说法是对的：*ἔργα* 不能指称著作、全集，我们也能把这段话译为："他成就在后。"此外，更晚者一般来说更成熟更完善，*ὕστερος* 也可在这种意义上使用。亚里士多德在 c. 8, 989b519 确实这样说到阿那克萨戈拉：如果我们演绎他理论的结论，"他也许会显得持论更为现代……他表达了某种接近于后人所讲的东西"；这与我们的《论天》iv. 2, 308b30 的文本更为一致："虽然他们比现在的一辈更老，他们却思考现在所说的东西。"另一方面，*ὕστερον* 也可指在价值上比它物更劣的东西。参见亚里士多德《形而上学》v. 11, 1018b22："因为那在潜能上优越的在先"，和 Theophrast. ap. Simpl. *Phys*. 6 b，那里逆向使用了同一表达来言说柏拉图："柏拉图出生在这些人之后，在观点和潜能上是在先的，而在时间上是在后的。"Alexander, p. 22, 13 Bon. 534 b, 17 Br 对这段话提供了这种解释。如此来理解的话，那这段话就包含一种修辞的而非逻辑的对立；因为从事实角度看，更晚的观念更不完善也没有什么好奇怪的；但如果塞奥弗拉斯特确实如此表达的话，那亚里士多德可能用同样的话说同样的意思。与之相反，如果我们把 *ὕστερος* 理解为更成熟的，那就会产生这样的问题（亚历山大如是提醒我们），在我们文本关注的原始实在的问题上，亚里士多德不可能把阿那克萨戈拉的学说，置于比他自己追随的恩培多克勒的更高的位置。但情况可能是这样的：在说 *τοῖς ἔργοις ὕστερος* 时，亚里士多德想到的是阿那克萨戈拉的整个学说，相比更早的哲学理论，他确实在这个学说中发现了一个本质的进步，而他这个说法不过试图解释他为什么要把阿那克萨戈拉，尽管年岁更高，直接排在恩培多克勒之后。

解释，更晚一些；因为精神观念不仅是被引入哲学的一个新的和更高的原理，而且这一原理与后来的哲学发展主要相联；与之相比，恩培多克勒的推动力概念接近于神话式宇宙起源论，原子论者则没有超出前苏格拉底的唯物主义。但另一方面，恩培多克勒和原子论者的理论在关于原始实在的问题上，似乎比阿那克萨戈拉的理论更为科学；因为阿那克萨戈拉把派生物的性质直接置于原始实在之中，而其他两个理论试图通过诉诸于它们的基本的和原子性的构成来解释这些东西：
因此，原子论者的理论更为彻底，因为他们不满足于获得感官可感知 379
的实在，而是从更为原始的存在，个别性和共同性地派生它们。这会促使我们相信原子论者比阿那克萨戈拉更晚，而恩培多克勒无论如何也不会更早；正是阿那克萨戈拉的自然解释的不充分，导致他们放弃把精神作为与物质并列的独立原则，转而建构一个统一的和严格的唯物主义理论。[1]

但前一种观点在理据上仍然更占优势。首先，我们已经表明，[2]恩培多克勒熟知巴门尼德的诗篇，他从这里获得了关于生成和毁灭不可能的观点的理论来源。如果我们在这同一主题上对比阿那克萨戈拉的言论，[3]我们会发现它们的思想和表达都与恩培多克勒的确切一致，但没有类似的与巴门尼德对应诗篇的联系。因此，恩培多克勒的语言预设了对巴门尼德的熟悉，能够依据这一熟悉得到解释，无需从阿那克萨戈拉那里获得任何帮助；反过来，阿那克萨戈拉的观点可依据他熟悉恩培多克勒诗文的假设得到充分的理解：在这里没有什么东西表明了与巴门尼德的直接联系。三个理论体系的这种关系表明，恩培多克勒极为可能是第一个
从巴门尼德关于生成不可能的理论那里得出如是结论的人：所有的生成 380
不过是实在的结合，所有的毁灭不过是实在的分离；而另一方面，阿那

1　Cf. p. 293 sq.

2　P. 195 sq., 161 sq.

3　见第 651 页注释 1、2 和 3；比较 Emped. v. 36 以下，40 以下，69 以下，89，92（参见第 520 页注释 1 和第 521 页注释 1、第 521 页注释 2 和 3 及第 522 页注释 1）。

克萨戈拉是第一个从恩培多勒那里借来这个理论的人；这个推测还可以得到这样的证实：我们会发现，相比于阿那克萨戈拉的其他前设，它与恩培多克勒的其他前设更为一致。因为把生成等同于混合，把毁灭等同于分离，对于一位把元素性实在看作是最初原理，认为具体事物纯粹由它们混合而成的哲学家来说，一位把结合力量看作是真实神圣和有益的，把所有物质的相互混合看作是最为神圣和完善的状态的哲学家的来说，必然是非常容易的；与之相反，如果我们像阿那克萨戈拉那样，把具体的实在看作是最为原始的，把它们的原始混合看作是无序的混沌，把混合实在的分离看作是精神和神圣本质的独特作用，那么做出上面的那种等同就没有那么容易。在前一种情况下，个体存在的生成必然首先源自于基本实在的分离，其次来自于它们的结合；而它们的毁灭必然产生于它们对原始混合状态的回归。[1] 在阿那克萨戈拉
381 的其他理论中，特别是在他关于感觉所说的话中，他似乎有时与恩培多克勒冲突，有时又表现出受他的影响。[2] 我们由此可以认为，恩培多克勒的哲学观念在阿那克萨戈拉的之前被发表，而阿那克萨戈拉利用了它们。

对于原子主义学派的创始人来说，同样可以这么说。德谟克利特确实看起来从阿那克萨戈拉那里借用了很多东西，特别是在他的天文学观念中，在这里，他与阿那克西曼德和阿那克西美尼的更老理论紧密联合。[3] 阿那克萨戈拉则相反，当他通过物理实验详细地反驳虚空理论时，似乎涉及到留基波。当他明确地支持世界统一理论，反对原始实在的分

---

1 Steinhart（*Allg. L. Z.* 1845, Novbr. p. 893 sq.）相反认为个体从结合和分离产生并不与恩培多克勒的四原始实在的理论一致；它只能是这种理论的有机部分，在其中，物理性元素不是最单纯的。但如果不是一个复合之物从另一个简单之物生成，那什么是混合？因此，如果万物都产生于相互混合，那最单纯的实在必然就是最原初的；事实上所有的机械论自然主义者，除了阿那克萨戈拉之外，都因为这一理由而持这种观点，直到今天，也不例外。

2 参见第 674 页注释 1 和第 674 页注释 3；比较第 547 页注释 3。

3 参见第 668 页注释 9、第 669 页注释 1 和第 678 页注释 2；p. 248 以下。

割时，[1]除了原子论哲学外，他不可能想到的是其他对手。在所有学派中唯一可能指向的毕达哥拉斯学派，对虚空概念的理解完全不一样；而这一概念的更老反对者，巴门尼德和赫拉克利特——他们都在原子论理论之前——并未对之进行详细驳斥。原子论哲学似乎最初导致了人们对虚空的可能性的严肃讨论。[2]当阿那克萨戈拉评论说，[3]不存在着“最小的”， 382
因为存在不可能被分割消灭时，他无疑谈到的也是原子论哲学；因为直接支持不可分割物体理论的论断就是：事物会消亡于无限分割；这一点实际上最早由芝诺提出，虽然他对此进行了不同的使用。阿那克萨戈拉对盲目命运的否认，[4]被认为也与原子论者相关——尽管不那么确定：没有其他理论更为适合。我由此认为，留基波必然在理论方面先于阿那克萨戈拉，而阿那克萨戈拉对它进行了直接的关注。这在年代上是完全可能的，如我们在讨论中[5]已经看到的。[6]

阿那克萨戈拉理论的独特哲学价值主要在于他的 *νοῦς* 理论上。但 383
他的物质观如此地与 *νοῦς* 理论紧密相联，以至于两者只能互为前提。

1　参见第 658 页注释 1；*Fr.* 11，见第 656 页注释 1。

2　Cf. p. 306.

3　见第 657 页注释 5，参照 p. 218；Vol. I. 614。

4　见第 659 页注释 6，比较 p. 238 以下。

5　对此进一步的支持可以在论著 *De Melisso,* c. 2, 976 a, 13 中被找到。依据最为可能的读法，尽管它部分依据猜测，那里我们被告知说：*καὶ γὰρ ὅμοιον οὕτω γέγει τὸ πᾶν εἶναι, οὐχὶ ὡς ἄλλ...τινὶ*（得到 Beck 赞同的 Mullach 的补遗是：*ἄλλοι ἑτέρῳ τινὶ*，我的猜测是：*ἄλλῳ ὅμοιόν τινι*）*ὅπερ καὶ Ἀναξαγόρας*（Beck 正确地用阿那克萨戈拉代替 *Ἀθηναγόρας*，这可在 *Cod. Lips*. 中被找到）*ἐλέγχει, ὅτι ὅμοιον τὸ ἄπειρον τὸ δὲ ὅμοιον ἑτέρῳ ὅμοιον, ὥστε δύο ἢ πλείω ὄντα οὐκ ἂν ἓν οὐδ᾽ ἄπειρον εἶναι*。在我看来，这些话的意思只能被理解为：阿那克萨戈拉反对无限者是 *ὅμοιον*（同质的）的理论，Mullach 的解释：阿那克萨戈拉指出无限与它自身相似（依据 *Fr.* 8，见第 658 页注释 3，就 *νοῦς* 是无限的，同时是 *πᾶς ὅμοιος*〔全部同质的〕而言），引入了一种多余的、与上下文无关的理论；此外也与 *ἐλέγχειν* 冲突；因为这个词尽管不仅可以用指“驳斥”，也可用来指“证明”，但它总是指向一个驳斥反对意见的证明。尽管作者没有明确地说阿那克萨戈拉反对麦里梭关于 *ἄπειρον*（无限者）本质相同的理论，但他的话仍然可以这样来理解：“只要阿那克萨戈拉把原始物质在量上的无限看作是与异质性部分完全一致的，那么甚至阿那克萨戈拉也反对 *ἄπειρον* 必然同质的观点。”

6　P. 306.

物质自身，按照他对它在精神发生作用之前的原始状态中的描述，只能是无序的和静止的物质团；因为所有的运动和分离都必然来自于精神。但物质依旧必然包含着派生性事物的所有构成要素；因为精神不能创造新的事物：它只是分离已经存在的东西。反过来说，精神所以必需，是因为物质自身是无序和不动的，物质的活动也局限于实在的分离，因为它们已经被设想为在自身中包含着一切确定的性质。两个理论中的一个直接在另一个中被要求，以至于我们完全不能询问哪个更早哪个更晚；因为这一物质概念只能以一个非物质性的、在它之外以这种特定方式起作用的动力因的存在为前提，而这样一种动力因也只在物质本性被如此设想时才能出现。对两者的界定同等地原始：它们不过表明精神和物质对立的两面，正如阿那克萨戈拉设想的那样。如果我们询问我们的哲学家如何会想到这一对立，那么我们当前的讨论已经给出了一个回答。[1]
古代的物理学只承认物质自然。但阿那克萨戈拉不满足于这一物质自
384 然，因为他不知道如何依据这样一种自然的动力因来解释宇宙的美和目的，特别是当他从巴门尼德、恩培多克勒和留基波那里获知，物质实在是一种非派生的和不可变化的东西，不能从内部发生运动，而只能由外机械推动时。因此，他把精神从物质中区别出来，当作是动力和秩序的原因；当他发现，所有的秩序以无序之物的分离为前提，所有的知识以辨析为前提时，他这样界定精神和物质的对立：他说，精神是分离和区别的力量，因此它自身是单纯和非混合的；物质则是绝对混合和复合之物：这个定义与传统的关于混沌的观念紧密相联，更近则与恩培多克勒和原子论者关于宇宙原初状态的理论紧密相联。但是，如果物质确实最初是万物的混合，而推动力量的作用在于分离它们，那么作为确定实在的事物，必然已经包含在原始物质之中，如此，取代元素和原子的所谓的同素体就被引入进来。

因此，阿那克萨戈拉理论的基本概念，可以毫无困难地被解释为这

---

1 P. 345.

样一种产物：它部分来自于更早的和同时代的哲学家的理论，部分来自
于会直接和自然地出现在它创始者头脑中的考虑。如果是这样，那我们
就完全可以放弃对这一理论的其他来源的寻找：古代甚至有从神话性巫 385
师赫尔谟提穆斯（Hermotimus）那里，[1] 或东方智慧那里 [2] 为其寻找起源
的尝试；但这些尝试完全是没有依据的。就东方学说对阿那克萨戈拉的
影响而言，传统未给我们提供任何值得信赖的证据，阿那克萨戈拉理论
的本质也只表明这种影响是绝无可能的。[3] 赫尔谟提穆斯则明显不是在 386
历史上真实存在的阿那克萨戈拉的同时代人，不过是更早的神话中的人
物，只在后来作家的无益想象中才与阿那克萨戈拉关联在一起。[4] 因此， 387

1　亚里士多德《形而上学》i. 3, 984b18。Alexander, &c. *ad. h. l.*（*Schol. in Ar*. 536 b）、Philop. *ad h. l. p. 2*; ap. Simpl. *Phys*. 321 a、Sext. *Math*. ix. 7 和 Elias, *Cret. in Greg. Naz. Orat*. 37, p. 831（in Carus, *Nachg. W.* iv. 341）中说了同样的话，但除了亚里士多德的这一文本外没有提到其他的文献。

2　第 648 页注释 2 提到的说法属于这类：阿那克萨戈拉游历了东方，特别是埃及；Gladisch（*Die Rel. und die Philosophie Anaxag. und die Israeliten*）的假设，和古代一些把他与犹太主义联系起来的做法，一样同属此类。

3　我们已经在第 648 页注释 2 中看到，支持阿那克萨戈拉游历埃及的文献如何地成问题。它们没有哪个早于公元四世纪；甚至 Valerius Maximus 也没有谈到埃及游历，只是说长时间游历，使阿那克萨戈拉的土地荒芜，很有可能作者说的是阿那克萨戈拉在雅典的居留，或没有任何明确所指。即使他提到埃及是这次游历的目的地，他的证言也很容易被驳斥；第欧根尼（ii. 10）以我们哲学家之口说出的关于 Mausolus（他死于第 19 届奥林匹亚赛会期间，即他的坟墓建成前 76 年）坟墓的格言，也很难构成什么支持。如果人们主张说，从阿那克萨戈拉时代以来，强烈倾向于把他们在知识上的伟大相联于埃及的希腊人，不可能在知道我们哲学家有过埃及之行的情况下，却对它毫不提及，那我们只能从所有文献对此的完全沉默中得出结论说，没有人知道有这次游历。针对 Gladisch 的假设，我在 Vol. I. p. 36 已经就其一般的前提和总的结论给出了我的意见。在那里他受到指责的倾向，即为迎合武断的联系而对事实进行解释的倾向，在当前事例中同样存在。例如，他不仅从旧约圣经的教义中推演出物质预先存在的理论（p. 19，亚历山大里亚的《智慧之书》与其他证词放在一起，被当作是完全有效的证据），也推演出阿那克萨戈拉式的同素体理论（p. 48）；反过来，又从阿那克萨戈拉（如第 664 页注释 1 已经表明的那样）那里，用极其不充分的推理，得出犹太式的宇宙统治的观念。旧约圣经关于神言直接创造世界的教义，被看作是与阿那克萨戈拉关于 *νοῦς* 最初推动物质并以纯粹机械方式产生万物的理论，在所有本质方面"完全相同的"（p. 43）。以这样一种方式确立的对应主义，得不到任何历史观念的支持。

4　古代人关于赫尔谟提穆斯的说法（Carus, *'Ueber die Sagen von Hermotimus,' Nachg.*

我们可以丢弃所有这类猜想，把阿那克萨戈拉的理论看作是先前哲学发展的自然产物。同时它也是这一发展的自然结果。因为如果在精神中发现一种自然自身以之为前提的更高原理，没有它自然的运动及它的秩序和目的都得不到解释，那么自此之后就会产生这样一种要求：自然的这一更高原因也需要得到承认；由此片面的自然哲学走向终结，精神与自然一起，甚至先于它，成为研究的对象。

阿那克萨戈拉的学派自身并没有走向这条道路。我们确实必须提到梅特洛多罗的寓意解释中的智者主义；[1] 但另一方面，阿凯劳斯(Archelaus)，[2]

Werke, iv. 330 以下对此有最为完整的收集，更早的收集在 *Fullcborn's Beitrage* 中）有三种。第一种是我们已经从亚里士多德等人那里引述过的；第二种则说赫尔谟提穆斯具有这样一种神圣的能力：他的灵魂经常长时间地离开他的肉体，并在返回肉体后带来遥远事物的信息；当他的敌人利用这一情况烧毁了他的肉体后，他似乎就死去了。Pliny, *H. N.* vii. 53、Plut. *Gen. Socr*. c. 22, p. 592 和 Apollon. Dysc. *Hist. Commentit*. c. 3 都有如此记载。但这三个文献明确依据于同一来源（很可能是 *Theopompus*；参见 Rohde, *Rhein. Mus*. xxvi. 558）；Lucian, *Musc. Enc*. c. 7、Orig. *c. Cels*. iii. 3 和 Tert. *De An*. c. 2, 44 补充说，克拉佐门尼的居民在赫尔谟提穆斯死后给他塑立了一个神龛。第三种说法是 Heracleides 在 Diog. viii. 4 以下提到的，这里赫尔谟提穆斯被看作是毕达哥拉斯的灵魂在先前的漫游中寓身的人物之一；Porph. *V. Pyth*.、Hippol. *Refut*. i. 2, p. 12 和 Tert. *De An*. 28, 31 复述了这一说法。这一说法指涉我们正在讨论的赫尔谟提穆斯几乎没有什么疑问，尽管 Hippolytus 错误地称他为萨摩斯人。由于在这些说法中赫尔谟提穆斯都作为一个遥远时代的神话人物出现，很明显亚里士多德提到的说法必然缺乏任何历史的依据；更别说那个甚至把赫尔谟提穆斯看作是阿那克萨戈拉的老师的现代作家了（参见 Carus, 334, 362 以下）。这一说法无疑起源于神话，试图在与这位古老预言家相关的灵肉分离中，发现与阿那克萨戈拉区分心灵和物质的类似。德谟克利特可能是这一解释的始作俑者，参照 Diog. ix. 34。如 Rohde 上引书表明的，我们可以在印度发现类似的传说；这个故事，像其他神话和我们关于动物的寓言一样，很可能正起源于那里：不管我们认为它是由希腊人的远古祖先从他们的亚洲故地带来的，还是从更远的亚洲传给沿海的伊奥尼亚人的。

1　见第 677 页注释 5。

2　阿凯劳斯，Apollodorus 的儿子，或依据其他人，Myson 的儿子，被大多数作家描述为雅典人，但也有一些人说他是米利都人（Diog. ii. 16; Sext. *Math*. vii. 14, ix. 360; Hippol. *Refut*. i. 9; Clemens, *Cohort*, 43 D; Plut. *Plac*. i. 3, 12; Justin, *Cohort*, c. 3; Simpl. *Phys*. 6）。他经常被说成是阿那克萨戈拉的学生（除了刚才所引作家外，参见 Cic. *Tusc*. v. 4, 10、Strabo, xiv, 3, 36, p. 645、Eus. *Pr. Ev*. x. 14, 8 以下和 August. *Civ. D*. viii. 2）。依据 Eusebius 上引处，他是在兰萨库斯的阿那克萨戈拉学派的第一个主持者，在 Clem. *Strom*. i. 301、Diog. *Proaem*. 15、Eus. xiv. 15, 9 和 Aug. 上引处被称作是阿那克萨戈拉的继承人，并从那里迁居到雅典。克莱门斯依据同样的假设，

我们唯一有一些了解的阿那克萨戈拉的学生，[1]仍然忠诚于他导师的物理 388
主义倾向，同时试图缓和他的二元论，在某种程度上更接近古代的唯物 389
主义物理学。但即使对他我们也了解很少。我们被告知说，他在最终因上赞同阿那克萨戈拉；也像他一样，主张有无限数量的同素体的细微物体，万物通过机械性的结合和分离从它们产生，而且认为这些实在原初

或对文献的粗心使用，似乎得出一个令人震惊的结论（Diog. ii. 16; cf. Schaubach, *Anax*. 22 sq.）：他第一次把物理学从伊奥尼亚移植到雅典。但最有可能的是，这些说法中的第一个和第二个纯粹是从假想的"继承"联系推出来的。参见第 650 页注释 2。同样的说法必然也对如下说法产生了影响（Cic., Sext., Diog., Simpl. *l. c.*; *Io Aristoxenus und Diokles* ap. Diog. ii. 19, 23, x. 21; Eus. *Pr. Ev*. x. 14, 9, xiv. 15, 9, xv. 62, 8; Hippol. i. 10; Galen, *H. Phil.* 2, &c.）：苏格拉底是他的学生。但这不是历史性的传统，而只是独断的猜测，证明其不可能性的，不仅有色诺芬、柏拉图和亚里士多德的沉默，还有这两位哲学家的理论的联系和苏格拉底的哲学特性（Cf. Part II. a, 47 sq., 3rd ed.）。关于阿凯劳斯的理论的记载，可能会让我们猜想这些理论是在其著作中得到阐释的。Diog. v. 42 提到的塞奥弗拉斯特论他的一本书，很可能只是更大一部著作的部分。辛普里丘上引处谈到的似乎是塞奥弗拉斯特的 *Physics*，而不是这一著作。

1　阿那克萨戈拉学派（*Ἀναξαγόρειοι*，柏拉图《克拉底鲁》409B；Syncell. *Chron*. 149 C；*οἱ ἀπ' Ἀναξαγόγου*，Plut. *Plac*. iv. 3, 2——Schaubach, p. 32 所引文字中的 *οἱ περὶ Ἀν* 不过是个诠释）有时被未加任何说明地提到。我们已经在 pseudo-Hippocrates, π. *διαίτης* 看到（p. 70 sq.）它的影响的一个痕迹。柏拉图《高尔吉亚》的一个评注者（p. 345, Bekk.）把智者波卢斯称作是阿那克萨戈拉主义者；但这明显是来自于 465D 的一个不合理的推论。关于 Clidemus，Philippson 把他看作是阿那克萨戈拉学派成员的说法，在我看来也是可疑的（*Υλη ἀνθρ*. 197），尽管我不能赞同 Ideler（*Arist. Meteorol*. i. 617 sq.）把他看作恩培多克勒追随者的观点。更可能的情况是，这位被塞奥弗拉斯特（*H. Plant.* iii. 1, 4）在阿那克萨戈拉和第欧根尼之后，又在他们之间（*De Sensu*. 38）提到的、可被看作是第欧根尼和德谟克利特同时代人的自然主义者，没有确定的哲学理论，不过从事于具体问题的研究。亚里士多德《气象学》ii. 9, 370a10 说他认为闪电只是光的现象，像运动中的水的闪光一样。Theophrastus, *H. Ph.* 上引处说，他认为，构成植物和动物的是同一种实在，只是前者更不纯粹和温热；更冷的植物在冬天开花，更热的动植物在夏天开花（*Caus. Plant*. i. 10, 3）。同一个作者（同上 iii. 23, 1 以下）提到他关于播种最佳时期的观点，（V. 9, 10）葡萄树疾病的观点；最后他告诉我们 Clidemus 在感官知觉上发表的几个观点。单独这一点就表明 Clidemus 并不与阿那克萨戈拉分享同样的哲学观念；确实也没有任何地方从哲学的角度谈到他。他不是那个名叫 Clidemus 或 Clitodemus 的历史人物（Muller, *Hist. Gr.* i. 359 sqq.），但被 Meyer, *Gesch, d. Botanik*, i, 23 以下和其他一些人误作此人，这一点已经在 Kirchner, *Johrb. f. Philol. Suppl. N. F*. vii. 501 以下得到证实。

相互混合在一起；也区分精神和物质，把精神当作是统治物质的力量。[1]
但所有实在的原初混合被他设想为就像气一样（在这里他接近阿那克西
390 美尼和老伊奥尼亚学派），[2] 而气在阿那克萨戈拉那里，尽管被看作是不
同种类的原始实在的混合，仍然只是原始物质的一部分。[3] 进而，在阿
那克萨戈拉强烈主张精神的非混合本性时，阿凯劳斯据说把精神看作
是与物质相混的东西；[4] 因此，他的本原是被精神赋予了活力的气，这个
本原类似于阿那克西美尼和第欧根尼的，但不同的在于它的二元结构。[5]
他同样赞同这两位哲学家，把原初混合的第一次分离描述为稀疏和凝
聚。[6] 在这一最初分离中，热和冷被分开，如阿那克西曼德，以及阿那
克萨戈拉，已经教导过的；[7] 但是，由于原初混合已经被宣称为气，阿凯
劳斯（这里不同于阿那克萨戈拉）把派生事物的两个首要物质称作火
和水。[8] 效法他的导师，他把火看作是主动元素，把水看作是被动元素；
由于他试图依据纯粹物理的方式通过它们的联合作用来解释宇宙的形
成，看起来这些物质基础就是宇宙的最终原因，而精神与之没有什么关
391 系。但这不可能是阿凯劳斯的意思；[9] 他无疑像阿那克萨戈拉一样认为精

1　Simpl. *Phys*. 7 a（追随塞奥弗拉斯特）（最后一句话也出现在 *De Caelo*, 269 b, 1; *Schol. in Ar*. 513 a）。Clem. *Cohort*. 43 D。Aug. *Civ. D*. viii. 2。Alex. Aphr. *De Mixt*. 141 b 说：阿那克萨戈拉和阿凯劳斯认为"同素体……是一些无限的物体，可感物的生成出自于它们，按照混合和结合而生成"，因此他们都可以置于这种人物之列：认为万物的混合体是由实在性分离的物质构成的物质团。Philop. *De An*. B 16 说，阿凯劳斯属于"那种说万物被心灵所推动的人"。

2　借助这一理论——在下文中得到证实——阿凯劳斯认为气是原始物质的说法，在我看来，很容易与其他的一些记载联合起来。参照 Sext. *Math*. ix. 360 和 Plut. *Plac*. i. 3, 12（与 Justin, *Cohort*. c. 3 末完全相同）。

3　参见第 666 页注释 1。

4　Hippol. *l. c*.

5　Stob. *Ecl*. i. 56 至此可能是正确的："阿凯劳斯认为气和心灵是神"，即他可能把气和精神描述为永恒的和神圣的。

6　Plut. *Plac*.；参见第 688 页注释 2。

7　Vide Vol. I. p. 250 and Vol. II. p. 355.

8　Plut. *Plac. l. c*.，Diog. ii. 16。Herm. *Irris*. c. 5。Hipplo. *l. c*.。参照柏拉图《智者》242D。但对阿凯劳斯的指涉并不确定。

9　参见前注和 Stob 上引处："然而心灵不创造世界"。

神在原始的无限物质中产生一个旋涡运动，并通过旋涡运动最初分离出热和冷，再后所有其他的事物自然地形成。

在物质的分离中，水聚在中间；由于热的影响，水部分蒸发上升为气，部分凝缩成为土；从土产生星辰，它们是地球的分离部分。地球只是宇宙非常小的一个部分，由于气保持在原地做旋转运动，气则由于火做旋转运动。依据阿凯劳斯，地球的表面必然向中心挤压；因为如果它完全是平的，那太阳就不会在所有地方同时升起和落下。星辰最初围绕着的地球横向旋转，地球由于它更高的边缘，处于持续的阴暗之中；只是在天穹的倾斜发生之后，太阳的光和热才作用于地球，把它蒸干。[1]
在所有这些观念中，很少有能区别阿凯劳斯和阿那克萨戈拉的东西；[2]就 392
我们所知的而言，阿凯劳斯同样在关于生物的观念上类似于阿那克萨戈拉。所有生物的生命原因是精神，[3]阿凯劳斯似乎把它与呼吸的气相联。[4]它们最初产生于太阳的热：这从地球粘泥中产生不同种类的动物，它们从粘泥吸收营养并只活了很短一段时间；随后，两性繁殖开始出现，人类由于他们的技艺和生活方式超越于其他生物之上。[5]我们未被告知他关于人和动物的其他理论，但似乎可以合理推测，在这些方面他也追随阿那克萨戈拉，并像阿那克萨戈拉和其他前辈一样，特别关注于感官的

1　以上观点来源于 Hippol. 上引书和 Diog. ii. 17，但前者文本多有讹误，后者的传统读法在意思上完全令人难以接受。

2　参照 p. 355 以下和 p.360。阿凯劳斯（参见第 670 页注释 6）也在地震的解释上（在 Sen. *Qu. N.* vi. 12 中）赞同阿那克萨戈拉。

3　Hippol. *l. c.*：*νοῦν δὲ λέγει πᾶσιν ἐμφύεσθαι ζῴοις ὁμοίως. χρήσασθαι γὰρ ἕκαστον καὶ τῶν σωμάτων ὅσῳ τὸ μὲν βραδυτέρως τὸ δὲ ταχυτέρως*（他说，类似地心灵内在生长于一切动物之中。因为每一个物体都用到那样一种一方面是迟钝的一方面是灵敏的东西）。我们无疑应当以 *χρῆσθαι* 来取代 *χρήσασθαι*，而且取代 *τῶν σωμάτων ὅσῳ τῷ σώματι ὁμοίως* 这些晦涩的话，如里特尔（*Ion. Phil.* 304）所建议的。

4　我推测这部分出于前文讨论过的他关于精神的一般理论，部分出于第 671 页注释 9 所引证词。依据这个理论，被归属于阿那克萨戈拉的那个观点很容易得到解释。

5　Hippol. *l. c.*。同样的话也部分出现在 Diog. ii. 16 中；参见第 672 页注释 8。对这一传统的一个误解似乎导致了 Epiphanius, *Exp. Fid.* 1087 a 中的这样一个说法：阿凯劳斯认为所有事物来源于地球，因此他把地球称为“万物的开端”。

393 活动。[1] 关于他相信存在着无限数量的世界的说法，[2] 无疑基于误解。

有些作家认为阿凯劳斯在物理学之外也从事伦理学探究，而且在这方面是苏格拉底的先驱。[3] 更有人说他试图，不在自然中而在习俗中，寻找公正和邪恶的起源。[4] 但这些说法源起于这样的假设：苏格拉底的那个所谓的老师不可能毫无伦理哲学；然后就在原本完全是另一种意思的段落中寻找对这种假设的支持。[5] 从亚里士多德的沉默来看，阿凯劳斯不可能在伦理学领域取得过任何重要的成就：亚里士多德一次也没有提到过他。

但尽管阿那克萨戈拉学派，像阿那克萨戈拉一样，依旧献身于物理
394 探究，他引入物理学的那个新的原理仍然使一个崭新的研究方向的出现成为必然；由此他也被直接相联于那个标志着更早哲学的终结和向科学思想新形式转变的现象，也即智者观念的兴起。

---

1 Diog. ii. 17 似乎有对此的一个简短暗示：*πρῶτος δὲ εἶπε φωνῆς γένεσιν τὴν τοῦ ἀέρος πλῆξιν*，但那里的 *πρῶτος*（第一个）是不正确的，参见第 674 页注释 4。

2 Stob. *Ecl*. i. 496，参见上册第 606 页注释 8。

3 Sext. Math. vii. 14; Diog. ii. 16.

4 Diog. *l. c.*

5 无论如何，在第欧根尼那里关于动物产生与公正和邪恶起源两个命题的显著联合，会引我们猜想他的表述完全来自于阿凯劳斯的著作，就像第 689 页注释 5 从 Hippolytus 所引文字那样。在那里阿凯劳斯只是说，人最初没有法律或道德，只是在时间进程中获得它们；而后来的作家则从此得出智者式观点：正当与邪恶并不基于自然。里特尔对此命题的解释是（*Gesch. d. Phil*. i. 344）："世间的善与恶出于对世间原初种子的分配（*νόμος*）。"但在我看来，这个解释不可能是对的：*νόμος* 的这个意义得不到他举出的任何类比的支持。此外，第欧根尼确实只在日常意义上理解他引的这句话。

第三部分

希腊智者

第七章

希腊智者[1]

一、智者理论的起源

直到公元前五世纪中叶，哲学仍然局限于很小的圈子：爱好科学的人以物理理论的创始者和代表人物为中心聚集在一些城邦里。科学的探究只关注于自身，很少与实践生活发生关联。只有少数人感受到理论教导的必要性，但使科学成为公共财产、把道德和政治活动建立在科学文化基础之上的大规模尝试仍未被做出。即使毕达哥拉斯主义也不能被看作是这样一种尝试；首先，因为它只对毕达哥拉斯团体的成员有教化影响；其次，因为它的科学并不直接关涉实践生活：毕达哥拉斯主义道德 395
是一种流行宗教；毕达哥拉斯主义科学则相反是物理学。一般说来，关于科学文化决定实践能力的原则，对古代人来说是完全陌生的。

与此同时，在公元前五世纪，各种因素的交汇改变了这一状况。希

---

1 Jac. Geel. *Historia cirtica Sophistarum, qui Socratis aetate Athenis floruerunt*（*Nova acta literaria societ. Rheno-Traject. P. Il.*）Utr. 1823；Hermann, *Plat. Phil*. pp. 179-223, 296-321。Baumhauer, *Disputatio literaria, quam, vim Sophistae habuerint Athenis ad aetatis suae disciplinam mores ac studia immutanda*（utr. 1144），一本费心劳力的作品，但没有得出重要的结论；Grote, *Hist. of Greece,* viii. 474-544，由于它的重要意义，我会经常提到它的讨论；Schanz, *Beitr. z. vorsokrat. Phil. aus Plato, 1. H. Die Sophisten*. Gott. 1867；Siebeck, *Ueb. Sokrates Verh. z. Sophistik; Untersuch. z. Phil. d. Gr.* 1873, p. 1 以下；Ueberwge, *Grundr*. i. § 27。

腊人由于希波战争和格隆（Gelon）对迦太基人（Carthaginians）的征服而获得的强大推动力，在其随后的影响中，也必然深刻地影响了希腊的科学，以及科学和城邦在整体上的关系。借助于高贵的热忱和所有个体罕见的献身，这些非凡的成就才得以获得：骄傲的自恃，对行动的朝气蓬勃的追求，对自由、荣耀和权力的热切渴望，都是它们的自然产物。传统的体制和民族习俗，对于一个在各个方面都扩展着的自身的国家来说变得太过狭窄：古老的政体形式，除了在斯巴达（Sparta），无处能够面对时代的精神维系自我的根基——古老的习俗，甚至在斯巴达，也不能如此。冒着生命危险追求国家独立的人，不会容忍他们的利益在国家公务活动中受到伤害；在大多数城邦的最为理智化的行动中，[1] 民主势力
396 开始执掌政权，并最终轻易地把法律最后保留下来的障碍撇开。由于其辉煌的功绩而成为希腊民族生活的统治中心的雅典，自伯里克利以来也越来越把科学力量与城邦成就在自身当中联结起来的雅典，最为显著地走在这条道路上。其结果，是各个领域的令人难以置信的飞速发展，是积极的竞争，是所有能力的欢快展现；所有这些，因为自由而被尽情释放，在伯里克利伟大天才的主导下，走向它的最高目的；因此，这个城邦能在仅仅一代人的时间内就达到成功和权力的高峰，荣耀和文化的高峰，历史上还没有能与之媲美的。随着文化的发展，对个体的要求自然提高，传统的教育手段不再能满足这一需要。到那时为止，教育还局限于音乐和体育，再加上一些基本的技艺；所有进一步的教育都留给了非系统化的生活实践和亲人同胞的个体影响。[2] 甚至对政治家来说不可或缺的政治知识和演说技艺，也通过同样的方式获得。这一教育方法也确实取得了辉煌的成果。从这一实践经验学校走出了 位位伟大的英雄和政治家，用诗人的话说——埃庇哈尔穆斯和品达（Pindar）的、西蒙尼德（Simonides）和巴基里德斯（Bacchylides）的、埃斯库

1 特别是在雅典及她在叙拉古的同盟国和其他的西西里殖民城邦。

2 Vide Vol. I. p. 77.

罗斯（Aeschylus）和索福克勒斯（Sophocles）的——一座人类实践智慧和洞见的、纯粹道德原理和深刻宗教观念的富饶仓库，以其最完善的形式，让所有人从中受益。但只是因为人们已经走了这么远，他们才发现还必须走得更远。只有更高的品味和理智的教化，例如可以通过习惯 397
的方式获得的那些，已经普遍地深入人心，希望成就卓越的人才会在他周围寻找更新的东西。如果通过政治的活动和多方面的交流，所有人都能够敏锐地把握事物间的联系，惯于迅捷地判断和果断地行动，那么就只有特殊的训练才能让某些个体获得决定性的优势；如果所有人都能够欣赏语言的优美和表达的精微，那么演说就要求受到比以前更为技艺化的对待；由于公民大会的大权独揽，演说的当下魅力和效果越来越重要，这一技艺性雄辩的价值也相应地越受看重。正因为此，在西西里才独立于希腊智者，几乎与他们同时，兴起了科拉克斯（Corax）的修辞学校。但时代要求的不只是对修辞学方法的引进，还有关于事物在实践中的，特别是在政治生活中的，价值的科学指导；如果伯里克利不反对从与阿那克萨戈拉和普罗泰戈拉的交往中获得对自身高雅的领导精神的滋养，那这一科学文化的门徒们会更为自信地期望通过对辩证法的恰当使用——这对于善于接受的头脑来说已经不是难事——去发现日常伦理观念的缺陷和矛盾，并由此获得优越的自我意识，即使它反对着最有技能和经验的人的实践。[1]

哲学，就其早期的片面的物理化倾向而言，不能满足这一需要；但 398
它自身已经发展到其形式必然要发生改变的阶段。哲学从对外在世界的思考开始；但正如赫拉克利特和巴门尼德已经表明的，而之后的所有其他体系赞同的那样，感官不能在事物的本质方面对我们有所教导。这些哲学家并未因此就不把解释自然看作是自己的本职工作：他们希望借助于理性去发现那向感官隐藏着自身的东西。但在理智思想及其对象区别于感觉和可感对象的明确特性得到更为严密的探究之前，这一假设的合

1 参照伯里克利和阿尔基比亚德之间的那个引人注目的对话，Xen. *Mem*. i. 2, 40 以下。

理性依据是什么？如果思想同感觉一样，依据身体和外在印象的本性活动，[1] 那么说一个比另一个更值得信任，就不那么好理解；所有早期哲学家从他们不同的立场出发反对感官所说的，就指向了对人类认知能力的普遍反对。如果除了物质性存在外别无它物，那么埃利亚主义者的怀疑和赫拉克利特的原理就适用于所有的实在。他们通过揭示矛盾来反对多的存在的论证，来源于存在的可分性和在空间上的广延性：一的存在也会受到这同一理由的质疑。赫拉克利特曾说，除了理性和宇宙法则外无
399 物不变；但完全也可以说宇宙法则像构成它的火一样必然是可变的——我们的知识，和与之相关的事物及它所处的灵魂一样，是可变的。[2] 简言之，古代的物理学在它的唯物主义之中包含着自我毁灭的萌芽。如果只有物质性的东西存在，那万物都具有广延性和可分性，所有的呈现都起源于外在印象对肉体灵魂的作用，起源于感觉；因此，如果可分存在的实在和可感现象的真实，因之受到否认，那么真实和实在就在整体上遭到否定，一切就都被归结为主观的表象；如果对事物的可知性持这样的信念，那么追求对它们的认识的努力必然同样走向终结。

物理学这般间接地为思维倾向的改变扫清了道路，而这一改变的倾向则直接地从外作用于物理学。尽管我们可能不应该过于强调这样的事实：后来的物理学家与更早的相比，给予了人的研究更多得多的关注，而德谟克利特作为智者的同时代人，也在更大程度上从事着伦理问题的探究；但我们无论如何必须把阿那克萨戈拉的精神理论看作智者理论的直接先导，或更为确切地说，看作是甚至在希腊的世界理论中也
400 发生着的那种变化的最清晰的显示。阿那克萨戈拉的 νοῦς 确实不是人类心灵自身；当他说 νοῦς 统治万物时，他的意思并不是人由于具有思想而把万物置于自己的权能之下。但他确实无意识地创造了这种心灵概

1　Vide Vol. I. p. 602; Vol. II. pp. 79, 171.

2　本章第四节将表明，这样的结论确实可从埃利亚主义者和赫拉克利特的理论推出。关于赫拉克利特，这已经在第 515 页注释 1 得到表明；关于原子论者，参见 p. 314 以下。

念，尽管它还被看作是一种自然之力，但就其本质而言它与人类心灵没有什么区别。随之而来的是，当其他人把阿那克萨戈拉关于精神所说转移到人类心灵——这是我们唯一体验到的精神——上时，他们只是在他开创的道路上前进了一步——他们把阿那克萨戈拉的 νοῦς 还原到它事实的基础上来，确立了一个对另一些人来说必然站不住脚的前设：他们承认世界是思想性本质的作品；但由于这个世界对他们来说只是主观的现象，创造世界的意识就成为人类意识，人就成为万物的尺度。智者观念并不直接产生于这样的反思。普罗泰戈拉的最初出现，无论如何不能被置于阿那克萨戈拉理论的发展之后，我们所知的智者，也没有哪个与这一理论有明确的联系。但一般而言，这一理论向我们表明对待外在世界的思维模式的改变；在此之前，自然的壮丽使人不可自抑地沉迷于其中，忘我地赞美于它，但人如今在自身发现一种不同于所有物质性事物的力量，安排和统治着物质世界；精神对他来说成为某种比自然更高的东西；为了能够专注于自己，他从自然的研究中脱身而出。[1] 401

很难期望这会以正确的方式直接发生。与伯里克利时代的文化和辉煌一并出现的是日益增长的古老纪律和道德观的懈怠。强大城邦毫不掩饰的利己主义，它们对弱小城邦的专制暴行，即使获得成功，也削弱了公共的道德；无休止的内部争斗，极大范围地激发了敌意和仇恨、贪婪、野心，以及诸如此类的所有情感；人们开始习惯于各种各样的侵犯，首先是对公共权利的，然后是对私人权利的；所有自我扩张政策导致的灾祸都在最为强大的城邦——例如雅典、斯巴达和叙拉古(Syracuse)——中得到应验：一个城邦对另一个城邦的权利的随意践踏，摧毁了它自己公民对权利和法律的尊重。[2] 当个体会为追求荣誉而暂时献身于公共自私的目的时，他们也就会在相反的方向上运用这同样的自

1 在实践片面性和抽象主体性方面，与阿那克萨戈拉和智者之间的这种关系相类似的关系，后来还可以在亚里士多德和后亚里士多德哲学之间被找到。参照 Part. III. a, 13 第二版。

2 关于这一点，参照 Part. II. a, 23 第三版。

我主义原则，为着自己的利益而牺牲城邦的利益。[1] 此外，由于大多数
402 城邦中的民主政治逐渐把法律的所有限制弃置一边，最为激进的民众政府和公民平等的观念开始形成；不尊重任何习俗和礼节的放肆在四处滋长，[2] 法律的持续变更似乎也证实了这样一种观念：法律并不出于内在的必然，而只是暂时执掌权力者的一时想法或利益的表现。[3] 最后，不断发展着的文化自身必然会日益消解道德和宗教信念为自私设定的限制。对自我国家体制的无条件的赞美，在文化的一个确定阶段自然而然的直接观念——所有的事物必然是我们习惯认为的那样——在更为广阔的世界观和历史观，以及对人类更为敏锐的观察出现之前，必然会消亡。[4] 因为人一旦习惯于询问事物的原因，传统习俗自然就会失去它的神圣性；而当一个人感到自己在理智上优于一般民众时，他就不会再去敬奉一个在无知大众看来神圣不可侵犯的法律。面对增长着的启蒙，关于诸神的古老信仰同样不能维系自身；宗教的仪式和诸神自身不过是城邦习俗性的产物；此外，古老神话包含太多与更为纯粹的道德观念和新生洞
403 见相冲突的东西。甚至艺术也在破坏信仰。完善的造型艺术使人认识到诸神不过是人类心灵的产物：艺术确实证明人类心灵能够从自身创造神圣模型，并自由地控制它。[5] 但对传统习俗和宗教来说更为危险的还是诗歌的发展，特别是最有影响力和最为流行的诗歌种类——戏剧——的发展。不管是喜剧还是悲剧，戏剧的整体基础，是责任与权利、观念与利益之间的冲突，是传统习俗与自然法则之间的、信仰与理性思考之间

1 柏拉图的卡里克勒斯给出的（《高尔吉亚》483D）、后来被 Carneades 在罗马重复的关于智者式个人主义理论最有说服力的理由是，在政治活动中，人们只按这些原则行事。

2 这里雅典再次是个典型；事实自身不需要证明；参见《理想国》viii. 557B 以下和 562C 以下的精湛描述。

3 关于这一点，参见后文谈到智者的公正和法律理论时的引证。

4 例如参见 *Herod.* iii. 38。

5 艺术，甚至于宗教艺术，最为繁盛的时期，似乎一般出现在某种形式的信仰开始发生动摇而它的转变已做好准备的时代：我们只需想想公元五世纪和六世纪的艺术家们就足够了。

的、精神创新与崇古守旧之间的、百花齐放与单一正确之间的矛盾对抗，简言之，是种种道德关系和责任的辩证对立。[1] 这一辩证对立越是得到充分的自我展现，诗歌就越从对道德整体的高尚关注下降到私人生活领域；诗歌越是以对性格和动机的敏锐观察和细致解析（以欧里庇得斯〔Euripides〕的方式）为荣，诸神就越是屈从于人类的标准，它们的神人同形同性的本质的缺陷也就越是显露无遗——如此，诗歌也就越是不可避免地助长了道德怀疑，破坏了古老的信仰，并以其纯正和高昂的
话语，传播着在道德上轻佻和危险的东西。[2] 如果所有人都放弃了古老 404
的立场，以肆意嘲弄所有曾被看作为神圣的东西为乐，那再去倡导古老的德性，再像阿里斯托芬（Aristophanes）那样抱怨现代人的德行，又能有什么用？这整体时代充斥着革新和发展的精神，没有哪个阶层有能力与之对抗。

哲学不可能不受这一精神的影响。与之相联系的本质要点已经在自然主义者的体系中出现。当巴门尼德、赫拉克利特、恩培多克勒、阿那克萨戈拉和德谟克利特一致性地对自然与传统习俗、真实与人类传统进行着区分时，只需要再进一步把这一区分运用于人类实践领域，就能得出对道德和法律的智者式的消极理解。当这些哲学家中的不少人表达着对人类的无知和愚蠢的轻蔑时，如是的结论就不会太远：愚昧大众的意见和法律不能约束有智慧之人。在宗教方面，这样的宣告早就被做出。克塞诺芬尼大胆而有力的批判对流行信仰造成的冲击，从未被消除。赫拉克利特与他站在一起，充满激情地反对着宗教诗人和他们的神话。这
样一种甚至得到毕达哥拉斯的宗教学派、预言家恩培多克勒推崇的更为 405
纯粹的关于神的观念，在哲学外部，也在神话想象的绚丽发展中闪耀着光芒——时时出现在像品达、埃斯库罗斯、索福克勒斯和埃庇哈尔穆斯这样的诗人的诗篇中。更为严谨的自然主义者，例如阿那克萨戈拉和

---

1 Part II. a, 4，第三版。

2 公元前五世纪希腊诗歌的特色，在本书第二部分的序言中有详细探讨。

德谟克利特，最终则对他们城邦的信仰采取了完全独立的态度：可见的神，太阳和月亮，在他们看来不过是无生命的物质；至于世界的主宰力量是被交付给盲目的自然必然性，还是一个思想性的精神，流行信仰中的神是被完全弃于一边，还是被转换成德谟克利特的 εἴδωλα（影像），就其与现存宗教的关系而言，没有什么重大的区别。

但对于我们讨论的主题来说，比以上所有这些更为重要的是早期哲学的整体特性。所有会导致怀疑主义思维模式产生的要素，同样必然摧生着道德怀疑主义；一般而言，如果真理由于感官的欺骗和现象的流变不为人所知，那么道德真理必然同样如此。如果人是万物的尺度，那么他同样是该做和不该做之事的尺度；如果我们不希望所有人以相同的方式设想事物，那么我们同样不能期望所有人在行动上遵循同一个法则。唯一能避免这一怀疑主义结论的是这样一种科学方法，
406 它能够通过联合看起来相反的事物来调和矛盾，能够辨别本质的和非本质的，能够发现在变化现象和人类无常行为之中的不变法则；苏格拉底正是以这样方式把自己和哲学从智者的错误中挽救出来。而这恰恰是早期哲学家失败的地方。从有限的观察出发，他们一时把事物的这个性质，一时把事物的那个性质，排他性地看作他们的第一原理。甚至那些试图把一与多、存在与生成的对立原理结合起来的哲学家，也即恩培多克勒和原子论者，也未能超越关于世界的片面的物理观和唯物主义理论；尽管阿那克萨戈拉补充以精神来完善物质原因，但他仍只把精神看作是一种自然之力。古代哲学家思维路径的片面性，不仅导致他们不能反对让这些偏颇观念彼此对抗又彼此取消的对立，而且会在思维的进程中必然被迫接受于它。如果坚持存在的多，埃利亚主义者又证明存在为一；如果主张存在是一，那么正如导致后来自然主义者超出埃利亚理论的考虑所揭示的：与存在的多一起，事物的所有的具体性质也必须一并放弃。如果不变之物被看作是思想的对象，赫拉克利特又强调现象持续变化的普遍经验。如果承认它们的可变
407 性，那又要克服埃利亚主义者就生成和存在提出的异议。如果自然是

探究的对象，那对精神更高重要性的新觉醒的意识又要求探究者转变他的方向。如果道德责任是要确立的目标，那在意见和习俗的旋流中又找不到不变的支点，自然法则似乎只存在于对这一反复无常的辩护之中，存在于主观愉悦和利益的主导之中。这一对所有科学和道德确信的怀疑，在苏格拉底那里开始走向终结：苏格拉底表明不同的经验如何既辩证性地相互对抗，又联结在普遍的概念之下，而这教导我们要去认识在事物偶然性质的变化之中存在着的不变本质。对此方式还一无所知的早期哲学家无法承受它的批判——他们的偏颇理论彼此消解着对方。因此，在希腊生活的各个方面得以完成的变革也掌控了科学，哲学变成智者主义。

二、智者外史

第一个被提到[1]以智者身份出现并自许为智者的人是普罗泰戈拉，[2] 408
阿布德拉人。[3]此人的活动几乎跨越了公元前五世纪的整个后半叶。他

1 Frei 在他的 *Quaestiones Protagoreae*（Bonn, 1845）一书中对普罗泰戈拉有最为充分的阐释；O. Weber, *Quaestiones Protagoreae*（Marb, 1850）和 Vitringa, *De Prot. Vita et Philos.*（Gron. 1853）不过是对它的肯定和细节上的补充。至于更早的作家，Geel. *Hist. Crit. Soph*. p. 68-120 是不重要的；Herbst 在彼得森的 *Philol.-Histor. Studien*（1832）中的专文（pp. 88-164），包含许多材料，但处理得相当粗略；Geist, *De Protagorae Vita*, Giessen, 1827 局限于对普罗泰戈拉生平的简要讨论。

2 自柏拉图以降的所有作家都说他是阿布德拉人（《普罗泰戈拉》309C；《理想国》x. 600C）。依据 Diog. ix. 50 等处，Eupolis 把他另称为 Teian，但这只是表达上的差异。阿布德拉人也被称作是 Teians，因为他们的城邦是 Teos 的殖民城邦。在 Galen, *H. Phil*. c. 8 中，不是埃利亚的普罗泰戈拉，应替代为米洛斯的狄亚戈拉斯。普罗泰戈拉的父亲有时被称作是 Artemon，有时是 Maeandrius，还有 Maeandrus 或 Menander；参见 Frei, 5 以下和 Vitr. 19 以下。

3 在柏拉图《普罗泰戈拉》316B 以下，他自己说智者技艺古已有之，但先前从事这门技艺的人以其他名称来伪装自己。与此相关的还有 349A。（这后一个说法在 Diog. ix. 52、Philostr. *V. Soph*. i. 10, 2 和柏拉图《大希庇亚》282C 等处被复述）《美诺》91E 提到智者的某些先辈，但这不指适当意义上的智者，而是指先前在《普罗泰戈拉》316 以下谈到的人。

409 生于公元前480年，或更早一些，[1] 30岁以后[2]开始周游希腊各个城邦，以向所有力图获得实践能力和更高精神教养的人提供教导来获取报酬；[3]

---

1 与大多数古代哲学家一样，普罗泰戈拉的生卒日并不确定。Diog. ix. 56 中的 Apollodorus 置他的鼎盛期于第 84 届奥林匹亚赛会期间（公元前 444—前 440 年）。他比苏格拉底老许多，这可从以下资料得知：柏拉图《普罗泰戈拉》317C 说他可以做在场所有人的父亲（尽管这个评述并不是确有所指）；《普罗泰戈拉》318B，《泰阿泰德》171C；柏拉图的苏格拉底经常把他当作已死的人谈论（《泰阿泰德》164E 以下，168C，D，171D；《美诺》91E；参见《申辩》19E），而《美诺》上引处说他活到近 70 岁。至于他的卒年，《美诺》中的话"到今天为止依然没有什么阻止他的声誉"表明他是很久以前的人物；如果 Philochorus 在 Diog. ix. 55 中的说法是正确的话：死于公元前 406 或 407 年的欧里庇得斯在 *Ixion* 提到他的死，那他就不可能活到公元前 408 年以后。这个说法不会与 Sext. *Math*. ix. 57 中的 Timon 的诗句冲突，赫尔曼（*Zeitschr. f. Alterthumsw*. 1834, p. 364）和 Frei, p. 62 等已对此做出证明。关于他的控告人 Pythodorus 是四百人集团成员的说法（Diog. ix. 54），表明对他的指控很可能发生在四百人集团统治时期，尽管从以上作家的说法看这不是必然结论；另有人（见第 702 页注释 3）把 Euathus 说成是他的控告人。其他支持关于他在四百人集团统治时期被控告的观点的文献（参见 Frei. 76 和 Weber, 19 以下），并不十分确定。关于他活到 90 岁的说法（ἔνιοι，在 Diog. ix. 56 和 *Schol. ad Plat. Rep*. x. 600C）——与柏拉图的证词相矛盾，但也得到 Apollodorus（ap. Diog. ix. 56）支持——不值得关注。依据以上证据，推测（Geist, 8 sq.; Frei, 64; Vitringa, 27 sq.）他生于公元前 480 年死于公元前 411 年，不会使他显得太老；他的出生年很可以更确切地定在公元前 481—前 482 年（Diels, *Rh. Mus*. xxxi. 44）；另一方面，Schanz 上引书 23 说他生于公元前 490—前 487 年死于公元前 420—前 417 年，则无疑太过。参照 Frei, p. 13 以下和 Weber, p. 12 的详细探讨。

2 依据柏拉图《美诺》91E 和 Apollod. ap. Diog. ix. 56，他从事智者职业有 40 年。

3 见第 702 页注释 1 和第 704 页注释 1；柏拉图《泰阿泰德》161D 和 179A。Diog. ix. 50, 52 和 Quintil. iii. 1, 10 等处（Frei. 165）说他索取的报酬（为整个课程）为 100 米那，Gell. v. 3, 7 则说是每年获得巨额财富。这个数额无疑被极大地夸大了，尽管《普罗泰戈拉》310D 说他索取相当多的报酬。依据柏拉图《普罗泰戈拉》328B 和亚里士多德《尼各马可伦理学》ix. 1, 1164a24，他确实收取一定数额的学费，但最后会让他的学生在教导结束后自己决定给多少，如果他觉得费用太高的话。在 Gell. v. 10、Apul. *Floril*. iv. 18, p. 86 Hild.、Diog. ix. 56 和 Marcellin, *Rhet. Gr. Ed*. Walz. iv. 179 以下谈到的他与 Euathlus 著名诉讼，更不可能是真的；特别是因为 Sext. *Math*. ii. 96、*Prolegg. in Hermagen*.、*Rhet. Gr. Ed*. Walz. iv. 13 以下、Sopater, *in Hermog. ibid*. v. 6, 65, iv. 154 以下、Max. Plan. *Prolegg. ibid*. v. 215 和 Doxopater, *Prolgee. ibid*. vi. 13 以下，对科拉克斯和提西亚斯说了同样的故事。这个诉讼假设了一个无法得到回答的问题，它似乎是智者修辞学实践很喜欢用的一个主题；如果普罗泰戈拉的著作《付费的诉讼》（Diog. ix. 55）是真实的，那我们可以猜想这个主题在其中被讨论过，而那个轶事由此而来；如果它不是真实的，那相反的假定——那个轶事导致了对它的虚构——就更有说服力。依据 Diog. ix. 54，参照 Cramer, *Anecd.*

他的事业获得巨大的成功，各地有教养的年轻人簇拥在他身边，不吝赞 410
美和财物。[1] 除他的母邦之外，[2] 西西里（Sicily）和大希腊地区（Magna Graecia）[3] 被提到是他的活动区域，尤其是雅典，[4] 在那里，不仅卡里亚斯（Callias），而且伯里克利和欧里庇得斯也寻求与他的交往；[5] 但他在这些不同地方逗留的日期和持续的时间，无法得到具体的确定。因为 411
论诸神的著作，他被控告为无神论者，被迫离开雅典；在渡海前往西

Paris, i. 172（Frei.76），亚里士多德说 Euathlus 是以无神论指控普罗泰戈拉的人；但这很可能只是对关于他学费的诉讼的描述的无知混淆。依据 Diog. ix. 50，普罗泰戈拉也从主持演说中收费。

1 对普罗泰戈拉的这种狂热追捧，柏拉图《普罗泰戈拉》310D 以下、314E 以下等处有最为生动的描述。参见《理想国》x. 600C（参见第 709 页注释 3）和《泰阿泰德》161C；关于他的收入，《美诺》91E 说他比菲狄亚斯和十个雕刻家加起来赚得还多；Athenaeus, iii. 113 c 谚语性地说到高尔吉亚和普罗泰戈拉的收入。Dio Chrys. *Or. liv.* 280 R 不能作为相反证据，如 Frei, p. 167 以下已经表明的那样。

2 依据 Aelina, *V. H.* iv. 20，参见 Suid. *Πρωταγ. Schol. ad Plato. Rep.* x. 600C，他的同胞称他为 *λόγος*，因为第欧根尼的错误（vide *sup*. p. 213. n.），Favorinus, ap. Diog. ix. 50 说他被称为 *σοφία*。

3 柏拉图《大希庇亚》282D 提到他在西西里居住过，但这并不非常可信。关于他给雅典人在 Thruii 的殖民城邦立法的说法（Heracleid. ap. Diog. ix. 50; Frei, 65 sqq.; Weber, 14 sq.; Vitringa, 43 sq.）涉及到下意大利（Lower Italy），因为如果是这样的话，他无疑和这些殖民者在一起。他可能从西西里前往 Cyrene，在那里与数学家 Theodorus 相识结交，后者在柏拉图《泰阿泰德》161B 和 162A 被提到过。

4 普罗泰戈拉多次前往雅典，因为柏拉图（《普罗泰戈拉》310E）说他前一次到此距离这篇对话谈到的这次，有很长一段时间。柏拉图把这第二次访问安排在伯罗奔尼撒战争发生之前，因为不考虑琐细的年代错误的话，这也是这篇对话发生的时期：它在这位智者到达雅典的第二天发生（参见 Steinhart, *Platon's Werke*, i. 425 以下和我的论文 *Platon. Anachronismen, Abh. d. Berl. Akad.* 1873 及 *Phil. Hist. Kl*. p. 83 以下）。我们也可从 Plut. *Cons. ad Apoll.* 33, p. 118 和 *Pericl*. c. 36 中的残篇得知此时普罗泰戈拉正在雅典。至于他是待在这里一直到被驱逐，还是仍然保持着短时间的停留，我们不得而知，但后一种假设更为可能得多。

5 至于智者的著名金主卡里亚斯，依据柏拉图《申辩》20A，在智者身上花费的钱财比所有人加起来的都多，这从柏拉图（《普罗泰戈拉》314D，315D，《克拉底鲁》391B）和色诺芬（*Symp*. i. 5）等人的说法看，是非常清楚的。关于欧里庇得斯，我们可以从第 702 页注释 1 和 Diog. ix. 54 中的如下说法得出结论：普罗泰戈拉在欧里庇得斯的家里大声诵读他论诸神的文章。关于伯里克利，参见前注从普鲁塔克援引的文字；因为即使在第二个引文中提到的轶事纯粹是流言，如果伯里克利和普罗泰戈拉的交往不是事实，那这样的流言也不可能出现。关于普罗泰戈拉的其他学生，参见 Frei, 171 以下。

西里时不幸死在海上：他的著作也因为政治理由被付之一炬。[1] 对于他的理论我们一无所知；他被说成是德谟克利特的学生，[2] 但尽管有赫尔曼（Hermann）的相反意见，[3] 我仍然认为这不过是个虚构，[4] 同菲洛斯特拉
412 图斯（Philostratus）关于他受过波斯祭司的教导的说法一样 [5]——这同

1 这在以下文献中得到证实：柏拉图《泰阿泰德》171D、Cic. *N. D.* i. 23, 63、Diog. ix. 51 f, 54 以下、Eus. *Pr. Ev.* xiv. 19, 10、Philostr. *V. Soph.* i. 10、Joseph. *c. Ap.* ii. 37 和 Sext. *Math.* ix. 56 等；但关于细节，说法却有不同，特别是关于普罗泰戈拉到底是被逐出雅典还是自己逃出雅典的问题。参见 Frei, 75 以下、Krische, *Forsch.* 139 以下和 Virtringa, 52 以下。在 Valer, Max. I., i. ext. 7 中，"狄亚戈拉斯" 取代了普罗泰戈拉，但这并不重要。

2 对此最古老的证据是 Diog. ix. 53 中的伊壁鸠鲁的一封信；在同书 x. 8 中，伊壁鸠鲁的后来与他决裂的学生 Timocrates，指责他蔑视所有其他哲学家，称柏拉图为狄奥尼修斯的奉承者，亚里士多德为放荡者，"普罗泰戈拉是搬运工，德谟克利特的私人秘书，在乡下教人识字"。同样支持这一说法的有：Suidas，"普罗泰戈拉，空瓶子，搬运工"；柏拉图《理想国》x. 600C 的评注者；更为详细的伊壁鸠鲁的同一封信；Athen. viii. 354 c。最后 Gellius, v. 3 更为详细地描述了这个故事，但没有补充新东西。Philostr. *V. Soph.* i. 10, 1、Clem. *Strom*. i. 301 D 和 Galen, *H. Phil.* c. 2 也把普罗泰戈拉称作德谟克利特的学生；第欧根尼的说法依据同一种假设。

3 *De Philos. Ionic. Aetatt.* 17，参照 *Zeitschr. fur Alterthumsw. 1834; 369 F. Gesch. d. Plat*. 190。Vitringa, p. 30 以下追随于他；布兰迪斯也相信伊壁鸠鲁的说法，但 Mullach. *Democr. Fragm*. 28 以下、Frei, 9 以下和其他一些人持相反意见。

4 我的理由如下。首先，这一说法缺乏可靠的证据。就我们的文献而言，第欧根尼和 Athenaeus 唯有伊壁鸠鲁的书信作为证据；Suidas 和柏拉图的评注者只依据第欧根尼；Gellius 的表述纯粹只是对 Athenaeus 依据伊壁鸠鲁所说的扩展。因此，所有这些证据都完全来源于伊壁鸠鲁的说法。但当我们看到这位作者如何在同一封信中对柏拉图、亚里士多德和其他人肆意诽谤时，我们还能在多大程度上相信他的话？（我这里不说 Weber, p. 6 的那个得不到 Diog. x. 3, 8 证实的关于这封信的虚假性的推测，也不强调在 Cramer 的 *Anecd*. Paris, i. 171 的注释中普罗泰戈拉的话对当前讨论的价值）。即使没有上文提到的亚里士多德的简评，伊壁鸠鲁的说法也可以依据这位哲学家的侮骂得到很好的解释（他目空一切地贬低所有前辈）。菲洛斯特拉图斯、克莱门斯和 pseudo-Galen 的说法可能最终基于相同的来源；无论如何，这些说法不会比这相同的作者关于"师承"的其他说法更为可信。此外，普罗泰戈拉和德谟克利特的师生关系，除了缺乏证据外，也与关于两位哲学家年代关系的最为可信的理论冲突（cf. p. 209, 321 sqq.）；我们马上还会发现在智者理论中找不到德谟克利特影响的痕迹。因此，我们可以大胆认为这一师承说法总体上只是非历史的虚构。

5 *V. Soph*. i. 10, 1。他的父亲 Maeander 由于对薛西斯的盛情接待，据说使自己的儿子得到波斯祭司的教导。Dino 在他的波斯历史中提到普罗泰戈拉和他的父亲，但从中得不到结论说，如 Webet, p. 6 所说，他谈到了上述的波斯祭司故事，尽管这也是有可能的。这个故事与伊壁鸠鲁的说法也不一致，因为依据后者，他只是个临时

样的人，依据其他人，也被说成是德谟克利特自己的教师。[1] 至于他相当数量的著作，[2] 只有少数残篇保存下来。

列翁提尼（Leontini）的高尔吉亚（Gorgias）是普罗泰戈拉的同代人，或许比他更早一些。[3] 他同样到过雅典，第一次在那里出现是公元 413

工，但在前一个说法中他是富人之子，父亲因为奢华的礼物和接待而得到薛西斯的欢心。

1 Cf. P. 210, n.

2 对此极少的古代说法可以在 Frei, 176 以下和 Vitringa, 113 以下找到；参照 Bernays, *Καταβάλλοντες des Prot., Rh. Mus*. vii.（1850）464 以下；对此我们下文会提到一些需要关注的。

3 参见 Foss, *De Gorgia Leontino*（Halle, 1828），这里的讨论比 Geel（p. 13-67）的更为具体和详实；Frei, *Beitrage z. Gesch. der Griech; Sophistik, Rhein. Mus*. vii.（1850）527 以下，viii. 268 以下。高尔吉亚的母邦一致被认为是列翁提尼。另一方面，关于他生命时期的说法则差异甚大。依据 Pliny, *H. N*. xxxiii. 4, 83，在第 70 届奥林匹亚赛会期间他就已经为自己在德尔斐塑立了一座巨大的金制雕像：但这里的奥林匹亚纪年肯定出了问题，不管来自于作者还是转录者。Suid. *sub voce* 中的 Porphyry 说是第 80 届奥林匹亚赛会期间，而 Suidas 自己则说还要更早一些。Eusebius 在他的 *Chroncile* 中说他的鼎盛期在第 86 届奥林匹亚赛会期间。依据 Philostr. *V. Soph*. i. 9, 2（并不值得重视），他到雅典时“已经很老了”。Olympiodorus *in Gorg*. p. 7（*Jahn's Jahrbb. Supplementb*. xiv. 112）说他比苏格拉底年轻 20 岁；但这个说法的依据——他在第 84 届奥林匹亚赛会期间（公元前 444—前 440 年）写作 *περὶ φύσεως*——却表明了相反的东西。最可靠的线索可在以下两个事实中找到，尽管它们并不完全确切：第一，第 88 届奥林匹亚赛会第 2 年（公元前 427 年）他作为他母邦的使者来到雅典（这个日期由 Diog. xii. 53 给出，参照 Thucyd. iii. 86）；第二，他漫长的生命历程（参见柏拉图《斐德罗》261B 和 Plut. *Def. Orac*. c. 20, p. 420）——他的享年有时被说成是 108（Plin. *H. N*. vii. 48, 156; Lucian. *Macrob*. c. 23; Cens. *Di. Nat*. 15, 3; Philostr. *V. Soph*. 494; *Schol. ad Plato. l. c*.; cf. Valer. Max. viii. ext. 2），有时是 109（Apollodor. ap. Diog. viii. 58; Quintil. iii. 1, 9; Olympiod. *l. c*.; Suid.），有时是 107（Cic. *Cato*, 5, 13），有时是 105（Pausan. vi. 17, p. 495），有时是不那么精确的超过一百岁（Demetr. *Byz*. ap. Athen. xii. 548 d）——在苏格拉底死后不久终结。根据 Foss（p. 8 sq.）的中肯评论，这从以下资料看是非常清楚的：Quintilian 上引处的证词、色诺芬关于高尔吉亚学生 Proxenus 的说法（*Anabas*. ii. 6, 16 sq.）、柏拉图《申辩》19E、关于 Pherae 的 Jason 对他极度尊敬的说法（Pausan. vi. 17, p. 495，参见 Frei, *Rh. M*. vii. 535）。这也与如下的另一个说法一致：生于希波战争期间的安提丰，被认为比高尔吉亚年轻许多（Pseudoplut. *Vit. X.: Orat*. i. 9, p. 823，参见 Frei 上引书 530 以下）。从所有这些证据看，高尔吉亚的生命历程不可能早过 Foss, p. 11 和 Dryander, *De Antiphonte*（Halle, 1838）3 以下所认为的，即从第 71 届奥林匹亚赛会第 1 年到第 98 届奥林匹亚赛会第 1 年；但很可能较之更晚些（如 Kruger, *ad Clinton Fasti Hell*. p. 388 所认为的），而 Frei 的说法可能更为正确：他大概生于第 74 届奥林匹亚赛会第 2 年（公元

414 前 427 年，作为一个使团的首席代表恳求雅典帮助对抗叙拉古人。[1] 作
为一个已经在他的母邦备受尊敬的演说家和修辞学教师，[2] 他语言的华美
和绚丽让雅典人为之倾倒，[3] 如果关于修昔底德（Thucydides）和其他重
要作家的对此和随后时代对他体裁的模仿的说法是真的，[4] 那么他必然对
415 阿提卡（Attic）散文甚至于诗歌有相当大的影响。在他第一次访问的或

前 483 年），死于第 101 届奥林匹亚赛会第 2 年（公元前 375 年）。

1 关于这个使团，参见前注和柏拉图《大希庇亚》282B；Paus. 上引处；Dionys. *Jud. Lys*. c. 3, p. 458；Olympiod. *in Gorg*. p. 3（Plut. *Gen. Soc.* c. 13, p. 583 中的类似说法，自身并不是个历史证据）；Foss, p. 18 以下。

2 从 Cic. *Brut*. 13, 46 中的亚里士多德的说法，特别是从他被当作使者派往雅典这样的事实看，这是很有可能的。除此之外，我们完全缺乏对高尔吉亚更早生活的了解，他父亲的名字（ap. Paus. vi. 17, p. 494, Karmantidas ap. Suid., Charmantidas），兄弟的名字（Herodicus，柏拉图《高尔吉亚》448B，456B）和他内兄的名字（Deicrates，Paus. *l. c.*），对我们来说无关紧要；关于恩培多克勒是他老师的说法（参见 Frei, *Rh. Mus*. viii. 268 以下），得不到 Satyrus ap. Diog. viii. 58、Quintil. 上引处、Suidas 和柏拉图《高尔吉亚》465D 评注者的支持；也不能从本书 p. 119 注释援引的亚里士多德的话中推出。因此，无论关于高尔吉亚是由于恩培多克勒的影响才成为一个演说家和修辞学家，并可能对他的物理学有所借用（这可从柏拉图《美诺》76C 和 Theophr. *Fr. 3; De Igne*, 73 中得出）的说法如何可信，他们之间是否存在着确切的师生关系，以及 Satyras 主要涉及高尔吉亚修辞学的评论是否完全基于猜测，甚或只依赖于《美诺》中的话，仍然是有疑问的。Hermogenes, *Rhet. Gr*. ed. Walz, iv. 14 序言中的说法同样如此，那里说高尔吉亚受到过提西亚斯的教导，而依据 Pausan，他是高尔吉亚在雅典的对手。从 Plut. *De Adul.* c. 23, p. 64 和 *Conj. Praec*. 43, p. 144 得出结论说高尔吉亚过着道德败坏的生活，很少能得到辩护，因为这些话中的第二段话关于他婚姻生活谈到的轶事，与 Isocrtates π. ἀντιδόσ.1557 的明确证据冲突，那里说他从未结婚。

3 Diodor. 上引处；柏拉图《大希庇亚》上引处；Olymp. 上引处；*Prolegg. in Hermog. Rhet. Gr.* ed. Walz, iv. 15；Doxopater, *ibid*. vi 15 等处；参见 Welcker, *Klein. Schr.* ii. 413。

4 说到这一点的有：Dionys. *Ep*. ii. c. 2, p. 792；*Jud. de Thuc*, c. 24, p. 869，Antyllus ap. Marcell. *V. Thuc*. p. 8, xi. Dind. 中的修昔底德；Philostr. *V. Soph*. i. 9, 2；*Ep*. xiii. 919，参照伊索克拉底，他是高尔吉亚在帖撒利的听众；Aristoteles ap. Quintel. *Inst*. iii. 1, 13；Dionvs. *Jud. d. Isocr.* c. 1, 535；*De vi dic. Demosth*. c. 4, 963；Cic. *Orator*. 52, 176；*Cato*, 5, 13，参照 Plut. *V. Dec.Orat. Isocr.* 2, 15, p. 836 以下和 Philostr. *V. Soph*. i. 17, 4 等处的克里底亚（Frei, *l. c.* 541）；柏拉图《会饮》198C 和这篇对话开头的评注者那里的阿伽通，参照 Spengel, *Συναγ. Τεχν*. 91 以下；Diog. ii. 63 和 Philostr. *Ep*. xiii. 919 中的 Aeschines，参照 Foss, 60 以下。非常清楚的是，伯里克利不是高尔吉亚的"听众"，Spengel, p. 64 以下也证实了这一点。

长或短时期之后,[1]他似乎持续专注于希腊本土，在那里作为智者周游各个城邦,[2]由此赚取了巨额的财富。[3]关于他生命的最后一段时间，我们 416
发现他在帖撒利（Thessaly）的拉里萨（Larissa）[4]度过了他漫长而矍铄的老年生活,[5]最后似乎死在那里。在归属于他的著作中,[6]只有一本是哲

1 关于他自第一次访问以来就一直呆在那里的观点（*Prolegg. in Hermog. Rhet. Gr.* iv. 15)，与 Diodor. 上引处的说法和他作为使者的任务的要求冲突。

2 在柏拉图《高尔吉亚》449B 中他说他“不仅仅在这里而且也在别处”教导；这得到《申辩》19E 和之后的《塞亚革》128A 中的苏格拉底的支持。高尔吉亚没有出现在《美诺》71C，但这里谈到他之前在雅典的逗留。参照 Hermippus ap. Athen. xi. 505 d，在那里可以发现一些关于高尔吉亚和柏拉图的不重要也非常不确定的轶事（Philostr. *V. Soph. Proaem*. 6 的论高尔吉亚和 Chaeriphon 的章节同样如此）。Olympiod. *in Gorg.* p. 40 提到他到 Argos 的一次访问，那里人们被禁止参与他的讲座；依据 Xenoph. *Anab.* ii. 6, 16，Proxenus（公元前 401 年之后）似乎在 Baeotia 受到过他的教导。在高尔吉亚的著作中，有一篇奥林匹亚的演说被提到，依据 Plut. *Conj. Praec.* c. 43, p. 144、Paus. vi. 17、Philostr. *V. Soph*. i. 9, 2 和 Ep. xiii. 919，这是他自己在奥林匹亚发表的；依据 Philostr. *V. S.* i. 9; 2, 3, a，他还有一篇在雅典葬礼上的演说，一篇在德尔斐发表的论阿波罗的演说。但不能过于相信此类的说法，因为它们所说的自身不是很有可能。至于 Suvern 的错误推测：阿里斯托芬的 *Birds* 中的 Peisthetaerus 暗指高尔吉亚，参见 Foss, 30 以下。

3 Diod. xii 53 和 Suidas 说他索取 100 米那的高额报酬，其他人同样这样说及普罗泰戈拉和埃利亚的芝诺（参见第 702 页注释 3，Vol. I. 609, n.），柏拉图《大希庇亚》282B 说他在雅典赚了许多钱；Athen. iii. 113 e 有类似说法；也参见 Xenoph. *Symp*. i. 5 和 *Anab*. ii. 6, 16。另一方面，伊索克拉底在 *περὶ ἀντιδόσ*. 155 说他确实是他所认识的智者中最富有的，但死后只留下 1000 斯塔特，即使全都是金子，总数也只有 15000 德拉克马（750*l*.)。他华丽的穿着似乎与他被假定的富裕相符：依据 Aelian, *V. H*. xii. 32，他总是身着紫服；但尤其著名的是他在德尔斐的金制雕像：依据 Paus. 上引处和 x. 18, p. 842、Hermipp. ap. Athen. xi. 505 d 及 Plin. *H. N*. xxxiv. 4, 83，这是他自己塑的；但依据 Cic. *De Orat*. iii. 32, 129、Valer. Max. viii. 15, ext. 2 和同样明显的 Philostr. i. 9, 2，这是希腊人为他塑的。Pliny 和 Valerius 说这个雕像非常大；西塞罗、菲洛斯特拉图斯和所谓的 Diochrys. *Or*. 37, p. 115 R 说它是金制的，Pausanias 则说是镀金的。

4 柏拉图《美诺》；亚里士多德《政治学》iii. 2, 1275b26 开头；Paus. vi. 17, 495；Isocr. *π. ἀντιδόσ*. 155。

5 关于他的寿命，参见上文；关于他健康和矍铄的老年，以及节制的生活，参见 Quintil. xii. 11, 21、Cic. *Cato*, 5, 13（在 Valer. viii. 13, ext. 2 被复述）、Athen. xii. 548 d（Geel, p. 30 正确推测 *ἑτέρου* 为 *γαστίρος*)、Lucian, *Macrob*. c. 23 和 Stob. *Floril*. 101, 21；参照 Foss, 37 以下、Mullach, *Fr. Phil*.ii. 144 以下。依据 Lucian，他绝食而死。Aelian, *V. H*. ii. 35 报道了他的一个遗言。

6 六篇演说，很可能还有一篇论修辞学体系的文章，以及著作 *π. φύσεως ἢ τοῦ μὴ*

学性的；两篇以他名字发表的演说，[1] 很可能是假的。[2]

417 普罗狄科（Prodicus）[3] 被当作普罗泰戈拉和高尔吉亚的学生提到；[4] 但这无疑只在这种意义上是真的：从他的年龄来看，这是有可能的。[5] 他是伊奥利斯（Iulis）公民，[6] 这是一座在克沃斯（Ceos）小岛上的小城，以它的居民的纯洁生活而闻名；[7] 作为诗人西蒙尼德和巴基里德斯的同乡，他在本国最初似乎以道德教师的身份出现：不管他经常出于公务前往雅典是不是真的，[8] 但在克沃斯受雅典主导的局势下，[9] 他只有在那里才能获得广阔

ὄντος。详细的探讨参见 Spengel, *Συναγ. Τεχν.* 81 以下和 Foss, pp. 62-109。Foss 和 Schonborn（他论文的第 8 页下文有引用）保留了葬礼演说的残篇，Planudes, *in Hermog. Rhet. Gr.* ed. Walz, v. 548 从 Halicarnassus 的狄奥尼修斯中对此进行了转述。

1 *Defence of Palamedes*（《为帕拉墨得辩》）和 *Praise of Helen*（《海伦颂》）。

2 对此意见有分歧。Geel, 31 以下和 48 认为 *Palamedes* 真而 *Helen* 假。Schonborn. *De authentia declamationum Gorg.*（Bresl. 1826）同时为两者辩护；Foss, 78 以下和 Spengel. 上引处 71 以下同时否认两者。Steinhart（Plato's Werke, ii. 509, 18）和 Jahn, Palamedes（Hamb. 1836）赞同后面的作家。对我来说，*Palamedes* 如果仅从语言看，确然是假的，而 *Helen* 则非常可疑；但我不能赞同 Jahn 的如下推测：这两篇对话都是后来与西塞罗同时代的另一位高尔吉亚的作品。当 Spengel 把《海伦颂》归属于与伊索克拉底的同时代的修辞学家 Polycrates 时，他很可能是对的。

3 Welcker, *Prodikos von Keos, Vorganger des Sokrates. Klein. Schr*. ii. 393-541，更早在 *Rhein. Mus.* 1833 中。

4 *Scholia ad Plat. Rep.* x. 600 C（p. 421 Bekk.），有人把他称作是高尔吉亚的学生，另有人说他是普罗泰戈拉和高尔吉亚的学生，德谟克利特的同时代人。另一方面，Suid. *Πρωταγ. Πρόδ.* 的观点，参见 Frei, *Quaest. Prot.* 174。

5 这可从柏拉图的说法中推出，因为普罗狄科已经作为著名智者出现在《普罗泰戈拉》了（可能确实有些早）；但 317C 说普罗泰戈拉可以作他的父亲；同样在《申辩》19E，他被作为仍然活着和活跃的智者提到；因此他既不可能比苏格拉底更老，也不会比他年轻许多，他的生年大概就在公元前 465—前 460 年。这与 Eupolis 和阿里斯托芬，以及柏拉图对话对他的描述大致相符，也与伊索克拉底是他学生的说法一致（vide Welcher, 397 sq.），尽管我们不能据此明确地断言任何东西。《普罗泰戈拉》315C 以下对他个人的描述，表明那里谈到的情况，许多人仔细倾听着这位体弱的智者，他低沉的声音，都是柏拉图亲眼所见，仍然在回忆中栩栩如生。

6 这直接由 Suidas，间接由柏拉图提到，后者在《普罗泰戈拉》339E 把西蒙尼德称作他的同乡。普罗狄科总被称作 *Κεῖος* 或 *Κῖος*（关于正确写法，参见 Welcker, 393）。

7 关于这一点，参照 Welcker, 441 以下从柏拉图《普罗泰戈拉》341E、《法律》i. 638A、Athen. xiii. 610 和 D. Plut. *Mul. Virt. Κῖαι*, p. 249 援引段落。

8 柏拉图《大希庇亚》282C；Philostr. *V. Soph*. i. 12。

9 Welcker, 394.

的活动空间。他对其他城邦的访问则并不非常确定，[1]但这是可能的。像所
有其他智者一样，他从他的教导中获取报酬；[2]他受到的尊敬，不仅得到古 418
人记载的证实，[3]从他的学生和熟人当中有许多名人这一点也可以看出。[4]

---

1 柏拉图在《申辩》19E 所说的并不明确，而 Philostr. *V. S.* i. 12、*Proaem*. 5、Liban. *Pro Socr*. 328 Mor. 和 Lucian, *Herod*. c. 3 的记载无疑基于纯粹的猜测。

2 柏拉图《申辩》19E ；《大希庇亚》282C ；Xen. *Symp*. 1, 5, 4, 62 ；Diog. ix. 50 ；依据柏拉图《克拉底鲁》384B 和亚里士多德《修辞学》iii. 14, 1415b15，他论正确使用语辞的讲座收费 50 德拉克马；另一个无疑面向一般听众的流行讲座（很可能是像谈赫拉克勒斯这样的讲座），则只收 1 德拉马克。伪柏拉图的《阿克西俄库》366C 谈到收费 1.5、2 和 4 德拉克马的讲座；但我们不能以此为依据。

3 柏拉图《申辩》19E ；《普罗泰戈拉》315D ；特别是《理想国》600C，那里说普罗狄科和普罗泰戈拉能够说服他们的朋友相信："如果他们不关心他们自己的教育的话，他们将管理不了他们的家庭和城邦，这样，靠这种智慧他们格外受到热爱。结果，追随者们就差没有将他们放在脑袋上行走了。"阿里斯托芬也说（cf. Welcker, p. 403 sq.）普罗狄科在雅典很受尊敬，甚至这位是其他所有智者无情敌人的诗人本人也很尊敬他。尽管阿里斯托芬有时（*Tagenistae*, *Fr*. 6）会把他置于"饶舌者"之列，但在 *Clouds*, v. 360 以下，他把他与苏格拉底对立，赞扬他的智慧和审慎，毫无讽刺之意：在 *Tagenistae*（*Fr*. 6）中，他似乎给予了他一个有价值的角色，在 *Birds*, v, 692，他把他看作是著名的智慧教师。谚语（在 Apostol. xiv. 76 中）*Προδίκου συψώτερος*（不是 *Προδίκου τοῦ Κίου*，如 Welcker, p.395 所认为的）无疑与这位智者没有任何关系，只是指"比仲裁者更智慧"：Apostol. 把 *πρόδικος* 当成一个专有名词，虽没有说到克沃斯人，也误解了这个词的意思。Welcker, p.405 试图表明这个谚语出现在第十三封苏格拉底信件的开头，那里我们确实会发现"比开俄斯的普罗狄科更智慧"，但这个表达听起来并不像是谚语：他只是谈到 Simon 关于普罗狄科的《赫拉克勒斯》的几句话。即使谓词 *σοφὸς*（Xen. *Mem*. ii. 1; *Symp*. 4, 62; *Axioch*. 366 C; *Eryx*. 397 D）也证明不了什么，因为它等同于"智者"（柏拉图《普罗泰戈拉》312C，337C，et pass），柏拉图《普罗泰戈拉》315E 的反讽"最聪明、神圣的"也证明不了什么（参照《欧绪德谟》271C 和《吕西斯》216A）。

4 例如音乐家 Damon（柏拉图《拉凯斯》197D），自己出生于克沃斯的 Theramenes（Athen. v. 220 b; Schol. on *Airstoph. Clouds*, 360; Suid. *Θηραμ.*），欧里庇得斯（Gell. xv. 20, 4; *Vita Eurip*. ed. Elmsl; cf. Aristoph. *Frogs*. 1188），伊索克拉底（Dionys. *Jud. Is*. c. 1, p. 535 ；Plut. *X. Orat*. 4, 2, p. 836，在 Plot. *Cod*. 260, p. 486 b, 15 被复述，参见 Welcker, 458 以下）。克里底亚也受过他的指导，这一点就自身而言是可能的，但未得到柏拉图《卡尔米德》163D 的证实；我们也不能从《普罗泰戈拉》338A（参照《斐德罗》267B）得出结论说智者希庇亚受到普罗狄科的影响；至于修昔底德，Marcellinus *V. Thuc.* p. viii. Dind. 和 Scholion ap. Welcker 460（Spengel, p. 53）只是说在表达方式上他以普罗狄科的精确为榜样；从修昔底德来的例子，证实了 Spengel, *Συν. Τεχν*. 53 以下观察的真实性。依据 Xenoph. *Symp*. 4, 62，参照 i. 5，普罗狄科由安提司泰尼介绍给卡里亚斯，前者自身也是他的一个追随者；我们在《普罗泰戈拉》

419 甚至苏格拉底也被说到曾用到[1]并推荐他的教导，[2]尽管无论苏格拉底还是柏拉图对待他的态度，与对待普罗泰戈拉和高尔吉亚的没有什么两样。[3]

中发现普罗狄科在卡里亚斯的家里。

1 在柏拉图对话中，苏格拉底经常自称是普罗狄科的学生。《美诺》96D："(斗胆地说）高尔吉亚没有充分地教育你，普罗狄科也没有充分地教育我"；《普罗泰戈拉》341A：普罗泰戈拉，你似乎不懂得语辞的区分："不像我是有经验的，因为我是那个普罗狄科的学生"，他说，当他错误地使用语辞时，普罗狄科总是会纠正他。《卡尔米德》163D："我听说普罗狄科就名词进行了上千次的划分"。但另一方面，我们在《克拉底鲁》384 中读到，他不知道任何关于名称正确性的东西，因为他没有听过普罗狄科 50 德拉克马的课程，只听过他 1 德拉克马的课程。在《大希庇亚》282C，苏格拉底称普罗狄科为他的 ἑταῖρος（伙伴）。像《阿克西俄库》（366C 以下）和《厄律克西亚》（397 以下）这样的对话，在这个问题上不能被考虑在内。

2 在 Xen. *Mem*. ii. 1, 21，他从普罗狄科那里借来赫拉克勒斯在十字路口的故事，非常详细地复述了它；在柏拉图《泰阿泰德》151B，他说对那些不能进行任何精神生育的人，他把他们交给其他的教师："我把其中的许多人交给普罗狄科，而其中的另外许多人则交给其他的智者和有着神圣谈吐的人们"。另一方面，是通过安提司泰尼而非苏格拉底，普罗狄科与克里亚斯相识。

3 柏拉图的苏格拉底的所有关于他从普罗狄科那里获得教导的话，甚至是《美诺》中的话，都明显具有一种反讽的语气，除了苏格拉底认识普罗狄科，像听过其他智者的讲座一样听过他的讲座之外，我们从中得不到任何历史性内容。他送他的一些熟人去他那里，不能证明什么，因为依据《泰阿泰德》中的话，他也送其他人到其他智者那里。我们不能把这些其他智者，理解为另一个人，即厄文努斯，像 Welcker, p. 401 那里那样。在 Xen. *Mem*. iii. 1 中，苏格拉底甚至把战术家 Dionysodorus 推荐给一个朋友。他不仅在《大希庇亚》（301C，304C）从希庇亚，也在《高尔吉亚》461C 中从波卢斯，借来对普罗狄科的指责，没有任何（像《普罗泰戈拉》341A 那里的）反讽的意味。他同样说希庇亚（《普罗泰戈拉》337C）、普罗泰戈拉（《普罗泰戈拉》338C、341A）、高尔吉亚和波卢斯（《高尔吉亚》487A）是有智慧的人；他称后两者是自己的朋友，也在《泰阿泰德》161D 中，表达了对普罗泰戈拉的感激之情，使用了在别处谈到普罗狄科时一样使用的优雅的反讽。因此，尽管柏拉图确实从未让他的苏格拉底与普罗狄科进行争论，也没有谈到任何他的可能使他名誉丧失的学生（Welcker, 407），像卡里克勒斯之于高尔吉亚，但这不能证明什么，因为他也没有谈到普罗泰戈拉和希庇亚的任何这样的学生，而卡里克勒斯也不是特别作为高尔吉亚的学生被引入的。至于普罗狄科未出现在论辩中，到底是表明了对他的敬重还是表明了相反的意思，也是一个问题。但如果我们回想起柏拉图《普罗泰戈拉》315C 以讥讽的方式把这位智者描述为受罚的 Tantalus，想起同书 337A 以下、339E 以下赋予他的无足轻重又荒谬的角色，想起他除了语辞区分（参见下文）——持续以嘲弄的语气谈到——外没有任何其他特别之处被谈到，想起《斐德罗》267B 中最为简单的修辞学规则，想起他总是被与普罗泰戈拉和其他智者放在一起（《申辩》19E、《理想国》x. 600C、《欧绪德谟》277E 和《普罗泰戈拉》通篇），我们最后会得出这样一个印象：他是最无害的一个智者，但远不及普罗泰戈拉和高尔吉

除此之外我们对普罗狄科的生活一无所知。[1] 他的性格被描述为既放荡 420
又贪婪，但只有后来的和不可信的证据。[2] 关于他的著作，传统只留下
来一些不完善的记载和一些伪作。[3]

埃利斯(Elis) 的希庇亚(Hippias)，[4] 看来与普罗狄科几乎相同岁数。[5] 421
同普罗狄科一样，他周游希腊各个城邦，希望通过他的演说和讲座来

亚重要；他认识不到他的工作与后两者的本质差别所在。也参照 Hermann, *De Socr. Magist*r. 49 以下。

1 依据 Suidas 和柏拉图《理想国》x. 600C 的评注者，他因为腐蚀青年而被雅典判处服毒而死。这个说法的错误一目了然，参见 Welcker, 503 以下及 524。说他自愿服毒而死，也没有任何依据。

2 对 *Clouds*, v. 360 的评注——可能只是从 v. 354 来的错误重复——和 Philostr. *V. S*. i. 12，说他雇人帮他招揽学生（很可能只依据 Xen. *Symp*. iv. 62）。关于这一主题，参见 Welcker, 513 以下。另一方面，柏拉图《普罗泰戈拉》315C 说他不仅身体不佳，而且性格柔弱。

3 对于他的著作，我们知道的有：一篇关于赫拉克勒斯的演说，或用它本来的标题 Ὧραι（*Schol*. on *Clouds*, 360; Suidas, ὧραι *Πρόδ*.），Xen. *Mem*. ii. 1, 21 以下给出了它的内容（其他的细节在 Welcker, 406 以下）；一个名为"论名词的主格"的讲座（柏拉图《欧绪德谟》277E、《克拉底鲁》384B 等；Welcker, 452），从柏拉图对它的讽刺性描述可以看出，它必然在作者死后被保存下来。Themist. *Or*. xxx. 349 b 的说法，似乎表明有一篇关于农业的颂词存在；伪柏拉图《阿克西俄库》366B 以下的模仿（Welcker, 497 sqq.）表明有一篇关于平息死亡恐惧的演说；《厄律克西亚》397C 以下的故事表明有一篇论财富的价值和使用的演说。

4 Mahly, *Hippias von Elis, Rhein. Mus. N. F* xv. 514-535; xvi. 38-49.

5 因此，在《普罗泰戈拉》中，他以相同于普罗狄科的方式被提到（参见第 708 页注释 5）。在《大希庇亚》282E 中，他比普罗泰戈拉年轻许多，但也年岁大到足以与普罗泰戈拉发生争执。Xenophon, *Mem*. iv. 4, 5 把他描述为苏格拉底的老熟人，在对话发生时期，正在——间隔很长一段时期之后——再次拜访雅典；柏拉图《申辩》19E 则假定在公元前 399 年他是当时最重要的智者之一。与柏拉图和色诺芬的共同证据相反，伪普鲁塔克的的说法是（*V. X. Orat*. iv. 16, 41），伊索克拉底在晚年娶了修辞学家希庇亚的寡妇 Plathane（Suid. Ἀφαεὺς 最初这样说），但这并不足以得出结论说（Muller, *Fr. Hist*. ii. 59; Mahly, *l. c*. xv. 520）希庇亚只比伊索克拉底老一点；因为我们不知道这里说的是智者希庇亚，还是某个其他同名人物；也不知道 Plathane 与她两任丈夫的年龄关系。如果她比前一任丈夫年轻几十岁，而与后一任——两人没有孩子——同样年纪或稍微年轻一些，那智者希庇亚（即使真是她第一任丈夫）必然大概出生于公元前 460 年。所有文献对希庇亚的母邦有一致说法。他所谓的老师 Hegesidemus（Suid. Ἱππ）完全不为我们所知，很可能只是因为错误才被提到。Geel 从 Athen. xi. 506 以下得出结论说，希庇亚是音乐家 Lamprus 和演说家安提丰的学生；但这个说法完全没有根据。

获取名声和钱财；他经常拜访雅典，同样在他身边形成一个崇拜者的圈
422 子。[6]他的自负，在智者当中也是出了名的；[7]他超出一切地渴望知识渊
博的名声，总是依据他听众的品味，从他内容庞杂的知识宝库中拿出新
423 东西来对他们进行教导和娱乐。[8]这同样肤浅的广博，无疑也是他文学

---

6 传统在这个问题上告诉我们的是：希庇亚像其他智者一样，为了酬劳在不同的地方提供教导（柏拉图《申辩》19E和其他的段落）；在《大希庇亚》282D以下，他吹嘘说他比另两个智者加起来都赚得多。同一对话的同一处和281A，提到西西里，特别是斯巴达，是他活动的中心；反之，从他参加的为数众多的政治使团来看，他到雅典不那么频繁；另一方面，Xen. *Mem*. iv. 4, 5在一个单独的段落中评论说，在离开很长时间后他来到雅典，并碰到苏格拉底。《小希庇亚》363C说他经常在奥林匹亚赛会时在神殿周围发表演说，回答所有向他提出的问题。两篇对话（286B，363A）都提到他在雅典的夸耀性演说。（Philostr. *V. Soph*. i. 11复述了这些说法）最后，在《普罗泰戈拉》315B，317D，我们看到希庇亚和其他智者一起，待在卡里亚斯的家里（Xenoph. *Symp*. 4, 62也谈到他与此人的联系），在那里被追随者簇拥着，对各种关于自然科学和天文学的问题进行着解答，后来参加了对话，发表了一个简短的谈话。但我们不能从这些说法中确定地推出比文本所说的更多的东西，因为对《大希庇亚》这篇对话的真实性的怀疑，导致它的说法不可信（参见 *Zeitschr. f. Alterthumsw*. 1851, 256以下），而其他对话的细节又总带有讽刺性的夸张；同时，菲洛斯特拉图斯依据的明显不是独立的和历史性的证据，而只是这些柏拉图的对话。Tertullian在*Apologet*. 46中的断言——希庇亚在通敌中被杀——并不比他关于许多古代哲学家的其他恶事的说法更可信。

7 例如Aelian, *V. H*. xii. 32归属于他的对紫袍的讨论。

8 在《大希庇亚》285B以下，苏格拉底以反讽的口气赞赏他的学识，提到他的知识的门类有，天文、几何、算术、文字、音节、韵律和谐音学；他自己补充说他还知道城邦创建者和英雄的历史，及一般而言的古史，并炫耀他惊人的记忆力。在《小希庇亚》序言中提到他关于荷马的演说，在p. 368B以下，这位智者吹嘘说，他不仅有许多涉及各个方面的散文性演说，而且精通史诗、悲剧和酒神颂歌，具有韵律和谐音、“语法的正确”方面的知识，同时记忆力超群，善于所有可能的技艺和技巧，如纺织衣物、鞋子和装饰等。这些说法之后在Philostr.上引处、Cic. *De Orat*. iii. 32, 127和Apul. *Floril. No*. 32中得到复述，部分也出现在Themist. *Or*. xxix. 345 C以下；以它们为基础还有Pseudo-Lucian, *Ἱππίας ἢ βαλανεῖον*，尽管此书（c. 3, sub init）自称是希庇亚时代的作品。同时，这个故事背后包含多少真实也仍是个问题。一方面，我们可能完全不知道希庇亚的自负会达到什么程度；另一方面，很有可能——使用的语言支持这个假设——在柏拉图的描述中，夸张的表达并不完全是幼稚的，或一般来说，这位智者对自己百科全书式的知识的自负，以夸张的方式被嘲讽。无论如何，我们更应该信任《普罗泰戈拉》315B（参见前注）和318E，在那里希庇亚对他的学生进行技艺（*τέχναι*）方面的教导，除了已经提到的技艺（算术、天文、几何和音乐）外，其中还包含关于力学和塑形技艺方面的百科全书式的演说；依据*Memorabilia*, iv. 4, 6，由于他全方面的知识，他总是想说些新东西。Xen. *Symp*. 4, 62。

活动的特征。[1]

对于其他我们所知的著名智者，还要提到有，卡尔西冬（Chalcedon）[2]的塞拉叙马库斯（Thrasymachus），[3]他是苏格拉底的更年 424
轻一些的同代人，[4]作为修辞学教师具有重要的地位，[5]但在其他方面受到柏拉图的不利描述[6]：自负、贪婪，推崇公开的自利原则；欧绪德谟（Euthydemus）和狄奥尼索多罗斯（Dionysodorus），这对受到柏拉图相

---

1 我们所知的他的著作，或从这些著作中被保留下来的一点东西，可以在如下文献中被找到：Geel, 190 sq.；Osann. *Der Sophist Hipp. als Archaeolog, Rhein. Mus*. ii.（1843）495 sq.；Muller, *Fragm. Hist. Gr.* ii. 59 sq.；Mahly, *l. c.* xv. 529 sq., xvi. 42 sq.。通过这些作品，我们知道一些相关于在《大希庇亚》中提到的古史论文的东西。希庇亚自己在 Clem. *Storm*. ii. 624 A 中的残篇中说，他希望在这一论文中收集更早诗人和散文作家的东西，不管是希腊的还是非希腊的，相信它的新奇和多样会受到欢迎。Athen. xiii. 609 a 中的来自于他另一篇论文的说法——标题可能是 *συναγωγή*——还有些更为明确的补充。《大希庇亚》286A 提到的一篇演说——无疑基于事实——涉及对一个年轻人在实践智慧方面的劝导。关于荷马的演说似乎与这不同（《小希庇阿》，参照 Osann, 509）。依据 Plutarch. *Numa*. c. 2 末，希庇亚编制了第一个奥林匹克胜利者名录，我们没有理由像 Osann 那样怀疑这个说法。在 Prokl. *in Eucl.* 19（65 *Fr.*）被提到的希庇亚的一篇没有确切给出名称的演说，谈到 Stesichorus 的兄弟，数学家 Ameristus。Pausan. v. 25, 1 谈到他创作的一篇挽歌。Philostr. *V. S*. i. 11 对他的风格所说的，可能不过是来自于柏拉图的摘录。

2 卡尔西冬人是他一直的称号，但他似乎很大一部分时间待在雅典。从 Athen. x. 454 以下的墓志铭看，他很有可能死在母邦。

3 在 Geel. 201 以下、C. F. Hermann, *De Trasymacho Chalcedonio. Ind. Lect*., Gotting. 1848-1849 和 Spengel. *Τεχν. Συν*. 93 以下，可以发现关于塞拉叙马库斯著作的不同说法。

4 依据柏拉图《理想国》中两人关系可以推测这一点；但另一方面，从 Dionys. *De vi dic. Demosth*. c. 3, p. 953 和 Cic. *Orat*. 12, 3 以下来看，他似乎比生于第 86 届奥林匹亚赛会第 1 年（公元前 435 年）的伊索克拉底早许多，也比 Lysisa 年长（Diony. *Jud. de Lys*. c. 6, p. 464，与塞奥弗拉斯特相反，认为他更为年轻；但从柏拉图的表述看会得出相反的结论）。由于《理想国》的对话发生的时间被认为大概是在公元前 408 年（参照在第 703 页注释 4 提到的我的论文 p. 86 以下），塞拉叙马库斯在那时必然已经成年。

5 参见下文。

6 《理想国》第一卷，特别参见 336B、338C、341C、343A 以下、344D 以下和 350C 以下。我们应该认为这些描述不是虚构的，这也得到亚里士多德《修辞学》ii. 23, 1400b19 的支持，及 Ephippus, ap. Athen. xi. 509 c 中的 *θρασυμαχειοληψικέρματος*（厚颜无耻地接受钱财）相对弱些的支持。不过塞拉叙马库斯在《理想国》中变得越来越顺从；参照 i. 354A；ii. 358B；v. 450A。

当诙谐描述的辩论斗士，后来成为辩论专家和伦理教师，尽管他们之前只在战争技艺和法庭演说上发表过演讲；[1] 阿格里真托（Agrigentum）
425 的波卢斯（Polus），高尔吉亚的学生，[2] 在晚年像他的导师一样，[3] 专注于修辞学教导；演说家吕克弗隆（Lycophron）[4]、普罗塔库斯（Protarchus）[5]

---

1 《欧绪德谟》271C 以下和 273C 下，在那里我们被进一步告知说，这两位智者是兄弟（我们没有理由认为这是个杜撰），他们从母邦开俄斯移居到 Thurii（在那里他们与普罗泰戈拉发生了联系），后来作为逃亡者或被流放者离开了那个城市，随后周游各个城邦，最主要是待在雅典，他们的年纪较大，很可能比苏格拉底老许多。狄奥尼索多罗斯在 Xen. *Mem*. iii. 1 中也作为战略教师出现。Winckelmann 在他编纂的欧绪德谟 p. xxiv. 以下，收集了柏拉图和其他人关于这两兄弟的说法。格罗特怀疑（*Plato*, i. 536, 541）在雅典是否存在着两位智者，对应于柏拉图在《泰阿泰德》中的描述；这一说法就这个描述（这是柏拉图并不试图掩饰的）是讽刺性模仿而言是对的。但就主要特征而言，他们的存在得到亚里士多德和其他一些人的肯定，参见 p. 456 和第 741 页注释 8。格罗特进而相信（*ibid*. 559），在《欧绪德谟》的结尾（304C 以下），这个名字的智者已经被看作真实辩证法和哲学的代表；但他完全误解了对话这个部分的目的。Cf. Part. II. a, 416, 3。即使《欧绪德谟》305A 也证明不了什么。

2 他被 Pseudo-plato, *Theag*. 128A、Philostr. *V. Soph*. i. 13 和 Suidas, *sub. voce* 描述为阿格里真托人；从柏拉图《高尔吉亚》463E 看非常清楚的是，他比苏格拉底年轻许多。菲洛斯特拉图斯说他中等富裕，而亚里士多德《修辞学》ii. 23 的一个评注者说他是“高尔吉亚的孩子”，但前者无疑依据高尔吉亚教导的高收费得出，而后者（依据 Geel 的公正观察）出于对《高尔吉亚》461C 的误解。柏拉图《斐德罗》267C、《高尔吉亚》448C、462B 以下和亚里士多德《形而上学》i. 1, 981a3（但我们不能像 Geel, 167 那样把那里的话看作是从波卢斯那里摘录而来的）提到波卢斯的一篇真实论文；参照 Spengel. *l. c*. p. 87 和 Schanz. *l. c*. p. 134 以下。

3 柏拉图《美诺》95C。

4 亚里士多德《政治学》iii. 9, 1280b10、Alexander, *in Soph. el. Schol*. 310 a, 12、*in Metaph*. p. 533, 18, Bon. 和 Ps. Plut. *De Nobilit*. 18, 3 把吕克弗隆称为智者。亚里士多德《修辞学》iii. 3 和 Alex. *Tap*. 209, 222 关于他的表达方式所说的，表明他是高尔吉亚的学生。下文 p. 455、456、477 和第 754 页注释 5 将讨论的观点，与此一致。他还有一些不重要的话也可以在亚里士多德《政治学》上引处和《形而上学》viii. 6, 1045b9 中被找到；参照 Aex. *ad h. l*.。关于他本人，参见 Vahlen, *Rhein. Mus*. xvi. 143 以下。

5 柏拉图《斐莱布》58A 明确地把普罗塔库斯（在《斐莱布》中他的角色仅次于苏格拉底）称作高尔吉亚的学生，主要从事修辞学，因为这里说到普罗泰戈拉经常从他这里听到对演说的倡导。由于柏拉图从未引入有名称的虚构人物，我们可以设想高尔吉亚确实有叫这个名字的学生；如果是这样，那么就我们有充分的证据推断（参见 Hirzel, *Hermes*, x. 254 以下），这个普罗塔库斯与亚里士多德《物理学》ii. 6, 197b10 很可能从其一篇公共演说中引用了一段话的那个普罗塔库斯，是同一个人。

和阿尔基达马斯，[1] 也属于高尔吉亚派；科林斯（Corinth）的克塞尼亚得（Xeniades），他的话经常让我们想起普罗泰戈拉；[2] 普罗泰戈拉的学生安提谟鲁（Antimaerus）；[3] 帕罗斯（Paros）的厄文努斯（Evenus），[4] 修辞学家和德性教师；安提丰（Antiphon），苏格拉底时代的一个智者，[5] 不要把 426

---

1 Aeolia 的 Elaea 的阿尔基达马斯，是高尔吉亚的学生，在高尔吉亚死后领导着他的修辞学校（Suid. *Γοργίας, Ἀλκιδ.*; Tzetz. *Chil*. xi. 746; Athen. xiii. 592 c）。他是伊索克拉底的对手，不仅在他的 *Μεσσηνιακὸς* 中猛烈地反对后者（如 Vahlen 所表明的：*D. Rhetor Alkid. Sitzungsberichte der Wiener Akad. Hist. –Phil. Kl*. 1863, p. 491 以下，特别参见 p. 504 以下），而且在他被保留下来的演说中——很可能是真实的——反对演讲的作者或智者。第二篇以他名义发表的演说：《Ulysses 对 Palademes 的谴责》，是伪造的。所有对他著作的具体了解都由 Vahlen 给出；它们的残篇可在 *Orat. Attici,* ii. 154 以下被找到。他在 Mantinea 战役之后还活着，因为他的 Messenian 演说辞在战后创作（Vahlen, 505 sq.）。

2 唯一提到他的作家是塞克斯都（*Math*. vii. 48, 53, 383, 399, viii. 5; *Pyrrh*. ii. 18）；依据 *Math*. vii. 53，德谟克利特已经谈到他，无疑基于同一种关系，他反对普罗泰戈拉（参见第 615 页注释 1）。至于他的怀疑主义命题，我们还会进一步谈到（456）。Grote, *Plato*, iii. 509 把塞克斯都的说法指涉于著名的科林斯人克塞尼亚得，犬儒学派第欧根尼的老师；Rose, *Arist. Libr. Ord*. 79 把它相联于必然是以他的名义伪造的著作；但他已经为德谟克利特所提到的事实在这里被忽略了。

3 除了《普罗泰戈拉》315A 所说的外，我们对此人没有任何进一步的了解：他来自于马其顿的 Mende，被认为是普罗泰戈拉的最为优秀的学生，试图努力成为一个职业智者。从最后一个评论我们可以得出，他后来确实成为一个教师。Archagoras 可能同样如此（Diog. ix. 54）。关于 Euathlus，参见第 702 页注释 3。

4 柏拉图《申辩》20A；《斐多》60D；《斐德罗》267A（cf. Spengel. *Συναγ. T*. 92 sq.; Schanz, 138）。依据这些文献，他必然比苏格拉底年轻，同时是诗人、修辞学家和“人类美德与政治学”的教师，索要 5 米那的费用。关于他的进一步细节，参见 Bergk, *Lyrici Gr*. 476 及那里引述的作家。关于他诗歌的残篇，参见同书 474 以下。

5 关于这个人的情况（依据 Athen. xv. 673 e，Adrantus 和 Hephaestio 写过关于他的东西），参照 Sauppe. ii. 145 以下、Spengel, *Συναγ. Τεχνῶν*. 114 以下、Welcker, *Kl. Schr*. ii. 422 和 Wolff, *Porphyr. De Philos. ex orac. haur. Rel*. 59 以下。在 Xen. *Memor*. i. 6 中，他被描述为 *σοφιστὴς*（智者），在那里试图引诱苏格拉底的学生转而追随他，为此与他就三个问题发生了争论；这段文字不仅在 Ps-Plut. *V. Dec. Orat*. i. 2, p. 832 被谈到（那里明确说的就是来自 Rhamnus 的智者），而且很可能暗含在亚里士多德关于安提丰嫉妒苏格拉底的评论中（ap. Diog. ii. 46）。亚里士多德称他“预言家安提丰”，而这受到 Hermog. *De Id*. ii. 7（*Rhet. Gr*. iii. 385 W, ii. 414 Sp.）的赞同，那里引用语法家 Didymus 的话，称他为“那个被称作预言家和占梦者的人”，以区别于来自 Rhamnus 的修辞学家安提丰。当 Suidas 提到一个安提丰是“预言家、史诗诗人和智者”，另一个是“占梦者”时，他无疑把出于不同来源的谈及同一人的两个说法，错误地关联于不同的人。Tzetzes（在为 Wolff 上引书从 Ruhnken 所引的

427 他与著名的演说家弄混淆。克里底亚（Critias）——也是雅典寡头政治的著名领导者——和卡里克勒斯(Callicles)[1]，可以被看作智者观念的代表人物，尽管他们远不是狭义上的智者，即收取费用的专职教师，[2]而柏
428 拉图的卡里克勒斯，也从实践政治家的角度轻蔑地谈到理论家的无用。[3]另一方面，在著名米利都(Milesian）建筑师希波达穆斯(Hippodamus)[4]的政治设计中，[5]看不到智者独特法律观和政治观的痕迹，尽管此人多方

一个评注中）把"预言者"安提丰说成是亚历山大的同代人；但这不能反对上面更为真实也更为一致的证据，不足以让我们像 Wloff 那样去区别 ὁ τερατοσκόπος 和 *Memorabilia* 中的那个智者。他的《论真理》在 Hermog. *l. c.* p. 386, 387W 中得到讨论；Suidas, ἀδέητος 给出了 ά Ἀληθείας 的一个小残篇；在 Hermogenes 的传统文本中归属于他的其他一些著作，属于来自于 Rhamnus 的安提丰，如从 Hermogenes 的后面文本和 Philostr. *V. Soph.* i. 15 看得非常清楚的那样；它们只是出于誊抄者的粗心才被归属于他，参考 Spengel. *T. Σ.* 115。在论文 π. τ. ἀληθείας 中，他无疑提出了后文会提到的数学和物理学理论；他的物理学理论（如 Wolff 所认为的）没有残篇留传下来。Cicero, *Divin.* i. 20, 39, ii. 70, 144、Seneca, *Controv.* 9, p. 148 Bip. 和 Artemidor. *Oneirocrit.* ii. 14, p. 109, Herch. 提到的对梦的解析，似乎取自一本独立的著作。

1 《高尔吉亚》从 481B 开始的第三部分的主要对话者，对之我们了解很少，甚至于他的存在都是可疑的。但我们可以通过柏拉图通常的作法，如其他例子表明的那样，以及 487C 的明确说法——不管是否是真实的，似乎确指某个具体人物——相信他确实存在。参见 Steinhart, *Pl. Werke*, ii. 352 以下论《高尔吉亚》的部分。

2 有些作家因此区分了智者克里底亚和同名政治家（Alex. ap. Philop. *De An.* c. 8; Simpl. *De An.* 8 a)。另一方面，参见 Spengel. 上引书 120 以下、Dionys. *Jud. de Thuc.* c. 51 和 Phrynichus ap. Phot. *Cod.* 158, p. 101 b，它们把克里底亚看作是阿提卡风格的典型作家之一。

3 《高尔吉亚》484C 以下、487C；参照 515A 和 519C，那里卡里克勒斯作为政治家，完全不同于作为智者的卡里克勒斯。

4 关于这个人的生平和个人情况，亚里士多德《政治学》ii. 8; vii. 11, 1330b21 提到他是第一个试图人工规划城市的人，Hermann, *De Hippodamo Milesio*（Marb. 1841）得出以下结论：第 82 或 83 届奥林匹亚赛会期间在为 Piraeus 设计时，他已经 25 岁；他在第 84 届奥林匹亚赛会期间设计了 Thurii 城；当他在第 93 届奥林匹亚赛会第 1 年建造 Rhodus 时，已经是 60 好几的人了。所谓毕达哥拉斯主义者希波达穆斯——Stobaeus, *Floril.* 43, 92-94, 98, 71-103, 26 给出了他著作 π. πολιτείας 和 π. εὐδαιμονίας 的一些残篇——与他是否为同一个人（如 Hermann, p. 33 以下相信的那样），智者希波达穆斯是否真的与毕达哥拉斯主义者有确实的联系（*ibid.* 42 sq.)，无法得到确定。

5 亚里士多德《政治学》ii. 8。

面的文字活动[1]表明了他的智者身份。[2]卡尔西冬人帕雷亚(Phaleas）的共产主义理论,[3]更可能与智者理论相关；无论如何，它确实展现了智者的创新精神，也很容易从现存法律违反自然的主张中演绎出来；但我们对他了解太少，不能确定他与智者的关系。至于狄亚戈拉斯，如已经指出的,[4]我们没有理由认为他的无神论以他的哲学为基础；对与智者同时代的修辞学家来说，这个判断同样适用：如果他们的技艺不通过任何明 429
确的伦理或认知理论与智者学说相联的话。

从公元四世纪初开始，智者的影响变得越来越小，尽管这个名字仍被用来称呼雄辩教师，或一般而言，称呼所有通过传授科学教导来获取报酬的人。柏拉图在其早期对话中，不懈地与智者进行着论战；但在其晚期对话中，只在特别需要时才会提到他们。[5]亚里士多德以谈论唯物论理论的相同方式谈论智者命题，好像它们已是过去的东西；被他认真对待的争论辩驳，确实是智者第一次引入进来的，但已不局限于他们。在波卢斯和塞拉叙马库斯之后，我们再看不到任何智者观念的著名代表人物。

三、智者理论的一般特征

柏拉图自己抱怨说很难正确界定智者的本质。[6]这一困难对于我们来说主要在于这样的事实：智者理论并不由得到所有智者成员共同承认的确定原理构成，而只在于这样一种科学的思维模式和程序：它的不同 430
路径之间尽管存在着家族相似，但却兼容多种多样的出发点和结论。那

1　亚里士多德《政治学》ii. 8。

2　Hermann, p. 18 以下就把他置于智者之列。

3　亚里士多德《政治学》ii. 7，那里他被当作第一个要求财物平等的人。

4　参见第 643 页注释 1。

5　例如在《理想国》引言中，基于与基本伦理探究的联系，导致与智者理论的争辩被提出。

6　《智者》218C 以下，226A，231B，236C 以下。

个时代的人在一般意义上用智者这个词来指称有智慧的人；[1]但尤指把智慧当作自身事业和职业的人[2]——那种不满足于非正式和无体系地影响同胞和熟人，相反把教导他人看作是自己的职业，为了报酬周游各个
431 城邦，为所有渴求文化的人提供教导的人。[3]他们教导的内容，则包含所有被希腊人总括在关于智慧的综合概念之中的东西，[4]也因此，他们教导的目标可以得到不同的理解：当某些智者，例如普罗泰戈拉、普罗狄科、欧绪德谟和厄文努斯等人，自夸他们能够教导学生理智和道德文化、政治和家庭德性时，[5]高尔吉亚对此进行了嘲讽，并把自己的教导

---

1 柏拉图《普罗泰戈拉》312C："请你说智者是什么人呢？我认为，正像这个名称所说的那样，他是那个对智慧的事情拥有知识的人（*ἐπιστήμονα*）"，从柏拉图的词源学看，这里同语言的使用有关的证据的有效性，并不受由 *ἐπιστήμων* 而来的最后音节的变化的影响。Diog. i. 12。在这个意义上，希罗多德在 i. 29, iv. 95 把梭伦和毕达哥拉斯，在 ii. 49 把狄奥尼索斯祭仪的创建者，称为智者。这个名称也被 Cratinus, ap. Diog. i. 12 称呼于荷马和赫西俄德，被索福克勒斯在 *Schol. Pind. Isthm*. v. 36 中的残篇等处（Wagner, *Frag. Gr. Fragm*. i. 499, No. 992）称呼于一位西塔拉琴师，被 Eupolis（依据 *Schol. Ven. Zu. Il. O*, 410；Eustath. *in h. l*. p. 1023, 13）称呼于一位史诗吟诵者；依据 Hesych. *σοφιστ.*，这个称呼被运用于所有的音乐技师。Androtion ap. Aristid. *Quatuorv*. *T*. ii. 407 Dind.、Aristarchus ap. Plut. *Frat. Am*. i. p. 478 和 Isokr. *π. ἀντιδόσ*. 235 用它称呼希腊七贤，其中的第一个作家也称苏格拉底为智者（但另一方面，Aeschin. *Adv. Tim*. § 173 在后来的意义上把苏格拉底描述为一个智者）；Diog. Apoll. ap. Simpl. *Phys*. 32 b、Xenoph. *Mem*. i. 1, 11、Ps.- Hippokr. *π. ἀρχ. ἰατρ*. c. 20 和 Isokr. *l. c*. 268，用它来称呼古代自然哲学家；苏格拉底主义者 Aechines 和 Diodorus 称阿那克萨戈拉为智者（vide *supra*, p. 325）；柏拉图《美诺》85B 称数学教师为智者，相反，希腊智者们却被称作是 *σοφοὶ*，参见第 710 页注释 1 末和第 710 页注释 3；参照柏拉图《申辩》20D。Hermann, *Plat. Phil*. i. 308 以下反对把这个词解释为"智慧的教师"，这在我看来是正确的，但 Steinhart, *Plat. Leben*, 288, 92 赞同这一解释。

2 柏拉图《普罗泰戈拉》315A（这解释了 316B）；316D 等处。Athen. x. 454 以下关于塞拉叙马库斯的墓文。

3 Xenoph. *Mem*. i. 6, 13。参见第 702 页注释 3 和第 709 页注释 2；柏拉图《普罗泰戈拉》316C 普罗泰戈拉的话（参照 318A）；《申辩》19E。类似的还有《美诺》91B。

4 亚里士多德《尼各马可伦理学》vi. 7。

5 见第 719 页注释 3、第 701 页注释 3、第 714 页注释 1 和第 715 页注释 4。我不认为柏拉图《欧绪德谟》305C 中普罗狄科的话（"普罗狄科曾说他们处于哲学家和政治家的边界"）意在描述由那位智者归于他本人的立场。

局限于修辞学；[1] 当希庇亚因自己对所有技艺的精通和自身的古史及物理知识而自鸣得意时，[2] 以政治教师自居的普罗泰戈拉感觉自己所提供的教导远超出这种学识之上。[3] 甚至政治技艺也包含许多不同的分支；例如，欧绪德谟和狄奥尼索多罗斯兄弟就把关于战略和军事策略的演讲 432
与伦理学联系起来，[4] 甚至普罗泰戈拉 [5] 据说也详细讨论了摔跤和其他技艺，以一种反职业人士的方式对它们进行了使用。因此，伊索克拉底（Isocrates）在反对智者的演说中把伦理学的诡辩导师和雄辩教师置于智者名下时，一个反对者 [6] 因为伊索克拉底研究和写作演说而同样称他为智者，这一切与当时的语言完全一致。教导被包含在高级文化名目之下的技艺的所有收费教师都被称为智者。这一名称主要相关于教导的内容及其外在条件。就其自身而言，它并不涉及对这种教导的价值或科学性的判断，更只是承认这样一种可能性：智术教师既能传授真实知识和道德，也能传授相反的东西。柏拉图和亚里士多德是最初在狭窄意义上理解智者理论的人：他们把它看作辩证性的诡辩，与修辞学区分开来；看作出于道德感败坏的认知假象，与哲学区分开来。在柏拉图看来，智者是自称为德性教师的、以富有的年轻人为对象的捕猎者。他们是贩卖 433

1 柏拉图《美诺》95C；参照《斐莱布》58A。波卢斯、吕克弗隆和塞拉叙马库斯等人，见本书 p. 423 以下。

2 见第 719 页注释 5。

3 在《普罗泰戈拉》318D，这位智者说他的学生不会像其他智者（希庇亚）的学生那样，“他们把那些想要逃避这些技艺的学生，又再次带回到这些技艺中，教他们算数、天文学、几何学和音乐”；跟随他，学生只会被教给符合他们的目的的东西：“要学的就是对家庭事务的良好判断，以此可以最好地管理自己的家庭，还有对城邦事务的良好判断，以此在城邦事务上才是最有能力去做和说”，总而言之，“政治技艺”，对政治德性的介绍。

4 见第 714 页注释 1。

5 柏拉图《智者》232D；Diog. ix. 53；参照 Frei. 191。依据第欧根尼，普罗泰戈拉有一本著作《论摔跤》；Frei 猜想这可能是一本更为综合性的论技艺的著作的一部分；但很有可能是某位更晚作家依据柏拉图提到的那些讨论写作的一本独立的论著，这些讨论可能确实出现在智术论辩和矛盾法中。

6 阿尔基达马斯，见第 715 页注释 1。

知识的商人、店主和小贩，是通过辩论来赚钱的零售商：[1] 他们无疑可能被错认为哲学家，但赋予他们通过论辩技艺来净化人并使人摆脱欺骗的崇高使命，就给予了他们太多荣誉了。[2] 智者理论不过是一种欺骗技艺，它的要旨在于：缺乏关于善和正当的真实知识并意识到这种缺乏的人，可以表现得好像具有这种知识，并在对话中使对话者陷入矛盾。[3] 它因此根本不是一种技艺，而不过是一门技艺的奉承幻影——对政治真实技艺的拙劣模仿；它与后者的关系，正像是装扮术与体育的关系，与错误修辞术的区别只在于一个确立原则另一个运用这些原则。[4] 与此类似，亚里士多德把智者理论描述为局限于非本质之物的科学，描述为表象的
434 知识，[5] 或更确切地说，一门以表象知识来牟利的技艺。[6] 这些描述明显从一方面看过于狭窄，从另一方面看又过于宽泛，无法在我们正在考虑的这一现象的独特性质方面为我们提供可靠的信息：太过狭窄，是因为从一开始智者理论就被看作是本质错误和不正确的；太过宽泛，是因为他们并未把这一理论当作在确定历史阶段出现的事物，依据它的历史层面对它进行描述，而是把它当作一种普遍的范畴来进行理解。越是古老的阐述就越会如此。公众智慧教导这一概念本身，并不能告诉我们任何有关于这一教导的内容和精神方面的信息，至于教导是否收取费用，就其自身而言并不重要。但如果我们考虑到智者出现的环境，及他们国家的更早习俗和文化，那么在这些方面的特征将某种程度上有助于解释智者理论的独特性质及其意义。

希腊人更早的教育和教导方法，实际上为具体的技艺和技能，例如写作、算术、音乐和体育，提供了不同的教师，但把更普遍的训练和教

1 《智者》221C，226A；参照《理想国》vi. 493A。

2 《智者》226B-231C。

3 同上 232A-236E，264C 以下；参照《美诺》96A。

4 《高尔吉亚》463A-465C；《理想国》同上；参照 Part II. a, 509 以下，第三版。

5 《形而上学》vi. 2, 1026b14；xi. 3, 8, 1061b7; 1064b26。

6 《形而上学》iv. 2, 1004b17；《辩谬篇》c. 1, 165a21，c. 11, 171b27；参照 33, 183b36。pseudo-Xenophon, *De Venat*. c. 13 使用了更强烈的语言。

育留给了与家人和熟人的交往。无疑有些时候年轻人会与某个特别有声誉的人结成伙伴，希望在他的带领下进入政治事务；[1]或者在某些情况下 435
跟随音乐或其他技艺教师，以获得更为广泛的个体和政治影响。[2]但无论在哪种情况下，都不存在着任何依据确定原则的对政治活动的正式教育和指导，有的只是不带有任何明确教育目的的、自然地从自由个人交往中产生的影响。[3]没有哪个古代自然哲学家能被认为创办了自己的学校，或以之后成为惯例的那种方式提供指导：他们哲学理论的传播似乎 436
完全局限于熟人的小圈子，由个体的友谊关系所决定。如果说普罗泰戈拉和他的后继者开始与这一传统分道扬镳，那这意味着对科学和科学教育的流行评价的双重变化。首先，这种教导现在宣称它对于每个向往在实践生活中出人头地的人来说都是不可或缺的：之前仅仅通过实践获得的演说和行动能力被批判为不充足的，必然还需要拥有的是理论的学习

1 因此普鲁塔克在他关于 Themistocles 的生平中说，这位政治家在他政治生涯的最初，寻求与 Mnesiphilus 的交往，如普鲁塔克所说，此人既不是演说家，也不是"自然哲学家"，而只是想靠当时被称作是"智慧"的事情出人头地，即"政治上的聪明和敏锐的理解力"，因为这是梭伦传下来的古老传统；普鲁塔克补充说道："就此那些把辩论的技艺与它们相混合、从实践活动转到对言词的训练的人被称作智者。"

2 例如 Damon，参见 Plut. *Per*. 4；柏拉图《拉凯斯》180D；《阿尔基比亚德前篇》i. 118C；Pythoclides，参见 Plut. 上引处；柏拉图《普罗泰戈拉》316E；《阿尔基比亚德前篇》i. 118C。

3 当普鲁塔克说那些被称作智者的人把政治训练从实践活动转向了演说时，他就非常正确地做出了这一区分（*Them*. 2）；只有当一直以来通过现实案例的处理实践而获得的技艺和技能，从今往后被建立在可以传授的理论指导（λόγοι）和普遍的技艺规则的基础之上时，第 718 页注释 3 谈到的那种意义上的智者才存在。普鲁塔克也不那么确切地说道（*Per*. 4）Damon 作为一个"高明的智者"（这个词在这里，如在柏拉图《会饮》203D 那里那样，似乎既指称智者也指称手艺人），以音乐家的伪装隐藏了他作为伯里克利政治教师的身份。柏拉图《普罗泰戈拉》316D 中普罗泰戈拉类似地说道，智者技艺历史久远，但由于害怕招致的敌意，他之前的智者都隐藏了自己的身份；一些人称自己为诗人，如荷马、俄耳甫斯和西蒙尼德等人；一些人称自己为体育家；还有一些人称自己为音乐家，如 Agathocles 和 Pythoclides。这事实上承认了《普罗泰戈拉》317B 明确宣称的东西，及在以上提到的大多事例中非常清楚的东西，即那些在特定意义——公认是智者并且教育人们——上被称作智者的人的显著特性，不为普罗泰戈拉的前辈所具有；他们是"有智慧的人"，像希腊七贤那样，但不是"智者"，就这个词在苏格拉底时代的意义而言。

和对普遍规则的把握。[1]但另一方面，就智者们的所有关注而言，科学本质性地被局限于这一实践问题。知识的价值和重要性，不在于知识本身，而只在于它作为行动的手段。[2]因此，智者理论确立在“哲学和政治的边界之间”；[3]实践将受到理论的支撑，启蒙指向实践的目的和手段；但理论不过是实践的手段。这种知识，就其普遍的指向和目的而言，是一种启蒙的哲学，除此之外别无所是。

437 仅从这一视角出发我们就能正确地对智者收费这个有争议的问题进行评论。只要哲学观念和知识的传授与所有其他类型的朋友间的教育交往被看作同一回事，那么就不会有哲学教育收费的问题：哲学研究，同哲学教育一样，甚至对于全身心投入哲学的人来说，是一件自由选择的事务。这正是苏格拉底、柏拉图和亚里士多德共同接受的观念，其结果是，哲学教育收费的观念被当作纯然可耻的行为受到他们的强烈反对。在色诺芬（Xenophon）的苏格拉底看来，智慧，就像爱一样，应该被当作是自由的礼物来授予，而不是贩卖。[4]柏拉图[5]说，教授所有其他技艺的人，可以要求酬金回报，因为他并不声称能让他的学生变得公正和有德性；但许诺会让他人变得更好的人必须能够不负学生的感恩之心，因此不应该索要金钱。亚里士多德表达了类似的观念。[6]在他看来，教师和学生的关系不是商业关系，而是道德和友爱关系，以尊重为基础；教师的价值无法用金钱来衡量——他只能被回报于那种我们对父母和神会感受到的感恩之心。从这一观念出发，我们很能理解我们已经在第 432 页以下看到的柏拉图和亚里士多德对智者收取费用所做的苛刻

1 当 Grote, viii. 485 以下声称智者的出现并不是什么新事物，他们与 Damon 和其他一些人的区别仅在于他们用于他们职业活动的知识和能力在数量上具有优势时，他就忽略了智者教导与之前教师的纯粹实践指导之间的这一基本差异。

2 也参见第 718 页注释 3。

3 见第 718 页注释 5。

4 *Mem.* i. 6, 13；见第 718 页注释 3。

5 《高尔吉亚》420 以下；参照《智者》233D 以下。同样的还有，Isocr. *Adv. Soph.* 5 以下。

6 《尼各马可伦理学》ix. 1, 1164a32 以下。

评判。然而，出于评判作为公元前五世纪教师的希腊智者的这同一个理由，在一个所有教育普遍由拿薪水和报酬的教师提供的时代，我们也应该对这些教师给出同样的评判：只是因为他们的教育收取费用，就把他 438
们看作是自私自利的、贪婪的人——这无疑是极度不公正的，正如格罗特（Grote）正确认为的那样。[1] 在一个人们越来越广泛地感受到科学教导的需要，并因此形成一个独立的职业教师团体的地方，也会产生这样一种需要：这些教师应该能够通过他们的工作来维系生活，以使他们有时间和精力来献身于这一工作。即使在希腊这一自然需求也不能被忽视。像苏格拉底这样的高尚地蔑视生活必需品的人，像柏拉图和亚里士多德这样的对教师和学生的关系持理想观念的人——这一理想由他们自己的宽裕个人经济条件和希腊人对所有劳作活动的偏见所激发——可能会不屑于为他们的教导收取任何的费用；民众也会倾向于谴责智者们无疑被极度夸大了的酬劳；因为在这种情况下，无教养民众对他们完全不了解其辛劳和困难的精神工作的普遍恶意，会与本地人对外来人的、民主势力对上层阶级的教师的以及守旧派对革新主义者的猜忌联系在一
起。但事实上，如已被充分发现的那样，[2]没有理由认为智者，特别是来 439
自于外来城邦的智者，应该免费提供教导，或应该自己承担他们生活和旅行的费用。甚至希腊习俗也绝不禁止对理智性资产的付费——画家、音乐家和诗人、自然哲学家和修辞学家、体育家及所有类型的教师都收取费用；奥林匹亚赛会的获胜者从他们母邦收获的不仅有荣誉还有钱财，甚至他们自己也借他们的荣誉花环接受捐赠。哲学教导要收取费用的观念，同样不能不做进一步考察就受到谴责，即使是从柏拉图和亚里士多德的理想立场出发也是如此；收取费用并不必然意味着教师的科学活动或他与学生的道德关系就会受到败坏；因为，从类似的例子看，妻子和她丈夫的爱，不会受她丈夫要维系她生计的法律义务的影响，恢复

1 《尼各马可伦理学》493 以下。

2 Welcker, *Kl. Schr*. ii. 420 sqq.

了健康的病人对医生的感激之情不会因为收费而有所变质，孩子对父母
的感恩之心也不会因为抚养和教育他们是父母的法定责任而有所改变。
智者对他们的学生和听众收取费用，只有在他们过度索取及普遍性地贪
婪和不体面地从事他们的职业时，才会变成对他们不利的东西。但事实
440 上他们中只有一部分人被证明是这样的。尽管在古代关于他们要求的酬
劳和他们积聚的财富盛行着无疑非常夸张的说法；[1]但伊索克拉底向我们
保证，没有哪个智者赚取了可观的财富，他们的收入并没有超出恰当的
数额。[2]虽然完全有可能，许多智者，特别是那些更为年轻的智者，应
在自私和贪婪方面受到指责，[3]但我们是否能够把从他们那个时代的智者
那里得来的这种对智者教育的描述，也应用于像普罗泰戈拉和高尔吉亚
这样的人——在他们那里，哲学教育的任何收费最开始都表现为某种粗
鄙和可耻的事——仍然是个问题。无论如何，普罗泰戈拉极为体谅他的
学生[4]：他让他的学生自己在有疑虑的情况下决定支付多少学费；[5]亚里士
多德也表明，在这个方面，智者教育的创始人与他们的后继者之间存在
441 着不同。[6]如果我们公正地考虑到这些人出现的环境，以及关于他们留

1 关于这个主题，参见第 702 页注释 3、第 703 页注释 1、第 707 页注释 3、第 709 页注释 3 和第 712 页注释 1。

2 *Π. ἀντιδόσ*. 155。参见关于高尔吉亚的说法（见第 707 页注释 3），他在智者中积累财富最多，没有公共和家庭的支出。我们不能认为智者赚得跟演员一样多。在更晚些时候，整个课程似乎收费 3 到 5 米那。柏拉图《申辩》20B 中的厄文努斯索要 5 米那；伊索克拉底像其他修辞学家一样，收费 10 米那（Welcker, 428），他嘲笑智者（*Adv. Soph*. 3），因为从他们那里获得整个的德性只需要花费可笑的 3 或 4 米那；但在 *Hel*. 6 中，他又谴责他们只关心钱。

3 参照第 713 页注释 6 和 p. 433 以下。

4 如格罗特（*Hist. of Gr.* viii. 494）正确发现的那样。

5 参见第 702 页注释 3。

6 在 Welcker 从《尼各马可伦理学》ix. 1, 1164a22 以下援引的段落中，提到普罗泰戈拉的这个收费习惯，亚里士多德因此进而说到这与他同时代的其他智者不同：这些人无疑要求预先付费，因为没人会在知道他们的把戏之后还给他们付钱。Xenoph. *De Venat*. 13 则不那么确定：我们不知道“有谁是被现在的智者们教好的”；因为我们不清楚作者是想用老一辈智者来对比他那个时代的智者，如普罗泰戈拉等人，还是意指其他哲学家和德性教师；在后一种情况下，“现在的智者们”与先前提到的“所谓的智者们”会是一致的。

下的记载，我们就不能把智者当作一个整体指责他们的唯利是图和贪婪，特别是在涉及早一辈智者的时候。

但尽管我们必须站在智者的一边，或至少是许多最为重要的智者的一边，反对在超过两千年的时间内几乎毫无例外为人持有的损害他们名誉的偏见，有两件事我们仍然必须牢记于心。首先，在那个时代引入科学教育的收费，无论我们如何设想它的道德依据，至少也表明我们已经注意到的对科学知识的价值和重要性的一般评价的改变——它表明，现在，唯一被追求、并被看作是有价值和可获得的知识，不是真诚的探究，对确实知识的满足，而是可被当作其他目的的手段来运用的东西，它更多的不在于普遍的精神文化，而在于确定的实践能力。智者声称教导雄辩的特殊技巧、世俗的谋划和对人的操纵；获得利益的前景，对政治和演说的行业秘密的掌握，作为必不可少的指导，是他们首要提供给那个时代年轻人的东西。[1] 其次，事实表明，在当时的环境下，把高 442
等教育和政治生活的预备课程完全交付给依赖学生学费来维持生计的教师，是一件最为危险的事情。由于人的本性，这样的安排不可避免地会导致科学的活动最终依赖于那些寻求教导并为之付费的人的意愿和需求。这些学生会因为他们的个人目的，主要依据他们希望从中获得的好处来评估科学的价值；很少人能有更高的眼光，认识到学习的用处，以及知识的实践运用并不是随手可得的。在这种情况下，一个民族的科学

1　证据会在对智者教育的描述中给出。也参见第 719 页注释 3 和柏拉图《会饮》217A 以下，在后者那里，当阿尔基比亚德想给予苏格拉底他所有的一切，以“倾听所有他知道的东西”时，他实际上把苏格拉底看作是一位智者；但对他们的关系持有纯粹道德理解的苏格拉底，让他感到他的教导与智者的不同。这里确实没有提到智者之名，但阿尔基比亚德最初对待他与苏格拉底的关系的方式，表明他这个阶层的学生习惯于从他们的导师那里寻求和期望的东西。Xenophon, *Mem*. i. 2, 14 以下的评论同样如此：克里底亚和阿尔基比亚德并不试图通过与苏格拉底交往而变得在品质上与他一样，而是“认为，如果与他交往，可以变的最善于言谈和行动”。智者宣称自己是德性的教师，能够使人完善，但这并不能改变事实的真相，因为完全可以问在哪里能找到德性（或更为确切地说，能力、适当，ἀρετή）：例如，欧绪德谟和狄奥尼索多罗斯许诺会比其他教师更为快捷地给予他们学生的 ἀρετὴ（柏拉图《欧绪德谟》273D），就完全不同于被我们称作为德性的东西。

443 作为整体要不蜕变为纯粹的技能，要不在长期的持续中变得越来越局限于尽可能快捷、简单和舒适地为大众提供他们认为有价值的技艺和知识，这个民族需要有深入其机理的关于纯粹和独立探究的价值的观念，而这是那个时代的希腊远不具有的。智者教育出现的那个环境，对透彻的探究和诚挚的哲学精神，构成了极大的威胁；这个威胁又由于以下事实被进一步加剧：大多数智者，没有固定的住所，没有对城邦的任何兴趣，也因此没有公民身份赋加于人的在他们道德生活及他们职业活动的道德层面的限制。[1] 但是说环境自身导致这个结果并不能改变问题。无可否认的是，对于小城邦的有才能和教养的公民来说，游历和公开演说是他们在那个时代获得才能认可和广泛活动空间的唯一路径，高尔吉亚和希庇亚这样的人在奥林匹亚发表的演说，就自身而言，并不比希罗多德（Herodotus）的更值得谴责；同样无疑的是，只有通过教导收费的方式，教师职业才可能向所有具有此等能力的人开放，在一个地方才可能聚集最为多样化的能力；但这种体制导致的后果不能因此就被消除。如
444 果智者教育从一开始就包含把科学兴趣局限于有用和实际利益的倾向，那这一偏颇性会由于智者教师对他们听众的意愿和品味的依赖而急剧加大，智者教育越是在科学性及随后即刻出现的伦理内容上具有缺陷，它就越会不可避免地极速蜕变成获取钱财和名誉的纯粹工具。

尽管对纯粹科学探究的这一漠视在其自身，也为其自身，预设了一种怀疑主义趋向，但最为重要的智者从未如此明确地宣称，其他人也只是在他们的普遍方法中对之有所暗示：因为他们认为关于事物的科学知识是不可能的，他们与先前的哲学决裂开来。当一个人对知识感到绝望时，那还留给他的只有行动的满足或享乐；他失去了对象的理智，开始设立从自身出发产生一个对象的目标；它的自恃现在专注于自身；知识变成意志。[2] 因此，智者的生活哲学完全确立在对真实知识怀疑的基础

1　参见柏拉图《蒂迈欧》19E。

2　在哲学史上这样的例子很容易被找到；对我们当前的目的来说，回忆一下如下的事实就已足够：苏格拉底和后来折中主义者如西塞罗等人的实践主义倾向，公元前最

之上。但这就会导致确定的科学和道德态度对这种哲学来说不再可能；如此，它必然要么追随古老的观念，要么彻底地批判它；如果是后者，那它必然会最后得出结论说，就像普遍认可的真理一样，普遍有效的道 445
德法则是不存在的。因此，它并不把教育人和提供道德观念当作是自己活动的目的和主旨：它的教导必然被局限于实现个体目的的手段，无论这些目的是什么。由于对希腊人来说，所有的手段都被包含在演说技艺之中，修辞学作为普遍的实践技艺，就构成了智者消极道德观念和知识理论的积极层面。如此，它就脱离了哲学史关注的范围。下面我们将更为详细地考察我们正在考虑的这一现象的不同层面。

四、智者的知识理论和论辩术

即使在最为古老的哲学家那里，我们也能发现许多对人类知识有限性的抱怨，从赫拉克利特和巴门尼德以来，感觉的不确定性得到最为对立的观点的支持。但是直到智者的出现，这些萌芽才发展成一种普遍的怀疑主义。为了科学地确立这一怀疑主义，他们部分地把赫拉克利特理论，部分地把埃利亚理论，当作了自己的出发点；从如此对立的理论会得出相同的结论，一方面可被看作是一种真实辩证归纳，据此，片面的理论相互取消；但与此同时它也是智者理论要告诉我们的东西，这种理 446
论不关注任何关于事物本质或知识的观念，要把客观的哲学探究完全弃之不顾。

普罗泰戈拉把他的怀疑主义确立在赫拉克利特物理学的基础之上。在充分和本来意义上，他确实不是这个哲学的实际追随者；赫拉克利特关于原始之火及它的变化和发展阶段所说的，一般而言，关于万物的客观构成所说的，不会得到像他这样的一个智者的接受。但为了他自己的目的，他至少从赫拉克利特哲学那里接受了关于万物流变及对立运

后一个世纪的“启示”，康德“理性批判和他道德观”的关系，等等。

动的普遍命题。在普罗泰戈拉看来，万物都在持续的运动当中；[1]但这一
447 运动并不只有一种类型：存在着无数种运动，不过它们可以被归纳成两种，因为它们要么是施动要么是承受。[2]只是通过它们主动或被动的作用，事物才获得它们独特的性质；正如施动和承受只在一个事物由于运动与其他事物发生联系时才属于这个事物一样，我们不应该把任何性质或规定性归属于事物本身：只是因为事物之间彼此接近、混合和相互作用，它们才具有了确定性；因此，我们绝不能说它们是某物，或更一般
448 地说，绝不能说它们是，而只能说它们变成某物，说它们变成。[3]通过

1 柏拉图《泰阿泰德》152D，157A 以下（见第 451 页注释 2）；同上 156A 以如下方式表达了同样的意思："一切都是运动，此外没有别的什么"，但他不是在考虑没有运动事物的运动，一种"纯粹运动"，而是主体持续变化的运动，这从 180D，181C 和 D 看是非常清楚的，在那里他使用了如下表达，"万物运动"，"一切以两种方式运动"，"移动和变化"，同样还有 156C 以下："所有这些都在运动……因为它们在移动，并且在位移中运动自然地属于它们"，等等（而且这同一文本证明，*ἦν* 并不像 Vitringa, p. 83 所说的那样意味着，原初只有运动存在，而是万物，依据其本质自然，都是运动；参见 Schanz, p. 70）。这里使用的过去时态与亚里士多德的术语 *τί ἦν εἶναι* 一样。因此，我们既不能认为普罗泰戈拉持有这种纯粹运动观（Frei, 79），也不能指责柏拉图发明了它（Weber, 23 sqq.）；这为塞克斯都所证明，他用斯多亚学派的语言就普罗泰戈拉宣称说（*Pyrrh*. i. 217）："因此此人说物质是流动的，但是当它流动时，不断地有补充来对抗流失。"《泰阿泰德》181B 以下进一步表明，普罗泰戈拉主张的万物运动，不仅必须被界定为"位移"，同样也是"变化"；但从这同一段话来看非常清楚的是，普罗泰戈拉自己并未在这个主题上做详细的解释。

2 《泰阿泰德》156A 继续说道："有两种运动，每一种在数量上是无限的，但是在能力上一者施动一者承受。"这在 157A 得到进一步的解释：施动和承受不会就其自身绝对地属于一个事物；事物以主动或被动的方式通过与和它相联的事物相遇而作用或被作用；因此，同一事物可在关联某一物时是主动的，关联另一物时是被动的。这个解释使用的语言基本上是柏拉图式的，但我们没有理由就完全否认普罗泰戈拉做出了主动运动和被动运动的区分。

3 《泰阿泰德》152D，156E（见第 451 页注释 2），157B。（阐释的形式似乎属于柏拉图）我们在 Philop. *Gen. et Corr*. 4 B 和 Ammon. *Categ*. 81b, *Schol. in Arist*. 60 a, 15 发现同样的话——无疑源出于柏拉图的这些段落；在那里，命题"没有一个东西有确定的本性"被归属于普罗泰戈拉（Frei, p. 92 猜测这是普罗泰戈拉自己的话，但他很可能是错误的）。这也被塞克斯都上引处以后来的术语如是表达为："各种现象的逻各斯在物质中"，在我看来，不管是彼得森（*Phil. Hist. Stud.* 117）、布兰迪斯（i. 528）、赫尔曼（*Plat. Phil*. 297, 142）、Frei（p. 92 sq.），还是 Weber（p. 36 sqq.），都未对这句话进行正确的解释。这句话的意思不是所有现象的原因都只是物质性的，恰好相反，它说的是，在无关我们把握方式的物质和事物自身那里，万物的萌芽、最为不

这两种运动的交汇，我们关于事物的表象产生出来。[1] 当一个客体与我们的感官以对象作用于感官、感官受其作用的方式发生联系时，在我们感官中就会产生确定的感觉，客体就似乎被赋予的确定性质。[2] 但这两种结果只在这一联系之中并当联系持续着时产生；正如眼睛在不受某种 449
颜色作用时不能看一样，事物在没有被眼睛看到时不具有颜色。因此，无物就其自身而言，是或成为其所是和其所成，而只是对感觉主体来说才是如此；[3] 但客体会依据感知主体的构成，不同地自然呈现自身：对每个人来说，事物就是它向他呈现出来的那个样子；事物会依据每个人的自我状态和情况，如它必然会呈现的那样向他呈现。[4] 人是万物的尺度，

同的现象的同等可能性被给出，如 Plut. *Adv. Col*. 4, 2 在解释普罗泰戈拉理论时所说，每一事物都是“不更这样”；如塞克斯都自己进一步解释的：“物质能够在其自身的范围内是一切在所有人看来的样子”。

1 柏拉图是直接把主动运动等同于 *αἰθηὸν*（感觉物）的运动，把被动运动等同于 *αἴσθησις*（感觉）的运动（如 Schanz, p. 27 所相信的），还是把 *αἰσθητὸν* 的运动和 *αἴσθησις* 的运动只看作是主动运动和被动运动的具体种类，并不非常清楚。后一种说法在我看来更有可能，这部分是因为，如果普罗泰戈拉相信事物是独立于我们表象意识的客观存在——他无疑相信这一点，他必然也会相信有事物之间的相互作用，而不只是事物对我们的作用；部分是因为 157A 的评述（见第 728 页注释 1）告诉我们同样的东西，即同一事物在与某一物关联时是主动的，在与另一物关联时可能是被动的：因为就我们的 *αἴσθησις* 而言，*αἰσθητὸν* 总是主动的；它只在相关于它物时才可能是被动的。

2 《泰阿泰德》156A，在第 728 页注释 1 所引文字之后。“诸感觉”被称为“视觉”，“听觉”，“嗅觉”，“冷感”，“热感”，“快乐”，“悲伤”，“欲望”，“恐惧”；属于“感觉物”的有颜色、声音等。这由此得到进一步解释。普罗泰戈拉似乎已经从运动的快慢来派生事物与感官的不同关系，因为 156C 说有些运动得慢些，因此只能获得对邻近事物的感知，有些运动得更快，能感知远处的事物。前者可以解释例如触觉，后者可以解释例如视觉。

3 参见前注及《泰阿泰德》157A（参见第 451 页注释 2 和第 728 页注释 2）；160B；参照《斐多》90C。类似的有，亚里士多德《形而上学》ix. 3, 1047a5；Alex. *Ad h. l.* and p. 1010 b, 30; p. 272, 28 Bon；Hermias, *Irris*. c. 4；Sext. *Pyrrh*. i. 219。另一方面，亚里士多德《论灵魂》iii. 2, 426a20 中的“自然哲学家”指的不是普罗泰戈拉（如 Philop. *ad h. l.* O. 15 和 Vitringa, p. 106 所相信的），而是德谟克利特。

4 柏拉图《泰阿泰德》157E 以下以做梦者、病人和疯子为例证实了这一点，并指出，由于这些人与醒着的和健康的人的不同状态，事物与他们的接触必然会产生不同的感觉。但在 158E，他似乎没有明确地把这个回答归属于普罗泰戈拉，更只是认为这是他理论的必然结论。而这似乎就表明 Sext. *Pyrrh*. i. 217 以下、Ammon. 和 Philop.

是存在（Being）是这样的和不存在（non-Being）不是这样的尺度；[1] 没
450 451 有客观的真理，有的只是主观的真实显现；没有普遍有效的知识，有的

在第 728 页注释 2 援引的话与 David, *Schol. in Arist.* 60 b, 16 中的说法和论证，不取自普罗泰戈拉的著作，而像《泰阿泰德》中的话一样，不过是这几位作家的评论和附加。

1 《泰阿泰德》152A。同样的话，有时带有附加，有时不带附加地经常被引用：如柏拉图《泰阿泰德》160C；《克拉底鲁》385E；亚里士多德《形而上学》x. 1, 1053a35; xi. 6；Sext. *Math*. vii.60；*Pyrrh*. i. 216 和 Diog. ix. 51 等处（参见 Frei, 94）。依据《泰阿泰德》161C，普罗泰戈拉说过“真理的开端”。由于 162A、170E，参照 155E 和 166B，《克拉底鲁》386C、391C，也提到普罗泰戈拉的 *ἀλήθεια*，很有可能出现这个句子的著作的标题是 *Ἀλήθεια*（如 *Schol. ad Theaet*. 161C 所认为的）。但说柏拉图第一次这样称呼它，也并非没有可能，因为普罗泰戈拉在那里经常强调性地宣称，与日常意见不同，他能知道事物的真实状态。依据 Sext. *Math*. vii. 60，这些词出现在《反驳者》的开头，Porph. ap. Eus. *Pr. Ev*. x. 3, 25 说普罗泰戈拉在《论存在》中反对埃利亚主义者，这无疑说的就是作为《泰阿泰德》中的话的来源的著作。但有可能 Porphyry 依据这本著作的内容称呼它，而它真实的标题是 *Καταβάλλοντες*（即 *λόγοι*）或 *Ἀλήθεια ἢ Καταβ.*；Diog. ix. 55 提到的两卷本《驳论》，可能只是 *Καταβάλλοντες* 的另一种表达。参见 Frei, 176 以下、Weber, 43 以下、Vitringa, 115、Schanz. *Beitr. z. Vorsokr. Phil*. 1 H, 19 以下和 Bethe, *Vers. einer Wurd. d. Sophist. Redekunst,* 29 以下。普罗泰戈拉命题的意思经常这样被给出：“在每一个人看来是什么样也就是什么样”（柏拉图《克拉底鲁》386C。类似的，《泰阿泰德》152A；参照 Cic. *Acad*. ii. 46, 142），“那在每一个人看来的也就确凿地是这样”（亚里士多德《形而上学》xi. 6；参照 iv. 4, 1007b22; iv. 5；Alex. *ad h. l.* 及其他地方；David, *Schol. in Arist.* 23 a, 4，但在这里《欧绪德谟》287E 所说的被转移到普罗泰戈拉头上）“一切现象和意见都是真的，真理属于相对者”（Sext. *Math*. vii. 60；参照 *Schol. in Arist*. 60 b, 16）。如果记载是正确的，那么它的意思也只能是：以确定方式向每个人呈现的东西，对他而言，就如向他呈现的。柏拉图《泰阿泰德》152A 明确地说出了这一点，但格罗特（*Plato*, ii. 347, 353, 369）却不公正地指责他忽略这一点。以上提到的作家所运用的表述，如经常表明的那样，不是普罗泰戈拉的表述。对柏拉图的观察（参见下注）——依据普罗泰戈拉，知识只在于感觉，除此之外别无它物——和亚里士多德（《形而上学》iv. 上引处）及他的评注者（Alex. p. 194, 16, 228, 10, 247, 10, 258, 12 Bon. 637 a, 16, 653 a, 1, 662a, 4, 667 a, 34 Br.）的推论——依据普罗泰戈拉，相反的主张同时都是真的——可以说同样的话。Diog. ix. 51 中的话“他曾说在感觉之外灵魂什么都不是”，由于谈到《泰阿泰德》，看来要么是来自于“事物只是在感觉运动中存在”命题的推论，要么是对另一个命题“知识不过是感觉”的误解（在我看来这更有可能）。Themistius, *Analyt. Post.* p. 25 Sp.; *Schol. in Arist*. 207 b, 26 关于普罗泰戈拉的知识观所说的，无疑基于亚里士多德的话，但后者说的根本不是普罗泰戈拉。

只是意见。[1]

高尔吉亚从相反的观点出发得到同样的结论。在他论自然或不存在的论著中，[2] 他试图证明三个命题：(1) 无物存在；(2) 如果承认有物存在，那它也是不可认知的；(3) 即使它是可认知的，它也无法通过语言来表达。对第一个命题的证明完全依赖于埃利亚主义者的理论。“如果某物存在(existed)”，高尔吉亚说，“那么它必然或者是存在的(existent) 452

1 格罗特（*Plato*, ii. 322 sqq.）怀疑普罗泰戈拉如我们正文所说那般，是在赫拉克利特理论的基础之上提出了自己“人是万物尺度”命题的；舒斯特的观点还更进一步（*Herakl*. 29 sqq.），与他对赫拉克利特的观察（在本书 p. 93 以下得到讨论）相联系，他不仅认为普罗泰戈拉和赫拉克利特都未能在形而上原理的基础之上建构知识理论，而且相信普罗泰戈拉承认有知识的存在，这种知识与感觉和建立在感觉基础之上的意见一致。这后一个说法完全缺乏理论基础，也与我们拥有的所有的普罗泰戈拉的文献冲突。首先，命题“知识除感觉外不是别的什么”(《泰阿泰德》151E，160D)，并未被柏拉图直接归属于普罗泰戈拉（甚至舒斯特也承认这一点）。柏拉图明确说的是（152A；参照 159D），普罗泰戈拉以其他形式（τρόπον τινὰ ἄλλον）表明了这一点：从他自己的话“人是万物的尺度”，可以得出结论说，没有知识超越于表象之上，也因此（由于“表象 = 感觉”，152B）超越于 αἴισθησις（感觉）之上。但如果是这样，这一命题在柏拉图的意义上，就不能指存在着一种知识，这一知识由感觉构成；恰恰相反，它说的是，不存在着客观的知识，因为没有知识会只是感觉，而感觉也纯粹只是表象：这从《泰阿泰德》152A 以下、161D 和 166A 以下等处看，是非常清楚的。我们所有的证据毫无例外地说的是同样的东西：它们都宣称，依据普罗泰戈拉，对每一个人来说，向他显现为真的，那就是真的；而这直接与“存在着知识”这样的命题相反。如果我们要接受这样的命题，那我们就必须把知识理解为对纯粹主观真实之物，纯粹幻想（φαντασία，《泰阿泰德》152C）之物的认识。更值得怀疑的应是：普罗泰戈拉是否确实以柏拉图所说的那种方式建构了他的命题。如我再三指出的那样，柏拉图并未严格依照普罗泰戈拉的阐述形式；但我们没有理由否认柏拉图置于普罗泰戈拉之口的理论的本质内容是属于他自己的，或怀疑它与赫拉克利特物理学的联系，即使我们不把确实相关于他部分说法的 Sextus, *Pyrrh*. i. 216 以下和 *Math*. vii. 60 以下中的话看作是他自己的话。如果普罗泰戈拉没有在某个场合自己提供了这种说法的话，那我们就很难理解柏拉图如何能够提出这样的解释。

2 Sext. *Math*. vii. 65-87 对此有详细的摘录，不过是以自己的话；pseudo-Arist. *De Melisso*, c, 5, 6 有短一些的摘录。从塞克斯都我们得知此著作的标题是《论不存在或论自然》。Rose 对它真实性的怀疑（*Arist. Libr. Ord.* 77 sq.）所依据的理由——不管是亚里士多德对高尔吉亚怀疑主义的沉默，还是高尔吉亚晚年局限于修辞学的事实——在我看来并不充分。伊索克拉底在 *Hel*. 3, π. ἀντιδόσ. 在谈到智者的著作时，用这样的话把无物存在的说法归属于他导师高尔吉亚。

或者不存在的（non-existent），或者同时既是存在的又是不存在的。”但是（A）它不可能是不存在的，因为无物能够同时存在（exist）又不存在（not exist）；而不存在（non-Being）一方面作为不存在，是不存在的（not exist）；但另一方面，就其是不存在（is non-Being）而言，它又存在（exist）；进而，由于存在和不存在彼此相对，我们不能在把存在（existence）归属于不存在（non-Being）时，不否定它属于存在（Being）；但存在（existence）不能不属于存在（Being）。[1]（B）存在的事物也不能是存在的，因为存在的必然要么是派生的要么是非派生的——它必然要么是一要么是多。（a）它不能是非派生的；因为高尔吉亚赞同麦里梭说，非派生之物没有开端，而没有开端之物是无限的。但无限之物不能
453 在任何地方——它不能在它物之中，因为那样的话它就不是无限的；它也不能在自身当中，因为包含者必然不同于被包含者。而不能在任何地方就根本不存在。因此，如果存在（Being）是非派生的，那么它就是不存在的（non-existent）。[2]另一方面，如果我们假定它是派生的，它必然要么出自于存在（Being）要么出自于不存在（non-Being）。但无物能从存在中派生，因为如果存在变成它物，它就不会再是存在；它同样不能从不存在派生，因为如果不存在（non-Being）并不存在（not exist），那么就能够说无物从无中产生；如果不存在（non-Being）存在（exist），那使它不可能从存在派生的理由同样适用于此。[3]（b）存在（Being）既不是一也不是多。不是一；因为真正是一的东西不会具有物质性的大小，而不具有物质性大小的就是无。[4]不是多；因为多是许多

---

1 Sext. 66 以下和（尽管有些不同，可能出于文本的错误）论麦里梭的论文 c. 5, 979 a, 21 以下。

2 参见上册第 428 页注释 4 和第 422 页注释 1。

3 Sext. 68-71；*De Mel.* 979 b, 21 以下。后者明确地谈到麦里梭和芝诺，参见上册第 422 页注释 1；627 sq.。塞克斯都更为直接地给出了论证的结论：他只是认为无物能从不存在派生出来，因为那派生它物的首先必须自己存在；他补充说，存在不能同时是派生的又是非派生的，因为这些术语本身相互冲突。但这可能只是塞克斯都自己的补充。塞克斯都在驳斥了这一两难的两个选项之后，也乐于指出它们不可能同时都是真的。

4 *De Mel.* 979 b, 36（依据 Mullach 的增补）（见上册第 420 页注释 1）。Grog. ap. Sex-

的一，如果没有一，也就没有多。[1]（c）还可以补充说，存在不能运动，因为所有的运动都是变化，如果存在运动，那么就会有不存在的生成；进而，由于所有的运动都预设了划分，而每一划分都是对存在的取消，[2] 454
因此存在和不存在一样是不可设想的。（C）但如果存在既不是存在的，也不是不存在的，那很明显它不能同时既存在又不存在；[3]这样，如高尔吉亚所相信的，他的第一个命题"无物存在"得到了证明。

另外两个命题的证明似乎更为简单。即使有物存在它也是无法认知的；因为存在不是被思想的，被思想的也不是存在，否则的话，每个人自己的想象都必然是现实的存在，错误的表象就没有可能。但如果存在不是被思想的，那它也不是思想和认识——它是无法认知的。[4]即使它是可认知的，它也不能通过言辞来传达。因为在语言反过来产生于对事物的认知时，事物的认知如何可能由纯粹的声音来产生？进而，由于同一个东西不能出现在不同的地方和不同的人那里，听者在听到声音时想到的如何会与说者想到的一样？[5]或者即使同一个东西出现在不同的人
那里，那由于他们是不同的人处在不同的地方，这个东西难道不会必然 455
不同地向他们呈现？这个论证有部分是纯粹的诡辩，但同时它们也触及到真实的困难，第三个命题特别如此：这整个论证很可被看作那个时代做出的令人惊叹的怀疑知识可能的尝试。[6]

---

tus, 73 详细地证明了"一"不是"数量"，不是"连续"，不是"大小"，也不是"物体"。

1 Sext. 74 ；*De Mel.* 979 b, 37（依据 Foss 和 Mull.）；参照芝诺上引处和麦里梭，见上册第 430 页注释 2。

2 *De Mel.* 980 a, 1 如此论证，参见 Vol. I. p. 634。塞克斯都那里没有这个论证，但高尔吉亚不大可能不会使用芝诺和麦里梭反对运动的论证。从他在其他例子中使用的方法看，我们可以猜测他设立了一个两难，以表明存在既不能运动也不能不运动。因此，我们的文本在这里可能有个缺失。

3 Sext. 75 以下；参照第 732 页注释 3 的评述。

4 *De Mel.* 980 a, 8，但那里的开头有损坏，而 Mullach 的修补并不令人满意；Sextus, 77-82 则加入了太多自己的东西。

5 Sext. 83-86，那里无疑再次掺杂了他自己的解释；*De Melisso*, 980 a, 19 以下的记载更为完整，但它的文本并不十分确定。

6 另一方面，格罗特（*Hist. of Gr.* viii. 503 sq.）则被他对智者的偏爱带得太远；他说高尔吉亚的论证只相关于埃利亚主义者的事物自身（Thing-in-itself)。埃利亚主义

似乎没有其他智者如此费心对怀疑主义进行完善的辩护，至少传统没有提及这样的尝试。更为普遍的则是对赫拉克利特式和埃利亚主义、怀疑主义的共同结论——对所有客观真理的否认——的认可；尽管这一否认很少确立在完善知识理论的基础之上，但普罗泰戈拉或高尔吉亚式的、赫拉克利特或芝诺式的怀疑主义论证仍被热切地使用着。那个很可能由高尔吉亚追随芝诺最初作出的论证，即一不可能同时是多，因此述
456 说一个主体的一也是无法得到认可的，似乎最受欢迎。[1] 克塞尼亚得关于人类所有意见都是错的的说法，可能与普罗泰戈拉关于我们表象的相对性的命题相关；如果克塞尼亚得[2]反对了自然哲学家最初潜在相信、但自巴门尼德以来明确承认的那个前设，把生成看作是从无中生成，把
457 毁灭看作是纯粹的消亡，那他可能是借由赫拉克利特的万物流变理论而得到这个结论的。但他也可能只是假设性地提出这一说法，目的是为了表明生成和毁灭，与从无中生成和有变成无一样，是无法设想的。其他一些人，如欧绪德谟，则无疑把赫拉克利特理论和埃利亚主义理论混

者只承认现象之下的本质的实在性；为了反对他们，高尔吉亚（他说）以很好的理由表明这样一种“事物自身”（“ultra-phenomenal Something or Noumenon”）并不存在，既不能被认知也不能被描述。但我们的文献丝毫未提及这样的限定；高尔吉亚对无物能够存在或被认知或被表达的论证，非常普遍和绝对。而埃利亚主义者自己也未对现象与现象之下的本质做出区分，区分的只是关于事物的真实知识和虚假知识。现象之物和绝对之物双重存在的区分，最初是由柏拉图做出的，在某种意义上为亚里士多德所坚守。

1 参照柏拉图《智者》251B。柏拉图这里确实首先想到的是安提司泰尼和他的学派；但从《斐莱布》14C 和 15D 看，他的评论并不局限于他们，在那里他把这描述为一种共同和普遍的现象：年轻人在他们的辩证论辩中，经常时而把一变成多，时而把多变成一；用一来否认多的可能性。亚里士多德《物理学》i. 2, 185b25 说得更为清楚。如果吕克弗隆谈到这一说法，那它很可能并非最初由安提司泰尼传播开来，而是他从高尔吉亚那里借来的，后者是安提司泰尼和吕克弗隆共同的老师；参见第 714 页注释 3。Damasc. *De Princ*. c. 126, p. 262 说这个说法间接出自普罗泰戈拉，明确出自吕克弗隆；但这无疑纯粹依据亚里士多德不确切的回忆。

2 参见第 715 页注释 2。这出现在 Sext. *M*. vii. 53 中。但后者只谈及克塞诺芬尼所谓的怀疑主义：我们不能由此得出结论说克塞尼亚得的出发点是埃利亚理论。如果克塞尼亚得用它来证明生成和毁灭完全是不可能的，那关于生成和毁灭的这个说法只是与这个理论相容。关于所有意见都是错误的命题，也在 Sextus, vii. 388, 389 被提及：他把克塞尼亚得看作是不承认有任何标准的人之一，*M*. vii. 48 ；*P*. ii. 18。

杂在一起。这位智者，一方面以普罗泰戈拉的精神认为所有的性质在所有时刻完全地和同时性地属于所有的事物；[1]另一方面又从巴门尼德的命题[2]出发得出结论说，无人会犯错或说出错误的东西，因此没有人会自相矛盾，因为不存在是既不能说也不能想的。[3]但我们在其他地方碰到的这个说法，部分与赫拉克利特—普罗泰戈拉式怀疑主义相联；[4]因此 458
我们很可以认为，为了对普遍厌弃科学探究的倾向和时代的怀疑主义倾向进行辩护，从不同立场出发的不同类型的观点，受到毫无严密逻辑关联的运用。

这一怀疑主义的实践运用就是智者论辩。如果没有意见就其自身而言对所有人来说是真实的，每一意见只对它向其显现为真的人来说是真

1 柏拉图《克拉底鲁》386D 在援引了普罗泰戈拉“人是万物尺度”命题之后说：“然而，我认为，也不是像欧绪德谟你说的那样，万物对于一切人而且永远是一样的。因为如果美德与邪恶对于所有人而且永远是一样的，那么就不会一些人是好的，一些人是坏的。”Sextus, *Math*. vii. 64 把普罗泰戈拉与欧绪德谟和狄奥尼索多罗斯并列提到说：“他们将存在和真实归给了相对之物”；但《克拉底鲁》§ 41 中的 Proclus 在重复柏拉图的主张后，评论说普罗泰戈拉和欧绪德谟的结论确实相同，但他们的出发点不一样。这不可能是真的，比较第 728 页注释 3 关于普罗泰戈拉所引文字与欧绪德谟的主张。

2 *Parm*. v. 39 sq., 64 以下，见上册第 402 页注释 1 和第 402 页注释 4。

3 在柏拉图《欧绪德谟》283E 以下，欧绪德谟论证说，说谎是不可能的，因为说出某物的人，总是说出了某是（what is），而说出了某是的人，说的是真的；不是（what is not）是不能被说的，因为以这个不是不能做任何事情。同一个命题在 286C 得到这样简要的概括：“说谎是不可能的……意见也是不可能的”；在狄奥尼索多罗斯已经证明一个人不能说不是之后，不同的人会对同一个对象说不同的东西同样是不可能的；因为如果一个人说了与他人的不同的东西，那他们就不可能说的是同一个对象。同样的说法也在 Isocr. *Hel*. 1 中出现，但那里说的似乎是安提司泰尼（关于此人，参见 Part II. a, 256, 1，第三版），因为老一辈智者被明确地与这个观点的持有者对立起来。

4 因此克拉底鲁在柏拉图以他的名字冠名的对话的 429D 说，我们不能说任何错误的事：“因为一个人在说他所说的这个东西时怎么能够说不存在的东西呢？难道说谎不就是这个吗，即说不存在的东西？”在《欧绪德谟》286C，在提到先前所引的狄奥尼索多罗斯的说法时，我们读到：“因为普罗泰戈拉身边的人特别利用了它，还有那些更古的人”（也参见 Diog. ix. 53）。参见 Ammon. *in Categ. Schol. in Ar.* 60 a, 17。在《智者》241A 和 260D 中，不存在错误的观点被普遍性地归属于希腊智者：“因为一个人既不能够思想也不能够言说不存在；因为不存在绝不分有任何存在。”

的，那么，每一个观点都完全会被另一个所反对；没有什么命题的对立命题不会是同等真实的。普罗泰戈拉自己从他的知识理论得出了这个基本原理，[1]尽管我们未被告知其他人也如此大胆地表达了这种观点，但他们的方法的本质完全以此为前提。传统未把严肃的物理学或形而上学探究归属于任何智者。希庇亚确实爱炫耀他的物理学的、数学的和天
459 文学的知识，[2]但我们在他那里无法期望对这些科学主题的详尽探究；尽管安提丰在他两卷本的“论真理”中，[3]也提到物理学主题，但他试图化圆为方[4]证明他缺乏对这些主题的专业知识。在这方面说及他的，要么借取自他人，要么表明他的知识还处于当时自然科学的一般水平之下。[5]普罗泰戈拉不仅自己不提供物理学方面的教导，而且在柏拉图的描述中
460 还嘲讽希庇亚在这方面的教导；[6]亚里士多德告诉我们，他忠于他的怀疑主义立场，批判天文学，因为星辰的确切位置和运行并不与天文学家的

---

1 Diog. ix. 51。Clem. *Strom*. vi. 647 A。Sen. *Ep*. 88, 43。

2 参见 p. 421 以下。

3 对此参见第 715 页注释 5。

4 亚里士多德《物理学》i. 1, 185a17 和《辩谬篇》c. 11, 172a2 以下提到这个尝试，不过它被描述为一个外行的做法。依据 Simpl. *Phys*. 12 a——欧德谟斯在这里似乎追随这种方式——（Alexander *in h. l.* 混淆了安提丰和他人的解答；但在 *Physics* 中似乎又正确地把握了它），他的方法简单地就在于在圆中画多边形，然后计算多边形的面积；因为他认为如果多边形的边足够多的话，它就会与圆重合。

5 *Placita*, ii. 28, 2（Stob. *Ecl*. i. 556; Galen, *H. Ph*. c. 15, p. 281; Joh. Lyd. *De Meno*. iii. 8, p. 39）说他持有如下观点（这同样为阿那克萨戈拉持有，见 p. 361）：月亮自己发光，当我们看不到它，或只能不完全看到它时，是因为此时太阳的光强过了月亮的光。依据 Stob. *Ecl*. i. 524，他认为太阳是火，由空气的蒸气所滋养（如阿那克西曼德和第欧根尼同样认为的那样，见 Vol. I. 253，295 以下）；它所以会每日运行，是为了寻找新的营养来补充已经消耗掉的。依据同书 i. 558，他（与赫拉克利特一致，见第 477 页注释 4）把月食解释为保存月亮之火的船的倒转。依据 *Placita*, iii. 16, 4（Galen, *H. Ph*. c. 22, p. 299），他说海形成于地由于热的渗出（依照的是阿那克萨戈拉的观点，见第 666 页注释 6）。Galen, *in Hippocr. Epidem*. T. xvii. a, 681 从前文提到名称的著作当中引了一段话，其中对一个气象现象（不清楚是哪个现象）进行了解释。

6 见第 719 页注释 3。因此，当 Tertullian（*De An*. 15 到末尾）把关于灵魂处于胸脯之中的观点归属于普罗泰戈拉时，这谈到的必然只是一个偶然性的评论，而不是一个人类学理论。

计算一致；[1]因此，如果他写过数学方面的东西，[2]他必然也会否认它的科学确定性，并把它的实践应用局限于狭小的范围。[3]高尔吉亚可能有时会为了自己的目的，使用某些物理学理论，[4]但他的怀疑主义同样必然会阻止他在这个领域进行独立研究，这样的研究也从未被归属于他。我们也没有听到普罗狄科、塞拉叙马库斯或其他著名智者有任何自然科学方面的东西。[5]他们缺乏对事物知识的客观兴趣，有的只是对思想和演说 461
的一种形式技艺的运用的主观兴趣，如果一旦有任何积极的确信被提出，那必然也只是为了反驳他人。因此，论辩术被直接包含在智者教导之中；在芝诺已经准备好的道路上，我们在高尔吉亚那里发现一种完全是论辩性的论证；与此同时，普罗泰戈拉明确地把论辩术当作一种独立的技艺提出，为此他自己还专门写了一个导论；[6]最后它如此与智者的理

---

1 《形而上学》iii. a, 2，Alexander, ad h. l. 复述了它，而 Asclepius（*Schol. in Ar.* 619 b, 3）很可能依据自己的文献对它进行了扩展。Syrian, *Metaph*. 21, *l. c*., Bagol. 提到这个说法。

2 *Περὶ μαθημάτων*，Diog. ix. 55；参见 Frei, 189 以下。

3 他可以轻易地承认这种应用，甚至在这方面给予积极的指导。依据 Diog. 上引处和柏拉图《智者》232D（见第 737 页注释 6），他也写过论摔跤技艺的论文；依据亚里士多德（见第 704 页注释 2），他为搬运工发明了垫肩。

4 Sopater, *Διαίρ. ζητ. Rhet. Gr*. viii. 23（但这里很可能与阿那克萨戈拉有混淆）。柏拉图《美诺》76C。另一方面，与此相关的对颜色的界定，被苏格拉底以他的名义给出。

5 Galen, *De Elem*. i. 9; T. i. 417 K 和 *De Virt. Phys*. ii. 9; T. ii. 130 提到普罗狄科一本名为《论自然》或《论人的本性》的著作；Cicero, *De Orat*. iii. 32, 128 说："伊奥利斯的普罗狄科、卡尔西冬的塞拉叙马库斯和阿布德拉的普罗泰戈拉又怎么样？他们每个人都为自己的时代进行了许多探讨和写作，甚至谈到事物的自然属性"。但这一著作的名称并不能证明它包含物理学的探究。西塞罗在刚才援引的话中也只想表明："古代那些著名的学者和行家也没有否弃任何一种讨论，而是一向从各个方面研究演说问题"，出于这个目的，除了刚刚提到的，他不仅举出全能技艺家希庇亚的例子，还提到高尔吉亚对任何给出的主题进行演说。因此，这里我们面对的不是自然哲学，而是演说；此外，这里掺杂了多少西塞罗自己在这个主题上的意见，他是否从诸如《论自然》、《论存在》这样的标题，或更可能从一个前辈关于法庭演说和夸耀演说的区分的含糊评述，推演得过多，还是个问题（Cf. Welcker, 522 sq.）。另外，克里底亚关于因为感觉处于血液之中而认为灵魂是血液的观点，也并不能证明他体系性地从事了自然哲学研究。

6 Diog. ix. 52（这些话似乎取自一个相当老的文献），因为这个原因，Timon 说他"善于论辩"。在第 55 节，第欧根尼提到他的一本《论辩技艺》，我们可以从亚里士多

论紧密相联，以至于他们的同时代人简单地把他们称作论辩家；把他们
462 的理论定义为使所有事物可疑、让所有观点矛盾的技艺。[1] 但智者教师们毫无体系性地进行着这一论辩。他们使用着从所有方面收集而来的各种技巧，恰如他们所炫耀的那样，从未试图把这些不同的策略联合成一个理论，依据确定的观念来分别安排它们。智者们没有任何对他们方法的科学反思，只关心它在具体例子中的直接运用，因此只能让他们的学生相当机械化地学到会最为经常性地出现的问题和错误。[2]

如智者的论辩技艺在更晚的时候、在柏拉图的欧绪德谟对话和亚里
463 士多德论谬误的著作中所是的那个样子，我们对它有了一个生动的描述；[3] 尽管我们绝不能忘记以上两本著作，一本是以完全诗性的自由写成的讽刺作品，一本是完全没有理由局限于狭义上的智者，或把智者看作历史性事物的普遍性理论著作，但这些描述的彼此一致，以及它们与其他记载的一致，表明我们仍有理由在所有本质方面把这些描述运用于智者教导。它们告诉我们的，无疑没有多少好话。论辩家不关心任何科学

德的说法（见第 738 页注释 2）看清它的实质；柏拉图说（《智者》232D），从智者的著作我们可以学到“有关一切和针对每一个具体的技艺的东西，它们是在与行家争论时所需要的……那些普罗泰戈拉式的有关摔跤和其他技艺的东西”。

1 柏拉图《智者》225C。因此，智者理论就在于以赚钱为目的使用这种论辩技艺。类似地，232B 以下进一步得出对智者的普遍描述说，他是“将一切推向矛盾的精于辩驳的人”，230D 因此说，智者的这一技艺与苏格拉底论辩技艺的相似，只是如狼和狗的相似。参照 216B，在那里，“善于问答的神”和“那些热衷于争论的人”这类的表达也许是针对着与麦加拉学派和犬儒学派的论辩术有关的智者。类似地，伊索克拉底把他们称为“在争辩上消遣的人，在争辩上忙碌的人”（c. *Soph*. 1, 20, cf. *Hel*. 1），亚里士多德（参见下注）把他们称为“受雇于好辩的言辞的人”（参照柏拉图，见第 720 页注释 1）。甚至德谟克利特也控诉了好争辩之人及其错误，见第 615 页注释 2。

2 亚里士多德《辩谬篇》33, 183b15。对于他人的研究，他说，他只必须去完善他人已开始了的研究；例如修辞学，从小的开端出发，经由提西亚斯、塞拉叙马库斯和 Theolorus 这样的人，逐渐发展到相当完善的地步。亚里士多德说，智者的教育，就像是一个鞋匠给他的学徒许多成品鞋，而不是对他们进行行业教导一样。

3 特别是《论题篇》第九卷，参见 Waitz, *Aristot. Org*. ii. 528。关于亚里士多德引述的具体谬误推理，参见 Alexander ap. *Scholia*、Waitz 的评论和 Prantl, *Gesch. d. Log*. i. 20 以下。

的结论；他们的目的在于使他们的对手或对话者陷入无法逃脱的混乱和困难，以至于他们的任何回答似乎都是错误的；[1]至于这个目的是通过合理推理获得的，还是通过谬误推理不正当地取得的，对话者是真的被击败还是仅仅显得被击败，他是自己感到被击败还是只在听众看起来好像被击败，他是仅在保持沉默还是不想让自己显得可笑，所有这些都完全不重要。[2]如果一个讨论让智者感觉不自在，他就会回避；[3]如果一个回答不是他想要的，他就坚持提问；[4]如果有人试图通过更严谨的定义来 464
避免含糊的问题，他就要求人回答是或不是；[5]如果他认为他的对手知道某一个回答，他就会在一开始驳斥与这个回答有关的方方面面；[6]如果他被指责自相矛盾，他就会反对提出他以前说过的话；[7]如果他实在无路可走，他就会用荒谬得无法做出任何回答的话语来迷乱对手。[8]他试图用

1 《欧绪德谟》275E 和 276E 中那个智者吹嘘的“不可避免的问题”。

2 参见《欧绪德谟》全文和亚里士多德《辩谬篇》c. 1（参照 c. 8, 169b20），在那里，智者的论证被界定为“显得像是推理和问答但并不是”。

3 在《辩谬篇》c. 15, 174b28，亚里士多德从智者的立场得出了他们的规则：“应当从论证中退下来，终止剩下的攻击……有时候还应当撇开那个观点，攻击说过的别的观点，如果一个人不能就已经确立的观点进行攻击的话，正像在被建议对竖琴加以赞美时吕克弗隆曾经做的那样。”《欧绪德谟》287B 以下、297B 和 299A 等处给出了具体的例子。

4 《欧绪德谟》287B 以下和 295B 以下。

5 《辩谬篇》c. 17, 175b8。参见《欧绪德谟》295E 以下和 297D 以下。

6 柏拉图《理想国》i. 336C 中的塞拉叙马库斯就要求苏格拉底这样回答什么是正义：“你也不要那样对我说它是一种责任、好处、利益、收益、获益，而是要把你能够说的那个清楚地、确切地说给我；因为只要你说这样的废话，我就不会接受”，参见 337A 苏格拉底的回答。

7 在《欧绪德谟》287B 这被以一种最为讨喜的天真方式做出：“狄奥尼索多罗斯打断说：‘真的，苏格拉底，你太老旧了，以至于现在还记得我们最初说过的话，如果我去年说过些什么，你现在也会记得，但对于目前所说的这些你不会得到有用的东西”；同样，在 Xen. *Mem*. iv. 4, 6 希庇亚嘲讽苏格拉底说“因为你说的这些，我在以前某个时候听你说过”；苏格拉底对此回答说，“希庇亚，比这更厉害的是，不仅我总是说这些，而且还就它们说了些别的东西。而你也许由于对这些东西知道很多而从来不会说到它们”。在柏拉图《高尔吉亚》490 这同样的话也出于苏格拉底和卡里克勒斯之口；所以很可能这确实是历史上的苏格拉底说过的话。

8 例如在《欧绪德谟》中，在智者兄弟最后承认他们知道和懂得所有的事物，甚至像小孩一样知道如何数星星，修鞋子等时（293D）；承认小狗和小猪是他们的兄弟

465 趾高气扬的言语方式来蒙骗缺乏自信的人，[1]用草率的推理来震惊有想法的人，[2]引诱缺乏经验的人陷入奇怪的观点[3]和笨拙的表达[4]。他把只意在表达相对含义和进行有限运用的主张当作绝对的；把能说及主词的转移到谓词；从表面的类似得出最为极端的结论。例如，主张说学习是不可能的，因为一个人不能学习他已经知道的东西，也不能追寻他还一无所知的东西；有智慧的人学不到任何东西，因为他已经知道，愚人学不到任何东西，因为他不能理解；[5]此外，知道某事的人就知道所有的事，因为这个知道的人不能也是不知道的；[6]是某人父亲和兄弟的人，必须是所
466 有人的父亲和兄弟；因为一个父亲不能不是一个父亲，或一个兄弟不能不是一个兄弟。[7]如果 A 不是 B，而 B 是一个人，那么 A 不是一个人。[8]如果黑人是黑色的，那他就不能是白色的，甚至他的牙齿也是如此。[9]

时（298D）；及最末，当他们的对手放弃抵抗，Ctesippus 控制不住地大声喊道，“好啊，赫拉克勒斯”！狄奥尼索多罗斯回答道：“那么，究竟赫拉克勒斯是‘好啊’，还是‘好啊’是赫拉克勒斯？”

1 在《理想国》336C，塞拉叙马库斯以这样的话把自己拉入对话：“你们在讲什么废话，苏格拉底？为什么你们通过讨好你们自己来向彼此扮演傻瓜？”在《欧绪德谟》283B，狄奥尼索多罗斯这样开场：“苏格拉底和你们其他人……你们说这些时是在开玩笑还是认真的？”（《高尔吉亚》481B 中的卡里克勒斯同样如此）；在苏格拉底已经说了他是认真的时，狄奥尼索多罗斯仍然警告他说“苏格拉底，请注意，以免你否认你现在说的话”。

2 《辩谬篇》c. 15, 174b8。

3 参见《辩谬篇》c. 12，那里列出了各种会让对话者陷入错误或自相矛盾的主张的诡计。

4 对智者的这些手段，亚里士多德在《辩谬篇》c. 14, 32 提到了文理错误（Solecism）（这用来误导对手使用错误的表达，如果他正确地表达了，就使他陷入他认为错误的观点），在同书 c. 13, 31 提到“讲废话”。后者在于迫使对手重复在谓词中的主词概念，例如“扁鼻属于扁的鼻子，而这就是扁鼻的鼻子，因此它就是扁的鼻子的鼻子”。

5 这似乎是智者们最喜欢的一个谬误推理，它的许多不同运用在如下文献中被提到：柏拉图《美诺》80E；《欧绪德谟》275D 以下；276D 以下；亚里士多德《辩谬篇》c. 4, 165b30；参见《形而上学》ix. 8, 1049b33 和 Prantl. *Gesch. d. Log*. i. 23。

6 《欧绪德谟》293B 以下，那里从这个前提出发得出最为荒谬的结论。

7 《欧绪德谟》297D 以下，有同样的好辩性夸张。

8 《辩谬篇》c. 5, 166b32。

9 《辩谬篇》c. 167a7；参照柏拉图《斐莱布》14D。

如果我昨天坐在某个地方，但今天不坐在那里，那么说我坐在那里，必然同时既对又错。[1] 如果一盒药对一个病人有效，那么一车药必然会更有效。[2] 像蒙面人这样的问题会被提出，[3] 像发誓发假誓这样的困难会被想象，[4] 诸此等等。智者论辩技艺最丰饶的资源由语言的含糊性提供；[5] 智者越是不关心真实的知识，他们在语辞和命题的语法界定和不同范畴的逻辑区分领域中所取得的进步越小，知识分子，特别是像希腊人那样的专精演说、熟知语言各种陷阱和谜语的人，就越是会在这样一个广阔领域中毫无限制地放肆任为。[6] 模棱两可的表达在一个命题中取一种意思， 467
在另一个命题中取第二种意思；[7] 只在联结中有正确意思的被分离开；[8] 应

1 《辩谬篇》c. 22, 178b24；c. 4, 165b30 以下。

2 《欧绪德谟》299A 以下，那里有同样类型的其他例子。

3 在一个蒙面者出场时，他的一个熟人会被问道是否认识这个人；如果他回答说认识，那他就说了假话，因为他不知道谁隐在面纱之下；如果他说不认识，那他同样说的是假话，因为他确实认识这个蒙面的人。亚里士多德《辩谬篇》c. 24 提到它和类似的圈套。

4 一个人发誓要发假誓，如果他确实这样做了，那这是“发真誓”还是“发假誓”？《辩谬篇》c. 25, 180a34 以下。

5 亚里士多德《辩谬篇》c. 1, 165a4：“最有益也最普通的一种方式就是借助于名词”，因为语辞作为普遍的指称，必然是含糊的，参见柏拉图《理想国》454A，那里辩证法被描述为“按照种的划分”，诡辩被描述为“根据词语本身来寻求意思的对立面”。

6 这样的例子有很多，不仅存在于希腊喜剧中，也存在于通俗的谚语中。亚里士多德谈及智者玩弄语辞时提到那些“搞笑的论证”，它们完全符合希腊人的流行品味，例如“两头牛中哪一头在前面出生？哪一头都不是，而是都在后面出生”。亚里士多德《修辞学》ii. 24, 1401a12 类似地引用：“老鼠（*μῦν*）是最好的”，因为从这个词（*μῦν*）派生出了“秘仪”（*μυστήρια*）一词。

7 例如《辩谬篇》4, 165b34, 166b9, c. 22, 178b29 以下。与它们同样性质和部分重合的，是《欧绪德谟》287A, D, 300A, D 和 301C 以下的谬误推理（《欧绪德谟》301E 以下；《辩谬篇》c. 17, 176b1）。“一个人曾经拥有但不再拥有的东西，是他丢失的东西；因此如果他丢失了五块石头中的一块，他就丢失了十块，因为他不再拥有十块。”“如果一个人有几个骰子，他给我其中一个，他就给了我他没有的，因为他不只有一个。”（《辩谬篇》c. 22, 178b29 以下）“对恶的知识是好的，因此恶就是所知道的好的东西”《欧绪德谟》，见亚里士多德《辩谬篇》c. 20, 177b46。这里的歧义在 *μάθημα*，它既可以指主观意义上的知识，也可指知识的对象。

8 《欧绪德谟》295A 以下的就是如此：“你总是凭它（灵魂）知道所有的东西，因此，你总是知道所有的东西。”《辩谬篇》c. 4, 5, 166a, 168a：“二加三是五，因此，二是五，三是五”；“A 和 B 是一个人，因此，无论谁打了 A 和 B，他就打了一个人而不

468 该分开被合在一起；[1]语言用词的易变被用作妙语和逗趣，[2]如此等等。在所有这些做法中，智者不知道有任何标准和限度。恰恰相反，放肆言论越是引人侧目，说法越是可笑，对话者陷入的荒谬越是显目，乐趣就越大，论辩专家的名望就越高，听众的喝彩声就越为响亮。就第一代重要的智者而言，我们确实有把握认为，即使是从柏拉图的描述来看，他们
469 从未降低到这样一种庸俗和滑稽的层次，以愚蠢的俏皮话幼稚地取乐；但就我们所知的来看，他们的直接后继人看来就是如此行事的，而他们自己无论如何也为这种堕落埋下了伏笔。因为他们无可否认地正是智者论辩术的创始人。[3]如果我们一旦走上这条不关注事实真理、只关心个人能力展现的辩证法的下降之路，我们就不再可能对它随意中断：好辩

是多个人”，等等。同书 c. 24, 180a8。

1 例如《欧绪德谟》298D 以下（参照《辩谬篇》c. 24, 179a34）：“你有一只狗，而这只狗育有小狗”，“因此，既然它作为父亲是你的，那么它就成为你的父亲”。《辩谬篇》c. 4, 166a23 以下：“一个人坐着却能够行走，没有在写却能够写”，等等；在同书 c. 20, 177b12 以下，下面的被看作是欧绪德谟的谬误推理：“当你在西西里时你知道在比雷埃夫斯有舰船吗？”或“你在西西里知道在比雷埃夫斯的舰船吗？”后一个的解释来自亚里士多德《修辞学》ii. 24, 1401a26。亚历山大对这句话的解释在我看来是不正确的；“一个是鞋匠的好人是一个坏人，这可能吗？——现在说你出生了是真的吗？——你不在弹琴却有弹琴的能力；因此你没在弹琴却可以弹琴”。亚里士多德把所有这些情况中的谬误归结为 *σύνθεσις*，词的错误联结，这是非常正确的；歧义出现在 *πατὴρ ὢν σός ἐστιν* 这些词，既可指“作为一个父亲，它是你的”，也可指“它就是你的父亲”；*καθήμενον βαδίζειν δύνασθαι* 既可指“一个坐在一个位置上的人能够行走”，也可指“能够在一个位置上坐着行走”；*ἀγαθὸν ὄντα σκυτέα μοχθηρὸν εἶναι* 可指“是一个好鞋匠和一个坏（人）”和“是一个好人的鞋匠和坏鞋匠”；*εἰπεῖν νῦν ὅτι σὺ γέγονας* 可指“现在说你出生”和“说你现在出生”；等等。

2 《辩谬篇》c. 4, 166b10, c. 22；亚里士多德把这称作是“语言形式的错讹”，并引用了如下例子，“做和做完了可以同时是一回事吗？不，但是看什么和看见了什么就同一个东西而言可以同时是一回事”，因为，这里的谬误出现在与“做什么”的类比上，因为它与“看什么”有同样的语法形式。同属此类的是普罗泰戈拉受到阿里斯托芬（*Clouds*, 601 sqq.）嘲讽的关于词性的说法，依据这一类比，我们必须说“愤怒”和“头盔”（《辩谬篇》c. 14, 173b19）。关于另一种类型的语法谬误，是仅依据它们的发音和重音的区分玩弄语辞的谬误，如 *οὐ* 和 *οὗ*，*δίδομεν* 和 *διδόμεν*（《辩谬篇》c. 4, 166b1, c. 21），亚里士多德自己说这类的例子他从未在智者著作或口头演说中碰到，因为这些谬误总能在与智者技艺相关的演说中立刻被察觉。

3 Cf. p. 461 sq.

和虚夸已经取得了完全的主宰，可以尽情利用这一出发点提供的一切便利；这样一种辩证法将宣称它贯彻这一原则的权利，直到它被更高的原理所驳倒。因此，智者教导的论辩衍流，如后来经院哲学的无趣刻板一样，不是偶然的；如果我们必须区分狄奥尼索多罗斯式的诡辩和普罗泰戈拉式的论证，那么我们不应该忘记，前者是后者的直系后裔。

五、智者的德性和正义观，政治与宗教。智者修辞学

上节结尾的评论也适用于智者伦理学。智者理论的创始者没有像他们的后继者那样直言不讳地宣告与他们理论立场一致的生活理论——在某种意义上他们根本就没有做此宣告；但他们播撒了种子，这些种子出于一种历史的必然随即萌发蔓延开来。因此。尽管我们必须始终区别智 470
者伦理学的开端与它后来的更为完全的形式，但我们不能由此忽视它们之间的相互联系以及它们的共同前设。

智者自称是德性的老师，他们把教导德性看作是他们的独特任务，因为他们不相信关于事物的科学知识，对之也没有兴趣。老一辈智者，似乎在他们同胞那个时候普遍所理解的同等意义上，以同样的含糊性，接受了责任概念。他们把所有依据希腊人观念构成才干之士各方面的东西都包含在这个名称之下；这一方面是所有实践的和有用的技艺，包括身体方面的活动，但特别是在家庭和公民生活方面具有价值的技艺；[1]另一方面是品质方面的能力和正直。后者并没有被排除在外；从我们对他们伦理学所知道的来看，第一代的智者教师远没有在原则上站在流行道德观念的对立面。在柏拉图的对话中，普罗泰戈拉许诺学生与他在一

1 参见 p. 431 以下。因此我们会碰到在政治理论上的尝试，例如普罗泰戈拉的著作《论政制》（Diog. ix. 55）与 p. 428 提到的希波达穆斯和帕雷亚的著作，依据亚里士多德，希波达穆斯是希腊第一个理论性政治家。同样属于此的还有希罗多德的著名阐述（iii. 80-82），尽管在某种程度上更为详细，但确实以历史的语言构成了智者喜欢的那种关于三种统治形式的价值的独立理论讨论的部分（参见第 745 页注释 2 和 7）；它可能确实就取自这种类型的一个讨论。

起的每一天都会变得更好，他会让他的学生成为家庭的好父亲，城邦
471 的好公民；[1] 他把责任称作是所有事物中最美的东西；他并不认为所有的快乐都是善的，相信只有美好的快乐才是善的；同样，他也不把所有的痛苦都看作是恶的。[2] 在神话 [3]——柏拉图简洁地取自普罗泰戈拉的一本著作 [4]——中我们读到："野兽凭借自然手段进行自我保护，但人从诸神那里获得的保护手段是正义感和羞耻感（δίκη 和 αἰδώς）；每个人出于本性而被赋予了这些品质，谁缺乏它们，谁就无法得到任何共同体的接受：因此，在政治层面上说，所有人都能发表意见，所有人都能通过教导和告诫，参与到对年轻人的教育过程之中。"正义在这里作为自然法则出现，后来关于自然的正当和成文的正当的区分，对这位演说家来说仍然还是陌生的。普罗泰戈拉说，自然的品性需要通过教育来得到培育，另外，这种教育也只有在自然和习惯的帮助下才能实现它的目
472 的。[5] 高尔吉亚确实不接受德性教师的称号和责任——至少在他晚年如此；[6] 但这并不妨碍他讨论德性。虽然他并不试图就德性的本质给出一个普遍的定义，但他仍然详细地描述了男人和女人德性、老人和小孩德性以及自由人和奴隶德性的具体构成，并未远离对此的流行观念。[7] 柏拉

1 《普罗泰戈拉》318A 和 E 以下（见第 718 页注释 3 和第 719 页注释 3）。

2 《普罗泰戈拉》349E 和 351B 以下。3498B 关于德性的部分所说的，不可能真的出自普罗泰戈拉。

3 《普罗泰戈拉》320C 以下。

4 Steinhart, *Pl. Werke*. i. 422 怀疑这一点，因为这个神话很配得上柏拉图，但为什么普罗泰戈拉就配不上它？这里的语言有独特的色彩，观念和表达都是非常智者式的。它从哪本著作而来已经无从发现；Frei, 182 以下认为——其他人也赞同他——它出自著作《论最初的制度》；Bernays, *Rh. Mus*. vii. 466 相反则相信这是一本修辞学著作的标题。我倾向于相信它出自《论政制》。

5 参见来自普罗泰戈拉的《大理论》中的话，在 Cramer, *Anecd*. Paris, i. 171（Mullach. *Fr. Philos*. ii. 134, 9）中："教育需要本性和训练；应当从最年轻的时候开始学习"。这里提出的问题正是柏拉图《美诺》开篇提出的问题，那个自苏格拉底以来哲学异常关注的问题，即教育如何一方面与自然品性相联，另一方面与道德实践相关？

6 柏拉图《美诺》95B。参照《高尔吉亚》449A 和《斐莱布》58A。

7 亚里士多德《政治学》i. 13, 1260a27：道德问题因人而异；因此我们不应该像苏格拉底那样普遍地定义德性："因为那些论列诸德性的人们讲得非常好，例如高尔吉亚"。除此之外，我们不能把柏拉图《美诺》71D 以下以高尔吉亚学生之口说出的

图没有指责他的非道德，高尔吉亚自己也对卡里克勒斯式的论证模式很
是持有疑虑。[1] 希庇亚在谈论他教导的那种涅斯托尔（Nestor）教给涅 473
俄普托勒摩斯（Neoptolemus）的生活方式时，[2] 也没有站在他同胞的习俗和意见的反对面。[3] 至于普罗狄科，众所周知，他的德性理论甚至得到那些在其他方面不倾向于智者的人的赞同。使他得到诸多赞美的《赫拉克勒斯》(*Heracles*)[4]，描绘了德性的价值和幸福与献身于感官快乐的柔弱生活的可悲。在论财富的一篇演说中，他似乎教导说，钱财自身不是善的，钱财的价值依赖于对它们的使用；因为对放纵者和不节制之人来说，拥有满足他们激情的手段是不幸的。[5] 最后，在一篇被人们提到的论死亡的演说中，他描述了生命的不幸，赞颂死亡是对这些不幸的解脱，通过反思死亡既不能影响活人也不能影响死人来平息人们对死亡的恐惧；不能影响活人，因为他们还活着，不能影响死人，因为他们已经
死了。[6] 在所有这些说法中，很少有新思想和科学定义的痕迹，[7] 但另一 474

话归属于高尔吉亚本人。《美诺》（73C，77B）牵强得出的更为普遍的定义，也不能被归属于高尔吉亚，尽管他的某些孤立表达可能牵扯在内。Plutarch, *Mul. Virt*. p. 242 从他那里援引了一些论妇女德性的话。Foss, p. 47 正确地把在 *Procl. ad Hesiod. Opp*. 342, Gaistord 中关于存在和表象的名言运用于德性。

1 《高尔吉亚》459E 以下，参照 482C 和 456C 以下。同样，Plutarch, *De Adulat. et Am.* 23, p. 64 引述的他的话："我们确实不需要我们朋友的恶行，但我们必须准备为他们作恶"，如果以普遍的方式预设了公正的观念，也不会与流行的道德观念冲突。

2 《大希庇亚》286A 无疑正确地给出了它们的实质：涅俄普托勒摩斯问涅斯托尔："哪些行动是高贵的，哪些是一个人在年轻时采纳它们便可以成为最著名的人的行动？在此之后讲话的是涅斯托尔，他教给他许多很好的习惯。"

3 他在那里吹嘘他在斯巴达的演讲的成功。

4 在 Xen. *Mem*. ii. 1, 21 以下。

5 《厄律克西亚》395E，396E，397D。

6 《阿克西俄库》366C，369C。说 370C 以下所说的，特别是关于不朽信念的证明，也借自于普罗狄科，在我看来是不可能的；作者本人也绝没有主张它。这一情况正表明我们前面对普罗狄科所说的是可信的。

7 赫拉克勒斯在十字路口，不过是赫西俄德在关于德性之路和邪恶之路的著名话语中已经提出的思想的新表达。*Ε. κ. Ἡη*. 285 以下。Welcker, p. 493 恰当地比较了《厄律克西亚》中的话与梭伦（参见上册第 78 页注释 1）和塞奥格尼斯（vide v. 145 sqq., 230, sqq., 315 sqq., 719 sqq., 1155）的格言。这同一位作家指出（p. 502 sqq.），阿克西俄库的死亡观特别以克沃斯人的习俗和生活理论为基础；他在 p. 434 做出这

方面同样很少有对道德原则的无端指责。[1]普罗狄科在这里更是一个古老传统和生活理论的赞颂者，[2]一个实践性贤人和格言诗人，例如赫西俄德和梭伦（Solon）、西蒙尼德和塞奥格尼斯（Theognis）的追随者。因此，如果依据最初的智者与他们民族观念的关系来评判智者的道德观，那么对他们与古代贤人之间做任何区分都是没有依据的。

但这不是真实的情况。尽管智者理论的创始人可能并未有意识地对流行道德提出反对，但他们整体的观念必然指向这个方向。智者理论自身是对先前道德传统的一种超越：它自身的存在就已经宣称这一传统是不充分的。如果我们简单地追随共同的风俗和习惯，专门的德性教师就是不必要的，每个人都可以通过与家人和熟人的交往而获得关于什么该
475 做的知识。与之相反，如果德性被当成是专门教育的对象，那么就不能再要求或期望这一教育会局限于纯粹的古老习俗传统，或传授并不影响道德行为的生活规则：德性的教师就必须像智者们一开始做的那样，探询德性如何构成、它为何比恶行更好等问题。对于这样的问题，依据智者理论的前设，只能有一种逻辑的回答。如果不存在普遍有效的真理，那么同样不存在普遍有效的法律；如果在认识方面人是万物的尺度，那么在行为方面同样如此：如果对每个人来说向他显现为真的就是真的，那么在每个人看来是正当和善的，必然也就是正当和善的。换言之，每个人都能自然正当地追随他的观念和偏好，如果法律和习俗阻止他这样做，那么这就构成了对这一自然正当的侵犯，构成一种在有能力违反或逃避它时无人应该遵守的约束。

这些推论确实很快就被得出。尽管我们可能不可以把柏拉图以普罗

样一个一般性的评论："普罗狄科的智慧（在柏拉图对话中的），如果说没有超越诗人的简单观念，在哲学定义和重要性上有所欠缺的话，可以说比西蒙尼德还更古老。"

1 我赞同 Welcker（p. 532）的如下观点：论赫拉克勒斯的演说中的道德劝诫的准幸福主义基石，与日常希腊人道德观的出发点（柏拉图经常出于这个原因责难这一道德观）不会相差太远。

2 他的《农业颂》(*Praise of Agriculture*) 在 Welcker, p. 496 以下被正确与此关联在一起。

泰戈拉之口对这个主题说出的话看作是对此的充分证据，[1]因为它们很可能夸大了这位智者自己的主张，[2]但使弱的论证变强的许诺[3]听起来就有怀疑的味道；因为假使演说家会冒险自夸他能帮坏人获胜的话，那关于 476
正义神圣不可侵犯的信念必然就会受到动摇。更为危险的还是对自然正义和成文正义的区分和对立，这是我们最初听到希庇亚清楚和明确地阐明的、最受后来智者伦理学欢迎的原理。色诺芬说这位智者质疑法律的道德义务，因为它们总是不断地变化，[4]而他承认为神圣或自然的只是那些得到所有人共同遵守的法则；[5]但他的古史研究已经充分向他表明，这样的法则少有存在。在柏拉图的对话中，[6]他说法律就像僭主一样，强迫人们做许多违反他们本性的事。这些原理很快就成为智者们普遍承认的信条。在色诺芬那里，[7]年轻的阿尔基比亚德（Alcibiades），这位智者理论之友，已经明确地表达了与希庇亚表达的同样的东西，而亚里士多德[8]也把柏拉图的卡里克勒斯[9]的如是主张描述为智者最为流行的共识 477
之一：自然和习俗在大多数情况下是相互冲突的。不能由此必然得出结

---

1 《泰阿泰德》167C。

2 Vide *sup*. p. 470.

3 关于这个许诺的含义，参见第 755 页注释 1。

4 *Mem*. iv. 4, 14，在苏格拉底把正义概念还原为合法这一概念之后。

5 同上书 19 以下，希庇亚同意也存在着从诸神那里而来的不成文法律，但其中他只承认得到所有地方普遍认可的，例如对诸神和父母的崇敬；而另一方面，例如禁止乱伦，则受到许多民族习俗的反对，是不包含在其中的。

6 《普罗泰戈拉》337C。

7 *Mem*. i. 2, 40 sqq.

8 《辩谬篇》c. 12, 173a7。类似的还有柏拉图《泰阿泰德》172B。

9 《高尔吉亚》482E 以下。卡里克勒斯不是狭义上的智者，而是一个政治家，有时会相当蔑视地谈到这种无结果的论证（vide *sup*. p. 427），不过这并不重要。柏拉图确实想让我们把他当作是智者观念的一个代表——他毫不犹豫地把它推向极端结论。在《法律》x. 889D，当柏拉图告诉我们"所有立法都不是基于自然，而是基于技术；它的设置并不是真实的……基于自然的美好是一回事，基于习俗的美好是另一回事，也不存在正义的自然的标准，而是不断地彼此争吵并且总是改变它们；而一旦它们被改变，它们当时就成为尊贵的，尽管它们是基于技艺和习俗，而不是基于某种自然"（依据第 747 页注释 4，希庇亚运用了同样的论证），他明显想到的就是智者和他们的学生。

论说，普遍道德原则只以古老的习俗为依据，而不是确立在自然的基础之上；因为不满足自然法严格要求的成文法自身也会产生矛盾。这样的例子并不少见，在那里智者们声称，单独的古老习俗，就会促使他们批判只能被我们看作是表现那个时代法律的偏见和不完善的制度。吕克弗隆宣称高尚是一种想象的利益；[1]阿尔基达马斯指出奴隶与自由人的对立不为自然所知，其他人则进而指责奴隶制是一种违反自然的制度。[2]但
478 我们很容易发现他们对成文法的攻击不会局限于这样的例子。法律和古老的习俗至今还是唯一的道德权威；如果这一权威不再有约束力，那么所有的道德责任都会受到公开的质疑，关于道德责任神圣不可侵犯的信念会被宣称为一种偏见，而只要新的道德生活的基础还未得到显明，结

1　Ps-Plut. *De Nobilit*. 18, 2.

2　亚里士多德《政治学》i. 3, 1253b20。如 Vahlen 依据亚里士多德《修辞学》i. 13, 1373b18——在那里亚里士多德诉诸他的 *Μεσσηνιακός*（《梅塞尼亚科斯》）以支持普遍自然法则理论——所证明的那样（第 715 页注释 1 所引著作第 504 页以下），阿尔基达马斯以同样的方式进行了表达；评注者（*Orat. Attici,* ii. 154）从此书援引的如下的话——似乎引自亚里士多德的文本："神使一切达到自由，自然没有使任何东西成为奴隶。"但亚里士多德在上面《政治学》的引文中似乎主要想到的并不是他。因为 *Μεσσηνιακός*（如 Vahlen, p. 504 以下最终表明的）具有一个明确的实践目的——对 Mantinea 战役之后复兴的美塞尼亚人予以承认；而且正像在这里一样；这与斯巴达人的感受冲突，后者极不喜欢让他们的希洛人奴隶（与美塞尼亚人混杂在一起）面对独立的邻居（如伊索克拉底说的，*Archid*. 28，参见 8, 87, 96）——这易使他们意识到奴隶和自由人的对立不是绝对的，所有人在本性上是生来自由的。另一方面，对《政治学》中作为前提的奴隶制的原理及整个制度进行批判，宣称这一在所有希腊人那里构成一种合法正当的社会制度是一个错误，则只会破坏论证的效果。亚里士多德则在《政治学》i. 6, 1255a7 谈到"法律上的许多人"指责奴隶制的不公正；在同书 i. 3，或者亚里士多德或者他在观点上的主要的对手，以悲剧诗人的话总结了这些指责（如三音步诗 *νόμῳ γὰρ ὃς μὲν δοῦλος ὃς δ᾽ ἐλεύθερος*〔在法律上一方面是奴隶，一方面是自由人〕表明的，但这也暴露了它自己的问题，c. 6, 1255b5），这些话可能来自于欧里庇得斯（Oncken, *Staatsl. D. Arist*. ii. 33 以下从这位诗人那里收集了相似的言论），或者高尔吉亚的学生阿伽通。但即使《政治学》中的话不特别指向阿尔基达马斯，它也很可能相关于这样一种理论，它通过对智者关于"法规"和"自然"区分的运用，揭示了古代社会最易受到攻击的部分。犬儒主义者是这一理论的支持者之一，他们通过学派的创始人与高尔吉亚联系在一起；即使他们不是"法规"和"自然"区分的最初主张者（如我推测的，Part II. a, 276, 第三版），他们也大量运用了这一区分。

论就只能是这样消极性的：所有的道德和审判法律都是对人类自由的一种不公正的和非自然的限制。希庇亚在对他主张的运用中，非常接近这一原理；其他人也毫不犹豫地公开宣称它。[1] 如卡里克勒斯所说（同上书），自然权利，只是强者的权利；如果流行的观念和法律不承认这一点，那么原因可以在大多数人的软弱中被找到：软弱的大众发现主张权利平等更能反对强者并保护自己的利益；但强者本性应该不受阻碍地追随自然的真实法则：自利法则。从这一立场出发，所有的习俗法因此只是任意的规定，由那些有权力为着自己利益制定法律的人颁布；如塞拉叙马库斯所说，[2] 统治者依据自己的需要制订法律；正义不过是统治者的利益。只有蠢蛋和懦弱者才会相信他们为这些法律所约束；而被启蒙的人知道完全不是这么回事。智者的理想是拥有不受限制的权力，即使它通过最为寡廉鲜耻的手段获得。在柏拉图的对话中，波卢斯 [3] 相信没有人比波斯的国王，或马其顿的阿凯劳斯，那个借助无数背叛和血腥手段获得王位的人，更幸福。因此，与在世界理论中一样，最后的结论是完全主观性的；道德世界同自然世界一样，被看作是人类的作品，他们通过想象产生现象，通过意志制定法律和习俗，而自身完全不受自然或事物的必然所限。[4]

479

480

1 参见第 747 页注释 5 和 5 及第 615 页注释 5 从希庇亚、柏拉图和亚里士多德援引的文字，特别是亚里士多德的对“所有古人”的评论，尽管这不能从字面上来理解，但确实表明这一思维模式的广泛流行；我们可以猜测它并不依据柏拉图的说法，而来自于亚里士多德自己的认识，因为他了解智者修辞学家。

2 依据柏拉图《理想国》i. 338 以下，柏拉图无疑有很好的理由让这些原则从这位卡尔西冬修辞学家的嘴里说出：第 750 页注释 2 援引的也与此一致。塞拉叙马库斯在那里承认正义是一个极大的善，但他否认这样的正义可以在人群中被发现，因为所有的法律由掌握权力之人出于自己的利益制订。

3 《高尔吉亚》479 以下。塞拉叙马库斯在《理想国》i. 344A 有类似的话；参照《法律》ii. 661B 和 Isocr. *Panath*. 243 以下。

4 在我看来，以上结论甚至不会受到格罗特对智者伦理学的生动辩护（*Hist. of Greece*, viii. 504 sqq., vii. 51 sq.；类似的还有 Lewes, *Hist. of Phil*. i. 108 sqq.）的反对——他非常有说服力和中肯地指出，对智者理论的错误和过度理解，已经阻碍了对智者理论的客观真实呈现。不做个体区分地一般性地指责智者提倡危及道德的观念，或过着非道德的生活，确实是非常草率的。但是，像格罗特（vii. 527 以下和

481 智者必然会把他们民族的宗教信仰看作是人类偏见和任意规则出现的主要领域。如果知识是不可能的，那么关于事物隐秘原因的知识必然是双重不可能的；如果所有的习俗制度和法律都是人类主观和计算的产物，那么在希腊完全属于公共司法领域的对诸神的崇拜，必然可划归于同样的范畴。一些主要的智者以直白的语言表达了这一观念。“关于神，”普罗泰戈拉说，“我一无所知，既不知道他们的是，也不知道他们的不是。”[1] 塞拉叙马库斯据说怀疑神圣天命的存在；[2] 克里底亚则主张
482 说，[3] 在最开始，人类像动物一样没有法律和秩序地生活着，后来出于反

532 以下）和 Lewes（上引处）那样主张说，被柏拉图置于他的卡里克勒斯和塞拉叙马库斯之口的那种原则，从未被雅典的任何智者提出过，因为如果这样的话，智者依赖于其称赞的听众会被激起强烈地反对他们，同样是非常草率的。依据这一理论也可以证明普罗泰戈拉没有表达过导致他被法庭判决的对诸神存在的怀疑，其他智者也没有说过任何会冒犯民众的话。但我们如何能说像塞拉叙马库斯这样的人，会因为柏拉图归诸于他们的观点而在力图获得智者教导的人——野心勃勃的年轻政治家，以阿尔基比亚德和克里底亚为原型的贵族青年——那里，激起他们确实在信奉古老宗教、政治和道德观念的民主团体激起了的同样的反对？此外，格罗特（viii. 495 sqq.）为普罗泰戈拉关于他为弱的案例提供强的论证的主张辩护说，苏格拉底、伊索克拉底和其他一些人同样受到这种指责；但这不过是对问题的歪曲。普罗泰戈拉确实自己提出了这一原则，并不是错误地受到指责。格罗特进一步说，没有人会指责把他的雄辩同时服务于正确和错误两方的辩护者；但这同样只有一半是真实的：辩护者确实应该代表罪犯的利益，出于善意为他说话，但如果他用他的技艺来做交易，帮助坏人获胜，那么所有人都可以说他是违反正义的人。在普罗泰戈拉的许诺中带有冒犯性的东西是：他并不应因为教导一门可被误用的技艺而受谴责，他的同时代人也未因此而谴责于他；他应受谴责的是，他恰从这样的考虑出发去推销这一技艺。希庇亚关于 *νόμος* 和 *φύσις* 的讨论，完全被格罗特和 Lewes 忽略掉了。

1 依据 Diog. ix. 51 等（也见柏拉图《泰阿泰德》162D），导致他被迫离开雅典的著作的开篇如下：“关于神，我既不知道他们存在，也不知道他们不存在。因为阻碍认识的东西有很多，认识是不确定的，人的生命是短促的。”其他人则不那么正确地这样给出第一个命题：“关于神，我不能够说他们是否存在，也不能够说他们是怎样的。”参见 Frei, 96 以下，特别是 Krische, *Forsch.* 132 以下。

2 Hermias in the *Phaedurs*, p. 192 Ast.

3 在 Sext. *Math.* ix. 54 给出的诗句中；Sextus, *Pyrrh.* iii. 218 和 Plutarch, *De Superstit.* 13, p. 17 据此把克里底亚看作是像狄亚戈拉斯一样的无神论者。但同样的诗句在 *Placita*, i. 7 2 对应段落（参见同书 6, 7）被归属于欧里庇得斯，那里说这位诗人在戏剧 *Sisyphus* 中以 Sisyphus 之口说出了这样的诗句。在 Aelian, *V. H.* ii. 8 的明确说法之后，不应该再怀疑欧里庇得斯著有这样一部戏剧；但克里底亚可能同样著有一部 *Sisyphus*，而后人搞不清楚这些诗句是来自于他还是欧里庇得斯；此外，Athen.

对暴行，他们制订了刑法；但由于刑法只能阻止公开的犯罪，为了反对隐秘的罪行，某个富有想象力的聪明人士告诫人们存在着强大的和不朽的诸神，他们看管着所有隐秘的事物；为了增强人们对他们的恐惧，他还把他们安置在天庭。为了证实这一理论，智者们无疑诉诸于宗教的多样性：他们指出，如果对诸神的信仰以自然为基础，那么所有人必然会敬奉同一位神；但神的多样性最为清楚地表明，对他们的崇拜不过出于人类的发明和同意。[1] 对于人类所有习俗制度能说的话，必然同样适用于习俗宗教；由于不同的民族有不同的宗教，宗教也只能被看作主观的发明。普罗狄科以更为自然的方式解释了宗教信仰的兴起。他说，[2]古时的人把太阳和月亮、洪水和河流，以及所有对我们有用的东西，都看作是神，就像埃及人把尼罗河（Nile）看作神一样；因此，面包被敬奉为德墨忒耳（Demeter），酒被敬奉为狄奥尼索斯，水被敬奉为波塞冬（Poseidon），火被敬奉为赫淮斯托斯（Hephaestus）。[3] 流行诸神本身 483
依据这一理论同样受到否认；[4]因为尽管普罗狄科在他论赫拉克勒斯的演说中以通俗的方式提到他们，[5]但这不过类似于普罗泰戈拉神话对他们名字的使用；[6]至于说他区别于流行诸神相信有一个自然的或真实的神，[7]则缺乏证据的支持。在色诺芬著作中谈到不成文法的希庇亚，[8]在诸神的观念上，也赞同流行的意见，但这并不重要，不过表明这位智者太缺乏逻

xi. 496 b 提到一部戏剧，它的作者无疑不是克里底亚就是欧里庇得斯；参见 Fabricius *ad Sext. Math. l. c.* 和 Bayle, *Dict. Critias, Rem. H.*。不管谁写了这些诗句，也不管它们出自于何人之口，它们都是表明智者宗教观念的一个文献。

1 柏拉图《法律》x. 889E。参照第 747 页注释 5 和 8 及第 747 页注释 9。

2 Sext. *Math*. ix. 18, 51 sq.；Cic. *N. D.* i. 42, 118；参见 Epiph. *Exp. Fid.* 1088 C。

3 我们可以把这个说法与普罗狄科——依据 Themist. *Or*. xxx. 349 b——赋予农业在宗教起源中的重要性联系起来。秋季和收获庆典似乎特别会促生诸神崇拜，因为它们尤其相关于田野生产；德墨忒耳和狄奥尼索斯祭仪确然会支持这一观点。

4 因此西塞罗和塞克斯都在古代人所理解的意义上把普罗狄科看作是一个无神论者。

5 Xen. *Mem*. ii. 1, 28.

6 柏拉图《普罗泰戈拉》320C，322A。

7 如 Welcker, *l. c.* 521 倾向于主张的。

8 *Mem*. iv. 4, 19 以下。见第 747 页注释 5。

辑的一致性，以至于不能把他关于法律的理论清晰地运用于宗教。智者理论作为整体，在对待流行宗教的态度上，只能逻辑地接受普罗泰戈拉和克里底亚式的立场。如果我们能够看到的事物，对我们来说，只是我们使它们成为的那个样子，那么对于我们不能看到的事物来说，必然更是如此：客体只相对于主体存在，人不是被造物，而是他的神灵的创造者。

智者修辞学与他们生活伦理理论的关系，等同于他们论辩术与他们
484 知识理论的关系。对于否认有客观智慧的人来说，剩下的只有在他人眼里看似的智慧；同样，对于否认有客观正当的人来说，剩下的只有在他人眼里看似的正当，以及产生这一“看似”的技艺。而这一技艺就是演说的技艺。[1]因为在当时的环境下，演说不仅是在城邦中获得权力和影响力的最佳手段，一般而言，它也是有教养阶层维系他们对无教养阶层的优越性的工具。因此，在把精神性文化看作具有更高价值的地方，如智者和他们的整个时代所推崇的那样，就会有演说技艺的繁盛；在这一文化缺乏任何深度、科学性和道德基础的地方，不仅雄辩的重要性会受到高估，[2]雄辩自身也会忽略自己的内容，片面满足于它的直接成功和外
485 在形式。当人们排他性地把辩证法的形式运用于论辩时，同样的结果会不可避免地发生。没有相应内容的形式将成为外在的、错误的和空洞的

---

1 修辞学的目的由此被柏拉图的高尔吉亚界定为（《高尔吉亚》454B，参照 452E）：修辞学是“说服的技艺，在法庭上和其他大会上的说服的技艺，关于那些是正义的和不正义的事物的技艺”，因此苏格拉底，在 455A，赞同这位智者，把它定义为：“关于正义和不正义的事物的说服的匠人，而不是教师。”从我们的下文可以清楚地看到智者修辞学的本质在这些话中得到了正确的描述。但是当 Doxopater, *In Aphthon. Rhet. Gr.* ed. Walz, ii. 104 把这一定义归属于高尔吉亚本人时，他确实只引用了柏拉图的这段话，而这同一段话无疑也是另一个定义的来源，这个定义在对附于 Walz. *Rhet. Gr*. vii. 33 中的赫尔谟根尼的 *στάσεις*（位置）的匿名导论中被引用；Spengel, *Συν. T.* 引自新柏拉图主义者普鲁塔克对《高尔吉亚》的评注，即“根据高尔吉亚对修辞学的定义”。

2 参见柏拉图《斐莱布》58A，那里 Protarchus 说他经常听到高尔吉亚说“说服的技艺与一切技艺大为不同；因为它使一切技艺出于自愿而不是借助强迫成为它的奴隶”；类似的还有《高尔吉亚》452E 和 456A 以下。

形式主义，这种形式主义越是具有高超的技艺，局限于它的文化的败坏也就会越为迅速地出现。

这些评述可用来解释智者修辞学的内涵和具体特性。就我们知道的大多数智者而言——其他的也几乎没有问题，他们实践和教导这一技艺，时而通过设立普遍的规则和理论，时而通过给出模仿的范例，或为直接的使用提供现成的演说；[1]不少人甚至把修辞学当作他们教导的主要 486

1 我们了解以下智者论修辞学主题的理论著作：普罗泰戈拉（参见下文和 Frei, 187 以下）、普罗狄科（参见下文及第 711 页注释 3）、希庇亚（参见下文，Spengel, p. 60）、塞拉叙马库斯（关于他的 Ἔλεοι（《论怜悯》），参见亚里士多德《辩谬篇》c. 33, 183b22 ；《修辞学》iii. 1, 1404a13 ；柏拉图《斐德罗》267C。依据 Suidas 相应词条和对阿里斯托芬 *Clouds,* v. 881 的评注，他也著有《论技艺》，Ἔλεοι 很可能是其中的一部分；参见 Spengel, 96 以下；Hermann, *De Thras*. 12 ；Schanz, p. 131 以下）、波卢斯（参见下文及第 714 页注释 2）和厄文努斯（柏拉图《斐德罗》267A，参见下文及第 715 页注释 4）。Diog. viii. 58 和 Spengel, Συναγ. Τεχν. 引述了的关于赫尔谟根尼的序言的作者说，高尔吉亚死后留下一本《技艺》。Quintilian 把他看作是技艺高超的作家（Quintil. iii. 1, 8）。狄奥尼修斯在关于赫尔谟根尼的一个评注给出的一个残篇中（ap. Spengel, *Σ. T.* 78）发现这样的话："针对少数善于公众演说的人（他们碰到了高尔吉亚的言辞），也针对于一些技艺。"这同一个作者还提到（*De Compos. Verb.* c, 12, p. 68 R）高尔吉亚的一篇论文《论分寸》，并且评论说，他是第一个在这个主题上写作的人。但 Spengel 上引书 81 以下认为，考虑到第 738 页注释 2 援引的亚里士多德的话和 Cic. *Brut*. 12, 46 中的段落，我们有理由否认高尔吉亚有任何论修辞技艺的著作。然而正如 Schanz（p. 131）中肯地发现的那样，这两段话都不是决定性的：西塞罗追随亚里士多德，把科拉克斯和提西亚斯称作修辞技艺的创始人，把普罗泰戈拉和高尔吉亚看作首先就一般主题进行演说的人；但这并不会否认他们也会就这一技艺的规则进行写作；从亚里士多德反对智者著作的语言看，亚里士多德确实没有把高尔吉亚当作是一个修辞学的创始者与提西亚斯和塞拉叙马库斯相提并论，但这并不表明他不知道高尔吉亚的任何修辞著作。另一方面，柏拉图《斐德罗》261B 和 267A 明确地谈到这位智者论修辞的技艺性作品；但他的修辞学著作很可能并不涉及修辞技艺的全面理论，而只相关于对具体问题的讨论：至少狄奥尼修斯著作中的表述"某些技艺"（上文引用过）证明了这一点。但比他们著作更为重要的是智者派修辞学家的范例和实践教导（普罗泰戈拉在 Stob. *Floril*. 29, 80 同等地批判"无技艺的实践"和"无实践的技艺"），特别是被归属于普罗泰戈拉、高尔吉亚、塞拉叙马库斯和普罗狄科的就一般主题的演说（θέσεις 或 loci communes，区别于时期性和政治性演说指向的具体事件；它们是 ὑποθέσεις 或 causae ；参见 Cic. *Top*. 21, 79 ；Quintil. iii. 5, 5 以下和其他在 Frei, *Quaest. Prot*. 150 以下引用的文献；我唯一不赞同 Frei 的是他对 θέσεις 和 loci communes 的区分）。关于这个主题，参见 Cic. *Brut*. 12, 46 中亚里士多德的话、Diog. ix. 53（普罗泰戈拉"第一个揭示了针对这些论题的辩证推理"）、Quintil. iii. 1, 12 和 Suidas 相应词条对塞拉叙马内容。[1]他们自己的演说是修辞学的展示；[2]除了他们准备好的演说外，[3]他们也自豪于在即席对所有可能问题给出似是而非的回答时从未惊慌失
487 措：[4]除了具有能够让他们尽可能详述他们主题的修辞活力外，他们自夸能以最简洁的语言来表达他们的意思；[5]除了独立的讨论外，他们把对诗人的解释看作是他们工作的一部分；[6]除了伟大和高贵的事物之外，他们

库斯个人的论述，后者把“修辞术的起源”归属于卡尔西冬智者，而依据 Welcker 的推测（*Kl. Schr*. ii. 457），这与 Plutarch, *Sympos*. i. 2, 3 引用的 *ὑπερβάλλοντες* 是同一本书；而 Athen. x. 416 a 从他的 proaemia 援引了某些东西。Quintilian 只谈到普罗狄科在 loci communes 方面的修养，似乎他并没有像其他三个人那样为了教育的目的对它们进行系统阐释；但从他那里引述的关于更普遍问题的演说（*sup*. p. 473），以及希庇亚的类似演说（同上处），可以被看作是 loci communes。但对这种一般主题的使用，即使在高尔吉亚那里，也是非常机械性的，参见第 738 页注释 2。

1 除下文外，参见 p. 425 和第 744 页注释 6。

2 众所周知，“证明”，“论证”是它们的固定表达。例如参见柏拉图《高尔吉亚》*sub init* 与《普罗泰戈拉》320C 和 347A。

3 例如普罗狄科的《赫拉克勒斯》、《普罗泰戈拉》347A 的希庇亚的炫耀（参见第 713 页注释 1）和高尔吉亚的演说（参见第 707 页注释 2 和第 707 页注释 6），特别是在奥林匹亚的著名演说。

4 高尔吉亚被提到是第一个展示他即席演说技艺的人。柏拉图《高尔吉亚》447C。Cic. *De Orat*. i. 22, 103。同上书 iii. 32, 129（由此，Valer, viii. 15, ext. 2）。*Fin*. ii. 1, 1、Quintil. *Inst*. ii. 21, 21 和 Philostr. *V. Soph*. 482 无疑只是出于一个误解，才说他以这种方式出现在雅典人的剧场上。参见 Foss, 45，对希庇亚类似的评论，见第 712 页注释 1。

5 例如柏拉图《普罗泰戈拉》329B 和 334E 以下中的普罗泰戈拉，那里我们读到：“当你在某个主题上教导别人时，如果你愿意，你能够长篇大论，而从不跑题，或者说话简洁，没有人能够比你更简洁。”同样的例子出现在《斐德罗》267B，那里谈到高尔吉亚和提西亚斯说：“他们发现在一切主题上的简洁论证和长篇大论”，在《高尔吉亚》449C，当苏格拉底要求他，如他在《普罗泰戈拉》335A 等处要求普罗泰戈拉的那样，在讨论中使用简洁的语言时，高尔吉亚自己说：“因为这就是我所说的一部分，没有一个人能够以比我更简洁的方式讲同样的这些东西。”但我们也可从亚里士多德《修辞学》iii. 17, 1418a34 看到他对长篇大论的热衷，因为他会进入与他主题相关的所有可能细节。他的学生吕克弗隆在亚里士多德《辩谬篇》15, 174b32 和 Alex. *ad h. l. Schol. in Arist*. 310 a, 12 中同样如此。《普罗泰戈拉》337E 以下中的希庇亚在苏格拉底和普罗泰戈拉之间持调和立场，说前者不应该过于严格坚持对话的简洁性，而后者要约束自己的口才，不要超出恰当的界线；普罗狄科则在《斐德罗》267B 中受到嘲笑，因为他同希庇亚一样，自满于：“应当只有同一个人发现了说话的技艺；它既不需要太长也不需要太短，而是恰到好处。”

6 柏拉图《普罗泰戈拉》338E，之后就是对西蒙尼得诗歌的著名讨论。希庇亚同样

认为换换花样赞颂无意义的、普通的和令人不快的事物也能展现智慧。[1] 488
普罗泰戈拉已经宣称修辞学的最高成就是：使弱的论证变强，使不可能
的成为可能；[2] 在相似的意义上，柏拉图说高尔吉亚 [3] 发现表象比真理更 489
有价值，知道如何在演说中使大的显得小，使小的显得大。但是演说家

在《小希庇亚》开头谈论荷马和其他诗人；伊索克拉底（*Panath*. 18, 33）批判智者说，他们没有自己的原创思想，只会对荷马和赫西俄德喋喋不休。

1 因此柏拉图《会饮》177B 和 Isocr. *Hel*. 12 提到对盐和蚕的颂词；依据 Menander, *π. ἐπιδεικτ. Rhet. Gr.* ix. 163 和 Tzetz. *Chil*. ix. 746 以下，阿尔基达马斯有赞颂死亡和贫穷的作品；其修辞技艺与智者的紧密相关的 Polycrates，著有论 Busiris 和 Clytemnestra 的颂词、对苏格拉底的一个控诉（Isocr. *Bus*. 4; Quintil. ii. 17, 4）和赞颂老鼠（亚里士多德《修辞学》ii. 24, 1401b15）、罐壶和卵石（Alex. *π. ἀφορμ. ῥητ. Rhet. Gr.* ix. 334 to iii. 3 Sp.）的演说。伊索克拉底的 Busiris 和安提丰论孔雀的演说（Welcker, *Kl. Schr.* ii. 427 推测他就是第 715 页注释 5 提到的那位智者，而不是 Rhamnus 的安提丰，但 Athen. ix. 397, 3 c. 和其他一些人认为是后者）属于同一类型。

2 亚里士多德《修辞学》ii. 24 末证实，普罗泰戈拉向他的学生许诺说会教导他们“较弱的论证”如何可以被做成“较强的”。在谈及如何使不可能的变成可能的技巧之后，他补充说：“使弱的论证变成强的就是这样。由此，人们公正地不喜欢普罗泰戈拉的技艺。因为，它是虚假的，不真实的，但是显得有可能，而且不属于任何技艺，而是属于修辞术和诡辩术”。亚里士多德在这里明确描述的是普罗泰戈拉确实给出的承诺，而不是（如 Grote, *Hist. of Greece*, vii. 495 所认为的）只在表达他自己对修辞学的判断；后来的 Gellius, *N. A*. v. 3, 7 完全赞同于他，说“令弱的论证变成强的”（拜占庭的 Steph. 的 *Ἄβδηρα* 类似地诉诸于 Eudoxus 和对 *Clouds*, v. 113 的评注；参见 Frei, *Qu. Prot*. 142 以下）。同时我们可以在这些话中看清这一承诺的内涵：*ἥττων λόγος* 是在道理上，也因此在法律上更弱的论证，它通过演说家的技艺能够变得更强。因此，Xenophon, *Qu*. 11, 25 在解释普罗泰戈拉的表达“使谎言成真”时所说的就不完全是错的，也见 Isocr. *π. ἀντιδόσ*. 15, 30；甚至当阿里斯托芬带有恶意地把“弱的论证”明确地理解成“不正义的论证”时，也不是错的。普罗泰戈拉确实没有以确切的话语坦承他会教导帮助不正义之人获胜的技艺；但他无疑承诺人们将从他那里学到如何使所有可能的事情获胜的能力，即使事情本身是错误的。其后许多人承诺了同样的事。阿里斯托芬指责苏格拉底的，不仅是他教导气象之学，还包含教导 *ἥττων λόγος κρείττων* 的技艺。在柏拉图对话中，苏格拉底对此指控进行了辩护（《申辩》18B 和 19B），说它是对所有哲学家的共同指控（同上书 23D），伊索克拉底在上引处对同样的指控也进行了辩护。我们不能只是因为这一指控被错误地归罪于某些人，就说它也被错误地归罪于普罗泰戈拉。格罗特自己并未从《申辩》26D 得出结论说，阿那克萨戈拉没有教导被错误归罪于苏格拉底的东西。

3 《斐德罗》267A；参见《高尔吉亚》456A 以下和 455A（vide *supra* 483）。在 Spengel. *Συναγ. τεχν*. 213 中一位匿名作家对普罗狄科和希庇亚有类似的说法（Rhet. *Gr. v. Walz*. vii. 9），但 Welcker, *l. c*. 450 正确地没有赋予它任何重要性。

越是变得不关心他演说的内容，语言和表达的技术性工具价值就越被看重：随后智者的修辞学教导几乎完全转向于此；正如在这个时代，完全独立于哲学，在科拉克斯和提西亚斯（Tisias）的西西里的修辞学校出现的情况那样。[1] 普罗泰戈拉和普罗狄科专注于语言的语法和词素文字方面，因而成为希腊科学语言学研究的奠基人。[2] 普罗泰戈拉[3] 无疑最初
490 区分了名词的三种词性，[4] 动词的时态，[5] 和命题的不同形式；[6] 他还在正确使用语言上提供指导。[7] 普罗狄科以辨识有相似意思的词而闻名，在他的一个演讲中他为此教导收取巨额报酬；[8] 柏拉图对这一发明所做的讽刺

1 Spengel. *l. c.* 22-29.

2 对此参见 Lersch, *Die Sprachphilosophie der Alten*, i. 15 以下和 Alberti, *Die Sprachphilosophie von Platon*（Philologus xi. 1856, p. 681 sqq.）699 以下。

3 关于普罗泰戈拉，参见 Frei, 120 以下、Spengel, 40 以下和 Schanz, 141 以下。

4 亚里士多德《修辞学》iii. 5, 1407b6。他在这个主题上评论说，许多被当作阳性的事物实际上应该是阴性的（《辩谬篇》c. 14；Alex. *ad h. l. Schol.* 308 a, 32 对此有复述；参见第 742 页注释 1）；阿里斯托芬在他的 *Clouds* 中，把普罗泰戈拉的这个区分和其他许多东西用在苏格拉底身上，带来许多喜剧效果，v. 651 以下。

5 “时间的部分”，Diog. ix. 52。

6 “祈使”，“疑问”，“答复”和“命令”，Diog. ix. 53。由于 Quintil. *Inst.* iii. 4, 10 在论演说不同类型（政治的、法庭的等等）的章节中提到这一分类，Spengel 推测（p. 44）它涉及的不是命题的语法形式，而是演说及其部分的修辞特点；但从亚里士多德以下说法看，它首要涉及语法是非常清楚的：亚里士多德在《诗学》c. 19, 1456b15 中说，普罗泰戈拉指责荷马在《伊利亚特》开篇用 *μῆνιν ἄειδε* 这样的词把命令句而非祈使句用于缪斯。

7 柏拉图《斐德罗》267C。参照《克拉底鲁》391C。从这些话（还可以加上《普罗泰戈拉》339A 和 Plut. *Per.* c. 36 中的话）以及亚里士多德上引处的话，可以合理推断，普罗泰戈拉在他的演说中习惯使用 *ὀρθὸς* 和 *ὀρθότης* 这样的表达。另一方面，在 Themist. *Or.* xxiii. 289 D 中，*ὀρθοέπεια* 和 *ὀρθοῤῥημοσύνη* 并不被（如 Lersch, p. 18 所认为的）归属于普罗泰戈拉，而是被归属于普罗狄科。

8 收费 50 德拉克马的课程论正确使用语辞，这在第 742 页注释 1 已经被提到。由于柏拉图《欧绪德谟》277E 中的话，我感到必须赞同 Welcker（p. 453）和大多数作者的观点，认为这个课程的主题，不是关于演说是“依据自然”还是“依据习俗”的问题，而涉及正确使用语辞和对表面意思相同的表达的辨别。《卡尔米德》163D 中的“对名词的划分”，无论如何只能相关于这些文字区别；如果普罗狄科把他的规则确立在柏拉图《克拉底鲁》383A 归属于克拉底鲁的观点的基础之上：“对于存在者的每一个都有名称的正确性，自然地属于它”，那我们可以在 *διαίρεσις ὀνομάτων* 中发现这个课程的主要内容（它显然包含普罗狄科整个语言科学的精华）。

性描述,[1]似乎表明他非常自负地，无疑也经常十分不合时宜地给出他的区分和界定。希庇亚也谈到演说的规则,[2]但它们很可能只限于韵律和谐 491
音。从柏拉图的描述看，普罗泰戈拉的演说，除了表达的清晰和简洁外，语言也具有文雅庄重、柔和舒缓和辞藻丰富的特点，富有诗性的优美，尽管经常太过冗长。[3]普罗狄科——如果我们可以相信色诺芬的描述的话[4]——则喜欢使用精挑细选的语言，小心留意语辞间的细微区别；但从各方面的说法看，他的演说缺乏力度，也不能避免柏拉图指责于他的错误。希庇亚在他的演说中似乎并不蔑视浮华的炫耀；至少柏拉图在他给出的简短例子中,[5]把他描绘为一个到处使用极度夸耀和冗余比喻的 492
人。对于这样一个具有如此多方面知识并如此自负于此的人，我们可以料想他会试图通过对演说的主题和内容的多方面展示，来给他的演说带来独特的魅力；他必然会赋予他的记忆术更高的价值，特别是在作为他修辞演说的帮助方面。[6]但高尔吉亚仍然是所有智者中声誉最高的演说家,[7]并对希腊文体产生了最为重要的影响。他不仅机智幽默，而且还异

1　在不涉及这一语辞知识时，他“从不说话，也几乎不在柏拉图的对话中被提到”。(Welcker, 454)，参见《普罗泰戈拉》337A, 339E；《美诺》75E；《克拉底鲁》384B；《欧绪德谟》277E；参照《卡尔米德》163A, D 和《拉凯斯》197D。特别是《普罗泰戈拉》中的话，以最为滑稽的夸张讥讽这位智者的方式。参见亚里士多德《论题篇》ii. 6, 112b22 和 Prantl, *Gesch. d. Log*. i. 16。

2　柏拉图《小希庇亚》368D；《大希庇亚》285C。从 Xen. *Mem*. iv. 4, 7 推不出任何结论。Mahly, *l. c*. xvi. 39、Alberti, *l. c*. 701 和其他一些人从这段话中得出的，太过牵强。这里的问题只是：“Socrates 这个词，由多少个字母，以及何种类型的字母构成？”

3　Philostr. *V. Soph*. i. 10 末注意到他演说的“庄重”，但无疑只是追随柏拉图；Hermias *in Phaedr*. 192 提到他演说的“清晰”。依据 Plut. *Consol. ad Apoll*. 33，他像德谟克利特、希罗多德和希波克拉底一样，他使用他母邦方言。

4　尽管 Spengel, 57 以下表明色诺芬的表述（*Mem*. ii. 1, 34）并不完全真实，我们仍然有理由这样说。

5　《普罗泰戈拉》337C 以下；参见《大希庇亚》286A。除了这个例外，两篇被称作《希庇亚》的对话没有其他这样的模仿。

6　关于这一技艺，以及希庇亚多方面的知识，参见第 712 页注释 3；具体关于记忆术，参见 Mahly, xvi. 40 以下。

7　Vide p. 413 sq.。Geel, 62 以下考察了高尔吉亚雄辩的特性，但更全面的探讨，参见 Schonborn, *De Auth. Declamat. Gorg*. 15 以下、Spengel, 63 以下和 Foss, 50 以下。

常成功地把富有修饰性想象与玩弄话语和观念的西西里演说移植于希腊本土。与此同时，在他和他的学派那里，这种修辞学有问题的一面也表现得最为明显。高尔吉亚具有的能让他的演说适应具体对象和环境、因情境需要或庄或谐的机敏，会给已经得到承认的东西带去新
493 的魅力，使新奇的观点显得不那么令人震惊；[1] 他通过出人意表和引人注目的语言运用、通过庄重和近乎诗性的表达，通过优美的言说
494 形态、韵律的安排[2] 和对称性命题，赋予语言的绚丽和光辉，是那些在其他方面对他评价不佳的人也承认的。但同时，后来的批评者也一致同意，他和他的学生对这些权宜手段的使用远超出了合宜的范围。他们的演说过多地使用了奇异表达、转义和比喻[3]、浮夸的修饰和同义之词、精巧的对偶转换及对语辞和发音的利用；他们的风格在

---

1 柏拉图在《斐德罗》中（见第 756 页注释 7）说他和提西亚斯："他们借助语言的力量使得小的东西显得大，大的东西显得小，新的东西显得老，反之则显得新"；亚里士多德《修辞学》iii. 18, 1419b3 从他那里引来这样的规则："你应当以玩笑来消除对手们的严肃，而以严肃来消除他们的玩笑"；依据狄奥尼修斯（见第 753 页注释 1），他是第一个写作谈论演说家必须注意事件背景的人（*περί καιροῦ*），尽管在他的批评者的眼里，他没有令人满意地处理这个问题。

2 亚里士多德《修辞学》iii. 1, 1404a25；Dionys. *Ep. ad Pomp.* 764；*De Vi. dic. Dem.* 963。参见同上书 968；*Ep. ad Pomp.* 762；Diodor. xii. 53。Philostr. *V. Soph.* i. 9, 1（参见 Ep. 73〔13〕3），据此，Philostratus 以夸大的方式比较了他与埃斯库罗斯。高尔吉亚发明的言说形态，即他第一次有意识和有目的使用的，特别被提到的有 *πάρισα* 或 *παρισώσεις*（paria paribus adjuncta，相同表达的重复，两个句子中语法结构和子句的对等），*παρόμοια* 或 *παρομοίωσεις*（对同音语辞的运用，如 *ὁμοιοτέλευτα* 和 *ὁμοιοκάταρκτα*）和对偶，参见 Cic. *Orat.* 12, 38, 52, 175, 49, 165；Dionys. *Ep.* ii. *ad Amm.* p. 792, 808；*Jud. de Thuc.* 869；*De Vi dic. Dem.* 963, 1014, 1033 和亚里士多德《修辞学》iii. 9, 1410a22 以下。Diodorus 提到的言说形态包含在这些当中；Philostratus 提到的 *ἀποστάσεις* 和 *προσβολαί*，很可能被高尔吉亚使用，却未给出具体的规则；但我们绝不能从亚里士多德上引文推论说他不了解它们；因为亚里士多德在那里只是谈到出于句子部分间关系的形态。在对偶与命题子句的对等中，直接包含了韵律，如西塞罗上引处发现的那样。柏拉图《斐德罗》267C（从这段话本身看，文本似乎有所残缺，修辞学家 Licymnius 在其中被提到，参见 Spengel, 84 以下和 Schanz, p. 134 以下）把类似的技巧归属于波卢斯。《斐德罗》267A 就厄文努斯谈到的也属于这种类型。

3 由于这个原因，亚里士多德说（《修辞学》iii. 3, 1046a18），在阿尔基达马斯那里，话语的修饰不是演说的调料，而是被当作主食。

由两个子句构成的简短命题的令人厌倦的对称中运转；缺乏与使用的修辞技巧相称的观念内容，这整个形式在后来更为纯粹的鉴赏力看来，只会产生乏味和矫揉造作的印象。[1] 塞拉叙马库斯引入了一种更好的形式。塞奥弗拉斯特称赞他 [2] 是第一个采用适中演说形式的人； 495
说他通过丰富的修饰使沉闷的日常语言显得生动活泼，又不至于像高尔吉亚派那般的夸张。狄奥尼修斯（Dionysius）也 [3] 认为他的演说有这样的优点；从其他的记载我们可以看到，他对作用于听众理智和情感的成熟规则的制订，[4] 对句子构成 [5]、韵律 [6]，以及演说外在动作 [7] 和仪态的讨论，丰富了修辞学技艺。尽管如此，我们也不能说柏拉图 [8] 和

1 大量的文献谈到上面所说的，不仅有来自于高尔吉亚葬礼演说的残篇；有对高尔吉亚修辞学的极好模仿，《会饮》194E 以下，参见 198B 以下；还有古人基于实例的一般评价，见第 761 页注释 1 的引文，也见柏拉图《斐德罗》267A，C；《高尔吉亚》467B，448C（参照 Spengel, p. 87 中的评注）；Xenoph. *Conv*. 2, 26；亚里士多德《修辞学》iii. 3（整章）；同上书 ii. 19, 24, 1392b8, 1402a10；《尼各马可伦理学》vi. 4, 1140a19 关于阿伽通（他著作的残篇在 Athen. v. 185 a, 211 c, xiii. 584 a 中）的评 述；Dionys. *Jud. de Lys*. 458；*Jud. de Isaeo*. 625；*De Vi. Dic. in Dem*. 963, 1033；Longin. *π. ὕψ*. c. 3, 2；Hermog. *π. ἰδ*. ii. 9；*Rhet. Gr*. iii. 362（ii. 398 Speng.）；Planud. *in Hermog. ibid*. v. 444, 446, 499, 514 以下；Demetr. *De Interpret*. c. 12, 15, 29；同上书 ix. 8, 10, 18（iii. 263, 264, 268 Sp.）；Doxopater, *in Aphth. ibid*. ii. 32, 240；Joseph. *Rhacendyt. Synops*. c. 15；同上书 iii. 562, 521；Jo. Sicel. *in Hermog*.；同上书 vi. 197；Suid. *Γοργ*.；Synes. *Ep*. 82, 133 *τὶ ψυχρὸν καὶ Γοργιαῖον*；Quintil. ix. 3, 74；也参见 Plut. *Aud. Po*. c. i. p. 15 中的格言（*Glor. Ath*. c. 5）；Cimon, c. 10；*Mul. Virt*. i. p. 242 E；*Qu. Conv*. viii. 7, 2, 4；以及 Alex. *Top*. 209（*Schol*. 287, 6, 16）从吕克弗隆和 Philostr. *Ep*. 73, 3 从 Aeschines 所引文字。

2 在 Diony. *Jud. Lys*. 464 和 *De Vi Dic. Lys*. 958。Dion 甚至把 Lysias 看作是第一个引入适中演说形式的人；但 Spengel, 94 以下和 Hermann, *De Thrasym*. 10 正确地追随塞奥弗拉斯特的说法。

3 上引处和 *Jud. de Isaeo*, 627。但狄奥尼修斯发现塞拉叙马库斯的演说只是部分地回应了他的意图，Cicero, *Orat*. 12, 39 也指责他过于短小的韵文句子。Dionysius, *De Demosth. loc. cit*. 提供了塞拉叙马库斯的大量残篇，Clemens, *Strom*. vi. 624 C 中有更少一些。

4 柏拉图《斐德罗》267C。关于他的 Ἔλεοι，参见第 753 页注释 1。

5 Suid. *Sub voc. πρῶτος περίοδον καὶ κῶλον κατέδειξε.*

6 亚里士多德《修辞学》iii. 1, 1409a1；Cic. *Orator*, 52, 175；Quintil. ix. 4, 87。

7 亚里士多德《修辞学》iii. 1, 1404a13。

8 《斐德罗》267C，269A，D，271A。

亚里士多德[1]关于他的演说缺乏连贯和缜密的指责是错误的。在他那里，就像在其他智者那里一样，值得重视的只是演说家的技术教育；他没有尝试运用心理学和逻辑学，以上面两位哲学家正当要求的方式，把他的技艺确立在更为深入的基础之上。智者理论的本质在这里仍然保持着不
496 变；由于摧毁了对客观真理的信念，放弃了关注这一真理的科学，智者教导唯一指向的就只是一种形式化的多样性功能，对此，它既不能给予科学的基础，也不能附加更高的道德内涵。

六、智者理论的价值及历史地位。其中包含的多种倾向

在试图对智者理论的特征和历史地位给出一个一般性评价时，一开始就对我们构成阻碍的考虑是：最初被称作智者的，不仅纯粹只是不同技艺的教师，而且是有着不同思想模式的人。如此，我们有什么理由能够从中挑出某些个体，与其他人的相对，单独称他们为智者？或者，在事实上不存在着被所有被称作是智者的人共同接受的明确原则或方法的情况下，如何能把他们的教导当作一个确定的原理或思维倾向来谈论？众所周知，这一困难在现代特别为格罗特所强调。[2]他说，智者不构成一个学派，他们只是一类人，其成员代表着极为不同的观点和思维特性；如果一个雅典人在伯罗奔尼撒战争期间被问到关于雅典最为著名的智者的问题，他无疑首先会提到苏格拉底。从这可以得出的直接结论
497 是，智者这个名称在我们的语言中获得的意义比最初赋予它的更为狭窄。但如果没有共同的独特性能被提出来对应当前理解的这个名称，那么它的当前意义就只能被看作是不可接受的。然而事实并非如此。尽管

1 亚里士多德《修辞学》iii. 1, 1354a11 以下，那里塞拉叙马库斯没有被点名提到，但他确实包含在亚里士多德对他前辈的一般评论之中；进而，如 Spengel 正确发现的那样，他明确地谈到塞拉叙马库斯寄予独特力量的那些技艺："辱骂"、"愤怒"、"同情"等等。

2 *Hist. of Gr.* viii. 505 sqq., 483.

被我们习惯称作智者的人，没有通过得到他们所有人承认的任何共同理论统一在一起，但他们之间存在着某种确定的特性相似，仍然是非常清楚的，这一特性并不只表现在他们共同的教师身份上，更表现在他们对待他们时代的科学的态度上，在他们对物理研究，更一般地说，对所有纯粹理论研究的拒斥上，在他们把自己的领域局限于实践有用的技艺上，在大多数最为重要的智者公开宣称怀疑主义上，在他们大多数据说教导和践行的论辩术上，在对修辞学形式化和技术性的对待上，在对诸神信仰的自由批判和自然主义的解释上，在关于正当和习俗的观念上——这种观念的种子由普罗泰戈拉和高尔吉亚的怀疑主义所播撒，尽管它们的确定形式只出现在更后的时期。虽然所有这些特性不会在所有智者身上都出现，但其中一些可以在每一个例子中被发现；它们如此地指向同一个方向，以至于我们尽管不能忽略这些人之间的个体差异，但仍有理由把他们共同看作是同一种文化形态的代表。

那么我们对这一现象的价值、特征和历史重要性要做什么样的判 498
断呢？

如果考虑附属于智者文化和教导的所有奇特和反常的观念，那我们会倾向于接受这样一种先前得到普遍认同、甚至在现代[1]也有许多支持者的观点：它完全只是混淆和败坏，把哲学扭曲为一种空洞的表象智慧，是一种完全缺乏科学真诚和真理追求的唯利是图的论辩术——一种体系化的非道德主义和轻率，源发于最低级和最卑贱的动机。但现代历史学家已经开始摒弃这种观点，不仅只是对智者受到的不公正的指责进行辩护，而且承认他们的观点，甚至是确实片面和错误的观点，有着其原初可得到辩护的依据，本身是历史发展的自然产物；[2]这表明了历史意

1 例如 Schleiermacher, *Gesch. d. Phil*. 70 以下；Brandis, i. 516；特别是 Ritter, i. 575 以下和 628（第二版序言，xiv 以下）；Baumhauer 在第 394 页注释 1 提到的著作。类似的还有 Waddington, *Seances et Travaux de l'Acad. des Sciences Morales*, C V. (1876) 105。Brandis, *Gesch. d. Entw*. 217 以下对智者的评判则不那么严厉。

2 Meiners, *Gesch. d. Wissensch*. ii. 175 以下已经承认智者在传播文化和知识方面的贡献；但黑格尔（*Gesch d. Phil.* ii. 3 以下）才是第一个为深入理解他们理论及其历史

499 识的一种明确进步。这些人具有的极大影响力，其中许多人取得的甚至他们的敌人也承认的极高声誉，自身就足以反对我们以一度流行的方式把他们丑化为空洞的饶舌者和无益的伪哲学家。因为对一个败坏时代的邪恶所说的任何在智者那里找到最为真实表达的言论，都只是出于时代自身的浅薄和缺乏既定信念；任何在既定历史时期，甚至在最为败坏的历史时期，表达了时代的口号，领导着时代精神活动的人，或许可被看作是邪恶的人，但绝不会是毫不重要的人。而且推崇智者的时代，不纯粹只是一个败坏和衰退的时代，同时也是一个享有自身独特形态的高级文化的时代——是伯里克利和修昔底德的时代，索福克勒斯和菲狄亚斯（Pheidias）的时代，欧里庇得斯和阿里斯托芬的时代；而那些追寻智者教导，出于自己目的利用它们的人，也不是最坏的和最没有价值的一代人，而是一流的伟大和高尚之士。如果这些智者教导的不过是虚假的智慧卖弄和空洞的语言修辞，那他们就绝不可能对他们的时代产生这样的影响，也绝不可能在希腊人的心灵和思维模式中带来这样巨大的变革；
500 像伯里克利这样严肃和极富教养的知识分子不会享受与他们的交往，像欧里庇得斯这样的人不会看重他们，像修昔底德这样的人不会寻求他们的教导，像苏格拉底这样的人不会把学生送到他们那里；甚至对这些伟大人物的败坏但有天赋的同时代人来说，他们的吸引力也不会持久。无论智者们的教导和演说的魅力何在，从以上考虑出发，我们只能公正地得出结论说，智者理论是某种崭新的和重要的东西，至少对于那个时代来说是这样的。

地位扫清道路的人；赫尔曼（见第 693 页注释 1）以充分和精湛的论证完成了这一讨论，在其中，智者在文化上的重要性以及他们与其时代的紧密联系特别得到了强调；也参见 Wendt, *Zu Tennemann*, i. 459 以下；Marbach, *Gesch. d. Phil.* i. 152, 157；Braniss, *Gesch. d. Phil. s. Kant.* i. 144 以下；Schwegler, *Gesch. d. Phil.* 21 以下（他的 *Griech. Phil.* 84 以下则有某种程度上更为不利的观点）；Haym, *Allg. Encycl. Sect.* iii. B, xxiv. 39 以下；Ueberweg, *Grundr.* i. § 27。格罗特和 Lewes 在我们上文经常谈到的著作则更为坚定地站在智者的一边，但带有某种程度上的护教式的偏颇。Bethe, *Versuch einer sittlichen Wurdigung d. Sophist. Redekunst*（Stade, 1873）赞同格罗特，但没有为此提出新的论证。

我们下文的讨论将进一步表明它的具体构成。希腊智者是他们时代的“启示者”，是希腊的百科全书式人物，他们兼具这种立场的优缺点。确实，崇高的思辨、道德的真诚和全神贯注于研究对象的冷静科学气质，所有这些我们经常在古代和现代哲学家那里赞叹的东西，完全不为智者所具有。他们整体上具有的狂妄和傲慢的外表，他们居无定所、四处游荡的生活，他们对财富的追求，对获取学生和掌声的渴望，他们极度的文人相轻，他们经常达到异常荒谬程度的虚荣，与阿那克萨戈拉或德谟克利特式的科学献身，与苏格拉底式谦逊的伟大或柏拉图式高贵的自尊，形成鲜明的对比；他们的怀疑主义从根底上摧毁了所有科学的努力；他们的论辩术只把使对话者陷入混乱当作最终的目的；他们的修辞学为夸耀而设，同时被运用于错误与正确之事；他们的科学观念浅 501
薄，他们的道德原则危险。即使智者最优秀和最伟大的代表，也不能完全免于这些错误；即使普罗泰戈拉和高尔吉亚没有采取与流行习俗敌对的立场，他们仍然都为科学的怀疑主义，为智术论辩和修辞学，以及作为其结果的，以间接的方式，为对普遍有效道德法则的否认，奠定了基础；尽管普罗狄科以雄辩的话语赞颂了德性，但他的整体形象仍与普罗泰戈拉、高尔吉亚和希庇亚他们的内在相似，不允许我们把他独立于其他智者，或在与其他智者有任何本质不同的意义上称他为苏格拉底的先驱。[1] 在像塞拉叙马库斯、欧绪德谟和狄奥尼索多罗斯这样的另一些智 502

1 这就是我在本书第一版第 263 页关于普罗狄科提出的观点，即使是在 Welcker 提出反对意义之后，*Klein. Schr.* ii. 528 以下，我仍然坚持这一观点。我远没有相信普罗狄科持有所有可以不做任何区分地归属于智者的一般观点，或持有他们中许多人确实要为之负责的观点，我也没有否认他和苏格拉底的亲合和联系。但我们也不会在普罗泰戈拉、高尔吉亚和希庇亚那里发现智者主义的所有错误和偏颇；他们理解的德性——他们自称是德性的教师——主要依据通常的理解，后来的自利理论不属于他们中的任何一个；尽管普罗泰戈拉和高尔吉亚的怀疑主义、普罗泰戈拉对修辞学的处理，以及希庇亚关于习俗法和自然法的区分，为这种理论奠定了基础。这些人也可以在某种意义被看作是苏格拉底的先驱，而普罗泰戈拉和高尔吉亚在这个方面的重要性远高于普罗狄科。因为他们在苏格拉底之先试图找到通过教育使人道德进步的那一类教师（Welcker, 535）；如已经评论过的，他们道德理论的内容，在本质上与普罗狄科的理论和流行观念是一致的，与苏格拉底伦理学的崭新和独特的理

503 者那里，在随后出现的一大群学生和模仿者那里，我们看到智者观点在片面狭隘和夸大其词方面的赤裸裸的展现。但我们不能忘记，这些缺陷总体上只是一场既重要又具有合理依据的运动的反面和败坏；不管把他们纯粹看作是古老希腊生活理论的破坏者，还是像格罗特那样看作是这种理论的代表，都不能正确把握智者的真实特性。在更早的时期，实践行为局限于道德和宗教传统，科学局限于对自然的沉思；但无论如何，正是文化的主导特性，尽管是以孤立的方式，如经常发生的那样，为后来的文化形态做出了宣告并奠定了基础。觉醒的新人开始意识到这是不充分的，相信在未得到他个人确信的支持，或未能实现他个人的利益的情况下，没有什么东西对人来说是有真实意义或价值的。一言以蔽之，主体性原则的有效性得到断定。人丧失了对事实本身的敬畏，不会接受

论的距离，不会比普罗狄科的流行道德准则与之的距离更远。此外，在处理这个问题时，高尔吉亚关于不同类别的人的责任的说法，比普罗狄科对德性的普遍和通俗的赞颂，与科学的定义更近；柏拉图让普罗泰戈拉说出的神话以及与之相关的对德性可教的评论，在思想方面远超出普罗狄科的道德故事。在其他成就方面，克沃斯哲人引入的语辞区分确实对苏格拉底的概念确定的方法产生了影响；它们可能也对关于语辞不同意义的研究有较大的贡献，后者对后来亚里士多德的形而上学意义重大；但首先，在这个方面，普罗泰戈拉早于普罗狄科；其次，柏拉图异常蔑视的这些语辞区分，在对后者，特别是对苏格拉底式知识的影响上，不能与普罗泰戈拉和高尔吉亚的辩证探讨及对知识理论的讨论相比，后者通过他们的怀疑主义结论，直接导致对本质和感觉现象的区分，导致概念哲学的产生。与此同时，普罗狄科的讨论对语辞表达的局限及对其作用的夸大，表明它只关注于与形式性的和片面的修辞学相关的东西。进而，就普罗狄科的道德理论来说，我们必须承认，像 Welcker 所说的，它的幸福主义基础不表明它的智者特性；但另一方面，我们必然记得，苏格拉底伦理学的明显特性，关于自我认识的伟大原则，把德性还原为知识，以及从普遍概念派生道德规范，所有这些都不在普罗狄科那里出现。最后，我们所知的他关于诸神的观念，完全与智者理论的精神内在一致。因此，尽管从我们所了解的他没有提出危及道德和科学的理论来说，普罗狄科可被称作"智者当中最无害的一个"（Spengel, 59），但他理论的科学特性和方法，与智者们的不仅具有外在的相似，也具有内在的亲合，这促使我接受古代作家的判断，他们一致地把他置于智者之列。（参见第 710 页注释 2）对道德原则的反对并不必然属于智者观念，甚至理论的怀疑主义也并不与之不可分离，尽管这两者无疑都是智者观念的结论：智者是自称为智慧教师的人，但他不关心对客体的科学探究，只关心对主体而言的形式性的和实践性的文化；而这些描述对普罗狄科来说也是适用的。关于前述的评论，参照 Schanz 上引书第 41 页以下。

任何未得到他证明的事物，不会从事任何他在其中找不到自身利益的行
为：他将依照自己的知识行动，极力为着自己，无拘无束地讨论和评判
所有的事物。对普遍文化的需求由之产生，而哲学促使自身顺从于这个
需求。但是，由于这条路径第一次被开启，要找到超越它的道路并不容
易；人还不能在其自身之中找到他必须寄托自我的确定基点，以能够用 504
正确的方式来看待世界，不至于在他的行为中失去平衡。先前的科学不
再能满足他的精神需要；在他看来，它的视野太过狭窄，它的基本概念
既不确定又相互矛盾。智者启发人们认识到这一点的思考价值，特别是
普罗泰戈拉质疑知识可能性的怀疑主义的重要性，不应该受到低估；但
他们不是要通过伦理学的体系来补充物理学，而是把物理学完全弃于一
边；不是要探寻新的科学方法，而是否认智慧的可能。在道德领域中情
况同样如此；智者正确地认识到，一个原则的真实性，一则法律的约束
性，不能通过它事实上的有效性得到证实；古老习俗本身不是事物必然
性的证明；但他们并不进而追寻处于道德行为和关系的本质之中的责任
的内在依据，而是满足于消极的结论，满足于对即存法律的有效性的否
认，以及对传统习俗和观念的摒弃；作为这一否认的肯定面，剩下的只
有个人不受任何法律和普遍原则限定的任意行为，只有个体的主观倾向
和利益。智者对待宗教的态度同样如此。他们对他们民族之神的怀疑，
在其中看到人类心灵的创造，绝不能成为谴责的对象，这种怀疑主义的
历史价值也不应当受到低估。他们的错误在于没有用任何积极的肯定去 505
补充他们的否定，因而在丧失对诸神的信仰的同时，完全否定了宗教。
智者的“启蒙”因此在本质上确然是肤浅的和片面的，在结果上是非科
学的和危险的。但所有在我们看来微不足道的东西，在最初智者的同代
人那里并非同样如此；所有经验后来表明是有害的并不因此在最开始就
是要避免的。智者运动是那个时候在希腊人思想和理智生活之中发生的
最为完全的变革的成果和有机组成部分。这个民族站在一个新时代的门
槛上；一个先前未知的自由和文明的世界正向它展开画卷：如果它因为
如此迅速地攀升到这样一个高度以至于有些头晕眼花，以至于它的自信

超出了恰当的限度，如果在一旦认识到所有法律源于人类意志之后就不再相信自己应该为它们所限，如果因为我们依据我们自己的意识来看待万物就把所有事物看作是主观表象，那又有什么好奇怪的呢？旧科学的路径已经丧失，新科学的还未被发现；既存制度的道德力量不能证明它们的权威要求，个人内部的更高法律还未得到承认；有一种力量竭力要让人超越自然哲学、自然宗教以及在习俗中自然成长的道德观念，但除了依赖于外在印象和感官刺激的经验主观性之外又找不到其他的安身之
506 所。因此，在意图摆脱当下的追求之中，人再次直接陷入对它的依赖状态；一种就其普遍倾向而言可得到正当辩护的努力，由于它的片面性产生了危及科学和生活的结论。[1]但这一片面性不是要避免的，在哲学史上，甚至不是要悲叹的。智者所属时代的骚动使许多混浊和肮脏浮出表面，但希腊心灵必须穿越这一骚动才能获得苏格拉底式的纯净智慧；正如没有“启蒙阶段”（Aufklarungsperiode）德国就不会出现康德一样，没有智者希腊就不会出现苏格拉底和苏格拉底哲学。

智者与先前哲学的关系，从一方面看，如我们已经看到的，是敌对性的，因为他们对它的反对，不仅指向结论，而且指向它的整体倾向，否认所有科学知识的可能性；但另一方面，他们也使用了旧
507 哲学提供给他们的相关的东西，[2]把他们的怀疑主义部分确立在赫拉克利特物理学、部分确立在埃利亚学派辩证论证的基础之上。但我们不能由此就把埃利亚主义者看作是与普罗泰戈拉不同的另一类智

---

1 智者实际上并不是在伯罗奔尼撒战争期间普遍道德失序的唯一或主要的原因；他们反常的伦理学与其说是这一失序的原因，不如说是它的证据；所有这些都是非常清楚的，也已经在 p. 401 以下得到说明。格罗特（vii. 51 sq.；viii. 544 sq.）公正地诉诸于柏拉图的断言（《理想国》vi. 492A 以下）：我们不应当认为有什么智者败坏了青年，大众自身就是最大的智者，不能容忍任何与它自身观念和爱好不同的东西；智者不过是知道如何巧妙地操纵大众的人，知道如何奉承它的偏见和意愿，并教导他人同一种技艺的人。但没有理由，像格罗特那样（viii. 508 sqq.），与修昔底德最为清晰的说法和历史的一致证词相反对，据此否认在这一时期出现了普遍的道德观念的混乱，以及政治德性和法律感的衰退。

2 Cf. p. 398 sq., 04 sqq.

者；[1] 因为普罗泰戈拉和高尔吉亚得到了本质上相同的结论：知识是不可能的；就智者理论的实践面——论辩术、伦理学和修辞学——而言，这一结论是衍生自赫拉克利特观点还是埃利亚主义立场，没有什么区别。此外，大多数智者并不更多地关心这一科学出发点的差异，他们在依据自己的需要运用这些怀疑主义论证时，并不费心于它起源何处。如果要做这样的区分的话，在一些非常重要的智者那里，例如普罗狄科、希庇亚和塞拉叙马库斯那里，要说他们到底属于哪一派将是非常困难的。如果在这些派别之上再加上原子论学说，把它当作是恩培多克勒和阿那克萨戈拉物理学的败坏形式，[2] 正如我们已经指出的（第 294 页以下），原子论者不属于智者学派；另外，如果我们仅把智者理论看作更先哲学的败坏，或甚至是这一哲学某一具体分支的败坏，那我们就没有公正地对 508
待智者，忽视了智者理论自身的独创和特色。对里特尔的如下说法可以说同样的话：后来的毕达哥拉斯主义同样是一种智者理论。最后，当赫尔曼 [3] 区分埃利亚式的、赫拉克利特式的和阿布德拉式的智者主义，并说第一种智者主义的代表是高尔吉亚，第二种代表是欧绪德谟，第三种代表是普罗泰戈拉时，我们可以回应说，对主要智者做这三种派别的区分得不出什么清晰的结论，同时这一区分本身并不与历史的事实一致。因为普罗泰戈拉的知识理论并不以原子主义为依据，而根本上以赫拉克利特的观念为依据；欧绪德谟与他的不同，不在于他更为纯粹地接受了赫拉克利特的理论，恰好相反，在于他从埃利亚主义者那里借来一些命

1　Schleiermacher, *Gesch. d. Phil*. 71 以下以如下过分强调细微区别的方式，我们几乎可以说是以智者模式，这样来界定这一区别：他说，在大希腊地区，智者理论是 *δοξοσοφία*，在伊奥尼亚地区，是普遍知识，关于表象的知识，*σοφοδοξία*（但这两个词完全是同一个意思）；Ritter, i. 589 以下，布兰迪斯和赫尔曼，参见上文，在 Ast. *Gesch. d. Phil*. 96 以下，已经对伊奥尼亚智者和意大利智者作出了区分。

2　施莱尔马赫和里特尔的上引处。

3　*Zeitschr. f. Alterthumsw*. 1834, 369 以下，参见 295 以下；*Plat. Phil*. 190, 299, 151 ；*De Philos. Jon. Aetatt*. 17 ；参照 Petersen, *Philol.-Histor. Stud*. 36，这里从赫拉克利特和德谟克利特共同派生普罗泰戈拉。

509 题补充它们。[1]德谟克利特和普罗泰戈拉确实在这样的主张上一致：事
物的可感性质不过描绘了事物作用于我们的方式；但这种一致更应该解
510 释为普罗泰戈拉对德谟克利特的影响，而不是相反。[2]因此，这些区分，

---

1 为支持他的理论，赫尔曼论证说，德谟克利特像普罗泰戈拉一样宣称，现象是真实的；但我们已经在本书 p. 272 以下看到，这不过是亚里士多德从他的感觉主义理论得出的推论，德谟克利特自身远未持有这种观点。赫尔曼进一步指出，正如德谟克利特主张同类才能相知，普罗泰戈拉也认为认知主体必须像被认知的事物一样被推动；但依据赫拉克利特，异类才能相知。但赫尔曼在这里混淆了两种非常不同的东西。塞奥弗拉斯特（参见第 498 页注释 1）谈到赫拉克利特时说，像后来的阿那克萨戈拉一样，就感觉而言（因为这是这一命题唯一涉及的，也是被塞奥弗拉斯特唯一提到的：依据赫拉克利特，我们通过我们内部的理性和炽热元素认识在我们之外的理性，那个原始之火），相反的相互认知，热为冷所知，等等。普罗泰戈拉远没有反对这一说法，他更倾向于，像赫拉克利特一样，从对立运动的相遇、主动运动和被动运动的相遇，来派生感觉（参见本书 p. 445 以下，参照 p. 88 以下）。另一方面，认知主体和被认知事物必须同等地被推动，不仅为赫拉克利特所承认，而且他还是第一个主张这个观点的古代自然哲学家，如我们上文已经表明的，依据柏拉图和其他一些人，普罗泰戈拉单独从他那里借来了这一说法。最后，据说赫拉克利特主义者克拉底鲁在柏拉图的对话中持有与普罗泰戈拉直接冲突的观点；但我找不到这样的说法；在我看来，克拉底鲁关于语言是名称制造者的作品、所有的名称都是同等真实的、没有人能说出错误东西的观点（《克拉底鲁》429B，D），与普罗泰戈拉的立场完全一致，当 Proclus（在 *Crat*. 41）反对欧绪德谟命题"一切对所有人来说同时都是真的"时，我看不出它与著名的普罗泰戈拉命题有什么重要不同。参照本书 p. 456 以下给出的证据。此外，由于我们所有的文献，以及柏拉图自己，主要从赫拉克利特的物理学派生普罗泰戈拉的知识理论，也由于在普罗泰戈拉理论中找不到原子理论的痕迹，甚至为它所拒绝，真实的情况必然与关于普罗泰戈拉和赫拉克利特关系的通常观点一致。这一判断得到 Frei, *Quaest. Prot*. 105 以下和 *Rhein. Mus*. viii. 273 等处的支持。当 Vitringa, *De Prot*. 188 以下为支持普罗泰戈拉和德谟克利特关系的观点，论证说德谟克利特（像普罗泰戈拉一样，参见本书 p. 445 以下），相信有一个没有开端的运动，一个推动和一个被推动的运动时，他依赖的是非常不确定的对比：这里的问题是，我们应该从哪里派生把不存在着不变存在命题当作前设的理论，是从正以这一命题作为基础的一个理论体系，还是从否认原始存在的所有变化的另一个理论体系；换言之，应该从赫拉克利特还是德谟克利特那里派生这种理论。维特林加的其他证据没有什么说服力。

2 Lange, *Gesch. d. Mater*. i. 131 以下持有的观点是，普罗泰戈拉知识理论的主观倾向，在主观印象中对可感性质的取消，不能单独通过赫拉克利特理论得到解释；而德谟克利特的"味道出于习惯"等构成从物理学向智者主义的自然转换。因此，如果普罗泰戈拉真的比德谟克利特年长二十岁，那我们必然可以认定说，最初只作为演说家和政治教师出现的普罗泰戈拉，随后在德谟克利特的影响下形成了他的知识理论。但为什么哲学家们关于感官不可信的断言（在赫拉克利特和巴门尼德之后经

没有一个是真实的或令人满意的。

智者个体之间的内在差异也不足以划分不同学派。例如，当文特(Wendt)[1]把智者分成两类，一类主要作为演说家出现，一类更特别以智慧和德性的教师而闻名时，我们可以看到对“更”字的使用表明这个划分是如何的不确定；如果我们试图按照这一划分对已知的历史人物进行归类，我们立刻就会陷入混乱。[2]在智者那里，修辞学教导并不总是与 511

常被重复）不足以引导普罗泰戈拉得出这样的结论：由于我们只是通过感官获得事物的知识的，因此如果感官不可信，那么我们不能绝对地认识任何事物？同时，为什么赫拉克利特关于所有可感之物不过是流变的现象、感官告诉我们的纯粹只是欺人表象的说法（参见 p. 88），不会导致他（普罗泰戈拉）采纳被柏拉图和塞克斯都归属于他的理论（参见 p. 445 以下）？这都是不容易说清楚的。得出这种结论所需要的只是，一方面把赫拉克利特关于万物流变和对立运动的理论用于感觉起源问题，以解释已得到赫拉克利特主张的关于感觉不可信的观点，另一方面忽略赫拉克利特对理性概念真实性的承认（参见 p. 113 和 114）。但如果像普罗泰戈拉式的怀疑主义在德谟克利特那里就已经被从中得出，那么后一种情况必然在德谟克利特的理论中也已经出现（如朗格自己评论的那样）；就前一种情况而言，单独赫拉克利特就能够为普罗泰戈拉提供他需要的前设；相反，如已经表明的，也如哲学史告诉我们的，他不可能从原子论哲学得出他的理论。把物体看作是由不变实在结合而成的哲学家，可以抱怨感官，因为它们不能向我们显明物体的基本的构成，并相应地把复合物的生成和毁灭当成是绝对的生成和毁灭，但他不能像普罗泰戈拉那般抱怨它们，一般性地说在它们给我们提供的现象之中没有任何不变之物，说被感知的对象只在感知当下存在。普罗泰戈拉理论唯一会让我们想起德谟克利特的主张是（见第 729 页注释 1）：只是就和在我们的感官受到事物作用时，事物才是白的、热的和硬的，等等。无疑这与被塞奥弗拉斯特（见第 589 页注释 1）归属于德谟克利特的说法有些相似（在 *νόμῳ γλυκὺ*[按照习俗是甜的] 等处，见第 581 页注释 4，至今还未被发现）。但如果它不只是塞奥弗拉斯特依据他的某些表述所做的评论，而是德谟克利特真的说了这样的话，如果德谟克利特与普罗泰戈拉的一致不是纯粹的偶然，那么到底是谁先提出了这样的主张仍然还是个问题。支持普罗泰戈拉的理由是，他不仅比德谟克利特年老许多，而且德谟克利特反对他的怀疑主义（依照本书 p. 275）；尽管朗格持有异议，他们的年龄关系仍然是没有问题的。说普罗泰戈拉只在他教师职业生涯的多年以后才得出他的怀疑主义理论和“人是万物尺度”学说，也是非常不可能的；因为这一理论对他而言有极为重要的意义，与他的论辩技艺、他对物理学的拒斥以及他把自己局限于实践领域都有本质的联系。

1 Wendt, *Zu Tennemann*, i. 467。Tennemann 自己在上引处类似地区分了也是演说家的智者和把智者教导与修辞学分开的智者。他只把欧绪德谟和狄奥尼索多罗斯看作是第二类智者；但严格地说，这两人也不属于这一类，因为他们同样教导法庭演说，甚至后来也没有完全放弃；参见柏拉图《欧绪德谟》271D 以下和 273C 以下。

2 除提西亚斯——他只是个修辞学家而不是一个智者——之外，文特认为属于第一他们的德性学说分离；雄辩术被他们看作是获得政治权力的最重要的工具，而具有最为重要意义的与哲学相关的他们教导的理论方面，却在这一划分中被忽略掉了。彼得森(Petersen)[3]的分类并不更好：他在普罗泰戈拉的主观怀疑主义和高尔吉亚的客观怀疑主义、塞拉叙马库斯的道德怀疑主义和克里底亚的宗教怀疑主义之间作出区分。但这里被描述为塞
512 拉叙马库斯或克里底亚独特具有的东西，实际为他们两人所共有，也为大多数智者所共有，至少对晚期智者们来说是如此；普罗泰戈拉和高尔吉亚也在他们的结论和普遍倾向上内在一致；最后，希庇亚和普罗狄科在这些划分中找不到具体的位置。对布兰迪斯[4]的观点同样可以提出许多反对。布兰迪斯认为普罗泰戈拉的赫拉克利特式怀疑主义和高尔吉亚的埃利亚式怀疑主义在一个包含着不同分支的广泛学派内部很快就统一起来，但这些不同分支仍然可被主要分为两类：辩证性的怀疑论者和批判道德与宗教的人。布兰迪斯把欧绪德谟、狄奥尼索多罗斯和吕克弗隆归为前类，把克里底亚、波卢斯、卡里克勒斯、塞拉叙马库斯和狄亚戈拉斯归为后类。除此之外，他还提到希庇亚和普罗狄科，说希庇亚以其多方面的知识丰富了他的修辞学，普罗狄科因其语言讨论和教诲演说，为更为严肃的思想播撒了种子。但尽管这一理论在声称普罗泰戈拉和高尔吉亚的怀疑主义很快统一起来时是正确的，它对辩证怀疑主义和伦理怀疑主义的区分却缺乏好的依据；因为这两种怀疑主义在本质上相互依赖，其中一个只是另一个的直接运用；因此，即使在具体细节上它们并不总是一致，那这也不是在科学倾向上的任何本质差异所导致的结果。
513 我们对大多数智者的了解太少，不能在这方面对他们作出确切的判断；即使布兰迪斯自己也不能把普罗狄科和希庇亚置于这两个范畴之内。维

类智者的有：高尔吉亚、美诺、波卢斯和塞拉叙马库斯，属于第二类智者的有：普罗泰戈拉、克拉底鲁、普罗狄科、希庇亚和欧绪德谟。但高尔吉亚也是一个重要的德性教师，特别是因为他的怀疑论；而普罗泰戈拉、普罗狄科和欧绪德谟也非常关注修辞学方面的教导和写作。

3 *Philos. Histor. Studien*, 35 sqq.

4 *Gr.-Rom. Phil.* i. 523, 541, 543.

特林加（Vitringa）[1] 把他们与普罗泰戈拉和高尔吉亚一起看作他主张的四个智者学派的首领；他把普罗泰戈拉的学派称作感觉主义的，把普罗狄科的称作伦理学的，把希庇亚的称作物理学的，把高尔吉亚的称作政治修辞学的；但这样我们就无法获得对这些人的个体特征和相互关系的真实描绘；[2] 同时，把所有我们知道的智者划分为刚刚提到的四派，即使是可能的，也得不到任何历史文献的支持。[3]

如果我们拥有更多的智者著作，如果传统对他们的观念有更为充分 514
的说明，那我们或许还能够在某种程度上进一步深究不同智者学派的特征。但我们拥有的记载非常之少，对学派的任何划分似乎都与智者主义的确切本质不合；因为它的目的不在于确保客观知识，只在于追求思想的主观便利和实践的多样功用。这一文化形态并不依赖于科学的体系和原理，它的显著特点更在于能够为着当下的目的十分随意地从极为不同的理论之中获取任何对它有用的东西；由于这个原因，它以一种自由的方式通过不同类型的精神影响，而不是独立和集中的学派方式，传播自身。[4] 因此，尽管可能一个智者通过埃利亚主义前提得到他的结论，另

1 *De Sophistarum scholis quae Socratis aetate Athenis floruerunt*, Mnemosyne, ii.（1853）223-237.

2 维特林加称普罗泰戈拉的理论为“绝对感觉主义”，但他的知识理论更是一种无疑从感觉主义前提出发的怀疑主义；另一方面，他的伦理政治观念被维特林加（同上书 226）用一种非常武断的方式与这种感觉主义联系在一起；此外，构成他活动主要部分的修辞学，与他的怀疑主义，而不是与感觉主义一致。同样，普罗狄科不只是一个道德主义者，也是一个修辞学家：在柏拉图的对话中，他对语言的讨论被直接置于前台。希庇亚更不能只被描述为一个物理学家：他是一个具有多方面知识的人；他演说和著作的主要部分事实上看来是历史性和道德性的。最后，如果高尔吉亚在晚年只从事修辞学教导，我们也不能在评价他的科学特性时，忽略他的怀疑主义论证或德性理论。

3 维特林加把欧绪德谟和狄奥尼索多罗斯放在普罗泰戈拉学派内，把塞拉叙马库斯归于高尔吉亚学派；但如本书 p. 456 和 457 已经表明的那样，前两者并不唯一与普罗泰戈拉有一致；同时也没有证据证明塞拉叙马库斯属于高尔吉亚学派，他修辞学的特点（参见本书 p. 494）会反对这样的假设。另一方面，自身不是智者的阿伽通，必须被看作是高尔吉亚的学生，而非普罗狄科的学生（参见第 759 页注释 1）。在柏拉图《普罗泰戈拉》315D 中，他被描述为普罗狄科的一个听众，但这不能证明什么。

4 如布兰迪斯很好地发现的那样。

一个智者通过赫拉克利特前提得出他的；一个倾向于论辩术，另一个喜欢修辞学；一个仅局限于智者的实践技艺，另一个也接受它们的理论；一个更关注伦理学，另一个更关注辩证探讨；一个喜欢被称作修辞学家，另一个喜欢德性教师或智者的称号；也可能最初的智者在这些方面为他们的学派留下了自己的印记；但所有这些差别不停地发生着变化；
515 它们不能被看作在智者原理上观念性的根本差异，只能被看作这一原理依据个体倾向和气质的单独表现。

关于早期智者和晚期智者的划分还有更多话可说。柏拉图在《欧绪德谟》中巧妙描述的那种场景，远不合普罗泰戈拉和高尔吉亚的人格特征，就像第欧根尼的品质不同于苏格拉底的品质一样；但晚期智者一般而言具有明显的堕落和败坏特征。后来公正地激起许多反感的道德观念，对早期的智者教师来说尤其是陌生的。但我们不应该忽视这样的事实：智者主义后来形式的出现并不出于偶然，而是智者立场的必然结果，它的前兆甚至在它最为著名的代表那里就已经初见端倪。在关于普遍有效真理的信念遭到抛弃的地方，在所有科学都消解于论辩术和修辞学的地方，如在这里发生的情况那样，最后唯一剩下的就只会是个人的主观倾向和利益；甚至科学活动也会从追求真理、纯粹关注科学对象，退化成只为私己利益和虚荣提供满足手段的工具。这种思维模式的最初创建者不愿直接和逻辑性地得出这些结论，是因为他们自己的文化仍然部分从属于一个最早的时代；但那些在新文化中成长起来的、不再受相反旧物所缚的智者，不能避免这样的结论；而一旦他们走上这条新的道
516 路，他们就不再会有回头之路。阿里斯托芬所要求的那种对古老信仰和道德观念的简单回归，不可能发生，也不再能够满足那些更为深层地理解了他们自己时代的人的需要。超越智者理论的真实道路只在苏格拉底那里得到显明，他试图在思想——它的力量已经在对古老信念的摧毁中得到证明——自身之中寻找科学和道德的更深层的根基。

索　　引

A

B

C

D

E

F

G

H

I

J

K

L

M

N

O

P

Q

R

S

T

U

V

W

X

Y

Z

译名对照表

（一）古代人名、神名

西文	中文
Achilles	阿基里斯
Acusilaos	阿库西劳斯
Adrastea	阿德拉斯提亚
Aenesidemus	埃尼西德穆
Aeschylus	埃斯库罗斯
Aesop	伊索
Agamemnon	阿伽门农
Ahriman	阿力曼
Alcaeus	阿尔凯厄斯
Alcibiades	阿尔基比亚德
Alcidamas	阿尔基达马斯
Alcimus	阿尔基谟斯
Alcinus	阿尔基努斯
Alcmaeon	阿尔克迈翁
Alexander	亚历山大
Anacreon	阿纳克莱昂
Anaxagoras	阿那克萨戈拉

Anaximander	阿那克西曼德
Anaximenes	阿那克西美尼
Anaxarchus	阿那克萨尔库斯
Antimaerus	安提谟鲁
Antiphon	安提丰
Antisthenes	安提司泰尼
Aphrodite	阿芙洛狄忒
Apollo	阿波罗
Apollonius	阿波罗尼乌斯
Archaenetus	阿尔凯讷图斯
Archelaus	阿凯劳斯
Archilochus	阿尔基罗库斯
Archytas	阿尔基塔
Aristippus	阿里斯底波
Aristophanes	阿里斯托芬
Aristoxenus	阿里斯托克塞努斯
Asclepius	阿斯克勒庇俄斯
Athenagoras	阿塞那哥拉斯
Augustine	奥古斯丁
Bacchylides	巴基里德斯
Bassarion	巴萨连
Bion	彼翁
Brontinus	布隆提努斯
Butherus	布特鲁斯
Callias	卡里亚斯
Callicles	卡里克勒斯
Carneades	卡尔内亚德
Chrysippus	克律西波

Chronos	赫罗诺斯
Chthon	克托昂
Cicero	西塞罗
Claudianus Mamertus	克劳狄安・玛美尔图
Clemens	克莱门斯
Clinias	克里尼亚斯
Clytemnestra	克吕泰墨斯特拉
Corax	科拉克斯
Critias	克里底亚
Croesus	克洛伊索斯
Cronos	克罗诺斯
Cybele	库比勒
Cyclopes	库克罗普斯
Cyrillus	叙里卢斯
Damascius	达马修斯
Demeter	德墨忒耳
Democritus	德谟克利特
Diagoras	狄亚戈拉斯
Dicaearchus	狄凯亚尔库
Diodorus	狄奥多罗
Diogenes	第欧根尼
Dionysius	狄奥尼修斯
Dionysodorus	狄奥尼索多罗斯
Dionysus	狄奥尼索斯
Dionysus Zagreus	狄奥尼索斯・扎格留斯
Echidna	厄喀德那
Ecphantus	厄克芳图
Elothales	埃洛塔勒斯

Empedocles	恩培多克勒
Epicharmus	埃庇哈尔穆斯
Epicurus	伊壁鸠鲁
Epimenides	埃庇美尼德
Epiphanius	厄庇芬尼乌斯
Erebus	厄瑞玻斯
Ericapaeus	厄里卡帕欧斯
Erinna	艾林那
Eudemus	欧德谟斯
Eudorus	欧多鲁斯
Eudoxus	欧多克索
Euripides	欧里庇得斯
Eurynome	欧律诺墨
Eurytus	欧吕托斯
Euthydemus	欧绪德谟
Evenus	厄文努斯
Gaea	盖亚
Galen	盖伦
Gebeleizin	格贝莱金
Gelon	格隆
Gorgias	高尔吉亚
Hades	哈得斯
Hecataeus	赫卡泰
Hecatonchires	百臂巨人
Hector	赫克托耳
Helen	海伦
Helios	赫利俄斯
Hellanicus	海兰尼克斯

Hephaestus	赫淮斯托斯
Heracleides	赫拉克利德
Heracleitus	赫拉克利特
Heracles	赫拉克勒斯
Here	赫拉
Hermes	赫尔墨斯
Hermippus	赫尔米普斯
Hermotimus	赫尔谟提穆斯
Herodotus	希罗多德
Hesiod	赫西俄德
Hestia	赫斯提亚
Hicetas	希凯塔
Hieronymus	希罗尼姆斯
Hippasus	希帕索斯
Hippias	希庇亚
Hippo	希波
Hippobotus	希波伯图斯
Hippocrates	希波克拉底
Hippodamus	希波达穆斯
Hippolytus	希波吕特
Homer	荷马
Iamblichus	扬布里柯
Idaeus	伊达厄斯
Io	伊娥
Isocrates	伊索克拉底
Kore	克尔
Leucippus	留基波
Linus	里努斯

Lucretius	卢克莱修
Lycophron	吕克弗隆
Lysis	吕西斯
Macrobius	马克洛比乌斯
Melampus	梅拉姆普斯
Melissus	麦里梭
Menelaus	墨奈劳斯
Metis	墨提斯
Metrodorus	梅特洛多罗
Mimnermus	美涅克穆斯
Mnesarchus	穆纳萨尔库斯
Mochus	莫斯库斯
Moderatus	莫德拉图斯
Moschus	莫舒斯
Nausiphanes	瑙斯芬尼
Neanthes	涅安塞斯
Neoptolemus	涅俄普托勒摩斯
Nessas	涅萨斯
Nestor	涅斯托尔
Nessus	涅斯索斯
Nicocreon	尼科克勒翁
Nicolaus	尼古劳斯
Nicomachus	尼各马可
Nyx	努克斯
Oceanus	俄刻阿诺斯
Ocellus	俄克鲁斯
Odysseus	俄底修斯
Oenopides	俄诺彼得斯

Olympus	奥林帕斯
Onomacritus	奥诺玛克里图斯
Ophioneus	奥菲翁
Orphic	俄耳甫斯教
Pallas	帕拉斯
Pan	潘
Paris	帕里斯
Penelope	伯涅罗珀
Periander	佩里安得
Pericles	伯里克利
Phaleas	帕雷亚
Phanes	法奈斯
Phanes-Ericapaeus	法奈斯－厄里卡帕欧斯
Pheidias	菲狄亚斯
Pherecydes	费瑞库德斯
Philo	斐洛
Philolaus	菲洛劳斯
Philoponus	菲洛庞努斯
Philostratus	菲洛斯特拉图斯
Phocylides	弗基里德斯
Pindar	品达
Pisistratidae	庇西斯特拉图
Plotinus	普罗提诺
Plutarch	普鲁塔克
Polus	波卢斯
Porphyry	波菲利
Poseidon	波塞冬
Posidonius	波塞冬纽斯

Priam	普里阿摩斯
Prodicus	普罗狄科
Proclus	普罗克洛
Prorus	普罗鲁斯
Protagoras	普罗泰戈拉
Protarchus	普罗塔库斯
Protogonos	普洛托革诺斯
Pyrrho	皮罗
Pythagoras	毕达哥拉斯
Sanchuniathon	桑楚尼亚松
Sappho	萨福
Seneca	塞涅卡
Sextus	塞克斯都
Sidonius	西多尼斯
Simmias	西米亚斯
Simonides	西蒙尼德
Simplicius	辛普里丘
Solon	梭伦
Sophocles	索福克勒斯
Speusippus	斯彪西波
Stobaeus	斯托拜乌
Terpander	泰尔潘德尔
Thales	泰勒斯
Theano	泰阿诺
Themistius	塞米斯修斯
Themistoclea	塞弥斯托克勒娅
Theognis	塞奥格尼斯
Theophrastus	塞奥弗拉斯特

Thetys	泰图斯
Thrasymachus	塞拉叙马库斯
Thucydides	修昔底德
Timaeus	蒂迈欧
Timon	蒂蒙
Tisias	提西亚斯
Typhoeus	堤福俄斯
Tyrtaeus	提尔泰俄斯
Uranus	乌拉诺斯
Xeniades	克塞尼亚得
Xenocrates	色诺克拉底
Xenophanes	克塞诺芬尼
Xenophon	色诺芬
Xerxes	薛西斯
Zalmoxis	札尔莫克西斯
Zeno	芝诺
Zeus	宙斯
Zoroaster	琐罗亚斯德

（二）古代地名、族名

西文	中文
Abdera	阿布德拉
Achaeans	亚该亚人
Agrigentum	阿格里真托
Alexandria	亚历山大里亚

Amorgos	阿墨尔戈斯
Aspendus	阿斯品都斯
Athens	雅典
Attic	阿提卡
Boeotia	波埃提亚
Byblus	毕布罗斯
Carthaginians	迦太基人
Ceos	克沃斯
Chalcedon	卡尔西冬
Chaldaean	迦勒底人
Chios	开俄斯
Chthonian	克托尼亚
Clazomenae	克拉佐美奈
Corinth	科林斯
Cos	科斯
Crete	克里特
Crotona	克罗同
Cyrene	居勒尼
Damascus	大马士革
Doric	多立安式
Elis	埃利斯
Ephesus	以弗所
Gaetic	盖塔人
Gaul	高卢
Hellespont	赫勒斯蓬特海峡
Heraclea	赫拉克莱亚
Himera	希墨拉
Idaean	伊达山

Illyria	伊利里亚
Iulis	伊奥利斯
Lampsacus	兰萨库斯
Larissa	拉里萨
Leontini	列翁提尼
Lesbos	列斯堡
Locris	洛克利人
Lucania	卢卡尼亚人
Magna Graecia	大希腊地区
Metapontum	麦塔庞顿
Miletus	米利都
Nile	尼罗河
Paros	帕罗斯
Peloponnesus	伯罗奔尼撒半岛
Phlius	弗利乌斯
Phoenicia	腓尼基
Propontis	普罗庞提斯
Rhodes	罗德岛
Samos	萨摩斯岛
Sicily	西西里
Sparta	斯巴达
Syracuse	叙拉古
Syros	叙罗斯
Tarentum	塔兰托人
Thebes	忒拜
Thessaly	帖撒利
Thracians	色雷斯人

（三）现代人名

西文	中文
Ast	阿斯特
Beckmann	贝克曼
Böckh	伯克
Brandis	布兰迪斯
Braniss	布拉尼什
Darwin	达尔文
Fries	弗莱斯
Gladisch	格拉迪许
Grote	格罗特
Herbart	赫巴特
Hermann	赫尔曼
Karsten	卡斯滕
Lange	朗格
Lassalle	拉萨尔
Lobeck	洛贝克
Marbach	马巴赫
Mullach	穆拉克
Müller	缪勒
Petersen	彼得森
Preller	普雷勒尔
Reinhold	赖因霍尔德
Ribbing	里宾
Rixner	里克斯纳

Röth	罗特
Ritter	里特尔
Schleiermacher	施莱尔马赫
Schuster	舒斯特
Steinhart	斯坦哈特
Strumpell	施特里姆培尔
Tennemann	滕尼曼
Ueberweg	于贝韦格
Vischer	菲舍尔
Vitringa	维特林加
Wendt	文特
Wirth	维尔特
Zoëga	策格
Zwinglius	茨温利

柏拉图著作英文名称、缩写及中译名对照*

英文名称	英文缩写	中译名
Alcibiades I（Alcibiades）	*Alc. I*	《阿尔基比亚德前篇》
Apology	*Apol.*	《申辩》
Charmides	*Charm.*	《卡尔米德》
Clitophon	*Clit.*	《克利托丰》
Cratylus	*Crat.*	《克拉底鲁》
Critias	*Criti.*	《克里底亚》
Crito	*Cri.*	《克里托》
Epistles（*Letters*）	*Epist.*	《书信集》
Euthydemus	*Euthd.*	《欧绪德谟》
Euthyphro	*Euphr.*	《欧绪弗洛》
Gorgias	*Gorg.*	《高尔吉亚》
Greater Hippias（*Hippias Major*）	*G. Hp.*	《大希庇亚》
Ion	*Ion*	《伊翁》
Laches	*La.*	《拉凯斯》
Laws	*Laws*	《法律》
Lesser Hippias（*Hippias Minor*）	*L. Hp.*	《小希庇亚》
Lysis	*Lys.*	《吕西斯》
Menexenus	*Menex.*	《美涅克塞努》

* 中文篇名主要参考了汪子嵩版（王晓朝版与之基本一致），极个别篇名有修改。英文缩写参考了 J. M. Cooper 编辑的《柏拉图全集》和 R. Kraut 编辑的《剑桥柏拉图指南》。

Meno	*Men.*	《美诺》
Parmenides	*Parm.*	《巴门尼德》
Phaedo	*Phdo.*	《斐多》
Phaedrus	*Phdr.*	《斐德罗》
Philebus	*Phil.*	《斐莱布》
Politicus（*Statesman*）	*Polit.*	《政治家》
Protagoras	*Prot.*	《普罗泰戈拉》
Republic	*Rep.*	《理想国》
Sophist	*Soph.*	《智者》
Symposium	*Symp.*	《会饮》
Theaetetus	*Tht.*	《泰阿泰德》
Timaeus	*Tim.*	《蒂迈欧》

以下通常被认为是伪作

Alcibiades II	*Alc. II*	《阿尔基比亚德后篇》
Axiochus	*Ax.*	《阿克西俄库》
Definitions	*Def.*	《定义集》
Demodocus	*Dem.*	《德谟多库》
Epigrams	*Epig.*	《隽语集》
Epinomis	*Epin.*	《厄庇诺米》
Eryxias	*Eryx.*	《厄律克西亚》
Halcyon（*Alcyon*）	*Hal.*	《阿尔孔》
Hipparchus	*Hppr.*	《希帕库》
Minos	*Min*	《米诺斯》
On Justice	*Just.*	《论正义》
On Virtue	*Virt.*	《论德性》
Rival Lovers（*Amatores*）	*Riv.*	《情敌》
Sisyphus	*Sis.*	《西绪福斯》
Theages	*Thg.*	《塞亚革》

亚里士多德著作拉丁文名称、缩写及中译名对照 *

拉丁文名称	拉丁文缩写	中译名
Analytica posteriora	*APo.*	《后分析篇》
Analytica priora	*APr.*	《前分析篇》
Athenaion Politeia	*Ath.*	《雅典政制》
de Audibilibu	*Aud.*	《论听觉》
de Caelo	*Cael.*	《论天》
Categoriae	*Cat.*	《范畴篇》
de coloribus	*Col.*	《论颜色》
de Anima	*de an.*	《论灵魂》
De divinatione per somnia	*Div.Somm.*	《论睡眠中的预兆》
Ethica Eudemia	*EE.*	《欧德谟斯伦理学》
Ethica Nicomachea	*EN.*	《尼各马可伦理学》
Epistulae	*Ep.*	《书信集》
Fragmenta	*Fr.*	《残篇》
de Generatione Animalium	*GA.*	《论动物的生成》
De generationa et corruptione	*GC.*	《论生成和消灭》
Historia Animalium	*HA.*	《动物志》
de Incessu Animalium	*IA.*	《论动物的行进》

* 据 Liddel&Scott《希英词典》第九版列出。

de Insomniis	*Insomn.*	《论梦》
de interpretatione	*Int.*	《解释篇》
de Juventute	*Juv.*	《论青年》
de Lineis Insecabilibus	*LI.*	《论不可分割的线》
de Longaevitate	*Long.*	《论生命的长短》
de Motu Animalium	*MA.*	《论动物的运动》
Mechanica	*Mech.*	《机械学》
de Memoria	*Mem.*	《论记忆》
Metaphysica	*Met.*	《形而上学》
Meteorologica	*Mete.*	《气象学》
Mirabilia	*Mir.*	《奇闻集》
Magna Moralia	*MM.*	《大伦理学》
de Mundo	*Mu.*	《论宇宙》
Oeconomica	*Oec.*	《家政学》
de partibus Animalium	*PA.*	《论动物的部分》
Parva naturalia	*Parv. nat.*	《自然短论集》
Physica	*Ph.*	《物理学》
Physiognomonica	*Phgn.*	《体相学》
Poetica	*Po.*	《诗学》
Politica	*Pol.*	《政治学》
Problemata	*Pr.*	《问题集》
de Respiratione	*Resp.*	《论呼吸》
Rhetorica	*Rh.*	《修辞学》
Rhetorica ad Alexandrum	*Rh.Al.*	《亚历山大修辞学》
Sophistici elenchi	*SE.*	《辩谬篇》
de Seusu	*Sens.*	《论感觉》
de Sommno et Vigilia	*Somn.Vig.*	《论睡与醒》
de Spiritu	*Spir.*	《论气息》

Topica	*Top.*	《论题篇》
de Virtutibus et Vitiis	*VV.*	《论善与恶》
de Ventis	*Vent.*	《论风向》
de Xenophane	*Xen.*	《论克塞诺芬尼》

缩略语表

abr.= 删节

ad fin.= 末尾

ad init.= 开头

ad loc.= 在该处

after= 因袭

ap.= 附录

bk.= 卷

c.= 大约

cf.= 参见

cod., codd.= 抄本

comm.= 评注

corr.= 校正

d.= 卒年

ed., edd.= 编辑

edn.= 版本

eg.= 例如

esp.= 特别地

et al.= 以及其他

etc., &c.= 等等

et passim.= 以及其他各处

f., ff.= 以下

fig.= 表

fl.= 盛年

fr.= 残篇

ibid. = 同上书

i.e.= 即

infra= 下文

l.c., loc. cit.= 见上引文

l., ll.= 行

lit.= 字面上

Ms., Mss.= 稿本

n., nn.= 注释

om.= 省略

op.cit.= 同上

p., pp.= 页

ps.= 伪

pt.= 部分

q.v.= 参见

ref.= 参考

repr.= 重印

rev.= 修订

sq., sqq.= 以下

sub.init.= 开头以下

sub voce= 在该词下 / 参看该条目

suppl.= 增补

supra= 上文

trans.= 译

vide= 参见

vide supra= 参见上文

vide infra= 参见下文

viz.= 即

vol.= 卷

v., vv.= 诗句

责任编辑：毕于慧
封面设计：石笑梦　王欢欢
版式设计：周方亚
责任校对：梁　悦

图书在版编目（CIP）数据

古希腊哲学史．第一卷，从最早时期到苏格拉底的时代：附总论／［德］爱德华·策勒 著；余友辉等 译．—北京：人民出版社，2020.12（2023.2 重印）
（古希腊哲学基本学术经典译丛）
ISBN 978－7－01－019628－2

Ⅰ.①古…　Ⅱ.①爱…　②余…　Ⅲ.①古希腊罗马哲学－哲学史②苏格拉底（Socrates 前 469－前 399）－哲学　Ⅳ.① B502 ② B502.231

中国版本图书馆 CIP 数据核字（2019）第 174474 号

古希腊哲学史（第一卷）
GUXILA ZHEXUESHI
——从最早时期到苏格拉底的时代（附总论）

［德］爱德华·策勒　著
余友辉　聂敏里　詹文杰　吕纯山　译

人民出版社 出版发行
（100706　北京市东城区隆福寺街 99 号）

北京新华印刷有限公司印刷　新华书店经销

2020 年 12 月第 1 版　2023 年 2 月北京第 3 次印刷
开本：710 毫米 ×1000 毫米 1/16　印张：54.75
字数：788 千字

ISBN 978－7－01－019628－2　定价：240.00 元（上、下）

邮购地址 100706　北京市东城区隆福寺街 99 号
人民东方图书销售中心　电话（010）65250042　65289539

本书根据 *A History of Greek Philosophy, From the Earliest Period to the Time of Socrates, With a General Introduction*, translated by S. F. Alleyne. London: Longmans, Green, and Co., 1881. 翻译。